金融学译丛

个人理财

(第八版)

阿瑟 · J. 基翁（Arthur J. Keown） 著

郭 宁 汪 涛 张茵凝 译

PERSONAL FINANCE: TURNING MONEY INTO WEALTH

(EIGHTH EDITION)

中国人民大学出版社

· 北京 ·

图书在版编目（CIP）数据

个人理财：第八版 /（美）阿瑟·J. 基翁著；郭宁，汪涛，张茵凝译. --北京：中国人民大学出版社，2021.11

（金融学译丛）

ISBN 978-7-300-29837-5

Ⅰ. ①个… Ⅱ. ①阿… ②郭… ③汪… ④张… Ⅲ. ①私人投资 Ⅳ. ①F830.59

中国版本图书馆 CIP 数据核字（2021）第 186524 号

金融学译丛

个人理财（第八版）

阿瑟·J. 基翁　著

郭　宁　汪　涛　张茵凝　译

Geren Licai

出版发行	中国人民大学出版社		
社　　址	北京中关村大街 31 号	**邮政编码**	100080
电　　话	010－62511242（总编室）		010－62511770（质管部）
	010－82501766（邮购部）		010－62514148（门市部）
	010－62515195（发行公司）		010－62515275（盗版举报）
网　　址	http://www.crup.com.cn		
经　　销	新华书店		
印　　刷	涿州市星河印刷有限公司		
规　　格	185 mm×260 mm　16 开本	**版　　次**	2021 年 11 月第 1 版
印　　张	39.75 插页 1	**印　　次**	2021 年 11 月第 1 次印刷
字　　数	945 000	**定　　价**	98.00 元

出版说明

作为世界经济的重要组成部分，金融在经济发展中扮演着越来越重要的角色。为了加速中国金融市场与国际金融市场的顺利接轨，帮助中国金融界相关人士更好、更快地了解西方金融学的最新动态，寻求建立并完善中国金融体系的新思路，促进具有中国特色的现代金融体系的建立，中国人民大学出版社精心策划了这套“金融学译丛”，该套译丛旨在把西方，尤其是美国等金融体系相对完善的国家最权威、最具代表性的金融学著作，被实践证明最有效的金融理论和实用操作方法介绍给中国的广大读者。

该套丛书主要包括以下三个方面：

（1）理论方法。重在介绍金融学的基础知识和基本理论，帮助读者更好地认识和了解金融业，奠定从事深层次学习、研究等的基础。

（2）实务案例。突出金融理论在实践中的应用，重在通过实务案例以及案例讲解等，帮助广大读者将金融学理论的学习与金融学方法的应用结合起来，更加全面地掌握现代金融知识，学会在实际决策中应用具体理论，培养宏观分析和进行实务操作的能力。

（3）学术前沿。重在反映金融学科的最新发展方向，便于广大金融领域的研究人员在系统掌握金融学基础理论的同时，了解金融学科的学术前沿问题和发展现状，帮助中国金融学界更好地认清世界金融的发展趋势和发展前景。

我们衷心地希望这套译丛的推出能够如我们所愿，为中国的金融体系建设和改革贡献一份力量。

中国人民大学出版社

前言

PREFACE

第八版的新增内容

自从《个人理财（第七版）》出版以来，个人理财领域发生了很大的变化，这主要是因为受到了自大萧条以来最严重的金融危机与经济衰退的影响。虽然就业有所恢复，但还是有很多人因找不到工作而离开了职场。利率水平接近历史最低点，不过最近开始缓慢上涨；房屋价格大幅下跌后又逐渐反弹，但仍未达到危机之前的价位；消费者债务（包括抵押贷款）高达12.25万亿美元，自2000年以来翻了一倍多。助学贷款的利率水平高到令人担忧，且贷款余额仍在持续增长，如今已达到1.44万亿美元，其中超过11%的贷款已经出现90天逾期不还或违约。虽然美联储和联邦政府采取了诸多改革措施，旨在恢复金融市场的稳定，但显然美国经济想要重新站稳脚跟，还得艰难挣扎一段时间。人们似乎嫌改革的力度还不够强，《平价医疗法案》几乎已经被拆解了，不过尽管目前有人对该法案提出了很多修改建议，但其大部分内容还将继续生效。如你所见，为了反映理财规划领域最新的变化，包括可能发生的税法调整、新法案、不断变化的投资市场、助学贷款的持续增加、大学毕业生面对的信用卡债务的挑战以及个人理财领域的其他变化，本书进行了全面更新。简而言之，由于个人理财领域总是在快速变化，因此很多东西都与上一版里的描述不太一样了。新版在某些方面变动较大，主要包括以下内容的修订。

为了能正确反映过去三年间金融领域令人兴奋的发展形势，书中的正文、图表和数据资料都进行了更新。尤其要特殊强调的是：

- 新增“爱与金钱”特色专栏。在没有阅读本书或学习个人理财课程之前，你可能已经意识到你对个人财务的处理态度会对人生的方方面面产生巨大的影响。当然，这会影响到个人买房的能力、投资成功与否以及是否有能力更早一点舒舒服服地退休，不过除此以外，它还将对你的爱情生活与其他人际关系带来较大的影响。毫无疑问，钱的事儿经常会导致人际关系紧张，为什么会这样也说不清原因。如你所料，如果你想继续维持关系，那么在处理金钱和制定个人理财决策时，有些事就不应当做；此外，你还可以采取一些行动，不让钱妨碍到你的人际关系。在“爱与金钱”专栏里，我们不仅会探讨人们对金钱与爱情的态度以及他们的看法，我们还会提供一些个人理财建议，帮助你建立更美好、更强大、也许会更持久的关系。
- 新增有关行为金融学的拓展内容。每章结尾处都新增了名为“行为视角——原理9：

心理游戏、理财个性与金钱”的一部分内容。这一部分内容用于拓展学习，不仅详细说明了行为偏差如何阻碍个人理财的顺利进行，还向我们证明了对这些行为偏差的了解能帮助我们规避破坏性的理财行为。此外，我们还讨论了识别这些行为偏差能帮助我们更好地完成理财决策。例如，承认在做出理财决策时，心理/行为模式或心理游戏会发挥影响作用，这能帮助学生们避免借入过多的信用卡债务或助学贷款，为退休积累更多储蓄，以及在当下与未来做出更明智的投资决定。

- 更关注网络以及智能手机 APP 的使用。本书第八版继续关注智能手机 APP 的使用以及对互联网资源的最佳利用。这些 APP 化繁为简，甚至还能给你带来一些乐趣。我们在讨论信用卡、助学贷款、保险、投资以及退休计划时，也推荐了一些合适的 APP 以及研究个人理财的几个比较好的网站。

- 更新了投资相关的内容。自 2009 年 3 月以来，道琼斯工业平均指数已经上涨了三倍多。这给我们的投资决策与资产配置决策带来了新变化。我们在第 11 章和第 12 章讨论了市场的新变化。另外，与上一版相比，投资产品相关信息的搜索方式已经发生了较大的变化，我们在第 11 章里对此进行了更新。

- 更新了债券与债券市场的内容。自大衰退危机结束后，股票市场一路猛涨，利率水平略有下降，长期利率下探至历史低点。由于资产配置方案需要投资者决定股票与债券各自的投资比例，因此我们在第 13 章讨论了低利率对债券的影响作用以及债券价格与利率水平的负相关关系，即当市场利率上升时，债券的价格会下跌。我们不仅验证了这一关系，还讨论了这种关系对资产配置决策的影响作用。

- 更新了交易所交易基金的相关内容。第 14 章更换了新标题——“共同基金与交易所交易基金：分散化投资的便捷手段”，以反映出这一章对交易所交易基金的格外关注。如今，交易所交易基金的总投资额已超过 2.5 万亿美元，并且还在以持续加快的速度增长。交易所交易基金之所以越来越多地被当作分散化投资的工具，是因为它允许投资者以非常低的成本立即获得面向某行业或某国家的投资头寸，因而在投资者的资产配置过程中发挥着越来越重要的作用。

教学解决方案与学习挑战

并非很久之前，对大多数大学生来说，理财规划和投资的基础知识并不是必修课。那时金融工具还不像今天这样极度复杂；学生也接触不到信用额度很高的各式各样的信用卡，这些信用卡让他们几乎不费吹灰之力便积累了数额较大的个人债务；当时的大学教育也无须学生申请太多的助学贷款。此外，在早年间，由于就业率很高，人们拥有一份相对稳定而且大多是全职的工作，所以退休计划也比较简单：你的长期雇主基本上已经帮你做好了规划。在那一时期，有关理财的解释、预期和沟通通常是直接的、现实的和清晰的。然而现在总体上已发生了改变。如今，我们生活的世界充斥着越来越复杂的金融工具，要求我们掌握更高深的金融知识。年轻时，学生们要自行决定借用哪种贷款来完成大学的学业。这包括在各种类型的助学贷款中做出选择，同时还要决定他们需要借多少贷款，这些理财决策将会对他们的未来产生影响。一旦毕业了，在购买汽车、家具、电器甚至音响设备时，他们又要在各式各样的消费贷款产品之间做出选择，例如是选择一次性还清的贷款还是分期偿还贷款，担保贷款还是无担保贷款，可变利率贷款还是固定利率贷款以及贷款的期限应当选择多长时间。同样地，买房时申请抵押贷款也面临着诸多选择，你不仅要确定贷款的金额，还要从各种各样的贷款产品——固定利率贷款、可变利率贷款、只付利息的贷款等——中做出选择，而且每种选择对未来个人财务状况的影响作用也不尽相同。挑选人寿保险产品也是如此复杂。到了该为自己购买人生中第一份人寿保险的时候，大多数人却不是自己主动去选择——相反，保险推销人员找上门来，说服我们人寿保险很重要，于是我们就买了一份。因为保险业有着非常独特的行业用语，因此普通人一般很难搞清楚一份保单相对于另一份保单有何细微差别，也不明白自己该选择多大的保额——于是同样地，金融知识是做出明智的理财决策的关键所在。最后，30 年前，退休意味着从雇主那里领取养老金，不足的部分由社保补齐。然而现在情况早已发生了变化。由于近期各个行业都在削减成本，一些雇主已经不再向员工提供养老金，而那些继续发放养老金的企业也在尽可能地压低养老金的发放数额。社保体系需要填补的窟窿越来越大。鉴于社保体系自身承诺的退休福利都具有不可持续性，再加上近期政府一直致力于削减支出，将来等我们的学生们退休时，那时的社保体系已经与今日大不相同，联邦医疗保险计划也是如此。未来，我们的学生们将不得不依靠自助式的退休计划，即 401（k）和个人退休账户。他们不仅要自己决定向账户内存入多少钱，还要决定如何投资这些钱——这样的决定要求他们掌握投资知识，了解投资工具——这些决定的后果便是他们退休后的日子是轻松自在的还是噩梦连连的。事实上，我们的学生不仅应当知道他们需要为退休准备多少储蓄，还应当扎实地掌握有关投资的术语、工具以及规则的相关知识，这样才能实现他们的理财目标，避免掉入影响个人理财前景的陷阱。故而我们的结论是每个人都应当为自己的退休生活负责，越早动手做规划，事情就越容易解决。

对很多学生来说，个人理财课程是他们第一次也是唯一一次接触个人理财领域，因此教学资料的设计就显得尤为重要，要能给学生留下深刻持久的印象。工具、技巧和公式很容易被遗忘，但是驱动人们使用这些工具、技巧和公式的逻辑或基本原理一旦被深刻理解，将很难被忘掉，甚至成为每个学生“理财个性”的一部分。《个人理财（第八版）》通过讲述个人理财的十大基本原理，让学生能够成功地制定并执行个人理财计划。在他们未来的人生里，学生能够利用这些基本原理，有效地应对日益变化的金融环境。

为了应对教学与学习过程中的挑战，本书的一些特色内容包括：

● 个人理财的十大原理。本书的每一章都会回顾第 1 章介绍的十大原理，并向读者展示在各种各样的环境下如何运用这些原理。

● 助学贷款和支付读大学的费用的内容有所扩充，几乎占据了第 7 章一半的篇幅。第 7 章的标题为“助学贷款与消费贷款：计划借贷的作用”，帮助学生深入了解助学贷款，拆解其复杂内容并介绍行业术语，有利于学生做出明智的选择。

● 个人理财工作表。本书提供了配套的工作表，而且一步一步地分析了书中提到的诸多个人理财决策。教师可以将这些工作表布置为作业，或是在现实生活中利用工作表来指导学生做出决策。书中包含相关的内容以及可使用工作表的案例与问题。本书配套的工作表可在如下网址获取：http://www.pearson.com/mylab/finance 或者 http://www.pearsonhighered.com/irc。

● 个人理财计划。本书提供了相关练习，可使用工作表制定一些非常基础的理财计划，借此分析一下目前学生的财务状况，未来他们想实现怎样的理财目标以及需要怎样做才能实现目标。这一部分还介绍了如何使用财务计算器。

- 简单易行的建议。具有前瞻性的一览表贯穿全书，是帮助学生学习的有效工具。这些专栏引出了大家普遍关注的领域，建议消费者在购买汽车、买保险、投资共同基金以及进行其他个人理财行为时需要提出哪些问题。

- 学习目标。每一章的开头都会列出一连串以行动为导向的学习目标。这些目标贯穿全书。

- 思考。这一内容简短的专栏帮助学生深入思考书中提供的资料到底意味着什么——其潜在含义与整个背景。

- 讨论案例。每章结尾处至少有两个小案例，都是与本章主题密切相关的现实问题，要求学生进行理财决策实践。

- 克里·杜蒙与蒂莎·杜蒙夫妇的延伸案例。全书分为五个部分，在每一部分的结尾处，杜蒙夫妇的延伸案例可以帮读者把书中介绍的很多不同理财概念汇总整合到一起。学生可以根据这一案例编制财务报表、分析日益变化的金融环境、计算税负、度量风险敞口以及制定理财规划。

- 行为视角——原理 9：心理游戏、理财个性与金钱。每一章都增加了新的一部分内容，专门用来探讨各种行为特征与行为偏差——我们每个人都有自己的行为特征，这构成了个体的“理财个性”——会有哪些影响。对思维模式与行为模式的分析能帮助我们深入了解人们有时候为什么以及如何做出不符合逻辑或不理性的个人理财决定。

- 行动计划——原理 10：开始行动吧！每章结尾处都会提出简洁的行动建议，鼓励学生们努力将个人理财课程学到的知识应用于实践。

- 十大人生理财事件。第 17 章（即本书的最后一章）通过分析 10 件人生理财大事件，将本书介绍的各种概念与工具全部组合到了一起。学生在该章可获得更为广阔的视角，并概览个人理财会以怎样的方式对人生的方方面面带来影响。学生们能清楚地看到，在人生的漫长旅途中，他们将会经历各种各样改变其人生目标、影响其理财资源、带来新的债务或理财机遇的事件。虽然很多事件对个人的人生影响都很大，但我们最终挑选出 10 件最常见的大事件，例如结婚、生小孩和退休。对每一个事件，我们都一步一步地全面讨论了应对的策略——将全书的相关内容汇集到一起，整合出一份行动计划。

塑造理财人生，掌握就业技能

毫无疑问，为了适应现在的社会环境，每个人都需要掌握过硬的个人理财技能。本书的目的就是向大家传授这些技能。新学到的个人理财技能可以帮助你实现退休目标，还能帮助你找到工作并得到晋升。人力研究管理协会近期的一些调研发现，47%的美国企业会对未来的员工进行信用背景调查，利用本书学到的技能可以帮助你顺利通过背景调查。此外，研究还发现，财务状况不佳的员工其工作表现也不太好。因此，也许一开始你并没想过本书能帮你找到工作并在职场上更进一步，不过你错了。在某种意义上，本书既能对你的个人生活有所助益，又能帮你的职业生涯取得成功。

本书内容概览

本书向学生介绍了理财规划与投资的基础知识，重点强调对各种概念与工具的直观掌握，将来面临理财决策时，学生才能利用这一强有力的概念性知识框架来做出决定。

第一部分 理财规划		
	1. 理财规划过程	介绍个人理财规划过程；讨论其重要意义；介绍个人理财规划的步骤；如何制定个人理财目标；职业管理与教育对个人收入水平的决定作用；通过本课程需要的技能如何帮你找到工作并得到晋升。
	2. 衡量你的财务健康状况与制定计划	讲解预算与计划过程，其中涉及用个人资产负债表度量个人的财富值；使用个人损益表来追踪收入与支出情况；使用各种财务比率指标来监控个人的财务健康状况以及制定并执行现金预算计划。
	3. 理解并重视货币的时间价值	介绍货币的时间价值这一概念，要求学生直观掌握这一概念，并有能力在讨论个人理财问题时计算现金流在不同时点的价值。
	4. 税务筹划与策略	帮学生了解税金的征收方式；可采用哪些策略避税；介绍税务筹划在个人理财规划过程中具有怎样的作用。
第二部分 管理个人资金		
	5. 现金或流动资产管理	介绍现金管理方式；如何实现自动储蓄；挑选金融机构；面对各种现金管理工具做出选择；比较利率水平；开立支票账户；介绍电子资金转账。
	6. 信用卡的使用：开放式信贷的作用	介绍信用卡的原理；介绍信贷的成本；介绍信用卡的不同类型；判断信用卡的可靠程度；介绍如何管理个人信用卡。
	7. 助学贷款与消费贷款：计划借贷的作用	帮助学生清楚地了解如何选择消费贷款以及消费贷款的成本；介绍如何为个人消费贷款争取到最优惠的利率水平；介绍控制个人债务的重要性；介绍如何使用助学贷款支付读大学的费用。
	8. 住房和汽车的购买决策	分析买房和买车的理性决定。
第三部分 用保险保护自己		
	9. 人寿保险与健康保险	证明保险的重要性；判断个人对人寿保险的需求；介绍保险产品的主要类型；分析健康保险的购买决定；介绍伤残保险的运作原理以及购买长期护理险的目的。
	10. 财产保险与责任保险	介绍房屋保险与机动车保险，以及如何申请理赔、弥补损失。
第四部分 管理好自己的投资		
	11. 投资基础	通过理财目标的确定来概要介绍投资理论；说明风险、收益以及资产配置背后的逻辑；介绍有效市场；介绍一级市场与二级市场；获得投资信息。
	12. 股票投资	介绍普通股以及如何评估普通股的价值，了解普通股的历史风险与收益情况。
	13. 债券与其他投资工具	介绍各种债券；介绍债券的估值与收益率；介绍为什么债券的价值会发生波动；介绍优先股及其估值；介绍房地产投资。
	14. 共同基金与交易所交易基金：分散化投资的便捷手段	介绍共同基金、交易所交易基金和房地产投资信托基金；介绍其收益率；介绍如何挑选适合自己的共同基金。

第五部分	生命周期问题	
	15. 退休计划	了解退休计划面临哪些挑战；介绍制定退休计划的几个步骤；介绍退休计划的不同类型；介绍退休金支付的几种方式；介绍如何制定计划并监督计划的执行。
	16. 遗产规划：给子孙留下遗产而非麻烦	介绍遗产规划过程；介绍遗嘱；了解如何避免进入遗嘱检验程序。
	17. 人生理财事件——拼好拼图	分析早些动手制定计划并开始储蓄的重要性；列出10件人生理财大事件以及应对的策略；了解成功理财的关键诀窍；学会处理现实生活中的债务问题。

阿瑟·J. 基翁

目录
CONTENTS

第一部分　理财规划

第二部分　管理个人资金

第三部分 用保险保护自己

第四部分 管理好自己的投资

第五部分　生命周期问题

第一部分

理财规划

人们总是在下意识地躲避理财规划——毕竟在有的时候，没有破产似乎就已经意味着在理财方面是成功的了。但是，问题在于不进行理财规划，这会给你的财务带来更多潜在的问题。没有规划的消费实在太容易了，可是储蓄与理财规划却需要仔细思考与认真控制。我们现在面临的问题是大多数人都不了解理财规划的相关知识。

“第一部分：理财规划”将带你进入个人理财世界。我们将会列出你在未来有可能会遇到的个人理财问题，并给出预算与理财规划的 5 个步骤。在第 1 章，你还会学到个人理财的 10 条基本原理，这 10 条原理将会贯穿全书。虽然随着时间的流逝，个人理财的工具或技术会发生变化或被人遗忘，但是一旦理解了这 10 条原理背后隐含的逻辑，其就会转化为你的“理财个性”的一部分。在余下的人生里，这 10 条基本原理将会使你受益无穷。

在第一部分，我们主要关注前四条原理：

原理 1：知识是最好的保障——毕竟到处都有人在提供各种各样的理财建议，但是难点在于如何区分这些建议的好坏。如果没有判别能力，你可能就要遇上大麻烦了。

原理 2：没有计划将一事无成——没有计划就谈不上理财规划，因此首先你要检查一下自己的个人财务健康状况，然后以此为基础确定目标、制定行动计划，然后编制预算表并切实执行计划。所以说，没有计划将一事无成。

原理 3：货币的时间价值——为了理解为什么早些动手储蓄是很重要的，你需要先弄明白货币的时间价值所具有的强大威力。一旦你弄懂了货币的时间价值这一重要概念，那么省钱储蓄将会变得更有乐趣。

原理 4：税收因素对个人理财决策的影响——不管我们喜不喜欢，纳税都是生活的一部分，所以，个人理财规划必须充分考虑到税负的影响。

第1章 理财规划过程

学习目标

1	解释为什么个人理财规划如此重要。	面对理财挑战
2	说明个人理财规划的5个基本步骤。	个人理财规划的过程
3	确定自己的理财目标。	确立你的理财目标
4	解释职业管理与教育对个人收入水平的影响作用。	进行职业规划
5	确认并理解如何利用本课程学到的技能找到工作并取得职业发展。	培养职业技能
6	说明我们可以从近几年爆发的金融危机中吸取哪些有关个人理财规划的教训。	近期爆发的金融危机带给我们的教训
7	列出个人理财的10条原理。	个人理财的10条原理

9年后，颇受欢迎的电视剧集《老爸老妈的浪漫史》（*How I Met Your Mother*）终于完结了。人们普遍认为这部剧集之所以人气很旺，是因为观众对剧中5位主角的很多故事情节非常熟悉。马歇尔与莉莉是一对彼此相爱但有点冒傻气的新婚夫妇。马歇尔是一名年轻的律师，莉莉是一名幼儿园教师。这对夫妇与他们的朋友——罗宾、泰德和邦尼——上演了一幕幕爆笑的生活喜剧，只不过剧集中他们遇到的种种窘境在现实生活中不太可能发生。但是，他们面对的各种财务问题全是人们在实际生活中真正面临的难题。

马歇尔依靠助学贷款读完了法律学位，他在犹豫到底是选择自己理想中的工作岗位——到非营利性组织自然资源保护委员会工作，但是薪水低——还是到“邪恶”的律师事务所谋得一份高薪职位。这是在金钱与梦想之间进行抉择，最终马歇尔选择了金钱。莉莉和女友罗宾回到了公寓，两人翻看着莉莉新买的东西。罗宾问道：“你怎么能买得起这么贵的衣服？”正如大家想象的那样，莉莉回答说刷了信用卡。显然，莉莉欠了很多信用卡债务。罗宾又说：“莉莉，你欠的债已经像沃丁顿山那么高了！”“沃丁顿？”莉莉问。“那是加拿大国内最高的山脉，大概有 4 000 米高，”罗宾解释说。“4 000 米?”莉莉一头雾水地说。显然，莉莉对 4 000 米到底有多高毫无概念，就像她对个人理财一无所知一样。

这幕情节挺有趣，但是不太可能出现在现实生活中吧？并非如此。人们常常会遇到这样或那样的个人理财问题，而且往往会下意识地回避这些问题，这是最常见的现象。把财务问题拖着不解决要比直面问题并动手解决容易多了。事实上，莉莉说一旦完成了公寓的装修事项，她就准备好好地管理一下自己的信用卡债务。正如罗宾回答的那样，“你这样说真像是在做真人秀节目。”

你对个人理财了解多少？可能比莉莉多一些，但还不够。只有通过认真地学习，才能使自己掌握足够多的个人理财知识。马歇尔什么时候才发现莉莉竟有这么大一笔信用卡债务？直到几季后，两人终于找到了梦想中的房子，此时贷款专员告诉他们，经银行核准，两人的贷款利率高达 18%!

保证自己的财务安全所涉及的内容并不只是赚钱一项——如果能学会保持收支平衡，那么生活将会变得容易得多。遗憾的是，对于绝大多数人来说，理财规划并不是与生俱来的天赋。本书将会为你提供一些避免财务陷阱的实用知识，帮助你实现理财目标（或称财务目标），不论该目标是购买一辆新车或一栋度假别墅，还是提前退休。除了告诉你个人财务管理必要的工具和技巧外，本书还解释了它们背后的逻辑，让你明白为什么它们能起到这样的作用。为了使你的生活变得更轻松，我们列出了 10 条个人理财的基本原理，如果能掌握这些原理，那么你将在通往成功的个人理财的大道上畅行无阻。莉莉没有学过这些知识，这实在是太糟糕了。

面对理财挑战

你面临的理财挑战有多大？读大学的费用正在逐年上涨。一所私立学校的学费每年平均约为 33 480 美元，公立学校每年平均为 7 605 美元。其他费用还包括房租、食物、课本、电脑设备以及其他的生活必需品——例如一个迷你冰箱、停车证、一大笔洗衣费、用来支付图书馆罚款的少量现金，还有半夜买比萨的夜宵钱。大部分的学生是如何支付这些费用的呢？答案是借钱。

现在，毕业生身负贷款是一个非常典型的社会现象，大约一半的大学生离开学校时除了带走文凭外，还要带走 28 400 美元的债务。如果再加上信用卡、个人及家庭负债，那么学生背负的债务甚至超过 37 000 美元——很多学生的欠债甚至远远不止于此。例如，《华尔街日报》(*Wall Street Journal*) 报道过的谢里·斯普瑞-菲利普斯（Sheri Spring-Phillips）女士。她是一位在芝加哥洛约拉大学（Loyola University）医学中心工作的神经内科医生。从一个来自芝加哥南部的普通学生到成为一名博士，她在 11 年的求学生涯中积累了 102 000 美元的债务。虽然朋友们都相信她能还清贷款，但她仍为结束高级专科住院实习期后开始的每月 2 500 美元的还贷而感到担忧。幸运的是，谢里是个例外，但是从平均水平来看，毕业生们背负的贷款额还是非常惊人的。然而，如果有一个可靠的理财规划，即使要偿还的贷款总额较高，毕业生们也还是可以负担得起的。

理财规划也许不能帮你赚到更多的钱，但它能帮你用所赚到的钱去实现你的理财目标。比如你非常希望在毕业后拥有一辆吉普车，车上装的立体声音响足以吵醒邻居。这就是一个理财目标，一个好的理财规划就能帮助你实现它。一个可靠的理财规划还能帮你攒够钱去欧洲过暑假，或者是帮你平衡预算，让你有一天不再需要和室友挤在一间屋子里了。它甚至还可能帮你还清助学贷款！不论你的理财目标是什么，现实情况是要么你控制好自己的财务状况，要么你的财务状况反过来制约你，这就看你的选择了。

思考：

为什么人们需要进行理财规划？因为花钱总比存钱容易。事实上，根据 GoBankingRates 的一项调查，三分之一的美国成年人没有任何退休储蓄。此外，75%的 40 岁以上的美国人从未想过需要为退休存多少钱。你有想过这个问题吗？现在，你认为自己是不是需要制定一个计划？

理财并不是我们与生俱来的一种能力。遗憾的是，个人理财课程没有在中学教育里得到普及，许多家庭在理财问题上有分歧却很少讨论。事实上，财务状况经常会引起婚姻问题。对金钱的不同看法在人成长的初期潜移默化中助长了人们对理财的恐惧，理财教育的匮乏又使情况变得更糟。结果往往是大部分人长大后不能很好地处理各种财务关系。但是，其实这也没什么好怕的，个人理财是一项非常值得学习的技能。

当我们第一次试着去了解个人理财的内容时，常常被来自投资、保险、遗产规划选择等看上去无穷无尽的数字吓倒，同时理财的专业术语也让我们止步不前。但是，不了解理财的专业术语，你又如何抉择呢？当然，你肯定无法选择。这就是为什么你需要阅读本书、学习这门课程——它能帮助你掌控金钱的世界，尤其是能够让你实现以下目标：

- 对不确定性进行管理：管理未知或不确定的事情，这听上去很奇怪。但是，天有不测风云。无论你的计划多么完美，生活中总会发生一些意想不到的事情。可靠的理财规划能帮助你在财务困境中绝地反击，而不是被挫折彻底打败。

- 为特殊消费积累财富：旅行、一场豪华的婚礼和孩子的大学学费，或者是买一栋避暑别墅，这些都是你必须预先做好财务安排的消费例子。理财规划会帮你制定详细的计划，以实现购买一幢海边的房子或进行一次环球旅行的目标。

- 为退休储蓄：也许你现在还没有考虑那么多，但你绝不希望在 65 岁退休时身无分文。一个可靠的理财规划能让你清楚地知道自己退休后需要的费用，并通过制定计划让你过上轻松的退休生活。

- 保障你的财产安全：如果一个理财规划不能保障你已有的财富，那它就不是一个好的理财规划。一个完整的理财规划还应包括花尽可能少的钱购买足够的保险。

- 理性投资：谈到投资储蓄，你必须要了解投资的基本原理，用知识来武装自己。你要注意的是有些投资产品并不像宣传广告里描述的那么好，而有些投资顾问实在是缺乏职业道德。

- 税负最小化：为什么要替政府赚钱？理财规划的一部分就是帮助你合法地降低必须

缴纳的所得税金额。

个人理财规划的过程

理财规划是一个正在进行中的过程，它会随着你的财务状况和身份的变化而变化。然而，个人理财规划还是有 5 个基本步骤，我们在讲解其他知识前必须先来仔细了解一下这 5 个步骤。

步骤 1：检查你的财务健康状况

理财规划的起点应当是检查自己当前的财务状况。你赚了多少钱？消费了多少？消费开支分布于哪些领域或方面？要想管理好个人财务，你必须要了解自己整个财务状况的全貌，这需要准备好详细的财务记录，尤其是在消费的时候。

留意你消费了什么，也许仅仅需要每晚花几分钟将一天的消费写入账簿或输入电脑程序。这是不是很枯燥？当然有一点儿。但是这样做具有一定的启迪作用，是保持个人财务健康的第一步。在第 2 章中，我们将详细讲解如何记录这些消费事项。

思考：

根据近期经济政策协会的一项调研报告，32～61 岁的中间阶层家庭的退休账户里平均只有 5 000 美元存款，而财富排在前 1%的富豪家庭至少有 100 万美元的退休存款。这份报告还发现，收入排在前 20%的家庭当中，至少有 90%的家庭在退休账户里有存款。与之相比，对那些收入排在最末 20%的家庭来说，只有不足 10%的家庭会在退休账户里存钱。此外，根据近期的退休信心调查，“退休”是美国人心目中排名第一的储蓄目标。与排名第二位的储蓄目标——“为孩子或孙子积攒教育经费”——相比，选择“退休”的人数至少相当于选择“教育”的人数的 3.5 倍。但是，尽管美国人认为“退休”储蓄很重要，但是他们的实际行动看上去并不太努力。事实上，根据近期 GoBankingRates 的调查，年满 55 周岁的成年人当中，大约 30%的人根本没有为退休进行储蓄，26%的受访者退休存款账户的余额少于 50 000 美元，这不足以支撑退休后的生活开支。退休只是为什么理财规划如此重要的诸多原因之一。正如卡尔·桑德伯格所写的那样，“没有梦想，什么事都不会发生。”你认为目标为什么如此重要？

步骤 2：定义你的理财目标

如果你不知道自己想要什么，那么自然也得不到自己想要的东西。理财规划的第二步是定义你的理财目标，你需要将它写下来，表达出来，还要附上实现目标所需的费用，确定何时要用到为实现这些目标而准备好的资金。遗憾的是，很少有人会真正去定义自己的理财目标，也许是因为目标会让他们觉得紧迫，或者他们根本不知道如何去实现这些目标。虽然这不是一个艰难的任务，但人们很容易一推再推。然而，只有当你定义了目标，然后分析和判断自己是否愿意为实现目标而进行必要的理财管理时，你才能最终实现这些目标。

步骤 3：制定行动计划

理财过程的第三步是为实现理财目标制定一个行动计划。一个可靠的理财规划要包括一个正式、可控的预算，要决定你的投资策略，还要反映你独一无二的个人目标。即使每个人的计划都有所不同，但是值得信赖的理财规划肯定都包含几个关键要素：灵活性、流动性、保障性和税负最小化。

灵活性

还记得我们曾经提到过为不确定的事情做计划吗？这就是灵活性。你的财务计划必须具有一定的灵活性，能够应对生命中的变故和突发事件，比如失业或者是和前面的本田汽车发生追尾事故。如果一个投资计划要等到退休时才能让你获得投资收益，那么当你因为用办公室的电脑玩《巫师 3》《僵尸围城 2》或《魔兽世界》而突然被解雇时，这个计划就会显得毫无用处。

流动性

处理突发事件不仅需要灵活性，有时还需要能够立即拿到实实在在的现金。**流动性**（liquidity）就是指在需要钱的时候能够及时获得现金的能力。没人愿意考虑生病、失业，甚至是车祸这些事。但是就像我们前面说的，天有不测风云。当意外事故发生时，你要确保能够获得足够多的现金来顺利渡过难关。

> **流动性：**你能将非现金的资产兑换为现金的速度与便利程度。实际上，它与你需要用钱时获得资金的方式有关。

保障性

如果突发事件是灾难性的该怎么办？流动性只能支付像撞弯保险杠这样的小车祸的修理费，但是如果你遇到了一场非常严重的交通事故，身受重伤怎么办？如果支付突发事件的费用远远超过了你的收入怎么办？流动性能让你有效地处理一件突发事件，但是保险却能让你在那些威胁到财产安全的事件里免受损害。保险为那些代价昂贵且无法预见的事故或灾难——比如洪水、火灾、重大疾病和死亡——提供了保障。但是，保险不是免费的。一个好的理财规划要以适当的费用购买足够多的保险以防止破产。

税负最小化

最后，你的理财规划必须要考虑税收因素的影响。你要记住一部分收入要以税收的形式上交给政府，所以当你需要在一项投资中赚得 1 000 美元的时候，一定要确定这 1 000 美元是税后收益。当你想尽可能地少缴税时，你的目的实际上并不是税负最小化，而是要实现税后收入或收益最大化这一目标。

> **思考：**
>
> 为了实现目标而努力工作要比为了变成“有钱人”而工作更容易让人得到满足。我们要引用《旧约·传道书》第五章第十节的一句话：“贪爱银子的，不因得银子知足。”你认为这句话是什么含义？

步骤 4：执行计划

制定一个仔细周全的理财计划固然重要，但是坚持这个计划同样重要。如果你不想成为财务计划的奴隶，那么你就需要跟踪好收支，同时留意你的长期目标。

记住，你的理财计划不是目标，而是你实现目标的工具。事实上，要把你的理财计划当作一张路线图，而不是一种惩罚。你的目的地也许会变，也许你会迷失或陷入僵局，但是只要你的地图足够好，你就会重新找回自己的路。记住，在自己的地图上增加一些新路线，然后做好准备自己铺设几条通往目的地的新道路。始终把目标牢记在心，坚持朝着目标前行。

步骤 5：检查计划的进展情况，重新评价和修改计划

比方说下一个假期你想去阿拉斯加探险，但是手上只有一张几十年前的地图。好吧，为了走对路，你最好拿张新的地图！你的财务策略也是如此。斗转星移，也许你结婚了或有了小孩，你必须重新评估自己的理财状况，重新检查理财计划。必要的话，你要准备拿张新地图——重新开始制定全新的理财计划。

图 1－1 总结了理财规划的 5 个基本步骤。

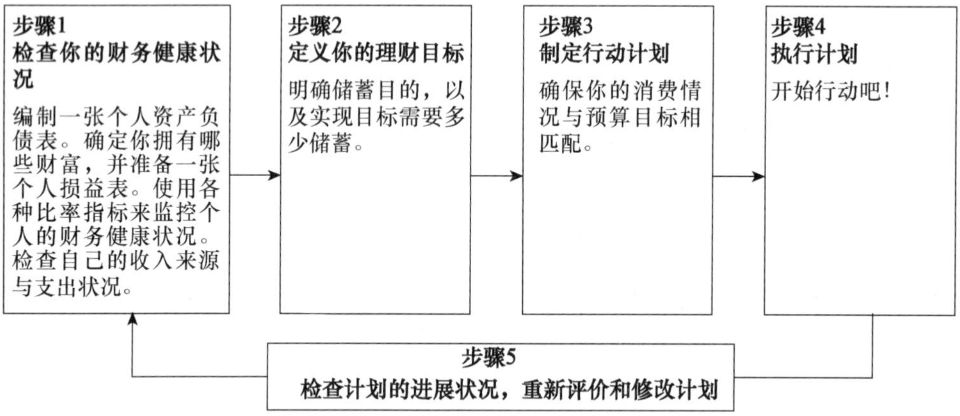

图 1－1　预算和计划流程

确立你的理财目标

理财目标有三个时间尺度：短期、中期和长期。短期目标指的是买一台电视，或者是去度一次假等能在 1 年内实现的目标。中期目标的实现可能需要 1～10 年，比如为你 12 岁的孩子存大学学费，或者是攒够买新房的首付款。长期目标则需要 10 年以上的时间来积累财富。退休是长期目标的一个常见例子。

图 1－2 是一张工作表，分列了短期、中期、长期理财目标的例子。你可以用它来确定自己的目标。设立目标要尽可能地具体，说明你努力储蓄的目的，比如买一辆汽车，同时还要明确你想在什么时候存多少钱，而不是仅仅把目标设定为存钱。另外，你还要现实一些。你的目标要能体现你的财务状况和身份。如果你的年收入只有 15 000 美元，却计划购买一辆 10 万美元的保时捷，那就有些不太现实了。

目标	优先顺序	希望实现的日期	预计费用
短期目标（1 年内）			
准备相当于 3 个月生活费用的应急资金。	______	______	______
付清没有偿还的账单。	______	______	______
付清没有偿还的信用卡。	______	______	______
购买适量的财产保险、健康保险、伤残保险与责任保险。	______	______	______
购买一个大件物品。	______	______	______
出去度假或参加一些娱乐活动。	______	______	______
其他短期目标（详细说明）。	______	______	______
中期目标（1～10 年）			
为大点的孩子储蓄上大学的钱。	______	______	______
为一次规模较大的家居装修储蓄。	______	______	______
为房子的首付款储蓄。	______	______	______
偿还未偿清的主要负债。	______	______	______
支付几项大笔支出（如婚礼）。	______	______	______
购买一栋度假别墅或与他人共享的公寓。	______	______	______
负担一次费用较高的度假旅行（如海外旅行）。	______	______	______
其他中期目标（详细说明）。	______	______	______
长期目标（10 年以上）			
为年纪小的孩子准备上大学的钱。	______	______	______
为退休购买第二套住宅。	______	______	______
准备足够多的退休资金以便为将来领取的养老金提供补充，使你在退休后也能保持现在的生活水平。	______	______	______
照顾已退休的父母。	______	______	______
开创自己的事业。	______	______	______
其他长期目标（详细说明）。	______	______	______

图 1－2　个人理财目标工作表

设立了一系列目标后，你要将它们排序。区分目标的优先次序也许会让你意识到有些目标是不现实的，需要重新评估它们。但是，一旦你有了最终的目标，它们就会成为个人理财规划的基石，担当行为向导和评估计划有效性的基准。

理财规划的生命周期

正如我们先前所说，人们的目标在其一生中会有所变化。虽然许多变化是由于一些意外事件，但是大部分还是基于理财生命周期模式。图 1－3 举例说明了一个理财生命周期。看着这幅图，考虑自己的理财生命周期会是什么样的，这能让你预见自己的财务需求并提前进行规划。别忘了考虑退休。如果你是一名大学生，退休对你来说还很遥远。但是，如果考虑理财生命周期，你会意识到准备退休基金将成为毕业后个人理财的首要目标之一。

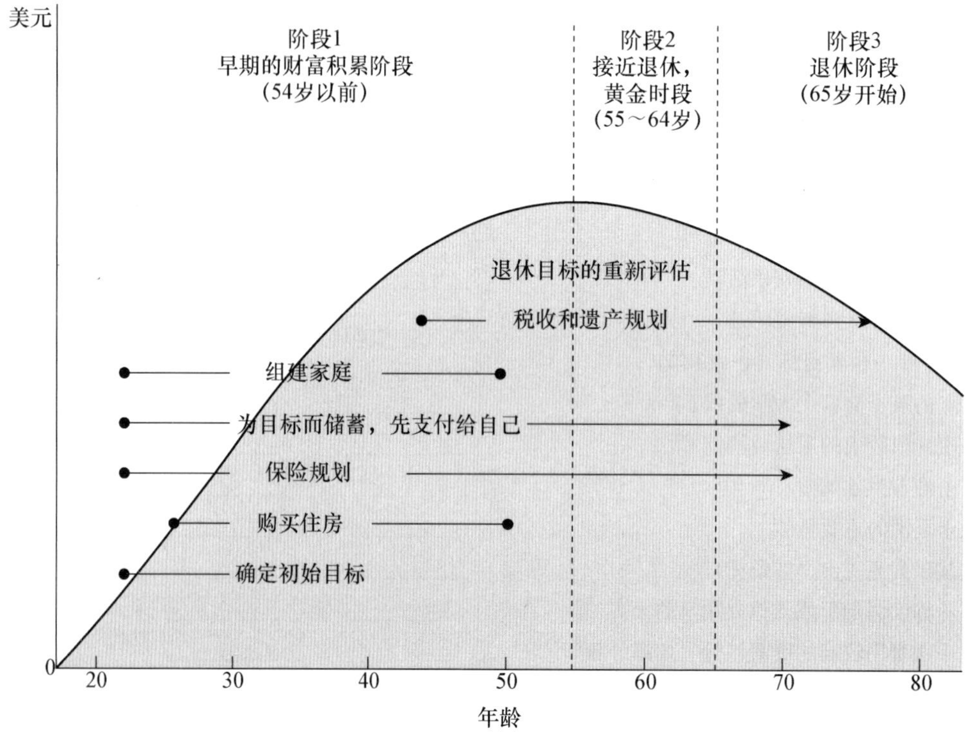

复杂化的因素：

- 婚姻状况：单身、已婚、离异、丧偶
- 就业状况：就业、失业、面临裁员的不确定性
- 经济前景：利率、就业水平
- 年龄
- 家属数量：孩子、父母
- 家庭财产：遗产

图 1-3　一个典型的个人理财生命周期

在生命的前十七八年里，我们的收入往往是负的（也许你以为只有自己是这样的）。你可以把它看作自己理财生命周期的“产前”阶段。这期间，大部分人还在学校，依靠父母生活。高中毕业后，你也许工作了，或进了大学或半工半读。不管怎样，一旦结束了教育，你就要认真开始自己的理财生命周期。第一阶段长达数十年，这主要是财富积累的阶段。对于大多数人来说，这个阶段要持续到 55 岁左右。在此期间，目标设定、购买保险、购买住房以及组建家庭都是计划考虑的重点。

> **遗产规划**：你去世后将财产传给后代的计划。
>
> **通货膨胀**：一种经济现象，物价上涨使货币的购买力下降。

第二和第三阶段的时间短一些。在第二阶段，理财目标开始转向已积累的财富的保值和固定增长，一部分人可能在 50 岁出头就开始进入这个阶段。此时，你要开始考虑**遗产规划**（estate planning），即计划将自己的财产传给后代。第三阶段，也就是最后阶段，退休常常从 60 多岁的中期或晚期开始。在退休期间，你不再储蓄，只是在不断地花钱。但是，你仍要让自己的储蓄额保持一定的增长来防范**通货膨胀**（inflation）对货币购买力的侵蚀。

在考虑理财生命周期时要兼顾一个家庭的生命周期。比如，一对夫妻 20 多岁或 30 多岁结婚，不久以后有了小孩，接下来花 18～20 年时间抚养孩子，培养他们上大学，等到孩子长大搬出去组建了自己的家庭，老夫妻才能重新安下心来回到二人世界。显然，典型的个人经历并不完全适合每个人。现在，随着越来越多的单亲家庭和越来越多的年轻人晚婚，将任何家庭的个案奉为典型都是不合理的。但是，不管你的生活多么不平凡，你都会惊奇地发现自己的理财生命周期与典型的理财生命周期总是有很多相似之处。

每个人的理财早期阶段都有所不同。但是，对大多数人来说，一生中最大的一笔投资——买房——就发生在这个阶段。随之而来的是长期贷款合同，你要开始进行债务偿还规划。这时，买房的费用会主导理财生命周期的这个阶段，但是你不能忽略计划的其他部分。所以，你需要养成定期储蓄的习惯。养成储蓄习惯的重要性不言而喻。一旦你承诺要开始进行储蓄，那么需要回答以下问题：(1) 我能存多少钱？(2) 这些钱够吗？(3) 我应该把这些储蓄投资到哪里去？

一些看上去与财务无关的决定会对你的财务状况产生重大影响。例如，你决定生一个孩子。虽然这基本上不算是一个财务决定，但毫无疑问它对个人财务状况的影响是巨大的。如表 1-1 所示，养孩子要花费一大笔钱。事实上，对一个年收入为 83 300 美元的中等收入家庭来说，将第二个孩子从出生抚养到 18 岁的总费用需要 233 610 美元。而抚养第一个孩子的成本要比第二个孩子高出 27%，需要 296 685 美元。而且赚得越多，花在抚养孩子方面的钱也会越多。那些年收入超过 107 400 美元的家庭花在这方面的钱相当于年收入低于 59 200 美元的家庭的两倍。其中主要区别在于住房、儿童保育、教育等方面。当你看着这些数字时，记住它们只包括一个孩子从出生到 18 岁的费用，这还不包括上大学的费用。考虑到养一个孩子一年需要 9 690～19 770 美元，为孩子们存够上大学的钱还真是一个挑战！

表 1-1　抚养一个孩子的费用

这些结果仅针对有两个孩子家庭的第二个孩子。对于只有一个孩子的家庭，抚养孩子的成本更高，需要将总费用再乘以 1.27。对于有两个或两个以上孩子的家庭，抚养另外一个孩子的成本只需要将总费用乘以 0.76。

年收入（美元）	18 年的总费用（美元）								
	前 3 年的年支出	18 年来的总支出	住房	食品	交通	服装	医疗保健	儿童健康护理与教育	其他支出
少于 59 200	9 690	174 690	56 880	34 140	24 900	11 700	15 120	21 240	10 710
59 200～107 400	12 680	233 610	66 240	41 400	35 490	13 260	21 720	38 040	17 460
大于 107 400	19 770	372 210	98 280	55 020	49 860	20 280	29 610	86 820	32 340

注：其他支出包括个人护理用品、娱乐以及各种读物。

资料来源：*Expenditure on Children by Families*, 2015 Annual Report, U. S. Department of Agriculture, Agricultural Research Service, January 2017.

你还必须购买保险来保护自己拥有的资产。一开始时，你可能只需要医疗保险、伤残保险和责任保险。但是如果你决定组建一个家庭，万一悲剧发生，你还需要为家人提供保险。对有孩子的家庭来说，适当的人寿保险是必要的。另外，你还需要房屋保险、机动车保险和财产保险。

在第二阶段，你将从收入大于支出的赚钱年龄过渡到支出大于收入的退休年龄。这个过渡阶段会发生什么、持续多久都将取决于你对退休的准备程度。在这期间，你要重新评价自己的理财目标，其中包括保险保障和遗产规划，确保你真的为退休做好了准备。当临近退休时，你要经常评估自己的财务管理决策，包括保险以及遗产规划。记住，这是为退休以后的生活安排储蓄以及做好准备的最后一个机会，你在这方面处理得如何将会直接影响到你退休后的生活质量。

在最后阶段，也就是退休阶段，你将依靠储蓄生活。当然，何时退休的决定将反映你的储蓄情况如何。退休后，你的财务重点要放在确保有连续的财富，尽管此时已没有收入。像往常一样，你要花大量的时间来监督储蓄和财产的管理，但现在你还要注意不能把钱用光。要解决的问题还有，在不花光积蓄的前提下，你每年能从储蓄中拿出多少钱，还有你的投资策略要避免高风险，因为现在你需要保值而不是创造财富。另外，你的保险现在还要涉及承担可能要长期待在疗养院的这项支出。

最后，遗产规划的决策十分重要。为了保护你以及你留给继承人的财产，诸如遗嘱、生前遗嘱、医疗代理、委托书以及相关记录等资料应该妥善保存。这些遗产规划工具能确保当生命走到尽头时，你的意愿能够得以实现。它们还能让你在尽可能缴纳最低遗产税的条件下将自己的财产交给你想要交给的人。

现实世界

在65岁或更年长的美国人中，45%的人在财政上依靠亲戚，另外的30%依靠救济。如果你像大部分刚出大学校园的年轻人一样，很可能产生彻底花光人生第一桶金的冲动。只要你已经为实现理财目标安排好了储蓄，并且确保自己现在已经开始进行未来的理财规划，那就完全可以自由自在地花钱。关键是要尽早地开始理财规划，养成储蓄的习惯。

进行职业规划

职业规划这个过程就是找到一份你觉得重要的工作，而且这份工作能让你选择自己想要的生活方式。在考虑什么职业适合你时，想想那些能让你感到快乐和满足的工作。另外，找到一份能让你实现所希望达到的生活水平的工作也很重要。一般，你的第一份工作不会是你的终生职业。许多职业都有一系列的工作岗位可以为你提供展示才华的机会，最终经过一系列尝试，你会找到一份令人满意，同时又能平衡工作与生活的工作。图1-4是一份工作调查表，它将能帮助你做好职业规划。

调查（开始搜索感兴趣的工作岗位之前，请先完成调查表中的第 1～3 项。）

1. 确定职业
   - 列出你的工作与生活经验。
   - 看看工作信息，找出哪些公司正在招聘。 ________
   - 找到能发挥你的才能的工作。
2. 确定雇主
   - 告诉亲戚朋友你正在找工作，因为你不知道或许谁能帮到你。
   - 去当地的就业服务办公室寻求帮助。 ________
   - 通过互联网或直接联系雇主，了解公司和工作的信息。
3. 准备材料
   - 撰写简历，必要时可以对简历加以修饰，以确保你拥有的技能可以“符合”招聘启事上公布的岗位要求。 ________
   - 写求职信或申请信。

每天的努力

4. 联系雇主
   - 直接打电话给雇主（虽然他们可能不会公布电话）。要求与你的上司通话，如果你被录取的话。记住他们的名字。 ________
   - 去公司填写申请表。

面试（如果你要面试，请完成第 5～8 项）

5. 准备面试
   - 在网上搜索，了解你将要面试的公司。
   - 重新阅读招聘启事，确定如何使用自己掌握的技能做好这份工作。
   - 整理简历、申请表等（确保每样东西都很整洁）。
6. 面试 ________
   - 穿着得体地去面试，当然，这取决于你申请的工作。
   - 单独去。
   - 表现积极上进。
   - 感谢面试官。
7. 评价面试 ________
   - 在面试结束的 24 小时内，给面试官发一封感谢信。
   - 想一想你能怎样进一步提高面试的效果，记住，这也许不是最后一次面试。
8. 如果你要进行考试，那么做好准备。 ________
   - 找出你要进行的考试的相关信息。
   - 准备考试，复习工作技能。
   - 放轻松，要自信。
9. 得到工作 ________
   - 讨论薪水问题时要灵活（但是不要出卖你的短处）。如果你想要更高的薪水就直接说出来。最糟糕的结果也就是被拒绝罢了。
   - 祝贺你！ ________

图 1-4 工作调查表

选择专业和职业

职业规划的第一步就是自我评价，清楚自己想要什么。首先，考虑你的兴趣、技能、价值观、个人特点和渴望的生活方式。你喜欢什么活动？你喜欢怎样打发时间？你还有哪些其他技能可能对你的职业有价值。再看看你的教育记录，你最喜欢哪些课程，最不喜欢哪些？最擅长哪些课程？然后，看看你的工作经历。将你曾经从事过的工作和参加过的志愿者活动列成清单。想一想这其中哪些工作让你满意，哪些让你不满意。你为什么会离开？

进行一次有效的自我评价意味着你要诚实地看待自己生活的方方面面。评价过后，你会对自己的技能和兴趣有一个很好的了解。现在，你可以开始搜索职业，去寻找那些能体现你的价值的工作。在缩小选择范围后，看看这些行业的优点和不足之处。它们能提供你想要的社会地位和潜在收入吗？它们是稳定行业的一部分吗？它们需要出差或经常进行职位调动吗？接触从事目标职业的人，进一步了解他们平常做什么，对于这项工作有什么喜欢和不喜欢的地方。

现实世界

如果你想寻找其他工作的薪资，可以试试纽约联邦储备银行（Federal Reserve Bank of New York）的《按专业划分的大学毕业生就业市场结果分析》（Labor Market Outcomes of College Graduates by Major），网址是 https://www.newyorkfed.org/research/college-labor-market/college-labor-market_compare-majors.html。

完成自我评价后，看看职业选择，与职场中的人交流，这样你可能已经准备好选择哪个专业领域切实可行又符合你的兴趣。如果你还是一个没选专业的大学生，你会想知道哪个专业能让你毕业后从事自己喜欢的工作。你也许想去询问学校就业中心的工作人员，了解各种大学专业和不同职业间的具体关系如何。在你确定选了一个符合自己兴趣的职业的同时，最好考虑一下这份工作的收入怎么样。让我们来看看不同专业的全职工作的大学毕业生的年均收入，他们都只有自己本专业的学士学位。正如表 1 - 2 所示，选择的专业将最终影响你的收入。看这些数字时，记住这些只是平均数，你可能赚得比他们更多，也可能更少。选择一个“低收入”专业也不意味着你肯定不会成功，不会有一份丰厚的薪水——看看美国哥伦比亚广播公司的主席兼 CEO 莱斯利·穆恩维斯（Leslie Moonves）。他曾就读于巴克奈尔大学的西班牙语专业。还要记住一点，金钱虽不是万能的，却是不容忽视的。

表 1 - 2　不同的高校专业的收入水平

专业选择	失业率（%）	就业不足率（%）	职业生涯早期工资中位数（美元）	职业生涯中期工资中位数（美元）
会计	3.3	26.5	45 000	70 000
广告/公共关系	3.0	44.0	38 500	61 000
人类学	7.0	56.2	30 000	50 000
建筑学	4.9	34.8	40 000	70 000
工商管理	4.2	60.4	39 000	62 000
化学工程	5.0	16.8	70 000	100 000
化学	4.5	34.0	38 000	68 000
通信	4.6	57.6	37 000	37 000
基础教育	2.0	18.6	33 600	42 000
环境学	5.5	53.7	33 000	60 000
金融学	3.8	37.2	50 000	80 000

续表

专业选择	失业率（%）	就业不足率（%）	职业生涯早期工资中位数（美元）	职业生涯中期工资中位数（美元）
外语	5.6	53.8	32 000	52 000
表演艺术	6.0	65.0	30 000	51 000
心理学	4.3	50.3	31 000	52 000

资料来源：U.S. Census Bureau，American Community Survey（IPUMS）；U.S. Department of Labor，O* NET. https://www.newyorkfed.org/research/college-labor-market/college-labor-market_compare-majors.html，April 1，2017.

如果你仍然感到迷茫，可以试试上网搜索，网上有很多职业建议。

找到一份工作

找到第一份真正的工作本身就是一项工作。其中很重要的一点是记得要趁早开始。记住伍迪·艾伦（Woody Allen）曾经说过的话："成功85%的原因就在于你展现给别人看的东西。"也就是说如果你五月份毕业，那么在四年级开始前的夏天你就得把简历准备好。

为什么要这么早就开始动手？原因有三。第一，秋季学期的开始通常很繁忙，如果你在那以后开始写简历，会推迟一两个月。在夏天就着手准备能确保你在秋季学期开学时就能开始找工作。第二，当你比其他毕业生更早递交简历时，给潜在雇主传达了这样的信息，你既认真又有组织性，而这两个特质正是雇主所喜欢的。第三，大部分公司的招聘季会从秋季开始。

当你被选中参加面试时，关键是要做好准备。虽然你不可能把所有的问题都准备到，但是对于一些相对标准的问题，你应该事先准备好如何回答。表1-3列出了最常出现的15个面试问题。

表1-3　最常见的面试问题

1. 介绍一下你自己的情况。
2. 你对我们公司和这个职位了解多少？
3. 你的短期和长期目标是什么？
4. 你最突出的长处和短处是什么？
5. 你做过的最困难的事是什么？
6. 描述一次你和一个难相处的人一起工作的经历，这个人可能是你的同学、教授或同事。你当时是怎么处理的，现在又会怎么处理？
7. 你如何评价你在压力下的表现？
8. 你是如何选择你的专业的？你在大学里最有收获的经历是什么？
9. 你在学校有没有参加过课外活动或社团？
10. 关于上一份工作，你最喜欢/最不喜欢的是什么？
11. 你的动力是什么？你如何激励他人？
12. 请描述一个你参与过的项目及你的贡献。
13. 我们为什么要雇用你？（你对我们公司将会有什么贡献？）
14. 你的成绩是你职业潜力的良好指标吗？
15. 关于你自己还有什么需要介绍的吗？

可能的话，先排练一下面试。许多大学的职业发展办公室都会提供相应的课程，或帮助学生掌握面试技巧，这些技巧是顺利通过面试所必需的。接下来，利用图书馆和互联网的资源尽可能多地了解你将要面试的公司。了解公司是如何盈利的、它的历史和财务现状，还要熟悉公司任何新的动态。确保给对方一个美好的第一印象。穿着得体，在面试前一晚好好休息。计划早到30分钟防止预料不到的事件。展示强有力的肢体语言：一个有力的握手，一次友好的眼神交流，挺直但是放松的姿势都是自信的表现。当面试结束时，一定要感谢面试官给你时间和机会面试。最后，回到家里，发送一封跟进性的邮件，再次感谢面试官，强调你对这个职位的兴趣。

现实世界

据最近的招聘情况调查显示，求职者最常犯的错误是：说得太多。

在职场上获得成功

如果你只是刚刚开始工作，那么在你的职业生涯里，你将有可能至少为三四个不同的公司工作，从事十几种不同的工作。你也许会因为许多原因换工作，甚至职业。比如，正好赶上一个很好的机会，你的个人兴趣变了，或你从事的行业市场变了。在这个企业重组频繁发生的时代，职业安全感与之前的概念早已不可同日而语。为了保证自己不被淘汰，你应经常进行再教育，跟上迅速发展的技术变化，确保自己的技能仍有市场。为了增加自己作为一名员工的价值：

- 做你最擅长的工作。
- 向客户传递正确的形象，一个与组织的价值和需求相符合的形象。
- 了解公司的权力结构，确保自己可以游刃有余地工作。
- 获得他人的关注，让上司知道你的贡献。
- 接受新的任务。积累经验，了解组织的各项运作。
- 忠于并支持公司领导。记住，领导控制着你近期的职业发展。
- 经常学习新技能，尤其是不易复制的技能。
- 建立强大的关系网络，以防你可能需要新工作。
- 注意道德规范，因为作为一名员工，你可能经历的最具伤害性的事就是自己道德标准的迷失。违背职业道德将会终止你的职业生涯。

总之，职业规划是一个不断发展变化的过程，只有到你最终退休时才会彻底终止。

决定收入的因素有哪些?

收入多少不能决定你有多快乐，但是它却能决定你所能负担的生活水平。而且，从事同种工作的人，在不同的公司工作，所获得的收入也有很大差别。但是，有一点是明确的，越需要专业技能和培训的工作越倾向于支付高报酬。

如图1-5所示，毫无疑问，决定最终工资水平的关键因素是你的受教育程度。现在，你可能正在做一笔有史以来最棒的投资——你的教育。有趣的是，结婚也是富人的一个特征。在中等收入家庭的群体中，结婚的夫妻占到了70%，在富有家庭群体中，这个数字更是上升到了85%。你的理财规划必须以自己的收入为基础，才能切实可行。接下来让我们看一个可靠的理财策略应符合哪些基本原理。

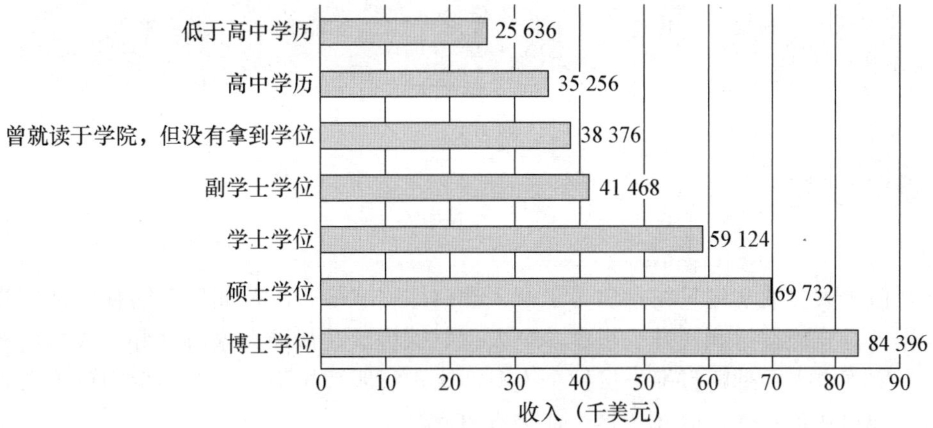

图1-5 受教育程度与收入水平

资料来源：Bureau of Labor Statistics，http://www.bls.gov/emp/ep_table_001.htm，accessed March 23，2017.

思考：

近来《家庭圈》（*Family Circle*）杂志进行的调研显示，84%的受访人认为做自己喜欢做的工作要比赚钱更重要，88%的受访人说相对于财富，他们更看重健康以及快乐的家庭生活。如果你认真学习了本书以及个人理财这门课程，并且学以致用坚定履行自己的理财规划，那么完全有可能做到同时兼顾金钱与兴趣。

保持清醒的头脑——金钱并不是一切

你的个人理财规划能让你着眼于未来规划自己的理财策略，让你实现将来过上富裕生活的目标。事实上，个人理财规划能让你客观地看待自己的财务状况，合理使用自己的工资。遗憾的是，大部分人的财务目标只与消费有关。他们眼中只有金钱，对什么才是生命中真正重要的东西没有合理的认识。在电影《阔少爷》（*Arthur*）中，有一段杜利·摩亚（Dudley Moore）和丽莎·明尼利（Liza Minnelli）的谈话，在剧中扮演亚瑟·巴哈（Arthur Bach）的摩亚说道："金钱搅乱了我的生活。我一直很富裕，但是从来没有开心过。"在剧中扮演亚瑟的女朋友琳达·马若拉（Linda Marolla）的明尼利回答道："虽然我很贫穷，但是我很快乐。"随后，亚瑟的母亲走进来说："我很富裕，也很快乐！"是的，金钱不能等同于快乐。实际上，《华尔街日报》最近报道了全球幸福调查的结果。《华尔街日报》访问了《福布斯》榜单上全美最富有的400名受访者，结果显示他们的幸福指数只有5.8分。这与住在格陵兰北部的因纽特人和住在炎热的肯尼亚的马萨伊人（Maasai）的幸福指数是一样的。但是要记住，虽然金钱不能带来快乐，但是面对大学费用或退休，没有足够多的钱也是很令人焦虑的。事实上，美国心理学会近期的一次调查发现，金钱是让美国人感到压力和紧张的头号因素。

思考：

哲学家亚瑟·叔本华（Arthur Schopenhauer）在《人生的智慧》（*The Wisdom of Life*）一书中曾经说过，财富“就像是海水：你喝得越多就会感觉越渴”。你认为叔本华的这句话有什么含义？

培养职业技能

现在似乎大多数学生只在意学习了个人理财课程“是否以及如何”能帮助他们找到一份好工作，乃至能够得到晋升。毕竟，个人理财课程旨在帮助大家管理好个人的财产，做好预算，实现个人的理财目标，保护个人财产，进行明智投资，应对人生中可能遇到的形形色色的理财相关事件，以及“将金钱变成财富”。

毫无疑问，你在本课程学到的知识能帮到你自己，但是你要知道，这些知识也同样有助于你的职业发展，这也很重要——是的，起初看上去不太明显，但是个人理财技能确实有助于你的职业发展。良好的个人理财技能既能帮助你获得自己想要的工作，又能帮助你做好这份工作。这听上去似乎有点牵强，但是大量的研究文献很支持这个结论。此外，本课程中学到的一些技能，例如批判性思维、信息技术与计算机技术以及职业伦理，还能帮助你更进一步，取得更大的成功。而且，只有经历了完整的受教育程序，个人才有机会掌握那些雇主认为员工能胜任的工作岗位所不可或缺的技能。通过学习本课程，尤其是阅读本书，各位读者将有机会培养和练习此类技能。

你可能并不认为你的个人信用记录会对你能否获得想要的工作具有一定的影响，然而在某些情况下，事实确实如此。实际上，人力研究管理协会的一项研究发现，47%的美国企业会对未来员工进行信用背景调查。[①] 虽然我们无法确切地知道这些企业在寻找什么，但很明显的是，企业认为员工对个人财务的负责任程度非常重要。而且，大量的研究已经证明，当个人财务状况出现问题时，员工会表现得心烦意乱，工作效率也会降低。这样可不利于晋升。因此，好好掌控个人财务状况确实能帮助你找到工作并做好这份工作。通过本课程，大家能够学会如何掌控个人的财务状况以及以负责的态度管理好个人财产。

学习个人理财还能让学生掌握很多新技能，而这些技能恰好是雇主在应聘的商科毕业生身上寻找并重视的技能，这些毕业生们会利用学过的几乎每一门课程来推销自己。在解决问题、做出决定或是在面对特定环境形成判断的过程中运用批判性思维的能力是一个很重要的特征，学习个人理财有助于提高这方面的能力。批判性思维涉及意志坚定、以目标为导向的思维方式，可用于发现并解决问题、制定决策以及面对特定环境时做出判断。这正是我们在个人理财课程里用到的思考模式，例如，当面对问题“应当为退休准备多少存款?”时，我们拟定了一份层次分明的模板——先确定问题，然后将其直观地转换为数学模型，接下来提供能解决问题、帮助我们实现目标的方法。

个人理财课程探讨的很多问题，都涉及“为了实现未来的目标，现在开始储蓄”（在

① Gary Rivlin, “The Long Shadow of Bad Credit in a Job Search,” *New York Times*, May 11, 2013.

进行退休规划时），或“现在借钱，将来还清贷款”（例如为了能继续上学而借入助学贷款，或是为了买房子而申请抵押贷款）。事实上，我们很多个人理财的决定都需要将发生在不同时点的现金流进行比较。因此，我们经常要使用 Excel 表格或与 Excel 表格工作原理相似的财务计算器来计算本书中的各种个人理财题目。这些有关信息技术和计算的技能对雇主来说非常重要。在学习个人理财课程时，一项隐藏技能是根据问题来建模，也就是说，列出各个现金流以及能反映现金流确切发生的日期。于是，学生能学会如何建模并解答个人理财问题，这是一项现实世界里很重要的技能，不仅能帮你管理好个人财务，还能用于工作场合。

在个人理财课程里，我们还要讨论道德伦理问题（ethical problems/issues）。例如，我们会提出这样的问题，“如果你想把自己的车卖给别人，那么在向对方描述车辆存在哪些问题的时候，你应承担哪些道德义务？”我们还会探讨一些更为复杂的道德两难困境。比方说，“发薪日贷款是不是很邪恶？”毕竟，这种贷款的利率水平经常高达400%！尽管这种贷款利率过高，但对于某些无法从其他渠道获得贷款的人来说，这也不失为一种选择。我们探讨的很多道德伦理问题不能轻而易举地得到答案或有明确的答案，但是当你在工作中遇到难以预料的道德两难问题时，掌握分析此类道德伦理问题所必需的道德推理与论证方法会对你大有裨益。

那么，再回到之前我们提出的那个问题，也许你不是金融专业的学生，你想知道这门课能否帮助你获得职业发展。那么，答案是响亮的“是”，它不仅有益于你的工作，对你的人生也有帮助。

Q&A 爱与金钱

个人的财务状况会对人生的方方面面产生影响，想必你对这种说法并不感到惊讶。可能你已经知道这会影响到你买房的能力，投资能否成功，还关系到你是否能早早地、舒舒服服地退休。不过，你是否曾经想过个人的财务状况还会影响到你的爱情生活以及其他人际关系？是的，个人理财对爱情生活的成败影响巨大！不过，虽然金钱可能会导致人际关系紧张，这一点是毫无疑问的，但至于事情为什么会如此演变，似乎又是毫无理由的。如你所料，如果你希望这段关系继续保持下去，那么在处理金钱和个人理财决定时，有些事坚决不能做，你还可以采取一些手段，以免让金钱妨碍到你的人际关系。在这个“爱与金钱”专栏里，我们来看一看人们对金钱和爱情的态度。我们还会提供一些个人理财的建议，以便帮助各位建立更完美、更坚强、也许更持久的恋爱关系。

为了探讨爱与金钱之间的关系，我们先来看看哈里斯民意调查的最新结果——财务状况是导致恋爱关系紧张的最主要原因！

个人的财务状况或这方面的错误决定甚至会让一段还没开始的恋情夭折，也就是说，债务会让你恋爱受挫。根据近期宏达理财公司的调查，44%的受访者认为信用卡债务会让他们与其他人约会的可能性降低！为什么信用卡债务会妨碍社交？原因之一是它被看作是个人对财务状况不负责任的信号，没人愿意与这样的人成为伴侣。我们都知道，关系紧张会导致争吵，其他研究发现，当我们为了钱而非其他事情吵架时，愤恨的情绪往往会持续得更久。显然，因为财务问题而争吵会破坏两人的关系，尤其是在恋爱初期。于是，研究发现，做好财务方面的婚前协议有助于避免夫妻双方在婚后为了如何用钱而发生争吵，这是一个明智的做法。* 因而，我们的结论是金钱和你的个人理财技能及习惯对“你和谁能走到一起”以及“你们俩能否一直在一起”具有重要的影响力。在“爱与金钱”专栏里，我们会提供一些有助于提高恋爱成功概率的建议。

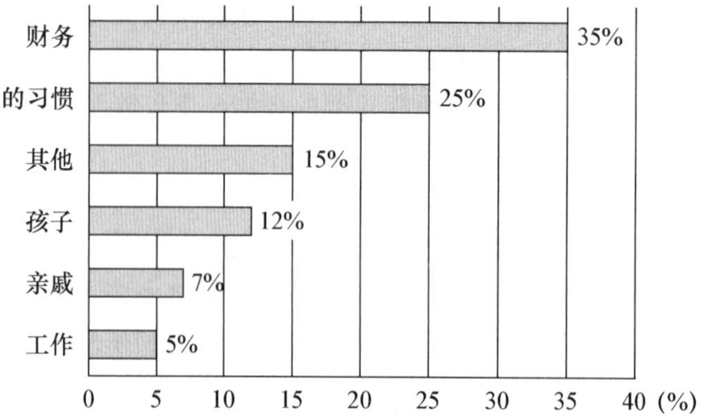

使你们关系紧张的主要原因是什么？

* Britt, S. L. & Huston, S. J. J Fam Econ Iss (2012) 33: 464. doi: 10.1007/s10834-012-9304-5.

近期爆发的金融危机带给我们的教训

始于2008年的金融危机给所有美国人的生活带来了严重的冲击。这主要反映在两个方面：首先是失业率高企并且不断向上攀升；其次是金融市场的崩溃。这两个方面加在一起导致的结果便是财富的大量流失以及难以获得贷款——信贷市场的停滞程度达到了自大萧条以来的最高水平。股票的市场价格已经跌去了超过50%，银行不愿意提供贷款——简而言之，这就是一场金融灾难。不幸的是，没有人能够改变过去，但是问题依然存在：我们能够利用从这次危机中学到的教训来适当调整自己的理财规划吗？如果不能，那么将来你注定要面临历史的一再重演。

2016年底，国会预算办公室发布了《家庭财富趋势报告》，分析了经济衰退对家庭财富的影响作用。这份报告的结论以及皮尤研究中心进行的一项调查，都让人倍感沮丧。近期的经济衰退导致家庭的财富值大幅缩水，当被问到“如何让家庭收入和工作状况从衰退中逐渐恢复”，一多半的受访家庭回答说“几乎不可能恢复”。当被问及不动产以及股票投资的市值是否有所回升时，大多数家庭回应说“只涨回了一部分”。

近期的经济衰退揭示出令人恐惧的真相——美国人原来竟如此脆弱。这也让大家意识到将来很多美国人退休时会遇到大麻烦。作为学生，通常退休在你心里是最遥不可及的事——毕竟，你甚至还没找到过一份工作，退休要等到好多年以后，你相信事情总会解决的，因为看上去并不难。但是，好好看一看上一代人遭遇的各种财务危机，你能更清楚地意识到如果自己现在不采取行动，那么未来你将会面临怎样的局面。而且，对于痛苦，我们总是容易遗忘。随着经济慢慢摆脱衰退局面，人们对金融危机的记忆就会逐渐褪色，如果不认真吸取教训，不改掉一再导致金融危机爆发的各种坏习惯——过度消费、不储蓄以及背负过多债务——那么我们注定会重复历史。

我们应当从中吸取哪些教训？首先，回顾一下刚刚发生的金融危机，我们可以很清楚地发现自己准备的应急资金太少了。首要的理财目标之一便是准备好足以帮助你度过紧急状况的应急资金。我们将在下一章讨论这个问题，同时它还是构成 10 条个人理财基本原理——下一节就要讲到这 10 条基本原理——其中之一的基石。

美国人最担心的财务问题是什么？根据洛克菲勒基金会的调查报告，毫无疑问答案是退休。超过 50%的美国人担心自己是否有足够的经济能力退休。在这个群体当中，大约有 60%的人承认自己“非常担忧”。在老百姓普遍关心的多个民生问题当中，人们对退休的担忧程度已经超过了失业、住房、债务、医疗成本、卫生保健等问题。因此，在讲授个人理财知识时，我们要重点强调那些与退休计划直接相关的内容，从而为大家打下坚实的基础。虽然各位距离退休还有几十年，但是只有预先做好计划并尽快动手才能确保自己退休后的晚年生活惬意并有安全感。

债务以及卫生保健也是很多美国人非常关注的问题。大约有 40%的美国人担心自己没有能力偿还债务。此外，大约有 40%的美国人还担心自己是否有能力购买充足的健康保险以及支付医疗费用。

毫无疑问，过去几年间爆发的经济衰退不仅使得绝大多数美国人的财务状况恶化，而且还提醒我们，如果不做好准备，那么未来这样的问题还会再一次让我们陷入困境。幸运的是，通过个人理财规划，诸如拥有足够多的应急资金以备不时之需；能够负担得起退休后的生活，并且自己想什么时候退休就什么时候退休；避免过多负债；购买充足的健康保险——目前这几乎是大部分美国人最担心的几个问题——都不再成为你的难题。

个人理财的 10 条原理

对于第一次学习个人理财的学生来说，本书看起来就像把一系列单独的理财工具和技术堆积在一起，然后印在书上。不是这样的！事实上，我们用来教授个人理财管理的技术和工具都是以非常简明的逻辑为基础的。我们可以把这个逻辑凝练为 10 条基本原理。虽然为了弄懂这 10 条原理，不一定非要了解个人理财；但是若想弄懂个人理财，就必须先搞清楚这 10 条原理。

这些原理贯穿全书，将各章节的主题联系并统一起来，帮助你更好地理解理财工具能起作用背后所隐藏的逻辑。现实情况是你的现状与将要面临的财务挑战不能套用简单公式。你必须了解本书讲述的内容背后的逻辑，才能将其应用到自己的生活中去。

让我们来一一认识构成个人理财基础的这 10 条原理。有些理论差不多可以称得上是常识了。如果在个人理财课程中你只记住了这 10 条原理，那么仍然可以称得上是很好地把握了个人理财的精髓，从而有更多的机会积累财富，实现自己的财务目标。我们先来了解一下前 8 条原理，然后再看最后两条——之所以最后两条原理要单独列出来，是因为我们要帮助大家了解自己在个人理财方面的个性与行为特征，然后为眼下以及将来从学校走向现实社会制定好行动计划，而在此过程中，这两条原理特别重要。

原理 1：知识是最好的保障

获得个人理财建议并不难，难的是如何区分哪些建议是好的，哪些是不好的。互联网、广播、电视、报纸、杂志甚至是有点过时的书籍，到处都充斥着各种各样的专家以及顶着专家名头的家伙们，他们狂轰滥炸般地抛出了各种各样的个人理财建议。当然，其中很多建议可能会帮助一部分人成为有钱人，但是不一定会帮到你，也许提供建议的人本身才是受益人。更糟糕的情况是，别人成为有钱人是以你的财务状况变得更加糟糕为代价的。虽然专业的理财规划师能帮你拟定一个终生理财规划，但还是要靠你自己去管理它。因此结论是如果你想实现既定的理财目标，那么必须了解个人理财管理的基础知识。这也是你保护自己的唯一途径。掌握个人理财知识能够：

- 让你在遇到无能的投资顾问时保护自己，避免损失危险。
- 让你明白为自己做好未来规划的重要性。
- 让你理性投资，并充分抓住经济与利率变动的契机从中获取收益。
- 让你将从本书和其他地方学来的原理应用到现实生活中去。

因为现实生活中的财务问题很少能很完美地对应课本中讲到的问题以及解决方法，为了实际应用，你必须要对学到的书本知识加以提炼。有效提炼知识的唯一方法就是理解。就像生活当中的很多例子一样，如果你知道自己在做什么以及为什么这样做，那么做起来就会容易得多。

如果你知道自己在做什么，那么就不必依赖保险销售顾问、理财规划师以及股票经纪人——毕竟，他们做事情的出发点是为了自己的利益，而不是你的利益。例如，保险销售顾问为了获得佣金可能会竭力向你推销你并不需要的保险产品。理财规划师可能会向你大力推销某些金融产品，例如费用比其他同类产品高得多的共同基金，因为这些产品可以给他带来丰厚的佣金收入。

这并不意味着你必须彻底避开保险销售顾问或理财规划师，但是你应当仔细挑选合适的人选。要像挑选一名足够胜任且令人信赖的医生那样去选择理财规划师——能够满足你的需求，职业生涯清白，而且事实证明确实能给客户提供帮助。如果你信赖你的医生——或者是理财规划师——那么你必须相信他会将你的利益放在第一位。时刻保持警惕，在做出理财决策时要特别注意那些别有用心的“建议”。

思考：

我们总是后悔地说出这两个词，“要是……该多好”，心里渴求着人生要是能“重来一次”就好了，如果当初我们做了不同的决定，那么人生本应变得更加美好。而大家最不愿意怀有后悔遗憾情绪的，便是个人的理财决定，因为现实世界不可能“重来一次”。避免后悔情绪的唯一方法是制定计划。

原理 2：没有计划将一事无成

大部分人花在计划如何过暑假上的时间比花在计划自己未来财务上的时间还要多。人们总是很容易忘记考虑退休，忘记考虑如何为孩子的教育买单，忘记考虑紧缩开支来增加储蓄。在本书开篇，我们就曾写道："花钱总是比存钱容易"。我们甚至可以进一步说，"考虑如何花钱总是比考虑如何存钱容易"。

如果你和大部分人一样，那么只能不加思考地花钱，但是储蓄必然是思考后才能发生的行为。这就是问题。储蓄不是自发事件：必须计划。遗憾的是，计划也不是自发的。一个简单适度的理财规划就是起点。当储蓄的纪律变成习惯，或者至少是成为自己认可的行为时，再来修改并拓展你的财务规划。制定理财规划的时间被推迟得越晚，实现财务目标的难度就会越大。当目标看起来难以超越时，你甚至根本不想尝试去实现它。

原理 3：货币的时间价值

或许个人理财中最重要的概念就是货币具有时间价值。简言之，因为你能靠自己拥有的钱赚得利息，所以今天的钱比以后的钱——比如一年以后的钱——更有价值。例如，今天你赚了 1 000 美元，将这笔钱投资于一个收益率为 5%的项目中；一年后的今天，这 1 000 美元将会变成 1 050 美元。然而，一年后的今天你赚得的另一笔 1 000 美元，其价值只是 1 000 美元，比你今天赚到的 1 000 美元要少 50 美元。虽然对大多数人而言，这种算法并不陌生，但是很少有人认识到它的重要性。时间价值的重要性是双重的。首先，它让我们明白投资是如何随时间的流逝慢慢增长的。其次，我们可以使用这一概念比较不同时间段的货币价值。如果不明白这个重要概念，你就无法做好个人理财。

在本书中，我们注重的是如何创造财富以及如何保值的问题。为了创造财富，我们将储蓄用于投资，让它的价值随着时间的流逝慢慢增长。这种增值正是货币的时间价值的一个例子。实际上，个人理财的很多问题都与货币的时间价值有关。在理财生命周期的早期，你可能要借钱买房。在取得房屋抵押贷款时，你事实上是在提前消费，随后再慢慢偿还债务。在为退休储蓄时，你是在提前储蓄，为以后的消费做打算。不管你是提前消费，延后支付，还是提前储蓄，延后消费，这些例子都能说明货币是具有时间价值的。如果意识不到货币的时间价值的存在，就无法理解**复利**（compound interest）的意义，正是它让投资的价值随着时间的流逝慢慢增长。

> **复利**：利滚利。当投资获得利息时，将这些利息加入本金并进行再投资，让你同时赚取本金与利息的利息。

你还会发现时间是你的好帮手。如表 1－4 所示，假设你现在 20 岁，计划到 68 岁时退休，如果你现在就开始每个月月末储蓄 33 美元，而且这笔投资能给你带来 12%的收益率，那么等到 68 岁生日时就能实现存款 100 万美元的目标；假设你到了 40 岁时才开始储蓄的话，若收益率为 12%，那么你每个月要储蓄 366 美元才能实现目标；若收益率仅为 6%，那么你每个月要储蓄 1 151 美元；假使你一直等到 50 岁才开始行动，若收益率为 12%，那每个月要储蓄 1 320 美元；若收益率为 6%，每个月要储蓄 2 582 美元才能实现目标。你会发现，早点动手会让事情变得容易得多。这一切都是因为货币具有时间价值。

表 1-4 利率与早点动手的重要性——开始行动吧！
把你的钱投资于收益率为 6%和 12%的项目，到 68 岁时存够 100 万美元

最后一笔存款在你 68 岁生日那天存入，而第一笔存款发生在你____岁	假设投资收益率为 6%，则每个月你要存入____美元	假设投资收益率为 12%，则每个月你要存入____美元
20	300	33
25	413	59
30	573	108
35	806	198
40	1 151	366
50	2 582	1 320
60	8 141	6 253

原理 4：税收因素对个人理财决策的影响

税收在个人理财规划中扮演着重要角色，因为它会影响一项投资的实际收益率。做任何投资决策前都要首先了解税收对投资收益的影响。因此在选择时，你要关注的是税后收益率。每项投资的税收标准都有所不同，所以你会发现一个有效的个人理财规划需要你对税法有一定的了解，清楚税法是如何影响投资决策的。

原理 5：天有不测风云，或流动性的重要性

虽然个人理财规划的重点是为实现终生目标进行长期投资，但是你仍要未雨绸缪。这就意味着你的一部分钱必须可以随时拿到，或者能很快兑现。如果不能立即拿到流动资金，一旦意外发生，比如失业、受伤，你就得将一个期限较长的投资套现。比方说因为急需用钱，你可能要被迫在房价低迷的时候卖掉租赁资产。要是没有资产可以出售怎么办？在这种情况下，你就必须尽快借到钱。通过这种方式借到的钱可能会给你带来高昂的利息成本。同时，它还会带来意料之外的偿还贷款的负担，而你并没有为此事先做好财务安排。总之，还清计划外的借款是很困难的。因此，我们应持有足够多的流动资金，数量一般相当于 3～6 个月的生活支出。到底需要多少，我们将在下一章里详细讨论。

原理 6：不浪费就不会匮乏——理性消费

个人理财与财产管理并不仅仅涉及储蓄与投资问题，它还涉及消费问题，尤其是理性消费。如果你努力工作的目的是赚钱，那么肯定不愿意将辛苦赚到的钱白白浪费掉。遗憾的是，人们常常做不到理性消费。事实上，研究人员估计 5%的美国人——大概 1 700 万美国人——是购物狂；也就是说，他们无法控制自己的购物冲动。

当谈论理性消费这个问题时，我们不仅仅指的是 4 美元一杯的拿铁，每天两包烟的抽烟习惯，买杂志以及 450 美元的卫星频道收费，还涉及买房、买车，以及将你花掉的每一美元都物尽其用。

理性消费的第一步是区分欲望与需求，弄清楚每一种购买的产品是否符合自己的生活需要。第二步是做好功课，确保你买到的商品质量与预期相符。第三步是实际购买，争取

到最低廉的价格。最后一步是在使用商品的过程中注意保养。

原理 7：保护自己免受重大灾害或灾难的威胁

在悲剧发生后才发现自己没有购买足额或适当的保险，这是最糟糕的。看看那些在新奥尔良经历卡特里娜飓风（Hurricane Katrina）却没有购买洪水保险的受害者就知道了。正如我们要讲到的那样，保险是一种需要购买的非常规商品。事实上，大多数人并不是买保险，而是“被卖”保险。一般都是保险业务员在推销保险产品的过程中逐渐引导顾客最终做出购买何种保险产品的决定。

这样的购买过程就引出了一个问题，由于各种保险产品存在着诸多细微差别，这使得顾客很难直观地比较各种保单。此外，许多人有保险却从来不看保单。为了避免悲剧后果，你需要购买适合自己的险种，还要去了解保单上到底写了些什么。

保险的重点应放在巨灾方面，即使这种事情可能很遥远，但是一旦发生，就会严重侵害你的财产安全。飓风、洪水、地震和火灾就是最好的例子。这些自然灾害会造成你无力承担的损失，但是保险可以保护你抵御这些灾难带来的破坏性影响。

原理 8：风险与收益的权衡

人们为什么储蓄？答案很简单：一般来说，人们储蓄并进行投资是为了赚得利息增加财富，于是未来有能力购买更多的东西。投资回报或利息的决定因素是什么呢？投资者要求获得的最低报酬率必须大于预期的通货膨胀水平。为什么？因为如果预期通货膨胀率是 4%，而投资的预期收益率只有 1%，那么这就意味着收益就不足以补偿因为通货膨胀而损失的货币购买力。这就意味着投资者事实上是在亏本，亏本的投资实在没什么意义。

既然现在你了解了最低报酬率的概念，那么在选择投资项目时你该如何抉择？所有的投资项目都有一定的风险，只不过某些投资项目的风险更低一些罢了。为什么在有更安全的选择时，投资者愿意把钱投资到高风险项目中去呢？答案是除非承担额外的风险可以给投资者带来对等的收益补偿，否则他们不会愿意这样做。换言之，投资者承担了更多的风险，当然会要求获得额外的预期风险补偿。注意我们说的是“预期”报酬而不是“实际”报酬。你也许预期或确信能从投资中获得多少收益，但是因为存在风险，你不能确定实际投资收益到底会是多少。

谈到投资，没人能够保证未来会发生什么事，只能说某些投资选择的不确定性更大或者风险更高，也就是说你所预期的丰厚回报无法实现的可能性更高。比较一下美国长期国债和西尔斯百货公司发行的债券这两种投资选择吧。在两种情况下，购买债券都相当于把钱借给别人，债券就像是贷款，发行债券的机构向购买债券的人借钱。因为有风险，所以你可能会遭受损失，西尔斯百货公司的债券比美国长期国债的利率更高，否则就没有人愿意购买西尔斯百货公司发行的债券了。毕竟，你知道国债到期时一定会偿还本金，但是西尔斯百货公司可能不会。是更高的利率激励说服了一些投资者选择购买西尔斯百货公司的债券，而不是购买美国长期国债。于是，投资者承担了额外的风险。投资的风险越高，它的预期收益也应该越高。图 1－6 给出了风险与收益之间的关系。

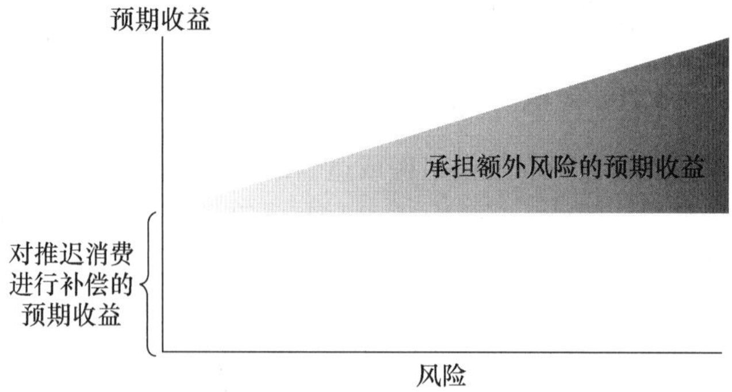

图 1－6　风险与收益的权衡

> **分散化**：选择多种多样而不是单一的投资产品来降低风险。

幸运的是，**分散化**（diversification）投资帮助你降低或分散一部分风险，同时还不影响预期收益。用一句古老的谚语来解释分散化投资的概念就是“不要把鸡蛋放在一个篮子里”。当进行分散化投资时，你将钱分散在几个投资项目中，而不是把所有的钱都投资在一个项目上。如果其中一项投资失败了，你可以寄希望于用另一项投资获得的收益来弥补这一损失。实际上，分散化投资能让你在市场的起起落落中幸存下来。你也许无法获得巨额收益，但是也不会遭遇惨痛的损失——相反，你可以实现市场的平均收益率。

你能承受多高的风险？一般来说，你持有一项投资的时间越久，承担风险的能力就越强。我们用股票为例来说明。在过去的 82 年里，大公司的股票平均每年上涨 10.4%。但是，股价的增长并不是平稳的。股票投资的问题在于平均收益率并不一定是你实际获得的收益率。不管原因是什么，你可能会在错误的时间将资金投入股市。如果你需要从明年开始支付孩子的大学学费，那么股市就不是一个好的投资选择。你肯定不想把孩子的大学学费压在股市有个好年景的希望上；或者更重要的是，今年的股票市场一定不要是熊市。

然而，如果你只有 20 多岁，想为退休储蓄，那么股市就是一个理想的投资场所。虽然随着时间的推移，股票市场肯定会起起伏伏，但从长远来看，你把钱投资于股市所获得的收益将远远高于投资于其他低风险投资项目——例如货币市场和债券——所获得的收益。

行为视角 >>>

原理 9：心理游戏、理财个性与金钱

当然，你肯定希望避免做出错误的理财决定，但问题是很多错误的想法早已经深深地刻画在你的脑海里。近些年来，学者们的大量研究成果证明人们的行为偏差会导致严重错误的理财决策。事实上，你的心理可能会阻碍你做出合理的理财决策。我们用“心理账户”（mental accounting）这个概念为例加以说明。心理账户理论指的是人们倾向于把钱划分为不同的心理账户，每个账户的设立目的不同。这会对你的个人理财决定造成怎样的影响？比方说，你宁可把钱存在利率只有 2%的储蓄账户里，也不愿意用这笔钱来偿还利率高达 14%的信用卡欠款。这就是受到了心理账户的影响。再比方说，你拿到退税后将其视为"可以随便花掉的钱"，于是马上冲出门去将其花光，然而与此同时你正在节衣缩食为孩子们积攒教育基金。我们也可以从这个例子里看到心理账户的影响作用。

心理账户只是人类行为偏差的一种表现形式，我们往往在不知不觉间被这些行为偏差所诱导，从而做出了错误的理财决定。我们再来看另外一种行为偏差的表现形式——"沉没成本效应"（sunk cost effect）——一旦我们花了钱购买了某种物品，那么我们会表现出对这种物品的"执着"，很有可能在这种物品身上投入一笔又一笔的资金。比方说你刚刚花了 1 000 美元购买了一辆非常破旧的二手车。结果刚刚买下来就发现汽车的变速箱坏掉了。一个新的变速箱要花费 1 500 美元。行为偏差会诱使你愿意为这辆旧车更换新的变速箱，即使更换变速箱的费用甚至超过了买车的成本。这是因为如果不修理，那么买车花掉的 1 000 美元就白费了。但是，过去发生的事情并不重要；在做决定时你要考虑的是这一决定会在未来带来怎样的后果。事实上，沉没成本效应会诱使你基于已经投资了的金钱或时间来做决定，于是最终的结果便是不管是买车、买房还是购买其他物品，你在这种物品上花费的金钱是一笔接着一笔。

思考：

嫉妒和"复杂的比较心理"是我们所有人都有的两大行为特征，这使得我们过多地关注别人，而没有弄清楚生活当中最重要的是什么。研究成果显示看电视会让人们更有可能形成这样的观念：幸福是建立在财富以及能买到什么东西的基础之上的；于是，人们开始对自己的生活感到不那么满意。你曾有过这样的感觉吗？举个例子加以分析。

还有一点会让一切变得更加复杂：每个人都要和钱打交道，他们做出的理财决策各不相同。而且对于很多人来说，冷静理智、不带有任何感情色彩地制定理财决策是十分困难的。此外，有些人对广告很敏感，更容易被说服买下原本不打算购买的商品；当然，也有一些人天生就能做到自觉地遵守财务纪律。遗憾的是，人的个性很难改变。在幼年时期，很多人便开始展露出不同的理财个性——有些人感觉自己很难存下钱，而有些人感觉自己很难把钱花掉。人们对消费与储蓄的看法，以及是否害怕处理与金钱有关的问题，从而导致出现"别管它就好了"的倾向，都将对人们的个人理财状况产生巨大的影响。事实上，还有这样一些人，他们把金钱看作是邪恶的化身，对财富感到不安。了解自己的理财个性有助于你更好地控制自己的理财生命周期，并帮助你基于理性选择而非情感或习惯来做出决策。而且，一旦你弄清楚了自己的理财个性以及这种个性对理财决策的影响作用，那么在接下来的时间里便不会再重复犯同样的错误。看看本章开篇时谈到的莉莉的例子，她只不过是无法停止消费，即使事实上她早已把钱花光了。

本书从头到尾都在努力提醒大家注意隐藏在自己脑海深处不自知的某些想法，至少要多注意那些会影响理财决策的思维方式。如果你知道自己存在着这样的行为偏差，那么就能更好地控制它们；如果你了解了自己的性格，那么在制定理财决策时就会有意识地剔除掉个性的影响作用，从而避免掉入陷阱。事实上，最后一条原理就是建立在这些行为偏差的基础上，对某些人来说，由于个性使然，想要做到这一条原则会更难。

行动计划

原理 10：开始行动吧！

本书的每一章都会以行动计划作为结尾。本章我们以最后一条个人理财原理作为结尾，而这条原理号召人们采取行动。只有当人们听从建议付诸行动，这才是真正的从善如流。

从承诺到付诸行动也许是进入个人理财规划过程最艰难的一步。事实上，对于某些令人厌烦的任务，人们总是不自觉地抵制——这也是所有人都存在的行为偏差之一——因为爱拖延是人类的天性。如果你不相信，那么想一想上一次写过的学期论文——极有可能是在截止日的前一天晚上匆匆赶完的，即使你在几周之前就清楚地知道论文要在这一天上交。不过，我们应当积极敦促自己努力向目标前进，并认真管理自己的财务状况。这意味着一旦你迈出了第一步，接下来的事情就会变得容易得多。

储蓄比消费更容易，对吗？不，你知道事实恰恰相反。对绝大多数人来说，储蓄指的是把消费后剩下的钱存起来。这意味着先按照自己的喜好消费，然后把余下的钱储蓄起来，于是储蓄额就等于收入减去消费支出。如果你先把要储蓄的钱预留出来，那么消费支出就会变成“余额”。也就是说，先储蓄，余下的钱才可以用来消费。这就是将你的个人理财规划投入实施的第一步。

现实世界

早一点动手储蓄所带来的效果十分惊人。每个月储蓄 50 美元，利率水平为 10%。

从 25 岁开始储蓄，到 65 岁时：316 204 美元。

从 45 岁开始储蓄，到 65 岁时：37 968 美元。

本章小结

➡ 学习目标 1：解释为什么个人理财规划如此重要。

总结：个人理财规划能让你（1）管理不确定的事情，（2）为特殊消费积累财富，（3）更为现实地为退休而储蓄，（4）保障你的财产安全，（5）理性投资，（6）税负最小化。

➡ 学习目标 2：说明个人理财规划的 5 个基本步骤。

总结：个人理财规划的 5 个基本步骤：

1. 检查你的财务健康状况；
2. 定义你的理财目标；
3. 制定行动计划；
4. 执行计划；
5. 检查计划的进展情况，重新评价和修改计划。

事实上，理财规划的最后一步也是它的第一步，因为对生活来说，没有哪个计划是一成不变的。

关键术语

流动性：你能将非现金的资产兑换为现金的速度与便利程度。实际上，它与你需要用钱时获得资金的方式有关。

➡ 学习目标3：确定自己的理财目标。

总结：若想实现理财目标，你首先必须树立一个目标。这要求你写下自己的理财目标，附上它们所需的费用，以及何时需要用到这笔费用。一旦你有了目标，它们就成了个人理财规划的基石、行动的向导以及衡量理财计划优劣的基准点。

在人生旅程中，你的目标在不断发生变化，一般的理财生命周期适用于大部分人，也包括你。理财生命周期分为三个阶段：(1) 早期——财富积累阶段，(2) 接近退休——黄金阶段，(3) 退休阶段。

关键术语

遗产规划：你去世后将财产传给后代的计划。

通货膨胀：一种经济现象，物价上涨使货币的购买力下降。

➡ 学习目标4：解释职业管理与教育对个人收入水平的影响作用。

总结：一般来说，受教育程度越高，你的收入水平也会越高。因为一项工作越需要专业的技能和培训，就越倾向于支付较高的薪酬。

➡ 学习目标5：确认并理解如何利用本课程学到的技能找到工作并取得职业发展。

总结：本课程并不是只讲述如何管理金钱，它还能帮助大家掌握批判性思维、量化分析以及道德伦理等技能，既有助于个人生活，也有助于职业发展。

➡ 学习目标6：说明我们可以从近几年爆发的金融危机中吸取哪些有关个人理财规划的教训。

总结：近几年爆发的金融危机证明很多人持有的应急资金并不充足。此外，危机还显示出退休是绝大多数美国人最担忧的财务问题。其他暴露出来的问题包括过度负债以及没有购买充足的健康保险。没有事先进行理财规划使得很多美国人在危机来临时狼狈不堪。

➡ 学习目标7：列出个人理财的10条原理。

总结：个人理财规划有10条基本原理，本书介绍的理财技术与工具都是建立在这10条基本原理基础之上的。

关键术语

复利：利滚利。当投资获得利息时，将这些利息加入本金并进行再投资，让你同时赚取本金与利息的利息。

分散化：选择多种多样而不是单一的投资产品来降低风险。

思考题

1. 学完个人理财规划后，你会制定怎样的理财策略？你要避免哪些理财问题？

2. 列出理财规划的5个步骤。对应每个阶段，列出你应完成的理财任务。

3. 理财目标要具体，现实可行，有先后顺序，有固定时间。根据这些特征，为自己制定5个理财目标。

4. 作为理财规划的基石，目标能反映你的生活方式，能为你的行动提供指导，能作为衡量个人理财规划优劣的基准点。用你先前已经确定的理财目标来证明上面这种说法。

5. 在你理财生命周期的现阶段，支付学费这个目标显然是非常重要的。解释一下在未来的各个阶段，这个目标将会怎样继续保持重要性。

6. 简明扼要地回答表 1-3 中的 3 个问题，写下准确详细的答案。多加练习，然后找一个愿意提供意见以帮助你提高面试水平的人，表演给他看。

7. 解释一下你的财务状况与你的职业理想有何关系。

8. 思考一下金钱对伴侣关系的影响作用，至少拟定出 3 个明智的理财策略，它们是那些想建立亲密关系并共同抚养子女的人都应当遵守的策略。

9. 解释“原理 5：天有不测风云，或流动性的重要性”以及“原理 7：保护自己免受重大灾害或灾难的威胁”这两个原理之间的关系。为了在不测或大灾难发生时能够保护自己以及你的财务未来，你现在能做些什么？

讨论案例 1

吉米是一个会计，他和贝塔尼刚从巴哈马群岛度完蜜月回来。他们庆祝了自己的婚礼以及贝塔尼完成了 MBA 课程。他们的父母鼓励他们为将来设立一些个人理财目标。但是，他们不知道如何设立或实现这些目标。他们希望有自己的房子，然后生小孩，这是他们唯一考虑过的目标。吉米认识一个财务顾问也许能针对他们的处境提供一些帮助，但是他们可能负担不起雇用财务顾问的费用。

问题：

1. 假如你是这对夫妻的财务顾问，你将如何解释理财规划的 5 个步骤以及它们对未来理财成功的重要性？

2. 考虑到他们现在所处的生命周期阶段，对于吉米和贝塔尼来说，你认为最重要和最不重要的理财目标（包括短期、中期和长期）是什么？说出你的理由。

3. 哪 4 个共同因素将会指导他们完成理财规划的制定？它们与原理 4、5、7 有什么关系？

4. 列出贝塔尼准备面试时需要注意的 5 个事项。

5. 给像吉米和贝塔尼这样的年轻人提供 3 个重要的策略，让他们牢牢记住以便在自己选定的职业道路上取得成功。为什么“违背职业道德将会毁掉职业生涯”？

6. 吉米和贝塔尼是一对新婚夫妻，你认为未来他们共同生活可能会遇到哪些矛盾？比方说，根据近期哈里斯民意调查机构的报告，夫妻间最常见的分歧是什么？

7. 为什么原理 10 是最重要的原理？为什么它与理财规划和职业规划都有一定的关系？

讨论案例 2

来自明尼苏达州罗切斯特的道格拉斯·德尔加多和玛丽塔·德尔加多刚为成为一对双胞胎女儿的父母而感到骄傲。但对他们和两岁大的贾雷德来说，这给生活带来了很大冲击。他们没有为双胞胎做好准备，这搅乱了他们的理财规划和其他好多事情！他们计划过教育支出，但是现在不知道该如何准备3个孩子同时上大学的费用。他们爱自己的家庭，也深信金钱不是一切，但是他们提前退休和旅行的梦想在各种新增消费面前看起来就要破灭了。他们需要步骤5的帮助：检查计划的进展情况，重新评价和修改计划。玛丽塔告诉道格拉斯，她想参加社区中心的个人理财班。但是，道格拉斯觉得他们应该向专业理财规划师寻求帮助。他说，虽然支出在增加，但是他们都有一份很好的工作，有潜力迅速升职和加薪。

问题：

1. 向道格拉斯和玛丽塔解释个人理财规划对他们未来的重要性。如果他们选择寻求专业人士的帮助，则告诉他们原理1与原理2的重要性。面对专业理财规划师的建议，心理账户与沉没成本这两种行为偏差会对他们的反应造成什么影响？

2. 利用表1-1提供的信息，计算抚养贾雷德和双胞胎到18岁的费用，假设德尔加多一家当前的年收入将近95 000美元，父母都打算继续全职工作。

3. 解释说明在准备孩子的教育经费时，理解与运用原理3与原理8的重要性。

4. 设立理财目标需要将目标具体表达出来，还要清楚实现它们所需的费用，以及何时需要用到这些钱。为孩子们的教育经费制定一个详细可行的计划。

5. 除了准备孩子的教育经费外，说出德尔加多一家在重新评价理财计划时还必须考虑的短期、中期、长期目标。

6. 考虑到有3个孩子，原理5、6、7适用于德尔加多一家的情况吗？

第2章 衡量你的财务健康状况与制定计划

学习目标

1	使用资产负债表计算个人财富的净值。	用资产负债表衡量你拥有的财富
2	使用损益表分析你的收入来源与支出项目。	用损益表来分析收支情况
3	使用财务比率分析你在理财方面具有哪些优点或缺点。	使用财务比率：财务温度计
4	建立一个记账系统，详细记录收支情况。	记账
5	执行理财计划或预算计划，为实现理财目标提供充足的储蓄。	信息汇总：做预算
6	决定是否雇用专业的理财规划师帮你出谋划策。	聘请一位专家

有些人可能与哥伦比亚广播公司的电视剧集《破产姐妹》（*2 broke Girls*）里的人物有些相似之处——那就是"破产"。这部电视剧讲述的是两个年轻女孩（麦克斯，一位很有街头智慧的女招待兼保姆；卡洛琳，很精明，有一位擅长麦道夫式诈骗的罪犯父亲，父亲被捕后发现自己被人指指点点且身无分文）在布鲁克林区独立生活的故事。

有了这样一个开头，这部电视剧里自然随处可见金钱带来的教训，这并不令人惊讶。它充分说明了计划的必要性——毕竟，正如卡洛琳已经意识到的那样，等你有了钱，不要用无所谓的态度对待这些钱，否则一不留神，它们就被用掉了。这部剧还说明即使你在经济方面受到了打击，这也不代表你失去了一切；你可以重新出发，但你必须要努力去解决这件事，你必须制定计划。我们看到麦克斯和卡洛琳成了好朋友，开始有了自己的梦想，我们明白了没钱并不代表着人生的末路。生活依然很美好，但是掌控好个人的财务状况并实现个人目标会让你的人生变得更美好。

对麦克斯和卡洛琳来说，她们的目标是有朝一日开一家自己的蛋糕店。我们在每一季都目睹了两人为了实现梦想而努力赚钱，尽可能地积攒每一分钱，可是运气不好，她们俩总是遇到各种各样的意外事件。为了赚钱和攒钱，她们都做了什么事？除了当女招待，她们到 Goodwill 二手店购物（对卡洛琳来说，这绝对是首选），她们合住在布鲁克林区只有一间卧室的一套公寓房里（对于精打细算的人来说，这其实已经超出了他们的租房能力），她们使用优惠券，她们甚至还开了一个甜品吧，她们整个春假都在为一位有钱的客户照看位于纽约的公寓。每一集结尾时，她们都会向观众展示一下为了开蛋糕店已经积攒了多少存款——经历了许多起起伏伏，到 2017 年春季时，她们一共攒了 6 475.54 美元。

有什么东西能帮助麦克斯和卡洛琳实现她们的目标？显然，我们建议更好地管理这些存款，而且需要编制一份预算。身无分文地在现实世界里谋生，要想以最快的速度实现梦想，那么从一开始就要认真记录自己的收支情况。记住原理 2：没有计划将一事无成。毕竟，如果你不知道自己的钱都用到了哪里，那么想要存钱肯定很难。这正是避免成为“破产女孩或破产男孩”的第一步。

计划和预算需要控制，它们也不是自发的。没有衡量自己财务健康和制定预算计划的能力，我们就不会实现自己的理财目标。财务约束虽然没有肆意挥霍来得有意思，但是比衣衫褴褛、无家可归好多了。制定和坚持计划不是一件容易的事，它常常要涉及人们所谓的牺牲（比如在春假里打工，而不是跑到坎昆、墨西哥、巴拿马市或拉斯维加斯等地观看 MTV 的春季盛典），或是放弃每天的特调咖啡。虽然如此，但是为了实现财务约束，任何小的或大的牺牲都是值得的。毕竟，你和大多数人一样，消费时可以想都不想，但存钱却不可能是不假思索自然而然就发生的——不储蓄，你就不可能拥有自己的蛋糕店或实现自己的理财目标。

本章我们将首先介绍图 1－1 中提过的预算和计划流程，尤其要重点分析的是图 2－1 中的步骤 1 和步骤 3。首先，我们用个人资产负债表来衡量自己的财务状况。接着，使用个人损益表弄清自己的收入来源和支出渠道。其次，用财务比率检查自己的财务健康状况。然后，介绍保管上述信息的记账方法。最后，编制并执行现金预算。

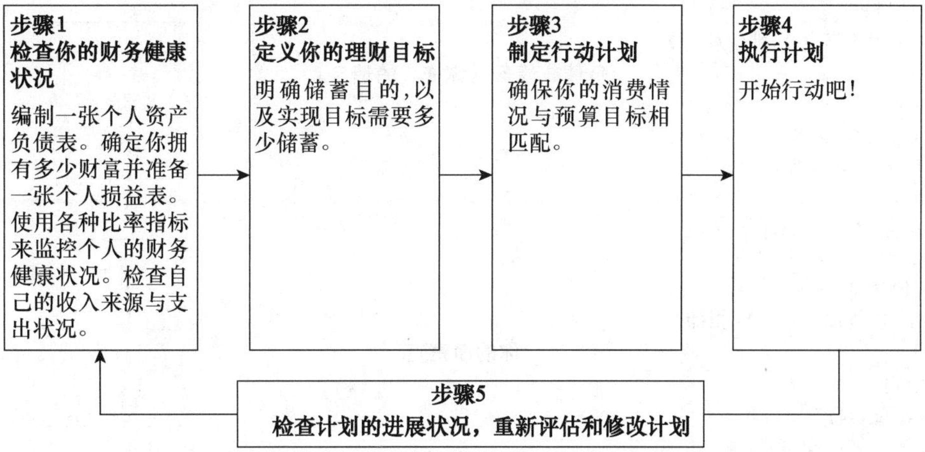

图 2－1 预算和计划流程：衡量你的财务健康状况，制定行动计划

用资产负债表衡量你拥有的财富

> **个人资产负债表**：在特定日期内说明个人财务状态的报表。它能够说明你拥有多少资产，要偿还多少负债，反映你的财富水平，也就是所说的净资产。
>
> **资产**：你拥有的东西。
>
> **负债**：你从别人那里借来的东西。
>
> **净资产**：衡量个人财富水平的指标，其数额等于个人资产减去个人负债。
>
> **公平市场价值**：资产现在出售的价格，不是它的成本或预期收益。

在你能够判断出需要多少储蓄去实现你的理财目标之前，你必须先了解一下自己的财务现状——你拥有多少财富，有多少负债。公司用资产负债表来达到这个目的，你也可以。**个人资产负债表**（personal balance sheet）说明了个人在特定日期的财务状态，是对特殊时点个人财务状况的反映。它列出了个人拥有的**资产**（asset）、**负债**（liability）以及所谓的个人**净资产**（net worth 或 net equity）。资产就是你拥有的财产。负债就是你拖欠别人的东西。资产减去负债就等于你的个人净资产。图 2－2 就是一个简易的资产负债表。我们来看看它的每个组成部分。

资产：你拥有的财产

资产负债表的第一部分就是你的资产。你所拥有的全部财产都是你的资产，不管你是否已经全部付清这些财产的价钱。当你评估自己所有资产的价值时，要用它们的**公平市场价值**（fair market value），而不是它们的购买成本或一年以后的预期价值。对于一个既定的物品，它的公平市场价值可能高于或低于它的购买价，这取决于目前市场愿意为这种物品支付多少价格。记住，一张资产负债表是一张即时快照，所有的价值都必须是当前的。

资产（你拥有的财产）	
A. 货币资产（银行账户等）（第 5 章）	______
B. 投资（第 11～15 章）	+______
C. 退休计划（第 16 章）	+______
D. 住房（市值）（第 8 章）	+______
E. 汽车（第 8 章）	+______
F. 私人财产	+______
G. 其他资产	+______
H. 你的总资产（A 到 G 相加）	=______
负债或债务（你拖欠的债务）	
流动负债	
I. 当期的应付账单	______
J. 信用卡债务（第 6 章）	+______
长期负债	
K. 房屋抵押贷款（第 8 章）	______
L. 汽车贷款（第 8 章）	+______
M. 其他负债（第 7 章）	+______
N. 你的总负债（I 到 M 相加）	=______
你的净资产	
H. 总资产	______
N. 减：总负债	－______
O. 等于：你的净资产	=______

图 2－2　个人资产负债表

货币资产

资产项目下可分为多种类型。资产负债表中列的第一项资产就是货币资产（monetary asset）。从本质上看，货币资产是流动资产。所谓流动资产一般是指现金、能很快兑现又不损失价值或损失价值很少的资产。货币资产一般包括你持有的现金、支票和储蓄账户，还有你持有的货币市场共同基金。这些资产是你每天都会用到的现金或现金等价物。它们还能在紧急情况下提供必要的流动性。

投资

资产的第二大类是投资，这指的是类似于普通股、共同基金或债券等金融资产。持有这些资产的目的是积累财富，从而实现买房、为孩子存够上大学的钱或者退休等目标。你可以常常登录财经网站，或阅读《华尔街日报》之类的报纸来查询你所持资产的当前市场价格，并评估资产的价值。如果你的保单有中途解约的退保金，那么它也算是一项投资资产。这种保单可以在受保人死亡之前终止，终止后保单持有者将得到一笔相当于保单现金价值的现金。如果你有这种类型的保单，它的退保金额就应该算作你投资资产的一部分。最后，以投资为目标购买的任何不动产都应该算是资产。这些资产的共同之处在于你持有的目标不是使用。你会使用车子和房子，但是不会使用上面这些资产。持有它们的目的是增值。

养老金计划

这种资产指的是你或你的雇主为实现退休储蓄的目标而直接进行的投资。一般的养老金计划的形式包括个人退休账户（individual retirement account，IRA）、401(k) 或 403(b) 计划、简易雇员个人退休账户（SEP-IRA）以及公司发起的养老金计划等。一般来说，养老金计划会发布季度报告，上面列出当前账户的货币价值。

公司养老金账户当中属于你的那一份也应当被包含在养老金计划资产里。如果你所在的公司提供养老金计划，若想知道你在这个计划中可以享有的资产价值，最简便的办法就是打电话给公司的福利办公室询问。

住房

如果你有房子，那么它就是你的另一项资产。虽然房屋是一项你正在使用的资产——这是一种**有形资产**（tangible asset）——但是一般情况下它占据了你所有储蓄的绝大部分。记录在资产负债表中的房屋价值必须是公平市场价值，即使要以这个价格卖掉它需要几个月的时间。记住，即使你尚未偿清购买房屋的欠款，但它仍是你的资产。

> **有形资产：** 有实体形态的资产，比如房子或车子，不属于投资品。

现实世界

近来一项研究访问了 22～29 岁的消费者，询问他们能否找到办法削减自己的消费开支，他们应当首先减去哪一项消费开支？排名前三位的选择是：

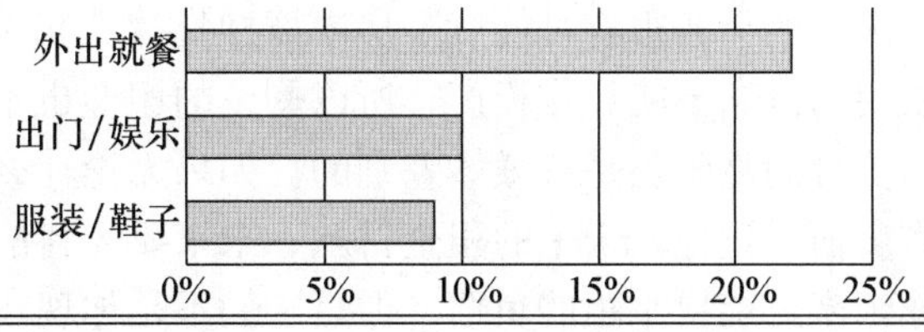

汽车

你拥有的汽车、卡车、摩托车或者其他车辆也属于资产的一个子项目。和房屋一样，车辆也是一项有形资产，是你每天都会使用的资产。但是，与房屋不同的是，车辆的价值远远小于它的购买价格。车辆的公平市场价值一直在下降，从你把它买回家就开始下降了。你可以在汽车**蓝皮书**（blue book）中找到大多数汽车的公平市场价值。你租用的任何车辆都不能算作资产。如果车子是租用的，那么你没有所有权，就谈不上拥有。同样地，你能使用公司的车，但不能拥有它，它就不能算是你的资产。

> **蓝皮书**：二手车价格清单，提供特定年份和车型的交易的平均价格以及预期客户可以获得的折扣价格。

私人财产

私人财产（personal property）包括各种有形资产。基本上指的是你所有的个人财产，如家具、器具、珠宝、电视等。一般来说，虽然你花了一大笔钱购买这些个人财产，但是它们的公平市场价值只是其购买价格的一小部分。

其他资产

“其他资产”指的是以上均不涵盖的资产。比如说你持有某家企业的部分股权，或者你收藏了很多你认为有价值的皮礼士糖（PEZ），或者是你的朋友向你借了钱但又赖账不还。这些都是资产，必须以公平市场价值在资产负债表中表示出来。当然，如果你的朋友真的是一个喜欢赖账不还的人，那么他欠的钱就不能算作资产了，因为你永远也要不回来。

总之，这些资产类型代表了你所拥有的每一项物品的价值。

负债：你未还的债务

负债就是你承诺将来必须偿还的债务。大部分理财规划师将负债分为流动负债和长期负债。流动负债指的是那些必须在一年内还清的债务，长期负债指的是一年以后到期的债务。在列出你的负债时，要确定只有未付清的部分才称得上是债务。记住，负债只是没有偿还的那部分贷款。

流动负债

一般来说，流动负债的种类包括所有未付清的账单，包括水电费、过期尚未支付的房租、有线电视账单以及未付的保险费。信用卡的未偿付余额也属于流动负债，因为你必须在一年内付清。虽然你使用信用卡消费可能没有收到账单，但是它也属于负债。

长期负债

长期负债一般都是金额较高的债务，比如你的房贷、汽车贷款和助学贷款。因为产生长期负债的资产大多具有价值较高的特征，所以长期负债的金额要比流动负债大得多。长期负债之所以是长期的，主要是因为它的金额太大，普通人一般很难在一年内还清。你要承担的金额最高、期限最长的债务很有可能就是房屋抵押贷款。汽车贷款是另一项金额较高的长期贷款。因为租用的汽车不能算作资产，所以剩余的租金也不应当被视为负债。不论如何，负债义务和租赁合同之间还是有微妙差别的。如果无论什么情况下租约都不能被破坏，那么它可以算作负债。记住，未来的租金付款、未来要支付的保险费以及未来要支付的房租，这些都是你未来可能要承担的负债，但是它们不是你现在的负债。

最后，其他负债包括其他你还没偿清的债务。例如助学贷款、人寿保险贷款、银行贷款、分期偿还贷款等，这些都是负债。总之，长期负债和流动负债代表了所有你拖欠别人的价值。

现实世界

近来一项研究访问了 22～29 岁的消费者，询问他们是否每月制定支出预算表来控制或计划各项消费支出。他们的回答如下：

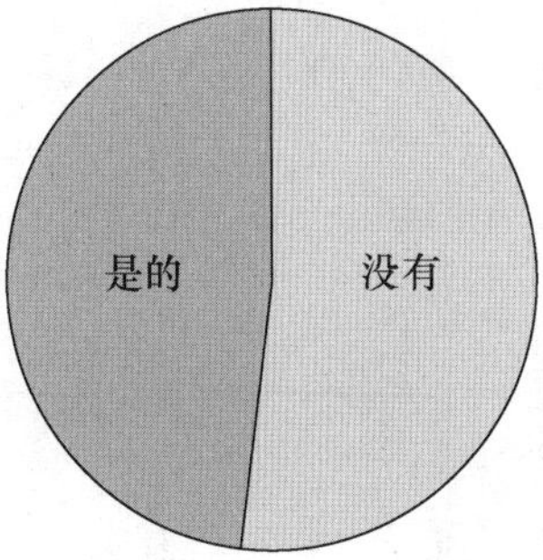

净资产：衡量个人财富的指标

你的总资产减去总负债就等于你的个人净资产。它代表的是个人财富的积累水平。如果个人负债的价值大于个人资产的价值，那么个人净资产就是负数。也就是说，你丧失了偿付能力，**资不抵债**（insolvent）了。资不抵债正是入不敷出的结果，有些时候它可能会导致破产。

> **资不抵债：**负债的价值大于资产的价值。

什么样的净资产水平才算合适呢？这要看你的理财目标以及处在理财生命周期的哪个阶段。你能想象得到，25 岁的人其净资产水平要比 45 岁的人低得多。同样地，一个要为三个孩子准备大学学费的中年人的净资产水平要比一个没有孩子的中年人高得多。哪种财务状况更好呢？答案并不一定是净资产水平越高越好，而是要看谁更好地实现了自己的理财目标。为了让读者了解大多数人的净资产水平，我们给出一个数据：家庭中年龄最大者不足 35 岁的家庭的净资产中位数仅为 6 676 美元。如果将最大年龄上调至 60～69 岁，则家庭净资产的中位数会上升至约 200 000 美元。所有家庭净资产的中位数为 75 000 美元。如你所料，家庭成员最高学历至少为大学的家庭与最高学历者连高中都没有的家庭相比，前者的净资产值中位数是后者的 12 倍还要多。

你的理财规划目标就是管理好你的净资产或财富，以便早日实现你的目标。资产负债表能够帮助你评价向目标前进的进度，监督你的财务健康状况。它还能让你觉察到财务状况中可能被忽视的变化，让你可以尽早改正。

拉里·塔特和路易斯·塔特的资产负债表

为了解释资产负债表的结构和作用，我们引用图 2－3 中拉里·塔特和路易斯·塔特的例子。记住，资产负债表是个人或家庭财富在特定时点上的快照。正如股票的投资价值每日随着股市的变化而波动，净资产也会如此。图 2－3 中的资产负债表是 2017 年 12 月 31 日编制的，它反映了塔特一家在这个基准日的资产、负债以及净资产的价值。

现实世界

普通学生的预算明细如下所示：

可自由支配的部分	40%
娱乐	6.5%
服装与服务	6.7%
旅行与度假	2.7%
其他项目	22%
食宿	26%
学杂费	19%
其他支出	8%
医疗	1%
其他	7%
书本和文具	4%
交通	3%

用损益表来分析收支情况

损益表：这是一种报表，它能告诉你在一段时间内你的总收入水平是多少，总开支是多少。

制定理财规划的第二步是弄清楚钱的来龙去脉。资产负债表就像是个人财务状况的一张快照：它告诉你在特定时点上自己积累了多少财富。损益表更像是一部关于财务的电影：它能告诉你在一段时期内，你的钱从哪里来，到哪里去。虽然名字叫**损益表**（income statement），但是它实际上包括收入、支出以及净收入这几大类项目。损益表会记录你的收入，减去消费支出以后，余下的净收入可被用于储蓄或投资。

损益表能告诉你是否收大于支，让你保持偿付能力。如果你的支出太大了，损益表就会告诉你，钱都去哪里了，让你及早发现问题。当然，如果你的支出没有什么问题，损益表会告诉你，你有多少钱可以用来储蓄或是实现自己的目标。一个有效的损益表不会让你在月末的时候不知道这个月的钱都花到哪里去了。

个人损益表完全是以现金流为基础编制的。只有真正收到钱了，你才能记录为收入；只有真正把钱支付出去了，你才能记录成支出。除了收到工资以外，借来的钱都不能算是收入。用信用卡购买立体音响不应当出现在个人损益表上，但是还钱给信用卡公司的时候，这笔支出会反映在损益表上。所以，损益表能真实地反映个人或家庭的现金流模式。

为了编制一张损益表，你需要记录特定时期内的收入，然后减去该期间的支出，余下的净收入可被用来储蓄。图 2-4 提供了常见的损益表大纲。

项目			金额
资产（你拥有的财产）			
货币资产（美元，下同）			
A. 货币资产总额	A.	=	3 590
投资			
共同基金			5 600
股票与债券		+	9 500
房地产投资（房地产信托投资、合伙制企业）		+	0
其他（人寿保险——现金价值寿险、房地产信托投资以及其他项目）		+	0
B.投资总额	B.	=	15 100
退休计划			
401(k) 和403(b) 计划，基奥计划			2 500
公司提供的养老金		+	8 000
个人退休账户（IRA）		+	8 000
C.养老金总额	C.	=	18 500
住房			
主要居所			170 000
分时共用公寓/私人公寓以及第二居所		+	70 000
D.住房总额（市值）	D.	=	240 000
汽车			
E.汽车总额	E.	=	12 000
私人财产			
F.私人财产总额	F.	=	11 000
其他资产			
G.其他资产总额	G.	=	0
总资产			
H.总资产（A到G相加）	H.	=	300 190
负债（你拖欠的债务）			
当期账单			
I.当期账单（未付清余额）	I.	=	350
信用卡债务			
J.信用卡债务总额	J.	=	1 150
住房贷款			
主要居所			105 000
第二居所		+	52 000
房屋净值贷款		+	9 000
K.住房贷款总额	K.	=	166 000
汽车贷款			
L.汽车贷款总额	L.	=	3 000
其他负债			
大学贷款			4 000
其他贷款（分期偿还贷款、银行贷款以及其他贷款）		+	1 000
M.其他负债总额	M.	=	5 000
总负债			
N.总负债（I到M相加）	N.	=	175 500
你的净资产			
总资产			
H.总资产	H.	+	300 190
减：总负债			
N.减：总负债	N.	—	175 500
等于：净资产			
O.等于：净资产	O.	=	124 690

资产：包括塔特夫妇拥有的所有财产

塔特夫妇的主要投资是他们的住房以及位于范尔的度假公寓，市场价值分别为170 000美元与70 000美元。

将所有的资产加在一起，可以算出塔特夫妇共拥有300 190美元的总资产。

负债：包括塔特夫妇拖欠的所有债务。

正如住房是塔特夫妇的主要资产，房屋抵押贷款同时也是他们的主要债务。抵押贷款总额为166 000美元。

塔特夫妇的总负债为175 500美元。

我们用净资产来评估理财规划的进展状况。如果未来的资产负债表显示塔特夫妇的净资产价值有所增长，那么这就意味着塔特夫妇积累了更多的财富。

净资产：等于总资产与总负债之差，可以作为衡量个人财富价值的指标。

如果塔特夫妇把所有的资产全部卖掉，然后将所有债务全部还清，那么他们手上还能剩下124 690美元的现金。这就是他们的净资产。

图 2－3　塔特夫妇的资产负债表（2017 年 12 月 31 日）

税后实得工资		
A. 总收入		A. ______
B. 所得税总额	−	B. ______
C. 可用于生活开支的税后收入或扣税后的实得工资（A 减 B）	=	C. ______
你的生活支出		
D. 住房支出总额		D. ______
E. 食物支出总额	+	E. ______
F. 服装和个人护理支出总额	+	F. ______
G. 交通支出总额	+	G. ______
H. 娱乐支出总额	+	H. ______
I. 医疗支出总额	+	I. ______
J. 保险支出总额	+	J. ______
K. 其他支出总额	+	K. ______
L. 生活支出总额（D 到 K 相加）	=	L. ______
可储蓄或投资总额		
C. 可用于生活开支的税后收入或扣税后的实得工资		C. ______
L. 生活支出总额（D 到 K 相加）	−	L. ______
M. 可用于储蓄或投资的收入额（C 减 L）	=	M. ______

图 2－4　简化的损益表

收入：你的钱从哪里来

损益表中的收入或现金流入是指工资、薪水、红利、小费、版税、佣金以及其他形式的收入来源。其他形式的收入主要有家庭收入、政府补贴（比如退伍军人的津贴或福利性收入等）、养老金收入、投资收益，还有参加抽奖活动所赢得的奖金。

你的一部分收入可能不会在账目上出现，它可能自动被再投资于个人退休账户，或者是被用来支付工作中所购买保险的保费，或者是作为税金直接支付给政府。比如你的总收入为 50 000 美元，其中的 4 000 美元直接作为保费和养老金被扣除，另外的 8 000 美元要交税。也就是说，尽管你的总收入是 50 000 美元，但是扣税后你的实际可支配收入只有 38 000 美元。每月自动从薪水中扣除一笔钱将其存入个人退休账户的好处之一在于这一切是自动完成的，你是看不到的，因而也就不会试图花掉这笔钱。事实上，你根本不用惦记这件事，也不用担心这会减少你的实得工资。你要确保记录了自己所有的收入，不单单是薪水支票上的数字。任何你获得的收入，哪怕是还没到手就花掉了（甚至包括税金），在收到时都应算作是这个时点的收入。

接着，求出支付给联邦政府、州政府和社会保障局的所得税总额，然后把其从你的收入中减去，余下的就是你的税后实得工资，也就是你真正可以自由支配用于消费的钱。

支出：你的钱去哪了

收入很容易计算，但是支出却很难。为什么呢？因为很多支出以现金的形式支付，没有留下任何单据。因此，我们很难把所有的小笔开支全部记录下来。但是，为了编制一张有效的损益表，你必须清楚你的钱都花在哪些地方。看一下图 2－4 中列出的支出项目，了解生活支出的分类与记录方法。

一些理财规划师根据消费开支能否被控制将其划分为**可变支出**（variable expenditures）与**固定支出**（fixed expenditures）两种类型。这种分类很有吸引力，但是不适用于所有的支出项目。比如，房子或车子的维修费就不能被划分为可变支出（你能控制的支出）或固定支出（你不能控制的支出）。我们可以暂时不将其分类，但是不能永远这样。

可变支出：你可以控制的支出。这种支出不是强迫性的，每个月的数量会有所变化。

固定支出：你不能控制的支出。你必须支付这笔费用，而且每个月的支出数额是固定的。

我们的钱都花到哪里了？事实证明，普通美国家庭的开支取决于他们的收入。赚得越多，花在教育和娱乐等上面的费用就越多。图 2-5 提供了不同收入水平的美国家庭对各种商品的消费类别（或者按照政府的说法，消费单元）。如图所示，住房是最大的一笔开支，紧随其后的是交通费和汽油费。有趣的一点是，大部分的食品支出是外出在餐馆就餐的费用，不过这并不令人感到惊奇。

消费类别	低收入家庭： 11 890～19 572美元	中等收入家庭： 49 952～62 587美元	高收入家庭： 收入大于144 180美元
在家用餐	14.6%	7.3%	5.3%
在饭店用餐	4.9%	5.3%	5.3%
住房	41.4%	33.5%	29.2%
水电费	10.0%	7.9%	4.5%
服装和鞋子	3.2%	2.8%	4.1%
交通费和汽油费	13.9%	19.3%	14.4%
医疗与健康保险	9.3%	8.5%	5.8%
娱乐	5.4%	4.8%	5.4%
教育	1.4%	1.5%	4.0%
为退休准备的储蓄	2.6%	9.1%	16.6%

图 2-5　2016 年美国人的支出情况

注：因为一部分家庭的支出大于其收入，因此各消费类别的比例之和大于 100%。

资料来源：Consumer Expenditures（U. S. Department of Labor，U. S. Bureau of Labor Statistics，August 2016）.

现在你可能想知道家庭的平均税前收入是多少——大约为 65 751 美元。要牢记的一点是这些数字代表的都是平均值，不是中位数也不是中等收入。为什么要强调这一点呢？如果你要计算 100 个人的平均收入，那么就把这 100 个人的收入加起来，然后除以 100。不过，如果在这 100 个人当中有像沃伦·巴菲特这样的富豪，那么这会使得算出的平均收入高于收入排在第 50 名的人的收入水平。排名第 50 位和排名第 51 位的两个人的收入平均值就叫这 100 个人的收入中位数。你可以把它看作是“普通人”的收入水平。在美国，家庭收入的中位数小于家庭的平均收入（65 751 美元），实际上只有 56 516 美元。

记住，图 2－5 提供的数据只是平均数据，而且全国各地的数据有差异。比如，住在旧金山的人花在食品上的费用比其他地方的人要多，因为他们更喜欢外出就餐（我猜大概是因为那里的饭店比较好）。此外还要记住，当你想买一样东西时，它的费用比你想象的要多——至少从你必须赚到多少钱这个角度来看确实是这样的。比如你的联邦与州所得税的税率是 28%，你想买一套价值 720 美元的新立体声音响，那么你必须赚到 1 000 美元才能买得起它。这是因为 1 000 美元中的 280 美元要交给政府，剩下的 720 美元才是用来购买音响的钱。

为塔特夫妇编制损益表

为了更好地了解如何编制损益表，我们先来看看图 2－6 提供的路易斯和拉里的损益表。损益表和资产负债表可以一起使用。资产负债表能告诉你有多少个人净资产，让你判断自己的财务状况；而损益表则能告诉你个人的消费与储蓄习惯会对净资产造成怎样的影响。如果你的资产负债表显示，你的净资产增加的速度没有你想象或希望的那么快，或者是你在超支，从而导致个人净资产在不断减少，那么你的损益表就会告诉你钱到底都花到哪里去了。

通过检查你的消费与支出模式，你可以找到减少消费增加储蓄的特殊方法。设立消费目标的过程叫作编制预算。如你在本章后面将会看到的那样，一个好的预算包括估计未来所有可能的支出，帮助你管理好自己的钱以实现特殊的理财目标。

在编制和实施预算计划之前，你需要先用财务比率分析你的资产负债表和损益表，目的是针对你发现的不足或缺陷进行更好的研究。

使用财务比率：财务温度计

制定理财规划的下一步是给你的财务状况把把脉。资产负债表和损益表上的数据非常有用，它们透露了很多信息，但是它们并不能把所有你需要知道的关于个人财务健康状况的信息都告诉你。你还需要一个工具来帮助你分析数据背后的含义。这个工具就是财务比率。

税后收入（美元，下同）		
收入		
工资和薪水		
工资收入 1	57 500	
＋工资收入 2	12 000	
＝工资和薪水总额		69 500
＋利息、股息、版税以及其他收入		720
＝A. 总收入		70 220
税负		
联邦所得税和社会保险税		11 830
＋州所得税		1 880
＝B. 所得税总额		13 710
C. 税后可用于生活开支的可支配收入或税后收入（A 减 B）		56 510
生活支出		
住房		
租金		0
＋抵押贷款		19 656
＋水电费、维修费、物业税、家具及其他支出		10 820
＝D. 住房支出总额		30 476
食物		
食物与补给		5 800
＋饭店消费		1 400
＝E. 食物支出总额		7 200
服装与个人护理		
＝F. 服装与个人护理消费总额		2 590
交通		
偿还汽车贷款		2 588
＋油费、通行费、停车费、修理费以及其他费用		1 550
＝G. 交通费支出总额		4 138
娱乐		
度假		2 000
＋其他娱乐支出		1 700
＝H. 娱乐支出总额		3 700
医疗支出		
＝I. 医疗支出总额		410
保险支出		
健康保险与寿险		420
＋汽车保险		1 260
＋伤残保险、责任保险以及其他保险		260
＝J. 保险支出总额		1 940
其他支出		
教育支出（偿还助学贷款）		1 600
＋儿童保健及其他支出		180
＝K. 其他支出总额		1 780
L. 生活支出总额（D 到 K 相加）		52 234
可用于储蓄和投资的收入		
＝M. 可用于储蓄和投资的收入（C 减 L）		4 276

> 税后收入指的是扣税后的收入，即个人可用来消费或储蓄的收入。

> 只有当你知道自己的支出都流向了哪里，个人损益表才有意义。为了计算生活支出，你应在手袋或钱包里放置一个小笔记本或便条纸，将所有的现金支出记录下来——坚持一个月。你可能会惊讶地发现原来自己的钱都是这样花出去的。此外，充分利用你的信用卡账单和作废的支票，用来记录消费支出信息。

> 如果你的税后收入大于生活支出，那么余下的收入可被用于投资或储蓄——但是，如果你的税后收入小于生活支出，那么你必须要做出一些改变了。

图 2－6　塔特夫妇的个人损益表

你可以用财务比率分析个人资产负债表与损益表里的原始数据，然后把计算结果与事先准备好的目标或自己以前的表现做对比。一般来说，财务比率能让你更好地了解自己对财务资源的管理水平。特别要指出的是，你需要回答以下问题：

1. 我有足够的流动性来应急吗？
2. 我能履行偿债义务吗？
3. 我的储蓄有想象中那么多吗？

问题 1：我有足够的流动性来应急吗？

> **流动比率**：一个衡量你是否持有足够多的流动性以满足应急需要的比率，等于货币资产除以流动负债。

如果在你看总决赛或电视剧时，电视机突然坏了，你手上有足够多的现金马上去买一台新的吗？为了衡量你的流动性，你需要将自己的现金总额和其他流动资产与你最近快到期的债务相比。也就是说，要用资产负债表中的货币资产除以流动负债。流动性的测量指标叫作**流动比率**（current ratio）：

流动比率＝货币资产/流动负债

我们可以看到，在拉里・塔特和路易斯・塔特的资产负债表中，货币资产总额是 3 590 美元，流动负债总额是 1 500 美元。所以，塔特夫妇的流动比率如下：

流动比率＝3 590/1 500＝2.39

虽然流动比率应该有多大并没有一定的标准，但是最好大于 1.0。大部分理财顾问都建议流动比率应该大于 2.0。比流动比率的绝对值更重要的是其变化趋势——是趋于上升还是下降。如果该指标在不断下降，你必须找出原因，找出是什么变化导致了该比率的下降。

> **月生活支出覆盖比率**：一个衡量你是否有足够的流动性来满足应急需求的比率，等于货币资产除以年生活支出的 1/12。

流动比率这一指标存在的问题之一是，一般来说，人们有一些月支出是不算在流动负债中的。比如，抵押贷款的还款、汽车贷款的还款等长期债务的偿还，虽然不是流动负债的一部分，但还是要每月支付的。所以，最好计算货币资产与每月生活支出的比率，即**月生活支出覆盖比率**（month's living expenses covered ratio）。

$$月生活支出覆盖比率=\frac{货币资产}{年生活支出总额的 1/12}$$

正如其名，这个指标能告诉你，以你现在的货币资产水平能负担多少个月的生活开支。再次强调，分子是货币资产水平，分母是年生活支出总额（图 2－6 损益表中的 L 行）的 1/12。塔特家的这个比率等于：

$$\frac{3\ 590}{52\ 234/12}=\frac{3\ 590}{4\ 353}=0.825$$

就是说塔特家现在有足够的现金和流动资产来应付 0.825 个月的支出。

应急资金

个人理财的传统经验法则认为，个人或家庭最好能持有相当于 3～6 个月的生活支出、由流动资产构成的**应急资金**(emergency fund)，用来应对比如电视机突然坏掉、汽车大修等意料之外的事。显然，塔特家的流动性远远没有达到这个标准。根据近期 Money Pulse 的调查，63％的美国人的存款甚至不足以支付 1 000 美元的意外支出！为了应对意外事件导致的支出，23％的受访者说为了让收支相抵，他们会削减其他类别的支出，还有 15％的受访者说他们会使用信用卡，另外 15％的受访者说他们从家庭成员或朋友那里借钱。因此，我们的结论是如果你没有可以应付 3～6 个月生活支出的应急资金，那么你的个人财务就处在危险之中。让我们正视这一事实，意外总会发生，只不过是时间问题。

> **应急资金：**这笔钱被存储起来，用于应付紧急情况，例如发生了意外支出或正常收入突然中断。

现实世界

一项调查访问了 22～29 岁已毕业或完成大学学业的成年人，问题是：毕业后刚开始独立生活时，你认为自己的生活开支是高还是低？

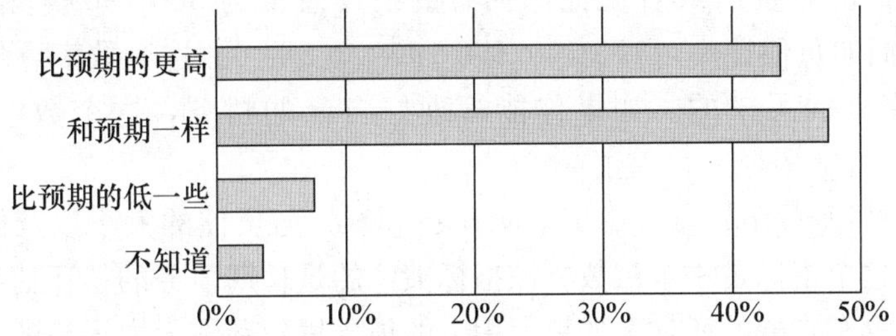

你应当如何安排应急资金的投资？显然，投资于股票市场的预期收益率明显高于把钱存在银行储蓄账户里的收益。而问题在于当经济受到冲击时——就像我们在 2008—2009 年的亲身经历——你很可能需要使用这笔钱。比方说由于经济不振，你可能刚刚失业了，此时你想动用应急资金，然而受经济形势的影响，股票市场暴跌，导致这笔应急资金也随之大幅度缩水。你希望确保当自己需要时就能立即拿到这笔钱，那么储蓄账户就是一个很好的投资选择，尽管它的收益率并不令人感到兴奋。

很多人一想到应急资金，一个反应便是需要存一大笔钱，而自己根本就做不到，然后立即就放弃了。当你开始积攒应急资金时，不要总想着这笔钱至少能应付 3～6 个月的生活支出。开始时你把目标定得低一点，比如从存 500 美元开始，当这个目标实现后，你再把目标值进一步提高。你要知道，就应急资金而言，有准备总比没有强。另外，你还要知道自己未来需要这笔钱。根据近期的国家竞争力研究，普通民众大概有 60％的概率会遭遇到某种形式的经济冲击——也许是汽车坏了，也许是洗衣机坏了。一旦出现了意外事件，不要犹豫，立即动用应急资金。很多人会使用信用卡透支或借入发薪日贷款，却不愿意动用应急资金，但是你要记住，事实上持有应急资金就是用来应付这些事的。即使花掉了应急资金，但随后你可以再一次从头积攒。

不管你如何积攒并投资自己的应急资金，月生活支出覆盖比率为应急现金的相对合理水平提供了一个可靠又易懂的测量标准。相对于流动比率，月生活支出覆盖比率能够更好地衡量个人财务的流动性强弱。你要随时关注这个比率的变化，以确保它不会在不经意间下降。

问题 2：我能履行偿债义务吗?

> **负债比率**：这是一个衡量你是否有能力偿还债务的比率，等于负债或债务总额除以总资产。
>
> **长期债务抵补率**：一个衡量你是否有能力履行偿债义务的比率，等于可用于生活开支的收入总额除以长期偿债总额。

财务比率能回答的第二问题是，“你是否有足够的能力去履行偿债义务?”就是说，之前你看中了某种物品，然后借钱买下了它，现在你能还清欠款吗？为了回答这个问题，你需要计算一下负债比率与债务抵补率。**负债比率**（debt ratio）能告诉你，你的资产中哪些部分是借来的。

这个比率的计算如下：

$$负债比率=\frac{负债或债务总额}{总资产}$$

看看塔特家的资产负债表，我们发现他们的债务总额为 175 500 美元（图 2－3 中的 N 行），而他们的总资产或者说他们拥有的财产总额为 300 190 美元（图 2－3 中的 H 行）。所以他们的负债比率＝175 500/300 190＝0.584 6。这个数字意味着塔特夫妇近一半的资产是靠借钱买来的。如果你能管理好自己的财务，这个数字应该是逐渐下降的。

长期债务抵补率（long-term debt coverage ratio）与负债的大小以及偿债资金的规模有关。实际上，这个指标是一个倍数。该指标关注的是长期债务的偿还情况，比如房屋抵押贷款的还款和汽车贷款的还款。如果信用卡的债务累积到你无力还清的程度，那么信用卡欠款也可以被算作长期债务。这个比率的分母代表的是尚未付清的长期债务总额（不包括例如信用卡欠款以及快到期的账单等短期债务）。分子是可用来偿还债务的可支配收入。

$$长期债务抵补率=\frac{可支配收入总额}{长期债务总额}$$

对塔特家来说，可用于生活开支的可支配收入总额对应的是损益表中的 C 行（见图 2－6），一共是 56 510 美元。他们的长期还款义务包括价值为 19 656 美元的抵押贷款（图 2－6 中“住房”项目下）、价值为 2 588 美元的汽车贷款（图 2－6“交通”项目下）以及价值为 1 600 美元的助学贷款（图 2－6“其他支出”项目下）。所以他们的长期债务抵补率＝[56 510/(19 656＋2 588＋1 600)]＝2.37 倍。一般来说，长期债务抵补率低于或接近 2.5 是一个警戒线。

你应该留意自己的长期债务抵补率，以确保它没有慢慢下降。考虑到塔特家能从容应对的债务水平，他们的财务比率已经触到底线了。这样的长期债务抵补率太低了，但这也不奇怪，因为塔特家的大部分资产是以房屋的形式体现的。

另一种检查长期债务抵补率的方式是计算其倒数。也就是用长期债务总额除以可用于生活开支的可支配收入总额。在这个例子里面，塔特家的长期债务抵补率的倒数是 0.43 或 43％，这说明塔特家可用于生活开支的可支配收入总额中有 43％要用来偿还债务。

问题 3：我的储蓄有想象中那么多吗？

你能用比率回答的最后一个问题是“你到底将收入的多少用于储蓄?”这个问题的答案是**储蓄率**（saving ratio），它等于可用于储蓄和投资的收入（图 2－6 中的第 M 行）除以可用于生活开支的可支配收入（图 2－6 中的第 C 行）。这个比率能告诉你储蓄占税后收入的百分比是多少。

> **储蓄率**：它等于用于储蓄和投资的收入除以可支配收入的比值。

$$储蓄率=\frac{用于储蓄和投资的收入}{可用于生活开支的可支配收入}$$

对于塔特家来说，这个比率等于 4 276/56 510＝0.076 或 7.6%。这个计算结果位于美国人的平均范围内。事实上，对于准备买房的家庭来说，这个比率会越来越高，对于已经买了一栋房子现在正背负巨额贷款的家庭来说，这个比率会越来越低。与其他比率一样，我们可以将当前的比值与之前的历史比值或目标比值相比较，看看塔特家是否为储蓄做了足够多的努力。

如果你现在还没有储蓄，那就说明你过的是入不敷出的日子。开始储蓄的唯一办法就是“先支付给自己”。也就是说要先做好储蓄，剩下的收入部分才可用于消费。

记　账

制定理财规划的第四步是记账和保管账本。原因有三个。第一，没有记录就很难报税。第二，一个好的记账系统能让你跟踪支出，了解自己花了多少钱，都花到哪里去了。简言之，如果你不知道自己花了多少钱，都花到哪里去了，那就说明你没有管理好自己的财务状况。第三，有条理的记录让他人更容易在紧急情况下介入，了解你的财务状况。

记账有两个步骤：跟踪你的财务交易，填写财务记录；以易于查阅使用的方式来保管财务记录。道理很简单，如果你都不知道财务记录保存在哪里，那就根本不可能管理好自己的财务状况。

在判断哪一种方法才是跟踪个人财务交易的最好方式时要记住一点，你愿意使用的才是最好的。对绝大多数人来说，这意味着记账系统越简单越好。

首先，信用卡和支票的支出都比较好跟踪，因为它们会留下明显的书面账单。但是，现金支出就比较麻烦。当现金支出发生时，你必须立即记录下来，否则很容易被遗漏掉。一种记录方式是在现金支出发生时就在你的笔记本或支票登记簿上记录下来。接着，再使用这些记录，加上支票和信用卡交易记录，编制每月的损益表。如果你愿意这样做，那当然不错，不过我们不得不承认——这个过程很乏味。如何让它变得更容易？记录所有现金支出的最简单方法便是借助一款优秀的智能手机应用。一些手机应用程序能很好地跟踪你的消费历史，从而直接将你带入运营预算。一旦你有了每月预算，你就可以比较你的年度预算和目标预算，以确定你的财务是否有任何问题。无论你是使用手机应用程序、电脑程序还是手工记账，这都是必要的步骤。记住，预算是你最好的朋友，因为控制支出的关键是跟踪它们。

一旦你跟踪了你的支出，你需要以一种类似于图 2－4 所示的损益表的有组织的方式记录它们。那么，这些个人财务记录要保留多长时间呢？这要依情况而定。一般来说，与税金有关的记录在交易发生后至少要保存 6 年以上；有些记录需要终生保存。一览表 2－1 总结了如何存放各种财务记录，包括存放在哪里以及存放多久。

一览表 2－1	保管财务文件
家庭文件 →税收记录（可以在 6 年后删除）（第 4 章） ● 纳税申报单与书面材料 ● 工资支票与 W-2、1099、5498 表格 →投资记录（第 11～14 章） ● 银行记录和已作废的支票 ● 保险箱的相关信息 ● 股票、债券和共同基金与经纪业务的交易信息 ● 股息、红利记录 ● 其他投资文件 →退休与遗产规划（第 15～16 章） ● 遗嘱复印件 ● 个人退休账户、社会保障与养老金计划的书面文件 ● 其他信托或额外的退休书面材料 →个人规划（第 2 章、第 8～10 章、第 16 章） ● 个人资产负债表、预算表与损益表 ● 保险单和书面文件 ● 担保文件与大件消费的收据 ● 信用卡的信息 ● 租赁合同（如果租了房子） ● 车辆登记与所有权证 ● 委托书	**应收藏在保险箱里的文件** →投资记录（第 5 章、第 12～14 章） ● 银行账户列表与投资记录 →退休和遗产规划（第 15～16 章） ● 遗嘱与信托计划的复印件 ● 不可抵扣的个人退休账户的交易记录 →个人规划（第 6～10 章、第 16 章） ● 契约、抵押文件与住房产权保险的书面文件 ● 个人文件（出生证明、死亡证明、赡养费、收养/监护、离异、军籍、移民等） ● 贵重物品的相关证明文件（录像带和照片） ● 家庭维修和装修的收据 ● 保险单清单 ● 信用卡的相关信息

信息汇总：做预算

现在我们已经准备好建立自己的理财规划了。第 1 章介绍过理财规划是一个具有 5 大步骤的循环过程。既然你已经对这个过程中需要使用的工具有了进一步的了解，那么不妨回顾一下，让我们看看资产负债表和损益表在理财规划过程中的作用。

理财规划的过程开始于衡量你的财务健康状况，这正是资产负债表和损益表要做的事情。资产负债表对资产与负债情况加以总结，让你清楚自己的净资产是多少，这是检查财务健康状况的基本元素。损益表让你进一步了解自己的收入来源、支出去向以及你的消费模式。当你明白了自己的收入是多少，支出是多少，那么就能算出自己实际能够储蓄多少钱。如果你不知道自己实际能储蓄多少，那就不能继续进行理财规划的第二步——设立现实可行的理财目标。

资产负债表和损益表会告诉你，你距离想要实现的财富水平还有多远，以及如何现实可行地平衡收支以助你实现目标。你的资产负债表和损益表不仅能帮助你设立目标，同时也能帮助你实现目标。为行动制定计划去实现既定目标是理财规划过程的第三步。对于这一步骤，个人损益表是关键。

损益表能帮助你编制现金预算表（我们将在下面更加详细地讲解这种预算表），让你在管理储蓄的同时考虑灵活性、流动性、保障性以及税负最小化。一旦制定好理财计划，你需要密切监督自己的进展。因为最后一步实际上就是第一步，你又要再回过头来使用资产负债表和损益表了。正如你所见，没有这些表格，理财规划将无从谈起。

思考：

如果看上去你没有实现自己的目标，那该怎么办？要么改变你的目标，要么改变你的储蓄模式。幸运的是，理财模式的小小变化会在日后给你带来巨大的好处。例如，你现在 22 岁，每月存 10 美元——也就是每天存 33 美分——按照 12%的年利率计算，到你 67 岁退休时，这笔钱的价值将会超过 240 000 美元。你可以在储蓄模式上做哪些小调整？

编制现金预算表

预算表就是一个控制现金流入流出的计划表。编制预算表的目的是促使收入等于消费加储蓄。个人现金预算需要根据理财目标与偿债义务，把既定数量的钱分配给不同类型的消费支出项目。

和记账一样，编制现金预算表也有两种方式：一种是手动编制，这种方法很棒，但是很乏味；另一种方式是让软件帮忙完成。让软件来完成这项任务能带来一个巨大的好处，即你实现个人目标的可能性会大幅度上升！但是，不管你采用哪一种方式，过程都是一模一样的——区别仅在于具体的工作由谁完成，你本人还是软件。

为了手动编制现金预算表，你首先要准备好最近的个人收入表（即损益表）。首先，检查一下去年的总收入，然后估计一下今年的总收入会在去年的基础上有哪些变化。也许你估计会加薪，计划再找一份工作，或者是预计专利权转让使用费会有所增加。根据你的收入水平，估计一下要交多少税。这能帮助你预测可用于生活支出的税后收入，也就是我们平常说的税后实得工资。软件也能完成同样的工作——它会根据客户的收入与消费习惯来进行计算，允许客户对数据进行调整，以便反映客户对未来可能发生的变化的预期。

就像你用最近一年的个人损益表来估算未来预期的税后年收入一样，我们可以用同样的方法估算出未来一年的生活支出额。用上一年的个人损益表，你本人或软件需要确定哪些支出是你无法控制的——固定支出。然后你本人或软件会计算可变支出。可变支出指的是你完全可以控制的支出项目，增加或减少就看自己的喜好了。

如果你的目标是挪出一部分可自由支配的现金，也许是为了买车或度假而存钱，那么可变支出就是你该重点关注的项目。例如，你可以仅仅靠减少食物方面的开支——用豆饼代替进口水果作为你的夜宵（当然，这样做会使得增加了的储蓄完全被健身器材的新增开支抵消掉）来增加储蓄。当你在使用信用卡时，注意你是在超前消费、透支将来。当你借钱消费时，相当于是消费自己将来的收入，这限制了你的储蓄能力。

最后，手动或利用软件把你预期的生活支出从预期的税后工资中扣除，得到的就是你可以用来储蓄和投资的收入。然后，手动或利用软件将预期的每月储蓄额与你的目标值进行对比。正如我们前面说过的那样，这个储蓄目标额是一个基于理财目标而确定的量化指标。如果看起来你没有能力存足够多的钱来实现你的理财目标，那就只好赚更多的钱，减少支出，或者是降低目标。当然，到底选择哪一个取决于个人。但是要记住，不管你的收入是多少，许多人的消费支出低于你的收入水平。

路易斯·塔特和拉里·塔特要怎样编制现金预算表呢？首先，假设他们预期，下一年总收入的唯一变动来自工资会从 69 500 美元涨到 74 500 美元，即相当于 5 000 美元的增长。上一年，夫妇俩交给联邦政府和州政府的所得税将近占到了收入的 20%。如果他们今天也是按照同样的税率交税，则增长的 5 000 美元收入将使他们的税后总收入增加 4 000 美元，新增收入的 20%——也就是 1 000 美元——刚好等于收入增加所导致的税负增加额。

塔特家的损益表如图 2－6 所示。如果他们计划将一些支出项目进行部分调整——比如说增加计划消费额——那么就必须要对损益表进行修改。因此我们说，现金预算表并不一定能够控制住各种类型的消费。相反，现金预算表可以让你事先想好消费多少，都花在什么地方。

假设塔特家的全年储蓄目标是 6 400 美元。如果塔特一家能够坚持履行这个现金预算，那么他们肯定能超过这个储蓄目标。但是假如实际情况不是这样，那他们就必须调整预算，来实现其储蓄目标。为了方便自己更好地控制年度现金预算，你最好把它分解成月预算，只要把年预算简单除以 12 就好了。

在编制预算时，关键的一点是要记住没有哪种预算是一成不变的。正如原理 5 所说的那样，天有不测风云。电视、汽车、洗衣机等意外的支出就是那样不可预测。反过来，你可能会愉快又惊奇地发现自己的支出居然比预算少。那么同样地，你可能会改变自己的目标。你也许觉得现在住的公寓也不错，不打算买新房子了；但是，取而代之的是非常希望在秘鲁买个农场。基本上，预算是一个动态的过程，你必须时刻监督各种变化对支出与储蓄习惯的影响。

执行现金预算表

既然你已经准备好了一个现金预算表并有了自己的计划，那么怎样让这个预算表发挥作用呢？基本上，你只要执行它，和它友好相处一个月就行了。到了月底，把你实际的各项支出与预算相比较。如果超支了，你要密切注意超支的消费项目，或者是修改你的预算数值。如果某个消费项目的实际支出额超过了预算额，那么你就要试着在其他消费领域减少支出。记住，你有责任去遵守预算，每月通过检查实际支出与计划支出之间的出入，你可以重点关注那些特别需要自控力的消费项目。

如果预算表执行起来仍有困难的话，还有一个控制办法就是所谓的信封法。在月初，把各项主要支出的钱放进一个信封。要用的时候把钱从信封里拿出来使用。如果信封空了，你在这项支出上的钱也就花完了。

如果你只是在个别支出项目上没有控制力，那么信封法只用在这些消费项目上就好了。比如，你计划每个月外出就餐的预算金额为 120 美元，那就每个月放 120 美元到信封里。如果信封空了，这个月就不能再出去到餐馆就餐了。这其中还要包括外卖的比萨，不能自欺欺人！

思考：

大部分人赚多少花多少，从不关心自己到底花了多少钱。钱像流水一样经过他们的手。为了储蓄，你必须调整态度，先支付给自己。这意味着你不能随心所欲地买东西，有些东西得不到就让它去吧。第一个应该关注的地方是一些小东西，例如拿铁咖啡、杂志、CD、流行商品等。过不了几天，这些小东西就没什么价值或不被喜欢了。也就是说，要控制购买这些小东西的钱。你最近买了哪些可以称得上是“小东西”的物品？

爱与金钱

你可能知道，沟通是建立良好关系的关键之一。不过你是否知道，当聊到金钱这个话题时，开诚布公地沟通对亲密关系的建立格外重要？这听上去好像是普普通通的常识，然而知易行难。如果你的家庭和其他大多数家庭差不多，那么在你成长的过程中，金钱很可能不是可以公开讨论的话题。不愿意谈论金钱话题的踌躇心态往往会从上一代传给下一代。同时，这也是可能导致误解和争吵的话题，通常还是导致离婚的原因之一。不过，好消息是这个问题可以解决。

根据近期宏达理财的调查，承认每周至少讨论一次家庭财务问题的受访夫妻当中，80%的人说他们很开心。人们应当从什么时候开始讨论财务问题？最好是在订婚之前。你会发现，金钱会通过某些意想不到的方式影响到你的恋爱生活。事实上，还是在同一个调查里，42%的受访者说他们在谈恋爱时犯下的最大错误就是“等待了太久”才敢讨论金钱的话题。这并不意味着他们的讨论进行得很顺利。实际上，根据近期花旗银行信用卡中心的调研，大约 30%的受访者希望能更频繁地讨论财务问题，不过在这些人当中，约有 70%的人因为害怕这个话题会引发争吵而不敢进行讨论。这与西北互助人寿保险公司的研究结果不谋而合——它们发现，与死亡、让成年子女搬出去或性这些敏感话题相比，金钱甚至是比它们还要令人不适的讨论主题。为什么讨论钱的事儿这么难以开口，原因之一是你要和他人分享你的目标、个人情感与隐私。所以这并不是一件容易做到的事，但这对于健康的恋人关系十分重要。

那么，你应当如何开启有关金钱和个人财务状况的讨论？首先，你应该选择在“欢乐时光”到来时开口：例如家庭成员的婚礼、职务晋升或是一起度过了一个非常愉快的周末。在气氛不好时根本没法谈论金钱的话题，不过当气氛融洽时开口就要容易多了。一种方式是去网站搜索一下“如何与伴侣讨论钱的事”，然后直接把搜到的文章转发给你的恋人，让他/她知道是这篇文章让你意识到应当讨论一下钱的事。（或者假如你手上已经买了我们这本书，那直接就把一两篇“爱与金钱”的专栏文章与他/她分享一下。）

一旦两人开始了讨论，那么接下来就要彼此分享自己的理财目标，算一算个人的资产净值。这开启了你的个人理财进程，但这只不过是刚开始，你还要确定一个未来的日期，继续讨论财务问题、理财目标以及如何实现这些目标。不过，最难的一步——开始有关金钱的对话——已经挺过来了，感觉很不错。做得好！

聘请一位专家

本书与本课程的目的是告诉你个人理财的知识、工具，激励你管理好自己的财务状况。但是有时候，聪明的管理者要知道何时需要寻求帮助。对于个人理财来说，你可以向很多专业人士求助。与专家合作，你有三种选择：(1) 单独行动，制定好计划，然后雇用一个专业人士帮你检查计划；(2) 和一个专业人士一起共同起草理财计划；(3) 全交给专业人士去做。虽然要等到你学完这门课，对理财过程有了大致了解之后才能做出选择，但是我们现在还是先来进一步了解一下这些可能的选项吧。

理财规划师能做什么？

对于相对简单的个人理财事务，电脑上的理财规划程序就能提供基本的预算工具和建议。但是，这些都是标准化的建议，不会刚好适用你的特殊情况。你的情况越特殊，就越需要专业人士的帮助。

即使你把制定计划的任务交给专业人士，你也要懂得个人理财规划的基本知识。只有这样才能判断出理财计划的好坏，更好地监督计划的执行情况。记住，就算你让理财规划师帮你制定了整个理财计划，你也只是获得了他的建议而已。你仍要承担最终责任。这又把我们带回了原理 1：知识是最好的保障。

找到一个有能力又值得信任的理财规划师尤为重要。虽然绝大多数的理财规划师都很专注、有责任心、有工作能力，此外还有旨在保护消费者权益的行政法规，但是这并不代表所有的理财规划师都是称职的。你要记住，理财规划师可能会对某些产品收取佣金，所以为了得到佣金，他们可能会着重推荐这些产品。同时要当心那些承诺让你快速致富的理财规划师，远离那些使用高压策略的理财规划师，因为积累财富需要时间和持之以恒的态度。

现实世界

一项调查访问了 22～29 岁已毕业或完成大学学业的成年人，问题是：他们认为自己这一代人面对的财务压力与父辈相比怎么样：

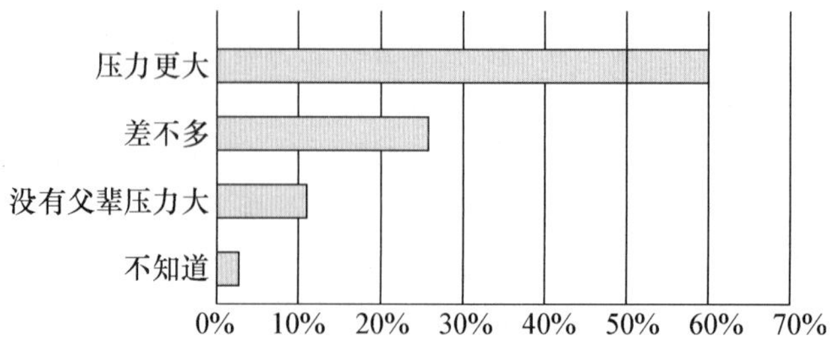

选择一位专业的理财规划师

许多理财规划师在他们擅长的领域内都很出类拔萃。但是也有一些理财规划师不那么优秀。那么你应当怎样选择理财规划师呢？理财规划师并不是一个法律意义上的称呼，它仅仅意味着这个人能够提供全面的理财规划服务，但是却没有和能力挂钩。最好把你的搜索范围限制在那些经过专业组织认证的理财规划师身上。

- 个人财务专家（personal financial specialist，PFS），是一种注册的公共会计师。从业人员必须通过由美国会计师协会（American Institute of Certified Public Accountants）主办的个人理财规划行政认证考试，另外还要至少有 3 年个人理财规划的工作经验才能获得这个头衔。
- 注册理财规划师（certified financial planner，CFP），需要在 2 天 10 个小时的考试中取得令人满意的成绩，另外还要有相关领域内至少 3 年的工作经验。
- 特许理财顾问（chartered financial consultant，ChFC），颁证部门是美国学院（American College）。获得这个证书要求从业人员通过 10 门考试，还要完成课程作业。

当你确认了理财规划师都拿到了哪些专业证书以后，接下来要考察他们的实际工作经验。经验能帮助理财规划师确定哪些才是最适合用户的理财选择。要注意理财规划师的建议是不是针对你的特殊消费而量身定制的。不要忘了听听推荐人的看法。理财规划师能提供服务过的顾客的名字吗？你的亲戚朋友以前有聘请理财规划师的经历吗？

理财规划师的收费方式有哪些？事实上，理财规划师通常有四种收费方式：

1. 只收费的理财规划师的收入是每次咨询收取的费用，费用一般是每小时 75～200 美元不等。他们倾向于处理复杂棘手又很特殊的个案。与这样的理财规划师合作，你可以自由选择购买哪些金融产品来填充自己的理财计划，因此你对佣金费用具有完全的控制力。但是，这样你就必须在浩如烟海的选择中做出抉择，还要应付不同的产品供应商。

2. 既收费又收取佣金的理财规划师既会收取服务费用，又会对他们推荐的产品抽取佣金。这样的好处是如果你使用他们的委托产品时，缴纳的费用会少一些。但是，如果你碰到的是缺乏职业道德的理财规划师，他们可能会向你推荐佣金较高的产品。在选择这种理财规划师时，要留意自己花钱到底买到了什么。

3. 费用抵消型的理财规划师要收取费用，但是如果他们赚到了佣金，则收取的费用会相应减少。

4. 抽取佣金的理财规划师其收入来源就是佣金。他们可以帮助你分析个人财务状况，为你提供问题的解决方法，协助你执行理财计划。你要确认你的理财规划师有大量的金融产品可供你选择。

记住，在理财规划过程中你要承担错误决定的所有后果，所以你必须负责选择一个好的顾问。在选择理财规划师时你应向他询问的问题见一览表 2-2。

一览表 2-2	应向理财规划师询问的问题

- 你从事理财规划师这个工作多久了？
- 你有哪些资格证书和专业职称？
- 你如何使自己能够跟得上最新的理财领域的变化趋势？
- 你能提供一些参考书籍吗？
- 你能向我展示你曾做过的和我的财务状况有些类似的理财规划案吗？（当然要隐去客户的名字，要为他人保密。）
- 谁会和我定期合作？你，还是你的员工？
- 谁会实际操作我的理财规划？你、级别较低的员工还是软件程序？
- 你代理了多少家理财公司？
- 你要求的收费形式是什么？是收取费用还是佣金？费用怎样计算？
- 你能提供一份书面材料，说明我可能需要哪些服务以及这些服务收取多高的费用吗？

行为视角

原理 9：心理游戏、理财个性与金钱

你想更清楚地了解目前以及未来自己的财务状况吗？你需要编制一份严谨的财务预算。也许光是预算这个词就已经让你感到头疼，而你这种情况并不少见。

本章的大部分篇幅都在讲述如何编制预算才能让个人充分了解需要多少储蓄以实现个人理财目标。显然，这一过程很重要，不过制定计划只是第一步，接下来贯彻执行计划也很难。这是因为作为人类，我们与生俱来的容易短视、喜欢拖延和有惰性。迈出第一步总是很难，尤其是当这份预算需要你对发生在不同时点——现在或未来——的成本与收益之间进行权衡时。在行为金融学领域，这种两难境地被称为“跨期选择”——人们发生在不同时期的两种或两种以上的结果给予的相对评价。

在内心深处，我们知道需要做出改变——我们需要编制一份预算。我们知道自己应该开始积攒应急资金或为退休而储蓄，但是随着危险步步紧逼，我们却站在原地一动不动。在心理层面上，我们使用不同的视角来看待未来很久以后才会发生的事与即将发生的事，结果便是我们对当下的关注远远超过未来。这种行为倾向对我们的各种决定都具有一定的影响，其中包括理财决策。于是，我们决定购买那些现在就能提供即时快感的东西，毫不顾及这会在未来给我们带来预算表上原本没有的负债，甚至我们都不清楚自己是否真的有能力支付这些费用。过于关注当下的模式反映在各种各样的行为当中。例如，我们先来看看饮食习惯。如果你和大多数人一样，现在面临两个选择，本周和下周要分别食用健康食品或美味零食，你最有可能的选择是本周先去吃美味的零食，下周再去吃健康食品。然而，等到下周，你还是会做同样的选择——总是把食用健康食品无限期地推迟到遥远的未来。消费领域也会发生同样的事，这就是为什么人们总是很轻松地说出“买下它”、跑到坎昆度假或购买 60 英寸大电视的缘故——我们的大脑总是过度关注眼前，而不是未来。在“超级碗”赛事开始前的几周内，大屏电视的广告会变得更多，而且销量也更旺，这就是营销策略。

预算的目的之一是迫使人们关注各种决定对个人财务状况的影响。若你买了一台新电视机，那么就要把未来应付的货款计入你的预算表。若你签订了一份新公寓的租约，那么就应当知道未来 12～24 个月内每月的租金是多少钱，你必须确保自己有能力付得起租金。

很多不被视为理财决策的决定往往对个人或家庭的财务状况具有一定的影响作用。例如，在第 1 章我们曾讨论过抚养孩子的成本——决定生孩子并不是理财决策，但是这个决定绝对会对个人未来的财务状况造成影响。我们再来看看另一个决定——很多时候，人们总是很冲动地做出这样的决定，却没想到这个决定对个人的财务状况具有长期的影响力：一时兴起，你决定养一只小狗。养一只狗直到它去世要花多少钱？按照动物保护协会的统计，狗的寿命平均为 10～15 年，养一只小狗一生要花费的总成本约为 25 620 美元。

问题在于在行为上，我们总是用不同的视角看待未来很久远的事与即将发生的事。如果你和大多数人一样，那么确实很难用同样的眼光来看待可爱的小猫小狗与未来的财务负担。我们的大脑很难把更多的注意力放在未来 10 年的养育成本上——尤其是当小狗用大大的眼睛回头望着我们的时候。

如何克服呢？答案是“这并不简单”。第一步是明白为什么制定计划很重要，一旦你这样做了，就能确保你对未来支出的计划与自己购买的所有商品建立了联系。这意味着你必须知道自己未来会面临怎样的局面：刷信用卡买回一台电视机或是买下一只小狗带回家，这样的行为会在未来带来多高的成本？要做到这一点，一种方法是理解货币是有时间价值的——这是一个令人大开眼界的重要概念，我们将在下一章重点讲述。只有这样，你才会强迫自己为将来打算，明白类似的行为会对个人财务状况带来哪些影响。

行动计划 >>>

原理 10：开始行动吧！

若你想尝试着掌控自己的财务人生，那么第一步就是编制预算。而切实执行预算的唯一路径是记录自己的支出与现金流入数据。一旦你做好了预算，那么下一步要做的就是执行这个预算计划。因而，行动计划能够帮助你做到这一点。

一旦你开始有了收入，那就制定一个自动储蓄计划，在钱尚未到手之前，就把一部分钱存到储蓄账户里。

建立一整套记账系统，然后坚持下去。

本章小结

➡ 学习目标 1：使用资产负债表计算个人财富的净值。

总结：个人资产负债表能够说明在特定时点个人的财务状况。该表能反映出个人拥有的资产、背负的负债或债务以及个人净资产水平。资产（拥有的东西）价值与负债（拖欠的东西）价值的差额就等于个人的净资产，即个人或家庭积累的财富水平。

关键术语

个人资产负债表：在特定日期内说明个人财务状态的报表。它能够说明你拥有多少资产、要偿还多少负债，反映你的财富水平，也就是所说的净资产。

资产：你拥有的东西。

负债：你从别人那里借来的东西。

净资产：衡量个人财富水平的指标，其数额等于个人资产减去个人负债。

公平市场价值：资产现在出售的价格，不是它的成本或预期收益。

有形资产：有实体形态的资产，比如房子或车子，不属于投资品。

蓝皮书：二手车价格清单，提供特定年份和车型的交易的平均价格以及预期客户可以获得的折扣价格。

资不抵债：负债的价值大于资产的价值。

➡ 学习目标 2：使用损益表分析你的收入来源与支出项目。

总结：资产负债表告诉你特定时点的财富积累水平，而损益表则能够告诉你一段时间内收入与支出的情况。实际上，损益表是一个收入与支出报表，或者称之为净收益表，因为它既关注现金流入又关注现金流出。一旦你了解了收入来源与支出去向以后，就可以知道自己是否储蓄了足够多的钱去实现目标，以及如何改变消费模式来帮助自己实现目标。然后，你可以着手编制预算表。

关键术语

损益表：这是一种报表，它能告诉你在一段时间内你的总收入水平是多少，总开支是多少。

可变支出：你可以控制的支出。这种支出不是强迫性的，每个月的数量会有所变化。

固定支出：你不能控制的支出。你必须支付这笔费用，而且每个月的支出数额是固定的。

预算：指的是控制现金流入与现金流出的计划。基于个人的理财目标与负债状况，预算计划可以限制各种不同类型的消费。

➡ 学习目标 3：使用财务比率分析你在理财方面具有哪些优点或缺点。

总结：财务比率能帮助你分析自己的财务现状。这些财务比率的值随着时间的变化而变化，我们可以分析其变化趋势，也可以拿指标值与目标值做比较。使用财务比率的目的是帮助你进一步了解自己是如何管理财务资源的。

关键术语

流动比率：一个衡量你是否持有足够多的流动性以满足应急需要的比率，等于货币资产除以流动负债。

月生活支出覆盖比率：一个衡量你是否有足够的流动性来满足应急需求的比率，等于货币资产除以年生活支出总额的十二分之一。

应急资金：这笔钱被存储起来，用于应付紧急情况，例如发生了意外支出或正常收入突然中断。

负债比率：这是一个衡量你是否有能力偿还债务的比率，等于负债或债务总额除以总资产。

长期债务抵补率：一个衡量你是否有能力履行偿债义务的比率，等于可用于生活开支的可支配收入总额除以长期偿债总额。

储蓄率：它等于用于储蓄和投资的收入除以可支配收入的比值。

➡ 学习目标 4：建立一个记账系统，详细记录收支情况。

总结：为了详细记录收入与支出情况，同时也为了计算净收入，你需要一个强大的记账系统。这个系统不仅能帮助你做好报税的准备，同时还能让你知道自己花了多少钱，这些钱都花在了哪些地方。

➡ 学习目标 5：执行理财计划或预算计划，为实现理财目标提供充足的储蓄。

总结：行动计划的制定要涉及现金预算表的编制。编制现金预算表的起点，也是行动计划的核心点，就是个人损益表。把可以用来储蓄和投资的收入与实现目标所需的储蓄水平相比，你可以确定现在的支出情况是不是需要调整，以及需要调整多少。一旦制定了计划，你就有责任去执行它。

➡ 学习目标 6：决定是否雇用专业的理财规划师帮你出谋划策。

总结：如果你在理财规划方面需要帮助，市场上有许多专业的理财规划师可以提供相关服务。专业理财规划师能帮你检查已制定好的计划，或者是帮你从头到尾制定计划。

思考题

1. 麦克·李和玛丽·简·李的年收入是 65 000 美元，他们拥有一栋价值为 90 000 美元的房子，两辆价值总额为 20 000 美元的汽车，还有价值为 10 000 美元的家具。房子还有 50 000 美元未还清的抵押贷款，每辆车有 2 000 美元未还清的贷款。这个月的水电费共计 150 美元，还没有付清。使用工作表计算一下夫妇俩的净资产值，并解释计算结果说明了什么。李的年龄会对你的判断——对夫妇俩净资产值的判断——产生什么影响？

2. 用前面提供的信息计算李一家的负债比率。

3. 艾德和玛塔每月的税后收入是 3 250 美元。每月的支出包括 1 200 美元的住房与水电燃气费，550 美元的汽车贷款还款，300 美元的食物支出，平均 1 000 美元的服装与其他可变支出。计算两人的储蓄率并加以解释。提示：编制一份损益表来计算储蓄率。

4. 欧加工作的工程公司传言要裁员，这使得他和妻子卡娅非常担心自己是否已经做好了应对财务危机的准备。使用下面提供的资产与负债数据帮助他们计算流动比率并加以解释：

活期存款	2 000 美元
储蓄存款	4 000 美元
股票	8 000 美元
水电煤气费	500 美元
信用卡账单	1 000 美元
汽车贷款	2 600 美元

5. 菲斯·布鲁克斯是一名 28 岁的大学毕业生，从来没有上过个人理财课程。她按时支付账单，存了一些钱投资于共同基金，在继承的遗产的帮助下支付了一套公寓房的首付款。但是，菲斯仍然对自己的财务状况表示担心。根据下面的信息编制一张损益表和一张资产负债表，计算流动比率、储蓄率、月生活支出覆盖比率、负债比率以及长期债务抵补率。向菲斯解释这些财务报表与财务比率的意义。根据你的判断，你会给菲斯什么样的建议？除了下面的数据以外，菲斯还补充了如下说明：

所有的短期负债和长期负债都没有付清。

“每月其他支出”表示没有记录的现金支出。

她用信用卡支付所有的杂费，并每月付清欠款余额。下面这份清单提供了菲斯每月的平均收支数据。

维萨卡账单	355 美元
股票	5 500 美元
万事达卡账单	245 美元
每月净工资	2 400 美元
每年医疗支出	264 美元
每月抵押贷款的还款	530 美元
共同基金	2 100 美元
401（k）退休账户	4 500 美元
每月汽车贷款的还款	265 美元
每月水电燃气费	275 美元
储蓄账户	2 300 美元
每月服装支出	45 美元
活期存款	825 美元
每季度汽车保险（未到期）	450 美元
继承的硬币收藏品	3 250 美元
公寓	65 000 美元
每月食物支出	225 美元
汽车支出	9 000 美元
家居用品	5 500 美元
未偿还的抵押贷款	50 000 美元
未偿还的汽车贷款	4 225 美元
其他个人财产	8 000 美元
每月其他支出	150 美元

6. 你的朋友达里奥听说了你的个人理财规划课程，向你寻求帮助。向达里奥解释为什么他要编制预算表以及需要哪些信息。

7. 延续上一道题，达里奥很难坚定地执行预算计划。解释一下为什么会这样，找到可以帮助达里奥克服困难的方法。

8. 如果博廷斯基一家每年的生活支出与长期债务还款总计为 39 000 美元，计算一下他们家应该持有的应急资金数量。家庭情况（如家庭成员当中有几个人能挣钱，可以获得的贷款，工作的类型与稳定性）会如何影响应急资金的持有量?

9. 将你的计划工资的 20%减掉，这对应的是税金与福利；再扣掉 10%，这对应的是退休金。从剩下的钱里面，再减去你计划每年为短期、中期、长期理财目标要储蓄的存款。余下的收入就是可全部用于生活消费开支的金额。然后，你需要持有相当于 3～6 个月生活开支额的应急资金。从现实的角度来看，你要花多长时间才能积攒到所需的存款额?

讨论案例 1

34 岁的罗达宾和 31 岁的多诺万想买他们的第一套房子。他们现在共同的净收入是 65 000 美元，有两辆车，汽车贷款一共是 32 000 美元。他们为买房存了大约 12 000 美元，有价值

55 000 美元的总资产，其中大部分是为退休而储蓄的。多诺万一直对大笔支出很谨慎，但是罗达宾真的很想拥有一套他们自己的房子。他们没有预算，但是非常注意记录自己的支出情况。去年他们的总支出一共是 55 000 美元，包括税金在内。他们每月都会付清信用卡账单，不留其他的未偿清负债或债务。除此之外，他们不会花太多时间管理自己的财务。

问题：

1. 为了开始实现他们的买房目标，罗达宾和多诺万要准备哪些财务报表？他们需要使用哪些记录来完成报表？
2. 使用工作表计算他们的净资产与收入盈余。与其他年龄不足 35 岁的人相比，他们的净资产值是高还是低？
3. 计算并解释他们的月生活支出覆盖比率以及负债比率。
4. 为了编制更为完整的报表，还需要哪些其他信息？尽可能地详细列出。
5. 罗达宾和多诺万在做预算时要经历的 6～8 个步骤是什么？
6. 鉴于他们的买房目标，为什么“原理 6：不浪费就不会匮乏——理性消费”对罗达宾和多诺万很重要？
7. 你会向罗达宾和多诺万提供哪些有关如何沟通家庭财务事项的建议？

讨论案例 2

提姆·泰勒和吉尔·泰勒正在准备退休。提姆自从结束了在大学的带薪实习以后一直都在公共事业公司工作，他参加了公司提供的所有退休储蓄项目。吉尔在孩子上高中后就不再工作了。虽然他们从来没有咨询过专业理财规划师，但是他们这些年来都非常注意更新保单，将负债保持在最小水平，并且定期储蓄。所以，泰勒夫妇有一个非常庞大的养老金投资组合。现在没有了公司养老金计划的诸多限制，他们发现还有很多其他的投资选择。吉尔想过一段“好日子”，但是又担心有生之年过早地把钱花光。提姆说：“我赚了钱，将来要把它花掉。”现在提姆和吉尔都觉得应该去寻找一位专业人士帮助他们安然退休。他们也没有太多计划，就希望能帮孙子孙女支付大学学费。

问题：

1. 在和理财规划师合作时，提姆和吉尔会期待规划师对他们的财务状况做出怎样的评估？鉴于他们以往在财务规划方面的努力以及对支出的严格控制，这些评估是必要的吗？
2. 泰勒夫妇只从公司那里获知了退休储蓄账户的总体价值。他们该如何利用这些信息？
3. 预算表如何确保他们会有足够多的钱去帮助孙子孙女？
4. 由于退休后他们的收入和支出都会发生变动，你应该如何建议他们既不“过分追求过好日子”，同时又能负担得起一些退休奢侈品呢？
5. 他们应该自己管理投资组合，还是应该雇用一位理财规划师帮助他们管理退休资产，并帮他们制定一个 30 年的退休计划？和理财规划师保持什么样的关系以及什么样的报酬支付方式最适合他们？
6. 在退休后，泰勒夫妇应当更密切地追踪消费支出情况，还是可以稍稍放松了？他们的大笔支出还是前面说过的普通家庭的那几种支出吗？

第3章 理解并重视货币的时间价值

学习目标

1	解释复利原理。	复利和终值
2	了解时间的力量以及复利利率的重要性。	复利、时间的力量与利息
3	计算未来现金流的现值。	现值——今天的价值
4	了解年金的定义并学会计算其终值。	年金

“让我们像以前一样——劫持核武器，威胁全世界，要求他们付赎金。”这是《王牌大贱谍》(*Austin Powers, International Man of Mystery*）里由迈克·梅尔斯（Mike Myers）扮演的邪恶博士（Dr. Evil）的台词。他和他的猫在逃离了伦敦的波斯猫俱乐部之后就被冷冻了。1997年邪恶博士被解冻之后立即重出江湖，继续干那些邪恶的勾当。

邪恶博士说起他的计划：“先生们，据我所知，俄罗斯在未来几天内打算把一批核弹头运到联合国。我打算劫持这些核弹头。机会就在眼前，我们可以索要100万美元的赎金了！”

紧接着由罗伯特·瓦格纳（Robert Wagner）扮演的邪恶博士手下的二号人物在一片寂静之后“嗯”了一声说：“难道你不认为我们应该索要更多的赎金吗？现在的100万美元算不上是数目很大的一笔钱。”

“好吧，那我们就开价1 000亿美元吧。”

1967年的100万美元当然比1997年的100万美元拥有更强的购买力。鉴于此，如果邪恶博士在1967年取出这100万美元并投资于股票市场的话，那么当他在1997年把手上的股票卖掉时就可以获得3 070万美元。虽然如此，但是这3 000多万美元已不再具有30年以前那么强的购买力了。实际上，考虑到这一期间内的通货膨胀率，这笔钱的购买力只相当于1967年同等金额的五分之一。

30年是一段很漫长的时间。邪恶博士被冷冻的那一年，恰巧是电视节目秀《家有仙妻》(*Bewitched*）风靡一时的时候，同时，门基乐队（Monkees）在当年的艾美奖（Emmy Award）中赢得了他们的至高荣誉——最佳喜剧表演奖。绿湾包装工队（Green Bay Packers）赢得了超级碗（Super Bowl I)。30年以后，当大家对情景喜剧*Nick at Nite*和绿湾包装工队再次获得超级碗大奖而议论纷纷的时候，邪恶博士苏醒了。但是时代变了，这时到处都是个人电脑、CD、MP3 和有线电视。

展望未来：对大多数读者来说，距离退休还要 30 多年。如果你想计算出为退休要准备多少钱的话，那么当你看到以当年美元价值算出的结果时是否会感到惊讶？正如我们学过的“原理 3：货币的时间价值”，今天的一美元比未来的一美元更值钱。一方面，你把现在获得的一美元马上用于投资所赚取的利息要多于你在未来任何时间投资一美元所赚取的利息。**货币的时间价值**（time valve of money）意味着我们不能在没有进行价值调整的前提下去比较两个不同时点的货币价值。显然，如果你想很好地掌握个人理财的知识，那么理解货币的时间价值这一概念是非常重要的。

> **货币的时间价值**：今天的一美元比未来的一美元更值钱，因此，在比较不同时期的货币总量的时候，一定要先对其价值进行调整。

货币的时间价值到底有多大的威力呢？考虑一下，如果你用 1 000 美元以 8%的年收益率去投资 400 年，最终将获得 23 000 万亿美元，平均世界上每个人能分到 500 万美元。当然，你的投资不可能跨越 400 年，你也不可能像邪恶博士和特工奥斯汀那样被冷冻起来，但是你的投资确实要依靠货币的时间价值。如果你管理得当，时间就是你握在手里的王牌，它会让你的钱包出人意料得饱满。

在个人理财领域里，货币的时间价值简直是随处可见，威力无比。我们总是比较不同时期的货币价值。比方说，今天买的债券将会在未来兑现，以 30 年分期还款的方式贷款买房，或者决定每年储蓄多少钱来达到一个既定的理财目标。事实上，个人理财的方方面面或多或少都要受到货币的时间价值的影响。

复利和终值

货币的时间价值是怎样把小额资金转变为一笔金额较大的资金的呢？其中的关键就是复利。所谓**复利**（compound interest）简单地说就是利滚利。你把自己获得的投资收益或利息进行再投资，于是就可以同时获得原始投资**本金**（principal）产生的利息以及再投资利息所产生的新利息。用这种方法，你就可以赚到更多的利息，即利上加利。

> **复利**：用利息赚取利息的投资方式，这是根据投资原则将赚得的利息进行再投资的结果。
>
> **本金**：存款或债务工具的面值。

复利的原理

任何一个有过储蓄账户的人都曾尝到过复利的好处。比如，假设你把 100 美元——这叫作**现值**（present value，PV）——存入**年利率**（annual interest rate，用 i 表示）为 6%的储蓄账户。那么储蓄额将会以何种方式增长？在第一年末，你获得的收益等于账户初始投资额的 6%，即 6 美元，再加上储蓄账户里的本金 100 元，此时账户的余额为 106 美元。这 106 美元就是储蓄投资的**终值**（future value，FV），也就

> **现值**：即当前的价值，用现在的美元所表示的未来一笔钱的价值。
>
> **年利率**：使用借入资金每年收取或支付的费用比率。
>
> **终值**：某一项投资在未来某个时点的价值。

是在未来某个时点储蓄投资的价值。终值的计算公式如下：

$$FV_1 = PV(1+i) \tag{3.1}$$

> **再投资**：指的是把投资获得的收益重新投放在同一个投资项目上。

在这个例子中，刚开始时你在账户里存入了 100 美元（现值），然后这笔钱按照 6%的收益率增值；一年后你可以获得 6 美元的利息，再加上 100 美元的本金，最终账户总价值为 106 美元。假设你把这 6 美元利息存入账户中进行**再投资**（reinvesting），那么到了第二年末，储蓄账户的余额将会变成多少美元呢？第一年末的终值是 106 美元，这实际上就是第二年初的投资本金，再加上第二年获得的利息收益。（106 美元的 6%等于 6.36 美元，这就是第二年获得的利息），于是第二年末储蓄账户的余额为 112.36 美元。

在 3 年以后，5 年以后，甚至 10 年以后，你的储蓄账户价值将会是多少美元呢？图 3－1 说明了在复利率为 6%的条件下，100 美元的初始投资在 10 年间的持续增值情况。注意每年因为复利计算而多获得的利息。

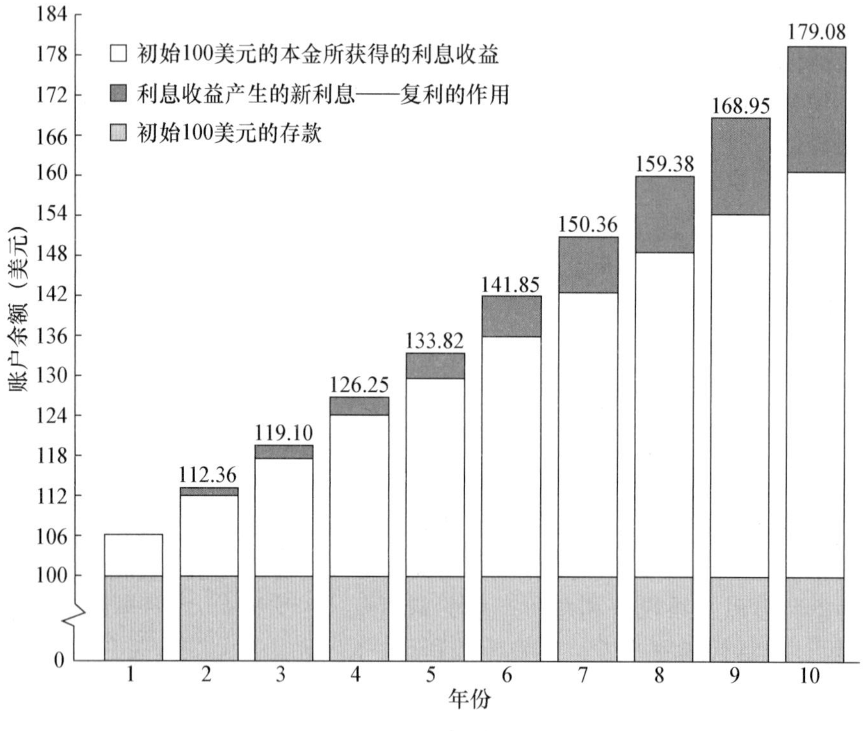

图 3－1　利率为 6%的条件下的复利

为什么第二年比第一年获得了更多的利息？显然是因为第二年是在第一年本利和的基础上赚取利息的。在这种情况下，你是在用利息赚取利息，也就是复利的概念。

我们怎样计算出图 3－1 中投资项目的终值呢？我们从每年年初的账户余额入手，每年的增值比率为 6%——事实上，我们只不过是把每年年初的账户余额都乘以同一个因子，$(1+i)$。终值的计算公式如下所示：

$$FV_n = PV(1+i)^n \tag{3.2}$$

其中，n 等于复利发生作用期间的年数。

公式（3.2）是货币时间价值的计算公式，适用于任何在整个投资期限内收益率 i 固定不变的投资项目。诚如本章后面其他内容所示，有时候我们需要计算 i 的值，有时候我们需要计算 n 或 PV 的值。无论如何，公式（3.2）都是几乎所有货币的时间价值计算题的基础公式。

复利终值系数

复利终值系数：这是指用 $(1+i)^n$ 值作为乘数来计算终值。

年复利：即每年计算一次复利，年末时将收到的利息汇总到初始本金里。等到第二年的年末，就要根据加总利息后的新本金来计息。

手动计算终值毫无疑问是一件苦差事。幸运的是你可以使用计算器。当然，在计算时，对于 $(1+i)^n$ 这一项的值，现在你也可以使用对应 i 与 n 的**复利终值系数**（future-value interest factor）表。这个复利终值系数表给出了 i 与 n 不同取值的组合情况，大大简化了计算过程（见表 3－1）。

表 3－1　美元的终值，即复利终值系数

说明：每一个复利终值系数（$FVIF$）都一一对应着特定的时间与利率。比如，要找出 $i=5\%$，$n=10$ 年的终值系数，只要顺着 $i=5\%$那一列往下寻找，直到你找到这一列与 $n=10$ 那一行的交叉点：1.629。然后就可以利用下面的公式计算终值：

终值＝现值×复利终值系数

$FV_n = PV \times FVIF_{i\%,n}$

n	4%	5%	6%	7%	8%
1	1.040	1.050	1.060	1.070	1.080
2	1.082	1.102	1.124	1.145	1.166
3	1.125	1.158	1.191	1.225	1.260
4	1.170	1.216	1.262	1.311	1.360
5	1.217	1.276	1.338	1.403	1.469
6	1.265	1.340	1.419	1.501	1.587
7	1.316	1.407	1.504	1.606	1.714
8	1.369	1.477	1.594	1.718	1.851
9	1.423	1.551	1.689	1.838	1.999
10	1.480	1.629	1.791	1.967	2.159
11	1.539	1.710	1.898	2.105	2.332
20	2.191	2.653	3.207	3.870	4.661
30	3.243	4.322	5.743	7.612	10.062
40	4.801	7.040	10.285	14.974	21.724
50	7.106	11.467	18.419	29.456	46.900

表 3－1 就是这种复利终值系数表（本书后面的附录 A 提供了一个更加全面的表格）。注意表格中给出的数值表示的是在复利率为 i 的条件下，1 美元的初始本金经过**年复利**（compounded annually）到第 n 年末的价值。因此，要计算一项原始投资的终值，你只需要使用计算器或是复利终值系数表计算出复利终值系数，再乘以原始投资额就可以了。事

实上，你可以把公式（3.2）改写成以下形式：

终值=现值×复利终值系数　　　　(3.2a)

接下来我们看一个例子。

例题

今年，因为你是个人理财课程中成绩最好的学生而获得了 1 000 美元的奖学金，你决定把它存入年利率为 5%的储蓄账户，每年计算一次复利。10 年以后，你的储蓄账户里将会有多少钱？我们可以使用公式（3.2）或者是在表 3-1 中找到对应的复利终值系数来算出结果。

第一种算法：把 PV=1 000 美元，i=5%，n=10 代入公式（3.2）中，得到：

$$\begin{aligned} FV_n &= PV(1+i)^n \\ &= 1\,000\times(1+0.05)^{10} \\ &= 1\,000\times1.628\,89 \\ &= 1\,628.89(\text{美元}) \end{aligned}$$

因此，在第 10 年末，你的储蓄账户内将有 1 628.89 美元。当然，除非你决定在这 10 年过程中增加储蓄额或是提取账户内的现金，否则到第 10 年末的时候，账户余额必然是 1 628.89 美元。

第二种做法：在表 3-1 中查找对应的复利终值系数。在 n=10 这一行与 i=5 这一列的交叉点，我们发现对应的复利终值系数为 1.629。因此：

终值=现值×复利终值系数

$$FV_{10}=1\,000\times1.629=1\,629(\text{美元})$$

这两种方法得到的计算结果相同。

72 法则

> **72 法则**：这是一个很好用的投资法则。用 72 除以每年的投资收益率就可以算出投资价值翻倍所需要的时间。

现在你已经可以使用公式计算任何一项投资的终值。你想知道要多长时间你的投资才会翻倍吗？**72 法则**（Rule of 72）就是一个简便的计算投资价值翻倍所需时间的近似方法。这个法则的内容是可以用 72 除以每年的投资收益率，这样就可以算出投资价值翻倍所需要的时间。比如，如果一项投资的收益率为 9%，利用 72 法则可以算出需要 72/9=8 年才能使这项投资的价值翻倍。

切记这并不是一个精确的法则，这只是一个相对来说比较准确的近似值。比如，从表 3-1 中可知对应 i=8%，n=9 年的复利终值系数为 1.999，这个结果与用 72 法则计算出来的估计值 2.0 十分接近。

现实世界

如果储蓄账户的收益率为 8%，那么你可以选择现在花 10 000 美元坐游轮游玩，或者把这笔钱省下来存起来。45 年后，这笔储蓄的终值为 319 000 美元，你可以在退休后慢慢享受。

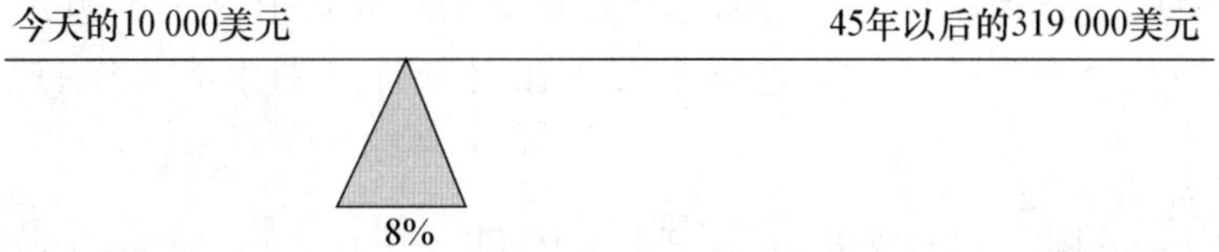

例题

运用 72 法则，计算如果你以每年 12%的复利率进行投资，那么多长时间以后你的投资价值会翻倍？

$$投资价值翻倍的年限=\frac{72}{每年的复利率}=\frac{72}{12}=6(年)$$

计息期不等于一年的复利计算

前面我们一直假设一年计算一次复利。但是有的时候是每个季度计算一次复利，每天计算一次复利，甚至是连续复利。当复利周期不等于一整年的时候，你的投资价值将会发生怎样的变化？毫无疑问，你赚钱的速度将会变快。利息的支付速度越快，你拿到这些利息的速度就会越快，从而可以立即进行再投资以获得更多的利息。于是，你便能更加深刻地体会到复利带来的好处。

概括地说就是复利周期越短，投资的增值速度就会越快，比如从每年计算一次复利变为每个月计算一次复利。这是因为随着复利周期的缩短，利滚利的现象会越来越频繁地发生。

现实世界

近期 CNN 货币频道报道称，在纽约市举办婚礼的平均成本大约为 86 916 美元。如果储蓄的收益率为 9%，那么你可以选择花掉 86 916 美元举办一场盛大的婚礼，或者是把这笔钱存起来用于投资。等到 40 年后你退休时，这笔投资已经增值为 270 万美元。

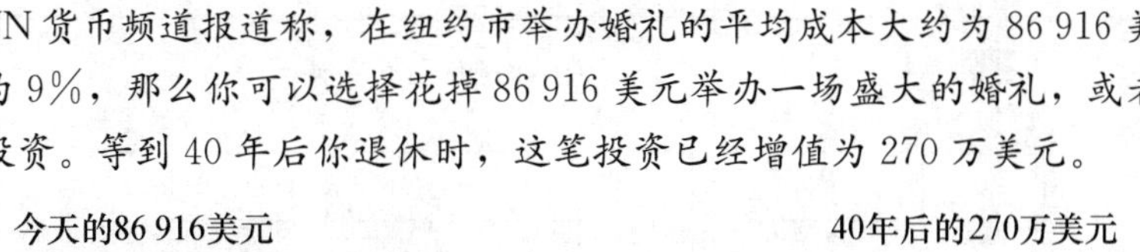

使用在线或掌上财务计算器

在财务计算器的帮助下，货币的时间价值的计算可以变得非常简单。财务计算器如图 3－2 所示。

当你得知使用财务计算器可以帮助你计算货币的时间价值这个难题并为此欢呼雀跃之前，先要关注几个主要的按键，这很重要。在财务计算器上有 5 个按键需要你手动操作：

[N] 或 [Periods]　[I/Y] 或 [Rate]　[PV]　[PMT]　[FV]

它们所代表的意思分别是：

[N] 或 [Periods]	输入（或计算）总的投资年限或复利期限。
[I/Y] 或 [Rate]	输入（或计算）每年的收益率或折扣率。
[PV]	输入（或计算）现值。
[PMT]	输入（或计算）年金的每年支付金额。（我们将会在本章的后面部分讨论这个问题，年金指的是在一段特定的期限内，每年等额的一系列支付现金流。）
[FV]	输入（或计算）终值。

如果你用的是德州仪器公司生产的 BA II Plus 财务计算器，那么还有一个按键是你需要了解的：

[CPT]	这是德州仪器公司生产的 BA II Plus 财务计算器的计算按钮，本例中我们使用的就是这款计算器。如果你想计算现值，只要输入已知量，然后点击 [CPT] [PV] 就可以了。

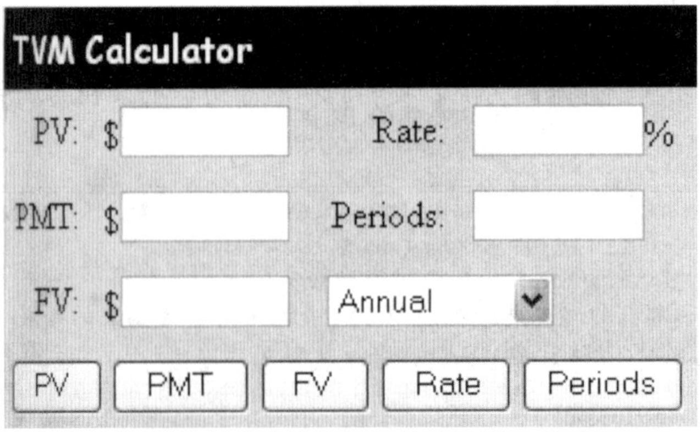

图 3－2　MyFinanceLab 网站上提供的货币时间价值计算器

每款计算机在输入变量这些细节上都会有小小的差别，所以准确地了解计算器上的每一项功能还是有必要的。

当我们使用财务计算器来计算货币的时间价值时，只需要向计算器输入四个变量当中的三个变量的已知值，然后再按下最后一个变量的按钮，就可以算出该变量的计算结果。

现在让我们用财务计算器来计算前面给出的例题。我们要试着求出在年复利的方式下可以使 11 167 美元在 10 年以后变成 20 000 美元的复利率。你所需要做的就是输入已知变量，然后计算出适当的复利率。

输入	10		−11 167	0	20 000
	N	I/Y	PV	PMT	FV
答案		6.0			

为什么 11 167 美元前面是负号呢？当我们用财务计算器计算的时候，每道问题至少要有一个正数和一个负数。在财务计算器看来，如果是钱“离开了你的手”，那么就在数字前面加负号；如果是钱“回到了你的手里”，就在数字前面加正号。你可能还注意到了求出的答案是 6.0 而不是 0.06，因此在输入利率的时候，要输入百分比数而不能输入小数，也就是说 10%就输入 10，而不能输入 0.10。

计算器小贴士

怎样得到正确答案

复利、时间的力量与利息

彼得·米努易特（Peter Minuit）在 1626 年用总价值为 24 美元的小玩意和珠宝首饰就从美国土著人手里买下了曼哈顿岛。如果在 1626 年末的时候，美国土著人按每年 8%的复利率把这笔钱投资的话，那么截至 2018 年末，在 392 年后，这 24 美元将会变成 303 万亿美元。这无疑已经足够买回整个曼哈顿岛。实际上，对于一个拥有 303 万亿美元的人来说，买回整个曼哈顿岛所需花费的 1.4 万亿～1.7 万亿美元简直就是微不足道的小钱。这个故事说明了时间在复利计算中的力量是不可思议的。让我们接下来进一步深入探讨这个问题。

现实世界

复利的力量真的让人震惊。比方说你现在 22 岁，打算 65 岁退休，距离现在还有 43 年。如果现在你投资 12 637 美元购买股票，在未来的 43 年间，这笔投资的年复利率为 10.7%（这是过去 50 多年里普通股的平均收益率）。那么，等到退休时，你可以获得 100 万美元——只不过需要 15 695 天而已！

时间的力量

为什么你要格外关注复利问题呢？可以这么说，你越早开始为退休和其他一些长远的目标攒钱，那么你就可以越少地承受攒钱过程所带来的痛苦。让我们来看看一对在同一家公司——春田公司（Springfield DMV）——工作的双胞胎姐妹的实例。塞尔玛·布维尔

(Selma Bouvier) 和帕蒂·布维尔 (Patty Bouvier) 决定为 35 年后的退休攒钱。她们在未来 35 年内的投资收益率均为 8%。

塞尔玛只在未来 35 年内的前 10 年每年年底投资 2 000 美元，一共投资了 20 000 美元。而帕蒂则是在前 10 年不攒钱，在余下的 25 年里每年年底投资 2 000 美元，一共投资了 50 000 美元。当她们退休时，尽管塞尔玛只投资了 10 年，而帕蒂投资了 25 年，但是塞尔玛将会积累 200 000 美元，而帕蒂只积累了 150 000 美元，图 3-3 给出了姐妹俩不同的投资结果，说明了时间在复利计算过程中的力量。

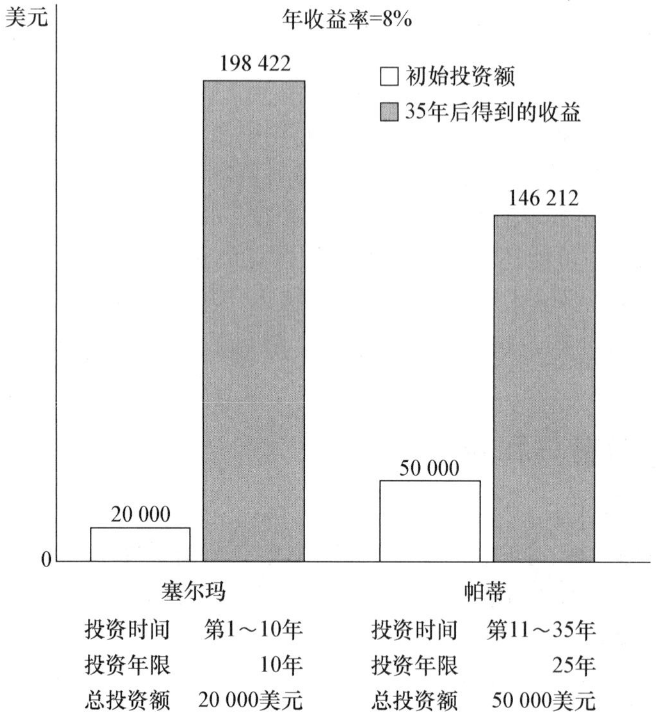

图 3-3 时间在复利中的力量

为了让大家明白对个人来说复利到底有什么意义，我们来看另外一个例子。在 1967—2017 年这 50 年里，股市的复合增长率近似为 10.09%。尽管在这段时期内，股票市场的实际收益率肯定起起伏伏波动剧烈，根本不可能始终保持在 10.09%，但是我们假设你在股票市场上的投资每年都能获得 10.09%的稳定收益率。如果 1967 年初你在股票市场上投资了 10 000 美元，而且每年的复利收益率都为 10.09%，每年计算一次复利；那么到了 2017 年初（经过了 50 年）时，这笔投资将会增值为 1 222 907 美元。这会使你成为一名富有的老人。

下面这个例子说明了只考虑投资总额、不考虑货币的时间价值的危害。目前市场上最热门的收藏品之一就是在 1968 年售价为 49.95 美元的旋风小子自行车。到了 2018 年——50 年之后，一辆崭新的旋风小子自行车在易趣上被卖到了 920.00 美元，是原来价格的 18.42 倍。乍一看，你也许会以为这意味着收益率高达 1 842%，不过这恰好说明你忽略了货币的时间价值。如果用复利计算的话，投资收益率是多少呢？在忽略了有可能产生的储藏费用或其他费用以后，答案是年收益率等于 6%。旋风小子自行车确实为我们提供了不错的收益率，不过鉴于同一时期内普通股的高收益率，6%的收益率并不是十分吸引人的。

利率的重要性

货币价值增长的决定因素并不只有时间一个，利率也有一定的影响作用。大多数人都明白高利率可以赚到更多的钱，这就是为什么一些人愿意购买维迪斯公司（这是一家面临财务困境的直销公司）发行的收益率为 11%的高风险债券，而不愿意购买政府发行的收益率为 4%的国债的原因。但是，大部分人并不明白在这戏剧性的差异形成过程中，利率到底扮演了怎样的角色。这让我们再次回想起原理 1：知识是最好的保障。

如果不理解像货币的时间价值这种基本投资概念的话，那么你很有可能会受到一些不讲职业道德的投资顾问的欺骗。同时，由于你不善于进行各种理财交易，甚至不理解一些基本的理财原理，比如那些要用到利率概念的基本原理，因此会使自己陷入被动的局面。所以，我们的结论是如果你明白自己在做什么，那么这会更便于你正确地去完成这件事。让我们接下来进一步研究利率问题。

显然，利率对于投资价值的增长起着至关重要的作用。但是幅度很小的利率变化对投资终值是否有影响呢？要回答这个问题，我们要先回顾一下彼得·米努易特购买曼哈顿岛的例子。如果在 1626 年末，美国土著人把 24 美元投资出去时是以 10%的年复利率而不是 8%，那么到了 2018 年末，他们将拥有 403 000 万亿美元。这意味着 403 后面有 15 个零，即 403 000 000 000 000 000。事实上，这个数字不仅足够买回曼哈顿岛，甚至在买下整个世界之后，还会有一大笔剩余！

现在我们假设利率水平略低一些，比方说 6%。则在前面这个例子中，初始的 24 美元投资最后只能增值为 1 996 亿美元。1 996 亿美元只相当于复利率为 8%时所得终值的一千分之一，复利率为 10%时所得终值的百万分之一。按照目前房地产的价格，你或许可以买下曼哈顿岛，不过你却很有可能交不起房地产税。

思考：

如果你继承了一份价值为 25 000 美元的遗产，将其按照 6%的投资收益率投资 40 年（不考虑税费），那么最终你将会获得 257 125 美元。如果你以 12%的年收益率投资同样的年数（不考虑税费），最终将会达到 2 326 225 美元！相当于 257 125 美元的 9 倍多！为什么利率翻了一番，而投资的终值却增长了很多倍？

让我们用“每天翻一番”的例子来说明高利率在复利过程中的力量。“每天翻一番”就是说你的钱每天都会翻一倍。事实上，这是假设了每天的复利率都是 100%。让我们来看看 1 美分经过一个月（假设一个月有 31 天）的“每天翻一番”会增值多少。第一天是 1 美分，第二天就增加到 2 美分，第三天变成 4 美分，第四天是 8 美分，第五天 16 美分，以此类推。正如表 3-2 所示，20 天以后 1 美分已经增长到了 5 242.88 美元，31 天之后就超过了 1 000 万美元。这就解释了为什么爱因斯坦曾经感叹复利是世界第八大奇迹了。

表 3-2　每天翻一番

天数	当复利率为 100%时 1 美分将变成
1 天	0.01 美元
2 天	0.02 美元
3 天	0.04 美元
4 天	0.08 美元
5 天	0.16 美元
6 天	0.32 美元
7 天	0.64 美元
8 天	1.28 美元
15 天	163.84 美元
20 天	5 242.88 美元
25 天	167 772.16 美元
30 天	5 368 709.12 美元
31 天	10 737 418.24 美元

爱与金钱

根据近期人生规划金融集团的调查，在与钱有关的各种事务里，你的配偶最担心、同时也最害怕告诉你的是：“我担心将来我们可能没有足够多的钱来体面地退休。”显然，缓解这种恐惧的关键是弄清楚退休时自己需要积攒多少存款，然后制定储蓄计划，确保自己未来退休时能有足够多的存款。如果在存钱时，你打算和伴侣一起努力，那么你们两个人必须都要牢牢记住货币的时间价值这一概念，这一点最为重要。不过，乔治华盛顿大学的一项研究称，大多数美国人并不了解货币的时间价值这一概念——事实上，很多人从来就没听说过这个词，更不用说理解其作用原理了！

不了解货币的时间价值与复利的威力，就很难理解为什么要在年轻时就开始为退休而积攒存款。当然，你会发现，如果一对夫妻当中的某一个人懂得这些知识，而另一人对此一无所知，那么双方可能会发生争执，而这样的争吵是本可以轻松避免的。事实上，不仅钱有威力，了解货币的时间价值也大有用处，因为它是积累财富的关键所在。

那么，如果你了解了货币的时间价值的概念，但你的配偶不懂，那么你该怎么办？幸运的是，虽然有时候算起来有点小麻烦，但掌握这个概念并不难，尤其是当你能举例说明的时候。比如说本章提到的塞尔玛·布维尔和帕蒂·布维尔双胞胎姐妹，这些例子都很不错。或者，你还可以用沃伦·巴菲特在 2017 年 HBO 的传记片《成为沃伦·巴菲特》中亲身讲述的故事，来解释货币的时间价值的强大威力。这个故事讲的是一个农民赢得了国王举办的棋王大赛。国王问农民想要什么样的奖品。农民回答说他想为自己的村子讨要点东西——说得具体一点，在棋盘的第一格里放下一粒麦粒，在第二格里放下两粒麦粒，在第三格里放下四粒麦粒，在第四格里放下八粒麦粒，以此类推。国王以为这不是什么难事，就承诺说会按照农民的要求办。可惜国王不知道的是，等到把棋盘上的 64 个格子都放上麦粒，一共需要 1 850 万兆粒麦粒。在 64 格棋盘上，麦粒在以 100%的速度计算复利。这就是复利与货币的时间价值的威力，按照这种方式算出的麦粒会非常多。事实上，如果每一粒麦粒的长度为四分之一英寸，这么多麦粒首尾相连排列起来，可以从地球到太阳往返 391 320 次。

因此结论是你不需要成为数学天才就能理解复利的含义。一旦你理解了，你会发现作为一位投资者，复利是你最好的朋友，尤其是当你要为未来很久远的大目标积攒存款的时候，比方说退休。但是作为借款者，要小心啊！复利会以比你想象的更快的速度毁掉你的财务健康。

你可能还想向你的配偶介绍几个在线的货币的时间价值计算器。只需在浏览器中搜索“货币的时间价值计算器”，就能找到很多此类软件。因为一想到自己面临的挑战是实现有经济保障的退休，所以为退休而储蓄往往伴随着焦虑，这是可以理解的；不过了解了货币的时间价值，早一点开始储蓄会让整件事都变得容易得多——而这就是关键。如果你的伴侣不理解货币的时间价值的概念及其重要性，那么你有责任帮他/她改变认识。未来你能否“体面地退休”，肯定要指望它。

现值——今天的价值

直到目前为止，我们都是在计算一笔投资未来的价值；也就是说我们知道初始投资额是多少美元，然后按照一定的复利率计算若干年以后这笔投资的价值将会变成多少美元。现在我们要把这个问题倒过来看：未来将获得的一笔钱在今天看来其价值是多少呢？即什么是现值？

为什么现值对于我们来说那么重要呢？它能够让我们剔除掉通货膨胀的影响，了解一笔未来的现金流在今天到底值多少钱。这同样也需要我们比较不同时点货币的价值。在后面的章节里，我们将使用现值概念来决定投资于股票和债券的资金量应当为多少美元。

在计算未来某笔资金的现值时，实际上我们是要把未来的资金或价值倒推回现在。我们现在所要做的就是计算复利的倒数。在复利那一节中，我们讨论了复利率和原始投资额；在计算现值的时候，我们要讨论的是**贴现率**（discount rate）和现值。

贴现率：根据终值计算现值时使用的利率。

现实世界

2018 年，一辆全新的本田雅阁 EX 汽车的售价大约为 24 000 美元，2014 年出厂的二手本田雅阁的价格大致为 14 000 美元。如果储蓄的投资收益率为 10%，你的选择是花掉 24 000 美元购买一辆全新的本田雅阁，还是省下 10 000 美元购买一辆二手本田雅阁？然后将省下的 10 000 美元按照年复利率 10%投资 45 年，45 年后当你退休时，这笔投资已经增值为 728 905 美元。

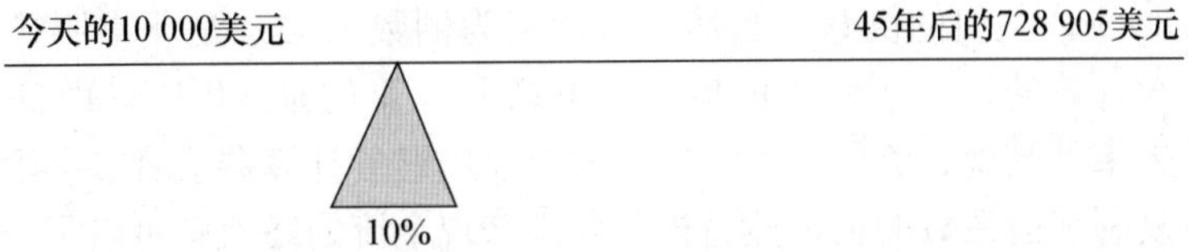

当我们使用“贴现率”这个术语时，表示的是要使用这一利率来计算未来现金流对应的现值，我们将这一利率称为贴现率。比如，如果我们预期 10 年之后将会收到一笔钱，现在想知道若换算成当前的币值则这笔钱的购买力有多大，那么我们可以考虑使用预期的通货膨胀率计算这笔现金流的现值。除了这一点以外，计算的方法和使用的术语还是一样的，只需要把计算过程倒过来就可以了。

让我们再来看一看公式（3.2），这是货币的时间价值的计算公式。我们现在要解决的是现值问题而不是终值问题。我们只需要把这个公式简单地变形，就可以得到：

现值＝n 年末的终值×复利终值系数的倒数

$$PV=FV_n[1/(1+i)^n] \tag{3.3}$$

因为现值的计算方法正好和终值的计算方法相反，所以在计算现值时 n，i 和 PV 之间的关系与我们在终值计算中所看到的刚好相反。未来一笔现金流的现值与年份数和贴现率之间存在着反比关系。图 3－4 充分反映了这种反比关系。

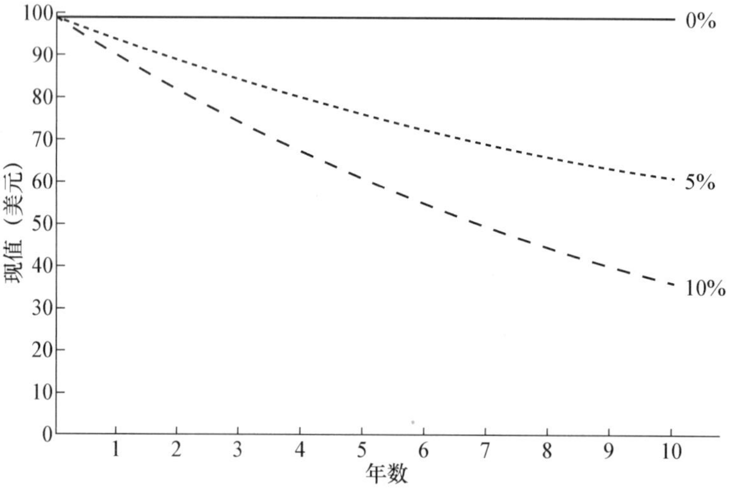

图 3－4　100 美元的现值

> **复利现值系数**：在计算现值时用作乘数的 $[1/(1+i)^n]$ 的值。

为了帮助大家掌握现值概念，我们再来看几张方便计算的表格。这一次，这些表格计算的是 $1/(1+i)^n$，我们将其称为**复利现值系数**（present-value interest factor）。这些表格计算了对应 i 与 n 各种组合的复利现值系数的值。本书最后面的附录 B 提供了较为完整的复利现值系数表，表 3－3 只是完整的复利现值系数表的一部分。

如图 3－4 所示，看看图中这两条向下倾斜的曲线，利率水平越高，则未来收到的 100 美元的现值就越小。而且距离收到这 100 美元等待的时间越长，对应的现值也越小。

计算器小贴士

计算现值 1

仔细分析一下表 3－3，我们会发现该表格内的数值刚好是附录 A 与表 3－1 内数值的倒数。当然，这种互为倒数的关系是非常明显的，因为附录 A 计算的是 $(1+i)^n$ 的值，而附录 B 计算的是 $1/(1+i)^n$ 的值。为了求出未来某笔现金流的现值，你只需要使用财务计算器或者参考附录表格先求出复利现值系数的值，然后再乘以未来现金流的终值就可以了。事实上，你还可以使用一些新的符号，把公式（3.3）改写为下列形式：

$$现值=终值\times 复利现值系数 \tag{3.3a}$$

表 3-3　美元的现值

说明：每一个复利现值系数（*PVIF*）都对应一个具体的年份数与利率。要找到 $i=6\%$，$n=10$ 年对应的复利现值系数，只要顺着 $i=6\%$那一列往下移动，直到你找到这一列与 $n=10$ 年那一行的交叉点，就会发现对应的复利现值系数等于 0.558，现值的计算过程如下所示：

现值=终值×复利现值系数

n	4%	5%	6%	7%	8%
1	0.962	0.952	0.943	0.935	0.926
2	0.925	0.907	0.890	0.873	0.857
3	0.889	0.864	0.840	0.816	0.794
4	0.855	0.823	0.792	0.763	0.735
5	0.822	0.784	0.747	0.713	0.681
6	0.790	0.746	0.705	0.666	0.630
7	0.760	0.711	0.655	0.623	0.583
8	0.731	0.677	0.627	0.582	0.540
9	0.703	0.645	0.592	0.544	0.500
10	0.676	0.614	0.558	0.508	0.463
11	0.650	0.585	0.527	0.475	0.429

例题

假设你在佛罗里达州度假时看到一个广告，上面说如果你去参观模型公寓的话将会获得 100 美元的报酬。当你进一步调查以后，发现这 100 美元是以储蓄债券的方式支付的，你要等到 10 年以后才能收到这 100 美元。如果以 6%的折扣率计算，从今天起 10 年后收到的 100 美元的现值会是多少美元？通过查表 3-3，你会发现对应的复利现值系数等于 0.558，那么代入公式（3.3a），你会发现：

$$\begin{aligned} PV &= 100\times 复利现值系数 \\ &= 100\times 0.558 \\ &= 55.80(美元) \end{aligned}$$

因此，对于 10 年以后才能收到的 100 美元，今天的价值只有 55.80 美元。只是参观一下公寓就能获得这笔收入还算不错，但是并不像宣传的那样真能拿到 100 美元。

例题

我们假设某人即将继承一笔遗产。他被许诺将在 40 年以后得到 50 万美元的遗产。如果适当的贴现率是 6%（即用来计算现金流现值的利率水平），那么这 50 万美元遗产的现值是多少呢？要算出遗产的现值，我们只要把终值——500 000 美元——与复利现值系数相乘就可以了。首先要从复利现值系数表（见附录 B）中找到对应 6%、40 年的复利现值系数。沿着 $i=6\%$这一列向下移动，直到找到与 $n=40$ 这一行的交叉点，就可以找到我们需要的复利现值系数为

0.097。因此，这笔遗产的现值等于：

PV＝终值×复利现值系数

PV ＝500 000×0.097

＝48 500(美元)

此人 40 年后得到的 50 万美元遗产只相当于今天的 48 500 美元。看待这一问题的另外一种方法是假设你现在向银行账户中存入 48 500 美元，每年的收益率为 6%，那么 40 年以后，你最终将获得 50 万美元。

计算器小贴士

计算现值 2

请大家记住，事实上货币的时间价值的计算公式只有一个。前面提到的公式（3.2）与公式（3.3）本质上是相同的，只不过被用来求解不同的变量值。其中一个公式用来求终值，另一个公式则用来求现值。这两个方程式背后的逻辑是一样的：为了剔除货币的时间价值的影响，我们必须在相同的时点比较美元的现值或终值。因为所有的现值都是可比的（它们代表的是相同时点的美元价值），你可以加上流入现金流的现值，或者减去流出现金流的现值来计算投资项目的现值。

用财务计算器计算利率（*I/Y*）和年份数（*N*）

正如你所想象的一样，你可以用查表的方式或使用财务计算器来计算利率与年份数这两个变量的值。使用财务计算器计算这两个变量的值相对比较简单，而使用查表的方式难度相对要高一些。因此，本章的附录举例说明了如何使用查表法来计算利率与年份数这两个变量的值。

计算器小贴士

计算 *N* 的值——支付的次数

现在我们假设 MINI Cooper 轿车的生产商宝马公司保证，全新的 MINI Cooper 轿车价格保持在 20 000 美元不变。你想购买一辆新车，但是目前你手上只有 7 752 美元。如果年复利率为 9%的话，那么手中的 7 752 美元增值为 20 000 美元要花多长时间？

在这个例子中，我们要求的是 N 的值，即投资的增值年份数。与计算 PV、PMT 或 FV 一样，你只需要把已知变量的值输入财务计算器，然后求 N 的值就可以了。你必须牢牢记住，每一道计算题中都有一个变量前面是正号，另一个变量前面是负号。在这道题目中，PV 是已知变量，前面带有负号。事实上，7 752 美元代表的是现金流出（这笔钱离开了你的手），而 20 000 美元则是未来你将获得的现金流入。如果你没有将某个已知量的值标上负号，那么就无法获得计算结果。

思考：

为什么你要尤为关注通货膨胀对未来收入的影响？这是因为未来现金流的购买能力远远不如现在。比方说，你听到自己将在未来 20 年以后获得 10 万美元，可能会为此感到很兴奋。不过，如果不久以后你就发现，20 年以后一辆新车的价格将会上涨到 80 万美元，你每个月的食品开支要用掉 15 000 美元，公寓租金竟然高达 30 000 美元，那么此时你将会重新审视这 20 年以后才能拿到手的 10 万美元。使用货币的时间价值的概念剔除通货膨胀的影响，你可以计算出未来现金流折算为当前购买力的现值。你认为 20 年后一辆小轿车的价格会有多高？

现在我们来计算年复利增长率。10 年后你要存够 20 000 美元用于购买全新的 MINI Cooper 轿车，但是眼下你手上只有 11 167 美元。年复利增长率至少要达到多少才能保证 10 年后这 11 167 美元增值为 20 000 美元？

同样地，你要记住下列几个变量当中——*PV*、*PMT* 以及 *FV*——至少有一个变量的值前面带有负号。本例中，我们在输入 11 167 时在前面加上了负号，因为这笔钱“将要离开你的手”；10 年后，你将获得 20 000 美元。

计算器小贴士

计算 *I/Y*——利率的值

年 金

到目前为止，我们一直研究的是单笔现金流的现值或终值计算。现在我们要研究的是年金。在人们的生活中，年金随处可见。养老金、保险费和证券投资赚得的利息都属于年金。**年金**（annuity）是指一系列的等额货币支付，支付一般发生在每个特定时间段的期末。因为在金融领域内年金的使用范围非常广——例如，债券利息的支付与分期偿还贷款都采用的是年金形式——所以我们要把年金单独拿出来研究一下。尽管你可以使用公式（3.2）与公式（3.3）来计算年金的现值，但是这种计算方法要耗费大量的时间，尤其是在计算大额年金的时候更是如此。因此，我们要把公式进行修改，以便能直接用于年金问题的计算。

> **年金：** 在一段特定时期内，每一期期末进行的一系列的等额货币支付。
>
> **复合年金：** 每年年末向账户内存入相等金额的存款并持续若干年，使得存款不断增值。

复合年金

复合年金（compound annuity）就是指在若干年里（或若干时间段内，例如多个月），在每一年年末（或期末）存入或者投资金额相等的资金，使其价值不断增长。或许你正在为继续求学、购买一辆新车或者攒够一趟回家的路费而省钱。不管是哪一种情况，你都想知道在未来的某个时点上，你的储蓄额将会增长多少。

实际上，你可以使用公式（3.2）计算出每一笔存款额的终值，然后加总即可。例如，为了攒够上大学的学费，你打算在未来的 5 年内每年年末向银行账户中存入 500 美元，每年的投资收益率为 6%。那么 5 年以后，你的银行账户余额将会是多少美元呢？用公式（3.2）计算每一笔储蓄额的终值，你将发现 5 年之后账户的余额为 2 818.5 美元。

事实上，即便存款额看上去不多，但是复利的力量最终可以在未来让你得到一大笔钱。2017 年，美国人平均一周在外面就餐两次，每一餐支付 11.14 美元。如果他们把这笔钱存起来，仅以每年 6%的复利率进行投资，那么 30 年后，他们将得到 88 448 美元。不仅如此，他们还能变得更加健康，体重更轻。

正如表 3－4 所示，我们实际上就是在把各笔现金流的终值加在一起。为了简化这个过程，我们做了一张表格，该表格内的每个值都是与一定的 i 和 n 组合相对应的**年金终值系数**（future-value interest factor of an annuity）。附录 C 提供了一个相当完整的年金终值系数表，表 3－5 只是一个缩略

> **年金终值系数：** 用于计算年金终值的乘数。年金终值系数可以在附录 C 中找到。

版。使用年金终值系数，我们可以很方便地算出年金的终值：

$$年金终值=每年支付额\times年金终值系数 \tag{3.4}$$

现在我们可以使用年金终值系数来解决先前的年金终值问题。未来的 5 年内每年年末向银行账户中存入 500 美元，年收益率为 6%，即 $i=6\%$，$n=5$，查找年金终值系数表，发现对应的年金终值系数等于 5.637。把这个值代入上述公式，最后得到：

$$\begin{aligned} FV_5 &= 500\times 5.637 \\ &= 2\,818.50(美元) \end{aligned}$$

表 3-4　5 年内每年存入 500 美元，利率水平为 6%的年金终值计算（美元）

年	0	1	2	3	4	5
每年年末存入的资金		500	500	500	500	500
					500 →	500.00
					500 →	530.00
				500 →		562.00
			500 →			595.50
		500 →				631.00
年金的终值						2 818.50

表 3-5　每年存款额相等的一系列现金流的终值，年金终值系数

说明：每一个年金终值系数（*FVIFA*）都要对应一个具体的时间段（年份数）和利率。例如，你想找到对应 5 年与 6%利率的年金终值系数，那么只要沿着 $i=6\%$这一列向下移动，直到找到与 $n=5$ 这一行的相交点，那么就会发现对应的年金终值系数等于 5.637。于是就可以求出年金的终值：

年金终值=每年的支付额×年金终值系数

$FV_n=PMT\cdot FVIFA_{i\%,n}$

n	4%	5%	6%	7%	8%
1	1.000	1.000	1.000	1.000	1.000
2	2.040	2.050	2.060	2.070	2.080
3	3.122	3.152	3.184	3.215	3.246
4	4.246	4.310	4.375	4.440	4.506
5	5.416	5.526	5.637	5.751	5.867
6	6.633	6.802	6.975	7.153	7.336
7	7.898	8.142	8.394	8.654	8.923
8	9.214	9.549	9.897	10.260	10.637
9	10.583	11.027	11.491	11.978	12.488
10	12.006	12.578	13.181	13.816	14.487
11	13.486	14.207	14.972	15.784	16.645

这个答案和我们先前得到的一样。（如果不一样，看来我要找一份新工作了！）

除了计算每年向账户内存入一笔金额相同的资金若干年后账户余额为多少美元以外，更常见的问题是你希望在若干年后储蓄额达到一定的金额，那么从现在开始每年必须向账户里存入多少钱？当整个家庭或个人为某项金额较大的支出而进行储蓄时——例如为退休以后的生活积攒存款，或者是为买新房支付首付款而攒钱——人们常常会提出这样的问题。

例如你知道 8 年以后需要支付 10 000 美元的教育费用。那么以 6%的年利率计算，你每年必须储蓄多少钱才能在 8 年以后有足够的存款支付学费呢？在这种情况下，你已经知

道了 i，n 以及 FV_n 的值，将其代入公式（3.4）。现在你不知道的是 PMT 的值。把已知的数据代入公式（3.4），你会发现：

$$10\,000 = PMT \times 9.897$$

$$10\,000/9.897 = PMT$$

$$PMT = 1\,010.41\text{（美元）}$$

因此你必须在每年年末的时候以 6%的利率储蓄或投资 1 010.41 美元，只有这样才能在 8 年之后筹措到 10 000 美元的学费。

接下来我们将要用到年金终值的计算方法，先让我们回想一下时间的威力。时间的巨大威力是毋庸置疑的。若想感受这种力量，你只需要计算一下为了实现某个长期目标，你每个月必须储蓄多少钱就能明白了。例如，你希望在自己 60 岁的时候能存够 50 000 美元去听滚石乐队的演唱会。（几十年以后滚石乐队很有可能还会巡回演出，而且那时演唱会的票价差不多要这么贵。）

如果你从 21 岁开始每年定期投资，年收益率为 12%，一直持续到你 60 岁的生日，那么你只需要每月储蓄 4.25 美元就能在 60 岁的时候存够 50 000 美元。如果你从 31 岁的时候开始存钱，那么这个数字将会变成 14.31 美元/月。如果你等到 51 岁的时候才开始动手储蓄，那么这个数字将会变成 217.35 美元/月。

思考：

如果一对夫妇原本每个月出去吃饭看电影的次数为 4 次，每次要花费 75 美元。但是现在他们把次数减到每个月两次，则每年可以省下 1 800 美元。如果每年年末他们都把这笔省下来的钱以 10%的利率用于投资的话，30 年后他们将累计获得 296 089 美元！为了省钱，你认为自己每月的开支中哪些支出项目可以削减？

思考：

让我们再感受一下时间的威力。假设你每天把口袋里的零钱全部掏出来——平均每天 1 美元——把它们存起来。然后到每年年底时，你把一年存下来的零钱（365 美元）按照 12%的年收益率进行投资。如果你从 18 岁开始就这样做，那么 50 年以后你能积攒 876 007 美元。如果你等到 33 岁才这样做，那么只能积攒 157 557 美元。记住，在 18 岁与 33 岁之间，你的投资额只有 5 475 美元。记住原理 10：开始行动吧！在投资的世界里，时间是你最好的朋友。除此以外，你还能想到其他什么方法可以每天存一点钱？

年金的现值

在进行理财规划时，你需要检查所有年金产品的现值或终值。为了比较各种年金产品，你需要知道每一种年金的现值。尽管你可以通过附录 B 提供的复利现值系数表算出年金的现值，但这个过程是很烦琐的，尤其是当年金持续的年份特别长的时候。如果你想知道一笔年收益率为 6%、每年年末收到 500 美元且持续 5 年的年金其现值等于多少美元，那么根据 6%的贴现率，你可以使用公式（3.3）分别计算每一年获得的 500 美元的现值，再把各

计算器小贴士

年金的终值

笔现金流的现值加起来。计算结果显示该年金的现值为 2 106.00 美元。正如表 3－6 所示，我们在计算过程中要做的就是把所有现金流的现值加在一起。因为在个人理财过程中经常要计算年金的现值，所以为了简化年金现值的计算过程，我们引入了一个新的概念，即对应一定的 i 与 n 的**年金现值系数**（present-value interest factor of an annuity）。年金现值系数就是把年份从 1 到 n 的复利现值系数加总后得到的值。同样地，年金现值系数表给出了 i 和 n 的各种组合。附录 D 向大家提供了完整的年金现值系数表，表 3－7 只是一个缩略版。

年金现值系数：是计算年金现值时的一个乘数。年金现值系数可以在附录 D 中找到。

利用年金现值系数这个新因子，我们可以用下列公式计算年金的现值：

年金现值＝每年支付额×年金现值系数　　　　(3.5)

现实世界

消费要权衡利弊——是今天就把钱花掉，还是把钱先存起来，将来再把增值部分花掉。例如，等到你毕业时，汽车可能是你第一件要买的东西。在 2018 年，你面临的两个选择是花 46 000 美元购买一辆全新的奥迪 TT 轿车，或者是花 16 000 美元购买一辆车龄 2 年、状况良好的二手丰田凯美瑞轿车。如果你把这两款汽车的差价存起来，年收益率为 9%，那么等到 40 年后你退休时，这笔投资已经增值为 942 000 美元！

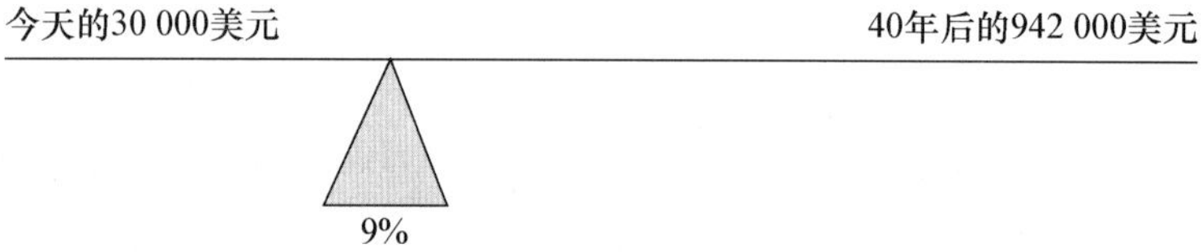

现在我们用年金现值系数来计算先前那道例题。我们可以沿着 $i=6\%$ 这一列向下移动，直到找到与 $n=5$ 这一行的相交点，发现对应的年金现值系数等于 4.212。于是把各个变量的值代入公式（3.5），就可以算出：

$$PV = \text{每年的支付额} \times \text{年金现值系数}$$
$$= 500 \times 4.212$$
$$= 2\,106(\text{美元})$$

同样地，我们得到的答案与先前的计算结果完全一致。（和之前的情形一模一样！）如果我们没有得到相同的答案，那也许是我们太聪明了。实际上之所以我们两次得到的答案是相同的，是因为年金现值系数表就是把复利现值系数表内的对应值相加而计算出来的。

表 3－6　贴现率为 6%，每年年末存入 500 美元的年金现值计算（美元）

年	0	1	2	3	4	5
每年年末收到的美元资金		500	500	500	500	500
	471.50 ←	(1)				
	445.00 ←		(2)			
	420.00 ←			(3)		
	396.00 ←				(4)	
	373.50 ←					(5)
年金的现值	2 106.00					

表 3-7　一系列存款（年金）的现值，年金现值系数

说明：每一个年金现值系数（*PVIFA*）都对应着某一个具体的时间段和利率。例如为了找到利率为 6%、5 年期年金的现值系数，我们可以沿着 $i=6\%$ 这一列向下移动，直到与 $n=5$ 这一行的相交处：4.212。那么计算得到的年金终值如下所示：

年金现值＝每年的支付额×年金现值系数

n	4%	5%	6%	7%	8%
1	0.962	0.952	0.943	0.935	0.926
2	1.886	1.859	1.833	1.808	1.783
3	2.775	2.723	2.673	2.624	2.577
4	3.630	3.546	3.465	3.387	3.312
5	4.452	4.329	4.212	4.100	3.993
6	5.242	5.076	4.917	4.767	4.623
7	6.002	5.786	5.582	5.389	5.206
8	6.733	6.463	6.210	5.971	5.747
9	7.435	7.108	6.802	6.515	6.247
10	8.111	7.722	7.360	7.024	6.710
11	8.760	8.306	7.887	7.499	7.139

例题

针对 Lee 的"Press On Abs"牛仔裤（会引起皮疹）而发起的集体诉讼案的判决结果规定，你在未来 10 年内每年年底都会收到 1 000 美元的赔偿款。如果年利率为 5%，这一年金的现值是多少美元呢？把 $i=5\%$，$n=10$ 以及 $PMT=1\ 000$ 美元代入公式（3.5），你会发现：

$$PV=1\ 000\times\text{年金现值系数}$$

从表 3-7 中沿着 $i=5\%$ 这一列、$n=10$ 这一行找到对应的年金现值系数，然后将其代入公式，于是我们得到：

$$\begin{aligned}PV&=1\ 000\times 7.722\\&=7\ 722(\text{美元})\end{aligned}$$

因此这笔年金的现值为 7 722 美元。

至于复利和现值表格中的其他问题，只要公式（3.5）中 4 个变量里有 3 个变量是已知的，那么我们就可以计算出第四个变量的值。在年金现值系数表中，如果我们知道 i、n 和 PV 的值，那么就可以求出 PMT 的值。对这一计算过程的金融学解释是：如果你希望在 n 年之后某一账户的余额刚好为零，那么在未来的 n 年里，你每年从复利率为 i 的账户里可以提取多少资金，以此作为退休金或者是抵押贷款的分期还款额？

计算器小贴士

年金的现值

利率与时间的共同作用

现在我们再来看一看若你能获得更高的复利收益率，并且投资持续更久，那么这笔投资的增值情况如何。我们不关注计算过程，只看计算结果。显然，可投资的资产有很多种，我们选中三种资产来分析一下——年收益率为0.5%的货币市场存款账户或储蓄账户，年收益率为2%的存单以及年收益率为10%的股票。

现在先看一看单笔 5 000 美元投资的增值情况

单位：美元

	年收益率为0.5%的货币市场存款账户或储蓄账户	年收益率为2%的存单	年收益率为10%的股票
初始投资额	5 000	5 000	5 000
5年	5 126	5 520	8 053
10年	5 256	6 095	12 969
15年	5 388	6 729	20 886
25年	5 664	8 203	54 174
35年	5 954	9 999	140 512
45年	6 258	12 189	364 452

如你所见，结果还算不错，随着收益率（i）与投资年限（n）的值不断变大，投资的终值也在变大。你可能已经注意到了，当收益率由0.5%变成2%时，终值翻了一倍，当收益率由2%变成10%时（后者是前者的五倍），终值相当于原来的30多倍。接下来我们再来看一看如果你每年都投资5 000美元，情况又是如何。

假设每年都投资5 000美元，则未来的终值如下所示：

单位：美元

	年收益率为0.5%的货币市场存款账户或储蓄账户	年收益率为2%的存单	年收益率为10%的股票
初始投资额	5 000	5 000	5 000
5年	25 251	26 020	30 526
10年	51 140	54 749	79 687
15年	77 683	86 467	158 862
25年	132 796	160 151	491 735
35年	190 727	249 972	1 355 122
45年	251 621	359 464	3 594 524

现在我们来聊一聊现实生活。这一切告诉你什么道理？复利具有令人吃惊的能量，收益率越高，投资期限越长，则你最终获得的收益就越多。这还告诉你为了实现理财目标越早动手，目标的实现就会变得越容易。

思考：

人们不愿意为退休而储蓄的原因之一与“原理9：心理游戏，理财个性与金钱”有关。之所以人们普遍倾向于没有为退休准备充足的储蓄，是因为看上去退休似乎还很遥远，人们以为晚点动手也一样能来得及——这充分反映了人类行为的拖延特征：对于让我们痛苦的事情，我们总是喜欢一拖再拖。在了解了货币的时间价值这一概念以后，大家应当明白为什么及早动手储蓄如此重要了吧。举出以往你拖拖拉拉不尽早动手的两三个例子。

分期偿还贷款

人们并不总是在年底获得以年金形式支付的收入。在大多数情况下，你可能需要以年金的方式在一定的年限内每年支付固定金额的方式来分期偿还贷款。如果你的贷款是以这种方式来偿还的话，我们就把它叫作**分期偿还贷款**（amortized loan）。这种贷款包括汽车贷款和抵押贷款。

> **分期偿还贷款**：每一期等额还款的贷款。

假设你为了买车以8%的利率从银行借了16 000美元，你希望在未来4年的时间里以每年年末偿还固定金额的方式来还清这笔贷款。我们可以使用公式（3.5）计算每年应偿还的金额，也就是要算出PMT的值。同样地，公式中3个变量是已知的：未来年金的现值PV等于16 000美元，年利率i等于8%，年金持续的年份数n等于4年。

于是，在表3-7中，找到$n=4$这一行与$i=8\%$这一列的交点，对应的年金现值系数等于3.312。每年年末的年金支付额PMT是未知量。将已知变量的值代入公式（3.5），你会发现：

$$\text{现值}=\text{每年的支付额}\times\text{年金现值系数}$$
$$16\,000=PMT\times 3.312$$
$$\frac{16\,000}{3.312}=PMT\times\frac{3.312}{3.312}$$
$$PMT=4\,831(\text{美元})$$

为了偿还贷款的本金和利息，每年的还款额必须等于4 831美元。如图3-5提供的贷款分期偿还表所示，每期还款额中本金和利息的偿还额已经被标示出来了。你会发现，随着未偿还贷款余额的不断减少，每年利息的偿还额也在不断下降。

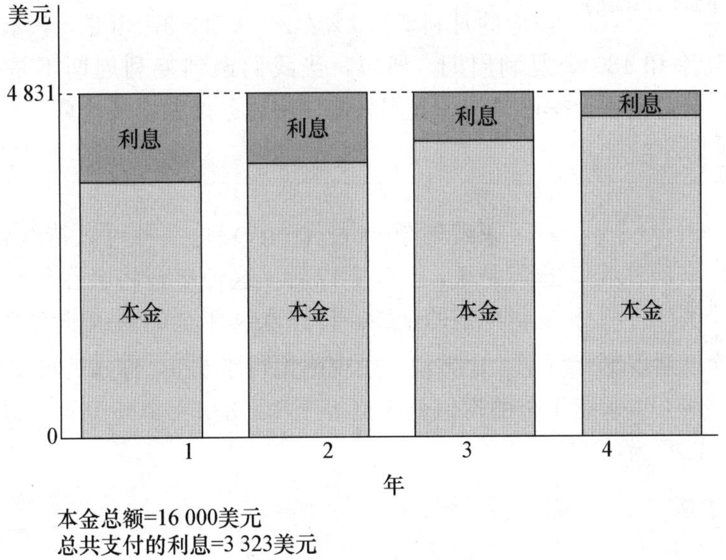

图3-5 利率为8%，贷款总额为6 000美元，分4年还清的分期偿还贷款表

使用财务计算器计算分期偿还贷款的每月还款额

计算器小贴士

计算贷款还款额

到目前为止，我们提供的例题都是假设每年只还款一次，每年只计算一次复利。不过，很多贷款——例如汽车贷款与房屋抵押贷款——要求借款人每月还款。幸运的是，每月还款额的计算十分简单。我们只要保证时间的单位与利率的单位一致就可以了——也就是说，如果我们要计算每月的还款额，那么就必须把年利率相应地转变为月利率。

为了便于调整，我们引入一个新的变量 m，它代表的是一年内计算复利的次数。例如，如果每半年计算一次复利，则 m 的值应当等于 2；如果每个月计算一次复利，则 m 的值应当等于 12。所以，我们要做的就是把贷款或年金的偿还年限乘以 m，算出贷款或年金有效期内复利计算的总次数，这对应的便是财务计算器上的变量 n，即复利周期的个数。然后，我们用年利率除以 m，算出复利周期对应的利率水平，这对应的便是财务计算器上的变量 i。

事实上，n 代表的就是年金未来持续的复利周期个数。如果年金每年支付一次，n 就等于年份数；如果年金每个月支付一次，则 n 就等于月份数。如果 n 的单位是“月”，那么我们要相应地把年利率转变为月利率。因此，如果年金每年支付一次，则 i 就是年利率；如果年金每个月支付一次，则 i 就是月利率。

计算器小贴士

计算抵押贷款的每月还款额

计算器小贴士

每月还款的情况下如何计算现值

不过，一般来说，如果复利周期不是以“年”为单位的，那么我们无法使用货币的时间价值表来计算终值或现值。这是因为我们已经把年利率转变为月利率或日利率，而月利率或日利率要比货币的时间价值表上标示的利率水平低得多。例如，期限为 15 年的抵押贷款要求每个月还款，年利率为 7%。那么事实上，这笔贷款的复利周期共计 180 个（月），对应的月利率为 7%/12=0.583 3。可是，没有哪一种表格能查到这么小的利率和 180 个复利周期。所以，当我们遇到复利周期不是一整年的情况时——可能是一个月或一个季度等——我们只能使用财务计算器来计算。

永续年金

永续年金：一种可以持续到永远的年金。

永续年金（perpetuity）是一种可以持续到永远的年金。也就是说，自建立以后，这种年金将会在每年一直不间断地支付固定的金额。计算永续年金的现值非常简单：只需要用每年的支付额除以贴现率就行了。比方说，贴现率为每年 5%，你永远可以获得每股 10 美元的股息收益，那么该永续年金的现值就应当等于 10/0.05=200 美元。因此永续年金现值的计算公式可以写为：

$$PV=\frac{PP}{i}$$

其中，

PV=永续年金的现值；

PP＝永续年金每年支付的金额；

i＝年利率。

行为视角

原理 9：心理游戏、理财个性与金钱

我们都知道储蓄不是件容易的事。造成这种局面的原因有很多，其中一个原因涉及个人如何对未来进行“贴现”。这并不是说我们不知道储蓄有多重要，只不过到了该储蓄的时候，人们总是把当前的消费看得更重。选择即时享受，牺牲未来收益，这个规律几乎适用于生活中所有的事。例如，你也许意识到如果减减肥会更好——你会变得更健康，对自己更有自信——于是你决定下周开始节食。你知道到了下周一，你就不能在清早喝下一杯热乎乎的星巴克白巧克力（650 卡路里）了。减肥和星巴克的饮料都是未来的事，因此你很自信，感觉自己能够抵制住诱惑。但是到了周一早上，你整个脑袋里只想着星巴克的热饮，而减肥的成果还遥不可及，所以尽管你的初衷很好，但是很有可能你还是会买一杯星巴克的热饮。

为什么会这样？这是因为很多人无法把复利和贴现的计算过程具象化；相反地，他们总是以一种很“夸张”的形式做减法。[①] 这是什么意思？他们认为金钱会在短期内快速增值，但随着时间的流逝，增值速度会变得非常慢。这使得一些长期目标看上去似乎没那么重要，所以人们很难为了实现这些目标而储蓄。

该如何解决这个问题呢？首先，你要了解复利的工作原理。随着年限的延长和收益率的提高，投资的终值也将变大。把它设想为“滚雪球效应”，也就是说，你的初始投资会产生利息收益，然后本金和利息加在一起，会继续产生更多的利息收益。当这一切在很长一段时间里反复发生时，你的投资资金就真正实现了增值。这意味着你需要尽可能早地开始投资。不过，这还是有点难。成功的秘诀之一是“先支付给自己”。为了让整个过程尽可能没有痛苦，最好采用自动储蓄的模式，即当你的储蓄/支票账户收到薪水支票时，一定比例的薪水立即被自动转入另一个特定的独立投资账户——可能是你的退休储蓄账户。用这种你根本看不见的方式来存钱，要容易得多！和工资管理部门聊一聊，请求进行“强制性的工资扣款”。

行动计划

原理 10：开始行动吧！

没有几个概念比货币的时间价值更为重要。好好利用复利能让你实现人生目标和舒舒服服地退休，而忽视它可能会导致截然不同的后果。对货币的时间价值的理解可以帮助你弄明白为什么不管你年纪几何，现在就是开始为退休而储蓄的最佳时机。于是，这里我们提供了一份可以将货币的时间价值善加利用的行动计划：

一旦你找到了工作，就去开一个罗斯个人退休账户，并按照最高缴款上限定期向该账

---

① P.C. Fishburn & A. Rubenstein. (1982). Time Preference. *International Economic Review*, 23, 677-694.

户缴款，开始为退休而储蓄。

- 自动将一部分收入存入储蓄账户和退休账户，以此帮助自己自律。
- 当你为了一些长期目标——例如退休或孩子们的教育——而储蓄时，要确保自己充分考虑了通货膨胀的影响。
- 把加薪存起来——如果升职加薪了，那么就要把工资增加的部分也存起来。
- 如果你正在考虑购买某种商品，例如新一代的苹果手机或平板电脑，那么算一算如果用信用卡分期一年或两年购买该商品的话，实际购买成本有多高。你会发现等攒够了钱再买可能是更好的选择，等待是值得的。

本章小结

➡ 学习目标 1：解释复利原理。

总结：个人理财过程中几乎每个决定都要涉及复利和货币的时间价值这两个概念，马上开始储蓄以实现未来的梦想吧。复利的概念是货币的时间价值的基础，所谓复利简单地说就是利滚利。

对于货币的时间价值，你可以用下列公式计算一项投资在一段时间以后可以增值多少美元：

$$FV_n = PV(1+i)^n \tag{3.2}$$

为了简化计算程序，在计算过程中你可以参考 $(1+i)^n$ 的表格，我们将该表格称作对应一定的 i 与 n 组合的复利终值系数表。于是，我们可以把公式（3.2）改写成如下形式：

终值＝现值×复利终值系数 (3.2a)

你还可以使用 72 法则去计算投资本金需要多长时间才能翻一番。该法则仅为近似计算结果：

投资本金翻倍需要的年份数＝72/年复利增长率

关键术语

货币的时间价值：今天的一美元比未来的一美元更值钱，因此，在比较不同时期的货币总量的时候，一定要先对其价值进行调整。

复利：用利息赚取利息的投资方式，这是根据投资原则将赚得的利息进行再投资的结果。

本金：存款或债务工具的面值。

现值：即当前的价值，用现在的美元所表示的未来一笔钱的价值。

年利率：使用借入资金每年收取或支付的费用比率。

终值：某一项投资在未来某个时点的价值。

再投资：指的是把投资获得的收益重新投入在同一个投资项目上。

复利终值系数：这是指用 $(1+i)^n$ 作为乘数来计算终值。

年复利：即每年计算一次复利，年末时将收到的利息汇总到初始本金里。等到第二年的年末，就要根据加总利息后的新本金来计息。

72 法则：这是很好用的投资法则。用 72 除以每年的投资收益率就可以算出投资价值翻倍所需要的时间。

➡ 学习目标 2：了解时间的力量以及复利利率的重要性。

总结：利率水平对投资项目的增值速度影响非常大，这一点也是很重要的。与此同时，时间和利率也决定了你应该储蓄多少钱才能实现既定的理财目标。你可以通过提高利率或投资本金计算复利的年份数来让终值变大。

➡ 学习目标 3：计算未来现金流的现值。

总结：在很多情况下，除了终值以外，我们还要计算投资项目的现值。我们可以使用下列公式计算现值：

现值＝终值×复利现值系数　　(3.3a)

关键术语

贴现率：根据终值计算现值时使用的利率。

复利现值系数：在计算现值时用作乘数的 $1/(1+i)^n$ 的值。

➡ 学习目标 4：了解年金的定义并学会计算其终值。

总结：年金是指在一段特定时期内，每一期期末进行的一系列的等额货币支付。因为在金融领域年金的使用范围非常广——例如债券利息的支付和分期偿还贷款都采用的是年金形式——所以我们要把年金单独拿出来研究一下。复合年金就是指在若干年里，在每一年年末（或期末）存入或者投资金额相等的资金，使其价值不断增长。

年金终值＝每年支付额×年金终值系数　　(3.4)

为了求出年金的现值，我们要使用下面的公式：

年金现值＝每年支付额×年金现值系数　　(3.5)

大多数情况下，你可能需要以年金的方式在一定的年限内每年支付固定的金额以分期偿还贷款。如果你的贷款是以这种方式来偿还的话，我们就把它叫作分期偿还贷款。这种贷款包括汽车贷款和抵押贷款。

关键术语

年金：在一段特定时期内，每一期期末进行的一系列等额货币支付。

复合年金：每年年末向账户内存入相等金额的存款并持续若干年，使得存款不断增值。

年金终值系数：用于计算年金终值的乘数。年金终值系数可以在附录C中找到。

年金现值系数：是计算年金现值时的一个乘数。年金现值系数可以在附录D中找到。

分期偿还贷款：每一期等额还款的贷款。

永续年金：一种可以持续到永远的年金。

思考题

1. 你的母亲刚刚获得一笔250 000美元的遗产。如果她把这笔资金投资于一个年收益率为8%的多元化股票投资组合，大约要多长时间她才能成为百万富翁？

2. 琳达为了买一辆新车而积攒了6 500美元。在不考虑税费的情况下，假设她把这笔钱投资于年复利收益率为 3%的货币市场账户，那么多久以后能有足够多的钱购买一辆价值为 9 000 美元的汽车？（提示：答案在 6～10 年之间。）

3. 保罗刚从学校毕业，他找到了一份年薪 33 000 美元的工作。如果年均通货膨胀率是 3%，那么在 10 年以后，他的收入水平要增加到多少美元才能维持相同的购买力？

4. 安东尼和米歇尔刚结婚不久，他们收到了 30 000 美元现金的结婚礼物。如果他们把一半的钱以每年 7%的固定年复利率进行投资，那么等到结婚 25 周年的时候，这笔投资的价值将会变成多少美元？如果复利周期为 6 个月，投资的终值将会变大还是变小？复利周期为 6 个月与复利周期为 12 个月相比，投资价值的差额有多大？

5. 初始投资额为 5 000 美元，复利周期为一年，利率为 5%，计算一下一年以后投资的终值是多少美元。然后再计算一下当收益率为 5%时，20 年后 5 000 美元的初始投资额会增值为多少美元？

6. 艾哈迈德·穆斯塔法快 22 岁了，他想在他 30 岁生日的时候攒足 10 000 美元。假设他没有额外的收入。如果他现在持有 6 000 美元的中期债券，利率水平为 5%，那么他能否在 30 岁生日的时候达到攒足 10 000 美元的愿望呢？如果不能，那么请你计算一下年均收益率要达到多高才能实现他的愿望？

7. 假如电影《王牌大贱谍》在 2018 年公映，邪恶博士现在手里拿着一个财务计算器，算出来要向全世界索要 10 000 000 美元的赎金，多高的通货膨胀率能够使得现在其购买力与 1967 年的 100 万美元完全相同？（提示：通货膨胀率即为贴现率，每年计算一次复利。）

8. 当德里克还是个小孩子的时候，德里克的祖父为他建立了一个信托基金，这个基金能使德里克在他 35 岁生日的时候得到 20 000 美元。现在德里克刚刚 23 岁。计算一下如果利率水平为 7%的话，这笔基金的现值是多少美元？如果德里克必须等到 40 岁的时候才能拿到这笔基金——也就是说德里克还要等待 17 年——那么这笔基金的现值是多少？

9. 你和你的 11 个伙伴刚刚赢得了 1 200 万美元的州彩票（每个人能拿到 100 万美元奖金）。假设你们每个人将在 20 年内收到这笔钱，假设州彩票资金的年收益率为 6%，如果你要求先拿到奖金再纳税，那么每个人获得的奖金的税前现值是多少美元？

10. 理查德 65 岁即将退休。除了养老金和社保金以外，理查德还积攒了 500 000 美元的储蓄。他打算在未来 15 年内每年提取一定的储蓄金额，直到把储蓄账户的余额全部取光。如果储蓄账户的利率水平为 7%，那么他每年应该取走多少存款？

11. 假设你已经 25 岁了，每年的收入为 35 000 美元，且收入水平不会再增加了。你打算 55 岁退休。如果你向 401（k）账户的缴款额相当于薪水的 5%，每年的收益率为 10%，并且你每向 401（k）账户缴纳 1 美元，公司也会向该账户配套缴纳 0.5 美元，缴纳总额不超过你工资水平的 3%。计算一下等到你 55 岁退休时 401（k）账户的终值会是多少美元。如果你想在退休后的 30 年中把这笔存款慢慢花光，那么每月你应该提取多少金额呢？

12. 莎莉今年 22 岁，她刚刚开始全职工作，并且打算每年向个人退休账户内存入 5 000 美元，个人退休账户的年收益率为 12%，每年计算一次复利。那么 20 年以后，莎莉个人退休账户的余额会是多少美元呢？30 年以后呢？40 年以后呢？如果莎莉改变了投资计划，准备每个月向个人退休账户存入 417 美元，并且计息方式也变为每个月计算一次复利，那么 20 年后、30 年后乃至 40 年以后，莎莉个人退休账户的余额将会变成多少美元呢？分析一下上述两个计算结果为什么会有这么大差别。

13. 你的祖母刚刚给了你 6 000 美元。你想知道如果你把这笔钱投资出去的话能增值多少。

a. 假设投资5年，年收益率为6%，计算一下6 000美元的终值是多少。

b. 假设每半年计算一次复利（即每6个月计算一次复利），重新计算一下（a）中6 000美元的终值。

c. 如果投资收益率变为10%而非6%，重新计算一下（a）和（b）。

d. 如果投资期限为12年而非5年，重新计算一下（a）。

14. 如果你现在向某账户存入3 500美元，年收益率为8%，那么35年后该账户的余额将是多少美元？40年以后呢？

15. 萨拉·维格姆喜欢只选择一个投资项目。她希望35年后自己退休时手上能积攒出200万美元。她看中了一家共同基金，年收益率为4%。为了实现这个目标，萨拉现在应当投资多少美元？假设萨拉按照我们的计算结果进行初始投资，如果年收益率为14%而非4%，而且萨拉仍然坚持等攒够200万美元就退休，那么萨拉可以在多大年纪时退休？

16. 柯克·范豪登已经结婚23年了，他打算在结婚30周年纪念日时赠送给妻子一只昂贵的铂金钻戒。假设7年后钻戒的价格为12 000美元。柯克现在已经投资了4 510美元。为了积累足够多的钱能买得起钻戒，柯克的投资项目必须获得多高的年收益率？

17. 7年前，兰斯·默多克花7 600美元购买了一件木制的征服者雕像摆放在家庭办公室里。最近，兰斯结婚了，办公室改成了缝纫室。他的妻子审美品位比兰斯高得多，她认为征服者雕像很丑陋，必须马上搬走。兰斯决定在eBay上拍卖这件雕像，但是只卖了5 200美元。也就是说，这项投资亏了本。兰斯的投资收益率是多少？即i的值等于多少？

18. 你面临两种选择，一种选择是现在就拿到100 000美元，另一种选择是13年后拿到300 000美元。假设投资收益率为8%，你会选择哪一种方案？

19. 1963年3月，钢铁侠首次出现于《悬疑故事》（*Tales of Suspense*）第39期。这一期当时的售价为12美分。55年后，2018年3月，这本漫画书的价格涨到了6 200美元。如果你在1963年买下了这本漫画书，并在2018年（55年后）卖掉了它，那么年收益率是多少？

20. 这个学期末你就要大学毕业了，你决定在未来的45年里，每年年末向罗斯个人退休账户——罗斯个人退休账户产生的投资收益是免税的，而且从该账户取现时也不需要缴税——存入5 000美元。如果年收益率为8%，每年计算一次复利，那么等到45年后你退休时，账户余额是多少美元？如果你暂时不动手，等到10年后才开始向罗斯个人退休账户定期存入5 000美元——这意味着直到退休你只能存35次——那么等到你退休时，账户的余额是多少美元？

21. 为了支付学费，你申请了25 000美元的助学贷款。如果在未来15年间，你每个月都在偿还贷款，即每月计算一次复利，年利率为7%，那么每个月的贷款还款额是多少美元？

22. 贷款总额为50 000美元，年利率为6%，每个月计算一次复利。如果你每个月还款的话，要多长时间才能把贷款还清？（计算结果取整数。）

23. 你刚刚花了3 000美元买了一台平板电视，商店允许你分期付款，年利率为14%，每个月计算一次复利。如果你选择了分期付款，每个月还款100美元，那么要多长时间才能还清贷款（即电视的售价）？在整个贷款期间，你要支付多少利息？（这等于你的全部还款额与3 000美元的贷款本金之间的差额。）

24. 克里斯·格里芬持有的维萨卡债务余额为5 000美元，年利率为18.9%，每个月计算一次复利，每月的最低还款额等于债务余额的3%，即150美元。如果克里斯在每个月的月末都只还款150美元，那么他要花多长时间才能还清所有的信用卡债务？如果在每个月的月末克里斯都偿还200美元，那么还清所有的信用卡欠债要花多长时间？（计算结果取整数。）

讨论案例 1

鞠珍熙现年 27 岁，她刚刚获得了升职，这使得她的年薪增加到了 37 000 美元。她有资格参加雇主发起的 401（k）计划，而且员工每向 401（k）账户缴纳一美元的份额，公司也会向该账户配套缴纳一美元，缴纳总额不超过员工工资水平的 5%。珍熙想在 3 年以后购买一辆价格为 25 000 美元的车，她打算自己攒够 7 000 美元的首付款，余下的部分要向银行申请贷款。

婚礼也在她的计划之中，她和她的男朋友保罗已经把婚礼日子定在 2 年后，那时保罗将从医学院毕业。而保罗有 100 000 美元的助学贷款要在毕业后偿还。珍熙和保罗想要购买一套属于他们自己的住房，或许这个愿望要等她接近 30 岁的时候才有可能实现。等到那时她将有资格继承她祖父留给她的 50 000 美元的信托基金。这一信托基金主要投资于收益率为 7%的政府债券。

问题：

1. 用货币的时间价值说明珍熙参加员工 401（k）计划是正确的决策。

2. 计算她为攒足买车的首付款每年必须储蓄的金额是多少美元，假设这些储蓄存款能给她带来 6%的收益率。然后再假设每个月计算一次复利，则她每月需要储蓄多少美元？在这两种情况下，首付款中有多少是来自投资赚取的利息？

3. 到珍熙 60 岁的时候，信托基金的价值将是多少美元？假设她在 30 岁的时候拿出了信托基金中的一半用于房子的首付款，而剩余的一半仍继续原来的投资。

4. 如果保罗想在 10 年内完全还清他的助学贷款，利率水平为 4.75%，那么每年的还款额应当是多少美元？如果保罗的贷款每月计算一次复利，那么保罗每个月要偿还多少贷款？与每年计算一次复利相比，还款额是增加了还是减少了？

5. 列出至少 3 个珍熙和保罗应当采取的措施，这些措施能够让货币的时间价值为他们所用。

讨论案例 2

道格·克劳克现年 56 岁，他在教学岗位上工作 31 年后退休了。他还是 3 个孩子的父亲，其中 2 个孩子还未成年。他收到了一笔总数为 150 000 美元的退休金，并且每月还能领取 2 800 美元的退休金。他的 403（b）账户内已经积累了 150 000 美元，其他账户余额总计为 100 000 美元。他的 403（b）账户内的资金主要投资于共同基金，但是其他账户内的钱大部分存在银行，收益率只有 2%～3%。在决定把退休金和其他账户的钱投资到哪里的时候，道格想征求你的意见。由于还有 2 个孩子在上学，而且他的配偶不工作，所以道格还想知道他每个月可以从这些账户里提取多少钱。因为他的 2 个孩子雷切尔和隆达还在上大学，所以现在他每个月的支出为 5 800 美元。他要等到 62 岁的时候才有资格去申请领取社会保险金，到那个时候他每月可以拿到将近 1 200 美元的社会保险金。尽管如此，他还想推迟到 67 岁再领取。因为这样做的话，他每月就可以拿到 1 550 美元了。他已经慢慢习惯了承受一些风险，但还是想把大部分钱存入由联邦存款保险公司提供保险的银行账户中。

问题：

1. 假设道格有另外一个专门储备紧急资金的账户。如果每年的投资收益率为 5%，预计道格还能活 30 年，那么他每个月可以从银行账户内提取多少金额以弥补退休金的不足？

2. 在不考虑社会保险金收入的前提下，那么问题 1 的计算结果能否满足道格目前的生活开支要求呢？如果不够，假设从此以后每个月的生活开支都保持在 5 800 美元不变，那么他的退休金能支撑多久？如果每个月的开销减少到 4 500 美元，情况会怎样呢？

3. 如果道格每个月取现 3 000 美元，那么 11 年后，当他 67 岁时，账户的余额是多少美元？如果从 67 岁开始，道格开始领取 1 550 美元的社会保险金，那么从此以后他每个月可以从投资账户里只提取 1 450 美元，这样做可以持续多长时间才会将账户余额全部提完？

4. 如果在道格退休以后，年均通货膨胀率为 3.5%，那么当未来物价水平上涨到相当于目前物价水平 2 倍的时候，道格的年龄会是多少岁？如果现在一瓶苏打水的价格为 1 美元，而且道格还能活整整 30 年，那么当道格去世的时候，一瓶苏打水的价格将会变成多少美元？

附录　使用表格计算货币的时间价值

使用表格计算 I/Y 与 N 的值

正如你所想象的一样，你可以用查表的方式或使用财务计算器来计算利率 I/Y 与年份数 N 这两个变量的值。我们已经在本章正文讲解了如何使用财务计算器计算这两个变量。使用查表法时，你要先弄清楚你要查的是哪一个值：如果你要求 I/Y 的值，那就查找对应的列；如果你要求 N 的值，那就查找对应的行。我们用一个例子来加以说明。

现在我们假设戴姆勒-克莱斯勒公司保证新吉普车的价格保持在 20 000 美元的水平不变。你想购买这款车，但是现在你手里只有 10 805 美元。那么如果年收益率为 8%且每年计算一次复利的话，你怎样才能把手中的 10 805 美元增值到 20 000 美元？我们可以利用公式（3.2a）来计算这道题目。将一些已知变量的值代入公式（3.2a），然后就可以得到：

终值＝现值×复利终值系数

20 000＝10 805×复利终值系数

20 000/10 805＝10 805×复利终值系数/10 805

复利终值系数＝1.851

于是，你再回到复利终值系数表查找 1.851 这个值，你知道它必然在利率等于 8%的那一列上。沿着利率等于 8%这一列向下寻找，直到找到一个最接近 1.851 的值。你会发现这个最接近的值正好位于 n 等于 8 这一行。因此，如果投资收益率为 8%且每年计算一次复利的话，10 805 美元的初始投资额要用 8 年的时间才能增值为 20 000 美元。

现在让我们再说明一下如何计算年复利增长率。你希望 10 年后自己能拥有 20 000 美元购买新吉普车，但是现在你手上只有 11 167 美元。如果想要这 11 167 美元在 10 年后增值为 20 000 美元，那么年复利增长率必须等于多少？将已知变量的值代入公式（3.2a），我们得到：

终值＝现值×复利终值系数

20 000＝11 167×复利终值系数

20 000/11 167＝11 167×复利终值系数/11 167

复利终值系数＝1.791

在复利终值系数表上查找 1.791，你知道它必然在 n 等于 10 的那一行上。果然，你在 n 等于 10 这一行与 i 等于 6%这一列的交叉点上找到了这个值。因此，如果你希望 10 年后 11 167 美元的初始投资额能够增值为 20 000 美元，那么投资收益率必须要达到 6%。

第4章
税务筹划与策略[1]

学习目标

1	明确并了解影响所有纳税人的联邦所得税的主要特征。	联邦所得税结构
2	了解个人必须缴纳的其他税种。	其他税种
3	理解应税收入的概念以及税金的计算方法。	计算纳税额
4	选择适合自己的纳税申报单并顺利报税，在必要时顺利通过税务审计。	申报时需要考虑的其他问题
5	计算个人所得税。	纳税人案例：泰勒一家的纳税申报单
6	实现税负最小化。	避税策略

《家庭问答》(*Family Feud*) 是一档长盛不衰、颇受欢迎的电视游戏节目，它有一道问题总是反复出现："每年只发生一次的事情有哪些?"选手的回答通常包括"生日""纪念日""新年前夜"，不过排名第一的答案永远是"税"。即便是在电视节目里，税也是一个很热门的话题。例如，《辛普森一家》(*The Simposons*) 中"万亿富翁的麻烦"这一集是以一家人在4月14日观看11点的新闻开始的。当地电视台6频道的主持人肯特·布洛克曼正在春田镇邮局发来现场报道，画面看上去乱糟糟的，纳税人们正赶来寄出纳税申报单。"刚刚好!"霍默骄傲地插话说一切都在他的掌控之内，因为他去年就已经付过税金了。

震惊的丽莎告诉他，人们每年都要支付税金！霍默吓了一大跳，开始慌里慌张地填写纳税申报单，他大声喊着："玛姬，我们有几个孩子？没时间数了，算9个吧。如果有人

① 本章提供的各种税务文件均截至本书刊印时（即本书英文版出版时间2019年)。不过，由于税法经常调整，所以很多信息需要更新。请访问 www.pearsonhighered.com/keown 来获取本章的更新内容。此外，本章提到的作者制作的视频（可登录 www.pearson.com/mylab/finance 获取，本书的电子版也包含该视频）会向读者解释税法的变化以及这些变化所带来的影响。

问起来，你需要24小时护理，丽莎是牧师，玛姬1个算7个，巴特在越南负伤了。”

“酷极了！”巴特说。

并不是只有卡通人物会与美国国税局纠缠不清。2012年，据报道称奥运会金牌得主滑雪运动员林赛·沃恩（Lindsey Vonn）和她分居的丈夫托马斯，从2010年起拖欠了1 705 437美元的税金尚未支付。林赛发现后，立即尽快处理了此事，她在脸书（Facebook）上发文称，“对我来说这是一个重要的教训。不了解自己的财务状况和过度依赖于某些人【指的是她前夫】——你原以为他们会把你的利益放在心上——是错误的做法。”

林赛并不是唯一一个卷入税务丑闻的知名运动员或名人。尼古拉斯·凯奇（Nicholas Cage）、杰·鲁（Ja Rule）、阿尔·帕西诺（Al Pacino）、史诺普·道格（Snoop Dogg）、劳伦·希尔（Lauryn Hill）、普莱西科·布雷斯（Plaxico Burress）和莉儿·金（Lil Kim）都曾遇到过同样的麻烦——而且这份名单还在继续延长。上面提到的这些名人似乎大多是因为没有关注自己的财务信息，或者是过于信赖帮其打理个人财务的经理人。

我们再来看看威利·威尔森（Willie Nelson）的案例。他赚了很多钱，但也花了很多钱。不过很长一段时间以来，他完全忘记了要纳税，以至于到1990年时，他从国税局接到了一张价值为3.2亿美元的账单。但是他说，“其实如果你口齿伶俐一点的话，把3.2亿美元这个数字说一遍也花不了几秒钟。”威利·威尔森怎么会累积了如此高额的税金呢？实际上，威利使用了很多以降低税额为目标的避税手段（选择可以降低税额的投资产品）。由于这些避税手段太露骨，所以被美国国税局禁止使用。最后，威利·威尔森和国税局讨价还价的结果是只要补交900万美元的税金就可以了。威利·威尔森也以对他的财务处置不当为由把普华永道（Price Waterhouse）告上了法庭。到1995年，威利·威尔森几乎变卖了所有家产才把这张巨额账单还清，他只剩下那一头长发、束发带、破牛仔裤和一些不值钱的小东西。

大多数人提到美国国税局都是憎恶的感觉。一想到纳税，几乎没有人感到愉快，这是因为每个人都要纳税，而且要缴纳的税额太高，人们还要根据几乎无法理解的税法来计算个人纳税额。然而，不管大家喜不喜欢，纳税都是生活的一部分，税收因素对我们的个人财务状况，尤其是投资选择有巨大的影响。

基本上，你所做的决定多多少少都要受到税收因素的影响，这为“原理4：税收因素对个人理财决策的影响”提供了佐证。鉴于现在美国人均年缴税额高达1万美元，因此尽量避免政府对个人收入的“剥削”是很重要的一点。记住，每年4月份你缴纳的税额要取决于上一年你的收入、开支和税务筹划。如果你不了解税收体系，那么很有可能会被迫支付过多的税金。本章的主要目的不是教你填写纳税申报单，而是要帮助你了解税金的计算方法，用什么策略可以合法避税，以及税务筹划在个人理财中的作用。制定了合理的税务计划，理财目标的实现过程将会事半功倍，节省填写纳税申报单的时间，你也无须对着税单头疼地感叹了。

联邦所得税结构

全面了解所得税结构是开始税务筹划的第一步。目前，联邦税法受到了各方的批评，因为特朗普总统承诺要对其进行重大调整。具体什么时间调整以及是否真的会对法案进行重大修订，目前尚未可知，不过即便是进行了调整，美国税法的基本核心依然是保持不变的。这意味着如果你能对税法的工作原理有直观的认识，那么就能快速理解税法调整会带来哪些影响效应。我们现行的税制结构是**累进税**（progressive or graduated tax），也就是说税率会随着收入水平的增加而增加。这套体系的理论基础是那些收入水平高的人有能力承担更高的边际税率，这也就是为什么收入水平不同，**税率等级**（tax brackets）也不同的。

然而不是所有收入都要纳税，根据**个人免税额**（personal exemption）的规定，一部分收入是可以免税的，另外，一部分收入可以进行**税收抵扣**（deductions），个人可以自行选择**标准抵扣法**（standard deductions）或**逐项抵扣法**（itemized deductions）。**应税收入**（taxable income）是一个包含三个变量的函数，即调整后总收入（adjusted gross income，AGI）、抵扣额和免税额。计算出应税收入总额以后，再根据税率水平算出减掉抵扣额以后的总收入应缴纳多少所得税。表 4-1 列出了 2017 年两种类型的纳税人适用的联邦所得税税率。

累进税：收入越高，税率越高的税收制度。

税率等级：同属于某一税率等级的收入水平适用于同一边际税率。比如，个人纳税者可能要归入 15%或者 28%的边际税率等级。

个人免税额：指的是在计算税额之前国税局允许纳税者从收入中减去的免税额。一般来说，本人可享受一定的免税额，配偶可享受一定的免税额，其他家庭成员每人也可享受一定的免税额。

税收抵扣：指的是应从应税收入中减掉的支出项目。

标准抵扣法：美国国税局规定的固定税收抵扣项目，与纳税人的实际支出无关。

逐项抵扣法：指的是按照报税表格 A 计算扣减额。将可扣减项目相加求和，然后从应税收入中扣除。

应税收入：需要纳税的收入。

为了更好地理解表 4-1 中税率的真正含义，现在我们假设你结婚了，有三个小孩，总收入为 70 000 美元。你正在填写一份夫妻共同申报所得税的纳税申报单，那么 2017 年你应当缴纳多少所得税呢？首先，我们要计算调整后总收入是多少美元，我们将其简称为 AGI。70 000 美元是毛收入，然后我们要根据法律规定对其做相应的调整直至算出 AGI。比如，假设你向个人退休账户缴纳了 2 000 美元的份额，支付了 900 美元的助学贷款利息。这两笔支出都是可以扣除掉的。扣除掉这两项以后，你的总收入为 67 100 美元。记住，纳税额的计算既不是基于 70 000 美元的毛收入，也不是基于 67 100 美元的 AGI；只有将 AGI 再减去各种免税额以及抵扣额，算出的差值才是计算所得税的税基。

接下来，要扣除个人免税额和各个税收抵扣项目的金额。首先，纳税申报单上列出的每一位家庭成员都可以享受一定的免税额，也就是说，你自己单独可享受一定的免税额，你的配偶单独可享受一定的免税额，你的三个孩子每人单独可享受一定的免税额。每个人的免税额为 4 050 美元，一共可免税 20 250 美元，于是全家的应税收入总额就相应地减少了 20 250 美元。接下来要减去各项税收抵扣额，你可以选择标准抵扣法或逐项抵扣法，对此我们将在本章的后面部分进行详细的讲解。我们先假设你采用的是标准抵扣法，因为该法的抵扣额要高于逐项抵扣法。2017 年，按照标准抵扣法算出的抵扣额为 12 700 美元。所以，应税收入的总抵扣额等于 20 250+12 700=32 950 美元。671 000 美元的 AGI 减去总抵扣额就能算出应税收入等于 34 150 美元。

表 4-1　税率与税率等级

单身申报人		
税率等级	如果应税收入：	税金等于：
10%	不超过 9 325 美元	应税收入的 10%
15%	9 325～37 950 美元	932.50 美元＋收入超出 9 325 美元以上部分的 15%
25%	37 950～91 900 美元	5 226.25 美元＋收入超出 37 950 美元以上部分的 25%
28%	91 900～191 650 美元	18 713.75 美元＋收入超出 91 900 美元以上部分的 28%
33%	191 650～416 700 美元	46 643.75 美元＋收入超出 191 650 美元以上部分的 33%
35%	416 700～418 400 美元	120 910.25 美元＋收入超出 416 700 美元以上部分的 35%
39.6%	超过 418 400 美元	121 505.25 美元＋收入超出 418 400 美元以上部分的 39.6%
夫妻联合申报以及仍健在的配偶身份		
税率等级	如果应税收入：	税金等于：
10%	不超过 18 650 美元	应税收入的 10%
15%	18 650～75 900 美元	1 865 美元＋收入超出 18 650 美元以上部分的 15%
25%	75 900～153 100 美元	10 452.50 美元＋收入超出 75 900 美元以上部分的 25%
28%	153 100～233 350 美元	29 752.50 美元＋收入超出 153 100 美元以上部分的 28%
33%	233 350～416 700 美元	52 222.50 美元＋收入超出 233 350 美元以上部分的 33%
35%	416 700～470 700 美元	112 728 美元＋收入超出 416 700 美元以上部分的 35%
39.6%	超过 470 700 美元	131 628 美元＋收入超出 470 700 美元以上部分的 39.6%

思考：

1643 年在美洲新大陆首先开始征收所得税的地方是马萨诸塞湾殖民地（Massachusetts Bay Colony），尽管税收已经有几百年的历史了，但这并不意味着你的实际纳税额高于公平份额。在 1934 年，美国上诉法院的汉德法官说："人们自行安排自己的工作生活以达到尽可能少纳税的目的，这是无可指责的。每个人都可以这样做，不论他是富翁还是穷光蛋，而且这样做是完全正当的。增加个人纳税额根本算不上什么爱国行为或义务。"你认为未来会出台哪些减税政策？

减掉抵扣额以后，按照应税收入水平，你应当适用于 15%的边际税率等级。那是不是意味着你要按照 34 150 美元的 15%来纳税呢？其实不然，由于税率是累进的，也就是说应税收入要按照累进税率来纳税，即你赚到的最后一美元要按照 15%的税率纳税。正如表 4-1 所示，18 650 美元的收入要按照 10%纳税，余下的 15 500 美元收入（34 150 美元减去 18 650 美元）则要按照 15%的税率纳税，于是得出未计算退税额（tax credit）的所得税额为 4 190.00 美元。①

① 正如接下来我们很快就会讲到的，由于存在着儿童退税额，因此所得税额还会进一步减少。2017 年和 2012 年，在每年年末，每个不满 17 周岁的孩子可以享有 1 000 美元的免税额或称退税额。这种退税额是以一美元对一美元的方式直接扣减税金的。也就是说，如果你应缴纳 5 000 美元的所得税，但同时应享受 1 000 美元的退税额，则实际只需要缴纳 4 000 美元的所得税。可能大家已经注意到了，如果你使用税率表，则算出的结果略有不同。这是因为税率表提供的是每 50 美元对应的平均税率。

应税收入：34 150 美元	×	税率	=	应纳税金额
0～18 650（即 18 650）美元	×	10%	=	1 865 美元
18 650～34 150（即 15 500）美元	×	15%	=	2 325 美元
未计算退税额的所得税额			=	4 190 美元

边际税率与平均税率

我们再来看一下前面例子里你支付的税率水平。我们可以用两种方法来测量税率水平，第一种方法是计算平均税率，使用这种方法时，计算的是纳税额与应税收入之间的比例关系；第二种方法是计算边际税率，这种方法主要观察的是下一美元收入应适用的所得税税率。比如你的应税收入为 34 150 美元，共支付了 4 190 美元的所得税，所以你基于应税收入的平均税率大约为 12.3%。基于总收入的平均税率为 4 190/70 000，大约为 6.0%。平均税率指的是后面这个指标，即总收入的平均纳税比率。

虽然很有必要了解有多少百分比的应税收入和总收入要以税款的方式上交，但是更重要的是要了解你获得的下一美元收入适用的所得税税率。为什么呢？因为下一美元收入适用的边际税率在财政决策中起着重要的作用。比如，你正打算选择的某项兼职工作每年可以给你带来 1 500 美元的收入，那么你关心的是这 1 500 美元的收入要缴纳多少税金。在类似决策中起重要作用的税率指标就是**边际税率**（marginal tax rate）或**边际税率等级**（marginal tax rate bracket），这分别指的是你获得的最后一美元收入所适用的税率以及你的应税收入应适用哪一个税率等级。如果你的应纳税收入为 34 150 美元，而 34 150 美元的收入应属于 15%的边际税率档次或等级，则你适用的边际税率就是 15%。如果你在这份兼职工作上面赚取了 1 500 美元收益，那么再根据自己的边际税率就可以求出这笔额外的收入实际能使你的可支配收入增加多少美元。

> **边际税率或边际税率等级：**个人的最后一美元收入应纳税的比例。

另外，如果你属于 15%的边际税率等级，眼下有两种投资选择，第一种选择是投资于免税公债，收益率为 7%；第二种选择是投资于应税公债，收益率为 8%。这时，边际税率能帮助你做出更好的选择。即使你的平均税率可能只有 6.0%，不过这项增加的收入是以你的边际税率纳税的，即例子中的 15%。为了公平地比较两个方案，你必须要以税后收益率作为判断依据。免税公债的税后收益率就等于 7%，但是收益率为 8%的应税公债要按照 15%的边际税率纳税，导致其实际税后收益率仅为 8%×(1−0.15)=6.85%。

当你打算向可享受**税收递延**（tax-deferred）优惠的个人退休计划缴款时，边际税率的高低也变得重要起来。政府规定，你向个人退休计划缴纳的资金是可以享受税收抵扣优惠政策的。所以，假设你属于 15%的边际税率等级，向可享受税收递延优惠的个人退休计划缴纳了 1 000 美元，则应缴纳的税款会减少 150（=0.150×1 000）美元。这使得你可以投资整整 1 000 美元，而不是仅仅 850 美元，即 1 000 美元减去 150 美元。

> **税收递延：**这是指将应税收入的确认推迟到未来的某一天。

如表 4－1 所示，一旦你的收入水平达到了应缴纳所得税的层次，即收入水平高于个人免税额或标准抵扣额，那么就要按照从 10%到 35%的 7 个不同的边际税率计算所得税。

不过，只要国会愿意，它可以随时修改税法或改变税率。如图 4－1 所示，1964 年时，最高的边际税率水平为 91%，1981 年的最高边际税率水平也有 70%。毋庸置疑，边际税率的改变对投资策略有重大的影响，所以我们必须时时刻刻关注税法的变化。

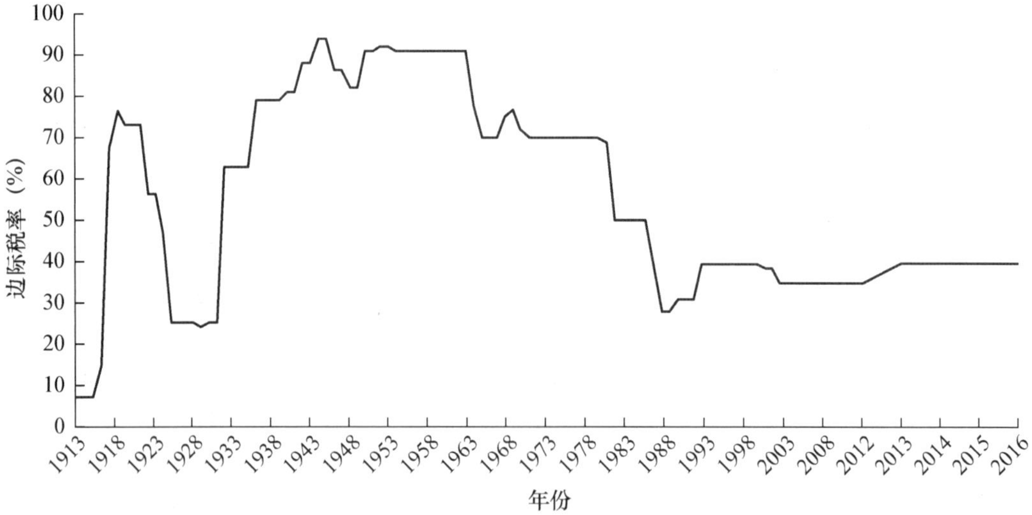

图 4－1　历史最高边际税率

> **思考：**
>
> 你真的很有必要知道自己的边际税率是多少。一方面你可以从中了解到自己要为额外收入交多少税（坏消息），另一方面可以了解还可享受多少额外的税收抵扣，从而减少纳税额（好消息）。你适用的边际税率是多少？

有效边际税率

联邦所得税并不是你要支付的唯一一个以应税收入为税基计算的税种。许多州要征收州所得税，有些城市还征收城市税或地方所得税，还有社会保险税（social security taxes）。每一个税种适用的税率都不同。这使得你的有效边际税率，即所有所得税结合在一起的平均税率水平要远远大于联邦所得税的边际税率。

为了计算个人的有效边际税率，你需要把各种各样所得税适用的不同税率加起来。假设你的联邦所得税边际税率是 25%，州所得税税率为 4.75%，地方所得税税率为 2%，社保医疗保险税税率是 7.65%。那么，你的总有效边际税率就等于 39.4%（＝25%＋4.75%＋2%＋7.65%）。这意味着你多增加 1 美元的收入，就要多缴纳 39.4 美分的税金。当然，如果你通过合理避税使得应税收入减少了 1 美元，那么即可减少 39.4 美分的税金。

资本利得和股息收入

投资收益的征税方法与其他收入有所不同。个人拥有的营业资产以外的资产称为**资本性资产**（capital asset）。**资本利得**（capital gain）就是指卖掉一项资本性资产所获得的收益。举个例子，如果你以每股 50 美元的价格购入 100 股通用汽车公司的股票，两年后以每股 70 美元的价格卖掉，则获得的资本收益等于 20(＝70－50）美元的 100 倍，即 2 000 美元。**资本损失**（capital loss）是指卖掉一项资本性资产后遭受的损失。例如，如果你以每股 50 美元的价格购入 100 股通用汽车公司的股票，两年后以每股 30 美元的价格卖掉，那么你遭受的资本损失就等于 20(＝50－30）美元的 100 倍，即 2 000 美元。你应为资本利得所缴纳的税款被称为**资本利得税**（capital gain tax）。资本损失和资本利得可以相互抵消。如果资本损失超过了资本利得，则还可以用其他收入来冲抵未被全部抵消的资本损失，最高不得超过 3 000 美元。如果你持有资产的时间等于或长于 12 个月，则该资产被出售后获得的收入会被视为长期资本利得，适用的税率更低，否则与普通收入同等对待。

> **资本性资产**：指的是你拥有的资产，包括股票、基金、房地产或收藏品，不包括某些经营性资产。
>
> **资本利得或资本损失**：由资本性资产的出售价格与购买价格之间的差异所导致的收益或损失。如果出售价格高于购买价格，则属于资本利得；如果购买价格高于出售价格，则属于资本损失。
>
> **资本利得税**：为已经实现的资本利得而缴纳的税金。

税法规定长期资产利得以及个人从大多数国内企业或外国企业那里获得的股息收益可以享有较低的税率。[①] 虽然长期资本利得税适用于股票、证券和许多其他投资产品的投资收益，但并不适用于出售收藏品（例如钱币或艺术品）获得的收入。另外，房地产投资收益不一定能够享受到全额的资本利得税优惠。

资本利得和股息收入到底可以为你节省多少税金呢？这取决于你的边际税率等级。如果你属于 35%的边际税率等级，获得的长期资本利得或股息收入为 50 000 美元，那么你只须纳税 7 500 美元。如果这 50 000 美元全部是工资收入，那么纳税额应为 17 500 美元，相当于长期资本利得或股息收入纳税额的两倍多。

> **现实世界**
>
> 现在的所得税制度最早成型于 1913 年。那一年，人们刚刚发明拉链，玉米花生糖刚开始把玩具放进包装袋里。当时，个人所得税的起征点是 3 000 美元，一对已婚夫妻家庭所得税的起征点是 4 000 美元，第一档税率为 1%。尽管现在听起来 3 000 美元或 4 000 美元的免税额不怎么高，但是在 1913 年，这可是一笔不小的数字。事实上，当时只有 1%左右的人口需要缴纳所得税。

除了低税率的好处以外，资本利得收入的另一大税收优势是只有当你出售资产的时候才需要申报资本利得收入并为此纳税。也就是说，你可以自己决定什么时候申报资本利得收入。比如，1994 年末，你投资 17 000 美元购买了美国伯克希尔-哈撒韦公司（Berkshire Hathaway）的股票。到了 2017 年中，该项投资的价格已经增值为 250 000 美元。虽然此时你已经获利 233 000 美元，但是你并不一定要为这笔收入纳税，等到你把股票卖出以后再为其纳税即可。实际上，你可以延迟缴纳资本利得税。既然你可以用暂时没有缴纳的税金赚取更多的利息或收益，那么我们就应当尽可能地推迟纳税的时间，这反映了“原理 3：货币的时间价值”的基本思想。因为长期资本利得税的最高税率低于普通税率，而且投资

① 为了使股息收入具备享有低税率的资格，从除息日（即当天股票的出售价格不含股息）前 60 天开始的 120 天内，投资者必须持有发放股息的股票达 61 天以上。

者又可以自行推迟纳税的时间，所以资本利得收入要优于普通收入。

房产的长期资本利得

对于绝大多数房主来说，出售房屋不需要交纳资本利得税。法律规定，如果夫妻两人联合申报，则出售主要住房所获得的收益，最高免税额为 500 000 美元；如果个人单独报税，则最高免税额为 250 000 美元。完全免税的资格条件是该住宅必须是你的主要住宅，且在售出前的 5 年内至少在该房屋内居住了 2 年。你可以每隔两年申请一次免税机会。

报税身份（filing status）

尽管表 4－1 只提供了四种报税身份当中的两种，但是你可以明显看出报税身份对纳税金额具有重要的影响作用。但是在选择报税身份时，并没有太多选项可供选择。报税身份与婚姻状况比较相似。但是，所有与税务相关的事务总是要更复杂一些。下面让我们仔细研究一下不同的报税身份。

- 单身。在纳税年度年末时为单身并且没有孩子。
- 夫妻联合申报以及仍健在的配偶身份。你可以与配偶联合报税，把夫妻两人的收入和可以享受的税收抵扣额相加。如果配偶已经去世，那么在配偶去世后两年内，如果有一个孩子需要你抚养，家庭开支一半以上的费用是由你支付的，而且你并没有再婚，那么你仍然可以选择这种申报方式。当然，如果你已再婚，你可以和新配偶一起联合申报。
- 已婚夫妻分开单独申报。已婚夫妻当然也可以选择分开单独申报。正如 2010 年的《消费者报告》（Consumer Report）所说的那样，如果你已婚，那么很难提前判断到底是夫妻联合申报更好一些，还是分开单独申报更好一些。最适当的做法是分别以两种身份计算纳税额，然后选择其中纳税额较低的那一种身份。这种申报身份比较适合分居的夫妻或准备离婚的夫妻。
- 户主。户主身份适用于未婚但至少与一个孩子或亲戚共同居住的纳税人。与单身相比，以该种身份申报，适用的税率水平会更低一些，标准抵扣额要更高一些。以户主身份报税应满足的条件是本纳税年度的最后一天是未婚身份，家庭开支一半以上的费用是由你支付的，有一个孩子或受供养者与你共同居住至少半年以上。

生活成本的增加对税率等级、免税额和抵扣额的影响

自 1985 年以来，为了反映生活成本的不断上升（通货膨胀），税率等级每年都在发生变化。另外，标准抵扣额和个人免税额也在不断增加以体现生活成本的持续增加。

之所以要进行这样的调整，目的是防止纳税人的工资水平因通货膨胀而上涨后，反而要缴纳更多的税金。过去，在高通货膨胀时期，纳税人的收入虽然有所增加，但是其购买力并没有增加。于是，增加了的收入只会使纳税人上移到税率水平更高的税率等级。实际上，纳税人工资的实际价值并没有发生变化，却要支付更多的税金。

> **税级攀升**：是指通货膨胀提高了个人的工资水平，从而使其上移到更高的税率等级。

由于通货膨胀引起的纳税额增加就是所谓的**税级攀升**（bracket creep）。对于那些每年的工资水平保持不变的纳税人来说，税率等级的通货膨胀调整实际上将会使其归入到更低的税率等级。当然，如果你的工资水平没有增加以弥补通货膨胀的影响，那么你的收入状况可谓是每况愈下，当然应当

享受减税的待遇！

支付个人所得税

政府征税时使用的是现收现付制。绝大多数的税种——70％以上的个人所得税是直接从员工工资中扣缴代收的。个人所得税扣缴做法的基本理念是一点一点地纳税，等到来年春季要报税时，你不会因为要一次性支付高额的所得税而感到痛苦万分。而且，如果没有采用所得税扣缴制的话，很多人会提前花掉原本应用于缴纳税款的钱。扣缴制同样也应用于社会保障体系、州所得税和地方所得税的征收过程。其他征税方式还包括每个季度将估计纳税额交到国税局，在提交个人纳税申报单时支付税款，在获得股票的股息收入、退休金以及奖品等之前代扣税款。

对于直接从工资中扣除多少税款，你也有一定的控制权。具体的代扣额要取决于个人的收入水平和 W-4 表格提供的信息。W-4 表格的信息包括婚姻状况、你希望获得的免税额（记住，自己可单独享受一份免税额，配偶可享受一份免税额，其他家庭成员每人可分别享受一份免税额）以及其他你希望获得的免税待遇。大多数人在刚开始工作时填写了 W-4 表格，此后就一直没有更改过信息。然而，如果你哪一天觉得纳税额太高或者退税额太高的话，那么修改一下 W-4 表格会是个不错的主意。

思考：

“这可真叫人兴奋！这是我每天擦座椅煮牛奶赚来的。这真是太……（打开薪水支票）不是这个数啊，谁是 FICA？为什么要拿我的钱？”这是电视剧《老友记》（*Friends*）里瑞秋看到她拿到的第一张工资单时的反应。第一张工资单绝对是个打击。联邦政府、州政府和地方政府征收的税款，FICA、公司发起的住院医疗计划的缴款额，还有退休储蓄等占了薪水的绝大部分。如果你想充分利用余下的工资，那么制定理财计划就显得更加重要了。FICA 税竟然如此之高，你是否感到惊讶？

其他税种

其他所得税

联邦社会保险税

社会保险（social security）是由政府管理的，为你和你的家人在死亡、残疾、出现健康问题和退休时提供的强制性保险。你和你的雇主同时要向社会保障体系缴款，以获得上述这些福利待遇。每个人都要按照工资总额的 7.65％缴纳社会保险税。这一扣减项在工资单上被列为“FICA”，这是《联邦社会保险缴款法案》（Federal Insurance Contributions Act）的缩写。实际上，这些资金将会被用于社会保障和**医疗保险计划**（Medicare），后者是联邦政府发起的医疗保险计划。

社会保险：联邦政府根据工龄、上缴总额和退休年龄为永久丧失劳动能力者和退休人员提供福利的政策。

有趣的是，大多数美国人支付的这种“工资税”的金额甚至高于他们支付的联邦所得税。

医疗保险计划：联邦政府为 65 岁以上公民提供的医疗福利。

联邦社会保险税以 7.65％的比例（6.20％的社会保险和 1.45％的医疗保险）从你的薪水中扣款，直到你的工资水平达到规定的上限（2017 年为 127 200 美元），该上限以上的工资收入不必再以 6.20％的比例缴税。然而，医疗保险仍将按照 1.45％的比例对个人超额收入部分征税，同时对雇主也要相应地征税。如果你是自由职业者，那雇主和雇员的缴款都要由自己负责，税率总共为 15.3％。不过，如果你是自由职业者，则总缴款额中有一半是可以享受税收抵扣优惠的。[①] 此外在 2017 年，《平价医疗法案》要求能负担得起医疗保险却选择不购买该保险的人支付罚金，罚金的金额取以下两个数值之间的较大者——家庭收入的 2.5％；或是每个成年人支付 695 美元，每个年龄未满 18 岁的孩子支付 347.5 美元且最高不超过 2 085 美元。不过，与现在的税法面临的处境一样，在特朗普总统的干预下，未来这笔罚金以及《平价医疗法案》的前景晦暗不明。

州所得税和地方所得税

正如我们先前说的，大多数人还要缴纳州所得税和地方所得税。大多数州都是要征收州所得税的，税率也是依据不同的州有很大的差别。地方税不是很普遍，主要局限在一些大城市，比如纽约。

思考：

遗憾的是，社会保障体系已经出现了资金紧张的问题，因为越来越多的人开始领取社会保险金，而且人数只会不断增加。40 年前，平均每 16 个工人的缴款额用于向一位退休者发放社会保险金。如今，这一比率已经下降到平均每 3 个工人的缴款额用于向一位退休者发放社会保险金。再过 40 年，会下降到平均每 2 个工人的缴款额只能用于向一位退休者发放社会保险金。鉴于此，虽然现在我们还不能断言未来几十年社会保障体系会发生怎样的变化，但是可以肯定的是，社会保障体系肯定不能再以现在的模式运行。你认为等到你退休后开始领取社会保险金时，社会保障体系会发生哪些变革？

非所得税

除了要支付联邦所得税、社会保险税、州所得税和地方所得税以外，你还要支付消费税（excise taxes）、营业税（sales taxes）、赠与税和遗产税（gift and estate taxes）。

消费税是对消费者购买特定产品所征收的税，比如酒、烟、汽油、电话服务、珠宝和航空旅行。该税种以减少被征税物品的消费量为目标。比如，烟酒税也被称为“邪恶税”（sin taxes）。

---

① 收入较高的个人（夫妻联合申报的收入标准为 250 000 美元，夫妻单独申报的收入标准为 125 000 美元，单身申报者的收入标准为 200 000 美元）还要额外支付 0.9％的医疗保险税。这额外的 0.9％的税负源于《平价医疗法案》，特朗普总统曾建议废除该法案。2017 年，员工缴纳的社会保险税与医疗保险税的合计比率为 7.65％（＝6.20％＋1.45％）至 8.55％（＝6.2％＋1.45％＋高收入者收入超出 200 000 美元以上部分的 0.9％），具体要看纳税人的应税收入有多少。对于自谋职业的高收入者，这一税种的纳税比率上升至 16.2％。

大多数地方所得税以财产税的形式对房地产和私人财产征税，比如摩托车和船。财产税税率是建立在房地产及其他私人财产的评估价值基础上的。

一些州政府和当地政府还对购买某些商品的消费者征收营业税。各地营业税的税率不等，最高上限为 8.875%（纽约），覆盖了除食品和药品以外的几乎所有商品。因为税率水平是固定不变的，每个居住在纽约的人都要支付 8.875%的营业税，所以收入较低的个人支付的营业税与收入之比要高于高收入个人。而且遗憾的是，这种税很难规避。

赠与税和遗产税是在财产转移时征收的税，捐赠人已故称为遗产税，捐赠者在世称为赠与税。在 2017 年，税法规定遗产税的起征点是 549 万美元。如果遗产总额高于遗产税的起征点，则超出的价值部分要按照 40%的税率纳税。此外，夫妻两人还可以把两个人各自拥有的、免征遗产税的 549 万美元额度加在一起，等到夫妻两人都去世后，可以一次性将最高不超过 1 098 万美元的遗产以免税的形式留给继承人，前提是夫妻两人在世时没有因为大额馈赠而导致 549 万美元的免税额度用光。美国税法还对赠与税和遗产税规定了无限制的配偶抵扣额制度，也就是说，当夫妻两人中某一方去世以后，另一方可以在免税的前提下获得所有遗产。

计算纳税额

每个人都必须填写纳税申报单吗？并不是每个人都必须填写纳税申报单。通常，如果你的年收入不大于标准抵扣额与免税额之和，同时你不是依赖其他纳税人的受扶养人，那么你就不需要填写联邦政府的纳税申报单。即使你觉得没必要填写纳税申报单，也还是可以去计算一下纳税额，这样的话可能会收到退税，如果不填写申报单的话是肯定无法获得退税的。

这些规则里唯一的例外就是家属。以受扶养人身份报税的个人，其收入水平往往比较低。有收入的受扶养人包括有工作或可以获得投资收益的孩子，或是可以获得投资收益的年老的父母。如果你本人是他人在纳税申报单上列出的受扶养人，那么一定要仔细检查，确认一下自己到底是否需要填写纳税申报单。

第一步：计算总收入

填写纳税申报单时，第一步就是计算总收入。**总收入**（total income）是来自各种渠道的所有应税收入的总和。实际上，国税局把收入分为 3 种类别：**主动性收入**（active income，工资、薪水、小费或经营收入）、**有价证券投资收入**（portfolio or investment income，来自有价证券的收入，包括股息和利息收入）、**被动性收入**（passive income，来自纳税者未积极参加的活动的收入）。一般来说，你要填写 W-2 表格申报工资收入，填写 1099 表格申报股息或利息收入。

> **总收入**：指从各种来源获得的所有应税收入的总和。
>
> **主动性收入**：指的是表现为工资或经营收益形式的收入。
>
> **有价证券投资收入**：指的是有价证券投资获得的收入。
>
> **被动性收入**：指的是来自纳税者未积极参加的活动的收入。

总收入还包括赡养费、营业收入、资本利得、应税个人退休金、养老金和年金、租金收入、特许权使用费、农场收入、失业救济金、应税社会保险金和其他收入。简而言之，所有的应税收入的总和就等于总收入：

总收入＝来自各种渠道的应税收入的总和

虽然计算过程看起来很简单，但是由于美国国税局设计了极其复杂的规定和条款，所以实际做起来要难得多。

并不是所有的收入都要纳税，所以总收入中并没有包括所有的收入。免税收入的主要来源是购买市政债券或当地政府发行债务所获得的利息。其他来源包括赠与、遗产继承、个人退休账户的投资收益、联邦所得税的退税额、儿童抚养费、福利收入以及美国居民在国外生活或工作期间所获得的收入。

现实世界

你面临的最高税率是多少？有可能就是你所在的州对本州发行的彩票征收的税负。这事实上并不是正常意义上的税负。在美国国内，各州以征税的名义平均将彩票发行收入（奖金加上管理成本）的40％多收入囊中。各州的具体情况略有不同。例如，特拉华州的税率高达47％。而且，这还不包括各州政府以及联邦政府对彩票奖金征收的税负！

第二步：计算调整后总收入

调整后总收入：指的是所有来源的应税收入总额减去特定的调整项目（例如向个人退休账户的缴款、助学贷款利息支出以及赡养费等），但是尚未使用逐项抵扣法或标准抵扣法进行抵扣的总收入额。

个人退休账户：是享有税收优惠的退休账户。所缴纳份额是否享受税收抵扣取决于个人收入水平、个人及其配偶是否被公司的退休计划覆盖。

调整后总收入（adjusted gross income，AGI）等于总收入减去税务部门允许的税收抵扣额。对总收入进行调整时要考虑的是为退休准备的储蓄、部分搬家费用以及赡养费。实际上，对于某些特定的支出项目或对某些退休账户的缴款，美国国税局允许个人用上述开支抵扣应税收入总额。这样做的好处是可以减少纳税额，允许你把原本要纳税的钱用来投资或消费。

你可以在1040表格的第一页看到各种各样的收入调整项目。美国国税局允许抵扣的收入调整项目包括：

- 向合乎要求的退休账户——例如**个人退休账户**（IRA）、401(k)或403(b)账户——缴纳的款项；
- 支付助学贷款的利息；
- 搬家的费用；
- 自由职业者报税时可扣除社保与医疗保险缴款额的一半；
- 赡养费；
- 健康储蓄账户；
- 从幼儿园到12年级期间未偿还的教育费用。

因为对收入的调整可以达到避税的目的，所以了解并用好这些调整手段是非常重要的。将各项调整额加总求和，再用总收入减去这一求和值，就算出了调整后总收入。

总收入=所有应税收入的总和

−

调整收入的项目：可享受税收抵扣优惠的费用以及对个人退休账户的缴款（传统的个人退休账户、401（k）和 403（b）账户、搬家费用等）

=

调整后总收入

现实世界

如前所述，特朗普总统已经提议对税法进行重大调整，其中包括去除许多税收抵扣项目。有一个税收抵扣项目不太可能会被取消，但可能会设置抵扣额的上限，这就是抵押贷款利息抵扣。不过，也有人建议把标准抵扣额翻倍，这可能会导致纳税人都去选择标准抵扣法而非逐项抵扣法，这样一来抵押贷款利息抵扣额到底是否调整，也就无所谓了。事实上，据 Zillow 网站估计，现在买房的业主若想充分利用抵押贷款的利息抵扣，那么至少要选择价值不低于 801 000 美元甚至更贵的房产。结果自然是拥有房产的成本变得更高昂了，因为不能再享受税收减免的好处了（以前人们经常把这一点当作买房的好处来列举）。但是你要记住，这只是“建议”做出的修改，不知道能否成为现实，即便成真，等变成法律条文时，无疑也会与现在的说法大不相同。

第三步：减去抵扣额

算出调整后总收入以后，接下来要做的是减去抵扣额。你可以按照利益最大化的原则选择标准抵扣法或逐项抵扣法。显然，保证抵扣额尽可能最大化是非常重要的一点。举个例子，如果你的边际税率是 33%，可享受的税收抵扣额为 5 000 美元，那么实际上你少缴纳了 5 000×0.33=1 650 美元的税款。你可以把这笔钱用在其他更重要的事情上，比如买个达美乐比萨或者投资于退休计划，至于选择哪一个就看哪个更重要了。

标准抵扣法和逐项抵扣法之间有何不同？最简单地说，一个是别人帮你计算，另一个是你自己计算。当然，真正的答案要比这个复杂。我们就从逐项抵扣法开始。

逐项抵扣法

国税局规定，用于某些特定支出项目的收入是不用纳税的，被称为可抵扣费用。逐项抵扣法就是简单地列出所有的可抵扣项目。当然，找出这些可抵扣费用并把证明文件整理好就是你自己的责任了。①

对于大多数人来说，哪些费用是可抵扣的呢？我们来看看最常见的几种情况。

- 医疗费与牙齿治疗费用（medical and dental expenses）。只有当医疗费占调整后总收入的比例超过 10%的部分才可以抵扣。② 比如，对于调整后总收入为 60 000 美元的个

① 一般来说，收入水平更高的纳税人不能再享受逐项抵扣以及个人免税额的税收优惠待遇。在 2017 财税年度，个人纳税申报单逐项抵扣的最高限额第一次被确定为 261 500 美元（联合申报的已婚夫妇对应的标准为 313 800 美元）。这一最高限额可随通胀进行指数化调整。

② 截至 2016 年末，年龄不小于 65 岁的个人及其配偶可以享受的医疗费用的逐项抵扣额的上限比例为 7.5%，而非 10%。从 2017 年起，所有纳税人都可以享受 10%的逐项抵扣。

人来说，只当其医疗费超过 6 000 美元（60 000 美元的 10%）的部分才可以抵扣。医疗费与牙齿治疗费用涵盖的范围是相当广泛的，包括药物治疗、住院治疗、处方药和健康保险。

● 纳税支出（tax expenses）。一部分而非全部纳税支出是可以抵扣的。虽然纳税额中比例最高的一大部分——联邦所得税和社会保险税是不可抵扣的，但是州和地方的所得税、营业税、房地产税是可以抵扣的。另外，任何乡村或城市政府征收的所得税都是可抵扣的。一些州征收的个人财产税——通常是对汽车征税——也是可抵扣的。

> **房屋净值贷款**：使用房屋作为抵押品所申请的贷款，即贷款是由你的房屋做担保的。如果违约，贷款人可以占有你的房屋以弥补贷款蒙受的损失。

● 房屋抵押贷款与投资利息支出（home mortgage and investment interest payment）。某些类型的利息也是可以进行税收抵扣的。房屋抵押贷款的利息是可抵扣的，**房屋净值贷款**（home equity loan）的利息支出也是可抵扣的，最高抵扣额为 100 000 美元。（如果已婚夫妇分开单独申报，则抵押贷款利息的最高抵扣额为 500 000 美元）。最后一种可抵扣的利息是投资利息，即借钱投资要支付的利息。投资利息支出的最高抵扣额要受到投资收益的限制。为什么国税局允许纳税人抵扣这些利息费用？因为政府鼓励民众买房或投资，从而促进整体经济的发展。通过允许纳税人抵扣房屋抵押贷款的利息支出，政府正在有效地刺激民众购买房屋。

● 慈善捐赠（gifts to charity）。对法定机构的慈善捐款是可抵扣的。如果你的税率水平为 25%，向慈善机构捐赠了 1 000 美元，那么实际上这笔捐赠的成本只有 750 美元。因为虽然你捐赠了 1 000 美元，但反过来你的纳税额又减少了 250（=0.25×1 000）美元。一般来说，个人的最高抵扣额为调整后总收入的 50%。事实上，这说明国会鼓励民众向慈善机构捐款。这一税收抵扣项目的唯一要求就是必须是向政府认可的慈善机构捐赠。如果一次性的捐款高于 250 美元，则要出示相应的捐款收据（不能使用已作废支票作为证明）。当然，不管捐款额是多少，你必须要把每一笔捐款的单据都保管好，不然你怎么申请税收抵扣呢？

● 伤亡事故和盗窃损失（casualty and theft loss）。虽然伤亡事故和盗窃损失也可以抵扣税款，但是要受到比较大的限制，因此只对那些蒙受巨额损失或者低收入的人有一定的价值。受限的原因是：（1）从纳税的角度来看，初始 100 美元的损失是不计入的；（2）剩余损失超过调整后总收入 10%以上的部分才可以抵扣。

● 可抵扣的其他项目。其他抵扣项目包括与就业相关的未偿付费用、税务准备费用和与投资相关的费用。这些费用超过调整后总收入 2%以上的部分才可抵扣。一般来说，2%的比率是很难达到的，所以很少有纳税者可以利用这一项获益。

标准抵扣法

除了逐项抵扣法以外，还有一种选择就是标准抵扣法。从本质上看，标准抵扣法就是政府对逐项抵扣法的平均抵扣额的最佳估计。换言之，标准抵扣法就是政府已经帮你算好了各项抵扣额，你不需要再自行计算各项费用的数额，或者是提供发票或者证明。与逐项抵扣法只适用于高的调整后总收入阶层不同，不管收入水平是多少，标准抵扣法的抵扣额始终保持不变。实际上，标准抵扣法的抵扣额每一年都会参照通货膨胀率而递增。图 4-2 列出了 2016 年和 2017 年的标准抵扣项目。注意额外标准抵扣额是向年长者和盲人提供的。

申报身份	2016 年（美元）	2017 年（美元）
单身	6 300	6 350
夫妻联合申报（或以仍健在的配偶申报）	12 600	12 700
户主	9 300	9 350
已婚夫妻分开单独申报	6 300	6 350
年长者和盲人的额外标准抵扣额：对年长者（≥65 岁）或盲人纳税者（及其配偶），可以使用额外的标准抵扣额。		

图 4－2　标准抵扣额

选择：逐项抵扣法还是标准抵扣法

如果逐项抵扣法的抵扣金额与标准抵扣法差别很大，那么选择起来也许不会很难。但是如果两者差别很小，那么就很难做出抉择。在这种情况下，最好计算一下总抵扣额，然后每年轮流使用逐项抵扣法和标准抵扣法。

实际上，如果某一年你没有使用逐项抵扣法的话，那么应当尽量避免一些可抵扣费用的支出。如果可能的话，你应当把这些费用支出累积到使用逐项抵扣法的那一年，然后实现全额抵扣。举个例子，在使用逐项抵扣法的那一年，你可以支付 13 个月的房屋抵押贷款的还款，而在使用标准抵扣法的那一年，你可以只支付 11 个月的房屋抵押贷款的还款。毫无疑问，标准抵扣法要比逐项抵扣法更简单，但是如果你不想因为懒惰而多花钱的话，最好不要因为标准抵扣法简单就选择它。

第四步：计算免税额

免税额：是指你为纳税申报单上列出的每一个受扶养人申请的抵扣额。

在调整后总收入中减掉了抵扣额以后，还要减掉免税额。**免税额**（exemption）是指你为纳税申报单上列出的每一个受扶养人申请的抵扣额。政府规定免税额的目的是使得每个人都有一小部分无须纳税的收入可用于购买生活必需品。事实上，在 2016 年和 2017 纳税年度，每一份免税额可以使你的应税收入降低 4 050 美元。① 于是，如果你的边际税率为 28%，则在 2016 年和 2017 年，每一份免税额可以使你的纳税额减少 1 134（=4 050×0.28）美元。②

一共有两种类型的免税额——个人免税额和受扶养人（dependency）免税额。不管以什么身份申报，你自己都能获得一份免税额，如果夫妻联合申报，那么你和你的配偶分别可以获得一份免税额。然而，受扶养人申请免税额的条件要复杂一些。要求如下：

① 与标准抵扣法一样，个人免税额每年都会根据通货膨胀率进行调整。例如，2013 年个人免税额为 4 000 美元；2016 年和 2017 年上涨至 4 050 美元。

② 和逐项抵扣法一样，高收入阶层的个人免税额也在逐步退出过程中。在 2016 纳税年度，调整后总收入达到 259 400 美元（2017 年调整为 261 500 美元）的个人以及调整后总收入达到 311 300 美元（2017 年调整为 313 800 美元）的联合申报的已婚夫妇，只能享受一部分个人免税额。在 2016 纳税年度，调整后总收入达到 381 900 美元（2017 年调整为 384 800 美元）的个人以及调整后总收入达到 433 800 美元（2017 年调整为 436 300 美元）的联合申报已婚夫妇，彻底不享受个人免税额。

● 受扶养人必须通过一个亲属关系或家庭成员关系的测试。如果对方与你的关系是孩子、孙子/孙女、继子女、兄弟姐妹、父母、祖父母、继父母、叔叔、阿姨、侄女、侄子或姻亲等，则被视为与你之间的关系合乎要求。事实上，根据国税局的规定，几乎所有比表兄妹更近一步的亲属关系都是合格的。如果他们与你没有亲属关系，那么他们必须在整个纳税年度与你生活在一起。

● 受扶养人的个人收入不得超过免税额。不过，这一收入要求并不适用于年龄小于 19 周岁的孩子或者年龄小于 24 岁、全日制读书的孩子。

● 受扶养人一半以上的生活费是由你支付的。

● 受扶养人必须是美国公民、居民或拥有美国国籍，或者是墨西哥或加拿大的居民。

第五步：计算应税收入和基本所得税

现在用调整后总收入减去税收抵扣额和免税额，就算出了应税收入，即所得税的税基。图 4-3 列出了计算过程。对于大多数纳税者来说，一旦你算出了应税收入，接下来就可以直接用联邦所得税指导手册中间部分提供的税表算出应缴纳多少所得税。如图 4-4 所示（该图使用的是 2016 年的税表），应税收入与申报身份的交点对应的就是你应缴纳的所得税金额。

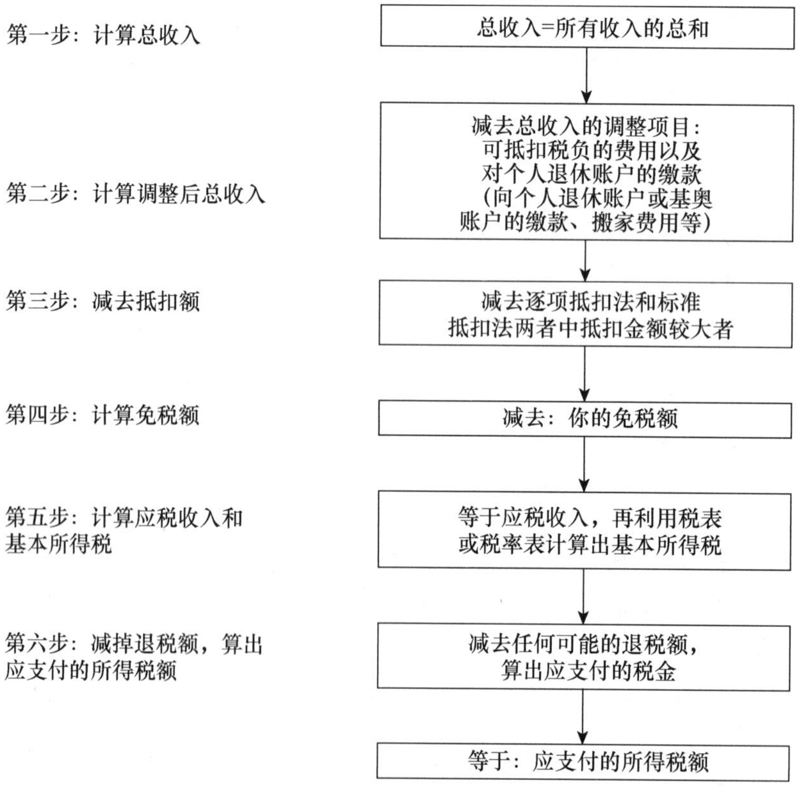

图 4-3　计算应纳税额

假设你已经结婚，与配偶联合申报，应税收入为 48 023 美元，则共需要纳税 6 276 美元。

单位：美元

如果第42行（应税收入）如下：		你处于：			
至少	但少于	单身	已婚夫妻联合申报	已婚夫妻单独申报	户主
		你的纳税额			
48 000					
48 000	48 050	7 778	6 276	7 778	6 541
48 050	48 100	7 790	6 284	7 790	6 549
48 100	48 150	7 803	6 291	7 803	6 556
48 150	48 200	7 815	6 299	7 815	6 564
48 200	48 250	7 828	6 306	7 828	6 571
48 250	48 300	7 840	6 314	7 840	6 579
48 300	48 350	7 853	6 321	7 853	6 586
48 350	48 400	7 865	6 329	7 865	6 594
48 400	48 450	7 878	6 336	7 878	6 601
48 450	48 500	7 890	6 344	7 890	6 609
48 500	48 550	7 903	6 351	7 903	6 616
48 550	48 600	7 915	6 359	7 915	6 624
48 600	48 650	7 928	6 366	7 928	6 631
48 650	48 700	7 940	6 374	7 940	6 639
48 700	48 750	7 953	6 381	7 953	6 646
48 750	48 800	7 965	6 389	7 965	6 654
48 800	48 850	7 978	6 396	7 978	6 661
48 850	48 900	7 990	6 404	7 990	6 669
48 900	48 950	8 003	6 411	8 003	6 676
48 950	49 000	8 015	6 419	8 015	6 684

每一年，每个税收等级对应的应税收入水平都会依照通货膨胀率进行调整。

申报身份是已婚夫妻联合申报。于是，他们应当查找对应的这一列。

应税收入为49 423美元。于是，他们可以查找这一行看看应缴纳的税金是多少美元。

图 4－4　用 2016 年税表计算纳税额

如果你的应税收入大于 100 000 美元，那么必须使用税率表来计算税额，因为税表没有列出那么高的收入额。如表 4－1 所示，你可以在联邦所得税指导手册的最后几页找到税率表。

还有一项最低应付税（alternative minimum tax，AMT）的规定，目的是防止非常有钱的富人利用各种税收优惠政策来减少纳税，以至于纳税金额非常低或几乎不用纳税。由于这项规定的目标人群是非常富有的人，而且自 2013 年起，AMT 的收入区间开始根据通货膨胀率做相应的调整。据估计在 2016 年，大约有 400 万的纳税人平均支付 6 000 多美元的 AMT。在计算应税收入时，AMT 有不同的计算方法，对所有的收入均适用 26％和 28％的税率水平。

第六步：减掉退税额，算出应支付的所得税额

退税（tax credit）是以一美元对一美元的方式直接抵免所得税额。也就是说，它并不是减少应税收入，而是直接抵免税额。

退税的种类名目繁多，随着个人调整后总收入的不断增加，越来越多的退税名目将不

儿童退税：每个年龄小于 17 岁、满足要求的儿童可以享受的退税额。

美国机会退税：每个学生每年最多可以享受 2 500 美元的退税。

终身学习退税：在校高年级大学生可享受的退税优惠待遇。同样适用于为提高工作技能而继续深造的成人。

照顾儿童及受扶养人退税：为照顾子女及受扶养人而支出的费用直接以一比一的方式抵免税金的税收优惠。

低收入退税：低收入纳税人可申请的退税，实际上相当于所得税为负。

能再被使用。例如，在 2016 年，每个年龄小于 17 周岁且满足要求的儿童可以享受 1 000 美元的**儿童退税**（child tax credit），这可以直接抵扣掉 1 000 美元的联邦所得税。满足要求的儿童是指纳税人可以将其列为受扶养人身份并为之申请免税的个体，包括纳税人的孩子、孙子女、继子女和合法的领养孩子。每个孩子在享受了个人免税额以后，还可以继续申请儿童退税额。同样地，这是退税，意味着直接 1 比 1 地扣减税单上的金额。因此，如果一个家庭有 3 个未满 17 岁的孩子，则可以少交 3 000 美元的税。所以，没有纳税的低收入人群虽然没有交税，却有可能收到退税。

但是，对于收入水平较高的纳税人来说，如果单亲父母的收入高达 75 000 美元，或者是夫妻的总收入高达 110 000 美元，则不管有几个孩子，都要相应降低儿童退税额。一旦收入水平超过上限，单亲父母的收入超过 75 000 美元的部分，按每超过 1 000 美元则将儿童退税额降低 50 美元的方式计算。

- **美国机会退税**（American opportunity credit），是专门针对未毕业大学学生所支付的教育费用的退税项目。对于满足要求的教育费用，前 4 000 美元的费用支出最高可以享受 2 500 美元的退税。目前，按照规定，这一退税项目只持续到 2017 年末，除非国会决定延长期限。①

- **终身学习退税**（lifetime learning credit），指接受高等教育的各年级学生以及为了提高技能而修读某些课程的已工作成年人均可以享受最高不超过 2 000 美元的终身学习退税额。随着纳税人收入水平的上升，将无法再享受这一退税项目。当你在同一份纳税申报单上申请美国机会退税以及终身学习退税时，不能为同一个学生同时申请这两个退税项目。此外，你或者还可以选择申请在同一年内向克莱戴尔教育储蓄账户（该账户也叫作教育个人账户）存入的缴款额获得免税待遇。

- **照顾儿童及受扶养人退税**（child and dependent care credit），这一退税项目的设置目的是弥补雇人照顾幼小子女的费用，或者是年龄不限的受扶养人因为罹患心理或生理疾病而无法自理，必须雇人照料的费用。

- **低收入退税**（earned income credit），是专门为低收入阶层设计，事实上是一种负所得税（negative income tax）。照顾小孩和受扶养人退税项目的节税作用不得超过应缴纳的税金，但是低收入退税可以大于应缴纳的税金。换言之，你可以不纳税，反而还能从国税局领取退税。与其他退税项目一样，随着收入水平的不断增加，纳税人将无法享受这一退税优惠项目。

- 按照《平价医疗法案》（Affordable Care Act），也就是俗称的《奥巴马医疗法案》（Obama Care），通过健保市场购买医疗保险的低收入纳税人可以获得**健保保费退税**（health care premium credit）。只有家庭收入

---

① 调整后总收入大于 80 000 美元的个人，不能全额享受该退税项目；收入不小于 90 000 美元的个人，彻底不能享受该退税项目。对于收入在 160 000～180 000 美元的联合申报已婚夫妻，只能随收入增长依次递减地享受该退税项目。

> **健保保费退税**：通过健保市场购买医疗保险的低收入纳税人可以享受的退税。
>
> **收养子女退税**：2017 年，针对领养孩子费用的最高上限为 11 390 美元的退税。

相当于联邦贫困线的 100%～400%的纳税人有资格享受这一退税项目。在 2016 财税年度，收入在 11 770～47 080 美元的单身人士，以及家庭收入在 24 250～97 000 美元的四口之家，有资格享受该退税项目。并不是每个人都符合要求——那些有资格申请联邦医疗保险或其他联邦保险项目的纳税人就不具备申请资格。此外，已经通过雇主获得了平价保险的人也不能享受该项退税。如果你有资格获得这项退税，那么你可以选择现在就要求将部分或全部预估退税额提前直接支付给你的保险公司，从而减少每个月你自付的保费，或者是晚一点享受，等到填写纳税申报单时再申请。你可能知道，《平价医疗法案》正在国会受到围攻，不过截至目前，该法案未被修改。不过，在申请之前，你最好先查看一下该法案的状态，因为等到你想要使用时，可能这个法案已经废止或被修订了。

- **收养子女退税**（adoption credit），指抚养 18 岁以下的儿童以及身体或精神不能自理的人，可以申请收养子女退税。

此外，还有一些纳税人可以申请其他退税优惠：

- 完全失去工作能力的纳税人以及 65 岁以上的低收入者。
- 向另一个国家缴纳所得税的纳税人。
- 由于从事多份工作而支付了过多的社会保险税的个人。

虽然现在的退税项目不如以前多，但是你仍要搞清楚申请各种退税项目的条件，并充分利用自己有资格申请的退税项目。再重申一遍，退税是以一美元对一美元的方式直接抵免税额。个人应支付的所得税总额应当等于基本所得税减去退税额。

基本所得税（查找税表或税率表计算得出）

－

退税

＝

应支付的所得税总额

申报时需要考虑的其他问题

填报之前要先选定纳税申报单，还要决定是否电子申报。要学会填写修正税表，知道如果错过了报税日该怎么办，应当到哪里寻求帮助。幸运的是，每年只有一个 4 月 15 日。

选择纳税申报表格

计算税金的关键在于决定使用哪种 1040 表格：1040EZ、1040A 还是 1040。如果国税局已经把材料寄给了你，说明它已经猜测了你需要的报税表格并寄了过来，但你还是可以自己做出选择。

1040EZ 表格适用于那些没有受扶养人、每年应税收入少于 100 000 美元，且不采用逐项抵扣法的纳税人。正如其名字所暗示的那样，这个表格非常好填写，只包含 12 行信息，表格后面还有使用指南。实际上，这张表还可以通过电话填写。一览表 4－1 列出了一些纳税人使用 1040EZ 表格必须满足的基本条件。

一览表 4－1	使用 **1040EZ** 表格的基本条件

- 申报身份是单身或夫妻联合申报。
- 不采用逐项抵扣法。
- 应税收入低于 100 000 美元。
- 年龄低于 65 岁。
- 应纳税的利息收入低于 1 500 美元。
- 没有受扶养人。
- 没有可用于抵扣税款的个人退休账户缴款或者是助学贷款利息支出。
- 没有赡养费、应税退休金或社会保险金需要申报。

1040A 表格比 1040EZ 表格稍稍复杂一点，但是其实也不算太麻烦，这是最初使用的简单报税表格。尽管该表格规定申报人的应税收入不得超过 100 000 美元，不过收入来源包括利息、股息、社会保险金、退休金和养老金、奖学金、个人退休账户提款和失业救济金。事实上，1040A 表格涵盖的收入来源要比 1040EZ 表格更广泛一些。1040A 表格还允许申报受扶养人以及使用个人退休账户缴款进行税收抵扣。一览表 4－2 列出了一些纳税人使用 1040A 表格必须满足的基本条件。

一览表 4－2	使用 **1040A** 表格的基本条件

- 不使用逐项抵扣法。
- 应税收入低于 100 000 美元。
- 你获得了资本利得的分红，但是没有获得其他的资本利得或损失。
- 可申请的退税项目仅包括以下几项——儿童退税、教育退税、低收入退税、照顾儿童及受扶养人退税、收养子女退税以及老年人和退休储蓄存款的退税。
- 税收抵扣额仅包括对个人退休账户的缴款以及助学贷款的利息支出。
- 收入来源局限于工资、薪金、小费、利息、股息、投资收益分红、个人退休账户投资收益、退休金和养老金、失业救济金以及社会保险金。

1040 表格又叫“1040 长表”，基本上每个人都会用到，目前大概有 60％的纳税人在使用这种表格。1040 表格较前两种表格更复杂。这张表格之所以很长，是因为要填写的内容很多很复杂，所以很多人在填表时脑袋乱成一团。但是令人欣喜的是，1040 表格提供了更多的避税机会，因为 1040 表格允许使用逐项抵扣法以及其他对应税收入进行的合法调整，从而达到减少纳税额的目的。显然，选择纳税表格时不应该根据填写简单与否来决定，应该选择对个人财务有利的表格。

> **附属一览表：**指 1040 表格的附加表格，用于个人提供额外信息。

和 1040 表格一起，你还会收到一大堆**附属一览表**（schedule），其中一览表 A 主要依据 1040 表格填写各项收支的详细信息。其他几种常见的一览表已列在表 4－2 中。如果你需要更多的表格或一览表，最简单的方法就是到美国国税局的官方网站（www.irs.gov）上下载或者打电话到 800-TAX-FORM，国税局会马上把表格寄给你。

表4－2　1040表格的常见附属一览表

一览表A：逐项抵扣	一览表EIC：低收入退税额
一览表B：利息和股息收入	一览表F：农业生产损益
一览表C：经营性损益	一览表H：家庭就业税
一览表D：资本利得或损失	一览表R：老年人与残疾人退税
一览表E：其他损益	一览表SE：自营职业税

电子申报

你可能无法选择是否要纳税，但是你可以选择怎么填写纳税申报单。你可以通过邮件或电子文件的方式填写纳税申报单。事实上，在2016年，大约91%的纳税申报单是电子文件。电子报税方式的优点包括以下几个方面：

● 加速退款：电子申报者可以在10天内收到退税款。

● 更加精确：国税局的计算机可以快速自动检测错误或遗漏信息，使电子纳税申报单更加精确，从而减少纳税人收到国税局提醒出错邮件的概率

● 快速电子确认：使用电脑进行电子申报的纳税人会收到一条信息表示国税局已经接收到他们提交的纳税申报单。

● 电子签名减少了纸张的使用：无须向国税局邮寄文件。

免费申报

在2016纳税年度，调整后总收入不超过64 000美元的纳税人可以使用免费申报系统。免费申报系统建立后，美国大约70%的纳税人有资格使用该系统报税。新用户与老用户必须通过美国国税局的网站登录免费申报系统。否则，电子申报系统服务提供商可能会向申报人收取费用。

推迟申报与修正纳税申报单

虽然大多数税表要求在4月15日前上交，但是有些纳税人总是不能赶上最后期限。另外，如果你发现先前的纳税申报单中有错误，则可以填写一张修正申报表。

过期申请

如果你不能在4月15日之前提交纳税申报单，则可以向国税局申请延长报税期限。你只需要填写4868表格，即《美国个人所得税申报表自动延长报税时间申请表》。只要你申请延长报税期限，国税局不会问你任何问题便会将期限延长6个月。

正如你猜想的那样，申请延长报税期限已经成为一股流行趋势，500多万名纳税人每年都要申请一次延期申报。然而，国税局不会让纳税人借此机会逃税漏税。除了填写延长报税期的申请表以外，你还要根据预计的应付税额寄去一张支票，否则国税局要对拖欠的税金加收利息。而且如果拖欠额大于税单总额的10%，你每个月将会被加计0.5%的滞纳金惩罚。

修正纳税申报单

纳税申报单填错了或者遗漏了某个抵扣项目，提交后才意识到有错误是常有的事。要修正纳税申报单需要使用1040X表格，即《美国个人所得税修正纳税申报表》。事实上，

你甚至可以直接在修正纳税申报单上进行修改。

使用修正纳税申报单有一些限制条件。比如对日期修改的限制：你不能修改原始应税日期为三年以前的纳税申报单。最后，如果你填写了联邦修正纳税申报单，那么也一定要填写州政府和地方政府的修正纳税申报单。

接受审计

2016 年，美国国税局抽查了大约 0.8%的纳税申报单，大概从每 120 个家庭当中抽取一个。到了 2017 年，由于国税局的经费缩减，抽查率下降至 0.7%左右，大约从每 143 个家庭当中抽取一个。那么**审计**（audit）究竟有什么意义呢？被抽中的人只能怪自己运气不好，因为国税局每年都要随机抽取大量的报税单来审计。如果过去你曾经被抽中过，那么有可能被再次抽中审计，特别是在国税局发现你提交的纳税申报单存在错误的情况下。在这种情形下，国税局只是简单地再检查一遍，以确保不会再犯同样的错误。如果你的收入水平很高，则也可能会被抽查。如果你的逐项抵扣额比收入相仿的其他纳税人高得多，那么被抽查的可能性会更高。另外，如果你的报税单包含了专为自营收入设计的一览表 C，那么被抽查的可能性将会显著提高。如果一览表 C 的支出总额超过了一览表 C 的收入总额的三分之一，那么被抽查的可能性会进一步增加。

> **审计**：美国国税局对个人提交的纳税申报单进行核查。

没有人希望被审计，但是只要你没有说谎话，那也没什么好担心的。审计有多种方式。一些只需要纳税人提供更多信息，可以通过邮件方式处理。一些要求你和国税局代表面对面地处理。在这两种情况下，国税局都会给你预留几周的时间让你准备如何应答。

为审计做准备的第一步是再检查一遍国税局可能有疑问的地方。你应该把所有的证据收集好——作废的支票、收据和记录等，然后预测国税局可能会问的问题，并且思考一下如何回答。赢得审计的关键是有好的记录。你也可以聘请一位税务会计师或者律师来帮你。实际上，只要你在律师授权文件上签字，律师就可以代表你去国税局应答。

如果你对审计结果不满意，那么有权上诉，第一步是拜访审计人员，展示你的论据看看是否能用附加信息赢得上诉。如果还是不满意，你还可以去找审计人员的上级主管。如果这些都不能得到一个满意的结果，你甚至可以提交一份正式的上诉文件，到法庭解决问题。

不过，上诉的结果并不一定能让你满意，但重要的是你有权享有各种合法的退税项目或税收抵扣项目。只要是合理合法的，就不要因为害怕被审计而放弃了对所得税最小化的追求。

纳税人案例：泰勒一家的纳税申报单

让我们来看一下 1040 表格①计算 2016 年度应付税款的不同步骤。我们以泰勒一家为例，查克·泰勒和黛安·泰勒有两个孩子：琳赛，4 岁；凯思琳，6 岁。查克是伯林顿公

① 可从 http://irs.gov 下载最新的报税单。

司（Burlington Industries）的电脑分析员，2016 年的年薪为 51 900 美元；黛安在咖啡店做兼职，2016 年的年薪为 6 250 美元。在查克和黛安的工资与薪水总额中，联邦所得税的代扣额为 4 750 美元。

另外，在 2016 年，泰勒夫妇还获得了利息收入 760 美元；将所投资的股票售出后获得了 755 美元的资本利得收益，但股票的持有时间少于 12 个月。[①] 此外，泰勒夫妇还从父母那里获得了 10 000 美元的赠与。查克向传统的个人退休账户缴款 1 668 美元，这是可享受税收递延优惠的退休计划。

泰勒一家还有别的更有趣的收入来源：他们参加《价格竞猜》（*The Price Is Right*）节目并赢得了冠军，黛安猜对了主持人鲍伯·巴克给出的价格中的第三位数字，赢得了一辆 2016 年生产的本田雅阁轿车。"你猜对了，黛安，这辆配备了空调、CD 音响、自动窗和加利福尼亚州废气控制排放管的崭新的本田雅阁属于你了。当你在街上开着这辆车时肯定会非常瞩目，哦，你的新车！"当听到这一切时，黛安正站在加利福尼亚州伯班克的哥伦比亚广播公司的舞台中央，她完全呆住了。但是当时主持人没有告诉她要为之交税。黛安要按照这辆新车的公平市场价值为其纳税，这也就是为什么她会立即把这辆新车转手卖掉，获得了 20 500 美元的收益，这也成为应税收入的一部分。

因为泰勒一家获得了奖品收入（该项必须在 1040 表格的"其他收入"中列出），所以他们只能选择 1040 表格。现在他们要做的第一步是整理资料，整理好去年的纳税申报单以及今年与纳税相关的资料：工资单、预缴税、银行抵押贷款的还款证明、黛安赢得的轿车的市场价、医疗费收据等。还好，黛安的抽屉里保留了过去一年所有与纳税相关的资料。

1040 表格的第一项是填报身份。到底是选择夫妻联合申报还是分开单独申报，最好的检验方法是分别计算一下以这两种身份申报应缴纳的税款，哪一种身份缴纳的税更少就选择哪一种申报身份。现在我们假设对泰勒夫妇来说，夫妻联合申报是最佳选择。泰勒家可以申请四份免税额：查克、黛安、凯思琳、琳赛每人各一份免税额。图 4－5 显示了 2016 年泰勒家的 1040 表格。我们会参照这幅图向大家说明泰勒家如何计算应缴纳的税款。每一行都参考的是 1040 表格当中对应编号的行。

确定总收入（第 22 行）

记住，总收入是来自各种渠道的所有应税收入的总和。泰勒家的收入包括查克和黛安的工资和薪水，51 900 美元＋6 250 美元＝58 150 美元（第 7 行）。此外，总收入还应当包括应税利息收入 760 美元（第 8a 行）和资本利得 755 美元（第 13 行）。此外，第 21 行的其他收入应列出黛安在《价格竞猜》节目中赢得的轿车的市场价 20 500 美元。所有这些应税收入加总便可算出总收入（第 22 行）。

注意来自查克父母给予泰勒夫妇的 10 000 美元赠与没有出现在收入项目中。这是因为赠与不被视为应税收入。其他不属于应税收入的收入来源包括投资国债和地方政府债券获得的利息收益。

---

① 由于股票的持有时间少于 12 个月，因此股票出售后获得的资本利得被视为普通收入计入应税收入。

查克和黛安的薪水和工资（第 7 行）	58 150 美元
应税利息收入（第 8a 行）	760 美元
资本利得收入（第 13 行）	755 美元
其他收入（第 21 行）	20 500 美元
总收入（第 22 行）	80 165 美元

花时间建立一个好的税务单据保管系统，一旦建立好便立即使用。

已婚人士一般应选择夫妻联合申报（一般来说，这样比夫妻单独申报省钱），但是对那些收入和抵扣项目差别比较大的夫妻来说，比较适合用夫妻单独申报的方式。

如果你是自营职业者，那么应当使用一览表C说明你的收入状况。

如果你把钱存入了个人退休计划或可享受税收递延优惠的退休计划，并且没有为之纳税，那么退休以后提取上述账户内的资金时要纳税。

Form 1040 Department of the Treasury—Internal Revenue Service (99) **U.S. Individual Income Tax Return** **2016** OMB No. 1545-0074 IRS Use Only—Do not write or staple in this space.

For the year Jan. 1–Dec. 31, 2016, or other tax year beginning , 2016, ending , 20 See separate instructions.

Your first name and initial	Last name	Your social security number
Chuck B.	Taylor	1 1 1 1 1 1 1 1 1
If a joint return, spouse's first name and initial	Last name	Spouse's social security number
Dianne P.	Taylor	2 2 2 2 2 2 2 2 2

Home address (number and street). If you have a P.O. box, see instructions. Apt. no.
1969 Yellow Jacket Dr.
▲ Make sure the SSN(s) above and on line 6c are correct.

City, town or post office, state, and ZIP code. If you have a foreign address, also complete spaces below (see instructions).
Ross, GA 12345

Foreign country name | Foreign province/state/county | Foreign postal code

Presidential Election Campaign
Check here if you, or your spouse if filing jointly, want $3 to go to this fund. Checking a box below will not change your tax or refund. ☑ You ☑ Spouse

Filing Status
Check only one box.
1 ☐ Single
2 ☑ Married filing jointly (even if only one had income)
3 ☐ Married filing separately. Enter spouse's SSN above and full name here. ▶
4 ☐ Head of household (with qualifying person). (See instructions.) If the qualifying person is a child but not your dependent, enter this child's name here. ▶
5 ☐ Qualifying widow(er) with dependent child

Exemptions
6a ☑ **Yourself.** If someone can claim you as a dependent, **do not** check box 6a
b ☑ **Spouse**
Boxes checked on 6a and 6b: 2

c **Dependents:**

(1) First name Last name	(2) Dependent's social security number	(3) Dependent's relationship to you	(4) ✓ if child under age 17 qualifying for child tax credit (see instructions)
Kathleen Taylor	3 3 3 3 3 3 3 3 3	daughter	☑
Lindsay Taylor	4 4 4 4 4 4 4 4 4	daughter	☑
			☐
			☐

If more than four dependents, see instructions and check here ▶☐
No. of children on 6c who: • lived with you: 2
• did not live with you due to divorce or separation (see instructions)
Dependents on 6c not entered above
d Total number of exemptions claimed
Add numbers on lines above ▶ 4

Income
Attach Form(s) W-2 here. Also attach Forms W-2G and 1099-R if tax was withheld.
If you did not get a W-2, see instructions.

Line	Description		Amount
7	Wages, salaries, tips, etc. Attach Form(s) W-2	7	58,150
8a	**Taxable** interest. Attach Schedule B if required	8a	760
b	**Tax-exempt** interest. **Do not** include on line 8a	8b	
9a	Ordinary dividends. Attach Schedule B if required	9a	
b	Qualified dividends	9b	
10	Taxable refunds, credits, or offsets of state and local income taxes	10	
11	Alimony received	11	
12	Business income or (loss). Attach Schedule C or C-EZ	12	
13	Capital gain or (loss). Attach Schedule D if required. If not required, check here ▶ ☐	13	755
14	Other gains or (losses). Attach Form 4797	14	
15a	IRA distributions 15a — b Taxable amount	15b	
16a	Pensions and annuities 16a — b Taxable amount	16b	
17	Rental real estate, royalties, partnerships, S corporations, trusts, etc. Attach Schedule E	17	
18	Farm income or (loss). Attach Schedule F	18	
19	Unemployment compensation	19	
20a	Social security benefits 20a — b Taxable amount	20b	
21	Other income. List type and amount	21	20,500
22	Combine the amounts in the far right column for lines 7 through 21. This is your **total income** ▶	22	80,165

Adjusted Gross Income

Line	Description		Amount
23	Educator expenses	23	
24	Certain business expenses of reservists, performing artists, and fee-basis government officials. Attach Form 2106 or 2106-EZ	24	
25	Health savings account deduction. Attach Form 8889	25	
26	Moving expenses. Attach Form 3903	26	
27	Deductible part of self-employment tax. Attach Schedule SE	27	
28	Self-employed SEP, SIMPLE, and qualified plans	28	
29	Self-employed health insurance deduction	29	
30	Penalty on early withdrawal of savings	30	
31a	Alimony paid b Recipient's SSN ▶	31a	
32	IRA deduction	32	1,668
33	Student loan interest deduction	33	
34	Tuition and fees. Attach Form 8917	34	
35	Domestic production activities deduction. Attach Form 8903	35	
36	Add lines 23 through 35	36	1,668
37	Subtract line 36 from line 22. This is your **adjusted gross income** ▶	37	78,497

For Disclosure, Privacy Act, and Paperwork Reduction Act Notice, see separate instructions. Cat. No. 11320B Form **1040** (2016)

图 4－5 泰勒家 2016 年联邦所得税申报单（采用 1040 表格）

在计算纳税额之前，先收集好所需的一切材料，包括去年的与纳税有关的任何经营费用票据。

如果你在工作时为孩子或受扶养人雇用了护理人员并支付了护理费，那么可以申请退税。

Form 1040 (2016) Page 2

Section	Line	Description	Line	Amount	Line	Amount
Tax and Credits	38	Amount from line 37 (adjusted gross income)			38	78,497
	39a	Check if: { ☐ You were born before January 2, 1952, ☐ Blind. / ☐ Spouse was born before January 2, 1952, ☐ Blind. } Total boxes checked ▶ 39a ☐				
	b	If your spouse itemizes on a separate return or you were a dual-status alien, check here ▶ 39b☐				
Standard Deduction for— • People who check any box on line 39a or 39b or who can be claimed as a dependent, see instructions. • All others: Single or Married filing separately, $6,300 Married filing jointly or Qualifying widow(er), $12,600 Head of household, $9,300	40	**Itemized deductions** (from Schedule A) **or** your **standard deduction** (see left margin)			40	14,274
	41	Subtract line 40 from line 38			41	64,223
	42	**Exemptions.** If line 38 is $155,650 or less, multiply $4,050 by the number on line 6d. Otherwise, see instructions			42	16,200
	43	**Taxable income.** Subtract line 42 from line 41. If line 42 is more than line 41, enter -0-			43	48,023
	44	**Tax** (see instructions). Check if any from: a ☐ Form(s) 8814 b ☐ Form 4972 c ☐			44	6,276
	45	**Alternative minimum tax** (see instructions). Attach Form 6251			45	
	46	Excess advance premium tax credit repayment. Attach Form 8962			46	
	47	Add lines 44, 45, and 46 ▶			47	
	48	Foreign tax credit. Attach Form 1116 if required	48			
	49	Credit for child and dependent care expenses. Attach Form 2441	49			
	50	Education credits from Form 8863, line 19	50			
	51	Retirement savings contributions credit. Attach Form 8880	51			
	52	Child tax credit. Attach Schedule 8812, if required	52	2,000		
	53	Residential energy credits. Attach Form 5695	53			
	54	Other credits from Form: a ☐ 3800 b ☐ 8801 c ☐	54			
	55	Add lines 48 through 54. These are your **total credits**			55	2,000
	56	Subtract line 55 from line 47. If line 55 is more than line 47, enter -0- ▶			56	4,276
Other Taxes	57	Self-employment tax. Attach Schedule SE			57	
	58	Unreported social security and Medicare tax from Form: a ☐ 4137 b ☐ 8919			58	
	59	Additional tax on IRAs, other qualified retirement plans, etc. Attach Form 5329 if required			59	
	60a	Household employment taxes from Schedule H			60a	
	b	First-time homebuyer credit repayment. Attach Form 5405 if required			60b	
	61	Health care: individual responsibility (see instructions) Full-year coverage ☐			61	
	62	Taxes from: a ☐ Form 8959 b ☐ Form 8960 c ☐ Instructions; enter code(s)			62	
	63	Add lines 56 through 62. This is your **total tax** ▶			63	4,276
Payments	64	Federal income tax withheld from Forms W-2 and 1099	64	4,750		
	65	2016 estimated tax payments and amount applied from 2015 return	65			
If you have a qualifying child, attach Schedule EIC.	66a	**Earned income credit (EIC)**	66a			
	b	Nontaxable combat pay election 66b				
	67	Additional child tax credit. Attach Schedule 8812	67			
	68	American opportunity credit from Form 8863, line 8	68			
	69	Net premium tax credit. Attach Form 8962	69			
	70	Amount paid with request for extension to file	70			
	71	Excess social security and tier 1 RRTA tax withheld	71			
	72	Credit for federal tax on fuels. Attach Form 4136	72			
	73	Credits from Form: a ☐ 2439 b ■ Reserved c ☐ 8885 d ☐	73			
	74	Add lines 64, 65, 66a, and 67 through 73. These are your **total payments** ▶			74	4,750
Refund	75	If line 74 is more than line 63, subtract line 63 from line 74. This is the amount you **overpaid**			75	474
	76a	Amount of line 75 you want **refunded to you.** If Form 8888 is attached, check here ▶☐			76a	474
Direct deposit? See instructions.	▶ b	Routing number ▶ c Type: ☐ Checking ☐ Savings				
	▶ d	Account number				
	77	Amount of line 75 you want **applied to your 2017 estimated tax** ▶	77			
Amount You Owe	78	**Amount you owe.** Subtract line 74 from line 63. For details on how to pay, see instructions ▶			78	
	79	Estimated tax penalty (see instructions)	79			

Third Party Designee	Do you want to allow another person to discuss this return with the IRS (see instructions)? ☐ **Yes.** Complete below. ☐ **No**			
	Designee's name ▶	Phone no. ▶	Personal identification number (PIN) ▶	
Sign Here	Under penalties of perjury, I declare that I have examined this return and accompanying schedules and statements, and to the best of my knowledge and belief, they are true, correct, and accurately list all amounts and sources of income I received during the tax year. Declaration of preparer (other than taxpayer) is based on all information of which preparer has any knowledge.			
Joint return? See instructions. Keep a copy for your records.	Your signature	Date	Your occupation **Repairman**	Daytime phone number **555-555-5555**
	Spouse's signature. If a joint return, **both** must sign.	Date	Spouse's occupation **Barista**	If the IRS sent you an Identity Protection PIN, enter it here (see inst.)
Paid Preparer Use Only	Print/Type preparer's name	Preparer's signature	Date	Check ☐ if self-employed PTIN
	Firm's name ▶			Firm's EIN ▶
	Firm's address ▶			Phone no.

www.irs.gov/form1040　　Form **1040** (2016)

图 4-5　泰勒家 2016 年联邦所得税申报单（采用 1040 表格）（续）

用总收入减去各个调整项目，算出调整后总收入（第 37 行）

对于泰勒家来说，唯一一个调整项目便是查克向个人退休账户存入的 1 668 美元缴款。因此，在计算泰勒家的调整后总收入时，总调整额即为 1 668 美元。用总收入减去调整额，即可求出泰勒家的调整后总收入（AGI）等于 78 497 美元。

减去税收抵扣项目（第 40 行）

泰勒家有权选择采用逐项抵扣法或是标准抵扣法。2016 年，标准扣减法的抵扣标准是 11 600 美元。如果使用逐项抵扣法的话，则泰勒家的税收抵扣总额为 14 274 美元，主要来源于房屋抵押贷款的利息支付。图 4－6 列出了泰勒家的税收抵扣项目。除了房屋抵押贷款的利息支出 11 079 美元以外，泰勒夫妇还支付了州所得税、地方所得税和房产税共计 2 543 美元，可抵扣税金的慈善捐款 652 美元，因此税收抵扣总额为 14 274 美元。泰勒家的医疗费和其他费用不能用于税收抵扣，因为两者都没有超过国税局规定的调整后总收入的比例限制。因为逐项抵扣法的抵扣总额大于标准抵扣法的抵扣总额，于是泰勒家选择了逐项抵扣法。逐项抵扣总额 14 274 美元被计入 1 040 表格的第 40 行。减去抵扣总额以后，应税收入变为 64 223 美元（第 41 行）。

SCHEDULE A (Form 1040)
Department of the Treasury
Internal Revenue Service (99)

Itemized Deductions

▶ Information about Schedule A and its separate instructions is at *www.irs.gov/schedulea*.
▶ Attach to Form 1040.

OMB No. 1545-0074
2016
Attachment Sequence No. **07**

Name(s) shown on Form 1040: Chuck and Dianne Taylor
Your social security number: 111 11 1111

只有超过调整后总收入7.5%的医疗费用可以用于税收抵扣。

你已经支付了的州政府或当地政府征收的个人财产税、不动产税和国外收入税是可以用于税收抵扣的。

慈善捐赠是可以用于税收抵扣的。但是，如果没有捐赠现金，而是捐献了衣服、物品或财产，一旦总金额超过500美元，则要使用8283表格列出捐赠物品。

只有当与工作相关的费用以及其他费用超过了调整后总收入的2%时，才能用于税收抵扣。

Medical and Dental Expenses		**Caution.** Do not include expenses reimbursed or paid by others.				
	1	Medical and dental expenses (see instructions)	1	349		
	2	Enter amount from Form 1040, line 38 [2]				
	3	Multiply line 2 by 10% (.10). But if either you or your spouse was born before January 2, 1952, multiply line 2 by 7.5% (.075) instead	3	7,850		
	4	Subtract line 3 from line 1. If line 3 is more than line 1, enter -0-			4	0
Taxes You Paid	5	State and local **(check only one box):** a ☐ Income taxes, **or** b ☐ General sales taxes	5	2,217		
	6	Real estate taxes (see instructions)	6	326		
	7	Personal property taxes	7			
	8	Other taxes. List type and amount ▶	8			
	9	Add lines 5 through 8			9	2,543
Interest You Paid	10	Home mortgage interest and points reported to you on Form 1098	10	11,079		
Note. Your mortgage interest deduction may be limited (see instructions).	11	Home mortgage interest not reported to you on Form 1098. If paid to the person from whom you bought the home, see instructions and show that person's name, identifying no., and address ▶	11			
	12	Points not reported to you on Form 1098. See instructions for special rules	12			
	13	Mortgage insurance premiums (see instructions)	13			
	14	Investment interest. Attach Form 4952 if required. (See instructions.)	14			
	15	Add lines 10 through 14			15	11,079
Gifts to Charity	16	Gifts by cash or check. If you made any gift of $250 or more, see instructions	16	652		
If you made a gift and got a benefit for it, see instructions.	17	Other than by cash or check. If any gift of $250 or more, see instructions. You **must** attach Form 8283 if over $500	17			
	18	Carryover from prior year	18			
	19	Add lines 16 through 18			19	652
Casualty and Theft Losses	20	Casualty or theft loss(es). Attach Form 4684. (See instructions.)			20	0
Job Expenses and Certain Miscellaneous Deductions	21	Unreimbursed employee expenses—job travel, union dues, job education, etc. Attach Form 2106 or 2106-EZ if required. (See instructions.) ▶	21			
	22	Tax preparation fees	22			
	23	Other expenses—investment, safe deposit box, etc. List type and amount ▶	23	50		
	24	Add lines 21 through 23	24	50		
	25	Enter amount from Form 1040, line 38 [25] 78,497				
	26	Multiply line 25 by 2% (0.02)	26	1,570		
	27	Subtract line 26 from line 24. If line 26 is more than line 24, enter -0-			27	0
Other Miscellaneous Deductions	28	Other—from list in instructions. List type and amount ▶			28	0
Total Itemized Deductions	29	Is Form 1040, line 38, over $150,000? ☐ **No.** Your deduction is not limited. Add the amounts in the far right column for lines 4 through 28. Also, enter this amount on Form 1040, line 40. ☐ **Yes.** Your deduction may be limited. See the Itemized Deductions Worksheet in the instructions to figure the amount to enter.			29	14,274
	30	If you elect to itemize deductions even though they are less than your standard deduction, check here ▶ ☐				

For Paperwork Reduction Act Notice, see Form 1040 instructions. Cat. No. 17145C **Schedule A (Form 1040) 2016**

图 4－6　泰勒家 2016 年联邦所得税申请单的一览表 A

申报免税（第 42 行）

泰勒家可以申请四份免税额，根据 2016 年的免税额标准，每份免税额为 4 050 美元。于是，泰勒家的免税总额等于 16 200（=4×4 050）美元，应当被记入第 42 行。减去免税总额以后，应税收入减少至 48 023（=64 223−16 200）美元（第 43 行）。

计算纳税总额（第 63 行）

对于泰勒家来说，他们的基本所得税可以根据联邦所得税指导手册中提供的税表直接计算。如图 4-4 所示，应支付的税额总计 6 276 美元，被记入第 44 行。因为泰勒家有小于 17 岁的被父母抚养的孩子，他们可以申请获得子女退税优惠，直接从税金中扣除。目前 2016 年子女退税优惠的额度为每个被抚养的儿童可享受 1 000 美元。于是在 2016 年，泰勒家可以获得 2 000 美元的子女退税额，这一项被填写在第 52 行。因为第 55 行的总退税额为 2 000 美元，所以第 56 行的值就变成了 4 276 美元。

2016 年，泰勒家的联邦所得税预缴额为 4 750 美元，这被记入第 74 行。因此泰勒家的实际应付税金为 4 276 美元，少于已支付的所得税预缴款 4 750 美元，所以他们可以收到国税局返还的 474 美元的差额。

避税策略

到目前为止我们只讨论了如何计算纳税额。从现在起，我们要开始讨论一个非常重要的话题——税务筹划与避税策略。虽然税务专家可以帮助你发现一些可能会遗漏的税收抵扣项目，但是一旦你开始准备填写纳税申报单，那么此时再执行避税策略就太晚了。一般来说，必须要提前进行税务筹划。

很少有人可以自己进行税务筹划，一般都要咨询注册会计师或者税务律师。然而，在你会见专家之前，你应该对税法如何操作有一个比较好的了解，以便你可以和专家一起规划出一个适合自己的避税策略。

进行税务筹划最根本的初衷是减少不必要的纳税支出。尽管国税局近年来已经弥补了很多税收漏洞，但我们还是可以使用某些避税策略达到减少纳税支出的目的。避税策略应当成为一个完善的投资策略而非某个投资重点的良好辅助。

记住，美国国会和国税局总是在不停地修改税法。你的策略应该是在稳健的投资策略基础上加上税收方面的考虑，以起到辅助性作用。

你可以使用的避税策略可分为五种，具体如下：

- 税收抵扣额最大化。
- 留意资本利得收入和股息收入。
- 把收入转移给税率水平较低的家庭成员。
- 获得免税收入。
- 将应付税额递延到未来再支付。

思考：

可以享受税收递延优惠待遇的退休计划的好处实在是说不完。这种退休账户不仅有助于减少你的应税收入，而且你存入账户内的资金获得的收益是可以递延纳税的。而且除了你自己向账户内缴款以外，很多公司还会提供配套资金，比如你每缴纳 1 美元，公司就会配套缴纳 50 美分。你认为政府为什么要提供这种可以享受税收递延优惠待遇的退休计划呢？

以上的每一个避税策略都旨在尽量避免不必要的纳税支出，并不是让你去人为地夸大抵扣额或采取不将本人的所有收入全部报告等逃税行为。逃税固然是不合法也是不明智的，但是过多地支付税金也是没有必要的。

税收抵扣额最大化

税收抵扣额最大化的策略集中表现为使用三种“战术”：(1) 利用个人退休计划的税收递延特征去减少纳税额；(2) 用你的住房作为避税手段；(3) 转换并集中各个税收抵扣项目。这三个手段都是为了实现同一个目标：将应税收入额减少到最低的水平。

使用可享受税收优惠待遇的退休计划

为了鼓励退休人员储蓄，政府批准了几种可以享受税收递延优惠的退休计划项目。这些项目的优势在于：(1) 你向退休账户内存入的资金是不需要纳税的；(2) 退休账户的投资收益也是不需要纳税的。让我们来比较一下把钱存入可享受税收递延优惠的退休账户与普通储蓄账户，结果有哪些不同。假设两种账户的投资收益率均为 10%，你适用的边际税率为 25%。

如果你从应税收入中提取出 1 000 美元投资于收益率为 10%的普通储蓄账户的话，那么首先必须先支付 250 美元的税费，于是就只剩下 750 美元真正用于投资。第一年，你会获得 75 美元的投资收益，同时要支付 18.75 美元的税金，即税后利息净收入为 56.25 美元。到年底的时候，普通储蓄账户内的资金余额为 806.25 美元。如果这笔钱以 10%的税前收益率连续投资 25 年，那么等到 25 年以后，账户内的资金余额将会是 4 573.75 美元。

现在让我们看看如果把钱存到一个收益率也为 10%、可享受税收递延优惠待遇的退休账户内，结果会怎么样。首先，你不需要为那 1 000 美元纳税，因为在你提取退休账户内的资金以前，是不用交税的。因此你将获得这 1 000 美元初始投资额带来的 10%的利息。另外，由于这是一个可以递延纳税的账户，所以你不必为了这笔利息收入而支付任何税费。于是到年底时，退休账户内的资金余额为 1 100 美元。如果你把这笔资金一直存在这个账户内进行投资，那么 25 年以后，该退休账户可以累积 10 834 美元的资金。

当然，最终你还是必须要为这笔资金支付税费。但是即使从这 10 834 美元中扣除了 25%的税金，你也仍然可以获得 8 126.03 美元。为什么这两种投资选择之间的差距会如此之大呢？因为原本应当上交给国税局的税金给你带来了额外的利息收入。

用你的住房作为避税手段

拥有自己的住房能够带来的税收收益是双方面的。首先，抵押贷款的利息支出是可以用来抵扣税收的，因此可以减少纳税额。其次，当你最终出售房屋的时候，如果该房屋是主要的住房，若夫妻联合报税的话，则只要获得的房屋增值收益不超过 500 000 美元，就不需要纳税。如果申报身份是单身，那么只要获得的房屋增值收益不超过 250 000 美元，就也不需要纳税。

房屋抵押贷款利息支出的税收抵扣作用到底有多重要呢？这要取决于几个因素。对于边际税率较高的纳税人来说，税收抵扣的重要性要比边际税率水平较低的纳税人大得多。不过如果你的收入水平很高，那么由于存在之前已经讨论过的逐渐降低税收抵扣额的规定，房屋抵押贷款利息支出的税收抵扣作用便不那么明显了。另外如果你没有选择逐项抵扣法的话，那么房屋抵押贷款利息支出的税收抵扣作用就会变得毫无价值。而且，如果你之前已经使用了标准抵扣法计算抵扣额，现在又改为使用逐项抵扣法，那么将只能按照标准抵扣法与逐项抵扣法之间的差额相应地减少应税收入。

降低应税收入的重要意义在于这样做能够减少你的应交税款。实际上，抵押贷款利息支出的税收抵扣作用可以使得抵押贷款的实际还款额减少（1－边际税率）倍。因此，房屋抵押贷款的税后利息成本可用下列公式计算得出：

抵押贷款的税后利息成本＝税前抵押贷款利息成本×(1－边际税率)

简言之，抵押贷款利息支出的税收抵扣作用要取决于你的边际税率以及是否采用了逐项抵扣法。

除此之外，用你的住房作为抵押品，你还可以获得房屋权益贷款，而且贷款的利息支出仍可用于税收抵扣。这种税收抵扣作用降低了贷款的成本，使其成为个人获得贷款最廉价的方式。

转换并集中各个税收抵扣项目

当我们讨论选择逐项抵扣法还是标准抵扣法的时候，曾经提到过转换并集中各个税收抵扣项目这个概念。如果抵扣额比较相近，那么很难在标准抵扣法和逐项抵扣法之间做出抉择。转换并集中各个税收抵扣项目这一理念的含义是在没有使用逐项抵扣法的年份里尽量不要发生可用来抵扣税收的费用支出项目。取而代之的是，你可以尽量把这样的支出项目转移到使用逐项抵扣法的年份里支付，于是便可以获得一定的退税好处。

留意观察资本利得和股息收入

你应该还记得我们在前面讲到过所谓资本利得指的是资本性资产的出售价格——资本性资产指的是出于投资目的而持有的资产，例如股票、债券和房地产——高于最初的买入价格所形成的差额。我们举例说明，初始时以每股50美元的价格买入了100股通用汽车公司的股票，2年以后再以每股70美元的价格出售。在这种情况下，你获得的资本利得为100×(70－50)＝2 000美元。

如果资产的持有时间在一年以上，那么对于最高边际税率为25%、28%、33%和35%的纳税人来说，要按照15%的税率缴纳资本利得税；对于边际税率为10%和15%的纳税人来说，不需要缴纳资本利得税。不过对于边际税率高达39.6%的纳税人，资本利得税的适用税率为20%。因此，如果你适用的边际税率为35%，那么资本利得税的税率不足普通收入所得税税率的一半；但是，如果你适用的边际税率为39.6%，那么资本利得税的税率差不多等于普通收入所得税税率的一半。

资本利得收益的另一个好处在于你无须申报这项收入，自然也就无须纳税了——直到你出售这项资产以后再申报收入并纳税。事实上，你可以通过不出售这项资产来推迟缴纳税款的时间。毫无疑问，如果你必须要纳税，那么 10 年以后再纳税总要好过现在纳税。这样，你就可以在更长的时间内持有资金，而且在持有期间还可以获得投资收益。除了资本利得收益可以带来的税收优惠以外，股息收入也有减税的好处。合乎要求的国有企业和国外企业发放的股息收益可以与长期资本利得收益一样按照较低的税率纳税。

把收入转移给税率水平较低的家庭成员

> **信托**：信托指的是某人受托管理另一人的财产。

这种手段指的是把收入从边际税率较高的家庭成员那里转移给边际税率水平较低的家庭成员。这个过程很复杂，律师要介入，还要签订**信托**（trust）协议。另外一种没那么复杂的收入转移手段采用的是非常简单的方式——赠与。每年你都可以将最高不超过 14 000 美元的资金赠与任意多的接受者，而且赠与资金是免税的。[①] 这样做的一个好处就是接受这笔少于 14 000 美元赠与款的接受者不需要为此纳税。只要赠与总额少于 14 000 美元，那么不论是赠送方还是接受者，都不需要为此纳税。最让人感到高兴的是，每一年你都可以获得 14 000 美元的免税赠与额，只要不超过这个上限，你就可以将一定的资金赠送给任意多个接受者。

获得免税收入

购买州政府或当地政府发行的债券所获得的利息收入是免交联邦所得税的。这就是说如果你购买了州政府或市政府发行的债券，那么你不仅能够获得利息收入，而且不用缴纳所得税。例如，加利福尼亚州的公交公司/东部运输局发行了总面值约为 22 亿美元、预计 2053 年到期的债券。市政债券的等价应税收益率的计算公式如下：

$$等价应税收益率=\frac{市政债券的免税收益率}{1-投资者的边际税率}$$

因此，如果你的边际税率为 28%，那么收益率为 6%的市政债券的等价应税收益率就应该等于 6%/(1−0.28)=8.33%。事实上，从税后收益的角度来看，一个应税收益率为 8.33%的债券与一个免税收益率为 6%的市政债券是等价的。你的边际税率越高，免税收入给你带来的好处就越大。

税收递延

> **401（k）计划**：这是一个可享受税收递延优惠待遇的退休计划项目。

正如我们已经看到的那样，可以享受税收递延优惠的退休计划，例如传统的个人退休账户、自营职业者退休计划、**401（k）计划**以及 403（b）计划，都允许纳税人将纳税义务递延到未来的某个时间执行，而不需要现在立即交税。罗斯个人退休计划要求个人在向账户缴款时先支付税金，随后便不再征税。于是，原本应以税金的形式上交给美国国税局的资金现在被留在你的手中，为你创造更多的投资收益。

这个概念同样适用于资本利得收入，因为直到你将资产出售以后才用缴纳资本利得

① 基于 2017 纳税年度的规定。

税。如果你一下子记不住这么多条条框框，那么也不用着急。随后我们将在本书中进一步深入地讨论税收问题。此时此刻，我们要强调的重点是税收递延确实能给纳税人带来实实在在的好处。

行为视角 >>>

原理 9：心理游戏、理财个性与金钱

你曾多少次听到别人说："我简直等不及了，我的退税单什么时候才能到啊！"你是否认为他们之所以会如此激动，是因为他能够拿到额外的一笔钱，可用来偿还自己的债务？还是你猜测他们也许计划周末出去玩一玩？或是买双新靴子？或是购买更靠近舞台的音乐会门票？

行为金融学有一个概念，名叫心理账户，意思是人们将自己的钱分别放置在不同的账户里，而这些账户会通过各种不同的方式对人们的财务状况造成影响。事实上，每年到 4 月份的时候，都有成百上千万的美国人收到政府的退税，他们拿到钱后立即把它存放在一个特殊的"心理账户"里，他们对待这笔钱的态度完全不同于手上其他的钱。这笔退税被看作"失而复得的一笔钱"或"白拿的钱"。事实上，对很多人来说，他们对这笔钱和彩票中奖奖金的态度并没有什么不同。于是，大部分情况下这笔钱并没有被用于偿还信用卡债务，或是被存起来当作应急资金，人们总是等不及地大买特买，匆忙把钱花掉，或者是用这笔钱出去度假。

你必须意识到，你并不是唯一一个对即将收到的退税感到兴奋的人。当地的购物商场会适时地推出促销活动，卖家都很清楚成百上千万的美国人很快就要收到政府邮寄的退税支票！到处都在"大减价"——百货商店、餐馆、酒吧，甚至还有航空公司和酒店。所以你要牢记——尤其是当你喜欢把退税收入"存放"在某个特殊的"心理账户"时——外面的诱惑实在太多了。

如果你真的收到了退税，记住这只不过是把你之前赚到的、上交给美国政府的钱又退了回来而已——事实上，这绝对是你辛苦赚来的钱。研究证明，人们花掉 50 美元的奖金要比花掉 50 美元的薪水——例如这笔钱之前被误扣，后来又被返还给劳动者——容易得多。确保自己把退税收入也看作是"辛苦赚来的钱"，这笔钱的用法要与个人的理财目标相一致，这样也就不会感到后悔了。

行动计划 >>>

原理 10：开始行动吧！

正如霍默·辛普森在本章导论里所发现的那样，每年都要纳税，如果你能更早一些动手，那么纳税申报会变得容易得多。因此，接下来我们了解一下有哪些小窍门能让纳税申报变得更简单。

● 确保自己预付的税金与收入相匹配。在预付税金时要留出足够大的余地，以便来年 4 月时不需要再支付额外的税金。但是，如果去年你收到了退税，那就设定一个调整个人 W-4 表格的截止时间。除了把钱埋在自家的后院，世界上最糟糕的投资方式莫过于把钱免费借给美国政府一整年。想想看：3 000 美元的退税就意味着每个月大约多付了 250 美元的税金——这对买车或偿还个人助学贷款可谓大有帮助。

● 记录税收抵扣项目。如果你采用逐项抵扣的方式，而且没有使用会计软件，那么应该在自己的支票簿上或信用卡/借记卡账单的复印件上圈出所有的抵扣项目。等到年底时，逐一检查每个被圈中的项目，然后制成列表，并确保自己都保留了对应的收据。

● 了解自己的成本基准。在填写纳税申报单时，一个最费时间的任务是确定当年被清盘的某笔投资的成本基准。如果你没有保留初始购买以及持有期内的交易记录，那么就只能任由证券经纪公司或投资公司来提供相关的书面材料。第一次开立股票账户或共同基金账户时，你需要准备一个文件夹，并将所有的账单保管好。日常只需要稍微收拾整理一下，就能节省很多时间，而且确保自己预付的税款金额较为准确。

本章小结

➡ 学习目标 1：明确并了解影响所有纳税人的联邦所得税的主要特征。

总结：应税收入取决于三个变量——调整后总收入（AGI）、税收抵扣额以及免税额。税率决定了收入与抵扣额之差要以多高的比率缴税。资本利得指的是资本性资产的出售价格——资本性资产指的是出于投资目的而持有的资产，例如股票、债券和房地产——高于最初的买入价格所形成的差额。长期资本利得净收益减去短期资本利得净损失，算出的净收入只需要按照低于普通收入的税率水平纳税（短期资本利得收益被视为普通收入）。除了所得税以外，你还必须缴纳社会保险税以及医疗保险税。

关键术语

累进税：在这种税制下，随着纳税人收入的增加，税率也会逐步上升。

税率等级：同属于某一税率等级的收入水平适用于同一边际税率。比如，个人纳税者可能要归入 15%或者 28%的边际税率等级。

个人免税额：这指的是在计算税额之前国税局允许纳税者从收入中减去的免税额。一般来说，本人可享受一份免税额，配偶可享受一份免税额，其他家庭成员每人也可享受一份免税额。

税收抵扣：指的是应从应税收入中减掉的支出项目。

逐项抵扣法：指的是按照一览表 A 计算扣减额。将可扣减项目相加求和，然后从应税收入中扣除。

标准抵扣法：美国国税局规定的固定税收抵扣项目，与纳税人的实际支出无关。

应税收入：应纳税的收入。

调整后总收入：指的是所有来源的应税收入总额减去特定的调整项目（例如向个人退休账户的缴款、助学贷款利息支出以及赡养费等），但是尚未使用逐项抵扣法或标准抵扣法进行抵扣的总收入额。

边际税率或边际税率等级：个人的最后一美元收入应纳税的比例。

税收递延：是指将应税收入的确认推迟到未来的某一天。

资本性资产：指的是你拥有的资产，包括股票、基金、房地产或收藏品，不包括某些经营性资产。

资本利得或资本损失：由资本性资产的出售价格与购买价格之间的差异所导致的收益或损失。如果出售价格高于购买价格，则属于资本利得；如果购买价格高于出售价格，则属于资本损失。

资本利得税：指为资本利得收益而缴纳的税金。

税级攀升：是指通货膨胀提高了个人的工资水平，从而使其上移到更高的税率等级。

➡ 学习目标2：了解个人必须缴纳的其他税种。

总结：除了联邦所得税以外，纳税人还要支付社会保险税、州所得税、地方所得税，此外还有消费税、营业税、财产税、赠与税和遗产税等。

关键术语

社会保险：联邦政府根据工龄、上缴总额和退休年龄为永久丧失劳动能力者和退休人员提供福利的政策。

医疗保险：联邦政府为65岁以上公民提供的医疗福利。

➡ 学习目标3：理解应税收入的概念以及税金的计算方法。

总结：为了计算你的应付税额，你首先必须根据自己的所有收入来源算出总收入是多少。然后，从总收入中减掉各个调整项目，例如可用于税收抵扣的费用项目和对退休账户的缴款。于是，得到的是调整后总收入。接着，再用调整后总收入减去税收抵扣额（取逐项抵扣法和标准抵扣法两者中抵扣额较大的那一个）和免税额，最后得到的是应税收入。

关键术语

总收入：个人通过所有渠道获得的应税收入总和。

主动性收入：指的是表现为工资或经营收益形式的收入。

有价证券投资收入：指的是有价证券投资获得的收入。

被动性收入：指的是来自纳税者未积极参加的活动的收入。

调整后总收入：指的是所有来源的应税收入总额减去特定的调整项目（例如向个人退休账户的缴款、助学贷款利息支出以及赡养费等），但是尚未使用逐项抵扣法或标准抵扣法进行抵扣的总收入额。

个人退休账户：是享有税收优惠的退休账户。所缴纳份额是否享受税收抵扣取决于个人收入水平、个人及其配偶是否被公司的退休计划覆盖。

房屋净值贷款：使用房屋作为抵押品的申请的贷款，即贷款是由你的房屋做担保的。如果违约，贷款人可以占有你的房屋以弥补贷款蒙受的损失。

免税额：是指你为纳税申报单上列出的每一个受扶养人申请的抵扣额。

儿童退税：每个年龄小于17岁、满足要求的儿童可以享受的退税额。

美国机会退税：每个学生每年最多可以享受2 500美元的退税。

终身学习退税：在校高年级大学生可享受的退税优惠待遇。同样适用于为提高工作技能而继续深造的成人。

照顾儿童及受扶养人退税：为照顾子女及受扶养人而支出的费用直接以一比一的方式抵免税金的税收优惠。

低收入退税：低收入纳税人可申请的退税，实际上相当于所得税为负。

健保保费退税：通过健保市场购买医疗保险的低收入纳税人可以享受的退税。

领养退税：2017年，领养儿童者可以申请最高不超过13 570美元的退税。

➡ 学习目标 4：选择适合自己的纳税申报单并顺利报税，在必要时顺利通过税务审计。

总结：你要知道哪些人必须要填写纳税申报单，应当什么时候填写提交，使用哪种表格，是否电子申报，为填写纳税申报单应事先准备好哪些材料，这一点非常重要。那些不能在 4 月 15 日之前提交纳税申报单的纳税人需要向美国国税局请求延期申报。另外，如果有人发现去年的纳税申报单有错误，那么可以填写一份修正纳税申报单。

每一个人的纳税申报单都有可能会被审计，但是似乎那些收入水平较高的纳税者或自营职业者受到审计的可能性更大。应付审计的第一步是重新检查一遍国税局质疑的地方，看看是否存在问题。那些对审计结果不满意的纳税者有权提出上诉。

关键术语

附属一览表：1040 表格的附加表格，用于个人提供额外信息。

审计：美国国税局对个人提交的纳税申报单进行核查。

➡ 学习目标 5：计算个人所得税。

总结：在提交纳税申报单的过程中，国税局能够给予纳税人最好的帮助。现在大家还能找到很多不错的税务书籍和电脑软件可以帮助自己计算应缴纳的税额。税务专家是经过专门训练的帮助客户处理税务问题或填写纳税申报单的专业人士。

➡ 学习目标 6：实现税负最小化。

总结：你可以使用的避税策略可分为五种，具体如下：

- 税收抵扣额最大化。
- 留意资本利得收入和股息收入。
- 把收入转移给税率水平较低的家庭成员。
- 获得免税收入。
- 将应付税额递延到未来再支付。

关键术语

信托：信托计划指的是某人受托管理另一人的财产。

401（k）计划：这是一个可享受税收递延优惠待遇的退休计划项目。

思考题

1. 李一家有两个大人和两个 16 岁以下的孩子，他们在 2017 年的总收入为 68 000 美元。假设他们选择的是已婚夫妻联合申报，试确定他们的标准抵扣额、免税额、儿童退税额及其边际税率与平均税率。

2. 假设有三个投资者想卖掉一部分投资产品来套现。在这个案例中，所有投资产品的持有期都在 3 年以上。投资者 A 即将获得共同基金发放的 1 500 美元利息；投资者 B 因购买了大额定期存单而获得了 1 500 美元的利息收入。然而，因为投资者 C 没有充分的时间继续等待，所以他决定出售价值为 1 500 美元的股票，出售时该股票的价格较最初买入时有所上涨。假设没有佣金费用、销售费用或者州所得税，并且联邦所得税的边际税率为 25%。那么哪一个投资者的税后收益最大？

3. 苏凯塔是一个年轻的妈妈，她准备填写 2017 年的纳税申报单。她的丈夫本来一直负责税务单据与材料的整理工作，但是他在 2017 年夏天的一次划船事故中去世了。假设苏凯塔不想使用逐项抵扣法，那么她应当选择哪一种申报身份？为什么？对于申报身份，她有选择权吗？她应当使用哪一种申报表格？

4. 一对拥有 3 个孩子的夫妻年调整后总收入为 238 500 美元。计算他们在 2017 纳税年度可以申请的个人免税额的总额。

5. 比·梅柏瑞与伯尼·梅柏瑞总收入为 71 500 美元，他们拥有足够多的可抵扣项目。试判断如果他们两人选择夫妻联合申报，则最适合他们的报税表格是哪一种？解释一下为什么他们不能使用其他表格的原因。

6. 一位抚养一名孩子的单亲家长 2017 年的总收入为 46 250 美元，除工资外，雇主没有提供其他任何福利收入，也没有任何可抵扣的支出项目。请计算一下这位家长在 2017 年的应纳税金额。

7. 沙木卡·威廉姆斯与柯蒂斯·威廉姆斯夫妇选择夫妻联合申报。2014 年他们的收入与支出情况如下所示。首先使用标准抵扣法计算他们的应纳税金额，再使用逐项抵扣法计算一遍。

收入	
工资收入	53 000（美元，下同）
利息收入	2 100
费用	
房屋抵押贷款利息	7 900
房产税与州所得税	5 850
其他可抵扣的支出项目	800

简要解释一下威廉姆斯夫妇应当使用哪一种抵扣法并说明原因。

8. 戈登·盖斯特是一位没有任何受扶养人的单身纳税人，他没有可抵扣的支出项目。2017 年，他的工资收入为 40 000 美元，出售股票获得 4 000 美元的短期资本利得收入，以及 7 800 美元的图书版税收入。计算一下 2017 纳税年度戈登应缴纳的所得税金额。戈登的平均税率有多高？

9. 艾丽莎·盖瑞杰克是一位自谋职业的护士。2017 年，她的总收入为 68 000 美元。在考虑了各收入调整项、抵扣项以及免税额以后，应税（联邦所得税与州所得税）总收入为 55 000 美元。计算一下 2017 纳税年度她应当缴纳的税金，包括联邦所得税、州所得税以及 FICA 税各为多少？

10. 哈伯德太太有两个孩子，刚好被选中审计。就如何做好被审计的准备向哈伯德太太提供一些建议。如果审计结果不乐观应该怎么办？在这方面也提供一些建议。

11. 哈利·波特与哈里特·波特正处在理财生命周期的黄金阶段。讨论一下为了降低遗产税，最适合他们的避税策略是哪一种。

讨论案例 1

霍莉·尼尔与扎克利·尼尔来自弗吉尼亚州都柏林市，他们正在准备填写 2017 年的纳税申报单。他们的孩子已经长大成人；但是霍莉的妈妈玛莎搬来和他们住在了一起，所以霍莉已经不再工作了。除了每个月 536 美元的社会保险金以外，玛莎要依靠霍莉夫妻的收入生活。

扎克利在软件公司工作，他的薪水基本上能够维持整个家庭的正常运转；然而他还是不得不中断向退休账户的缴款，因为只有这样他们才有能力支付账单。霍莉准备去攻读硕士学位。他们知道应当采取夫妻联合申报，但是需要你帮助他们填写纳税申报表。他们已经收集了所有可能用到的单据，具体如下所示（单位：美元）：

1099-DIV，短期资本利得	900
扎克利的 W-2 表格，工资与税单	54 500
赌博赢来的钱	1 500
遗产	35 000
霍莉与扎克利向传统个人退休账户的缴款总额	5 000
玛莎未支付的医疗费用	5 100
尼尔夫妇未支付的医疗费用	1 700
玛莎除医疗费用以外的其他生活费用	13 000
预扣或拖欠的州所得税	2 280
抵押贷款的利息费用	6 000
霍莉的助学贷款的利息费用	590
霍莉的教育费用	5 450

问题：

1. 玛莎未支付的医疗费用是否可以成为尼尔夫妇纳税申报单上的税收抵扣项目？为什么？
2. 玛莎是否需要填写纳税申报单？为什么？
3. 尼尔夫妇将霍莉的教育费用填入纳税申报单能带来哪些节税的好处？
4. 医疗费用总额当中有多少可以被尼尔夫妇用来抵扣税金？
5. 尼尔夫妇向个人退休账户的缴款是否可以作为税金的抵扣项目？如果可以，抵扣的程度有多高？
6. 逐项抵扣法能否给尼尔夫妇带来好处？为什么？
7. 用最有利的计税方法帮助尼尔夫妇计算 2017 年度他们应缴纳多少税金。
8. 扎克利是否应当请老板调整他的联邦所得税预扣金额？为什么？

讨论案例 2

奥斯丁·古尔德和安雅·古尔德是一对今年刚收养了两个孩子的中年夫妇，他们的两个孩子一个叫茹思迪，13 岁；一个叫山姆，11 岁。他们还在当地买了一套新房，有一个后院可以供两个孩子玩耍。古尔德一家还持有一个投资额较高的退休资产组合，主要投资于增长型共同基金。他们每年的投资收入仅为 500 美元，都不属于资本利得收入。奥斯丁在银行工作，年收入为 32 500 美元。安雅是镇上唯一一家旅游机构的老板，每年的收入大约为 40 000 美元。

古尔德一家经常给慈善机构捐款。他们可享受的其他税收抵扣项目还包括抵押贷款利息支出、经营费用、税费以及未支付的医疗费用。具体情况如下所示（单位：美元）：

健康保险（安雅）	2 200
茹思迪的矫治器	1 500
抵押贷款利息支出	7 200
房产税	900
投资与税务筹划费用	1 450
其他医疗费用	3 600
慈善捐款	3 500
搬家费	3 000
奥斯丁未支付的医疗费用	2 300
合乎要求的收养费用	6 700
预扣或拖欠的州所得税	4 000

记住，安雅有其他一些特殊的税费抵扣项目，因为她是自营职业者。在计算夫妻二人 2017 年的纳税额时要记得把这些抵扣项目全部算进去。

问题：

1. 计算安雅的社会保险税以及医疗保险税。计算其中有多少税金可用于税收抵扣。
2. 计算古尔德一家 2017 年的总收入以及调整后总收入。
3. 搬家费是可抵扣项目吗？为什么？
4. 古尔德一家应当选择逐项抵扣法还是标准抵扣法？他们的抵扣额是多少美元？
5. 古尔德一家应当使用哪一种报税表？为什么？
6. 古尔德一家可以申请哪一种免税项目来降低税负？

延伸案例

克里·杜蒙与蒂莎·杜蒙

第一部分：理财规划

做这个延伸案例的主要目的是帮助我们明确和整合所学到的理财规划的概念。这个案例要求我们运用编制财务报表、分析财务数据、计算税负、衡量风险敞口、为积累资产而设计特定的理财规划以及分析个人财务管理状况的优势及劣势等诸多方面的知识。

在本书每一节的最后，你都会被要求帮助克里和蒂莎解决一些个人理财方面的问题。在本书的最后，你对克里和蒂莎一家的了解程度可能会超出你的想象。谁知道呢，也许你也会遇到杜蒙一家面对的问题。在你帮助杜蒙一家解决了他们的问题以后，也许你能更好地提高个人理财水平，从而实现自己的理财目标！

背景

克里·杜蒙和蒂莎·杜蒙最近读到一篇关于个人理财方面的文章。这篇文章讨论的是在人的一生当中常常会面临的一些财务方面的两难抉择。读了这篇文章以后，克里和蒂莎意识到他们需要学习更多的个人理财知识。他们已经在考虑下个学期参加一个当地开设的个人理财课程，但是他们认为自己现在就迫切地需要帮助。刊登在《金钱》（*Money*）杂志上的这篇文章提到了一些保管财务记录的建议。在此基础上，克里和蒂莎已经帮你把下面的信息整理好了，等待你帮助他们解决个人理财问题。

1. 家庭：克里和蒂莎是在大学认识的，那个时候他们才 20 出头。他们在大学毕业以后继续约会，6 年前他们结婚了。克里现在 31 岁，蒂莎 30 岁。他们的儿子查德刚满 4 岁，他们的女儿哈利现在 2 岁。他们还养了一只名叫 Ms. Cat 的胖乎乎的虎斑猫。

2. 工作：克里是一家商店的经理，年薪 45 000 美元。蒂莎是一名会计，年薪 53 000 美元。

3. 住房：杜蒙一家现在租住在一套三室一厅的房子里，每月的租金是 2 000 美元，但是他们想要自己买一套房子。蒂莎说她想在近 3～5 年里购买一套房子。他们正在为实现这个目标而努力。为了他们梦寐以求的房子，他们选择了小型婚礼，并且把所有的礼金以及家人的馈赠全部投资于指数型共同基金。他们最近一次查看基金账户，发现余额已经达到了 13 000 美元。

理财问题

1. 税务：克里和蒂莎对工资里预扣的联邦所得税、州所得税、社会保险税以及医疗保险税的金额感到吃惊。他们不确定税金的计算是否准确。

2. 保险：他们也不敢确定汽车保险、房屋保险、健康保险以及人寿保险的保额是否充足。直到现在，他们一直选择保费最低、承保范围最狭窄的保险产品。近来他们刚刚得知蒂莎购买的人寿保险产品的现金价值仅为 1 800 美元，这让他们有点吃惊，因为他们已经连续几年每年缴纳 720 美元的保费。

3. 贷款和现金管理：克里和蒂莎对贷款感到好奇。每周他们都会收到两三份信用卡的推销广告，承诺利率很低，而且有一些额外的好处。他们不确定自己是否需要再办几张信用卡，还是继续使用目前持有的信用卡。他们对每个月信用卡账单上显示的信息费用感到吃惊，虽然他们每个月都要还款 100 美元，但是信用卡的欠款余额一直徘徊在 1 300 美元左右。他们经常从银行的 ATM 取现来应付日常开支，身上常常携带 100 美元的现金。即使如此，看上去他们还是要经常依赖信用卡来实现收支平衡。

4. 储蓄：克里和蒂莎被文章提出的“先支付给自己”的概念所吸引。事实上，这个观点使他们重新审视了一遍他们的个人财务状况。他们喜欢这个概念，但是不知道怎样实现这一目标。现在他们的储蓄账户余额为 2 500 美元，年收益率为 3%。支票账户的开户行要求账户余额不低于 1 000 美元，这样他们就可以得到 0.75%的收益率。目前他们的支票账户余额为 1 800 美元。

5. 大学储蓄：因为克里和蒂莎曾经体验过长期助学贷款的还款压力对个人财务状况的影响，因此他们一直很关心如何为查德和哈利准备好上大学的费用。

6. 退休储蓄：克里和蒂莎都知道他们在工作单位参加了“合格的退休计划”，但是他们不知道那到底是什么意思。你要求他们提供更多的信息，于是他们把账户信息在线传送给你，你发现克里的 401（k）账户余额为 21 760 美元，而蒂莎的 401（k）账户余额为 19 680 美元。目前他们还没有个人退休账户或参与利润共享计划。最近，克里的前一任老板提供的一份报表显示，克里把 2 500 美元的退休基金留在了那家公司。

7. 风险：克里马上指出，他不喜欢在财务方面冒险。蒂莎则指出，如果她认为收益令人满意的话，她愿意接受更大的风险。

8. 遗产规划问题：他们没有遗嘱，也没有签署其他任何形式的遗产规划文件。

9. 娱乐和健康：克里和蒂莎喜欢与查德和哈利一起骑自行车和钓鱼。他们还喜欢打高尔夫，并且加入了一个每月费用为250美元的高尔夫俱乐部。他们身体很健康，不过他们认为过几年查德会需要配眼镜和进行牙齿矫正。

其他信息

每年的其他支出估计值（单位：美元）

食物（在家就餐与外出就餐总额）	6 900
衣服	3 300
汽车保险	2 200
交通费用（使用费、维修费、证件相关费用）	2 400
牙齿和健康费用	850
蒂莎的人寿保险	720
医疗保险（税前雇主预扣，蒂莎）	3 200
401（k）账户缴款（税前雇主预扣，克里）	2 250
401（k）账户缴款（税前雇主预扣，蒂莎）	2 650
租房保险	600
公共事业费（电费、水费/污水费、有线电视费/网络费）	3 900
娱乐	2 400
通信费（手机）	1 800
税金（联邦所得税、州所得税、医疗保险税、社会保险税，雇主预扣）	22 000
财产税（汽车）	695
慈善捐赠	2 400
日常护理	10 000
储蓄	1 200
其他	2 400

其他资产

- 一号汽车：

已使用两年，中型SUV，市场公允价值为14 800美元；

贷款余额：12 925美元（距离贷款到期日还剩下36个月）；

每月还款额：405美元。

- 二号汽车：

已使用4年，2门小轿车，市场公允价值为7 800美元；

贷款余额：0。

- 家具、电器和其他个人财产的总价值大约为12 000美元。
- 古董珠宝：

这是蒂莎的祖母赠送给蒂莎的遗产，她表示不会丢弃它们。珠宝的估价为19 700美元。

- 在蒂莎21岁的时候，他爸爸分给了她100股大盆地平衡型基金，价值为1 000美元。现在这笔基金的价值为2 300美元。

其他消费型债务

- 信用卡负债（维萨卡、万事达卡、发现卡、美国运通卡以及几张商店卡）：

1 300 美元的循环使用贷款；

每个月最低 50 美元的还款额（近似值）；

实际每个月 100 美元的还款额。

● 助学贷款负债（克里名下）：

未偿还的贷款余额：8 200 美元；

每月还款额：196 美元（距离贷款到期日还剩下 48 个月）；

2007 年共支付了 652 美元的贷款利息。

● 家具公司贷款：

未偿还的贷款余额：5 300 美元；

每月还款额：210 美元（距离贷款到期日还剩下 30 个月）。

问题：

1. 定义一下克里和蒂莎现在处于生命周期中的哪个阶段。这个阶段有什么重要的理财规划问题？

2. 根据上一个问题明确的理财规划问题以及你对杜蒙一家的了解，帮助克里和蒂莎完成工作表 1，确定短期、中期以及长期的理财目标。

3. 帮助杜蒙一家填写工作表 5。（提示：背景资料以及各项年支出数据均已提供。使用工作表 5 作为指导。）

4. 使用工作表 4 为杜蒙夫妇编制一份资产负债表。他们的净资产值为正还是为负？

5. 使用资产负债表与损益表计算下列财务指标：

a. 流动比率。

b. 月生活支出覆盖比率。

c. 负债比率。

d. 长期债务抵补率。

e. 储蓄比率。

6. 运用财务指标分析所提供的信息评估杜蒙一家的财务健康状况。（提示：运用第 2 章介绍的财务指标限值来衡量杜蒙家的财务灵活性与流动性。）为了改进杜蒙一家的财务健康状况，你会提出哪些建议？

7. 杜蒙一家是否拥有应急资金？他们应该准备应急资金吗？你认为他们应该持有多少美元的应急资金？

8. 根据他们在《金钱》杂志上读到的这篇文章，等到查德进入大学甚至是哈利也开始读大学的时候，他们需要支付 100 000 美元的学费以及相关学杂费。他们希望查德能够拿到学校的奖学金，这可以使查德读大学的总费用降低至 40 000 美元。假设他们从今天开始实行大学学费储蓄计划并一直持续到查德 18 岁的时候，预计每年获得 9%的收益率。在不考虑税费的情况下，他们需要在每年年底向储蓄账户内存入多少钱？如果查德没能获取奖学金，那么他们每年应该向储蓄账户存入多少钱？请参考第 3 章的内容。

9. 如果储蓄存款每年的收益率为 7%，那么杜蒙夫妇每年年初应当存多少钱才能支付得起哈利 40 000 美元的读大学的费用？假设哈利读完大学所花的费用总额为 110 000 美元，那么杜蒙夫妇每年年初要储蓄多少钱？请参考第 3 章的内容。

10. 等到查德上大学时，蒂莎持有的大盆地平衡型基金份额的价值将会变成多少美元？（当前的价值为 2 300 美元。）假设每年基金的税后收益率为 7%。当哈利 18 岁时，这些基金份额的价值将会变成多少美元？当蒂莎 67 岁退休时，假设税后收益率为 9%且账户没有任何抵扣，则基金份额的价值将会变成多少美元？自蒂莎收到这份基金“礼物”开始一直到她退休，基金的实际年化收益率是多少？请参考第 3 章的内容。

11. 回忆一下，杜蒙一家把储蓄以及婚礼时收到的朋友或家人的礼金全部投资于共同基金，目的是为买房积攒首付款。如果该共同基金的年收益率为 6%，那么当前价值为 13 000 美元的基金份额在 3 年、5 年和 7 年后将会变成多少美元？如果年收益率为 8%，则当前价值为 13 000 美元的基金份额在 3 年、5 年和 7 年后将会变成多少美元？请参考第 3 章的内容。

12. 假设今年杜蒙夫妇投资的市场指数基金的年收益率为 8%，当前他们购买的基金份额总价值为 13 000 美元，联邦所得税的边际税率为 15%，那么今年杜蒙夫妇要为这笔投资支付多少税金？这笔税金也许是从储蓄账户里扣除，或者是使用当前的收入支付。今年基金账户的税后收益率是多少？请查看第 3 章和第 4 章的内容。

13. 假设克里根本没有处理遗留在前一任老板那里的 401（k）账户中的资金，该账户的年收益率为 5%，那么等到克里 67 岁退休时他能拿到多少退休金？反过来，如果克里把这笔钱从前一任老板那里接手过来，投资于年收益率为 10%且可以享受税收递延优惠的个人退休账户，那么等到克里 67 岁退休时他能拿到多少退休金？请参考第 3 章的内容。

14. 使用蒂莎提供的收入与支付数据，以及本章提供的 2017 年度税负的计算方法，计算杜蒙夫妇的应税收入。（注意：忽略储蓄与投资产生的未实现收入。）

a. 杜蒙夫妇是否拥有足够多的可抵扣项目，从而可以使用逐项抵扣法？

b. 解释一下克里的助学贷款利息支出会对税负造成怎样的影响。预计 2017 年克里支付的助学贷款利息总额为 652 美元。

c. 克里与蒂莎的工资收入被预扣了多少金额的社会保险税以及医疗保险税？

d. 杜蒙夫妇一共要支付多少联邦所得税？

e. 杜蒙夫妇是否有资格申请儿童退税？如果有资格，这会对他们支付的联邦所得税金额造成怎样的影响？如何确定退税额？

15. 根据前面几道题目中社会保险税、医疗保险税、联邦所得税以及州所得税的计算结果，评价一下蒂莎自己算出的估计值与实际计算结果差别大不大？预计值与实际缴税额之间的差别会对杜蒙夫妇财务状况的变化带来什么影响？你会给出什么建议？

16. 帮助克里与蒂莎计算边际税率、平均税率以及实际边际税率，并向其解释这几个概念的差别。一些大事件的发生——例如加薪或买房——会使这些税率发生怎样的变化？

第二部分

管理个人资金

现在你已经了解了个人理财规划的流程，那么接下来我们要介绍的是如何管理个人资金。这不仅包括确保个人持有充足的流动性，还包括个人借贷习惯不能阻碍理财目标的实现，以及理性明智地安排消费。

第二部分的开篇先讲述检查个人的现金及流动资产管理状况，目标是弄清楚如何有效地管理个人的流动资产。随后，我们要讨论的是信用卡与消费贷款的使用。正如大家所知，信用卡可以称得上是对理财目标的实现构成最大威胁的“危险品”。我们还会向大家介绍个人信用评分的决定因素以及如何保持良好的个人信用记录。最后，我们要讲的是如何理智消费，尤其重点关注一生当中两项最大的开支——买房和买车。

在本书的第二部分，我们将重点关注原理 5 与原理 6。

原理 5：天有不测风云，或流动性的重要性。虽然绝大多数个人理财规划的核心是追求理财目标的实现，但是如果没有对意外事件做好准备，比方说车子突然坏掉了，失业了或者是受伤了，那么是根本不可能实现理财目标的。

原理 6：不浪费就不会匮乏——理性消费。理财规划与个人资金管理绝不仅仅是储蓄和投资。它还涉及消费，尤其是理性消费。钱赚得不容易，因此花钱的时候也不要浪费。

此外，第二部分涉及以下几条原理：

原理 1：知识是最好的保障

原理 3：货币的时间价值

原理 8：风险与收益的权衡

原理 9：心理游戏、理财个性与金钱

原理 10：开始行动吧！

第5章 现金或流动资产管理

学习目标

1	管理好个人持有的现金，了解为什么个人需要持有流动资产。	管理流动资产
2	自动储蓄。	自动储蓄：先支付给自己。
3	从提供资金管理服务的各类金融机构当中选一家	金融机构
4	对比不同现金管理策略的异同点。	现金管理工具
5	比较不同的流动资产管理策略的异同点。	比较各种现金管理工具
6	开立并使用支票账户。	开立并使用支票账户
7	使用电子系统转账，并了解电子资金转账系统的工作原理。	电子资金转账

“我喜欢看电视剧，因为它不只是娱乐节目；它让人受教育！”第 65 届艾美奖主持人、《老爸老妈的浪漫史》(*How I Met Your Mother*) 中巴尼·斯廷森 (Barney Stinson) 的扮演者尼尔·帕特里克·哈里斯 (Neil Patrick Harris) 这样说道。其中一些教训就与个人理财有关。

人们总有急需现金的时候：上学或上班通勤必不可少的车子需要更换新刹车（这轻轻松松就能花掉 300～500 美元）；热水器漏水（你要么花 1 200 美元换个新的热水器，要么就只能忍受冷水澡）。如果你是海莉·邓菲 (Haley Dunphy) ——《摩登家庭》(*Modern Family*) 剧中克莱尔和菲尔的大女儿——总是遇到“东西刚刚好坏了”这样的烦心事，那你需要准备好 900 美元。当你急需用钱时，从哪儿才能弄到钱呢？对海莉来说，答案是她的兄弟姐妹。在遭到了妹妹艾利克斯的拒绝后，海莉又去找弟弟卢克求助。让海莉大吃一惊的是，卢克手上竟攒了一大笔钱——“我已经存了 1 217 美元。这并不是很难。”多年来，卢克一直从父母那里“揩油”，同时从爸爸妈妈那里要午餐费*，当然，他把这些钱保管得很好。

* 即要了双份的钱。——译者注

听到海莉说要借 900 美元，卢克回答说，“瞧，我真的很想帮你，但是现在我手头不太宽裕。这钱被冻在一个大冰块里。我听说那些有钱人会有被冻结的资产，所以才想出了这个主意。”* 既然他“手头不宽裕”，那自然也没办法帮助海莉。

我们都需要持有一定金额的流动资产。我们都需要准备应急资金——你可能对此不太在意，但直到不得不动用应急资金时才意识到它的重要性——这就是“原理 5：天有不测风云，或流动性的重要性”背后蕴含的道理。

除非你有超能力，否则不可能预知未来会发生什么事情（未来是不可预测的），但是你可以为未来做好准备。应急资金是个人理财计划的基石。当你遭遇财务危机时，它能帮你脱离困境。它能让你不背负债务。没有应急资金的生活就像是在高空钢索上行走，但是下面竟然没有安全网做保护。聪明人绝不会这样做。你要为突发事件做好计划，正如近来很多人付出了惨痛代价才学到的教训——经济下滑，工人被解雇，劳动时间被缩短甚至失业，有时候意外真的会发生。这就是为什么储蓄应急资金是你要完成的第一项任务。毕竟，一笔预料之外的支出可能会让个人的财务状况陷入灭顶之灾，我们不能冒这样的风险——例如海莉，她总是碰上“东西刚刚好坏掉了”的状况。对海莉来说，这是一连串错误决定所导致的后果：从几个朋友那儿拿到 900 美元，承诺能帮每个人弄到假身份，结果转手就把这笔钱给了骗子。最终，事情终于解决了——毕竟，这是部喜剧——她的家人伸出了援手。

拥有应急资金是良好的个人财务管理的一部分。在本章，我们要讨论的是如何有效地管理构成应急资金的流动资产。毕竟，想想看吧，应急资金确实是个不错的主意，你只需要确定这笔钱没有处于“被冻结”的状态。

管理流动资产

> **现金管理**：是指对现金和接近现金的流动资产的管理。
>
> **流动资产**：指能比较容易地转换为现金的投资和资金，比如支票账户、货币市场共同基金、存款单。

现金管理（cash management）要决定持有多少流动资产以及以何种方式持有。30 年前，现金管理意味着把你的钱存入设在当地银行的储蓄账户或支票账户里。所有的银行都是差不多的，它们只能提供有限的服务。如今，这种情况发生了改变：政府对金融行业的监管进一步放松，行业竞争越来越激烈，银行和其他金融机构都能提供一系列的账户服务和投资业务。了解现代现金管理策略背后的原理可以帮助我们更好地分析如何管理**流动资产**（liquid assets），此外我们还需要了解各种金融机构及其提供的产品和服务有哪些不同之处。

现金管理不仅意味着从众多选择中进行挑选，还要对你的选择进行管理和调整。为什么你要把一定数额的资金投放在流动资产上面呢？因为这样做可以使你有能力支付各种账单和其他日常生活的花费，同时也有钱来支付预期外的花销，而不必去被迫出售股票或房

* 这里使用了 frozen 的表面含义“冰冻”与引申含义“冻结”来产生喜剧效果。——译者注

地产等长期投资。

我们可以把流动资产看作是一个蓄水池，收入就相当于是流进蓄水池的水，而生活开支就像是流出蓄水池的水。实际上，钱进进出出，保持一定规模的流动资产可以有效地避免“蓄水池”干涸。你不想自己的流动资产像水一样全蒸发掉吧！

与个人理财的其他领域完全相同，持有流动资产也与一定的风险收益关系相对应——这就是“原理 8：风险与收益的权衡”。因为流动资产可以在无损失的情况下快速变现，因此其风险比较小，所以收益率也不高。简单地说，流动资产的特征是低风险低收益，而低风险在现金管理过程中也很重要。

现实世界

持有现金面临的一个问题是现金很容易被花掉，而且很多时候你根本想不起来你把钱花到哪里去了。最近的调查显示，每年大约有 2 340 美元的现金从美国人的钱包里不明不白地“消失”了——人们根本就不知道用这些钱买了什么东西。

手上的钱越多，消费的欲望也越强烈，这是与流动资产有关的另一风险。还记得第 2 章讲过的现金预算吗？当你带着信用卡或者钱包逛超市时，消费超出预算的风险是最大的。但是别担心，如果你缺乏自制力，现金管理可以帮助你。现金管理的内容不仅包括应当以何种方式持有现金，还包括如何管理现金以及严格遵守预算约束。

自动储蓄：先支付给自己

你可以轻松地运用各种现金管理策略，将一部分收入自动从薪水中扣除，存入储蓄账户内，以此来实现自动储蓄。这种做法的核心思想就是“先支付给自己”。正如“原理 10：开始行动吧！”指出的那样，如果不动手去做，一切都不会发生。自动储蓄会让储蓄这件事不再显得那么烦琐，你会变得不太情愿把原本应存入流动资产蓄水池里的钱全部花掉。如果你能学会把一部分收入直接从薪水当中扣除并将其存入某个储蓄账户，那么你就可以把生活开支控制在预算范围内。

而且，正如“原理 3：货币的时间价值”所强调的那样，你越早动手，就越容易实现既定的目标。不要想着等到自己能赚到更多薪水的时候再执行储蓄计划，现在就开始行动起来吧！

许多现金管理策略都会借助自动储蓄计划，我们将在本章当中介绍其中几种自动储蓄计划。自动储蓄计划的好处不仅体现在提前将工资账户内的收入转走，以免你看到上面的数字产生购物欲望，而且可以促使资金及时存入储蓄账户，从而及时获得利息收入。也就是说，这部分钱马上可以为你带来收益。

金融机构

在了解不同类型的流动资产管理账户之前，让我们先来熟悉一下各类金融机构。就像

存款类金融机构：提供传统的支票账户与储蓄账户的金融机构。

非存款类金融机构：诸如共同基金和证券经纪公司之类的金融机构，不提供支票账户与储蓄账户。

我们前面提到的，在最近几十年间，传统银行与其他非银行金融机构之间的差别变得越来越小。尽管有时我们很难说清楚不同类型的金融机构之间到底有哪些区别，不过我们可以把它们划分为**存款类金融机构**（deposit-type financial institutions），也就是大家常说的“银行”，以及**非存款类金融机构**（nondeposit-type financial institutions），比如共同基金公司和经纪公司。但是上述金融机构的分类也存在着一定的主观色彩。

银行或存款类金融机构

银行或存款类金融机构是指提供传统支票业务和存款业务的金融机构。从技术层面上看，属于存款类金融机构大类的很多金融机构本质上并不是银行，而是功能与银行十分相似的其他金融机构。表 5－1 对各种不同类型的存款类金融机构进行了总结。

表 5－1　银行或存款类金融机构

商业银行	商业银行能够提供种类最多的金融服务，包括支票账户、储蓄账户、信用卡、保险箱、金融咨询以及其他各种类型的贷款服务。从持有资产的规模来看，商业银行在市场上占据着主导地位。除此之外，商业银行比其他金融机构拥有更多的分支营业部或网点。它们在社区附近设立分支机构或网点有助于储户与银行建立起更加紧密的私人关系。
储蓄贷款协会（简称为 S&L 或互助储蓄银行）	起初储蓄贷款协会的设立是为了向储户提供抵押贷款。然而现在，储蓄贷款协会和商业银行都开始提供相同的储蓄账户服务，它们的服务变得十分相似。但是设立在储蓄贷款协会的储蓄账户可以获得的利息往往要比商业银行高出 0.25%。
储蓄银行	储蓄银行在美国东北部十分普遍，它与储蓄贷款协会十分相似。历史上，这种金融机构提供的主要服务是向储户发放抵押贷款。
信贷协会	信贷协会可以由许多不同类型的组织发起建立，例如教堂、大学、工会和公司。它们只向组织的成员开放，与商业银行以及储蓄贷款协会十分相似。因为它们可以享受免税的优惠待遇，而且是非营利性组织，因此一般来说它们的效率更高，往往可以支付更高的利率水平，贷款利率要比商业银行优惠一些。

非存款类金融机构

如今，共同基金公司、证券公司、保险公司和一些进军银行领域的公司开始提供大量与银行相类似的服务。例如，你可以拥有美林证券的活期账户和通用电气的房屋抵押贷款。在传统银行领域以外的银行业竞争是近几年出现的，它根源于 20 世纪 80 年代的放松管制。但是，竞争是双向的。虽然管制的放松允许证券公司提供传统银行业的服务，但是反过来，它也允许银行向客户提供原本应由投资公司提供的服务。表 5－2 对各种不同类型的非存款类金融机构进行了总结。

网上银行与手机银行

网上银行与手机银行（online and mobile banking），指通过互联网、手机或其他联机设备，客户可以登录个人账户，进行商业交易，这是由银行、储蓄贷款协会、信贷协会以及其他金融机构提供的服务。网上银行与手机银行可以让客户：

网上银行与手机银行：通过个人电脑、智能手机或其他在线设备进行银行业务操作的形式。

- 在一天的任意时点登录自己的账户。
- 检查账户余额，了解支票何时被结算，以及款项何时被存入。
- 在多个账户之间转账。
- 直接将个人财务数据下载至个人理财软件或税务软件。
- 支付账单或在线获得他人支付。

如果你愿意，网上银行与手机银行还能让你选择所谓的“纯网上银行”。所谓的纯网上银行指的是不存在实体的银行分支机构，因此你只能在互联网上获得银行提供的服务。因为纯网上银行降低了经营成本，因此很多时候它们能够提供高于传统商业银行的存款利率，而且收取的费用更低。表5－3列出了网上银行与手机银行的优势与劣势。

表5－2　非存款类金融机构

共同基金	共同基金把投资者的资金聚集起来，由专业的投资管理人员负责投资于股票或债券。每个投资者都拥有基金公司的份额，共同基金会把股票的股息和债务的利息分配给投资者。
证券经纪公司	证券公司传统上只从事投资业务，比如股票投资（正如其名），然而近年来引进了许多现金管理工具，其中包括金融咨询、信用卡业务以及证券公司自己设立的货币市场共同基金（我们会在后面具体讲到）。事实上，证券公司已经开始与传统银行展开直接竞争。

表5－3　网上银行与手机银行

网上银行与手机银行的优势
个人理财管理方面：你可以直接把数据导入个人理财程序软件。
便利性：随时查看账户，支付账单，在任何时候任何地点随时查看信用卡的消费情况。
高效性：你可以从安全网站登录并管理所有的银行账户，包括个人退休账户、大额定期存单甚至证券账户，在支票账户与储蓄账户或其他客户账户之间转账。
有效性：很多网上银行与手机银行网站可以提供股票价格行情、利率提醒以及个人理财管理方面的辅助性服务，允许客户直接将数据导入个人理财程序软件。
网上银行与手机银行的劣势
启动时间：客户要花费一些工夫才能完成网上银行与手机银行的登记注册工作。如果你与配偶一起开立账户，那么你需要签署两份授权书，银行才会把你名下所有的财产全部列出来。
对网络银行的适应：一开始，客户们对银行网站不太了解，因此需要花点时间学习。此外，这些网站一般会定期改版，因此可能需要客户重新输入数据。
舒适性：很多人认为网上银行令人感觉不舒服，不管你的感觉如何，你应当把所有的交易回执全部打印出来，并把它和你的银行交易记录放在一起，直到这笔交易出现在银行对账单上为止。
客户服务：网上银行与手机银行为经济条件差的客户提供服务的潜力较差。

选择金融机构时要注意什么？

面对各种各样的金融机构，你应当如何做出选择呢？为了得到问题的答案，你需要回答以下三个问题。

● 哪家金融机构能够提供你所需要的服务？比如你想开立一个支票账户、货币市场账户（money market account），或者是需要申请一笔 5 000 美元的房屋抵押贷款。那么就从可以提供这些服务的金融机构当中进行挑选吧。

● 问问自己，这笔投资安全吗？有担保吗？这家金融机构可靠吗？

● 与所需服务相关的成本与收益是多少美元？查看一下金融机构是否设定了最低储蓄额要求或者要收取其他隐性的费用。我们追求的目标是成本最低、收益最高。

当你回答了上述问题，再来看看银行提供的这些个人金融服务。你想要选择一个可为你服务的金融机构——你可以结识银行经理并与之交谈。你与金融机构之间的“私交”越融洽，就越能获得满足自身要求的服务，而且你对自己的投资决策也会越感到满意。你还要考虑服务是否便利。你应当挑选一家地理位置与营业时间能够提供更大便利性的金融机构。

最后，不要把自己绑定在某一家金融机构。事实上，每家金融机构都有自己的优势，能够提供各种各样不同的服务，收费水平也存在差异。把各金融机构的优势组合起来，挑选最有利、最符合需求的服务。

现实世界

根据最近 2016 年的盖洛普民调结果，大约 47%的民众把提供热线电话和网站的传统实体机构当作可联系的金融机构的首选；此外，还有大约 50%的民众的首选是移动应用软件，年轻人更倾向于通过网站或应用软件来接触金融机构。

现金管理工具

我们已经知道了金融机构的分类，接下来我们来看看各类金融机构提供的现金管理工具。

支票账户

支票账户（checking account）是受联邦政府保护的账户，你可以把自己的流动资金存入支票账户，在需要时可以通过签发支票或刷借记卡的方式方便快捷地提取账户资金。

优势

- 流动性好；
- 安全——联邦政府提供保险；
- 最低余额要求较低；
- 方便。

很多人都把支票账户当作是支付各种账单的便利手段，这比随身携带一大卷现钞，甚至更糟糕地把现钞直接放在信封里邮寄出去要好得多了！客户可以很容易地开立支票账户，通常银行对支票账户的最低余额要求也较低。在决定使用哪一种支票账户时，客户似乎面临着无穷多个选择。然而，事实上，支票账户可被分成两种基本类型：付息支票账户和不付息支票账户。不付息支票账户实际上就是**活期存款账户**（demand deposit account）。一般来说，持有活期存款账户的客户要想享受签发支票的特权，必须付出的代价是保持账户的最低余额，或者是每签发一张支票就交一笔手续费。

> **活期存款账户**：一种不支付利息的支票账户。
>
> **NOW 账户（可转让支付凭证账户）**：一种对账户余额付息的支票账户。

正如从名称就可以猜出来的那样，付息支票账户是会支付利息的。付息支票账户的另一个名字叫 **NOW 账户**（negotiable order of withdrawal account，可转让支付凭证账户）。NOW 账户只不过是按照账户余额支付利息的支票账户而已。

从理财的角度来看，每个人都觉得支付利息的账户更让人满意，事实是这样的吗？其实不然。

劣势

- 机会成本——要求账户保持最低余额；
- 如果每月的平均余额没有达到要求，则要支付月费；
- 利率水平相对于某些类型的现金管理账户更低，还有一些不付息账户根本就不支付利息。

“等待交易的资金”能够获得利息收益固然是好的，但是仔细阅读一下账户的要求细则：如果账户要求至少保持最低余额，而你碰巧突破了最低余额的限制，那么当月便不能获得利息收益；而且除了月费以外，你甚至有可能要缴纳罚金。

当然，月费也是一种成本，最低余额要求也是如此，它强迫你在支票账户中存放比其他账户更多的资金（这被称为强迫性余额），因此就产生了机会成本，即你放弃了其他选择机会所带来的成本。在这种情况下，你原本可以用这部分账户余额去偿还学校贷款或者去巴哈马旅游。

即使付息支票账户会支付利息，但是其利率水平总是要比后面我们即将简要介绍的其他现金管理工具低一些。鉴于此，再加上其他的成本，付息支票账户并不一定总是最佳选择。

因为支票账户是个人持有的最为重要的流动资产之一，因此我们会在本章的后面部分更为详细地介绍开立支票账户的细节问题。

储蓄账户

储蓄账户（saving account）允许客户把钱存在安全的、联邦政府提供保险的金融机构，而且该账户保证客户可以获得稳定的固定收益率。

> **储蓄账户**：指支付利息的存款账户。

优势

- 流动性强；
- 安全——联邦政府提供保险；
- 收益率高于支票账户。

储蓄账户的流动性非常好，你可以在需要时迅速从账户里提取现金。储蓄账户的开户与使用也很简单。以前提款和其他交易可以在银行存折上查看到，这也是许多储蓄账户曾被称为银行存折账户的原因。如今，虽然银行存折账户仍然存在，结算账户（statement account）——消费者可以获得银行寄出的每月账户余额账单——正在代替银行存折账户成为最重要的储蓄账户。

劣势

- 对最低余额与最短储蓄时间有限制；
- 要交一定的费用；
- 利率水平较低。

储蓄账户也可被称为定期存款账户，因为只有当客户储蓄的时间长度超过规定的最短期限时，才可以把钱从账户里提取出来。如果账户余额低于最低余额要求，那么客户可能要支付一定的费用，甚至客户查询账户余额都可能会被收费。因为储蓄账户的流动性非常强，所以收益率不高。

货币市场存款账户

> **货币市场存款账户：** 货币市场存款账户的利率并不是固定利率，而是按照当前市场利率水平不断调整的浮动利率。

货币市场存款账户（money market deposit account，MMDA）是对商业银行存款账户的替代产品，它的工作原理与储蓄账户一样——储户把钱存进银行里，然后可以通过ATM或签发数量有限的支票来动用账户里的钱。

优势

- 安全——联邦政府提供保险；
- 能获得利息收益；
- 可以获得签发支票的特权。

货币市场存款账户的利率并不是固定利率，而是按照当前市场利率水平不断调整的浮动利率。货币市场存款账户与储蓄账户相比最主要优势在于虽然账户的利率每一周要按照市场行情进行调整，但是通常情况下，还是会高于储蓄账户的固定利率水平。此外，一些货币市场存款账户提供次数有限的签发支票（limited check-writing）服务。通常每个月可以签发 6 张支票。

劣势

- 较高的最低余额/罚金；
- 利率低于其他现金管理产品。

货币市场存款账户与储蓄账户相比，一般来说前者需要保持较高的最低余额，有时甚至不得低于 1 000 美元，如果账户余额低于这个最低水平将会遭到强制性处罚。除了最低余额要求以外，相对于其他现金管理产品，比方说大额定期存单或共同基金（我们将在后面谈到这两种产品），货币市场存款账户的收益率相对较低。

因此，当考虑选择货币市场存款账户时，你应当比较一下投资的成本与收益，然后再与其他的投资选择进行对比。

> **思考：**
>
> 不能单纯因为货币市场存款账户的利率水平高于储蓄账户就把资金投入货币市场存款账户。你要注意最低余额的要求。在很多情况下，货币市场存款账户的最低余额要求远远高于其他账户。如果你拥有货币市场存款账户，最低余额要求是多少美元？

定期存单

定期存单（certificates of deposit，CD）是指存款时间固定并支付固定利息的储蓄产品，存款时间通常从30天到数年不等。

> **定期存单**：这是一种储蓄产品，向储户支付固定利率，同时存款期限为固定时长，从30天到数年不等。

优势

- 安全——联邦政府提供保险；
- 固定利率（当市场利率下跌时有好处）；
- 使用方便——可以在发薪水时直接从工资里扣款购买。

定期存单是存钱的好选择。存款的年限越长，定期存单支付的利率水平就越高。因为定期存单支付的是固定利率，所以无论市场利率上升还是下降，都不会影响到定期存单利息的支付——不过近期利率水平很低，2017年，一年期、两年期CD的平均收益率仅为1%～2%。除此之外，定期存单支付的固定利率还要取决于存单的金额。通常，存单的金额越高，支付的固定利率也就越高。如果你手上刚好有一笔钱，而且你希望能够保证这笔钱的安全，那么完全可以选择定期存单。由于投资期限较短，通常人们把定期存单视为流动资产。也许在暑假的时候，你在学校兼职做油漆工赚了一些钱，打算用它来支付下学期的学费，那么可以把这笔钱存入定期存单，能够得到比普通储蓄账户更多的利息收益。

劣势

- 提前支取要收取罚金；
- 固定利率（如果市场利率上升就会吃亏）；
- 有最低存款额的要求。

对于定期存单来说，投资者要在流动性较差与高收益率之间进行权衡。如果你在定期存单到期之前就要取现，那么有可能要支付提前支取的罚金。提前知道定期存单到期时自己能拿到多少钱固然是件好事，但假如锁定的是低利率，就像2017年那样，那么一旦市场利率上升，而定期存单利率保持不变，则意味着投资者吃了亏。

银行与银行之间、银行与其他金融机构（例如证券经纪公司）之间对定期存单的利率定价不尽相同。

货币市场共同基金

货币市场共同基金（money market mutual fund，MMMF）为金融机构的传统短期投资产品提供了一个有趣的选择。货币市场共同基金的投资者可以从投资池中获得利息，不过要在投资额中扣除管理费用。货币市场共同基金把个人的小额资金集中起来，然后投资于规模非常大、值得信赖的政府债券或大公司发行的债券。

> **货币市场共同基金**：指投资于面值非常高的短期（通常90日以内）票据的共同基金。

优势

- 利率相对较高；
- 可享受签发支票的特权；

- 由于投资期限短，因此风险较小；
- 使用方便——可以在发薪水时直接从工资里扣款购买。

货币市场共同基金的优点在于把投资者的小额资金汇集起来，于是投资者有能力去购买价格较高的投资品，从而能够获得比个人投资更高的收益。货币市场共同基金的收益通常要高于货币市场存款账户或传统的储蓄账户。

每天随着市场利率水平的波动，货币市场共同基金的收益率也在发生变化。至于货币市场共同基金的收益率到底比货币市场存款账户高出几个百分点，这要取决于实际利率水平——例如在 2017 年，尽管市场利率在缓慢上升，但总体水平依然很低，平均不足 1%。货币市场共同基金的一大特点是它允许投资者签发支票，不过使用支票的次数是有限的，而且通常还规定了签发支票的最低金额。不过，为了与银行支票账户抢夺资金，许多货币市场共同基金放开了签发支票次数和支票金额的限制。

劣势

- 要收取管理费；
- 初始投资额有最低要求；
- 联邦政府没有提供保险；
- 签发支票（可能）有最低金额的限制。

对绝大多数货币市场共同基金来说，最低初始投资额为 500～2 000 美元。而且对于后续的存款也有最低额的要求。记住，货币市场共同基金要收取管理费。虽然货币市场共同基金不是支票账户的完美替代品，但它仍然是一个极具吸引力的投资选择，为投资者手上多余的资金提供了其他的投资渠道。

现实世界

最近的调查显示，48%的美国人遇到了“神秘的支出”这一难题，即他们根本不知道手上的现金都花到了哪里。7%的受访者说每个月至少有 100 美元的支出不知去向。

资产管理账户

资产管理账户：这是由证券经纪公司提供的、具有综合性金融服务功能的账户，其功能包括支票账户、信用卡、借记卡、货币市场共同基金、贷款、自动还款（例如抵押贷款每期的固定还款）、经纪服务（买卖股票或债券）以及直接支付利息和股息，并将证券出售所得资金直接转入货币市场共同基金账户。

资产管理账户（asset management account）是由证券经纪公司以及一些投资银行提供的一揽子金融服务产品。该账户提供的银行服务包括支票账户、借记卡、贷记卡、货币市场共同基金、贷款、自动支付任何固定抵押贷款等债务，以及经纪服务，如买卖股票或债券、利息和股息的直接支付系统以及将股票出售所得资金直接转入货币市场共同基金账户等。

优势

- 每月有对账单；
- 现金管理的自动调整；
- 不限制支票的签发次数；
- 收益率高；

● 使用方便——可以在发薪水时直接从工资里扣款购买。

作为母公司的证券经纪公司每个月会为投资者提供金融交易结算表。资产管理账户的主要优势是对资金流入或流出货币市场共同基金进行自动调节。经纪公司可以通过电脑程序管理货币市场共同基金的资金流入或流出。

劣势

● 成本高——每个月、每个季度要交费和支付佣金；

● 初始投资有最低额的要求；

● 联邦政府没有提供保险。

除了每年 50～125 美元的服务费以外，经纪公司通常还设定了较高的最低余额要求，一般账户内现金和股票的总价值不得低于 10 000 美元。此外，经纪公司对其负责的所有股票交易都要收取佣金。所以说，尽管资产管理账户有很多优势，但是其成本也是相当高的，而且不向客户保证最终能获得多高的收益率。总的来说，虽然资产管理账户是一种高效的现金管理工具，不过在决定是否使用之前，对比它的优点，你应当认真考虑一下高昂的服务费用、较高的最低余额要求以及相对较高的股票出售佣金对投资收益的影响。

美国短期国库券

美国短期国库券（U. S. treasury bills 或 T-bill）是联邦政府发行的短期借款凭证，到期时间为几天，最长为 12 个月。

> **美国短期国库券：**联邦政府发行的短期国债，期限最短仅为几天，最长为 12 个月。
>
> **面额：**是指到期时归还债券所有者的面值或金额，也被称为债券的票面价值。

优势

● 无风险——由美国政府提供担保；

● 免交州所得税与地方所得税；

● 根据当前的利率水平缴纳联邦所得税。

最低**面额**（denomination）或面值为 1 000 美元。购买短期国库券不会收到利息收入，而投资收益来自债券的升值。也就是说，债券的购买价低于其面值，到期时可以获得与面值相等的金额。

当需要套现时，投资者可以十分方便地通过经纪人卖出这些短期国库券。不过虽然这样做也称得上“方便”，但还是比不上直接到 ATM 取现或者是签发支票。由于发行人是联邦政府，因此短期国库券是非常安全的投资产品。从投资收益率的角度来看，短期国库券的利率水平与货币市场共同基金比较接近。此外，投资短期国库券获得的收益只需缴纳联邦所得税，不需要缴纳州所得税或地方所得税。

劣势

● 因为是无风险证券，所以短期国库券的收益率通常比较低。

美国储蓄债券

美国储蓄债券（U. S. savings bond）是美国财政部发行的安全、低风险的储蓄产品。购买了储蓄债券的投资者相当于向美国政府提供了贷款。这是可以保证资金安全的投资

> **美国储蓄债券：**这是一种有价证券，实际为可获得利息的借款，一般每 6 个月支付一次利息。在到期日，投资者可以收回投资或“贷款”，金额往往等于债券的面值，不过常常会低于或高于原先购买该债券时支付的金额。

产品。

优势

- 安全——美国政府对收益率提供担保；
- 价格实惠——面值较低；
- 税收优惠——不需要缴纳州所得税或地方所得税，如果用于教育还可以免交联邦所得税；
- 使用方便——可以在发薪水时直接从工资里扣款购买、在线购买或是到金融机构购买；
- 可以在任何一家银行赎回；
- 不收取销售佣金或费用。

在股票市场动荡时期，很多投资者都在寻找更加安全、更为保守的投资渠道。接下来我们要对比一下传统的系列 EE 债券与相对较新颖的系列 I 债券，后者首发于 1998 年 9 月。

系列 EE 债券与系列 I 债券都是安全的投资产品，因为它们均由美国政府提供担保。最低购买额度为 25 美元，最高可达 10 000 美元；在此区间内投资者可以购买任意金额的系列 EE 债券，比方说你愿意的话，可以买入 123.45 美元的债券。利息每个月都计入债券的价值，投资者要求兑付债券时便可以获得这些利息。储蓄债券的最低持有期为 12 个月（在发行后的第一年，这两种债券均不能变现）；如果在发行后 5 年内被赎回，则最后 3 个月的利息收益作为罚金会被扣除。超过 5 年后被赎回，则不会再收取罚金。这种债券可以免交地方与州所得税，如果用于教育用途，还可以免交联邦所得税。

系列 EE 债券与系列 I 债券有很多区别。区别之一在于系列 EE 债券支付固定利率，而系列 I 债券的收益率随通货膨胀率进行指数化调整，最长可达 30 年。通常这两种债券每个月都会增值，每半年计算一次复利。系列 I 债券的收益率取决于两个相互独立的利率指标：一个是固定收益率，另一个是半年通胀率。这两者结合在一起，决定了接下来 6 个月系列 I 债券的收益率。对系列 I 债券来说，唯一确定的事是在任意 6 个月周期内，它们的市场价值都不会低于最近的赎回价值。

思考：

正如近几年金融危机所揭示的那样，很多人都犯了没有持有充足应急资金的错误。另外，很多人经常犯的另一个错误是把太多的钱投资于高流动性的资产。他们认为定期存单和货币市场共同基金是安全的投资选择。事实上，它们的收益率很难赶上通货膨胀的速度，更别说提高购买力了。简而言之，流动资产太少是很危险的，一旦需要应急资金会导致较高的成本。反过来，流动资产太多则意味着资金都用在了低回报的投资中，这样你可能无法实现既定的理财目标，例如退休。所以说，保持平衡才是关键所在。为什么在流动性与收益性之间保持平衡如此重要？

劣势

- 流动性较差——必须持有 12 个月以上；如果在发行后 5 年内赎回，则要支付罚金；

- 期限很长；
- 每半年才计算一次复利；
- 每年的购买金额有限制；
- 其他的投资产品也许能获得更高的收益率。

系列EE债券与系列I债券的独有特征使得它们成为颇受欢迎的投资产品。但是与其他现金管理工具相比，它们各方面的性能到底如何呢？从流动性的角度来看，不算差，但是也不太好。记住，如果你在到期前就把它们卖掉，你的投资收益率将会有所降低。不过，如果你打算用它们来实现长期理财目标，例如为孩子读大学攒够钱，那么流动性的强弱就不那么重要了。毕竟，你是为孩子上大学在攒钱，这可不是应急资金！

比较各种现金管理工具

现在你已经知道了可以选择哪些现金管理工具，那么怎样进行比较以判断哪一种最适合你呢？首先要考虑提供的服务与便利性，然后再（1）用可比较的利率标准检验其收益性；（2）考虑税收因素；（3）考虑安全性或风险。表5－4对本章我们提到的不同类型的现金管理工具进行了比较。

表5－4　不同现金管理工具的比较

现金管理工具	优势	劣势
支票或活期存款账户	● 流动性好； ● 安全——联邦政府提供保险； ● 最低余额要求较低； ● 方便。	● 要求账户保持最低余额； ● 要支付月费； ● 具有机会成本； ● 利率水平相对于某些类型的现金管理账户更低。
储蓄或定期存款账户	● 流动性强； ● 安全——联邦政府提供保险； ● 收益率高于支票账户。	● 对最低余额与最短储蓄时间有限制； ● 要交一定的费用； ● 利率水平较低。
货币市场存款账户	● 安全——联邦政府提供保险； ● 能获得利息收益； ● 可以获得签发支票的特权。	● 较高的最低余额/罚金； ● 利率低于其他现金管理产品。
定期存单	● 安全——联邦政府提供保险； ● 固定利率（当市场利率下跌时有好处）； ● 使用方便——可以在发薪水时直接从工资里扣款购买。	● 提前支取要收取罚金； ● 固定利率（如果市场利率上升就会吃亏）； ● 有最低存款额的要求。
货币市场共同基金	● 利率相对较高； ● 可享受签发支票的特权； ● 由于投资期限短，因此风险较小； ● 使用方便——可以在发薪水时直接从工资里扣款购买。	● 要收取管理费； ● 初始投资额有最低要求； ● 联邦政府没有提供保险； ● 签发支票（可能）有最低金额的限制。

续表

现金管理工具	优势	劣势
资产管理账户	● 每月有对账单； ● 现金管理的自动调整； ● 不限制支票的签发次数； ● 收益率高； ● 使用方便——可以在发薪水时直接从工资里扣款购买。	● 成本高——每个月、每个季度要交费和支付佣金； ● 初始投资有最低额的要求； ● 联邦政府没有提供保险。
美国国库券	● 无风险——由美国政府提供担保； ● 免交州所得税与地方所得税； ● 根据当前的利率水平缴纳联邦所得税。	● 因为是无风险证券，所以短期国库券的收益率通常比较低。
美国储蓄债券	● 安全——美国政府对收益率提供担保； ● 价格实惠——面值较低； ● 税收优惠——不需要缴纳州所得税或地方所得税，如果用于教育还可以免交联邦所得税； ● 使用方便——可以在发薪水时直接从工资里扣款购买、在线购买或是到金融机构购买； ● 可以在任何一家银行赎回； ● 不收取销售佣金或费用。	● 流动性较差——必须持有 12 个月以上，如果在发行后 5 年内赎回，则要支付罚金； ● 期限很长； ● 每半年才计算一次复利； ● 每年的购买金额有限制； ● 其他的投资产品也许能获得更高的收益率。

可比较的利率标准

为了做出正确的投资决策，你需要比较不同投资产品的利率水平。不过，由于某些利率是每年计算一次复利，而另外一些利率是每个季度甚至每天计算一次复利，所以直接比较是很困难的。唯一合理的做法是把利率转化为同一复利周期以后再行比较。这也就是**年收益率**（annual percentage yield，APY）的含义。

> **年收益率（APY）**：投资者在一年内获得的投资收益，表示为百分比形式。APY 的计算公式可以将复利周期长度不等的利率水平转换为可横向比较的年利率，投资者可以轻松对比不同投资项目的收益率水平。

1993 年的《真实储蓄法案》（Truth in Saving Act）要求金融机构用年收益率的方式报告利率水平，便于投资者进行比较。正是由于年收益率把复利周期不同的利率转化为可比较的年利率，所以投资者可以很容易地进行判断。不过，要确保使用的是年收益率，而不是可能存在复利周期差异的“报价利率”。

在了解了利率的差异之后，接下来要搞清楚作为计息基础的账户余额是怎样确定的。是按照账户的实际余额、最低月余额还是其他标准？从存款日开始计息直到提款日的计算方法对储蓄者最有利。许多金融机构都采取这样的计息方式，但大家最好还是确认一下。

考虑税负

正像我们在第 4 章里讲到的那样，税收会影响最终的投资收益。在比较现金管理投资产品的收益率时，一定要考虑税收因素。也就是说，无论是税前还是税后的计算都要考虑到税收的影响。计算时需要注意，某些投资产品创造的投资收益是要交税的，而有些收益是免税的，这让我们的计算变得有点复杂。

回想一下第 4 章的内容，计算税后收益的第一步是确定自己适用的边际税率等级，也就是说，你获得的额外收入要按照多高的税率纳税。边际税率包括投资收益应缴纳的联邦所得税与州所得税。可以按照以下方法计算**税后收益**（after-tax return）：

> **税后收益**：指的是应税型投资产品给投资者带来的收益扣除税金后的实际收益。它等于应税收益×（1－边际税率）＋非应税收益。

税后收益＝应税收益×(1－边际税率)＋非应税收益

再举个例子：假设你正在考察两个货币市场共同基金。为了便于说明，我们假设例子中的货币市场共同基金的收益率远远高于 2017 年它们的实际收益率。基金 A 是免税的，可以获得 5％的收益率；基金 B 要交税，可以获得 6.5％的收益率。进一步假设你的所得税最高等级税率是 25％，而且你所在的州不征收所得税。那么选择哪只基金更好？为了进行正确的比较，必须要对比两只基金的税后投资收益率：

基金 A 的税后投资收益率＝5％(基金 A 是免税基金,所以全部投资收益不用交税)

基金 B 的税后投资收益率＝6.5％×(1－0.25)＝4.875％

因此，根据你适用的边际税率等级，免税基金 A 的投资收益率为 5％，要优于基金 B。

你要记住，虽然对你来说基金 A 是较好的选择，但这并不意味着对每个人来说基金 A 都是最好的选择。比方说，某位投资者的边际税率为 10％，则购买基金 B 的税后投资收益率为：

基金 B 的税后投资收益率＝6.5％×(1－0.1)＝5.85％

因此，投资者的边际税率越高，免税投资产品的好处也就越明显。

> **思考：**
>
> 现金管理的目的是存钱，但不能存太多，持有应急资金的目的是以备不时之需。你储蓄的钱越多，你就越安全，但是这些钱增值的速度很难赶得上通货膨胀率。例如在 2017 年，先锋优选货币市场共同基金的收益率为 0.45％，如果你的边际税率为 30％，那么税后收益率＝0.45％×(1－0.30)＝0.315％。如果通货膨胀率为 2％，那么剔除掉通货膨胀的影响，你的实际收益率仅为－1.685％（＝0.315％－2％)。你应当更关注税前收益率还是税后的实际收益率？

在计算税后收益时，大家要同时考虑到联邦政府征收的所得税与州政府征收的所得税。在计算美国长期国债的税后收益时，你要注意长期国债的投资收益只需缴纳联邦所得税，无须缴纳州所得税。同样地，在计算市政债券的税后收益时，注意市政债券是免交联邦所得税的，因此你要充分考虑州所得税对税后收益的影响。不过要记住，随着税法的修订调整，这一特征也可能会发生变化。

安全性

你也许会认为任何存放在金融机构的存款都是安全的。其实不然，一些银行和储蓄贷款协会的风险还是比较高的，当风险集中爆发时，实际上损失的是你的资金。不过，一些金融机构的存款已经购买了保险，而且某些现金管理工具要比其他工具更加安全。若想知道你选择的投资产品有多安全，那么你必须要先了解一下联邦保险和货币市场共同基金的运作模式。

联邦存款保险

> **联邦存款保险公司：** 这是指为商业银行存款提供保险的联邦机构。
>
> **全国信用协会：** 这是指对信用账户提供保险的联邦机构。

尽管许多流动性投资已经很安全了，但是**联邦存款保险公司**（Federal Deposit Insurance Corporation，FDIC）的存在能够消除客户对资金安全问题的所有疑问与担忧。联邦存款保险公司对商业银行和储蓄贷款协会的存款提供保险，而**全国信用协会**（National Credit Union Association）对信贷协会的存款提供担保。建立上述联邦机构的主要目的在于防止因金融机构发生危机而使得储户遭受损失。

如今，如果你在联邦存款保险公司提供保险的金融机构开立账户，则每位存款人（不是每个账户）的最高保险额为 250 000 美元。举个例子，你在同一机构名下同时拥有金额为 190 000 美元的储蓄账户，金额为 80 000 美元的支票账户，那么账户总价值为 250 000 美元，但是最高保额只能达到 250 000 美元。然而，如果这两个账户一个在你的名下，而另一个在你配偶名下，或者是所有权类型不同（单一账户、联合账户、退休账户或可撤销信托账户），则两个账户内的存款可以获得全额保险。如果你想要获得更多的保障，则可以在接受联邦政府担保的各家银行分别开户，在每家银行中单独开立的每个账户都可以获得 250 000 美元的保额。万一金融机构经营不善倒闭，存款保险可以保障你不会遭受损失，但每个账户的最高赔付额不超过 250 000 美元。

货币市场共同基金

虽然货币市场共同基金的账户没有购买保险，但是它主要投资于由联邦政府担保的政府债券以及实际上无风险的短期公司债券。货币市场共同基金的安全性主要来源于投资的多样化，而且只投资于短期政府债券或公司债券。因为公司的财务状况不会一下子迅速恶化到债务违约的地步，因此对于期限为 90 天的债券能比较容易地估计出是否存在风险。

货币市场共同基金本质上是无风险的，唯一可能发生的风险也是与基金经理的违法犯罪活动有关。资金规模较大的基金容易遭受这样的风险，不过严格的外部监管已经有效地防止了风险的发生。投资于资金规模大、质量高的货币市场共同基金实际上几乎等于是没有风险的。

现实世界

年龄在 34 岁以下的美国人是数量最多的“神秘消费者”。也就是说，他们根本不知道自己的钱都花到哪里去了。这些人每周有 59 美元的支出不知所踪，每年有大约 3 078 美元的支出说不清去向。其中，超过一半以上的人说晚上出去玩时最有可能发生这种钞票“神秘消失”的现象。

开立并使用支票账户

现金管理工具或产品是多种多样的，但在如今的经济活动中支票账户是不可或缺的。许多人用支票支付租金、水电账单和学费。用现金支付这些账单是很危险的——然而相对来讲，使用支票是十分简便的。事实上，每年美国会有 600 亿张左右的支票被签发。

接下来让我们看看该如何开立和持有支票账户。记住，你可以在任何类型的金融机构开立支票账户，不仅仅是商业银行。

挑选金融机构

创建支票账户的第一步是挑选金融机构。决定在哪家金融机构开户时，大家除了要考虑金融机构的安全性外，还需要考虑“3C”——成本（cost）、便利性（convenience）和体贴（consideration）。记住，挑选支票账户也就是挑选金融机构。因此不仅要考虑成本，还要考虑便利性和金融机构的服务是否周到。一览表 5 - 1 给出了一些组成 3C 的特定考察项目。

一览表 5 - 1	选择金融机构的 3C 原则
成本 ● 费用 ● 利率 ● 最低余额要求 ● 每张支票收取的服务费 **便利性** ● 位置 ● 可以使用 ATM ● 可以使用银行保险箱 ● 有直接存款服务	**体贴** ● 关注客户的个人需求 ● 客户能很方便地获得理财建议 **安全性——最终的考量** ● 联邦存款保险

成本因素

账户的维护成本是决定选择在哪家金融机构开户的基本因素。如果你满足了最低余额要求，那么一些金融机构可以向你提供免费签发支票的权利。各家金融机构对最低余额的要求差异性很大，最高甚至可达 10 000 美元。如果没有满足最低余额要求，则在签发支票时金融机构要按照一定的费率结构向客户收取费用。接下来让我们了解一下支票账户的费率结构。

● 月费。这是指不管支票账户的平均余额有多少，签发了多少张支票，你每个月都要支付的固定费用。

- 最低余额。如果银行设置了最低余额要求，那么你每个月支付的费用要取决于账户中现金的数额。如果平均余额超过了规定水平，就可以免交月费，否则就要支付月费。当然，即使月费被免掉了，但是最低余额的机会成本仍然是存在的，因为这部分余额没有创造利息收益或者是收益非常低。
- 签发每张支票的费用。在一些金融机构，除了支付固定的月费以外，客户每签发一张支票都要支付一定的费用。如果你使用支票的次数不是很多，那么这一类型支票账户的所有成本要比月费高但不收取支票签发费用的账户成本低得多。
- 取决于余额多少的比例费用（balance-dependent scaled fees）。对于取决于余额多少的比例费用，收费水平要取决于账户的平均余额。也就是说，账户的平均余额越小，收取的月费水平就越高。反过来，账户的平均余额越高，月费就越低，对于平均余额非常高的账户甚至可以全部免交月费。

便利性因素

> **直接存入**：将款项（例如薪水支票）直接存入你的支票账户，通常是电子化完成。
>
> **银行保险箱**：这是银行或其他金融机构提供的存储设备，客户可以将贵重物品或重要文件存放在这里保管。
>
> **透支保护**：一旦客户的账户内没有足够多的资金用来满足客户签发支票的结算，则银行会自动向客户的支票账户提供贷款。

除了低成本以外，大家还要考虑金融机构服务的便利性。显而易见，大家都希望银行离住所近一些——如果住所距离银行比较近，而且银行提供了大量的 ATM 设备，那么金融交易会更方便。此外，便利性还体现在能够提供银行保险箱、**直接存入**（direct deposit）和透支保护等服务。

- 银行保险箱。**银行保险箱**（safety-deposit boxes）是保管贵重物品或重要文件的储物箱。银行保险箱可能免费，也可能每年只收取 25～50 美元的费用，具体要看客户使用哪种类型的账户。不同的地区，银行保险箱的收费水平也不相同，而且费用还会随保险箱体积的增大而提高。
- 透支保护。**透支保护**（overdraft protection）是指当账户内的资金额不够支付支票的签发额时，银行会自动向支票账户提供贷款的保护。有了透支保护，客户签发的支票就不会出现被银行退票的现象。鉴于支票被退票所产生的成本以及处理退票事宜所带来的种种麻烦，你可能确实需要获得这种保护——不过你要记住，这实际上是一笔需要支付额外费用的贷款！借记卡设置透支保护是不是个好主意？很可能并不是——所以不要主动选择给自己的借记卡办理透支保护。这么做的原因是除非你主动选择把这些交易都纳入透支保护的范围，否则银行或信用合作社不能因为你的借款人透支或 ATM 透支取款而向你收费。于是，如果你没钱花了，去 ATM 机取钱肯定会被拒绝。二维码 5－1 更详细地介绍了如何限制透支保护费。

二维码 5－1

如何减少或消除透支保护费

> **止付**：一种可以让金融机构停止支付所签发的支票的命令。

另一种便利服务是支票的**止付**（stop payment）。如果想要停止支付已经签发了的支票，可以在线提供要求，或者是拨打金融机构的电话要求停止对支票的支付。通常这需要客户提供书面授权，金融机构收取的服务费为 5～20 美元。

现实世界

透支保护费很贵——2015 年，银行收取的透支保护费高达 116 亿美元，占银行报告净收入的 8%！而且，根据 2015 年皮尤慈善信托基金会的研究，大约一半的银行会通过调整支票与交易的清算处理顺序——先处理金额最高的，最后处理金额最小的——来收取更高的透支保护费。这就是银行的办事程序。比方说你的支票账户里有 800 美元，你签发了 1 张 800 美元的支票和另外 8 张金额均为 100 美元的支票。如果银行先处置这张 800 美元的支票，那么其余 8 张 100 美元的支票就会全部跳票，银行就可以收取 8 笔透支保护费。反过来，如果银行先处理这 8 张 100 美元的支票，那么最后只有那张 800 美元面值的支票会跳票，银行只能收取一笔透支保护费。因此结论是：虽然透支保护很不错，但不要依赖它；相反地，你要时刻关注自己的账户里有多少钱，不要出现支票跳票的情况。

体贴因素

大家在选择金融机构的时候，总希望金融机构能够提供个性化服务——当遇到问题时，会有专员来解答疑问；如果需要理财建议，也会有业务熟练、平易近人的工作人员来提供服务。虽然 ATM 十分方便，但它不能回答问题，不能纠正错误，也不能办理贷款服务。

保持支票账户收支平衡

大家都知道地基不稳难盖高楼。支票账户也是同理。如果支票登记簿上的记录与银行寄来的对账单一样，那么就不用担心支票账户的收支平衡问题。否则，你就要寄希望于银行能提供透支保护了。虽然这不是要求你的支票账户时时刻刻都要保持收支平衡，但是如果支票账户是平衡的，那么支票被退票的概率就会大大降低。

支票账户保持收支平衡的基本做法是非常简单的。首先，每一笔交易——签发的每张支票、每笔存款、每笔 ATM 交易——大家都要把它们记入支票登记簿。很明显，如果你把几张已签发的支票或 ATM 取款漏掉了，那么就无法保持支票账户的收支平衡。其次，当你收到每月的对账单时，把它与自己的支票登记簿相比较，以确保没有任何差错。现在支票采用的都是电子结算方式，这意味着结算速度加快，你将会收到作废支票的电子图像，或者只是在支票账户对账单上看到它的代号。这意味着当你签发支票时，你必须要确保账户里有充足的资金能保证支票在签发当天——而不是你假想的银行对支票的结算日——被结算。如果你收到了支票账户利息或者是银行对支票账户收取了一定费用，那么要把这些数据都记录在支票登记簿上。然后，确保支票登记簿的余额与银行对账单上显示的余额相一致。

通过对照自己算出的支票账户余额与银行每月对账单上显示的余额，大家可以发现自己或银行弄错的地方。图 5-1 和图 5-2 展示了如何保持支票账户的收支平衡。许多银行提供每月的对账单。核对时首先从当月对账单的账户余额处开始，把期初以来的存款额全部加起来，再减去已签发并结算完毕的支票金额或者是截至账单日尚未支付但已签发的支票金额。得到的结果就应当等于对账单上显示的账户余额。如果这个数字与你记录的账户余额不相符，那么最好再算一遍，并保证每笔交易金额都是准确的，并已记录在册。

1. 对照银行的当月对账单，把支票登记簿上原本漏掉的交易记录全部补上，比如 ATM 取款、自动转账、支付服务费以及其他交易。
2. 核对支票登记簿与每月对账单的每笔存款和支出。
3. 在存款——贷方账目中（A 部分），列出每笔期初存款。

   A 部分：存款——贷方账目

   日期　　　　　　　　　金额

   1.

   2.

   3.

   4.

   5.

   6.

   总计　　　　　　　　　________

4. 在已签发支票——借方账目中（B 部分），列出账户对账单中没有列出的每笔支票和借方账目。

   B 部分：已签发支票——借方账目

   支票号　　　　　　　　　金额

   1.

   2.

   3.

   4.

   5.

   6.

   7.

   总计　　　　　　　　　________

5. 写出银行寄给你的当月对账单显示的账户余额。　________
6. 写出自期初以来的存款和贷方账目的总额（A 部分的总额）。　+________
7. 算出第 5 行和第 6 行的总额。　=________
8. 写下已签发支票——借方账目的总额（B 部分的总额）。　−________
9. 用第 7 行的值减去第 8 行的值。这就是调整后的资产负债表。　=________

如果调整后的资产负债表与支票登记簿的余额不等，则：

A. 查看上一个月的对账单，以确保所有有差异的地方均已更正。

B. 保证银行当月对账单上的所有存款、利息收入、服务费用等项目都已经被记入支票登记簿。

C. 核对支票登记簿上的增加额与减少额和这个月的支票账户余额。

图 5－1　保持支票账户收支平衡的工作表

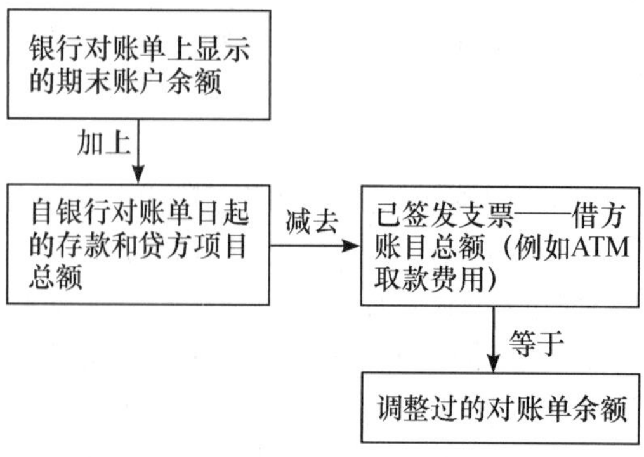

图 5－2　保持支票账户收支平衡

其他类型的支票

如果你打算购买的商品金额巨大或在国外消费，那么是不能使用个人支票作为支付手段的。毕竟，售货员无法确定你的支票账户内是否有足够的资金以保证这张支票能够兑现。在这种情况下，你可以用银行支票、保付支票、邮政汇票或旅行支票进行支付。

爱与金钱

一旦你与某个人结成永久性关系，开始住在一起，那么你面临的第一个与钱有关的决定就是如何处理个人的基本理财事务——说得更具体一点，如何支付两人合用的日常账单。这还带来了如何使用支票登记簿的问题：所有收入应当被合并到一个账户里？还是两人应当有两个或三个账户，其中每人一个账户，再加上一个两人的联名账户？

根据近期宏达理财公司的调查，一多半的夫妻（58%）至少有一个与伴侣共享的银行账户，24%的夫妻只有独立账户，没有联名账户。年龄段在 18～32 岁的受访者当中，只有独立个人账户的比例上升至 32%。不过，夫妻俩的钱放到一个账户里的做法并不一定适合每个人，但是不管如何安排，你都需要想办法与伴侣共享你的所有财务信息，并做好记录。

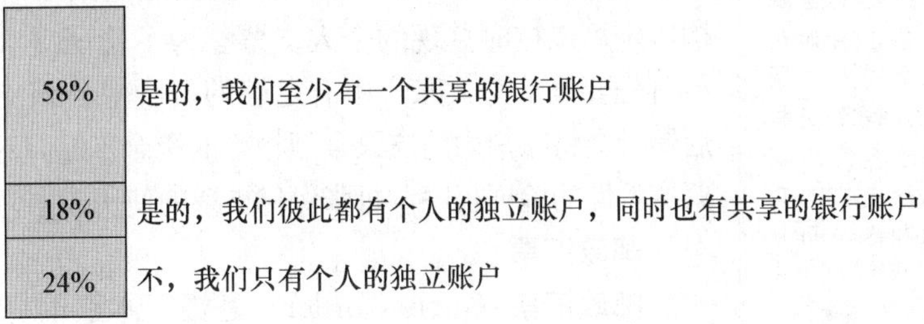

作为夫妻，如何处理理财事务完全取决于你们自己，但关键在于不管具体怎么做，双方必须达成一致意见，确保两人是有共识的。那么你应当从哪里开始迈出第一步？每个人手里都应当独自管理少部分资金，同时还要开立一个两人可以共享的主账户或联名账户，从这样的安排入手不仅能避免夫妻闹矛盾——两个人的喜好肯定是不一样的——而且能让互相赠送礼物变得更有意义，从自己独立的小金库里拿出一些钱来给对方买份礼物，这会给礼物带来一点自我牺牲的意味。另外，每个人手里有一些可独立支配的钱可以避免让夫妻当中的某一人通过掌握财政大权进而控制夫妻关系。按照这种安排，联名账户可用于日常支出，例如基本开销和两人共同分担的费用，例如房租、保险、水电费、税金、食物以及储蓄；而金额较少的个人独立账户可用于个人消费。

另外，有人认为把所有的钱都存入一个账户里有助于夫妻俩作为一个理财团队同心协力，而且彼此更加透明，随时可以了解对方如何消费。但是要牢记的一点是研究发现，当夫妻双方各自拥有一部分可自由处置的钱，同时还拥有一个用于生活基本开销的联名账户时，他们是最开心的。

不管你选择哪一种方式，只有夫妻双方一起编制预算表、共同管理账户，并且时不时地进行“应该如何管理我们的钱？”诸如此类的讨论，家庭理财才能获得成功。大家应该早点动手，要时不时地确认一下夫妻双方是否意见一致，尤其是当生活环境发生变化时，例如失业、重回学校、买房或是迎来宝宝的降生。如果你决定使用联名账户，由一个人负责管理该账户，那么两人都需要预留相当多的时间检查该账户每月的账单，弄清楚钱都花到了哪里。此外，你们还要确保一直在为短期或长期的理财目标而储蓄；你们都知道这些理财目标的重要性，而且已经设置了自动储蓄功能。

虽然这听上去不太难，但是夫妻之间有关钱的讨论是非常敏感的，有时感觉是非常隐私的话题。记住，各种研究已经证明，因为钱而争吵是可能离婚的头号警报器！通常这并不是因为钱不够花，而是夫妻双方没有能力在一起好好讨论财务问题——尤其是当两人意见不一致时！

资料来源：Dew，S. Britt，and S. Huston，“Examining the Relationship Between Financial Issues and Divorce,” *Family Relations* 61，no. 4 (2012)：615-628.

银行本票：银行或其他金融机构凭借自身账户签发的支票。

保付支票：已被支票账户开户行认证为信用良好的个人支票。

邮政汇票：这种支票与银行本票类似，只不过由美国邮政总局或其他非银行机构发行。

旅行支票：大型金融机构发行的支票，例如花旗银行、维萨公司和美国运通公司，通过地方银行机构出售，与银行本票比较相似，但是旅行支票不会注明特定的收款人，而且只有几种固定面值（20 美元、50 美元和 100 美元）。

银行本票

银行本票（casher's check）是指凭借银行或金融机构的账户开出的支票。没有开立支票账户的个人可以使用银行本票。因为实际上它是由银行签发的支票，所以只有在银行没有资金无法支付时才会被退票，这种情况发生的可能性不大。使用者除了要偿还本票面额以外，还需要支付 10 美元左右的费用，然后银行会凭借自己的本票账户向特定的收款人开具本票。

保付支票

保付支票（certified check）是指经支票账户所在的金融机构鉴定可以按时兑现的个人支票。为了验证支票的有效性，银行首先要确认个人账户中有足够的资金保证该支票的兑现。然后银行会将账户内与支票金额相等的资金冻结，这样就完成了支票有效性的验证程序。每张保付支票的使用成本为 10 美元左右。

邮政汇票

邮政汇票（money order）是银行本票的一种变形，它与银行支票十分相似，只不过邮政汇票是由美国邮电业或其他非银行金融机构发行的。比如，人们可以用邮政汇票在 7-11 便利店购买商品。邮政汇票的使用费用取决于其金额大小。

旅行支票

旅行支票（traveler's check）与银行本票相似，只是它没有指定的特殊收款人，其面额是一定的（20 美元、50 美元和 100 美元）。旅行支票是由像花旗银行、维萨公司和美国运通公司这样的大金融机构发行、在当地银行机构出售的一种支票。旅行支票的优势在于它在世界上任何地方都可以使用，因为它被视为零风险支票。如果丢失或被偷，持有人可以迅速补办并且不收取费用。购买旅行支票的费用通常为支票金额的 1%。例如，购买价值 500 美元的旅行支票要支付的费用为 5 美元。不过，随着信用卡和借记卡被越来越多的人所接受，再加上 ATM 遍布全球，旅行支票的使用量锐减。

电子资金转账

电子资金转账（electronic funds transfer，EFT）是指任何通过电子网络系统发生的金融交易。它也是当前现金管理领域变化最快的部分。有了电子资金转账系统，资金在账户间可以无纸化快速划转。电子资金转账的实例是客户可以从 ATM 取款，可以用信用卡付账，还可以直接把薪水支票存入银行。

> **电子资金转账（EFT）**：通过电子化完成的金融交易。

电子资金转账的优势在于它可以很快地完成交易，而且不需要携带现金或签发支票。用电子资金转账系统支付保险费、分期偿还抵押贷款、缴纳电话费和水电费用都是十分方便的。因为电子资金转账系统可以让你身上不带现金，所以它可以强迫你形成良好的现金管理习惯——尽管说起来有点讽刺，不过身上不带现金确实能让你更好地进行现金管理。

为了让读者更好地了解电子资金转账系统及其对生活的影响，在接下来的部分里我们要讨论的是 ATM、借记卡和智能卡。你会发现我们并没有提及信用卡，这是为什么呢？这是因为信用卡涉及的是资金的电子借贷过程，而不是资金的电子网络转账。别担心，我们会在下一章详细讨论信用卡业务。

自动取款机

客户可以使用信用卡或借记卡直接通过**自动取款机**（automated teller machine，ATM）或**现金机器**（cash machine）快速提取现金。如果你用信用卡从 ATM 取款，那么就相当于从信用卡发卡行提供的信用额度之内“借出”了一部分资金。因为这些资金是客户向银行的借款，所以要支付较高的利息。此外，客户还可以使用 ATM 提取账户内的资金，例如你可以使用借记卡提取支票账户内的资金。

> **自动取款机或现金机器**：许多金融机构安放的可用于取款、存款、转账、账户查询的机器。
>
> **个人身份识别码**：一个进入信用账户的四至七位阿拉伯数字的个人身份号码。

ATM 的最大特征就是使用十分方便。ATM 从不关闭，并且你可以在世界上很多地方找到它的身影。在使用 ATM 时，要先插入卡片，按下**个人身份识别码**（personal identification number，PIN），它是可以进入账户的四至七位阿拉伯数字，然后再选择取款金额。听起来很容易，对吗？但是与金融业内很多其他服务一样，方便总是以增加成本为代价的。绝大多数银行要为客户对 ATM 的使用收取费用。如果 ATM 与客户使用的银行卡不同属于一家银行，那么对于使用 ATM 的每笔交易，ATM 的所有行要收取 3 美元的交易费用，如果同属于同一家银行，则每笔交易的使用费用为 2 美元。使用 ATM 的费用最高可达每笔交易 5 美元的水平，因此成本相当高。

ATM 交易最大的问题是容易招致犯罪行为。在取款时，大家要小心被犯罪分子盯上。这么说并不是建议你不使用 ATM，而是希望你在使用时要小心。不要在深夜时分使用 ATM；不要在偏僻的地方使用 ATM；不要在单独一个人的情况下使用 ATM，在开车前往 ATM 取款的时候一定要把车门锁上。

二维码 5-2

安全使用 ATM

另外，确保其他人不知道你的 PIN 码。虽然说如果你发现账户被非法动用后立即向银行报告的话，犯罪分子利用 ATM 和你的账户进行未经许可交易的金额最多仅为 50 美元，听起来好像损失并不大；但是如果你在两天以后才向银行报告，则未经许可交易的金额限额会上升到 500 美元；如果超过 60 天还未报告，则未经许可交易的金额将不受任何限制。在设置 PIN 码时，注意不要用个人的身份证号码、生日、社会保障号、街道地址或其他一些易被犯罪分子猜到的数字。二维码 5-2 提供了确保安全使用 ATM 的一系列建议。

借记卡

> **借记卡**：是指允许客户通过电子网络提取账户内资金的银行卡。

借记卡（debit card）同时兼具了信用卡与支票账户的部分特征。它是一张塑料卡片，可代替现金使用，这一点有点像信用卡。但是其运作模式更像支票账户——当填写支票时，实际上你正在使用的是支票账户中的资金。除非有透支保障，否则不能签发超过账户金额的支票。借记卡是与账户相关联的，当你使用借记卡时就相当于在支出账户内的资金。这有点像签发一张电子支票，只不过没有纸质载体，而且这种电子支票可以立即兑换成现金。当账户内的资金余额为零时，你必须存入一定的金额，否则将不能继续使用这张借记卡。

有了借记卡，大家可以不用携带太多现金出门，这类似于信用卡，不过不太可能积累起高额的信用卡欠款。这是因为使用借记卡时消费的都是自己的钱，而不是借款。你现在手里也许有一张借记卡：你使用的 ATM 银行卡事实上是一种借记卡，通过它你可以使用支票账户内的资金。但是很多 ATM 银行卡的功能更加强大：通过它们，你可以动用储蓄账户内的资金，你还可以在个人多个账户之间进行转账交易。

只要支票账户内的资金余额不为零，你就可以一直使用借记卡，不过卡片的“冻结”可能使你暂时无法使用借记卡。当你使用借记卡（或信用卡）在旅馆办理住宿登记或租车的时候，预期未来要支付的费用会被冻结，也就是说，这部分资金的使用要受到限制。例如，如果你入住了一家每日收费 100 美元的旅馆，打算住四天。在登记入住时，旅馆就会将借记卡（或信用卡）内的 400 美元冻结。如果在结账时使用同一张卡片，则可能会在 1～2 天以后解除冻结。可是，如果你使用另外一张银行卡支付账单，那么很可能这 400 美元最多会被冻结 15 天。如果你的账户内余额不够多，则会给你带来一些麻烦。为了避免出现这种情况，最终付账时要使用开始交易时用过的那张卡片。此外，不同发卡行制定的资金冻结政策有很大的区别，所以你要预先做好市场调查，当你办理新卡时，要问清楚资金冻结政策是怎样规定的。

智能卡

> **智能卡**：与借记卡比较相似，使用时是从以电磁方式直接存储在智能卡上的账户内取款。在向卡内存入资金以后，就可以像使用借记卡一样使用智能卡。当卡内资金用完时，用户必须再次存入资金才能继续使用智能卡。

智能卡（smart card），有时被叫作记忆卡或电子钱包，是借记卡的一个变种，不过在使用智能卡的时候，并不是从开立在银行的某个指定账户内取款，而是从以电磁方式直接存储在智能卡上的账户内取款。事实上，智能卡不仅能够存储现金，还能存储个人 ID——可能是驾照或学生 ID——以及保险信息、医疗历史信息或其他比较容易获取的信息。在弗吉尼亚理工大学，学生使用的 ID 名为“Hokie 护照”（Hokie Passport），可以当作智能卡使用，可用于餐馆、自动售卖机以及镇上的许多商家。同样地，詹姆斯·麦迪逊大学使用的智能卡叫作 JAC 卡，功能与弗吉尼亚理工大学的智能卡相似。事实上，目前在大学校园里，智能卡已经变得非常常见了。

对于发卡机构来说，智能卡的好处在于在交易进行以前，发卡机构就可以预先收到存入卡内的资金，而且大大减少了书面工作。对于使用者而言，智能卡的好处是使用方便，可以减少现金的携带量。

预付借记卡与代金券

使用商场的代金券买东西，用预付电话卡打电话，或者用预付借记卡购买商品，这些都是使用储值卡的典型例子。事实上，市面上的储值卡可以分为两种类型：第一种是单用卡（closed-loop card)，它只能在一家商店使用，且只有一个用途。第二种是多用卡（open-loop card)，它可以像信用卡一样到处使用。目前这种类型的卡片越来越常见。用储值卡支付薪水的做法也越来越普遍，已经有 1 000 多家企业采取了这种方式，其中包括沃尔玛、联邦快递公司、麦当劳、友好汽车租赁公司、UPS 快递公司、可口可乐公司、丹尼公司等。这些公司在向员工发放薪水时用维萨工资卡取代了薪水支票，而维萨工资卡就是一种储值卡。

不过，在使用储值卡时要小心谨慎，这是因为储值卡有很多与众不同的特点和特殊的费率结构。例如，许多储值卡需要用户支付激活费、维护费和 ATM 交易费。除了这些普通费用之外，有些储值卡还要收取重装费、交易限额费、闲置费、纠纷费和资金过户费。

确认过错方——那是他们的过错，不是你的

电子资金转账怎么会发生错误呢？有些时候是人为的错误——不要完全信任存款——有些是计算机的错误。处理错误的第一步是避免错误的出现。你也许无法控制计算机出错，但你可以避免人为的差错。

也许最常见的人为差错主要涉及存款业务，因为直接用 ATM 存款有些步骤会出错。为了避免出错，尽量不要使用 ATM 存现金。如果发生了错误，已存入的金额并没有被计入账户，那么要想证明存款金额是很困难的。

如果真的出错了，要立即报告银行。你应当马上给银行打电话，如果银行已经下班，就留下口信。根据法律规定，你必须在收到当月对账单 60 天内写信给银行说明情况。如果你与银行之间的争端无法解决，则可以通过美联储消费者与社区事务部的官网，向其提交在线申诉表。

行为视角 >>>

原理 9：心理游戏、理财个性与金钱

储蓄本来就不是一件容易的事儿，更不用说为了应急资金而储蓄了。毕竟，当你为了意外而存钱时，你并不希望或并不期待这样的事——一些未知的突发事件——真的发生。难道从一开始就避免突发事件的发生不是更简单吗？问题在于个人往往对突发事件没有控制力，当它们真的发生时，会对个人的财务预算、储蓄以及偿债能力造成毁灭性的打击。而且，比起为了未来无法预知的事件而存钱，把钱用在其他地方可能会让你感到更享受、

更有趣。

你并不是唯一一个很难为了“自己不希望未来发生”的事而存钱的人。你面临的问题在行为金融学里有个对应的名词——“缺乏远见”，其含义是当人们对未来感到不确定时，他们倾向于严重低估未来可能发生的事件的严重性——在极端情况下，他们可能会说：“吃吧，喝吧，享受吧，明天我们可能都会死去。”这还解释了为什么尽管我们知道自己需要健身锻炼，但还是把闹钟关掉，取消晨跑，把时间用来多睡一会儿。

一项研究提供了有关暂时性短视的经典案例——一群人被要求做出选择：你想现在拿到 100 美元，还是一个月后拿到 120 美元。绝大多数人的“跨期”选择是现在拿到 100 美元，尽管等上一个月就能多获得 20 美元，这么高的收益率很有吸引力。有趣的是，当同一群人被要求在 12 个月后拿到 100 美元与 13 个月后拿到 120 美元之间做出选择，他们的决定却是反过来的，大多数人选择 13 个月后拿到 120 美元。为什么会这样？行为金融学告诉我们，这是因为桌面上没有即时回报的选项，两种选择都是未来获得回报，于是此时人们的行为会更加理性。人们对即时回报的偏好力量很强大，经常会影响到人们的决策过程。

所以，如果你知道你需要为积攒应急资金或其他目标而储蓄，那么该怎样做呢？一种方式是通过预先设置的方式避开决策环节——事先安排好，把一部分钱直接从每月的薪水支票里扣留下来，存入一个单独的应急资金银行账户。如果你已经准备了一笔应急资金，不过还想让自己体型变得更完美，那么购买健身房一年期的会员卡可能会是预先设置的好方法。你已经支付了去健身房锻炼的成本（会员费），那么接下来浪费这笔钱的罪恶感可能会激励你走出家门去锻炼。

行动计划 >>>

原理 10：开始行动吧！

如果你不能打理好自己的现金，那么你的个人理财计划自然也无法取得较大的进展。这里我们提供的一些小窍门能帮助你开始学习如何管理现金，为获得更多的个人财务掌控权铺平道路。

- 在意外事件发生之前就准备好应急资金。需要时手里有钱能帮助你更好地执行理财计划与预算。
- 使用网上银行时要小心。确保你的密码强度较高，网络环境很安全，不用使用公共的 WiFi 热点来连接网银支付账单。
- 在线支付账单。你会发现，用网银支付每个月的账单，能让你更轻松地了解自己的资金进出，因为每一笔交易都有记录。另外，设定好定时的电子邮件，提醒自己按时进行资金转账。
- 如果可能的话，最好设定为自动支付账单。使用自动支付账单功能可以避免付款逾期。如果使用了账单自动支付功能，那一定要确保自己预留了阅读账单的时间——你必须要知道自己的钱都花到哪里去了，必须准确地了解到底花了多少钱。
- 更好地利用在线提醒。很多银行在客户的信用卡账单到期时以及当客户的信用卡额度用完时会提醒客户注意。你的手机或邮箱会收到提醒信息，这样的安排能让你放心，保护你的个人信用评分，还能帮你省钱。此外，每月抵押贷款的还款快到期时或使用信用卡时，很多银行也会向客户发送信息；银行还会记录自动取款机的取款记录以及借记卡的消费记录。

本章小结

➡ 学习目标 1：管理好个人持有的现金，了解为什么个人需要持有流动资产。

总结：所谓现金管理就是指管理现金和流动资产。持有流动资产一方面可以让你获得投资收益，另一方面你可以随时把流动资产兑现来支付账单或应对紧急情况。尽管流动资产的投资风险低，可以提供应急资金，但其投资收益率不高。现金管理的基本原则是在未持有充足的流动资产所导致的风险与放弃其他投资项目的巨大潜在收益之间进行权衡。

关键术语

现金管理：是指对现金和接近现金的流动资产的管理。

流动资产：是能比较容易地转换为现金的投资和资金，比如支票账户、货币市场共同基金、存款单。

➡ 学习目标 2：自动储蓄。

总结：实现长期理财目标的关键在于把储蓄融入每一天的生活当中。主动把一部分收入储蓄起来会强迫自己将生活费开支控制在一定水平以内。

➡ 学习目标 3：从提供资金管理服务的各类金融机构当中选一家。

总结：近几年来，现金管理领域发生了很多变化，金融机构表现得最为明显。产业变化和竞争激烈程度的不断加强使得各家金融机构正忙于积极转型。不过，我们仍然可以把金融机构划分为存款类金融机构（银行）和非存款类金融机构。近年来，非存款类金融机构也开始提供传统的银行服务，这使得现金管理产品的选择越来越多。

关键术语

存款类金融机构：提供传统的支票账户与储蓄账户的金融机构。

非存款类金融机构：诸如共同基金和证券经纪公司之类的金融机构，不提供支票账户与储蓄账户。

网上银行与手机银行：通过个人电脑、智能手机或其他在线设备进行银行业务操作的形式。

➡ 学习目标 4：对比不同现金管理策略的异同点。

总结：既然有这么多家金融机构都盯着你手上的流动资金，那么市场上现金管理产品的种类繁多自然不会让人感觉太惊讶。这些产品包括支票账户、储蓄账户、货币市场存款账户、大额定期存单、货币市场共同基金、资产管理账户、国库券以及储蓄债券。

关键术语

活期存款：一种不支付利息的支票账户。

NOW 账户（可转让支付凭证账户）：一种对账户余额付息的支票账户。

储蓄账户：指支付利息的存款账户。

定期存单（CD）：这是一种储蓄产品，向储户支付固定利率，同时存款期限为固定时长，从 30 天到数年不等。

货币市场共同基金：指投资短期（通常 90 日以内）定期存单的共同基金。

资产管理账户：这是由证券经纪公司提供的、具有综合性金融服务功能的账户，其功能包括支票账户、信用卡、借记卡、货币市场共同基金、贷款、自动还款（例如抵押贷款每期的固定还款）、经纪服务（买卖股票或债券）以及直接支付利息和股息，并将证券出售所得资金直接转入货币市场共同基金账户。

美国短期国债：联邦政府发行的短期国债，期限最短仅为几天，最长为12个月。

面额：是指到期时归还债券所有者的面值或金额，也被称为债券的票面价值。

美国储蓄债券：这是一种有价证券，实际为可获得利息的借款，一般每6个月支付一次利息。在到期日，投资者可以收回投资或“贷款”，金额往往等于债券的面值，不过常常会低于或高于原先购买该债券时支付的金额。

➡ 学习目标5：比较不同的流动资产管理策略的异同点。

总结：当比较不同的流动投资选择时，不仅要考虑投资收益，还要考虑投资的安全性。另外，你要记住的是只有当复利周期（年，半年等）与税收处理方式基本相同时，不同的利率水平之间才能进行有效的对比。

关键术语

年收益率（APY）：投资者在一年内获得的投资收益，表示为百分比形式。APY的计算公式可以将复利周期长度不等的利率水平转换为可横向比较的年利率，投资者可以轻松对比不同投资项目的收益率水平。

税后收益：这指的是应税型投资产品给投资者带来的收益扣除税金后的实际收益。它等于应税收益×(1－边际税率）＋非应税收益。

联邦存款保险公司：这是指为商业银行存款提供保险的联邦机构。

全国信用社协会：这是指对信用账户提供保险的联邦机构。

➡ 学习目标6：开立并使用支票账户。

总结：支票账户是你基本的现金管理工具。当决定在哪家银行开立支票账户时，要考虑3C：成本、便利性、体贴。同时，你还要关注资金的安全性——银行是否参加了联邦保险？

关键术语

直接存入：将款项（例如薪水支票）直接存入你的支票账户，通常是电子化完成。

银行保管箱：这是银行或其他金融机构提供的存储设备，客户可以将贵重物品或重要文件存放在这里保管。

透支保护：一旦客户的账户内没有足够多的资金用来满足客户签发支票的结算，则银行会自动向客户的支票账户提供贷款。

止付：一种可以让金融机构停止支付所签发的支票的命令。

银行本票：银行或其他金融机构凭借自身账户签发的支票。

保付支票：已被支票账户开户行认证为信用良好的个人支票。

邮政汇票：这种支票与银行本票类似，只不过由美国邮政总局或其他非银行机构发行。

旅行支票：大型金融机构发行的支票，例如花旗银行、维萨公司和美国运通公司，通过地方银行机构出售，与银行本票比较相似，但是旅行支票不会注明特定的收款人，而且只有几种固定面值(20美元、50美元和100美元)。

➡ 学习目标7：使用电子系统转账，并了解电子资金转账系统的工作原理。

总结：电子资金转账是指任何以电子化方式完成的金融交易，比如用信用卡支付餐费或直接把薪水支票存入账户。电子资金转账的优势在于可以很快地完成交易，因此消费者不需要携带现金或签发支票。

关键术语

电子资金转账（EFT）：通过电子化完成的金融交易。

自动取款机或现金机器：许多金融机构安放的可用于取款、存款、转账、账户查询的机器。

个人身份识别码：一个进入信用账户的四至七位阿拉伯数字的个人身份号码。

借记卡：这是指允许客户通过电子网络提取账户内资金的银行卡。

智能卡：与借记卡比较相似，使用时是从以电磁方式直接存储在智能卡上的账户内取款。在向卡内存入资金以后，就可以像使用借记卡一样使用智能卡。当卡内资金用完时，用户必须再次存入资金才能继续使用智能卡。

思考题

1. 列出流动资产的三个特征。拥有过多或过少流动资产的弊端体现在哪里？

2. 使用工作表 1 列出三个短期理财目标或支出项目，使用储蓄账户、货币市场共同基金或其他流动性投资工具将是你的合理选择。

3. 自动储蓄的好处是什么？

4. 在阅读了银行对账单的新账户宣传插页后，托尼·梅尔卡丹特发现联邦存款保险公司将联合账户视为一个单独的储户。他和他的妻子辛西娅在 ABC 信托银行开立了三个账户。其中一个是余额为 60 000 美元的联合账户，另外两个是个人账户——他的账户余额为 150 000 美元，妻子的账户余额为 254 000 美元。他们每人可以获得多高的联邦存款保险保额？

5. 你的朋友开立了货币市场共同基金账户，自动把他的薪水存入公司信贷协会提供的付息支票账户，他还从号称“咫尺天涯”的银行机构购买了大额定期存单。这种采用混业经营模式的金融机构及其提供的服务能给客户带来什么好处？

6. 一年期国债的面值为 10 000 美元，初始时你的购买价格为 9 800 美元，到期时能收回债券的全部面值。计算一下百分比收益率。

7. 某位投资者的边际税率为 10%，他购买了期限为 20 年、收益率为 4.65%、信用等级为 A 级的公司债券。计算一下该投资者的税后收益率。另外一个投资选择是期限为 20 年、收益率为 3.25%、免税的 A 级市政债券，解释一下哪种投资选择更好。如果投资者的边际税率为 25%，再重新计算一下并横向比较。

8. 假设投资者投资于一年期、年利率为 1.5% 的货币市场账户，投资者的边际税率为 25%，通货膨胀率为 2.5%，账户的余额一直保持在 50 000 美元不变。计算一下税后收益率、实际收益率以及收益的总金额。在制定现金管理决策时，这样的计算结果意味着什么？

9. 只在互联网上营业的纯网上银行具有哪些主要优势与劣势？

讨论案例 1

苏畅，22 岁，刚搬到丹佛开始她的第一份工作。她很关心自己的财务状况，想存钱来度过经济困难时期，并在2年内买辆新车。这份新工作的薪水为30 500美元，税后还剩下24 000美元。苏畅每月的花销为1 600美元。她的老板提供了401（k）退休计划，并根据员工的缴款情况进行配套缴款，最高缴款额不超过工资水平的6%。她的老板还提供信贷协会以及美国储蓄债券的购买计划。她还刚刚继承了一笔价值为5 000美元的遗产。

文是苏畅的哥哥，鼓励苏畅上班的第一天就开始存钱。在过去的5年里，文因为公司裁员而两次失业，目前他共持有35 000美元的货币市场共同基金以备不时之需，共同基金的收益率为4%。文的年均税后收入为48 000美元。

苏畅开始四处寻找可存放流动资产的账户。她想尽可能地获得较高的收益率，同时避免因账户余额低于最低余额而被银行收费。她计划开立两个账户：一个用来支付每个月的账单，另一个用来短期储蓄。

问题：

1. 举出苏畅可以实现资产管理自动化的三种方法。至少为退休储蓄、普通储蓄以及便利性安排想出一种方案。

2. 苏畅在选择支票账户和/或储蓄账户时应该考虑什么因素？

3. 苏畅为什么需要建立应急资金？假设她听从哥哥的建议，那么应当预留出多少应急储蓄？你建议她应当将应急资金存放在哪一种账户里？

4. 对文使用流动资产的状况加以评价。他的储蓄投资风格是偏好风险，还是更为保守？假设通货膨胀率为3%，边际税率为25%，则文的税后实际收益率是多少？

5. 苏畅缩小了储蓄账户的选择范围，把目标集中在利率为0.25%的标准支票账户、利率为1%的货币市场存款账户以及收益率为1.75%的货币市场共同基金这几种产品身上。你建议苏畅使用哪一种账户支付每个月的生活开支？你建议苏畅使用哪一种账户为新车的首付款而储蓄？解释说明每一种选择的优势与劣势。

6. 苏畅听说当地汽车经销商要求用银行支票支付首付款。为什么银行支票要比保付支票更受欢迎？

讨论案例2

贾罗德·道格拉斯·琼斯是个职场新人。他在对照支票登记簿与银行对账单时遇到了一点困难。上个月他所做的只是用支票登记簿的余额减去服务费，然后支票登记簿的余额与对账单的余额就相等了。然而，这个月情况有些不同。他希望你能帮助他解决这些问题。帮他找出哪里出错了，并学习保证每月支票账户收支平衡的基本步骤。

美国银行（Big USA Bank） 单位：美元

总和			支票		
期初余额	6月27日	1 964.17	1071	7月1日	30.00
存款总和		2 823.46	1072	7月3日	50.00
取款总和		2 982.74	1073	7月8日	100.00
服务费		4.50	1074	7月6日	

续表

ATM 费用		3.00	1075	7 月 9 日	147.11
期末余额	7 月 29 日	1 797.39	1076	7 月 16 日	69.75
存款和电子存款			1077	7 月 10 日	27.81
自动薪水存入	6 月 30 日	1 161.73	1078	7 月 12 日	302.20
自动薪水存入	7 月 15 日	1 161.73	1080*	7 月 20 日	350.00
支行存款	7 月 23 日	500.00	1081	7 月 21 日	20.50
取款和电子借记			1082	7 月 22 日	1 599.11
自动保险	7 月 1 日	70.50	1084*	7 月 23 日	28.56
维萨—支票 1074 号	7 月 5 日	45.20			
餐馆	7 月 7 日	39.00			
ATM	7 月 10 日	30.00			
理发店	7 月 19 日	23.00			
ATM	7 月 21 日	50.00			

* 顺序打乱了。

单位：美元

日期	支票	收款人/描述	贷方	借方	余额
					2 005.98
6 月 24 日	1070	外出吃饭		41.81	(41.81)
					1 967.17
6 月 26 日	1071	现金		30	(30)
					1 934.17
6 月 29 日	1072	电子游戏		50	(50)
					1 884.17
6 月 30 日		薪水	1 161.73		1 161.73
					3 045.90
7 月 1 日		自动保险		70.5	(70.5)
					2 975.40
7 月 1 日	1073	现金		100	(100)
					2 875.40
7 月 3 日	1074	维萨卡		45.20	(45.20)
					2 830.20
7 月 3 日	1075	店铺卡		147.11	(147.11)
					2 683.09
7 月 8 日	1076	加油卡		69.75	(69.75)
					2 623.34
7 月 8 日	1077	电话		27.81	(27.81)
					2 595.53
7 月 9 日	1078	给父母		302.20	(320.20)
					2 275.33

续表

日期	支票	收款人/描述	贷方	借方	余额
7月12日	1079	外出吃饭		37.87	(37.87)
					2 237.46
7月15日		薪水	1 161.73		1 161.73
					3 399.19
7月15日	1080	自动付款		350.00	(350.00)
					3 049.19
7月15日	1081	万事达卡		20.50	(20.50)
					3 028.69
7月18日	1082	发现卡		1 599.11	(1 599.11)
					1 429.58
7月18日	1083	现金		125.00	(125.00)
					1 304.58
7月19日		理发		23.00	(23.00)
					1 281.58
7月23日	1084	电话		28.56	(28.56)
					1 253.02
7月23日		赠与	500.00		500.00
					1 753.02
7月21日		ATM 取款		51.50	(51.50)
					1 701.52
7月28日	1085	廉价食品商品		47.25	(47.25)
					1 654.27
7月29日	1086	烧烤		9.16	(9.16)
					1 645.11

第6章

信用卡的使用：开放式信贷的作用

学习目标

1	了解信用卡的使用原理。	信用卡与开放式信贷简介
2	了解贷款的使用成本。	信用卡的优点和缺点
3	分辨不同类型的信用卡。	选择开放式信贷的来源
4	了解个人信用卡信用等级的决定因素以及如何确保安全使用信用卡。	申请信用卡
5	管理好个人信用卡以及开放式信贷。	控制并管理个人信用卡与开放式信贷

我们都说过以下这句话，“就刷这张卡吧”，但是过后常常后悔。对很多人来说，获得信用卡很容易，用起来更是非常简单。获得一张信用卡到底有多难？估计大家都知道——一点也不难。事实上，2/3 左右的大学新生都持有信用卡。至于高年级的大学生，超过 90%的学生至少持有一张信用卡。

不管是在生活中还是电视上，我们总能看到无数个由信用卡引发的悲剧。只要你想要，获得一张信用卡可以称得上轻而易举——毕竟，学生是信用卡公司的主要客户。在电视剧集中，甚至连巴特·辛普森（Bart Simpson）都有一张信用卡。巴特抱怨他从来没有收到过邮件。于是，玛姬把家里收到的垃圾邮件都给了他，其中一封垃圾邮件就是信用卡申请表。巴特没花多长时间就把申请表填好了——职位一栏填的是“屁股医生”（butt doctor），收入一栏填的是“我把捡到的钱都存起来”（whatever I find I keep），名字一栏填的是“圣诞老人的小帮手”（Santa's Little Helper），这碰巧是剧集中巴特养的一只小狗的名字。电视剧里巴特就填写了这么多信息。然而在现实生活中，信用卡申请人需要提供的个人信息也不比这个多很多。然而过了 6～8 周，Money 银行就给“圣诞老人的小帮手”寄来了一张新信用卡。正如你能想象的那样，从这儿开始，事情变得有些失控了。巴特开始了购物狂欢，在“欲望屋”（Covet House）商品目录上疯狂地给全家人买各种礼物——玛姬收到的是温哥华熏制鲑鱼和无线电煎锅，荷马收到的是写着公司标志的高尔夫衬衫，丽莎收到的是货车司机玩具；此外，巴特也给自己买了很多东西，其中包括限量版“柯利犬”。

债务本身并不是一件坏事；事实上，有时候某些债务明显具有好的作用。但是，随随便便地超过个人的消费能力去过度负债却是件很危险的事。而且，最危险的债务就在你的口袋里——你的信用卡。不过，信用卡同时是我们生活的必需品。

如果你曾经在网上或使用电话预定过宾馆房间，购买过音乐会门票，就一定会知道在现代经济生活中，你确实需要拥有一张信用卡。在美国，基本上每人至少有一张信用卡。事实上，美国人总共大约持有 15 亿张各种类型的信用卡。平均每个人——不论男女老少——至少持有 4 张半信用卡。其中一半左右是维萨卡和万事达卡，余下的卡片是百货公司、石油公司以及其他商家发行的支付卡。毫无疑问，拥有并使用信用卡已经成为当前人们经济生活的一个组成部分。

信用卡为我们带来了方便，但是如果你不能妥善地保管，它也会给你带来麻烦。一些信用卡规定，对没有及时偿还的债务要求支付 20%的利息，这加重了还款的负担。通常，当人们要买什么东西的时候，都不会考虑利息所带来的问题。有数据显示，美国现在信用卡的负债已经超过 7 470 亿美元。2017 年，美国家庭信用卡的平均债务额为 5 700 美元，不过也有很多家庭的信用卡债务为零，因此如果我们把那些欠债的家庭单列出来计算，那么这些家庭的平均债务额一下子猛增到 16 048 美元。如果这 7 470 亿美元的债务按照 20%的利率来计算利息，那么这意味着美国人每年要为信用卡支付大约 1 500 亿美元的利息费用。如果你不想成为承担这 1 500 亿美元债务的一分子，那么就要合理地使用信用卡。

信用卡与开放式信贷简介

信贷：先提取现金或者是购买商品或服务，然后再付费的服务。

消费信贷：为购买个人用品而使用的贷款，不包括房屋抵押贷款。这种类型的贷款包罗万象，汽车贷款以及信用卡贷款均属于消费贷款。

开放式信贷或循环式信用：指的是贷款机构授权个人客户可以使用一定的信贷额度，客户可以先透支过后再还款。只要每个月客户能够按照最低还款额还款，并支付未还款部分的利息，则客户可以自行安排每月的还款额度。

信贷（credit）的意思是可以事先获得现金、商品或服务，事后再偿还相关负债。换句话说就是赊购，用客户的话来说，“刷这张卡”，“把这笔钱记在我的账上”，或者是“我用银行卡付账”。以上都是信贷的使用。为了满足个人需求而借款购买的方式一般被称为**消费信贷**（consumer credit），它不同于房屋抵押贷款，几乎包括了从信用卡贷款到汽车贷款等所有的贷款形式。

开放式信贷或循环式信用（open credit or revolving credit）指的是在消费者购买商品之前提供的信用额度。一旦开通信用卡，你只要每个月固定偿还一笔最低还款额，剩余的欠款可以随你心意在任意时点偿还。如今，绝大多数的开放式信贷都体现为信用卡购买，但是实际上，开放式信贷包括任何类型的赊购或赊账。因为在消费之前，赊账与赊购已经相当于赋予了消费者一定的授信额度。开放式信贷的使用范围很广，从你在当地五金店的赊账到埃克森石油公司发行的加油卡，到你在经纪人那里开立的信用账户，再到纪念猫王埃尔维斯·普雷斯利（Elvis Presley）的维萨卡，鉴于市场上存在着 7 000 多种维萨卡、万事达卡以及其他类型的信用卡，我们对信用卡的统治地位一点也不会感到惊奇。由于信用卡占有明显的优势，所以它正是我们讨论的重点。但是基本原理适用于所有信用账户或赊账账户。

当你使用信用卡购买商品的时候，可以随心所欲地买下自己看中的东西，只要总消费金额不超过信用额度即可。每个月银行会向信用卡持卡人印送对账单，上面记录着信用卡债务余额以及最低还款额。你可在全额还款与最低还款额之间选择自己的还款额度。剩余的欠款和透支利息将累积到下月，成为下个月信用卡债务余额的组成部分之一。只要你每月按时偿付最低还款额，信用卡发卡人就将继续为你提供事先承诺的一定授信额度，这是在购买商品前预先批准的信用额度。

你可能已经知道，信用卡的累积债务余额越高，使用信用卡的利息成本就会越高。但是除此之外，还有其他因素决定了信用卡的使用成本。接下来的这几节我们将讨论影响信用卡使用成本的几个基本要素以及其他类型的开放式信贷，包括利率、信用卡债务余额的计算方法、透支的成本、宽限期、年费和其他附加条件或是罚息规定等。

利　率

年利率（annual percentage rate，APR）是决定信用额度成本的一个重要因素，它直接反映了整个贷款过程中真实的利率。主要费用包括贷款利息、贷款处理费用以及贷款文件准备费用；但有的时候只包括贷款申请费用，通常不包括信用调查报告的获取费用。年利率之所以很重要，是因为虽然在不同的金融机构其内涵略有差异，但是所有的贷款机构都采用相同的方法计算年利率，《诚实借贷法案》要求所有的消费贷款合同必须用粗体标注年利率。因此，在比较不同的信用卡时，我们可以从年利率开始入手。

> **年利率：**指的是贷款有效期内支付的单利利率。它是借款真实成本的合理近似值，《诚实借贷法案》要求所有的消费者贷款协议都必须用黑体说明年利率是多少。

有些信用卡有固定的年利率，而有些信用卡使用的是浮动年利率。浮动利率信用卡的利率和市场利率密切相关。举例来说，许多信用卡的利率都与银行的优惠利率——银行向最优质的客户收取的贷款利率——相挂钩。一般来说，常见的浮动利率信用卡收取的贷款利率就是在优惠利率基础上加上几个百分点。所以说浮动利率信用卡的贷款利率可能发生变化，而固定利率信用卡的贷款利率是固定不变的，是吗？错！固定利率信用卡的贷款利率也有可能发生改变。所有的信用卡发卡机构只要在利率发生变化前 45 天以书面通知的形式提早告知客户就可以了。

不同信用账户的年利率差异性较大。2017 年，美国国内标准的浮动利率信用卡的平均年利率超过了 16%，花旗银行发行的信用卡，利率更是从最低时的 12.5%左右一路上涨至 29.99%！不同的信用卡利率不一样，而且就一张卡而言，在不同时期，利率也是会变动的。一些银行的利率保持不变，而有的会变动，这主要取决于卡片持有者的还款记录与市场环境，比如市场的总体利率变化情况。

一些信用卡也提供很低的优惠期利率，又称作“诱惑利率”。在最开始的六个月到一年之内，这种卡也许是零利率；但是，在优惠期结束以后，利率通常会突然增长到 17%～

18%之间。每年通过邮件方式寄给潜在客户的信用卡申请单中，约 2/3 采用了诱惑利率的促销手段。

你还要记住一点，绝大多数的信用卡都是复利计息的。也就是说，利息会越滚越多。如果每月你的利息都按复利计算，再加上信用卡的债务余额，那么原来 19.8%的信用卡年利率将上升到 21.7%。想想看这会让一杯星巴克饮料的实际成本变化多少！

思考：

还记得“原理 9：心理游戏、理财个性与金钱”吗？如果不假思索的话，花钱是再容易不过的事情了。于是，人们的消费越来越多，用刷卡的方式买了很多不必要的东西。不要这样做，因为我们要控制好自己的财务生活。下面这幅图反映出了大学生在收到信用卡账单时的惊讶之情。你曾经遇到过类似情况吗？如果遇到过，你认为为什么自己会面临这样的局面？

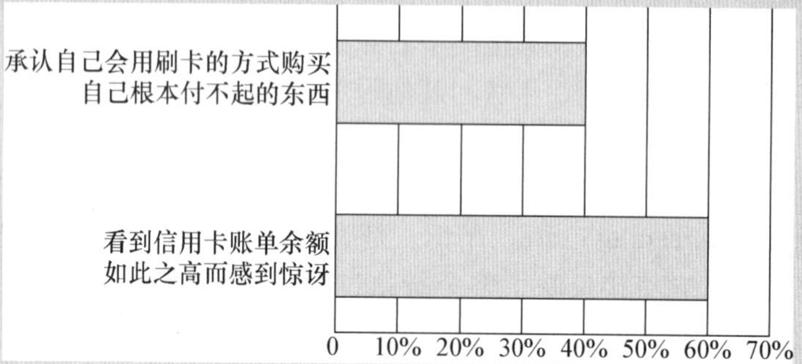

计算信用卡欠款余额

余额计算方法：指的是信用卡欠款的余额计算方法。贷款的费用取决于欠款余额的金额。

我们总是认为，只要知道自己信用卡的年利率，就很容易计算出信用卡的费用了。只需要用年利率乘以欠款金额就可以了。这真的很简单，对吗？错！不同的信用账户使用的**余额计算方法**（method of determining the balance）各不相同。在我们开始了解不同的余额计算方法之前，有必要先知道：如果你每月都按时全额还清欠款，那就没有所谓的欠款余额，更不用说要收取利息了。如果能每月按时付清欠款，那选择办理哪种信用卡就没什么区别了（因为我们不用担心利率的高低）。而且，保持这个习惯肯定能让你变得越来越富有——这是说真的。不幸的是，并非每个人都能做到这样，根据美联储对消费者财务状况的调查显示，25～34 岁的持卡人中有 71%的人不能做到每月按时付清全部欠款。这些人确实让某些人变成了富翁，只可惜他们自己成了穷光蛋。

日均余额法：把账单期内每天的未偿还余额加在一起，然后除以账单期的天数。再根据此日均欠款余额计算应付利息。

计算信用卡欠款利息的三种基本计算方法包括：（1）日均余额法；（2）前期余额法；（3）调整余额法。

- **日均余额法**（average daily balance method）把持卡人在账单期内每天的欠款余额相加求出总数，再除以账单期内的天数，从而算出日均欠款余额。然后，根据日均欠款余额来计算持卡人应支付多少利息。据美国银行卡持卡人协会报道称，大约 95%的发卡行采用的是这种计算方法。

- **前期余额法**（previous balance method），即以上一个账单期的欠款余额作为计算下期应付利息的本金，与这个月偿还的金额无关。这种计算方法相对比较简单，但利息成本也比较高。
- **调整余额法**（adjust balance method），在使用这种方法时，我们先要用上一个账单期的欠款余额减去本期已偿还的金额，然后再计算利息。由于已还款的部分不会再被征收利息，因此这种计算法要比前期余额法征收的利息额更少。

> **前期余额法：**以上一个账单期的欠款余额作为计算下一期应付利息的本金的方法。
>
> **调整余额法：**用上一个账单期的欠款余额减去本期的已还款金额，然后再乘以利率计算利息的方法。

图 6－1 给出了分别使用三种方法计算利息的案例。不夸张地说，根据欠债余额来计算利息的各种方法确实容易让人混淆。不过，有一条绝对正确的路径能够绕开这个问题：每个月都还清所有债务。

案例：假定你有一张利率是 18%的信用卡，上个月的欠款余额是 1 000 美元。另外，在这个月 15 日，你向银行偿还金额 900 美元。这个月你没有购买任何东西。

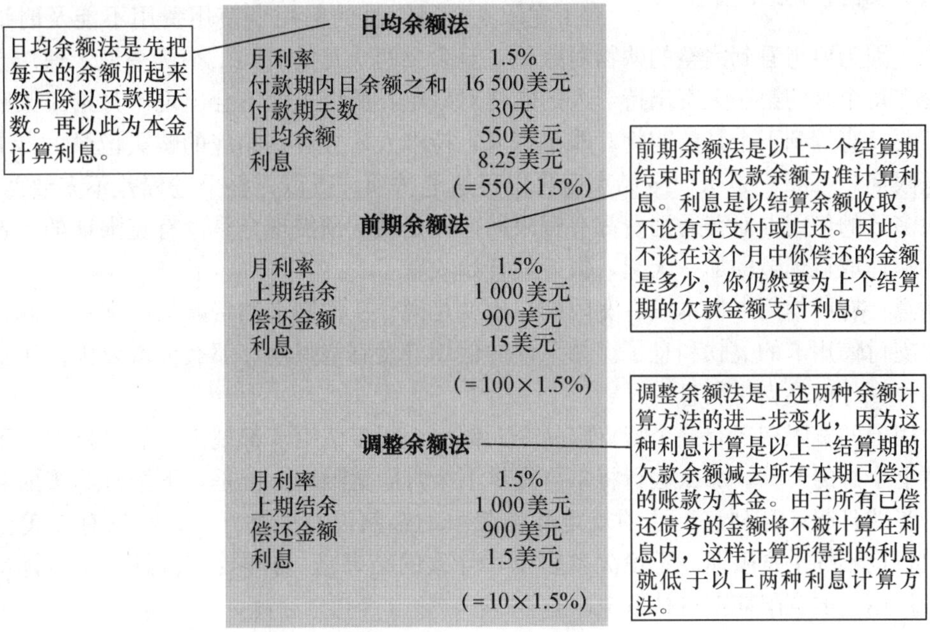

图 6－1　计算未付余额的利息

预借现金

很多信用卡都提供在自动取款机上预借现金的服务。实际上，这种预借现金的行为等同于贷款。而且，用这种方式借钱的代价是非常高的。当你使用信用卡从自动取款机取钱的那一刻起，你就要开始支付利息了。这与使用信用卡购买商品恰恰相反——赊账购买商品的费用不会马上计算利息，直到付款期限到期后才开始计算利息。而且，很多信用卡对预借现金收取的利息要高于刷卡购买商品。

现实世界

每个持卡人平均持有3.8张银行卡，其中2张卡是有优惠的，余下的1.8张没有任何优惠。

另外，如果客户预借现金，银行通常还要预先收取相当于预借金额2%～4%的费用。最后，很多信用卡要求客户在支付高额的预借现金利息之前，先要全额偿还购买商品所带来的信用卡欠款。所以牢记这一点：尽管你可以用自己的信用卡马上获取一大笔现金，但是与此同时，这笔贷款的费用很高，而且即时开始收费。

宽限期

宽限期：是指从刷卡消费额记入持卡人账户日起到银行要求持卡人对信用卡的欠款余额支付利息的日期为止的这段时期。

一般来说，信用卡都有一段**宽限期**（grace period）。在这段时间内，如果持卡人每个月都还清了欠款，那么发卡公司不会因客户的信用卡欠款而收取利息。大多数信用卡的宽限期是购买商品后的20～25天。一旦宽限期过去，信用卡的发卡公司就可以按照规定的年利率对欠款收取透支利息。

有了宽限期，每个月的信用卡使用费用不能及时地被反馈出来，因为要想看到完整的购物对账单，至少要两个月的时间。举例来说，信用卡发卡公司会在每个月的第一天寄出持卡人的购物对账单，所以上面不会出现本月第二天购买的商品；要一直等到下个月的购物对账单寄来，持卡人才会看到相应的购买记录。持卡人可以在宽限期——22～25天——结束后再偿还这笔款项。所以，整个过程差不多要两个月。虽然大多数的信用卡对普通消费都有宽限期，但是默认预借现金是没有宽限期的，这也就意味着从你取得现金的那一天起，银行就开始收费了。

注意！有些信用卡根本没有宽限期。也就是说，从你刷卡消费购物的那一天起，你就要开始支付信用卡的欠款利息了。如果你的信用卡没有宽限期，那么你就要为使用信用卡购买的每一件商品支付利息。

信用卡的宽限期还有一个特点容易令人糊涂：很多信用卡都规定，如果持卡人不能全额付清上个月的欠款，那么银行将不再提供下个月的宽限期。于是，下个月购买的商品就要在购买即日起计算利息。这项规定和你欠款的金额没有关系——哪怕只有1美分的欠款，银行也不提供宽限期。不论欠款多少，导致的结果是一样的：只要你没有付清欠款，大多数信用卡的宽限期都将被取消。

年　费

年费：信用卡发卡机构每年收取的一笔固定费用。

很多信用卡发卡公司都向其持卡人收取**年费**（annual fee）。通常年费从10美元到100美元不等，而美国运通公司的白金卡收取的年费高达2 500美元——而且，第一年还要收取7 500美元的入会费。如果你有很多张信用卡的话，这些年费加起来也是一笔数目不小的费用。然而，最大的25家信用卡发卡公司当中有70%不要求客户支付信用卡年费，其他一些发卡公司提出只要客户每年至少刷卡一次，就能免掉年费。

那么这些信用卡发卡公司是如何盈利的呢？它们的利润来源包括向信用卡持有人收取欠款利息，再加上向接受信用卡消费的商家收取费用。一般来说，客户使用信用卡购买了商家的商品，那么商家要按照销售额的一定百分比向发卡公司付费。这笔费用被称为**商家折扣费**（merchant's discount fee），一般相当于刷卡消费额的 1%～3%不等（有的甚至高达 10%），如果是网络在线交易的刷卡，那么费率还要上调 0.5 个百分点。

> **商家折扣费**：商家要将商品售价的一定百分比支付给信用卡发卡机构。

其他费用

你可能会认为，发卡公司要收取商家折扣费、年费以及信用卡欠款的利息，肯定是赚得盆满钵满，它们应该满足了。当然，你又想错了。发卡公司还要收取很多其他费用以及罚金。

我们先来说说前面提到的**预借现金费**（cash advance fee）。它可能是一笔固定的数额——例如每笔交易收取 5 美元的费用——或者是按照预借金额的一定比例收取，通常是预借现金金额的 3%左右。千万要记住这一点，利息是从提取现金的那一天开始算起的。而且有的发卡公司对预借现金收取的利率要高于普通的刷卡消费。结果是什么？一笔数额很小的预借现金可能会引发一次较大的财务危机。

> **预借现金费**：指预借现金要支付的费用，有可能是固定金额，也有可能是预借现金额的一定百分比。
>
> **滞纳金**：未及时还款要支付的罚金。
>
> **透支费**：客户刷卡消费的金额超出了信用卡的信用额度时应支付的费用。
>
> **罚息率**：若客户未能及时偿还信用卡的最低还款额，则要支付的惩罚性利率。

另一项让你感觉像受骗的费用是**滞纳金**（late fee）——当客户没有按时缴纳信用卡最低还款额的时候，银行会按照规定要求客户缴纳滞纳金。根据 2009 年的《信用卡问责、责任与信息披露法案》（Credit Card Accountability，Responsibility and Disclosure Act，简称 CARD 法案），如果只是偶尔没能及时还款，则滞纳金最高不超过 25 美元。不过，如果在 6 个月内，持卡人没有及时还款的现象出现了两次或以上，则滞纳金会更高。所谓的按时，并不单单是指信用卡发卡公司指定的具体某一天，而是具体到某个时间点，比如说下午 1 点以前。除了滞纳金，当客户的消费额超出最高信用限额时，银行可能会向客户收取**透支费**（over-the-limit fee）。

最后，我们再来介绍一下**罚息率**（penalty rate）。如果客户没有及时支付最低还款额，那么银行就用这个利率来计算信用卡欠款余额的利息。例如，假定你没能及时支付最低还款额，那么信用卡欠款的利率水平就会上升至 10%甚至更高。一旦你没有及时偿还最低还款额，滞纳金也会接踵而至。所以，为了避免自己被各种各样的信用卡费用压榨干净，一定要记得在最后还款日来临前支付最低还款额。

最后，我们应该时刻注意政策与利率的变化。银行通常会在账单的附页上将这些信息告知客户。要特别注意这样的字眼："条款调整的重要通知"，其中可能包含着要提高利率、提高滞纳金收费标准或缩短宽限期等信息。

在选择信用卡时，最基本的原则是：一定要小心！在你打算签名申请一张信用额度为 100 000 美元、推广期内年利率为零的超级男孩超钛金卡之前，千万要仔细阅读一下申请书的细则。

思考：

如果每期你都只支付最低还款额，那么要花很长时间才能把信用卡债务全部还清。假设你有一张年利率为18%的信用卡，欠款余额为3 900美元。如果每个月按照最低还款额还款，那么一共要用35年的时间才能把全部债务还清。初始的贷款本金只有3 900美元，利息却高达10 096美元，这样的代价岂不是很高？解决这个问题唯一的办法就是不要拖欠信用卡债务，每个月将信用卡欠款余额全部还清。如果不能全额还清，也应当尽早还款。如果你曾试过没有全额付清信用卡的欠款，那么被发卡公司收取的最高利率是多少？

信用卡的优点和缺点

现在你可以理解为什么使用信用卡的成本会如此高昂了吧，但是人们还是想用它，这是为什么呢？以下有若干理由，让我们来看一看信用卡的优点，之后我们再来说一说使用信用卡的缺点。

信用卡的优点

毫无疑问，当今社会里，没有信用卡或贷记卡很多事情都没有办法处理。没有信用卡，像酒店预定这样简单的事情都不能办成。在结账的时候，信用卡被当作是一种身份认证，比方说证明你是否是某家健身俱乐部的会员，或者在其他很多场合下当作身份证明来使用。用信用卡购物可以为我们提供更多的选择。如果没有信用卡，通过电话订购商品或在网上进行交易几乎是不可能的。

用信用卡购物确实让我们的生活变得更加方便。因为我们不仅可以收到对账单——查看所购买物品的价格以及购物地点，还可以避免因携带大量现金可能带来的失窃危险。信用贷款还可以是应急资金的短期来源。如果信用贷款能够满足你的应急支出，那就没必要准备过多的应急资金。信用贷款允许你将更多的资金投入到高收益的投资项目中去。

赊购商品意味着你在真正付款以前，就先得到了该商品的使用权。所以当你刷信用卡购买了一件露露柠檬的新款长裤或阿黛尔的CD时，尽管事实上你在付清信用卡欠款之前实际上并没有为此付款，但是你可以马上穿上长裤或是任意播放CD。此外，用同一张信用卡购买所有商品还可以更好地管理账户。许多信用卡使用者会把多张信用卡的所有欠款都转到一张卡上，这样做便于更好地控制个人的借款总额。

如果你要买的东西有涨价的趋势，那么今天刷信用卡购买该商品的价格就会比明天购买的价格低。此外，如果你每个月都坚持全额还款，那么使用信用卡相当于让你赚到了从购买日到还款日期间应付货款的利息，因为如果不刷信用卡，你就得付现金。现在刷了卡，现金就省下来了。

许多信用卡免费提供延长商品的保修期限以及旅游保险等服务。有的信用卡给客户赠送常飞航线的飞行里程或是信用购买额度的奖励——可以购买任何东西，不论是壳牌汽油、通用汽车、玩具反斗城的玩具，甚至是21点专业牌手讲解如何算牌的课程。但是，所有这些特殊服务有的时候并不是免费的，因为信用卡提供的这些服务很有可能要求使用者支付年费。

信用卡的缺点

尽管信用卡在当今经济中是不可或缺的，但是它也给使用者带来了许多问题。我们要对信用卡以及循环式信用进行谨慎管理。虽然信用卡的使用利大于弊，但是缺点也是显而易见的。

首先，信用卡让消费变得更容易，因为刷卡消费就好像你根本没有付钱一样。在月底收到银行寄出的对账单之前，我们常弄不清楚自己到底花了多少钱。一旦支大于收，你的收入都将被用来偿还欠款直到债务付清，你还要支付高额的利息，这些费用加在一起远远超出了商品原先的价格。

信用卡的缺陷不仅仅是持卡人要为信用卡的欠款支付利息，其适用的高利率也使得信用卡贷款变得不太具有吸引力。举例来说，在 2017 年，15 年固定利率的房屋抵押贷款的平均利率为 3.49%，房屋净值贷款的平均利率为 5.22%，但是信用卡的平均利率竟然高达 16.31%。与此同时，一年期大额定期存单的收益率低于 1%。银行事实上是在以 1%的利率水平借款，然后通过信用卡贷款的形式以高于 16%的利率放贷。利润是非常可观的，这就解释了为什么我们的邮箱里总是充斥着各种信用卡申请邮件了。

只要你在使用信用卡，事实上就是在承诺用未来的收入偿债。换句话说，未来你的预算弹性将会变小，因为一部分税后收入被用来支付信用卡的费用以及欠款利息。如果我们不能有效地控制消费，那么就要面临越来越棘手的预算问题，因为总收入中越来越高的比例被用于偿还以前的债务和拖欠的利息。也许你觉得这套说辞听起来很耳熟，那是因为远的不说，美国的国债问题本质上就是这个道理。

大学在校生的信用卡还款情况怎么样？如图 6－2 所示，根据内利美（Nellie Mae）的调查结果，情况不容乐观。只有 17%的在校生每个月还清全部信用卡的欠款余额，38%的在校生还款额大于最低还款额，但是没有全部还清。

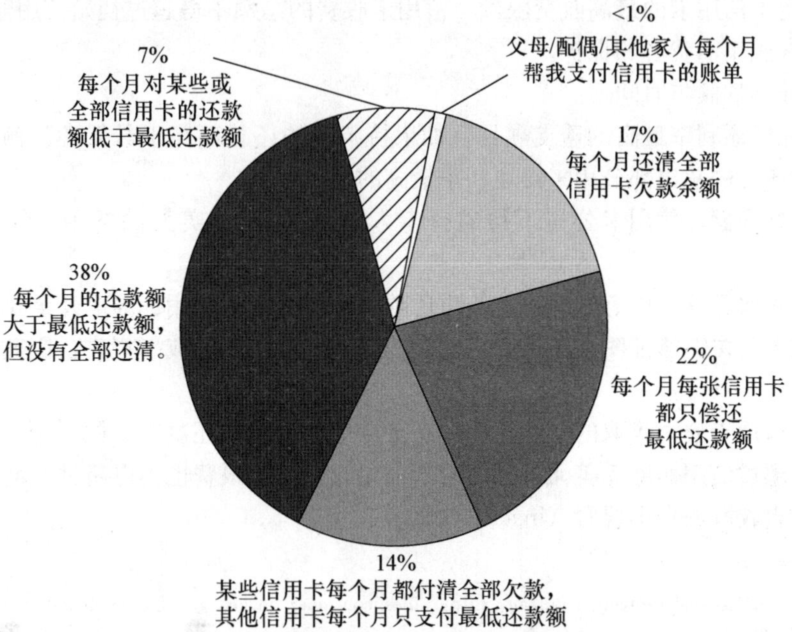

图 6－2　大学在校生与信用卡还款模式

CARD 法案对持卡人有什么意义？

随着 2009 年《信用卡问责、责任与信息披露法案》的出台，信用卡行业终于迎来了彻底的改革，信用卡新规则得以实施。让我们具体了解一下新规则的内容。[①]

1. 利率上升的告知义务。信用卡公司必须提前 45 天向持卡人寄送通知书，然后才能：

- 提高信用卡的利率水平；
- 改变信用卡账户某些费用的收费标准（例如年费、预借现金费用以及滞纳金）；
- 对信用卡条款做出的其他重大变更。

下列情况下，信用卡公司无须提前 45 天向持卡人寄送通知书：

- 信用卡账户适用的利率是与某一指数相挂钩的浮动利率，而该指数有所上升；
- 推广期到期，诱惑利率终止，信用卡账户开始使用“正常利率”；
- 信用卡账户的利率水平被提高是因为持卡人未能按照约定还款。

2. 还款时间表的通知。信用卡公司应当告知持卡人需要多长时间能还清所有欠款。信用卡账单还应向持卡人说明为了在三年内还清全部欠款，持卡人每月应偿还的金额。持卡人每月收到的信用卡账单上应当包含上述信息。

3. 第一年不得提高利率。信用卡公司在持卡人开户后一年内不得提高利率。除非：

- 如果信用卡适用的利率是与某一指数相挂钩的浮动利率，而指数上升了；
- 信用卡的诱惑利率期已经结束，信用卡的利率水平要恢复到持卡人开卡时发卡机构告知的“正常利率”。
- 持卡人的还款时间比约定时间推迟了 60 天以上。

4. 提高后的利率只适用于新的刷卡金额。

5. 对“超限额交易”予以限制。

6. 规定了信用卡的最高收费限额。信用卡收费的总额不得超过初始信用额度的 25%。

7. 对未成年消费者的保护。

8. 标准还款额与时间。

9. 优先偿还利率最高的透支项目。如果持卡人的还款额高于最低还款额，则信用卡公司必须将还款的超出部分用来偿还利率最高的透支项目。

10. 收费限额。信用卡公司不得向持卡人收取高于 25 美元的费用，除非出现以下情况：

- 最近六次还款当中有一次没能按时还款，则持卡人的费用标准上升至 35 美元；
- 信用卡公司能够证明由于持卡人没有按时还款给自己造成了损失，因此提高收费标准是合理的。

此外，信用卡公司收取的滞纳金不得高于持卡人的最低还款额。同样地，如果持卡人的刷卡金额超过信用额度 5 美元，则信用卡公司收取的超限费也不得超过 5 美元。

11. 不得收取账户闲置费（inactivity fee）。

---

① Consumer Financial Protection Bureau，http://files. consumer finance. gov/f/201309-cfpd-card-act-report. pdf，accessed April 1，2017.

选择开放式信贷的来源

现如今，开放式信贷有很多种不同的类型，其中包括各种各样的信用卡以及传统的赊账形式。让我们看一下有哪些选择，再来讨论如何选择一种最适合自己的信用工具。

银行信用卡

大多数信用卡都是使用的银行信用卡。**银行信用卡**（bank credit card）是由大银行或大公司发行的信用卡，例如美国电报电话公司和 Quicken 公司都有发行信用卡，主要为维萨卡和万事达卡。维萨公司和万事达公司实际上并不是自行发行信用卡的公司，它们充当的是授权机构的角色，向其他公司或机构提供信贷授权系统、会计记账功能以及广告服务，允许银行和大企业使用维萨或万事达的名字来发行信用卡。在一定的范围内，银行可以自行确定有关利率、宽限期、费用、服务等各方面的政策，所以各种银行信用卡产品彼此之间存在着诸多差异。

> **银行信用卡**：银行信用卡由银行或是大公司发行，通常为维萨卡和万事达卡。

维萨卡和万事达卡之所以那么受欢迎，是因为它们提供了一种有效的信贷授权模式。于是，商家在顾客购买商品的时候可以查看信用卡的信贷额度，以确保信用卡或信用额度没有问题。这拓宽了信用卡在美国国内以及国外的使用范围。现在一共有超过 7 000 种信用卡可供选择。

除了常见的航空里程奖励以及各种各样的折扣以外，很多银行卡还会提供租赁汽车损坏保险、延长保修期、旅游事故保险等其他优惠项目。一般提供折扣的银行卡采用的都是联名卡或折扣卡的形式。这些卡会把品牌的名称印在卡上，像万豪度假村信用卡或迪士尼信用卡，持卡人在万豪度假村消费、订机票或者是去迪士尼度假时可以享受折扣优惠。

很多银行卡都有积分回馈计划，客户赚取积分后可以兑换旅行、商品或现金返还。但是同样地，积分卡的细则往往大相径庭。显然，只要你每个月都还清信用卡的全部欠款，则积分项目对你很有利。当然，你不能为了获得航空里程或消费积分就去使劲儿地刷卡。你必须确保积分获得的好处大于信用卡的使用成本，包括年费。

思考：

即使你申请的某张信用卡——该信用卡适用一定的利率水平，具有特定的收费标准——已经得到了“预先批准”，这也并不意味着这就是你实际获得的信用卡。信用卡公司在检查了你的信用记录以及信用卡申请表上填写的各项个人信息之后，你实际收到的信用卡的优惠幅度可能明显不如申请前发卡机构的承诺条件。你认为自己在激活这张信用卡之前是否要先仔细研究一下信用卡的细则？你认为这样做对不对？为什么？

二维码 6－1

信用卡的种类

发现卡与其他银行卡的区别比较大。它是由单一银行发行的信用卡，而维萨与万事达公司则是将它们的服务授权给多家银行，允许银行以维萨或万事达的名义发行信用卡。这种信用卡还具有一些不太常见的特征：不收年费，每月提供免费的信用积分，并按照持卡人每年刷卡购物额的小幅百分比将对应的现金返还给持卡人。

除银行信用卡外，开放式信贷的来源还包括旅行娱乐信用卡、单一用途卡、传统签账卡等，具体见二维码 6－1 中的介绍。

选择：哪种信用卡最适合你？

在评价各种类型的信用卡时，我们发现，每种信用卡都有自己的优势。一些信用卡收费低，宽限期较长，但是利率高。尽管对某些人来说，这样的特征组合也许是最适合的。但是对其他人来说，也许是最差劲的。在选择信用卡之前要先想清楚你打算怎样使用信用卡。绝大多数消费者使用信用卡的目的要么是方便，要么是为了获得贷款，也有人是两种目的兼而有之。

信用使用者，指出于贷款目的使用信用卡的客户，每个月都有未偿还的欠款余额。他们一般都不会好好利用宽限期，因此他们每年支付的利息远远大于年费。如果你也是一个这种类型的持卡人，在选择信用卡时最重要的决定因素就是未偿还余额适用的年利率，因此利息才是你使用信用卡的最大一笔开支。在选择信用卡时，发卡银行的地理位置有影响吗？没有：不管发卡机构的地理位置在哪里，信用卡的工作原理都是相同的。出于贷款目的使用信用卡的客户应当尽可能广泛地搜索各种信用卡信息，以求获得最低利率。

便捷使用者，指为了方便而使用信用卡的客户，因为他们每个月都会按时还清全部欠款，因此利率的高低对他们来说不那么重要。出于方便目的而使用信用卡的客户应该选择年费较低并有免息宽限期的信用卡。免息宽限期尤为重要，因为它便于持卡人每月付清全部欠款，从而不会带来任何利息成本。除了要考虑低年费和宽限期以外，客户还比较看重信用卡能够提供哪些优惠服务，例如万豪酒店的信用卡或者是向经常乘坐飞机的客户赠送里程。

对于两种目的兼而有之的客户，他们一般但并不总是能付清每个月的欠款余额。对于侧重于获得贷款的客户来说，没有年费、具有免息宽限期而且利率很低才是他们心目中最理想的信用卡。但遗憾的是，要在一张卡片上同时找到这几项特征几乎是不可能的。因此，同时出于方便和贷款目的而使用信用卡的客户在选择时只能挑选总成本最低的特征组合，同时考虑利率与年费。图 6－3 说明了不同类型的信用卡使用者认为哪些特征最重要。

申请信用卡

在校大学生要想办理一张信用卡绝非难事。信用卡发行商也都看好大学生的市场，虽然他们现在的收入并不多，但是他们的发展前景是无限光明的。此外，一些发卡机构为了

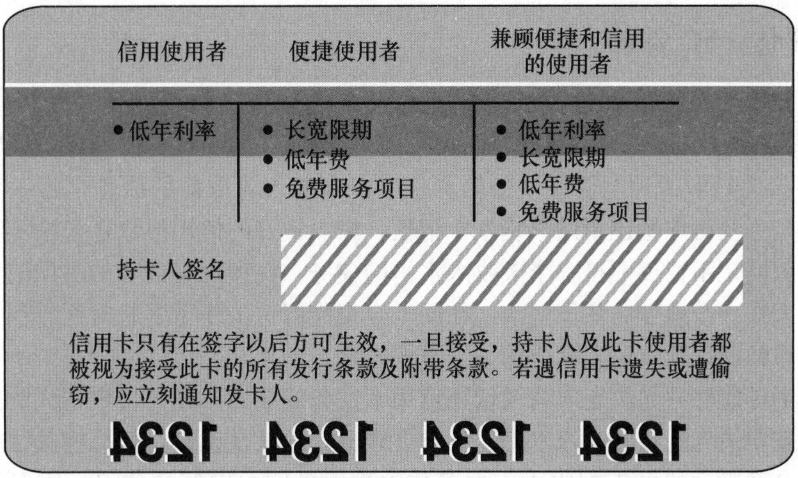

图 6-3 不同类型的信用卡使用者认为信用卡的哪些特征更为重要

保证能收回欠款，要求持卡人的父母和持卡人在信用卡上联合署名；还有一些发卡机构则是默认一旦学生本人无力偿还信用卡债务，他们的父母必然会介入解决该问题。发卡机构通常会在大学校园附近开设服务点，并给申请人赠送免费礼品——从免费或折扣机票到免费飞盘应有尽有。幸运的是，2009 年颁布的 CARD 法案已经禁止信用卡发卡机构在校园内或校园附近（所谓的“校园附近”被定义为校园周边 1 000 英尺以内）或是学校举办的活动上用提供免费赠品来引诱学生签名办理信用卡。此外，禁止信用卡发卡机构向未满 21 岁的公民发放信用卡——除非他们能证明自己有能力独立偿还信用卡债务，或者是能找到另一个年龄大于 21 岁的公民与其联合署名信用卡账户。但是一旦年满 21 岁，公民便可以自由申请信用卡。目前市面上有各种各样的信用卡可供选择。事实上，信用卡发卡机构每年要寄出 60 亿份信用卡申请表，差不多相当于每个美国家庭要收到大概 60 封此类邮件！在新法案实施前，每位大学在校生大概每年能收到 8 封信用卡推销邮件。

对学生来说，办理一张信用卡是一个很不错的主意。首先，因为你远离家人，信用卡可以帮助你在紧急情况下获得应急资金。其次，通过谨慎使用信用卡可以建立起良好的信用记录。信用记录重要吗？当然很重要。当我们准备买房、租公寓或是求职的时候，良好的信用记录能发挥非常重要的作用。

获得信用卡的第一步是申请。申请书上要填写的信息重点关注的是申请人的信用状况、申请人偿还信用卡债务的能力与愿望。有的银行还会要求进行面谈。在申请信用卡的过程中，申请人必须诚实回答所有的问题并保持回答前后一致。一旦被发卡人发现你的回答前后不一致，或者是与事实不符，他们就会拒绝你的申请。接下来让我们了解一下个人信用评分的评价要素。

现实世界

联合署名并不是多么了不起的主意。根据近期 GoBankingRates 的调查，38%的联合署名人不得不支付一部分甚至全部债务，因为第一借款人不还钱。在联合署名之前，先好好想一想潜在的后果吧。

信用评估：5C 要素

在评估申请人是否值得信任的时候，绝大多数贷款机构会使用“5C”要素：品质（character）、能力（capacity）、资本（capital）、担保品（collateral）和环境状况（condition）。品质指的是申请人对偿还债务的责任感。申请人对以前的债务是否做到了及时偿还？例如，是否及时地偿还了助学贷款？记住，树立良好的信用形象还包括不让自己陷入过度负债的困境，不背负不符合个人收入水平的债务。在评价申请人的品质时，贷款机构会调查申请人在一个地方居住了多久，在同一个工作岗位工作了多长时间。事实上，稳定性也通常被看作能反映申请人品质的一个重要方面。

能力和资本能够共同决定申请人偿还信用卡债务的能力。在评价申请人的能力时，贷款机构会调查申请人现在的收入水平以及债务余额，也就是说，贷款机构关注的是申请人偿还了债务余额以后的可支配收入。大多数的理财顾问会向客户建议，所有的偿债还款额，包括抵押贷款的还款额，不能超过总支出的 36%。

资产指的是申请人持有的金融资产或投资组合的规模。显然，申请人拥有的存款额越高，其可信赖程度也就越高。通过对资产状况的调查，贷款机构可以了解申请人是否有充足的收入来偿还债务。拥有越多的可支配收入和越高价值的投资资产，申请人的可信赖程度也就越高。

担保品指的是用来抵押以获取贷款的固定资产或财产。一旦申请人无法偿还贷款，则其提交的抵押品——可能是一辆汽车或是一块地皮——将会被出售，所得的收入将被用于偿还债务。因此，抵押品越值钱，申请人的可信赖程度也就越高。

最后一个评价要素是环境状况。环境状况具体指的是当前影响债务人偿债能力的经济环境。申请人在其他方面可能都符合要求，但是一旦由于经济衰退而失业，那么就有可能丧失偿债能力。

申请信用卡的关键：信用评分

> **征信公司**：指的是搜集消费者历史财务信息的公司，包括其支付账单的速度，过去是否有过拖欠债务的记录。公司会把这些信息总结处理后出售给客户。

信用卡发卡人通过比较征信公司提供的信用报告了解申请人的个性以及财务状况的信息，并核对申请表上填写的信息是否真实准确。**征信公司**（credit bureau）是搜集个人信用信息的私营机构，它们通过向客户提供信用信息来收取费用。美国的三大征信公司分别是：益百利（Experian）、环联（TransUnion）以及艾可菲（Equifax）。这些征信公司会根据申请人的情况整理出一份信用报告，在对申请人整体信用状况进行综合评价的基础之上，给出申请人的信用评分。

申请人的信用报告只包括申请人的财务状况以及交易信息，不包含有关个人生活方式的信息。征信公司并不提供决策方案：它们只是把信息提供给银行、储蓄贷款协会、百货公司或是其他贷款机构，最后要由贷款机构自行决定是否接受申请人的申请。但是毫无疑问，申请人的信用信息不仅决定了他能否成功申领信用卡，还决定了信用卡利率的高低。

评价申请人的可信任度

贷款机构会把有关申请人的信用信息进行处理，最终得到一个三位数的数值——个人信用评分——这是来衡量申请人可信任程度的数据。虽然一些贷款机构会先阅读申请表，然后通过给申请人打电话来做出判断，但更常用的信任度评估方式是使用个人信用评分。

信用评分：指的是基于贷款申请人的贷款历史数据对申请人可信任程度的量化评分。

信用评分（credit scoring）是一个评估数值，或者说是对申请人可信任程度打的分数。然后，贷款机构会将申请人的信用评分与预先设定好的评分标准进行对比。如果申请人的信用评分超过了可接受标准，则信用申请就会被批准。对于贷款机构来说，使用信用评分是有效且成本相对低廉的评估方法。对于申请人来说，这种方法也是有好处的，因为它有助于消除贷款机构的不信任，贷款机构更有可能会为低风险的客户提供利率较低的信用额度。但是信用评分并不是评定个人可信任度的完美无缺的方法。

个人信用评分

个人信用评分会对个人财务的方方面面直接造成影响，例如信用卡的利率水平、信用额度、保险费率、抵押贷款利率，甚至还影响到个人能够收到多少封劝说你申请多张信用卡的垃圾邮件。总之，每当你申请贷款时，贷款机构都要评估你的个人信用评分。信用评分越高，贷款的利率也就越低。

如何计算个人信用评分——FICO 与 VantageScore

目前有两种主流的信用评分系统——FICO 与 VantageScore——其中 FICO 占据着主导优势。尽管不同的征信公司在计算信用评分时给 FICO 评分冠以各种各样不同的名称，但事实上它们使用的都是 Fair Isaac 公司开发的评估模型。VantageScore 是新出现的一种信用评分系统，旨在帮助贷款机构更好地评估那些信用状况较差的申请人。事实上，VantageScore 让贷款机构能够接触到 3 000 万～3 500 万值得信赖的客户。而其他的个人信用评分系统让这些人统统变成了看不见的隐形人。FICO 和 VantageScore 都是从个人信用报告提供的信息入手计算得分，分值范围为 300～850 分。图 6－4 给出了不同 FICO 评分的人口分布概率图。VantageScore 融合了很多创新：已经被还清的债务催收不被计入模型，自然灾害（例如龙卷风和飓风）所导致的负面信用记录被忽略不计。你也许会发现，不同的征信公司给出的个人信用评分略有差异，这是因为虽然各家征信公司使用的都是相同的信

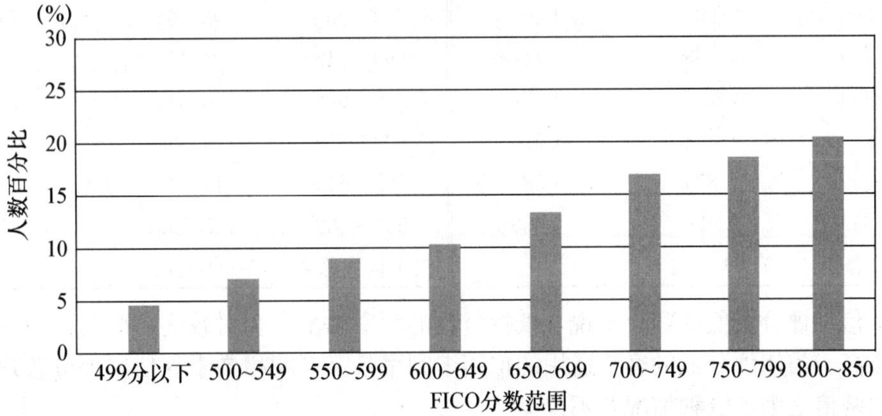

图 6－4　FICO 评分的人口分布情况

资料来源：FICO Score Distribution，FICO. http://www.fico.com/en/blogs/risk-compliance/us-credit-quality-rising-the-beat-goes-on/，accessed，March 27，2017.

用评分模型，但是它们使用的个人信用数据可能稍微有些不同，或者是计算方法存在细微的差别。然后，各家征信公司会把算出的 FICO 评分或 VantageScore 评分提交给贷款机构。

思考：

近期《福布斯》报道称，可能会有一些新的项目被计入个人信用评分。显然，开发个人 FICO 评分系统的费埃哲公司正在采用新策略，使用社交媒体（例如脸书）提供的信息来度量消费者的信誉度。一种可能是它们会扫描你在社交媒体上的发言，看看“浪费”（wasted）这个词出现了多少次。因为责任感是反映个人偿债可能性的重要指标，所以这个词出现的频率越多，越会增加个人的预测值。正如我们将在保险产品那一章里谈到的一样，保险公司还会利用信用评分确定保险费率。同样地，投保人负责任的行为也有助于保险公司判断汽车保险与房主保险的出险索赔概率。为什么我们说大家应当经常清理自己在社交媒体上的发言，这只不过为这种说法又多提供了一个理由。

到底要达到多高的信用评分才能算是比较优秀的客户呢？2017 年 4 月，美国全国的平均信用评分为 700 分，这是自 2005 年以来的最高水平，但是要想获得最优惠的抵押贷款利率，信用评分一般要求在 760 分或更高，而 620 分左右的信用评分一般是决定是否发放贷款的分水岭。事实上，较高的信用评分不仅意味着你可以获得贷款，还意味着你可以节约一大笔利息费用。比如说，信用评分为 760 分的客户其贷款利率要比信用评分为 639 分客户的贷款利率低 1.569 个百分点。表 6－1 列出了 2017 年 4 月不同信用评分的客户在申请总额为 300 000 美元、期限为 30 年的固定利率抵押贷款与金额为 25 000 美元、期限为 36 个月的汽车贷款时常见的利率水平以及每月的还款额。

表 6－1　不同 FICO 评分的客户的常见贷款利率以及每月的还款额

30 年固定利率抵押贷款			36 个月的汽车贷款		
FICO 评分	年利率（%）	每月还款额（美元）	FICO 评分	年利率（%）	每月还款额（美元）
760～850	3.831	1 403	720～850	3.466	732
700～759	4.053	1 441	690～719	4.482	743
680～699	4.23	1 472	660～689	6.895	771
660～679	4.444	1 510	620～659	9.589	802
640～659	4.874	1 587	590～619	13.902	853
620～639	5.42	1 688	500～589	15.138	868
抵押贷款总额：300 000 美元			汽车贷款总额：25 000 美元		

对于信用评分较低的客户来说，抵押贷款的利率水平会相对较高，而且信用卡的利率水平会更高。信用评分低的客户适用的信用卡利率甚至可能相当于高信用评分客户的信用卡利率的两倍之多，这种情况并不少见。

需要注意的是，虽然信用评分很重要，但它不是贷款机构决定是否向申请人发放贷款的唯一考虑因素。例如，在决定是否向申请人发放抵押贷款的过程中，贷款机构会调查申请人的工作经历、所从事工作的类型、与贷款金额相当的财产的价值，以及目前的负债总额。另外，我们还需知道，申请人只有在 6 个月前开通了信用账户并使用过信用卡，贷款机构才能根据这些信息计算申请人的 FICO 评分。也就是说，在过去的 6 个月里，如果申请人没有使用过信用卡，则贷款机构就无法计算申请人的 FICO 评分。在了解如何计算信用评分之前，我们先来看看信用报告中会包含哪些内容。

信用报告包含哪些内容？

虽然各家征信公司提供的信用报告采用不同的格式，但是所有的信用报告包含的基本信息是相同的。个人信用报告包含如下基本信息：

- 身份信息。其中包括申请人的姓名、住址、社会保障号码、出生日期以及就业信息等。这些信息用于确认申请者的身份，不用于计算信用评分。
- 交易记录或信用账户。所有与申请人相关的贷款记录，其中包括贷款类型（信用卡、助学贷款、汽车贷款、抵押贷款等）、贷款机构以及账户号码、账户余额、开户日期、还款情况以及现有状态（例如良好、账户已关闭或延迟 30 天还款）。
- 查询情况。在申请贷款时，申请人会授权贷方获得一份个人信用报告的复印件。贷方在查阅了个人信用报告后，会留下查询记录。在过去两年的时间里，所有查看过这份个人信用报告的机构名称都会被列在个人信用报告的这个部分里。个人信用报告上还会标注“自愿要求”查询——这意味着申请人自愿申请贷款而导致贷款机构查询信用报告——以及“非自愿要求”查询，例如贷款机构会事先查询客户的个人信用报告，再向客户寄送一份已经得到预先批准的信用卡申领邮件。
- 公共记录信息以及讨债信息。个人信用报告还包括来自州县法院的公共记录信息，以及来自催债机构、与贷款无关的信息，不包括课税扣押权与民事判决的相关数据。

公共记录信息包括银行破产记录、丧失抵押品赎回权、诉讼、工资扣押以及与税务无关的留置权。

决定个人信用评分的要素

现在我们来仔细分析一下决定个人信用评分的五大要素，比例细分如图 6-5 所示。

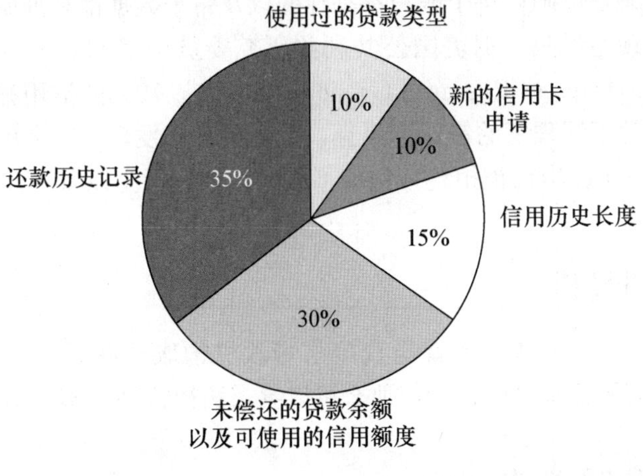

图 6-5　决定个人信用评分的要素

1. 还款历史记录（占个人信用评分的 35%）。个人还款记录非常重要。不要漏掉任何一笔还款。努力做到至少按照最低还款额来还款。正在考虑是否向申请人提供贷款的贷款机构希望能了解申请人过去的贷款还款情况。

2. 未偿还的贷款余额以及可使用的信用额度（占个人信用评分的 30%）。申请人有多少信用卡欠款？抵押贷款、汽车贷款以及其他尚未还清的债务分别是多少？目前申请人可获得的信用贷款总额是多少？负债信用比越低越好。

3. 信用历史长度（占个人信用评分的 15%）。信用账户开户的时间越长，在同一家贷款机构设立的信用账户使用时间越长，个人信用评分就会越高。只要每次都能按时还款，而且债务规模不大，那么即使信用历史的时间不长，这也没关系。

4. 使用过的贷款类型（占个人信用评分的 10%）。申请人使用过的贷款类型越多越好。如果申请人已经申请过几种不同类型的贷款，例如信用卡、零售贷款、按揭贷款、汽车贷款以及抵押贷款，那么这可以反映出申请人了解如何管理好个人财务。

5. 新的信用卡申请（占个人信用评分的 10%）。如果申请人最近寄出了很多信用卡申请表，那么这肯定会导致个人 FICO 评分被扣分。因为这很有可能被解读为申请人即将面临破产，以为信用卡能够帮助他们绝处逢生。

监控自己的信用评分

随时监控自己的信用评分是非常重要的。首先，你要确保自己的信用报告中没有错误信息，因为它是计算信用分数的基础。为了达到这一目标，你每年都要拿到一份最新的信用报告复印件。有些专家建议每隔几个月就要检查一下自己的信用报告，以防止身份被盗用。美国《公平真实信贷交易法案》（Fair and Accurate Credit Transactions Act，简称 FACT 法案）规定：允许个人每年从三大征信公司（益百利公司、全联公司以及艾可菲公司）免费领取一份个人信用报告。二维码 6－2 提供了有关《公平真实信贷交易法案》的其他信息。

二维码 6－2

《公平真实信贷交易法案》

如果你已经使用了每年从三大征信公司免费领取一份信用报告的权利，但还想再领取一份报告，那么可以登录 www.MyFico.com 或直接与征信公司取得联系。收到信用报告后要仔细核对，保证信息准确无误。查看所有的信用账户以确认每个账户都是你的以及每个数据都是准确的。信用报告会经常出现错误吗？据美国公共利益研究委员会（The National Association of Public Interest Research Groups）的调查，79%的信用报告会出现严重错误或其他不同程度的错误。而且，该委员会还发现，25%的个人信用报告存在的严重错误足以导致贷款申请被拒绝，例如不属实的不良行为以及不属于消费者个人的信用账户。

消费者的信用权利

解决信用记录投诉的最佳途径就是直接与贷款机构取得联系。然而，如果这不起作用，你仍对自己的信用记录有所怀疑，那么可以寻求法律援助，多个联邦法律可以保护消费者的合法权利。

征信公司与消费者的权利

由于个人的信用报告非常重要，因此美国国会在 2003 年就通过了《公平真实信贷交易法案》。这部法律允许美国公民每年从三大征信机构（益百利公司、环联公司以及艾可菲公司）免费领取一份信用报告。

如果你的个人信用报告提供的信息有误或不完整，你可以与征信公司取得联系。征信公司必须对你指出的错误进行调查并更正。比如，你的资料中可能包括其他相似姓名者的信息，或者是包含不正确或不完整的信用信息，也许是把已经关闭或不再使用的账户也列了上去。如果发现资料有错误，你应先与征信公司取得联系，由其对错误进行调查并进行更正。

如果经过调查，征信公司判定你的个人信用报告中的信息都是准确的，则你有权提交一份阐述个人观点的声明，并将此声明收入个人信用报告。这份声明让你有机会就个人信用报告文件某些信息的准确性提出异议。在任何情况下，只要你发现了错误，就要立即向征信公司指出。

《公平真实信贷交易法案》还规定了负面信息的保存年限。例如破产记录在个人信用报告中的保存年限仅为 10 年，其他负面信用信息保存年限为 7 年。

同时，《公平真实信贷交易法案》还规定只有那些拥有合法权利的机构可以查看公民的个人信用报告，例如考虑向个人发放贷款的金融机构、雇主或者是有生意往来的公司。你同样也有权利知道哪些机构查看过你的个人信用报告。

如果信用卡申请被拒绝

如果你的信用卡申请遭到拒绝，你有两个选择。第一，你可以向另外一家金融机构提出信用卡申请。被一家金融机构拒绝不代表也会被另外一家拒绝。第二，查找出申请被拒绝的原因。约见信用卡部门的经理，询问申请被拒绝的原因。知道原因后就去解决问题。你可以对信用报告上的错误信息进行更正，也可以在其他方面进行努力。

解决账单上的错误

信用卡账单可能会包含数字错误，例如有一笔支出对应的商品你从来没有收到过，对你购买过的某件商品重复收取了两次费用，类似的错误还有很多。但是幸运的是，《公平信用结账法案》(Fair Credit Billing Act，FCBA) 规定，错误的信用卡记账记录要予以更正。在《公平信用结账法案》的保护下，消费者可以拒绝支付有疑问的账单，并向发卡机构提出调查申请。二维码 6－3 介绍了管理消费信贷的主要法律法规。

二维码 6－3

管理消费信贷的主要法律法规

在调查可疑收费项目之前，《公平信用结账法案》要求消费者在收到账单 60 天内先向信用卡公司提交书面投诉信函。信函中应署明个人的姓名、地址、账户号码，并对账单错误进行详细描述，包括交易日期、账单的错误金额以及你认为错误的理由。信中还要注明你已经按照《公平信用结账法案》的要求对有异议的账单提出了质询。

随后，信函将被寄往信用卡账单上显示的“账单质询”或“账单错误管理部门”。因为大多数账单的付款是自动处理的，你的投诉信也一样有可能石沉大海。而且，《公平信用结账法案》要求寄给消费者的账单中必须明确说明处理消费者对账单提出的异议问题的相关部门的通信地址。一定要记得保留信件的复印件，以便将来查证。

信用卡发卡机构必须在收到客户投诉信函后的 30 天内向客户发出已开始调查客户投诉问题的通知信函。发卡机构可以在 90 天或两个账单周期内完成调查。调查完毕后，要么是客户的信用卡账户被贷记一笔相应的金额——该金额等同于争议事项的金额——要么是发卡机构发来信函解释为什么它们认为客户的投诉是不合理的。

如果你仍然不满意，那么可以在宽限期内继续向发卡机构提出交涉，但是这次信息的更正过程会比上次复杂。如果坚持不偿还欠款，你很有可能会被贷款机构列入拖欠债务的黑名单，也存在被发卡机构控告的可能性，同时信用等级也可能下降。但是，如果你觉得银行对你提出的质疑处理不当，可以与信用卡监管机构取得联系。当然，你也可以咨询律师，或者是考虑到小额索偿法庭起诉。

消费者金融保护局

消费者金融保护局（Consumer Financial Protection Bureau，CFPB）是提供金融保护与监管的机构——其使命是帮助消费者做出更好的决策。例如，你正在寻找某种金融产品，也许是房屋抵押贷款、信用卡或是助学贷款，你怎么知道哪一种金融产品最合算？你可以把所有的广告看个遍，把密密麻麻的合同细则一页一页地读完，但是即使费了这么多力气，你还是无法一对一进行比较，最终很有可能挑中的产品并不适合你个人或家庭。正如近来这场金融危机给我们带来的启示，这就是现实生活。个人如此，整个经济环境也是如此。在危机中，我们看到消费者们正在使用越来越危险的贷款产品，其中包括成百上千万美元无力偿还的高风险抵押贷款，我们已经看到了最终的结果是什么。在危机的酝酿过程中，我们的政府到底做了些什么？很多政府机构负责监管经济体系的各个组成部分，而各个机构的监管工作又各自为政互不相关，结果便是人们无法要求哪个监管机构为这场危机承担责任。

为了解决这一问题，消费者金融保护局成立并被授予监督的权限，以确保消费者金融市场能够正常运转。消费者金融保护局的主要任务是确保消费者预先清楚地知道金融产品的价格以及风险水平，从而使得信贷产品以及其他消费者金融服务产品更易于被消费者了解。消费者金融保护局还致力于减少金融产品合同中的复杂难懂的条文，从而能够让消费者更清楚方便地了解抵押贷款、信用卡以及其他金融产品与服务的价格及风险水平。于是，不同产品之间的比较会变得更加容易，消费者能够挑选到最适合自己以及自身财务状况的金融产品。

身份盗用

> **身份盗用**：是指其他人在你不知情的情况下盗用你的姓名、地址、社会保障号码、银行或信用卡账户号码或其他身份认证信息进行欺诈或其他违法行为。

身份盗用（identify theft）是指其他人在你不知情的情况下盗用你的姓名、地址、社会保障号码、银行或信用卡账户号码或其他身份认证信息进行欺诈或其他违法行为。

身份欺诈通常被归类为低科技犯罪。一般来说，常见的情况是通过偷窃他人钱包或从他人信件、垃圾里获取身份信息。窃贼常常通过填写地址变更表格来拦截你的邮件。也有少数情况是黑客侵入计算机，或者是以各种虚假借口获取你的个人资料。例如，有人自称是调查公司的工作人员给你打电话，询问你几个问题；或者是发送电子邮件自称是易趣公司或花旗银行的工作人员，声称你必须回复电子邮件并提供个人信息，否则将关闭你的账户。

一旦窃贼获得所需的身份资料，他将可以无限制地使用你的信用卡，办理新的信用卡，获得贷款甚至是用你的名字开通电话业务。总之，窃贼会把你的生活搅得一团糟。当然，你没有责任承担这些费用，但是让生活重回正轨也要花费你不少工夫。

如果你得知自己的身份被盗用，该如何应对？

如果遇到以下情况，说明你的身份可能被盗用：

- 你收到一张从未申请过的信用卡。

● 你的贷款申请遭到拒绝，或者是贷款的条件不如以前优惠，例如在没有明显原因的情况下贷款利率被提高。

● 你收到来自讨债公司或商业公司的电话或信件，它们提及的商品或服务你从来没有购买过。

● 你没有收到账单或其他邮件。

一旦你认为自己的身份被盗用，则可以采取以下步骤：

第一步：与三大征信公司中任何一家的欺诈部门取得联系，要求对你的信用账户设置欺诈警示。

第二步：关闭你认为或怀疑被盗用的账户或者窃贼以你的身份新开的账户。

第三步：填写报警报告。

第四步：可以通过政府设立的消费者信息网站 www. consumer. gov 向联邦贸易委员会提出投诉。

控制并管理个人信用卡与开放式信贷

控制并管理好信用卡的第一步就是了解你已经支付了哪些费用。买比萨或给汽车加油是最平常不过的事情了，然而不关注这些琐碎的小事很容易让你失去对自己财务状况的控制力。牢牢记住一点，个人理财的关键就是控制。如果不能清楚地知道自己把钱花在了哪里，那么就很难控制好自己的消费。

减少负债余额

除了清楚地知道自己的信用卡利率是多少以外，你还要知道如果自己没有积极还款的话——这指的是每月的还款额远远高于最低还款额——要花多长时间才能把债务全部还清。首先，绝大多数信用卡要求持卡人每月的最低还款额为未偿还债务余额的 4%左右。这意味着如果你要为信用卡的债务余额支付 18%的利息，那么若每个月只偿还最低还款额，则这笔债务你将永远也还不清。

为了说明如何计算还清信用卡债务余额所需要的时间，我们来看这个例子。记住，你的信用卡利率、期初的信用卡债务额以及每月的还款额是决定还清全部欠款所需时间长短的重要因素之一。假设期初时你的债务余额为 3 000 美元，每个月的还款额为初始债务余额的 4%，即每个月要还 120 美元。表 6－2 向我们展示了如何计算还清全部欠款所需的时间长度。只要找到每月还款的百分比与信用卡利率的交点就能得知计算结果了。

表 6－2　还清信用卡债务的时间是多久

每月还款占初始欠款的百分比	信用卡的年利率			
	9%	12%	15%	18%
4%	28 个月	29 个月	30 个月	32 个月
5%	22 个月	22 个月	23 个月	24 个月

续表

每月还款占初始欠款的百分比	信用卡的年利率			
	9%	12%	15%	18%
10%	10 个月	11 个月	11 个月	11 个月
15%	7 个月	7 个月	7 个月	7 个月

第一步：找到与最初打算每个月还款百分数所对应的行。比如，贷款额为 5 000 美元，每个月计划还款 200 美元，你偿还的百分比是 200/5 000=4%。我们找到 4%所在的行。

第二步：找到你应支付信用卡规定的年利率所在的列。假定信用卡的年利率为 15%，找到 15%所在的列。

第三步：偿还百分比和信用卡年利率的相交所得的就是还清所有债务所需的期数。每个月偿还 4%，年利率为 15%，30 个月可以还清所有债务。把这个时间结构牢记于心，不要再增加此卡的债务。

如果你每月只偿还欠款余额的 2%，信用卡年利率为 15%，那就要用 79 个月的时间，即超过 6 年半的时间才能还清这笔债务。你要记住，这个还款周期是在假定信用卡欠款不再增加的情况下算出的结果。如果你处于透支状态还在不停地消费，那将永远无法还清债务。

预防金融欺诈

如果信用卡被窃，我们该怎么办？只要你在任何欺诈性刷卡行为发生前办理挂失手续，那就不会有经济上的损失。但是如果在盗用者已经刷卡消费后你才办理信用卡的挂失，那么你要承担的责任仅限于每张卡不超过 50 美元的损失额。（这么低的损失限额使得信用卡保险变得毫无必要。）不过，信用卡丢失会给你的生活带来许多不便，所以防范金融欺诈仍然是十分重要的。

保护信用卡免遭盗用的基本措施一目了然。首先，保管好自己的信用卡消费收据，便于与信用卡对账单进行比较，以确保没有任何错误的刷卡消费。核对完毕后及时销毁，以免泄露信用卡号码。

其次，不要在电话里告知他人你的信用卡号码，除非是你正在买东西，是你发起的这笔交易，而且使用的是私人固定电话线路。窃贼可以轻易窃听公共电话，而且移动电话的安全性也不如固定电话。最后，千万不能把信用卡遗忘在商店里。防止把信用卡遗忘在店里的方法之一就是在对方归还信用卡之前，把钱包一直握在手里。表 6－3 列出一些避免身份被盗用的小贴士。

表 6－3　如何防止身份被盗用

- 在家里的安全场所保存一份包括所有信用卡、借记卡以及其他账户详细信息的清单。清单上还要列出每一个账户所在机构的 24 小时客服电话。这些信息能够帮助你迅速撤销账户，从而使得个人财务面临的风险降至最小化。
- 不要携带包含社会保障号码或任何个人识别号码、密码，抑或是银行以及信用卡登录密码的文件。
- 把你的出生证明、护照以及社保卡保存在防火的、结实的箱子里，然后存放在家中某处；或者是存放在银行保险箱里。如果你丢失了驾照，上述这些证件将是证明你身份的唯一官方证明。
- 从三大征信公司——益百利公司、环联公司以及艾可菲公司——那里每年至少申请领取一份个人信用报告，检查是否存在什么可疑现象。联邦法律允许个人每年免费领取一份个人信用报告。

信用卡消费的危险信号

二维码 6-4

信用卡使用习惯测验样卷

控制信用卡欠款的下一步是要检查自己的信用卡使用习惯以判定是否存在问题。虽然如何控制并不存在一个可直接套用的简单公式，但是很多理财规划师都是通过让持卡人完成信用卡使用习惯测验来促使其审视自身的行为以及发现个性里潜在的弱点。二维码 6-4 是信用卡使用习惯的测验样卷。这些问题可以帮助你对自己使用信用卡的习惯进行思考并重新做出评价。如果你的答案中有很多是肯定的回答，那么你的用卡使用习惯可能存在问题。

如果你无力偿还信用卡债务

如果你因为过度使用信用卡而陷入困境，要想摆脱债务的确是一件困难的事情。当然，第一步是你要做一份预算，保证支出小于收入。这要求你有一定的自控力，消费要符合你的收入水平。在安排预算时，要把偿还信用卡债务放在第一位。拿到收入以后，马上拿出一部分钱用于偿还信用卡债务，然后再去消费。除了这种补救措施以外，你还可以考虑其他选择。首先，确认你使用的信用卡是符合个人消费习惯的成本最低的信用卡。你应当持有一张符合个人使用习惯的信用卡。

你也可以考虑把存款取出来偿还信用卡债务。如果这样的情况已经发生了，那就保证只此一次下不为例——你必须重新审视自己的消费行为，要永久性地改变信用卡的使用习惯。因为现在信用卡对欠款征收的利率平均接近 16%，所以动用存款还清全部欠款的确是一个一次性解决问题的好办法。如果存款的税后收益率为 4%，那么使用存款偿还债务，相当于节省了 12%的利息成本。不过，如果你不改变自己的用卡习惯，那还是无济于事。另一个降低债务成本的方法是使用抵押贷款或房屋净值贷款来偿还高成本的信用卡债务。我们将在第 7 章介绍这种类型的消费贷款。

此外，不要犹豫，尽快联系你的信用卡公司，向其寻求帮助。2017 年 CreditCard.com 网站的一项调查显示，向发卡行要求调低信用卡利率的信用卡客户有 69%得偿所愿。请求发卡行免掉滞纳金的客户也有 87%的成功率。因此，我们的结论是你要采取主动，毕竟，即使没成功，你也不会失去什么。

爱与金钱

没人喜欢信用卡欠债，约会已让这一事实显露无遗。根据 2016 年宏达理财的一项调查，44%的受访者承认信用卡债务让他们不太可能和别人约会。

你认为为什么会这样？一个可能的解释是信用卡债务是不负责任乱消费的象征符号，而乱花钱会带来各种各样的问题。毕竟，《财务问题与离婚的关系研究》(Examining the Relationship Between Financial Issues and Divorce)① 一文的作者发现，因为钱而发生争吵是可能离婚的

① J. Dew, S. Britt, and S. Huston, "Examining the Relationship Between Financial Issues and Divorce," *Family Relations* 61, no. 4 (2012): 615-628.

头号警报——不是亲戚、孩子、性，而是金钱——这一点对男性和女性来说都是事实。

如果你身负债务，那么该怎么办呢？改变理财习惯不是件容易的事，但是如果你确实有不良的消费习惯，那么应当勇敢面对，尽快改正。消费降级可能意味着某种牺牲，但是如果你能控制住自己对信用卡的使用，自我感觉也会好得多。

如果你发现自己正约会的对象背负着一大笔信用卡债务，你会怎么办？这里你面对的实际问题是“他或她是否有关于如何处理这些债务的计划，也就是说，是否计划好如何还债？”你很可能想要找一个在财务方面很有责任感的伴侣，因为将来你要和他/她一起共同打理小家庭的财务，糟糕的理财习惯是美满婚姻的破坏者——对很多人来说，这种坏习惯给夫妻关系施加了太大的压力，人们应付不了。一旦夫妻关系开始变得紧张，你可能就会对配偶的消费习惯颇有微词，同时还会与自己的消费习惯加以比较。要知道，钱在日常生活中无处不在，所以有关理财事务的讨论必须具有优先权。

如果你现在有债务没还：赶快还清。树立起责任感——这是你应该偿还的债务。弄清楚这些债务的来源以及金额。讨论一下还债计划——要制定一个夫妻二人都能坚持的还债计划。这是排在首位的重要任务。

如果你正在探查伴侣的负债情况：记住要获得详细信息。尽量努力做到不去评价。听听看他/她有什么还债计划。在合适的时候，询问一下伴侣的薪水、储蓄和还债计划，甚至还有个人信用评分与信用记录。齐心协力制定计划，鼓励伴侣认真执行他/她的还债计划，或者身体力行，帮助伴侣还清债务。关键在于双方始终要保持诚恳对话，共同努力，制定计划并坚定地执行计划。

行为视角 >>>

原理 9：心理游戏、理财个性与金钱

什么时候一美元就等于一美元？所有的货币被创造出来时都是等值的吗？想想看这样的问题容易回答吗？你可能感到很惊讶。

你是否听说过有关“拉斯维加斯蜜月”的笑话？这个笑话是这样的：一对新婚夫妇去拉斯维加斯度蜜月，他们计划玩一周的时间，但三天之内他们就把随身携带的 1 000 美元现金在赌场里全部输光了。这天正当新郎洗漱好准备上床时，他在口袋里找到了最后一张 10 美元的钞票，于是他决定立即去赌桌上试一试手气。令他大吃一惊的是，他一直在赢钱，不管怎样都输不了，因此在一个小时内，他就赢了 500 万美元，因为每一次轮盘赌都是他赢。正当他准备回房间时，他决定再最后赌一把，用他所有的钱来一把轮盘赌——结果是他输了个精光。回到房间，当他准备上床时，妻子问他去哪儿了——他回答说刚才自己就在楼下赌钱；她问赌赢了还是赌输了，他回答说，“我输了 10 美元”。所有的钱，不管是辛苦劳动赚来的，还是赌博赢来的，都能买到同样数量的商品。但是，人们总是倾向于把不同来源的钱放入不同的“木桶”或“账户”。

欢迎来到“心理账户”的世界，这个词的含义是人们总是倾向于认为某些钱的价值更高，同时又把另一部分钱的价值看得相对较低，可以毫无心理负担地浪费——例如赌博时赢来的、很快又被输掉的钱。你是否发现自己会按照钱的不同来源、如何保管以及（计划）如何消费将这些钱分门别类，并采用不同的处理方式？

事实证明，心理账户这个概念和信用卡组合在一起是一对危险的“搭档”。信用卡很容易就能创造出一个特殊的“心理账户”，在为拉斯维加斯的假期积攒意料之外的“外快”。与此同时，你还在使用信用卡购买生活必需品，当然也背负着卡债。把旅游度假的钱单独存放在某个银行账户里享受着不到 0.5％的收益，同时在为没有还清的信用卡欠款支付着将近 20％的利息，这样做显然是没有意义的。此时，一边是为度假积攒的钱，另一边是用来偿还信用卡欠款的人，同样都是钱，人们却以不同的态度来对待。

行为金融学研究还发现了人们错误使用信用卡的另一种现象，也许你对此并不感到吃惊。研究显示，大多数人发现，刷卡购物要比付现金购物容易得多。事实上，这是一个很有名的实验——研究者们拍卖凯尔特人的比赛门票：一半的参与者被告知如果他们中标了，第二天必须用现金购买门票，而另一半的参与者被告知如果中标，可以刷卡购买门票。虽然支付方式不同，但所有的参与者对同一批门票展开竞拍。结果如何呢？那些用信用卡付款的投标人，平均竞标价相当于只用现金付款的投标人出价的两倍。当你“刷卡购物”时，感觉好像并没有真的花钱。如果用现金付款，当你把钞票从钱包里拿出来，放在桌子上付款时，意识到自己刚刚为了一顿美味的牛排晚餐而花掉了 45 美元，想一想还真有点不舍呢。为什么会这样？同样地，这还是因为心理账户不同，你对信用卡里的“钱”和纸钞采取了不同的态度。

不过，心理账户并不只有负面作用。当你对货币及其流通模式有了深刻认识以后——这正是本书与“原理 1：知识就是最好的保障”想要实现的目标——你就可以为应急资金、退休储蓄、为孩子准备的教育基金分别设立不同的心理账户。研究证明，当人们相信自己正在为实现某个特定的目标而储蓄时，会倾向于存更多的钱。清楚了解了心理账户的原理，你应当可以将生日收到的红包、加班拿到的奖金乃至退税善加利用，用来偿还债务，或是积攒起来，用来改善个人的财务状况。

行为金融学还发现了与信用评分有关的有趣的事儿。根据 2016 年 CardRating.com 网站的一项调查，男性总是倾向于高估自己的信用评分，而女性倾向于低估自己的信用评分。不管他们事实上信用评分高不高，这个结论都成立；同时，这也与行为金融学领域的其他发现相一致——说到钱，男性比女性更有自信。2015 年 12 月益百利进行的一项研究显示，女性的信用评分会略好于男性。把这两项发现放在一起品味，可真是有趣。不管是男性还是女性，你要做的不仅仅是估算自己的信用评分，你还应当知道准确的分值，如果需要提高得分，那么你要为此做出努力！

下面是个人行动计划，即原理 10：开始行动吧！惰性是行为金融的另一特征——不要让懒惰毁了你的计划。好好看看下面的内容，然后开始努力奋斗吧！

行动计划 >>>

原理 10：开始行动吧！

是时候好好使用自己的信用卡并开始提升个人的信用评分了，只有这样，以后你才能以更低的利率获得贷款。好了，下面是能帮助你实现目标的行动计划。

- 获得一张信用卡，永远做到按时还款。
- 定期使用信用卡，但是只在自己可承受的范围内消费，并将信用卡欠款保持在低位。
- 不要用光信用额度——把目标设定为至少预留出30%的信用额度未被使用。
- 不要预借现金。
- 让信用卡账户的开立时间尽可能长。
- 不要一下子开立很多新账户——你要实现的目标是让自己的所有账户都具有较长的使用历史。
- 保持警惕——定期检查自己的信用报告，查看是否有错误，查看个人信用卡账户是否存在任何可疑或不寻常的交易活动。

本章小结

➡ 学习目标1：了解信用卡的使用原理

总结：开放式信贷就是设立一个最高信用限额，使用者只需每月缴纳最低还款额就可以获得循环贷款的一种贷款类型。信用卡是开放式信贷的主要形式，它已经成为个人理财不可或缺的一部分。

关键术语

信贷：先提取现金或者是购买商品或服务，再付费的服务。

消费信贷：为购买个人用品而使用的贷款，不包括房屋抵押贷款。这种类型的贷款包罗万象，汽车贷款以及信用卡贷款均属于消费贷款。

开放式信贷或循环式信用：指的是贷款机构授权个人客户可以使用一定的信贷额度，客户可以先透支过后再还款。只要每个月客户能够按照最低还款额还款，并支付未还款部分的利息，则客户可以自行安排每月的还款额度。

年利率：指的是贷款有效期内支付的单利利率。它是借款真实成本的合理近似值，《诚实借贷法案》要求所有的消费者贷款协议都必须用黑体说明年利率是多少。

余额计算方法：指的是信用卡欠款的余额计算方法。贷款的费用取决于欠款余额的金额。

日均余额法：把账单期内每天的未偿还余额加在一起，然后除以账单期的天数。再根据此日均欠款余额计算应付利息。

前期余额法：以上一个账单期的欠款余额作为计算下一期应付利息的本金的方法。

调整余额法：用上一个账单期的欠款余额减去本期的已还款金额，再乘以利率计算利息的方法。

宽限期：是指从刷卡消费额记入持卡人账户日起到银行要求持卡人对信用卡的欠款余额支付利息的日期为止的这段时期。

年费：信用卡发卡机构每年收取的一笔固定费用。

商家折扣费：商家要将商品售价的一定百分比支付给信用卡发卡机构。

预借现金费：指预借现金要支付的费用，有可能是固定金额，也有可能是预借现金额的一定百分比。

滞纳金：未及时还款要支付的罚金。

透支费：客户刷卡消费的金额超出了信用卡的信用额度应支付的费用。

罚息率：若客户未能及时偿还信用卡的最低还款额，则要支付的惩罚性利率。

➡ 学习目标 2：了解贷款的使用成本。

总结：影响开放式信贷的基本要素包括利率、余额计算方法、预借现金的成本、宽限期、年费以及其他惩罚性费用，例如超限额费以及罚息。使用信用卡或开放式信贷的优势是：(1) 便利或方便购物；(2) 应急使用；(3) 可以先消费后付款；(4) 合并付款；(5) 购买价格将要上涨的商品；(6) 获得免息信用贷款；(7) 提前预约；(8) 一种身份认证；(9) 可能获得免费的优惠服务。

要小心使用信用卡和开放式信贷，因为它很有可能会让消费失去控制，使用费用高昂，而且会使得未来用于消费的可支配收入变少。

➡ 学习目标 3：分辨不同类型的信用卡。

总结：开放式信贷种类繁多，其中包括不同种类的信用卡以及赊账账户。信用卡的三种最基本类型包括银行信用卡、旅行娱乐信用卡以及单一用途卡。

关键术语

银行信用卡：银行信用卡由银行或是大公司发行，通常为维萨卡和万事达卡。

贵宾卡或特权卡：银行卡或旅行娱乐信用卡可以提供高达 100 000 美元的信用额度以及若干增值服务，其中包括紧急医疗、法律顾问服务、旅游服务、折扣、商品质量保障等。

联名卡：联名卡是由发卡银行和非营利性的社会团体或机构联合发行的银行卡，上面注有组织名称或标志。这种信用卡会将一定比例的年费或刷卡消费额返还给联名发卡的社会团体或机构。

➡ 学习目标 4：了解个人信用卡信用等级的决定因素以及如何确保安全使用信用卡。

总结：在评定个人的可信任度时，大多数贷款机构会参考信用的 5C 要素：品质、能力、资本、担保品以及环境状况。信用卡发卡机构会根据征信公司提供的个人信用报告来核实申请人递交的信用卡申请信息。征信公司是保管个人信用信息的私营机构。美国三大征信公司分别是益百利公司、环联公司以及艾可菲公司。1971 年，国会通过的《公平信用报告法案》(FCRA)（后来颁布的修订法案有助于进一步确保个人信用报告的正确性）规定，消费者有权利查看自己的个人信用报告。

关键术语

征信公司：指的是搜集消费者历史财务信息的公司，包括其支付账单的速度，过去是否曾有过拖欠债务的记录。公司会把这些信息总结处理后出售给客户。

信用评分：指的是基于贷款申请人的贷款历史数据对申请人可信任程度的量化评分。

身份盗用：是指其他人在你不知情的情况下盗用你的姓名、地址、社会保障号码、银行或信用卡账户号码或其他身份认证信息进行欺诈或其他违法行为。

➡ 学习目标 5：管理好个人信用卡以及开放式信贷。

总结：不同的信用卡适用的年利率不尽相同，收费的计算方法也不一样。了解账户余额的计算方法非常重要。为了控制信用卡的使用，先要控制使用信用卡进行消费，留意危险信号。

思考题

1. 使用信用卡需缴纳 30 美元的年费，也就是每个月你要多支付 2.5 美元。还有哪些特征以及费用会影响信用卡的贷款成本?

2. 特德和蒂凡尼约好了与麦切和艾姆博今晚在绿海龟俱乐部见面。看来，今晚的聚会一定花费不小。为了控制开销，特德经过 AMT 时停了下来，用信用卡预借了现金。等他们两对夫妇碰面坐下来点餐的时候，蒂凡尼告诉艾姆博说，今天她要挥霍一下——点龙虾吃，因为她看见特德手上有一大笔的现金。麦切无意中听到了这些话便取笑特德，说他这样理财一点也不精明。特德反驳说麦切没有考虑到预借现金提供的便利性以及能起到的控制作用，因为许多研究成果证明使用信用卡会消费得更多。蒂凡尼和艾姆博要你来判断一下他们两个人到底谁的说法是正确的。为了解决分歧，在给出判断以后，你必须详细说出自己的理由。

3. 在上一个问题中，如果蒂凡尼知道了特德有多少信用卡欠款还没还清，结果可能是怎样的?

4. 信用卡发卡机构会根据征信公司提供的资料预选潜在客户，然后向其邮寄信用卡的促销材料以及申请表。请你描述一下会收到银行信用卡、贵宾卡、联名卡、抵押信用卡的消费者分别应具有哪些共性特征?

5. 由于之前只有一份兼职工作，而且进入职场后需要配备一套正装，因此毕业后那个暑假，瑞秋很快就把自己的信用卡刷爆了。由于瑞秋要到 8 月才能收到第一笔全职工作的薪水，所以她发誓不再使用信用卡，而且每个月偿还 240 美元，直到把余额为 8 000 美元的信用卡欠款全部还清为止。这种信用卡的年利率为 18%。瑞秋要花多长时间才能把购买正装的信用卡欠款全部还清? 你认为她应当再去申请一张新的信用卡吗? 为什么?

6. 消费者信用法已实施多年，其宗旨是保护消费者，防止贷方滥用权利。请将下列消费信贷问题与对应的消费者信用法一一配对。

- 控制催收债务的程序以及操作。
- 严禁基于种族、年龄、国籍的信用歧视。
- 明确说明年利率，要求公布所有与贷款有关的费用。
- 贷款合同的语言要通俗易懂。
- 在采取任何对消费者不利的行为之前，要先向其出示拒绝信或书面说明。
- 限制信用卡发卡机构向消费者寄送有关申请信用卡的促销邮件，禁止向消费者邮寄没有申请的信用卡。
- 如果使用信用卡购买的商品是次品，则消费者拥有取消这笔信用卡付款的合法权利。
- 信用卡被盗用时，持卡人承担的损失额最高不超过 50 美元。
- 保证离婚后的个体仍有使用贷款的权利。
- 每年从三大征信公司当中的每一家免费获得一份个人信用报告的权利。
- 将信用卡的滞纳金调低至 25 美元。
- 限制发卡机构向年龄不满 21 岁的消费者发放信用卡。
- 要求金融机构以简洁明了的语言披露有关国际资金转移的信息。

7. 哈维尔现在每年要支付 1 200 美元的信用卡利息。如果他不需要支付这笔利息，而是每年把这笔钱存起来，假设钱存在年收益率为 8%的税收递延账户里，那么 10 年、15 年和 20 年后，该账户的累积余额将会达到多少美元？

讨论案例 1

明年，玛利亚就是大学二年级的学生了，她决定给自己办一张信用卡。玛利亚在大一整个学年都没有打工的经历，但是她相信自己可以用暑期的打工收入来支付信用卡的使用费。玛利亚的父母看过好几篇关于在校大学生使用信用卡的文章，其中提到了一些案例，比方说有的学生因为拖欠信用卡债务的恶性循环——先是过度消费，然后打工还债，担心无法还清债务，要花更多时间赚钱，最后导致退学——而被迫离开学校。当玛利亚手里拿着厚厚一叠信用卡申请表——维萨卡、万事达金卡、发现卡、所在大学的联名卡、运通卡、万事达抵押信用卡以及石油公司信用卡——站在父母面前时，她的父母被吓了一跳。玛利亚说“我不是笨蛋”，这么多信用卡不会都去申请。显然玛利亚需要多花点时间来研究这些信用卡资料，她的父母决定在玛利亚的信用卡申请书上签字做联署人，但是有一个条件，那就是玛利亚要针对下面几个问题在班级里做个小调查，然后才能做出最终的选择。

问题：

1. 假定玛利亚不在乎父母是否同意，对父母提出的交换条件视而不见，那么在没有父母帮助的情况下，玛利亚还能申请到信用卡吗？如果玛利亚是一位即将毕业的大四学生，你的答案会有什么变化？

2. 为什么一个没有工作的在校大学生也需要信用卡？持有信用卡有哪些好处，又有哪些弊端？

3. 玛利亚需要办理多张信用卡吗？一般来说，消费者应该持有多少张信用卡最合适？

4. 挑选信用卡与普通消费时货比三家一样，要考虑商品的成本、特征以及优缺点。换言之，这些商品可以满足顾客的需求吗？请你帮助玛利亚从她现有的信用卡申请表当中挑选一个适合她的信用卡。

5. 根据问题 4 的分析，玛利亚应该考虑哪种类型的信用卡？她还可以考虑申请其他哪种类型的信用卡？

6. 列出并总结影响信用卡成本的基本要素。根据玛利亚的情况，把这些要素按照重要性和相关性进行排序。

7. 在比较自己拿到的各种信用卡申请表时，玛利亚兴奋地发现自己收到了一封标准信用卡的“预先批准”邮件。在玛利亚考虑接受这张信用卡时，你应当提醒她做好哪些预防措施？

8. 如果玛利亚只是在这个秋季与明年秋季使用信用卡买书，那么若她希望能在 24 个月内还清所有信用卡欠款，那么买书的支出会对其每个月的还款额造成怎样的影响？（假设买书的支出为 600 美元，分别发生在未来 3 个月后以及 15 个月以后。）

9. 为了防止信用卡被滥用，玛利亚在使用信用卡的时候应遵循哪些重要规则？

10. 信用卡的使用会对玛利亚今后找工作有什么影响？她应该避免哪些问题？

11. 为防止信用卡欺诈以及身份盗用等问题，玛利亚在使用信用卡的时候应遵循哪些最重要的原则？

讨论案例 2

加斯听说林赛每个月都还清信用卡债务，这让他感到非常吃惊。加斯原以为每个人使用信用卡的方式都是一样的——先刷卡购买商品，随后再还款。只不过对加斯来说，要等到几个月以后才能付清信用卡的欠款。加斯购买的所有东西几乎都是通过刷信用卡买来的，例如衣服、食品开支以及娱乐消费。林赛问加斯是否知道自己使用的信用卡采用哪一种余额计算方法，以及信用卡的年利率、宽限期、其他费用或者提供哪些特色服务，而加斯表示对此一无所知。加斯争辩说信用卡是最安全、最便捷的购物方式，因为信用卡可以帮他买下价格非常昂贵的东西，然后他每月只需要按照最低还款额还款就可以了。加斯还说自己有过一两次延迟还款的情况，也曾经把信用额度刷爆，甚至还会经常性地预借现金。即使这样，加斯却还自认为是一个负责任的信用卡使用者。听了这些以后，林赛非常担心他的好朋友。于是，她向你寻求帮助，请你回答以下问题。

问题：

1. 加斯是哪种类型的信用卡使用者？根据你的回答，你认为加斯选择信用卡最重要的因素是什么？

2. 林赛坚持要加斯索取一份免费的个人信用报告。请你简要说明林赛需要哪些信息来帮助加斯领取个人信用报告。

3. 加斯的另一个朋友纳撒尼尔建议加斯办理一张抵押信用卡，最好是钛金卡。你同意他的观点吗？请说明理由。

4. 根据你对加斯的了解，他最可能被收取哪些额外费用或罚金？

5. 解释一下信用卡适用的多种利率的含义，例如固定利率、浮动利率、诱惑利率或惩罚利率。不同的利率水平对信用卡的使用成本有什么影响？

6. 如果加斯想把一张信用卡的债务转移到另一张信用卡上，他应当先考虑哪些因素？

7. 最近在申请一张信用卡时加斯被拒绝了，他感到很吃惊。那么接下来他应当做些什么？如果他手上还有其他的信用卡，为什么还要如此慎重对待这次不愉快的经历？

8. 使用表 6－2 计算一下如果加斯每个月还款 150 美元，信用卡的年利率为 15%，而且加斯再也没有用信用卡消费过，那么还清 3 000 美元的信用卡债务需要多长时间。假设没有刷卡购买新的商品，计算一下若想在 12 个月内还清所有信用卡欠款，则加斯每个月要偿还多少美元？

9. 在接受了林赛的信用卡教育以后，加斯决定要加强自律，关闭两个旧账户。这是一个好策略吗？

10. 若今后加斯遇到信用卡欠款难以偿还的问题，你会给他什么建议？

第7章

助学贷款与消费贷款：计划借贷的作用

学习目标

1	了解各种类型的消费贷款。	消费贷款——你的选择
2	计算消费贷款的成本。	消费贷款的费用与提前还款
3	选择适合的渠道获得消费贷款。	获得个人消费贷款的最优惠利率
4	控制个人的债务规模。	控制个人对债务的使用
5	了解各种类型的大学教育贷款。	助学贷款与读大学的费用

《欢乐合唱团》(*Glec*) 这部电视剧的主角是威廉·麦金利高中合唱团的团员与他们的老师，虽然剧情明显是虚构的，但反映的确实是现实生活中当代高中生面对的种种复杂难题。随着剧集的推进，我们看到合唱团的一些高年级学生毕业了，进入了大学校园。奎恩去了耶鲁大学，而库尔特、布莱恩和瑞秋都去了纽约戏剧学院——这是一所虚拟的学校，剧中号称其在美国的音乐剧领域排名第一，听上去有点像现实世界里的茱莉亚音乐学院。此外，我们还看到苏·西尔维斯特（原是一位体育老师，后来成为高中校长）用路易斯维尔大学的“全国顶尖啦啦队项目”的奖学金激励桑塔纳。

一季又一季，《欢乐合唱团》几乎触及到了所有的现实问题，不过它漏掉了一个最大的问题——助学贷款以及如何支付上大学的费用。奎恩进入耶鲁大学确实很棒，但她该如何搞定一年 58 000 美元的求学费用呢？对桑塔纳来说不太幸运，因为路易斯维尔大学根本没有啦啦队奖学金。虽然现实世界里纽约戏剧学院并不存在——这看上去很像是在映射现实世界里的茱莉亚音乐学院——但剧中这家学院的竞争异常激烈，每年只招收大约 20 名学生。茱莉亚音乐学院每年的费用大约为 50 000～60 000 美元，那么估计剧中的纽约戏剧学院也差不多是这个价码。在毕业后还清所有的助学贷款不是件容易的事——毕竟，戏剧专业毕业生的收入中位数只有大约 40 000 美元。

虽然《欢乐合唱团》这部剧集不需要面对“支付上大学的费用”的挑战，但是苏·西尔维斯特的扮演者简·林奇却注意到了这个问题。近期她宣布成立了一个非营利性的网站，名为全国大学金融中心。该网站的使命是“向学生及其家庭提供有关大学教育贷款的真实信息”。为什么她要这样做？和大多数人一样，当某些事开始影响到我们个人时，它会让我们更加看清这个世界——简的侄子侄女刚从大学毕业，为了读大学而背负了庞大的债务。目睹了这些债务对家庭造成的深远影响，简开始积极介入并推动网站项目尽快上线，因为这个网站可以让学生及其家庭在进入大学之初就轻而易举地获得急需的信息。

当简现身于微软全国有线广播电视公司的《早安，乔》（Morning Joe）节目，主持人米卡·布热津斯基赞扬她所做出的努力，帮助有需要的人更容易获取这些重要信息。米卡的一个女儿正在读大学，另一个女儿很快也要上大学，所以米卡本人也和那些刚进入大学校园的 18 岁年轻人一样，正亲身经历着大学申请、录取以及其他令人眼花缭乱的挑战与考验。尽管米卡的孩子们没有巨额助学贷款的困扰，但她目睹了其他人轻松获得助学贷款，然而毕业后债台高筑、就业机会减少、工资水平更低等惨痛教训。

根据美联储提供的最新数据，年龄不满 30 岁的年轻人平均未清偿的助学贷款余额竟然高达 30 156 美元。简·林奇肯定是发现了这一“不令人愉快”的现象。

消费贷款——你的选择

消费贷款：这种贷款会有一个详细的合同，具体说明借款人的借款金额以及还款的时间与方式。

我们在第 6 章讨论了信用卡以及其他形式的开放式信贷。现在我们要把注意力转移到**消费贷款**（consumer loan）。你可以把消费贷款看作是了解个人负债情况的第二个步骤。与信用卡以及其他形式的开放式信贷不同，消费贷款合同更加严密，同时也更加正式。信用卡是授权给持卡人一个信用额度，只要不超过这个最高限额，持卡人可以随借随还。但是消费信贷并非如此——消费贷款会有一份非常正式的贷款合同，上面详细注明借款人的实际借款金额，以及偿还贷款的确切时间与偿还方式。开放式信贷让购物变得很方便，比如说今天的晚餐叫了外卖或出去吃，或者是买了一张最新的《银河护卫队》（*Guardians of the Galaxy*）的 DVD。消费贷款通常用于购买价格较为昂贵的大件商品。与开放式信贷相比，消费贷款的贷款金额更高，还款的时间也可以更长，但是借款人必须按照固定的还款计划还款。正是因为消费贷款会迫使你制定好消费计划以及还款计划，所以消费贷款有时又被称为“计划借款”（planned borrowing）。

手头上有足够多的现金用来购买你需要的或是想要的东西当然是很理想很完美的状况，没有人愿意欠别人的钱。但是，有时候由于消费金额过高或者是由于时机凑巧的缘故，你不得不先去借钱完成购买行为，然后再慢慢偿还欠款。消费贷款能让你做到这一点。但消费贷款也是有成本的。在让你获得更多消费的同时，伴随消费贷款而来的就是负债，未来这将成为你的财务负担。并非所有的消费贷款都是一模一样的，具体类型包括一次性还款的贷款、无担保的固定利率贷款以及分期还款的浮动利率贷款。这些意味着什么呢？让我们先来了解一下消费贷款的特征与相关术语、贷款合同以及消费贷款的特殊类型吧。

第一个选择：一次性还款还是分期还款

消费贷款的还款方式可以分为一次性还款或分期还款。**一次性还款贷款**（single-payment loan）或**气球贷款**（ballon loan），是一种到期一次性还清的贷款，贷款合同会明确说明贷款的到期日。在贷款到期日当天，借款人必须支付借款额以及所有的利息。一次性还款贷款的期限通常在一年之内，相对比较短。毋庸置疑，对于这种贷款，如果在到期日借款人没能筹措到足够多的资金还款，那么将是很麻烦的一件事。因此，借款人通常将这种贷款用作**过桥贷款**（bridge loan）或者**临时贷款**（interim loan）以提供短期的资金，直到找到长期资金或其他的融资来源。过桥贷款可以为建造房屋提供资金，然后再用抵押贷款偿还过桥贷款以提供更多可供长期使用的资金。

> **一次性还款贷款或气球贷款**：这种贷款通常会在贷款合同中明确要求借款人在贷款到期时一次性还清。在贷款的到期日，借款人应一次性还清所有的贷款本金与利息。
>
> **过桥贷款或临时贷款**：这是一种短期贷款，是借款人在找到其他中长期资金来源或其他融资资源之前的短暂过渡。
>
> **分期偿还贷款**：这种贷款要求借款人定期偿还贷款的本金与利息，每期还款额能确保贷款会在预先设定的日期刚好到期并还清。
>
> **分期还款**：每月等额的还款额既包含了一部分本金，同时还包含一部分基于逐渐减少的本金余额的利息。刚开始时，每月还款额中大部分是利息，随后利息所占的比重逐渐下降。本金的偿还情况刚好相反。刚开始时，每月还款额中本金所占的比重较小，随后开始稳定上升。

分期偿还贷款（installment loan）需要定期支付利息与本金，每月还款的金额要确保到期时贷款刚好全部偿还。在贷款的初期，每月的还款额中有一大部分偿还的是利息，随后利息在整个还款额中所占的比例逐渐下降；反过来，在贷款的初期，每月的还款额中只有一小部分偿还的是本金，但是随后本金所占的比例会逐渐上升。事实上，随着每个月本金的偿还额越来越多，借款人支付的利息开始逐渐减少。这一过程通常被称为**分期还款**（loan amortization）。分期还款这种贷款方式很常见，可用于购买汽车、电器或其他售价较高的大件物品。

第二个选择：担保贷款与无担保贷款

消费贷款还可分为担保贷款或无担保贷款。**担保贷款**（secured loan）是指有特定的资产作为担保的贷款。如果借款人不能偿还贷款，那么作为担保的资产将被售出用来偿还到期的贷款。很多时候借款人都是用贷款资金购买的资产作为担保品。比如说贷款买车，那么买下的这辆车通常就作为贷款的担保品。如果借款人不偿还贷款，那么这辆车就会被收回。

被收回的担保品可能不够偿还借款人拖欠的贷款。也就是说，即使贷款的担保品已经被收回，借款人可能还欠银行的钱。举个例子，假设未偿还的房屋抵押贷款为 40 000 美元，但是银行收回房屋后只能得到 35 000 美元，那么这意味着借款人仍然欠银行 5 000 美元。也就是说，你光是把房子还给银行还不够，还欠着一笔钱！其他可用来作为贷款担保品的资产通常包括大额定期存单、股票、珠宝、土地或银行账户。担保品减少了贷款机构的风险，所以贷款机构在提供担保贷款时，设定的利率水平一般要比同等条件的无担保贷款更低。

> **担保贷款**：有特定的资产作为担保品的贷款。
>
> **无担保贷款**：没有特定的资产作为担保品的贷款。

无担保贷款（unsecured loan）不需要抵押品。一般来说，金额较大的无担保贷款只提供给信用有保证的借款人，因为对贷款机构来说，这种贷款的唯一担保只是个人偿还借款的承诺。无担保贷款最主要的缺陷就是这种贷款的费用很高。

第三个选择：可调整利率与固定利率贷款

固定利率贷款：在贷款的整个有效期内利率保持固定不变的一种贷款方式。

浮动利率贷款或可调整利率贷款：这种贷款的利率水平不会一成不变，而是根据市场利率的变动而改变。

优惠利率：银行提供给可信赖的消费者（或者叫作“最优”客户）的贷款利率。

消费贷款适用的利率可以分为浮动利率与固定利率两种形式。**固定利率贷款**（fixed interest rate loan）的利率水平不与市场利率挂钩，在贷款整个有效期内始终保持固定不变。不管市场利率是上升或是下降，借款人支付的利率水平均保持不变。大多数消费贷款都是固定利率贷款。

浮动利率贷款（variable interest rate loan）或**可调整利率贷款**（adjustable interest rate loan）的利率水平与市场利率挂钩，比如说优惠利率或6个月短期国债利率。借款人支付的利率水平要随市场利率的变动而调整。**优惠利率**（prime rate）是银行向信誉卓著的消费者提供贷款的利率。多数消费贷款的利率水平会高于优惠利率或短期国债利率。例如，你的贷款利率可能要比优惠利率高出4个百分点。在这种情况下，如果优惠利率为3.5%，那么你就要为浮动利率贷款支付7.5%的利率水平。如果优惠利率上涨到7%，那么你的贷款利率就会变成11%。

浮动利率贷款的利率调整模式各不相同。比方说利率的调整周期长度不同，但是对每种浮动利率贷款来说，利率调整周期的长度是固定不变的。有些贷款每个月调整一次利率，还有的贷款一年调整一次。利率调整的频率越低，借款人越不需要为利率水平的变化而担心。借款人还要了解贷款盯住的基础利率的变化情况。通常情况下，短期利率的波动常常要比长期利率更加频繁。因此，与6个月短期国债收益率相挂钩的浮动利率贷款要是与盯住20年长期国债收益率的浮动利率贷款相比，显然前者的风险水平更高。

当然，浮动利率贷款通常会设定一个利率上限，以防止利率波动的幅度过大。周期性的利率上限限制了在一个调整周期内利率变化的最大值。适用于整个贷款周期的利率上限则限制了整个贷款期间利率的最大波动幅度。利率上限允许的利率波动幅度越大，风险水平也就越大。总而言之，如果浮动利率贷款的利率降低，则借款人获益；如果利率水平升高，则借款人就要吃亏。

那么固定利率贷款与浮动利率贷款哪一个更好呢？这个问题无法回答。究竟是选择固定利率贷款还是浮动利率贷款，我们要依据“原理8：风险与收益的权衡”做出抉择。对于浮动利率贷款，借款人承受的风险是利率升高会导致利息支出增加。对于固定利率贷款，贷款人承受的风险是市场利率上升，但是贷款的利率水平是固定不变的，因此相当于损失了利息收入。由于贷款人承担的风险水平更高，因此固定利率贷款的费用通常比浮动利率贷款更高。

现实世界

每个人都有可能债台高筑。1999年，埃尔顿·约翰从一家伦敦银行处获得4 000万美元的贷款，用这笔钱还清了他长久以来因每周高达400 000美元的账单而累积起来的巨额债务。

除了固定利率贷款与浮动利率贷款，还有一种**可转换贷款**（convertible loan）。可转换贷款指的是在未来某一特定时间借款人可以选择将其转变为固定利率贷款的一种浮动利率贷款。虽然可转换贷款没有固定利率贷款与浮动利率贷款那么常见，但是它既拥有浮动利率贷款低成本的优势，同时还能像固定利率贷款那样节省利息。

可转换贷款：指的是在未来某一特定时间借款人可以选择将其转变为固定利率贷款的一种浮动利率贷款。

第四个选择：贷款的期限——短期贷款还是长期贷款

期限较短的贷款每个月的还款额要高一些，因为还款的期限短，所以每个月要多还一些。例如，假设你按照8%的利率水平借入10 000美元的3年期贷款，则每个月的还款额为313美元。但是如果贷款的期限为10年而非3年，那么每个月的还款额就会降低至121美元。不过，虽然10年期贷款每个月的利息支付额要少一些，但是在整个贷款周期内你支付的利息总额肯定要比3年期贷款高。

此外，短期贷款适用的利率水平更低。为什么会这样？贷款机构之所以会对短期贷款收取较低的利息，是因为贷款的期限越短，借款人出现财务问题的可能性——例如失业或生重病——就越小。

了解贷款的合同条款：贷款合同

贷款合同非常详尽地说明了贷款的所有情况。如果购买的物品被用作贷款的担保品，那么贷款合同会包含一个**担保协议**（security agreement）来加以说明。担保协议明确说明了贷款机构或借款者是否拥有对将要购入的物品的控制权。**注意事项**（note）是一份正式文件，它会详细说明还款安排以及**违约**（default）出现时贷款机构与借款人的权利。

所有贷款都有一份注意事项的正式合同；而所有的担保贷款也都拥有一份担保协议。有时，贷款合同中也包含其他条款，例如保险协议条款、加速偿付条款、差额支付条款以及追索条款。图7-1给出了一个分期付款购买合同的样本。

担保协议：这份协议会明确说明贷款人或借款人是否对贷款购买的物品具有控制权。

注意事项：概述贷款人与借款人法律责任的正式文件。

违约：借款人未能按照预定的时间偿还贷款的利息与本金。

保险协议条款：要求借款人购买信用人寿保险的条款，一旦借款者死亡，人寿保险能够偿还借款人的贷款。

加速偿付条款：该条款规定一旦借款者出现一期还款未支付的情况，则全部贷款立刻到期。

保险协议条款

保险协议条款（insurance agreement clause）要求借款人购买信用人寿保险，这意味着一旦借款人死亡，则保险公司会依据人寿保险合同代替借款人偿还贷款。对借款人来说，信用人寿保险除了进一步增加贷款成本以外不会带来任何好处。真正的受益者是贷款机构。如果合约中含有保险协议条款，那么其费用应当被合理地包含在贷款费用中。

加速偿付条款

加速偿付条款（acceleration clause）规定一旦借款者出现一期还款未支付的情况，则全部贷款立刻到期。如果那时借款人不能偿还所有贷款，则担保品将被收回并出售以偿还贷款。大多数贷款都有加速偿付条款。但是，贷款机构通常不会立即执行加速偿付条款，

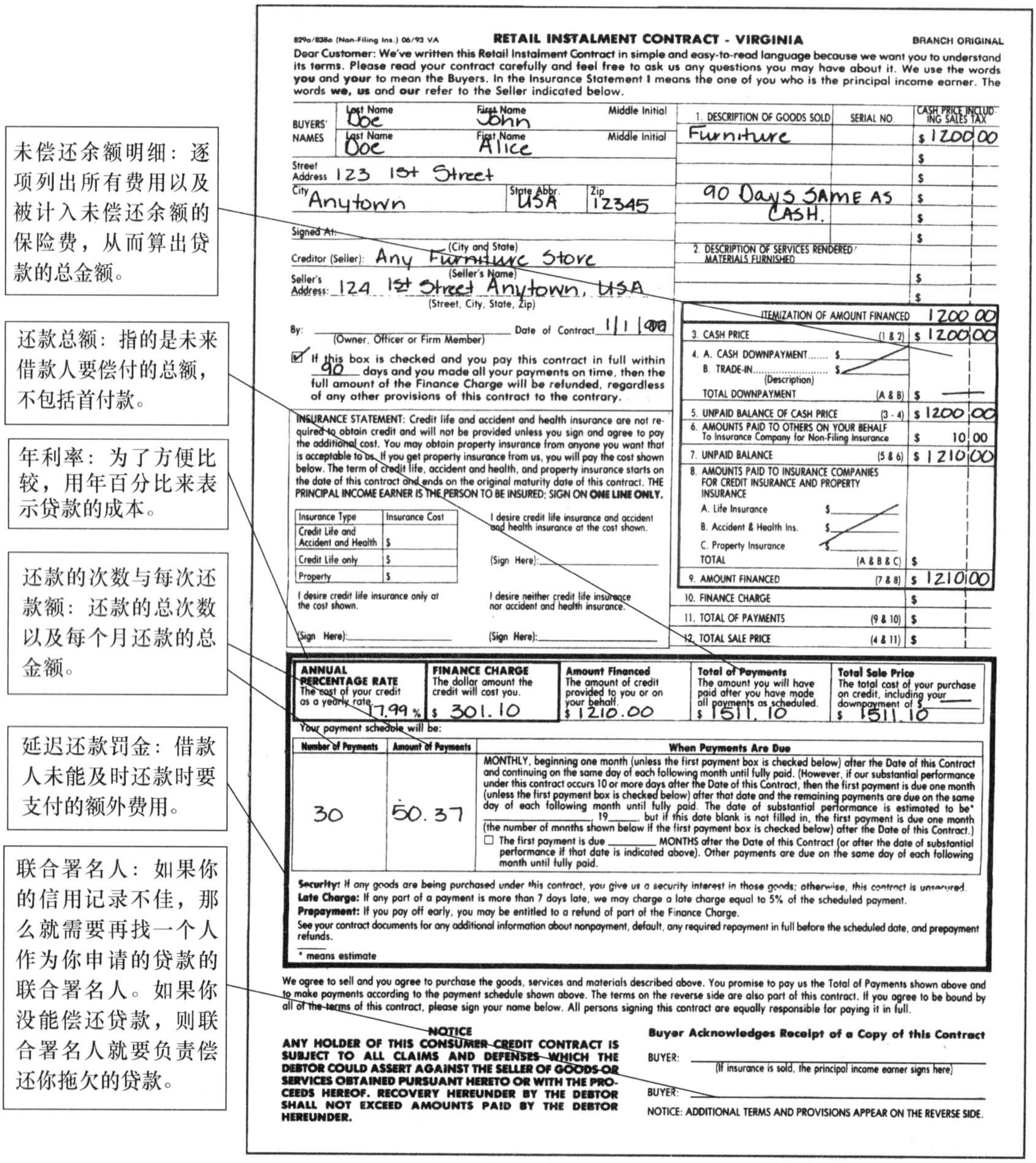

图 7-1　分期付款购买合同

而是给借款人一次机会尽快筹措资金支付拖欠的还款。

> **差额支付条款**：该条款规定如果借款人对有担保贷款违约，则贷款人不仅可以取回担保品，而且若担保品的出售价格不足以抵消拖欠的贷款，那么借款人还要支付两者之间的差额。

差额支付条款

差额支付条款（deficiency payments clause）规定如果借款人对担保贷款违约，则贷款人不仅可以取回担保品，而且若担保品的出售价格不足以抵消拖欠的贷款，那么借款人还要支付两者之间的差额。

为了说清楚这一条款的含义，我们假设你申请了汽车贷款，然后有几次到了还款日却没能及时还款，于是贷款机构收回了你的车。如果未偿还的贷款余额为10 000美元，而贷款人在拍卖会上拍卖汽车仅收入9 000美元，那么这意味着你仍然需要向贷款人偿还1 000美元。此外，按照差额支付条款的规定，你还要支付托收费150美元，销售费用150美元，还有100美元的律师费。结果，你不仅失去了自己的汽车，还要另外支付1 400（=1 000+150+150+100）美元。

追索条款

追索条款（recourse clause）规定了贷款人在借款人违约不偿还贷款时可以采取哪些措施追讨债务。追索条款允许贷款人将贷款与你的工资收入相关联，也就是说个人薪水的一定比例会被直接划给贷款人以偿还贷款。

> **追索条款：**追索条款规定了贷款人在借款人违约不偿还贷款时可以采取哪些措施追讨债务。

消费贷款的特殊类型

虽然消费贷款几乎能用于购买任何商品，但是一些具有特殊目的的消费贷款仍然值得我们关注。之所以了解这些贷款是一个很重要的话题，不仅是因为它们是极其常见的贷款产品，还因为你应当清楚地了解每一种特殊消费贷款的优势与劣势。

房屋净值贷款

房屋净值贷款（home equity loan）或**第二抵押贷款**（second mortgage）是一种特殊的担保贷款，它用借款人对其住房累积的权益价值作为贷款的抵押品。一般来说，借款人的贷款金额相当于房屋净值的50%～80%。也就是说，用住房的价值减去第一抵押贷款的余额。比方说，你拥有一栋市场价格为200 000美元的房屋，该房屋尚未偿还的第一抵押贷款余额为80 000美元，那么该房屋的净值就等于120 000美元。以该房屋的净值为抵押，你可以获得60 000～102 000美元的房屋净值贷款（分别是120 000×0.50，120 000×0.85）。在这种情况下，个人的住房就成为贷款的担保品，而贷款可被用于任意用途（不一定非要与房屋相关）。

> **房屋净值贷款或第二抵押贷款：**这种贷款用借款人对其住房累积的权益价值作为贷款的抵押品。

● 房屋净值贷款的优势。房屋净值贷款相对于其他贷款最主要的优点在于它的成本低。第一个成本优势体现在房屋净值贷款的利息支出通常可用于税收抵扣，最高抵扣额为100 000美元，前提条件是房屋净值贷款的金额不能超过住房的市场价格。所以，借款人每支付一美元的房屋净值贷款利息，则应税收入就会降低一美元。如果纳税人的边际税率为25%，则每支付一美元的房屋净值贷款利息，将会节省25美分税金。所以，一美元房屋净值贷款利息的税后成本只有75美分。可别小看这省下来的25美分，零零散散加起来也是一笔不小的数目。比方说一个边际税率为25%的纳税人借入了利率为12%的贷款33 333美元，如果利息支出可抵税的话，则每年可以节省1 000美元。

你也可以用房屋净值贷款的税前成本乘以（1－边际税率）来计算房屋净值贷款的税后成本：

房屋净值贷款的税后成本＝税前成本×(1－边际税率)

正如我们在第4章里讲到的那样，在计算税后成本之前，你需要确定自己适用的边际税率等级。这里的边际税率指的是每获得一美元额外收入所需纳税的税金。它把投资项目收益要缴纳的联邦所得税税率与州所得税税率结合到了一起。如果房屋净值贷款的税前利率是 9%，同时你的边际税率为 25%，那么贷款的税后成本就等于 6.75%。计算过程如下：

$$6.75\%=9\%\times(1-0.25)$$

因此，名义上你要为这笔贷款支付 9%的利息，但是考虑到贷款的利息支出降低了你的税负，所以净成本只有 6.75%。那么如果税率被调低，情况又如何？税率水平降低后，利息支付带来的减税效应也被削弱，于是房屋净值贷款的税后成本将会增加。

房屋净值贷款的第二个成本优势是它的利率通常比其他消费贷款的利率水平更低。由于房屋净值贷款是担保贷款，所以贷款人认为它的风险比较小，设定的利率也就相应较低。

● 房屋净值贷款的缺点与风险。房屋净值贷款的主要缺点在于这种贷款会让你的住房陷入一定的风险。当你决定用住房作为抵押品申请贷款时，要确定自己具备偿还贷款的能力。

房屋净值贷款的使用还限制了未来融资的弹性。虽然在需要应急资金的状况下，房屋净值贷款是一个不错的选择，但是不管什么时候你只能获得一笔房屋净值贷款。别忘了，任何贷款都意味着借款人要用未来的收益来偿债，从而未来的可支配收入将会减少。

21 世纪初，在房地产市场泡沫破灭之前，很多人相信房地产的价值只会稳定地不断增值，不会下跌。事后看来，事实绝非如此。一旦房地产价格开始下跌，可能会持续下跌相当长的时间。很多贷款机构向消费者推销房屋净值贷款时都喜欢用的说辞是“这是一种便于房屋所有者将房屋增值部分变现的简便方法”。然而，问题是如果房屋价格下跌，这种升值效应也将无法持续下去。

在 20 世纪 80 年代之前，房屋净值贷款被称为“第二抵押贷款”，这个名字让消费者感觉自己似乎陷入了过度负债的境地，承担了本不应当借入的过多贷款。因此在当时，第二抵押贷款并不流行。为了让这种贷款产品更具有吸引力，第二抵押贷款摇身一变成了房屋净值贷款，于是开始大受欢迎。毕竟，住房的所有者是那些房主，银行有什么可担心的呢？事实上，一则广告就是这样说的，“你的房子在不断升值，你可以用它作为抵押申请贷款。”① 结果便是很多消费者把自己的住房当成了 ATM，房地产市场崩溃以后，很多人失去了自己的住房。

汽车贷款

> **汽车贷款**：是特别为购买汽车而设立的一种担保贷款，它以消费者购买的汽车作为担保。

汽车贷款（automobile loan）是特别为购买汽车而设立的一种担保贷款，它以消费者购买的汽车作为担保。这种贷款通常期限较短，一般只有 24 个月、36 个月或 48 个月，但是也有少数情况可以长达 5～6 年。例如在 2017 年，虽然全国汽车贷款的平均利率水平为 3%左右，丰田和尼桑却向很多购买新车的客户提供利率为 0 的汽车贷款。汽车贷款的利率也很低，因为贷款人知道一旦借款人无法偿还贷款，贷款人将获得汽车的所有权，继而转卖给别人来偿还贷款。

① Louise Story, “Home Equity Frenzy Was a Bank Ad Come True,” *New York Times*, 2008-08-14.

消费贷款的费用与提前还款

在决定是否要借款之前，你必须准确地了解贷款的费用以及是否可以提前还款。幸运的是，我们可以很容易地获得这方面的信息。实际上，按照《诚实借贷法案》的规定，在签订贷款协议之前，你必须了解贷款的全部费用以及年利率。

贷款的费用包括与贷款相关的所有费用，比如说利息支出、贷款的处理费用、信用记录查询费用以及其他必要的保险费用。**年利率**（annual percentage rate，APR）指的是在整个贷款期间所有贷款费用的单利年利率。要记住这包括非利息的贷款费用。

正如前面所述，消费贷款可分为两种类型：（1）一次性还款贷款或气球贷款以及（2）分期付款贷款。

> **年利率**：在贷款有效期内实际支付的单利利率。它是借款真实成本的合理估计值，《诚实借贷法案》要求所有的消费贷款合同要用粗体来标示贷款的年利率。
>
> **贷款信息披露声明**：会向借款人详细说明贷款的年利率以及其他贷款费用。

一次性还款贷款的成本

《诚实借贷法案》规定贷款人需要向借款人提供有关贷款费用以及贷款年利率的相关信息。一次性还款贷款通常有两种发放方式，区分这两种贷款形式对我们来说很有必要——其中一种贷款形式是在贷款期初预先扣除利息（贴现方式），另一种贷款形式是在贷款期初不预先扣除利息（单利方式）。如图 7－2 所示，**贷款信息披露声明**（loan disclosure statement）会向借款人详细说明贷款的年利率以及其他贷款费用。

单利方式

单利贷款的利息计算公式如下所示：

$$利息=本金\times利率\times时间$$

本金就是借钱的金额，利率就是常见的含义，时间是资金借贷的时间长度。例如，如果以 12%的年利率借款 10 000 美元，期限是 6 个月，则算出的利息费用就是 600 美元。计算过程如下所示：

$$600=10\,000\times0.12\times1/2$$

由于借款时间为半年，所以上式中时间变量的值等于 1/2。如果我们讨论的是一次性还款贷款，则利息和本金都应在到期日支付。因此，在上面这个例子中，借款人在贷款期初获得贷款本金 10 000 美元，6 个月以后借款人必须支付 10 600 美元。

对于一次性还款贷款来说，如果不存在其他非利息性的贷款费用，则票面利率与年利率通常是相等的。年利率的计算方法如下所示：

$$年利率=\frac{年均贷款总费用}{贷款的平均未偿还余额}$$

本例中，计算过程如下所示：

$$年利率=\frac{600/0.5}{10\,000}=\frac{1\,200}{10\,000}=0.12\text{ 或者 }12\%$$

贷款信息披露声明是根据《诚实借贷法案》的要求，提供年利率、财务费用以及还款额等信息。

年利率（APR）：指的是在贷款整个有效期内支付的单利年利率。它等于年均贷款费用除以贷款的平均未偿还余额。

财务费用：财务费用包括所有与贷款有关的成本，例如利息支出、贷款的手续费、信用记录调查费用以及必要的保险费用。

贷款金额：指的是借款人的借款金额，即贷款的本金。

总还款额：等于借款人支付的全部贷款费用再加上借款人获得的实际贷款额。

ANNUAL PERCENTAGE RATE The cost of my credit as a yearly rate.	**FINANCE CHARGE** The dollar amount the credit will cost me.	**Amount Financed.** The amount of credit provided to me or on my behalf.	**Total of Payments.** The amount I will have paid after I have made all payments as scheduled.

I have the right to receive at this time an itemization of the Amount Financed: (________) I want an itemization. (________) I do not want an itemization.
(Initials) (Initials)

My payment schedule will be:

No. of Payments	Payment Amount	Frequency	Due Date	No. of Payments	Payment Amount	Frequency	Due Date

Variable Rate.
If my loan, as indicated above, has a variable rate, my interest rate may increase during the term of my loan based on movement of the WSJ Prime Rate. My interest rate will not increase more than once each month. If my loan is secured by a principal dwelling for a term greater than one year, disclosures about the variable rate have been provided to me earlier.

____ If indicated, my loan has multiple payments for a term of more than 60 months. Any increase in my interest rate will increase the number of payments and may increase the payment amounts. If my loan were for $10,000 for 144 months at 12% and the interest rate increased to 12.50% in three months, my regular payment would increase by $7.30 beginning with my Sixty-First payment.

MAXIMUM RATE.
____ If indicated, the maximum interest rate will not exceed:

____ If indicated, my loan has multiple payments for a term of 60 months or less. Any increase in my interest rate will increase the number of payments. If my loan were for $10,000 for 60 months at 12% and the interest rate increased to 12.50% in three months I would have to make one additional payment of $196.56.

____ If indicated, my loan has a single payment. Any increase in my interest rate will increase the amount due at maturity. If my loan were for $10,000 at 12% for 90 days, and my interest rate increased to 12.25% in 20 days, then my final payment would increase by $4.80.

Security. I am giving a security interest in:

____ the goods or property being purchased. ____ other (describe):

Collateral securing other loans with you may also secure this loan, except my principal dwelling or household goods.

Filing Fees. **Prepayment.** If I pay off early, I may have to pay a penalty and I will not be entitled to a refund of part of any prepaid finance charge.

Late charges. If you receive any payment 8 days or more after the due date, I agree to pay you a late charge of 5% of my payment.

____ If indicated, this loan is for the purchase of property used as my principal dwelling and someone buying my principal dwelling cannot assume the remainder of my loan on the original terms.

____ If indicated, the Annual Percentage Rate does not take into account my required deposit.

I may see my contract documents for any additional information about nonpayment, default, any required repayment in full before the scheduled due date, and prepayment refunds and penalties.

I understand that credit life and credit disability insurance are not required to get this loan. **You will not provide it unless I sign the NOTICE OF PROPOSED GROUP CREDIT INSURANCE form and agree to pay the cost.** If I want any of these insurance coverages, I must be sure that the insurance coverage I want is indicated, that the amount of the premium is filled in, and that I have signed below. If I request credit life insurance or credit disability insurance, I have the right to rescind the insurance policy or certificate of insurance by giving written notice to the insurance company within 15 days from the date I received the policy or certificate. The term of any insurance I request is for the stated term of this loan unless shown otherwise.

INSURED #1	INSURED #2	TYPE	PREMIUM
____	____	Credit Life	
____		Credit Disability	

If this loan is secured, I may obtain property insurance from any insurer I choose.

I request coverage(s) checked for the premiums shown above ____________________
Signature of Insured #1 (Life only or Life and Disability)

I request coverage(s) checked for the premiums shown above ____________________
Signature of Insured #2 (Life only)

图 7－2　贷款信息披露声明

现实世界

法学院的毕业生离校时平均身负的贷款债务额超过 140 000 美元，而医学生毕业离校时平均身负的贷款债务额超过 162 000 美元。

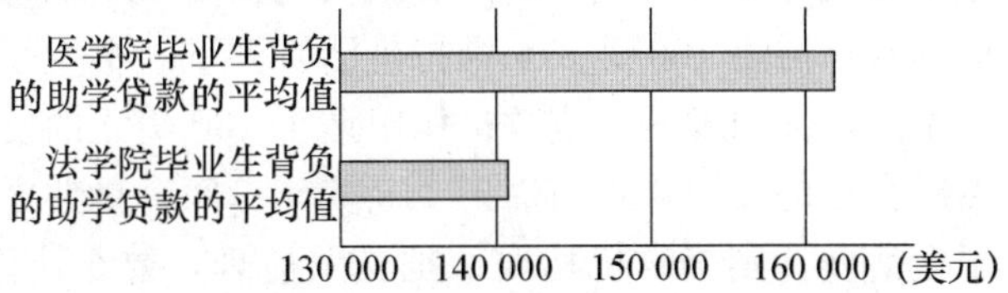

注意，每年的贷款总费用等于贷款的总体费用除以贷款的时间长度。在本例中，贷款的期限长度为 6 个月，因为我们为这 6 个月贷款支付了 600 美元的费用，所以如果贷款期限是一整年的话，我们要支付 1 200 美元。因此，每年的贷款总费用就等于 1 200 美元。你要记住，如果存在其他非利息性贷款费用的话，那么它们也是贷款费用的组成部分之一。

折扣方式

对于以折扣方式发放的一次性还款贷款，所有的利息费用要先从贷款本金中扣除，然后再将余额发放给借款人，到期时借款人要偿还全部本金额。例如，你借入了 10 000 美元的一年期贷款，利率为 11%，那么贷款利息就等于 1 100（=10 000×0.11）美元。在使用折扣方式时，你只能从银行那里拿到 8 900 美元（10 000 美元减去 1 100 美元的利息），而一年后你需要偿还全部本金 10 000 美元。实际上，由于预先支付了利息，你真正获得的贷款只有 8 900 美元。在这个例子中，年利率等于 12.36%。计算过程如下所示：

$$\text{APR}=\frac{1\,100}{8\,900}=0.123\,6=12.36\%$$

同样地，你可能已经注意到了，我们假设不存在任何非利息性的贷款费用。如果前面提到的 10 000 美元、利率为 12%的半年期贷款的例题也使用折扣方式，那么 APR 的计算结果等于 13.64%。计算式如下所示：

$$\text{APR}=\frac{600/0.5}{8\,800}=0.136\,4=13.64\%$$

请注意，使用折扣方式放贷与使用单利方式放贷相比，前者算出的年利率值更高。为什么呢？因为当贷款机构使用折扣方式放贷时，借款人在收到贷款之前，贷款机构已经在贷款额中预先扣除了利息，因此借款人实际收到的贷款金额少于合同上注明的贷款本金。

发薪日贷款——一种危险的一次性还款贷款

要提防“发薪日贷款”。发薪日贷款通常是由支票兑现公司发放的，它针对的服务对象是拥有支票账户的雇员。在发薪日到来前的一两周内，这些员工需要一笔小额贷款（100～500 美元）维持生活开支，直到下一个发薪日到来。对某些借款人来说，这是最后一根救命稻草。他们是一群陷入绝望的借贷者，除了发薪日贷款，他们已毫无选择。不过即使对他们来说，发薪日贷款依然是一个糟糕的选择。发放发薪日贷款的机构随处可见，事实上，发薪日贷款机构的数量甚至比麦当劳和星巴克的门店还要多。近来，大学校园里也出现了这种贷款的身影，可是学生没有工作也没有薪水，只有从家里拿的零用钱。这种贷款的成本以贷款费用的形式体现，一或两周的贷款大约需要 15～30 美元的费用。

贷款的程序是这样的：你需要 100 美元来维持生活直到下一个发薪日到来或者是下一次从家里领到生活费。于是，你向发薪日贷款机构申请了 100 美元的贷款。贷款机构从你这里拿到一张支票，然后在你的支票账户内借记 115 美元。两个星期之后，等你拿到了薪水或者是从家里领到了生活费，则贷款机构要么把支票兑现，要么让你再支付一笔费用，将贷款再展期两个星期。如果你计算一下这种贷款的年利率，你会发现贷款年利率竟然达到了将近 400%之高！更糟糕的是，如果贷款的费用是 30 美元（也就是说，如果你借了 100 美元，那么就要交给贷款机构 130 美元的支票用来偿还这 100 美元的贷款），则贷款的年利率接近 800%。这可不是聪明的借钱方法。记住“原理 1：知识是最好的保障”。还有那句老话：“蠢人是留不住钱的。”在《上周今夜秀》（*Last Week Tonight*）节目中，约翰·奥利弗换了一种说法：“从本质上说，发薪日贷款就像是金融业里的乐事薯片。你不可能只吃一片，它们对你没什么好处。”①

现实世界

这是一个真实的故事：北卡罗来纳州威明顿市的桑德拉·哈里斯是一名会计，她丈夫原本是一位行政总厨，但前不久失业了。桑德拉发现家里开始面临入不敷出的窘境。她的汽车保险已经到期了，但是没钱续保，于是她找到 Payday Loans Direct 公司，支付 50 美元的费用获得了一笔 200 美元的贷款，准备用这笔钱去交保费。贷款到期后，她原本打算还清贷款，结果却是又续借了一笔贷款。贷款到期后再续借，如此反复，桑德拉借了好几笔发薪日贷款。6 个月以后，她每个月支付的贷款费用为 600 美元，可是这里面没有一美元用来偿还她的债务。6 笔发薪日贷款的总费用高达 8 000 美元。与其他的案例一样，这个故事也有一个悲惨的结局，桑德拉无力偿还贷款，她的车被贷款机构收回了。

这真可怕——如果你真正考虑申请发薪日贷款，“赶快放弃吧！”这种贷款不会给借款人带来什么好处，只会让大家陷入借新债还旧债的陷阱。发薪日贷款到底有可怕，只需看一看表 7-1 你就知道答案了。

表 7-1　用数字解读发薪日贷款

15 美元——每借入 100 美元的费用	普通的 14 天发薪日贷款的费用中位数
350 美元	发薪日贷款的贷款金额中位数
391%	常规的收费 15 美元、期限为 14 天、贷款金额为 100 美元的发薪日贷款，其年化收益率为 391%
199 天	一年当中借款人处于负债状态的天数中位数
458 美元	发薪日贷款的借款人支付费用的中位数

资料来源：Consumer Financial Protection Bureau，“Consumer Financial Protection Bureau Study Finds Debt Trap Concerns with Payday and DepositAdvance Loans，” http://files.consumerfinance.gov/f/201304_cfpb_payday-factsheet.pdf，July 9，2017.

① 约翰·奥利弗的《上周今夜秀》，2014 年 8 月 10 日第 14 期。

当然，一直有人在努力取消这种贷款。2006 年，国会立法禁止发薪日贷款机构向军人家庭收取高于 36%的年利率，但是该法案只能保护军人。从全国角度来看，17 个州以及哥伦比亚特区已经颁布了强有力的发薪日贷款法案。例如，佐治亚州明确禁止发薪日贷款，将其认定为是违反敲诈勒索法的违法行为。纽约州与新泽西州则是依据反高利贷法案对发薪日贷款进行约束，分别要求发薪日贷款的利率水平不得高于 25%与 30%。而在其他 33 个州，发薪日贷款是合法的。不过，即使是在那些已经设立了发薪日贷款法案的州，也有一些发薪日贷款机构想方设法地绕过了这些法案。就在立法部门尝试纠正乱象之后，这个行业依然在快速发展，这才导致约翰·奥利弗在《上周今夜秀》节目中说尝试击败这个行业的举动就像是在“打地鼠”。他又说，“正当你以为自己打中了时，它们又换了一套新的装扮突然从别的地方冒出来。”[①] 这些发薪日贷款机构规避法案的一种方式就是开展网上业务。现如今，有 21%的发薪日贷款是在互联网上达成的。你可能认为即使是在网上进行交易，这仍然是违法的。但是为了绕开法律，很多发薪日贷款机构与美国印第安人部落合伙做生意，于是作为印第安人部落的分支机构，它们可以不受相关法律的制裁。结果便是虽然市面上看不到什么发薪日贷款机构，但它们都隐藏在网络上。

分期偿还贷款的费用

分期偿还贷款要求借款人每隔一段时间就要偿还一部分本金与利息，贷款已事先约定好每次的还款额，等到期时刚刚好将所有贷款全部偿清。分期偿还贷款既可以使用单利法确定每期的还款额，也可以使用附加法来确定每期的还款额。

单利法

单利法是最常用的计算分期偿还贷款每期还款额的计算法。我们在前面讲过，分期偿还贷款每月的还款是固定不变的，但是每月还款额中利息所占的比重在逐渐下降，而本金所占的比重在逐渐上升。事实上，借款人只会对尚未偿还的本金余额支付利息。因此随着未偿还本金额的不断减少，借款人支付的利息额也必然会逐渐减少。

我们可以用财务计算器（用年金的现值计算结果来求 *PMT*，即每月还款额）或者查表来计算每月的还款额。诀窍和第 3 章里讲过的一样，N 的值要输入贷款期限的月份数，然后把年利率转换为月利率。将年利率转换为月利率的计算方法很简单，我们直接用年利率除以 12 就可以了。让我们来看一个例子，12 个月的分期偿还贷款本金为 5 000 美元，年利率为 14%。计算过程扫码查看计算器小贴士。

我们也可以使用本书附录 E 中的分期偿还贷款表格（表 7－2 是该表格的简化版）来计算每月的还款额。找到利率为 14%这一行与期限为 12 个月这一列的相交点，我们发现类似的 1 000 美元分期偿还贷款要求借款人每个月还款 89.79 美元。为了求出 5 000 美元分期偿还贷款的每月还款额，我们必须在 89.79 美元的基础上乘以 5，因为我们贷款的本金额是 5 000 美元而非 1 000 美元。因此，用表格我们算出每月的还款额为 448.95 美元。（这个结果与我们用计算器得出的 449.94 美元略微有点差异，这只不过是四舍五入造成的误差。）记住，每个月的还款额是固定不变的。所以如果每个月的还款额

计算器小贴士

计算分期偿还贷款的每月还款额

---

① 约翰·奥利弗的《上周今夜秀》，2014 年 8 月 10 日第 14 期。

增加，则利息费用就会减少。于是正如表 7-3 所示，本金还款额将会增加。

表 7-2　每月分期偿还贷款表（贷款本金为 1 000 美元，每月计算一次复利）　单位：美元

利率（%）	贷款的期限（月份数）				
	6	12	18	24	30
13.00	173.04	89.32	61.45	47.54	39.22
13.25	173.17	89.43	61.56	47.66	39.34
13.50	173.29	89.55	61.68	47.78	39.46
13.75	173.41	89.67	61.80	47.89	39.58
14.00	173.54	89.79	61.92	48.01	39.70
14.25	173.66	89.80	62.03	48.13	39.82
14.50	173.79	90.02	62.15	48.25	39.94
14.75	173.91	90.14	62.27	48.37	40.06
15.00	174.03	90.26	62.38	48.49	40.18

例题：分期偿还贷款期限为 12 个月，利率为 14%，贷款本金为 5 000 美元。

第一步：查看 14%对应的行与 12 个月对应的列的相交点，根据该交点对应的数值，我们知道类似的本金为 1 000 美元的分期偿还贷款每个月的还款额为 89.79 美元。

第二步：要计算出每月还款额，我们必须在 89.79 美元的基础上乘以 5，因为例题中贷款的本金额是 5 000 美元而非 1 000 美元。

表 7-3　期限为 12 个月、利率为 14%的 5 000 美元分期偿还贷款的例题　单位：美元

月份	期初余额	月总付款	月利息支付	本金每月支付	期末余额
1	5 000.00	448.94	58.33	390.61	4 609.39
2	4 609.39	448.94	53.78	395.16	4 214.23
3	4 214.23	448.94	49.17	399.77	3 814.46
4	3 814.46	448.94	44.50	404.44	3 410.02
5	3 410.02	448.94	39.78	409.16	3 000.86
6	3 000.86	448.94	35.01	413.93	2 586.93
7	2 586.93	448.94	30.18	418.76	2 168.17
8	2 168.17	448.94	25.30	423.64	1 744.53
9	1 744.53	448.94	20.35	428.59	1 315.94
10	1 315.94	448.94	15.35	433.59	882.35
11	882.35	448.94	10.29	438.65	443.70
12	443.70	448.94	5.18	443.76	0.00*
总计		5 387.28	387.22	5 000.06	

*事实上，你多付了 6 美分。

由于借款人只需要对未偿还的贷款本金余额支付利息，因此如果不存在其他非利息性的贷款费用，则贷款的票面利率就等于年利率。事实上，这道理一清二楚，你只需要为自己尚未偿还的欠款余额支付利息。

附加法

如果分期偿还贷款是用附加法放贷的，那么要使用初始的贷款本金额计算贷款的利息额。然后，这笔利息费用会与贷款本金额相加得出一个总还款额，借款人要在整个贷款期间将这一总还款额全部付清。用附加法计算的贷款费用很高，所以一般来说建议大家避免采用这种贷款形式。回头再看一看前面的例子——利率为 14%、期限为 12 个月的 5 000 美元贷款。首先计算出贷款的利息总额为 700 美元，如下所示：

利息＝本金×利率×时间

利息＝5 000×0.14×1＝700(美元)

然后将利息与本金相加得出总还款额。若要计算借款人每个月的还款额，只需用总还款额除以贷款的偿还时间。在本例中，贷款在 12 个月内偿还，因此每月需还款 475 美元。

$$\frac{700+5\,000}{12}=475(\text{美元})$$

如表 7－4 所示，算出的结果显示贷款的年利率接近 25%。正如你所看到的那样，用附加法计算每月还款额时，票面利率——本例中票面利率是 14%，与年利率之间存在着较大的差异。事实上，附加法对应的年利率近似等于票面利率的两倍，这是因为在整个贷款有效期内，借款人都要按照原始的贷款本金额来支付利息。

虽然随着不断还款，未偿还的贷款本金余额在不断减少，但是借款人仍然要按照贷款的初始本金额支付利息。这就是本例中为什么广告宣传的票面利率只有 14%，但是实际的贷款年利率却有 25%这么高。幸好，《诚实借贷法案》要求贷款机构向借款人明确说明贷款的年利率，因此不管贷款机构使用哪一种方式计算贷款利息，借款人都可以事先充分了解贷款的真实成本。

附加法计息贷款的年利率算起来非常复杂。不过，我们可以使用 **N-比率法**（*N*-ratio method）来计算近似值，具体可参考表 7－4。

> **N-比率法**：一个计算贷款年利率近似值的计算方法。

表 7－4　计算附加法贷款的年利率

已知条件	你正在考虑申请期限为 12 个月的附加法计息贷款。贷款本金额为 5 000 美元，票面利率为 14%，贷款的总费用为 700 美元。每月的还款额为 475 美元。该贷款的年利率是多少？
计算	使用 *N*-比率法计算贷款年利率的近似值。 *N*-比率法计算贷款年利率近似值的计算公式如下所示： $\text{年利率}=\frac{M\times(95N+9)\times F}{12N\times(N+1)\times(4P+F)}$ 其中： M＝一年当中还款的次数； N＝贷款整个有效期内还款的次数； F＝贷款的总费用； P＝贷款的本金额（借了多少钱）。 在这个例子中，$M=12$，$N=12$，$F=700$ 美元，$P=5\,000$ 美元。把这些数值代入公式，我们得到： $\text{年利率}=\frac{12\times(95\times12+9)\times700}{12\times12\times(12+1)\times(4\times5\,000+700)}$ $=\frac{12\times1\,149\times700}{12\times12\times13\times20\,700}$ $=\frac{9\,651\,600}{38\,750\,400}$ $=24.91\%$ 因此，期限为 12 个月、票面利率为 14%的附加法计息贷款的实际年利率为 24.91%。

提前偿还附加法计息的贷款

对于分期偿还贷款，如果你决定在到期日之前将贷款全部付清，那么必须先计算一下尚未还清的贷款本金余额是多少。使用单利法计息时，借款人只需要对未偿还的贷款本金余额支付利息，所以可以很容易地算出还有多少贷款本金没有偿还。

如果你想提前偿还使用附加法计息的分期偿还贷款，那么事情就有点复杂了。一般来说，贷款合同里专门有一个条款说明一旦借款人提前还款则如何计算未偿还的贷款本金额以及借款人因提前还款而无须再支付的利息额。若想计算使用附加法计息的贷款已经支付了多少利息，最常见的方法是**78 法则**（rule of 78）或**年份的数字之和**（sum of the year's digits）。

> **78 法则或年份的数字之和**：用来确定每一笔还款额当中有多少是利息支付额，有多少是本金还款额的一种法则。

78 法则可以算出每一笔还款额当中有多少是用来偿还本金的。如表 7-5 所示，这是我们前面提到的那个例子，12 个月贷款的本金为 5 000 美元，票面利率为 14%。按照 78 法则，在还款的早期阶段，借款人支付的利息更多，这是因为刚刚开始偿还贷款，所以贷款的未偿还本金余额还比较多。在表 7-5 的例题中，第一个月我们假设借款人支付了利息总额的 12/78，而在最后一个月，我们假设借款人只支付了利息总额的 1/78。

表 7-5　提前偿还附加法计息的分期偿还贷款——78 法则的运用

已知条件	你借入了期限为 12 个月、票面利率为 14%的附加法计息贷款，贷款本金额为 5 000 美元。在过去的 6 个月里，你每个月还款 475 美元。你希望能尽快还清所有贷款。那么现在，你还剩下多少贷款没有偿还？
计算	使用 78 法则计算你还剩下多少贷款没有偿还。 第一步：把贷款期限的每一个月的序号加起来。首先，按照递减的顺序给每个月编号，到期日前最后一个月的编号为 1。例如，假设贷款的期限为 12 个月，则第一个月的编号就是 12，第二个月的编号是 11，以此类推。然后将所有编号加总。下面这个公式是计算月份编号和的简易方法： $\text{月份编号之和}=\frac{N}{2}\times(N+1)$ 上式中，N 代表的是贷款期限可以折算为几个月。 $\text{月份编号之和}=\frac{12}{2}\times(12+1)=78$ 第二步：把余下月份的编号加总求和。在本例中，你要把余下几个月份的编号加在一起： $6+5+4+3+2+1=21$ 第三步：计算如果提前偿还贷款则可以少支付的利息在利息总额中所占的比重。用第二步算出的结果除以第一步得到的结果。 免于支付的利息占利息总额的比重＝21/78 第四步：计算提前偿还贷款可以少支付的利息金额。用第三步得到的结果乘以贷款应支付的利息总额，就能算出提前还款可以免于支付的利息金额。这笔贷款应支付的利息总额＝0.14×5 000×1。因此，提前还款可免于支付的利息金额就等于： $\frac{21}{78}\times(0.14\times5\,000\times1\text{ 年})=188.46(\text{美元})$ 第五步：计算借款人要一次性支付多少钱才能把贷款全部还清。用原本余下的还款总额减去第四步算出的结果（提前还款可免于支付的利息额）。在本例中，借款人本应当继续还款 6 次，每次的还款额为 475 美元，因此余下的还款总额就等于 2 850（＝6×475）美元。用 2 850 减去 188.46，就能算出借款人还应当偿还 2 661.54 美元。

那么，对于使用附加法计息的分期偿还贷款，我们的结论是什么？首先，这种贷款非常昂贵，应当尽可能避免使用。而且，如果你决定提早还清贷款的话，那可能会大吃一惊——因为提前还款有可能要被罚款。事实上，贷款机构有可能会将你已支付利息的20%扣下来作为提前还款的罚金，这种现象并不少见。此外，如果借款人打算提前还款，那么绝大多数期限为一年或更短的此类贷款不允许将借款人预先支付的利息退还给借款人。

思考：

在古印度与古尼泊尔，贷款人要用“禁食”的方式向借款人催收欠款。具体的做法是贷款人坐在借款人家的前门那里禁食，一直到借款人还钱为止。如果贷款人饿死了，则当地居民会把借款人从家中拖出来打死。你认为这是一种有效的催债方法吗？为什么？

获得个人消费贷款的最优惠利率

购买其他消费品时我们常常要货比三家，寻找合适的消费贷款产品时也要如此。寻求条件最适合的贷款交易，而且要做好谈判的准备。记住，你是它们的客户。

你应该从哪里获得贷款呢？那要视情况而定。对每一个人来说都很完美的贷款机构是不存在的。表7-6列出了许多贷款机构及其主要经营的贷款类型，还对从这些机构贷款的利弊进行了分析。我们首先从费用最低的贷款资源入手了解一下。

廉价的贷款资源

通常情况下，最廉价的资金来源就是你的家庭。通常你不需要按照市场利率支付家庭贷款的利息。你只需要向家人支付相当于把这笔钱存在银行里的利息收入就可以了。家庭贷款一个明显的不足之处在于如果你没有能力偿还，那么你的家庭成员就要承担经济损失了。正因为如此，很多人觉得向家里人借钱很不自在。

房屋净值贷款和其他担保贷款相对来说成本较低，因为贷款机构在借款人无法偿还的情况下可以获得抵押品的所有权。这种贷款的缺点在于当资产被当作抵押品时，你不能再凭借该资产申请第一抵押贷款，因此融资弹性会有所下降。还有，假如你无力偿还贷款，那么就会损失掉自己的资产。你可以在哪里获得房屋净值贷款呢？基本上所有的贷款机构都会提供房屋净值贷款。

保险公司可以凭借人寿保单累积的现金价值发放贷款，其利率水平也比较低，这是因为它们完全不承担风险。你只是在借用自己购买的人寿保单的累积现金价值，而这笔现金价值原本就是属于你的。

表 7-6　贷款的可能来源

贷款机构	贷款种类	优势	劣势
商业银行	● 房屋抵押贷款 ● 家居改建贷款 ● 教育贷款 ● 个人贷款 ● 汽车贷款或房车贷款	● 随处可见 ● 可能会提供理财咨询服务	● 一般具有竞争性 ● 不承担信用风险 ● 多为金额较高的贷款
储蓄贷款协会	● 房屋抵押贷款 ● 家居改建贷款 ● 教育贷款* ● 个人贷款* ● 汽车贷款或房车贷款*	● 费用低 ● 可能会提供理财咨询服务	● 对贷款对象比较挑剔，只愿意向低风险的借款人提供贷款
信用合作社	● 房屋抵押贷款 ● 家居改建贷款 ● 教育贷款 ● 个人贷款 ● 汽车贷款或房车贷款	● 信用记录良好的会员可以轻易得到贷款 ● 利率最低 ● 服务优质	● 只向会员提供贷款
销售融资公司（在消费者的消费场所提供融资服务的机构）	● 汽车贷款 ● 大件家电贷款 ● 船舶贷款 ● 房车贷款	● 非常方便 ● 促销期间贷款条件十分优惠 ● 容易获得 ● 贷款办理程序迅速	● 高利率 ● 由于是担保贷款，因此违约意味着不仅要失去抵押品的所有权，之前的还款也将无法收回
小型贷款公司（个人财务公司）	● 汽车贷款 ● 个人贷款	● 容易获得 ● 不需要较高的信用等级 ● 贷款办理程序迅速	● 高利率 ● 通常需要联合署名人 ● 法律规定了贷款的最高限额
保险公司	● 通用型贷款	● 容易获得低利率贷款 ● 贷款上限可相当于保单退保金额的 95% ● 贷款不强制偿还	● 未偿还的贷款余额以及累积利息将会减少保单受益人获得的理赔金 ● 要求持有保单
经纪公司	● 保证金账户 ● 通用型贷款，使用投资品作为担保	● 容易安排 ● 可以迅速拿到贷款的资金 ● 偿还方式较为灵活	● 投资品的市价发生变化可能会导致借款人被要求提供额外的抵押品 ● 保证金要求可能会发生变化

* 仅限一部分州。

思考：

实际上，如果借款人的借款没有税收抵扣作用，也就是说借款人申请的贷款不是房屋抵押贷款或者房屋净值贷款，那么借款的成本要比看起来更高一些。如果借款人适用的边际税率为 30%，为了支付 70 美元的利息成本，则借款人必须获得 100 美元的收入。然后，美国政府以税收的形式拿走 30 美元，剩下的 70 美元留给借款人用于支付贷款的利息费用。根据你自己适用的边际税率，如果借款的利息支出没有税收抵扣作用，那么你要赚到多少钱才有能力支付 70 美元的利息费用？不过你要记住，所有这一切都可能发生变化，因为在有关税法的修订建议里，房屋净值贷款的利息抵扣项目是被建议修改的对象之一。

较贵的贷款来源

信用合作社、储蓄贷款协会以及商业银行也是不错的贷款来源。这些机构发放的贷款的具体费用要取决于贷款的种类——是担保贷款还是无担保贷款，贷款的期限以及贷款是浮动利率还是固定利率，这些因素都将决定贷款的费用。更重要的是，即使是同一种贷款，不同的贷款机构设定的利率水平也是不同的。记住，你必须要货比三家然后再决定选择哪一种贷款。虽然上述三种贷款资源提供的贷款本质上很相似，但是一般来说信用合作社的贷款条件更为优惠。

最昂贵的贷款来源

通常情况下，你从购物的零售商店获得的贷款成本会非常高。从财务公司或者小型贷款公司借款也是相当昂贵的。不过，想要通过其他渠道获得贷款一般要求借款人拥有比较高的信用等级。事实上，那些正陷于严重财务危机的人们为贷款付出的成本是最高的，过高的贷款成本进一步促使他们的财务状态持续恶化，从而形成了恶性循环。

获得最优惠贷款利率的诀窍

怎样才能获得最优惠的贷款利率呢？关键在于具有较高的信用等级。而其他的影响因素均与“原理 8：风险与收益的权衡”有关。若想获得低利率，对于贷款机构来说，贷款必须是相对无风险的才行。除了提高你的信用等级，还有四种方法可以降低贷款人的风险。第一，使用浮动利率贷款。使用浮动利率而非固定利率贷款，可以降低贷款人的利率风险。浮动利率贷款可以让贷款人收取的利率水平随市场利率的涨跌及时进行调整，因此贷款人愿意给予借款人较低的利率水平。如果你无力承担市场利率上升时随之增加的利息成本，那么建议你不要选择浮动利率贷款。第二，贷款的期限越短越好。贷款期限越短，利率水平就越低。我们前面提到过，贷款的期限越短，借款人在还清所有贷款前遭遇财务危机的可能性就越低，因此违约的风险也就越小。第三，为贷款提供担保品。有担保的贷款风险较小，因为当借款人违约时，贷款人可以获得担保品的所有权。第四，为自己贷款购买的商品支付一大笔首付款。首付款越多，你所需的贷款金额就越少，你对于这件贷款购买的商品拥有的所有权比例就会越高。借款人持有的所有权比例越高，则将贷款全部还清的可能性就会越高。

应当借款还是付现金？

对于任何债务决策，控制与规划都是关键。在个人理财过程中，制定预算是具有压倒性地位的关键步骤。按照预算过日子，明白自己的行为会带来怎样的后果。

一般来说，债务的成本是很昂贵的。在你借钱消费之前，打住！记住，这不仅仅是因为贷款的利息意味着你要为自己贷款购买的商品支付更高的价格，更是因为债务缠身无法解脱将成为个人理财过程中绕不开的障碍，降低未来的融资弹性。

尽可能不要贷款消费。考虑一下你是否真的需要购买那件商品。它符合你的个人理财计划吗？如果答案是否定的，那么到此为止。如果答案是肯定的，那么接下来再考虑要不要借款。在决定使用现金而非贷款支付货款的时候，你必须确定使用现金不会从根本上对你的理财目标——在紧急情况下拥有充足的应急资金或流动性——造成影响。这个问题的答案可能会让你只能选择借款，此外没有其他的选择。如果不是，你需要弄清楚为购买该商品而贷款的利息费用与储蓄收益相比哪个高哪个低。有时候，贷款的利率水平很低，贷款购买商品要比动用储蓄购买商品更划算。例如，假设福特公司可以为新车提供利率仅为0.1%的贷款，如果你存放在货币市场账户里的资金可以获得1%的收益率，那么最好还是选择按照0.1%的利率水平获得福特公司的贷款，然后用贷款来购买新车。再看看另一种情况，假设福特公司提供的贷款利率为5%，而储蓄的收益率仅为1%，那么你最好使用自己的储蓄来买车。简而言之，只要收益大于成本，贷款就是合算的。

控制个人对债务的使用

控制债务的第一步是确定你所能承担债务的最大限度。在理财生命周期的不同阶段，个人能承担或者需要的债务水平时常发生变化。早些时候，人们需要买房和组建家庭，而当时的收入处在一个相对较低的水平，因此个人自然要承担比较沉重的债务负担。后来，随着收入的增加，债务与收入之比开始逐渐降低。

简单地说就是必须用你的常识来分析自己的负债状况。当然，你也可以采用一些措施来控制自己的债务规模。这些措施包括债务限制比率（debt limit ratio）与债务解决法则（debt resolution rule）。

债务限制比率

债务限制比率是非抵押贷款的还款额与个人税后可支配收入之比。

债务限制比率＝每月非抵押贷款的还款总额/每月的税后可支配收入总额

个人的总债务可以分为消费类债务与抵押类债务两种类型。抵押贷款的还款额不体现在债务限制比率中，这是因为该比率测量的是个人偿还消费贷款——消费贷款的成本相对更高——的债务负担程度。为了保持合理的弹性，最理想的状况是尽量把比率保持在15%以下。在这样的债务水平下，你仍然要安排好借款储备，以防紧急情况和突发事件。也就是说，由于你的负债水平相对较低，一旦出现突发情况，你可以较为容易地获得额外贷款，同时不会让自己的负债水平上升到令人难以承受的地步。

一旦这个比率达到20%，大多数理财规划师会建议你控制使用额外的消费贷款。当消费贷款还款支出达到这一水平时会出现一个问题，那就是遇到紧急情况时有可能无法获得额外的贷款。保持足够大的融资弹性十分重要，再多强调也不过分。显然，随着这一比率的上升，个人未来的融资弹性会被削弱。

许多贷款机构都使用所谓的28/36原则来评估抵押贷款申请人。也就是说，如果你预估的抵押贷款还款总额（包括保险以及房地产税）下降到不足个人每月总收入的28%以下，偿债总支出（包括这些抵押贷款还款额再加上消费贷款还款额）低于每月总收入的36%，那么你的信用风险较低。如果你没有达到这一标准，那么贷款机构就会要求你拿出更多的首付款，或者是直接拒绝你的贷款申请。

债务处置法则

理财规划师经常使用债务处置法则迫使客户每隔四年将所有未偿还的债务余额——其中不包括与教育以及住房有关的贷款——一次性全部还清，目的是帮助客户控制其负债水平。这条法则背后的原理在于消费贷款本质上应该是短期贷款。如果贷款的持续时间长于四年，那就不是短期了。遗憾的是，消费信用贷款很容易被当作资金的长期来源。由于消费贷款的成本相对较高，因此这种贷款应当节省着用。

控制消费贷款

控制消费贷款的关键在于确定它是否与你制定的理财目标以及为达到目标所制定的预算相一致。我们在第 2 章讨论过这个问题。现在我们要说的是如何控制。我们都知道，控制是个人理财过程中的关键点。

若想激励自己严守财务纪律，必须先弄清楚如果不这样做的话成本有多高，未来的日子有多难熬。很多大学生毕业离开校园时发现自己身负着一大笔消费贷款。但是，你要牢记借款的成本有多高，它对个人未来的财务弹性会造成怎样的影响。

二维码 7-1

财务危险测验

哪些细节可以提醒你自己有可能陷入了财务困境？在上一章，我们分析了个人在使用信用卡过程中可能陷入麻烦的种种迹象，现在我们来看一下二维码 7-1，了解有哪些迹象能够反映出个人的财务状况已经出了问题。

假如你无法偿还欠款那该怎么做？

一旦你因为过度使用贷款而陷入困境，那么想要摆脱债务是一件困难又棘手的事。当然，第一步是设定一个现金流入大于流出的预算。第二步是控制自己对贷款的使用。

去找贷款机构

如果你没有能力偿还欠款，那么首先该去的地方就是把钱借给你的贷款机构。如果你欠银行的钱，那么就先去银行。银行或许会愿意为你进行贷款重组。

> **贷款顾问**：专门帮助客户制定个人预算以及安排债务偿还计划的专业人员。

去找贷款顾问

如果你的债权人没有能力或者不愿意帮助你解决困难，那么你可以考虑去找**贷款顾问**（credit or debt counselor）——专门帮助客户制定个人预算以及安排债务偿还计划的专业人员——寻求帮助。贷款顾问会帮助你整合个人的资产与负债，然后制定一份切实可行的方案来帮助你还清所有负债。但是，在选择贷款顾问时，你要非常谨慎。要想找到可信赖的贷款顾问，一个好去处是消费者贷款咨询服务中心，这是一家隶属于全国消费贷款基金会（National Foundation for Consumer Credit）的非营利性机构。在与贷款顾问签订合同之前，你要先核实一下贷款顾问的资质，即去当地的商业改进局（Better Business Bureau）以及各州的消费者保护机构查看是否有针对这位顾问的投诉登记在案。

其他选择

除了上述这些补救措施以外，我们在第 6 章也谈到了其他一些选择。首先，你应当确保自己的贷款成本尽可能低。有时小型贷款公司收取的贷款利率竟然高达40%。不要去这样的机构借款，看一看是否有其他的渠道可以获得自己所需的资金。

第二种选择方案是用存款来偿还现在的负债。这个办法只能用一次，你必须重新评价并彻底改变一直以来自己的消费模式以及贷款使用方式。如果储蓄只能给你带来4%的税后收益率，那么用存款偿还利率成本高达10%～12%的消费贷款就是个不错的主意。但是你应当用这样一种方式管理自己的贷款——不能让它失去控制，不能频繁地使用储蓄来偿还贷款。这种紧急措施只适合在极端状况下使用。

> **债务合并贷款**：用一笔贷款清偿债务人当前所有的债务。
>
> **破产**：没有能力偿还债务。

另一种方法是用债务合并贷款——将多笔债务合并为一笔贷款，债务的利率水平有望降低——来延长你的还款期限，并减少利息成本。**债务合并贷款**（debt consolidation loan）是一种可被用于偿还借款人当前全部债务的贷款产品。使用这种贷款的目的是减少你的每月支出额。债务合并贷款并没有将你的债务问题彻底解决，它只是将债务的偿还时间表重新做了安排。在你与债务合并贷款机构签订合同之前，先确认一下自己是否明白这笔交易意味着什么——一定要去商业改进局以及各州的消费者保护机构核对一下。再强调一次，这不是最好的处理方法。最好的解决方法是从一开始就控制自己的借款规模。

破产是最后一种选择

在最极端最恶劣的情况下，最后一种可供选择的方法就是个人**破产**（bankruptcy）。这不是能轻易走出的一步。它并不是把你的债务全部免掉——助学贷款、赡养费以及纳税义务都还存在——但是它确实能减轻一部分财务压力。

破产的主要原因是什么？

- 重大疾病：通常随之而来的是巨额的医疗费用与失业。
- 贷款：轻而易举就能获得贷款导致人们入不敷出。
- 离婚：离婚的代价很高，律师费、孩子的抚养费、对原配偶的赡养费以及财产分割等。
- 失业：没有收入，但账单却不会停下脚步！积蓄可能会被花光。

> **思考：**
>
> 债务合并贷款很有吸引力，这是因为它们给那些无法按照当前的还款计划还款的人们带来了新希望。在取得债务合并贷款之前，要知道债务合并贷款的利率可能比个人债务的利率水平还要高。如果导致你陷入困境的首要问题没有得到解决，你认为债务合并贷款会是一个一劳永逸的解决方案吗？为了解决自己的财务难题，你需要做些什么？

> **现实世界**
>
> 在20世纪，破产案的数量迅速增加。在那之前，人们的寿命没有那么长，得病后很快就去世了。事实上，正是死亡让他们没有遇到什么理财难题。现如今，医学创造奇迹，但是它也会让你有机会陷入难以复原的财务窘境。

破产有多种形式，其中两种最常用的个人破产类型分别是 13 号破产令（雇佣劳动者破产计划，见二维码 7-2）与 7 号破产令（直接破产，见二维码 7-3）。

二维码 7-2

13 号破产令：雇佣劳动者破产计划

二维码 7-3

7 号破产令：直接破产

助学贷款与读大学的费用

如果你正读到这里，可能你已经上大学了，而且可能正在打算申请助学贷款。既然对你来说这是个要解决的问题，或者一旦你的经济状况发生改变，这会给你带来点小麻烦，那么在本节我们会把你当作是头一次进入**助学贷款**（student loan）——这个领域经历了跨越式的发展——这个市场的新手，从头开始讲。记住“原理 1：知识是最好的保障”——不管你年纪多大，现在开始了解助学贷款对个人的长期影响绝不会为时已晚。

你可能已经知道上大学有多么贵了——这是大多数人亲身经历以后得出的教训。如果你有孩子或正打算要孩子，你将面临如何负担孩子们的教育费用的问题。于是，不管是对你还是对你未来的孩子而言，不要为了读书而导致家里一贫如洗、顺顺利利地读完大学绝对是个挑战。毕竟，很多私立学校的收费高达一年 50 000 美元（甚至更高），而上大学的费用也在以每年 5%的速度递增，用米克·贾格尔的话来说，“穷人家的孩子该怎么办?”

助学贷款：这种贷款面向那些需要经济帮助的学生，因为获得了联邦政府的补贴，因而利率水平较低。

因此，为了能上大学、不牺牲个人的未来发展，我们应该如何筹措这笔钱呢？为了回答这个问题，你需要先了解自己面临着哪些选择：

- 了解自己对学校和专业课程的选择可能会带来怎样的后果。
- 了解需要多少费用（包括学费和生活费）以及你需要怎样做才能实现“少贷款”以及“更明智地选择贷款产品”。
- 在读书的时候就好好管理个人财务。
- 最终既能还清贷款，又能实现个人的理财目标。

在我们开始深入研究助学贷款之前，先后退一步看看我们要努力做些什么。毫无疑问，读大学可以是很不错的投资——问题在于实际情况并非永远如此。大学毕业生不会因为他们通过了足够多的课程、拿到了学位就自然而然地能赚到更多的钱。他们之所以收入更高，是因为他们的工作效率更高，通常他们的动力与野心可以在现实世界里很好地得到转化。他们可能拥有市场上急需且难以复制的技能，或者是他们已经具备批判性思维，这会进一步提高他们的工作效率。这些意味着什么？这意味着当你看到类似于图 7－3 的图表时，不要一股脑儿地全盘接受。一些受过高等教育的人即便没有读过大学也能干得很好——他们既聪明又有天赋。也有一些人从大学退学，然而后来也做出了一番成就——比方说史蒂夫·乔布斯（Steve Jobs）、马克·扎克伯格（Mark Zuckerburg）。此外，这些数据来源于过去上过大学的人，那时候各家大学之间的差别往往比较明显。毕竟，回头看看 1980 年时的情况，在年龄不小于 25 岁的成年人中，只有 16％的人是大学毕业生；等到 1990 年，这一比例才上升了一点点，略微超过 21％。未来情况会怎么样？如今，大约 66％的高中毕业生会选择继续读大学。因此，我们的结论是未来，也正是你的未来，受过更好的教育将成为竞争的焦点之一。

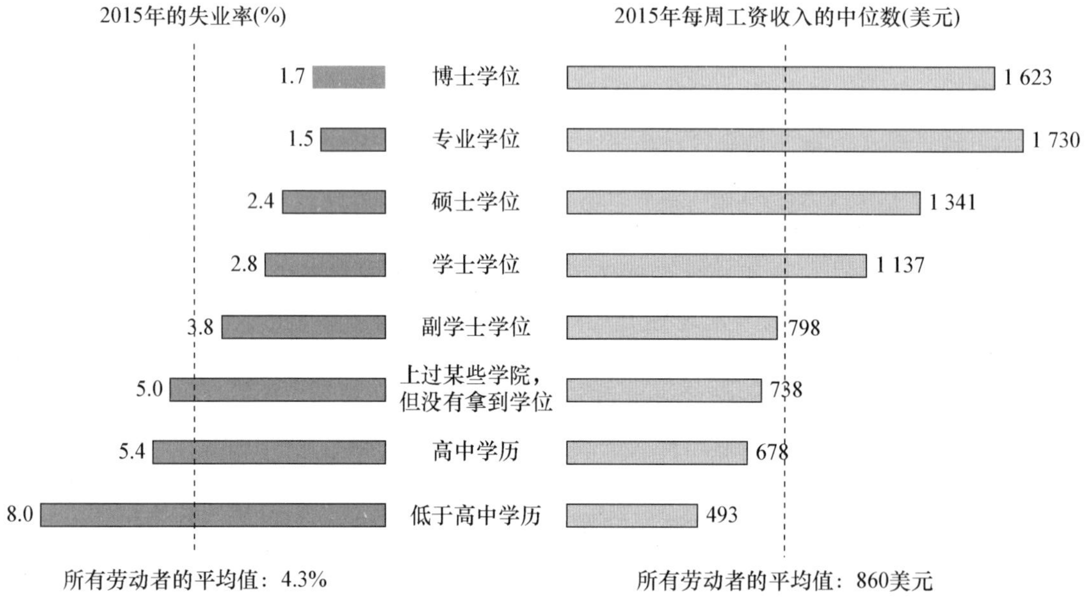

图 7－3　2015 年按照受教育程度划分的各人群的收入与失业率水平

资料来源：Bureau of Labor Statistics，http://www.bls.gov/emp/ep_chart_001.htm，accessed April 6，2017.

那么多选择——学校与专业

第一个重要决定是选择哪一所大学。各个大学的费用相差巨大。2017 年，州内学生就读于 4 年制的公立大学，一年的总开销为 24 610 美元；而对州外的学生，一年的总费用一下子涨到 38 890 美元。就读于 4 年制私立大学的学生，一年的费用需要 49 320 美元。记住，这还只是平均花费——例如，纽约大学的学生一年需要开销 77 000 美元。

这些数据告诉你应当仔细挑选大学，确保不管是从教育还是经济等角度来看，它都是你的最佳选择，那么你也就不用为了自己负担不起的教育费用而头疼了。记住，一般情况下州内的大学与社区学校的收费要比州外的大学便宜。此外，对个人未来的收入水平做到心中有数，也有助于你决定应当申请多高额度的贷款。正如你所了解的那样，选择的职业路径不同，起薪自然也是天差地别，如果你不得不申请贷款，那么需要先了解一下助学贷款会对未来的个人发展带来哪些影响。毕竟，你想确保助学贷款的还款始终处于你的掌控之中，一旦毕业，助学贷款的还款额只占起薪的一小部分。

对你来说，还有一点也很重要：大学里并不是所有的专业都能以相同的方式给你带来回报。正如第 1 章所述，在选择专业时，你要充分考虑个人的兴趣爱好、技能、价值观、个性、想要的生活方式等，你还需要了解大学里的专业对应哪些类型的工作岗位、薪水水平以及这些工作的职业安全感。要确保自己全面的了解这些专业对应的职业有哪些积极面和消极面。它们是否能提供你想要的社会地位与收入水平？它们是否身处较为稳定的行业？它们是否需要出差或频繁的更换工作地点？你要记住，你选择的专业将引导你从事相应的职业。

虽然收入潜力并不是学生在选择专业时考虑的唯一因素，但它确实是一个很重要的因素。正如第 1 章所述，你的大学文凭能给你带来多少回报主要取决于你选择的专业——事实上，近期的一项研究显示，薪酬水平最高的专业，其收入相当于薪酬水平最低的专业的 314%。①

少贷款与更明智地选择贷款产品

既想上大学，又不想把家底掏空？那就把上大学的费用降下来。这意味着要好好比较一下各种教育贷款的条款与各所大学的花销。幸运的是，美国教育部提供了一份贷款资助比较清单，同时消费者金融保护局也提供了在线的大学费用与财务资助方案对比表，上面的各个链接分别显示了各所大学的费用，包括学费、杂费、预估的学生生活费、常见的贷款资助、学籍保留比率与毕业率等。

要想进入梦寐以求的大学就读，方法之一是使用各种补助、贷款或勤工俭学的筹资方式。为了获得这些帮助，你需要填写一份联邦政府助学金免费申请表（FAFSA），即将来临的新学年的申请已经从 10 月 1 日开始了。记住，在填写收入时，你要按照入学两年前的纳税申报单上的数字填写。随后这份表格会被交给你选择的大学，被用来判断你可以获得多少资助。填表后不久，你会受到“助学报告”（SAR），上面总结了你在联邦政府助学金免费申请表上填写的所有信息。认真仔细地检查一下，找出错误的地方并进行修正，确保该报告已经列出了所有的“特殊情况”。也许你的父母正在向你的爷爷奶奶提供经济支持——你一定要让学校知道这一点，因为这会影响到你能获得多少助学金。助学报告还会向你提供“家庭预期贡献”值（EFC），这个数据会被用来判断你是否有资格获得联邦政府的助学金——这并不意味着你的家庭必须要贡献那么多。

一旦你被某大学录取，录取通知书里会注明你将获得的资助的类型与金额。这可能意味着直接获得政府的补助或采用勤工俭学的方式，这两种模式都很好，因为将来你不用还钱。不过，通知书里关于这一项并没有法定的模板，所以你必须非常仔细地阅读，弄清楚：

- 免费的资助（补助）与贷款（必须偿还）之间的区别。

---

① Georgetown University, Center on Education and the Workforce, “What’s It Worth? The Economic Value of College Majors,” https://cew.georgetown.edu/cew-reports/whats-it-worth-the-economic-value-ofcollege-majors/, accessed April 6, 2017.

● 扣除免费资助以后进入某大学读书的剩余费用——补助和学费通常不会每年都不变，因为学费会逐年上涨，而且助学贷款的利率水平也可能上升。

● 其他杂费——食宿如何安排，生活成本以及学校与家乡之间的往返路费是多少。

10月初，当下个学年新的FAFSA开始填写时，你可以登录FAFSA的官网免费填写该申请表。记住，你在大学里的每一年都要填写一份该表格，因为每年你都要再申请一遍助学贷款。你还要记住，每个州都设定了自己的截止时间，所以只要系统一开放就尽快填好表格不失为一个好主意。申请补助的时间越早，你获得的补助可能就越多，因为各个大学和各州的基金会是以先到先得的方式提供资助的。你一定要弄清楚具体的截止时间！

你要好好研究一下到底有哪些州或地方政府的补助及奖学金项目是可以申请的。美国教育部提供了一份各州学生补助的列表，你应当去查看一下。此外，你还可以充分利用很多免费的奖学金搜索工具。现役人员、退伍军人及其家属可能有资格申请退伍军人法里规定的福利和/或军队的续费补贴。此外，还有两个联邦退税项目可以帮你冲抵一部分费用：美国机会退税，头四年可以获得每年2 000美元的抵扣；终生学习退税，每年可申请2 000美元的退税额来冲抵上大学的费用（学杂费）。不过，同一笔费用不能同时申请两种退税项目。在申请退税时，你必须有一笔没有被任何奖学金或补助冲抵的、单独的费用。如果你使用助学贷款来支付学杂费，那么可以申请退税。即使由于收入水平低，你没有正式填写纳税申报单，也可以申请退税，否则你就会错过这些退税项目。不过要注意目前有关税法的修改建议里包括删除终生学习退税项目。

还有一件事要牢记在心：你不是只读一年大学。差不多一半的大学采用“前期补贴”的模式，这意味着大学一年级新生的补贴要比二年级、三年级和四年级学生可享受的补贴慷慨得多。如果在使用了各种降低成本的措施以后（例如与其他人合租），补助和勤工俭学依然无法全部覆盖上大学所需的费用，那么就只好去借钱了。通过贷款的方式借钱意味着你在毕业后的头十年甚至更长的时间里，要慢慢还清全部贷款。

你在和朋友或亲戚交流时可能已经得知，大约三分之二的在校生在使用贷款支付教育费用。他们借了多少钱？根据近期富达公司的一项调查，人均助学贷款的债务余额——包括学生家长为了支付孩子们的教育费用而申请的贷款——已经超过了29 000美元，而家庭的平均债务余额——包括信用卡欠债、个人贷款与家庭贷款——超过35 000美元。在公立大学就读的学生，平均债务余额会低一些；而在私立大学读书的学生，平均债务余额会更高——不过无论如何，这笔债务都不是一个小数字。

所以，你并不是一个人，让我们问问看，“助学贷款的规模有多大？”消费者金融保护局估计，已发放的助学贷款——包括私人机构的助学贷款与政府的助学贷款——已经超过1.4万亿美元，而联邦政府担保或由联邦政府持有的助学贷款已超过1万亿美元，事实上已经超越了信用卡债务的总规模。我们大家都知道信用卡债务的规模非常大！所以，为了读大学而申请贷款似乎是很正常的事，你要记住借的越多，将来要还的就越多——但是，如果你确实需要借钱，那么应该选择哪种贷款呢？

支付读大学的教育成本

要想付得起上大学的费用，你要好好存钱，削减所有可以控制的成本，对自己面临的各种选择保持实事求是的态度，以及最后一点——去贷款。

- 为了上大学而存钱。如果你现在正在上大学，需要想办法筹措学杂费，那么这个方法估计很难帮到你——不过，如果你正在为孩子未来的教育问题制定计划，那么一定要好好读一读本节。最重要的一点是要按照优先顺序排列自己的理财目标。首先，在为孩子们将来读大学存钱之前，你应当先偿还债务，并按照最上限来缴存退休金。为什么？因为无论何时孩子们都可以申请各种各样的助学补贴项目，但是你的个人债务和未来的退休金却不能得到任何帮助。

529 计划（529 plan）是一个具有税收优势的储蓄计划，其目的是鼓励人们为了能负担未来上大学的费用而进行储蓄，该储蓄计划具有两种形式：预付学费计划和大学储蓄计划。所有的州至少会支持一种类型的 529 计划。投资选择、税收优惠、如何使用以及费用标准等细节，会因所在州以及不同的计划项目而有所差别。

预付学费计划（prepaid tuition plan）：通常允许储蓄者预先购买拟入学的大学或学院的课程或学分，用来冲抵以后的学费，甚至有时还可以冲抵食宿费用。绝大多数预付学费计划由州政府发起，并对参与者有居住地的限制要求。很多州政府会对其发起的预付学费计划所进行的投资提供担保。

大学储蓄计划（college savings plan）：通常允许储蓄者（即未来的大学生本人或其父母、祖父母）建立一个专门的账户，该账户的唯一用途是未来支付上大学的各项费用，例如学费、书本费与食宿费。从大学储蓄计划账户内提取的资金可在任意一所大学或学院里使用。

相对于其他大学储蓄计划，529 计划的最大优势在于它们能提供税收优惠待遇。账户内的投资收益可以以税收递延的方式继续增值。如果是用来支付符合要求的教育费用，那么提现也是免税的。还有，任何人都可以向 529 计划账户缴款，因为该账户对使用者没有任何收入限制。对于大多数富裕家庭来说，529 计划是少数几个可用的具有税收优惠的大学储蓄计划之一。

- **科沃代尔教育储蓄账户**（Coverdell Education Savings Account，ESA）允许用户向特别指定的投资信托账户缴款，每年每人的最高缴款额不超过 2 000 美元。该账户对缴款人的收入水平有所限制，免交联邦所得税，而且提款也是免税的。它的主要优势在于既可以用于中小学教育，也可以用于高等教育。不过，学生年满 18 岁以后，用户必须停止缴款，而且必须在学生年满 30 岁之前用光账户内的资金。如果到了截止时间账户内仍有资金未使用，那么这剩下的钱会被没收，充作罚金与税金。

> **529 计划**：具有税收优势的储蓄计划，目的是鼓励人们为了未来有能力支付读大学的费用而积极储蓄，该计划可分为两种类型：预付学费计划与大学储蓄计划。
>
> **预付学费计划**：这种储蓄计划允许储蓄者预先购买拟入学大学或学院的课程或学分，用来冲抵以后的学费。
>
> **大学储蓄计划**：这种储蓄计划允许储蓄者（即未来的大学生本人或其父母、祖父母）建立一个专门的账户，该账户的唯一用途是未来支付符合要求的大学各项费用。
>
> **科沃代尔教育储蓄账户（ESA）**：允许用户向特别指定的投资信托账户缴款，每年每人的最高缴款额不超过 2 000 美元，而且不能用于税负抵扣。

为了上大学而进行储蓄的方法多种多样，两种 529 计划与科沃代尔教育储蓄账户只是其中常见的三种模式。值得注意的一点是这三种模式都具有税收优势。表 7－7 对比分析了这三种最受欢迎的储蓄计划。

借钱——联邦助学贷款与私人贷款

联邦助学贷款：该贷款由联邦政府出资，美国教育部充当贷款人的角色。

联邦珀金斯贷款项目：以学校为基础的贷款项目，面向具有特殊贷款需求的在校生与毕业生。

你需要助学贷款吗？总的来说有两种选择：联邦助学贷款与私人助学贷款。毫无疑问，对大多数借款人来说，由联邦政府出资的联邦助学贷款是更好的选择。一旦你开始偿还联邦助学贷款，则利率就会被固定下来——这一点很重要，因为这能让你清楚地知道毕业后你的总还款额是多少美元。

联邦助学贷款（federal student loan）由联邦政府出资，美国教育部担任贷款人的角色。联邦珀金斯贷款项目主要面向具有特殊要求的个体，共有四种类型的直接贷款产品：

- **联邦珀金斯贷款项目**（federal perkins loan program）是以学校为基础的贷款项目，面向具有特殊贷款需求的在校生与毕业生。

表 7－7　大学储蓄计划对比

	529 大学储蓄计划	529 预付学费计划	科沃代尔教育储蓄账户
谁是账户持有人？	缴款人	缴款人	缴款人
可以投资哪些产品？	通常计划会提供几个投资选择	购买计划参与学校的课程或学分	没有限制
何时可以使用该账户？	没有年龄限制	计划可能会设定年龄或年级的限制	受益人年满 18 周岁后禁止继续向账户内缴款，受益人年满 30 岁之前必须从账户内提款；有特殊需求的儿童可以例外处理
除了学杂费以外，还可用来支付哪些费用？	符合要求的高等教育费用	只能覆盖符合要求的高等教育的学费与其他指定费用	符合要求的中小学教育费用或符合要求的高等教育费用
缴款额可以是多少美元？	各种计划对缴款额的规定不同。大多数计划允许每个受益人的缴款总额超过 250 000 美元	根据个人签署的购买合同约定的固定金额来安排缴款	缴款人：每年每位收益 2 000 美元； 受益人：2 000 美元，不管建立了几个 ESA 账户，都不影响
联邦税收优惠	投资收益以税收递延的方式增值，如果被用来支付教育费用，则提款可以免税	投资收益以税收递延的方式增值，如果被用来支付教育费用，则提款可以免税	投资收益以税收递延的方式增值，如果被用来支付教育费用，则提款可以免税
州税收优惠	各州差别较大，不过一些人允许纳税人用缴款进行税收抵扣，可以以税收递延的形式快速增值，而且当受益人将账户提款用于支付符合要求的教育费用时，则提现也是免税的	各州差别较大，不过一些人允许纳税人用缴款进行税收抵扣，可以以税收递延的形式快速增值，而且当受益人将账户提款用于支付符合要求的教育费用时，则提现也是免税的	无

续表

	529 大学储蓄计划	529 预付学费计划	科沃代尔教育储蓄账户
对用户收入水平的限制	无	无	单身纳税申报人：95 000～110 000 美元； 联合纳税申报人：190 000～220 000 美元
对“其他用途”要征收多少罚金？	投资收益被视为一般性收入需要纳税，也许还要支付 10%的罚金	投资收益被视为一般性收入需要纳税，也许还要支付 10%的罚金	财税年度内，提款金额超出受益人教育成本以外的部分需要纳税

资料来源：Smart Saving for College-Better Buy Degrees.

- **直接补贴贷款**（direct subsidized loan）：只面向需要贷款的在校生。学生在校期间，利息由政府支付；学生毕业离校后会有 6 个月的宽限期，随后学生应开始偿还贷款。
- **直接非补贴贷款**（direct unsubsidized loan）：面向在校生、毕业生以及专业生。这种贷款并不要求申请者必须存在资金不足的状况。如果学生选择在校期间或毕业后的宽限期内不支付利息，那么应付利息会累积起来，与助学贷款的本金相加。
- **直接 PLUS 贷款**（direct plus loan）：只面向毕业生或专业生；**直接 PLUS 父母贷款**（direct plus parent loan）：面向处于被抚养状态的在校生的父母。这种贷款需要对申请人进行信用调查，贷款发放后立即开始计息，还款可以递延 6 个月。
- **直接合并贷款**（direct consolidation loan）：允许学生把所有符合要求的联邦助学贷款合并为一笔贷款。

> **直接补贴贷款**：只面向需要贷款的在校生。
> **直接非补贴贷款**：指的是面向在校生、研究生以及专业生的非补贴型助学贷款。
> **直接 PLUS 贷款**：只面向研究生或专业生的助学贷款。
> **直接 PLUS 父母贷款**：向处于被抚养地位的在校大学生的父母提供的助学贷款。
> **直接合并贷款**：允许学生将所有符合要求的联邦助学贷款合并为一笔贷款的贷款。

如前所述，联邦贷款的利率水平在整个贷款期间是固定不变的，但是在每年的 7 月 1 日新发放的贷款的利率会发生变化。贷款利率是在 10 年期国债收益率的基础之上叠加一定幅度的利差[①]：

联邦助学贷款利率＝10 年期国债收益率＋利差

例如，在 2017—2018 贷款年度，10 年期国债收益率为 2.40%，政府为直接补贴与非补贴在校生贷款确定了 2.05%的利差，为直接非补贴研究生贷款确定了 3.60%的利差，而直接 PLUS 贷款的利差为 4.60%。因此，在 2017—2018 年度，新发放贷款的利率水平如下：

直接补贴与非补贴在校生贷款的利率水平＝2.40%＋2.05%＝4.45%

直接非补贴研究生贷款的利率水平＝2.4%＋3.60%＝6.00%

直接 PLUS 贷款的利率水平＝2.40%＋4.60%＝7.00%

要记住，每年新发放的贷款其利率水平经常发生变化。在 2017—2018 年度，直接补贴与非补贴在校生贷款的利率水平为 4.45%，但是随着 10 年期国债收益率的上升，助学贷款的利率水平也会上升。这是你必须注意到的一点，因为绝大多数学生每年都需要申请

① 《2013 年两党助学贷款确定性法案》。

贷款。幸运的是，这些贷款的利率水平是有上限制约的，也就是说，贷款利率不得超过某一标准，例如直接补贴与非补贴在校生贷款的最高利率不得超过 8.25%，直接非补贴研究生贷款的最高利率不得超过 9.50%，直接 PLUS 贷款的最高利率不得超过 10.50%。当市场利率相对较低时，未来助学贷款的利率上涨的可能性就比较大，不过至少最高利率上限能阻止其涨的太高。表 7-8 对几种联邦贷款项目进行了比较分析。

表 7-8　助学贷款比较

联邦助学贷款项目/贷款类型	项目具体细节（利率可能每年变化）	每年的贷款最高限额（每年可能有所变化）
联邦帕金斯贷款	• 面向大学在校生、研究生与专业生 • 贷款的利率水平为 5%；不收取贷款手续费；学生毕业后可享受 9 个月的还款宽限期 • 贷款金额取决于学生的需求以及该大学的资金充裕程度 • 学生所在的大学是贷款人	• 大学在校生：不超过 5 500 美元/年 • 研究生与专业生：不超过 8 000 美元/年
直接补贴贷款（斯坦福贷款）	• 面向需要贷款的在校毕业生 • 借款人在校就读期间、宽限期以及递延期内不需要支付贷款利息 • 贷款利率为 4.45% • 美国教育部充当贷款人	• 每年补贴贷款的最大限额为： 第一年＝3 500 美元 第二年＝4 500 美元 第三年和第四年＝5 500 美元
直接非补贴贷款（斯坦福贷款）	• 面向在校生与研究生 • 利息：由借款人负责支付利息 • 大学在校生的贷款利率＝4.45% • 研究生的贷款利率＝6.00% • 美国教育部充当贷款人	• 无独立经济能力的大学在校生，除了补贴贷款以外，还可以申请最高不超过 2 000 美元的非补贴贷款 • 经济独立的大学在校生，除了补贴贷款以外，每年还可以申请 6 000 美元至 7 000 美元的贷款，贷款金额取决于借款人的年级
直接 PLUS 父母贷款与研究生 PLUS 贷款	• 无独立经济能力的学生的父母可以申请直接 PLUS 贷款，而研究生与专业生可以申请研究生 PLUS 贷款 • 利率水平为 7.00% • 需要进行信用审查 • 美国教育部充当贷款人	• 最高贷款金额等于求学的总费用减去学生获得的其他资助
直接合并贷款	• 除了直接 PLUS 父母贷款以外，其他联邦机构发放的助学贷款均可以合并 • 固定利率，等于被合并的多笔贷款利率水平的加权平均值 • 一旦贷款被合并，就不能从合并贷款里移除 • 可在还款宽限期内合并贷款	• 所有联邦助学贷款的总额 • 不包括私人助学贷款

注：若想了解有关助学贷款的更多信息，请访问 http://www.studentaid.ed.gov。
* 2017—2018 年发放的贷款的利率水平。

> **私人助学贷款**：指的是当你用遍了联邦机构可以提供的所有贷款支持以后，还可以向私人机构求助以获得贷款。

私人助学贷款（private student loan）指的是当你用遍了联邦机构可以提供的所有贷款支持以后，还可以向私人机构求助以获得贷款。私人助学贷款通常由商业银行和信用合作社提供。私人助学贷款种类繁多，所以你一定要认真阅读贷款合同，弄清楚合同的条款。这种私人助学贷款通常采用浮动利率，这意味着借款人的利率水平与还款额可能会随着时间不断上涨——这可不是好事情。此外，私人助学贷款的成本也更高——事实上，在过去的几年间，一些私人机构发放的助学贷款其利率水平甚至达到了 16%这么高——同样也不是一件好事。此外，私人助学贷款通常不允许借款人减少还款额或推迟还款——而政府的助学贷款往往可以向借款人提供这些福利。总之，联邦助学贷款要优于私人机构的助学贷款，所以你要先充分利用政府的贷款。如果用了以后，钱还是不够，那么你再试一试采用其他方法降低费用。

现实生活

位于格林斯博罗的北卡罗来纳大学近期的一篇学术文章发现，助学贷款每增加 10 000 美元，就会让借款人结婚的长期概率下降 7 个百分点。

假设你已经充分利用了联邦机构提供的各种助学贷款，那么可以考虑一下“其他可能”，例如确保自己能负担得起选中的学校，看看是否有可能去做做兼职，或者是尽快降低各种费用。如果你发现钱还是不够，那么此时私人助学贷款可能帮得上忙，但是你的首选应当是先去大学的助学金办公室寻求帮助。助学金办公室“是你的朋友”——那里的工作人员经验丰富，能帮助你顺利度过求学阶段。他们会积极地协助你寻找贷款资源。助学金办公室会给你出具一份表格，证明你确实需要申请额外贷款才能负担得起上大学的费用。绝大多数贷款机构都要求借款人提供这份表格。助学金办公室可能还会对去哪里申请贷款提供一些建议——你想要的肯定是最低的贷款利率以及还款的灵活度，以防你还款时遇到麻烦。你可能需要为自己的助学贷款找到一位联合署名人——事实上，在 2016 年，大约 94%的私人助学贷款都要求借款人提供一位联合署名人。一旦你没有能力或没有按时还款，联合署名人可以代为还款，通常联合署名人要么是父母，要么是其他亲戚，你要事先做好安排。还需考虑的一件事是经过若干次按时还款以后，某些贷款允许联合署名人“解除联合署名人”。表 7-9 对联邦助学贷款以及私人助学贷款进行了更为详细的对比分析，着重比较了还款方式、利率水平、借款人的资格要求以及贷款的最高限额。

表 7-9　联邦助学贷款与私人助学贷款

	联邦助学贷款	私人助学贷款
你需要知道什么	● 在寻找私人助学贷款之前，一定要先充分考虑联邦机构提供的助学贷款。联邦助学贷款几乎总是比私人助学贷款成本更低、更容易还清	● 私人助学贷款的成本通常要比联邦贷款更高，而且当借款人的还款遇到困难时，调整的灵活度较小
好处	● 很多联邦助学贷款都接受了政府的补贴，采用固定利率。大多数学生都有资格申请，还款期限也是弹性的	● 贷款金额更高。如果你能做到货比三家，而且个人信用评分较高，那么可能会找到相对较低的贷款利率
风险	● 你能借到的贷款金额是有限的，如果你忘记了按时还款，那么你的一部分工资以及退税收入就会被政府直接扣留	● 贷款人经常在不提前提醒的情况下调整借款人适用的利率水平与每月还款额。借款人对何时还款以及每月还多少几乎没什么选择权

续表

	联邦助学贷款	私人助学贷款
如何还款	● 大学在校生可享受6个月的还款宽限期 ● 根据收入水平或经济困难情况来弹性调整每月的还款额，对教育、服兵役以及其他公共服务领域的借款人可能给予一定的债务减免	● 大多数贷款提供6个月的宽限期 ● 那些资金紧张或经济困难的借款人只能享受到极为有限的还款灵活度 ● 目前，私人助学贷款没有债务减免的可能
利率水平	● 借款人获得贷款后，利率水平一直保持不变。每年新发放的贷款的利率水平会发生变化，并盯住10年期国债的收益率 ● 直接补贴贷款与珀金斯贷款在借款人在校期间不收取利息	● 通常采用浮动利率，随时间变化 ● 利率水平的高低取决于借款人的信用评分和其他因素 ● 借款人在校期间，贷款人便开始向借款人收取贷款利息
借款人的资格要求	● 几乎每个人都有资格申请联邦助学贷款；那些具有特殊需求的人有资格申请更低的贷款利率	● 贷款人会根据借款人的信用评分与其他因素判断借款人的申请资格，借款人可能需要联合署名人
贷款限额	● 贷款种类不同，最高限额也不同，但不可能超过个人读大学的费用 ● 一般来说，在校生最多每年可获得5 500～12 000美元的贷款；也就是每年最多可获得8 000～20 500美元的贷款	● 贷款人会根据借款人的信用评分和其他因素来决定贷款额，不过一般来说，借款人获得的贷款金额不会超过读大学的成本

资料来源：Consumer Financial Protection Bureau，http://www.consumerfinance.gov/paying-for-college/choose-a-student-loan/#o1，accessed July 9，2017.

助学金与大学费用的对比

一旦你了解了自己可以申请哪些贷款项目、各所学校提供的不同贷款项目，那么下一步就是认真地进行比较分析。目前，使用美国教育部提供的助学金选择清单的高校超过了2 000所，如果你想在其中选择一所，那么你可以获得一份标准化的信件，可以更轻松地将各种助学金方案加以对比，从而帮助你在挑选学校时做出更明智的决定。如果你不想这么做，那么可以登录消费者金融保护局的官方网站，查看名为“各大学费用与助学金可选项目的对比”的网页。你可以在页面上输入费用与助学金项目，然后便可以得到对比分析的结果。你还要记住，助学金办公室是获取各种信息的宝贵源泉。

负责任地管理好个人财务

一旦你做出了贷款决策，那么接下来要确保自己持有相应的账户，可用于接收贷款的款项。我们曾在第5章讨论了各种个人银行账户，前面提到的各种账户的优势与劣势在这里也同样适用。如果你还没有自己的银行账户，那么应尽快去开立一个账户。账户开好以后，你可以与学校签订直接存款协议，通常直接存款方式能让你更快拿到钱。正如我们在第5章里说过的那样，详细了解一下银行是否收月费、跨行使用ATM的手续费、透支费、借记卡的使用费或在线支付账单的服务费。直接存款是否能帮助你规避其中一些费用？换言之，确保自己能“留住”尽可能多的钱。

偿还贷款

你已经拿到了贷款，并且花光了（或者正在花）这笔钱以获得更高等的教育——恭喜你！不过，现在到了该还钱的时候了。拿钱时很开心，这笔钱对你很有帮助，不过按时偿还贷款是件很严肃的事。

还款计划

还款计划大体上可分为四种类型，不同的选择会影响到借款人的还款周期长度、每月的还款额、支付的利息额以及可能产生的债务减免。还款计划分为：

- 标准还款（10 年期，借款人支付的利息额最少）：这是贷款人自动采用的还款计划，除非借款人选择其他的还款方案。
- 延期还款计划（10～30 年）：还款次数增多，借款人要支付额外的利息。
- 基于收入的还款计划：根据借款人可自由支配收入的一定百分比而非贷款的未清偿额来确定每期的还款额；每月的还款额较低，但借款人要支付额外的利息；借款人在获得债务减免之前，至少已经坚持还款 25 年。
- 递进式还款：刚开始还款时每月的还款额较少，此后每隔两年月还款额就会上调一次；每月还款额相对较低，但借款人要支付额外利息；借款人在获得债务减免之前，至少已经坚持还款 25～30 年。

延期

如果你至少一半的时间要待在学校里学习，没有工作，或者是满足某些经济困难的标准，那么可以申请**延期**（deferment）偿还贷款，最长可推迟 3 年。如果你申请的是补贴贷款，那么推迟还款期间并不产生利息。

暂停还款

你可以基于一些符合要求的理由——例如生病、经济困难、在医院或牙科诊所做实习医生，或是做住院医师——**暂停还款**（forbearance）。在不还款期间，贷款的利息将持续累积。

> **延期：**如果借款人至少一半的时间要待在学校里学习，没有工作，或者是满足某些经济困难的标准，那么可以申请推迟偿还贷款，最长可推迟 3 年。
>
> **暂停还款：**你可以基于一些符合要求的理由——例如生病、经济困难、在医院或牙科诊所做实习医生，或是做住院医师——暂停偿还贷款。

大学助学贷款项目一直在调整变化。每年当你完整地经历了一遍研究各种贷款项目、获得贷款以及最终做好偿还贷款的准备这一过程，你会发现联邦助学贷款与私人助学贷款的各项规则又发生了变化。借款人应当及时获取相关信息。你可以寻求帮助！只要美国教育部将贷款资金支付给你本人或你所在的学校，你就会被指定一位贷款专员，这种工作人员可以免费帮助你管理好联邦助学贷款的还款事宜。不要花钱找人去做这件事。你应当保管好与贷款专员往来的所有书面文件以及联络信息，让贷款专员了解你目前的联系方式（只要搬家了，就要立即更新联络方式）。当你在还款计划、自动还款设置、贷款合并建议等方面遇到问题或需要帮助时，应尽快联系贷款专员。从本质上看，贷款专员是整个还款过程中你必须要用到的资源。记住，你可以给贷款专员打电话，不过更好的联络方式是通过贷款专员的消息系统来发送你的问题。这样做能让你得到一份纸质版的书面记录，上面记载了你的问题以及贷款专员的回答！幸运的是，美国教育部拥有一个性能卓越、最新潮的网站，它应当可以解答你的大部分问题，还要记住好好利用学校里的助学金办公室——办公室的工作人员都是这一领域的专家，他们会把你的最大利益摆在首位。

爱与金钱

4 000 多万美国人背负着总额超过 1.4 万亿美元的助学贷款，听上去现在似乎每个人都借过助学贷款。那么，这并不会你对的爱情生活造成什么影响，对吗？近期宏达理财的一项调查却证明，确实会有影响。事实上，26%的受访者称他们不太可能与背负着助学贷款债务的人约会。这听上去没有上一章谈到信用卡债务时提到的状况那么糟糕，不过这个问题也很重要。

众所周知，助学贷款的金额可以很高——甚至超过 100 000 美元。事实上，美国每一个家庭平均背负的助学贷款大约为 49 042 美元。因此，助学贷款会让个人的爱情生活脱离正常的轨道，这并不令人吃惊。毕竟，和一个欠债将近 50 000 美元的人结婚，确实是一个很大的挑战。不过，为什么助学贷款会成为"捣乱分子"呢？问题在于借入助学贷款是否是为了完成另一个大计划的必要手段：例如，你想脚踏实地地上大学，然后拿到学位，找到自己真正喜欢的工作，而助学贷款是否是实现上述计划的唯一路径？还是相反地，助学贷款只不过是轻率大意或糟糕的理财习惯所导致的产物？你会看到，为什么我们说对下述这些问题的回答极其重要：

- 是否有还清贷款的计划？
- "意外之财"会被用于偿还贷款，还是被用于日常的娱乐活动？
- 如果欠债是过去糟糕的理财习惯所导致的后果，那么现在是否已经改正？

如果有还款计划，那么这说明这个人比较有责任感，会按时还债——这样的人将来不会把你拖进经济捉襟见肘的泥沼。

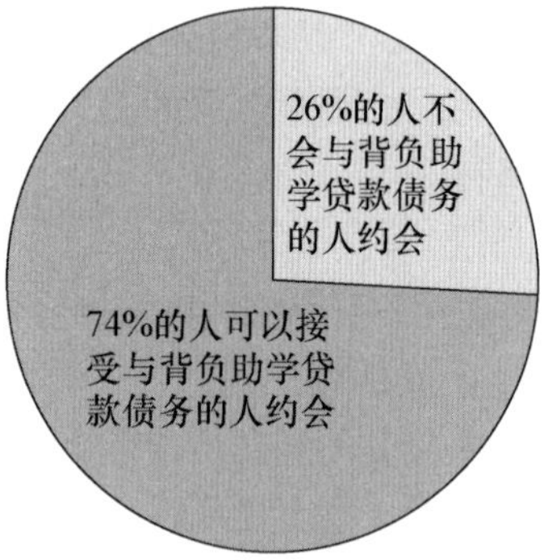

就像助学贷款会对你的爱情生活造成负面影响一样，其他任何债务也都可能带来严重的伤害。NerdWallet 近期对千禧一代（年龄在 18～34 岁）进行了民意调查，发现 38%的人拖着还没还清的汽车贷款进入下一段新恋情，27%的人在建立恋爱关系时还有医疗方面的债务没有还清。所以，答案是什么？如果你准备带着助学贷款或其他类型的债务开始一段感情，你应该怎么做？如果你的恋人身负债务，你又会如何应对？关键在于公开与坦诚。一旦两人的关系开始变得越来越认真，就应该把所有的事都坦诚相告。每个人都应当知道自己的恋人有多少存款，有多少债务需要偿还。然后，你需要制定一个还债计划，并把这个计划与你的理财目标统一起来。身负贷款的你，在谈恋爱时经济的弹性空间可能没有无债一身轻的人那么大，不过两个人一起制定切实可行的理财目标并且共同努力实现目标，这也能带来很大的满足感。

行为视角

原理 9：心理游戏、理财个性与金钱

尝试一个小试验：在一张纸上写下现在家里你拥有的 6 样东西。把这张纸复印两份。

在一份复印件上，写下你卖掉上述每样东西的开价是多少。在另一份复印件上，写下你愿意支付多少钱买下上述 6 样东西，假设你是在当地的二手店看中了它们。完成这个小试验，后面我们再讨论它。

本章我们介绍了各种各样的贷款产品，你知道消费太多肯定会导致欠债过多，这是毫无疑问的，那么该如何控制个人消费呢？一种方式是了解营销人员如何诱使你买下你并不真正想要的商品。

行为金融学告诉我们，一个非常成功的营销技巧蕴含着“禀赋效应”，这个概念描述的是人们倾向于认为自己拥有的东西价值更高。为了利用这种行为特征，营销人员会提供试用期和退货保证。“把它拿回家好好试用一下——看看你是否喜欢它，如果你喜欢，那就买下它——不过，我们绝不会逼迫您购买。”但是，一旦这件商品——不管它是一台新电视机、家具、地毯还是其他东西——进了你的家门，那么禀赋效应就开始生效了，抬高了你心目中这件商品的价值。

eBay 上的卖家也成功地利用了禀赋效应。为了提高商品的最终售价，卖家会从一个非常低的价位开始起拍，这样做的目的是增加竞拍者的人数，当你成为最高出价者时，禀赋效应又开始发挥作用了。当拍卖进行到某个时点，你成为场中出价最高者时，你会感觉到竞拍的那件物品似乎已经成为你的了，这抬高了它在你心目中的价值。

让我们回顾一下一开始的那个小试验。如果你和大多数人一样，你会发现在第一张纸上写下的价格——你愿意接受的家中物品出售的价格——要比第二张纸上写下的价格——假设你在二手店看到这些物品，你愿意花多少钱把它们买下来——高得多，这是因为对物品的所有权让你认为这些物品更值钱。禀赋效应证明我们倾向于喜欢自己所拥有的东西，并且抗拒改变。

如何克服禀赋效应呢？这并不简单，但如果你知道营销人员正在“玩弄”你，那么避免被“玩弄”就会变得容易得多。当你有机会“把它拿回家免费试用两星期”时，当你参加 eBay 的线上拍卖时，你要清醒地意识到自己正在做什么。好好判断一下自己是否真的想要这件产品，抑或只是一时冲动。

最后我们再回顾一下助学贷款，选择很重要。行为研究已经证明，太多的选择会让人感到泄气。在办理助学贷款的过程中需要你不停地做出选择，通常这会导致认知超载。我应当选择哪种类型的贷款？哪一种还款计划对我最有利？未来我的收入会有多高？虽然表面上各种计划看着都很相似，然而事实上可能差异很大。研究发现，太多的选择项导致很多学生仿照朋友的选择，而且通常会借入比实际需求更多的贷款——他们的实际开销远远超过了学费、书本费和传统的教育费用。这些都是钱，他们拿到了钱，花光钱，然后再申请更多的贷款。研究证明，专家提供的帮助——例如助学金办公室的工作人员——能让你面临的选择少一点，引导你做到更有责任感地借贷。

行动计划 >>>

原理 10：开始行动吧！

如果你和大多数学生一样，那么毕业时你可能要背负着助学贷款离开校园了。这无关贷款金额的多少，你只是单纯地不喜欢身负债务。你要做的是控制债务规模，而不是让债务控制自己。下面我们提供了很多小窍门，它们能让你的人生即便背负着助学贷款也尽可能地体验美好。

- 关注你的贷款。确保自己了解助学贷款的详细信息：贷款人是谁（通常贷款专员会负责向借款人收取每期的还款），你借入的助学贷款剩下的未清偿余额是多少，目前的还款状况如何。为每一笔贷款准备一个文件夹，并将所有信息整理出一份一览表，可供快速查询。

- 密切关注贷款的宽限期——不要错过首次还款。宽限期决定了你应在何时开始偿还贷款。对于斯坦福贷款而言，宽限期为 6 个月，而珀金斯贷款的宽限期为 9 个月。私人机构发放的助学贷款其宽限期各不相同。这一点真的很重要！所以，如果你不知道宽限期有多久，一定要查看一下贷款的书面文件，或是联系贷款机构或贷款专员以便尽快弄清楚。然后，将银行账户设定为自动还款模式。

- 保持联系。如果你搬家了或是更改了邮箱地址，要记得通知贷款机构或贷款专员。这是你应做到的义务。你也想确保自己能及时查收他们寄给你的邮件或信息。这可不是垃圾邮件，这是贷款机构寄给你的信件。

- 了解各种还款安排，从中选择最适合自己的方案。默认的还款安排是标准的 10 年期还款计划。不过，除此以外也有其他选择。如果你还有其他债务尚未还清，那就去好好了解一下那些债务的利率水平有多高，确保自己先还清利率水平最高的债务。

- 如果遇到问题，那就解决问题。正如“原理 7：保护自己免受重大灾害或灾难的威胁”所说的那样，你可能失业、生病或遇到其他难以预料的经济问题。记住，联邦助学贷款可以申请延期还款或暂停还款。不过你要记住，暂停还款期间利息仍然会持续累积。如果毕业后你找到的工作薪水不高，不足以快速还清助学贷款，那么你应该选择以收入水平为基准的还款计划。总而言之，如果遇到问题，你有责任去解决这些问题。不要试图忽视这些问题——它们不会自动消失。不要停止还款——联邦助学贷款的规定是如借款人连续 9 个月未还款，则被视为违约。你肯定不想落得如此境地：贷款到期了，个人信用评分被下调，个人的债务额快速增加，而最可怕的是一旦你违约未按时偿还联邦助学贷款，政府会直接扣留你的工资或退税收入。

- 先偿还成本最贵的贷款。如果打算提前还清几笔贷款，那么最好先把利率水平最高的贷款还清。如果你从私人机构借入了助学贷款，那就应当先偿还这些贷款。因为私人助学贷款的利率水平更高，而且还款缺乏灵活性，所以应先把它们还清。

- 合并还是不合并？贷款合并是将多笔贷款合并为一笔贷款，这样有助于简化每月的还款管理。如果你手上至少有一笔贷款处在宽限期，那就应当合并。贷款的利率不会变好，不过新生成的联邦直接合并贷款可以让你每个月只有一笔还款。如果正在考虑将私人助学贷款合并为私人合并贷款，那么先要注意一下贷款的利率——这样做可能不错，也可能不太好。不过，有一件事是肯定的——不要将联邦助学贷款和私人助学贷款合并到一起：这样做将会让你失去所有的还款选择与借款人的福利，比方说借款人将再也无法享受到失业延期还款以及贷款减免福利。

- 如果可以申请，那么试一试贷款减免。如果你是公共服务部门的全职工作者，那么可能有资格申请公共服务贷款减免。上网搜索一下公共服务贷款减免申请，你就能找到自己需要的所有信息。

本章小结

➡ 学习目标 1：了解各种类型的消费贷款。

总结：一次性还款贷款是在到期日一次性还清贷款本息的贷款形式。通常，这些贷款有一个固定的到期日。分期偿还贷款需要定期偿还贷款的利息与本金，每次的还款额能够确保到期时刚好能够全部还清贷款。

消费贷款可分为担保贷款与无担保贷款两种类型。担保贷款要用某种特定的资产做担保。无担保贷款不需要借款人提供担保品。

固定利率的贷款，其利率水平在整个贷款有效期内是固定不变的。但是对于浮动利率贷款来说，利率水平与市场利率紧密相关，周期性地反映市场利率的变化。房屋净值贷款或者叫第二抵押贷款，是用借款人的住房建筑资产净值作为抵押品的贷款。

关键术语

消费贷款：这种贷款会有一个详细的合同，具体说明借款人的借款金额以及还款的时间与方式。

一次性还款贷款或气球贷款：这种贷款通常会在贷款合同中明确要求借款人在贷款到期时一次性还清。在贷款的到期日，借款人应一次性还清所有的贷款本金与利息。

过桥贷款：这是一种短期贷款，是借款人在找到其他中长期资金来源或其他融资资源之前的短暂过渡。

分期偿还贷款：这种贷款要求借款人定期偿还贷款的本金与利息，每期的还款额能确保贷款会在预先设定的日期刚好到期并还清。

分期还款：每月等额的还款额既包含了一部分本金，还包含一部分基于逐渐减少的本金余额的利息。刚开始时，每月还款额中大部分是利息，随后利息所占的比重逐渐下降；本金的偿还情况刚好相反。刚开始时，每月还款额中本金所占的比重较小，随后开始稳定上升。

担保贷款：有特定的资产作为担保品的贷款。

无担保贷款：没有特定的资产作为担保品的贷款。

固定利率贷款：在贷款的整个有效期内利率保持固定不变的一种贷款方式。

浮动利率贷款或可调整利率贷款：这种贷款的利率水平不会一成不变，而是根据市场利率的变动而改变。

优惠利率：银行提供给可信赖的消费者（或者叫“最优”客户）的贷款利率。

可转换贷款：可转换贷款指的是在未来某一特定时间借款人可以选择将其转变为固定利率贷款的一种浮动利率贷款。

担保协议：这份协议会明确说明贷款人或借款人是否对贷款购买的物品具有控制权。

违约：借款人未能按照预定的时间偿还贷款的利息与本金。

注意事项：概述贷款人与借款人法律责任的正式文件。

保险协议条款：要求借款人购买信用人寿保险的条款，一旦借款者死亡，人寿保险能够偿还借款人的贷款。

加速偿付条款：该条款规定一旦借款者出现一期还款未支付的情况，则全部贷款立刻到期。

差额支付条款：该条款规定如果借款人对担保贷款违约，则贷款人不仅可以取回担保品，而且若担保品的出售价格不足以抵消拖欠的贷款，那么借款人还要支付两者之间的差额。

追索条款：追索条款规定了贷款人在借款人违约不偿还贷款时可以采取哪些措施追讨债务。

房屋净值贷款或第二抵押贷款：这种贷款用借款人对其住房累积的权益价值作为贷款的抵押品。

汽车贷款：是特别为购买汽车而设立的一种担保贷款，它以消费者购买的汽车作为担保。

➡ 学习目标 2：计算消费贷款的成本。

总结：确切地了解贷款的成本很重要。贷款的融资成本包括与贷款相关的所有费用，例如利息支付额、贷款的处理费用、个人信用调查的费用以及其他必要的保险费用。年利率指的是在贷款有效期内贷款成本的年单利利率。

关键术语

年利率：在贷款有效期内实际支付的单利利率。它是借款真实成本的合理估计值，《诚实借贷法案》要求所有的消费贷款合同要用粗体来标示贷款的年利率。

贷款信息披露声明：会向借款人详细说明贷款的年利率以及其他贷款费用。

N-比率法：一个计算贷款年利率近似值的计算方法。

78 法则或年份的数字之和：用来确定每一笔还款额当中有多少是利息支付额，有多少是本金还款额的一种法则。

➡ 学习目标 3：选择适合的渠道获得消费贷款。

总结：消费贷款有多种来源，例如家庭、保险公司、信用合作社、储蓄贷款协会、商业银行、小型贷款公司、零售商店以及信用卡等，不同的贷款来源其成本也大相径庭。

获得最优贷款利率或者是首先获得申请某种贷款的资格的关键在于拥有良好的信用等级。另外，还有其他 4 种方法有助于降低贷款人的风险，从而有利于借款人获得较低的优惠贷款利率：(1) 使用浮动利率款；(2) 尽可能地使用短期贷款；(3) 为贷款提供抵押品；(4) 为贷款购买的商品支付较高的首付款。

➡ 学习目标 4：控制个人的债务规模。

总结：在借款之前，你必须确定这项贷款符合自己的理财计划，包括按照预算来量入为出，而且你充分了解自己这种行为会带来什么结果。你还必须确定自己能负担得起多高的债务水平。在分析自己的负债能力时，你不仅要用常识，还要用非抵押贷款债务余额与税后收入之比，再加上债务解决法则来认真评估偿债的负担到底有多重。

关键术语

贷款顾问：专门帮助客户制定个人预算以及安排债务偿还计划的专业人员。

债务合并贷款：用一笔贷款清偿债务人当前所有的债务。

破产：没有能力偿还债务。

➡ 学习目标 5：助学贷款与读大学的费用

总结：在为上大学申请贷款时，你需要先了解选择学校与专业的重要性，了解读大学的各项费用，好好管理个人财务，并在不牺牲个人理财目标的前提下按时偿还贷款。至于为了上大学而储蓄，你应充分利用具有税收优惠待遇的储蓄产品，例如 529 计划和科沃代尔教育储蓄账户。如果你不得不申请贷款，则联邦助学贷款最有可能成为你的最佳选择。

关键术语

助学贷款：发放给学生的一种利率较低、由联邦政府给予一定补贴的贷款。

529计划：具有税收优势的储蓄计划，目的是鼓励人们为了未来有能力支付读大学的费用而积极储蓄，该计划可分为两种类型：预付学费计划与大学储蓄计划。

预付学费计划：这种储蓄计划允许储蓄者预先购买拟入学大学或学院的课程或学分，用来冲抵以后的学费。

大学储蓄计划：这种储蓄计划允许储蓄者（即未来的大学生本人或其父母、祖父母）建立一个专门的账户，该账户的唯一用途是未来支付符合要求的大学各项费用。

科沃代尔教育储蓄账户（ESA）：允许用户向特别指定的投资信托账户缴款，每年每人的最高缴款额不超过2000美元，而且不能用于税率抵扣。

联邦助学贷款：该贷款由联邦政府出资，美国教育部充当贷款人的角色。

联邦珀金斯贷款项目：以学校为基础的贷款项目，面向具有特殊贷款需求的在校生与毕业生。

直接补贴贷款：只面向需要贷款的在校生。

直接非补贴贷款：指的是面向在校生、研究生以及专业生的非补贴型助学贷款。

直接PLUS贷款：只面向研究生或专业生的助学贷款。

直接PLUS父母贷款：向处于被抚养地位的在校大学生的父母提供的助学贷款。

直接合并贷款：允许学生将所有符合要求的联邦助学贷款合并为一笔贷款的贷款。

私人助学贷款：指的是当你用遍了联邦机构可以提供的所有贷款支持以后，还可以向私人机构求助以获得贷款。

延期：如果借款人至少一半的时间要待在学校里学习，没有工作，或者是满足某些经济困难的标准，那么可以申请推迟偿还贷款，最长可推迟3年。

暂停还款：你可以基于一些符合要求的理由——例如生病、经济困难、在医院或牙科诊所做实习医生，或是做住院医师——暂停偿还贷款。

思考题

1. 雪梨是一个刚毕业的大学生，她高兴地告诉姐姐她今天发现了只要1500美元就能买到的沙发、椅子和桌子。但是，当姐姐问到时，雪梨并不清楚如果贷款购买这些家具的话，贷款采用哪一种计息方式。假设还款期为一年，利率水平为14%，计算一下每月还款额以及银行贷款的总成本。现在再假设商店采用的是附加法计算贷款的利息。如果贷款的还款期为一年，利率水平为12%，计算一下每月还款额以及贷款的总成本。解释一下为什么票面利率更高的那种贷款，每月还款额以及贷款成本反而更低。

2. 沿用问题2中有关两种贷款的信息，如果雪梨能在6个月内还清贷款，那么能“节省”或者减少多少利息支出？

3. 借款1000美元，一种选择是12个月后一次性偿还，或者是12个月分期偿还，哪种方式的利息支付总额最低？假设利率为12%，采用单利计息方式。给出论证过程。

4. 消费者在寻找合适的贷款产品，应该像购买其他普通商品与服务时一样货比三家。理财生命周期的不同阶段、收入、资产净值以及个人信用评分会对贷款资源的可获得性以及贷款的成本造成怎样的影响？

5. 列举出担保贷款相对于无担保贷款的两个优势与两个劣势。

6. 你刚刚申请了一笔浮动利率的消费贷款，利率水平等于优惠利率加上3%。一年后，贷款的利率上调至优惠利率加上4%。目前短期国债的收益率为2%，那么这笔消费贷款新的利率水平应该是多少？

7. 安东尼奥想要把他的高尔夫球棒换成定制款。当地的体育用品商店正在为800美元的定制高尔夫球棒打广告，还包括一个新的球包。商店本身可以向客户提供利率为2%的贷款，安东尼奥还可以选择把刚刚到期的500美元存单不再续存，而是直接兑现。存单的续存利率是2%。安东尼奥知道商店提供的贷款费用不会影响他的税负，但是存单的利息收入要缴纳所得税（联邦所得税税率为25%，州所得税税率为5.75%）。他应该将存单兑现还是使用商店提供的贷款？为什么？

8. 诺埃尔和赫尔曼需要把诺埃尔的车换掉。但是，目前他们要负担家具与电器贷款的分期还款与信用卡的账单，如果还要买一辆新车，他们不确定自己能否负担得起。汽车贷款代理提出这样的问题："你能接受多高的每月还款额？"他们两人的每月税后收入为3 250美元，每月的还款额为475美元，计算一下他们的债务限制比率，然后回答这个问题："你能接受多高的每月还款额？"首先假设债务限制比率为15%，再假设债务限制比率提高一点，达到20%。

9. 诺埃尔和赫尔曼正在考虑选择48个月还是60个月的汽车贷款。如果贷款本金额为10 000美元，利率水平为6%，那么这两种贷款方案每月还款的差额是多少美元？

10. 贝有一笔25 000美元的助学贷款，利率水平为6%，期限为10年，那么本息合计要还款多少美元？如果这25 000美元是一笔补助而非贷款，那么贝需要偿还多少钱？

11. 假设你满足收入与其他条件，而且你在所在州的州立大学读了四年书，那么你可以为此申请最高多少美元的教育退税？（提示：可查看书中有关美国机会退税和终身学习退税的相关内容。）

12. 利亚姆刚刚从州立大学毕业，欠了一笔29 000美元的贷款。他想知道如果按照10年期、5%的标准，他每个月需要还多少钱。利亚姆手上存了一笔应急资金，收益率为3%。他是否应当动用这笔应急资金提前还清贷款？为什么？

13. 诺亚在私人机构借入了一笔20 000美元的助学贷款，年利率为16%。他表妹艾娃也借了一笔同等金额的助学贷款，不过是联邦助学贷款，年利率只有4.66%。假设两人的贷款从同一天开始计息，那么诺亚和艾娃的助学贷款的还款总额会相差多少（贷款期限均为10年）？

讨论案例 1

卡柔正在考虑用不同的方法筹集12 000美元，目的是购买一辆新汽车。当地银行能提供的最优惠的汽车贷款条件是贷款期限为48个月，利率为7%。同时，可循环使用的房屋净值贷款的利率水平为8.5%。卡柔适用的联邦所得税边际税率为25%，州所得税边际税率为5.75%。

问题：

1. 用你的财务计算器计算一下卡柔每个月的汽车贷款还款额。比较一下使用当地银行提供的48个月汽车贷款与可循环使用的房屋净值贷款，这两种贷款方案的每月还款额分别是多少美元。假设两种贷款都是在48个月内分期偿还，均使用单利计息方式。

2. 如果卡柔决定选择房屋净值贷款来购买新车，那么在整个贷款有效期内，她能节省的所得税是多少？

3. 哪一种贷款的每月还款额较低？哪一种贷款的税后成本更低？使用这些信息判断一下卡柔应当选择哪种贷款。

4. 在与父亲讨论选择哪一种汽车贷款时，卡柔惊讶地发现父亲曾经使用附加法计息的贷款购买汽车。他打算在一年内偿还2 000美元的贷款，但是由于拿到了奖金，9个月后就实现了这一目标。贷款的利率水平为5%。计算每月还款额以及还清贷款的最后一笔还款额。使用这种贷款以及78法则能够“节省”或减少多少利息支出？

5. 假设卡柔的父亲现在能够获得利率为5%的2 000美元贷款，而且贷款采用单利法计息。那么每月还款额将是多少美元？计算一下9个月后最后一笔还款是多少美元。“节省”了多少利息？

6. 根据问题3与问题4提供的信息，假设两种贷款都没有提前还款，计算一下两种贷款融资成本的差别。

7. 假设卡柔无法获得房屋净值贷款，她可能通过什么方法来减少贷款人的风险，从而为她自己“买到”一种成本较低的贷款？（提示：原理8：风险与收益的权衡。）

8. 卡柔考虑的每种贷款的抵押品分别是什么？如果银行收回汽车的所有权，她还需要偿还贷款吗？

讨论案例2

你在助学金办公室工作。玛丽·卢·亨宁斯，一个大三学生，来找你寻求意见。她刚发现她父亲被裁员了。为了确保她能有足够的资金继续读书，她需要申请贷款来保证开销。她有一份兼职工作，税后收入为每个月375美元。她预计毕业后自己每年的净收入大约为30 000美元，不过她打算继续在家里住上一到两年。她的父母说她可以使用房屋净值贷款，最高贷款额为10 000美元；但是她不确定自己想这样做。除了在未来3年内每月要偿还189美元的汽车贷款以外，她没有其他的债务。虽然父亲安慰她说他很快就能找到另一份工作，到时候就可以偿还贷款了，但她还是很担心在校期间自己是否有能力负担得起额外的贷款。

问题：

1. 向玛丽解释一下直接补贴贷款与直接非补贴贷款的区别。

2. 玛丽可以申请哪些类型的助学贷款，贷款的最高限额是多少美元？何时开始偿还贷款？

3. 假设玛丽的助学贷款的利率水平为7%，她父母的房屋净值贷款的利率水平为9.25%。如果这两种贷款的期限均为10年，在不考虑贷款可能延期的前提条件下，5 000美元的贷款要求玛丽每月偿还多少美元？

4. 解释一下两种贷款方案的税后效果。假设玛丽适用的联邦所得税边际税率为10%，她父母的边际税率为25%。不考虑州一级的所得税。

5. 用玛丽当前的收入数据计算在校期间成本最高的助学贷款与汽车贷款的总额对应的债务限制比率是多少。用她预期的毕业后收入数据计算毕业后这些贷款的债务限制比率。

6. 贷款合并有哪些利弊？玛丽在考虑合并贷款时需要关注哪些影响因素？

7. 如果玛丽遇到了经济困难，不得不申请破产，那么她的助学贷款债务会被免除吗？

8. 根据所有可获得的信息，你会建议玛丽使用哪一种贷款？为什么？还有其他的选择可以为其学业提供资金支持吗？

第8章 住房和汽车的购买决策

学习目标

1	制定理智的购买决策。	理性购物
2	选择符合自身要求与预算的汽车。	理性购物：买车
3	选择满足自身要求的住房。	理性购物：买房
4	决定是租房还是买房。	租房还是买房
5	计算买房的成本。	确定你能负担多高的价格
6	最有效地使用抵押贷款。	贷款买房——抵押贷款

这看上去十分真实。《摩登家庭》(*Modern Fomily*) 里的菲尔和克莱尔·邓菲住在加利福尼亚州的布伦特伍德。他们的家位于洛杉矶的郊区，有四间卧室和五个卫生间，前庭围着一圈栅栏，还有三个让人精疲力尽的孩子。这样的房子要多少钱？答案是大约 260 万美元。如果他们为了买房借入 250 万美元的 20 年期抵押贷款，那么每月的抵押贷款还款额是多少美元？也许每个月差不多要还 16 000 美元，一年的还款额约为 192 000 美元——这还不包括保险的保费或房产税。后来，克莱尔接替了她父亲的工作，也许做得还不错，而菲尔一个人很难承担这么高的房贷月供，毕竟作为房地产经纪人，年薪的中位数仅为 41 990 美元。

而剧集《喜新不厌旧》(*Black-ish*) 中的德瑞·约翰逊和鲍·约翰逊夫妇又遇到了什么情况呢？德瑞从事广告业，而鲍是麻醉科医师。麻醉科医师的平均年薪为 270 000 美元，而广告从业人员的平均年薪大约为 80 000 美元，因此夫妻俩的收入都挺高。不过，他们居住的房子——至少是剧中出现过的某套房子——位于谢尔曼奥克斯，市价约为 320 万美元。如果他们借入 300 万美元的 20 年期抵押贷款，且贷款利率为 4.5%，那么每个月需要还款 19 000 美元左右。如此一来，每年的还款额合计为 228 000 美元，这还不包括房产税与保险的保费！同样地，夫妻俩住得起这样的房子是有可能的，但是不太现实。不过，电视剧中的很多情节都不符合现实。莱斯利·诺普 [Leslie Knope，剧集《公园娱乐》(*Parks and Recreation*) 的主演] 在印第安纳州波尼市有一套共四间卧室的住房。这套房产的市价大约为 175 000 美元——如果莱斯利支付 50 000 美元的首付，然后申请利率为 6%的 20 年期抵押贷款，那么每月的还款额应该不足 900 美元。当你看中一套房子或者想在某处租套房子时，你需要确认一下这套房子满足你的居住要求，而且更重要的是，它符合你的预算。

怎样的房子对你来说才是完美的呢？你可以想象一下，或许你已经知道，买房并不只是一个简单的财务决策，它还掺杂着个人与情感的需要，所以必须符合你的生活方式与预算。对于大多数人来说，买房很可能是他们人生当中最大的单笔投资，因此我们要弄清楚买房过程中的种种复杂细节，还要充分了解这笔投资对未来家庭财务状况的影响。

买车是另外一笔大额开支。尽管买车不能算是投资，但这是一项金额较高的支出项目。无论是买房还是买车，你可能都需要获得贷款的支持，于是在未来相当长的时间内，你的预期收入要有一大半被用来偿还贷款。正是因为这两个购买决策都将会对个人的财务状况产生极大的影响，所以你需要认真考虑。幸运的是，在这些方面都有很多不错的建议——接下来我们会一步一步地讲述如何做到“理性购物”。

理性购物

本章我们讨论的是花钱而不是存钱。正如你为了存钱而努力工作一样，花钱的时候也要做好功课，多花点时间深思熟虑四处调查，直到做出一个明智的购买决策。为了帮助你做出正确的决定，接下来我们要向大家介绍理性购物的四大步骤。你可以将其运用于所有大件商品的购买决策过程。这能有效控制个人消费，能够确保最终被选中的商品不仅仅是以最优惠的价格买到最棒的商品，而且被选中的商品一定能够符合个人的需求以及财务预算。其中一个最大的好处是极大地抑制了冲动消费，而冲动消费恰好是破坏预算的罪魁祸首。

让我们来了解一下理性购物的四个步骤。随后，我们将使用这四个步骤逐一分析如何买车与买房。

第一步：区分欲望与需求

在决定购买之前，你必须先弄清楚欲望与需求之间的区别。当然这并不意味着你永远不能购买任何你想要的东西，但你得清楚地知道你想要的东西到底是什么，以及你能否负担得起。对大多数人来说，“想要”往往意味着要权衡取舍。比如买了一个新的 iPad 可能意味着牺牲掉其他的欲望——比如在接下来的 6 个月里放弃掉每天必喝的拿铁咖啡。史蒂夫·马丁（Steve Martin）和艾米·波勒（Amy Poehler）曾在《周六夜现场》（*Saturday Night Live*）的一出滑稽短剧中扮演一对负债累累的已婚夫妻，一位推销员试图向他们推销一本名为《不要买自己无力承担的东西》的理财指南。艾米问这位推销员，“如果我想得到某样东西，但我没钱，那该怎么办?”“那就不要买，”推销员回答说。简单却有效。《纽约时报》“每周斯凯奇盖”专栏的撰稿人卡尔·理查兹（Carl Richards）提倡采用 72 小时的购买冷静期。也就是说，花三天时间认真思考一下自己打算购买的商品，如果三天后，你依然认为该商品值得买，那就去买吧——换言之，这就是在消除冲动购物。所以在购买任何你“想要”的东西之前，一定要评估一下这是否会影响到其他生活必需品的添置。暂时不喝星巴克咖啡没什么，可是没钱付房租就麻烦了！

第二步：做好功课

当你决定购置某种商品之后，你需要确保自己做出明智的购买决策。假设你现在想买一台高清电视。那么第一件事就是弄清楚自己能负担得起什么价位的电视机。在做好预算以后，花点时间去了解细节。比如，高清电视的价位区间如何？质量方面有哪些差别？每个品牌都有哪些特点？

第三步：购买

做好上述准备之后，接下来的事情很简单，到价格最便宜的地方把商品买下来即可。然而，某些商品的购买往往需要一个协商的过程，例如汽车。购买过程中少不了讨价还价，你要事先尽可能地做好市场调查工作，这样有助于提高以最优惠价格成交的概率。而通过协商最终拿到好价钱的关键在于知道商品的成本与售价之间的加价额度（这是第二步骤——做好准备——应完成的一部分工作）。知道了商品的加价幅度，你就明白价格还有多大的让步空间。同时确认与你协商的交易对手确实有降价的权力。同时还要考虑一下多种贷款或融资方案，不要只是追求成本最低，还要考虑到贷款方案是否与个人每月的预算相吻合。

二维码 8－1

在购买之前

二维码 8－1 提供了一些明智购物的建议。

第四步：维护保养

理性购物意味着使用最适合自己的贷款以最优惠的价钱购买到最优质的商品。理性购物还意味着在交易完成之后，妥善地维护保养已购买的商品，包括外观上的养护以及解决有关商品或购买过程中的争议或问题。如果商品有任何质量问题，首先应联系经销商。若达不成协议，则联系生产产品的厂家总部或销售该商品的公司总部。大多数大型公司都设有免费的售后咨询电话，你可以在产品的说明书或公司的网站上找到该免费电话。

二维码 8－2

投诉

你还可以给公司写信。确保把信寄给消费者服务部门或公司总裁。信中必须详细描述所购商品存在的问题，到目前为止你为了解决问题所做的工作，以及你希望下一步该怎么办。你想退款还是换货？但是记住，你的问题可能不会立即得到解决。在与公司直接打交道时要做好记录，包括对方的姓名、日期以及都做了什么。把所有与公司往来的信件存档备份。

如果你的问题仍然没有解决，那么就要求助于一些特定的机构，例如商业改进局，或者是其他当地、州以及联邦机构。二维码 8－2 提供了一些投诉建议，图 8－1 给出了投诉信的样板。

理性购物：买车

除了买房以外，你最大的投资可能就是买车了。尽管买音响和买车差别很大——首先它们的价格就相差甚远——但挑选购买的过程是一样的。

10 年前，买车时人们犹豫的是买新车还是买二手车，但现在你还可以考虑租用汽车——事实上，在 2009 年，所有新车当中只有 16%的车辆是被租用的；然而到了 2017 年，这一比率快速上升至 28%左右。租车这种新形式对市场造成了怎样的影响？这对车价的冲击很大。现在一辆新车的价格让很多美国人感到负担不起，因此租车开始变得越来越流行，是费用不高的另一种选择。事实上，租车就是在一定时间内租用一辆汽车，支付少量定金甚至不需要支付定金，月租费也很便宜。为了弄清楚买车或租车的流程，我们仍然要使用前面讲过的理性购物的四大步骤，将其略微修改以便应用于买车的决策过程。

Your Address
Your City, State, Zip Code
Date

Name of Contact Person, if available
Title, if available
Company Name
Consumer Complaint Division, if you have no contact person
Street Address
City, State, Zip Code

Dear (Contact Person):

Re: (account number, if applicable)

On (date), I (bought, leased, rented, or had repaired) a (name of the product, with serial or model number or service performed) at (location, date and other important details of the transaction).

Unfortunately, your product (or service) has not performed well (or the service was inadequate) because (state the problem). I am disappointed because (explain the problem; for example, the product does not work properly, the service was not performed correctly, I was billed the wrong amount, something was not disclosed clearly or was misrepresented).

To resolve the problem, I would appreciate your (state the specific action you want—money back, charge card credit, repair, exchange, etc.). Enclosed are copies of my records (include receipts, guarantees, warranties, canceled checks, contracts, model and serial numbers, and any other documents).

I look forward to your reply and a resolution to my problem, and will wait until (set a time limit) before seeking help from a consumer protection agency or the Better Business Bureau. Please contact me at the above address or by phone at (home and/or office numbers with area code).

Sincerely,

Your name

Enclosure(s)
cc: (reference to whom you are sending a copy of this letter, if anyone)

图 8-1　投诉信模板

资料来源：U. S. Office of Consumer Affairs，*Consumer's Resource Handbook*，2011.

第一步：区分欲望与需求

买哪一种车的消费决策最能直接体现出欲望与需求的差异。对于大多数人来说，他们所选择的车子不仅要符合自己的生活方式与预算，还必须能体现出他们的身份。比如说对于一个由丈夫、妻子以及三个孩子组成的家庭来说，一辆新的道奇凯领休旅车也许是最实惠的选择。但是，他们还是更想要一辆价钱相同的 MINI Cooper。与其他重要的购买决策一样，在这种情况下，我们首先应当想一想自己需要购买具备什么特征与品质的车，以及想要具备什么特征与品质的汽车。显然，你的生活状态对所买车辆的特征具有较大的决定意义。你的工作需要每天都搬运很多东西吗？你有两只黑色拉布拉多犬时刻伴随左右吗？还有你的孩子——在前往度假地的三小时车程里，你是否有足够的空间可以让孩子们舒舒服服地坐在车里享受风景？还是你只需要一辆可以和朋友们一起兜风的车子（如果是这种情况，建议你选择 MINI Cooper）。

爱与金钱

本章前面介绍的理性购物的第一步是区分欲望与需求，这其实暗含着对自我的控制。人不能稀里糊涂地花钱，在消费过程中要认真思考，只买自己负担得起的商品。如果做不到理性购物，那将对个人的财务状况造成严重伤害，同时也会影响到个人的恋爱生活，甚至危害程度更大。现在你应该知道，金钱是伴侣之间发生矛盾与摩擦的头号因素，而无节制地乱消费更是敏感问题。

近来《金钱》杂志调查了很多对夫妻，发现伴侣的消费习惯是两方因为钱而发生争吵的头号原因。

哪些因素会导致伴侣因为钱而发生争吵？

为了真正理解非理性购物给夫妻关系带来的摩擦，你应当牢记伴侣之间因为钱的事发生争执的频率高于因为孩子、亲戚、家庭琐事、父母陪伴孩子的时间不足、饭菜甚至性而争吵的频率。当被问及谁有不良的消费习惯时，男性和女性都指向了自己的另一半。

之所以会这样，原因之一是人们往往会和与自己具有不同金钱观的人结婚。也就是说，一个勤俭节约的人可能被另一个爱花钱的人无意识间散发出的个性所吸引，从而爱上他/她。反过来，一个爱花钱的人也可能会被储蓄爱好者提供的财务安全感所吸引。事实上，近期太阳信托银行的调查发现，37%的受访者认为自己和伴侣都是“爱存钱的人”，15%的受访者认为自己和伴侣都是“爱花钱的人”。不过，余下的47%的受访者认为自己和伴侣的消费习惯不同。鉴于此，消费习惯的不同可能会让情侣发生争吵也就不足为奇了。

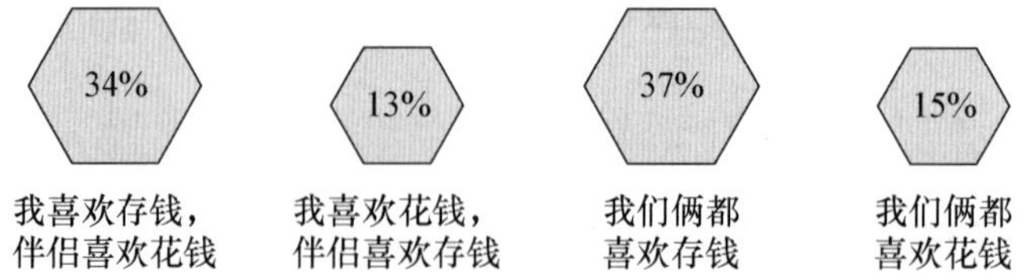

最重要的是，不管男性还是女性，他们都认为自己比另一半更关心财务问题。

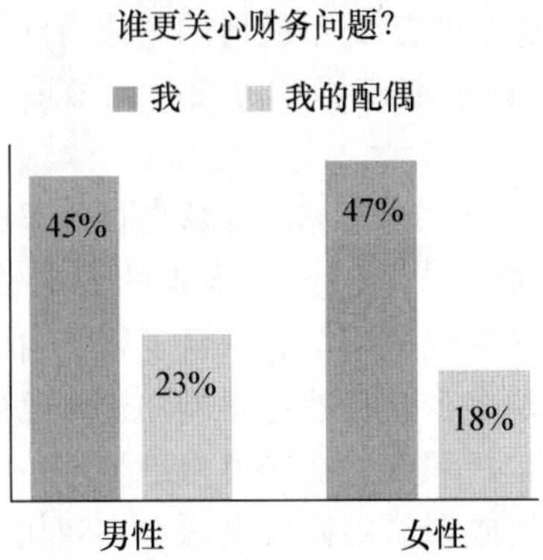

太阳信托银行的调查还发现，36%的正处在一段严肃关系里的受访者不会在购买商品之前征求配偶或伴侣的意见，不管这件商品的价格是多少。你也是这样吗？这与消费金额有关吗？2016 年 5 月，益百利调查了 1 000 对新婚夫妻，发现他们不告知配偶的消费额平均超过 800 美元，而且男性花的更多，平均大约为 1 259 美元，而女性平均为 383 美元，他们都认为自己可以独自决定是否花这么多钱购物，而无须提前告知配偶。大约 16%的受访者（主要为男性）承认，他们有配偶不知道的"秘密账户"。显然，这一切都很容易引发夫妻间的争吵。不过，不管两个消费习惯不同的人是为什么会相互吸引走到一起，也不管为什么夫妻之间一方会比另一方更关注财务事项，两人之间关于消费的争执必须得到解决，而且作为夫妻，双方应当从整体的角度去审视各自的理财目标与努力进程。也许最重要的问题是"这样的消费习惯是否会阻止我们实现理财目标？"如果不会，那么这自然就不是什么问题；但是，如果确实会有阻碍作用，那么夫妻两人需要好好讨论一下，找到解决方案。同时，这也是为什么我们建议夫妻二人应各自保留少量可自由支配的现金，因为这既能让每个人获得一点消费的自主权，又能限制乱消费。

把你的人生和钱与配偶或伴侣分享，这也意味着你们的消费要合并到一起。消费这个词的后面往往伴随着"习惯"这个词，这个事实会让你更加清楚地了解需要制定深思熟虑、经过共同讨论的理性消费决定。

在你决定了自己需要购买具有什么特征的车子之后——符合工作要求的平板卡车，狗狗们可以直接跳上跳下的车，或者是可以放下手提箱的五座轿车——把你希望车辆具备的功能特征列成一份清单。如果你每天上班平均要花上 3 小时，那么一台 CD 播放机对你来说可谓非常重要。或者你还希望车上能配备一部手提式的 DVD 播放机，可以让孩子们在去看望祖母的路上观看《冰雪奇缘》(*Frozen*)，能让你在开车时获得片刻安宁。

现在你已经拿到了一份清单，上面列出了哪些是你需要的，哪些是你想要的。那么，多高的价钱是自己能负担得起的呢？让我们一起来寻找答案吧。

第二步：做好功课

当我们犹豫是买一辆车还是租一辆车的时候，我们要做的功课不仅仅是判断自己想要哪种类型的车辆，还要了解自己能负担得起多高的价钱。我们先来看一看钱的问题。

你到底能负担得起多高的价钱？汽车的价钱比较贵。从现实的角度来看，你到底付得起多高的价钱？如果由于买了新车而让你陷入财务危机或者是你的生活质量、所追求的其他目标都要被迫做出让步，那么这肯定是不值得的。值得注意的是有些家庭一年的收入只能支付其 4～6 个月的开销，所以在制定买车决策时，最重要的是要记住你的购买行为要符合自己的预算。

首先确定一下你的首付款金额。动用你的存款支付汽车的首付款是可以的，只要这笔存款就是为了买车而准备的。如果这笔储蓄是未来的养老钱或者是为孩子准备的教育基金，那么很多人并不愿意动用这笔钱来买车。一旦了解了自己能支付多高的首付款，那么你就能知道每月的还款额应当是多少，自然也就能知道自己应当选择多高价位的汽车了。

当你选中了自己心仪的汽车，那么怎么知道自己是否负担得起呢？如何计算自己的每月还款额？首先，给当地的银行或者信用社打电话，询问相关的汽车贷款利率。你可以利用第 3 章和第 7 章学习到的有关分期偿还贷款的相关知识，计算出汽车贷款的每月还款额，因为汽车贷款本质上就是一种分期偿还贷款。记住，你可以使用财务计算器（利用年金现值的计算公式来计算每月还款额）或者是本书附录 E 提供的分期偿还贷款表来计算汽车贷款的每月还款额。

思考：

当卖家为房屋或车辆定价时，他们通常会充分利用“原理 9：心理游戏、理财个性与金钱”。买家总是对售价的第一个数字特别敏感，所以对于买家来说，6 999 美元看上去要比 7 000 美元便宜不少。这是因为我们按照从左到右的顺序读数字，而价格是高是低的第一印象主要取决于买家看到的第一个数字。你能否举出一些根据上述心理特征进行定价的例子？

计算器小贴士

计算贷款的每月还款额

正如我们在第 3 章里讲到的那样，这里有一个小技巧，即将 N 的值输入为还款的月份数，然后将年利率转变为月利率。只要将年利率除以 12，我们就可以把年利率转变为月利率。计算器小贴士中介绍了使用财务计算器计算贷款每月还款额的一个例子：36 个月的分期偿还贷款，贷款额为 15 000 美元，贷款年利率为 10%。

本书附录 E 中的分期偿还贷款表或者是表 7－3 提供的简表使用起来与财务计算器一样方便。找到 10%那一行以及 36 个月对应的那一列，我们可以发现 1 000 美元的贷款每月需要还款 32.27 美元。所以，如果贷款的本金额为 15 000 美元，那么只要将上面的数字乘以 15，结果便是 484.05 美元。

因此，如果你使用了本金为 15 000 美元的贷款来购买汽车，而且这笔贷款可在 36 个月内分期还款，那么每月的还款额便是 484 美元。你能连续 3 年每个月都按照这一金额还款吗？答案只有你自己才知道。如果为了支付每月的贷款还款额，你不得不改变自己的生活方式，那么也许你应该考虑一下购买另一款价钱更实惠的汽车。或者，你还可以考虑一下买入一辆同一型号的二手车。

现如今，所有之前用于出租的车辆最终都会以二手车的身份回流到二手车市场上，如果一辆二手车既能满足你对车型的要求，也在你的财务预算范围之内，那么这将是最合理的选择。一般来说，二手车的价钱相对较低，首付款也比较低。事实上，与买新车相比，选择一辆二手车要实惠得多，三年内平均每年可以节省 1 500～2 000 美元。而且，二手车的折旧速度要比新车慢得多。不过，二手车的不足之处在于更容易发生故障，而且可能不在保修期内。

哪类汽车适合你？

现在我们要分析的是哪类汽车最适合你。购物要货比三家，这意味着你要认真了解备选的商品，在价钱与产品特征以及产品质量之间做出权衡。使用所有可获得的信息去比较和选择——你可以阅读杂志、上网，或者是花点时间亲自去汽车经销商那里了解情况。要记住买车是个人的决策，而每一辆车的驾驶性能各不相同，所以你的选择不仅要符合自己的财务状况，同时也要符合自己的身体状况以及驾驶习惯。因此，在决定购买之前，你最好先试驾一下自己看中的车。

思考：

卖车时，要充分利用“原理 9：心理游戏、理财个性与金钱”为自己争取到最高的价钱。如果你的车刚买来时花了一大笔钱，那么一定要把这一点告诉给潜在买家。这样做能够促使买家相信这辆车真的很值钱。如果你知道了某辆二手车的新车价格，那么这会对你给这辆二手车的估值造成怎样的影响？

同时，你还要考虑到养车的成本以及保险费用。例如，由于修理费越来越高，二手车的养车费用肯定要比新车多。你还要考虑一下汽车的保险费用。一般而言，保险范围越大，汽车未来的花费就越低。另外，不同类型的汽车，其保险费用可谓天差地别。梅赛德斯 SL65 AMG 的保险费要比福特金牛（Ford Taurus）高得多——前者的保险费大约为 3 500 美元，而后者的保险费仅为 1 270 美元。

第三步：购买

一旦你看中了某辆心仪的汽车，下一步就是以一个合理的价格买到它。若想知道公平价格是多少，首先要了解经销商的成本或者是发票价格，而要得到这个数据也比较容易。

工厂的供货价是经销商成本的重要决定因素，但真实情况并不仅仅如此，因为大部分汽车被销售出去时，经销商可以从汽车制造商那里获得一部分回扣。通常，回扣金额要占到汽车售价的 2%～3%。举例来说，在 2017 年，一辆全新的福特探路者（Ford Explorer）的固定售价为 31 600 美元。经销商的成本或发票价格为 29 783 美元，所以经销商的加价幅度仅为 6.1%。然而，当经销商卖出了一辆福特探路者，他就能收到 3%的回扣，也就是 948 美元。于是，加上回扣，经销商的加价幅度就达到了 9.6%。此外，福特公司还提供 1 000 美元的优惠额，所以这意味着经销商的拿货成本可以更低。但是，你要记住福特公司提供的折扣不会影响经销商的售价。你还要记住，一辆新车的平均加价幅度超过了 6%，回扣为 2%～3%，此外生产商或某些经销商还会提供减价优惠，这些都会影响到你最终实际支付的价格。我们建议大家不要一开始就提回扣的事，但在讨价还价过程中，如果经销商说这笔生意根本不赚钱，那么此时正是提出回扣问题的好时机。不过你要知道，要想把买车价格谈到接近于新车的实际发票价格*，必须要用上这些促销优惠。

二维码 8-3

购买新车的小贴士

现在你已经准备好和经销商见面并咨询汽车的报价，由于要与经销商讨价还价，因此你要事先做好功课。二维码 8-3 提供了一些购买新

* 即经销商的新车购入价。——译者注

车的小贴士。

总之，如果你选择的是一辆美国制造的汽车，那么在扣除了制造商提供的优惠额以后，你支付的实际价格超过经销商发票价格的差价部分不应大于 100～500 美元；如果是外国进口车，那么差价部分可能会更高。不过，你实际支付的价格要取决于汽车的需求以及经销商从制造商那里获得的回扣点数。四处询价是确定最低购买价格的最佳方法。

二维码 8-4

购买二手车的小贴士

如果你打算买一辆二手车，那么议价过程会更复杂。但是同样地，如果你选中了自己喜欢的那款汽车，那么还是要先了解一下公平市场价格是多少。二维码 8-4 列出了购买二手车时应该注意的一系列事项。

贷款方式

一般来说，用现金购买车辆是成本最低的方式。不过，汽车昂贵的价格让这种方式变得不大现实。由于大多数的汽车经销商都能向客户提供新车和二手车的贷款方案，因此评估并选择哪个方案就显得尤为重要。对银行和信用社提供的贷款方案加以比较，研究房屋净值贷款的可能性及其在税收方面具有的优势。当你与经销商就新车的价格讨价还价时，最好别谈论贷款事宜。这样做的目的是预先留足灵活空间，可以帮助你选择成本最低廉的贷款方式。还有一点需要记住，经销商可能会向你提供最佳的贷款方案。在第 7 章我们注意到，汽车贷款只是借款人为了获得购车资金而申请的短期担保贷款，汽车是贷款的担保品。很多时候，作为吸引消费者的营销手段，汽车制造商可以向客户提供利率非常低的贷款资源，甚至低至零，目的是处理一些不太畅销的汽车型号。

正如你期望的那样，贷款的期限越短，你每月还款的金额就越多。例如，贷款本金为 15 000 美元，年利率为 4.5%，24 个月到期，则每月还款额为 654.72 美元；如果贷款期限延长至 48 个月，那么每月还款额就会下降至 342.05 美元。

二维码 8-5

如果情况如下所示，那么租车比较适合你

不要忘了你还有另外一个选择——租车。租车更适合这样的消费者：财务情况稳定，喜欢几年就换辆新车，每年的驾驶里程数低于 15 000 英里，不愿意忍受以旧换新以及维修等麻烦事。此外，还有一类消费者也热衷于租车：他们的信用度很好，但是没有足够的钱支付购买新车的首付款。

二维码 8-5 对那些应当认真考虑租车选项的消费者所具有的普遍特征进行了总结。事实上，租车的人真的很多，大约有三分之一的新车是被出租的，而不是被购买的。而且，对于高档车来说，这一数据已经上升至超过了 50%。

> **封闭式租赁或“归还即解约”式租赁：**承租人在租赁期满时将所租车辆还给租赁公司，随后便不再承担任何责任。承租人只需要做到归还车辆时确保其只出现了正常的磨损或折旧，经销商负责将车辆转售出去。

然而，租车毕竟和买车不一样，很多人并不清楚租车的整个流程。

有两种基本的租赁方式：封闭式租赁和开放式租赁。大约 80%的新车租赁都选择的是**封闭式租赁**（closed-end lease）或**归还即解约式租赁**（walk-away lease）。从字面上理解，这指的就是在租赁结束的时候，只要承租人归还了汽车，就无须再承担任何责任了。归还时，承租人只需要在正常磨损范围内做到保持汽车的良好驾驶状态即可，经销商会负责将汽车转售给其他买家。很多封闭式租车合约还包含一个**购买选项**（purchase option），即允许承租人在租约终止时按照汽车的残值或合约中明确约定的价格买下这辆车。

至于**开放式租赁**（open-end lease），当合约终止的时候，汽车的市场公允价值要与合约中提前确定的预期估值金额进行比较。如果汽车的公允价值低于估值金额，那么开放式租约就会要求承租人支付其间的差额。这个差价对承租人来说可能是一笔很大的数目。毫无疑问，消费者一般都不会选择这种开放式的租车协议。

> **购买选项**：允许承租人在租约终止时按照汽车的残值或合约中明确约定的价格买下这辆车。
>
> **开放式租赁**：这种汽车租赁合约声明当租赁期满时，汽车的当前市场价值要与租约中明确约定的汽车残值相比较。

租车的费用如何确定？无论你选择的是开放式租赁还是封闭式租赁，租车的费用都是由以下两方面的因素决定的。首先是在租赁期间，承租人租用的汽车预计贬值的幅度。例如，你租用了一辆价值为 25 000 美元的新车，两年租赁期满以后，该车的市场价值会下降至 16 000 美元。于是，你要支付的租车费用就等于这一差额（25 000－16 000＝9 000 美元）再加上融资费用。除了折旧费以外，你还要支付租赁费，这实际上就相当于是租赁合约内在的融资费用，类似于贷款的总利息成本。每月的租金取决于以下几个因素：

- 双方一致同意的汽车市场价格；
- 其他预付费用，例如税金、保险费或服务合同费用；
- 承租人支付的首付款再加上折扣或优惠部分；
- 租赁合同结束时汽车的价值；
- 租金或融资费用；
- 租赁合同的期限长度。

由于复杂的租赁合同难以让消费者看懂，因此美联储委员会要求经销商和租车公司向消费者提供租车费用的清单，让消费者了解租车费用的详细构成。

若想签订一份合算的租车协议，关键在于：

- 在签署租车合同之前，你要和经销商为所租赁的汽车协商出一个一致同意的公平价值。在商量价钱之前，千万不要对租车表现得很感兴趣。
- 预付定金——尽量将预付的定金压至最低。
- 保修期——确保保修期涵盖整个租赁期，那么你就不必为所租车辆的大修买单。
- 要明确何为“正常的磨损”。
- 提前解约费用——先要搞清楚提前解约费的含义！
- 购买保险，一旦汽车因发生事故而提前解约，则可以使用保险的理赔金支付提前解约费。
- 折旧因素——因为租金的决定因素之一为租赁期满时车辆的市场价值，所以贬值速度较慢、车价更高的车辆可以帮助你少付点租金。
- 租金或融资成本——你当然想把租金压至最低。

租车与买车到底哪一个更好？你只需要比较一下相同时段两者的成本就能知道答案。也就是说，你要比较一下租车两年的费用与买车之后两年内支付的购买与融资成本哪一个更高。此外，随着前期租赁合约的到期，市场上已出租年限为 2 年的汽车数量会不断增加。如果你明白车辆租赁如何操作，那么就会知道这意味着你挑选的范围更广了。

思考：

价格能反映出什么信息？这个问题有很多种答案，这是因为“原理 9：心理游戏、理财个性与金钱”。你会发现，你为自己的汽车以及房屋设定的价格会对潜在买家的心理价位造成影响。如果你定价比较高，那么买家自己在评估汽车或房屋的价值时会受到这一价格信息的影响。不过，如果你把价格定得太高了，那么价格信息起到的影响作用要比确定一个比较高但符合现实情况的价格所起到的作用小得多。

图 8－2 提供了租车与买车两种选择的比较分析。如图所示，买车的费用为 13 504.32 美元，而租车的费用为 14 328.42 美元。所以，在这个案例中，购买一辆雷克萨斯要比租一辆更便宜。

假设：雷克萨斯 IS-250——两年

购买	租赁
价格＝34 000 美元	资本化成本＝34 000 美元
首付款＝6 800 美元*	资本化成本下降额＝2 950 美元*
期限 2 年、利率为 8%的 27 500 美元	每月支付的租金＝459.83 美元
贷款＝每月还款额为 1 230.18 美元	押金＝475 美元
首付款 5%的机会成本	预付定金 5%的机会成本

2 年末时车辆的预期市场价值＝23 500 美元。（在购买决策下，我们要用新车的原始价格减去这个值；在租赁决策下，我们要使用这一估值协商每个月的租金额。）

买车的成本		你的数值
a. 汽车的购买价格	34 000 美元	
b. 首付款	6 800 美元	
c. 贷款的还款总额（每月还款额 1 230.18×24 个月）	29 524.32 美元	
d. 首付款的机会成本（5%的机会成本×2 年×b 行）	680 美元	
e. 减去：贷款期满后汽车的市场价值	−23 500 美元	
f. 购车的成本总计（b＋c＋d－e）	13 504.32 美元	
租车的成本		
g. 2 950 美元的预付定金（即资本化成本的下降额）加上 475 美元的押金	3 425 美元	
h. 租金的支付总额（月支付额 459.83×24 个月）	11 035.92 美元	
i. 预付定金的机会成本（5%的机会成本×2 年×b 行）	342.50 美元	
j. 租期结束时的结算成本（可能是里程数超过了标准）	0 美元	
k. 减去：押金退还	−475.00 美元	
l. 租车成本总计（g＋h＋i＋j－k）	14 328.42 美元	

图 8－2　租车与买车决策的对比

*在本例中，我们忽略了税费、产权费以及注册费，因为无论是买车抑或是租车，这几项费用都是一样的。

第四步：维护保养

由于买车可谓是一大笔投资，所以只有让买来的汽车尽可能在最佳状态运行才算对得起自己。车主首先要做的是仔细阅读车主手册，按照上面的说明进行车辆的常规保养。建立一个“汽车档案”，把所有车辆相关的纸质资料都收集到一起——保修证书、保险信息、保养记录、召回、维修等。

不要忽略一些小征兆。你每天驾驶着自己的汽车，只有你最清楚车辆正常的状况是怎样的。注意一些不正常的声响，检查是否存在漏油、冒烟、警示灯亮起等现象，还要注意仪表盘数字的变化。同时，还要关注变速器的变化、引擎的使用情况、油耗或者液面情况。如果你注意到车况有了新的变化，那么一定要尽早进行维护，准确描述待查的症状。

如果你买的是新车或者是一些年限较短的二手车，你能获得的第一道保护线就是保修服务，在一定时间和里程范围内，保修服务可以涵盖由于汽车制造商的设计缺陷所导致的基本零部件的更换。此外，车辆的腐蚀、引擎、变速器以及传动系统也属于保修范围。对于大多数的汽车保修服务来说，保修的条件为购买的前 3～5 年或者是行驶里程在 36 000 英里之内，哪一个指标先达到就意味着保修期结束。另外，大多数保修服务也涵盖动力传动系统，保修期为 5 年或 100 000 英里里程之内。

在汽车需要修理之前，就先选定一家较好的汽车修理工厂是非常明智的选择。你可以听取朋友和伙伴们的建议，这有助于选中一家服务最好的修理厂。尽管我们身处这个高科技的时代，但传统的口碑相传仍然是最具价值的。你在考察汽车修理厂时要注意观察机修工是否具有相应的资质，例如职业学校文凭、高级课程进修证书以及 ASE 认证书（这是由美国优质汽车服务协会颁发的证书，是反映机修工能力资质的全国性标准）。如果你不满意他们的服务，不要急着去另一家维修中心，先与经理或者店主讨论一下存在的问题，给这桩生意一个解决问题的机会。一个信誉良好的企业绝对重视顾客的意见和建议，愿意付出真诚的努力来留住生意。

但是万一汽车修理厂和经销商均不能解决你的问题该怎么办？答案便是寻求“柠檬法”（lemon law，即《美国伪劣商品赔还法》）的帮助。目前所有的州和哥伦比亚特区都规定，如果汽车制造商不能解决客户的问题，那么客户可以按照该法要求制造商退钱。一般来说，柠檬法要求客户解决问题的尝试至少达到四次或更多，而且在购车后的第一年内或行驶里程不足 12 000 英里时车辆就出了问题，累计无法正常使用的天数至少达到了 30 天。如果客户遇到的情况符合上述标准，那么就可以要求汽车制造商退款。

理性购物：买房

为什么对于大多数人来说，拥有自己的房子是如此重要呢？至少在美国，拥有自己的房子就相当于在财务方面获得了成功：如果拥有了自己的家，那就证明你的人生小有成就，至少是成功了一部分。而且，在自己宽敞整洁的家里自由走动也是一种享受。

购买房屋这样的商品要花很多钱。事实上，正如你在图 2－5 里看到的那样，中等收入家庭要将三分之一的收入花在住房上。房屋所有权本身也是一项投资——也许是人生当中最大的一笔投资。因此，你不要仅仅把买房看作是梦想的实现，还要把它当作一项投资来对待。如果你没有做到这一点，那么梦想就有可能会变成梦魇。

那么，怎样才能做出明智的购房决策呢？还是要用到前面讲过的理性购物的方法。接下来我们就要认真分析一下如何将理性购物的方法应用于购房决策。

购房选择

对大多数人来说，生活方式是左右其选房的主要因素。孩子、学校、宠物、隐私、社交、活动的范围等一些其他彰显生活方式的需求都对应着不同类型的房子。需求和欲望之间的权衡也是影响人们买房的因素之一。很多人都喜欢住豪宅，但是每月的预算无法帮助他们实现这一目标。总之，你的生活习惯、被每月的预算约束着的需求与欲望，迫使你将注意力集中在如何选择一套符合个人实际情况的住房上。

你知道自己拥有怎样的生活方式，但是可能不知道什么样的房子能与这样的生活方式相匹配。事实上，你甚至对市面上房屋的类型还一无所知。让我们先花几分钟来了解一下几种常见的房屋类型。

独幢住宅

对绝大多数人来说，独幢（或独户）住宅无疑是最好的选择，因为其活动空间大，隐私保护性较好。同时，业主对房屋的风格、装潢以及家居装饰等方面具有更强的自主权。如果你希望自己的住房能够不断升值，那么购买独幢住宅可能是一个不错的选择。但是，与其他类型房屋的业主相比，独幢住宅的业主有更多的活儿要干。一旦你买下了它，就要负责维护、修理以及翻新。

合作占有式住房与分户出售公寓大厦

合作占有式住房（cooperative，简写为 co-op）指的是归一家公司所有的一幢公寓楼或多间公寓房，公寓楼的所有住户就是该公司的股东。住户购买了公司的股份，于是就获得了对公寓楼中某一间公寓房的居住权。虽然住户不拥有对公寓房的所有权，但是只要他们一直持有公司的股份，就可以一直享有这间公寓房的居住权。选择这种住房面临的问题之一在于很难获得抵押贷款，因为很多银行以及其他金融机构都不愿意接受把公司的股份作为贷款的抵押品。除了要购买公司的股份以外，股东还要向合作公司每月支付**业主费**（homeowner's fee），这笔钱主要用于纳税、房屋维修以及庭院管理。

> **合作占有式住房**：指的是归一家公司所有的一幢公寓楼或多间公寓房，公寓楼的所有住户就是该公司的股东。
>
> **业主费**：股东要向合作公司每月支付业主费，这笔钱主要用于纳税、房屋维修以及庭院管理。
>
> **分户出售公寓大厦**：指的是某一类公寓或者公寓大厦。这种类型的公寓楼允许个人享有居住单元的所有权，但是对土地、公共区域以及设施则享有共有权。

合作占有式住房是否适合你，这要根据你的生活方式来判断。如果你正在寻找一间自己负担得起、维修成本低、配备了很多公用设施——例如游泳池、网球场、健康中心和保安——的房子，那么合作占有式住房也许是一个好选择。然而，如果你更关注隐私，或者想在房屋的装潢装饰方面拥有更高的自主权，那么合作占有式住房就不是一个好选择。此外，与独幢住宅相比，这种住房一般不具有增值的潜力，很难转手卖出去。

分户出售公寓大厦（condominium，简写为 condo）指的是某一类公寓或者公寓大厦。

这种类型的公寓楼允许个人享有居住单元的所有权，但是对土地、公共区域以及设施——包括游泳池、网球场、健身设备、停车场以及庭院——则享有共有权。实际上，你为公寓付了钱从而获得了所有权，与此同时你可以按照出资比例享受土地以及公共区域的一部分所有权。与合作占有式住房一样，你仍然需要支付维修费用，一般来说这笔钱被用于支付利息、税费、庭院管理费、水费以及公共物业费。

公寓大厦的形式多种多样，从普通的公寓大楼或者排屋、写字楼到临海的高层建筑，都可以被归入公寓大厦。而选择公寓楼的好处和坏处与合作占有式住房相似。不过，公寓大厦允许住户直接获得居住单元的所有权，而不是像合作占有式住房那样，只能购买公司的股份但不能获得所有权。

公寓套房以及其他出租房

这类房屋适合那些要求房屋支出额较低、维修费用低、可以随时打包搬走的房客。显然，这样的描述一般适合于那些年轻的单身人士——当他们毕业后刚刚开始工作时，手上没有足够的资金用于购买房屋，或者是还没有想好在哪个地方定居下来。而对其他人来说，出租房可能只是其遵循自身生活方式的选择。你可能希望房屋的维修费低一点，不需要签订长期租房合同，或者是你希望自己可以随意更换工作，哪怕这会导致你离开目前居住的地区。在某一时刻，我们大多数人都住过出租房。而公寓生活的缺点就在于选择少。例如，你不能养宠物，你不能按照自己的品位随意装饰房屋。

第一步：区分需求与欲望

就像其他重要的购买决策一样，买房的第一步就是分清楚什么是欲望，什么是必要的需求。首先考虑一下对你来说，一套新住房的哪些特征是最重要的。孩子们将来就读的学校的教育质量是排在第一位的重要因素，还是为了将来的职位晋升——要求你横跨整个国家到别处工作——而保持随时可以搬走的状态更为重要？同时，你还要分析一下自己的预算是多少，看一看自己能在住房方面花费多少钱以及自己愿意花多少钱。

现实世界

虽然家庭的规模在不断缩小，但是房屋的面积却在不断扩大：

1970 年单个家庭的中位数	**2017 年单个家庭的中位数**
1 385 平方英尺	2 467 平方英尺
3.1 个人	2.6 个人

一般而言，寻找合适的独幢住宅或公寓很令人兴奋，尽管整个过程可能会令你感到筋疲力尽、沮丧或迷惑。而让这个磨人的过程变得尽可能愉快的诀窍就是在看房之前先弄清楚你想要的是什么。首先考虑一下房屋的地理位置。乡村生活与郊区生活大不一样，而郊区生活与城市生活也不一样。还要记住，研究证明，对很多人来说，通勤是他们一天当中最难受的时候——因此当你选择住宅地址时，一定要考虑到通勤的需要。考虑清楚对你来说最重要的是什么：独处、社交还是城市生活带来的便利？一旦确定什么样的居住环境适合你，下一步就是考虑街区的邻里关系。是否安全？是否方便你去工作、购物或者上学？附近的学校质量如何？与其他州乃至全国的其他地方相比，这个街区的学校质量如何？

第二步：做好准备工作

当你开始考虑买房子的时候，与购买其他大件商品一样，你必须做好准备工作。购房的准备工作主要有两方面。第一，你必须认真调查有潜力的房子及其周边的环境，例如街区环境、社区的生活方式、房子符合个人需求的程度。第二，确定你能负担得起多高的价格。让我们先来看一看如何寻找最适合自己的街区以及社区。

如何获得街区/社区的相关信息？毫无疑问，如果你想找一个新的社区，那么第一步就是上网调查，而且你应当去多个网站搜集资料。

当然，选择去哪里居住，最重要的因素之一是钱。如何知道买房子到底要花多少钱呢？让我们先来解决这个重要问题。

为了做出一个明智的决定——买哪个，在哪里买，甚至是否购买，你都要弄明白房屋所有权的购买成本。房屋所有权的购买成本可以被分为以下几个组成部分：(1) 一次性成本或初始成本；(2) 重复性费用；以及 (3) 维修和管理费用。下面让我们逐一了解上述费用。

一次性成本

买房子要花很多钱！因此，几乎没有人可以一次性付清买房的所有费用。如果有人可以一次性付清，那么整个房子的价格就是房屋的一次性成本。而对于那些不能一次性付清的人来说，一次性成本指的是**首付款**（down payment），即买房时支付的定金。

> **首付款：**指的是房屋买家在买房时支付的超出抵押贷款以外的购房款。
>
> **结算成本：**房屋产权过户时产生的费用。
>
> **折扣点：**这笔费用提高了抵押贷款的实际成本，买房人必须在结算时全额支付这笔费用。

首付款代表着买家对房屋拥有的权益，或房屋所有权的份额，而贷款人希望买家能够支付一大笔首付款。为什么呢？因为如果借款人停止偿还贷款，那么他将会失去房屋的所有权以及自己拥有的房屋净值。首付款的金额越大，房屋净值也就越高，那么一旦借款人停止偿还贷款，则他失去的就越多。所以，在这种情况下，借款人继续偿还贷款的可能性更大。

由于买家选择的贷款类型不同，因此首付款的金额也存在较大差别。传统的抵押贷款一般要求借款人支付20%的首付款。比如房屋的价格为150 000美元，则首付款一般为30 000美元。毫无疑问，这已经是相当大的一笔金额了。幸运的是，对于那些付不起20%首付款的人来说，他们还有别的选择。例如，买房人（即借款人）可以购买私人抵押贷款保险。一旦借款人违约停止偿还贷款，这份保险可以赔偿贷款机构的损失。购买了这种保险产品以后，买房人最低可以只付5%的首付。

对买房人来说，**结算成本**（closing costs 或 settlement cost）是另一种一次性成本。不同的房屋，结算成本的多少存在明显差异，这主要取决于贷款金额、地方成本以及贷款的安排。不过，这笔费用一般是相当于房子总价的3%～7%。

结算成本主要包括以下几个重要的组成部分：

- **折扣点**（points 或 discount points）：折扣点是结算时（即最终成交时）贷款机构收取的额外的一次性利息。每一点代表抵押贷款金额的1%。比方说抵押贷款的金额为120 000美元，而折扣为两个点。显然，一个点代表1 200美元，两个点则是2 400美元。

贷款机构利用这种做法来提高贷款的实际融资成本，但是这也可以用作讲价的筹码。很多时候你会发现贷款机构会在贷款利率与折扣点之间进行权衡——如果贷款利率比较低，那么折扣点肯定会比较高；反过来，贷款利率比较高的话，则折扣点就会比较低。

你计划住在这个房子里的时间越长，一个较低的贷款利率就越重要。折扣点只是在结算时一次性支付的费用，但是贷款利率却伴随整个贷款期间。如果你计划在这所房子里居住较长时间，那么为了拿到较低的贷款利率，宁可接受较高的折扣点。但是，如果预计只是短期居住，那么尽可能地争取获得最低的折扣点。折扣点的唯一好处是因为与买房贷款相关，因此它们是可以抵扣税收的。

- **贷款手续费**（loan origination fee）：贷款手续费通常为一个点，即贷款总额的 1%。收取这笔费用的目的是补偿贷款人评估以及发放全部贷款的成本。遗憾的是，这笔费用不被视为利息支出，所以不能用于税收抵扣。
- **贷款申请费**（loan application fee）：贷款申请费也是借款人支付给贷款机构的一笔费用，一般为 200～300 美元，目的是补偿贷款机构在贷款过程中产生的处理费用。
- **评估费**（appraisal fee）：评估费是评估房子及所有物过程中发生的费用。贷款人在抵押贷款确定之前必须先对财产进行评估，确保他们借贷的金额不高于财产本身的价值。当然这个费用的大小由房子的大小和地理位置决定，一般为 200～300 美元。
- 其他费用和成本：在买房时，买房人还要支付很多其他费用。例如，买房人要向律师支付**产权调查**（title search）费，因为律师要帮助买房人调查公共土地产权记录，以确保把房屋所有权出售给买房人的卖家确实拥有产权。买房人还必须购买保险以防范任何有可能对产权归属造成威胁的事项，例如证书伪造。另外还包括律师帮忙起草售房合同的费用；文件公证费；在法庭登记买房契约的费用；个人信用报告的费用；白蚁与氡含量的检查费，目的是确保房屋状况良好。

> **贷款手续费**：通常为一个点，即贷款总额的 1%。收取这笔费用的目的是补偿贷款人评估以及发放全部贷款的成本。
>
> **贷款申请费**：也是借款人支付给贷款机构的一笔费用，一般在 200～300 美元之间，目的是补偿贷款机构在贷款过程中产生的处理费用。
>
> **评估费**：是评估房子及所有物过程中发生的费用。贷款人在抵押贷款确定之前必须先对财产进行评估，确保他们借贷的金额不高于财产本身的价值。当然这个费用的大小由房子的大小和地理位置决定，一般在 200～300 美元之间。
>
> **产权调查**：对公开的土地产权登记进行调查，弄清楚财产或住房的合法所有者到底是谁。

图 8－3 以 120 000 美元的抵押贷款为例——房屋总价为 150 000 美元，首付款比例为 20%——总结了常见的一次性成本的明细。在这个案例中，你会注意到一次性成本几乎占据了购房总成本的 24%。记住，法律要求贷款机构必须明确告知借款人抵押贷款的年化百分比利率（APR）。虽然在计算时折扣点被计入了贷款成本，但是借款人支付的贷款申请费、评估费以及信用记录调查费等是不含在内的。此外，在结算之前，贷款机构可以在不告知借款人的情况下将贷款的年化百分比利率调整八分之一个百分点。

重复性费用

最主要的重复性费用——这指的是你不停反复支付的费用——正是抵押贷款的每月还款额，而每月还款额的高低则取决于贷款的金额、贷款利率以及贷款期限。一般来说，贷款利率越高，贷款期限越短，则每月的还款额就会越多。

首付款	30 000 美元
折扣点	2 400 美元
贷款手续费	1 200 美元
贷款申请费	300 美元
评估费	300 美元
产权调查费	200 美元
产权保险费	500 美元
律师费	400 美元
登记费	20 美元
信用报告	50 美元
白蚁和氡检查费	150 美元
公证费	50 美元
初始成本总计	35 570 美元

图 8－3　估算买房的初始成本：房屋总价为 150 000 美元，贷款额为 120 000 美元，首付款比例为 20%，贷款利率为 4.5%，折扣点为 2 个点

表 8－1 提供了在贷款利率与贷款期限各种不同组合条件下，10 000 美元贷款的每月还款额数据。根据表 8－1，利率为 4.5%、期限为 15 年的 10 000 美元抵押贷款，每月的还款额为 76.50 美元；如果将贷款期限延长至 30 年，则每月的还款额变为 50.67 美元。照这样算，如果你考虑申请一笔利率为 4.5%、期限为 15 年、总额为 130 000 美元的贷款，那么每月的还款额就等于 994.50(＝130 000/10 000×76.50)美元。同样地，若要在 30 年内还清这笔贷款，则每月的还款额为 658.71(＝130 000/10 000×50.67)美元。

表 8－1　不同利率、不同贷款期限条件下，10 000 美元贷款的每月还款额　　单位：美元

利率（%）	10 年	15 年	20 年	25 年	30 年	40 年
3.5	98.89	71.49	58.00	50.06	44.90	38.74
4.0	101.25	73.97	60.60	52.78	47.74	41.79
4.5	103.64	76.50	63.26	55.58	50.67	44.96
5.0	106.07	79.08	66.00	58.46	53.68	48.22
5.5	108.53	81.71	68.79	61.41	56.79	51.58
6.0	111.02	84.39	71.64	64.43	59.96	50.22
6.5	113.55	87.11	74.56	67.52	63.21	58.55
7.0	116.11	89.88	77.53	70.68	66.53	62.14
7.5	118.71	92.71	80.56	73.90	69.93	65.81
8.0	121.33	95.57	83.65	77.19	73.38	69.53
8.5	123.99	98.48	86.79	80.53	76.90	73.31
9.0	126.68	101.43	89.98	83.92	80.47	77.14
9.5	129.40	104.43	93.22	87.37	84.09	81.01

续表

利率（%）	10年	15年	20年	25年	30年	40年
10.0	132.16	107.47	96.51	90.88	87.76	84.91
10.5	134.94	110.54	99.84	94.42	91.48	88.86
11.0	137.76	113.66	103.22	98.02	95.24	92.83

计算贷款的每月还款额：

第一步：贷款金额除以10 000美元。比如贷款金额为100 000美元，则第一步的计算结果就等于100 000/10 000=10。

第二步：在表中按照对应的利率水平以及贷款期限找到10 000美元贷款的每月还款额。例如，利率为9%的15年期贷款，查表可知每月还款额为101.43美元。

第三步：第一步的计算结果乘以第二步的计算结果。在本例中，这就是10×101.43=1 014.3美元。

抵押贷款的每月还款额是重复性费用的主要构成部分，而每月的还款额又由四部分构成，一般被统称为**PITI**，分别代表的是本金（principal）、利息（interest）、税（tax）以及保险（insurance）。除了要还清贷款本金与利息以外，你还需要支付房产税以及保费。一般情况下，每个月都要交的房产税以及保费会与贷款本金以及利息的偿还额一起支付，而且会被存入一个特定的储备账户，这种账户叫作第三方**托管账户**（escrow account）。该账户的资金额不断累积，直到某一天资金被提取出来支付房产税以及保费。

> **PITI**：本金、利息、税以及保险这四笔费用的合称。
>
> **托管账户**：每个月都要交的房产税以及保费会与贷款本金以及利息的偿还额一起支付，而且会被存入一个特定的托管账户。该账户的资金额不断累积，直到某一天资金被提取出来支付房产税以及保费。

设置托管账户的好处在于：相对于一次性支付一大笔钱来说，一年又一年有规律地、小数额地缴费会使缴费者心理更好受些。贷款机构经常用PITI的总额作为标准来评估个人的财务状况。一条经验法则是借款人的PITI成本不应该超过其每月税前收入的28%。

> **思考：**
>
> 首先，从投资的角度来看，改建不如直接购买新房划算。最近的一项调查显示，对业主来说，厨房改建的成本只能收回95%，增加卧室的改建成本只能收回83%，浴室改建的成本只能收回77%，而增加露天平台的改建成本只能收回72%。这意味着如果你决定改建浴室的话，损失的比例高达23%——毫无疑问，这是个糟糕的投资项目。你或你的父母改建了几个房间？

维修和管理费用

不管你购买的房子是新是旧、是大是小、在城市还是乡村，你都要花掉一些维修与管理费用。这些费用包括修缮房顶、购置家具以及打理花园等。在买房的时候不要忘了将这部分花销考虑在内。即使有的买房者预先将维修和管理费用考虑进去了，但是当他们第一次收到修理费账单或是看到日本枫树苗的价钱时仍然感到震惊，真贵啊！

租房还是买房

对于大多数人来说，到底是租房还是买房，最重要的决定因素并不是钱，而是生活方式。也许你愿意租一套公寓是希望当晋升机会来临时，你可以随时打包走人；而选择购买独幢住宅是因为你希望生活在某个特定的街区。图 8－4 分别列出了租房与买房两种不同选择各自的优点。如你所看到的那样，租房最大的优点就是具有灵活性——不仅财务比较自由，因为租房每月的租金开销相对较低，而且生活方式也比较自由，因为不是房主，所以也就无须像房主那样承担责任。

租房

- 灵活机动，可以更方便地更换居所而无须负担房地产出售成本。
- 不需要支付首付。
- 每月在住房方面的支出较少，租房者只需要支付租金，而房主要支付抵押贷款还款额、税金、保费以及维修费。
- 规避了房价下跌的风险。
- 租住地经常会提供各种便利设施，例如游泳池、网球场以及健身中心。
- 不需要对房屋进行修理和维护。
- 不需要修剪草坪。
- 不用支付房产税。
- 房屋价格贬值不会给租客造成损失。

对比

买房

- 有助于个人净资产额的不断累积。
- 不动产可能会增值。
- 可以按照个人意愿重新改建、装饰或装潢房子以迎合个人的口味。
- 具有非常明显的节税效应，利息支出与房产税均具有抵扣作用。
- 不用担心房租涨价。
- 住房是潜在的现金来源——你可以用住房作抵押申请房屋净值贷款。

图 8－4　租房还是买房

虽然租房与买房的选择更多考虑的是生活方式而非经济因素，但是在做出买房的决定之前，还是要考虑一下经济因素。首先，比较一下这两种选择的成本。有趣的是，比较的结果总是取决于你打算在这个地方住多长时间。为什么会这样呢？如果买下一所公寓或独幢住宅，买家要支付一大笔首付款以及多笔一次性费用。然而，买房在财务方面具有的优势——房价升值以及节税效应——通常要事后经过相当长一段时间才能慢慢实现。因此，一般需要等上几年的时间，才能使房屋升值以及节税效应带来的好处抵消掉刚买房时投入的成本。而租房不需要支付大笔的一次性费用——实际上，通常只需交押金就行了，而且退房时房东会把押金退还给你。

图 8－5 列出了租房和买房决定的财务情况。[①] 在本例中，一种选择是租住公寓房，每月租金为 900 美元；另一种选择是直接购买价格为 10 万美元的房子。买房的首付款比例为 20%，抵押贷款期限为 30 年，贷款利率为 8%，于是每月的还款额为 587.01 美元。（你可以用财务计算器计算，如果使用表 8－1 计算，则得到的结果是 587.04 美元，这两个计算结果的差异是由四舍五入造成的。）你可能已经注意到了，在这个例子中为了简化分析，我们没有考虑货币的时间价值。

租房的主要开销就是租金本身。虽然在 7 年内租金有可能会上涨，但是租房 7 年的主要费用基本上就相当于一年租金的 7 倍。租房的其他费用包括租客的保险费以及以押金形式交给房东的那笔钱无法创造利息收益而造成的机会成本。

而买房成本的构成就更复杂。前面我们已经讨论过买房应支付的多笔费用，但是

① 本章附录提供了有关图 8－5 的详细计算过程。

假设：

买房选择：2 万美元的首付款，8 万美元的抵押贷款期限为 30 年，利率为 8%。

租房选择：每月租金 900 美元。

时间长度：1 年和 7 年；边际税率为 28%；税后收益率为 5%；每年房产增值 3%；卖房佣金为房价的 5%；结算成本为 5 000 美元，包含 2 个点的折扣点费用。

租房的成本（单位：美元，下同）

	1 年	7 年
a. 月租金总额	a. 10 800	a. 75 600
b. 租户保险费总额	+b. 250	+b. 1 750
c. 押金损失的税后利息收益（押金乘以税后利率）	+c. 90	+c. 630
d. 租房的总成本（a+b+c）	=d. 11 140	=d. 77 980
买房的成本		
e. 抵押贷款还款总额	e. 7 044.12	e. 49 308.84
f. 房产税（每年）	+f. 2 200	+f. 15 400
g. 业主保险（每年）	+g. 600	+g. 4 200
h. 维修保养费以及水电煤气费	+h. 500	+h. 3 500
i. 首付款损失的税后利息收益	+i. 1 000	+i. 7 000
j. 结算成本	+j. 5 000	+j. 5 000
k. 减去：用于偿还贷款本金的抵押贷款还款额	−k 668.26	−k. 6 017.84
l. 减去：房屋的升值额减去卖房时支付的销售佣金	−l. −2 150*	−l. 14 950
m. 等于：不使用逐项抵扣法报税的买房人的成本（e+f+g+h+i+j−k−l）	=m. 17 825.86	=m. 63 441.00
使用逐项抵扣法报税的买房人额外节省的成本		
n. 减去：利息支付额可抵扣导致的税收减少额	−n. 1 785.24	−n. 12 121.48
o. 减去：房产税可抵扣导致的税收减少额	−o. 616	−o. 4 312
p. 减去：折扣点费用可抵扣导致的税收减少额	−p. 448	−p. 448
q. 使用逐项抵扣法报税的买房人的总成本（m−n−o−p）	=q. 14 976.62	=q. 46 559.52
不使用逐项抵扣法的买房人相对于租房获得的好处=租房的总费用−买房的总成本：若结果为负数，选择租房；若结果为正数，选择买房（d−m）	−6 685	14 539.00
使用逐项抵扣法的买房人相对于租房获得的好处=租房的总费用−买房的总成本：若结果为负数，选择租房；若结果为正数，选择买房（d−m）	−3 837	31 420

* 如果买房只住一年，则这个值就是负数，这意味着卖房费用大于房屋的升值额。因此，这相当于是一笔意外开支而非收益。于是，我们要减去这个负数，事实上就相当于在买房成本上再增加 2 150 美元。

图 8-5　租房与买房的比较

我们未曾考虑到因为支付首付款而带来的机会成本损失。因为用于首付款的那笔钱不能再被用于其他投资项目，自然就无法获得投资收益，所以你必须把这部分钱可能带来的税后利润也算入买房的成本。买房的另一项成本是当你最终决定把房子卖掉时，你还要支付一笔一次性的卖房费用，这主要指的是支付给房地产中介的售房佣金。

请注意，首付款本身不是费用，而首付款可能造成的机会成本却是买房成本的组成部分之一。这是因为本质上它还是你的钱，只是它已经等价交换成房屋或公寓的资产净值。

上述买房成本可能会因房产所有权带来的收益而被抵消一部分，所有权收益包括个人净资产的增加，这是因为一部分抵押贷款的还款额被用来偿还贷款本金以及房屋价值的升值。而且，对于那些使用逐项抵扣法的纳税人来说，这能帮助他们省下一大笔钱，因为抵押贷款还款额中的利息费用、房产税以及结算成本中包含的折扣点费用都可被用于税收抵扣。如果你不使用逐项抵扣法来报税，那就无法享受到上述抵扣项目带来的节税好处。

注意图 8－5 中有两点很重要：第一，如果你预计在这套房子里最多住上两三年，那么买房在经济上是不划算的。住的时间越久，房产的增值幅度就越大，于是买房的经济优势就会越突出。第二，对于那些使用逐项抵扣法报税的纳税人来说，买房带来的节税效应要比不使用逐项抵扣法报税的人明显得多。事实上，假定研究期限为 7 年，如果买房人使用逐项抵扣法报税，那么相对于租房，买房人可以节省的成本为 31 420 美元；如果买房人没有使用逐项抵扣法报税，那么相对于租房，买房人可以节省的成本仅为 14 539 美元。显然，前者是后者的两倍还要多。

对于很多人来说，买房就意味着“强制储蓄”。由于一部分抵押贷款还款额是用来偿还贷款本金的，因此在某种意义上，抵押贷款是在迫使买房人不得不储蓄。尽管本质上你是在买东西而不是在储蓄，但是你买的是“房子”——永远也用不光，而且是会随着时间流逝有可能升值的商品。

即便你弄懂了上面所有这些条条框框，但等你毕业时，可能还是无法买下一套房子——因为拥有一套房产并不只是一个理财决定。当你大学毕业时，你的人生充满了未知数。你可能找到了一份工作，但你觉得不适合自己，或是换成其他工作。直到你的生活开始慢慢稳定下来，此时才适合买房，因为房子会限制人生选择的灵活度。

确定你能负担多高的价格

现在我们已经清楚了与买房有关的一切费用，也比较了买房和租房各自的优点。我们不妨假设你决定买房了。在急于看房之前，你必须知道一件事：你能负担得起多高的价格？要搞清楚这件事，你首先要搞清楚其他三件事：（1）我最多能从银行获得多少贷款？（2）我是否应该按照银行给我的贷款最高额来申请贷款？（3）我能接受的首付款最高额是多少？

我们来看第一个问题。先不说你能付得起什么，银行和其他贷方是根据你的收入和当前债务情况来决定你的最大贷款额。它们特别看重这三点：（1）你的历史财务状况，（2）你的支付能力，（3）房产价值的评估。

财务历史状况

评估个人财务历史状况时，贷款机构通常把重点放在个人收入的稳定性、信用报告以及 FICO 信用评分这几个方面。如果你是自营职业者，要提供过去几年内收入一直保持稳定的证据。贷款机构还会查看你的信用报告。因此，在申请贷款之前先提前几个月检查自己的 FICO 信用评分，并且拿到个人信用报告的复印件。若发现问题，此时还有足够的时间去纠正错误。如果贷款机构对你的财务历史状况不满意的话，你将很难获得抵押贷款。

计算个人的抵押贷款额上限

借款人能够获得的贷款最高额最终取决于贷款机构通过上述评估借款人偿还能力的三种方法勾画出的借款人的整体财务状况。最终取三种评估方法计算结果的最小值。图 8－6 介绍了贷款机构评估可向借款人提供多少贷款的基本方法。

假设条件： 年总收入＝65 000 美元
预计每月的房产税和保险费＝200 美元
预计抵押贷款的利率水平＝8%
贷款期限＝30 年
近期要偿还的非抵押贷款债务＝400 美元
用于支付首付款以及结算成本的现金＝56 000 美元
预计结算成本＝10 000 美元
首付款的最低比例＝20%

方法 1——根据 PITI 与每月总收入的比率（通常为 28%）来计算最高贷款额（单位：美元，下同）

			你的数值
a. 月收入（年收入除以 12）		5 417	
b. 乘以 0.28：(5 417×0.28)＝PITI 限额	×0.28＝	1 517	
c. 减去：预计每月 200 美元的房产税与保险费	－	200	
d. 等于：借款人每月抵押贷款还款额的最大值（PI）	＝	1 317	
然后再计算借款人可以申请到的抵押贷款最高额：			
第一步：根据表 8.1 查找贷款期限为 30 年、利率为 8%的贷款对应的每月抵押贷款还款额		73.38	
第二步：用每月抵押贷款还款额的最大值（行 d）除以每月抵押贷款还款额（第一步的计算结果），然后再乘以抵押贷款的金额（10 000 美元）(1 317/73.38)×10 000	＝	179 477	

方法 2——根据 PITI 加上其他债务与每月总收入的比率（通常为 36%）来计算最高贷款额

			你的数值
e. 月收入（年收入除以 12）		5 417	
f. 乘以 0.36：(5 417×0.36)＝PITI 限额	×0.36＝	1 950	
g. 减去：近期要偿还的非抵押贷款债务	－	400	
h. 减去：预计每月要缴纳的 200 美元房产税与保险费	－	200	
i. 等于：借款人每月抵押贷款还款额的最大值（PI）	＝	1 350	
然后再计算借款人可以申请到的抵押贷款最高额：			
第一步：根据表 8.1 查找贷款期限为 30 年、利率为 8%的贷款对应的每月抵押贷款还款额		73.38	
第二步：用每月抵押贷款还款额的最大值（行 d）除以每月抵押贷款还款额（第一步的计算结果），然后再乘以抵押贷款的金额（10 000 美元）(1 350/73.38)×10 000	＝	183 974	

方法 3——根据“贷款最高额不超过房产评估价值的 80%”原则计算贷款最高额借款人按照房产评估价值的 20%支付首付款，余下 80%申请抵押贷款

			你的数值
j. 能用于支付首付款以及结算成本的资金		56 000	
k. 减去结算成本 10 000 美元	－	10 000	
l. 等于可用来支付首付款的资金（20%）	＝	46 000	
m. 乘以 4 就等于可申请的抵押贷款最高额（80%）	×4.0＝	184 000	
结论：你够资格申请的抵押贷款最高额等于：（上述三种方法所得计算结果的最小值）	＝	179 477	

图 8－6　计算借款人有资格申请的抵押贷款最高额

- 方法 1——PITI 与每月总收入的比率。贷款机构经常使用各种比率指标来衡量借款人的偿还能力。它们特别关注住房成本与月收入的比值。一般情况下，贷款机构在评估这一点时使用的指标是 PITI 与借款人每月总收入的比值。通常，贷款机构希望看到的是这一比率不超过 28%。
- 方法 2——PITI 加上其他债务与每月总收入的比率。贷款机构还会关注 PITI 与 10 个月内要偿还的债务的总额与每月总收入的比率。这个指标充分考虑到很多人欠有较大数目债务的事实，例如助学贷款、汽车贷款以及信用卡债务等。通常，贷款机构希望看到这个比率不超过 36%。需要注意的是，各家贷款机构计算这些比率指标的方法存在微小的差异，因此这可能会导致各家机构的贷款额度最上限也存在差异。
- 方法 3——房产价值评估。不管借款人的财务历史状况和偿还能力指标如何，大多数贷款机构都会将抵押贷款的金额控制在不超过房产估值 80%的水平。这一限制通过迫使借款人支付一大笔首付款的方式来保护贷款机构的权益。贷款机构认为借款人支付的首付款金额越高，他们违约的可能性就越小。

如果借款人违约，那么贷款机构就会收走作为抵押品的房产，房产估值 80%的限制从另一方面保护了贷款机构。贷款机构会通过出售房屋来弥补自己的贷款损失，由于 80%的贷款原则，即使房屋的价格有所下降甚至跌去原价的 20%——也就是借款人需要偿还的初始贷款额——贷方也能全额收回贷款。

你应该借多少钱?

尽管银行可能愿意借给你 150 000 美元，但也许你并不想借那么多。贷款对于未来的收入无疑是一个巨大的负担。在决定借多少钱之前，你要先研究一下自己的整体理财计划。贷款 150 000 美元会影响你实现其他目标，特别是退休目标吗？甚至会因为还贷而导致每月的财务预算吃紧，从而使得你不能再继续维持自己想要的生活方式吗？不要让贷款或者其他的债务问题影响你的生活。只有你才能决定自己要借多少钱。只不过是银行最多能借给你 150 000 美元，但这并不意味着你必须要借那么多钱！了解自己的财务状况、每月的财务预算、要追求的目标以及生活方式，然后再自行决定要申请多高的贷款。

贷款买房——抵押贷款

因为房子是大多数人购置的最大件物品，所以抵押贷款也就成了他们最大的一笔贷款。其实，抵押贷款有多种类型。事实上，能不能买得起房子不仅跟房价有关，还与抵押贷款合同的具体细节有关，比如抵押贷款的期限有多长，贷款期间利率水平是否会变化，以及政府是否会为贷款提供担保。接下来我们要仔细研究一下抵押贷款，了解抵押贷款以及抵押贷款是如何运作的。

抵押贷款的来源

储蓄贷款协会（S&L）以及商业银行是抵押贷款的主要来源，但也不是唯一的来源。除了一些专门做抵押贷款业务的金融机构以外，例如抵押贷款银行与抵押贷款中介，其他一些传统的贷款机构，例如信用社和互助式储蓄银行，也能提供抵押贷款。

抵押贷款银行（mortgage banker）发放抵押贷款，然后将贷款出售给银行、养老基金和保险公司，随后提供辅助服务或帮忙收取每月的还款。它们只做抵押贷款业务，而且在一般情况下，它们只做固定利率抵押贷款。事实上，选择抵押贷款银行还是其他传统的可发放抵押贷款的金融机构，例如储蓄贷款协会，两者相比较并没有好坏之分。如果抵押贷款银行给出的贷款利率更低或者交易条款对你更有利，那就选择它好了。

抵押贷款中介（mortgage broker）是帮助贷款机构向借款人发放抵押贷款并从中收取佣金的中间人。它们本身并不是贷款的实际发放者。选择抵押贷款中介的好处是它们会帮你货比三家。也就是说，它们会同时与多个贷款机构谈判，然后为你选择对你最有利的贷款合同以及贷款利率。

> **抵押贷款银行：** 发放抵押贷款，然后将贷款出售给银行、养老基金和保险公司，随后为每月还款的收取提供服务。
>
> **抵押贷款中介：** 是帮助贷款机构向借款人发放抵押贷款并从中收取佣金的中间人。它们本身并不是贷款的实际发放者。抵押贷款中介能帮助借款人找到条件最优惠的贷款。
>
> **传统的抵押贷款：** 由银行或储蓄贷款协会提供的抵押贷款，贷款的抵押品就是借款人贷款购买的财产。
>
> **政府担保抵押贷款：** 仍然是由传统的贷款机构提供贷款，但是政府会为贷款做担保。

传统的抵押贷款与政府担保抵押贷款

一旦你找到了适合的贷款机构并获得了贷款，那么很有可能你获得的是传统的抵押贷款或政府担保抵押贷款。**传统的抵押贷款**（conventional mortgage loan）是指由银行或储蓄贷款协会提供的抵押贷款，贷款的抵押品就是借款人贷款购买的财产。如果借款人违约，贷款机构就可以收回作为抵押品的财产并将其出售，以此挽回自己的贷款损失。

所谓的**政府担保抵押贷款**（government-backed mortgage loan），仍然是由传统的贷款机构提供贷款，但是政府会为贷款提供担保。退伍军人管理局（VA）以及联邦住房管理局（Federal Housing Administration，FHA）提供的贷款是政府担保抵押贷款最主要的两种类型。近些年来，在新增的抵押贷款总量中，这两类贷款所占的比例逐年上升。并不是每一个美国公民都有资格申请 FHA 贷款，申请人的 FICO 评分不得低于 580，而且首付款比例不得低于 3.5%。此外还有其他一些限制条件，不过这是最主要的两个条件。以前，FHA 与 VA 贷款曾是首次置业者的首选，因为这些买房人负担不起其他类型抵押贷款要求的 10%～20%的首付款比例。但是，在 21 世纪初期，随着房地产市场的热度不断升高，私人贷款机构开始抢占住房市场，它们甚至允许几乎没有收入的借款人支付非常低的首付款甚至是零首付款。于是，FHA 与 VA 贷款风光不再。

FHA 与 VA 贷款十分相似，这两种贷款产品的优点与缺点基本相同。这两种贷款方式的主要优点包括以下几点：

- 利率比普通抵押贷款低 0.5～1 个百分点。
- FHA 贷款的首付款比例可低至 3.5%，而 VA 贷款对首付款没有要求。
- 对借款人的财务状况要求不那么严格。

这两种贷款方式的主要缺点包括以下几个方面：

- 申请贷款需要准备的书面材料越来越多。
- FHA 贷款要求借款人支付抵押贷款保险费，而 VA 贷款要求借款人支付担保费，因此这两种贷款的结算成本相对较高。

- 借款人能获得的贷款金额有一定限制。

尽管联邦住房管理局为所有贷款提供担保，但是该机构并不承担购买抵押贷款违约保险的所有成本。事实上，对于 FHA 贷款来说，借款人自己要支付一部分成本。不过，因为 FHA 贷款是有担保的，而且利率水平通常要比传统的抵押贷款更低，所以最终借款人还是可以省下一笔钱的。

VA 贷款对申请对象的限制条件要严格得多：只有退伍老兵及其未再婚的仍健在配偶才有资格申请这种贷款。补充一下，FHA 贷款可以是固定利率贷款，也可以是浮动利率贷款，但是 VA 贷款只能是固定利率贷款，而且利率水平比传统的抵押贷款低 0.5～1 个百分点。VA 贷款不要求借款人支付任何形式的首付款，但是需要在结算时交纳 VA 资金使用费。

固定利率抵押贷款

传统的抵押贷款与政府担保抵押贷款是比较宽泛的分类，此外还有其他一些更为细化的抵押贷款分类方式，例如固定利率抵押贷款与浮动利率抵押贷款。不管市场利率如何波动，固定利率抵押贷款的每月还款额均相同。如果抵押贷款的利率较低，那么固定利率抵押贷款能帮助借款人在余下的贷款期限内锁定较低的贷款利率。固定利率抵押贷款的期限通常是 15 年或 30 年，其中 30 年的固定利率抵押贷款最受欢迎。很多固定利率抵押贷款还能赋予借款人将贷款转让或提前还款的特权。

> **可转让贷款**：可以转让给房屋新买家的抵押贷款，新买家只需要直接接过抵押贷款的还款义务就可以了。于是，新买家不用承担申请新贷款而产生的费用。
>
> **提前还款特权**：贷款合约中的该条款允许借款人提前偿还贷款本金。

可转让贷款（assumable loan）指的是可以被转让给房屋新买家的抵押贷款，新买家只需要直接接过抵押贷款的还款义务就可以了。于是，新买家不用承担申请新贷款而产生的费用。而且，若是在原始可转让贷款发放以后，市场利率开始上升，则新买家可以按照更低的利率偿还抵押贷款。例如，假设原先贷款机构以 4.25%的利率发行抵押贷款，后来利率上升至 7%，但是新买家仍然可以以 4.25%的利率偿还这项抵押贷款。如果申请的是可转让贷款，那么原房主可以更容易地将房子转售给他人，尤其是在抵押贷款发放后市场利率上升的情况下。所有的 FHA 贷款以及大多数传统的抵押贷款均可以向借款人提供这种可转让特权。

> **浮动利率抵押贷款（ARM）**：其利率水平随当前市场利率的变化在一定区间内波动，每隔一段时间调整一次，调整幅度不得超过一定的限制。

提前还款特权（prepayment privilege）允许借款人提前偿还贷款本金，从而减少贷款的利息支出；或者是在市场利率下降时，允许借款人提前还款以便按照目前较低的利率水平重新获得贷款。许多抵押贷款产品通过限制提前还款额或收取提前还款罚息的方式对借款人的提前还款行为进行限制。

浮动利率抵押贷款

浮动利率抵押贷款（adjustable-rate mortgage，ARM，也叫可调整利率抵押贷款）的利率水平随当前市场利率水平的变化在一定区间内波动，每隔一段时间调整一次，调整幅度不得超过一定的限制。从贷款机构的角度来看，可调整利率抵押贷款是最好的选择，因为它可以使贷款机构储蓄账户的利率水平——这些储蓄账户是贷款的资金来源——与贷款的利率水平相匹配。因为贷款机构非常喜欢可调整利率抵押贷款，于是通常会为这一类贷款设定一个较低的初始利率。这也是可调整利率抵押贷款吸引借款人的特色之处。

从借款人的角度来看，一方面，如果市场利率下降了，可调整利率贷款更有优势，因为贷款利率也会随之下降，你就不必进行再融资了，因为提前还款后重新申请贷款也是要花成本的。另一方面，如果市场利率上升，你最好选择固定利率抵押贷款，因为这样可以把贷款利率锁定在一个较低的水平上。

想要更好地了解可调整利率抵押贷款，你需要了解一些术语，包括初始利率、利率指数、利差、调整间隔、利率上限、还款上限以及负摊销抵押贷款。

初始利率

初始利率： 浮动利率抵押贷款刚开始时收取的利率水平，有时也被称为诱惑利率。初始利率的持续时间很短，通常为 3～24 个月，随后会被调高。

初始利率（initial rate）有时被称作诱惑利率。它只持续一小段时间，一般为 3～24 个月。在某些情况下，贷款机构会故意将初始利率设定得很低，具有一定诱惑性。一旦诱惑期结束，允许贷款机构调高或调低贷款利率，即贷款利率开始浮动，那么通常贷款的利率水平会上升。在估计可调整利率抵押贷款的成本时，你应当关注的是它的实际利率，也就是目前贷款适用的利率水平，而非诱惑利率。

利率指数

浮动利率贷款的利率与贷款机构不能控制的市场利率指数紧密相关，当利率指数上升或下降时，浮动利率贷款的利率水平也会随之发生波动。下面列出了一些很常见的利率指数：

- 美国 6 个月或 12 个月国库券的利率。
- 联邦住房金融委员会的美国平均合约抵押贷款利率，这反映了美国国内抵押贷款的平均利率水平。
- 用 CD（大额定期存单）的平均利率或联邦住房贷款银行第 11 区融资成本指数（11th Federal Home Loan Bank District Cost of Funds）作为测量标准的资金平均成本。

哪个利率指数最好用仍存在争议。不过，相对稳定的指数更好一些，因为它们不会导致贷款利率出现剧烈波动。如果你打算选择浮动利率抵押贷款，那么一定要求贷款机构提供利率指数的历史数据。

利差

浮动利率贷款的利率水平可能会被设定为等于 6 个月国库券的收益率再加上 2 个百分点。因此，贷款利率值当中高于利率指数的那部分被称之为利差。因此：

浮动利率抵押贷款的利率＝指数利率＋利差

如果指数利率是 2.0%，利差是 2.5%，那么浮动利率抵押贷款的利率就等于 4.5%。

调整间隔

调整间隔被定义为浮动利率抵押贷款利率水平重新调整的频率。通常调整间隔为一年，但也有例外，可以短至 3 个月亦可长达 7 年。

一年的调整间隔意味着每一年——通常正好在贷款的周年日——浮动利率抵押贷款的利率水平都会被重新调整，等于指数利率加上利差。总体而言，调整间隔长一点会更好，因为调整间隔越短，抵押贷款还款额的变动就会越剧烈。

利率上限

利率上限规定了浮动利率抵押贷款利率调整的最大幅度。大多数浮动利率抵押贷款均同时设置了周期性利率上限与终身利率上限。周期性利率上限（periodic cap）规定了每一次利率调整的最大变动幅度。正常情况下，如果指数利率上升 3%，则浮动利率抵押贷款的利率水平也会跟着上升 3%。然而，如果周期性利率上限被设定为 2%，那么即使指数利率增长了 3%，浮动利率抵押贷款的利率水平也只能增加 2%。绝大多数传统的浮动利率抵押贷款都把周期性利率上限设定为 2%。FHA 贷款的周期性利率上限为 1%。

终身利率上限（lifetime cap）规定了浮动利率抵押贷款的整个有效期内利率调整的最大幅度。因此，如果浮动利率抵押贷款的初始利率水平为 6%，且终身利率上限为 5%，则该浮动利率抵押贷款可以达到的最高利率为 11%，最低利率为 1%。借款人都很喜欢浮动利率贷款设定了终身利率上限，因为这可以将贷款的利率水平限制在一定区间内。在评估终身利率上限时，要确保自己充分了解这一上限是否与初始利率或实际利率有关。

还款上限

还款上限确定了在任何利率调整期内每月还款额增加的最大幅度。还款上限限制了抵押贷款每月还款额的变化幅度，但是它并不限制贷款利率的变化幅度。如果还款额有上限，而贷款利率没有上限，那么当市场利率水平上升时，借款人每月的还款额中利息偿还额所占的比重加大，而本金偿还额所占的比重会减小。

> **负摊销**：指的是每月的还款额低于贷款的应付利息。结果，未偿还的利息被不断计入本金，于是到了月末时，借款人的欠款总额甚至大于月初的欠款总额。

事实上，如果市场利率水平持续上涨，有可能会出现这样的情况——每月的还款额太少，甚至不足以偿还贷款利息，于是借款人背负的债务金额越来越高。这就是所谓的**负摊销**（negative amortization）。当出现负摊销现象时，未偿还的利息额会被计入未偿还的贷款本金余额。于是，抵押贷款的未偿还本金余额会随着时间逐渐增加。到最后借款人发现，未偿还的贷款本金余额甚至高于初始的贷款本金额。借款人将不得不为拖欠未付的利息支付利息，贷款的期限将被延长。因为我们要注意避免出现这种情况，而只有当贷款设置了还款上限但未设置利率上限时才会出现负摊销现象，所以借款人应当注意不要选择只设置了还款上限但未设置利率上限的抵押贷款产品。

浮动利率抵押贷款的创新

多年以来，在标准的浮动利率抵押贷款基础之上陆续出现了一些创新型产品，其中包括：

- 可转换浮动利率抵押贷款（convertible ARM）：允许借款人在规定时点之前选择将浮动利率抵押贷款转变成固定利率抵押贷款。贷款机构会对这样的转换象征性地收点手续费。

- 减息期权浮动利率抵押贷款（reduction-option ARM）：这种贷款只提供一次调整贷款利率的机会。它允许借款人在贷款的第 2～6 年内进行利率调整，借款人可以自行选择是否执行这一期权以及具体何时执行。

- 两步骤浮动利率抵押贷款（two-step ARM）：这种贷款同时结合了固定利率抵押贷款与浮动利率抵押贷款的特征。刚开始时，贷款的利率水平低于当前市场上的固定利率贷款；一段时间过后，贷款利率被调整至等于调整时的市场利率水平，并在贷款的余下期限里一直保持这一水平不变。这种贷款有两种最常见的类型，即 5/25 与 7/23——在贷款最初的 5 年或 7 年内，贷款的利率水平低于市场上的固定利率贷款，随后按照市场利率调整贷款利率，并在贷款余下的 25 年或 23 年内始终保持这一利率水平不变。

浮动利率抵押贷款与固定利率抵押贷款的比较

对于购房者来说，浮动利率抵押贷款相较于固定利率抵押贷款的首要优势就是它的初始利率较低。浮动利率抵押贷款的初始利率之所以较低，其原因是借款人承担了未来利率上升的风险。因此，一年期浮动利率抵押贷款与 30 年固定利率抵押贷款之间的利率差一般在 0.5～2 个百分点之间。例如，在 2017 年中，两者的利率差不足 1%。

人们普遍认为，浮动利率抵押贷款初始利率较低具有的好处之一便是借款人可以申请到更高额度的贷款，因为贷款的利率低导致借款人的每月还款额——PITI——也比较低。不过，如果利率水平上升，贷款的每月还款额也将随之增加，借款人会发现自己的负担加重了。

不要寄希望于利率的下降会使每月的还款额减少，从而基于这个心态选择浮动利率抵押贷款。预测利率可不是好玩的，你可不能拿自己的房子和财务的未来轻易下这个赌注。我们可以确定的是不可能存在低于零的利率（这意味着贷款机构反过来欠你的钱!），但是你永远也不能肯定利率将会涨到多高。如果你申请的抵押贷款设置了终身利率上限，那么你能事先准确地知道贷款利率最高能达到多少。然而，若你希望永远不用支付这么高的贷款利率，那么即使知道了也没有什么用处。简而言之，当利率上升时，如果你负担不起每月的最高还款额，那么最好不要选择浮动利率抵押贷款。

通常，固定利率抵押贷款要优于浮动利率抵押贷款。对于固定利率抵押贷款，你可以准确知道自己的每月还款额是多少，于是可以提前做好计划。不要忘记个人财务管理的根本在于控制与计划，固定利率抵押贷款符合这两条基本原则，而浮动利率抵押贷款哪一条也不满足。如果你不喜欢冒风险或者无力承受较大的财务压力，那么浮动利率抵押贷款并不适合你。

如果你只想在这套房子里住上几年，或者是现在的利率水平太高，那么可以考虑一下申请浮动利率抵押贷款。记住，浮动利率抵押贷款的好处就是在贷款的前几年，银行会向你承诺一个较低的贷款利率。

特色鲜明的抵押贷款产品

绝大多数的抵押贷款产品都能帮助你实现同一个目标：尽可能地压低首付额，让首次置业者或现金流比较紧张的买家能够买得起房子。不过，首付款较低一般意味着在随后的贷款期限内借款人偿还的金额更高或者是做出其他的妥协让步。

气球式抵押贷款（balloon payment mortgage）

气球式抵押贷款的偿还方式是在头几年（一般是 5～7 年），借款人每月的还款额较低，随后贷款立即到期，借款人必须一次性还清余下的贷款。至于贷款初期每月的还款额具体是多少，各家银行设定的数额不一。某些情况下，贷款初期每月的还款额刚好只够偿还贷款利息；有时每月还款额等于贷款在 30 年内的分期偿还额。不过，气球式抵押贷款具有一个共同特征，那就是头几年的每月还款额始终保持不变，随后贷款立即到期，借款人必须一次性支付一大笔钱来还清余下的贷款。

> **气球式抵押贷款：**这种贷款的偿还方式是在头几年（一般是 5～7 年），借款人每月的还款额较低，随后贷款立即到期，借款人必须一次性还清余下的贷款。

一些传统的贷款机构不向客户提供气球式抵押贷款。事实上，大部分气球式抵押贷款是由房屋卖家自己提供的，因为他们急于出售房子但并不需要立即拿到售房的全部款项。由于气球式抵押贷款存在一些危险的潜在问题，所以必须小心。对许多人来说，一次性还清气球式抵押贷款的尾款是很困难的。这一般意味着他们将不得不申请一笔新的抵押贷款来还清这笔旧贷款，如果市场利率水平上升，则房主将被迫以更高的利率进行再融资。

除此之外，如果每月的还款额刚好只够支付贷款利息，则房主获得的房产净值比例就会很低。事实上，如果房屋的市场价值下跌，则贷款到期时气球式抵押贷款的尾款金额甚至有可能高于房屋的市场价值。

还款递增抵押贷款：每月的还款额会被事先确定好，通常是在一段特定的时期内（通常是 5～10 年）逐渐稳步增加；随后稳定在一定水平保持不变。

增长权益抵押贷款：这是一种自动设计提前还款的抵押贷款产品。刚开始时，这种抵押贷款的每月还款额与普通的 30 年固定利率抵押贷款相同，随后逐年增加——通常每年增加 2%～9%——从而使得抵押贷款被提前还清。

还款递增抵押贷款（graduated payment mortgage）

对于还款递增抵押贷款来说，每月的还款额会被事先确定好，通常是在一段特定的时期内——通常是 5～10 年——逐渐稳步增加；随后稳定在一定水平保持不变。还款递增抵押贷款的卖点在于贷款初期的每月还款额相对较低，所以借款人能更快地买得起房子。这种贷款产品的假设前提是随着时间的推移，借款人的赚钱能力上升，能够负担得起逐渐增加的每月还款额。事实上，这是在假设借款人未来的收入水平可以负担得起未来的还款支出。不幸的是，如果这个假设前提是错误的，那么就相当于是借款人强迫自己用未来的收入去负担应付不了的债务。

增长权益抵押贷款（growing equity mortgage）

增长权益抵押贷款追求的目标是早点让房主还清贷款，实现这一目标的途径是让房主每年多还一些贷款。这种抵押贷款产品对资金紧张的买家毫无益处。贷款期初，增长权益抵押贷款的每月还款额与 30 年固定利率抵押贷款的还款额相等。然而，在接下来的每一年，贷款的还款额都在逐年增长，目的是提早还清贷款的本金。

对于增长权益抵押贷款，借款人可以提前了解每月还款额将如何逐年增加。一般来说，每月还款额会以年均 2%～9%的速度增长，其结果是 30 年的贷款可以在不到 20 年的时间里被还清。虽然增长权益抵押贷款能够强制要求借款人按照预定的节奏提前偿还贷款，但是与可以提前还款的固定利率抵押贷款相比，前者并没有优势，而且缺乏灵活性。

思考：

在为自己的房子确定售价时，你应当充分利用“原理 9：心理游戏、理财个性与金钱”巧妙地向潜在买家传递信息。如果你认为自己的房子值 498 000 美元，那么可以取个整数报价，例如 500 000 美元，这可以向潜在买家传递“房子品质良好”的信息。而一个精确的报价，例如 495 765 美元，则可以向潜在买家传递出“可以讨价还价”以及卖家曾非常认真地考虑过房屋定价的信息。从心理学的角度来看，如果你想给买家留下“品质良好”的深刻印象，那就取整数报价；如果你想给买家留下“可以讨价还价”的印象，那就取一个精确报价。你认为如果自己是买家的话，这种定价方法对你有效果吗？

分享增值抵押贷款（shared appreciation mortgage）

分享增值抵押贷款可以让借款人得到一个低于市场利率的贷款利率。作为回报，贷款价格可以得到未来房屋一定比例的增值额（通常比例为30%～50%）。因此，如果你使用分享增值抵押贷款购买一套价值为100 000美元的房子，并许诺在贷款期满以后，贷款机构可以获得房屋增值额的50%，那么假设10年之后你以180 000美元的价格卖掉了房子，则贷款机构可以获得房屋增值额80 000美元的一半。一般而言，传统的贷款机构不会提供这种类型的抵押贷款。分享增值抵押贷款往往是由家庭成员或投资者提供的。

只付利息抵押贷款（interest only mortgage）

这个名称有一定的误导作用，因为不可能存在只偿还利息的贷款，因为最终借款人肯定要偿还贷款的本金。只付利息抵押贷款会在贷款初期的一段预定期限内允许借款人只偿还贷款利息，此外它还具有传统抵押贷款的一些特征。因此，在贷款初期的特定时期内，借款人只偿还贷款利息，随后便要同时偿还贷款的利息与本金。一旦只偿还利息的时期截止，借款人每月的还款额将会增加，等于贷款余下期限里本金与利息偿还总额的分期偿还额。

> **分享增值抵押贷款：**分享增值抵押贷款可以让借款人得到一个低于市场利率的贷款利率。作为回报，贷款价格可以得到未来房屋一定比例的增值额（通常比例为30%～50%）。
>
> **只付利息抵押贷款：**会在贷款初期的一段预定期限内（例如30年期的抵押贷款在头5年还款期内）允许借款人只偿还贷款利息，随后便要同时偿还贷款的利息与本金。

选择还款浮动利率抵押贷款

选择还款浮动利率抵押贷款允许借款人每个月自行选择不同的抵押贷款还款方式。借款人的选择包括：

- 还款金额小于贷款的利息额；
- 还款金额等于贷款的利息额；
- 还款金额等于15年或30年固定利率抵押贷款的还款额。

特殊抵押贷款产品的风险

由于上面我们提到的各种特殊抵押贷款产品本质上都是浮动利率抵押贷款，因此一旦市场利率水平上升，每月的还款额都将大幅度上涨；而且对于某些类型的抵押贷款来说，借款人的未偿还贷款余额实际上会随着时间不断累积。因此，在选择这些特殊抵押贷款产品之前，你一定要三思而后行。一定要仔细阅读贷款合同的每一条细则。确保自己清楚地知道每个月的还款额会按照怎样的模式逐渐增加，什么时候开始增加，以及自己是否能负担得起。你还要认真研究一下抵押贷款的再融资是否会受到银行的罚息处理。

提醒：警惕次级抵押贷款与掠夺性贷款

“信用记录差，没问题!”贷款机构就是用这句迷惑人的口号吸引了那些次级抵押贷款的借款人，毫无职业道德的贷款机构正在滥用各种贷款资源与贷款程序。我们将这样的贷款称为掠夺性贷款（predatory lending）。所谓次级抵押贷款指的就是向信用评分较低的借款人提供的抵押贷款，通常80%左右的次级抵押贷款是浮动利率贷款。虽然信用记录较差的个人申请贷款买房并没有什么错，但是近些年来，大量的掠夺性贷款机构疯狂地涌入市场，它们在利用这些次级抵押贷款的借款人，引诱他们申请成本很高、几乎没办法还清的贷款，而这些借款人本来可以选择其他成本更低、更负担得起的贷款产品。

如何规避掠夺性贷款？答案便是“原理 1：知识是最好的保障”。认真研究一下图 8－7 列出的掠夺性抵押贷款的常见做法。

操纵：向借款人获得的次级抵押贷款收取高额利息（利率水平一般为 9%～20%），而这些借款人原本足够有资格申请优惠利率贷款。

折扣点与经纪人的佣金费用收取额度较高：这两笔成本不会直接反映在利率水平上。掠夺式抵押贷款的这两项成本甚至会高于 5%。

根本不考虑借款人的偿债能力：掠夺式抵押贷款的发放机构经常向借款人提供超出其偿还能力范围的贷款额。事实上，大家都知道，掠夺式抵押贷款的发放机构一直在鼓励借款人对自己的实际收入水平撒谎，从而获得超出自身偿还能力范围的贷款。

收益率差价或给经纪人的回扣：如果抵押贷款经纪人促成的贷款交易利率水平非常高，则很多掠夺式抵押贷款会给经纪人回扣。

气球式抵押贷款：这种贷款要求借款人在贷款期满时或期间一次性支付一笔金额高得不合理的还款额。在很多情况下，借款人事先并不清楚这笔大额还款的具体金额是多少，往往等于原始贷款额。最终的结果便是借款人无力偿还贷款而被迫放弃抵押品赎回权或进行再融资。

频繁重新贷款：掠夺式抵押贷款的另一种常见做法是安排借款人频繁地进行不必要的再融资，而这对借款人根本没有任何好处。

提前还款罚息：如果借款人提前偿还贷款或进行了再融资，则要支付高昂的罚息。这种安排的目的是将借款人锁定在这笔高利率贷款上。

利率水平只升不降的浮动利率抵押贷款：这种浮动利率抵押贷款的利率水平只能上升不能下降，而且每隔 6 个月就会上调一次借款人的贷款利率以及每月还款额。

诱饵掉包法：成交时贷款成本或贷款合同条款并不是当初借款人同意的内容。

图 8－7　掠夺式抵押贷款的常见做法

抵押贷款决策：贷款的期限长度

购房者面对的另一个决策是贷款的期限，选择 15 年还是 30 年？在考虑这一问题时，购房者应当权衡三个因素：（1）提前还款的可能性；（2）每月还款额；（3）利率水平。

如果你获得了一个带有提前还款特权的 30 年抵押贷款，你可以通过增加每月还款额的方式在 15 年内还清贷款。如果你计划在 15 年内还清贷款，那么为什么不直接选择 15 年的贷款呢？

当然，30 年贷款的每月还款额低于 15 年贷款，一旦出现了意外情况，借款人可以暂时停止增加每月还款额，反而减少每月还款的金额，这样做可以让借款人有更多的转圜余地。所以，乍看起来，对于那些严格执行理财纪律的人来说，30 年抵押贷款更有优势。但是，在我们思考这个问题时，还应当加入一个重要变量，那就是利率。

一般情况下，15 年抵押贷款的利率水平要低于 30 年抵押贷款的利率水平。例如，在 2017 年，30 年固定利率抵押贷款的平均利率水平为 4.25%，而 15 年固定利率抵押贷款的平均利率水平为 3.40%。在考虑自己的总还款额时，贷款的利息偿还额也是一个重要的组成部分。贷款期限长，意味着借款人要偿还很长期限内产生的利息成本。例如一笔本金额为 100 000 美元、固定利率为 5%的 30 年抵押贷款，每月的还款额为 536.82 美元。

图 8－8 说明了本金为 100 000 美元、利率水平为 5%的 30 年固定利率抵押贷款的每月还款额用于偿还贷款本金和利息的比例。正如你所看到的那样，在最初的第一个还款月份，当月还款额很少的一部分被用来偿还贷款本金。结论便是抵押贷款的期限越长，利息

支付总额就会越高。

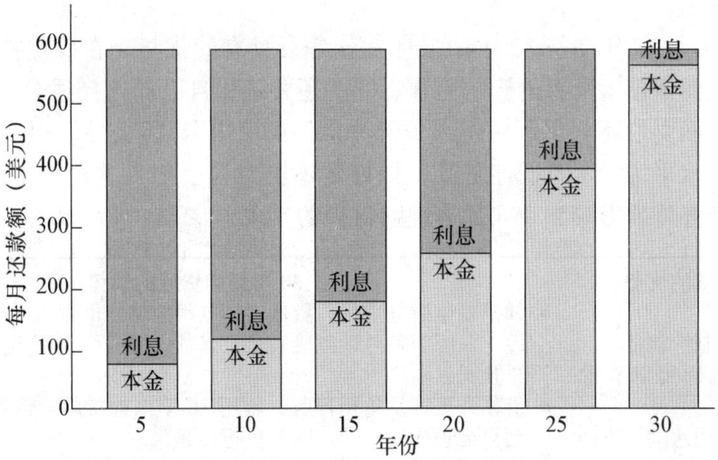

图 8-8　本金为 100 000 美元、利率水平为 5%的 30 年固定利率抵押贷款的每月还款额用于偿还贷款本金和利息的比例

表 8-2 显示了贷款期限对利息支付总额的影响。记住，这些数据都是根据一笔利率水平为 5%的固定利率抵押贷款计算得出的。如果贷款的利率水平更高，那么期限更长的抵押贷款的利息支付总额也会成比例地增加。事实上，随着利率的上升，两者之间的关系将会变得更夸张。同时还有一点要记住，如果抵押贷款的期限较短，利率水平也低一些，那么借款人偿还的利息总额要少得多。

表 8-2　对于一笔本金为 100 000 美元、利率水平为 5%的固定利率抵押贷款，贷款期限的长度对利息支付总额以及每月还款额的影响

抵押贷款的期限	每月还款额（美元）	利息支付总额（美元）
10 年	1 060.66	27 278.62
15 年	790.80	42 342.85
20 年	659.96	58 389.36
30 年	536.82	93 255.78

遗憾的是，利息偿还额还不是事实的全貌。我们还面临着另外两个复杂的问题：货币的时间价值以及税费的影响。记住，随着贷款期限的延长，每月还款额虽然减少了，但是还款时间却被拉长了。于是，由于受到通货膨胀的影响，借款人未来用于偿还贷款的货币会贬值。

换言之，如果你选择的是 30 年抵押贷款，每月还款额少一些，那么你可以把每月还款额的差额——相对于 15 年抵押贷款每月还款额的差额——用于投资，一直投资到第 30 年年末。当然，对于 15 年抵押贷款，当第 15 年年末贷款期满时，在余下的 15 年里，你可以把原本用于每月偿还贷款的款项用于投资，一直持续到第 30 年年末。到第 30 年年末，投资的本利和取决于你对投资项目收益率的估计。还有一点，别忘了房屋抵押贷款的利息支付额具有税收抵扣作用，因此可以降低借款人的税负。因此，抵押贷款的期限越长，节税效应就越明显。不过你要记住，这会随着税法的调整而变化，贷款利息的税收抵扣作用可能有所减弱，据传政府可能会限定金额不超过 500 000 美元的抵押贷款的利息才具有税收抵扣作用。

图 8－9 列出了 15 年期与 30 年期抵押贷款各自具有的优势。在确定抵押贷款的期限时，确保自己全面衡量了所有的影响因素。同时还要确保自己的选择适合个人的全盘理财计划。如果一方面要偿还利率水平高达 18%～20%的信用卡欠款，另一方面还要省出额外的钱去偿还利率水平为 5%的抵押贷款，你肯定不愿意自己陷入这样的生活状态。此外，也不要让偿还抵押贷款影响到个人其他理财目标的实现。

15 年抵押贷款的优势	30 年抵押贷款的优势
● 较低的利率。 ● 迫使借款人强制性储蓄。 ● 在整个贷款期间可以节省不少利息支出。 ● 房产净值的累积速度较快。 ● 加速累积的净值可以让借款人有能力购买价格更贵的房屋。	● 如果发生财务危机，较低的还款额能够给借款人提供更多的财务弹性——因为每月还款额较低，借款人手头会有更多的闲钱来应对紧急状况。 ● 借款人更容易负担得起：若用 15 年抵押贷款，借款人可能无法买到自己想要的房子，因为负担不起。 ● 如果抵押贷款合同包含了提前还款条款，那么一方面借款人可以模仿 15 年抵押贷款的还款模式来提前还款，另一方面又保留了个人财务的灵活度。 ● 如果借款人目前还有信用卡欠款——信用卡贷款的成本比抵押贷款还高——那么最好在准备申请抵押贷款之前先还清信用卡的欠款。 ● 如果你选择的投资项目的收益率高于抵押贷款的利率，同时你又是一个很自律的储蓄者，再加上抵押贷款具有的节税好处，那么申请一笔期限较长的抵押贷款会更有吸引力。

图 8－9　短期贷款与长期贷款的比较

准备首付款

对于许多人来说，尤其是那些第一次买房的人，凑齐首付款是他们最大的难题。而储蓄无疑是解决这个难题最好的方法。如果拥有一套房子是你的理财目标之一，那么首付款理应在你的财务预算中占有一席之地。对于大多数买房人来说，需要花上好几年才能存够首付款。

除了储蓄，首次置业者还可以依靠父母或亲戚的馈赠以及资金支持。事实上，大约有 30%的首次置业者会从父母或亲戚那里获得一些资金支持。但是，传统的抵押贷款——没有得到联邦政府担保的抵押贷款——要求至少有 5%的结算成本要由买房人自己负担，而不能用父母或亲戚的赞助资金来支付。事实上，绝大多数贷款机构要求借款人提供“赠与清单”（gift letter），列出由亲戚赞助的、不需要偿还的所有资金。

如果你无法攒够首付款，那么可以考虑减少首付款的金额。联邦政府担保贷款——联邦住房管理局（FHA）、退伍军人管理局（VA）以及农民住房管理局（FmHA）提供的贷款——不像传统的抵押贷款那样要求借款人支付较高的首付款。事实上，联邦住房管理局只要求借款人支付最低首付款，二手房的首付款比例仅为房价的 5%，新房仅为 10%。

> **个人抵押贷款保险：** 一旦借款人无力偿还贷款，这种保险产品可以保护贷款机构的权益。

若是仍然无力支付首付款，你可以考虑购买**个人抵押贷款保险**（private mortgage insurance）。一旦借款人无力偿还贷款，这种保险产品可以保护贷款机构的权益。借款人负责支付保费，保费金额一般相当于贷款金额的 0.3%～1.5%，具体取决于首付款的数目。买了个人抵押贷款保险，贷款机构可以向你提供大于房屋价值 80%的贷款。

积攒首付款的最后一个资金来源是个人退休账户（IRA）。在 59.5 岁之前，首次置业者可以从个人退休账户提取最多不超过 10 000 美元的资金用于买房而不会受到任何处罚。虽然这也是一种凑钱的办法，但是最好避免使用。记住，从退休账户里提取钱只不过是为了实现某个目标（买房）而牺牲了其他目标（退休后的财务安全）。问题是个人退休账户的投资收益是免税的，一旦你把钱从账户里提取出来，就不能再存回去。此外，如果是传统的个人退休账户（与罗斯个人退休账户相反），你要为自己提取的金额支付所得税。这意味着如果你的边际税率为 25%，那么每提取 10 000 美元，就要支付 2 500 美元的所得税，剩下的 7 500 美元才能用来支付你的首付款。

预先获得贷款资格

除了攒够首付款之外，虽然个人偿债能力能够帮助你清醒地知道自己有资格申请多高额度的抵押贷款，但最好还是先去约见一下贷款机构，以确保自己确实有资格申请这样的贷款。具体做法是让贷款机构计算一下它可以向你提供多高额度的贷款，并且要求贷款机构出具一份证明，说明它愿意向你提供这么高额度的贷款。预先获得贷款资格能够减少消费的不确定性，让你在潜在卖房者眼里成为更有吸引力的买家。

第三步：购买

跟其他重要的购买决定一样，买房也要货比三家，比较价格、产品性质（对买房来说，这方面要考虑的是地理位置、学校、房间的数量等）和质量（独幢住宅或公寓的建筑质量）。找到适合自己的房屋或公寓很重要。我们对搜寻过程的讨论主要集中于如何寻找适合自己的独幢住宅，当然这些搜索原则同样适用于购买公寓或租借公寓。

一旦明确了你要找寻的目标，就应马上动手搜寻。大多数买家会寻求房地产中介的帮助。这些中介机构可以向买房人提供多方面的帮助，例如寻找适合的房屋或环境良好的街区。但请注意，传统的房地产中介事实上是为卖家工作的：是卖家在向房地产中介支付佣金。所以，实际上买家的利益和房地产中介的利益是冲突的。因此，尽管经纪人可能是你的朋友，但你也需要对所有可供选择的房屋进行通盘考虑后再做出决定。要分清楚哪些是真诚的建议，哪些只不过是推销的言辞，懂得用知识保护自己，按照“原理 1：知识是最好的保障”去做。传统的房地产中介与买房人之间具有严重的利益冲突，而最终伤害的往往是买房人的利益。除此之外，房地产中介只能出售已挂牌交易的房产，即房地产公司已经签订了出售合同的房产。

尽管买房人与房地产中介之间存在的利益冲突不能彻底否定房地产中介的正面作用，但是你应当提前采取一些预防措施。举个例子，你永远不能让你的房地产经纪人知道你能接受的最高价格。如果你告诉了他这个价格上限，他可能会与卖家分享这一信息，这会导致你失去谈判能力。你必须让经纪人知道你要努力执行自己的预算。如果你看中的房子超出了个人承受能力或是预算范围，那就干脆放弃它，总会有其他更适合你的房子在等着你挑选。

现实世界

在房地产市场泡沫破灭之前，没有依赖房地产经纪人的帮助出售房屋的个人数量一直在稳步增加，但是房地产市场崩溃以后，这一数字迅速下跌，因为在卖房过程中，卖家要在房地产经纪人的帮助下才能顺利出售房产。

1997 年，19%的卖家在没有房地产经纪人的帮助下出售了房屋。

2006 年，20%的卖家在没有房地产经纪人的帮助下出售了房屋。

2016 年，13%的卖家在没有房地产经纪人的帮助下出售了房屋。

除了传统的房地产中介以外，还有一类房地产经纪人叫作**独立经纪人或只为买家服务的经纪人**（independent or exclusive buyer-broker）。这类经纪人由买房人雇用，只代表买房人的利益，并且有义务帮助买房人达到最佳的成交价格。一般而言，这些经纪人要与卖家的经纪人分享佣金报酬。只为买家服务的经纪人在寻找适合的房屋时并不局限于房地产公司登记挂牌的房产。他们会同时在未挂牌房产——即房主自己直接出售的房产——与挂牌房产当中进行搜索。

独立经纪人或只为买家服务的经纪人：指的是由潜在买房人雇用的房地产经纪人，他们只代表买房人的利益。这种经纪人有责任帮助买家争取到最优惠的成交价格。一般来说，他们要与卖家雇用的经纪人共同分享佣金收入。

房地产卖空交易：当房产出售所得的资金低于房产尚未还清的贷款余额时，这样的交易就叫作卖空交易。

而且，由于买家经纪人只为买房人提供服务，所以他们对房子的检查很客观并且挑剔。虽然这种只为买房人服务的房地产经纪人越来越受到关注，但是目前在美国的多个州，这类经纪人并不多见。如果你想雇用买家经纪人却找不到，那么你可以登录美国买家经纪人协会（National Association of Exclusive Buyer Agents）的官方网站获得人选推荐信息。

互联网也为买房人提供了非常丰富的信息，能够帮助买家挑选合适的房屋并做出购买决策。一览表 8-1 为买卖房屋提供了一些建议。

房地产卖空交易怎么样？如果房产出售所得的资金低于房产尚未还清的贷款余额，则这样的交易就叫作**房地产卖空交易**（real estate short sale）。首先，我们先来分析一下为什么会出现房地产卖空交易这一现象。我们假设你无力偿还房屋抵押贷款，但是由于房地产市场价格的持续下跌，现在你拥有的房产的市场价值低于房屋抵押贷款的未偿还余额。例如，两年前你花了 350 000 美元购买的房产未偿还的贷款余额为 250 000 美元，但是现在这套房产的市场价格仅为 175 000 美元。如果房产进入取消抵押品赎回权程序，那么你不仅要失去自己的房子，还会因为糟糕的个人信用记录而导致随后多年内你都无法再买另一套房子。贷款银行希望房屋的所有者易主，因为它们一直没有收到任何抵押贷款的还款；但是贷款银行也希望房屋不要进入取消抵押品赎回权程序，因为对银行来说，这样做的成本很高。通过房地产卖空交易，你可以按照低于贷款未偿还余额的价格将房产卖掉，但是因为没有进入取消抵押品赎回权程序，这对你的个人信用记录不会造成不良影响。一般来说，银行的损失额等于未偿还的贷款余额房屋出售所得资金之间的差额。这种房地产卖空交易常见吗？在房地产市场泡沫破灭以后，这样的卖空交易变得非常普遍。事实上，在 2013 年，在所有的房地产交易中，大约有 16%的交易是卖空交易；不过到了 2016 年，这一指标下降至仅为 3%。

一览表 8-1	买房人与卖房人的买房/卖房一览表

如果你正在出售自己的房子并决定雇用一位房地产经纪人：

- 寻找一位至少有 3 年以上工作经验的专职房地产经纪人。了解该房地产经纪人上一年的交易情况，一个优秀的房地产经纪人每年至少可以卖出 30 套房子。
- 确定雇佣合同包含“停止雇佣条款”(out clause)，该条款允许你在任何自己想要的时候终止雇佣合同，你肯定不想在一个糟糕的房地产经纪人身上浪费 6 个月的时间。
- 选择一位在你居住区域附近工作和生活的经纪人。

如果你正打算买房：

- 当你确定了自己能承受的价格以后，记住这个值代表的是上限而不是下限。
- 如果可能的话，尽量使首付款达到房屋总价的 20%或以上，这样就能避免购买个人抵押贷款保险。
- 当你确定贷款金额时，记住要按照实际需要申请贷款，不要能贷多少就贷多少。很多时候贷款机构更愿意按照借款人的最大借款能力来提供贷款。不要上当，只借自己需要的额度就可以了。
- 了解房地产经纪人获得报酬的渠道。一般而言，佣金是经纪人的主要收入来源，这意味着你支付的房价越高，他们得到的报酬就越多。

当你找到一套自己喜欢的房子时，一定要仔细检查。有些房屋可能存在难以发现的缺陷。好房子应当结构完整健全，供暖、空调、水管以及供电系统都没有问题。遗憾的是，几乎没有买房人具有专业资格，有能力检查上面提到的方方面面。如果你不是少数幸运者之一，那么你应当向专业的验房师求助。你可以通过你的房地产经纪人或当地的商会获得验房师的推荐人选。

一旦你选定了一套理想的房子，接下来的步骤就是购买。一般来说，买卖双方协商价格要经过多次的讨价还价。卖家会按照一定的出售价格将房产挂牌待售，这代表着卖家愿意接受的成交价格。不过，所有的报价都是可以商量的。很多情况下，买家提出的价格都低于房产的挂牌价。这个报价可能会要求交易双方履行售房合同上约定好的一些条件或意外事件。例如，买房人可能会要求卖家将电器与窗帘保留在房子里，或者是要求在某个特定的日期进行交易结算。

当卖家收到潜在买家的报价时，他们可能接受这个报价，也有可能拒绝。这个讨价还价的过程是通过房地产经纪人在卖家和买家之间进行的，买家可能都见不到卖家本人。在一些情况下，讨价还价可能会持续一段时间，直到最后价格的确定或者其他条件被谈妥。然而，当双方进行讨价还价时，另一个潜在买家出现了，他也给出了报价，卖家接受了后来者的报价，于是你就出局了！

合　同

一旦双方敲定了价格，律师或者房地产经纪人就可以着手拟定购房合同。购房合同基本上都是标准化的，但是要确保你的购房合同包含以下条款：

- 价格、付款方法、卖家与买家、购买日期、买家何时正式获得房产的所有权以及对房产的法律描述应当被说明清楚。
- 房屋的法定所有权不受任何留置权以及债权的影响。合同中应明确注明到底是由买家还是卖家支付产权调查的费用。
- 确认一下房子不存在白蚁和氡污染的隐患。
- 合同应当包含合理融资条款，该条款应阐明如果你不能获得合适的融资来源（特别要注明金额、利率以及贷款期限长度），购房合同将自动作废，你可以全额收回定金。

定金：买房人预先支付给卖家的钱，表明买房人想做成交易的诚心。

结算：在结算时，双方进行房屋产权过户，此时卖家会拿到全部卖房款，而买家获得房产的所有权。

结算清单：清单列出了结算时要结清的费用项目，房地产经纪人至少要在结算日的前一个交易日将结算清单提交给买房人查看。

- 如果房屋的所有权变更不是在年底而是在年中完成的，则合同应该明确说明多大比例的水电煤气费、保险费、税费以及抵押贷款还款额中包含的利息支付额应该由买房人支付，哪些部分应该由卖房人承担。
- 合同应明确说明在房屋产权过户的那一天房屋应保持怎样的状况，并且允许买家在最后时刻彻底检查一遍以确保房屋的整体状况满足合同条款的具体要求。
- 合同还应包含其他双方达成一致意见的或有事项。

如果交易双方谈妥了合同，买家要向卖家支付一笔**定金**（earnest money），以表达对这笔交易的诚意。

结算（closing）时，房屋的所有权发生变更，卖家得到全部售房款，买家则得到了房屋的所有权。此时，买家还必须付清首付款的余款。举例来说，假设你购买的是总价为 150 000 美元的房子，首付款比例为 20%。在结算时，你必须支付的金额等于 30 000 美元减去双方签订合同时你支付的定金。

除了要补足首付款，买家还要支付结算成本，可以用现金或者支票。你不用自己费力计算准确的结算成本，因为贷款机构至少会在结算日前一天向你提供一份**结算清单**（settlement statement 或 closing statement）。最后，双方再检查一下相关的法律文件并签名，在这一过程中买家可能要向律师提出咨询。随后，双方交接钥匙。房子终于归你所有了！

第四步：维护保养

一旦买下了房子，接下来你就要负责房屋的维修与保养。至少可以这么说，房子会占用你大量的时间。另外，你还必须时不时地确认一下，自己买房使用的贷款产品是否是成本最低的融资方式。因此，接下来我们要讨论一下如何对房屋抵押贷款进行再融资。

所谓再融资，简单地说就是再申请一笔利率较低的新的抵押贷款，然后用这笔新贷款偿还旧贷款。只要抵押贷款利率下降，人们就会进行再融资。没有人愿意在当前利率仅为 8%的情况下支付 12%的利息。传统的经验法则是当贷款利率水平下降两个百分点时，你就应该安排再融资。然而，利率并不是再融资考虑的唯一因素。

在进行再融资时，你需要再次支付前面已经讨论过的结算成本，包括折扣点、贷款手续费、白蚁和氡的检测费等。是否进行再融资主要取决于在一段合理的时期内，再融资获得的低利率能否弥补这些额外的成本。

让我们先来看一个案例：假设现在你手上有一笔未偿清的 30 年抵押贷款，利率为 11%，目前贷款距离到期日还有 15 年。你正在考虑是否用一笔利率水平为 8%的 15 年抵押贷款对这笔旧贷款进行再融资。当初买房时，你申请的贷款额度为 100 000 美元，每月还款额为 952.32 美元。到如今，15 年过去了，这笔贷款的未偿还余额为 83 789.07 美元。如果现在申请一笔利率为 8%的 15 年抵押贷款，那么每月还款额会下降至 800.73 美元。

如图 8－10 所示，如果你预计再融资的税后净成本为 2 600 美元，那就意味着要用 23.8 个月的时间才能让每月还款额节省下来的费用刚好等于再融资产生的结算净成本。所以，如果你打算在未来的两年多时间里继续住在这套房子里，那么应当考虑按照更低的利率水平进行再融资。

再融资后每月的收益	示例	你的情况
a. 目前贷款的每月还款额	952.32 美元	
b. 再融资后的每月还款额	800.73 美元	
c. 每月税前节省的差额（a−b）	151.59 美元	
d. 每月节省额支付的所得税（c×28%的税率）	42.45 美元	
e. 每月的税后净收益（c−d）	109.14 美元	
再融资的成本		
f. 税后的结算净成本，包括提前还款的罚息	2 600 美元	
实现盈亏平衡所需的月份数		
g. 节省的利息支出等于再融资成本的月份数（f/e）	23.8 个月	

图 8-10　再融资分析工作表

行为视角 >>>

原理 9：心理游戏、理财个性与金钱

虽然本书的很多篇幅都在谈论如何存钱，但本章主要讲述的是如何花钱——用理性购物的决策过程实现明智消费。你认为自己是理性消费者吗？你正在当地的商场挑选一件毛衣作为爸爸的生日礼物。你有没有发现自己需要一个计算器？你能以多快的速度算出 52 美元的价格打七五折该是多少钱？如果卖家直接说出“这件毛衣今天降价 13 美元”，你会更快做出“购买决策”吗？提示：52 美元的 25%正是 13 美元！

我们都知道“陈设”在日常生活中有多重要。“半熟煎蛋，搭配火腿和土豆煎饼”，被摆放在瓷盘上，旁边是不锈钢的餐具，我想大多数人都愿意为此支付更高一点的价格，若与之相比的是同样一份早餐被摆放在纸盘上，搭配的是塑料叉子，那么人们愿意支付的价格会大大降低。说到理性购物，如何描述折扣也会对销售量产生影响。记住，毛衣的正常价格是 52 美元，现在降价为 39 美元，这相当于减掉了 25%的折扣，即 13 美元，这是一回事。另外假设一台全新的高清电视正常售价为 2 000 美元，现在降价为 1 500 美元，那么卖家可以宣传称打了 75 折，或者是减价优惠 500 美元——不过在本例中，直接说减价优惠 500 美元可能销量更高。这就是所谓的“100 法则”，这是一个营销概念，意思是如果产品价格低于 100 美元，那么“百分比折扣”听上去要比“金额折扣”更大。这就是为什么听到说毛衣打 75 折（即免掉 25%的折扣），你的感觉要比“毛衣减价优惠 15 美元”更好。反过来，换成电视机打折，优惠 500 美元与 25%折扣相比，你更喜欢听到前者。

当你花自己的钱时，你要做到“透过现象看本质”，不要被商品的外表陈设所迷惑，这样才能保护自己实现理财目标。不管你将其称为“心理游戏”还是“模糊数学”，这都不重要，只要你明白其实质，就能控制住自己的反应，做出明智的决定。

心理锚定是人们的常见行为，即人们会紧紧抓住某个观点或事实，用它作为未来决策的参考点，这会以一种你意想不到的方式影响你的消费决策。例如，我们以买房为例。房地产经纪人给你列举了几个近期已出售房屋的成交价，那么这些价格数据就会充当锚。同样地，当你在网站上查询时，你会发现标价最高的房产总是排在最前列，这也是同样的效应。它们也在充当价格锚。记住，你看到的房产的挂牌价可能符合也可能不符合现实，不过它再次充当了价格锚。如果你准备购买的东西是平时很少买的东西，那么价格锚定就是特别危险的行为。所以，如果你打算买房或其他商品，好好调查，全方位对比价格，同时还要了解心理锚定的作用机理。

行动计划

原理 10：开始行动吧！

住房和汽车可能是人们一生当中购买的金额最高的两件商品，也许它们出现在购物清单上的时机会比你想象的更早。你可能已经买了人生当中的第一辆车，正在考虑再买一辆新车，而且你很可能还没有买房，你想等自己居住情况稳定一点再说。不过，等时机来临时，你要考虑以下几个方面。

- 认真考虑购买二手车。购车成本更低，所以首付款更低。而且，根据 Edmunds 网站的估计，在你买下一辆新车的第一分钟，这辆车的价值就会下降 9%～11%。
- 如果你正在考虑租房，那么可以招纳一位室友。室友可能帮你大幅缩减居住成本。室友就类似于“50%大减价优惠券”。尽管你的居住成本可能不会正好下降 50%那么多，但至少是下降幅度很大。
- 将“为积累买房首付款而存钱”作为你的首要理财目标之一。在存钱时，检查一下自己的信用评级——信用评级对房屋抵押贷款的申请很有影响作用——给自己留一点时间，把事情理顺。
- 记住，住房并不一定是能赚钱的投资。确保自己买房的动机并不是为了转手卖掉来谋利。
- 买房时警惕“隐藏成本”。抵押贷款的每月还款并不是买房人的唯一成本。此外还有结算成本、不动产交易手续费、折扣店、保险费等——这些都是买房的成本，而且等你搬入新家，为了搭配新空间、新的油漆颜色、新窗帘、新的庭院景观，你可能还需要购买新家具……你的购物清单也许会越写越长。
- 预先获得贷款资格，以便估计出自己能负担得起多高的房价。不要买价格超过个人可承担范围的房产；事实上，为了给自己预留一点转圜的空间，尽量选择价格低于最高可承受上限的房产。你需要为支付那些买房的隐藏成本而预留一点空间！
- 买房时不要忘记你也是在“买”街区。密切关注房产所在的街区、附近的学校、悬而未决的分区事宜等。
- 确保自己了解打算购买的这套房产。如果你正考虑在二手房市场上买房，那么可以雇佣一位专业的工程师帮你检查一下房屋结构。

本章小结

➡ 学习目标 1：制定理智的购买决策。

总结：理性购物的第一步是区分需求与欲望。一旦弄明白了这一点，接下来要比较不同的商品，在质量、特性与价格等方面进行权衡。在与商家讨价还价时，获得成功的关键是尽可能清楚地了解商品价格加成的幅度。最后一步是购买后的维护保养以及投诉事项的解决等售后问题。理性购物的这几个步骤可以适用于任何购物决策。

➡ 学习目标2：选择符合自身要求与预算的汽车。

总结：住房可能是你一生金额最大的投资，而汽车可能会给你带来生活中金额最高的经常性支出。为自己挑选一辆既满足个性特征又符合财务预算目标的汽车。一旦你选中了最适合自己的汽车，下一个难题就是如何拿到一个合理的购买价格。首先最好能弄清楚经销商的成本或者发票价格。接下来，你必须做好个人财务决策。直接购买还是租赁？租赁简言之就是租车，在所有新车的租赁合约当中，有80%都是封闭式合约或归还即解约式合约。从字面上理解，这指的就是在租赁结束的时候，只要承租人归还了汽车，就无须再承担任何责任了。

关键术语

回扣：汽车制造厂家在经销商销售汽车时会把一笔钱——一般相当于汽车售价的2%～3%——返还给经销商。

封闭式租赁或归还即解约式租赁：承租人在租赁期满时将所租车辆还给租赁公司，随后便不再承担任何责任。承租人只需要做到归还车辆时确保其只出现了正常的磨损或折旧，经销商负责将车辆转售出去。

购买选项：允许承租人在租约终止时按照汽车的残值或合约中明确约定的价格买下这辆车。

开放式租赁：这种汽车租赁合约声明当租赁期满时，汽车的当前市场价值要与租约中明确约定的汽车残值相比较。

➡ 学习目标3：选择满足自身要求的住房。

总结：没有哪一种类型的房子是适合每一个人的。独户住宅是人们传统的选择，对于大多数人来说，这都是个不错的选择，因为它可以提供更大的空间，保护个人隐私，而且房主对于房屋的装饰布局有更大的控制力。合作占有式住房指的是归一家公司所有的一幢公寓楼或多间公寓房，公寓楼的所有住户就是该公司的股东。

关键术语

合作占有式住房：指的是归一家公司所有的一幢公寓楼或多间公寓房，公寓楼的所有住户就是该公司的股东。

业主费：股东要向合作公司每月支付业主费，这笔钱主要用于纳税、房屋维修以及庭院管理。

分户出售公寓大厦：指的是某一类公寓或者公寓大厦。这种类型的公寓楼允许个人享有居住单元的所有权，但是对土地、公共区域以及设施则享有共有权。

首付款：指的是房屋买家在买房时支付的、超出抵押贷款以外的购房款。

结算成本：房屋产权过户时产生的费用。

折扣点：这笔费用提高了抵押贷款的实际成本，买房人必须在结算时全额支付这笔费用。

贷款手续费：通常为一个点，即贷款总额的1%。收取这笔费用的目的是补偿贷款人评估以及发放全部贷款的成本。

贷款申请费：也是借款人支付给贷款机构的一笔费用，一般为200～300美元，目的是补偿贷款机构在贷款过程中产生的处理费用。

评估费：是评估房子及所有物过程中发生的费用。贷款人在抵押贷款确定之前必须先对财产进行评估，确保他们借贷的金额不高于财产本身的价值。当然这个费用的大小由房子的大小和地理位置决定，一般为 200～300 美元。

产权调查：对公开的土地产权登记进行调查，弄清楚财产或住房的合法所有者到底是谁。

PITI：本金、利息、税以及保险这四笔费用的合称。

托管账户：每个月都要交的房产税以及保费会与贷款本金以及利息的偿还额一起支付，而且会被存入一个特定的托管账户。该账户的资金额不断累积，直到某一天资金被提取出来支付房产税以及保费。

➡ 学习目标 4：决定是租房还是买房。

总结：租房优于买房的理由有很多种。为了理智地做出决定到底是租房还是买房，或者哪个选择才是你真正负担得起的，你要先了解一下购买房屋所有权会产生哪些费用：一次性费用或者初始成本，例如首付款、折扣点和结算成本；与融资相关的重复性成本，包括抵押贷款的每月还款额、房产税以及保费；与房屋的维护保养有关的重复性费用。

➡ 学习目标 5：计算买房的成本。

总结：买房决策的第一步是购物前的思考，主要分析自己的情况适合买房还是租房，判断一下哪一种选择更符合你的预算。与其他的大件商品购物决策一样，第二步货比三家，比较各种独幢住宅或公寓的价格、特征以及质量。

一旦你选中了满足要求的住宅或公寓，下一步就是买房；如果选择租房的话，那下一步就是签订租房协议。同样地，这个过程还是与其他大件商品的购买步骤一样——买卖双方讨价还价，分析每一种融资方案。一旦你买下了某套房子，那么就要负责以后房屋的维修保养费用。

➡ 学习目标 6：最有效地使用抵押贷款。

总结：抵押贷款一般可以被分为传统的抵押贷款与政府担保抵押贷款两种类型。传统的抵押贷款指的是用购买的财产作为抵押品，从银行或储蓄贷款协会那里获得的贷款。而对于政府担保抵押贷款，仍然是由银行或储蓄贷款协会发放贷款，但是联邦政府为贷款提供担保。储蓄贷款协会与商业银行是抵押贷款的主要来源，当然它们并不是唯一来源。借款人可以从其他传统的贷款机构那里获得抵押贷款，例如信贷协会与互助储蓄银行；还可以从专业化的贷款机构那里获得抵押贷款，例如抵押贷款银行与抵押贷款中介。

抵押贷款的利率分为固定利率或浮动利率两种形式。不管市场利率水平如何波动，固定利率抵押贷款的每月还款额始终保持不变。然而，浮动利率抵押贷款的利率要随当前市场利率的波动而进行调整，每隔一段时间就要调整一次。如果利率水平下降，借款人可以考虑安排再融资。简单地说，再融资就是申请一笔新的抵押贷款，然后用新贷款偿还旧贷款。

关键术语

抵押贷款银行：发放抵押贷款，然后将贷款出售给银行、养老基金和保险公司，随后为每月还款的收取提供服务。

抵押贷款中介：是帮助贷款机构向借款人发放抵押贷款并从中收取佣金的中间人。它们本身并不是贷款的实际发放者。抵押贷款中介能帮助借款人找到条件最优惠的贷款。

传统的抵押贷款：由银行或储蓄贷款协会提供的抵押贷款，贷款的抵押品就是借款人贷款购买的财产。

政府担保抵押贷款：仍然是由传统的贷款机构提供贷款，但是政府会为贷款做担保。

可转让贷款：可以转让给房屋新买家的抵押贷款，新买家只需要直接接过抵押贷款的还款义务就可以了。于是，新买家不用承担申请新贷款而产生的费用。

提前还款特权：贷款合约中的该条款允许借款人提前偿还贷款本金。

浮动利率抵押贷款（ARM）：其利率水平随当前市场利率水平的变化在一定区间内波动，每隔一段时间调整一次，调整幅度不得超过一定的限制。

初始利率：浮动利率抵押贷款刚开始时收取的利率水平，有时也被称为诱惑利率。初始利率的持续时间很短，通常为 3～24 个月，随后会被调高。

负摊销：指的是每月的还款额低于贷款的应付利息。结果，未偿还的利息被不断计入本金，于是到了月末时，借款人的欠款总额甚至大于月初的欠款总额。

气球式抵押贷款：这种贷款的偿还方式是在头几年（一般是 5～7 年），借款人每月的还款额较低，随后贷款立即到期，借款人必须一次性还清余下的贷款。

还款递增抵押贷款：每月的还款额会被事先确定好，通常是在一段特定的时期内（通常是 5～10 年）逐渐稳步增加；随后稳定在一定水平保持不变。

增长权益抵押贷款：这是一种自动设计提前还款的抵押贷款产品。刚开始时，这种抵押贷款的每月还款额与普通的 30 年固定利率抵押贷款相同，随后逐年增加——通常每年增加 2%～9%——从而使得抵押贷款被提前还清。

分享增值抵押贷款：分享增值抵押贷款可以让借款人得到一个低于市场利率的贷款利率。作为回报，贷款价格可以得到未来房屋一定比例的增值额（通常比例为 30%～50%）。

只付利息抵押贷款：会在贷款初期的一段预定期限内（例如 30 年期的抵押贷款在头 5 年还款期内）允许借款人只偿还贷款利息，随后便要同时偿还贷款的利息与本金。

个人抵押贷款保险：一旦借款人无力偿还贷款，这种保险产品可以保护贷款机构的权益。

独立经纪人或只为买家服务的经纪人：指的是由潜在买房人雇用的房地产经纪人，他们只代表买房人的利益。这种经纪人有责任帮助买家争取到最优惠的成交价格。一般来说，他们要与卖家雇用的经纪人共同分享佣金收入。

房地产卖空交易：当房产出售所得的资金低于房产尚未还清的贷款余额时，这样的交易就叫作卖空交易。

定金：买房人预先支付给卖家的钱，表明买房人想做成交易的诚心。

结算：在结算时，双方进行房屋产权过户，此时卖家会拿到全部卖房款，而买家获得房产的所有权。

结算清单：清单列出了结算时要结清的费用项目，房地产经纪人至少要在结算日的前一个交易日将结算清单提交给买房人查看。

思考题

1. 计算一下米拉格罗斯买车第一年的总成本。米拉格罗斯刚刚买了一辆新车，相关成本如下所示：

汽车贷款：金额 15 000 美元，贷款期限 4 年，年利率 6.65%。

财产税：车辆价值的 2%/年。

销售税：汽车销售价格的 3%。

牌照和年检：40 美元/年。

保养和使用成本：1 500 美元/年。

保险：每年 2 000 美元。

2. 假设你全部用贷款购买了一辆价格为 20 000 美元的新车，若该贷款期限为 5 年，年利率为 6%，计算一下每月还款额以及还款总额。如果贷款的期限变成 4 年，再计算一下每月还款额是多少美元。最后，再计算一下若贷款期限为 3 年则每月还款额会变成多少美元。根据不同的贷款期限算出的每月还款额，你发现了什么问题？

3. 计算汽车贷款的每月还款额，假设贷款总额为 15 000 美元，期限为 4 年，利率水平为 6%。然后再假设利率水平变为 5%或 7%，再计算一下每月还款额。比较一下每一种假设条件下贷款的总还款额。

4. 安妮收到的抵押贷款结算单显示，每月还款额为 699.12 美元，其中 604.60 美元用于偿还贷款的本金和利息，94.52 美元用于支付税费与保险费。在结算时，她一次性支付了 3 个月的税费与保险费。现在，在连续 6 个月还款后，她非常想知道自己的还款托管账户的总额是多少。帮她计算一下并解释为什么是这样。

5. 固定利率为 5%的贷款本金为 100 000 美元，期限为 30 年。请计算每月还款额是多少？在贷款的有效期内，借款人一共支付了多少利息？

6. 假设房屋的价格为 100 000 美元，首付款比例为 20%，贷款有 2%的折扣点和 1%的手续费，此外其他杂七杂八的费用共计 1 400 美元。计算一下买房者总共要支付多少买房结算成本。

7. 假设抵押贷款的本金为 100 000 美元，使用财务计算器计算下列每种情况的每月还款额。假设不存在提前还款。

a. 30 年期固定利率抵押贷款，利率水平为 5%。

b. 15 年期固定利率抵押贷款，利率水平为 4%。

c. 20 年期固定利率抵押贷款，利率水平为 4.5%。

8. 假设一对夫妻的年收入为 45 500 美元，每月要偿还 500 美元的其他债务，每月的房产税以及房屋保险的保费支出预计为 125 美元。这对夫妻打算申请 30 年期的固定利率抵押贷款。目前利率水平为 4.5%，计算一下他们能申请到的最高贷款限额。

讨论案例 1

萨缪尔·帕格尼利和格蕾丝·帕格尼利想要换掉 2008 年购买的福特 F105 小皮卡，之前萨缪尔一直开着这辆车上班。他们已经有 2 辆车了，但是因为这辆小皮卡已经行驶了差不多 175 000 英里的里程，所以必须要换车了。而且新车必须要满足萨缪尔的工作要求——他是一个自谋职业的电工技师。

萨缪尔知道自己的工作经常要开车跑长途，他担心很多租车公司会对行驶里程过长收取罚金，此外还要支付车辆过度磨损的费用。不过，相对于里程过长导致的罚金，格蕾丝更关心买新车会贬值，所以她的观点是还不如租一辆新车。她也同意每隔几年就直接更换一辆更安全的新皮卡，不用招惹旧车转售的麻烦。萨缪尔认为，如果租车的话，那么将来自己上班驾驶的汽车就不归自己所有，他不太喜欢这样。而且对于租车来说，确保车辆仍然处在保修期的保修凭证也是十分重要的。

他们觉得只要新车的其他开销，比如保险费、油费和维修费用等不是很高，就能在未来的 4 年多时间里负担得起每月 550 美元的还贷支出，买得起新车。帕格尼利夫妇不愿意与汽车经销商过多纠缠，可是他们不知道到哪去寻找自己心仪的新车。

问题：

1. 列出有关买车的 7 种信息资源以及每种资源提供的买车信息类型。

2. 根据所获得的信息，对萨缪尔和格蕾丝来说，哪些有关品牌和型号的信息与买车的决策关系最密切？

3. 他们预计自己拿得出的首付款为 4 000 美元。假设他们要申请期限为 48 个月、利率为 5.5%的汽车贷款，那么他们能负担得起的新车最高价格是多少？（提示：这是一个年金的现值问题。）

4. 根据网站 www.nadaguides.com 上提供的美国汽车经销商协会指南，帕格尼利夫妇俩应该把旧车卖掉，还是将其直接折价，哪种方式更有利？回答这个问题时要同时考虑价格与时间。

5. 如果他们决定租车，那么在签订租车协议时应当注意哪些关键要素？

6. 向帕格尼利夫妇俩解释一下租车的基本流程，以及对他们来说租车是否是一项明智的理财决策。封闭式租赁合约与开放式租赁合约哪一种对他们更有利？单纯从理财的角度来看，你建议租车还是贷款购买新车？填好工作表 9 来证明你的结论。

7. 如果萨缪尔买了一辆“劣质品”，那么可以采取哪些方法避免让这辆“破车”妨碍到他的生意？

讨论案例 2

31 岁的赛义德·阿卜杜拉在投资公司工作，最近刚刚获得加薪，他打算买套新房。赛义德目前单身，边际税率为 25%，买房可以帮他抵扣掉一部分税负。他来找你寻求帮助。

他的财务状况很稳定，而且他十分厌恶风险。他的年薪为 63 000 美元，但是不知道该用多少钱来买房。他现在的住房支出包括每月 900 美元的租金和每年 150 美元的租户保险费。每月的其他支出包括租用一辆 2018 讴歌 TL 轿车的租金 300 美元以及每月 280 美元的助学贷款还款。他还支付了相当于 2 个月房租的押金，这笔钱每月能给赛义德带来税后 4%的收益率。

赛义德计算一下买房后要支付的重复性成本。房产税相当于房屋评估价值的 0.91%，而每年购买房主保险的费用大致为 275 美元。他不清楚维修费用具体是多少，大概估计为每年 350 美元。

他愿意拥有自己的住房，因为随着房地产市场的不断升温，住房的市场价值也会上涨。在过去的 7 年间，即使近来经济增速有所下降，赛义德所在地区的房地产价值始终保持着年均 5%的增速，房地产出售佣金等于房屋售价的 6%。他还研究了买房的首付款以及结算成本。他发现，结算成本包括 1%的手续费、相当于抵押贷款总额 2%的折扣点，以及结算时相当于房屋购买价格 3%的其他杂费。他还了解到，为了申请抵押贷款，他要预先支付 20%的首付款。他考虑的另一个方面是买房要花掉手上的钱——目前这笔钱用于投资可以获得 8%的税后收益率——这会损失掉投资收益率。

问题：

1. 简短描述一下适合赛义德的四种房屋类型。

2. 列出一些能帮助赛义德做出决策的有关房屋买卖的信息资源。他应该考虑贷款资格预审吗？

3. 根据贷款原则计算一下他每个月花在住房上面的最大金额（即 PITI）。

4. 计算赛义德每月的 PITI 是多少。假设他购买的房屋价格为 140 000 美元，申请了金额为 112 000 美元、利率为 4.75%的 30 年期固定利率抵押贷款。请根据上述信息计算赛义德每月的贷款本金与利息偿还额（即 PI 的值）。假设这套房子的评估价值为 128 000 美元，根据本案例提供的当地房产税的税率计算这套房屋的房产税额（即 T 的值）。此外，还要加上本案例提供的房主保险费的成本（即 I 的值）。

5. 填好工作表 10，判断一下赛义德应当买房还是租房。按照第 4 题提供的已知条件，若是买房的话，赛义德要支付 6 000 美元的结算成本，其中包括 2 500 美元的折扣费。考察期分别设定为 1 年和 7 年。

6. 赛义德看中了一套价格为 180 000 美元的房子。估算一下在结算日赛义德要准备支付多少钱。假设利率水平为 5.25%，结算成本等于房屋售价的 5%，首付款等于房屋售价的 20%。

7. 假设第 6 题中提到的这套房屋估值为 180 000 美元，其他有关房产税以及房屋保险的信息不变，如果赛义德打算申请 15 年期的抵押贷款，那他能负担得起吗？20 年贷款呢？30 年贷款呢？为什么？使用工作表 11 求出答案。（提示：记住贷款的最高限额等于工作表上求出的三个值中的最小值，而非最大值。）

8. 赛义德需要购买个人抵押贷款保险吗？他是否需要填写赠与清单？

9. 根据赛义德的风险承受能力，你会建议他选择哪一种贷款？他应该考虑申请只付利息抵押贷款吗？

延伸案例

克里·杜蒙与蒂莎·杜蒙

第二部分：理财

克里·杜蒙与蒂莎·杜蒙来寻求你的帮助，这次他们想和你讨论的是现金管理、信用卡的使用以及大件商品的选购。令人心动的信用卡申请表源源不断地寄给他们。目前，夫妻俩已经办理了维萨卡、万事达卡、探索卡、美国运通卡以及几张商店专用信用卡。所有信用卡的平均欠款余额为 1 300 美元。每月的最低还款额大致为 50 美元，不过杜蒙夫妇通常会偿还 100 美元。

蒂莎的姐姐、姐夫刚刚买下了他们的第一套房子，这使得蒂莎也非常想买一套自己的房子，尽快从租来的房子里搬出去。克里想等一段时间再买房子，建议先更换那辆行驶里程很长的旧车。克里和蒂莎意识到自己手上能用来买车的钱十分有限，更不用说买房了。他们面临的选择是减少信用卡的消费额或其他支出。不管利率水平是高是低，他们最多每个月只能偿还 300 美元的汽车贷款，这还没有算上买了新车以后有可能会上涨的车险保费。帮他们回答以下问题。

问题：

1. 最近由于公司合并，蒂莎有了加入某个信贷协会的资格。与商业银行相比，加入信贷协会的利弊分别是什么？

2. 他们是否应该考虑一下网上银行？跟传统银行的服务相比，网上银行有什么优势和劣势？

3. 杜蒙家的开户行最近被一家州外的大银行收购了。因为账户最低余额以及银行收费标准都提高了，所以杜蒙夫妇打算另外换一家银行开户。他们应当考虑哪些因素？

4. 杜蒙夫妇不知道该把他们的应急资金投资于哪种产品：CD、货币市场共同基金还是资产管理账户。他们想听一听你的建议。最佳的选择是什么？为什么？还有其他类型的资产管理账户可供他们选择吗？对于应急资金来说，为什么同时兼顾流动性与收益性是十分重要的？

5. 哪个税后收益率更高：收益率为 1%的银行存款账户还是收益率为 0.25%、免交州所得税的货币市场共同基金？杜蒙家的联邦所得税边际税率为 15%。

6. 在第 5 章，我们提醒消费者“先支付给自己”。蒂莎不知道该怎么做，但是很喜欢“不知不觉地省钱”这一观点。给她提供一些如何“自动”储蓄的建议。

7. 因为担心被“中大奖”的骗局蒙蔽，克里想多了解一些有关身份盗用的信息。克里和蒂莎应当采用哪些措施保护自己？

8. 杜蒙家的税后实际收入（扣掉税金以及各种保险金）约为每月 6 045 美元。现在，杜蒙家每个月要偿还的非房屋抵押贷款的还款总额为 911 美元（包括 405 美元的汽车贷款还款、100 美元的信用卡还款、196 美元的助学贷款还款以及 210 美元的家具贷款还款）。计算一下他们的债务限制比率并解释该指标的含义。假设他们要再买一辆车，导致每个月的支出增加 300 美元。重新计算一下杜蒙夫妇的债务限制比率。对于“再买一辆车”的想法，你会给杜蒙夫妇提供怎样的建议？

9. 考虑到自己太过于依赖信用卡，克里和蒂莎向你请教过度使用信用卡有哪些常见的迹象。列出 5～8 个这方面的征兆或迹象。如果他们偶尔不能按时偿还信用卡的欠款，那应该怎么办？

10. 蒂莎和克里担心信用卡公司可能会上调信用卡的利率水平，导致他们无力负担每月的信用卡还款。向他们解释一下根据 CARD 法案，他们可享有哪些权利。

11. 在准备买房之前，我们建议克里和蒂莎先去查看一下个人信用报告。为什么？信用局、FICO 评分以及信用报告对贷款机构判断借款人的信用程度以及贷款成本起到了怎样的决定性作用？如果杜蒙夫妇发现信用报告存在错误信息，那应该怎么处理？

12. 什么是信用的“5C”原则？根据我们提供的杜蒙家的相关信息，定义并解释每一个 C。

13. 克里和蒂莎认为“好贷款”就是“便宜的贷款”。帮助他们俩把一两种贷款资源划分为“便宜的”“有点贵”“非常贵”三种类型。发薪日贷款属于哪种类型？为什么？

14. 蒂莎在工作地点吃午餐时与同事们的讨论最后总是会是归结到同一个结论，“量入为出”。蒂莎的一位同事曾经做过贷款顾问，另一位同事正在提交债务合并贷款申请。对于那些无力支付账单的人来说，有什么办法可以帮到他们吗？对于那些刚刚从过度使用贷款所导致的财务危机中缓过劲来的人来说，哪两种基本策略是势在必行的？

15. 按照理性购物的四个步骤帮助克里和蒂莎判断一下是否应当换车。哪些消费者信息会对他们有所帮助？

16. 最近一则电视广告宣称可以每月花 259 美元的租金租车，刚好车型是克里和蒂莎喜欢的类型。这也符合他们的预算，但是他们对租车合约的义务界定不是很明白。若想判断租车对他们来说是否是最佳选择，他们应当遵循什么标准？至于开放式租赁与封闭式租赁，你在这方面会给他们怎样的提醒？

17. 如果克里和蒂莎打算买车而非租车，在决定买新车还是买二手车时，他们必须考虑哪些因素？是将旧车直接卖掉，还是将旧车折价“以旧换新”，在决定时他们应当考虑哪些因素？

18. 克里和蒂莎看中了一辆价格为 12 000 美元的二手车，若是想买，他们可以向银行申请最长期限不超过 48 个月、利率为 5.75%的贷款。若是买新车的话，期限为 60 个月的贷款利率水平为 4.50%，期限为 48 个月的贷款利率水平为 4.35%。如果他们能找到另一款价格相当的新车，选择 48 个月的汽车贷款，则每个月能节省多少利息支出？

19. 根据第 18 题提供的信息，如果他们选择期限为 36 个月而非 48 个月的贷款来购买二手车，那么在利率不变的情况下，36 个月的贷款每个月能比 48 个月的贷款节省多少利息支出？

20. 在查看贷款合同样本时，克里和蒂莎对“担保贷款”这个术语提出了疑问。此外，他们也不太明白“违约”“收回抵押品”“贷款差额支付条款”这几个术语的含义。向他们解释一下这个专业术语的含义。他们应当怎么做来避免“收回抵押品”？

21. 未来几年内，克里和蒂莎可能要考虑申请房屋净值贷款，目的是买车或支付查德或哈利的教育费用。与常见的汽车贷款或助学贷款相比，房屋净值贷款具有哪些优势与劣势？说得更具体一点，这几种贷款对杜蒙家的税负会有哪些不同的影响？

22. 上个星期，当地报纸的抵押贷款利率专栏称期限为 30 年的固定利率抵押贷款的利率水平为 3.88%，而 7 年期的气球式抵押贷款的利率水平为 3.45%（按照 30 年分期偿还计算还款额）。1 年期浮动利率抵押贷款当前的利率水平为 3.25%（按照 30 年分期偿还计算还款额）。假设贷款的本金额为 120 000 美元，计算一下上述每一种抵押贷款的每月还款额。在决定选择哪一种抵押贷款产品时，除了差异很大的每月还款额以外，杜蒙夫妇还应当考虑其他什么因素？只付利息抵押贷款具有哪些优势或劣势？

23. 克里和蒂莎每个月的总收入为 7 000 美元，每月的债务偿还额为 911 美元，那么目前杜蒙夫妇能够申请到的抵押贷款最高额是多少美元？估计每个月要支付的房产税以及房主保险费的总额为 170 美元。分别使用 28%贷款标准与 36%贷款标准计算抵押贷款额。（提示：参考图 8－5 或使用工作表 11。）当前市场利率水平为 4%，假设贷款是 30 年期的固定利率抵押贷款。

24. 在申请抵押贷款时，克里的助学贷款会对他个人的信用度造成什么影响？当我们用 36%的贷款标准计算贷款额时，PITI 与消费者的信用度之间存在什么关系？

25. 把第 23 题中杜蒙家每个月的抵押贷款支出额（即 PITI）与目前每月的租金以及 1 300 美元的承租人保险费相比较。打算买房时，克里和蒂莎是否应当考虑按照抵押贷款的最高限额申请贷款？对你的回答加以解释。

26. 根据第 23 题算出的贷款最高限额，计算一下 20%首付款应是多少美元。如果结算成本平均等于房屋售价的5%，那么在结算日那一天杜蒙夫妇应当准备多少钱？若杜蒙夫妇将13 000美元存入股票指数共同基金账户，以此作为买房的首付款储备，那么与结算日的成本相比，这两个金额哪个更高？

27. 使用第23题算出的抵押贷款最高额对应的每月本金和利息的偿还额（PI），计算一下如果没有提前偿还抵押贷款的话，则杜蒙家买房的总成本是多少美元。其中有多少是利息成本？

28. 蒂莎更倾向于选择15年期抵押贷款，这样他们夫妻俩就能赶在哈利上大学之前还清全部房屋抵押贷款。解释一下每月还款额、支付的利息总额、货币的时间价值以及税负效应会对这一决定造成怎样的影响。

29. 向克里和蒂莎简要解释一下一次性成本、重复性成本以及维护保养成本这几个概念。在挑选房子时，杜蒙夫妇应当怎样分析这三类成本？

附录 图8-5的计算过程

假设：

买房选择：首付款20 000美元，30年期抵押贷款本金额为80 000美元，利率水平为8%。

租房选择：每月租金900美元。

研究时间长度：1年和7年；边际税率为28%；税后收益率为5%；每年房产增值3%；卖房佣金为房价的5%；结算成本为5 000美元，包含2个点的折扣点费用。

租房的成本（单位：美元，下同）

	1年	7年	你的数值
a. 月租金总额（每月租金900美元×12个月×年份数）	a. 10 800	a. 75 600	
b. 租户保险费总额（每年的租户保险费×年份数）	+b. 250	+b. 1 750	
c. 押金损失的税后利息收益（1 800美元的押金×5%的税后收益率×年份数）	+c. 90	+c. 630	
d. 租房的总成本（a+b+c）	=d. 11 140	=d. 77 980	

买房的成本

	1年	7年	你的数值
e. 抵押贷款还款总额（每月还款额587.01美元×12个月×年份数）	e. 7 044.12	e. 49 308.84	
f. 新房的房产税（2 200美元的房产税×年份数）	+f. 2 200	+f. 15 400	
g. 业主保险（每年600美元的业主保险费×年份数）	+g. 600	+g. 4 200	
h. 租房不涉及的其他房屋使用成本。维修保养费，以及额外的水电煤气费和取暖费（每年500美元的额外支出×年份数）	+h. 500	+h. 3 500	
i. 首付款损失的税后利息收益（20 000美元的首付款×5%的税后收益率×年份数）	+i. 1 000	+i. 7 000	
j. 结算成本，包括折扣点成本在内（5 000美元的结算成本）	+j. 5 000	+j. 5 000	

k. 减去节省的部分：用于偿还贷款本金的抵押贷款还款额*	—k. 668.26	—k. 6 017.84	
l. 减去节省的部分：房屋价值的预期升值额减去未来售房时支付的销售佣金（当前房屋的市场价值×房屋价值的年增值比率 3%×年份数－未来售房时支付的佣金费率×未来房屋的价值）	—i. —(2 150)†	—i. 14 950	
m. 等于：不使用逐项抵扣法报税的买房人的总成本（e+f+g+h+i+j−k−l）	=m. 17 825.86	=m. 63 441.00	
使用逐项抵扣法报税的买房人额外节省的成本			
n. 减去节省的部分：抵押贷款还款额中包含的利息支付额可用于抵扣税金而形成的节税额（利息支付总额×边际税率 28%）	—n. 1 785.24	—n. 12 121.48	
o. 减去节省大部分：新房的房产税可用于抵扣税金而形成的节税额（房产税 2 200 美元×边际税率 28%×年份数）	—o. 616	—o. 4 312	
p. 减去节省的部分：结算成本中的折扣点费用可用于抵扣税金而形成的节税额（折扣点费用 1 600 美元×边际税率 28%）	—p. 448	—p. 448	
q. 使用逐项抵扣法报税的买房人的买房总成本（m—n—o—p）	=q. 14 976.62	=q. 46 559.52	
没有使用逐项抵扣法报税的买房人获得的优势=租房的总成本－没有使用逐项抵扣法报税的买房人的买房总成本：如果结果为负数：租房；如果结果为正数：买房（d—m）	— 6 685.86	— 14 539.00	
使用逐项抵扣法报税的买房人获得的优势=租房的总成本－使用逐项抵扣法报税的买房人的买房总成本：如果结果为负数：租房；如果结果为正数：买房（d—q）	— 3 836.63	— 31 420.48	

* 利息的偿还总额以及本金的偿还总额可以直接计算或估算。在估算利息偿还总额时，用未偿还的贷款余额乘以利率水平，在本例中，即 80 000×0.08=6 400 美元，然后再乘以年份数。当考察期为一年时，近似估算结果为 6 400 美元，而直接计算结果等于 6 375.86 美元。估算法适用于较短的考察期，考察期较长时不准确。

† 如果你打算买房一年后就将其转手卖掉，那么这里的值就是负数，意味着售房的佣金费用高于房屋的增值额。因此，这是一项额外的成本而非节省额。于是，我们要减去一个负数，事实上，这就相当于再加上 2 150 美元的买房成本。

图 8A－1 “租房还是买房”决策的计算工作表

第三部分

用保险保护自己

现在你已经了解了理财规划的流程以及如何管理个人财务，接下来我们要讨论的是如何用保险来保护自己。在制定个人理财规划时，保险是一个非常重要的组成部分。毕竟，天有不测风云，大家都不希望意外事件会干扰到个人理财规划的实施，甚至阻碍理财目标的实现。

第三部分——用保险保护自己——首先向大家介绍一下人寿保险与健康保险。我们要详细分析一下个人对人寿保险产品的需求以及为什么有这种需求。接下来我们要介绍的是健康保险，重点在于讲解健康保险计划中哪些条款最重要。随后是财产保险与责任保险，主要介绍房屋保险与机动车保险，以及如何提出保险理赔。

在第三部分，我们特别要强调的是：

“原理7：保护自己免受重大灾害或灾难的威胁”：毫无疑问，悲剧发生以后发现自己没有买保险或者是保险的保额不够，这种时刻最让人感到难过沮丧了。买保险确实是一件麻烦事，这是因为很多保险产品彼此之间只存在一些细微差别，所以普通人很难区分。记住，本书关注的重点是控制与计划，既然我们不能控制意外发生，那么就要做好计划，防止意外事件阻碍人生理财目标的实现。

此外，在第三部分，我们还会用到“原理1：知识是最好的保障”“原理8：风险与收益的权衡”“原理9：心理游戏理财个性与金钱”“原理10：开始行动吧!”。

第9章 人寿保险与健康保险

学习目标

1	了解保险的重要性。	保险的重要性
2	判断你是否需要购买人寿保险，并选择适当的保险项目。	判断自己是否需要购买人寿保险
3	介绍市面上常见的主要保单类型以及基本条款。	人寿保险的主要类型
4	选择适当的健康险品种，并了解哪些条款尤为重要。	健康保险
5	介绍伤残保险以及可供选择的保险产品。	伤残保险
6	讲解长期护理险的目的及其重要条款。	长期护理险

如果有人问你这两个人——蝙蝠侠和弗雷德·弗林特斯通（Fred Flintstone）——哪一个更需要购买人寿保险，你会选谁呢？近来的一份调查报告显示，1 000 名美国人被问到了这个问题，结果有 2/3 的受访者选择的是蝙蝠侠！好吧，等大家学完了本章内容以后，就会知道他们都搞错了。毫无疑问，蝙蝠侠的人生太惊险刺激了，但是他既没有结婚又很有钱，所以根本不需要购买人寿保险。那弗雷德·弗林特斯通呢？他可是负担弗林特斯通家生计的顶梁柱，如果他出了什么事，人寿保险可以帮助威尔玛和女儿佩珀继续生活下去。

电视剧《绝命毒师》（*Breaking Bad*）的主角沃尔特·怀特需不需要人寿保险呢？布莱恩·克兰斯顿扮演的沃尔特·怀特是一位高中化学老师，为了贴补生活，业余兼职做洗车工，生活单调又乏味。沃尔特的老婆怀孕了，他还有一个罹患脑性瘫痪、正值上高中年纪的儿子。某次他在洗车时晕倒了，后来在医院被诊断为三期肺癌晚期，这让他的生活变得更糟糕了。他没有多少积蓄，他非常想给妻子和家人多留下一些财产，于是他设法获得了以前的学生杰西·平克曼的资助，开始从事毒品行业，成为绰号为“海森堡”的大毒枭。正如你所料，这样的改变不会带来什么好结果。作为新墨西哥州的一名高中老师，沃尔特也许没有购买一份人寿保险。如果他想买的话，应该支付多高的保费？基于他从事的工作来判断，保费应该不会太贵。如果沃尔特买了保险，那么保险能帮上忙吗？你猜！一份不错的人寿保险保单应当可以照顾好他的家人，那么沃尔特可能就不会被迫成为大毒枭了。

沃尔特需不需要健康保险呢？作为高中老师，沃尔特可能购买了健康保险，这应该能帮他支付很多医疗费用。本章我们还要讨论另一种保险产品——伤残保险。

绝大多数人不愿意谈论疾病或残疾，更不用说花费精力或金钱购买保险来防范这些风险。然而，我们每一个人都必须重视健康保险。同样地，绝大多数人不喜欢谈及死亡以及如何为此做好安排。结果，当我们购买人生当中第一份人寿保单时，绝大多数人都是懵懵懂懂的——很多情况下，保险推销员上门推销，告诉人们购买保险有多么重要，然后稀里糊涂地就买下了这份人寿保单。因为大多数人不了解保险的专用术语，所以很难弄清楚不同保单之间的区别到底是什么，也不知道该花多少钱去买保险。

人寿保险是一种特殊的产品，它不能给被保险人带来直接的收益。为什么呢？嘿，老兄，你已经死了啊，你不会再有任何需求了。当你考虑自己是否需要购买人寿保险时，你必须牢牢记住它的用途在于保护那些依赖你的人们，防止他们的生活因为你的去世而变得一团糟。人寿保险能帮助你获得心灵上的宁静：有了这份保单，你的亲人就有能力替你偿还债务，保住他们的住房，送孩子上大学，能过上舒服的生活。你不必再为他们担心了——对沃尔特·怀特来说，保险本可以阻止他滑向绝望而又悲惨的黑暗人生。

一般来说，绝大多数大学生并不需要购买人寿保险，因为他们大多是单身，还没有需要供养的亲人。但这并不意味着他们不会购买人寿保险，尤其是当他们遇到一个能言善道的保险推销员时更是如此。因此，对于人寿保险和健康保险有一个基本的了解仍然是十分重要的。在本章，我们会讨论市场上常见的保单类型以及购买保险的流程。毕竟，身边总是有人出现这样那样的意外，而这样的意外事件也有可能发生在我们身上。

保险的重要性

我们之所以需要购买人寿保险和健康保险，主要的依据是“原理 7：保护自己免受重大灾害或灾难的威胁”。关键的一点在于详细地规划与控制。其实，整本书都在讨论怎么通过详细认真的规划来控制自己的财务状况。如果你的计划足够详细，那么即使在你去世以后，你仍然能够很好地控制自己的财务状况。

所谓保单就是与保险公司签订的合同，上面详细说明了哪些损失能够获得赔付，保单的成本是多少，以及损失发生以后，由谁来获得保险公司的赔偿。是否购买保险这一问题在一定程度上体现了保险公司客户对风险和收益的权衡。你愿意为未来可能出现的风险提供保障而购买保险吗？为了帮助大家具体了解保险，我们先介绍一下保险背后的基本原理，就从保险与风险之间的关系谈起。

为什么健康保险如此重要?

健康保险能够保护你和你的家人不会被巨额的医疗费用压垮。而人寿保险能够在你去世后继续保护你的家人。如果计划不周全的话，你的死亡可能会让你的亲人在经济上陷入困境。

为什么医疗费用如此高昂？

现如今，医疗费用十分高昂，这是因为不存在节约的动机。目前，50%以上的美国人获得了或参加了政府提供的医疗服务或医疗计划，例如美国老年医疗照顾计划或美国医疗救助计划，绝大多数的美国人都拥有医疗保险。于是，不管是患者、医生还是医院，都没有任何主动控制医疗费用的动机。如果不用从自己的口袋里面掏钱出来，那么谁又关心账单金额到底有多高呢？如果最终肯定会有人买单，那么医生和医院为什么要去故意限制医疗服务的收费呢？

医疗费用如此高昂的第二个原因是现在的医疗服务已经变得极端复杂。例如，开发、检验和批准一种新药要花上 12 年的时间，成本高达 2.3 亿美元，而制药公司正在将这些成本转嫁给患者。同时，治疗不当引起的诉讼案件的处理成本也进一步攀升。现在，医生们要为购买医疗事故保险每年支付 150 000 美元或 250 000 美元的保费，这也成为十分常见的现象。同样地，这笔费用也被直接转嫁给患者承担。

这么高的成本对于我们来说意味着什么？

首先，如果我们想继续有经济能力享受高质量的医疗服务，那么医疗服务和医疗保险必须要变得更有效率才行。这一效率的提高可能表现为你的医生加入了维护健康组织（HMO），或者是你所在的公司为你购买的医疗保险不再为你所有的医疗费用买单。它还可能体现为很多公司仅向员工提供有限的医疗保险，以此来大大减少企业购买医疗保险的开支，或者是多多雇用临时工，因为临时工无法享受到企业的全部医疗保险福利。

没有购买健康保险的人该怎么办？

这正是 2010 年奥巴马总统签署的《患者保护与平价医疗法案》（Patient Protection and Affordable Care Act，以下简称为《平价医疗法案》）所致力解决的问题。虽然目前该法案在国会遭到质疑，很多人想废除它或是用其他法案来代替它，但这部法案确实让美国拥有医疗保险的公民人数增加了几百万。

保险很重要。在制定个人理财计划时，保险是一个极其重要的组成要素。随着医疗费用的不断攀升，医疗问题导致个人财务状况陷入困境的风险也变得越来越大。如果没有购买适当的保险，那么一个事故或者一场大病就能毁掉你整个理财计划。

> **《患者保护与平价医疗法案》**：通常被称为《平价医疗法案》或《奥巴马医疗法案》，这部重要的医疗改革法案已于 2010 年被正式签署，推动整个健康保险市场的全国改革。

我们肯定会详细探讨医疗保险这个话题，不过在此之前，我们先来研究一下人寿保险的细节。你会发现，我们必须掌握人寿保险的必要知识，因为只有这样，你才能做到高枕无忧——即使自己突然死亡，亲人们也不会无所依靠，局面仍在掌控之中。

判断自己是否需要购买人寿保险

除非医学研究能够在未来几十年内取得令人震惊的成果，否则我们每个人终究难免一死。而人寿保险能够帮助你消除或者至少较大程度地减少你的死亡给你的亲人带来的经济压力。

你需要购买人寿保险吗？

保险是在**风险分摊**（risk pooling）这一概念的基础上产生的，这意味着人们彼此分担各自面临的财务风险。风险分担背后的基本原理来源于“分散化能够降低风险”。人寿保险能够让众多个体将与死亡相关的财务风险汇集起来共同分担。事实上，这也就相当于每个人都向“坛子”里放入一些钱。如果其中一位被保险人去世了，则他或她的家人可以从这个“坛子”里拿出一些钱来，以此作为对被保险人去世所造成的收入损失的补偿。

> **风险分摊**：共同分担风险造成的财务后果。
>
> **保费**：人寿保险的费用。
>
> **保险精算师**：根据人群特征估算死亡率的专业统计人员。
>
> **保单的面额或面值**：被保险人死亡时保险公司的赔偿额。
>
> **被保险人**：人寿保单对其生命提供保障的那个人。
>
> **保单持有者或投保人**：对人寿保单具有所有权的个人或企业。
>
> **受益人**：由被保险人指定的，一旦被保险人死亡，保险公司赔偿金的支付对象。

每个人放到坛子里的钱被称为**保费**（premium），其数量的多少取决于被保险人死亡率的高低。为了计算出被保险人的死亡率，保险公司聘请了**保险精算师**（actury）。保险精算师能够根据个体特征，例如被保险人的年龄、基本健康状况以及特定的生活习惯（例如被保险人是否有锻炼的习惯），估算出被保险人的死亡率。保险公司能够较为准确地预测出在既定的投保人群体中，投保期间内可能死亡的个体数量，并根据这一预测向每一投保人收取合理的保费。比方说，吸烟者的死亡风险要比不吸烟的人高得多，因此吸烟者要支付更高的保费。

被保险人死亡时保险公司根据其投保的保单支付的赔偿金额被称为**保单的面额或面值**（face amount or face of policy）。**被保险人**（insured）指的是人寿保单对其生命提供保障的那个人。有时，保单的所有者（或持有者）是个人，有时也可能是企业。在这两种情况下，保单的所有人都被称为**保单持有者或投保人**（policyholder or policy owner）。**受益人**（beneficiary）是指由被保险人指定的，一旦被保险人死亡，保险公司赔偿金的支付对象。

你怎么知道自己是否需要购买人寿保险呢？正如前面所说，购买人寿保险的目的是当你死亡时，保险公司能够向你的亲人提供经济帮助。如果你是单身，且没有需要供养的亲人，那么通常不需要购买人寿保险。然而，如果你是某些致命疾病的高危人群，例如癌症或艾滋病，那么你仍然需要购买人寿保险。此外，某些疾病不被包含在保险公司的承保范围内，例如糖尿病和心脏病，如果你属于容易患上此类疾病的高危群体，那么也应该购买人寿保险。尽管按照保单的规定，直到你死亡之后，保险公司才会支付保险金。但是，如果确认你已经患上致命的疾病并且时日无多时，保险公司可能会向你支付一笔折扣了的保险金，类似于你凭借自己的保单借款，或者是在去世前将自己的保单折价卖掉。对于那些易发生严重健康问题的人来说，人寿保险可以被视为是一种健康保险。如果既无配偶也无子女，那么购买人寿保险也就意义不大了。

如果你有配偶或需要供养的亲人，那么在你去世后，人寿保险能够补偿因你的去世而导致的收入损失。除了弥补收入损失以外，人寿保险还能对丧葬费用、不属于健康险理赔范围的医疗和住院费用、尚未偿还的账单和贷款，以及不动产处理过程中的律师费起到部分补偿的作用。人寿保险的赔付还可以用来购买住房或者用于孩子的教育。

在判断自己到底是否需要购买人寿保险时，回过头再去看看本章一开始我们谈到的购买人寿保险的目的是什么——人寿保险保护的对象并不是投保人本身，而且投保人逝去后活着的亲人。表 9－1 列出了需要购买人寿保险的各种情况。

表 9－1 你应当购买人寿保险吗?

面对下列情况时，你可以不必购买人寿保险：
- 你是单身，且没有任何依赖你生活的亲人。
- 你已婚，夫妻均有收入，没有孩子。

面对下列情况时，你应当购买人寿保险：
- 你认为你的去世会严重影响到配偶的生活质量。
- 你已婚，但没有工作。
- 你有年幼的孩子。如果你去世了，你的配偶是否有经济能力负担得起日托服务以及与住房相关的种种费用?
- 你退休了。如果你去世了，你的配偶是否可以依靠你的积蓄继续生活，这些积蓄包括你的社保金与养老金?

面对下列情况时，你可能需要购买人寿保险：
- 你有孩子。你应当购买保险，为抚养孩子长大并使其获得足够的教育准备充足的资金，直到孩子们实现经济独立为止。
- 你已婚，配偶没有收入，没有孩子。你应当购买保险，以保证你去世后你的配偶仍然维持原来的生活状态，直到他或她在经济上能够自给自足为止。
- 你拥有自己的企业。如果你去世了，你的家人可以用人寿保险的理赔金偿还企业欠下的债务。
- 你拥有的不动产价值超过了不动产转让的免税门槛，2017 年这一门槛值为 549 万美元。人寿保险是不动产转让过程中规避税负的有效武器。

你需要购买多大金额的人寿保险?

现在假设你确实需要购买人寿保险。那么接下来的问题就是你要买多大金额的人寿保险。考虑这一问题时，第一步就是思考一下自己购买人寿保险的主要目的是什么，自己最关注的事是什么。你是不是想为孩子上大学提供足够的资金？你是不是想为妻子留下足够多的钱，让她有能力购买自己的住房？你是不是想给你的丈夫留下足够多的钱，让他未来几年里有能力抚养你们的孩子？不同的人想利用人寿保险达到的目的各不相同，而且这些想法或目的本身并没有对错之分。

在了解了自己的主要目的以后，接下来要考虑的是以下几个影响因素。首先就是你的净资产水平，因为你拥有的净资产数额越多，将来你去世后你的亲人获得的遗产数额也就越大，因此购买人寿保险的动机也就变得不是那么强烈了。注意，还要考虑到通货膨胀的影响以及未来可能获得的投资收益。

这是不是听上去感觉很复杂？幸运的是，下面我们将介绍两种基本方法，你可以直接使用这两种方法来判断自己需要购买多大金额的人寿保险：（1）收益倍数法，（2）需求法。

收益倍数法：用年均收入乘以倍数来粗略计算你应选择的适当的人寿保险面额的方法。

收益倍数法（earnings multiple approach）

有些理财规划师建议，用年均总收入乘以 5～15 的倍数，计算出来的结果就是你应选择的适当的人寿保险面额。使用收益倍数法可以精确地计算出人寿保险的面额，但这一方法没有考虑到个人的储蓄水平或财务状况。

收益倍数法的理论基础在于人们希望通过人寿保险来弥补因家庭主要劳动力死亡而造成的收入损失。也就是说，这是年收入形成的现金流与另一系列现金流之间的交换。收益倍数法能够告诉你为了弥补或置换未来若干年的年收入，现在你应当一次性购买的保单金额是多少。

事实上，未来若干年间的年收入形成的现金流系列就类似于我们在第 3 章中讲到的年金。收益倍数法的工作原理与年金现值的计算原理在本质上是相同的。在计算保单的面值时，只需要将现在的年均总收入乘以适当的收益倍数，就能得到计算结果。

表 9－2 提供了收益倍数的简略表。为了便于解说和加快推销速度，很多保险经纪人只将收益倍数告知你，但没有解释背后的道理。现在，你必须记住，适合你的收益倍数完全取决于你希望弥补收入损失的年份数以及你认为自己能够在保单结算价值上获得的净收益率。年份数越长，收益倍数也就越高。你希望获得的净收益率越大，收益倍数就越小。

表 9－2　人寿保险的收益倍数表

希望弥补收入损失的年份数	保单结算价值的净收益率（剔除税负以及通货膨胀的影响）		
	3%	4%	5%
3 年	2.83	2.76	2.73
5 年	4.58	4.45	4.33
7 年	6.23	6.00	5.79
10 年	8.53	8.11	7.72
15 年	11.94	11.12	10.38
20 年	14.88	13.59	12.46
25 年	17.41	15.62	14.09
30 年	19.06	17.29	15.37
40 年	23.12	19.79	17.16
50 年	25.73	21.48	18.26

现在，让我们以伦纳德·科恩和南希·科恩夫妇为例，说明一下如何使用收益倍数法。伦纳德是家庭的唯一收入来源，年收入约为 80 000 美元。科恩夫妇现有两个孩子，分别是 2 岁和 4 岁，他们不打算再要第三个孩子。这两个孩子还要 20 年以后才能实现经济独立。因此，伦纳德和南希认为，他们现在必须做好安排，以免伦纳德出现意外时，南希一人无力抚养两个孩子。南希很善于理财，她认为自己能够在保单结算价值上获得 5%的收益率（剔除了税负和通货膨胀的影响）。

科恩夫妇需要购买多大面值的保险呢？不能直接简单地将伦纳德的年收入乘以收益倍数，应当先把伦纳德的工资水平调低一些，这是因为如果伦纳德去世的话，那么家庭的生活开支将会因此略微下降一些。一般来说，如果一位成年的家庭成员去世，只剩下另一位家庭成员时，生活开支将会下降 30%左右。依然健在的家庭成员数量越多，生活成本的下降幅度就越小。例如，当健在的家庭成员为两人时，生活成本将会减少 26%；如有三位健在的家庭成员，则生活成本的下降幅度变成了 22%。此后，每增加一位健在的家庭成员，生活成本的下降幅度将减少两个百分点。现在为了计算出科恩夫妇要弥补的收入损失目标值，我们应当用伦纳德现在的工资水平乘以系数（1－0.22），即用工资水平乘以 0.78。于是，我们得到收入损失的目标值为 80 000×0.78＝62 400 美元。

现在，我们可以使用收益倍数了。记住，要用当前美元的价值进行衡量。在本例中，$n=20$ 年，$i=5\%$。查找一下收益倍数表（表 9－2），你会发现对应的收益倍数值为 12.46。将调整后的收入水平乘以这个值，计算结果为 777 504 美元。这就是使用收益倍数法计算得到的适当的保险面额。

$$\begin{aligned}\text{人寿保险适当的面额} &= \text{要弥补的收入损失}\times\left(1-\frac{\text{家庭收入花在}}{\text{死亡者身上的比例}}\right)\times\text{收益倍数}\\ &=80\,000\times(1-0.22)\times 12.46\\ &=777\,504(\text{美元})\end{aligned}$$

然而，你要记住，只有在剔除了税负和通货膨胀的影响以后，这一方法才真正有效。而且，你还要注意，这种方法只考虑了弥补未来收入损失的需要，并没有考虑偿还债务或为实现特殊目标进行储蓄的需要。最重要的是，你要记住，i 和 n 的取值是随时间变化而变化的。这意味着收益倍数也将随时间的变化而变化，因此你也需要时不时地更新你的保单。

计算器小贴士

人寿保险需求——年金的现值

需求法（needs approach）

需求法试图寻找出当作为家庭主要收入来源的成员去世后，为满足仍健在的家庭成员的生活要求所需要的资金是多少。你可以把收益倍数法看作是一种“普适性”的计算方法，而把需求法看作是定制化、个性化的计算方法。需求法比收益倍数法复杂一点，但它能对家庭成员的特殊需求进行衡量。让我们来看看都有哪些需求：

- 家庭成员死亡时的紧急需求：有时我们称之为**清理资金**（cleanup funds），包括最后的医疗费用、丧葬费、遗产税以及法律费用。
- 债务偿还资金：用于偿还债务的资金，包括信用卡欠款、消费贷款、汽车贷款以及抵押贷款。例如，如果你能将抵押贷款的本金先偿还一半的话，那么你的配偶的还款压力将会大大减轻。
- 急需的过渡资金：仍健在的配偶参加新工作培训或读大学以及在此期间委托他人看管孩子所需要的资金。对于有工作的配偶，这笔过渡资金可以用来支撑配偶休假期间的家庭生活开支。
- 家庭生活开销：这指的是在孩子仍在上学、需要依赖家长提供经济支持的时期内家

> **需求法**：根据假设你去世后，其他家庭成员仍保持原有生活方式所需要的资金来计算人寿保险面额的方法。
>
> **清理资金**：当某一家庭成员死亡时，用来弥补即时开支的资金需求。

庭的生活开销。计算当前家庭总支出的一个方法是用已去世的家庭成员的收入减去每年的储蓄额，其结果可以作为估计值。这些开销要依靠仍健在的配偶的收入、社保金以及已去世家庭成员的养老金来支付。

- 配偶的终生收入：是指当孩子离开家庭独立生活以后，仍健在的配偶在退休之前，维持生活所需要的收入。
- 孩子的教育费用。
- 退休后的收入：是指仍健在的配偶退休以后所能获得的其他收入。它能够弥补社保金和养老金的不足。

为了使用需求法，你必须对照上述每一项确定你的家庭的资金需求是多少。幸运的是，绝大多数人拥有一定数量的资产，或者已经购买了保险，因此能够部分满足上述资金要求。为了算出起补充作用的人寿保险需求是多少，你应当用总的资金需求量减去已有的资产和保险。

现实世界

根据最近美国寿险营销协会（LIMRA）的调查，30%的美国家庭没有购买人寿保险；然而，在10年前，没有购买人寿保险的家庭比例仅为22%。虽然不是每个人都需要购买人寿保险，但是该调查发现，1 100万户拥有年龄低于18岁的孩子的家庭没有购买人寿保险。

在计算时，你必须要考虑货币的时间价值，否则需求法就会失效。例如，当你去世后，你的家人将会收到保险赔偿金，但是可能要到未来很久以后，这笔赔偿金才能派上用场，比方说用于支付孩子们上大学的费用。有时，保险经纪人只是简单地将各种需求加在一起，而不考虑未来这些需求要被满足的时间，并将这一加总值作为人寿保险面额的参照物。这种做法将会高估你实际需要的保险额。

一旦你了解了自己需要购买多大金额的人寿保险，那么接下来的问题就是了解市场上的保险类型。

人寿保险的主要类型

定期寿险：如果投保人在保险期间死亡，则保险公司会向受益人支付保险赔偿金的保险类型。

现金价值寿险：这种保险拥有两个组成部分：人寿保险和储蓄计划。

人寿保险有两大种类：定期寿险和现金价值寿险。**定期寿险**（term insurance）就是单纯的人寿保险，投保人按照死亡率支付一定的保费。与此同时，在一段特定的时期内，被保险人能获得保险公司提供的保险服务。因为这种人寿保险仅在特定时期内有效，因此被称为“定期”。如果投保人去世，那么受益人将会获得死亡赔偿金。

现金价值寿险（cash-value insurance）并不是单纯的人寿保险。它有两个组成部分：人寿保险和储蓄计划。你支付的保费，一部分用于购买寿险保单，另外一部分则用于储蓄。投保人去世以后，保险公司会将储蓄支付给受益人，以此作为死亡赔偿金的一部分。现金价值寿险的类型数不胜数，而定期寿险的种类相对较少。表

9－3 对此进行了总结，我们来详细地看一看。

表 9－3　人寿保险介绍

保险种类	保险期限	每年的保费	死亡赔偿金	现金价值
定期寿险	在一段特定的时间内向投保人提供保护，通常为 1～30 年	其保费在各种人寿保险产品中最低廉。起始保费额较低，随着被保险人年纪的增长，保费也会逐步增加	死亡赔偿金的额度是固定的	不具有现金价值
终身寿险	为投保人提供终身保障	保费是固定的	死亡赔偿金的额度是固定的	现金价值是固定的，在保单有效期内，保单的投资部分将会以税收递延的方式增长
万能寿险	为投保人提供终身保障	保费的额度是变化的，投保人可以根据自身财务管理的需要改变保费的额度及缴纳时间	死亡赔偿金的额度是弹性的，如果想要提高死亡赔偿金的额度，则需要出示证明	这种保单的现金价值取决于保费支付水平及保险公司的投资成果，保单的投资部分将会以税收递延的方式增长
变额寿险	为投保人提供终身保障	保费可以固定化，也可以弹性化	死亡赔偿金的额度是弹性的，取决于死亡赔偿金账户内共同基金（子账户）的运营情况	这种保单的现金价值取决于现金价值账户中共同基金（子账户）的运营情况，通过选择保单的投资策略，保单持有人能够控制投资风险

定期寿险及其特征

正如前面所说的，定期寿险就是单纯的寿险，在保险期内，如果被保险人死亡，则保险公司会向受益人支付死亡赔偿金。事实上，定期寿险并没有所谓的“面额”，它的唯一目标是向保单持有人指定的受益人支付死亡赔偿金。

定期寿险最大的优势就在于成本低廉，这是一种成本较低且能够保护家人的保险产品。定期寿险最大的不足在于每一次更新保单时，保费都会上调。面对消费者对这种现象的质疑与不满，现在的保险公司也开始提供 30 年期限的定期寿险。例如在 2017 年，Genworth Financial 公司就开发了类似的产品：25 岁不吸烟的男性可以购买期限为 30 年、死亡赔偿金为 500 000 美元的定期寿险，每年的保费约为 500 美元。

可续保的定期寿险（renewable term insurance）

> **可续保的定期寿险：**
> 这种定期寿险可以使保险期限延长一段时间或延续到投保人的某一特定年龄（通常是 65 或 70 岁），而不管被保险人的身体状况如何。

定期寿险的期限可以为 1 年、5 年、10 年、20 年或者 30 年。到期时如果不续保的话，则保险合同终止。一般来说，绝大多数的定期寿险都是可以续保的，保险公司和投保人可以商定使得保险合同再延续一段时间或者是延续到投保人的某一特定年龄，通常是 65 岁、70 岁或者 75 岁（某些保险案例甚至达到了 94 岁），而不管被保险人的健康状况如何。即使你在购买了定期寿险后身体健康状况有所下降，你也仍然可以对定期寿险进行续保。

定期寿险可以更新（也就是续保）的特征至关重要。毕竟，如果你把全家人的财务安全建立在这份定期寿险保单上，而这份保单突然之间不能更新了，那问题可就大了。你根本不能指望无法续保的定期寿险能保障你的财务安全。每一次续保时，保费都会有所增加，这反映了投保人年龄的增长，以及随之而来死亡概率上升的特征。如果没有确凿的证据（参加并通过另一场体检），在定期寿险到期时，续保的保费额通常会大幅度增加。正如图 9－1 所示，一旦投保人到了 55 岁，保费的增加速度一下子就大大提高了。

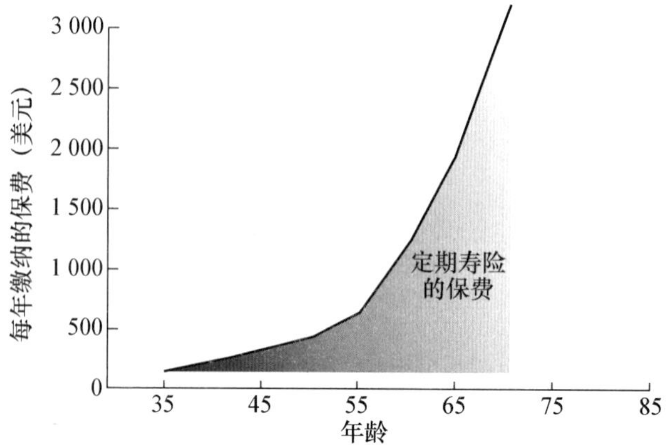

图 9－1　每年续保的定期寿险其成本是逐渐上升的。图中曲线反映的是一位 35 岁不吸烟的男性购买面额为 100 000 美元的定期寿险每年所需缴纳的保费

> **递减定期寿险**：这种定期寿险的保费保持不变，但保单的面值有所下降。
>
> **团体定期寿险**：是向特定的团体或群体（这种群体的构成人员拥有除购买保险以外其他的共同目标）出售的保险产品，一般不需要进行体检。这些团体可能是同一家公司的员工，或者是同一个协会或专业团体的会员或成员。

递减定期寿险（decreasing term insurance）

前面提到的可续保定期寿险产品，每次续保时，保费水平都会提高。而递减定期寿险有所不同，它的保费保持不变，但保单面值有所下降。如果你购买了递减定期寿险，那么每年支付的保费是不变的，而保单的面值，也就是未来保险公司可能支付的死亡赔偿金每年都在下调，这同样反映了随着年龄的增长，投保人死亡概率的增加。

递减定期寿险是建立在这样的假设前提下：当孩子们长大后离开家庭自力更生以后，你拥有的财富将会进一步增加，因此对保险的需求有所下降。然而，当年纪渐长时，别人保险需求的下降并不意味着你也一定会这样。此外，并不是所有的递减定期寿险都采用同样的方式递减面值。有些保险是匀速进行递减，还有一些是以加速度进行递减。重要的是，你选择的保险产品要能完全满足未来的需要。

团体定期寿险（group term insurance）

所谓团体定期寿险指的是保险的一种销售方式，并不是指保单自身的特征。团体定期寿险是向特定的团体或群体（这种群体的构成人员拥有除购买保险以外其他的共同目标）出售的保险产品，一般不需要进行体检。这些团体可能是同一家公司的员工，或者是同一个协会或专业团体的会员或成员。如果是协会或专业团体，其会员可能会被要求参加体检。绝大多数的员工团体定期寿险是不需要体检的。

信用或抵押团体寿险（credit or mortgage group life insurance）

信用或抵押团体寿险实际上就是团体寿险的一个变种。与普通团体寿险相比，其特殊之处在于保单的签发人是贷款机构，也就是说这是由债权人（即贷款机构）向债务人提供的团体寿险。保险的额度足够用来防范因债务人死亡而对未偿还债务造成的风险。如果债务人在保险有效期内死亡，则保险赔偿金会被用来偿还债务。

> **信用或抵押团体寿险**：是由债权人（即贷款机构）向债务人提供的团体寿险。
>
> **可转换定期寿险**：投保人可以选择转换为现金价值人寿保险的定期寿险，不管投保人的健康状况如何，也无须进行体检。

可转换定期寿险（convertible term life insurance）

可转换定期寿险指的是投保人可以选择转换为现金价值人寿保险（后面将会详细谈到这种保险产品）的定期寿险，不管投保人的健康状况如何，也无须进行体检。在很多时候，这种转换特征仅体现在保单生效的头几年。转换权的行使同时可能伴随着保费的提高。

> **思考：**
>
> 想象一下，如果你的房屋抵押贷款的利率水平非常低，那么你可能情愿使用保险赔偿金去偿还其他成本更高的债务。然而，对于抵押团体寿险而言，你别无选择，保险赔偿金只能用于偿还抵押贷款。你认为抵押团体寿险最适合哪些人？

现金价值寿险及其特征

现金价值寿险能够同时提供死亡赔偿金和累积的现金价值。它是一种永久保险，也就是说，只要你支付了所有的保费，那么总有一天保险公司会将一定数量的保险金赔付给你。如果在某一时点，按照保险公司的要求，你已支付了所有的保费（比较极端的情况是投保人要一直缴费到 100 岁），那么这份现金价值保单就变成了保费已缴足的保单。

现金价值寿险产品的细分特征千差万别，事实上，市场上存在着各种各样的现金价值寿险产品。不过，现金价值寿险产品的三种基本类型为：终身寿险、万能寿险以及变额寿险。

终身寿险及其特征

当被保险人死亡或者是达到规定的最大年龄（100 岁）时，**终身寿险**（whole life insurance）会向受益人支付死亡赔偿金。如果已经支付了所有保费，则最终保险公司将按照保单的面值向受益人支付保险金。终身寿险的另一显著特征在于其保费水平是预先确定好的，而且通常情况下是保持不变的。定期寿险保费的变化趋势是：当投保人比较年轻时，保费水平相对较低；随着年龄的增长，保费水平会越来越高。与之相比，由于在投保人生命周期内，终身保险的保费是保持不变的，因此其要求支付的保费介于上述二者之间，即介于定期寿险初始时期较低的保费水平与后期较高的保费水平

> **终身寿险**：这是一种对投保人提供终身保护的现金价值保险产品。被保险人去世后，保险公司将会支付死亡赔偿金。如果被保险人活到了 100 岁，即使尚未死亡，保险公司也要将保险金支付给受益人。

之间。总的来说，终身寿险的保费支付总额要高于定期寿险，因为保险公司已经承诺最终要将保险金支付给受益人。

在终身寿险生效的初始时期，保险公司要从保费中扣除掉佣金、销售与管理费用、死亡保护成本以及利润部分。余下的保费将会被存入储蓄账户，被称为**现金价值**（cash value）。在保单生效的初始阶段，这一过程将会不断反复进行，最后将会累积得到一笔数额较大的现金价值。

> **现金价值**：这是指保单终止时，保险公司应向保单持有人支付的价值。
>
> **不丧失权利**：保单持有人行使不丧失权利，即相当于选择获得保单的现金价值，同时放弃了对死亡赔偿金的权益。

随着时间的流逝，保单持有人的年纪越来越大，而始终不变的保费变得不足以支付死亡赔偿金。因此，在保单有效期的后半期，保单的现金价值会被用来补充保费的不足，使保险公司有能力提供一定数额的死亡赔偿金。

实际上，保单的现金价值就是保单持有人的储蓄。保单持有人可以凭借保单的现金价值进行借款，又或者可以通过终止保单的方式获得保单的现金价值。具体的做法就是保单持有人行使**不丧失权利**（nonforfeiture right）。不丧失权利的行使能够使保单持有人获得保单的现金价值，同时放弃了对死亡赔偿金的权益。

如果保单持有人不想拿到现金，而是想购买保险，那么这笔现金价值还可以用来购买保费已缴足的保险——就是保费已经全部交齐的保险——或者是购买延期了的定期寿险。很多客户认为，不丧失权利是终身寿险最主要的优点之一，因为当投保人终止保险时，总是能够从保险公司那里拿回一点儿自己的东西。

终身寿险保费的支付方式各种各样。终身缴费型的终身寿险要求保单持有人一直缴纳保费，直到其活到 100 岁或死亡。对于一次性缴费型终身寿险，投保人只需要一次性缴纳一笔大额保费。上述这两种方式的混合体被称为限期缴费型终身寿险，即在特定的时期内，每年缴纳数额较大的保费，全部支付完毕以后，就认为这份保单的保费已经缴足。

比方说，投保人要一直支付保费直到 65 岁，此时才算缴清了所有保费。与所有的终身寿险一样，随后这份保单将会在被保险人整个生命周期内提供保险服务，或者是投保人主动终止保险，并提取出现金价值。当然，保费额度的大小取决于投保人支付的保费额及投保人的年龄。限期缴费型终身寿险之所以受欢迎，是因为当投保人临近退休时，保费的支付也将终止，而且此时已经累积了一笔数额较大的现金价值。

> **现实世界**
>
> 中国台湾有鬼月（ghost month）的说法，这是以前流传下来的民俗传统，人们认为在这个月，鬼魂会重返人间作乱。对这个说法深信不疑的人肯定会感到很恐惧。为了安慰大家，台湾的保险公司推出了一种保险期限仅限于鬼月当月的“鬼月补充保险”。该保险产品的承保范围包括公共交通事故、火灾以及地震，不管这些灾难是否是由鬼魂制造的。

与其他的人寿保险产品一样，终身寿险的产品种类不胜枚举。其中值得关注的产品之一为改进型终身寿险。对于这种保险，初始时保费水平要低于其他的终身寿险产品，随后会逐步增加，最终将会高于其他终身寿险产品的费率水平。还有一种结合型终身寿险产品，在它身上同时结合了终身寿险与递减型定期寿险的特点。这种产品的保险期限是可变的：保单的面值保持不变，保险期限可由定期逐渐转变为终身。

终身寿险产品的主要缺陷是什么呢？首先，在同等的费率水平下，终身寿险产品提供的死亡赔偿金要低于定期寿险产品；其次，终身寿险现金价值投资的收益率一般要低于其他投资产品的收益率。

不过，终身寿险产品确实向客户同时提供了终身保险和储蓄的双重服务。如果你需要获得终身保护——比方说，可能你的配偶或孩子永远也无法实现经济独立——那么你可以慎重地考虑一下购买终身寿险产品。

万能寿险及其特征

万能寿险（universal life insurance）是现金价值寿险产品与定期寿险产品的混合体，具有税收递延的特征，而且保费和死亡赔偿金都是可变的。其中保费水平可在保险公司的最低限额与美国国税局规定的最高限额之间进行波动。

> **万能寿险**：这是一种比普通的终身寿险灵活得多的现金价值保险产品。投保人可以自由决定保费支付的多少以及死亡赔偿金的大小。

首先，投保人要按照保险公司的要求缴纳一笔保费。随后，保险公司要从保费中扣除费用和死亡赔偿金，余下的部分再加上利息被计入现金价值当中。然后，投保人可以自行决定增加或减少保费的支付额度，对应的将会增加或减少保单的现金价值。投保人还可以提高或降低死亡赔偿金的数额。事实上，万能寿险与定期寿险十分相似，多余的保费都是被计入保单的现金价值。

万能寿险的一个重要特征是投保人支付的保费被分成了三个互相独立的部分：死亡赔偿金或定期保险金，现金价值或储蓄，以及管理费用。正是由于使用了这种分配方法，投保人才获得了自由选择保费支付数额的灵活性。如果你漏掉了一次保费支付，或者支付的额度不能满足死亡赔偿金和管理费用的弥补要求，那么不足的部分将会从保单的现金价值中提取。如果现金价值也不够，那么保单将会失效！

如果支付的保费数额较大，远远超过了死亡赔偿金和管理费用的弥补要求，那么多余的部分会被计入现金价值。图 9-2 说明了影响现金价值各个因素之间的关系。

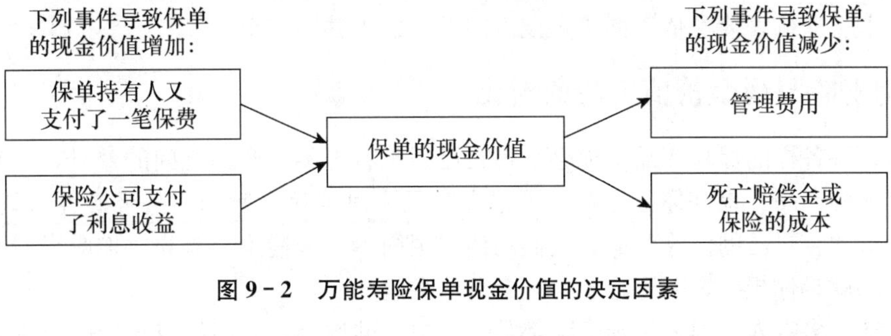

图 9-2　万能寿险保单现金价值的决定因素

万能寿险的缺陷之一在于其收益率的波动十分剧烈。而且，由于投保人可以自己决定保费缴纳额度的多少，而在这种情况下，大多数投保人总是倾向于尽可能少地缴纳保费，最终的结果就是保单失效。最后，考虑到收益率的波动以及较高的管理费用，等到保单到期时，你会发现累计储蓄额并不如自己想象的那么多。

万能寿险的优势就在于灵活性。如果你的收入水平不稳定，有时无法按时缴纳保费，那么万能寿险产品对你具有一定的吸引力。但是，在选择万能寿险产品时仍需谨慎。购买保单主要是为了获得保护。而对于万能寿险产品而言，其保险成本和管理费用均十分高昂。

变额寿险及其特征

变额寿险（variable life insurance）的目标客户是那些希望自己管理投资并愿意承担风险的投保人。它也是一种终身寿险产品，其现金价值和死亡赔偿金的数额会随保单持有人选择的投资产品的业绩情况而变化。保单持有人而非保险公司来承担投资风险。也就是说，由保单持有人决定保单的现金价值或储蓄如何进行投资。如果投资业绩好，则保单持有人受益；反之，保单持有人自己承担投资损失的风险。

> **变额寿险**：这种保险产品能够向投保人提供终身保险服务，但是，要由保单持有人而非保险公司来承担投资风险。

变额寿险有两种基本类型：（1）直接变额寿险（straight variable life insurance），其保费水平是不变的；（2）变额万能寿险（variable universal life insurance），其保费水平是可变的。保单持有人可以选择的投资基金品种繁多，包括货币市场共同基金、债券基金和股票基金。投资收益具有税收递延的优势，这与其他现金价值寿险产品是一样的。事实上，你可以在不同类型的投资基金之间进行转换，而不必担心会招致税收成本。

> **思考：**
>
> 当你在电脑上看到你的寿险保单的现金价值将会在未来增加多少的时候，总是很令人激动的，但是这个未来的预测值很有可能是毫无意义的。和其他财务分析一样，这个预测值的计算也要依赖于假设前提。想象一下，如果前提是错误的，那么结论肯定也是错误的。因此，一定要确保假设前提是保守的、切合实际的。保险销售人员总是吹嘘保险产品的未来收益率会非常高，甚至高到让人感觉不切实际。你认为他们为什么要这样做？

变额寿险的现金价值等于保费减去保险公司的管理费用和死亡赔偿金（即定期寿险的成本）。保险公司并不对现金价值的最低额进行担保，现金价值的变化不会影响到保险公司。实际上，变额寿险类似于购买定期寿险并投资于共同基金。

定期寿险与现金价值寿险的对比

面对各种各样的保险产品，你会发现自己很难看出不同产品之间的差异，不知道自己需要选择哪种产品。也许你已经花费了很多时间来思考这个问题，甚至牺牲了睡眠时间，就想找出最适合自己的保险产品。我们的建议很简单：慢慢来。首先，你应当回答一个基本问题，那就是你想要定期寿险还是现金价值寿险产品。

对于绝大多数人来说，定期寿险都是一个更好的选择。它能够以较低的成本满足你的保险需求，而这就是保险的真正目的。它能够在你最需要保障的时期内，以可承受的成本向你提供保护。

但是，对于现金价值保险产品来说，其费率水平非常高，因此可能会导致你减少保险购买的数量，使得保险程度不足。现金价值寿险唯一的好处在于具有税收优势——现金价值的增长可以享受税收递延的好处，而且人寿保险不被视为个人的不动产。然而，在某种意义上，即使拥有税收优势也不会使现金价值寿险产品成为好的投资选择，因为其他同样可以享受税收递延好处的投资计划或工具可能更好。

认识保险合同：合同条款、附加条款与保单结算方式的选择

大家要意识到，在这个世界上根本就不存在所谓的“标准化的保险产品”。事实上，你可以使用成百上千个条款让自己的保单变得非常“个性化”。当然，在合同上签名之前，你一定要认真阅读整个保险合同文件。接下来我们要向大家介绍一下几乎所有保险合同都具有的共同特征。

合同条款

合同条款是保险单上特别列出的条款或约定。

- 受益人条款（beneficiary provision）。第一顺位受益人就是被指定在被保险人死亡以后接受死亡赔偿金的那个人。第一顺位受益人可以是个人、企业或者信托计划。你可以指定一个或多个可能受益人。只有当死亡赔偿金尚未支付，而第一顺位受益人已经死亡的情况下，保险公司才能将赔偿金支付给可能受益人。
- **保险宽限期**（coverage grace period）。保险宽限期指的是保费缴纳的自动延期，通常是保费缴纳日之后的 30 天。在这段期间内及时缴纳保费则不会受到任何惩罚，保单仍然有效。这种宽限期与信用卡还款的宽限期十分相似：在这段时间内及时缴费可免于处罚。
- **贷款条款**（loan clause）。现金价值寿险保单包含贷款条款，允许投保人可以凭借保单累积的现金价值借款。这种贷款的利率水平比较优惠，不需要交纳任何管理费用，且贷款没有到期日。如果投保人死亡时仍有未偿还的此类贷款，则保险公司会直接在死亡赔偿金中扣除未偿还的部分。这可能与你的目标刚好相反，而且提取保单的现金价值也许会遭受税收惩罚。

> **保险宽限期：**这是指投保人缴纳保费的宽限期，只要在此期间内缴费，保单就依然生效，且保险公司不会向投保人索要罚息。如果在宽限期内仍不缴费，宽限期过后保单将被取消。
>
> **贷款条款：**根据这一条款，保单持有人可以凭借保单累积的现金价值，按照既定的利率水平向保险公司借款。

- 不丧失权利条款（nonforfeiture clause）。该条款定义了没有按时缴纳保费可导致保单失效的保单持有人面临的各种选择。不丧失权利条款能保护保单的现金价值。保单持有人面临的选择包括将保单累积的现金价值提取出来，用来购买其他面值较小、已缴足保费的保险，或者是用来购买已缴足保费的定期保险。当然，没人会事先安排好故意让保单失效，所以一旦你“刚好忘记了”缴纳保费或者是在宽限期内没有能力缴纳保费，这个条款就能派上大用场。

> **现实世界**
>
> 你可以为自己的特殊身体部位购买保险。滚石乐队的吉他手凯斯·理查兹（Keith Richards）就为自己的双手购买了保险。

- **保险复原条款**（policy reinstatement clause）。保险复原条款规定的是在哪些情况或

条件下，已经失效的保单能够重新生效。一般来说，复原条款允许投保人在保单终止后3～5年内恢复保单的效力。投保人必须缴清所有拖欠的保费、尚未偿还的保单贷款以及累计的利息，然后才允许保单复原。

保险复原条款：保险复原条款规定的是在哪些情况或条件下，已经失效的保单能够重新生效。一般来说，复原条款允许投保人在保单终止后3～5年内恢复保单的效力。

保单变更条款：允许保单持有人改变保单的形式，比方说由终身缴费型终身寿险保单转换为限期缴费型终身寿险保单。

- **保单变更条款**（change of policy clause）。保单变更条款允许保单持有人改变保单的形式。比方说，投保人购买了一份终身缴费型终身寿险保单，现在想把它转换为限期缴费型终身寿险，以便某一天能停止支付保费。根据保单变更条款的要求，投保人要事先通过体检，随后便可进行保单变更。
- 自杀条款（suicide clause）。实际上，几乎所有保险公司拟定的保险合同中都有自杀条款，该条款说明如果在保险合同购买后两年内被保险人自杀身亡，则保险公司将不予理赔。
- 保费支付条款（payment premium clause）。保费支付条款简要地说明了保单持有人可以选择的保费支付方式。一般来说，你可以选择每年、每半年、每季度或者每个月缴纳保费。每年缴纳一次的费率最低。
- 不可抗辩条款（incontestability clause）。不可抗辩条款是指在保险合同生效一段时间以后，通常是两年，保险公司不得以任何借口取消保险合同，或质疑保险合同的合法性。这一条款至关重要，它有效地保护了受益人的权益不会因被保险人起初在购买保险合同时犯下的错误、隐瞒或无心之过导致保单失效而被剥夺。

附加条款：这是保单上增加的特殊条款，用来提供额外的保险金或者是在某些情况下对保险公司应承担的责任进行限制。

附加条款

附加条款（rider）是指保单上增加的特殊条款，能增加保单的保险金额或特征，以满足客户的特殊需求。通常代价是保费也会增加。

- 保费豁免/伤残权益条款（waiver of premium for disability rider）。如果投保人在到达一定年龄之前（通常是65岁）因意外而伤残，那么可以豁免缴纳保费。因为即使投保人伤残以后，其对保险的需求也不会消失，因此如果成本不太高的话，这个附加条款是很有用的。如果你认为加入这个附加条款导致保费的增加幅度太大，那么可以再考虑一下参加个人伤残保险计划。
- 倍数赔偿金或事故死亡赔偿金条款（accidental death benefit rider or multiple indemnity）。如果被保险人死于事故而不是正常死亡，则依照倍数赔偿金或事故死亡赔偿金条款，死亡赔偿金的额度可以增加，如果该条款规定“赔偿金两倍”，则死亡赔偿金可增至原来的两倍，如果是“赔偿金三倍”，则增至原来的三倍。这个附加条款的成本一般不会太高，因为毕竟保险公司支付倍数赔偿金的概率是比较小的。
- 保证更新条款（guaranteed insurability rider）。依照保证保险条款，投保人有权在未来增加人寿保险的保障范围，同时无须进行体检。你可以在特定的时候，比方说孩子出生、买房或扩张企业经营规模以后，扩大你的保险范围。另外这种保险还是针对未来的不可保险性（uninsurability）的一种保障。如果你预计到未来保险需求必然要增加，那么这个条款不失为未来以较低的成本获得新保单的方法之一。

● 生存成本调整条款（cost-of-living adjustment ride，COLA）。这一条款可以对比通货膨胀率提高投保人的死亡赔偿金额度，同时不需要投保人通过体检。这一条款有助于保持投保人的死亡赔偿金至少以通货膨胀率的速度增长，从而抵消了通货膨胀对赔偿金价值的影响。

● 生存福利条款（living benefits rider）。某些现金价值寿险保单允许向投保人提供“生存福利”，也就是说，当被保险人身染重病时，保险公司可以将预期死亡赔偿金的一部分提前支付给被保险人。很多生存福利条款要求医生证明被保险人仅剩下六个月或一年的寿命。生存福利由保险公司支付给保单持有人而非受益人。这一附加条款可随时加入保险合同，一般不需要投保人额外支付费用，在投保人生命的最后时刻，它能抵消掉一部分治疗成本，为投保人换取心灵上的宁静。

保单结算方式的选择

结算方式（settlement or payout options）指的是当被保险人死亡后，受益人可以选择的获得死亡赔偿金的不同方式。大家要牢牢记住的一点是不同的保单结算方式对应纳税额具有明显的影响。一般来说，人寿保险死亡赔偿金是免交所得税的。

● 一次性结算方式（lump-sum settlement）。这种结算方式指的是一次性将全部的死亡赔偿金支付给受益人，且赔偿金是免税的。它允许受益人将保险金投资于任何一种投资品，或者是依照自己喜欢的方式来使用资金。

> **结算方式：**指的是当被保险人死亡后，受益人可以选择的获得死亡赔偿金的不同方式。

● 只结算利息（interest-only settlement）。选择只结算利息的结算方式时，受益人不会立即获得全部的死亡赔偿金，而是把这笔钱存在保险公司一段时间，然后收取存款利息。通常，事先会设定一个最低收益率水平，存款利率与市场利率挂钩。

● 分期支付式结算（installment-payments settlement）。这种结算方式是指在一段固定的时间内分多次将利息和本金全部领完，或者是每一次的领取额是固定的。当受益人分多次领取时，每一次的领取额当中属于基本死亡赔偿金的部分是免税的，而属于利息收益的部分是要交税的。如果你选择在固定时间内领取，那么可以使用保险结算额、领取的固定期限以及对应的利率水平这三个变量求出每一次领取的金额是多少。

除了在特定期限内领取外，你还可以选择每一次领取固定的金额。在这种情况下，可以使用保险结算额、对应的利率水平以及每次的固定领取额来求出领取的次数或期限。

> **思考：**
>
> 你认为为什么现在的医疗成本让越来越多的家庭感觉透不过气来？造成这一问题的原因有很多，其中一部分原因是眼下人们的平均寿命越来越长。出生于 1900 年的女性的平均寿命为 49 岁；然而，出生于 2 000 年的女性的平均寿命为 80 岁。因为人类的寿命越来越长，所以医疗成本也越来越高。

● 生命年金结算法（life annuity settlement）。根据这种结算方法，受益人可以在生存期间一直获得保险公司的支付。如你所料，生命年金有多种结算形式，其中包括直接生命年金（straight life annuity）——不管受益人能活到多少岁，每个月都能获得保险公司的支付；确定期限年金（period certain annuity）——保险公司承诺在一定期限内向受益者支付保险金，如果受益人在规定期限到来前死亡，则保险公司会继续向第二顺位受益人支付保险金，直到规定期限到期为止；偿还式年金（refund annuity）——只要第一顺位受益人活着，保险公司就要定期支付保险金，如果第一顺位受益人去世，保险公司就将死亡赔偿金剩下的部分支付给第二顺位受益人；联合寿险遗产分享年金（joint life and survivorship annuity）——只要被指定的两位受益人之一还活着，保险公司就要每月支付保险金。

计算器小贴士

分期支付式结算

购买人寿保险

保险公司之间是有差别的。当你把钱存到银行里的时候，政府能够通过联邦存款保险公司（FDIC）为你的账户提供担保。然而，对人寿保险来说，并不存在类似的担保。尽管每个州都建立了保险担保协会——如果保险公司破产，这个机构可以保障保单持有人的合法权益——但是，这种协会组织本身不持有任何资产。假如某家保险公司真的破产了，那么这个州内的其他保险公司都要被迫承担成本，也就是说它们要被迫拿出钱来帮助陷入困境的公司。[①] 所以，你能想象出，拖延和混乱是常有的事。

因此，选择一个有效率的保险公司十分重要。幸运的是，信用评级机构能够提供市场上现有很多保险公司的相关的信息，因此挑选过程变得容易多了。例如，贝斯特公司、惠誉国际、标准普尔公司、穆迪公司以及魏斯公司均对保险公司的理赔能力进行了评级。如果你直接向评级机构索要评级信息的话，需要支付一点费用，那么还不如直接到当地的图书馆去查询评级信息，这样做更简单。

选择保险经纪人

正如原理 1 所说的那样——知识是最好的保障，在你和保险经纪人打交道之前，有必要了解一下保险经纪人的工作方式。首先，你要记住，绝大多数保险经纪人是靠佣金吃饭的，所以我们就能理解他们为什么在推销时表现得那么积极。不要因为保险经纪人做了一些调查，或花时间为你制定了一份保险计划，你就感觉自己非买不可。不要忘了，这本来就是他们的工作。

因为普通客户很难弄清楚复杂的保险术语或条款，因此选择一个好的保险经纪人是至关重要的。那么怎么挑选一个好的经纪人呢？注意观察保险经纪人的头衔会有一定的帮助，看看经纪人是否只拥有推销保险产品的资质，还是拥有特许人寿理财师（Chartered Life Underwriter，CLU）的资格。特许人寿理财师的资格认证过程十分严格，为了能获得这个头衔，推销员不仅要了解保险产品的技术性信息，还要掌握金融、会计、税收、公司法以及经济学等相关领域的知识。

---

① 此外，很多州规定了保单担保额度的上限。一般情况下，这些上限是：个人人寿保险现金价值不超过 100 000 美元，死亡赔偿金不超过 300 000 美元，或者是个人或家庭的总保额不超过 300 000 美元。这些额度限制可能会低于你对保险额度的需求。

思考：

一般来说，现金价值人寿保险的佣金要占到第一年保费的80%～100%，这是十分常见的。你必须事先了解清楚。因为这些信息能够帮助你了解为什么保险经纪人只卖力地推销某一种保险产品而不是其他的产品，佣金的收取比例能让你知道这个问题的答案。为什么不开口问清楚呢？

在开始寻找之前，先要弄到一份业绩优良的保险公司名单。这份名单可以来源于朋友、同事和亲戚，也可以来源于个人理财领域专业的银行家、会计师和律师。接下来与保险经纪人见面会谈，看看自己对他们的印象如何，了解一下他们是否是拥有一定工作经验的全职保险经纪人。一旦选出了几位感觉不错的保险经纪人，接下来就可以让他们根据你想要的保险计划来报价。

比较成本

接下来的事就是要比较一下不同保单的相对成本。有几种比较方式可供选择，最常用的方法是传统的净成本法和利息调整净成本法，或者叫作归还成本指数法。

传统的净成本法［traditional net cost（TNC）method］的计算方法是将一定期限内（通常是10到20年）缴纳的保费加总，然后减去这一期间内的利息总和与期末累积的现金价值。得到的差值再乘以这段期限内的年份数，结果就是年均的总净成本。

然而，最重要的并不是计算时涉及的各项因子，而是公式以外要注意的事项。传统的净成本法并没有考虑货币的时间价值。因此实际上，这种计算方法毫无意义。如果一个保险经纪人用这种方法向你解释保单的成本，并作为推荐某种保险产品的理由，那么看来你应当考虑去找另一位保险经纪人了。

> **传统的净成本法：**这是一种比较不同保险产品成本的计算方法。具体做法是将一定期限内（通常是10～20年）缴纳的保费加总，然后减去这一期间内的利息总和和期末累积的现金价值。
>
> **利息调整净成本法或归还成本指数法：**这是一种考虑了货币时间价值的保险产品成本比较计算法。

另一种被更普遍使用的比较方法是**利息调整净成本法**［interest-adjusted net cost (IANC) method］，也可称为**归还成本指数法**（surrender cost index method）。尽管这种方法也有缺陷，但是在计算过程中，它确实考虑了货币的时间价值，因此保险行业对它的接受程度非常高。

除了考虑到货币的时间价值以外，传统的净成本法与利息调整净成本法是很相似的。然而，要注意的是，利息调整净成本法的计算是否准确还要依赖于选择的贴现率以及利息和现金价值的估计是否准确。有时，保险经纪人的估计可能偏高或不切实际。为了安全起见，你应当抱着谨慎质疑的态度用每种比较方法计算一下。就像市场上保险产品种类繁多一样，比较保单成本的方法也有很多，但要注意的是，不管是哪种比较方法，都有各自的假设前提。

现实世界

购买人寿保险以后投保人可以每年而非每月支付一次保费。例如，按照 AccuQuote 公司提供的数据，35 岁的健康成年人每个月只需要支付 14.44 美元的保费就可以买到一份保额为 250 000 美元的 20 年定期寿险。这样算下来，一年缴纳的保费总额为 173 美元。如果每年支付一次保费的话，则同样一份保单，一年的保费总额仅为 165 美元。

实际购买

在了解了自己是否需要购买人寿保险以及需要购买多大金额的保险以后，接下来要确定的是选择定期寿险还是现金价值寿险。如果你选择购买定期寿险，那么可以考虑在网上购买。在网上，你能看到即时报价，而且能获得一个相对低廉的价格。这是因为，在报价网络系统上有 300 多家保险公司在提供即时报价，你的选择很多，通过比较肯定能找到一个最优的价格。

那么，在哪里能够找到这样的网络帮助呢？几家即时报价服务商建立了寿险保单报价的数据库，你从中可以找到符合自身要求且成本最低的报价及保险公司。QuoteSmith 公司拥有一个不断更新的报价数据库，里面包含了 375 家保险公司的即时报价。你所要做的就是输入一些基本信息，随后就能得到报价的搜索结果。

花费时间精力在网络上寻找保险报价到底值不值得呢？当然值得！不同保险公司之间报价的差异非常大。例如，在网络上查询的结果显示，25 岁男性购买面值为 500 000 美元、期限为 20 年的定期寿险，需要缴纳的年保费额最低为 260 美元，而最高达到了 1 465 美元。

一旦选定了要购买的寿险产品，接下来保险公司会付费派一位护士或医疗专业人士到你家中为你进行基本的身体检查：他会询问你的健康史，抽血并为你做心电图检测。整个过程就这么简单。为了尽可能地降低保险成本，你一定要至少查看一下两家以上网上报价服务商的网址，然后给一位独立保险经纪人打电话。

如果你打算购买现金价值寿险，则过程会复杂一点。这是因为不同的现金价值寿险保单特征不同，其假设前提也不同，因此几乎无法比较。同样地，你也可以到网上去查找不同保单的报价。

健康保险

本节我们要向大家介绍的是健康保险。之前我们提到的《患者保护与平价医疗法案》，也就是俗称的《奥巴马医疗法案》，已经于 2010 年被正式签署，这意味着美国的医疗服务体系出现了重大变革。这项法案的主旨是确保每个美国人都能拥有健康保险。不过，新法案并不是要彻底更换旧的医疗体系——和以前一样，患者们还是面临多种医疗服务选择，健康保险的提供者仍然是私人保险公司，还是由保险公司负责向提供医疗服务的医生提供补偿。

市场上健康保险产品的种类很多，但是绝大多数人是由雇主来提供健康保险的，这是很多工人享有的员工福利。如果雇主向员工提供健康保险福利，那么员工的选择余地就比较小，因为具体的保险产品是由雇主指定的。一般来说，雇主发起的健康保险也不是完全免费的。员工本人也要为医生门诊、开处方以及每月的保费付出一定的成本。实际上，也就是员工本人支付一部分保费，剩下的部分由雇主支付。有些雇主让员工自由选择是否支付部分保费，但是如果员工想要获得额外的或更好的保障，那么最好自己也缴纳部分费用。每年员工一般都会有机会在可选范围内的不同类型保险之间进行转换。

如果你的老板没有向你提供健康保险，那么你可以通过健康保险交易所（health insurance exchange）购买一份健康保险计划。该交易所仿照了联邦雇员医疗保障计划的模式——原本只有国会议员才有资格加入该医疗保障计划——可以向投保人提供多种私人健康保险计划供其选择。

如果你的老板没有向你提供健康保险，那么你的选择就更多了。当今世界就是一个充满了选择的世界，当然可选的健康保险产品也有很多。如果连买冰激凌都有 31 种选择，那么在购买像健康保险这样重要的产品时，自然也会有多种选择。和买冰激凌一样，其实购买健康保险的过程没有想象的那么复杂，几乎所有你想要的东西都能买到。虽然从理论上讲，健康保险可以涵盖几乎所有的方面，甚至于哪怕你只是打了一个喷嚏，也可能属于保险范围，但是购买健康保险的目的并不是要覆盖或补偿所有健康医疗的成本，它只是用来避免重大疾病对你的财务状况造成致命的打击。所以，你要记住“原理 5：天有不测风云，或流动性的重要性”。你总是要时不时地看点小病，偶尔头疼时还要买上一瓶羟苯基乙酰胺药品。当然，如果你是慢性头疼患者，每天都要吃下一瓶羟苯基乙酰胺药品来止疼的话，那么当然希望有人能替你为药费买单。每个人的需要都是不同的，关键在于只去选择那些符合需求的保险产品。

2010 年医疗改革——《患者保护与平价医疗法案》

在我们开始向大家介绍各种类型的健康保险产品之前，我们先来了解一下 2010 年 3 月奥巴马总统正式签署立法的《患者保护与平价医疗法案》，人们将其简称为《平价医疗法案》。同样地，如你所知，《平价医疗法案》已经成为政治避雷针，所以可能会被修改，甚至被废止或被其他法案所取代。

不过，虽然《平价医疗法案》对医疗服务体系进行了大刀阔斧的改革，但是对普通民众来说，基本还是像以前一样与医疗体系打交道——个人要从私人保险公司那里购买医疗保险，然后由保险公司向医生提供补偿。此外，虽然人们一直在谈论公共医疗保险的可能，但是目前政府并不打算提供公共医疗保险，人们还是要从私人保险公司那里购买保险。事实上，新法案只是对原有医疗服务体系进行小修小补，并不是要将其彻底打破，然后重建一个新体系取而代之。

但是，新法案带来的变革确实会对民众造成影响。例如，一项 2014 年开始生效的条款不允许保险公司拒绝向已经患病的投保人提供保险。其他致力于增加健康保险购买人数的条款则要求建立保险产品交易所，人们可以在那里买到健康保险，而且小企业主、低收入者或中产阶级在购买保险时还可以享受到税收减免的好处。此外，雇员人数超过 50 人的雇主被要求必须向员工提供保险。若雇主没有提供，而其名下任意一位雇员领取了联邦政府津贴从而自己购买了健康保险，那么雇主将要面临每位雇员 2 000 美元的罚金。这项法案还涉及保险市场的其他改革，例如允许儿童被保留在其父母的保单里直到年龄达到 26 岁，不允许保险公司拒绝向已经患病的投保人提供保险，禁止保险公司对每年的赔付额以及终身赔付额设定上限。此外，对于老年人，新法案致力于减小联邦医疗保险计划的处方药保险的漏洞，就是所谓的“甜甜圈黑洞”（donut hole）。

了解这项法案及其条款的最简单的方法是观察其带来了哪些新变化——这些变化与各类人群密切相关——以及新条款何时正式实施。查看一下表 9－4，上面列出了该法案的主要条款。

表 9－4　《患者保护与平价医疗法案》的主要条款

提供新的消费者保护措施

- 禁止保险公司拒绝向年龄不满 19 岁、已经患病的儿童提供保险。
- 禁止保险公司因为过失或客户的保险申请单存在某些技术性错误而撤销保单。
- 取消保险公司对基本福利金的终身赔付额制定的上限。
- 禁止保险公司拒绝向已经患病的投保人出售保险或者是更新保单。
- 禁止新的保险计划或团体保险计划对投保人每年能够获得的赔付额制定上限。
- 禁止保险公司因为投保人选择参加临床试验而取消或限制保险。

提高医疗质量并降低成本

- 向一些小企业提供减税优惠以便帮助它们向员工提供保险福利。
- 逐渐填补联邦医疗保险计划处方药的“甜圈圈黑洞”承保缺口。
- 要求所有新的保险计划必须覆盖某些预防性的医疗服务，例如乳腺 X 光检查和结肠镜检查，而且不允许保险公司为此收取合作医疗费或共同保险费。
- 提供某些免费的预防性医疗服务，例如每年的健康访问，以及对参加了联邦医疗保险计划的老年人提供个性化的防病计划。
- 对各个州选择向患者低价或免费提供预防性医疗服务的联邦医疗救助计划提供新的资金支持。
- 为了让人们买得起保险，对于收入水平介于贫困线的 100%～400%之间、不够资格购买其他平价保险产品的人群提供保费可抵扣税负的优惠待遇（在 2017 年，收入水平等于贫困线的 400%意味着个人收入约为 47 550 美元或者是一家四口总收入约为 97 200 美元）。不过，不是每个人都有资格申请——有资格购买联邦医疗保险计划或其他联邦医疗保险的个人没有申请资格，工作单位已向其提供平价医疗保险的劳动者也没有资格。
- 建立健康保险交易中心，因此一旦雇员不提供保险，投保人可以自行到交易中心购买保险产品，那里会向投保人提供满足一定福利金和费用标准的健康保险产品。
- 要求有一定经济能力的绝大多数人购买基本健康保险，或者是每年支付罚金来帮助那些没有购买保险的美国人分担一部分医疗成本。

扩展民众获得廉价医疗的渠道

- 确保儿童可以一直被保留在父母的保单上直到其年满 26 岁为止。
- 允许收入水平低于贫困线 133%的个人有资格加入联邦医疗救助计划，从而扩大联邦医疗救助计划的进入渠道。
- 为了帮助医疗体系筹集资金，自 2018 年起，对雇主提供的高成本健康保险产品征收消费税。

促使保险公司负起责任

- 要求保险公司从大型企业保险计划那里征收的全部保费，至少有 85%要用于健康医疗服务以及健康医疗服务质量的提升。

基本健康保险

绝大多数的健康保险包括住院保险、手术保险和内科保险。这三类保险已经结合在一起出售，被称为**基本健康保险**（basic health insurance）。很多保险产品能够提供基本健康保险的服务，而且可供保单持有人选择的附加条款排成了一长串，只不过大多都要额外付费。

住院保险（hospital insurance）

通常，住院保险几乎是所有健康保险的一个组成部分。它负责赔付的医疗费用是与住院相关的，包括病房费用、护理费用、手术室使用费以及医院提供的药品费用。根据保单条款，保险公司可以向购买了住院保险的保单持有人一次性支付一笔保险金，或者是根据其住院治疗的天数，每天给予一定额度的保险金，还可以将保单持有人住院期间产生的费用直接支付给医院，不同的保单可能规定也不同。

如果保单持有人在住院期间，保险公司每天向其支付一定数额的保险金，那么保险公司的支付额与实际住院费用之间的差额将由保单持有人自己支付。不管是什么类型的保单，几乎所有的保单都会对每天住院的费用以及住院天数给出上限限制。

手术保险（surgical insurance）

手术保险是对手术费用进行理赔。一份手术保险会列出属于其承保范围的手术名称，然后说明每个手术的最高承保金额，或者是根据类似手术的一般收费情况向医院支付保险金。超出保险承保范围的费用要由保单持有人自行解决，而且免赔额部分也要由保单持有人支付。尽管手术保险不能涵盖到与手术相关的所有费用，但最起码它大大降低了保单持有人自己支付的费用，使其达到可负担的水平。

内科保险（physician expense insurance）

内科保险的赔付范围涵盖了除手术以外的其他内科诊疗费用，包括门诊费、家庭出诊费、检验费以及在医院以外场所进行的 X 光检查费。

大额医疗费用保险（major medical expense insurance）

超出基本健康保险额度的医疗费用可以通过大额医疗费用保险来承保。这意味着，重大疾病带来的巨额医疗费用可以通过此类保险得到补偿。基本健康保险留下的缺口可以由大额医疗费用保险补上。

通常情况下，这种保险不会对所有的医疗费用进行赔付，它具有免赔额和共同保险支付的规定，目的就是降低保险公司的成本。比如，免赔额条款要求基本健康保险承保范围以外的头两次门诊费要由保单持有人来支付。此类保险的承保范围仅为全部医疗费用的80%左右，因此剩下的部分要由保单持有人自己支付。

> **基本健康保险**：绝大多数的健康保险包括住院保险、手术保险和内科保险。这三类保险已经结合在一起出售，被称为基本健康保险。
>
> **住院保险**：该保险负责赔付的医疗费用是与住院相关的，包括病房费用、护理费用、手术室使用费以及医院提供的药品费用。
>
> **手术保险**：手术保险是对手术费用进行理赔。
>
> **内科保险**：内科保险的赔付范围涵盖了除手术以外的其他内科诊疗费用。
>
> **大额医疗费用保险**：超出基本健康保险额度以上的医疗费用可以通过大额医疗费用保险来承保。

牙齿与眼睛保险

正如它们的名称所显示的，牙齿保险承保的是牙齿治疗带来的费用，而眼睛保险的承保范围包括视力检查、配镜和配隐形眼镜的费用。尽管听起来很不错，但是如果你的老板没有向你提供此类保险的话，那么最好还是不要自己购买。牙齿保险和眼睛保险的理赔金额比较小，而且周期性比较强，你可以通过参加其他的保险计划来达到同样的保险目的。

现实世界

21%的美国人吸烟，吸烟这个嗜好代价不菲。吸烟导致的终身额外医疗成本高达 17 500 美元，肺癌的治疗成本平均为 45 500 美元。

基本医疗服务选择

一次一付费型或传统医疗服务计划： 患者要先自己付费，随后保险公司会将医疗费用的一部分或全部偿还给你。一般患者可以自由选择医生和医院。

管理型医疗服务或预付型医疗服务计划： 这种保险计划要求被保险人到指定的医生、医院或诊所看病。一般来说，这种保险计划是由保健组织或其他类似机构提供的。

有两种基本医疗服务计划可供选择：（1）传统的一次一付费型医疗服务计划，（2）管理型医疗服务，或称之为预付型医疗服务计划。对于**一次一付费型或传统医疗服务计划**（fee-for-service or traditional indemnity plan），患者要先自己付费，随后保险公司会将医疗费用的一部分或全部偿还给你。一般患者可以自由选择医生和医院。对于**管理型医疗服务或预付型医疗服务计划**（managed health care or prepaid care plan），绝大多数医疗费用已经被预先支付了，因此患者本人不需要付费，但是患者被限制只能从指定的医院、诊所和医生那里获得医疗服务。

那么我们可以从哪里获得医疗服务保险呢？基本上我们有两个选择。私人医疗服务计划，或者是政府发起的医疗服务计划。接下来让我们分别了解一下这两种医疗服务计划。

私人医疗服务计划

在美国大约有 800 多家私人保险公司，它们主要从事的业务就是向个人或提供员工保险福利的雇主销售健康保险产品。这些公司的产品包括各种各样的传统一次一付费型和管理型医疗服务计划。

一次一付费型医疗服务计划

对于这种医疗服务计划，医院或医生会首先要求被保险人直接支付治疗费用，然后保险公司再对被保险人进行赔偿。尽管有时这一计划可能对患者可以选择的医院和医生有所限制，但实际上自由度已经非常大了。

共同保险或比例分担： 明确了每一宗索赔案中保险公司支付的比例。

病人部分负担或免赔额： 规定了被保险人必须自己支付的医疗费用额度，只有达到免赔额以上的部分才由保险公司负责。

绝大多数的一次一付费型医疗服务计划都包含共同保险条款。**共同保险或比例分担**（coinsurance or percentage participation）条款明确了每一宗理赔案中保险公司支付的比例。例如，如果医院收取的医疗费为 2 000 美元，保险公司的分担比例为 80%，则被保险人在提出理赔要求时，要先行支付 2 000 美元的 20%，即 400 美元，余下的费用则由保险公司承担。

很多一次一付费型医疗服务计划还包括病人部分负担条款或免赔额条款。**病人部分负担或免赔额**（co-payment or deductible）条款规定了被保险人必须自己支付的医疗费用额度，只有达到免赔额以上的部分才由保险公司负责。免赔额的确定有多种方式。例如，可以将所有的医疗处置的免赔额均设置为 10 美元。被保险人要先支付 10 美元，剩下的费用由保险公司买单。按照这一标准计算，所有的医疗服务项目加在一起，总免赔额大约为 250 美元或 500 美元。在这种情况下，被保险人要先支付 250 美元或 500 美元的医疗费用，接下来产生的医疗费用则全部由保险公司支付。

从整体上看，一次一付费型医疗服务计划是很实用的。最大的优势在于患者可以自由选择医院、诊所和医生。不过，这种保险计划的费率水平较高，而且要填写很多书面文件。目前虽然很多雇主还在为员工购买一次一付费型医疗服务计划，但是受欢迎程度已经不如收费更低的管理型医疗服务计划。

管理型医疗服务计划

管理型医疗服务计划是由维护健康组织提供的，允许其成员到指定医院和医生那里接受特定的医疗服务。管理型医疗服务计划既负责支付医疗费用，同时也提供医疗服务。比方说，参加了管理型医疗服务计划以后，你将在一个医院里接受所有的医疗服务。某些计划并不保证每一次都是同一个医生给你看病，但是你可以以较低的费用甚至免费接受所需要的服务。而且，大多数管理型医疗服务计划会给你指派一位主治医生，而且很多情况下，你可以自由选择你的主治医生（要支付一点费用）。

和一次一付费型医疗服务计划相同，管理型医疗服务计划的出诊费也是 10 美元。通常，管理型医疗服务计划也设立了病人部分负担条款，其目的是降低保险成本。这些规定不仅起到了免赔额的作用，迫使患者先支付一部分医疗费用，而且能在一定程度上抑制被保险人浪费医疗资源的动机。

管理型医疗服务计划的一大优势在于它的效率较高。因为它直接向患者提供医疗服务，因此书面工作量以及相关的成本大大减少了。而且，由于大多数管理型医疗服务计划都拥有数量众多的医生，每个医生都在特定的时间段内在医疗机构内坐诊，因此整个医疗机构的营业时间延长了。事实上，在很多管理型医疗服务机构里，医生们除了在此工作以外，同时也进行私人医生执业。管理型医疗服务计划有两种基本类型：（1）维护健康组织，简称 HMO，（2）优惠医疗护理提供者机构，简称 PPO。

- 管理型医疗服务：HMO。管理型医疗服务计划最受欢迎的类型就是**维护健康组织**（health maintenance organization，HMO），这是一种预付型保险计划，它允许参与保险计划的成员从隶属于维护健康组织的医生、医院和诊所那里获得医疗服务。成员只需要缴纳固定费用，而且可以挑选自己的主治医生。同样地，每次医生出诊或开处方的费用也要实行病人部分负担制度。HMO 有三种基本类型：（1）**个体行医协会计划**（individual practice association plan），（2）**团体行医计划**（group practice plan），以及（3）**医疗服务点计划**（point-of-service plan）。

个体行医协会计划，简称为 IPA，是一个由独立的个体医生组成的维护健康组织。按照这一计划安排，患者直接到

> **维护健康组织（HMO）**：这是一种预付型保险计划，它允许参与保险计划的成员从隶属于维护健康组织的医生、医院和诊所那里获得医疗服务。
>
> **个体行医协会计划（IPA）**：是一个由独立的个体医生组成的维护健康组织。患者直接到医生的诊所接受治疗。
>
> **团体行医计划**：常是由维护健康组织雇用一些医生，然后这些医生集中到某个中心医院工作。维护健康组织的成员只能在中心医院里接受这些医生的治疗。
>
> **医疗服务点计划**：允许组织成员在隶属于或不隶属于医疗服务计划的医生那里进行治疗。

医生的诊所接受治疗。实际上，很多 IPA 医生也经常定期到指定的医疗机构出诊。对于团体行医计划，通常是由维护健康组织雇用一些医生，然后这些医生集中到某个中心医院工作。维护健康组织的成员只能在中心医院里接受这些医生的治疗。医疗服务点计划允许组织成员在隶属于或不隶属于医疗服务计划的医生那里进行治疗。如果是隶属于 HMO 的医生，治疗是免费的，或者病人只需要分担一小部分费用。如果不是隶属于 HMO 的医生，则病人分担费用的比例要大一些。

尽管彼此之间有一些差异，不过绝大多数维护健康组织承保的范围都非常广泛，包括医生、医院、检验以及急救费用，通常也包括处方费。当然，也需要病人分担一部分费用。

很多维护健康组织与雇主之间结成了紧密的合作关系。也就是说，HMO 经常通过雇主向员工提供医疗服务，这也是员工福利的组成部分之一。此外，个人也可以加入维护健康组织，而且有很多选择。目前，美国有 600 多家维护健康组织正在运作。因为每个组织都有隶属于自己的医生和医院，因此仅在一定的地区内提供医疗服务。如果要到其他地区看病，通常需要开出转诊证明。

由于要向成员提供全方位的医疗服务，所以 HMO 非常强调预防性药物的使用，因为预防疾病所花的成本要比生病后的治愈成本低得多。于是，很多维护健康组织定期对成员进行体检。与之相比，大多数一次一付费型医疗服务计划只涵盖与疾病相关的医疗服务理赔案。

所以说，维护健康组织的效率是比较高的，与一次一付费型医疗服务计划相比，维护健康组织的成本仅为前者的 60%。由于强调预防，尽可能地减少书面工作以及有效率地治疗患者，所以成本大幅度下降。毫无疑问，雇主们都喜欢向员工提供维护健康组织计划。这是因为对员工来说，这一保险计划的费用比较低，对雇主而言也是一样。别忘了，每个月员工保险要缴纳的保费中有相当比例的费用是由雇主支付的。

当然，维护健康组织也存在不足之处。例如有时候门诊时间太短，匆匆忙忙，病人等待的时间太长等。如果你想从其他维护健康组织处接受治疗的话，还必须由你所在的组织开具转诊证明，尤其是当转诊地不在维护健康组织所在区域内时更需要履行这一手续，因此十分麻烦。很多维护健康组织的成员感觉可供选择的医生数量太少，限制条件太多，有时候根本就没办法选择，也就是说他们无法获得自己想要得到的医疗服务。他们不能与医生建立起友好的个人关系，对此感到不满意。他们还担心目前可选的医生是否是医术最好的或者是最有资历的。维护健康组织使用的激励机制也为医疗服务的质量造成了不良影响。医生们获得的奖金是按照门诊病人数量或节省的医疗费用额度来计算的，这种制度会让很多人担心某些医生会故意敷衍患者加快门诊进度，目的就是获得更多的奖金。

如果你想选择维护健康组织的话，可以参考一下一览表 9－1。

● 管理型医疗服务：PPO。**优惠医疗护理提供者机构**（preferred provider organization，PPO）有点像一次一付费型医疗服务计划与维护健康组织计划的混合体。根据优惠医疗护理提供者机构的制度安排，雇主或者保险人同众多医生和医院进行谈判，要求对方以折扣价格向自己的员工或会员提供医疗服务。同意降低价格的医生或医院就成为优惠医疗护理提供者机构的成员。事实上，一个医生或医院可以同时成为多个不同优惠医疗护理提供者

> **优惠医疗护理提供者机构（PPO）**：雇主或者保险人同众多医生和医院进行谈判，要求对方以折扣价格向自己的员工或会员提供医疗服务。

一览表 9-1　选择维护健康组织

选择维护健康组织时需要考虑的事项：

- 可供选择的医生数量多吗？组织是否可以向你提供一份医生名单以便选择？或者是你是否能够获得医疗小组的治疗呢？哪些医生会接收新患者？如果你打算换医生的话，难度有多大？
- 怎样处理转诊证明？
- 预约是否方便？看门诊的话，要提前多长时间预约才行？维护健康组织的急救处置如何安排？
- 维护健康组织能够提供你所需要的服务吗？它们提供了哪些预防性的医疗服务？医学检验、手术、心理健康、家庭护理或者其他辅助性的医疗服务是否有所限制？如果你需要某些维护健康组织无法提供的特殊医疗服务，那应该怎样处理？
- 维护健康组织的服务区域在哪里？你所在社区内能够向组织成员提供医疗服务的医疗机构具体位置在哪里？从家中或工作地点前往构成维护健康组织服务网络的医生、医院和急救中心是否方便？如果你或家人不住在城里，那么在需要治疗时怎样处理？
- 维护健康组织计划的成本是多少？每个月缴费的话，一年的总费用是多少？此外，门诊、急救、处方药或者其他医疗服务产生的费用，是否要由病人自己负担一部分？如果是的话，负担的比例是多少？

资料来源：U. S. Department of Health and Human Services, Agency for Health Care Policy and Research and the National Council on Patient Information and Education, Rockville, MD, 2014.

机构的成员。为了鼓励大家到会员医生那里看病，优惠医疗护理提供者机构通常指定这样的措施：如果成员没有到会员医生那里就诊，那么产生的医疗费用病人自己承担的比例要有所增加，这相当于一种变相的“处罚”。优惠医疗护理提供者机构最大的优势在于医疗费用可以打折，当然折扣幅度取决于保险人或雇主的谈判能力。

团体健康保险与个人健康保险的比较

团体健康保险（group health insurance）更多强调的是健康保险的出售方式而不是保险自身的特点。团体保险的销售对象是某些特殊的群体，群体内的个人拥有除购买保险以外的共同目标。通常，这些人都受雇于同一个老板，或者是隶属于同一个协会或专业组织。

> **团体健康保险：** 强调的是健康保险的出售方式而不是保险自身的特点。团体保险的销售对象是某些特殊的群体，群体内的个人拥有除购买保险以外的共同目标。
>
> **个人保险：** 是为客户量身定做的保险产品，体现了客户的年龄、健康状况（体检结果的反映）、地理区域以及免赔额的大小。

个人保险（individual insurance policy）指的是个人为自己或家人购买的健康保险。《平价医疗法案》通过后，健康保险提供的各种保险福利的标准化程度有所提高，但还是同样的问题，这部法案已经成为政治避雷针，未来很可能被修改，甚至被废止或被其他法案所替代。不过，只要《平价医疗法案》有任何新变化，以及这会对个人理财带来任何潜在的影响，我们都会及时在网站（http://pearsonhighered.com/keown）提供最新消息。《平价医疗法案》带来了两个最主要的变化，一是要求向民众提供最基本的医疗保险服务，二是要求在一定期限内购买保险。[①] 基本的医疗保险服务包括：

- 日常门诊服务；
- 急救服务；
- 住院；
- 产妇与新生儿的护理；

---

① 这些要求有一些例外豁免情况。比方说，某些不受该法案约束的医疗保险计划不需要提供所有的保险保障，而且消费者何时可以购买新的医疗保险计划也有相应的豁免规定。

- 心理健康与治疗药物滥用导致的失调；
- 处方药；
- 化验服务；
- 预防性医疗服务；
- 儿科医疗服务；
- 复建与康复性医疗服务与器具。

现实世界

34%的美国人过度肥胖。与那些体重正常的人相比，胖子们每年要多支出 1 429 美元的医疗成本，而心脏病的平均医疗成本为 54 400 美元。

你可以在交易所或保险市场内购买这些个人保险产品，当然也可以在市场外购买。不管是哪一种购买渠道，你选择的保险产品都应当提供相同的保险福利。个人医疗保险产品的保费取决于被保险人的年龄、居住地以及保障的程度——也就是说，你是想要保障个人90%的医疗费用，还是只需要保障 60%？一般来说，每年投保人只能在一段相对较短的时期内购买保险。之所以保险产品的限售期会比较短，主要是为了规避逆向选择风险，即有些人只会在知道自己急需健康保险的保护以后才去购买它。当然，如果国会采取行动废除了《平价医疗法案》，你将不得不购买个人保险或团体保险。个人保险体现了客户的年龄、健康状况（体检结果的反映）、地理区域以及免赔额的大小。团体保险最大的优势就是保费更便宜。在绝大多数情况下，但非绝对，个人保险的成本要比团体保险更高。

一旦你填写了健康保险理赔单，即使刚开始时保险公司拒绝赔付，也不要轻易放弃。表 9-5 提供了一步步的理赔申诉程序。

表 9-5 健康保险理赔申诉的程序

如果保险公司拒绝为你获得的医疗服务提供保险赔付，你有权提出申诉，并要求保险公司更改它们的决定。你可以自己充当律师的角色。下面是你应采取的行为： 步骤 1：查看你的保单以及对理赔情形的解释。 步骤 2：联系保险公司，并对整个交涉过程保存详细的记录（信件的复印件，交涉的时间与日期）。 步骤 3：从医生或雇主那里获得相关的书面证据以支持你的申诉。 步骤 4：写一封正式的投诉信，解释一下你接受的哪一项医疗服务被拒绝赔付，为什么你要通过保险公司的内部检查程序提出申诉。 步骤 5：如果不能按照步骤 4 进行内部申诉，那就向你所在州的保险监管部门提出申诉。 若想获得更多信息，请登录 http://nclnet. org 或 http://statehealthfacts. org。

资料来源：U. S. General Service Administration，*Consumer Action Handbook*，2014，http://www. consumeraction. gov.

思考：

如果目前你不是某团体的会员，无法参加团体保险的话，那么可以考虑加入可以提供团体保险的组织。贸易团体、校友会、政治团体和宗教团体是比较好的选择。你会发现，入会以后参加团体保险节省下来的保费要远远超出入会的费用。你认为自己可以在哪里获得团体保险？

政府发起的医疗服务计划

政府发起的医疗服务计划可以分成两大类：（1）州保险计划，根据州**工伤赔偿法案**（workers compensation laws）的规定，对工伤或职业病引起的医疗费用进行赔付。以及（2）联邦保险计划，例如**联邦医疗保险计划**（Medicare）和联邦医疗救助计划（Medicaid）。

工伤赔偿法案：规定对工人工伤或职业病引起的医疗费用进行赔付的州法律。

联邦医疗保险计划：于1968年颁布，其目的是向残疾人、年逾65岁的公民以及有资格享受社会保障的老年人提供医疗福利。可分为两个部分：A部分主要提供基本的住院保险；B部分是补充性保险。

工伤赔偿法案

工伤赔偿法案最早起源于20世纪早期，当时美国社会正由农业经济向工业经济转变。在这一时期，工人们在不安全的环境下工作很长时间，工伤事故时有发生。1906年厄普顿·辛克莱（Upton Sinclair）的著作《丛林》（*The Jungle*）出版，引起社会各界的广泛关注与讨论。在此契机下，各个州通过了一系列旨在向工人提供工伤或职业病保险的法案。

因为各州独立制定法案，因此每个州向工人提供的保险程度也不尽相同。有些州的保险范围比较宽泛，而其他州并不是向所有的工人提供保险。例如，有些州不向小企业的工人提供保险。由于各个州之间保险的具体规定不太一致，所以你最好询问一下企业的福利部门，了解清楚你到底能够享受哪些保险福利。对于没有获得全部工伤保险的工人，或者是那些根本不能享受工伤保险福利的工人，一些私人保险公司可以提供类似的工伤保险作为补偿。

联邦医疗保险计划

联邦医疗保险计划是于1968年颁布的，其目的是向残疾人、年逾65岁的公民以及有资格享受社会保障的老年人提供医疗福利。保险成本由美国社会保障局支付，患者只需要承担每年的免赔额。联邦医疗保险计划十分复杂，解释起来要花费很多篇幅，因此在这里我们只做一个简单介绍。若想获得有关联邦医疗保险计划各个组成部分的详细信息，读者可以查看宣传手册《联邦医疗保险计划与你》（*Medicare and You*）。任意一个社会保障管理局都提供这份宣传手册，或者从网站 www. medicare. gov 上直接下载电子版。表9－6总结了个人参与联邦医疗保险计划时可选择的各种承保方案。如你所见，你可以通过两种方式来获得联邦医疗保险计划的保障——原始版的联邦医疗保险计划或联邦医疗保险优势计划。虽然你的选择很重要，但并不是不可更改的。这是因为你每年至少有一次机会去更改自己的联邦医疗保险计划。

查看联邦医疗保险计划有几个组成部分是帮助我们了解该计划最简单的方式：

- 联邦医疗保险计划A部分——住院保险（hospital insurance）：A部分主要提供基本的住院保险福利。每个满足条件的公民都要强制参加A部分，而且这一部分涵盖了绝大多数的住院费用，包括手术室使用费、护理费、半专用病房费以及处方药的费用。如果患者满足一定条件，那么A部分的承保范围还包括熟练的护理服务、临终关怀以及家庭医疗服务。投保人或投保人购买补充性保险的保险公司支付一笔固定费用或者是按照医疗服务成本的一定百分比来支付费用。

- 联邦医疗保险计划B部分——补充性保险（supplemental medical insurance）：B部分是一个自愿参加的补充性保险计划，可以对医生的门诊费以及各种各样的医疗服务所产生的费用进行补偿。医生对患者进行的必要的医疗处置都属于保险范围，不管患者是在哪里接受治疗——在家里、医生办公室、诊所、疗养院或者医院，都不是问题。

对于 B 部分，投保人每个月要缴纳保费，2017 年规定，绝大多数人（收入低于 85 000 美元的个人或者是收入总和低于 170 000 美元的夫妻）每个月缴纳的保费额为 134 美元。

● 联邦医疗保险计划 C 部分——医疗保险优势计划（Medicare advantage plans）：因为囊括了众多私人保险公司提供的保险产品（绝大多数是维护健康组织计划或优惠医疗护理提供者机构计划），因此医疗保险优势计划进一步扩大了联邦医疗保险计划的选择余地。很多医疗保险优势计划能够提供全方位的保障，包括联邦医疗保险计划的保障范围以及处方药福利。此外，某些医疗保险优势计划还能提供传统的联邦医疗保险计划中没有囊括的医疗福利，例如有关视力和牙齿的医疗服务以及更多的预防性医疗服务。

● 联邦医疗保险计划 D 部分——处方药保险（Medicare prescription drug coverage）：你可以通过与联邦医疗保险计划合作的被认可的私人保险公司来购买这种处方药保险。所有加入了联邦医疗保险计划的投保人均可以选择加入该保险。为了获得处方药保险，你必须加入联邦医疗保险计划的处方药保险计划。除了缴纳 B 部分的保费以外，你还要单独为 D 部分支付保费。

表 9－6　联邦医疗保险计划的承保项目选择

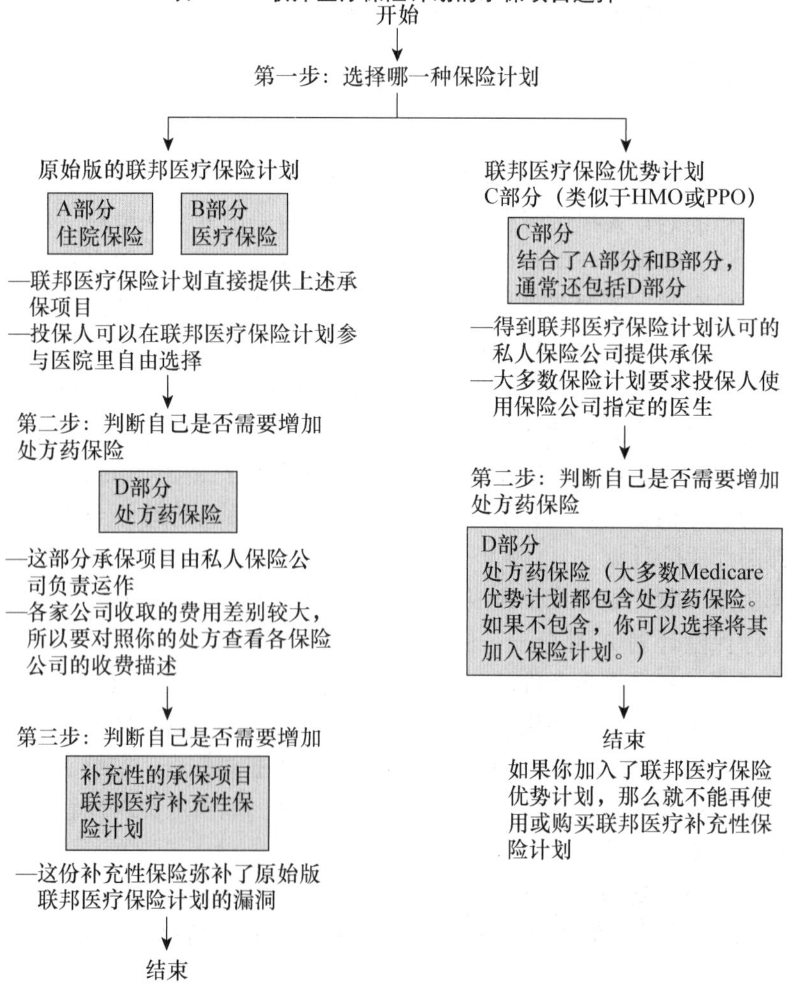

为了避免因加入时间过晚而被迫支付罚金，只要一满足条件，建议你立即加入联邦医疗保险计划的处方药保险计划。如果保险的保额或你的需求发生了变化，那么在每年特定的一段时间内，你可以在不同的联邦医疗保险处方药保险计划之间进行转换（其实就是更换提供保险的保险公司）。

不同的处方药保险计划涵盖的处方药范围以及收费标准差别较大。因此，当你挑选此类产品时，要密切注意下面几个方面：

- 承保范围——检查你常用的处方药是否在保险计划的承保范围之内。
- 成本——了解每种处方药保险计划的购买成本是多少。
- 便利性——确认保险计划里列出的药房是不是你想去的那几家。

联邦医疗补充性保险计划

为了弥补保险缺口，私人保险公司负责出售**联邦医疗补充性保险**（Medigap insurance）。保险公司只能向客户出售“标准化的”联邦医疗补充性保险计划。这些标准化的保单（联邦医疗补充性保险计划 A 至 L）都能提供一定的保险福利，便于客户进行横向比较。虽然不同的辅助计划可能具有相同的保险福利，但是由于成本差异非常大，所以我们还是建议你要认真研究一下保单——要确保自己对比的是同一种类型的医疗保险计划。

联邦医疗救助计划

> **联邦医疗补充性保险**：为了弥补保险缺口，私人保险公司负责出售联邦医疗补充性保险。
>
> **联邦医疗救助计划**：是一个针对穷人的辅助性医疗保险计划。

联邦医疗救助计划（Medicaid）于 1965 年颁布，是一个针对穷人的辅助性医疗保险计划。这是由联邦政府和州政府联合管理的保险计划，而且每个州提供的福利水平并不相同。联邦医疗救助计划的目的是向那些老年人、盲人、残疾人以及有小孩的家庭提供医疗服务。因为联邦医疗救助计划涵盖的某些医疗项目也是联邦医疗保险计划的许可项目，因此联邦医疗救助计划的保费、免赔额以及病人自负比例要求类似于联邦医疗保险计划。这种保险计划在适用人群范围上有较大的局限性，当未来你需要它的时候，很难保证它还是现在这种运作形式。

控制医疗费用

毫无疑问，控制医疗费用的第一步就是保持身体健康。如果身体健康，不仅健康保险的保费会更低，自己支付的医疗费用也会随之减少，而且还避免了因生病丢掉工作而造成的收入损失。事实上，保持健康的好处就在于它没有任何成本。

为了具体说明保持身体健康能带来哪些好处，让我们举个例子说明，看看一个“每天两包”的吸烟者戒烟以后能节省下来多少钱。首先，根据吸烟者所在州的香烟税税率的多少，直接节省下来的香烟钱估计达到每年约 1 600 美元。如果适用的税率为 28%，那么转变成税前收入的话，就变成了 2 222 美元。现在再加上戒烟后不易换上肺癌或生下因吸烟而染病的婴儿所造成的成本。（当然，如果始终吸烟的话，很有可能英年早逝。而戒烟之后，活的时间会延长，生活开支也会多一些。）除了保持健康以外，你还可以通过使用医疗费用报销账户或脱离公司的医疗保险计划等方式来控制医疗成本。

> **弹性支付账户：** 是由雇主建立的储蓄账户，允许每个员工将一部分税前收入存入这个指定账户。员工可以从这个账户中提取资金来支付未报销的医疗费用或牙齿治疗费用。

弹性支付账户

弹性支付账户（flexible spending account，FSA）是由雇主建立的储蓄账户，允许每个员工将一部分税前收入存入这个指定账户。员工可以从这个账户中提取资金用来支付医疗费用，例如付给医生的共同支付费用、牙齿治疗费用以及儿童护理费用。员工最多可向该账户存入 2 500 美元，雇主允许员工可结转到下一年度的、该账户本年度的余额不得超过 500 美元。

弹性支付账户不仅可以让员工直接支付医疗费用以达到降低应税收入的作用，还能让员工用税前收入支付保险范围以外的医疗成本以达到合理避税的目的，例如支付配镜和牙齿矫正的费用。事实上，弹性支付账户中资金的使用是十分灵活的。

> **现实世界**
>
> 近来一项调查报告称员工人数达到或超过 500 人的公司有 85%提供了弹性支付账户，专门用于支付医疗费用。不过，在够资格使用该账户的员工当中，只有 27%的人在使用该账户。他们还决定每年平均向这个账户缴款 1 400 美元左右。

健康储蓄账户

健康储蓄账户（health saving accounts）是能帮助很多人支付医疗费用的一个新选择。可以使用健康储蓄账户的个人包括自由职业者、小企业主、仅提供最基本健康保险的中小企业雇员，以及年龄在 65 岁以下、自己购买医疗费用的人。2017 年，参加了高免赔额健康保险计划（如果是个人健康保险的话，免赔额最低为 3 400 美元；如果是家庭健康保险，免赔额最低为 6 750 美元）的个人也可以拥有健康储蓄账户。个人可以使用健康储蓄账户支付当前的医疗费用，或者是为未来的医疗支出或退休后的保健费用积累资金，最关键的是有免税的好处。你还可以使用健康储蓄账户支付属于免赔额部分的医疗费用，或者是不属于健康保险承保范围的医疗费用，例如退休以后的医药费和长期护理费。健康储蓄账户的另一好处在于如果年底时没有将账户内的资金全部使用，也不用担心余额部分会作废。余额会一直存在账户里，而且还有利息，直到有一天你用它来支付医药费。

《联邦统一综合预算协调法》（COBRA）与更换工作

根据《联邦统一综合预算协调法》的规定，如果员工所在的公司雇员人数在 20 人以上，则在该员工离开该公司以后 18 个月到 3 年的时间里，有机会可以继续保持原有的健康保险。具体持续时间多长取决于员工离开的原因。为了使该保单继续生效，你必须在离开公司后的 60 天内，通知前雇主你有意继续支付保费。

这部法案的出台是因为个人健康保险的费用很高，通常还包含各种“先存情况”的除外条款。不过，《平价医疗法案》让《联邦统一综合预算协调法》的重要性有所下降，因为前者干脆禁止保险合同中包含“先存情况”的除外条款，而且创建了各州的健康保险交易所，让个人医疗保险产品的费用变得更低。因此，失去了雇主提供的医疗保险的个人可以选择通过《联邦统一综合预算协调法》来购买个人医疗保险，或者是通过各州的健康保险交易所购买新的医疗保险。

选择不买保险会怎么样？

如果你能负担得起医疗保险，但却没有买，那么可能需要支付一笔费用或罚金。[①] 这笔费用并不意味着你购买了保险，你还是要自己支付一切医疗费用。这笔费用或罚金有时被称为“个人责任费用”或“个人授权”费用。这背后的逻辑是当某个没有医疗保险的人需要紧急医疗服务但没有支付账单时，总要有人来付这笔钱。政府征收这笔费用的目的就是号召每个人都去购买医疗保险。

在 2017 年，政府使用两种方式之一来计算罚金的金额。个人需要按照下列两者中的较大值来支付罚金：

- 个人家庭年收入的 2.5%。最高罚金是《平价医疗法案》青铜计划的全国年均保费额。
- 每个大人 695 美元，每个年龄不满 18 岁的孩子 347.50 美元。使用这种方法算出来的最高罚金是每户家庭 2 085 美元。

未来，罚金会根据通货膨胀的情况而进行调整。如果你只是在一年的某几个月里没有保险的保护，那么未保险的状态每持续一个月，则对应的罚金就等于年罚金的 1/12。如果你的未保险状态不足 3 个月，那就不需要支付罚金。

现实世界

最常见的保健措施是参加戒烟课程、进行健康风险评估以及去公司的健身房。遗憾的是，超过 75%的工人并没有充分使用这些免费设施。

寻找最佳的保险计划

在选择保险计划时应当考虑哪些因素呢？如你所料，你愿意为购买健康保险支付的费用越高，就可以获得更全面的保障范围。让我们来看一看健康保险合同里一些重要的条款。

被保险人

健康保险计划的被保险人可以是个人、家庭或者团体。如果你购买的是家庭健康保险，那么必须要弄清楚如果你离婚了，怎么处理该健康保险，以及继子或继女是否可以被纳入保险范围。关键在于你必须弄清楚家庭健康保险计划的被保险人到底包括哪些人。

支付条款

支付条款规定的是你对这份健康保险计划应承担的付款责任，包括免赔额和共同保险支付。

免赔额或病人部分自负条款明确说明了保单持有人对理赔事项应支付的金额。免赔额越高，保单的保费就越低。选择免赔额最高的保险计划是非常明智的决定，因为这种保险

① 有些人收入有限，或是遇到了很多其他情况，例如，遇到了一些困难或是遭遇了人生中的大事件，这样的人可以豁免这笔费用。

计划的保费比较低，所以平均每一美元保费成本获得的保障程度更大一些。于是，保险效率提高，你也实现了为家人提供保障避免大灾大难造成严重损失的目标。

思考：

在购买健康保险时，不要为了省钱导致保险购买量低于自己的实际需求。别忘了，买保险的目的就是提供保障。你还应当确保自己购买的保险计划能够及时地按照通货膨胀率调整，能够适应你的生活环境。每隔几年就检查一下自己的保单，尤其是当发生重大变化时，例如结婚、生子或离婚时，更要重新检查一遍已参加的保险。你认为在接下来的几年里，你的健康保险需求会发生怎样的变化？

除外条款

某些保单规定了除外条款，对某些伤害或疾病不承担赔偿责任。例如，美容性质的牙齿治疗项目以及整容手术通常都不属于承保范围。

现实世界

最好的保险就是健康安全的生活方式。对于年轻人来说，这就意味着安全驾驶。交通事故已经成为年轻人的头号杀手。事实上，自己开车的十几岁孩子仅占美国国内总驾驶人数的5%左右，然而，在全国交通事故中，他们要占到14%。因故死亡的16～19岁的少女中，有一半左右是在交通事故中丧生的。同样年纪故去的男孩中，大约有36%是因为发生了交通事故。因公路交通事故死亡的21岁以下的年轻驾驶员中，有四分之一以上的人血液中的酒精含量达到0.10mg/mL甚至更高。晚上九点到次日早上六点这段时间是年轻人发生致命车祸的高发时段。

选择保险计划

健康保险市场是个人购买健康保险的新渠道。为了便于用户比较各种保险计划，健康保险市场根据个人与保险计划分担医疗费用的不同方式，将健康保险计划分成五种类型：

- 青铜：保险计划支付60%，个人支付40%。
- 白银：保险计划支付70%，个人支付30%。
- 黄金：保险计划支付80%，个人支付20%
- 白金：保险计划支付90%，个人支付10%。
- 巨灾型：如果你年龄不足30岁，或收入水平很低，则可以选择这一类保险计划。

在选择保险类型与健康保险计划时，你需要考虑很多因素：

- 你选择的保险类型会影响到每个月你支付多少保费成本以及某些类型的医疗费用（例如看门诊或开处方药）需要你个人承担多少，同时还会对你负担的总成本造成一定的影响。
- 这五种类型的保险计划都能提供一模一样的10种基本医疗保险福利，而且保险的类别并不影响保险计划所提供的医疗服务的质量。
- 在选择个人的医疗保险计划时，你要牢记一个总的经验法则：保费越低，那么当你需要医疗服务时，你个人支付的医疗费用就会越多；保费越高，那么当你需要医疗服务时，你个人支付的医疗费用就越少。

- 在选择购买哪一种保险计划时，要考虑一下整个家庭的医疗需求。你是否有可能需要很多医疗服务？还是很少？

- 你还可以考虑加入其他一些医疗保险项目，例如联邦医疗补助计划和儿童健康保险项目（CHIP）。健康保险交易市场还向年龄小于30岁的人以及收入水平非常低的人提供巨灾型医疗保险计划。

伤残保险

伤残保险（disability insurance）与健康保险有点关系，但是它更像是赚钱能力保险。当被保险人伤残以后，生活还在继续，治疗费用仍在增加，只有被保险人的收入现金流停止了。你会发现，房子的贷款要还，孩子的教育费用在增加，食品和水电费要定期缴纳，医疗开支通常也在上涨，唯一停止的就是你的收入。

> **伤残保险**：当被保险人的收入来源因疾病或事故而丧失时向被保险人提供赔偿的健康保险计划。

哪些人需要购买伤残保险呢？所有依靠工作谋生的人都需要购买伤残保险。实际上，对于年纪在35～65岁之间的人们来说，因伤残而误工90天甚至更长一段时间的概率就相当于死亡的概率。在65岁以前，一个30岁的工人有47%的可能会因伤残而导致误工90天。即使你现在单身，没有需要供养的人，也需要购买伤残保险。如果你的亲人依赖于你的工作收入生活，那么你就更加需要购买伤残保险了。记住，当灾难真的降临到头上时，伤残保险就能立即发挥它的保障作用，因此它就是我们所说的必要保险之一。

既然伤残保险这么重要，可为什么有那么多人都没有购买呢？问题的答案就在于价格。尽管保费的多少取决于被保险人的年龄、健康状况、职业、保额的高低以及保险公司赔偿前已经处于伤残状态的时间长短，但是笼统地说，每年至少要花掉1 000美元来购买伤残保险。

你所从事的职业对伤残保险保费的影响最大。保险公司通常将客户按照其职业分成五个风险等级。大学教授通常是第五风险等级，而建筑工人则属于第一风险等级。反过来，这种风险等级反映了保险公司收取保费的多少。因为大学教授发生伤残的概率要远远低于建筑工人，因此保险公司对大学教授收取的伤残保险保费要低于建筑工人。

伤残保险的来源

很多雇主提供某种形式的伤残保险，以此作为员工福利计划的一部分。没有将伤残保险纳入员工福利计划的雇主，则会选择以比较优惠的价格提供团体伤残保险。如果你是自由职业者，则要想办法参加团体伤残保险或者是购买个人伤残保险。绝大多数人还可以从社会保障体系或依照工伤赔偿法案获得一定程度的伤残保障。

尽管很多工人都能享受工伤赔偿法案中规定的保障权利，但是只有当工伤导致伤残时，才能获得相应的赔偿。赔偿的额度取决于各个州的规定，因此，各个州之间的情况有很大差异。你不能想当然地以为自己已经获得了伤残保险或者以为自己参加的保险计划是全方位的。

对于社会保障体系提供的伤残保障部分，伤残赔偿金的多少取决于被保险人加入社会保障体系时间的长短以及工资水平。即使上述条件你都合格，也要等到伤残 5 个月以后才能得到赔偿，而且只有当这种伤残状况至少还要持续一年或者终生的情况下，你才能获得赔偿金。而且，为了满足获得赔偿金的条件，你不能再从事任何职业，而并不是仅仅被要求不再从事原来的职业。

你需要购买多大保额的伤残保险?

如果因伤残无法工作的话，你要确保自己购买的伤残保险的保额（赔偿金）能使你的生活标准维持在一个可接受的水平。记住，你的投资收入不会因伤残而停止，你只是失去了你的工作收入。也就是说，为了维持现有的生活水平不变，失去的工作收入部分必须要能够被保险赔偿金完全替代掉。如果你已经积累了一大笔投资收益，已经足够支持生活的话，那么只要保险赔偿金能够替代掉原有税后收入的 30%就可以了。然而，有些人积蓄不多，所有收入仅够糊口，那么保险赔偿金的额度至少要能够替代原来税后收入的 80%以上才行。

很多保险公司出售的伤残保险不能向被保险人提供相当于税后收入 67%～80%的赔偿金保障。它们认为，如果大部分工作收入被赔偿金弥补了的话，被保险人就没有重返工作岗位的动机了。请注意，这里我们讨论的是税后收入的弥补或替代。尽管你支付给保险公司的伤残保险保费不具有税收抵扣的作用，但是伤残保险赔偿金一般是免税的。图 9-3 提供了一个工作表，你可以用它来估计一下自己需要购买多大保额的伤残保险。

1. 现在每个月税后工作收入		______
2. 已有的伤残保险税后赔偿金：		
● 社保赔偿金	______	
● 雇主提供的伤残保险赔偿金	+______	
● 退伍军人福利以及联邦政府或州政府提供的其他伤残保险赔偿金	+______	
● 其他伤残保险赔偿金	+______	
● 现有的总保障	=	______
3. 万一伤残，若想保持现有的生活水平不变，应当增加的保障额度是（1 减去 2）		______

注意：我们没有把工伤残疾赔偿金包括进来，因为它只涉及因公致残的案例。

图 9-3 伤残保险产品保额评估工作表

有价值的伤残保险条款

不同的保险公司之间，伤残保险产品的差异程度要比健康保险高得多。因此，你需要了解伤残保险合同中哪些条款特别有意义或有价值。这也就是我们接下来要讨论的内容。

伤残的定义

保单里对伤残的具体定义是什么？一般来说，大多数保险合同中规定，只要被保险人不能从事原有职业，或者是不能从事任何可能的职业，就被认定为伤残。不过，很难判断哪些职业是可能从事的职业。因此，选择那些将伤残定义为不能从事原有职业的伤残保险产品是一个明智的选择。

还有一种情况是保险合同中给出了伤残的双重定义。根据这种定义方法，如果被保险人在伤残后头两年无法从事原有职业的话，就被认定为属于理赔范围。当然，如果被保险人不能再从事任何可能的职业，则也被认定为伤残。这种定义方式的目的是鼓励被保险人在伤残的头两年里积极接受职业再教育。使用这种定义的伤残保险产品要比仅仅使用“不能从事原来职业”定义的产品费用低廉。考虑到保险成本，你可以认真考虑一下选择使用双重定义的伤残保险产品。

当被保险人开始兼职工作以后的剩余支付或部分支付条款

有些伤残保险产品规定，当工人重返工作岗位，开始兼职工作时，保险公司仍将继续向被保险人支付部分赔偿金。这种做法弥补了工人原来全职工作时获得的收入与现在兼职工作收入之间的差距。这一条款对被保险人十分有利，尤其是对于那些自由职业者而言更是如此。

赔偿金持续期

伤残保险持续支付赔偿金的时间长度是有上限限制的，或者是一直支付到残疾状态结束为止，或者是残疾人达到65或70周岁为止。**短期伤残保险**（short-term disability，STD）一般在伤残后6个月到2年的时间里支付赔偿金，等待时间为8到30天。而通常**长期伤残保险**（long-term disability，LTD）会一直支付赔偿金，直到被保险人达到合同中规定的年龄或者是被保险人死亡。只有长期伤残保险才有意义，因为只有它能够在较长的时间内保障被保险人不会因为伤残而陷入财务困境。

等待期（或排除期）

等待期或排除期（waiting or elimination period）指的是在残疾发生后保险公司尚未支付赔偿金的那一段时间。等待期条款类似于健康保险产品的免赔额条款。大多数伤残保险的等待期为1个月到6个月。当然，等待期越长，保险产品的费率也就越低，实际上，3个月等待期的伤残保险与1个月等待期的伤残保险相比，前者的收费水平要比后者低30%左右。

伤残保险能够帮助被保险人弥补长期疾病造成的收入损失。因此，从成本的角度来看，你应当慎重考虑购买3个月等待期的伤残保险产品。

> **短期伤残保险**：一般在伤残后6个月到2年的时间里支付赔偿金。
>
> **长期伤残保险**：会一直支付赔偿金，直到被保险人达到合同中规定的年龄（通常为65岁或70岁）或者是被保险人死亡。
>
> **等待期（或排除期）**：在伤残发生后保险公司尚未支付赔偿金的那一段时间。
>
> **停止支付保费条款**：如果被保险人因伤残或疾病无法继续工作，则可以停止支付保费，同时保单仍然有效。
>
> **康复保障条款**：向被保险人接受职业再教育提供保障，确保被保险人可以参加与就业相关的职业培训。

停止支付保费条款

一般来说，保险合同中包含**停止支付保费条款**（waiver of premium）是件好事，这意味着如果被保险人受伤或残疾了，则可以停止支付保费。但是要注意带有此条款的保险产品的保费水平是多少。

不可取消条款

保险合同中还应当列有不可取消条款。未来不管因为何种原因导致被保险人的伤残风险提高，如果合同中有这一条款的话，保险公司都不得以任何借口取消保险合同。而且这一条款还能保证保险合约可以更新（续保），同时防止保险公司借机提高保费水平。

康复保障条款

康复保障条款（rehabilitation coverage）能够向被保险人接受职业再教育提供保障。

这一条款一般能够确保被保险人可以参加与就业相关的职业教育或岗位培训项目。

长期护理险

长期护理险：帮助被保险人支付疗养院护理费用和家庭健康护理费，适用于患有中风、慢性疾病、老年痴呆症或者是生活不能自理的老人。

长期护理险（long-term care insurance）可以帮助被保险人支付疗养院护理费用和家庭健康护理费。20 多年前，长期护理险产品刚刚面世的时候，它的名称是“疗养院保险”。现在，随着这种产品的不断进化改进，也能满足那些需要护理服务但仍可以待在家中的客户的需求。患有中风、慢性疾病、老年痴呆症或者是生活不能自理的老人，购买长期护理险以后，可以用保险金对长期护理费用进行补偿。实际上，这是另外一种形式的伤残保险。其缺陷就在于费用比较高。

看上去，长期护理险似乎应当是主要医疗保险计划的一部分，或者是属于联邦医疗保险计划的承保范围。但实际上并非如此。这是一个新的保险产品发展领域。随着人类寿命的不断延长，很多老人到了一定年纪以后需要护理服务的可能性也在增大，这些市场需求在一定程度上刺激了保险公司提供更多的长期护理险产品。而且长期护理服务的高昂费用也促使人们开始购买长期护理险。

现实世界

根据美国人寿保险公司理事会的估计，当被保险人年龄达到 85 岁时，有 50%的可能需要购买长期护理险。到 2040 年，现在的大学毕业生变成了 50 岁左右的中年人，疗养院护理费用预计会达到每年 200 000 美元。

长期护理险的作用就是帮助被保险人支付部分护理费用。在保单持有人接受疗养院护理时，保险公司会每天支付一定额度的保险金。对于绝大多数的长期护理险产品而言，保险金是免交联邦所得税的。通常，这笔保险金会直接支付给疗养院用于抵扣护理费用。一般来说，40 岁以下的人不能购买这种长期护理险，而且保单持有人年纪越大，保费水平也就越高。可惜的是，很多长期护理险产品列出了很多除外条款和条件。而且人们对这种产品的不了解以及各个保险公司产品差异性的存在，都使得人们在购买时并没有把它视为是理财计划的一部分，相反完全是出于恐惧心理（担心老了以后无力支付护理费用）。

如果你打算购买长期护理险的话，那么一定要在你还健康的状况下购买。你可以申请健康折扣和配偶折扣。也就是说，如果你身体健康的话，在购买长期护理险时，约翰汉考克公司（John Hancock）可以给你 10%的折扣，而 UnumProvident 公司可以给你 20%的折扣。此外，如果已婚配偶同时购买两份长期护理险，则绝大多数公司会给予 10%到 20%的折扣优惠。和其他很多健康保险产品一样，只有在你健康的时候才能购买长期护理险。当然，你也必须去经营状况良好的保险公司购买这种保险产品。表 9 - 7 提供了长期护理险合同中可以加入的条款清单。表 9 - 8 列出了一些问题，当你考虑购买长期护理险产品时，你应该问问自己这些问题。

表 9－7　长期护理险条款

必要条款
- 选择保险公司：只选择贝斯特公司评级在 A11 或 A1 等级的高质量保险公司，不要相信电视上请名人做广告的保险公司。
- 申请保险赔偿金的条件：被保险人在无人帮助的情况下不能自己进行最多两种“日常生活活动”（ADLs）。
- 申请保险赔偿金的条件：保险合同中明确说明老年痴呆症和帕金森综合征属于承保范围。
- 申请保险赔偿金的条件：住院不能申请赔偿金。
- 赔偿期限：最少要达到 3～6 年的赔偿期。
- 通货膨胀调整：保险合同允许被保险人按照通货膨胀率调整保额。
- 不可取消条款：保单不能被保险公司单方面取消。

有利但非必需的条款——要在保险成本和赔偿金之间进行权衡
- 停止支付条款：一旦被保险人残疾，这一条款能发挥很大作用，但是成本较高。
- 护理的类型：家庭护理、日常护理以及对患有致命疾病的患者提供的收容院护理。
- 赔偿期限：妇女应当享受更长的赔偿期限。

有助于降低保费的条款
- 等待期：如果可以的话，考虑一下 100 天或更长的等待期。

不需要加入的条款——成本太高，不值得
- 不丧失权利条款：很简单，就是这个条款的成本太高了。

表 9－8　长期护理险

医学进步让人们对养老院护理以及生活陪护的需求日益增加。绝大多数健康保险计划以及联邦医疗保险计划严格限制甚至根本不包括长期护理项目。当你考虑购买独立的长期护理险时，先对下列问题做出回答：
- **投保人必须满足哪些条件才能获得保险金？**一些保险公司要求投保人必须无法独自完成下列多项日常活动才有资格获得保险金：吃饭、散步、从床上移动到椅子上、穿衣服、洗澡、上厕所以及保持自制力。
- **包含哪些类型的护理服务？**保单包含养老院护理服务吗？对生活陪护服务（服务面向的客户数量少于养老院）的承保情况如何？如果你想待在家里，那么保险产品能为上门服务的护士或理疗师提供的服务买单吗？准备食物以及打扫房间的服务费用属于承保范围吗？
- **保险金的金额会有多高？**绝大多数保险计划都明文规定了每日可提供一定数额的保险金。家庭护理的保险金一般相当于养老院保险金的一半左右，但是也有一些保险产品对这两种类型的护理服务提供金额相等的保险金。其他一些保险产品根据客户支付保费的高低决定保险金的数额。
- **保险金的支付周期长度？**你可以找到能够终身提供保险金的保险产品，但是费用非常高。大部分此类保险产品的保险金支付周期为 1～6 年。待在养老院的投保人一般可获得保险金的平均时限为 2.5 年。
- **保险金是否会根据通货膨胀率进行调整？**如果你在 60 岁之前买了保险，那么你面临的危险是等用到这份保险的那一天，每天数额固定的保险金已经不够用了。
- **在开始领取保险金之前是否存在等待期？**常见的等待期大多为 20 天至 100 天。

资料来源：U. S. General Services Administration，*Consumer Action Handbook*，2017，http://www.consumeraction.gov/.

伤残历史较长、家族内部有人患有老年痴呆症或帕金森综合征或者是不想动用储蓄的老人可以考虑购买长期护理险。如果没有经济能力支付长期护理险的保费，那么针对穷人的联邦医疗救助计划可以帮助你支付。如果你有积蓄且没有需要供养的亲人，则可能不需要购买长期护理险。如果需要到疗养院接受护理服务的话，可以直接用你的积蓄来支付费用。毕竟，攒了这么多的钱就是为了退休之后使用。

很多长期护理险都要求在无人帮助的情况下，被保险人不能单独进行一项或几项“日常生活活动”（ADLs）。所谓的日常生活活动包括走路、穿衣服和吃饭等。某些长期护理险产品还可以向患有认知障碍疾病的患者，例如因患有老年痴呆症和帕金森综合征而导致短期失忆的患者，提供保险赔偿金。在购买长期护理险产品时，一定要选择老年痴呆症和帕金森综合征属于承保范围的保险产品。接下来的内容是讨论长期护理险合同中的某些条款。

护理的类型

不同的长期护理险产品规定的护理类型有所不同。有些产品只提供疗养院护理，还有些产品能够提供日常护理或对患有致命疾病的患者提供收容所护理。事实上，对于被保险人接受非专业的护理者护理的情况，例如由家人或朋友护理，现在很多长期护理险也可以支付保险金，并没有强制规定只有当接受专业护理者的收费服务时才能获得赔偿金。因此，选择具有弹性保险条款和家庭护理选项的长期护理险是个不错的主意。

赔偿期限

长期护理险的赔偿期限短的为 1 年，最长的可以为终身。不过，终身保险的费用非常高。因为在疗养院接受护理的平均时间为 2.44 年，所以你要确保自己购买的保险赔偿期限最低为 3～6 年。此外，因为女性一般要比男性接受时间更长的护理，因此女性被保险人要考虑更长的赔偿期限。

等待期

和伤残保险一样，长期护理险的等待期发挥的作用就相当于免赔额，也就是说在等待期内，你要自己支付疗养院的护理费用。等待期的长短可以从零天到整个一年，但是最常见的是等待期为 20～100 天左右。正如之前已经讲过的，等待期越长，保费水平也就越低。

例如，当被保险人 65 岁时，将等待期由 20 天增加到 100 天，这一改变会导致长期护理险的保费水平比原来下降 10%以上。这节省了一大笔钱，但是如果被保险人确实很需要护理服务，那么在多出来的 80 天等待期里，第一年被保险人自己支付的费用高达 12 000 美元，如果考虑到通货膨胀导致的物价水平上升，这一数字可能更大。所以，很多理财规划师建议大家还是选择 20 天的等待期。

通货膨胀调整

很难说当你真正需要长期护理时，它的实际成本到底变成了多少。如果疗养院的护理费用每年增长 5%的话，那么只需要 15 年的时间就能翻倍。如果没有通货膨胀保险的话，当你需要长期护理服务时，手上的长期护理险可能根本对你帮助不大。如果你打算购买长期护理险的话，一定要事先确认保单合同中包含了通货膨胀保护条款。

停止支付条款

停止支付条款允许被保险人在获得保险金赔偿以后，保单仍然继续有效。近来，这一条款发生了很大的变化。很多保险产品规定，只要被保险人开始获得保险金赔偿，就可以停止支付保费。近来，很多保险公司开始提供双重停止支付附加条款：夫妻两人当中只要有一人满足了停止支付条件，则两个人都可以停止支付保费。然而，对于这一附加条款要谨慎对待，因为含有这一条款的不同保险产品其成本差异很大。

行为视角 >>>

原理 9：心理游戏、理财个性与金钱

我们已经讨论了“锚定”这个行为金融学概念，它指的是我们的想法贴近或“锚定”某个参考点的倾向，尽管这个参考点对于你即将做出的决定在逻辑上根本没什么相关性。当与其他人谈论“购买”人寿保险时，这绝对是一个你想要牢牢记住的概念。

让我们看看“锚定”心理如何发挥作用。例如，比方说你不是夏威夷人，有人请你猜一猜夏威夷有多少人口。如果别人告诉你夏威夷的人口数量少于或多于 700 万人，那么你的猜测就很有可能会接近 700 万人这个锚。不过，如果别人告诉你夏威夷的人口数量少于或多于 100 万人，那么研究发现，此时你的猜测将会十分接近 100 万人这个数值。这是因为 700 万人或 100 万人就是你的“心理锚”。顺便说一句，夏威夷大约有 140 万人口。

锚定的另一个例子，你可能会比较熟悉，那就是购买订婚戒指的适当价位。有句名言说得好，你应当花大约两个月的薪水来购买订婚钻戒。两个月的工资这个“标准”正是珠宝行业的推销人员为了追求利润最大化而人为创造出来的锚，与爱情的价值毫不相干。在某些你缺乏经验或不甚了解的领域，锚定心理非常危险——例如买钻戒！

事实上，很多人都负担不起相当于两个月工资的钻戒，因为在买钻戒的同时还要支付各种生活费。因此，为了满足钻戒的价格标准，他们只好去借钱。在学习个人理财的过程中，你应当明白这样的矛盾可能会导致个人借入太多的债务。

现在，我们再说回人寿保险，我们发现这是一种奇怪的产品——人们不太想主动地“买入”人寿保险，他们往往是被动地“接受”人寿保险。没人愿意想到死亡这件事，毕竟人寿保险的目的就是在被保险人死亡后向其家人提供一定的财务安全保障。人寿保险确实不是一个让人感到兴奋开心的产品——但是大多数人都已经意识到，我们在人生的某个节点处可能会需要它。为了让客户买入超出实际需求的、更多的人寿保险产品，一些没有职业道德的保险代理可能会利用锚定心理，假装建议“正常的保额”应该是多少。例如，一位保险代理也许会告诉你，在你这个年龄段，通常保额为 400 万美元，而每年的保费只需要 1 000 美元。于是，400 万美元的保额就成了你们交谈的起点。让我们再一次回顾一下：在某些你缺乏经验或不甚了解的领域，锚定心理非常危险——例如买保险！

警惕锚定心理——它会让你做出不理智的消费，甚至于让你陷入彻底的财务困境。

行动计划 >>>

原理 10：开始行动吧！

随着家庭责任边界的变化，个人对人寿保险产品的需求也在变化。你的主要关注点应当是向无经济能力的受扶养人提供足够多的死亡赔偿金。你还需要购买医疗保险，同时还应当认真考虑是否需要买入伤残保险。下面是一份能够帮上忙的行动计划。

- 对于人寿保险，如果你有受扶养人，那么要确保你能给他们留下充足的死亡赔偿金，而且只考虑定期寿险。

- 说到健康保险，你必须得买一份——这甚至已经成为法律规定。
- 虽然你已经购买了健康保险，那也要努力让自己保持良好的身体状态，不去使用这份保险。好好锻炼，健康饮食，避免一些自毁性的行为（例如抽烟），竭尽全力保持健康状态。
- 一直待在父母保险合约的被保险人一栏，直到年满 26 岁。如果你已经年满 26 岁，同时工作单位没有向你提供健康保险，那么就去健保交易市场买一份吧。
- 一旦你找到了工作，就要求雇主提供健康保险。
- 一旦你找到了工作，慎重考虑一下伤残保险。
- 思考是否使用弹性支付账户或健康储蓄账户。

本章小结

➡ 学习目标 1：了解保险的重要性。

总结：人寿保险的目的是防止被保险人的死亡使他的家人陷入财务困境。赚取家庭主要收入来源的被保险人死亡后，人寿保险支付的保险赔偿金能够对收入损失起到替代作用。保险的基础是风险分担原理。对于人寿保险而言，每个投保人都要按照死亡率的测算缴纳一定的保费分摊风险，于是没有人会遭受巨额损失。

关键术语

《患者保护与平价医疗法案》：通常被称为《平价医疗法案》或《奥巴马医疗法案》，这项重要的医疗改革法案已于 2010 年被正式签署，推动整个健康保险市场的全面改革。

➡ 学习目标 2：判断你是否需要购买人寿保险，并选择适当的保险项目。

总结：判断你需要购买多大保额的人寿保险时，第一步是查看一下自己的净资产数额。净资产额越大，则用来支撑家人正常生活水平的经济实力就越强，因此你对人寿保险的需求程度也就越低。收益倍数法用被保险人的年均收入乘以一定的倍数来估算适当的保额应当是多少。还有一种方法也可以用来估算客户对人寿保险的需求量，那就是需求法。

关键术语

风险分摊：共同分担风险造成的财务后果。

保费：人寿保险的费用。

保险精算师：根据人群特征估算死亡率的专业统计人员。

保单的面额或面值：被保险人死亡时保险公司的赔偿额。

被保险人：人寿保单对其生命提供保障的那个人。

保单持有者或投保人：对人寿保单具有所有权的个人或企业。

受益人：由被保险人指定的，一旦被保险人死亡，保险公司赔偿金的支付对象。

收益倍数法：用年均收入乘以倍数来粗略计算你应选择的适当的人寿保险面额的方法。

需求法：根据假设你去世后，其他家庭成员仍保持原有生活方式所需要的资金来计算人寿保险面额的方法。

清理资金：当某一家庭成员死亡时，用来弥补即时开支的资金需求。

➡ 学习目标3：介绍市面上常见的主要保单类型以及基本条款。

总结：人寿保险产品可以分成两个基本类型：定期寿险和现金价值寿险。定期寿险就是单纯的保险产品，如果被保险人在保险期间死亡，则保险公司会按照保单的面值向受益人支付赔偿金。现金价值寿险是一种混合型的产品，不仅可以向受益人支付保险赔偿金，而且保单本身可以累积现金价值。

选择人寿保险产品时，要特别注意的一点是要详细研究一下保单的附加条款。所谓附加条款指的是保单合同中额外添加的条款。一般来说，人寿保险支付的死亡赔偿金是免交所得税的。因此，如果是一次性支付死亡赔偿金的话，那么通常是全额免税的。

一旦你了解了自己对人寿保险的需求，接下来要做的就是挑选保险公司和保险经纪人。然后对不同寿险产品的成本进行比较分析。

关键术语

定期寿险：如果投保人在保险期间死亡，则保险公司会向受益人支付保险赔偿金的保险类型。

现金价值寿险：这种保险拥有两个组成部分：人寿保险和储蓄计划。

可续保的定期寿险：这种定期寿险可以使保险期限延长一段时间或延续到投保人的某一特定年龄（通常是65或70岁），而不管被保险人的身体状况如何。

递减定期寿险：这种定期寿险的保费保持不变，但保单的面值有所下降。

团体定期寿险：是向特定的团体或群体（这种群体的构成人员拥有除购买保险以外其他的共同目标）出售的保险产品，一般不需要进行体检。这些团体可能是同一家公司的员工，或者是同一个协会或专业团体的会员或成员。

信用或抵押团体寿险：是由债权人（即贷款机构）向债务人提供的团体寿险。

可转换定期寿险：投保人可以选择转换为现金价值人寿保险的定期寿险，不管投保人的健康状况如何，也无须进行体检。

终身寿险：这是一种对投保人提供终身保护的现金价值保险产品。被保险人去世后，保险公司将会支付死亡赔偿金。如果被保险人活到了100岁，即使尚未死亡，保险公司也要将保险金支付给受益人。

现金价值：这是指保单终止时，保险公司应向保单持有人支付的价值。

不丧失权利：保单持有人行使不丧失权利，即相当于选择获得保单的现金价值，同时放弃了对死亡赔偿金的权益。

万能寿险：这是一种比普通的终身寿险灵活得多的现金价值保险产品。投保人可以自由决定保费支付的多少以及死亡赔偿金的大小。

变额寿险：这种保险产品能够向投保人提供终身保险服务，但是，要由保单持有人而非保险公司来承担投资风险。

保险宽限期：这是指投保人缴纳保费的宽限期，只要在此期间内缴费，保单就依然生效，且保险公司不会向投保人索要罚息。如果在宽限期内仍不缴费，宽限期过后保单将被取消。

贷款条款：根据这一条款，保单持有人可以凭借保单累积的现金价值，按照既定的利率水平向保险公司借款。

保险复原条款：保险复原条款规定的是在哪些情况或条件下，已经失效的保单能够重新生效。一般来说，复原条款允许投保人在保单终止后3～5年内恢复保单的效力。

保单变更条款：允许保单持有人改变保单的形式，比方说由终身缴费型终身寿险保单转换为限期缴费型终身寿险保单。

附加条款：这是保单上增加的特殊条款，用来提供额外的保险金或者是在某些情况下对保险公司应承担的责任进行限制。

结算方式：指的是当被保险人死亡后，受益人可以选择的获得死亡赔偿金的不同方式。

传统的净成本法：这是一种比较不同保险产品成本的计算方法。具体做法是将一定期限内（通常是10～20年）缴纳的保费加总，然后减去这一期间内的利息总和和期末累积的现金价值。

利息调整净成本法或归还成本指数法：这是一种考虑了货币时间价值的保险产品成本比较计算法。

➡ 学习目标4：选择适当的健康险品种，并了解哪些条款尤为重要。

总结：《患者保护与平价医疗法案》给美国的医疗服务体系带来了重要变革，但是该法案并不是要彻底更换旧的医疗体系——和以前一样，患者们还是面临多种医疗服务选择，健康保险的提供者仍然是私人保险公司，还是由保险公司负责向提供医疗服务的医生提供补偿。该法案的主要目的是提供新的消费者保护措施、改进医疗质量并降低成本、扩展民众获得廉价医疗的渠道以及促使保险公司负起责任。

和其他类型的保险一样，人寿保险的目的是保护被保险人及其家人不会因为被保险人的死亡而陷入财务困境。绝大多数健康保险计划能够同时提供住院保险、手术保险和内科保险，这三项保险通常捆绑在一起进行销售，被称为基本健康保险。大额医疗费用保险的目标是弥补超过基本健康保险承保范围以外的其他医疗费用。

健康保险计划可以分为两大类，即一次一付费型健康保险计划和管理型健康保险计划，或称之为预付型健康保险计划。对于一次一付费型健康保险计划，大多数情况下规定了免赔额和共同保险费用。所谓免赔额指的是在保险公司进行赔付前，被保险人自行承担的医疗费用。共同保险或比例分担条款明确了每一宗索赔案中保险公司支付的比例。

关键术语

基本健康保险：绝大多数健康保险包括住院保险、手术保险和内科保险。这三类保险已经结合在一起出售，被称为基本健康保险。

住院保险：该保险负责赔付的医疗费用是与住院相关的，包括病房费用、护理费用、手术室使用费以及医院提供的药品费用。

手术保险：手术保险是对手术费用进行理赔。

内科保险：内科保险的赔付范围涵盖了除手术以外的其他内科诊疗费用。

大额医疗费用保险：超出基本健康保险额度以上的医疗费用可以通过大额医疗费用保险来承保。

一次一付费型或传统医疗服务计划：患者要先自己付费，随后保险公司会将医疗费用的一部分或全部偿还给你。一般患者可以自由选择医生和医院。

管理型医疗服务或预付型医疗服务计划：这种保险计划要求被保险人到指定的医生、医院或诊所看病。一般来说，这种保险计划是由保健组织或其他类似机构提供的。

共同保险或比例分担：明确了每一宗索赔案中保险公司支付的比例。

病人部分负担或免赔额：规定了被保险人必须自己支付的医疗费用额度，只有达到免赔额以上的部分才由保险公司负责。

维护健康组织（HMO）：这是一种预付型保险计划，它允许参与保险计划的成员从隶属于维护健康组织的医生、医院和诊所那里获得医疗服务。

个体行医协会计划（IPA）：是一个由独立的个体医生组成的维护健康组织。患者直接到医生的诊所接受治疗。

团体行医计划：常是由维护健康组织雇用一些医生，然后这些医生集中到某个中心医院工作。维护健康组织的成员只能在中心医院里接受这些医生的治疗。

医疗服务点计划：允许组织成员在隶属于或不隶属于医疗服务计划的医生那里进行治疗。

优惠医疗护理提供者机构（PPO）：雇主或者保险人同众多医生和医院进行谈判，要求对方以折扣价格向自己的员工或会员提供医疗服务。

团体健康保险：强调的是健康保险的出售方式而不是保单自身的特点。团体保险的销售对象是某些特殊的群体，群体内的个人拥有除购买保险以外的共同目标。

个人保险：是为客户量身定做的保险产品，体现了客户的年龄、健康状况（体检结果的反映）、地理区域以及免赔额的大小。

联邦医疗保险计划：于1968年颁布，其目的是向残疾人、年逾65岁的公民以及有资格享受社会保障的老年人提供医疗福利。可分为两个部分：A部分主要提供基本的住院保险；B部分是补充性保险。

工伤赔偿法案：规定对工人工伤或职业病引起的医疗费用进行赔付的州法律。

联邦医疗补充性保险：了弥补保险缺口，私人保险公司负责出售联邦医疗补充性保险。

联邦医疗救助计划：是一个针对穷人的辅助性医疗保险计划。

弹性支付账户：是由雇主建立的储蓄账户，允许每个员工将一部分税前收入存入这个指定账户。员工可以从这个账户中提取资金来支付未报销的医疗费用或牙齿治疗费用。

➡ 学习目标5：介绍伤残保险以及可供选择的保险产品。

总结：伤残保险在被保险人伤残以后可以支付赔偿金。任何依靠工作收入维持生活的人都需要购买伤残保险。很多雇主可以提供一定程度的伤残保险，以此作为员工福利计划的一部分。

关键术语

伤残保险：当被保险人的收入来源因疾病或事故而丧失时向被保险人提供赔偿的健康保险计划。

短期伤残保险：一般在残疾后6个月到2年的时间里支付赔偿金。

长期伤残保险：会一直支付赔偿金，直到被保险人达到合同中规定的年龄（通常为65岁或70岁）或者是被保险人死亡。

等待期（或排除期）：在伤残发生后保险公司尚未支付赔偿金的那一段时间。

停止支付保费条款：如果被保险人因伤残或疾病无法继续工作，则可以停止支付保费，同时保单仍然有效。

康复保障条款：向被保险人接受职业再教育提供保障，确保被保险人可以参加与就业相关的职业培训。

➡ 学习目标6：讲解长期护理险的目的及其重要条款。

总结：长期护理险是另外一种形式的伤残保险，可以对长期的疗养院护理费用进行补偿。应当重点关注的保险合约条款包括护理的类型、赔偿期限、等待期、通货膨胀调整以及停止支付保费条款。

关键术语

长期护理险：帮助被保险人支付疗养院护理费用和家庭健康护理费，适用于患有中风、慢性疾病、老年痴呆症或者是生活不能自理的老人。

思考题

1.《平价医疗法案》的主要条款有哪些？

2. 蕾妮的家族病史很糟糕。她的侄女艾碧莲近期刚被拒绝承保，因为她在6个月前被诊断患有先天性心脏病。她的哥哥迈卡现年24岁，即将大学毕业，被告知应通过医疗保险交易系统来购买个人医疗保险。蕾妮的祖母已经从保险公司那里拿到了总额为900 000美元的保险理赔金。保险公司威胁说一旦理赔总额达到1 000 000美元，保险公司将拒绝继续支付任何保险福利。保险公司的这一举动合法吗？为什么？

3. 琼塔·荷娜莎是一个有两个孩子的单亲母亲。她每年的工资收入为45 000美元。她的雇主提供的团体人寿保险的面额为其工资水平的2.5倍。她还在401（k）计划账户里积攒了60 000美元，对共同基金和大额定期存单分别投资了5 000美元和3 000美元。她想购买期限为15年的定期寿险，因为15年以后她最小的孩子也能实现经济独立了。她不担心尚未偿还完毕的房屋抵押贷款，因为如果她去世后银行收回房子，孩子们还可以和她妹妹一起住。假设她能获得3%的保险金收益率（税后收益率，并根据通货膨胀率进行了调整），使用收益倍数法计算一下她对人寿保险的需求额。琼塔需要购买多大保额的人寿保险？如果你打算用需求法计算琼塔的保险需求，那么还需要知道哪些其他信息？

4. 维吉尔·克朗科希望购买一份未来不需要通过体检就可以提高保额的人寿保险产品。维吉尔的家族有心脏病史。请举出至少两个维吉尔应当添加到保险合同中的保单附加条款。

5. 保丁家已经购买了基本医疗保险计划，每年可以报销80%的门诊费用，但要先扣除掉每个人250美元的免赔额。如果三位家庭成员一年当中门诊和处方药的费用分别是980美元、1 840美元和220美元，那么保险公司和保丁夫妇各应支付多少钱？如果保丁先生的老板为他建立了弹性支付账户，那么保丁家通过这个账户能获得什么好处？建立这样的支付账户有哪些利弊？

6. 拉特莎·摩尔正面临一个选择：一份是传统的健康保险计划，可以向被保险人支付80%的医生门诊费用，免赔额为250美元；另外一份是维护健康组织计划，要求每一次门诊费用由保单持有人自付10美元，此外每个月还有20美元的免赔额。拉特莎患有高血压症，每个月都要去看一次医生，每次门诊费用为50美元。她通常每年还会因其他健康问题去看三次医生。计算一下这两种健康保险计划的成本各是多少，以及各自的优势与劣势。

7. 朱莉·瑞尔斯每个月的税后收入是3 200美元，她购买的伤残保险产品可以弥补她60%的收入，等待期为90天（3个月）。她现在累计请了80天的病假。朱莉遭遇了车祸，已经有4个月没有上班了。她损失了多少收入？其中有多大比例可以由伤残保险支付的赔偿金来弥补？剩下的收入损失部分怎样替代？如果朱莉必须要接受为期3个月的物理复健治疗才能重新开始兼职工作，那么剩余赔偿条款能给她带来哪些好处？在此期间，她能获得多少伤残赔偿金？

8. 博比·希尔顿现年62岁，打算购买一份期限为5年的长期护理险产品。如果在她所在的地区每个月疗养院的护理费用平均为5 000美元，那么假如不购买长期护理险的话，5年内她要自己支付多少护理费？博比应当怎样做才能降低自己支付的护理成本呢？

讨论案例 1

亚当·波特菲尔德和卡西·波特菲尔德夫妇现年 30 多岁，身体健康。亚当刚刚获得了一份薪水更高的新工作，夫妻二人本来很高兴。不过突然发现新公司规定，新晋员工在工作之初 90 天内不能享有公司提供的保险福利。他们感到有点失望，不确定这 90 天里会发生什么变故。这家公司提供了全面的员工保险福利计划，包括健康保险、视力保险、牙齿保险、人寿保险（保单面额为员工工资水平的 1.5 倍，且员工不需要支付保费）、短期和长期伤残保险以及长期护理险。对于雇主提供的保险资金，员工可以自行决定用来购买哪种保险产品，包括额外的人寿保险。

问题：

1. 鉴于雇主提供的七种保险计划，亚当和卡西对这七种保险产品的需求是多少？应当考虑哪些重要因素？

2. 除了公司提供的人寿保险福利以外，亚当是否应当考虑购买更多的人寿保险？亚当可以使用哪两种方法衡量自己对人寿保险产品总承保额的需求？

3. 列举出在购买伤残保险时应考虑的两三个重要因素。亚当应当首先考虑购买短期伤残保险还是长期伤残保险？

4. 如果波特菲尔德夫妇生了孩子，那么是否应当考虑改变公司提供的保险福利计划？解释一下你的回答。

讨论案例 2

弗兰克·卡玛和温迪·卡玛夫妇现在分别是 35 岁和 30 岁，他们打算购买一份人寿保险。温迪没有购买任何保险，弗兰克参加了雇主提供的面额为 150 000 美元的团体保险。卡玛夫妇有两个孩子，现在分别只有 3 岁和 5 岁。温迪在家兼职工作，年收入为 28 000 美元。弗兰克的年薪为 55 000 美元。每年夫妻俩的储蓄额为 7 500 美元，剩下的都用来应付生活开支。夫妻俩估计 15 年以后自己的孩子才能实现经济独立。等孩子们上大学之后，温迪估计家庭年开支要增加到 60 000 美元。

为了在拜访保险经纪人之前做好准备，卡玛夫妇估计了一下如果弗兰克去世，接下来维持生活需要哪些花费：

弗兰克去世后急需的资金	25 000 美元
未偿还债务（包括抵押贷款的偿还）	90 000 美元
温迪逐步提高收入水平直到有能力全部负担家用之前的过渡资金	15 000 美元
两个孩子上大学的费用	205 000 美元

他们估计，如果弗兰克去世，在最小的孩子 18 岁以前，温迪每年可以获得 8 000 美元的社保丧偶福利金，以及每年 5 000 美元的养老金，直到温迪 80 岁为止。温迪预计自己的年收入水平可以提高到 40 000 美元。孩子们经济独立以后，温迪预计还能获得为期 15 年的配偶终身年

金，大概是45～60岁左右，再加上从60～80岁这20年间的退休收入。她认为自己能够获得5%的税后收益率（已剔除了通货膨胀的影响）。

到目前为止，卡玛夫妇已经积累了价值为107 000美元的资产，其中不包括价值为45 000美元的住房不动产。在全部资产中，应急资金为10 000美元，温迪个人退休账户的余额为12 000美元，其他投资35 000美元，弗兰克的401（k）计划账户中还有50 000美元。

问题：

1. 卡玛夫妇应当使用什么方法计算自己需要购买多高保额的保险？
2. 温迪应当购买人寿保险吗？如果应当购买，那么你会向温迪推荐哪些产品呢？
3. 你会向弗兰克推荐哪些人寿保险产品？
4. 如果弗兰克辞去了现在的工作，那么应当怎样处理他参加的团体寿险？
5. 如果没有购买足够的保险，而弗兰克或温迪突然去世，则他们的孩子会怎么样？
6. 卡玛夫妇是否可以指定自己的孩子作为人寿保险的受益人？
7. 卡玛夫妇在购买人寿保险时，应当选择哪些附加条款？
8. 既然卡玛夫妇在购买人寿保险之前已经做好了准备工作，了解了很多信息，那么是不是应当顺便为他们的孩子购买人寿保险，而不是等他们购买保险时再不得不重新研究？
9. 卡玛夫妇每年节省的7 500美元可被用作应急资金、退休或其他投资用途，其他的收入则被用于各项开支。心理账户与“原理9：心理游戏，理财个性与金钱”会对他们购买人寿保险的决定产生什么影响？

第10章 财产保险与责任保险

学习目标

1	了解房屋保险，并以成本节约的方式购买并持有房屋保险。	保护好自己的住房
2	有效地保护自己的财产，同时尽可能压低保险费用。	你的保险需求
3	管理好保险。	让你的保单发挥作用
4	挑选合适的车险产品以及提出理赔申请。	机动车保险

如果你手里有好东西，那考虑一下是不是买个保险。如果你收藏了贵重珠宝，那就一定要买保险。这就是金·卡戴珊学到的教训——2016 年秋，她在巴黎的一家酒店被人持枪抢劫。当时金是去巴黎参加时装周，午夜刚过，她就返回了酒店的豪华套房。大约两个半小时后，两个持枪男子装扮成警察的模样气势汹汹地闯进她的房间，堵住她的嘴并把她绑了起来，然后把她拖进浴缸，抢走了 20 克拉（对，20 克拉）的祖母绿戒指。

这枚戒指是金的丈夫坎耶·韦斯特送给她的，最初的报道称其价值高达 1 000 万美元。不过，后来金向保险公司提交了这枚戒指与其他被盗物品的理赔申请，据披露戒指只购买了 400 万美元的保额，而其他被盗的 13 件珠宝首饰总价值约为 160 万美元，因此这起抢劫案保险理赔的总金额为 560 万美元。

金和保险公司会不会因为对戒指的真实市场价值或重置价值看法不同而发生分歧？完全不会，因为金的珠宝投保的是“协定保额”保单，这意味着金和保险公司已经事先商量好了一旦这枚戒指发生某些损失，金可以从保险公司那里拿到多少赔偿额。这不同于重置保单，后者约定投保人获得的赔偿额等于被保险物品的实际零售价格。不管这枚祖母绿戒指到底价格几何，或到底值多少钱，金和坎耶已经和保险公司商量好了协定保额。这就避免了双方因为 20 克拉的宝石戒指的市场价值或重置价值到底是多少而发生争执，因为毕竟想要算清楚宝石戒指的重置价值可不是一件容易的事。

人们总是不愿意设想那些悲惨的事。一想到抢劫、火灾、洪水和汽车事故，人们就感觉不舒服。不过，除非你是超级大富豪，有能力承担巨额损失，否则你需要为这些看上去不太可能发生的倒霉事预先做好准备。这让我们把眼光投向了保险。我们要面对现实——如果你没有未雨绸缪购买保险，那么那些可怕的经历将会变得更加糟糕。不过，你还要知道并不是买了保险就万事大吉了。事实上你还要好好照看自己的房子、车子以及 20 克拉的宝石戒指（如果你有的话）。如果你的粗心大意让这些物品发生了损失，那么可能很不走运地无法得到保险赔偿。所以，尽量避免出现什么问题，你要了解清楚自己需要哪种类型的保险，并在买好保险以后好好照看这些资产。

正如你将在本章学到的那样，并不是所有的保险产品都是一模一样的，所以买家要格外小心。你当然不想自己购买的保险远远超过了个人的实际需求，不过更常见的现象是“保险买得不够多”。那么，让我们开始吧——从金·卡戴珊的经历里学到点什么。我敢打赌你从未想过竟然会在大学课本里读到这个故事！

保护好自己的住房

在美国，第一份房屋保险产品是在 1735 年由一个位于南卡罗来纳州查尔斯顿市的小保险公司提供的火灾保险。直到 1958 年，才出现第一份真正意义上的现代房屋保险产品。

> **危险事故**：不管是自然的还是人为的，可能导致损失的事件被称为危险事故。

在房屋保险产品问世以前，每种可能发生的**危险事故**（peril）都是由独立的保险承保的。也就是说，分别由独立的保险产品负责承保火灾、偷盗和暴风等危险事故对房屋造成的损坏。

房屋保险简化了这一程序，用一份保险囊括了上述所有可能发生的房屋损失风险。这种保险的新类型让很多家庭不再手忙脚乱，他们可以更好地管理手上的房屋保险，不像以前手里拿着多份规避房屋损坏风险的保单，甚至有的时候这些保单都是不同的保险公司签发的，管理起来十分麻烦。

如今的房屋保险有六大基本类型。当然你可以选择在保险合同中增加特殊的条款或者是采取定制化的做法，但是毕竟保险产品的标准化便于对不同产品进行比较，其便利程度远远胜于其他任何类型的保险产品。不过，有时候标准化在一定程度上具有限制竞争的作用。现在，房屋保险行业被五家最大的保险公司把持，它们占据了整个市场份额的 50%以上。接下来就让我们了解一下这六种标准化的房屋保险产品。

> **HOs**：有六种标准化的房屋保险产品可供房主和承租人选择。

打包保险：HOs

现在，我们将六种基本的房屋保险产品称为 HOs，也就是房主（homeowners）这个单词的缩写。尽管它们的名称都叫作房屋保险，但是实际上它们承保的范围远不止房屋本身。它们还承担了责任保险，并且还能对承租人提供保障。其中三种类型的保险，HO-1、HO-2 和 HO-3 分别提供基本的、宽泛的和特殊的房屋保险。HO-1 和 HO-2 提供**指定险**(named perils) 保险，HO-3 提供**未列明危险事故**（open perils）保险。HO-4 实际上是承租人保险，而 HO-6 是共有人保险，HO-8 则专门针对老房子。

表 10－1 总结了上述每一种房屋保险产品能够提供的基本保障。尽管上述每一种保险产品承保的类型及范围都不一样，但是可以把它们分成两大部分。第一部分是**财产保险**(property insurance)，对被保险人的财产或财物因各种各样的危险事故而遭受的损失进行承保。第二部分是**个人责任保险**（personal liability insurance)，如果有人因被保险人的财产而受伤或者是因被保险人的行为而受伤，则责任保险可以赔付由此造成的经济损失。

> **指定险**：这种保险涵盖多种指定危险。如果保险合同中未指定某种危险，则它不属于承保范围。
>
> **未列明危险事故**：这种类型的保险合同除了合同中明确除外的危险以外，其他所有危险事件都属于其承保范围。
>
> **财产保险**：财产保险对被保险人的财产或财物因各种各样的危险事故而遭受的损失进行承保。
>
> **个人责任保险**：如果有人因被保险人的财产而受伤或者是因被保险人的行为而受伤，则责任保险可以赔付由此造成的经济损失。

第一部分：财产保险

房屋保险对被保险人财产的保险程度是有一定限制的，也就是说对每一宗理赔案，保险公司支付的赔偿金是有上限的。如果某种财产的保额为 100 000 美元，则保险公司支付的赔付额最多不超过 100 000 美元。

对于这一部分而言，除了 HO-4 以外，其他所有 HO 保险都包括四个基本的保险范畴：

- A 部分：房屋保险；
- B 部分：其他建筑物保险；
- C 部分：个人财产保险；
- D 部分：丧失使用价值保险。

A 部分是对房屋及其附属物进行保险，例如，与房屋连在一起的车库。但是，如果爆炸导致房屋附近的草地遭到了破坏，A 部分保险是不负责赔偿这种损失的。

表 10－1　不同房屋保险产品的对比

HO-1（基本形式）	提供的保险范围非常狭窄，很多州并不出售此类房屋保险。	
A. 房屋保险：根据建筑物的重置价值计算，最低为 15 000 美元。		
B. 其他建筑物保险：房屋保额的 10%。		
C. 个人财产保险：房屋保额的 50%。		
D. 丧失使用价值保险：房屋保额的 10%。		
E. 个人责任保险：100 000 美元。		
F. 向他人支付的医疗费用：每人 1 000 美元。		
承保的危险事故：		
● 火灾或闪电	● 吸烟	● 暴风或冰雹
● 恶意破坏或恶意伤害	● 爆炸	● 偷盗
● 骚乱或市民暴动	● 玻璃破碎	● 飞机
● 火山爆发	● 车辆	

续表

HO-2（一般形式） 一种指定险的保险形式。也就是说，该保险承保多种指定险，例如火灾、雷电、风暴等。如果实际发生的危险不属于指定险之一，则不属于承保范围。通常此类保险的费用要比 HO-1 高出 5%～10%。

A、B、C、E、F 这 5 个部分和 HO-1 完全相同。

D. 丧失使用价值保险：房屋保额的 20%。

承保的危险事故与 HO-1 相同，再加上：

- 物品掉落
- 冰雪或冻雨
- 供暖系统、空调、自动喷洒灭火装置或设备的泄漏或破裂
- 管道、供暖系统、空调、自动喷洒灭火装置或设备冻裂
- 电路的意外损坏
- 自来水或水蒸气的意外泄漏

HO-3（综合险形式） 涵盖所有对房屋造成直接损害的危险。该保险提供开放式的危险保护，这意味着除了保险合同中明文规定除外的危险以外，其他危险均属于保单的承保范围。除外危险可能包括洪水、地震、战争以及核泄漏事故。一般来说，这种保险的费用要比 HO-1 高出 10%～15%。

B、C、D、E、F 这 5 个部分和 HO-2 完全相同。

A. 房屋保险：根据建筑物的重置价值计算，最低为 20 000 美元。

承保的危险事故：与 HO-2 个人财产保险部分列出的危险事故相同：

- 房屋和其他建筑物可能遭受的导致其直接损失的风险都属于承保范围，除非保险合同中明确说明某些损失不属于保险范围。

HO-4（承租人保险形式） 面向租客以及房客的保险产品，承保范围包括个人财物，但是不包括责任保险。

E、F 部分与 HO-1 和 HO-2 完全相同。

A. 房屋保险：不适用。

B. 其他建筑物保险：不适用。

C. 个人财产保险：各个保险公司规定的最低限额各有不同。

D. 丧失使用价值保险：个人财产保险额度的 20%。

承保的危险事故：与 HO-2 个人财产保险部分列出的危险事故相同。

HO-6（共有人保险形式） 为合作占有式住房或分户出售公寓大厦的所有者提供个人财产保险以及责任保险。

E、F 部分与 HO-1 和 HO-2 完全相同。

A. 房屋保险：最低 1 000 美元。

B. 其他建筑物保险：包含在 A 部分。

C. 个人财产保险：各个保险公司规定的最低限额各有不同。

D. 丧失使用价值保险：个人财产保险额度的 40%。

承保的危险事故：与 HO-2 个人财产保险部分列出的危险事故相同。

HO-8（老房保险形式） 专为老房设计的保险产品，为房屋的维修成本或实际现金价值而非重置价值提供保险。

E、F 部分与 HO-1 和 HO-2 完全相同。

A. 房屋保险：根据建筑物的市场价值计算。

B. 其他建筑物保险：房屋保额的 10%。

C. 个人财产保险：房屋保额的 50%。

D. 丧失使用价值保险：房屋保额的 10%。

承保的危险事故：与 HO-1 相同。

B 部分是对不属于房屋附属物的其他建筑物进行保险。例如，房屋外面的花园、与房屋分开的车库，或者是屋外的厕所。这一部分的保险额度最高不能超过房屋保险额度的 10%。也就是说，如果房屋的保额是 200 000 美元，则其他建筑物保险最高不能超过 20 000 美元。当然，即使只有 20 000 美元，这也是一个非常昂贵的屋外厕所了！同样地，房屋附属的草地不属于承保范围。而且，如果其他建筑物是用作商业用途，则也不属于保险范围。

C 部分是对保单持有人拥有或使用的财产提供保险，不管这件财产所处的位置在哪里。比方说，你到夏威夷度假，有人用菠萝袭击了你，然后抢走了你的手提箱，那么属于你个人财产的手提箱也属于保险范围。如果你的客人的个人财产正好放在你家里时遭受了损失，则也属于承保范围。例如，正在家进行聚会的时候突然着火，房子被烧毁了，那么你邀请的客人在这场火灾中所有个人财产的损失都属于 C 部分的承保范围。

这部分的保险额度等于房屋保额的 50%。也就是说，如果房屋的保额是 200 000 美元，则个人财产保险的保额就应当是 100 000 美元。在承保范围内，某些类型的损失的赔付额是有限制的。例如，现金、纸币、黄金和白银的理赔额最高不超过 200 美元。证券、珍贵的文件、手稿、票券和邮票的理赔额最高不超过 1 000 美元，而银器、金器和锡铅合金器皿的偷盗损失赔偿额不超过 2 500 美元。此外，某些财产不属于承保范围，例如动物、鸟类和鱼类。在你购买房屋保险之前，一定要先了解清楚保险合同中所有的限制条款。

现实世界

当你购买房屋保险时，不要把土地的成本也加上去。毕竟，不管发生了什么事故，土地都不会遭到什么破坏。如果把土地的价值也加了上去，那么你购买的保额就会超过实际需要的额度，这意味着你要支付更多的保费，而这原本是不必要的。

如果你的房子因为遭受了已保险的损失而无法使用，则依照 D 部分，保险公司会向你支付赔偿金。这部分丧失使用价值保险的保额不能超过房屋保额的 20%。这部分保险提供了三种福利：额外生活费用、合理的租金价值和禁止使用费用。在被保险人居住在临时住所期间，额外生活费用条款能够向被保险人提供补偿，直到房屋修理完好可以入住为止。合理租金价值条款可以赔偿被保险人可能遭遇的租金损失。例如，被保险人将房屋的一个房间出租出去，每个月的租金是 300 美元。因为火灾，房子至少有两个月不能住人，于是被保险人可以获得保险公司提供的 600 美元的租金赔偿。如果市政机构认为邻居家的煤气泄漏导致你的房子无法居住，则根据禁止使用条款，保险公司会赔偿两个星期的生活费用。

思考：

当你打算买房子的时候，一定要记得考虑一下房屋保险的成本。这一成本将会影响你的决定：选择新房还是旧房。因为对于新房，保险公司一般会提供 8%～15%的折扣。你认为为什么会这样？

第二部分：个人责任保险

房屋保险的第二部分是对被保险人应承担的个人责任提供保险，如果有人因为保单持有人和其家人拥有的财产或其行为而受到伤害，则由保险公司承担经济赔偿责任。这部分保险非常重要，因为它避免使被保险人承担责任诉讼导致的巨额经济赔偿。它的承保范围比较宽泛，除了商业责任、职业责任，以及粗心大意驾驶机动车应承担的责任以外，其他责任都属于其承保范围。每起事故的责任保险额最低为 100 000 美元。

若保单持有人、其家人或豢养的宠物伤害了其他人，则个人责任保险也负责赔偿由此产生的医疗费用。在现代社会，人们动辄起诉别人索要巨额赔偿，因此一定要事先准备好，购买责任保险。你根本不知道，也许有一天，你的密友或亲爱的伊迪丝姨妈不小心在你家楼梯上滑了一跤，把小腿擦伤了，然后突然变脸起诉你索要几百万美元的赔偿。

第二部分的条款实际上相当于一个小型的医疗保险。对于在你家中受伤的非家庭成员，保险公司会赔偿不超过 1 000 美元的医疗费。例如，如果有人在你家楼梯上跌倒把腿摔断了，那么保险公司会赔偿其 1 000 美元的医疗费用。

补充保险

HO 第一部分的 C 部分能够对被保险人的个人财产提供保护。但是，取决于财产的类型及价值，或者是被保险人面临的风险，有时被保险人应当考虑增加补充保险。市场上有几十种不同类型的补充保险可供选择。最为常见的补充保险就是接下来我们将要仔细讨论的内容，包括个人移动财产保险、地震保险、洪水保险、通货膨胀保险以及个人财产重置成本保险。一般来说，补充保险的提供是以**背书**（endorsement）形式进行的，就是在保险合同上附上一份书面文件，说明增加或减少哪些保险服务。

> **背书**：在保险合同上附上一份书面文件，说明增加或减少哪些保险服务。
>
> **个人移动财产保险**：个人移动财产保险的承保范围拓展到包含了所有的个人财产，不管财产所在的位置如何，而且这里的“个人”指的是保单持有人及其所有家庭成员，但不包括在外读书的孩子。

个人移动财产保险（personal articles floater）

个人移动财产保险的承保范围拓展到包含了所有的个人财产，不管财产所在的位置如何，而且这里的“个人”指的是保单持有人及其所有家庭成员，但不包括在外读书的孩子。通常，这种补充保险是作为普通房屋保险的延伸产品出售的，它几乎承保了有关个人财产的所有风险。除了保险合同上特殊列出的除外事件以外，其余的财产损失都属于保险范围。一般来说，除外事件包括战争、磨损、机器故障、歹徒袭击和核灾难。

虽然个人移动财产保险有多种类型，但是它们执行着同一项任务：为个人财产提供更广泛的保险。还记得我们前面讲到个人财产保险的保额不能超过房屋保额的 50%，而且对于某些类型的损失，保险公司的赔偿额是有上限的。例如，银器、金器和锡铅合金器皿因偷盗导致的损失，保险公司最多赔付 2 500 美元。如果这套银器的市场价值高达 25 000 美元，那么你确实需要购买个人移动财产保险使银器的总保额至少达到它的市场价值。

地震保险

因为在标准化的打包 HO 保险合同中，地震导致的损失通常不属于保险公司的理赔范围，因此对于某些居住在地震高发地区的人们来说，购买地震保险是十分必要的。事实上，在加利福尼亚州，保险公司被要求必须向客户提供类似的补充地震保险。当然，并不是所有加利福尼亚人都买了这种补充保险，仅有大约 20%的人因为曾经遭受到 1989 年旧金山大地震的影响而购买了地震保险。这种补充保险的费率水平取决于被保险人所在地区的地震风险。居住在圣安德烈斯断层附近的被保险人，其费率水平为每 1 000 美元保额对应 4 美元的保费。也就是说，如果被保险人购买了保额为 200 000 美元的房屋保险，则地震保险的保费为每年 800 美元。

洪水保险

洪水保险不仅承保洪水造成的损失，还负责承保由飓风、泥石流导致的水患以及美国五大湖和大盐湖造成的异常侵蚀。它与其他类型的补充保险有点不同，它是由美国联邦政府通过美国住房和城市发展部（HUD）管理和资助的保险计划。

为了获得购买洪水保险的资格，被保险人所在的社区必须满足美国住房和城市发展部的要求，包括认真研究规划洪泛区等。一旦社区获得了美国住房和城市发展部的批准，被保险人就可以为自己的房屋购买最高保额为 250 000 美元的保险，为屋内物品购买最高保额为 100 000 美元的保险。

通货膨胀保险（inflation guard）

通货膨胀保险可以根据房屋重置成本指数自动更新被保险人的房屋保险保额。实际上，每年房屋保险的保额都在自动增加，当然保费也是如此。

> **通货膨胀保险**：通货膨胀保险可以根据房屋重置成本指数自动更新被保险人的房屋保险保额。
>
> **实际现金价值**：实际现金价值等于财产的重置成本减去预计的折旧（磨损成本）。
>
> **重置成本保险**：可按照被偷盗或被损坏的财产的重置成本——而非实际现金价值——对被保险人进行赔付。

个人财产重置成本保险

房屋保险可以向保单持有人赔偿损失的**实际现金价值**（actual cash value）。遗憾的是，当我们谈到个人财产时，实际现金价值等于重置成本减去预计的折旧（即磨损成本），这有可能远远低于资产的重置成本。例如，如果某项财产的重置成本为 500 美元，使用寿命还剩下一半，那么其实际现金价值就等于 250 美元。而且，为了获得实际现金价值的赔偿，投保人还要负责提供详细的购买使用证据，例如购买日期、购买价格以及财产的折旧情况等。

另一种选择是使用个人财产**重置成本保险**（replacement cost coverage），这种保险可以按照被偷盗或被损坏的财产的重置成本——而非实际现金价值——对被保险人进行赔付。增加个人财产重置成本补充保险会使房屋保险的费率水平上升 5～15 个百分点。尽管购买了个人财产重置成本保险并不意味着被保险人不再需要对各项物品进行详细的记录，但是它确实能够保证在这些个人财产发生损失时，保险公司的赔偿额等于该物品的重置成本。

额外的责任保险（added liability insurance）

一般性的房屋保险都提供了总额为 100 000 美元的责任保险。尽管听起来这个数字很大，不过现在我们经常会看到法庭判决的赔偿数目超过了这个数字。同样地，如果你已经积累了相当多的个人财富，那么就需要购买更高保额的责任保险来保护自己的资产。幸运的是，你只需要付出相对较少的费用，绝大多数保险公司就会允许你将责任保险的保额提高到 300 000 美元或 500 000 美元。

> **个人总括保险**：总括保险在基本的责任保险基础上提供了额外的保障。总保额高达 100 万美元到 1 000 万美元，承保的范围包括责任诉讼和判决。

此外，你还可以购买**个人总括保险**（personal umbrella

policy）。这种保险产品的费率比较合理，总保额高达 100 万～1 000 万美元，承保的范围包括责任诉讼和判决。总括保险在基本的责任保险基础上提供了额外的保障。只有当被保险人已经耗尽了机动车责任保险和房屋责任保险的全部保额，个人总括保险才会开始生效。

这种保险产品的承保范围非常宽泛，几乎囊括了绝大多数的损失。但是，有意导致伤害的行为、与飞行或某些水上活动相关的行为以及绝大多数商业行为和职业行为，都不属于它的承保范围。商业责任保险和职业责任保险应当另外单独购买。

你的保险需求

你需要购买多大保额的保险？回答这个问题很容易。事实上，我们已经开始回答这个问题了。前面我们讨论了被保险人可以购买通货膨胀保险来防止通货膨胀降低保险的实际保障程度，还谈到了个人财产重置成本保险的使用。

是否应当购买个人财产重置成本保险？这个保险产品本身的特征已经给出了问题的答案：你需要足够多的保险，以便在损失发生时，尤其是面临全部损失时，能够获得相当于重置成本的赔偿。

共同保险条款和"80%规则"

保险公司有一种方法鼓励被保险人选择全损保险。这就是所谓的**共同保险条款**（coinsurance provision），如果保险公司认为被保险人选择的保额不够的话，则会要求被保险人自己承担一部分损失。很多保险公司采用了 **80%规则**（80 percent rule），要求被保险人选择的保额至少是房屋重置成本的 80%。80%规则只适用于房屋的重置成本，不包括房屋里面物品的价值。

> **共同保险条款：**这是房屋保险的一种条款，如果保险公司认为被保险人选择的保额不够的话，则会要求被保险人自己承担一部分损失。
>
> **80%规则：**该条款要求被保险人选择的保额至少是房屋重置成本的 80%，否则个人财产重置成本保险不会生效。这一规则避免了被保险人在投保时选择过低的保额。

房屋保险合同有一些限制规定。例如，首先，保险公司支付的赔偿金不能超过保单的保额。也就是说，如果保单的保额为 100 000 美元，则保险公司的最高赔付额就为 100 000 美元。其次，保险公司要求被保险人在原址修建新住房。再次，如果被保险人不打算重新修建新住房，那么保险公司只会按照实际现金价值损失支付赔偿金，这肯定要远远低于房屋的重置成本。最后，只有当被保险人购买的房屋保险保额至少达到了房屋重置成本的 80%或以上，个人财产重置成本保险才会生效。

自从有了 80%规则，保单持有人发现，保额低于房屋重置成本的 80%是不太合算的选择。假设现在核定被保险人的房屋重置成本为 100 000 美元，保额为 80 000 美元。一场火灾导致的损失为 50 000 美元，则保险公司会向被保险人全额支付这 50 000 美元的损失，没有任何考虑到折旧的免赔额限制。然而，如果大火彻底烧毁了房屋，那么被保险人只能获得 80 000 美元，也就是保单的面值。

如果不满足 80%规则的话，则房主必须自行承担一部分损失。这通常被称为共同保险条款。如果被保险人投保的房屋保险保额低于房屋重置成本的 80%，那么一旦发生损失，被保险人收到的保险赔偿金是下面两者之中金额较大的那一个：

- 房屋被烧毁部分的实际现金价值（注意，实际现金价值等于重置成本减去折旧）；或者
- 所购买保险的保额（80%的重置成本×损失比例）。

这意味着什么？这意味着在投保房屋保险时，选择的保额至少要等于房屋重置成本的 80%，否则就会犯下严重错误。如果被保险人满足了 80%规则的要求，万一房屋被烧毁或损坏，保险公司会全额支付修理费用或重置费用，最多不超过保单的保额。如果没有满足 80%规则的要求，则被保险人可能无法拿到足够多的赔偿金来重新修建住房。所以说，宁可多买一点保险，也不要少买。

结　论

不过，我们手上没有什么简单明了的计算公式可以让你一下子准确计算出需要购买多大保额的房屋保险。在判断这一问题时，需要投保人深思熟虑，且目光要放长远。因为你持有的资产和财物的数量在不断变化，所以为保护这些资产和财物而应当购买的保险的金额也随之变化。正如到目前为止我们讲到的所有个人理财事项一样，你应当时不时地检查一下自己的保险需求，看看已购买的保险产品能否满足这些需求。当判断自己需要购买多大保额的房屋保险时，你可以参考一下一览表 10-1 列出的内容。

一览表 10-1　你需要购买多大保额的保险？

- 你需要购买足够多的保险。只有这样，万一房屋遭受全部损失时，能获得足够多的保险赔偿金重建住房。保额还要随国内房屋建筑成本的上涨而及时上调，从而真实反映房屋的重置成本。
- 你应当购买通货膨胀保险，防止通货膨胀降低保险的有效程度。
- 如果你居住在洪水或地震的高发地带，那么需要购买特定的保险产品以规避这些巨灾风险。你只要回想一下卡特里娜飓风把新奥尔良市变成了一片废墟的场景，就会知道这有多么重要。
- 如果在房屋外面还有其他附属建筑物或者是精美的园林，那么你应当认真了解一下标准 HO 合约能否对它们提供全面的保护。
- 如果你把家庭住宅的某个房间作为自己的办公室，那么除了房屋保险以外，你还应当考虑购买其他保险。记住，房屋保险不对商业责任进行承保。
- 你需要对个人财产提供足够的保护。对绝大多数人来说，个人财产重置成本保险是一个比较好的选择。
- 如果某些财物需要得到特殊保护，例如，非常珍贵的硬币收藏或者珠宝，那么你可以考虑购买个人移动财产保险。
- 如果财物的价值远远高于房屋保险的责任保险承保额，那么你应当考虑购买额外的责任保险。
- 如果你租住了他人的房子，那么应当为保护自己的财物购买足额的个人财产保险。

降低保险成本——保险信用评分

保险信用评分：使用与传统信用评分体系相同的信息来构建一个新的信用评分体系，用于决定你购买的房屋保险或机动车保险应支付的费率水平。

近些年来，保险公司越来越多地使用信用评级体系来帮助它们确认哪些客户是最容易提出索赔的。事实上，保险公司正在使用与第 6 章中的个人信用评分相同的信息来构建一个新的信用评分体系，即保险信用评分（insurance credit score）。也就是说，在你申请贷款的时候，你的信用评分不仅能够决定银行是否把贷款发放给你以及贷款的利

率水平，而且以后你还将获得一个保险信用评分，它能决定你购买的房屋保险或机动车保险应支付的费率水平。

为什么保险公司要用信用评分来决定它们收取的费率水平呢？答案很简单：因为这样做最有效。人们发现，在投保人的信用评分和保险损失比率之间存在着某种联系。对于房屋保险和机动车保险来说，衡量保险损失比率的指标包括索赔频率和成本。图 10－1 说明了这种关系。20 世纪 80 年代晚期，人们刚刚发现了这一规律，保险公司马上就把它应用于保险费率的制定。实际上，最新调查结果显示，85％的房屋保险公司在确定房屋保险产品的费率水平时使用了保险信用评分。几乎在每个州，信用评分较低的投保人支付的保费至少比信用评分最高的投保人高出两倍。其中，在西弗吉尼亚州，前者的保费比后者高出 208％，而在俄亥俄州，前者的保费比后者高出 185％。[①] 毕竟，保险公司希望自己制定的费率水平能够真实地反映保险索赔的成本。长久以来，它们早就已经用年龄和性别等指标做同样的事情了。例如男性和十几岁的孩子要支付更高的保费。为什么呢？因为根据美国安全委员会的统计，男性发生车祸丧生的概率要比女性高出 69％。所以，男性在购买机动车保险时要支付更高的费率。同样地，年龄在 16～20 岁之间的驾驶员发生车祸的概率要比年纪较大的驾驶员高出两到三倍，因此他们也要支付较高的机动车保险费用。

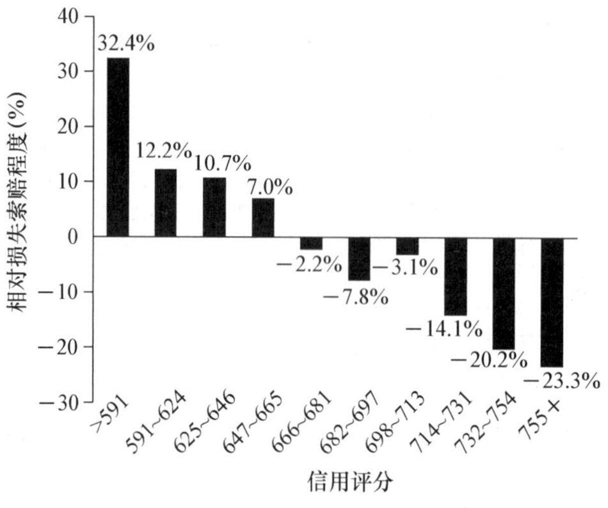

信用评分最低的个人遭受损失的程度要比平均水平高出 32.4％；信用评分最高的个人遭受损失的程度要比平均水平低 23.3％。

图 10－1　信用评分与房屋保险费率水平之间的关系

资料来源：Insurance Information Institute，with original data from Tillinghast Towers-Perrin，http://www.iii.org.

---

① Federal Trade Commission，“Credit Scores，” http://www.consumer.ftc.gov/articles/0152-how-creditscores-affect-price-credit-and-insurance，accessed April 22，2017；*Insurance Journal*，“How Much CreditScore Effect on Home Insurance Premiums Varies by State，” http://www.insurancejournal.com/news/national/2014/08/14/337527.htm，accessed April 22，2017.

简单地说，信用等级越低，房屋保险的费率水平就越高。显然，人们并不怀疑信用等级和保险索赔之间确实存在着很强的相关性，但是迄今为止没有人能够明确地回答为什么两者之间会存在这样的关系。不管原因是什么，在确定保险费率时使用保险信用评分在很多情况下是合法的，而且《公平信用报告法案》（FCRA）允许保险公司获得信用报告，并在确定保险费率时使用这些信用报告。然而，有些州对保险信用评分的使用规定了限制条件。例如，在夏威夷群岛，使用保险信用评分是不合法的。

计算保险信用评分的方法与计算普通的信用等级十分相似。不同的是，在计算保险信用评分时，各个项目的权重有细微的差异——被保险人支付历史的权重会被略微提高，而曾使用过的贷款类型的权重会被略微降低。

思考：

在线获得保险产品报价是个不错的主意。只需要花一两分钟，你就可以从保险公司那里获得 3～5 个报价。但是在你所在的州，保险公司肯定不止这三五家，你需要获得尽可能多的报价信息。这意味着你要尽可能多地找到保险公司的网站并登录访问。在互联网上查找报价信息能够帮助你节省哪些成本？

对被保险人来说，这意味着什么？这意味着被保险人的普通信用评分与保险信用评分之间有着十分紧密的关系。所以，你必须十分谨慎小心地管理好自己的信用评分，因为如果信用评分比较低的话，你不仅很难借到钱并要支付高额利息，而且在购买房屋保险和机动车保险时也要支付高于平均水平的保费。为了管理好自己的信用评分，你应当遵循图 10－2 列出的具体步骤。

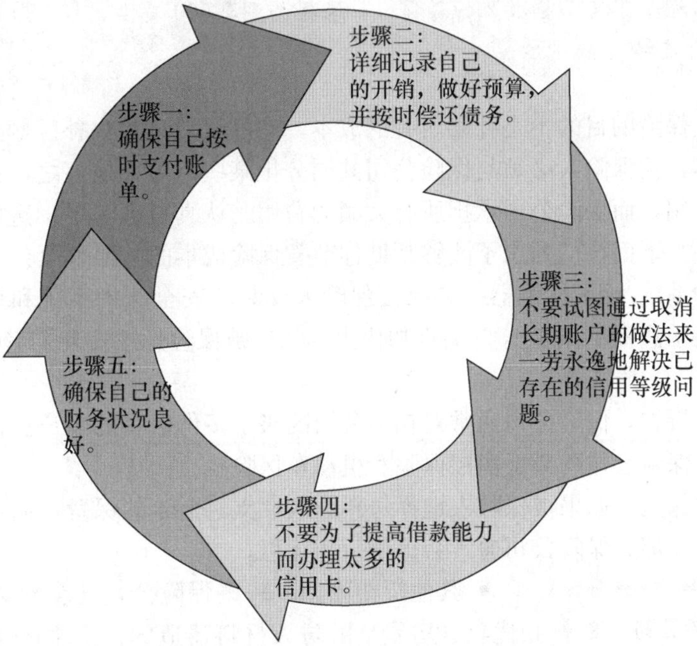

图 10－2　提高你的信用评分

降低保险成本——折扣与节约

房屋保险的费率水平是由哪些因素决定的？主要有三个基本因素：(1) 房屋所在的地点；(2) 建筑物的类型；(3) 保额的大小和保险类型。房屋所在的地点之所以会影响保险费率，是因为不同地区的犯罪率和面临的危险事故各不相同（例如加利福尼亚州频发地震，而美国中西部地区常受龙卷风的侵袭）。建筑物的年代越久远，结构强度越差，出问题的概率也就越大，所以保费也会随之上升。此外，保额越大，保单承保的范围越广，保险费率也就越高。

但是，还是有一些方法可以降低房屋保险的费率水平。首先要选择一个经济实力雄厚、相对成本较低的保险公司。然后，充分利用各种可能的折扣优惠政策。下面列出了保险公司可能提供的优惠政策：

> **免赔额**：是指在保险公司赔付以前，被保险人自行承担的费用。

- 高免赔额折扣（high deductible discounts）。**免赔额**（deductible）是指在保险公司赔付以前，被保险人自行承担的费用，可以被视为共同保险。被保险人愿意接受的免赔额越高，保费水平就越低。一般来说，保险公司的免赔额大多为 250 美元，如果你愿意接受更高的免赔额，那么保险公司会提供保费的折扣优惠。

> **思考：**
>
> 一般来说，房屋保险的免赔额为 250 美元。如果将免赔额提高到 500 美元，则你可以节省 12%的保险费用。如果将免赔额提高到 1 000 美元，则可以节省 24%的保险费用；如果提高到 2 500 美元，可以节省 30%的费用；如果提高到 5 000 美元，可以节省 37%的费用。你认为为什么会这样？

你要记住，保险的目的不是补偿所有的成本，它的目的只是弥补巨额损失。为了降低房屋保险的成本，被保险人必须与保险公司共同分担某些风险。换言之，被保险人应当承担所有小额的费用，而保险公司承担所有大额的费用。认真考虑一下，选择一个自己能承受的最大免赔额。下面我们列出了能够帮助你节省保险成本的其他事项：

- 安全防护系统/烟雾探测器。如果被保险人安装了安全防护系统和烟雾探测器，则很多保险公司会乐意提供 2%～5%的折扣优惠。如果被保险人还安装了室内灭火装置，则折扣更大。
- 多重保险折扣。保险公司通常对在本公司购买了多份保单的客户提供折扣优惠。例如，同时在一家保险公司购买了房屋保险和机动车保险。
- 每年支付保费。如果被保险人选择每年一次性支付全年的保费，而不是每个季度或每个月支付一次，那么保险公司通常会提供折扣优惠。

> **直销型保险公司**：这种保险公司直接向客户销售产品，不经过保险经纪人。

- 其他折扣优惠。一些保险公司还会对以下情况提供折扣优惠：房屋是由防火材料建造的；房主的年龄超过 55 岁；房主在同一家保险公司购买房屋保险已经很多年了。
- 考虑从**直销型保险公司**（direct writer）那里购买房屋

保险。这是指不经过保险经纪人，客户直接从保险公司那里购买自己需要的保险产品。由于保险公司不需要支付保险经纪人佣金或工资，因此它们的费率水平通常要更低。

● 四处寻找，多多比较。将高质量保险公司的同类产品的成本进行横向对比。类似的保险产品，有时候费率水平可能相差 25 个百分点。一览表 10－2 说明了挑选房屋保险的注意事项。

● 重新检查一下自己的保单。确认一下自己收到的保单是否是自己预定的保险产品。看看保险的类型和保额是否正确。检查一下合同中是否包含你需要的条款。等到你申请索赔时才发现保单弄错了想去修改，那就太迟了。

一览表 10－2　　房屋保险一览表

- 判断一下自己需要购买哪种类型的房屋保险及适当的保额为多少。
- 准备一份在当地声誉很好、资质较高的保险经纪人名单（你可以在贝斯特公司的网站 http://www.ambest.com 上查找财产保险和意外伤害险保险公司信用评级指南，里面提供了一份保险经纪人名单）。
- 与保险经纪人见面洽谈，让他们了解你的需要是什么。认真考虑他们的推荐或建议。
- 如果你已经购买了机动车保险，那么你可以试着联系一下原来购买机动车保险的经纪人或保险公司。如果房屋保险也在同一家保险公司购买的话，你就能够获得折扣优惠。
- 除了联系机动车保险经纪人以外，你还应当至少打三个以上的电话询问报价。其中至少一个电话要打给直销型保险公司，它们通常都拥有 800 电话销售队伍。此外，还要联系一个拥有自己的销售团队的保险公司。还有一个电话要打给独立保险经纪人，他也能向你提供各种产品的报价。
- 确保获得了一揽子保险计划的报价，包括所有的条款修正、移动财产保险和承保范围的延展。
- 每年检查一遍自己拥有的房屋保险。

让你的保单发挥作用

到目前为止，你已经学会怎样挑选满足自己要求的房屋保险了。但是，这些保险能够为你的财产或财物损失提供足够的保护吗？并不一定是这样。如果保险公司根本不知道你损失了哪些财物以及它们的价值是多少，那么它怎么可能向你支付足额的赔偿呢？

为了让自己购买的房屋保险真正能够提供可能损失的保护，你必须列出详细的财物清单，证明你拥有哪些财产或财物以及它们的价值是多少。如果你无法证明你拥有一台价值为 2 000 美元的立体声音响，那么等到这台立体声音响被小偷偷走了，保险公司也不会赔偿你。

幸运的是，财物清单的登记过程没有那么复杂。首先，要将屋内所有的物品名称列成一份清单。为了帮助投保人完成这一步骤，很多保险经纪人可以提供财物清单表格，或者你还可以在网上搜索一下《21 世纪住房物品登记表》。拿着录像机在家里走一圈，把所有的财物都录下来并配上描述性说明，这样也不错。最理想的情况是，财物清单越详细越好，包括每一样物品的购买时间、费用、型号和序列号以及品牌名称。要格外注意记录大件消费品的购买时间和价格。此外，还要确保从各个不同的角度录下每个房间里的影像，要记得把所有壁橱的门都打开。还要录下抽屉和橱柜里都装了哪些东西。当拍摄价格十分昂贵的珠宝时，记住要多停留一会，同时多给几个特写。

现实世界

为什么租客们大多没有购买承租人保险？26%的租客认为承租人保险太贵了，而17%的租客根本不知道自己需要购买这种保险，8%的租客说他们从来没有听说过这种保险。承租人保险真的很贵吗？近期的一项调查显示，购买承租人保险每年的平均成本为195美元。

一旦全部录好录像或整理好财物清单以后，你要把它放在一个安全的地方，比如可以放在居住在其他地方的亲属那里，或者是放在保险经纪人那里。为什么不自己保管呢？如果你的房子被大火烧毁了，那么录像带和财物清单自然也就变成一缕青烟了，你的努力也就白费了。

好了，你已经拥有了一份不错的房屋保险，财物清单也整理好了，现在没问题了吧？还不行。在遭受损失并提出理赔申请时，你必须遵循一览表10-3列出的几个基本步骤。

一览表 10-3　在遭受损失时应当怎么办？

- 立即向有关机构报告你的损失。如果是小偷盗窃，则应当立即报警。如果你的信用卡或ATM取款卡被盗，除了报警以外，你还应当立即通知发卡公司。此外，你还应当通知你的保险经纪人。
- 进行临时性的修整以保护自己的财物。如果你的房子受到了损坏，而保险经纪人一时之间没办法过来查看，那么不要就这样放着不动。你至少要用杉木板把打破的窗户以及屋顶和墙上的破洞挡起来，这样可以防止房屋的进一步损坏，还能避免晚上招来小偷。
- 列出丢失物品或受损物品的详细清单。用你之前备好的财物清单——此时你会感到自己准备了财物清单是多么明智——整理出一份详细的名单，上面列出丢失物品或受损物品的名称及其价值。将这份名单交给你的保险经纪人和警方。
- 保管好保险索赔过程中的所有单据。将所有已缴费用的单据都保存好。
- 确认保险赔偿评估人员的损失估值。保险公司会指派一位保险赔偿评估人员对你提出的理赔申请进行评估，随后他会向保险公司提出一个理赔额。在理赔之前，你最好找当地的包工头估计一下房屋的整修要花掉多少钱。不要对保险公司提出的理赔金额随便表示同意，除非是一个公平的理赔额。

机动车保险

到现在为止，你已经学会如何挑选房屋保险，也知道了怎样管理房屋保险以及提出索赔申请的流程。但这只解决了房子的问题。你总不可能待在家里永远不出门吧？当你开车的时候会发生什么事？开车时你也同样安全吗？如果购买了机动车保险，那就真正安全了。

想想看，单单在美国，每年就要发生1 000万起交通事故。每15个有驾照的司机当中就有一人会发生车祸。因此绝大多数州以立法的形式要求所有有驾照的司机必须购买机动车保险。接下来就让我们仔细了解一下标准的个人机动车保险。

个人机动车保险：适用于个人或家庭的标准化机动车保险。

个人机动车保险

幸运的是，机动车保险一般都是比较标准的，所有的机动车保险产品都采用了与**个人机动车保险**（personal automobile policy，PAP）类似的模板。每种机动车保险都同时包括责任保险和财产损害保险，每份机动车保险合同中都包括以下四个基本组成部分：

- A 部分：责任保险（liability coverage）。如果你的汽车造成他人身体受到伤害或者是他人的财物损失，则责任保险能够代替你承担经济赔偿责任。具体包括法院裁定的所有赔偿、诉讼费用以及律师辩护费用。

爱与金钱

本章我们探讨的是保险以及如何保护自己的财产。现在我们来看一看如何保护自己的婚姻或恋情。把钱放到一起管理使用，在经济上成为“合伙人”并不是一件自然而然就发生的事。毕竟，你已经独立生活了一段时间，全盘掌控自己所有的财务决定让你感觉很不错。更重要的是，两人共同制定消费决策意味着你必须坦诚相见，公开讨论财务问题，而在一开始，这很难做到，而且显得有点不自然。对于某些原生家庭从不公开讨论财务问题的人来说，情况更是如此。另外，我们都有自己的金钱观和消费观，而这些观念是在我们长大过程中被逐渐培养起来的，父辈经历过的经济困难或挑战也会对我们的观念造成影响。

每个人都会不经另一半的同意就直接花掉一部分钱，但是夫妻俩一人花钱不想让另一人知道的情形发生的频率高不高呢？答案可能比你想象的高。根据近期《金钱》杂志进行的调研，大约四分之一的已婚人士没有告诉其配偶自己都买了些什么。更重要的是，大约 6%的已婚人士拥有不想让另一方知道的独立账户。我们都知道私房钱不是个好主意，那么为什么这种现象还如此普遍呢？如你所料，这是为了避免说教或争吵，但是一旦被发现，双方的争吵会变得更加激烈。有趣的是，虽然男性和女性都会偷偷摸摸地花钱，但是他们购买的是不同类型的商品。

秘密购买的主要商品

你知道，在任何关系里，信任都很重要，一旦失去了信任，代价可能很惨重。这也许能够解释为什么近期美国宏达理财公司的一项研究显示，超过十分之一的受访者说如果自己发现伴侣在财务方面故意隐瞒，那么自己会考虑分手。

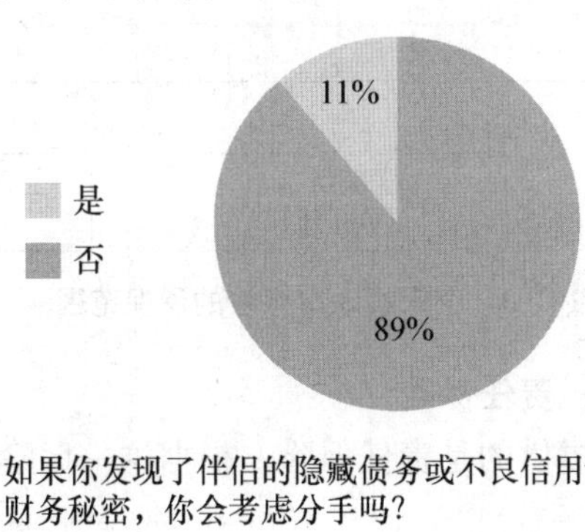

如果你发现了伴侣的隐藏债务或不良信用评分等财务秘密，你会考虑分手吗？

不过你要记住，这是一个假想的情形，因此若你在现实生活中遇到类似的事情，很难说你的真实反应会是什么。尽管这不会导致两人分手，但肯定不会让你们变得更加亲密。如果你还没有准备好向伴侣解释你为什么没有和他/她商量就买了这些东西，那么可能你不应当擅自做主。

那么你可以采取哪些措施防止这一切发生？答案在于你如何编制自己的预算计划。一对情侣或夫妻若想实现成功理财，就应当一起坐下来，好好计划一下自己的收支情况。预算计划完成后，你们还要经常翻看并检查。在预算计划里加入一点自由度对最终实现“双方绝不藏私”的局面大有帮助。如此一来，你也就无须向对方解释为什么你想买那个隔热的旅行杯——因为它内部安装了法式过滤装置，外面还印着你大学母校的徽章。即使你们两人的支票账户合并起来使用，彼此允许对方享受一定的消费自由也是有意义的。事实上，研究发现，除了拥有联合账户用于生活的必要开支，夫妻两人各自拥有一定金额的可自由支配的资金，这种状态让两人感觉最幸福。

- B 部分：医疗费用保险（medical expense coverage）。这部分保险可以赔偿医疗费用和丧葬费用，包括驾驶员和乘客在内，每个人的赔付额有上限规定。
- C 部分：未保险机动车驾驶员保护保险（uninsured motorist's protection coverage）。在很多州，这一保险部分是必需的。如果造成你的身体受到伤害（有些州将财物损失也包括在内）的对方驾驶员没有购买责任保险，则未保险机动车驾驶员保护保险能够对你进行赔偿。
- D 部分：机动车损坏保险（damage to your automobile coverage）。这一保险又被称为碰撞保险或全面保险，如果你的汽车被盗，或者是因几乎所有可能的危险事故（包括碰撞）而蒙受了损失，则机动车损坏保险可以对此进行赔偿。

图 10－3 说明了标准的个人机动车保险的组成部分及其与责任保险和财产保险之间的关系。随后，我们再来仔细研究一下每一个保险组成部分。

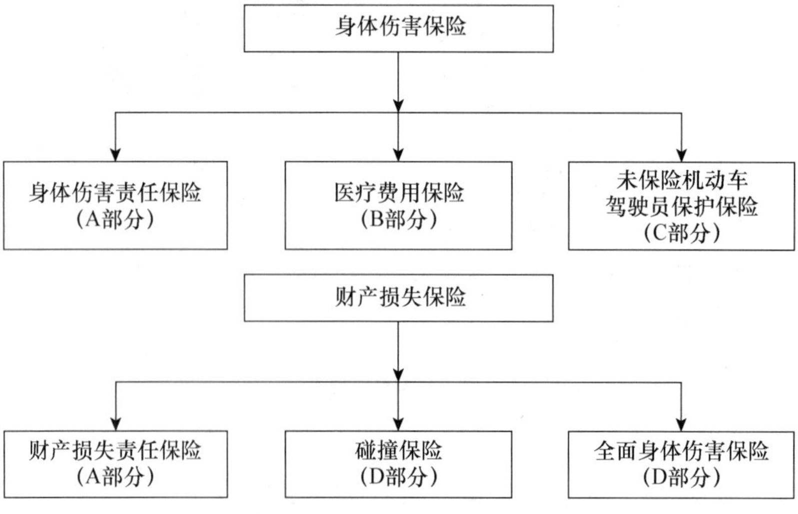

图 10－3　个人机动车保险的承保范围

个人机动车保险的 A 部分：责任保险

个人机动车保险的 A 部分提供的是责任保险，根据这一保险，机动车交通事故中责任诉讼的赔偿义务应由保险公司承担。

责任保险的形式可以是**组合单一限额保险**（combined single-limit coverage），也就是说这部分保险同时提供人身伤害责任保险和财产损失责任保险，而且每个人的赔付额没有独立的限制条款。一些保险公司还提供了**分割限额保险**（split-limit coverage），可以将人身伤害和财产损失保险的赔偿区分开来，还可以选择规定每个人的赔付额上限，或者同时包括这两项。图 10－4 举例说明了这种保险形式如何操作。

想想看，现在法庭在审理交通肇事案时裁定的赔偿金额是一笔多么大的数字，所以驾驶员必须购买足额的责任保险，这一点非常重要。尽管很多州规定了最低的责任保险额度，但是车祸中的受害人所需要的赔偿金往往远远大于这个最低额度。事实上，很多职业理财规划师建议，你至少要购买每个人 100 000 美元的人身伤害责任保险和包括所有人的 300 000 美元的人身伤害责任保险。

组合单一限额保险：机动车保险中的责任保险部分同时提供人身伤害责任保险和财产损失责任保险，而且每个人的赔付额没有独立的限制条款。

分割限额保险：机动车保险中的责任保险部分可以将人身伤害和财产损失保险的赔偿区分开来，还可以选择规定每个人的赔付额上限，或者同时包括这两项。

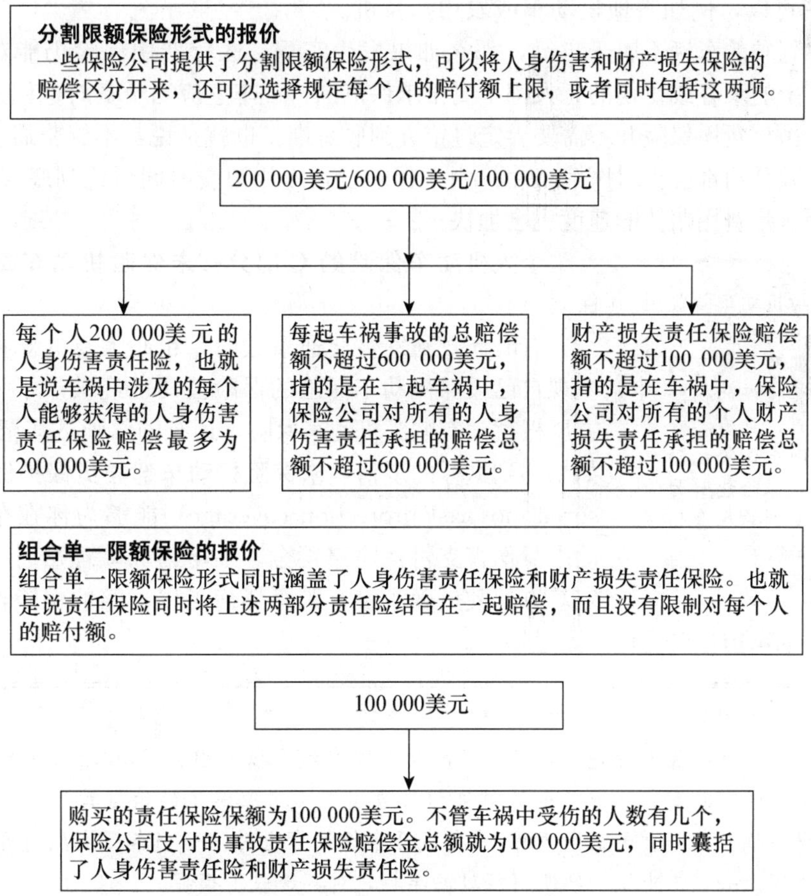

图 10－4　分割限额保险形式和组合单一限额保险形式的不同保险报价

如果你拥有的个人资产价值较高，那么可以考虑把每个人的人身伤害责任保险保额提高至 250 000 美元，每起事故的总保额提高至 500 000 美元，这会使得保费金额提高 10%左右。理财规划师还建议，你至少要购买 100 000 美元的财产损失责任保险。当然，还有一些常见的建议，例如你购买的保险金额要能够反映你的净资产水平和每年的年收入——你拥有的净资产越多，你选择的保额就应当越大。

此外，根据个人机动车保险的 A 部分，即责任保险部分，由于车祸导致的民事赔偿责任以及所有的诉讼费用也应由保险公司承担。注意，诉讼费用没有被计入保单的保额，因此不受保额的限制。但是，对于车祸导致的刑事责任，保险公司不会代替驾驶员承担，例如醉酒驾驶应承担的刑事责任。

个人机动车保险的 B 部分：医疗费用保险

如果被保险车辆导致保单持有人、保单持有人的家庭成员或者其他人在车祸中受到人身伤害，那么从车祸发生之日起三年内，医疗费用保险将会负责支付所有合理的医疗费用以及丧葬费用。实际上，保单持有人及其家人都属于这一保险的承保范围，不管他们是坐在车里还是在大街上散步，只要导致他们受伤的车辆不是那种一般不在公路上行驶的车辆就可以，例如雪地机动车或农用拖拉机。

如果你驾驶的车辆不属于自己，那么如果发生车祸，医疗费用保险仍能对你进行赔偿，但是车上的乘客或受伤的行人都不属于承保范围——车主应当负责对他们进行保险赔偿。此外，医疗费用保险并不需要界定过错方到底是谁。也就是说，不管交通事故的过错方是谁，保险公司都会支付医疗费用。由于保险公司不用浪费时间讨论到底谁是过错方，所以你获得医疗费用赔偿的速度也会加快。

个人机动车保险的 C 部分：未保险机动车驾驶员保护保险

> **未保险机动车驾驶员保护保险**：车祸发生后，如果对方驾驶员没有购买保险，或其投保的保险公司已经破产，更有甚者肇事逃逸，则未保险机动车驾驶员保护保险能够为你在车祸中受到的人身伤害支付保险赔偿金。

有时候直到发生交通事故时，粗心大意的对方驾驶员才发现自己投保机动车保险的保险公司已经破产了，或者是对方压根就没有购买机动车保险，还有的驾驶员甚至肇事逃逸。如果遇到这样的事情，**未保险机动车驾驶员保护保险**（uninsured motorist protection coverage）能够为你在车祸中受到的人身伤害支付保险赔偿金。在申请保险理赔时，你必须确定对方驾驶员确实没有购买任何可以索赔的保险，而且要证明对方对车祸承担主要责任，是过错方。

> **现实世界**
>
> 导致事故发生的原因真是千奇百怪。微软全国有线广播电视公司（MSNBC）曾经报道过两个最奇怪的理赔案。其中一个是司机称路边树上一只冻僵了的松鼠掉了下来，砸破了汽车的挡风玻璃。另一个司机则声称："当我开车经过弯道时，一个车门突然打开，一串冷冻烤肉串飞了出去，击中了一辆刚好经过的车辆，对其造成了损害。"

未保险机动车驾驶员保护保险很重要，因为根据粗略统计，大约有 15%的驾驶员根本就没有购买任何保险，你根本不知道哪一天其中一位就开着车朝你撞了过来。还有一种情况就是对方驾驶员购买的责任保险保额不够大，赔偿能力有限。为了避免这种情况发生，你也可以在自己的保单中加上未保险机动车驾驶员保护保险，以防止有些粗心大意的驾驶员并没有购买足额的责任保险。

个人机动车保险的 D 部分：机动车损坏保险

个人机动车保险的 D 部分承保的是汽车**碰撞损失**（collision loss）以及除碰撞以外其他意外事故导致的损失（other than collision loss），通常被称为**汽车全面损失保险**（comprehensive physical damage coverage）。当投保人的车辆与其他交通工具或物体相撞时，造成的投保人车辆损失由碰撞保险承保。比如，投保人的车辆与其他车辆或电线杆相撞。再如，投保人的车辆在停车场被撞，或者是有人在你旁边停车时，他的车门把你的车门划伤了，然后他又开车迅速溜掉了，这些情况都属于机动车损坏保险的承保范围。汽车全面损失保险承保的是火灾、偷盗、暴风、掉落的物体、地震以及其他危险事故对投保人的车辆造成的损失。

> **碰撞保险**：当投保人的车辆与其他交通工具或物体相撞时，投保人车辆的损失由碰撞保险承保，这是个人机动车保险承保范围的一部分。
>
> **汽车全面损失保险**：除了碰撞以外，其他事故导致的汽车损失都由汽车全面损失保险负责承保。例如汽车停放在停车场时，被旁边的车辆划伤了车门导致的损失。

> **现实世界**
>
> 2017 年，四分之一的撞车案与手机相关，在导致死亡的交通事故中，21%的青少年驾驶员因为手机而分神。发短信会让你的注意力从观察路况转移到看手机，这样的走神至少会持续 5 秒钟。如果车辆正以 55 英里每小时的速度行驶，那么走神的 5 秒钟意味着车辆已经开出了足球场那么远，而你在此期间根本没有看路。

对于碰撞保险而言，不管车祸事故的过错方是谁，保险公司都会对投保人进行赔偿。你要记住，如果过错方是对方驾驶员，且其购买了责任保险，那么不管你自己是否购买了碰撞保险，车祸造成的损失都应由对方赔偿。碰撞保险能够确保不管过错方是谁，投保人的车辆因事故造成的损失都能够得到赔偿。以前，碰撞保险还可以承保用于商业用途的被租用车辆。但现在很多保险公司已经停止了这种做法。所以如果出于商业用途，你经常需要租用车辆的话，那么你最好好好检查一下保险合同的具体规定。

至于碰撞保险和汽车全面损失保险的保额应当选择多大，基本的思路是参考投保人车辆的现金价值，一般来说，这两种保险都有免赔额的规定。通常，碰撞保险的免赔额要比汽车全面损失保险高一些。而且和前面讲过的一样，免赔额越高，保费水平就越低。因此，你可以选择一个自己能承受得起的最高免赔额，比方说至少把免赔额设定在 500 美元或以上。

例如，一位年轻的驾驶员为他的全新爱车福特福克斯购买机动车保险，免赔额是 50 美元，一家规模较大的保险公司的报价是每年缴纳 488 美元的保费。如果免赔额上升到 100 美元，则保费会降低到 420 美元。免赔额提高了 50 美元，你就能节省 68 美元的年保费额。实际上，如果你将保额提高 50 美元的话，增加的保费额度也是 68 美元。如果平均计算下来，投保人每年发生的事故不到一起，那么将免赔额提高到 100 美元是有利可图的。如果每年发生的事故不止一起，那么投保人应当好好提高一下驾驶技术了。表 10－2 对个人机动车保险的各个组成部分进行了总结。

表 10－2　个人机动车保险（PAP）

保险描述	属于承保范围的个人	推荐采纳的保额
责任保险——A 部分 个人机动车保险的 A 部分提供的是责任保险，根据这一保险，机动车交通事故中责任诉讼的赔偿义务应由保险公司承担。	所有与被保险人居住在一起的家人或亲属，不管其对被保险车辆是否拥有所有权。	每个人享有 100 000 美元的人身伤害责任保险，所有在车祸中受伤的人享有 300 000 美元责任保险，如果你有相当多的财产，可以将上述保额提高为每人 250 000 美元以及每名伤者 500 000 美元。 财产损失责任保额为 100 000 美元。
医疗费用保险——B 部分 如果被保险车辆导致保单持有人、保单持有人的家庭成员或者其他人在车祸中受到人身伤害，那么医疗费用保险将会负责支付所有合理的医疗费用以及丧葬费用。	保单持有人及其家人，不管他们是坐在车里还是在大街上散步，只要导致他们受伤的车辆不是那种一般不在公路上行驶的车辆就可以。	每个人最低保额为 50 000 美元。
未保险机动车驾驶员保护保险——C 部分 车祸发生后，如果对方驾驶员没有购买保险，或其投保的保险公司已经破产，更有甚者肇事逃逸，则未保险机动车驾驶员保护保险能够为你在车祸中受到的人身伤害支付保险赔偿金。	保单持有人的家人在允许的情况下驾驶不拥有所有权的车辆，或者是其他任何经过车主同意驾驶被保险车辆的人。	每个人的保额为 250 000 美元； 每起车祸事故的总保额为 500 000 美元。
机动车损坏保险——D 部分 D 部分保险能够对被保险汽车遭受的损失或被盗提供保险。机动车损坏保险包括两个组成部分，即碰撞保险和汽车全面损失保险。	任何经过车主许可驾驶被保险车辆的人。	经过确认的实际现金价值。

除外条款

个人机动车保险的承保范围比较大，但是也有很多标准的除外条款。尽管可能还包括其他情况，但下面所列的各项基本上是最常见的除外条款。

- 如果是故意伤害或造成损失，则不属于承保范围。
- 如果在未经车主同意的情况下驾驶他人车辆发生交通事故，则不属于承保范围。
- 如果投保人驾驶的机动车不足四个轮子，则不属于承保范围。
- 如果投保人驾驶的是他人的车辆，且经常借用该车辆，则不属于承保范围。
- 如果投保人本身就是车主，但是并没有把这辆车列入机动车保险的承保对象，则不属于承保范围。
- 如果投保人收费载客，则不属于承保范围。
- 如果车祸或事故是在投保人参加赛车期间发生的，则不属于承保范围。

现实世界

发短信会让撞车事故发生的概率增加 23 倍，而驾驶时打电话会让发生事故的可能性增加 2.8 倍。

无过失保险

为了降低保险的成本，尤其是降低保险的赔偿成本，很多州开始采用**无过失保险**（no-fault insurance）模式。如今，一半以上的州使用的是无过失保险模式或者是其简单的变种。

无过失保险的基本理念是车祸发生后，不管过错方到底是谁，投保人投保的保险公司都应赔偿投保人的损失。所有有关判定车祸过错方的法律诉讼费用将全部消失，这样能够有效地降低保险的成本。

根据无过失保险模式的规定，如果投保人发生了车祸，则其保险公司就要为投保人及车上的乘客受到的人身伤害做出赔偿，对方驾驶员的保险公司也应当为他遭受的损失进行赔偿。这听起来确实不错，对不对？然而，无过失保险模式有它自身的问题。最大的问题在于无过失保险对医疗费用以及其他赔偿金额有上限的限制。在一些州，保险公司承诺的最高赔偿额不足以用来支付合理的医疗费用。

无过失保险：不管过错方到底是谁，投保人投保的保险公司都应赔偿投保人的损失。

总括责任保险：总括责任保险能够补充原有的房屋保险和机动车保险合同中责任保险的承保金额，而且能提供额外的保障。只有当房屋保险或机动车保险中责任保险的额度已经被用完时，或者是遇到不属于房屋保险承保范围的理赔案时（例如涉及诽谤、损害名誉或侵犯隐私权的索赔案），总括责任保险才会生效。

思考：

只是购买了房屋保险和机动车保险还不够，在很多情况下，事故或灾难的发生与房屋或汽车毫无关系。比方说你正骑着自行车，突然撞倒了一位老人，导致他的脊柱骨折，这该怎么办呢？你要记住，房屋保险的责任保险部分通常只有 100 000～300 000 美元的保额，而机动车保险的责任保险部分一般只有 100 000 美元的保额。面对现在动辄几百万美元的法庭裁定赔偿，这点钱实在是微不足道。不要让自己承担风险：你可以考虑购买**总括责任保险**（umbrella liability insurance），它们的费用并不太高。总括责任保险能够补充原有的房屋保险和机动车保险合同中责任保险的承保金额，而且能提供额外的保障。只有当房屋保险或机动车保险中责任保险的额度已经被用完时，或者是遇到不属于房屋保险承保范围的索赔案时（例如涉及诽谤、损害名誉或侵犯隐私权的索赔案），总括责任保险才会生效。你认为这种类型的保险产品能够受理哪些类型的理赔？

你还可以提出诉讼要求对方进行“人身伤害赔偿”和“精神损失赔偿”（pain and suffering），但是前提是对方驾驶员是过错方，要对车祸负全责。

购买机动车保险

现在你已经了解了机动车保险的几大基本类型，接下来就可以具体挑选保险产品了。你需要购买多大金额的保险呢？这要看你是不是学会了货比三家，此外，还要取决于一些不受你控制的影响因素。接下来就让我们了解一下这些影响因素，然后看看你如何才能获得最好的交易。

机动车保险费用的决定因素

下面列出的都是机动车保险费用的主要决定因素：

• 机动车的类型。被保险车辆的动力越足，越野性能越好，保费水平也就越高。事实上，在你决定购买哪种汽车时，应当把保费成本也考虑进去。

• 机动车的使用。投保人使用被保险车辆的频率越低，则支付的保险费用也就越低。

• 驾驶员的特征。年轻的未婚男性通常支付的汽车保险费用最高，因为统计数据显示，他们发生车祸事故的概率比较高。年龄、性别以及婚姻状况都将影响投保人的保费成本。

• 驾驶员的驾驶记录。如果你曾经收到过交通罚单或者是发生过交通事故，那么可能要支付相对较高的保费。具体支付多少保费要取决于之前违规的性质。如果你曾受到“酒后驾车”的指控，那么保费水平将会大幅度提高。

• 投保人居住的地区。一般来说，因为市区车祸的发生频率较高，而且偷盗案件也相对较多，所以居住在市内的投保人要支付较高的保费。

• 投保人申请的折扣优惠。对于具有安全设施的汽车以及有证据证明能够做到安全驾驶的驾驶员，保险公司可以提供各种各样的折扣优惠政策。表 10-3 列出了最常见的机动车保险的折扣优惠条件。

• 投保人的保险信用评分。和房屋保险一样，在决定投保人支付多高水平的保费时，其保险信用评分将会起到很大的决定作用。事实上，与房屋保险领域相比，保险信用评分体系在机动车保险领域的使用范围更广，频率更高。在 100 家规模最大的个人机动车保险公司当中，有 92 家正在使用某种形式的保险信用评分体系。那些信用评分较低的投保人的理赔金额要高于那些信用评分较高的投保人。事实上，与信用评分最高的 10%投保人相比，信用评分最低的 10%投保人给保险公司带来的财产损失责任保险理赔额几乎相当于前者的两倍，人身伤害、碰撞以及总括保险理赔额已经超过了前者的两倍。正因为如此，很多保险公司会使用保险信用评分来确定保费的高低。

表 10-3　常见的机动车保险折扣优惠

你可以利用各种折扣优惠政策来降低自己的保险成本。下面列出最为常见的机动车保险的折扣优惠政策。

• 无事故优惠。如果在三年之内没有需要进行赔偿的交通事故，则可以享受 10%的折扣优惠。如果六年之内没有需要进行赔偿的交通事故，则可以享受 15%的折扣优惠。

• 多辆车保险优惠。如果在同一个保险公司为一辆以上的汽车购买了机动车保险，则可以享受 15%的折扣优惠。

• 每年行驶英里数较少。如果驾驶员每年行驶的里程数不足 7 500 英里，则可以享受 15%的折扣优惠。

• 同时购买房屋保险和机动车保险。如果在同一家保险公司同时购买房屋保险和机动车保险，则可以享受 5%～15%的折扣优惠。

• 可损坏性较低。如果统计数据显示，由于被保险车辆维修成本低或者是对盗贼的吸引力较差，而且投保人就被保险车辆提出金额巨大的理赔申请的可能性比较低，则可以享受 10%～30%的折扣优惠。

• 好学生折扣优惠。25 岁以下的未婚驾驶员，如果其学习成绩在班级内能够排在前 20%，平均分不低于 B，或者是荣获过优秀学生称号，则最多可以享受 25%的折扣优惠。

• 年龄超过 50 岁。如果投保人年逾 50 岁，则可以在成人保险费率基础上享受 10%的折扣优惠。

• 防卫性驾驶课程（defensive driving course）。如果投保人完成了防卫性驾驶课程（通常情况下只适用于年龄在 55 岁或以上的驾驶员），则可以享受 5%的折扣优惠。

• 被动防御体系。如果投保人的车辆安装了安全气囊和安全带，则可以享受最高不超过 40%的折扣优惠。如果还安装了防锁刹车系统，则可以在前面优惠基础上再增加 5%的折扣。

• 非通勤者或合伙使用汽车。如果每天上下班的行驶里程低于 30 英里，则可以享受 15%的折扣优惠。

• 防盗装置。这要取决于投保人的居住地点以及防盗装置的类型，最高不超过 15%的折扣优惠。

思考：

如你所知，喝了酒不开车的理由有很多。但还有一个理由，那就是酒后驾驶会让你的保费费率上涨（如果父母的汽车保险合同也涵盖了你，则这会导致父母的车险保费费率上涨），只不过相对于其他更明显的“喝酒不开车”的理由，这一条显得没那么明显。一旦被指控酒后驾车，车险的保费平均会上涨93%，而且这种高保费的状态会持续三到五年。事实上，酒后驾驶记录出现三年后，个人的车险费率依然停留在高位，平均要比其他人高出63%。

降低你的保险成本

一般来说，有几种方法可以在提供全面保险的同时降低投保人的保险成本，主要包括：

- 对比价格。同一种保险产品，不同的保险公司通常报价不同。其实，不同保险公司之间的报价有时可能相差100%左右。这也就是前面我们提到在购买机动车保险时，你至少要获得三个不同报价的原因。此外，你还要尝试一下获取不同免赔额条件下的报价信息。
- 只考虑高质量的保险公司。你应当先查看贝斯特公司的信用评级报告（www.ambest.com），只选择信用等级为第一和第二等级的保险公司，在购买保险产品之前先考察一下保险公司的质量。
- 充分利用折扣优惠政策。你可以使用折扣优惠政策大幅度地降低保费水平。比如说曾经参加了司机培训课程，年龄超过50岁，修完了防卫性驾驶课程，是学习成绩优异的好学生，或者是上下班与别人合用汽车等，这些都是可用的折扣优惠条件。
- 购买一辆保险费用较低的汽车。在决定购买哪辆汽车时，一定要把保险成本也考虑进去。
- 改进自己的驾驶记录。你可以控制自己的驾驶记录，在保险公司决定你的费率水平时，良好的驾驶记录会有很大帮助。
- 提高免赔额。与房屋保险一样，提高免赔额能够大幅度地降低保费水平。
- 购买足额的责任保险。近些年来，随着医疗费用和住院费用的不断攀升，损害赔偿金也开始大幅度提高。

向保险公司提出理赔申请

在发生交通事故以后，你要遵循下面列出的处理步骤。你最好把这份步骤清单保管在汽车驾驶室仪表板的储物柜里，因为在事故发生后，你整个人可能都会变得不是那么清醒，也许根本想不起来应当怎么做。必要的处理步骤如下：

1. 为伤者寻求帮助。因为离开车祸现场是重罪，所以你应该寻求别人的帮助，让其他人帮忙报警和叫急救车。
2. 把你的车移到安全位置或者是打开双闪灯，以防止二次事故的发生。
3. 将证人的姓名和住址记录下来。如果没记住名字的话，就想办法记下他们的牌照号码。同时，也要把发生车祸的另一辆或几辆车上的乘客及驾驶员的姓名记下来。

4. 配合警察的工作。

5. 如果你认为对方驾驶员是酒后驾驶，那么一定要坚持双方都进行酒精测试。

6. 将你能够回忆起来的细节全部记录下来。如果你身上有照相机，那么一定要把车祸现场拍下来。

7. 不要签署任何文件，不要自己认罪，也不要提及自己购买了多少保险。

8. 保持一份警察的车祸报告副本，并确认该报告是否准确。

9. 尽快给保险经纪人打电话。

10. 与保险公司合作。记住，如果对方提起诉讼的话，保险公司能为你提供保护。

11. 将所有与车祸相关的支出票据保管好。

12. 如果发生了严重的车祸，则应当与律师见面，你需要了解自己应当享有哪些权利，以及如何保护自己的权利。

现实世界

申请理赔还是不申请？InsuranceQuotes 和 Quadrant 信息服务公司研究了申请理赔对汽车保险合同的普遍影响作用，发现只有一起保险理赔可能会使车险保费上升 44%，而同一年内第二次申请理赔会让保费上涨 98%！为了帮助投保人更好地做出决策，InsuranceQuotes.com 网站提供了“机动车保险理赔对费率的影响”计算器（http://www.insurancequotes.com/calculators/car-insurance-claim-calculator）。这款计算器能帮你计算申请理赔会导致保费上涨多少，帮你判断是否应申请保险理赔。

行为视角

原理 9：心理游戏、理财个性与金钱

根据“原理 7：保护自己免受重大灾害或灾难的威胁”，保险这个概念其实相对较为简单，不过在某些人看来，保险很令人厌烦，而且似乎是在浪费钱。不过，保险被视为完善的理财计划不可或缺的组成部分，在必要时，它能拯救你的理财计划。但是，在买保险时一定要小心！记住“原理 1：知识是最好的保障”。说到保险，你一定要知道自己的需求是什么，因为保险产品的类型实在太多了，你不需要每一种都买。

既然你已经购买了保险，为什么不考虑增加一些附加条款呢？为什么不把这些附加条款写入你的保险合同呢？这些问题的答案与行为金融学领域的一个概念有关，即“综合损失”。这个概念告诉我们一旦你花了一大笔钱，那么在账单上再多加一点支出并不会给你带来什么影响。因此，如果你已经支付了每年 1 000 美元的保费，那么再花 50 美元“增加一点额外的保障”真不是什么大事（在当时）——在你看来，这笔支出没有花 50 美元购买另一件（不相关的）商品那样值得认真考虑。例如，当你准备购买新车时，为什么保险公司建议你可以购买里程超过 100 000 公里、“从头到尾”全面保障的新车保险？原因是此时此地是消费者最容易购买这种保险产品的时刻——毕竟，此时你正坐在汽车经销商的办公室里，准备直接签支票或贷款合同来买下一辆价格为 30 000 美元的新车。已经花了 30 000 美元，再多花一两千美元购买“额外的保障”看上去也不怎么贵！

买车或买房时向消费者推销保险是最经典、最广为人知的例子。正是出于这一点，保险公司通常会针对（我认为）有吸引力的房屋保险或机动车保险产品推销附加保险。一家公司一直在宣传房主保险附加的“油漆溅落”条款。（这个附加条款显然是专门为自己动手装修但不知道可以使用防护罩布防溅的客户。）

另一个行为金融学概念——代表性偏差——也在保险行业里有所体现。当个人过于重视近期发生的某件（糟糕的）事情时，就会出现“代表性偏差”。例如你听说某人经历了一场可怕的飓风、洪水或泥石流，于是你有意购买保险去防范此类自然灾害给自己带来的风险。当你为一些大额消费而犹豫不决时——比方说购买需要未来很长一段时间持续缴纳保费的保险产品——退后一步暂停一下，做好功课，分析一下这些意外事件真正发生在自己身上的概率到底有多大，然后再做决定，这样对你绝对是有好处的。

行动计划 >>>

原理 10：开始行动吧！

一旦你拥有了汽车和其他财物，是时候考虑购买一些保险产品了。你的目标应当是将原理 7——保护自己免受重大灾害或灾难的威胁——付诸行动。下面这些问题供你参考：

- 承租人保险——你需要吗？你是否住在校园的宿舍里？有可能父母已购买的“房屋以外保险”可以向你提供保障。而住在校园外则是另外一回事了。你有电脑吗？电视机？音响？DVD 播放机？课本？自行车？厨房器具？家具？鞋子和衣服？如果你回答为“是的”，那么计算一下所有这些物品的重置价值是多少。CNN 估计承租人保险每年的保费成本大约为 184 美元。你有何想法？
- 汽车保险——法律要求必须购买。充分利用各种折扣——例如个人信用评分高，职业是教师，拥有安全驾驶记录，车辆具有安全设施（气囊、防震刹车或警报器）以及完成了防卫性驾驶培训课程等。一定要货比三家。
- 记住“原理 7：保护自己免受重大灾害或灾难的威胁”。保险的目的是保护自己免遭重大损失——这可不是维护保养计划。现实地思考一下自己需要购买多高的保额。如果你想降低保费成本，那就提高免赔额；不要让偏低的保额妨碍到自己的长期理财计划。更高的免赔额会以其他方式带来好处：你不会再因为一些小额损失而申请理赔，从而避免留下多次提出保险理赔的记录，因为这可能会导致你的保单被保险公司取消。如果你决定这样做，那要先确保自己的应急资金足以支付相当于保险免赔额的费用。

本章小结

➡ 学习目标 1：了解房屋保险，并以成本节约的方式购买并持有房屋保险。

房屋保险有六种基本类型，每一种提供的保险类型和承保范围都不相同，可供房主和承租人选择。所有的房屋保险都简称为 HOs。其中三种房屋保险类型，即 HO-1，HO-2 和 HO-3 是专为房主准备的基本房屋保险。HO-4 是承租人保险，HO-6 是房屋共有人保险，而 HO-8 是专门的旧房保险。每种 HO 保险都包括两个组成部分，即第一部分是财产保险，第二部分是责任保险。

因为有时单靠基本的房屋保险提供的保障程度不够，所以很多房主还购买了补充保险。最为常见的补充房屋保险包括个人移动财产保险、地震保险、洪水保险、通货膨胀保险以及个人财产重置成本保险。

关键术语

危险事故：不管是自然的还是人为的，可能导致损失的事件被称为危险事故。

HOs：有六种标准化的房屋保险产品可供房主和承租人选择。

指定险：这种保险涵盖多种指定危险。如果保险合同中未指定某种危险，则它不属于承保范围。

未列明危险事故：这种类型的保险合约除了合同中明确除外的危险以外，其他所有危险事件都属于其承保范围。

财产保险：财产保险对被保险人的财产或财物因各种各样的危险事故而遭受的损失进行承保。

个人责任保险：如果有人因被保险人的财产而受伤或者是因被保险人的行为而受伤，则责任保险可以赔付由此造成的经济损失。

背书：在保险合同上附上一份书面文件，说明增加或减少哪些保险服务。

个人移动财产保险：个人移动财产保险的承保范围拓展到包含了所有的个人财产，不管财产所在的位置如何，而且这里的“个人”指的是保单持有人及其所有家庭成员，但不包括在外读书的孩子。

通货膨胀保险：通货膨胀保险可以根据房屋重置成本指数自动更新被保险人的房屋保险保额。

实际现金价值：实际现金价值等于财产的重置成本减去预计的折旧（磨损成本）。

重置成本保险：可按照被偷盗或被损坏的财产的重置成本——而非实际现金价值——对被保险人进行赔付。

个人总括保险：总括保险在基本的责任保险基础上提供了额外的保障。总保额高达 100 万美元到 1 000 万美元，承保的范围包括责任诉讼和判决。

➡ 学习目标 2：有效地保护自己的财产，同时尽可能压低保险费用。

你需要购买充足的房屋保险，一旦房屋彻底被毁，保险的理赔要能覆盖全部的重置成本。这份保险还要能够反映出由于建筑标准的变化而导致的房屋维保成本的增加。随着你持有的财产不断升值，你要持续不断的检查自己购买的房屋保险，以确保保险合同能反映出这种变化。

如何降低保险费用？有几种方法，例如使用较高的免赔额，安装安保系统和烟雾探测器，在同一家公司购买多份保险产品，每年支付保费，考虑一下直销型的保险公司以及货比三家。

关键术语

共同保险条款：这是房屋保险的一种条款，如果保险公司认为被保险人选择的保额不够的话，则会要求被保险人自己承担一部分损失。

80％规则：该条款要求被保险人选择的保额至少是房屋重置成本的 80％，否则个人财产重置成本保险不会生效。这一规则避免了被保险人在投保时选择过低的保额。

保险信用评分：使用与传统信用评分体系相同的信息来构建一个新的信用评级体系，用于决定你购买的房屋保险或汽车保险应支付的费率水平。

免赔额：是指在保险公司赔付以前，被保险人自行承担的费用。

直销型保险公司：这种保险公司直接向客户销售产品，不使用保险经纪人。

➡ **学习目标 3：管理好保险。**

为了确保你购买的房屋保险确实能够提供有效的保护，你必须记录详细的财物清单，说明每样物品的购买时间及其价值。只有这样，等到事故发生时，你才能够证明你的实际损失到底是多少。一旦发生了损失，你应当：立即向保险公司报告你的损失，做一些临时性的修补工作以保护自己的财物，准备一份详细的丢失或受损物品的清单，保管好保险理赔过程中每一张单据，确认保险赔偿评估人员对损失的估计值。

➡ **学习目标 4：挑选合适的车险产品以及提出理赔申请。**

对于机动车保险而言，保单可以被分成几个部分。机动车保险的承保范围可以分成两大类，分别体现在保单的前四个部分当中。首先是人身伤害责任保险（A 部分），承保的是车祸人身伤害的经济赔偿责任。其次是医疗费用保险（B 部分）和未保险机动车驾驶员保护保险（C 部分），最后是碰撞保险和汽车全面损失保险（D 部分）。请参考图 10－3。

机动车保险的费率水平是由五大因素决定的：(1) 投保的汽车类型及其使用情况；(2) 驾驶员的个人特征及其年龄、性别、婚姻状况和驾驶记录；(3) 保单持有人的居住区域；(4) 保单持有人能够享受的折扣优惠待遇；(5) 投保人的保险信用评分。

在确保你购买的机动车保险能够提供全面保障的前提下，你可以采取一些方法降低保费水平。例如货比三家，只选择高质量的保险公司，充分利用折扣优惠，改进自己的驾驶记录，提高免赔额以及购买足额的责任保险。

一旦购买了汽车保险，那么你要学会如何向保险公司提出理赔申请。我们在“向保险公司提出理赔申请”这一节里向大家介绍了提出理赔申请的步骤。你可以把它复印下来，放在汽车的储物箱里。

关键术语

个人机动车保险：适用于个人或家庭的标准化机动车保险。

组合单一限额保险：机动车保险中的责任保险部分同时提供人身伤害责任保险和财产损失责任保险，而且每个人的赔付额没有独立的限制条款。

分割限额保险：机动车保险中的责任保险部分可以将人身伤害和财产损失保险的赔偿区分开来，还可以选择规定每个人的赔付额上限，或者同时包括这两项。

未保险机动车驾驶员保护保险：车祸发生后，如果对方驾驶员没有购买保险，或其投保的保险公司已经破产，更有甚者肇事逃逸，则未保险机动车驾驶员保护保险能够为你在车祸中受到的人身伤害支付保险赔偿金。

碰撞保险：当投保人的车辆与其他交通工具或物体相撞时，投保人车辆造成的损失部分由碰撞保险承保，是个人机动车保险的一部分。

汽车全面损失保险：除了碰撞以外，其他事故导致的汽车损失都由汽车全面损失保险负责承保。例如汽车停放在停车场时，被旁边的车辆划伤了车门导致的损失。

无过失保险：不管过错方到底是谁，投保人投保的保险公司都应赔偿投保人的损失。

总括责任保险：总括责任保险能够补充原有的房屋保险和机动车保险合同中责任保险的承保金额，而且能提供额外的保障。只有当房屋保险或机动车保险中责任保险的额度已经被用完时，或者是遇到不属于房屋保险承保范围的索赔案时（例如涉及诽谤、损害名誉或侵犯隐私权的索赔案），总括责任保险才会生效。

思考题

1. 乔迪·索兰为她的房子购买了一份 HO-3 保险，保额能够涵盖 100% 的房屋重置成本。房屋保险的 A 部分，其保额为 140 000 美元。那么房屋保险的 B 部分、C 部分和 D 部分的最高保额各是多少？

2. 吉斯·迪尔姆和南希·迪尔姆购买的个人财产保险规定，现金的赔偿额不超过 250 美元，珠宝损失的赔偿额不超过 1 000 美元，金器、银器和锡铅合金器皿的损失赔偿不超过 2 500 美元。他们没有购买个人移动财产保险。如果他们家被盗了，现金的损失为 500 美元，珠宝的损失为 2 400 美元，还有一套价值为 1 500 美元的锡铅合金器皿也被偷了，那么房屋保险能够支付的赔偿额是多少？如果迪尔姆家的免赔额为 250 美元，那么他们获得的保险赔偿金有多少美元？

3. 一场大火烧掉了一个已经使用了三年的沙发，如果当初购买了实际现金价值保险或重置成本保险，那么在这两种情况下，房主能够获得的保险赔偿各是多少？假设现在沙发的市场价格（重置成本）为 1 000 美元，三年前该沙发的购买成本为 850 美元，预计还有六年的使用期限。

4. 卡梅拉购买的房屋保险提供了保额为 100 000 美元的责任保险。因为她的房子紧挨着邻居的停车场，所以她担心可能会引起他人的人身伤害而遭到起诉，那么她应当将责任保险的保额提高到多少呢？提高责任保险的保额以后，卡梅拉每年支付的保费会发生怎样的变化？

5. 近来按照重置成本估计，杰瑞·卡特家的房子价值为 315 000 美元。上一次检查保单时，杰瑞记得他的房屋保险保额为 235 000 美元。如果厨房着火造成了 25 500 美元的损失，那么房屋保险可以支付多少赔偿金？如果整个房子都被烧毁了，那么保险公司会支付多少赔偿金？为了获得足额的重置成本保护，杰瑞应当将房屋保险的保额提高到多少美元？

6. 卡门·威尔斯的家在一场大火中被烧得干干净净，她被迫在汽车旅馆住了 8 周的时间，总共花了 4 500 美元。她的房子遭到了雷击被毁，之前曾经购买了 HO-2 保险，保额为 280 000 美元。在被毁之前，房屋的估值为 300 000 美元，屋外的车库和游泳池的估值为 38 000 美元，而她的个人财产的实际现金价值为 91 000 美元。她购买的人身伤害保险保额为 10 000 美元，更不幸的是，她的三条爱犬也死于火灾，每只价值 6 000 美元。她的总损失是多少？如果免赔额为 1 000 美元，则卡门可以获得保险赔偿金是多少？

7. 拉里·西蒙购买的机动车责任保险采用的是分割限额保险形式，具体为 100/300/50。几个月以前，拉里发生了一起车祸，他是过错方。在这场事故中，由于拉里的疏忽，有四名乘客受到了严重伤害，每个人的赔偿额为 100 000 美元。拉里的保险公司会支付多少赔偿金？拉里本人要支付多少赔偿金？

8. 比尔·布克里为他 2012 年出厂的斯巴鲁购买的机动车保险采用的是分割限额保险形式，具体为 25/50/10。有一天下班途中遭遇暴风雪，他与另外一辆梅赛德斯相撞，车子撞到了护栏，还撞倒了一根电线杆。梅赛德斯、护栏以及电线杆在车祸中的损失分别为 8 500 美元、2 000 美元和 4 500 美元。比尔的保险公司会支付多少赔偿金？比尔本人要支付多少赔偿金？

9. 杰西卡·瑞尔丝打算购买一个公寓单位，所以正在四处比较 HO-6 房屋保险的价格。她的汽车保险公司给她的房屋保险报价是每年缴纳 550 美元的保费。但是，如果她在同一家保险公司同时购买 HO-6 房屋保险和机动车保险的话，保险公司承诺会给她的房屋保险费率下调

8%，每年 1 200 美元的汽车保险保费下调 10%。杰西卡的保费成本会因此减少多少美元？除了获得折扣优惠以外，在同一家保险公司同时购买房屋保险和机动车保险还有哪些好处？

10. 位于缅因州的超级保险公司最近刊登了一份广告，宣布满足下列条件的机动车保险投保人可以享受优惠：

- 如果驾驶员在过去七年当中没有发生过一起交通事故，则可以享受 10%的折扣优惠。
- 如果要为两辆或更多的汽车投保，则可以享受 15%的折扣优惠；如果在本公司同时承保房屋保险和机动车保险，则可以享受 5%的折扣优惠。
- 如果驾驶员每年的行驶里程少于 10 000 英里，则可以享受 10%的折扣优惠。
- 如果驾驶员是个好学生，则可以享受 25%的折扣优惠（要求平均成绩至少为 B 或 B 以上）。
- 如果驾驶员年龄大于 50 岁，则可以享受 10%的折扣优惠；如果驾驶员的年龄在 24 岁到 49 岁之间，则可以享受 5%的折扣优惠。
- 如果驾驶员已经完成了防卫性驾驶课程的学习，则可以享受 5%的折扣优惠。
- 如果驾驶员不需要每天开车上下班（每天往返里程数少于 30 公里），则可以享受 15%的折扣优惠。
- 如果被保险的汽车安装了防盗装置，则可以享受 15%的折扣优惠。

吉娜现在 25 岁，刚刚为她 2011 年出厂的庞蒂亚克购买了个人机动车保险，每年缴纳 1 200 美元的保费。吉娜每天开车上下班，往返路程为 40 英里。每年她还要两次开着车长途跋涉去看望亲戚。去年，她收到了一份超速罚单，但是后来她参加了防卫性驾驶课程的学习，从而把这张罚单从她的驾驶记录里抹去了。直到现在，她没有发生一起事故。购车以后，她立即安装了警报器。吉娜认为她至少符合一种以上的优惠条件。如果她打算到超级保险公司购买机动车保险的话，计算一下她应当支付多少保费？

讨论案例 1

格雷厄姆·莱兰和尤泰莎·莱兰打算购买一座坐落在纽约 Bethel Corners、价值为 185 000 美元的房子。这座房子仿佛是位于童话般的“雪国”世界。它距离安大略湖只有一英里，就在萨蒙河的岸边。每隔两年，萨蒙河都会因为暴雨滂沱或冰雪融化而泛滥成灾。莱兰夫妇估计他们的个人财产价值为 165 000 美元，但是并不确定。其中包括价值为 30 000 美元的电脑和电器，从格雷厄姆的父亲那里继承的价值为 15 000 美元的硬币收藏品，以及价值为 25 000 美元的艺术品。将现在价值为 120 000 美元的住房也包括进去的话，莱兰夫妇的净资产为 600 000 美元。莱兰夫妇希望能够获得所有的折扣优惠，他们求助于保险经纪人，让其推荐一个最佳的保险产品。一旦房屋或个人财产遭到了损失，他们不希望自己承担的比例过大，而且莱兰夫妇还要求保险的保额要及时按照建筑成本的增加而调整。

问题：

1. 哪一种房屋保险产品最适合莱兰夫妇？居住在那样的环境里，哪些属于承保范围的危险事故特别值得关注？

2. 莱兰夫妇为他们的新房购买的房屋保险，其中 A 部分的最低保额应当是多少？如果他们只购买了最低保额，那么未来可能面临的风险是什么？为了降低财务风险，他们应当选择多大的保额？

3. 按照案例中给定的莱兰夫妇的个人财产价值和C部分的保额限制，你会向莱兰夫妇推荐哪种补充性的保险产品？具体说明你所推荐产品可以提供的保护及其成本。

4. 由于纽约州北部地区冬天冰雪较多，你对他们购买的房屋保险的第二部分有什么建议？

5. 莱兰夫妇是否应当购买洪水保险？如果需要，他们应当怎样做？如果不需要，解释一下原因。

6. 莱兰夫妇是否应当购买总括保险？为什么？

讨论案例 2

布朗温·丽波 2014 年毕业，她的专业是生物化学，职业前景一片光明。她的老板已经答应资助她继续攻读研究生课程，而且在过去的两年间，她已经获得了三次升职。两年以前她在马里兰的 Laurel 地区买下了一座价值为 210 000 美元的房子。现在，这座房子的价值已经上涨到了 270 000 美元。最近，布朗温购买了一辆全新的福特翼虎混合动力车。她很喜欢这种马力强劲的感觉，这辆大 SUV 能给她极大的安全感。她每天开车上下班，往返路程为 45 英里。总之，布朗温觉得这样很不错。她上一次查看账户时，储蓄账户里的余额为 35 000 美元，个人退休账户里的余额也在增长，她对这一切都很满意。昨晚在回家的路上，她听到广播里主持人提到，有一位男子遭遇了车祸，在申请保险理赔时突然发现他购买的保险保额不够，最后弄得自己倾家荡产。布朗温当然不希望这样的悲剧发生在自己身上。请你帮助她思考一下下列问题。

问题：

1. 在检查了自己购买的机动车保险合同以后，布朗温发现 A 部分的保单年度最高累计赔偿金额为 75 000 美元；B 部分的保额为 15 000 美元；C 部分的保额为 75 000 美元；而 D 部分能够提供“全面”的保障。你认为布朗温购买的保险能够提供足额保障吗？对你的答案进行解释。

2. 布朗温询问了一下分割限额保险形式的报价——每年支付 1 400 美元的保费，保额限额具体为：75/150/50，免赔额为 100 美元。根据布朗温现在的财务状况和未来可能要承担的责任判断一下这些保额是否足够高了？你认为分割限额保险形式对应的各个保险的保额最低是多少？你的推荐会对布朗温的保费水平带来哪些影响？

3. 保险公司在向布朗温报价时，还曾经告诉她免赔额可以选择 100 美元、250 美元、500 美元甚至 1 000 美元。如果布朗温想降低保险成本，那么她应当选择多高的免赔额？为什么？

4. 如果她不打算增加责任保险的保额，假如她卷入了一起严重的车祸，而且发现自己应承担的赔偿超过了保险公司的承保额度，那么车祸中遭受损失的其他人——财产损失、医疗费用甚至丧葬费——应当以何种方式获得赔偿？如果布朗温不是事故的责任方，那么他们还能从布朗温的责任保险那里获得赔偿吗？如果可以，按照汽车保险产品的哪个部分获得赔偿？

5. 布朗温应当购买未保险机动车驾驶员保护保险或保险程度不足机动车驾驶员保护保险吗？为什么？

6. 布朗温可以利用哪些保险折扣优惠项目来降低自己每年的保费支出额？

7. 布朗温希望能够在充足的保额、可降低保费的合理的高免赔额以及应急资金的需求这三方面做到平衡，那么原理 5——天有不测风云，或流动性的重要性——能向她提供什么帮助？

8. 她曾听人谈到过总括保险，但是不确定是否适合自己。你认为她是否应当购买总括保险？对你的回答进行解释。假设她住在市区，而且在同一家保险公司购买了机动车保险，则购买类似的总括保险要支付多少保费？

9. 如果布朗温在上下班途中发生了车祸，为什么她绝不认罪，绝不签名，还闭口不谈她到底买了多少保险？

延伸案例

克里·杜蒙与蒂莎·杜蒙

第三部分：用保险保护自己

克里和蒂莎最近在报纸上看到一则报道，报道称很多个人破产或陷入财务困境的案例都是由于保险程度不足造成的。这促使他们开始仔细考虑自己的保险问题。在检查了已有的保险合同以后，克里和蒂莎来寻求你的帮助。因为他们很快就要买房子了，所以对房屋保险很感兴趣。他们向你提供了以下信息：

人寿保险

保险类型	克里	蒂莎
团体人寿保险	总收入的 2 倍	总收入的 1.5 倍
终身寿险	没有	50 000 美元
现金价值寿险		1 800 美元
每年人寿保险的保费	0 美元，雇主支付	0 美元，雇主代替支付终身寿险 720 美元的保费（下个月保险到期）
受益人	蒂莎	克里
或有受益人	蒂莎的父母	蒂莎的父母

健康保险

蒂莎的老板提供了一份涵盖杜蒙家所有家庭成员的综合性大额医疗费用保险，这份保单规定了 80/20 的共同保险条款。杜蒙一家每年的免赔额为 500 美元。蒂莎的雇主每个月直接在蒂莎的工资中扣掉 267 美元用来支付保费，余下的部分全部由雇主承担。因为蒂莎所在的公司提供的保险福利更好，所以克里就选择了退出其所在公司的团体保险，每个月能够获得 100 美元的退出费（已包含在总收入里）。

机动车保险（两辆车）

保险类型	个人机动车保险
保额	25/50/25，分割限额保险形式
未保险机动车驾驶员保护保险	25/50/25，分割限额保险形式
医疗费用保险	20 000 美元
碰撞保险	200 美元免赔额
汽车全面损失保险	200 美元免赔额
第一辆车每年的保费	1 050 美元
第二辆车每年的保费	750 美元
每年支付的保费总额	1 800 美元

总括责任保险

没有。

伤残保险

蒂莎：每个月 2 000 美元的保额，期限为 6 个月，雇主支付保费。

克里：没有。

房屋保险/承租人保险

杜蒙夫妇购买了 HO-4 承租人保险，个人财产的现金价值保险保额为 25 000 美元，每年缴纳保费 600 美元。

问题：

1. 在了解了收益倍数法和需求法以后，克里和蒂莎选择了使用相对简单一点的收益倍数法来估计人寿保险的需求量。克里说，“使用需求法的话，有太多的未知量了。收益倍数法替代未来收入现金流的理念比较好理解。如果我突然去世了，我希望事先安排好，保证蒂莎有能力买得起房子，孩子们有条件上大学。查德现在四岁，而哈利只有两岁。如果保险赔偿金能够置换我 20 年的工资收入，那么我们的目标肯定能够实现。”蒂莎表示同意，不过她认为在购买保险之前，他们还是最好先把需求表填好。杜蒙夫妇认为自己在保险赔偿金上可以获得 5%的税后收益率（剔除了通货膨胀的影响）。蒂莎和克里已有的人寿保险是否能提供足够多的保障？如果不能的话，他们每个人应当购买哪种人寿保险产品？（提示：我们前面讲过，一位家庭成员去世后，如果还剩下三位仍健在的家庭成员，则生活成本会下降 22%。你最好查看一下表 9-2：人寿保险的收益倍数表。）

2. 克里的全部人寿保险以及蒂莎一般的人寿保险是由其雇主提供的，这样做好吗？

3. 克里再次上网查找，这次他发现了万能寿险产品和变额人寿保险产品。克里想为自己的家庭购买更多的人寿保险，他向你请教应当选择哪一种。你会建议他怎么做？解释一下你的想法。

4. 杜蒙家想请你帮他们检查一下人寿保险合同，并用简单明了的语言解释一下合同条款。你认为对于克里和蒂莎来说，哪些标准的人寿保险保单条款以及可选择的附加条款是最重要的？

5. 一位保险经纪人近来建议为查德和哈利购买终身寿险。成本比较低廉，而且克里和蒂莎也能保证孩子们可以一直获得保障。这样做好吗？说明你的理由。

6. 蒂莎和克里已拥有的健康保险能否提供足够多的保障？如果不能的话，你建议他们进行哪些改进呢？为什么？

7. 假设蒂莎在车祸中受伤，花掉了 5 000 美元的医疗费。那么支付这笔医疗费的可选方法有哪些？如果这笔 5 000 美元的医疗费是由于蒂莎做了急性阑尾炎手术，那么你的答案会发生怎样的变化？假设今年其他的家庭成员都没有提出过保险理赔请求，那么关于这张医疗费用账单，保险公司会支付多少美元？

8. 下个月就是蒂莎的老板提供的健康保险福利计划的“年度公开登记期”。这是一年当中蒂莎可以选择改变保险品种的唯一机会。蒂莎正在考虑转换到其他维护健康组织计划或者是优惠医疗服务提供者计划。上述两种形式的管理型医疗服务计划各有哪些优势和劣势？

9. 蒂莎正在担心本公司可能会与其他几家会计师事务所合并从而导致自己被裁员。如果蒂莎真的被解雇了，杜蒙一家可以选择的健康保险产品是什么？在这种情况下，克里退出团体保险计划有哪些好处和不利的地方？蒂莎打算做自由职业者，在家办公。这会对他们对家庭健康保险计划的选择造成什么影响？

10. 蒂莎和克里正在考虑购买伤残保险，因为克里之前没有买过伤残保险，而蒂莎的老板提供的伤残保险期限太短。你认为他们应当在伤残保险合同中增加哪些条款？

11. 蒂莎和克里是否购买了足额的承租人保险？你有什么推荐？为什么？

12. 对杜蒙家已经购买的机动车保险进行评价。如果有的话，你会对他们提出哪些改动建议？为什么？

13. 如果克里或蒂莎开车发生了车祸，他或她是过错方，造成的人身伤害损失金额为 65 000 美元，那么他们已购买的保险可以支付多少赔偿金？理赔的程序是怎样的？

14. 为了降低财产保险和责任保险的成本，杜蒙家可以选择哪些保单的可选条款？

15. 假设杜蒙夫妇对保持良好的财务状况持十分谨慎的态度，那么当他们购买第一套住房时，他们应当选择哪种房屋保险产品？我们回想一下，克里非常不喜欢意外支出，因此他们可能不会考虑老房子或者分户出售公寓大厦！他们是否应当考虑增加购买总括保险？对你的回答进行解释。

第四部分

管理好自己的投资

现在你已经了解了整个个人理财规划过程，包括如何管理资金以及评估个人保险需求。那么下一步是什么？接下来我们的关注点要转移到如何实现“钱生钱”上面来了。也就是说，要把钱变成财富。为了实现这个目标，你需要了解有关投资的基本知识。这又回到了原理1——知识是最好的保障。掌握了投资知识以后，你不仅有能力管理好自己的投资，还能保护好自己，远离那些糟糕的、不严谨的投资建议。事实上，掌握了投资知识就相当于购买了一份防范上述风险的保险产品。

在第四部分，我们要重点分析原理8和原理9。

原理8：风险与收益的权衡。这条原理关注的是风险与收益之间的关系，它还引入了分散化投资的概念——投资者可以通过分散化投资降低风险，同时不影响投资收益。此外，你还能了解到如果持有投资产品的时间更长一点——直到你需要用钱为止——那么你还可以承受更大的风险。

原理9：心理游戏、理财个性与金钱。不幸的是，在理财方面，人类好似天生注定要失败一样。显然，我们做过的许多错误的理财决策都是根源于我们的大脑。然而，在了解了人类常见的行为偏差以后，我们可以尽量避免这些错误。

此外，在第四部分，我们还会涉及下列几条原理：

原理1：知识是最好的保障。

原理2：没有计划将一事无成。

原理3：货币的时间价值。

原理4：税收因素对个人理财决策的影响。

原理10：开始行动吧！

第11章 投资基础

学习目标

1	确定自己的目标，准备进行投资。	投资之前的准备
2	管理投资风险。	风险与收益的权衡
3	用最适合自己的方式配置资产。	投资期限与资产配置
4	了解为什么打败市场是如此之难。	有效市场
5	区别并能描述一级市场和二级市场。	证券市场
6	通过经纪人买卖证券。	证券的交易
7	寻找和利用不同来源的投资信息来买卖证券。	投资信息的来源

很多家长不会按照孩子的建议来买股票，但是桑切斯夫妇，汤姆和玛丽就是这样做的。1986 年 3 月，他们 13 岁的女儿詹妮弗，一个自称是“电脑怪客”的小丫头，说服她的父母投资了 10 000 美元——这相当于他们全家总储蓄额的 15%——购买了一家当时刚刚上市的公司的股票：微软。事实上，詹妮弗自己也投入了她所有的积蓄——送报纸以及做临时保姆赚到的钱，再加上祖父母给她的零花钱——总共是 750 美元。

当时，微软公司只是西雅图一个名不见经传的小公司，它的领导人是一位尚未经过市场检验的年轻人，一位电脑天才，他就是比尔·盖茨。事实上，当时微软公司的规模很小，没有知名度，以至于很难找到一位愿意为它做市的股票经纪商（当时微软股票的售价仅为每股 21 美元）。然而，桑切斯夫妇站了出来，当然，后来他们也很高兴自己当初做了这样的决定。他们甚至还说服玛丽的兄弟吉姆也拿出了 5 000 美元投资微软的股票。吉姆不是特别幸运，没有赶上每股 21 美元的超低价格，但是随后他还是以每股 26 美元的价格买入了微软公司的股票。等到 2011 年年中，桑切斯夫妇当年 10 000 美元的投资已经增长到了 417 万美元，玛丽的兄弟吉姆，当初 5 000 美元的投资也已经变成了 170 万美元。即使在今天看来，这也是一大笔财富。而詹妮弗 750 美元的投资也会价值 313 000 美元，只不过这笔钱变成了保时捷公司发行的 911 可转债和其他的投资产品。

2003 年 3 月和 4 月，在詹妮弗第一次推荐股票之后又过了将近 20 年，她再一次给父母推荐了一只股票——这次是苹果。当时，她刚刚购买了自己的第一个 iPod——这是第三代 iPod，也是第一次推出全触摸式操作界面以及基座接口的 iPod 产品。正如詹妮弗所说的那样，“我真的相信 iPod 能够改变世界——事实证明我是对的。”在詹妮弗的推荐下，她和父母各投资了 100 000 美元。截至 2017 年，100 000 美元的初始投资额已经增值为 1 380 万美元！此外，詹妮弗对网飞公司的投资也大获成功，2005 年 25 000 美元的初始投资额，到了 2017 年变成了 260 万美元。尽管她并不是每次都能赚钱——例如，2000 年她投资 100 000 美元买入 Pets. com 公司的股票，可就在一年后，这笔投资几乎化为乌有。但如今，詹妮弗更多地被称为“投资奇才”，而非“电脑怪客”了。

不是每个人都能向桑切斯夫妇那样成功地投资。但是，有一种方法能够大大提高成功的概率，那就是充分了解投资的规则。也就是说，要了解证券市场的运行规律。如果不懂规律就跑去做投资，那么结果肯定不会太好的。这也就是本章的主要目的——向大家介绍证券市场的运行规律和规则。我们将讨论市场的运行机制，只有掌握了这些知识，你才能自信地踏入市场执行你的投资计划。

如果我们每个人都能像桑切斯夫妇那样成功就太好了。不过，我们无法保证每个人都能做得那么棒。但是，有一件事是确定的：通过投资变成富人的第一步就是要学会如何进行投资。

投资之前的准备

对于个人理财规划而言，所有的事都取决于你的目标，投资也不例外。在制定投资计划之前，首先你应当仔细考虑自己的目标是什么，你可以拿出多少个人资产以实现这一投资目标。在我们讨论制定投资目标和计划之前，先来了解一下投资和投机的差异。

> **投资**：购买能够产生收益的资产叫作投资。例如，股票能产生股息收入，债券能产生利息收入，所以这些资产都是所谓的投资品。
>
> **经常性收益**：直接来源于投资者投资的公司或组织的投资收益，通常是以股息或利息支付的形式存在。

投资与投机

本章讲的是投资，而不是投机。这两个词有什么不同呢？当然，它们都涉及风险。当你进行**投资**（investment）时，实际上是购买了一件能够产生收益的资产。也就是说，一部分投资收益是以**经常性收益**（income return）的方式体现的，例如股息或利息。投资收益一部分来源于这样一个事实——投资能够创造价值或财富。也就是说，投资赚钱了以后，将获得的收益进行再投资，于是投资产品本身升值了。例如房东收取租金，股票持有人获得股息或股票升值，债券发行人支付利息等。即使有些股票现在不支付股息——例如谷歌的母公司 Alphabet 公司的股票——但是它在不断创造财富或价值，其市场价格在不断上涨。资产现在产生的收益以及未来产生的收益决定了它的价值。

然而，**投机**（speculation）指的是资产不能创造财富或收益，而且风险非常大，因此投机者通常期望获得非常高的回报。例如金币和棒球卡未来也许会很值钱，但是前提是有人愿意付这么多钱来买它们。也就是说，它们的价值完全取决于市场的供给与需求，而此类资产的市场需求变动非常快。因此，购买这一类资产就被称为投机。投机的其他例子还包括漫画书、名人亲笔签名、豆豆娃娃以及宝石。这就好比是你购买了超级碗的投注彩票，并寄希望于自己能中奖赚上一大笔钱。

> **投机：**指购买价值完全依赖于市场的供给与需求而非其产生的收益的资产。例如金币和棒球卡未来也许会很值钱，但是前提是有人愿意付这么多钱来买它们。

有时候，投机能让你赚到一大笔钱。比方说1963年9月出版的第一期X战警漫画书，当时的价格只有12美分。54年过去了，九成新的这版漫画书能卖出75 000美元的高价，平均每年的升值比率超过了28.7%。但是你要记住，投机也可能让你损失严重。比如，1985年发行的带有马克·麦奎尔（Mark McGwire）头像的Topps Tiffany卡，最高时可以卖到10 000美元，但是到了2017年，其价格下降到了50美元。同样的事情也发生在了1991年发行的带有詹森·吉昂比（Jason Giambi）头像的新队员卡身上：最高时价格为400美元，2017年下降到了7美元。为什么这些卡的价值会下降这么多？很简单，没人想买它们。这些投机品的价值完全取决于供给和需求。

现在，新型的投机型证券就是所谓的衍生品。**衍生证券**（derivative securities）的价值取决于其他资产的价值，例如期权。

期权（option）赋予持有人购买或出售某种资产的权利，一般来说买卖的是普通股。换言之，如果不合算的话，你可以选择不执行期权。和期货合约一样，期权持有人未来买入或卖出某种资产的价格也是事先确定好了的。此外，期权有到期日，现在有两种类型的期权合约：看涨期权（call option），允许期权持有人在期权到期时或期权到期前按照既定的价格买入一定数量的标的资产（underlying asset）；看跌期权（put option），允许期权持有人在期权到期时或期权到期前按照既定的价格卖出一定数量的标的资产。

> **衍生证券：**这种证券的价值取决于其他资产的价值。
>
> **期权：**允许其持有人有权利按照既定的价格，在未来一段时期内，买入或卖出某种资产的衍生品，一般是买卖普通股。

对于期权合约，你会发现，从某种意义上看，买家和卖家是在互相博弈。因此，期权市场和期货市场通常被称为“零和市场”。也就是说，如果有人赚到了钱，则必然有其他人亏损了。如果把所有交易者的盈利和亏损相加，则在忽略交易成本的前提下，所有期权产品的总收益等于零。我们要说，期权市场非常复杂，而且风险很大。事实上，有些专家认为，期权产品就是将新手们的财富转移给投机大鳄们的合法工具。它们确实是极度危险的金融产品。对于刚入门的投资者而言，期权和期货产品在本质上都是投机产品。简单地说，你不能依靠它们来实现自己的理财目标。

与投机相反，投资的基础在于资产的价值取决于资产产生的收益。由于投资品能够产生收益，因此它是具有内在价值的。尽管在短期内，它们的价格可能会稍稍偏离其内在价值，但是从长期的角度来看，它们的价格无限接近于其内在价值。投资品的风险要小于投机品，且投资品的价值取决于其现在产生的收益以及未来预期能够产生的投资收益。所以，投资品不会像投机品那样令人兴奋，但是你别忘了，如果投机导致你的养老金受到损失，那么就不是兴奋而是悲哀痛苦了。

思考：

如果某项资产不能产生收益，那么它的价值就取决于市场的供给与需求。购买这种资产的行为就叫投机。黄金就是一个很好的例子。尽管一些金融理财专家每隔一段时间就会向大众宣称黄金是一种很好的投资品（还有一些黄金卖家也在卖力宣传试图将黄金价格进一步推向高位），但是实际上买卖黄金只是一种投机形式。虽然卖家试图将买黄金描绘成稳赚不赔的生意，然而事实远非如此。1980 年初，黄金的价格上涨到每盎司略超过 850 美元。自 1980 年开始，黄金的价格一路飙升，到 2011 年上涨至每盎司 1 900 美元，后来 2017 年又跌破了 1 232 美元。虽然在 2010 年和 2011 年，黄金的市场价格大幅度上涨，但是仔细算一下，自 1980 年以来，黄金的年均收益率只略高于 1%，远远低于同时段的通货膨胀率。反过来，大公司的普通股在 1980—2017 年这段时期内，股价的年均上涨率高达 11.4%。所以，我们的结论是应当选择投资而不是投机。

确定投资目标

我们大多数人都有目标或理想，比如说我们想买一座房子，或者是早点退休。但是为了实现这些目标，你必须首先对目标做好规划。这也就是我们所说的原理 2——没有计划将一事无成。在制定计划时，你应当（1）将你要实现的目标写下来，并区分好优先次序；（2）计算一下实现目标需要付出的成本；（3）计划好不同时期需要投入的资金量；（4）定期检查目标的完成情况。

正如我们在第 1 章里讲过的，制定目标时最简单的方法是从短期、中期和长期的角度考虑自己的需求。短期目标是指能够在一年的时间内实现的目标，例如买一台电视机或度假。中期目标的完成要花费 1～10 年左右的时间，例如送孩子上大学，或者是积攒足够多的钱用来支付新房的首付。长期目标是指要花费 10 年以上的时间才能实现的目标，例如退休。

在制定目标时，关键在于要切合实际，也就是说你制定的目标要符合你自身的财务状况和生存状况。下列这些问题能够帮助你确定哪些目标对你来说最重要：

- 如果我没有实现这个目标，那么结果会怎么样？
- 为了实现这个目标，我愿意承受某些必要的财务成本吗？
- 为了实现这个目标，我需要有多少钱？
- 我什么时候需要用到这笔钱？

一旦确定了自己的目标，接下来就要用我们前面学过的货币时间价值原理开始行动。例如，如果你打算 40 年后退休，希望到时候自己手上能有 1 000 000 美元的资产，那么你首先需要考虑的是你能获得多高的收益率，其次就是计算每年的储蓄额应当是多少。

检查财务状况

在执行理财计划之前，你应当先检查一下自己的财务状况，这一点很重要。要确保你正在按照自己想要的方式生活，已经购买了足额的保险，也准备好了紧急资金。也就是说，在实际进行投资之前，你要确保一切尽在掌控之中。

思考：

自己的理财目标能实现吗？当然能！实际上，只要有时间的帮忙，实现目标要比你想象的容易得多。只要将消费和投资的习惯稍稍改变一点，就能在未来获得丰厚的回报。例如，假设你现在 20 岁，每个月储蓄 15 美元，也就是说每天节省 50 美分就够了。如果收益率为 12%，50 年后你的储蓄额就会变成 585 000 美元。也许 12%的收益率听上去太高了，但是你要知道在过去 50 年间，市场的实际平均收益率大约为 10%，而且这段时期内小公司的股票表现更好。关键就在于早一点动手。为了使每个月节省 15 美元，你可以砍掉哪些支出？

开始执行投资计划

投资得越多，获得的收益也就越多。你要记住原理 3——货币的时间价值。正如你现在所了解的，对于投资产品而言，时间的作用是无可替代的。你越早开始计划未来，就能越早地实现预定目标。原理 10 说得好：开始行动吧！这一点非常重要。不管你的收入水平是多少，你都可以尝试投资。

你应当怎么开始执行投资计划呢？第一步就是回顾一下制定投资目标时曾经考虑过的头两个问题：如果我没有实现这个目标，那么结果会怎么样？为了实现这个目标，我愿意承受某些必要的财务成本吗？一旦你确定了自己的答案，接下来就可以拿出资金开始投资了。下面给出了一些开始投资时应注意的小贴士。

先把钱付给自己

首先，你要先把储蓄的部分留出来，然后剩下的钱可以用于生活开支。当你能够做到先把钱付给自己*，那么也说明你已经意识到长期的理财目标有多么重要了。

自动投资

如果你的老板允许使用自动预扣方式的话，那么就好好利用它安排好自动投资。每个月自动从你的工资账户中扣掉一部分金额，直接用来购买有价证券或共同基金。

充分利用政府和老板提供的便利条件

如果你的老板能够提供配对投资计划（matching investment），那么千万不要轻易放过这些计划。除了雇主提供以外，个人投资者几乎很难参加配对投资计划。此外，你还可以考虑一下具有税收优惠特征的投资产品，例如，投资于传统的个人退休账户（IRA）和罗斯个人退休账户（Roth IRA）。

管理好意外之财

如果你非常幸运，获得了一笔意外之财，例如继承了遗产，获得了奖金、礼物或退税，又或者是彩票中了奖。不要把这一大笔钱花光了，将其中一部分或全部用来投资能够加速实现你的理财目标。

每年选出两个月份作为投资月

一些理财专家建议，如果你现在的生活方式和经济条件让你很难开始执行投资计划，

* 意思是储蓄，国外学者所说的“先把钱付给自己”表达的是存钱防老的意思。——译者注

那么可以每年选出两个月份作为投资月。每到这两个月份，你要削减自己的消费开支，用省下来的钱开始投资。如果你知道这种所谓的“节衣缩食的生活”就将在这个月底结束，那么这会有助于你控制自己的欲望，坚持储蓄。

在投资时要考虑到税收因素

当我们比较投资收益率时，比较的一定是税后收益率。也就是说，支付给美国政府的税负部分不在我们的考虑范围内，应当把它从投资收益中剔除掉。在讨论各种各样的投资产品时，我们会更加详细地介绍税收的影响，但是不管我们选择什么样的投资品，以下几点总是成立的：

● 所谓边际税率指的是下一美元收入应缴纳的税负。

● 免税的投资产品与其他非免税投资品比较时，必须考虑税后收益率。当然，投资者适用的边际税率越高，免税型投资产品的吸引力也就越大。

● 你可以在税收递延的基础上管理自己的投资。这意味着不仅资产的增值部分是免税的，而且用来购买该资产的资金也是免税的，直到有一天你卖出该投资产品套现为止。

● 考虑到税收，资本利得和股息收入的方式要优于普通收入。我们在第 4 章里讲到过，在 2017 年，如果纳税人适用的最高税率水平超过了 15%但低于 39.6%，则长期资本利得税和符合要求的股息适用的税率水平下调到 15%；如果纳税人适用的税率为 10%和 15%，则长期资本利得税和符合要求的股息适用的税率水平下调到 0%。如果你的收入水平很高，适用于 39.6%的所得税税率，那么你获得的长期资本利得收益要按照 20%的税率纳税。

在 2017 年，如果你适用的边际税率为 35%，额外获得的普通收入为 50 000 美元，则应支付的税款为 17 500（=50 000×35%）美元。如果这 50 000 美元是以长期资本利得的形式获得的，则应支付的税款仅为 7 500（=50 000×15%）美元。资本利得除了能够带来税收的好处以外，还有一个好处就是只有当卖掉投资产品获得资本利得的时候才需要纳税。因此，你可以自己安排实现资本利得的时间。

税收因素会让某些投资产品变得更受欢迎，而让另一些投资产品变得乏人问津，这又再次印证了原理 4 的内容——税收因素对个人理财决策的影响。

投资产品的选择

如今，市场上常见的投资产品主要可以分为两大类：

● 债务型投资产品（lending investments）：储蓄账户和债券都是由各种组织和政府发行的债务工具，都属于债务型投资产品。

● 权益型投资产品（ownership investment）：优先股和普通股表示的是持有人对公司的所有权，此外还有可以产生收入的房地产，这些都属于权益型投资产品。

下面让我们仔细讨论一下每一类投资产品。

债务型投资产品

当你把钱存入储蓄账户或者用来购买债券时，实际上你正在把你自己的钱借给其他人。借出去的这一笔钱就是你的投资。储蓄账户会按照账户的余额支付利息。而债券的收益通常是事先确定好了的，投资者也早就知道。债券有具体的**到期日**（maturity date），到那一天，债券就到期了，债券发行人会将本金和利息返还给投资者。当债券到期时，投资者获得的债券的票面价值（face value）被称为债券的**面值**（par value）或**本金**（principal）。

公司发行的绝大多数债券的面值都是 1 000 美元，不过联邦政府、州政府或当地政府发行的债券，其面值也有 5 000 美元或 10 000 美元的。在债券的有效期内，每半年会向投资者支付一次利息，这是在债券发行之前就已经确定好的了。**息票利率**（coupon interest rate）指的是债券实际支付的利率。绝大多数债券的息票利率是固定不变的，但是也有一些债券的息票利率是可变的或浮动的，这意味着利率可以定期进行调整，以反映市场利率水平的变化。①

> **到期日**：借款人必须偿还贷款或借入资金的期限。
>
> **面值或本金**：指的是债券票面上标明的价值，企业在债券到期时要偿还本金。
>
> **息票利率**：每年支付的利率，表现形式为债券面值的百分比，通常事先在合同中规定了息票利率的大小。

例如，假设你已经购买了一份美国政府发行的国债，期限是 20 年，票面价值是 1 000 美元，息票利率为 8%。于是，你每年能够获得 80（=8%×1 000）美元的投资收益。等到 20 年以后债券到期时，你可以收回价值为 1 000 美元的面值或本金。

对于债务型投资工具，通常投资者在投资之前就能确切地知道投资收益是多少，但是有时候这并不是什么好事。例如，你已经购买了一份息票利率为 8%的债券，你的收益率也就锁定为 8%，如果通货膨胀率通常上升到 16%，那么你会发现自己的收益率甚至还赶不上通货膨胀率。然而，如果通货膨胀率下降了，则 8%的名义收益率看上去要比之前更有吸引力。

债务型投资工具存在的最大潜在问题就是借款人出现了财务问题，无法按时支付债券的利息，或者是到期时无法偿还本金和利息。如果发行债券的公司宣告破产，那么债券持有人的整个投资也就随之化为乌有。更加不幸的是，虽然债务型投资工具强迫投资者分担借款人的财务风险或者说“痛苦”，但是相反，投资者无法享受到任何“快乐”。也就是说，如果借款人突然获得了一大笔利润，债券持有人也没办法一起分享。

对于债务型投资产品而言，最好的情况就是发行人向投资者支付了所有的利息，并在到期时偿还了本金。实际上，这种最好的情况在现实生活中要比看上去更有利于投资者。如果你仔细挑选了借款人、债券发行人，甚至是储蓄账户开立的银行，那么与权益型投资产品相比，这种债务型投资产品的风险就要低得多。此外，收益水平也很可观。

权益型投资产品

权益型投资产品的两大类型分别为房地产和股票。房地产投资包括可出租的公寓楼以及可以产生经常性收益的不动产，例如购物中心和办公楼。在上述每一种情况下，你投资的房地产都能创造收入：租金。你自己的住房也可以被视为是一项房地产投资。因为在某种意义上，拥有了自己的住房就意味着不需要租用他人的房子，也就不用交租金，这就相当于自己的住房也能创造收益，而且刚刚好抵消了租金。

> **思考：**
>
> 美国人平均每周花 29 个小时看电视。你认为他们每周会花多少时间研究个人理财规划或投资？

① 还有一种零息票债券，不对债券持有人支付利息，我们会在第 14 章讲到这种产品。

房地产投资的最主要缺陷在于它的流动性较差。也就是说，当投资者打算卖出手上的不动产时，他要花掉很多时间来获得一个公平的报价，或者是找到一个有兴趣的买家。

最受欢迎的权益型投资产品是股票，但是实际的权益或所有权并不是有形资产。比方说你购买了 50 股通用电气公司的**股票**（stock），这意味着你买下了通用电气公司的一小部分。尽管你只是买下了通用电气公司的一小部分，可是你确实成为了通用电气公司的所有者或股东，这里“权益”（equity）与“所有权”（ownership）这两个词是相通的。

> **股票**：对公司的部分所有权。
> **股息**：公司向其股东支付的一部分利润。

作为通用电气公司的所有者，你能获得什么呢？别梦想着能有天上掉馅饼的好事。作为普通股股东，你可能有机会投票选择董事会的成员，而董事会是监督通用电气公司日常经营管理的部门。如果通用电气公司获得了利润，则你很有可能以**股息**（dividend）的方式获得利润的一部分，通常是每个季度支付一次股息。随着公司利润和股息的不断增加，投资者认为股票的价值也越来越高，愿意支付更高的价格去购买股票。于是，股价开始上涨。从理论上讲，股价的上涨空间是无限大的。

对于优先股而言，股息的多少是固定的，只要公司有足够的利润，优先股股东每年都可以获得股息。如果你购买了通用电气公司的优先股，那么就不再拥有投票选举董事会成员的权利，除非通用电气公司的财务状况出了问题，停止向优先股股东支付股息。

当然，在公司向股东支付股息之前，必须先向债权人支付利息。因此，如果已有的债务——例如已发行的债券——需要支付的利息将公司的利润消耗殆尽，那么股东就无法获得股息了。而且，与普通股股东相比，优先股股东在获得股息时居于优先地位。也就是说，在普通股股东获得股息前，公司要先向优先股股东支付股息。余下的利润部分再用来向普通股股东支付股息。

投资收益

当你进行投资时，获得收益的方式有两种。首先，投资产品自身的价值会有涨有跌——用投资学术语来说，这指的是**资本利得**（capital gain）或**资本损失**（capital loss）。

> **资本利得或资本损失**：这指的是将资本性资产出售时获得的收益或损失。例如，股票价格的上涨或下跌给投资者带来的收益或损失就被视为资本利得或资本损失。

尽管很多人都把资本利得和资本损失与房地产或股票联系在一起，但实际上绝大多数情况下，当你购买债券时，你支付的价格多半不等于债券的面值，也就是说不等于债券到期时返还给你的本金。这意味着如果你持有债券到期，则由于返还的本金不等于初始的购买价格，你也会获得资本利得或资本损失。

第二种获得投资收益的方式是经常性收益。经常性收益包括各种各样直接来源于你投资的公司或组织的支付。对债券而言，你获得的利息就属于经常性收益；对于优先股和普通股而言，你获得的股息就属于经常性收益。收益率的计算方法如下：

$$\text{收益率}=\frac{(\text{最终的价值}-\text{初始价值})+\text{经常性收益}}{\text{初始价值}}$$

所以，如果某只股票的价格在一年当中从 45 美元涨到 55 美元，同时还向股东支付了 3 美元的股息，则它当年的收益率为：

$$收益率=\frac{(55-45)+3}{45}=\frac{10+3}{45}=\frac{13}{45}=28.89\%$$

如果你计算出来的是多年的收益率，那么可以把它折算成一年的收益率。你要用之前算出来的多年收益率乘以 $1/N$，这里 N 代表的是投资者持有某种投资产品的年份数。于是，年均收益率的计算公式如下：

$$年均收益率=\frac{(最终的价值-初始价值)+经常性收益}{初始价值}\times\frac{1}{N}$$

如果在三年期间，某只股票的价格从每股 45 美元一直涨到了 68 美元，且在这三年当中一共支付了 7 美元的股息，则其年均收益率为：

$$年均收益率=\frac{(68-45)+7}{45}\times\frac{1}{3}=\frac{30}{45}\times\frac{1}{3}=22.2\%$$

风险与收益的权衡

根据原理 8，你知道风险与潜在收益是相伴相生的。你承担的风险越大，则潜在收益就越大——同时，亏损的可能性也越大。这一切意味着什么？这意味着你必须采取措施，在不影响潜在收益的前提下，尽量消除风险。

毫无疑问，为了实现长期理财目标，你必须要承担一定的风险，因此你必须在个人愿意承担的风险水平与想要获得的投资收益之间取得平衡。在研究投资风险的来源之前，我们先来了解一下什么是实际利率，然后再来看一看投资市场上风险与收益的历史水平。

名义收益率与实际收益率

名义收益率（nominal rate of return）指的是没有经过通货膨胀调整的投资收益率。《华尔街日报》每天刊登的债券收益率，银行广告当中宣称的储蓄账户收益率，以及你把钱借给某个人时约定好的利率，这些都属于名义收益率。但是你实际获得了多少收益呢？这就要用到实际收益率的概念。所谓**实际收益率**（real rate of return）就等于名义收益率减去通货膨胀率，它能告诉你扣除掉通货膨胀的影响以后，你实际获得了多少收益。比方说，一项投资的名义收益率为 8%，通货膨胀率为 3%，则实际收益率等于 5%（=8%−3%）。

> **名义收益率**：指的是没有经过通货膨胀调整的投资收益率。
>
> **实际收益率**：等于名义收益率减去通货膨胀率。

风险和收益的历史水平

现在让我们看一下过去 60 年间风险和收益的历史水平。在用图表形式反映时，横坐标反映的是风险程度，我们用收益率的波动性作为描述风险的指标，纵坐标为年均收益率，于是我们就可以获得如图 11－1 所示的图形。正像你所看到的，这个图与第 1 章里我们提供的风险-收益关系图十分相像。

在讲解原理 8 所描述的风险-收益关系时，我们曾经谈到过预期收益。那么这里你会发现，原理 8 所描述的风险-收益关系是符合现实世界的。能够带来较高收益的投资，它的风险水平也相对比较高。

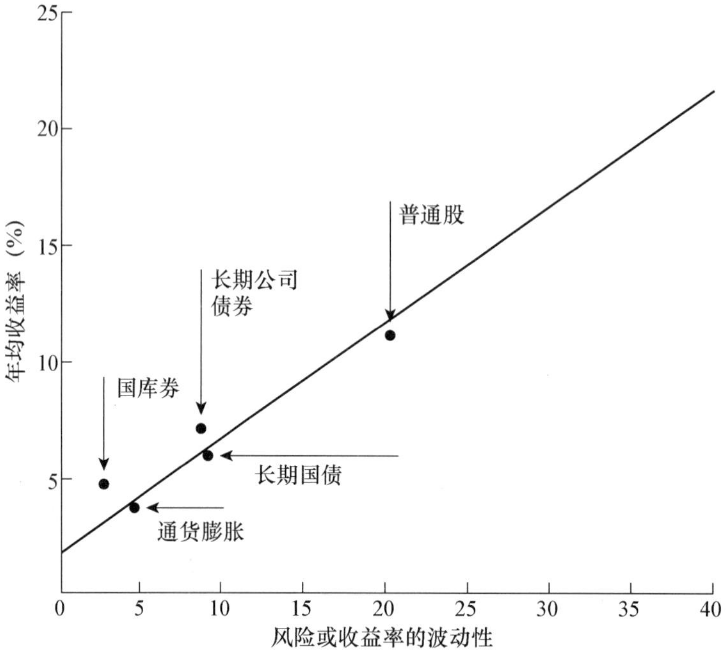

图 11－1　风险与收益的关系

思考：

很多人把储蓄和投资看作两件麻烦事，但是，储蓄和投资确实能给人们带来好处。对于那些虽然麻烦但是有好处的任务——比方说戒烟，还清信用卡的债务，减肥或者锻炼身体——人们总是习惯性地拖延。拖延症是人类的行为特征之一，这也是原理 9——心理游戏、理财个性与金钱——所说的含义。但是对于投资而言，拖延症会对个人的财务未来造成严重影响。你是否具有拖延症的倾向？上个学期的学期论文你是怎么完成的？上次考试的时候，你又是怎样临时抱佛脚的？

风险-收益关系中的风险来源

因为不同的投资产品的风险程度不尽相同，因此投资者面临不同的风险水平索要的风险溢价或风险报酬也不一样。通过对“风险来源”进行探究，可以让你对导致投资产品价格和价值出现波动的影响因素有一个直观的了解。

你要记住，各种不同的风险来源之间是相互关联的，有时它们彼此之间互有重叠。在研究某种投资产品的价格波动情况时，我们很难将这种价格波动完全归因于某一种风险来源。但是，某些投资产品更加容易受到某种风险的影响，而其他的投资产品可能更容易受到另外一种或几种风险的影响，所以对各种风险来源进行深入的了解有助于投资者更好地观察金融产品价格的波动。

利率风险（interest rate risk）

其中一种风险就来自市场利率水平的变化。不管导致利率水平变化的原因是什么，利率水平的变化对投资者来说可不是什么好消息。例如，当市场利率水平上升时，已发行在外的债券的价格会因此下降，这是因为市场上已经出现了能够提供更高收益率的债券，自然更加吸引投资者。比如说，市场上已经新发行的 10 年期债券面值为 1 000 美元，收益率为 8%，而之前已发行的 10 年期债券面值为 1 000 美元，但收益率只有 6.5%，当然几乎所有的投资者都会选择新发行的债券。市场利率水平的上涨幅度越大，已发行债券的价格下降幅度也就越大。

通货膨胀风险（inflation risk）

通货膨胀风险反映了物价水平的上涨会降低货币购买力的可能性。而且，预期通货膨胀率的变化会导致市场利率水平的变化，从而会引发证券价格的波动。通货膨胀风险与利率风险之间的关系十分紧密，但是由于在投资产品估值和投资过程中，通货膨胀风险是一个十分重要的考虑因素，因此通常把它视为是一个独立的风险来源。

商业风险（business risk）

绝大多数股票和债券的价格要受到发行公司运营状况的影响。所谓商业风险就是指投资产品价格的波动是由企业的经营因素引发的，例如企业的管理决策是否正确，企业生产的产品在市场上的表现如何等。我们都知道，有些经营不善的企业会破产倒闭，有时企业的管理层所做的决策真的有问题。例如游戏《糖果粉碎》的开发商 King Digital 公司，于 2014 年 8 月 12 日发布了令人失望的利润数据，当天股价暴跌了 21%。

每家公司面临的商业风险各不相同。有的公司每年的利润额一直保持比较稳定的态势，不管大的经济环境出现了哪些变化，都不会影响到它。然而，有些公司不同年份之间的利润额相差很大，有些年份获得较高的利润，而有些年份甚至亏损。

财务风险（financial risk）

财务风险是与企业对债务资源的使用相关的风险。如果企业借入的债务额度较高，那么不管企业的经营状况是好是坏，都要按时支付高额的利息和本金。如果企业没能按时支付的话，则会陷入破产的境地。所以说，企业的融资方式会影响财务风险的水平。

流动性风险（liquidity risk）

流动性风险是指投资者无法按照公平的市场价格迅速地将手上持有的有价证券变现。有些投资产品的交易量非常小，因此很难找到买家。这时想按照公平的市场价格出售几乎是不可能的，如果投资者急于出售的话，将迫不得已按照低于资产实际价值的价格出售资

> **利率风险：**这种由市场利率水平变化导致的证券价格的波动被称为利率风险。
>
> **通货膨胀风险：**反映了物价水平的上涨会降低货币购买力的可能性。预期通货膨胀率的变化会导致市场利率水平的变化，从而会引发证券价格的波动。
>
> **商业风险：**是指投资产品价格的波动是由企业的管理决策是否正确或企业生产的产品在市场上的表现如何等因素所引发。
>
> **财务风险：**是与企业对债务资源的使用相关的风险。如果企业借债过多并且无力按时偿还的话，那么就会违约，其股票价格也会下跌。
>
> **流动性风险：**是指投资者无法按照公平的市场价格迅速地将手上持有的有价证券变现的风险。

产，有时甚至会导致亏损。

一直以来，对于超级富豪来说，购买自己最喜爱的球队的股票是最受欢迎的投资方法。但是有些会面临比较大的流动性风险。哈维·莱顿（Harvey Lighton）的例子很有说服力。哈维拥有纽约扬基队（New York Yankees）3.123 7%的股权。1995 年，他在报纸上刊登广告，要将手上持有的扬基队 1%的股权以 295 万美元的价格转让。结果没有买家。于是他想出了一个办法，拿出 2%的扬基队股权，将其拆分成 20 000 股，每一股代表的是扬基队百万分之一的所有权，每一股的售价为 500 美元。但还是没有人响应。对于那些要求迅速变现的投资者而言，流动性风险是一个重要的考量因素。

市场风险：是指与整个市场变化相关的风险。

政治风险与监管风险：出乎意料的税收体制改革或法律制度改革所导致的风险。

市场风险（market risk）

市场风险是指与整个市场变化相关的风险。在牛市时期，几乎所有股票的价格都在上涨，而在熊市时期，几乎所有的股票价格都在下跌。债券市场也是如此。从 2007 年秋至 2009 年春，相较于历史最高点，美国股价的跌幅超过了 50%，几乎所有股票都在下跌。后来牛市来了，股价又从 2009 年的低点一路上涨，到 2017 年春，涨幅大约为 260%，这次又是几乎所有的股票都在上涨。

政治风险与监管风险（political and regulatory risk）

政治风险与监管风险指的是政府提出的出乎意料的税收体制变革或法律制度变革所导致的风险。资本利得税税率的变化，或者是市政债券利息收益的税收抵扣作用发生了变化，再或者是新通过的监管法律等，这些都是反映政治风险与监管风险的实例，会影响到投资工具的价值。

思考：

“大多数人是看到别人对股票感兴趣，自己也开始对股票感兴趣。然而，真正应该关注股票的时刻则是没人看好股票市场的时候。不应当买入那些颇受欢迎的明星股票。”——沃伦·巴菲特。你认为他这段话的含义是什么？

汇率风险：指由于汇率波动引发收益的波动，进而使得证券的市场价格发生变化。

赎回风险：在债券到期前，债券发行人提前将其赎回对投资者造成的风险。

提前赎回债券：指的是将未到期的债券赎回，事实上很多债券都是可以提前赎回的。

汇率风险（exchange rate risk）

汇率风险指的是由于汇率波动导致的收益风险。例如，假设一位投资者想投资德国债券，那么首先要将自己手上的美元兑换成欧元。当投资期限结束，投资者将德国债券卖掉变现时，拿到的是欧元。于是，投资者还需要将欧元兑换成美元。所以说，投资者的投资收益取决于投资产品自身的表现以及汇率水平会发生怎样的变化。对于国际投资者而言，汇率风险是他们需要重点考察的一个风险。

赎回风险（call risk）

对于购买了可赎回债券的投资者而言，赎回风险指的是在债券到期前，债券发行人提前将其赎回对投资者造成的风险。**提前赎回债券**（calling a bond）指的是将未到期的债券赎回，事实上很多债券都是可以提前赎回的。当发行人赎回时，债券持有人通常可以获得债券的面值再加上一年的利息额。

分散化投资

分散化投资的概念很简单：不要把所有的鸡蛋放在一个篮子里。**分散化**（diversification）的原理在于让极好和极差的收益情况相互抵消，从而在不影响预期收益率的前提下，降低投资组合的价值波动程度或风险。

了解分散化投资的过程十分重要。分散化投资不仅能够帮助我们消除风险，而且有助于我们了解哪些风险直接与投资者相关。还有一点也很重要：分散化投资可以在不影响预期收益的情况下降低风险。这也就是我们在第 1 章讲解原理 8 时所提到的内容：通过分散化投资可以使极好的结果与极差的结果相互抵消。于是，波动性或风险程度被降低了。

分散风险

当投资者进行分散化投资的时候，**投资组合**（portfolio）的风险水平会有所降低。这是因为投资组合内各种股票收益率的波动方向不会总是一致的，因此上涨会与下跌相互抵消，综合起来的结果就是投资组合总收益的波动性或风险程度有所下降。

> **分散化**：是指通过投资各种不同的金融产品以达到消除风险目的的做法。通过多样化可以使极好的结果与极差的结果相互抵消。于是，波动性或风险程度被降低了。
>
> **投资组合**：指投资者持有的多种投资产品形成的组合。

为了帮助大家了解分散化投资如何起到降低投资风险的作用，我们先来看一个简单的例子。假设你拥有一家太阳镜商店，目标客户群是那些在美丽的加勒比海小岛度假的游客，你出售的唯一产品就是太阳镜。在阳光猛烈的季节，你可以依靠出售太阳镜获得 20%的收益率，但是在雨天，太阳镜的销量很差，你的收益率为零。

	太阳镜
雨天	0%
晴天	20%

一般来说，在一年当中，晴天和雨天基本上是平分秋色。因此，太阳镜商店的平均收益率为 10%（半年的收益率为 0%，另外半年的收益率为 20%）。但是，在某个特定年份，晴天或雨天持续的具体时间长度决定了你的实际收益率。于是，每年的实际收益率处在波动当中：如果晴天占据了一年四分之三的时间，则你能获得 15%的收益率；如果雨天占据了一年四分之三的时间，则你只能获得 5%的收益率。为了避免销量出现大起大落的现象，你将雨伞加入了销售的产品线。在雨天，雨伞能获得 20%的收益率；而在晴天，雨伞的收益率为 0%，因此预期收益率为 10%（和太阳镜一样，半年的收益率为 0%，另外半年的收益率为 20%）。

	太阳镜	雨伞
雨天	0%	20%
晴天	20%	0%

分散化的最终结果是什么？预期收益率没有发生改变，仍然是 10%（一半的投资——太阳镜——能获得 10%的收益率，另一半的投资——雨伞——也能获得 10%的收益率），

但是，不同年份之间实际收益率的波动彻底被消除了。不管雨天或晴天实际持续的时间有多久，商店都将获得10%的收益率。

那么，我们能得出什么结论？分散化投资能降低风险。不过，你要记住一点，我们之所以能消除全部风险，是因为两种投资产品的收益波动方向刚好相反。可是，想要找到满足这一条件的两种投资产品是很难的。绝大多数股票彼此之间既不会波动方向以及波动幅度刚好相反，也不会刚好相同，因此随着我们向投资组合内加入更多只股票，投资组合的整体风险水平下降的幅度也越来越小。所以，如图11-2所示，随着投资组合内股票个数的增加，组合收益率的波动性在逐渐下降。

> **系统性风险：**是指不能通过多样化被消除的风险。它来源于能够影响所有股票的市场因素。
>
> **非系统性风险：**指企业特有的风险或可分散风险，它是指可以通过多样化被消除的风险。它来源于某只股票自身的特有因素影响。

用投资学的术语来说，我们将无法通过分散化投资消除的风险叫作**系统性风险**（systematic risk），将可以提供分散化投资消除的风险叫作**非系统性风险**（unsystematic risk）。系统性风险来源于能够影响所有股票的市场因素。实际上，“系统”（systematic）这个词就说明了此类风险能够系统地影响所有的股票，因此无法通过分散化投资消除。事实上，所有的风险都可以被划分为两种类型：系统性风险与非系统性风险。请大家记住，所谓的系统性风险和非系统性风险指的是风险的类型，这与前面谈到的风险的来源是不同的。

例如，2008年秋天爆发的金融危机对几乎所有股票的收益率都造成了负面影响，这种风险是不能通过分散化投资来消除的，因此可以被视为系统性风险的来源。而非系统性风险通常指的是一种投资产品因为某一事件——该事件与整个市场并无关联——而出现收益率波动的风险。比方说，CEO去世、产品被召回、生产车间遭受严重火灾甚至是错误的管理决策，均属于导致企业遭受非系统性风险的事件。由此类事件导致的收益率的波动与其他投资产品的收益率波动毫不相关，因此可以通过分散化投资将风险消除。这又回到了原理8——风险与收益的权衡。我们发现，由于非系统性风险可以通过分散化投资的方式消除，因此只有系统性风险能够获得风险报酬。事实上，对于分散化投资的投资者来说，非系统性风险已经不存在了。因此，当谈论风险时，他们指的是系统性风险。

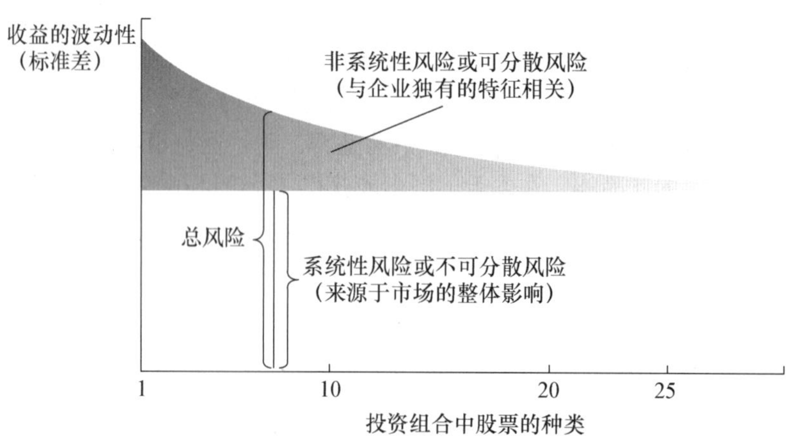

图11-2　随着投资组合中股票种类的增加，风险的降低程度

了解自己的风险承受能力

每个人对风险的承受能力都不相同。有些人每天不停地查看投资账户的余额，而有的人承受风险的能力很强，可以一连几个月都不看报纸上的财经报道。哪一种更好呢？这要看个人的判断了。

不管你是一个极度厌恶风险的投资者，还是一个非常喜欢冒险的投资者，这都不重要。关键在于你要了解自己的风险承受能力，并且在具体投资时要按照自己的风险承受能力进行。有一种方法有助于你了解自己的风险承受能力，那就是做一下在线的风险承受能力测试，罗格斯大学就提供了一份很不错的测试题（http://njaes. rutgers. edu/money/riskquiz/）。不过，你要记住，研究已经证明，随着股票市场的变化，个人的风险承受能力也会发生变化。在牛市阶段，个人会具有更高的风险承受能力，并且愿意冒更大的风险；但是当股票市场整体呈下跌趋势时，个人的风险承受能力会变弱，并且变得不太愿意继续投资普通股。

风险容量指的是个人安全网的强度。你个人的经济实力是否雄厚，是否有能力实现个人理财目标的最低要求？如果你的回答是肯定的，那么就有能力承受更多的风险。如果答案是否定的，那么就要问问自己是否有足够多的、比较安全的投资——以及未来的投资收益是否比较保险——能够最低限度地实现个人理财目标。只有把基础打好，你才能考虑额外承担一些金融风险。

思考：

华盛顿大学一名研究人员的研究结果发现，男性和女性在面对异性时，风险承受能力都会上升 8 个百分点。看到异性照片时，男性和女性的风险承受能力均有大幅度的提高，而控制组——没有看到异性照片的对照组——变化不大；这说明原理 9——心理游戏、理财个性与金钱——在发挥作用。这说明个人的风险承受能力很容易受到外界的影响。你还在哪里看到过销售人员充分利用有个人魅力的男性/女性来吸引消费者？

投资期限与资产配置

在第 1 章我们已经介绍了原理 8——风险和收益的权衡。我们要问这样一个问题：你能承受多高的风险？答案在于随着投资期限的延长，投资者能够承担更大的风险，选择风险更大的金融产品。所以，如果有人问你应当怎样投资，那么最好的回答应该是反问对方一个问题：你打算投资多长时间？这是因为随着投资期限的延长，风险较高的资产的收益率（例如股票）要胜过那些风险较低的资产的收益率（例如大额可转让定期存单或债券）。所以，即使是在整个市场十分萧条的情况下，投资股票获得的收益也要比选择保守型的金融产品来得高。这并不是说投资普通股不存在风险。当然，最后到底获得多少收益仍然存在着很多不确定性。但是如果你的投资期限足够长，那么只要你选择了风险较高但收益也高的资产，最终必然能够获得令人满意的投资回报。

满足个人投资目标以及风险的时间维度

你应当知道，对于长期投资产品，总会有一些年份表现得很好，而有些年份则表现得比较差。不过幸运的是，随着持有期的延长，年均收益率的波动幅度越来越小。也就是说，如果投资的期限比较长，那么极好和极差的年份将会相互抵消，因此平均收益率会表现得比较平稳。图 11－3 给出了自 1950 年以来，股票、债券以及现金在持有期分别为 1 年、5 年以及 20 年三种情况下的复合年均收益率。让我们先来看一下普通股的收益率区间。如图所示，在持有期为 1 年的条件下，普通股的收益率最低为－36.6％，最高可以达到 37.2％。然而，随着我们将持有期延长至 5 年乃至 20 年，情况发生了变化。在持有期为 5 年的条件下，普通股的收益率区间为－2.4％至 28.6％。在持有期为 20 年的条件下，普通股的收益率区间为 6.5％至 18％。事实上，在过去 50 年间，即使是遇到了最糟糕的年景，持有期为 20 年的普通股复合年均收益率也是正数，即 6.5％。当然，股票投资风险很大，我们不能保证明天会怎样。我们必须面对这一事实，股票确实是高风险的投资产品。

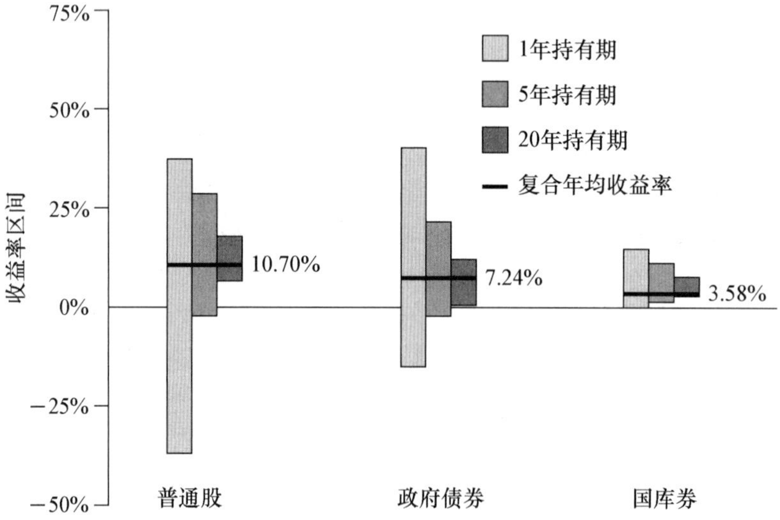

图 11－3　随着时间的延长风险水平的降低，1967—2016 年

那么，你愿意承担多高的风险？换句话说，你应当投资于哪种类型的资产——股票还是债券？如果你向一位理财规划师提出这个问题，他可能会用一连串的问题来反问你。第一个问题与你的风险承受能力有关——风险承受能力越低，则应当承担的风险就越小。第二个问题与你目前的财务状况有关：工作是否稳定，积累了多少储蓄，是否拥有应急资金。最后一个问题可能会与你什么时候要用钱相关。距离用钱的那个时刻越遥远，你能承受的风险水平就越高。

投资最终能增值多少？对于这个回答的不确定性我们该怎样评价呢？毫无疑问，随着持有期变得越来越长，最终增值额的不确定性也在增长。但是这一事实不应当妨碍你勇敢地承担风险，尤其是在持有期比较长的时候，比方说要为 45 年后的退休进行储蓄。虽然持续 45 年投资于债券与投资于股票相比，前者的最终投资价值的不确定性要略低一些，但是选择“高风险的”股票给你带来的投资收益会高于选择“安全的”债券。为什么？因为即使与历史数据相比，股票市场的表现很差，而债券市场的表现很好，最终股票的投资收益也肯定会高于债券。也就是说，虽然债券投资未来增值额的不确定性要略小一些，但是它们给你创造的未来增值额也要小一些。事实上，有时候不冒风险要比敢于冒风险的决策更“有风险”。

风险与时间的关系到底是怎样的呢？首先，如果投资期限比较长，那么应当选择像普通股这样的风险比较高的投资产品。当然，选择这种高风险投资工具，未来实际获得的投资终值的波动性仍然很大。但是，在相同的投资期限内，这样做总是要比选择那些更加保守、风险较小的投资工具获得更高的收益。事实上，只要你的投资期限足够长，你就有能力承担更多的风险。这是一个极其重要的概念，因为它意味着在决定怎么投资、选择哪些投资工具时，投资期限的长短发挥了极其重要的影响作用。

随着投资期限的延长，为什么投资者承受风险的能力也随之增强，其实还有其他几个原因。一个原因就是在比较长的投资期限内，投资者的消费习惯以及工作习惯都有足够的时间进行调整。如果是在较短的时间内进行投资，则不管是调整储蓄的额度还是改变消费习惯都不是一件容易的事情。相反，如果投资期限比较长的话，即使在投资的初期效果并不好，投资者也有充足的时间进行调整，比如说提高储蓄额，更加努力地工作，或者是减少开支。

如果投资期限较长则推荐投资股票的另一个原因就是不管是什么原因导致了股市的下跌，这种原因必然也会导致债券价格的下跌。事实上，如果股市崩盘了，投资者可以说是无处躲藏，因为所有的投资产品都会受到相同的影响，从而呈现出普跌的局面。这就好比是我们的整个经济体系都崩溃了，或者是一颗大流星撞到了地球上，不管是股票还是债券，都逃脱不了贬值的命运。所以说，如果灾难降临的话，即使你选择了风险较小的资产（例如债券），也是于事无补的。

资产配置

> **资产配置**：资产配置是确保投资者的投资策略能够反映其投资时间的长短以及充分多样化的策略，通常是同时持有多种不同类别的投资产品，例如国内企业发行的普通股、跨国企业发行的普通股以及债券。

资产配置（asset allocation）是一个投资学术语，它指的是如何在股票、债券以及其他投资工具之间分配资金。资产配置概念背后的道理来源于前面我们介绍分散化投资的概念时讨论过的原理 8——风险与收益的权衡。

首先，投资者要做到充分分散化，通常是同时持有多种不同类别的投资产品，例如国内企业发行的普通股，跨国企业发行的普通股以及债券。多样化的目的在于在降低风险的同时提高投资收益。

每一个投资者资产配置的方式都是不相同的，也就是说，世界上没有哪两个人面临的组合风险状况是完全一样的。因为各个投资者的年龄、收入水平、家庭状况、个人理财目标以及对风险的承受能力都有所不同，因此不会比尔大叔做什么，你也跟着做什么。同样地，你也不会想照搬照抄邻居的投资计划。正是因为大家的情况都不同，所以你要制定自己的资产配置计划。

资产配置这个术语中还包含了投资时间维度的概念。它认为，投资期限越长，就越适合于投资普通股，所以那些还需要较长时间才能实现理财目标的投资者可以提高股票在整个投资组合中所占的比例。投资者距离退休的时间越近，投资于普通股的资金比例就应当越小。

思考：

说到投资成功，你面对的最强大的敌人或许正是你在大学里养成的坏习惯：拖延症。这个结论适合于所有投资决策，而且它对“为将来退休而投资”所造成的伤害尤其大。毫无疑问，确保未来能过上无忧无虑退休生活的最简单的方法正是早点开始投资。

此外，个人的财务状况也会影响资产配置决策。如果工作的稳定性较低，那么在制定资产配置决策时，可承担的风险水平应设定得更低一些。表 11－1 总结了上述影响因素。

资产配置是投资者在管理投资组合过程中要完成的最重要的任务。资产配置的方式要比具体选择哪种股票或债券对最终的投资收益有更大的影响力。

资产配置并不是一时之间的决定。随着生活环境的变化，投资者应当随时调整资产配置方案。在管理资产组合的时候，投资者要时不时地进行一些微调，以保证各种投资产品在投资组合中所占的比例能够满足个人理财目标的要求。

表 11－1　影响个人资产配置决策的因素

没有哪一种资产配置方案能适合所有人。不过，不管使用哪一种资产配置方案，你都应当同时将股票和债券收入你的资产组合以实现充分的分散化投资。此外，在开始为长期理财目标进行投资之前，你应当先预留出应急资金。在制定资产配置决策时，你应当考虑下列三个因素：

- 投资时间长度。投资的时间越长，你能承受的风险水平就越高。如果早期你的投资组合表现不佳，那么较长的投资周期能给予你更多的时间去调整资产组合的结构、个人消费习惯以及工作习惯。如果你的投资周期超过 10 年，为了实现长期理财目标，你应当更多地使用高风险、高收益的投资产品，例如股票。
- 个人财务状况或风险承受能力。你能承担多高的风险？在回答这个问题时，先想一想：你的工作有多稳定？你是否参加了养老金计划，且该计划能在你退休以后向你提供稳定的现金流收入吗？你有多少负债或储蓄？你是否准备了一大笔应急资金，从而可以避免在不恰当的时刻——比方说股票市场正处在下降通道时——被迫提前赎回长期投资产品？如果你的风险承受能力很有限，那么应当确保自己持有足够多的短期债券以及现金投资产品，以便在意外事件发生时可以迅速套现应付紧急状况。
- 风险容忍度。每个人对风险的容忍程度都不一样。不过，为了实现长期理财目标，多承担一些风险去投资普通股有时候是必要的。如果你对风险的容忍度很低，那么可以多学习一些投资方面的知识，这能帮助你提高自己的风险承受力。但是，与此同时，你也要在风险与个人容忍度之间保持好平衡，确保自己即使在市场发生剧烈波动的时候晚上也能安然入睡。你还应当确定一个适合自己的投资计划，并保证不管市场是上涨还是下跌，你都能坚定不移地坚持这个计划。记住，当股票市场快速上涨时，每个人都以为自己具有更大的风险容忍度。

图 11－4 对比分析了几种不同的资产配置方案在过去 50 年里的表现。记住，随着个人情况的变化——例如结婚或生子——你的资产配置方案也应当进行调整，以反映这些新情况。例如，假设股票普遍升值了，那么你会发现自己偏离了原来的资产配置计划，转而将更多的资金投资于股票。此时，你需要再次利用表 11－1 帮自己找到方向。在评价这几种资产配置方案时，你应牢记其中并不包含个人的应急资金。你的应急资金永远只能被投资于流动资产，而且必须足以应付 6～9 个月的生活支出。

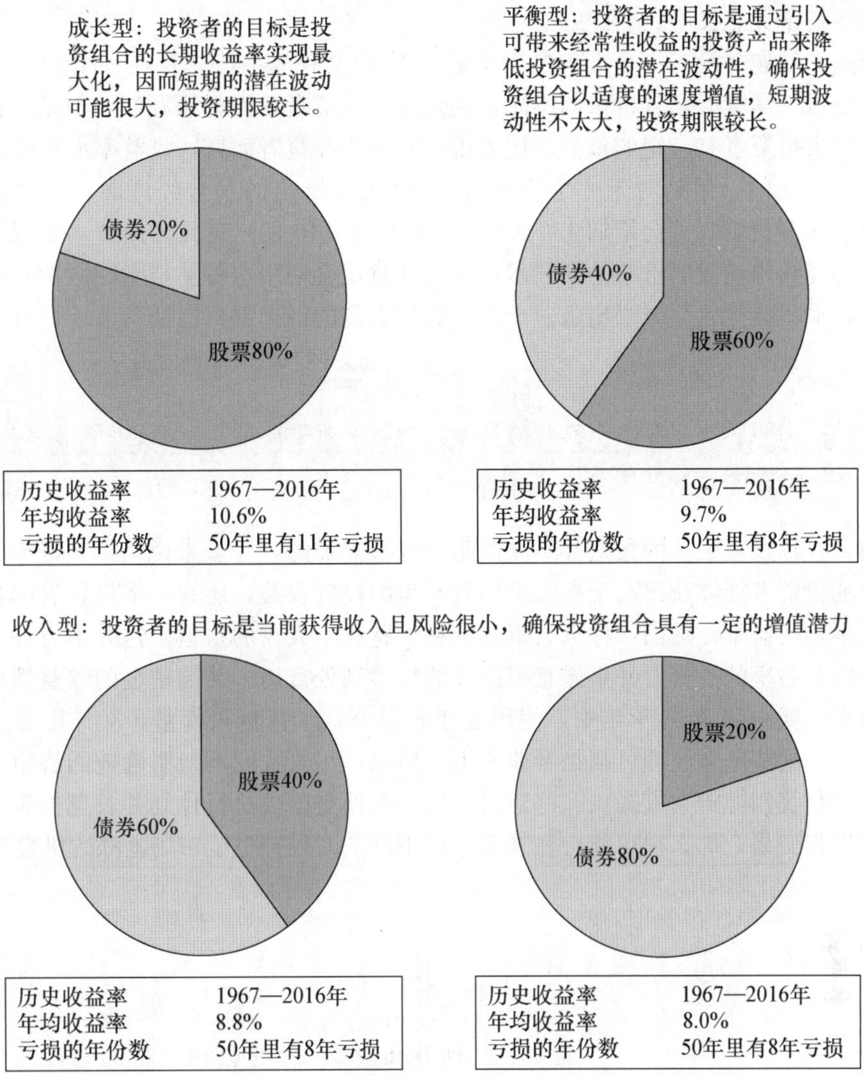

图 11－4　不同的资产配置方案及平均收益率，1967—2016 年

有效市场

> **有效市场：**是指各种有关股票的信息能够被反映到股票价格变化当中的市场。

有效市场（efficient market）理论研究的是价格反映新信息的速度快慢问题。对于效率比较高的市场，价格对新信息的反映速度要快一些。如果股票市场是一个完全有效的市场，那么在每一个时点上，股票的价格都等于它们的实际价值。换言之，投资者是不可能“打败”市场的。在有效市场内，无所谓优胜者和失败者，所有的投资者都只能获得市场平均收益率。那么实际上股票市场到底是不是一个有效市场呢？如果股票市场真的是一个有效市场，那么股票分析家们所做的工作就变得毫无意义了。

对于这个问题并没有一个准确的答案。为什么没有呢？首先存在一个效率程度的问题。也就是说，尽管股票分析家们不能帮助众多小投资者获得超额利润，但是也许他们提供的服务对大投资者有一定的价值。比方说，对于小投资者而言，收益率水平提高0.01%肯定是毫无意义的，但是对于一个管理着40亿美元资金的基金经理而言，收益率提高0.01%就意味着投资收益会增加400 000（=0.01%×40亿）美元。此外，如果有人真的发现了一种能够预测股票价格的新技术，那么他肯定会使用这种新技术在股票市场上获得超额收益，而不会把它写成书出版。于是，我们看到的证据都只能证明市场是有效的。

思考：

如果某个陌生人发现了难以置信的投资机会，或者是找到了打败市场的方法，你真的认为他会把这个秘密和你分享吗？

然而，宣称跑赢大盘的报道并不能说明市场是无效的。一般来说，按照概率，我们估计有一半的投资者能够获得高于市场平均收益率的投资收益，还有一半投资者的收益率要低于市场平均收益率。然而，你只会听到哪些人跑赢了大盘的报道。这并不奇怪，那些低于市场平均收益率的投资者并不愿意把这样的糗事到处宣扬。共同基金的收益情况较之市场又如何呢？截止到2015年年中，使用五年收益率这个指标来衡量，80%以上的基金落后于市场——这些基金经理可都是专业人士。所以，尽管我们不能明确地回答市场是否是有效的，但是我们能给大家提供一些建议。第一条便是坚决执行计划并长期投资。如果你试图择时进行交易，那么很可能会在规避市场下跌的时候错过了市场上涨的机会。

证券市场

证券市场：是金融证券——债券和股票——交易的场所。

一级市场：是新发行的证券——相比于已发行的证券——进行交易的场所。

证券——债券和股票——是公司发行的融资工具。在初始发行以后，股票和债券会在投资者之间进行买卖。这些交易都发生在证券市场上。就像零售商品在市场上买卖一样，例如沃尔玛和西尔斯百货公司，证券也是在一定的市场上进行交易的。

所谓**证券市场**（securities market）就是指投资者买卖证券的场所。这些市场可以是有形的，例如美国纽约的华尔街，也可能是无形的，如全世界的证券交易者通过电子设备形成的交易网络。我们可以把证券市场划分为一级市场和二级市场。下面先让我们了解一下这些术语的含义。

一级市场

一级市场（primary market）是新发行股票交易的场所。例如，如果耐克公司新发行了一批股票，那么就属于一级市场交易。实际上，一级市场上的股票发行方式有两种：首次公开发行（IPO）和增发新股。

首次公开发行（initial public offering，IPO）是指公司的股票第一次公开发行。微软公司的首次公开发行就属于 IPO。首次公开发行的公司会在各大媒体上大作宣传，以吸引公众的注意力。这样做的目的也是向投资者展示公司的投资价值。对投资者而言，首次公开发行可能意味着获得巨额利润，当然也有可能是巨额亏损。对于小投资者而言，他们一般很难买到首次公开发行的股票。最有发展前途的公司首次公开发行的股票早就被大投资者事先预订好了，小投资者根本就没有进入的机会。事实上，很多情况下这种新发行的股票甚至是供不应求的。

首次公开发行：是指公司的股票第一次公开发行。

增发新股：是指普通股已经在市场上进行交易的公司新发行的股票。

投资银行：这是发行证券的公司与社会公众之间的“中间人”。这个术语指代的是精于向公众推销股票的金融公司或为其工作的职员。

承销商：是指投资银行先买下证券，然后再转卖给社会公众的过程。发行有价证券的公司直接将证券卖给承销人，然后承销人再转手把证券卖给社会投资大众。由于在出售新发行证券过程中承担了风险，因此一般承销人买入证券时价格都比较低。

招股说明书：这是潜在投资者可以向发行公司索要的、用来提供新股发行具体信息的法律文件。

增发新股（seasoned new issue）是指普通股已经在市场上进行交易的公司新发行的股票。例如耐克公司新发行的股票就被视为增发新股。

一般来说，股票或债券在一级市场上的出售要依靠**投资银行**（investment banker）的帮助，投资银行承担了**承销商**（underwriter）的角色。承销商只是中间人而已，它们从发行公司那里买下所有的股票或债券，然后再转手卖给社会公众。美林证券、高盛证券、JP 摩根和花旗集团、美国银行/美林公司都很擅长投资银行业务。这里我们用“投资银行”这个词来指代整个公司及其员工。

单个的投资银行一般很少独自承销证券发行。通常会有一个牵头行（managing investment bank）出面负责承销事宜，牵头行先与发行公司讨论证券的定价以及发行时机等问题，然后与其他投资银行组成辛迪加（syndicate）。这种辛迪加组织可以负责承销首次公开发行的股票或者是增发的股票。如果投资者对准备发行的新股票感兴趣，可以联系承销辛迪加组织的某个成员，要求获得一份**招股说明书**（prospectus），该材料详细说明了发行的相关事宜以及发行企业的未来财务前景。

二级市场——股票

二级市场：已经发行了的证券进行交易的市场。

有组织的交易所：实际上就是人们聚集在一起买卖股票的建筑物，例如纽约证券交易所。

场外市场：在场外市场上，交易商没有聚集到有组织的交易所，而是彼此之间通过电话或电脑网络相互联系进行交易。

已经发行了的股票要在**二级市场**（secondary market）上进行交易。换言之，如果投资者在某只股票首次公开发行时购买了 100 股，然后想要出售的话，就必须到二级市场上进行交易。只有发行公司及其承销商可以在一级市场上出售股票。例如，二级市场上 IBM 公司股票出售换回的现金属于该股票原来的持有人，而不是 IBM 公司。实际上，只有在一级市场上出售股票时，IBM 公司才能收到相应的资金。

二级市场的形式可以是有组织的交易所或者是场外市场。有组织的交易所是一个有形市场，投资者们聚集在某个具体的场所集中进行交易。换言之，**有组织的交易所**（organized exchange）实际上就是人们聚集在一起买卖股票的建筑物。在**场外市场**（over-the-counter market，简称 OTC

市场）上，交易商之间通过电话或电脑网络相互联系进行交易。那么某只股票到底在哪种二级市场上进行交易要取决于哪些因素呢？规模较大、交易相对频繁的股票，例如通用汽车公司、IBM公司、通用电气公司以及迪士尼公司的股票，都在有组织的交易所里进行交易。交易不太频繁的股票，如新发行上市的高科技公司的股票一般会到场外市场上交易。不管是哪种形式的二级市场，买卖双方之间的联系、沟通以及交易都是十分便利的。

纽约证券交易所（NYSE）

纽约证券交易所是美国国内有组织的大型交易所。如果某家企业的股票在交易所进行交易，那么就叫作在该交易所上市（listed）。同一只股票可以同时在多个交易所上市。纽约证券交易所（隶属于纽约泛欧交易所集团）也被称为“big board”*，是美国国内历史最悠久的证券交易所。它最初成立于1792年，当时24位股票交易商在一棵美洲悬铃木下签订了一份《悬铃木合约》(Buttonwood Agreement)。有趣的是，合约的名称取自这棵树的名字。合约规定，在进行股票交易时要互相给予对方优先权。冬天来临以后，这24位交易商转移到了华尔街唐提咖啡馆（Tontine Coffee House）后面的房间里，把其他交易商都甩到了一边。

场外市场

场外市场是由众多交易商组成的松散组织，没有上市要求或者会员要求。在很大程度上，场外市场是自动化交易的。遍布全国的计算机网络可以使股票经纪人随时查看35 000种股票的即时价格。

> **买入价：**潜在买家买入某证券愿意支付的最高价格。
>
> **卖出价：**潜在卖家愿意卖出某证券的最低价格。

股票在场外市场交易的企业多半是刚刚成立，或者是规模太小，不符合大型证券交易所的上市要求。通常，这样的企业发行在外的股票数量也不是很多。于是，在某种程度上，数额不太大的几笔买单或卖单就会对该公司股票的市场价格造成较大的影响。

NASDAQ是最大的电子股票交易系统，交易商可以向该系统提交大概3 300多只场外交易股票的买入价以及卖出价的报价信息，占所有股票交易总量的15%。**买入价**（bid price）是潜在买家买入某证券愿意支付的最高价格；而**卖出价**（ask or offer price）是潜在卖家愿意卖出某证券的最低价格。卖出价总是低于买入价。

电子交易的崛起

当你准备买卖一只股票时，你知道自己将从谁手里买入或要把股票卖给谁吗？绝大多数时候，这个问题的答案并不是某个人，而是计算机。目前，超过80%的股票交易是由计算机发起的。也就是说，大多数股票交易直接来源于计算机发出的指令而非某个人。正是因为计算机的速度更快、成本更低、效率更高，而且与人相比，犯错的可能性更小，所以才会这样。如今，场外市场上的交易与纽约证券交易所内的交易已经差别不大了。

* 这里的board是指交易所的行情指示牌。——译者注

国际证券市场

国际证券市场已经存在好几个世纪了。实际上在公元前 2000 年，巴比伦人就曾经发明了债务融资方式，公元前 400 年，希腊人就已经建立了类似于现代证券市场雏形的交易市场。现在，很多投资顾问都建议他们的客户增加国际投资的比例。事实上，从 20 世纪 80 年代开始到现在，美国人持有的海外资产已经增长了 100 多倍。目前在美国投资者持有的投资组合中，外国企业发行的股票的投资比重已经超过了 10%。如果投资者打算购买日本企业发行的股票，那么可以怎么做？一共有两种方法。

一种方法是，有些外国企业的股票也在美国挂牌上市。例如，现在大约有 500 多家外国企业在纽约证券交易所上市，有 60 多家外国企业在美国证券交易所上市。此外，还有 400 多家外国企业在 NASDAQ 上市，其中大约一半是加拿大企业。

另外一种买卖外国企业股票的方式就是通过**美国存托凭证**（American Depository Receipt，ADR）进行交易。美国存托凭证的做法是：外国企业的股票或股份不能直接交易，而是先由一家外国银行保管该企业的股票，然后再凭借这些股票发行美国存托凭证。这些存托凭证代表的是对股票的直接所有权。然后，美国存托凭证就可以在世界范围内进行交易，就如同普通的股票一样。索尼公司和丰田汽车公司就是采用美国存托凭证方式交易股票的外国企业的例子。

> **美国存托凭证：**这是一种可交易的凭证或证书，它能够证明银行持有了一部分外国企业发行的股票并凭借这些股票发行了存托凭证。于是，美国存托凭证可以像其他股票一样进行交易。

虽然如今买卖外国公司的股票比以前容易多了，但是也有一定的风险。例如，日本的股票市场在 1990 年 1 月突然开始下挫，直到 1992 年 8 月才止住跌势，此时已经跌去了原市值的 63%。从那时起一直到 2014 年，日本的股市始终处于低迷状态，错过了 20 世纪 90 年代晚期像美国国内股市那样的大发展机遇，直到近期才略有起色。截至 2017 年，日本股市的点数仅相当于过去 28 年里最高点的一半，尽管在 2013 年日本股市曾创下了令人难以置信的 57%的收益率。

证券市场的监管

证券市场监管的目的在于保护投资者，确保投资者在共同的市场环境下进行交易。对证券市场的监管实际上可以分为两个层面：美国证券交易委员会（简称 SEC，这是一个联邦政府机构）的监管和交易所进行的自我监管或自律（场外交易市场要受到美国金融业监管局的监管）。

证券交易委员会的监管

1929 年的股灾促使很多证券市场监管法案的出台，这些法案直到今天还在发挥作用。在股灾过后，1933 年《证券法》（Securities Act）和 1934 年《证券交易法》（Securities Exchange Act）得以实施。1934 年《证券交易法》主要针对的是对二级市场的监管，根据《证券交易法》的规定成立了证券交易委员会，用来执行这部法案。

这两部法案的基石是股票发行时相关信息的充分披露。此外，联邦政府还通过了其他很多法案和法规用来监管证券市场。例如，1940 年《投资顾问法案》（Investrnent Advisers Act）保护投资者免受缺乏职业道德的投资顾问的侵害，要求投资顾问必须到证券交易委员会注册，并每半年向证券交易委员会提交一份报告。根据1970年《投资者保护法案》（Investor Protection Act）的规定成立了证券投资者保护机构（SIPC），一旦投资者的经纪公司破产倒闭，则可以向投资者提供最高价值为500 000美元的保险。

思考：

市场监管的目的是什么？监管是为了让证券市场上每一个投资者能够拥有相同的机会在市场上投资赚钱。信息披露原则可以让所有的投资者在同一时间获得相同的信息，因此有同等的投资赚钱机会。所以说，绝大多数证券市场监管法案制定的指导原则就是要让证券市场上每一个投资者拥有相同的机会在市场上投资赚钱。但是，有时监管并不一定有效。你能举出几个著名的华尔街丑闻事件吗？

行业自律

日常的市场监管工作绝大多数都是证券业自己完成的，具体是由证券交易所以及美国金融业监管局（Financial Industry Regulatory Authority，FINRA）负责执行。交易所之所以有意愿、有热情认真负责地做好自律检查工作，主要是因为它们知道如果自律不起作用的话，政府就要开始强制性监管。

1987年股市大跌以后，纽约证券交易所的行业自律几乎到了疯狂的程度，而且还设计了好几个“跌停板”，以阻止或减缓未来市场猛烈下跌的态势。所谓的“跌停板”就是指当市场出现恐慌性大幅下跌时，交易所会马上宣布休市，这样投资者就会有一个缓冲的时间，可以好好思考一下市场下跌的原因，而不是面对狂泻的股指本能地一味抛售。

思考：

沃伦·巴菲特曾经说过：“证券市场的机制就是要把积极交易者口袋里的钱转移给耐心等待的人。”你认为巴菲特这句话的含义是什么？

内幕交易和市场滥用

市场监管的根本核心在于建立一个公平公正的证券市场，保证投资者能有公平的获利机会。1984年颁布的《内幕交易处罚法案》和1988年颁布的《内幕交易与证券欺诈执行法案》规定，公司管理人员、董事、大股东或其他掌握特殊内幕信息的个人，不得凭借内幕信息或“实质性的”非公开信息进行股票交易，否则便是违法行为。

那么，内幕交易彻底消失了吗？当然没有。事实上，《商业周刊》在分析了1994年规模排名前100位的企业并购案和接管案以后得出了这样的结论：在这些并购接管案中，三分之一以上的并购案在发布并购公告之前就已经出现了股价的明显上涨或者是异常的交易量，而这种现象根本无法用当时所有的公开信息来解释。

> **炒单：**是指股票经纪人滥用客户的账户进行过度交易，目的是让客户支付更多的佣金。

另外一种常见的市场滥用行为就是**炒单**（churning），这是指股票经纪人滥用客户的账户进行过度交易，目的是让客户支付更多的佣金。尽管炒单是违法行为，但是在实践中很难抓到确凿证据。如果客户放松对经纪人的交易控制，那么就容易出现炒单现象。但是传统的投资账户也有可能出现炒单行为。所以说，选择一位信得过的股票经纪人是多么重要啊。

证券的交易

现在让我们来研究一下证券的交易方式，了解交易的不同类型以及交易机制。在我们讨论各种各样的交易机制时，你可能会注意到我们会用“股票”替代“所有的证券产品”。这并不是说我们更青睐于股票或者是这些交易机制只适用于股票交易。原因很简单，我们这样做是为了偷懒，毕竟股票是所有有价证券产品中交易最频繁的一种。

下达交易指令

当投资者下达买卖股票的指令时，首先应当了解清楚买卖指令的规模以及指令有效的期限。

买卖指令的规模

在纽约证券交易所，普通股的买卖数量通常是以 100 股的倍数计算的。100 股被称为**一手**（round lot)。1 股到 99 股的买卖指令属于**零股交易**（odd lot)，专门由零股交易商负责处理。

买卖指令有效的期限

当你到汉堡王餐厅买汉堡时，肯定希望自己的订单马上就被执行，而不是要等上一个星期才能吃到汉堡。同样地，当你买卖股票时，你最好详细说明你希望自己的买卖指令在什么时候被执行，否则真有可能会等上一个星期，而且还要支付比自己想象的要高的价格。买卖指令的类型包括**当日交易指令**（day order)，这种指令会在指令下达当天交易结束后失效。**未完成指令/开放指令**（open order)，也叫**除非客户撤销否则一直有效指令**（good-till-canceled order)。顾名思义，只有当客户撤销以后，这种指令才会失效。**立刻执行否则撤销指令**（fill-or-kill order）要求经纪人马上执行交易指令，如果无法立即执行，那么指令马上就会失效。

> **一手**：100 股普通股就叫一手。在纽约证券交易所，普通股的买卖数量通常是以“手”来计算的。
>
> **零股交易**：1 股到 99 股的买卖就属于零股交易。
>
> **当日交易指令**：这种指令会在指令下达当天交易结束后失效。
>
> **未完成指令/开放指令/除非客户撤销否则一直有效指令**：只有当客户撤销以后，这种指令才会失效。
>
> **立刻执行否则撤销指令**：该指令要求立即被执行，否则即刻失效。
>
> **授权账户**：该账户授权经纪人有权代替客户进行交易。

如果投资者开立了一个**授权账户**（discretionary account)，那么经纪人就有权替投资者利用该账户买卖股票。因为授权账户使经纪人有权直接动用客户的钱，因此只有在客户与经纪人共事多年彼此了解的情况下，而且只有在非比寻常的情况下，投资者才应考虑开立授权账户。毫无疑问，授权账户会带来一些问题，要想避免出现问题，最简单的方法就是不要开立授权账户。

> **现实世界**
>
> 根据安联人寿保险公司近来的一份调查报告，57%的女性说她们多么希望能够在学校里学到更多的有关理财和金融的知识。

买卖委托指令的类型

投资者下达买卖委托指令时，他们都希望经纪人能够按照他们想要的方式来执行指令。接下来我们就要介绍各种各样的买卖委托指令，从中你可以很好地了解到指令的各种执行方式。

市价委托指令（market orders）

市价委托指令就是指投资者下达的立即以市场最佳价格买入或卖出一定数量股票的指令。一般来说，如果该指令是通过交易网络在线下达的，那么在下达后的几秒钟内便可被执行。不过，由于市场价格总是在不断变化着，所以投资者不太能确定指令被执行的实际成交价到底是多少。

> **市价委托指令：**要求立即以市场最佳价格买入或卖出一定数量股票的指令。
>
> **限价委托指令：**只能在指定价位或更高价位卖出股票或只能在指定价位或更低价位买入股票的指令。
>
> **止损指令：**当股票价格低于某个特定的价位时就立即卖出，或者是当股票的价格高于某个特定的价位时就立即买入的委托指令。

限价委托指令（limit orders）

限价委托指令是指只能在某个价位或者更好的价位上成交的指令。换言之，如果投资者下达了卖出股票的限价委托指令，则股票只能在规定的价格或高于规定价格的价位上卖出。如果投资者下达了买入股票的限价委托指令，则股票只能在规定的价格或低于规定价格的价位买入。限价委托指令可以让投资者将股票的买入价和卖出价限制在自己可以接受的范围内。如果投资者规定的价位没有实现，则股票交易就没办法达成。

止损指令（stop orders）

止损指令是指当股票价格低于某个特定的价位时就立即卖出，或者是当股票的价格高于某个特定的价位时就立即买入的委托指令。投资者可以用止损指令保护自己的利润。当市场开始下跌时，止损指令可以减少投资者的损失，当市场开始上涨时，止损指令可以让投资者以相对比较低的价位进入市场（这种做法通常可以用来保护卖空者的利益，我们等一下就会讲到）。

比方说，你按照每股 10.91 美元的价格买入了总部位于休斯敦的特索罗石油公司的股票。一年后，你再按照每股 56.95 美元的价格将其卖出。因为你不知道以后特索罗石油公司会不会出问题，也不知道什么时候市场就会下跌，所以你想要止损委托指令保住你已经获得的利润，止损价格为每股 50 美元。

在制定止损价格时，你千万不能使用现在该股票的市场交易价格，即每股 56.95 美元，这是因为当市场成交价格为 56.95 美元时，一份标价每股 56.95 美元的卖单会被立即执行并成交。你也不要选择一个很接近 56.95 美元的止损价格，比方说 56 美元，因此市场价格通常总是在上下小幅波动的，如果你的止损指令刚好在特索罗石油公司股票大涨之前（比方说涨到每股 100 美元）的小幅震荡过程中被执行的话，那么你就太不合算了。

在确定止损价格时，你要知道自己的主要目的是防范市场大的波动。于是，如果特索罗石油公司的股价下行到每股 50 美元，则你的止损指令将会立即生效，将你手上持有的特索罗石油公司的股票以最佳的价格卖掉，有时实际售出价可能会略微低于止损价格，也许是因为市场上刚好没有出价每股 50 美元的买家。通过这种方式，投资者将一部分账面利润牢牢“锁住”了。

卖空机制

尽管我们大家都知道，当股价上升时，投资者能够从中盈利。但实际上，股票价格下跌时，你也一样可以盈利。作为卖空者，他们最希望听到坏消息：股票价格跌得越厉害，卖空者赚到的钱也就越多。**卖空**（short selling）的具体做法是投资者向经纪人借入股票，然后卖出。接下来，如果市场上股票价格真的下跌了，那么投资者就可以在市场上买入相同数量的股票，将其还给经纪人。由于买回股票的价格要低于出售股票的价格，所有投资者获得了利润。

> **卖空：** 投资者向经纪人借入股票后将其卖出，并承诺一段时间后会把股票还给经纪人。

但是要注意的是，如果股票价格没有下跌而是上涨了，那么投资者就得以更高的价格买回股票，这样做肯定是要亏损的！事实上，卖空操作会导致买卖的顺序颠倒过来。在正常的投资情况下，投资者总是希望以比较低的价格买入股票，随后再以比较高的价格卖出。而在进行卖空操作时，投资者的目标是先以比较高的价格卖出股票，随后再以比较低的价格买回来。

卖空操作并不是毫无成本的，有时甚至成本也不低。卖空时，投资者从经纪人那里借入了股票然后卖掉，等到将来再买回股票还给经纪人。除了偿还借入的股票以外，投资者还要向经纪人支付借入股票期间的所有股息收入。由于卖空的风险比较大，为了保护自身的利益，经纪人会向卖空者收取一部分保证金，等到股票偿还后再将保证金退还给卖空者。为了向经纪公司进一步提供履约保证，保证将来卖空者有能力偿还股票，在卖空期间，卖空者必须提供抵押品——这也就是所谓的**保证金要求**（margin requirement）。

> **保证金要求：** 在进行卖空操作时，投资者必须交给经纪人一定比例的保证金，以此作为履约的担保。

现在我们假设你强烈地感觉到麦当劳公司的股票价格最近将要从现在的每股 100 美元的价位跌下来，你想借这个机会大赚一笔。于是，你首先找到了你的股票经纪人，从他那里借入了 1 000 股麦当劳公司的股票。股票卖掉以后获得的 100 000 美元资金计入你的账户，但是还不能提取。经纪人要求你支付 50%的保证金，这也就是说你必须向你的账户存入额外的 50 000 美元现金或者是同等价值的有价证券作为抵押品。绝大多数的卖空者都在账户中存入国库券或国债作为抵押。

> **思考：**
>
> 沃伦·巴菲特曾经说过："风险来源于不知道自己在做些什么。"你认为他这句话的含义是什么？

现在，假设麦当劳公司的股票价格真的下跌到每股 80 美元，你认为是时候买入了。你给经纪人打电话买入 1 000 股麦当劳公司的股票，总成本为 80 000 美元。由于你以比较高的价格卖出了麦当劳公司的股票（每股 100 美元），然后又以比较低的价格买回了股票（每股 80 美元），所以这次卖空操作一共赚到了 20 000 美元的收益。但是你要记住，在进行卖空操作时，你还要向经纪人支付股票出借期间的所有股息。因此，正如图 11－5 所示，你获得的收益实际上等于初始的卖出价格减去最终的买入价格和股息成本。

当然，如果麦当劳公司的股票价格不跌反升，卖空操作将会导致亏损，因为你必须以比较高的价格买回麦当劳公司的股票来还给经纪人。假设麦当劳公司的股票价格涨到了每股 120 美元，那么你将损失 20 000 美元，此外还要加上支付给经纪人的股票出借期间的股息成本。当你把以更高的价格买回来的股票还给经纪人的时候，可能会听到他的笑声。在这种情况下，你是以比较低的价格先卖出股票（每股 100 美元），然后再以比较高的价格买回来（每股 120 美元），肯定是亏损了。因为从长期的角度来看股票市场会保持一个向上的趋势，所以我们说卖空操作是极其危险的，是绝大多数人不应当尝试的操作方法。

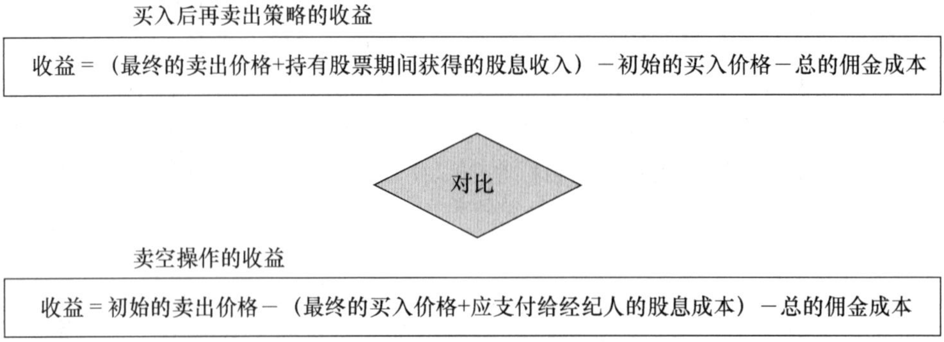

图 11－5　买入后卖出策略与卖空操作的收益对比

通过经纪人买卖股票

尽管绝大多数理财规划师也能向投资者提供买卖股票的中介服务，但是投资者最为常见的投资方式还是通过经纪人买卖股票。股票经纪人是专门为客户提供买卖股票中介服务的专业人士。事实上，很多理财规划师本身也是股票经纪人。

股票经纪人可以分成两类：全面服务型经纪人以及折扣/在线型经纪人。投资者可以直接通过电话与经纪人联系，或者是面谈，甚至还可以在网上进行交易，根本不需要直接与经纪人联系。这两种买卖股票的方式最大的差异就在于能否进行投资咨询和收费水平的高低。在本章的后面部分我们会详细地讨论交易成本问题，到时你就会发现佣金成本的差异还是很显著的。

> **资产管理账户**：这是一种经纪公司向客户提供的综合金融服务账户，其中包括活期存款账户；信用卡与借记卡；货币市场共同基金；贷款；自动还款（例如抵押贷款的自动还款）；经纪服务（买卖股票或债券的中介服务）；以及直接将收到的利息、股息和出售有价证券换回的现金投资于货币市场共同基金的系统。

经纪账户

就好比银行账户代表的是客户存在银行里的钱一样，经纪账户代表的是客户存在经纪公司的钱或投资产品。对于绝大多数投资者来说，经纪账户中存有一定数量的现金和有价证券，可能还有其他的金融产品。如果投资者手上同时持有了多种金融产品，那么不妨把各种金融产品的独立账户整合成一个全能型账户。这种全能型账户被称为资产管理账户。

当我们在第 5 章第一次谈到**资产管理账户**（asset management account）时，曾经把这种账户定义为是一种经纪公司向客户提供的综合金融服务账户，其中包括活期存款账户；信用卡与借记卡；货币市场共同基金；贷款；自动还款（例如抵押贷款的自动还款）；经纪服务（买卖股票或债券的中介服务）；以及直接将收到的利息、股息和出售有价证券换回的现金投资于货币市场共同基金的系统。

这种资产管理账户的主要优势在于它能够自动调整投资者对货币市场共同基金产品的资金流入与流出情况。例如，投资者收到的利息以及股息会被自动投资于货币市场共同基金。如果投资者签发的支票金额高于货币市场共同基金产品的余额，则资产管理账户会自动卖掉一部分有价证券，然后将收到的现金投入货币市场共同基金账户，以保证支票可以兑现。

现金账户与保证金账户

拥有**现金账户**（cash account）的投资者在购买有价证券时是全额支付现金的，并且要在交易达成后的三个工作日内完成支付。拥有**保证金账户**（margin account）的投资者可以从经纪人那里借入一部分资金用于支付购买证券的款项。换言之，如果拥有保证金账户的话，在购买价值为 1 000 美元的股票时，投资者本人和经纪人各支付 500 美元。当然，经纪人投入的 500 美元相当于是借给投资者的贷款，同时这笔钱也是经纪人从银行那里借来的，贷款的利率水平被称为“经纪人活期贷款利率”，一般都是优惠利率。然后，经纪人向投资者收取的利息是在此优惠利率水平基础上再加 1～2 个百分点的服务费。

投资者自己支付的比例是有一定要求的，这叫作**初始保证金**（initial margin）。美联储规定，初始保证金的最低比例为 50%。你要记住，美联储对初始保证金的要求是不低于 50%，当然你的经纪人可能要求你支付的初始保证金比例更高一些。

> **现金账户**：拥有现金账户的投资者在购买有价证券时是全额支付现金的，并且要在交易达成后的三个工作日内完成支付。
>
> **保证金账户**：拥有保证金账户的投资者可以从经纪人那里借入一部分资金用于支付购买证券的款项。
>
> **初始保证金**：投资者最初购买证券时必须支付的一笔钱，美联储规定最低标准为证券购买价格的 50%。

只有当股票的收益大于借款的利息成本时，使用保证金账户购买股票才有意义。为了证明这一点，假设初始保证金率为 50%，投资者买入了 200 股通用电气公司的股票，每股 50 美元。于是，这 200 股股票的成本就是 10 000（=200×50）美元，投资者自己支付 5 000 美元，然后剩下的款项用从经纪人那里借入的 5 000 美元支付。

总成本：200 股，每股 50 美元	10 000 美元
借款总额：总成本×(1－初始保证金率)	－5 000 美元
保证金：投资者自己支付的部分	5 000 美元

如果投资者用保证金账户买入证券，则所买入证券的所有者名称会使用经纪公司的名字而不能写投资者自己的名字，这是因为这部分股票要作为经纪公司提供保证金贷款的抵押品。投资者之所以愿意使用保证金账户买入股票，主要是因为当股票价格上涨时，这种操作方式能够给投资者的收益带来杠杆放大作用。比方说，假设通用电气公司的股票价格上涨了 40%，变成了每股 70 美元，则你会发现：

200 股，每股 70 美元的总价值	14 000 美元
保证金贷款	5 000 美元
保证金（投资者投资的净价值）	9 000 美元

初始时，投资者共投入了 5 000 美元，但现在变成了 9 000 美元，这意味着投资者价值为 5 000 美元的投资获得了 4 000 美元的收益。也就是说，尽管股票价格只上涨了 40%，但是投资者本人获得的收益率竟然高达 80%。实际上，投资者真正获得的收益率要略低于 80%，因为还要向经纪公司支付保证金贷款的利息以及买卖股票的佣金。

不要看了这个例子就感觉保证金交易实在是太有利可图了。虽然保证金买入方式可以把股票的投资收益正向放大，但是它也能将股票的投资损失放大。现在假设通用电气公司的股票价格下跌到每股 30 美元。

200 股，每股 30 美元的总价值	6 000 美元
保证金贷款	5 000 美元
保证金（投资者投资的净价值）	1 000 美元

维持保证金：投资者在保证金账户中必须持有的保证金的最低额度。

补充保证金通知：要求客户向保证金账户中存入额外的现金或有价证券，以确保账户余额至少在维持保证金水平之上。

投资者最初投入的 5 000 美元变成了 1 000 美元，这意味着他损失了 4 000 美元。也就是说，尽管通用电气公司的股票价格只下跌了 40%，但投资者的投资损失率却高达 80%。所以，人们一般把保证金交易的杠杆放大作用称为“双刃剑”，因为有时它会帮助你获得更多的收益，但有时它能使你的损失进一步扩大。

保证金交易的另一特征是当股票的价格下跌时，只有投资者本人的资金承受损失。为了保护经纪人的利益，经纪公司规定了维持保证金。**维持保证金**（maintenance margin）详细规定了投资者在保证金账户中必须持有的保证金的最低额度，一般来说，维持保证金与初始保证金率是一样的。如果账户中的保证金余额低于维持保证金，则经纪公司会发出**补充保证金通知**（margin call），要求客户向保证金账户中存入额外的现金或有价证券，以确保账户余额至少在维持保证金水平之上。否则，经纪公司将会强制卖掉客户账户中的一部分证券，然后用卖出证券换回的现金弥补保证金的不足。当然，卖出行为导致的损失全部由投资者自己承担。

思考：

合理地存钱。“我不是那种贪得无厌的类型。我有三辆车，这是我做过的最奢侈的事情。我戴的手表只值 39 美元，但是走时一样准确，那么我为什么还要去买一块更贵的手表呢?”——两届奥斯卡奖得主丹泽尔·华盛顿。对于丹泽尔·华盛顿的生活态度，你有什么看法呢?

联合账户

如果你和你的配偶一起炒股，那么可供选择的联合账户有多种形式。每种形式的联合账户管理方式都不一样。彻底弄清楚这些联合账户的运作机制，或者是在开立联合账户前先向律师进行咨询是十分重要的。

最常见的两种联合账户形式是**生者享有共有权账户**（joint tenancy with the right of survivorship）和**共有权账户**（tenancy-in-common account）。对于生者享有共有权账户，一旦一位所有人死亡，则其他所有人可以拥有账户内所有资产的所有权。这种安排可以绕过冗长的法庭遗嘱检验程序——这种遗嘱检验程序的目的是确保死者的遗产确实按照其意愿进行了分配。但是，即使是生者享有共有权账户内的资产，也要缴纳遗产税。对于共有权账户而言，账户内死者拥有的资产会被移交给死者指定的继承人，而不是仍健在的账户共同人。

> **生者享有共有权账户**：一旦一位所有人死亡，则其他所有人可以拥有账户内所有资产的所有权。
>
> **共有权账户**：这也是一种联名账户，账户内死者拥有的资产会被移交给死者指定的继承人，而不是仍健在的账户共同人。

选择经纪人

使用全面服务型经纪人

到底选择**折扣/在线型经纪人**（discount or online broker）还是**全面服务型经纪人**（full-service broker），这个问题的答案最终会归结为服务和价格，你更看重哪一个。就像我们生活中遇到的很多事情一样，你要在这两者之间进行取舍。选择全面服务型经纪人，你可以获得个性化的服务、投资建议以及手把手的指导，而这些是折扣型经纪人无法向你提供的。如果只有这种方式能让你感到舒服满意，那么全面服务型经纪人就是你唯一的选择。不过，你应当牢记的一点是你的经纪人并不是证券分析师，因此很有可能无法对他从分析师那里获得的推荐建议进行任何评估或判断，只是简单地将建议转述给你而已。事实上，当经纪人建议你买入或卖出某只股票时，他只是单纯按照分析师的建议这样说而已，自己并没有进行第一手的调查研究。但这并不意味着你不应当接受经纪人提出的建议。相反，你应当接纳它，然后好好做一下调查。

> **折扣/在线型经纪人**：这种经纪人可以帮助客户进行交易，但是不提供投资咨询服务，其收取的佣金水平要低于全面服务型经纪人。
>
> **全面服务型经纪人**：这种经纪人会向客户提供投资建议和指导，然后帮助客户进行交易，并根据帮助客户买卖股票的交易量来收取佣金。

这再一次回到了原理1——知识是最好的保障。本书从头到尾，我们一直在反反复复地重复这句话，你要承担错误决策所导致的全部后果，所以你必须对自己的投资理财事务切实地负起责任。这也是为什么我们要强调在挑选经纪人时事先做好准备工作是非常重要的。

使用折扣/在线型经纪人

为了提高投资绩效，你能做到的一点是尽可能地降低交易成本——交易成本包括佣金和其他费用——并使其最小化。降低交易成本很重要，尤其是当额外的佣金或费用不能给你带来相应的投资收益时；记住“原理6：不浪费就不会匮乏——理性消费”。遗憾的是，选择全面服务型经纪人是无论如何做不到这一点的，因为他们的佣金费用相当于折扣型经纪人的5～20倍。尽管折扣型经纪人不会向你提供账户管家来手把手地指导你，但是一些折扣/在线型经纪人，例如富时公司，能免费提供大量的研究报告、客户投资组合的分析报告并附带可以下载的税负信息，最重要的是，你能获得更高的投资收益率。事实上，一些折扣/在线型经纪人提供的服务与全面服务型经纪人非常相似。不过，你要记住，各个折扣/在线型经纪人彼此之间存在较大的差异——服务、理财规划工具以及研究资源等，所以他们收取的佣金费用也大相径庭。

购买债券时，使用折扣/在线型经纪人毫无优势。一般来说，全面服务型经纪人与折扣/在线型经纪人收取的债券交易佣金几乎差不多，尤其是当交易金额较大时两者之间几乎没有差别。如果你打算通过经纪人购买债券，那么可以选择全面服务型经纪人，因为佣金并不高。如果你打算买国债，那么根本没有必要通过经纪人购买。你可以直接从财政部或任何一家联邦储备银行那里购买国债，根本不用支付任何佣金。

做出决定

就像选择理财顾问一样，选择经纪人也是一个严肃的决定，这会对你的未来财务状况造成巨大的影响。如果你决定选择折扣/在线型经纪人，那么就去挑选一位诚实可靠、能为客户高效率提供服务的经纪人。

记住，你的首要任务是全面了解信息（原理 1 再次起作用了）。你可以认为刚开始时需要借助全面服务型经纪人的帮助，但是随着个人积累的投资知识与经验越来越丰富，你会有信心通过折扣型经纪人进行交易。近些年来，从研究手段、退休规划工具以及投资组合管理的角度来看，全面服务型经纪人具有的优势越来越微弱。于是，还是那个老问题，“全面服务型经纪人提供的增值服务真的值那个价钱吗?”

在线交易

> **在线交易**：通过互联网进行交易。

前面我们讲过有两种交易方式，一种是直接通过经纪人进行交易，另外一种就是**在线交易**（online trading）。尽管很多投资者更愿意通过经纪人进行股票的买卖，但是自己直接在网上交易成本会更低廉。

因为在线交易的速度较快——你可以随时登录自己的账户下达交易指令，这些指令几乎会在瞬间被执行——因此注意保护自己的利益是很重要的。正如个人理财的其他方面一样，这一切又都回到了“原理 1：知识是最好的保障”。

> **日交易者**：一般通过互联网进行交易、持有股票的期限很短，一般不超过 1 天的投机者。

很多投资者采取的策略都是买入股票后持有一段时间，但是市场上也有数量众多的**日交易者**（day trader）。日交易者是短线交易者，他们持有股票的时间非常短。一般情况下，他们整天坐在电脑前盯着股票价格的起起落落。他们的目标是当股票价格开始出现上涨的苗头时及时买入，然后在股票价格下跌前再及时地卖掉股票。这种短线交易不是投资而是投机，而且风险很大。一般来说，我们应当避免进行日交易。但是，如果你很想尝试一下的话，一定要记住以下几点：

- 要做好遭受损失的心理准备。在进行短线投资的第一个月，很多日交易者都遭受了重大的投资损失，这是很常见的现象，有很多人一点儿都没有赚到。这就意味着你不能使用无法承受损失的资金来进行这种高风险的短线交易。

- 不要把日交易与投资混为一谈——它们有着根本的区别。日交易者对股票的真正价值不感兴趣，他们关心的是在接下来几个小时或当天交易时段内股票的价格会出现怎样的波动。

● 不要轻信各种“赚钱很容易”的论调。人们总是喜欢谈论他们赚了多少钱，然而亏损的时候大多闭口不言。事实上，日交易被称为“导致财富由刚入门的新手转移给投资老手的交易方法”。

● 对于专门针对日交易者的时讯或网站上提供的各种“热点提示”和“专家建议”保持谨慎态度。毫无疑问，有些人确实依靠这样的信息或建议赚到了钱；不过，这些人并不是真正的投资者。同样地，各种有关短线交易的论坛、课程和书籍也是如此，它们的观点很有可能不是客观的。在很多情况下，如果你听信了论坛的讲演者、授课教师或出版物作者的话开始进行短线投机的话，那么真正的受益人会是这些人，而不是你。

因此我们的结论是不要进行这样的短线交易，这是投机，不是投资。

Q&A 爱与金钱

本章我们向大家介绍的是投资的基础知识，例如资产配置、证券市场以及证券的交易方式。现在，我们来看一看另一种不同类型的投资——“恋情投资”。95%的美国人都知道，大约 50%的婚姻会以离婚收场，而这 95%的美国人也都相信他们自己肯定应该是不离婚的那 50%。离婚不仅越来越常见，它还会对个人的财务造成巨大损失，甚至严重到需要花费一生的时间来弥补这些损失。事实上，根据宏达理财的调查，美国人平均要花上五年的时间才能从离婚所带来的经济打击中缓过劲儿来，仅有 33%的人能够做到“满血复活”。因此，为了提高婚姻成功的概率，你应当进行哪一类投资？答案正是“度假”！

根据网站 GoBankingRates 的调查，感到开心的受访者当中有 64%的人声称每年至少出去度假一次。宏达理财也对很多对夫妻进行了调研，并得到了相似的结果：87%的受访者认为一起出去旅行让他们感觉更亲密、更开心。而且，对年龄在 18～34 岁的受访者的调查结果更令人吃惊：93%的受访者认为夫妻一起去度假让他们更开心，同时也让两人变得更亲密。

感到开心的受访者当中有 64%的人声称每年至少出去度假一次

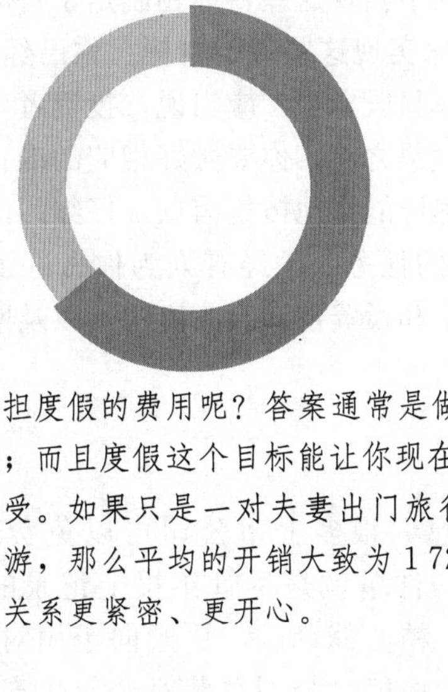

感到开心的受访者当中有 6%的人声称每隔一年出去度假一次

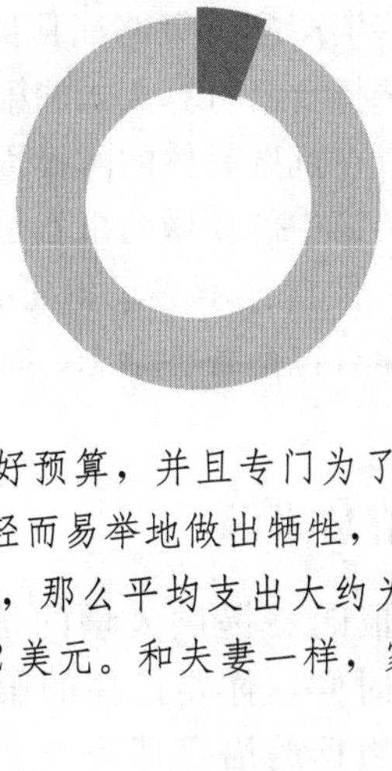

这些人如何负担度假的费用呢？答案通常是做好预算，并且专门为了度假而积极地攒钱。这样做当然行得通；而且度假这个目标能让你现在轻而易举地做出牺牲，因为你知道未来它能给你带来美好的享受。如果只是一对夫妻出门旅行，那么平均支出大约为 1 220 美元。不过，若是一家人集体出游，那么平均的开销大致为 1 722 美元。和夫妻一样，家庭集体外出度假也能让每个家人感觉关系更紧密、更开心。

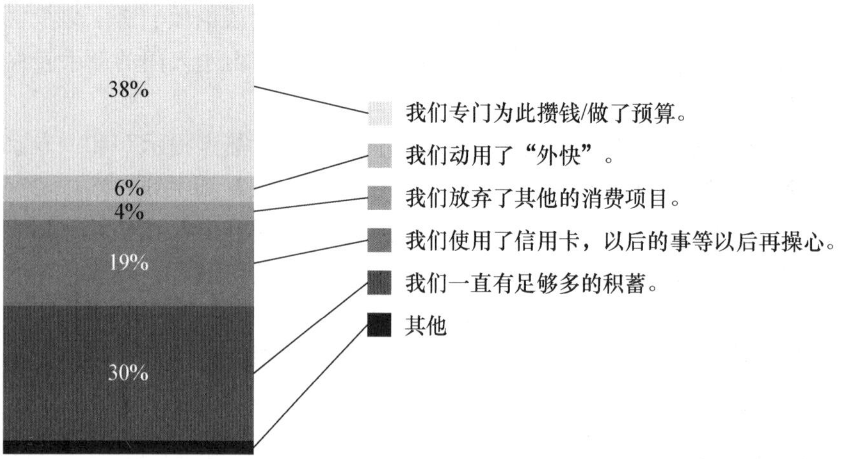

如果你真的特别想去度假，那么就把它加入到你的预算计划里，这没什么好奇怪的。这绝对是一个你可以为之积极储蓄的理财目标，或“投资”。如果你看懂了前面提供的统计数据，那么应当意识到这还是一个挺重要的目标或投资。如果你难以做到按时储蓄，那就试一试Qapital、Acorns、Dyme、Mvelopes或Digit之类的应用软件，它们能帮你实现自动储蓄。即使你决定不使用这一类储蓄软件，我还是建议你去研究研究它们，也许会发现它们能给你带来一些帮助。你应珍视度假的欢乐时光对维系夫妻关系的特殊作用，最后还要牢记有一件事可能会给美丽的假期带来阴影——如果你没有严格地坚持度假投资计划，那么等待你的很有可能是数月后的信用卡大额账单！

投资信息的来源

现在你已经设定了自己的理财目标，为了实现这些目标还制定了行动计划和预算，你甚至已经考虑过哪些资产配置策略能帮助你实现这些理财目标。你已经准备好“做投资”了，那么你该如何选择自己打算买入的第一只股票呢？应当说，投资者可以获得的投资信息资源是很丰富的。在挑选具体的可投资股票之前，你要做好相应的准备工作。一旦你准备好了要进行投资，第一件要做的事就是尽可能多地搜集信息，仔细阅读并解读这些信息的含义。幸运的是，你自己不必承担研究的任务，已经有人为你做好了——上市公司本身、经纪公司、媒体（包括各种杂志、报纸和投资咨询服务机构）以及网络，都能向你提供各种研究报告。

上市公司的信息来源

上市公司的年报能够提供大量的信息。很多上市公司可以免费向投资者提供年报。在阅读年报的时候，你要记住的第一件事就是尽管年报上记录的数据都是事实，但是用来解释这些数据的语言都是经过了精心修饰的，更倾向于用对公司比较有利的说法来解释这些数据。例如年报的一开始一般是公司总裁对全年生产经营状况的总结和对下一年的展望。这种做法体现了公司对保持良好的公共关系的关注。如果总裁说，“过去的一年是充满了挑战和困难的一年”，那么实际上他的意思是，“去年我们损失了很多钱。”

在看年报时，你应当仔细观察一下公司的销售业绩、利润状况以及股息有什么发展趋势，看看这三项指标是否存在上升的迹象。注意了解公司对上一年度经营业绩状况的描述以及对未来管理目标的解释。最后，你要密切注意年报中提到的各种好信息和坏消息。利润水平是上升了还是下降了？是否有新产品打入市场？新产品的市场销量如何？销售额是上升了还是下降了？是否有新的生产基地投入使用或关闭？

之所以要求你观察这些信息，是因为企业经历的变化总是逐渐发生的——随着时间的流逝，事情会逐步向好的方向或坏的方向发展。通过阅读年报，你可以判断出现在企业发生变化的方向是好是坏，而这种变化方向会影响未来企业股票的价格。

经纪公司的研究报告

绝大多数全面服务型经纪公司和一部分折扣型经纪公司都可以向投资者提供由经纪公司股票分析部门撰写的研究报告。这些报告从整体上分析了宏观经济的发展态势，还对具体企业进行了深入的研究，分析该企业的发展前景，并给出“买入”“持有”或“卖出”的推荐意见。“买入”是一个正面的推荐意见，而“卖出”意味着不看好，是负面的推荐意见，“持有”建议相对中立。不过，即便“买入”的评价也不是最高等级。“强烈建议买入”或“强力买入”可能会被视为是真正的“买入”信号，而“买入”这个评价更接近于“还行”或“继续持有”。除此以外，分析师在写分析文章时会发表一种偏于官方的观点，但是在与客户进行口头交流时，可能会给出另一种看法。你要记住，利益冲突可能会对分析师的推荐造成影响。例如，一家公司之所以选择和某家证券经纪公司做生意，原因可能是这家券商对公司股票的评价很积极正面。于是，这家公司的股票可能得到了远超实际情况的、过高的好评。

结论是你不能只依靠股票分析师的“买入”或“卖出”建议来投资股票。不过，这些报告能够让你明白经纪公司各种推荐意见背后的逻辑。即使你不会购买它们推荐的股票，这些研究报告也很值得一读，因为它们能告诉你导致股票分析师推荐买入或卖出某只股票的原因是什么。如果你对某家公司的研究报告特别感兴趣，那么只需要给经纪人打电话索要即可——就是这么简单。

出版物

首先，每一个投资者都应当阅读《华尔街日报》。《华尔街日报》提供了各种基本的行业透析、数据以及财经新闻。还有很多其他的财经杂志也很值得一读，例如《金钱》和《吉普林个人理财》（*Kiplinger's Personal Finance*）。记住，你读得越多，你对投资的理解就越深入。你了解得越深入，实际投资时就会越感到游刃有余。

投资咨询服务机构

一旦习惯了阅读财经杂志和《华尔街日报》以后，你就会想阅读一些程度更深入的投资新闻。有关市场和个股的信息，最主要的信息来源是穆迪投资者服务公司、标准普尔公司、晨星投资报告公司以及价值线公司发行的各种出版物。你可以在很多图书馆查到此类出版物。接触此类出版物的最佳方式是到当地的图书馆查阅，询问图书管理员他们是否提供价值线或标准普尔公司的出版物供读者阅读。

网络资源

在网络上有数不胜数的公司信息，包括新闻、免费软件和讨论小组等。例如，你可以通过 EDGAR 网站免费查找在证券交易委员会注册的公司的信息以及在网上注册的共同基金的信息。二维码 11－1 列出了非常实用的网络信息资源清单。你还可以通过投资公司和商业在线服务机构获得上市公司的信息。

二维码 11－1

丰富的网络投资信息资源

不管你是一个多么小的投资者，这些资源都可以让你获得与其他投资者一样的投资机会。但是，在你查找信息时还是要小心。记住，不管是什么人都可以在网络上发布信息。因此，很有可能一个精明的市场分析人士会被说成是一个刚满 12 岁的孩子。你还要记住网络上也同样存在委托代理问题。从本质上说，网民们主要考虑的是自己的利益。例如，股票经纪人会在经纪公司主页上大肆宣传他们推荐的股票，上市公司也常常在公司主页上为提高自己的股价造势。要小心网络上那些所谓迅速致富的“好点子”。也许有人会依靠这些“好点子”发家致富，但那绝不会是你。

行为视角 >>>

原理 9：心理游戏，理财个性与金钱

如果你想成为成功的投资者，那么了解一下人类常见的行为特征——在你身上也可能会体现出这种特征——能帮助你实现自己的目标。毕竟，如果你知道心理因素会对自己的行为造成怎样的影响，那么就会有意识地去避免它。接下来让我们分析一下会对投资者造成影响的常见行为偏差。

- 过度自信。投资者有过度自信的倾向。简单地说，“人们以为自己知道的比表现出来的多。”[1] 人们在评估自己的个人能力、知识水平以及未来前景时都会显示出过度自信的倾向。事实上，大多数投资者都认为自己能打败市场。当然了，否则为什么要费劲选股呢？然而在真实市场上，即使是投资者当中最专业的共同基金经理，投资业绩也总是低于市场收益率。

过度自信还会导致过于频繁的交易。当然，交易过于频繁的投资者有可能获得更高的收益率吗？为了验证这一点，一项研究检查了 78 000 户家庭的交易行为，将其交易账户按照成交量划分为 5 种类别。[2] 研究人员发现，成交量最高的家庭组与成交量最低的家庭组相比，两者的收益率只相差 7 个百分点，而且是交易越频繁的组反而收益率更低。交易更频繁的家庭投资收益率之所以反而更差，不仅是因为过度交易导致交易成本过高，而且还

---

① Robert J. Shiller, *Irrational Exuberance* (New York: Broadway Books, 2000), 142.

② Brad Barber and Terrance Odean, “Trading Is Hazardous to Your Health: The Common Stock Performance of Individual Investors,” *Journal of Finance* 55 (2000), 773-806.

因为它们总是倾向于选中那些收益率低于市场平均收益率的个股。

思考：

你认为过度自信是否与性别有关？事实确实如此。男性相对于女性更容易表现得过度自信，于是这导致他们过于频繁地进行交易。你认为为什么过度自信会导致频繁交易？

● 处置效应（disposition effect）。人们常常会有担心后悔和寻求获得自豪感的情感活动，于是这导致投资者过快地卖出市场价格已经超过买入价的股票，而在卖出市场价格已经跌至买入价以下的股票时却犹豫不决拖延时间。① 这就是所谓的处置效应。当决定"卖出哪一只股票"时，投资者很可能会选择卖出已经产生盈利的股票，而将亏损的股票继续留在自己的投资组合里。为什么会这样？一方面，按照处置效应的说法，如果选择卖出亏损的股票，首先这就相应于投资者在承认买入这只股票是个错误。另一方面，如果卖出盈利的股票，盈利的实现会让投资者心感骄傲。问题在于这么做当然会让投资者们心情大好，但是别忘了投资收益实现后是要交税的。处置效应的本质问题在于人们不愿意承认错误并及时斩仓止损。这与人们的过度自信是混杂在一起的。

● 赌场盈利效应（house money effect）。赌场盈利效应真实地反映了赌徒的行为模式及其如何看待自己赌博赢来的钱。假设一个赌徒身上揣着 5 000 美元来到赌场，很快就赚了 5 000 美元，身上的钱翻了一番。于是接下来，这个赌徒会选择更加冒险的赌博形式，而这种风险水平是他平时无力承受的。在 20 世纪 90 年代晚期网络股泡沫泛滥的时期，投资者的行为模式完全符合赌场盈利效应。一旦最初的投资赚到了钱，他们马上会把这些盈利再投资于风险更大的股票，此时的风险水平也超过投资者正常状况下的可承受范围，于是导致股市泡沫进一步膨胀。

● 损失后厌恶风险效应（risk aversion after loss effect）。损失后厌恶风险效应与赌场盈利效应有关，它的含义是投资者投资亏损后会变得更不愿意冒风险。这与 21 世纪第一个十年后期爆发的股市崩溃危机有一定的关系。一旦投资者投资股票亏了钱，很多人会认定炒股不适合他们，从而彻底退出市场。

● 羊群效应（herd behavior）。当投资者观察股票价格的上下波动时，他们倾向于采取随大流的行为。② 投资者害怕其他人知道有关个股或市场的独家信息或者是自己没有想到的信息。结果便是普遍采用羊群行为。事实上，投资者看到别人的行为，以为他人行为的背后一定是知道点什么。于是，自己也加入其中，从而也出了一把力将股价推向"羊群"认为的方向——事实上，这就是一种自我实现的行为模式。成功的投资者总是密切关注，尤其是当良好的投资业绩反复重现时。新手们更是被强烈吸引住了。最终，越来越多的人开始加入进来，当所有的投资者都向同一个方向奔跑时，没人能抵抗得住这股强大的力量，而会采取跟随行为。

---

① Hersh Shefrin and Meir Statman, "The Disposition to Sell Winners Too Early and Ride Losers Too Long: Theory and Evidence," *Journal of Finance* 4 (1984): 777-90.

② Robert J. Shiller, *Irrational Exuberance* (New York: Broadway Books, 2 000), 149-68.

行动计划 >>>

原理 10：开始行动吧！

一旦你手头有了余钱，那是时候开始投资了。克服恐惧心理，勇敢地迈出这一步，能给你未来的人生带来好处，众所周知，亲身实践是学习的最佳方式。在这个过程中，你要注意有效市场理论总结的各种经验教训，并将该理论执行到位。

- 投资策略不能打败市场。起作用的是长期投资。人们不可能用所谓简单易行的方法来打败市场。对那些“热点”和股票经纪人主动找上门的推荐要保持警惕心。记住原理 1 的提醒：知识是最好的保障。华尔街有句老话儿说得好：“懂的人不会说，说的人根本不懂。”凡事如果听上去美好得不像是真的，那么很可能就不是真的。好消息是如果你能和市场做的一样好，事实上这已经很棒了。
- 坚持自己的计划。不要试图择时交易。你要牢记，股票价格和市场利率总是涨涨跌跌，所以想要做到“只在股票价格处于低位时买入，在高位时卖出”是不可能的。你应当规律性地进行投资，去寻找与自己的预期投资期限相符合的股票。
- 关注资产配置过程。你应当把精力花在适当的资产配置设计上，要充分考虑到自己的投资目标、投资计划以及目前处在理财周期的哪个阶段。记住自己的投资期限。你的资产配置策略应当能反映出你的投资期限。
- 将佣金控制在较低水平。由于人们很难打败市场，因此要确保自己的收益不会被支付给经纪人的佣金吞掉一大块儿。关注佣金费率的高低并货比三家。
- 多样化投资、多样化投资，还是多样化投资。多样化投资所带来的好处是毫无争议的。
- 如果你感觉不自在，那就去寻求帮助！不要让自己对投资的恐惧阻止自己进入投资领域。如果你感觉到不安，就去找有资质的理财顾问寻求帮助。

本章小结

➡ 学习目标 1：确定自己的目标，准备进行投资。

总结：对于个人理财规划而言，所有的事都取决于你的目标，投资也不例外。在制定投资计划之前，首先你应当仔细考虑自己的目标是什么，你可以拿出多少个人资产以实现这一投资目标。一旦你完成了上述步骤，接下来就可以制定投资计划了。

了解投资和投机之间的差别是很重要的。投资是指购买能够产生经常性收益的资产。而投机是指所购买的资产的价值完全取决于市场的供给与需求。金币和棒球卡被认为属于投机品，这是因为也许它们未来会很值钱，但是前提是有人愿意付这么多钱来买它们。

关键术语

投资：购买能够产生收益的资产叫投资。例如，股票能产生股息收入，债券能产生利息收入，所以这些资产都是所谓的投资品。

经常性收益：直接来源于投资者投资的公司或组织的投资收益，通常是以股息或利息支付的形式存在。

投机：指购买价值完全依赖于市场的供给与需求而非其产生的收益的资产。例如金币和棒球卡未来也许会很值钱，但是前提是有人愿意付这么多钱来买它们。

衍生证券：这种证券的价值取决于其他资产的价值。

期权：允许其持有人有权利按照既定的价格，在未来一段时期内，买入或卖出某种资产的衍生品，一般是买卖普通股。

到期日：借款人必须偿还贷款或借入资金的期限。

面值或本金：指的是债券票面上标明的价值，企业在债券到期时要偿还本金。

息票利率：每年支付的利率，表现形式为债券面值的百分比，通常事先在合同中规定了息票利率的大小。

股票：对公司的部分所有权。

股息：公司向其股东支付的一部分利润。

资本利得或资本损失：这指的是将资本性资产出售时获得的收益或损失。例如，股票价格的上涨或下跌给投资者带来的收益或损失就被视为资本利得或资本损失。

➡ 学习目标 2：管理投资风险。

总结：投资产品面临的风险来源各种各样，包括利率风险、通货膨胀风险、商业风险、流动性风险、市场风险、政治风险和监管风险、汇率风险以及赎回风险。

关键术语

名义收益率：指的是没有经过通货膨胀调整的投资收益率。

实际收益率：等于名义收益率减去通货膨胀率。

利率风险：这种由市场利率水平变化导致的证券价格的波动被称为利率风险。

通货膨胀风险：反映了物价水平的上涨会降低货币购买力的可能性。预期通货膨胀率的变化会导致市场利率水平的变化，从而会引发证券价格的波动。

商业风险：是指投资产品价格的波动是由企业的管理决策是否正确或企业生产的产品在市场上的表现如何等因素所引发。

财务风险：是与企业对债务资源的使用相关的风险。如果企业借债过多并且无力按时偿还的话，那么就会违约，其股票价格也会下跌。

流动性风险：是指投资者无法按照公平的市场价格迅速地将手上持有的有价证券变现的风险。

市场风险：是指与整个市场变化相关的风险。

政治风险与监管风险：出乎意料的税收体制改革或法律制度变革所导致的风险。

汇率风险：指由于汇率波动引发收益的波动，进而使得证券的市场价格发生变化。

赎回风险：在债券到期前，债券发行人提前将其赎回对投资者造成的风险。

提前赎回债券：指的是将未到期的债券赎回，事实上很多债券都是可以提前赎回的。

分散化：是指通过投资各种不同的金融产品以达到消除风险目的的做法。通过多样化可以使极好的结果与极差的结果相互抵消。于是，波动性或风险程度被降低了。

投资组合：指投资者持有的多种投资产品形成的组合。

系统性风险：是指不能通过多样化被消除的风险。它来源于能够影响所有股票的市场因素。

非系统性风险：指企业特有的风险或可分散风险，它是指可以通过多样化被消除的风险。

它来源于某只股票自身的特有因素影响。

➡ 学习目标 3：用最适合自己的方式分配资产。

总结：随着投资者投资期限的延长，投资者能够承受更多的风险。这是因为随着投资期限的延长，风险较高的资产的收益率要优于风险较低的资产的收益率。

资产配置能够确保实现分散化，通常投资者要同时持有多种不同类别的投资产品，例如国内企业发行的普通股，跨国企业发行的普通股以及债券。在考虑资产配置比例时，要注意你的投资期限长度。

关键术语

资产配置：资产配置是确保投资者的投资策略能够反映其投资时间的长短以及充分多样化的策略，通常是同时持有多种不同类别的投资产品，例如国内企业发行的普通股、跨国企业发行的普通股以及债券。

➡ 学习目标 4：了解为什么打败市场是如此之难。

总结：有效市场理论研究的是股票价格反映新信息的速度问题。市场的效率越高，股票价格对新信息的反应速度也就越快。打败市场是非常难的，因此，你应当坚持自己的投资计划并延长投资期限。

关键术语

有效市场：是指各种有关股票的信息能够被反映到股票价格变化当中的市场。

➡ 学习目标 5：区别并能描述一级市场和二级市场。

总结：一级市场是新发行股票交易的场所。例如，如果 IBM 公司新发行了一批股票，那么就属于一级市场交易。实际上，一级市场上的股票发行方式有两种：首次公开发行和增发新股。首次公开发行是指公司的股票第一次公开发行。增发新股是指普通股已经在市场上进行交易的公司新发行的股票。

关键术语

证券市场：是金融证券——债券和股票——交易的场所。

一级市场：是新发行的证券——相比于已发行的证券——进行交易的场所。

首次公开发行：是指公司的股票第一次公开发行。

增发新股：是指普通股已经在市场上进行交易的公司新发行的股票。

投资银行：这是发行证券的公司与社会公众之间的“中间人”。这个术语指代的是精于向公众推销股票的金融公司或为其工作的职员。

承销商：是指投资银行先买下证券，然后再转卖给社会公众的过程。发行有价证券的公司直接将证券卖给承销商，然后承销人再转手把证券卖给社会投资大众。由于在出售新发行证券过程中承担了风险，因此一般承销人买入证券时价格都比较低。

招股说明书：这是潜在投资者可以向发行公司索要的、用来提供新股发行具体信息的法律文件。

二级市场：已经发行了的证券进行交易的市场。

有组织的交易所：实际上就是人们聚集在一起买卖股票的建筑物，例如纽约证券交易所。

场外市场：在场外市场上，交易商没有聚集到有组织的交易所，而是彼此之间通过电话或电脑网络相互联系进行交易。

买入价：潜在买家买入某证券愿意支付的最高价格。

卖出价：潜在卖家愿意卖出某证券的最低价格。

美国存托凭证：这是一种可交易的凭证或证书，它能够证明银行持有了一部分外国企业发行的股票并凭借这些股票发行了存托凭证。于是，美国存托凭证可以像其他股票一样进行交易。

炒单：是指股票经纪人滥用客户的账户进行过度交易，目的是让客户支付更多的佣金。

➡ 学习目标6：通过经纪人买卖证券。

总结：市价委托指令就是指投资者下达的立即以市场最佳价格买入或卖出一定数量股票的指令。限价委托指令是指只能在某个价位或者更好的价位上成交的指令。止损指令是指当股票价格低于某个特定的价位时就立即卖出，或者是当股票的价格高于某个特定的价位时就立即买入的委托指令。

关键术语

一手：100股普通股就叫一手。在纽约证券交易所，普通股的买卖数量通常是以“手”来计算的。

零股交易：1股到99股的买卖就属于零股交易。

当日交易指令：这种指令会在指令下达当天交易结束后失效。

未完成指令/开放指令/除非客户撤销否则一直有效指令：只有当客户撤销以后，这种指令才会失效。

立刻执行否则撤销指令：该指令要求立即被执行，否则即刻失效。

授权账户：该账户授权经纪人有权代替客户进行交易。

市价委托指令：要求立即以市场最佳价格买入或卖出一定数量股票的指令。

限价委托指令：只能在指定价位或更高价位卖出股票或只能在指定价位或更低价位买入股票的指令。

止损指令：当股票价格低于某个特定的价位时就立即卖出，或者是当股票的价格高于某个特定的价位时就立即买入的委托指令。

卖空：投资者向经纪人借入股票后将其卖出，并承诺一段时间后会把股票还给经纪人。

保证金要求：在进行卖空操作时，投资者必须交给经纪人一定比例的保证金，以此作为履约的担保。

资产管理账户：这是一种经纪公司向客户提供的综合金融服务账户，其中包括活期存款账户；信用与借记卡；货币市场共同基金；贷款；自动还款（例如抵押贷款的自动还款）；经纪服务（买卖股票或债券的中介服务）；以及直接将收到的利息、股息和出售有价证券换回的现金投资于货币市场共同基金。

现金账户：拥有现金账户的投资者在购买有价证券时是全额支付现金的，并且要在交易达成后的三个工作日内完成支付。

保证金账户：拥有保证金账户的投资者可以从经纪人那里借入一部分资金用于支付购买证券的款项。

初始保证金：投资者最初购买证券时必须支付的一笔钱，美联储规定最低标准为证券购买价格的50%。

维持保证金：投资者在保证金账户中必须持有的保证金的最低额度。

补充保证金通知：要求客户向保证金账户中存入额外的现金或有价证券，以确保账户余额至少在维持保证金水平之上。

生者享有共有权账户：一旦一位所有人死亡，则其他所有人可以拥有账户内所有资产的所有权。

共有权账户：这也是一种联名账户，账户内死者拥有的资产会被移交给死者指定的继承人，而不是仍健在的账户共同人。

折扣/在线型经纪人：这种经纪人可以帮助客户进行交易，但是不提供投资咨询服务，其收取的佣金水平要低于全面服务型经纪人。

全面服务型经纪人：这种经纪人会向客户提供投资建议和指导，然后帮助客户进行交易，并根据帮助客户买卖股票的交易量来收取佣金。

在线交易：通过互联网进行交易。

日交易者：一般通过互联网进行交易、持有股票的期限很短，一般不超过1天的投机者。

➡ 学习目标7：寻找和利用不同来源的投资信息来买卖证券。

总结：如果投资者想要做出正确的投资决策，就必须搜集各种投资信息，阅读并解读这些信息。幸运的是，你自己不必承担研究的任务，已经有人为你做好了——上市公司本身、经纪公司、媒体（包括各种杂志、报纸和投资咨询服务机构）以及网络，都能向你提供各种研究报告。网络是你首先要查看的信息来源，几乎每天都有新的投资网站出现。这使得所有的投资者拥有相同的投资机会。但是，在查找信息时你必须得小心，因为不管是什么人都可以在网络上发布信息。

思考题

1. 每个人都需要持有应急资金。假设你最好的朋友打算用应急资金进行投资，他来问你的意见。下面给出了一些可选的投资产品，你认为哪些产品比较适合？

a. 大额定期存单。

b. 3个月期国库券。

c. 金币和银币。

d. 技术公司股票组合。

e. 货币市场共同基金。

2. 吉娜刚刚知道年底时她能获得40 000美元的奖金。她适用的边际税率为25%。计算一下这笔奖金应缴纳的所得税是多少。现在假设这40 000美元不是公司发的奖金，而是长期投资的资本利得。那么应缴纳多少所得税？对吉娜来说，哪种收益方式能够给她带来最佳的税后收益？如果是短期的资本利得而不是长期的资本利得，那么计算结果有什么不同？

3. 在读过本章之后，你可能已经是一位理财专家了。根据自己刚学会的知识，假设你买入了100股KSU公司的股票，价格为每股37美元。12个月以后，股价上升到每股45美元，而且你还获得了每股0.50美元的股息。则你对KSU公司股票的投资一共获得了多少收益？假设你继续持有该股票，计算一下你的税后收益是多少。如果你把股票卖掉，那么已实现的税后收益有何不同？假设你适用的联邦边际所得税率为25%，而且无须缴纳州所得税。

4. 将9种不同的风险溢价划分到不同的投资类别。如果某种风险同时适用于股票和债券，那么就将其划分到“两者兼有”的类型。

5. 你刚刚得知一家蓝筹公司打算发行期限为100年的债券。看上去这个债券还不错，因为它能提供8.5%的收益率。假设通货膨胀率保持在3%，那么眼下这一债券的实际收益率是多少？如果你打算购买某种债券并长期持有，那么你会选择这一债券吗？根据未来的通货膨胀预期以及该债券的期限来解释你的答案。

6. 哪些证券市场监管法律专门负责监管下列问题：

a. 首次公开发行时披露相关信息以及在公平贸易委员会注册。

b. 创立证券交易委员会。

c. 保护投资者免受缺乏职业道德的投资顾问的侵害，要求投资顾问必须到证券交易委员会注册。

d. 一旦投资者的经纪公司破产倒闭，则可以向投资者提供最高价值为500 000美元的保险。

e. 规定凭借内幕信息或“实质性”的非公开信息进行股票交易的行为是违法的。

7. 阿里安娜刚刚赚了一大笔：她以每股21.50美元的价格买入了400股Great Gains公司的股票。昨天，这只股票的收盘价为每股56.50美元。为了保住自己已经获得的收益，她决定下达一个止损委托指令。假设她把止损价格定为56美元，那么情况会怎么样？为什么这可能不是一个明智的选择？你建议止损价格应该是多少？为什么？

8. 哈里和哈里特的经纪账户里拥有1 000股AI公司的股票，而且该账户的名称是“哈里和哈里特，共有权账户。”说明一下如果哈里过世了，那么账户内的资产应当怎样处理。如果两人同时过世的话该怎么办呢？如果账户的名称是“哈里和哈里特，生者享有共有权账户”，那么情况会有什么不同？

9. 假设你刚以每股40美元的价格买入了250股Home Depot公司的股票，其中有50%的资金来源于保证金贷款。填写下列空格，计算一下你自己投入的金额是多少。

总成本	______
保证金贷款	−______
投资者投资的额度	======

如果Home Depot公司的股票价格上涨到每股50美元（不考虑任何可能存在的股息），那么情况会发生怎样的变化？

总价值	______
保证金贷款	−______
利润	======

你获得的利润是多少？

如果Home Depot公司的股票价格下跌到每股30美元（不考虑任何可能存在的股息），那么情况会发生怎样的变化？

总价值	______
保证金贷款	−______
利润	======

你的投资损失是多少？

10. 去年你以每股90美元的价格卖空了400股某公司股票。6个月以后，该股票的价格下跌至每股45美元。在这6个月内公司发放了两次股息，每股可以获得1.50美元的股息。买卖这些股票的总佣金成本为125美元。计算一下这笔交易的收益或损失。

11. 将下列行为与本章谈到的几种常见的行为偏差一一匹配。

a. 旺达投资了Happy Clam Oil Exploration公司的股票，但是由于最近爆出了一些该公司的不利消息，当前的股价已经下跌了30%，相当于旺达的买入价。她不想现在卖掉股票，因为之前该股票曾经涨幅达到25%。

b. 德鲁的朋友告诉他不能做择时交易，但德鲁不相信。上个月他刚刚使用这种方法赚了一大笔，打算继续进行这种当日交易。

c. 尤瑟夫注意到黄金的价格一直在上涨，于是他决定既然现在大家都在买黄金，自己也应该买点黄金。

讨论案例 1

28岁的约翰和27岁的艾米丽刚刚生下他们第一个孩子林赛。他们两人的年收入为55 000美元，租住了一套有两个卧室的公寓。在过去几年中，约翰和艾米丽也曾经偶尔想到过投资，但是直到林赛降生后，他们才真切地意识到自己应当为未来做好打算。在过去几个月当中，约翰注意到股票市场一直在上涨，他相信他们应该投资股票。而艾米丽更加感兴趣的是收藏品，例如运动比赛的海报和纪念品，这是因为她曾经看到有报道称某些人炒作棒球卡获得了巨额利润。当被问到他们的投资目标是什么时，约翰回答说他希望能为退休攒足够多的钱，而艾米丽认为最首要的是要为林赛存够上大学的钱。他们都同意要购买一套房子，并支付4 000美元的信用卡账单。当被要求列出现在持有的投资产品时，他们发现他们所有的投资就只有储蓄账户中的950美元。

问题：

1. 在投资之前或制定投资计划之前，约翰和艾米丽应当完成的第一步是什么？

2. 假设约翰和艾米丽让你帮助他们排列各种投资目标的优先次序，那么你会怎样排序？将各种投资选择与他们的投资目标一一匹配起来。

3. 约翰和艾米丽适用的边际税率为15%。使用财务计算器以及图11－3提供的投资类别复合年均收益率表计算若夫妻俩每年花2 000美元投资股票并持续40年，那最终投资的名义总价值应当是多少美元（假设通货膨胀率为零）。如果他们投资的是政府债券，那么最终投资的名义价值会是多少美元？如果选择的是国库券呢？

4. 约翰和艾米丽应当把所有的钱都投资于一种投资产品吗（股票或收藏品）？根据多样化和资产配置理论解释你的回答。

5. 根据图11－3和图11－4提供的信息，解释一下为什么每个人都应该投资一些国债或公司债券。

讨论案例 2

去年马赛利诺从高中毕业，他的叔叔给了他几千美元作为毕业礼物。现在，马赛利诺是一名大一的学生，他刚从宿舍同学那里听说投资于石油勘探企业可以在几个月内赚到一大笔利润。马赛利诺喜欢这种快速盈利的方式，他打算把毕业礼物那笔钱用来投资类似的股票。马赛利诺的室友卢卡刚刚学过个人理财课程，他担心马赛利诺的行为会导致麻烦。卢卡知道马赛利诺喜欢在网上购物，到现在为止已经欠了一大笔信用卡欠款，每个月的收支都无法保持平衡。此外，马赛利诺其实对投资并不了解。现在卢卡让你帮助他回答下列问题，以便于他和马赛利诺讨论一下他的投资计划。

问题：

1. 在投资之前，马赛利诺应当完成的五件事是什么？

2. 马赛利诺打算投资于石油勘探公司股票并迅速盈利的想法是投资还是投机？用论据证明你的观点。

3. 卢卡开始向马赛利诺介绍市场有效和市场时机理论。根据你掌握的知识，马赛利诺能够选中可以“打败市场”的股票的概率有多大？

4. 如果马赛利诺以每股 25 美元的价格买入一家网络公司的股票，持有 3 年以后以每股 65 美元的价格卖掉，则计算一下马赛利诺的年均收益率是多少。如果马赛利诺适用的边际税率是 25%，那么他的税后收益率是多少？

5. 如果马赛利诺持有 10 个月以后就打算按照每股 65 美元的价格把股票卖掉（从而实现了短期资本利得），那么这会带来哪些不利之处？

6. 如果他投资于石油勘探企业的股票，那么还将面临哪些风险？

7. 投资两只不相关的国内股票与只投资于一只股票相比，马赛利诺承担的系统性风险水平是增加了还是减少了？他承担的非系统性风险的水平又怎么样？

8. 卢卡建议马赛利诺应当采用多样化方式进行长期投资。马赛利诺对此表示怀疑。请解释一下为什么卢卡是正确的。

讨论案例 3

哈斯特·库马尔和钱妮·库马尔现在刚刚 40 岁出头，在此之前他们一直在坚持储蓄。他们认为存在银行里的钱是买过保险的，是最安全的，不管美国经济会发生什么变故，不管银行是否会倒闭，他们总是可以拿到这些钱。最近，哈斯特和钱妮与一位股票经纪人谈到了退休计划。股票经纪人指出，要想达到他们预定的退休养老目标，光靠银行储蓄是不够的，利息水平太低了。这位经纪人推荐哈斯特和钱妮去投资股票、债券、共同基金和货币市场产品。哈斯特和钱妮担心这些投资风险太大了。尤其是哈斯特担心如果经纪公司倒闭了，那么他们账户里的证券和现金会怎么样，而钱妮担心证券市场实际上是被人操纵的，只有那些拥有内幕信息的人才能赚到钱。他们二人都认为证券市场就像是一个无人监管的赌场，人们没办法监管经纪人的不道德行为。他们来寻求你的帮助，希望你给一些建议。

问题：

1. 哈斯特是否需要担心经纪账户缺乏保险的问题？你是否可以找到某个具体的法案来支持你的观点？

2. 钱妮担心内幕交易问题。你同意她的看法吗？为什么？

3. 为哈斯特和钱妮准备一份问题清单用于和多位经纪人的面谈，以确保他们能以最低的价格获得最好的服务。

4. 哈斯特和钱妮打算绕过经纪人，直接在网上进行交易。你应当提醒他们什么注意事项？在线投资和日交易有哪些区别？

5. 如果投资者可以自由选择账户的名称，那么你会向哈斯特和钱妮推荐哪一种，是生者享有共有权账户还是共有权账户？为什么？这两种名称不同的账户主要有哪些区别？

第12章 股票投资

学习目标

1	进行股票投资。	为什么投资股票?
2	学会如何看报纸或财经杂志上提供的股票报价。	股票指数与报价
3	了解股票的估值原理以及导致股价涨跌的因素。	普通股的估值
4	使用不同的投资策略。	股票投资策略
5	了解投资普通股所引发的风险。	普通股的投资风险

一提到艾什顿·库彻，你可能就会想到《70 年代秀》(*That 70s Show*) 的迈克尔·凯尔索、《好汉两个半》(*Two and a Half Men*) 的瓦尔登·施密特、《疯狂夜之奇想》(*Dude, Where's My Car*) 的杰西·蒙哥马利三世，或是那个与米拉·库尼丝结婚的男人。我敢打赌，你绝不会联想到他是一位投资高手——尽管他确实是一位很棒的演员，但作为股票投资者，他取得的成绩更加辉煌。

在成名前，库彻曾经做过很多工作：大厦清洁工，在一家肉类加工厂给鹿剥皮、清洗并打包。不过，一旦他手里有了点积蓄，他做的第一件事就是投资。2009 年，他最成功的投资决策之一便是买入了 Skype 公司的股票——这是一家网络电话供应商——就在两年后，微软收购了这家企业，这让库彻的投资几乎翻了三倍。

艾什顿对如何挑选个股有何建议？事实上，他的建议是："如果你在百货商店工作，那就好好关注那些总是卖光的商品还有那些刚上架的新品。如果你是一位承包商，那就应该去认真调查工作领域出现的新材料。这些材料是什么成分？为什么更好用？于是你的判断是以各种信息为基础，而不是盲目自信。人们总是喜欢投机，看到这个东西让别人赚了大钱就去模仿，却忘了应当更专注于自己的投资行为。"①

你不需要成为著名演员或百万富翁，当然艾什顿两者都是。然而，就算你没有艾什顿的投资技巧，如果你能在 60 年之前就开始投资的话，那么就会发现在股票市场里赚钱并

① "Ashton Kutcher on His Best Investment (It's Not What You Think)," https://grow.acorns.com/2016/01/ashton-kutcher-on-the-best-investments-you-can-make-in-2016/.

没有想象的那么难。例如，在 1957 年的第一天，如果你投资 1 美元购买了纽约证券交易所某家上市公司发行的普通股，那么 60 年后，1 美元会变成 40 096 美元！

显而易见，你也可以从股票市场赚到一大笔钱，而且也不用花上 60 年那么长的时间。例如，从 2009 年年底到 2016 年间，10 000 美元的初始投资能够增值为 22 780 美元！只需要 5 年的时间，你的资金就能变成原来的两倍多，5 年并不是很长一段时间，对吧？但是，我们反复不停地强调，股票投资也是有风险的：2008 年，股票市场的价格指数平均下跌了 38%左右，最严重时跌幅甚至达到了 50%！股票投资确实是高风险、高收益，但是有时股票投资也确实能给投资者创造巨额财富。

为什么投资股票?

"为什么投资股票?"这个问题就相当于是在问股票投资创造收益的方式是什么。当投资者买入普通股时，就等同于买了上市公司的一小部分。如果上市公司业绩做得好，那么投资者的投资收益也跟着好，能够分享到企业利润的一小部分。如果公司做得不好，业绩比较差，那么投资者就分享不到企业的利润，甚至还可能遭受损失。

股票投资收益的形式有两种，股息收益和资本升值收益。回想一下第 11 章我们曾讲到过，股息就是公司将利润分发给股东的一种方式。具体而言，可以是现金股息的形式，也可能是送红股的方式，但是一般来说会是投资者可以直接使用的流动资产形式。资本升值指的是股票出售价格的上涨，有可能是因为企业的盈利能力进一步提高导致了股价的上升。只有当投资者将股票实际卖出时，才能真正获得资本升值的好处。

投资普通股并不保证每个人都能获得股息或资本升值的好处。只有当公司赚取利润时才会发放现金股息，而且即使有利润，公司也可以自行决定是否发放股息。例如，微软公司每年的盈利情况都很好，但是在公司成立之初的 18 年内都没有向股东发放过一次股息。而股价攀升引发的资本升值效应只有当企业业绩好的时候才会出现，但是投资者很难预测企业是否能获得成功。比方说，在 2014 年 3 月的最后一周与 4 月的第一周，游戏《糖果粉碎机》的开发商国王数码娱乐公司的股价简直是像坐过山车一样刺激。3 月 26 日这一天，该公司的股价下跌幅度超过了 15.6%；然而，不到一周后，4 月 1 日这天，股价上涨了 8.6%。等到了 4 月 12 日，当天股价下挫 21%。接下来，这家公司的股价就是涨涨跌跌，涨跌的原因也解释不清楚，直到 2015 年 11 月，动视暴雪公司宣布将收购国王数码娱乐公司。2016 年 2 月，动视暴雪公司完成了收购，国王数码公司不复存在。股票价格总是因为各种各样的原因上上下下，而且有时候根本找不到股价波动的原因。

那么，为什么要投资股票呢？有以下几个原因：

- 在较长的时间内，普通股的收益率要超过其他所有金融产品。尽管我们不能保证股票投资一定能给你带来收益，但是一般说来，它们可以给你创造一大笔财富。图 12 - 1 比较了 1951—2016 年间各种各样投资产品的收益率。很明显，普通股的投资高收益把其他金融工具远远地甩在了后边，而且也比通货膨胀率高出一大截。

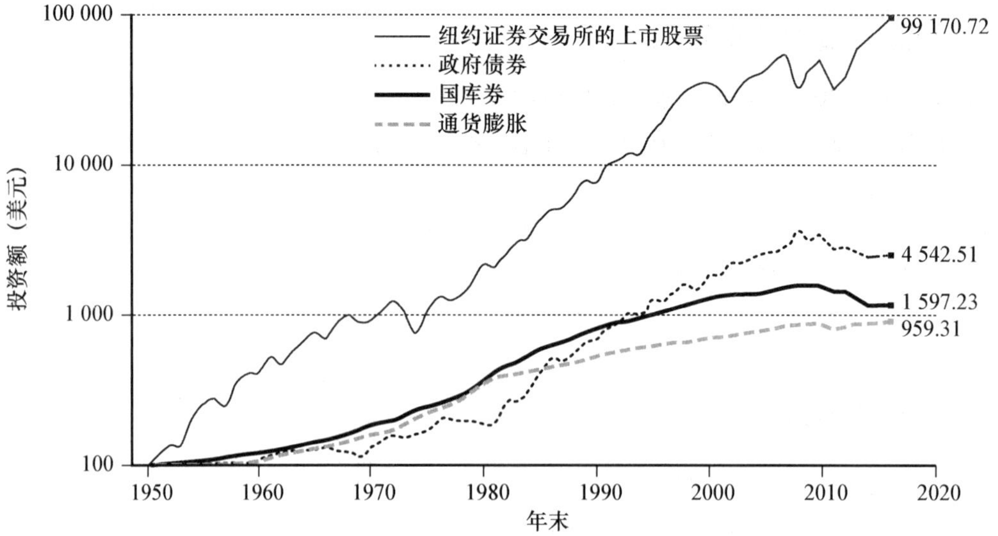

图 12－1　100 美元投资于不同投资产品的收益，1951—2016 年

● 投资股票有助于投资组合的多样化，可以降低风险。当你的投资组合中包括各种各样预期收益率随市场变化波动方向不同的资产时，就可以达到有效降低投资组合风险的目的。股票投资收益的波动方向与其他金融工具——例如债券——不同，而且不同类型的股票，其收益率的波动方向也不相同。同时持有几种股票有助于大大降低投资组合的风险程度。

● 股票的流动性比较好。你不能确定等你想卖掉股票时市场的价格会是多少，但是卖掉股票本身并不是一件困难的事。股票的二级市场非常发达，只要你想卖，随时都可以以最低的交易成本在二级市场上卖掉股票。

● 股票投资的升值不仅仅取决于利率。对于某些投资产品而言，潜在的价格升值在很大程度上可以写成利率下降的函数。但是投资普通股的话，你能获得的投资收益将不再受制于利率的变化。当然，利率的变化一般也会影响股票的价格。但是公司的盈利前景和业绩能直接影响股价。如果你投资的公司业绩状况良好，那么即使利率水平突然大幅度上升，你依然能够获得不错的股票投资回报。

一旦你决定了要投资股票市场，就应当看管好自己的投资组合。一览表 12－1 列出了几个问题，在投资过程中你应当好好思考这些问题。

既然现在你已经明白了为什么股票投资是一个不错的投资选择，那么接下来就让我们了解一下股票投资的基本知识。

一览表 12－1	投资过程一览表

- 我获得的投资收益满足我的预期或目标吗？金融产品的收益情况与之前我的预测相符吗？
- 公司正在创造利润吗？与竞争者相比，这家公司做得怎么样？
- 如果现在就把股票卖掉的话，我能拿回多少钱？
- 我要支付多少佣金或手续费？
- 我的投资目标发生变化了吗？如果发生了变化，那么现在手上持有的投资组合还适合这个新目标吗？
- 我应当使用什么标准来判断适当的卖出时机？

普通股投资的基本知识

如果你打算投资普通股，那么肯定应该先了解有关普通股的基本知识，以及作为普通股股东你应享有的权利。现在就让我们仔细了解一下细节知识。

有限责任

尽管作为普通股股东，你被认为是公司众多实际所有人当中的一员，但是如果公司破产了，你应承担的责任仅以你的投资额为限。也就是说，如果公司倒闭了的话，你遭受的最大损失就是你的总投资额。

剩余利润索取权

作为公司的所有者，普通股股东拥有剩余利润索取权。也就是说，在公司支付了所有债务和其他费用以后，股东有权享有剩下的利润部分。股息是公司用来分配剩余利润的常见方式，但是公司并没有向股东支付股息的义务。相反，公司的董事会要负责决定是用剩余利润向股东发放股息，还是把剩余利润（即留存收益）用于再投资，扩大公司生产规模。

很明显，发放股息的方式可以使普通股股东直接分享企业创造的利润。但是就算董事会决定将留存收益用于再投资，普通股股东也能从中获得好处。为什么会这样呢？将留存收益重新注入企业就意味着企业的价值增加了，其盈利能力也增加了，自然未来发放的股息额也会随之提高。这些正面效应反过来会导致公司股票价格的上涨。实际上，剩余利润部分可以通过股息的形式直接发放给股东，还可以通过普通股升值的方式间接地让股东受益。但是，如果在偿还了债券和其他费用以后，公司的利润几乎全部消耗掉了，那么普通股股东就会什么也得不到了。

尽管绝大多数公司都是每个季度发放一次股息，但是普通股的股息并不是自动发放的，必须经过董事会的公开宣告。在**股息支付公告日**（declaration date），董事会会向公众具体说明本次股息发放的额度（通常写成每股发放多少股息的形式）、除息日和支付日是哪一天。

因为公司在支付股息之前需要知道哪些投资者真正持有公司的股票，因此他们设定了一个截止日期，就是所谓的除息日。在**除息日**（ex-dividend date）这一天，股票开始“不含股息”进行交易。也就是说，如果投资者在除息日之后购买该公司股票的话，那么将不能获得本次的股息支付。在支付日，公司会把股息支票寄给普通股股东。

> **股息支付公告日**：在这一天，董事会会向公众具体说明本次股息发放的额度、除息日和支付日分别是哪一天。
>
> **除息日**：在除息日这一天，股票开始“不含股息”进行交易。也就是说，如果投资者在除息日之后购买该公司股票的话，那么将不能获得本次的股息支付。

剩余资产索取权

如果公司的业绩很好，创造了巨额利润，那么只有当公司向债权人偿还了利息或本金之后，才能轮到给普通股股东支付股息。如果公司业绩很差准备破产的话，情况又是怎样的呢？同样地，普通股股东还得排队等候。公司破产后，债权人有权将公司的剩余资产拍卖以补偿公司尚未清偿的债务。只有当拖欠债权人的债务全部还清以后，普通股股东才能出来查看公司是否还有剩余未变卖的资产，变卖之后可以用来弥补普通股股东的投资损失。不幸的是，一般公司破产时，普通股股东的运气都不太好，基本上没有什么剩余资产留给他们了。

投票权

普通股股东拥有选举公司董事会成员的权利。尽管有些企业发行的普通股分为不同的"等级"，而且不同等级的普通股所拥有的投票权有大有小，但是一般来说，一份股份就代表一个投票权。普通股股东不仅有权选举董事会成员，而且公司章程的变动必须得到股东的同意。

委托投票：允许股东指定的代理人在公司召开年会时代替股东投票。

公司每年的年会上会请股东投票选举董事会成员或对公司章程的修改进行投票表决。股东可以亲自参加年会投票，但是绝大多数的股东会通过委托协议的方式请他人代为投票。**委托投票**（proxy）允许股东指定的代理人在公司召开年会时代替股东投票。委托投票并不意味着股东先把投票单填好，然后再让代理人代为上交。相反，委托投票的含义是委托代理人有权替你做决定。一般来说，公司的管理层很愿意做股东的代理人，他们手上掌握了绝大多数的委托投票权。但是当公司陷入财务危机或者是受到管理层收购的威胁时，常常会发生委托投票权争夺（proxy fight）。所谓委托投票权争夺就是指不同的股东阵营为争夺委托投票权而发生冲突，因为他们都想获得公司的控制权或者是想改变公司未来的发展方向。要想达到目的，最重要的一点就是要获得足够多的投票权，这样才能获得多数压倒少数的优势。

股票分拆

股票分拆：用新发行的股票代替已发行的旧股票以达到增加股票发行数量的目的。例如，2：1拆分的意思就是投资者现在持有的一股"旧"股票，可以换来两股"新"股票。

有时，企业可能会感觉自己股票的价格实在是太高了，一些小投资者根本没能力购买。为了使股价降下来以鼓励更多的投资者购买本公司发行的股票，上市企业通常会选择"股票拆分"。**股票分拆**（stock split）就是指用更多数量的股份替代现存已发行的股份。实际上，这种方式只会导致已发行的股份数量增多，企业的市值不会发生改变。因此，每份股票的价值会有所下降。

例如，现在我们假设你拥有100股可口可乐公司发行的普通股，现在的市场价格是每股120美元左右。你的总投资额为12 000美元。可口可乐公司的管理层认为每股120美元的价格有点太高了，普通的投资者很难负担得起，因此想把股价降低一点。可口可乐公司的高管人员决定按照3：1的比例将已发行的股票拆分。因此，对应投资者手上持有的可口可乐公司的一股"旧"股票，拆分后可以换成三股新发行的股票。对于股东来说，这种拆分不会带来任何收益，因为拆分后新股票的价格变成了每股40（=120/3）美元。于是，你现在拥有300股可口可乐公司的股票，每股价格为40美元，所以总投资额仍然保持12 000美元不变。

股票回购

有时，公司还会把以前发行的普通股赎回来，这就叫**股票回购**（stock repurchase）。回购后，企业发行在外的股份数会有所减少，因此企业每个股东拥有的所有权比例会随之提高。股票回购很常见，最近这些年来，共有 1 000 多起股票回购案。例如 2016 年 12 月，万事达卡公司宣布有意向在未来 5 年内回购总额高达 40 亿美元的已发行普通股。

> **股票回购**：公司将已发行的普通股回购或赎回。

> **现实世界**
>
> 伯克希尔-哈撒韦公司（Berkshire Hathaway）发行的 A 类普通股从来没有分拆过。结果，到了 2017 年年中，一股 A 类普通股的市场出售价格竟然高达 266 000 美元。

账面价值

企业的账面价值计算方法是用资产负债表上的资产总额减去负债总额。若想了解企业的账面价值与股票价格的关系，可以用公司的账面价值除以已发行的股份数，就可以得到每股账面价值。

账面价值只是一个历史数据。也就是说，它反映的只是企业购买资产时资产的价值，这一历史价值可能会与现在资产的实际价值相差甚大。如果说企业的资产是在多年之前购入的，那么账面价值数据几乎没有什么意义。但是，在对企业股票进行估值的时候，这种价值的衡量指标还是会经常提及。

每股收益

每股收益这个指标反映的是每股股份能够获得的收益。因为该指标关注的是普通股股东可以获得的收益，因此它所说的收益是指公司已支付了优先股股息之后余下的利润部分。正如我们将在下一章里要讲到的，之所以要把优先股的股息从净利润里剔除掉，原因就是企业在向普通股股东支付股息之前要先向优先股股东支付股息。所以，净利润减去优先股股息以后剩下的部分才属于普通股股东应享有的收益。

这个指标可以告诉投资者他们手上拥有的每一股普通股可以获得多少收益——但是实际上公司并不一定会按照该指标计算的结果来发放普通股股息。很多报纸上的每日股价信息栏里都刊登着此类信息，人们常常用这个指标来衡量不同企业的财务盈利能力。每股收益的计算公式如下：

$$每股收益=\frac{净利润-优先股股息}{已发行在外的普通股股份数}$$

股息收益率

普通股的**股息收益率**（dividend yield）就等于每股普通股每年获得的股息额除以股票的市场价格。股息收益率这个

> **股息收益率**：等于每股普通股每年获得的股息额除以股票的市场价格。

指标可以告诉投资者假设股价和股息额不变的情况下，他们获得的投资收益率是多少。例如，股票的价格为每股 50 美元，公司向每股普通股支付的股息为 4 美元，则股息收益率为 8%（=4/50）。

很多拥有巨大成长潜力的公司都会将利润进行再投资而不是以股息的形式发放给投资者。所以，很多成长型的企业很少支付股息。例如，多年以来，微软公司一直没有支付过股息，而是将利润用于再投资，于是时至今日，微软公司才有能力向股东支付高额股息或者是以非常高的市场价格赎回其已发行的普通股。

市净率

市净率（market-to-book ratio 或 price-to-book ratio）这个指标反映了市场对企业价值的看法。在解释这个指标时，你要记住账面价值反映的是历史成本，因此对现在而言可能意义不大。这一指标的计算公式如下：

市净率＝股票市场价格/每股账面价值

很多股票的市净率指标都在 1.0 以上，通常最高不超过 2.5。

现实世界

沃伦·巴菲特对过度交易是这样评价的："我们相信，把热衷于过度交易的机构冠以'投资者'的称号，就像是把某些热衷于乱搞一夜情的人称作'爱浪漫的人'一样离谱。"

股票的分类

在讨论股票指数和股票估值之前，我们先来简单看看股票的分类。股票分析师们通常喜欢用"蓝筹股""投资型""成长型"这样的字眼来形容各只股票。这并不是一种正规的分类方法，但是它们确实能帮助你了解市场对个股的看法，不过这些分类并不能帮你判断个股未来的表现如何。表 12－1 对一些股票类型进行了简要说明。

表 12－1　股票分类

类别	特征
蓝筹股	是由全国著名的大型企业发行的股票，这些企业经营历史悠久，长期保持稳定的增长率，财务状况稳健，定期向股东发放股息。
成长型股票	成长型股票的发行企业其销售额和利润额的增长速度都远远超过了行业平均水平，因此被命名为"成长型"。一般来说都是一些规模较小的企业，在很多情况下是一些刚刚创立的新企业。
收入型股票	收入型股票的发行企业通常是发展比较成熟的企业，它们有能力支付高额股息，但是利润的增长空间不大。
投机型股票	相对于其他股票，投机型股票的风险比较大，波动性强。
周期型股票	周期型股票的发行企业，其利润水平随经济周期而变化。
防守型股票	防守型股票通常不太会受宏观经济发展的影响，在某些情况下，它们甚至会在经济低迷时期获得更佳的业绩。
大市值、中等市值和小市值股票	所谓的大市值、中等市值和小市值是指发行股票的企业的规模——更准确地说，是指这些企业的市值。

股票指数与报价

每天当你收看或收听电视台或广播台的财经报道时，总会听到有人说："今日道琼斯指数上涨了 27 点"或类似的话。你有没有思考过这句话的意思是什么？所谓的"道琼斯指数"就是一种**股票市场指数**（stock market index），可以用来衡量多只股票价格的变化程度和方向。市场上有多个股票市场指数，它们不能确切地告诉投资者某只股票今天的表现如何，但是它们能让投资者全面了解当日股票市场的整体表现情况。因此，为了学会股票投资技巧，首先你要熟悉道琼斯指数以及其他股票指数。

股票市场指数：用来衡量一组股票市场表现的指标，这组股票是整个股票市场或市场一部分的代表。

道琼斯工业平均指数：这是一个常用的衡量股市价格变动情况的指数。该指数的股票样本包含 30 个大型工业企业发行的股票。

道琼斯指数

道琼斯工业平均指数（Dow Jones Industrial Average，DJIA），或简称为道琼斯指数，是历史最悠久、使用范围最广的股票指数，它是由查尔斯·道于 1896 年创立的。道琼斯工业平均指数最初的目的是根据 12 家大型企业股票的表现来衡量整个市场的状况。现在道琼斯工业平均指数的样本企业是 30 家大型工业企业，而最初指数建立时选中的 12 家样本企业，如今只剩下了通用电气公司，其他 11 家公司均因种种原因退出了指数样本。

因为道琼斯工业平均指数的计算只基于 30 家成熟的大型工业企业发行的股票，很多投资者认为这个指数主要反映的是大型企业股票价格的变动情况，而不能反映整个市场价格的走势。道琼斯工业平均指数有一点比较奇怪：它是用价格加权法计算的。也就是说，股价较高的样本股会得到比股价较低的样本股更高的权重。然而实际上，这 30 只股票代表了纽约证券交易所 25%的市值，因此这一指数对市场变化情况的反映程度要超出人们的想象。

道琼斯工业平均指数是根据每只股票的价格来赋予其权重的。于是，一只价格较高的股票哪怕波动了一点点，但是由于其权重高，也会对整个指数造成比较大的影响。即使这样，从整体上看，道琼斯工业平均指数还是可以比较好地反映市场变化的总体趋势。事实上，该指数从 2007 年 10 月 9 日的 14 164 点下跌至 2009 年 3 月 9 日的 6 547 点；到 2014 年的年中，又反弹至 17 000 点下方；而到了 2017 年秋，该指数已经涨到了 23 000 点上方——这充分反映了那段时期股市的剧烈震荡。

标准普尔 500 指数和其他股票指数

另外一个耳熟能详的股票指数就是所谓的**标准普尔 500 指数**（Standard & Poor's 500 Stock Index，简称为 S&P 500）。标准普尔 500 指数是一个比道琼斯工业平均指数更广泛的市场指数，这是因为标准普尔 500 指数选择的股票样本

标准普尔 500 指数（S&P 500）：这是另外一个被普遍使用的股票指数，也能反映股票市场整体的价格变动情况，它的股票样本包含了 500 只股票，大多来源于纽约证券交易所。

包含了 500 只股票，绝大多数来源于纽约证券交易所，但是其中也有一些股票是在美国证券交易所或 OTC 市场上挂牌交易的。由于标准普尔 500 指数涵盖的范围更广，因此与道琼斯工业平均指数相比，它能更好地反映市场的整体波动情况。

其他的指数还包括罗素 1000 指数，它包含了美国市值排名前 1 000 位的大公司；罗素 2000 指数，它包含了市值排名从 1 001 名到 3 000 名的企业；威尔逊 5000 指数包含的股票样本非常之多，分别来自纽约证券交易所、美国证券交易所和 NASDAQ。标准普尔公司还负责计算其他六个一般性的市场指数。但是，当投资者谈论股票市场的价格变化时，他们一般还是会用道琼斯工业平均指数来说明问题。

市场变化

> **熊市**：特征为股票市场的价格水平在持续下降。
> **牛市**：特征为股票市场的价格水平在持续上涨。

那么，这些指数能够告诉我们什么呢？从根本上看，它们能够告诉我们市场的整体价格水平是在上涨还是下降。**熊市**（bear market）的特征就在于股票市场的价格水平在持续下降。之所以叫作“熊市”，是因为熊在发起攻击的时候是采取由上向下猛击的形式。**牛市**（bull market）的特征在于股票市场的价格水平在持续上涨。之所以叫作“牛市”，是因为牛在发起攻击时是用它们的角由下而上地冲撞。

读懂网站或报纸上提供的证券行情表

图 12－2 举例说明了如何读懂纽约证券交易所上市股票的行情表。对于在纽约证券交易所、美国证券交易所和 OTC 市场上市的股票，很多在线网站和报纸都采用相同的模式提供价格信息。

在阅读报纸上的股票价格行情表时，通过检查上一个交易日股票的最高价格、最低价格以及收盘价，投资者就能够了解股票价格的上涨或下跌幅度。最后，当日收盘价与上一个交易日收盘价的对比变化也被列出，此外还提供了过去 52 周内该股票的最高价格和最低价格，这些信息都有助于投资者了解把握股价未来的变化趋势和方向。

例如，根据图 12－2 所示的股票价格行情表，迪士尼公司当日的最后一笔交易的成交价格是多少？本交易日迄今为止的交易量是多少？迪士尼公司的股票代码是什么？迪士尼公司的市盈率是多少？（迪士尼公司当日最后一笔交易的成交价格为 81.76 美元，该交易日的交易量为 7 274 907 股！迪士尼公司的股票代码为 DIS，市盈率为 21.02。）

普通股的估值

投资者怎样判断某种投资产品的价值？实际上，我们可以使用很多方法来判断投资产品的价值是多少。这些估值方法还能帮助我们了解为什么投资产品的价格会出现这样或那样的变化趋势。下面让我们主要了解一下最常用的三种估值方法。

基本分析法与技术分析法

基本分析法和技术分析法是证券分析的两种基本方法。很多分析师会同时使用这两种分析方法。**基本分析**（fundamental analysis）是利用货币的时间价值这一工具来评估股票的价值，即股票的价值等于未来股票预期现金流的现值。事实上，分析师需要深入观察经济体、行业以及企业，从而对企业的未来绩效做出预判。根据这一分析结果，投资者可以判断出公司股票的合理价位。

> **基本分析**：根据一些基本面影响因素，例如企业未来的利润水平、预测利率水平和企业的风险水平，来评价股票价值的分析方法。

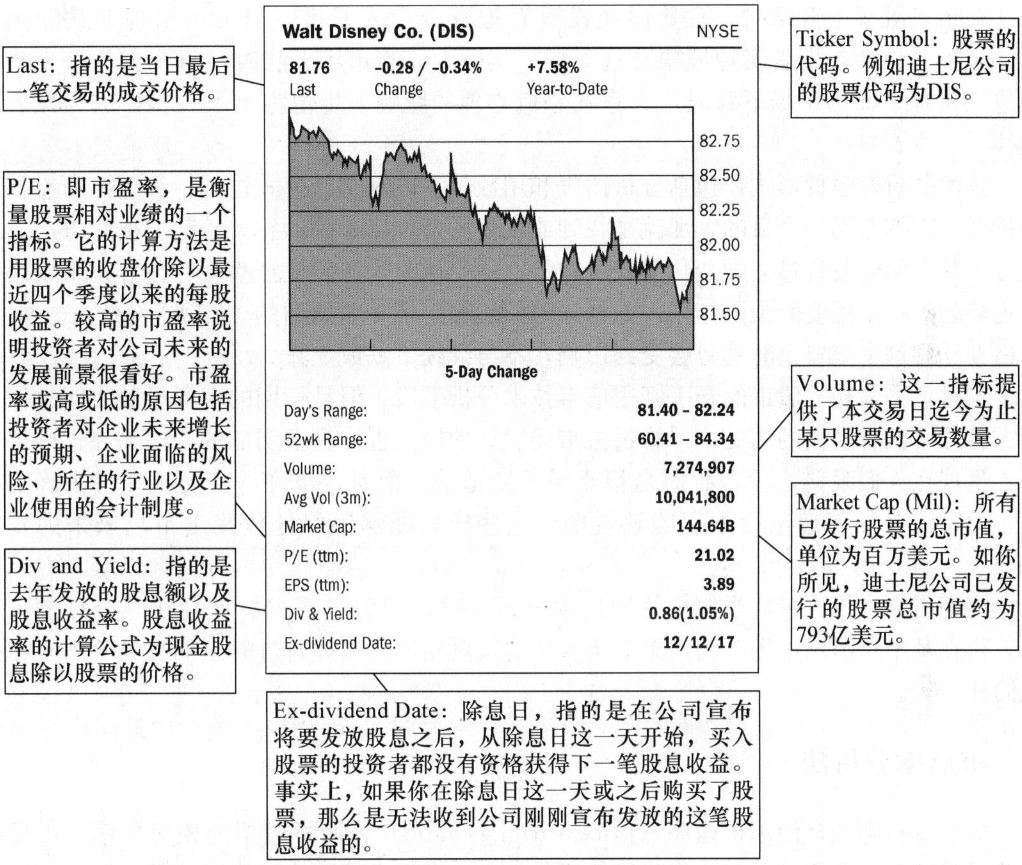

图 12-2 读懂在线网站的股票价格信息

资料来源：可从以下网址获取股票信息：http://finance.yahoo.com; http://www.marketwatch.com; http://www.money.cnn.com; http://www.wsj.com; http://www.ft.com/home/us; http://investing.money.msn.com/investments/stock-price。

关键在于你必须要发现市场还没意识到的新东西。如果你只是分析了一家企业，发现这是一家好企业，未来前途无量，但很有可能其他人也都知道这一点，该公司的股价已经充分反映出这一预期了。你要能发现其他人不知道的东西，或是对股票进行更加深入的研究。听上去很难？确实很难。记住，这个领域里到处都是专业的分析师，这是他们谋生的技能，所以竞争激烈。而且你的任务不仅仅是找到定价不合理的股票。要想获得净利润，你的收益首先要能够覆盖所有成本——交易费用、所耗费时间的机会成本以及税负。这就是为什么打败市场是那么难。

技术分析：侧重的是股票的供给与需求层面，用图表和计算机程序来找出某只特定的股票的价格变化趋势或者是整个市场未来的走势。

技术分析（technical analysis）侧重的是股票的供给与需求层面，用图表和计算机程序来找出某只特定的股票的价格变化趋势或者是整个市场未来的走势。技术分析背后的基本逻辑是认为除了经济因素会对股票价格带来重大影响以外，投资者的心理因素，例如贪婪和恐惧，也会对股票价格造成比较大的影响。

技术分析师相信这两个因素，贪婪和恐惧，可以对市场的变化趋势起到加强的作用。在市场处于上升期时，贪婪促使投资者把资金投入股市，当市场出现下跌的倾向时，恐惧又促使投资者卖掉股票套现离场。实际上，当市场上涨时，每个人都争先恐后地进入市场；而当市场下跌时，大家在恐慌心理的影响下生怕跑慢了一步，成为最后的接棒手。

技术分析有多种形式，包括分析图表和用数学手段对交易模式进行计算等，所有技术分析形式都拥有同一个目的，那就是找到或发现股票价格未来的发展趋势或变化方向。技术分析师会研究股价过去的变化模式或趋势，他们认为这些历史经验会对估计未来股票价格走势起到一定程度的预测作用。此外，他们还找出了一些所谓的“支撑”价位——股票价格变动到这个位置上时趋势会受到影响，不再继续下跌或上涨。

不过，尽管初入股市的新手都很信奉技术分析手段，但是长期的市场检验表明这种分析方法几乎没有太大的用处。尽管过去市场发展的规律也许是很明显的，但是在这些趋势真正呈现在人们眼前之前，我们是很难预先知道的。而且，也许一些模式在过去确实有效，但是没有任何理论或根据能够说明，这些模式能够很好地预测出市场未来的发展趋势。

简而言之，投资者应当避免使用技术分析手段，因为它要求投资者在某个点进入市场，再在某个点退出市场，与简单的买入持有策略相比，这种时进时出的交易策略实在是风险比较大。

市盈率分析法

股票分析师经常使用**市盈率**（price/earnings ratio）来衡量股票的相对价值。市盈率或收益乘数等于股票的每股价格除以每股收益。这个指标可以反映为了获得一美元的公司收益投资者愿意支付的价格。投资者对公司未来的前景发展越看好，或者是他们认为该股票的风险水平越低，则市盈率就越高。

市盈率：等于股票的每股价格除以每股收益，也叫作收益乘数。

例如，一只股票现在的价格是每股 104 美元，预计的每股收益为 6.50 美元，则该股票的市盈率为 16 倍（=104/6.50）。如果投资者对这只股票未来的表现或业绩看好——可能是因为公司开发了一种新产品，而且未来几年内这种新产品可以给公司带来巨额利润——股票价格由原来的 104 美元上涨到了 130 美元，则新的市盈率就变成了 20 倍（=130/6.50）。一只股票的市盈率为 20 倍就意味着这只股票的出售价格等于每股收益的 20 倍。那么，我们怎样使用市盈率来对股票进行估值呢？具体的做法就是判断股票的市盈率是过高还是过低。

现实世界

在评价技术分析时，沃伦·巴菲特曾经说过：“如果（股票市场）过去的历史就是全部的游戏规则，那么图书管理员应该是最富有的人。”

那么你怎么知道某只股票市盈率的合理区间在哪里呢？首先，通过观察过去市场的整体市盈率水平，再结合当前的经济发展情况、利率水平、财政赤字和通货膨胀率，你可以判断出市场整体的合理市盈率应当是多少倍。然后，再根据市场上某些特殊股票未来发展的预测对市场整体市盈率进行调整。例如，如果某家企业未来的增长率高于市场的平均增长率，则市场整体市盈率应当有所提高——但是到底应该提高多少实在是一个棘手的问题。尽管判断一只股票合理的市盈率倍数是一件很困难事，但是我们至少可以列出以下各项会导致市盈率增加或减少的影响因素：

- 企业的利润增长率越高，该企业股票的市盈率就越高。实际上，如果投资者预测该企业未来的利润增长率会提高的话，那么对一美元未来收益的市场估值也会相应地提高。例如网飞公司，在 2017 年 3 月之前的五年时间里，该公司的利润值一飞冲天，这使得其股价在五年间上涨了 8 倍。
- 投资者的必要收益率越高，市盈率倍数就越低。哪些因素会导致投资者的必要收益率上升？一个影响因素是利率的上升——这意味着投资者还面临着其他更好的投资选择，因此投资者的必要收益率变大。例如在 1995 年，通货膨胀率的下降导致利率随之下调两个百分点，结果股票市场飙涨了 37%！同样地，如果企业的风险变大，则投资者会要求获得更高的投资收益率，这会使得公司的市盈率和股价双双下跌。例如，2016 年西尔斯百货公司的命运走到了转折点，由于未来变得不确定，公司的风险上升，这导致其股价下跌了 44%。因此，如果利率水平上升或企业的风险变大，则市盈率应当下降。同理，如果利率下降或企业的风险降低，则市盈率应当上升。

思考：

很多分析人员和投资者都使用市盈率指标来衡量市场是被高估还是低估。近些年来，分析人士发现平均市场市盈率水平是在 15～35 倍之间。如果市场实际市盈率水平超出了这个范围，则被认为市场价格已被高估。如果市场实际市盈率水平低于 15 倍，则认为市场价格被严重低估。但是你要记住，预期通货膨胀率、宏观经济的发展态势以及企业未来的盈利能力都对市场市盈率水平的合理区间有着重要的影响作用。你认为未来通货膨胀率是会上升还是下降？

图 12-3 给出了自 1990 年以来的市场平均市盈率数据，你可以从中了解一般市盈率所在的区间。近些年来，平均市盈率大多是在 10～30 倍之间。增长型股票的市盈率更高——一般最低也要为 25～30 倍，甚至更高。

因为这种估值方式使用的分析因素是基于有关股票或经济宏观面的基本影响因素，例如企业未来的利润水平、预测利率水平和企业的风险水平，所以市盈率法也是基本分析的一种。

SWOT 分析法

> **SWOT 分析法：**该分析框架要求研究者既要深入企业内部，判断企业的优势与劣势，同时还要观察企业外部面临的机遇与威胁，从而对企业未来的发展情况与股价的变动做出判断。

SWOT 分析法（SWOT analysis）可用来分析一家企业或其普通股的价值。该分析框架要求研究者既要深入企业内部，判断企业的优势与劣势，同时还要观察企业外部面临的机遇与威胁。① SWOT 分析法的长处在于能让分析师更好地预判企业未来可能发生的变化。在使用 SWOT 分析法之前，你要先弄清楚企业是如何获得利润的。首先应观察对企业具有影响作用的各种经济因素与社会因素，例如社会发展趋势、技术革新以及消费者喜好的变化，试图理解这些因素在未来会对企业造成哪些影响作用。例如，在并不遥远的过去，百视达公司的录影带出租业务几乎统治了全世界。但是后来网飞公司进入这个市场，开始向客户提供更廉价、更方便的服务，终于把百视达公司从第一名的宝座上拉了下来。随后，网飞公司为了适应新的技术手段，开始提供在线的电影/电视剧收费观看服务。最终，网飞公司决定继续增加在线影视资源。

图 12-3　标准普尔 500 指数自 1990 年以来的平均市盈率

此外，分析师要清楚地了解企业为了获得成功正在专注使用哪一种发展策略。两种主要的发展策略分别是低成本领先策略与产品差异化策略。低成本领先策略指的是由于企业具有规模效应和较强的议价能力，可以建立低成本的分销网络，实现较低的人力成本或有效地降低成本，例如沃尔玛。而产品差异化策略指的是企业具有较强的市场营销能力或产品创新能力，例如耐克的运动鞋、宝马汽车或波兰山泉的瓶装水。现在，看看企业选择的是哪一种发展策略，然后尝试回答下面这个问题：这种发展策略可持续吗？

---

① SWOT 分析法的相关内容摘自 Michael E. Porter，*Competitive Strategy*（New York：Free Press，1980）；Michael E. Porter，*Competitive Advantage*（New York：Free Press，1985）；James English，*Applied Equity Analysis*（New York：McGraw Hill，2001）。

最后，为了更好地了解企业的发展策略以及该策略是否具有可持续性，我们需要使用 SWOT 分析法。如图 12－4 所示，SWOT 分析法关注四大要素：优势、劣势、机会和威胁。这种分析方法将企业分解开来逐项研究，能够对企业的未来发展做出更准确的判断。

所谓的优势与劣势是相对于企业内部而言——企业哪些方面做得好，哪些方面做得比较差。优势代表企业的竞争优势，例如品牌忠诚度、高品质产品、较好的客户服务或产品创新。事实上，分析师要弄明白企业为什么能够在这些方面取得优势。劣势则与优势相反，指的是企业在竞争过程中表现不佳的方面或领域。

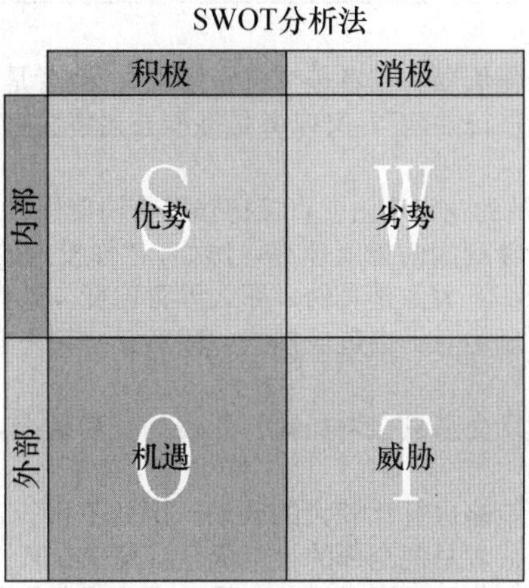

图 12－4　SWOT 分析法

优势和劣势指的是企业内部因素，而机遇和威胁则是外部因素，例如技术革新、政府监管、跨国发展机遇与挑战等。机遇可能来源于不断发展壮大的市场、竞争激烈度的下降或企业有能力充分利用新的社交媒体来进行营销。威胁则来自经济增长放缓、政府加强监管或是技术创新导致企业的产品变得过时。

通过从优势、劣势、机遇和威胁这四个方面来分析企业的状况，我们可以更好地了解企业如何获得利润，未来这种盈利模式是否还可以持续以及企业未来的发展前景如何。

股票投资策略

在购买股票的时候，你可以采取多种投资策略。现在我们就来了解几种股票投资策略，要记住你可以同时使用多种投资策略。同样地，你还是要保持警惕，尤其是当资金面临危险的时候。一览表 12－2 列举了很多值得你关注的注意事项。

定期定额投资策略

定期定额投资策略（dollar cost averaging）就是指每隔一段时间就购买固定金额的普通股。定期定额投资策略的基本原理在于通过每期投资同样的金额而不是一下子投资一大

> **定期定额投资策略：**
> 这是一种投资者买入股票时可以采用的投资策略，即每隔一段时间就购买固定金额的普通股，例如每个季度购买一次。

笔，那么当普通股的价格较低时就可以买入较多的股份数，当股票价格较高时则买入的股份数会比较少，于是实现了弥平价格波动，使得买入股票的平均价格达到预期值的目的。

表 12－2 给出了定期定额投资策略的实例，对比了两种投资策略的收益情况：一种策略是每季度购买 500 美元的股票并坚持了两年；另一种策略是一次性购买价值为 4 000 美元的股票。在本例中，采用定期定额投资策略的投资者之所以能够获得更多的投资收益，主要原因在于股票的市场价格在 40～55 美元之间来回波动，这使得当股价下跌时，投资者投入同样多的资金却能买到数量更多的股份。

一览表 12－2　注意事项

你要留神以下情况：

- 销售代表向你推荐时说有“内幕信息”或者是“机密信息”，或者是说他的推荐是基于“马上要公布的研究报告”或“可能马上要进行并购”，又或者是基于公司将要宣布“向市场推广一种非常棒的新产品”。
- 电话推销，不要听信电话推销员的花言巧语就直接把钱寄给销售代表来买股票（或者其他投资产品）。
- 不要被销售代表向你描述的巨额利润前景所迷惑，例如，“你投入的钱将会在 6 个月内翻一番”。记住，如果听起来太好了以至于都不太像是真的，那么毋庸置疑，这肯定是虚假的！
- 销售代表向你保证投资某只股票绝对不会造成损失，或者是承诺一旦造成损失销售代表会帮你分担一部分。
- 股票经纪账户的过度交易。过度交易只会增加销售代表的交易佣金，除此之外，不会给你带来任何好的投资回报。
- 销售代表建议你对自己的投资策略进行比较大的改动，例如不再投资于风险较低的投资产品，而是改为买卖投机型的有价证券，或者是把全部的投资资金只集中在某一种投资产品上。
- 销售代表强迫你采用一种不符合你的投资目标的交易方式，或者是要求你承担你无法承受的风险。

表 12－2　定期定额投资策略实例

日期	定期定额投资，每个季度投资 500 美元					一次性投资买入 80 股股票，每股 50 美元
	投资资金（美元）	股价（美元）	买入的股份数	拥有的总股份数	市场价值（美元）	市场价值（美元）
第一年，第一季度	500	50	10.0	10.0	500	4 000
第一年，第二季度	500	46	10.9	20.9	961	
第一年，第三季度	500	40	12.5	33.4	1 336	
第一年，第四季度	500	50	10.0	43.4	2 170	
第二年，第一季度	500	55	9.1	52.5	2 888	
第二年，第二季度	500	45	11.1	63.6	2 862	
第二年，第三季度	500	50	10.0	73.6	3 680	
第二年，第四季度	500	52	9.6	83.2	4 327	
总额	4 000	48.5	83.2	83.2	4 327	4 160

聪明的投资者总会在股价比较低的时候买进，而不太聪明的投资者每次买入股票时总是赶上比较高的价格。问题在于没人知道股价水平接下来是会继续升高还是会下跌，因为你根本不可能知道未来股票价格的走势会怎样。定期定额投资法可以让你的好运气和坏运气相互中和，也就是说可以让较高的买入价与较低的买入价相互抵消。

思考：

在《华尔街日报》的专栏《出发》上，乔纳森·克莱门茨（Jonathan Clements）列出了理性的投资者和储蓄者会表现出来的 41 种迹象。其中第二项说的是，"当股票价格下跌时会感到高兴"。你要记住，你要实现的是一个长期的投资目标，你应当知道市场总是有起有落。当市场上的股票价格比较低的时候，你可以用同样多的钱买到更多的股票——毕竟，现在的股票价格越低，你就越容易实现"低买高卖"的投资策略。记住，你的目标不是现在就成为有钱人，而是等到退休的时候手上能有足够的退休金或者是在未来的某一天实现自己的储蓄目标。为什么这么说？

在 20 世纪 90 年代的牛市时期，定期定额投资法遭到了一些批评，批评者认为与一次性投资策略相比，定期定额投资法的效率十分低下。批评者指出的主要事实是从长期来看，股票的价格一般是在缓慢上涨的。所以如果投资者手上正好有一大笔资金，那么最好尽快赶在股价上涨之前一次性地将这笔资金投入到股市当中去。例如，观察 1995—1999 年上半年的股市表现，你会发现，在此期间股价是持续上涨的。这就意味着投资者越早将资金投入股市，他获得的投资收益也就越多。事实上，历史数据显示，1926—1991 年间，如果在一开始就一次性投入的话，那么在 64.5%的时间内，这种投资策略的收益都要优于定期定额投资法。但是进入 21 世纪以后，股价开始呈现出在一定区间内波动的特征，因此定期定额投资法又开始在投资者当中盛行起来。

毫无疑问，定期定额投资法确实有它的优势——主要原因有三点：

1. 如果投资者打算在一段较长的时间内买入股票，那么不太可能刚刚好在股市大跌之前把手上的股票投资处理掉。

2. 定期定额投资法可以避免让投资者总去寻找所谓恰当的入市时机——这一点很重要！所谓"入市时机"就是指投资者一直等到股价降到最低点才出手买入股票。尽管这种做法很吸引人，但实际上是不可能做到的。而且，为了选择适当的入市时机，很多投资者等了又等，总以为股票价格还会下降得更低一些，结果反而错过了大的上涨行情。1995—1999 年上半年间就是这种情况——如果投资者打算等股市回调到低点时再进入，那么结果就会发现根本没有机会进入，因为市场在持续上涨。与之相比，2009 年 3 月，股票市场指数在不足一年半的时间里已经下跌了 50%，此时没有几个投资者愿意入市投资。那时候，绝大多数投资者都再也承受不了继续在股票市场上亏钱，而且当时一些所谓的"灾难预言者"宣称未来股票市场还将继续跌去 50%。人们都吓坏了。但现在回过头看看 2009 年 3 月至 2017 年间的市场情况——股息被用于再投资，而市场上涨了大约 250%。事实上，入市时机的说法就好比是一台反重力的机器——想法非常好，但是很难实际做到。

3. 最重要的一点是定期定额投资法能够强迫投资者遵守投资纪律。由于是定期地投资买入股票，投资习惯将会成为投资者预算和理财规划的一部分。

买入持有投资策略

买入持有：即买入股票并长期持有若干年。

正如其名，**买入持有**（buy-and-hold）投资策略就是指买入股票后长期持有若干年。为什么这种投资策略有意义？一共有四个原因。

1. 这种做法可以避免让投资者人为地选择入市时机。对于买入持有策略，短期内股价的涨跌都不重要。

2. 买入持有策略可以使得经纪人佣金和其他交易成本最小化。不停地进行买入卖出交易会导致交易成本的增加，但是买入持有策略只会给投资者带来买入交易的成本。通过降低交易成本，投资者可以获得更多的投资收益。

3. 一直持有股票而不卖出可以推迟支付资本利得税。推迟支付资本利得税的时间越长，投资者持有资金的时间也就越长，因此也就能够在更长的时间内进行再投资获得更多的投资收益。

4. 买入持有策略意味着投资者获得的投资收益缴纳的是长期资本利得税。

思考：

如果你在使用定期定额投资法的同时还使用了买入持有策略，那么股市的下跌并不一定就是坏事。这只意味着当你买入股票时，由于股价下跌可以买到更多的股份数。定期定额投资法最适合于价格没有一直稳定上升而是在一定区间反复振荡的股票市场。如果股票只涨不跌，定期定额投资策略也能奏效吗？

股息再投资计划

股息再投资计划：该计划允许投资者将自己获得的股息自动用于买入同一家公司的股票，而且无须支付经纪人佣金。

如果你想通过买卖普通股来积累财富，那么就必须把收到的股息用于再投资，而不是轻易地就把它花掉。如果不把股息用于再投资的话，财富的累积程度就仅限于股票的资本利得。不过，很多公司发放的股息金额都比较小，你可能认为与其用来再投资，还不如直接买点小消费品花掉算了。毕竟，买个口香糖是不用支付经纪人佣金的。

有一种方法可以避免消费者用股息购买了一大堆无用的小东西，而手上持有的股票却不多的情况出现，那就是**股息再投资计划**（dividend reinvestment plan，DRIP）。股息再投资计划允许投资者将自己获得的股息自动用于买入同一家公司的股票，而且无须支付经纪人佣金。很多大型企业都可以提供此类再投资计划，很多股东也正在充分地利用这项计划。

作为投资者，你应该知道些什么？

在进入股票市场投资、买入股票之前，你应当知道些什么？在投资之前，你应当能够回答出以下四个基本的投资问题：

- 价值：对这只股票来说，这是一个不错的交易价位吗？
- 品质：目前该企业的状况是否能确保其未来继续获得盈利？
- 优势与劣势：企业具有哪些优势和劣势？这些优势或劣势可能会被强化还是被削弱？
- 威胁与机遇：企业面临哪些威胁与机遇？未来这些威胁与机遇可能获得改善还是恶化？

如今，投资领域的竞争激烈强度远远超过以前。有关不同个股的信息与数据的数量快速增加。在过去 15 年间，每天发布的证券经纪公司市场分析报告由原来的几百篇增加到几千篇，而每天用户发布的推特多达 5 亿条。显然，随着现代计算机技术的发展，互联网、传统媒体、社交媒体提供的越来越多的信息都在以几年前难以想象的方式对股票的定价产生影响。所有这一切都会让市场变得更加有效，导致投资机会出现/消失的速度更快。这个市场越来越不适合个人投资者单打独斗，资深的职业投资者的优势将更加明显。

对你来说这意味着什么？这意味着单纯靠买入个股来打败市场的想法将越来越难以实现。这还意味着由于打败市场的难度变大，所以你更应该非常关注投资成本。正如我们将在第 14 章讨论共同基金时谈到的那样，投资者应抓住机会，利用低成本的指数基金实现投资多样化。

思考：

诺贝尔经济学奖得主金·法玛（Gene Fama）曾经说过："你的钱就像肥皂。你操作得越多，剩下的就越少。"

普通股的投资风险

在第 11 章，我们讲到了证券投资面临的各种各样的风险来源。股票比其他投资产品的风险要大，但是同时它们也能给投资者带来更多的投资收益。根据我们前面讲过的各个原理，相信你已经对风险和收益的关系略知一二了。接下来我们就使用前面讲过的几条原理好好研究一下股票投资的风险，看看我们能否在保证投资收益的前提下尽可能地降低风险。

回顾原理 8：风险与收益的权衡

正如图 12－5 所示，在风险-收益曲线上，股票位于位置较高的那一端。在 2008 年 10 月的头 10 天，道琼斯工业平均指数下跌了 20%；而 2007 年一整年，道琼斯工业平均指数下跌了 40%。这些事实都说明了普通股投资面临着巨大风险。但是如果不是因为风险大，投资者也不可能获得高额收益。也就是说，如果企业的业绩很差，则投资者会面临很大的损失风险；如果企业的业绩不错，则投资者可以获得丰厚的投资收益。

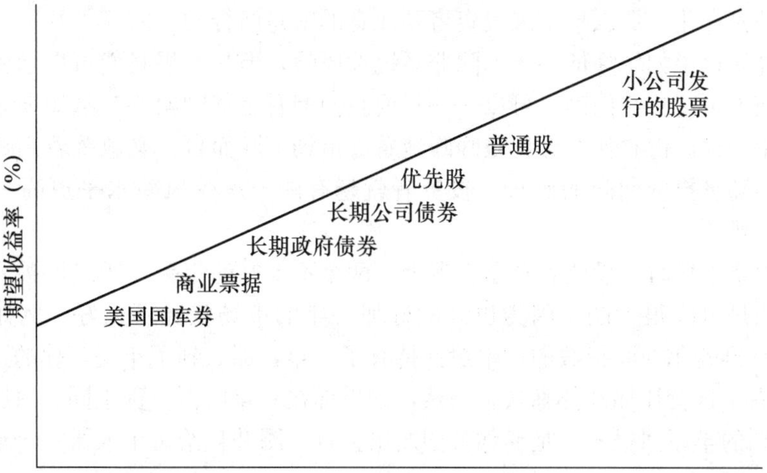

图 12－5 风险-收益关系

幸运的是，只要通过简单的分散化投资就可以消除股票投资的大部分风险。投资分散化以后，即使投资组合当中的某一只股票跌得一塌糊涂，但是也许另一只股票会上涨得很厉害，于是盈利部分就抵消了亏损部分。从本质来看，分散化投资可以弥平投资收益的波峰和波谷。投资者不能指望获得超额利润，但是同时也不会遭受巨额损失。

> **β 值**：这是系统性风险的衡量指标。它是衡量某只特定的股票或投资组合对市场组合（例如标准普尔 500 指数）变化相对反应程度的指标。

不过，如果所有股票的价格均朝着同一个方向变动——2008 年股市大跌时就是这种情形——那么只是在股票市场上分散化投资根本没有什么作用。但是，如果你构建的投资组合包含 60%的股票以及 40%的债券，那么 12 个月的损失额至少能减少一半。

当股票市场整体大幅振荡时，几乎所有的股票都是随之上涨或下跌。华尔街有句老话，“涨潮时所有的船都会升高”，这句话的含义是当股票市场整体呈上涨趋势时，绝大多数股票也是形势一片大好。但是当所有股票呈现出普涨态势时，其中一部分股票的涨幅会高于其他股票；当股票市场整体呈下跌趋势时，虽然大多数股票都跟随下跌，但是总是一些股票的跌幅更大。为了测算个股相对于标准普尔 500 指数的价格波动幅度，我们要用到 **β 值**（beta）这个指标，你可以在价值线公司或者其他公司的投资出版物上找到 β 值。整个市场的 β 值为 1.0——相对于某个特定的股票而言，这是一个基准值。上涨或下跌幅度超过标准普尔 500 指数的股票，其 β 值会大于 1.0；上涨或下跌幅度小于标准普尔 500 指数的股票，其 β 值会小于 1.0。

解释 β 值含义的最简单方法是把它看作衡量某只特定的股票对市场变化相对反应程度的指标。例如，β 值为 1.5 的个股其波动率要比市场高出 50%，而 β 值为 0.5 的个股其波动率要比市场低 50%。

对于普通投资者来说，这意味着什么呢？首先，如果投资者的投资组合已经实现了多样化，那么这一投资组合的价值将会紧密跟随市场上其他股票的价格一起发生波动。也就是说，多样化投资组合的收益在更大程度上要取决于预期通货膨胀率、市场利率水平以及宏观经济形势的变化，而不取决于投资组合中某只股票的发行公司发生了哪些事件。其次，这意味着充分分散化投资的唯一方法是确保投资组合中包含多种类型的投资产品——例如包括国内企业发行的股票、国外企业发行的股票以及债券。最后，如果投资组合已经实现了充分的多样化，那么接下来投资者要注意的就是组合的 β 值。

我们已经知道了如何降低甚至消除非系统性风险，但是如果我们可以承受较高水平的风险，又有何不可呢？我们确实可以——只要我们拥有足够的耐心。从短期来看，市场波动就像是杀手一样。没有什么会比眼睁睁地看着市场下跌而自己又急等着用钱更痛苦的事情了。但是，随着投资期限的延长，投资者就越有能力承受风险水平更高一些的投资产品——那就是股票。

当投资股票市场时，投资者总是会遇上一两个不太好的年头。所以说买入股票后只持有一年的做法是风险很大的，因为也许刚好那一年的市场状况不太好。例如，假设你在 2008 年投资标准普尔 500 指数的样本股并持有了一年，那么到了年底，你的这笔投资将会损失 37%左右，这会让你郁郁寡欢。当然，如果你在一年后再投资于同一只股票，却可以获得超过 26%的丰厚回报——足够你带朋友出去玩一圈并且给每个人买一个最新款的苹果智能手表。

如你所见，1 年期收益率的波动性非常大，因此这使得股票的短期投资风险非常大。但是，随着投资期限的不断延长，投资者承受风险的能力也在增长。投资者持有股票的时间越长，赶上好年景的可能性就越大，比方说 1995—1999 年或者是 2013 年。当然，投资者也有可能会碰上糟糕的年份，比如说 2008 年，但是最好的年份与最差的年份会相互抵消。如图 12－6 所示，投资者持有股票的期限越长，投资期间年均收益率的波动性就会越小。事实就是，普通股的长期投资收益是其他金融工具所不能比拟的，这就是为什么很多投资者都喜欢用买入持有策略来投资股票的根本原因。

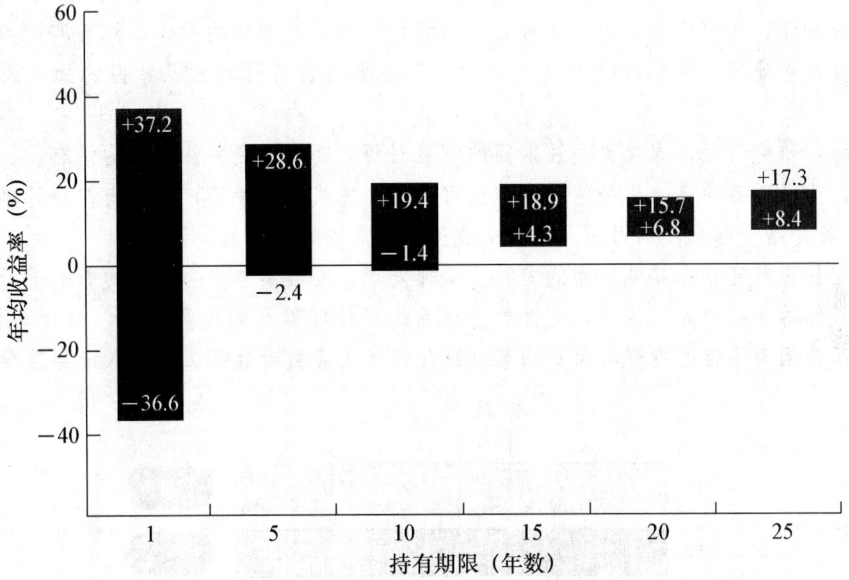

图 12－6　50 年来普通股投资收益率的分布区间，1967—2016 年

此外，作为投资者，随着投资期限的延长，你可以承担更多的风险，这是因为假如高风险的投资进展得不太顺利，那么在更长的投资窗口期内，你可以有更多的机会去调整储蓄、消费以及工作习惯。如果投资期很短，那么你为了实现理财目标而能做的事并不多。

爱与金钱

《华尔街日报》曾撰文称对投资较为了解、已确定理财目标、清楚彼此的风险承受能力的新婚夫妇很有可能有能力负担第二次蜜月旅行的费用，而且也更愿意与对方再度一次蜜月。

正如你猜测的那样，很多研究都分析了男性和女性投资方式的差异。最早研究投资“性别差异”的文章之一名为《男孩还是男孩：性别、过于自信与普通股投资》（Boys Will Be Boys：Gender，Overconfidence，and Common Stock Investment）。① 这项研究发现，男性的交易频率比女性高 45%，这说明他们对自己的投资技术过于自信。过度交易的后果是男性的年均净收益率下降 2.65 个百分点，同时过度交易也会让女性的净收益率下降 1.72 个百分点。有趣的

① Brad Barber and T. Odean，“Boys Will Be Boys：Gender，Overconfidence，and Common Stock Investment，” *Quarterly Journal of Economics* 116，no. 1（February 2001）：261－292.

是，单身男性的换手率与投资收益率与单身女性的差别更加明显，单身男性的换手率要比单身女性高出67%。

随着双方越来越认真地对待这段感情，大家可以尝试制定理财目标。做投资决策时，男性和女性各有其优势和劣势，而且都有自己的行事风格，这些差异将会表露无遗。当你们讨论应投资于哪一种资产或选择哪一只基金时，这些差异将会让事情变得更加复杂。

你们必须要克服哪些困难？

● 风险：研究显示，男性天然不太厌恶风险——他们愿意冒险尝试——而女性在理财时，考虑得更加周到仔细。

● 投资知识：研究证明，男性通常过于“相信”自己所掌握的知识，然后实际投资时却做不到；而女性在处理投资和其他金钱事务时，不会像男性那样对自己掌握的知识或信息十分信任。

● 目标：研究证明，男性更关注财富的积累过程，而女性更关注财富的保有。

因此，为了避免冲突，能采用双方都认可的最佳方式进行投资，你应当把自己的长处与配偶/伴侣的长处结合起来，确保两人经常交流沟通，最少每个月要交流一次。

男女在投资时还存在其他方面的差异。研究发现，女性参与雇主发起的养老金计划的比例更高，而且储蓄率也更高。但是，女性最终积累的退休储蓄反而比男性少。为什么会这样呢？不，这并不是因为男性的投资决策更明智；这是因为大多数女性的工资收入比男性少。

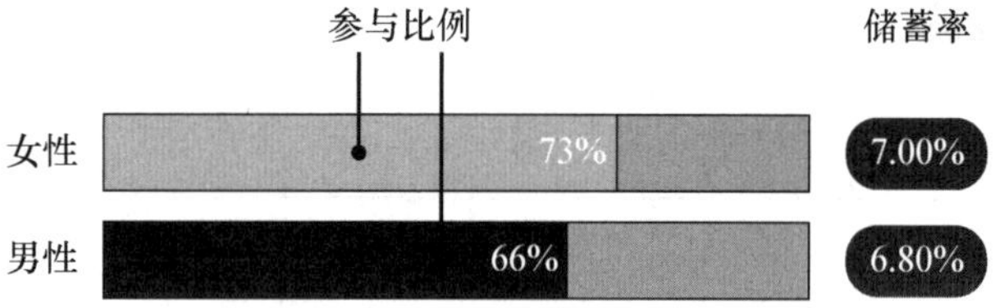

不同性别的平均参与比例与储蓄率

在研究如何更好地进行投资管理之前，你应当牢记，绝大多数人都认为自己要比配偶更懂得如何理财，因此当你开始与伴侣一起商量制定理财计划时，你要明白也许他/她并不认为你的投资水平比他/她更高。

因此，管理个人投资组合的最佳方式是什么？只有通过开诚布公的交谈才能得到答案。如果一对情侣中的某一方确实对投资更为了解，那么可以由他/她做主导，不过同时主导方要负责确认另一方也能有机会学习到相关知识，并参与最终的投资决定。沟通是最重要的。事实上，投资决策应当由两人共同制定，这样才能让两人都充分了解整个决策过程以及为什么做出这样的决定，从而提高两人第二次去度蜜月的可能性——一起度蜜月。

对理财事务极度/非常了解

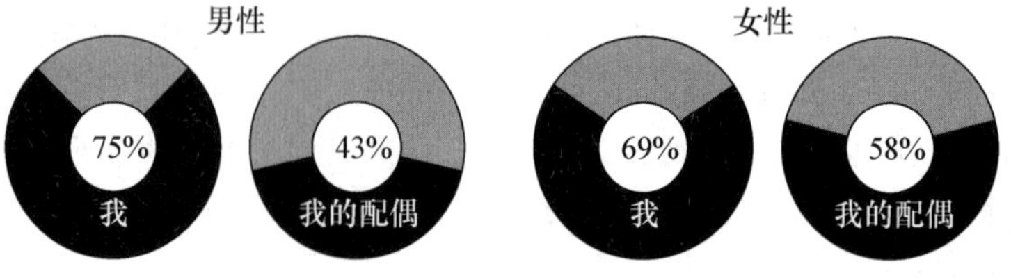

行为视角

原理 9：心理游戏、理财个性与金钱

我们都知道股票的价格应当反映其价值，而投资者会买入被低估的股票，卖出被高估的股票，直到股票的价格能够反映其真实价值。然而这一切面临一个问题：我们都是人，我们好像不能永远那么理性。人们身上各种各样的行为偏差似乎总在阻碍我们做出理智的决定，最终的结果便是虽然我们可能知道应当如何评估股票的价值，可是实际投资时却把这些全部抛到脑后，情绪占据了上风。于是，最终我们做出了糟糕的决定，尤其是在判断买卖股票的时机时更是如此。所以，接下来我们来列举几个会阻碍人们做出理智理财决定的行为偏差。

- 现状偏见。人们倾向于沿用过去的行为模式，这让他们感觉比较舒适，哪怕这并不符合他们的最佳利益。出版公司经常会向个人客户提供免费订阅几期杂志的服务。这样做的原因是一旦免费订阅期满，订阅人很有可能会继续订阅——这几乎是一种内在的惯性，继续订阅会让人们感觉更舒适自在。那么，这对投资行为有何影响呢？人们总是不太会改变自己持有的投资产品，也不太会对自己的投资组合进行结构调整——他们过去怎么做，现在继续这样做。随着个人收入水平的提高，很多时候人们并不会增加储蓄，他们每次向退休账户的缴款以及为实现未来某个理财目标而存入账户的每一期储蓄，金额依然保持不变。
- 羊群行为。我们之前已简要讨论过羊群行为，不过鉴于它对股票市场具有重要影响，本章我们来继续分析一下。毫无疑问，投资者会受到其他投资者行为的影响。早在 20 世纪 50 年代，所罗门·艾希曾开展过很多研究，他向观察对象提出一些答案明显是“假的”的问题，但是由于艾希在提问时表现出似乎其他人都认为这是“真的”的样子，所以观察对象都回答“是真的”。他把这种现象称为“同伴压力”，不过这也是我们能在投资者身上看到的羊群心态的一个特征。当个人投资者听闻“其他投资者”正杀回股票市场或投资于某只股票时，他们倾向于采取同样的行动。他们不明白为什么要投资这只股票以及他们是否具有相同的理财目标，这些都不重要——他们就是盲目地跟着大家走。
- 损失规避。不管什么时候做投资，你都有可能会亏损，即使金额相同，亏钱的痛苦也要大过赚钱的快乐。设想一下抛硬币——正面朝上就是你赢，背面朝上就是你输。假设我靠近你说：“我们来抛硬币吧，如果你输了，就要拿出 20 美元。”至少要让你可能赢到多少钱，你才会同意参加这个游戏？如果你和大多数人一样，那么对这个问题的回答大致在 30～40 美元之间。这是因为损失规避心理——亏钱带来的痛苦大于赢钱带来的快乐。

我们再来看看过去 14 年里投资者们的遭遇——投资市场出现剧烈震荡，遇到了历史上最严重的两次大熊市。幸运的是，从 2009 年 3 月开始，市场的走势开始逆转，股票价格上涨了 250%——但不幸的是，就在市场走势逆转之前，由于之前经历了股市的暴涨暴跌，很多个人投资者不愿意再投资股票市场，取而代之的是将大部分资金投资于债券市场，因而错过了这一波牛市行情。为什么投资者不选择普通股，更青睐债券呢？原因之一便是损失规避心态——熊市已经让他们亏了很多钱，可能要再次经历亏钱的痛苦的预期会让投资者避开股票投资，尽管事实证明，从长期角度来看，股票的收益率要比债券的收益率更高。投资者撤离了股票市场。损失规避心理不仅导致个人投资者错过了近期的牛市，让投资者的投资行为变得过于保守，而且还促使投资者对那些亏损的个股持有得更久，寄希望于有朝一日其股价能再度攀升。

让我们来看一看如何用赌博对上述这种行为进行解释。你现在身处拉斯维加斯，你去玩了两把，输了 500 美元。你会继续赌下去，还是想办法从这个黑洞里抽身而出？尽管你知道在拉斯维加斯，赌钱的胜算并不大，但你还是会像大多数人一样，想通过下更大的赌注让自己逆风翻盘。不过，亏钱是件很痛苦的事，而选择继续赌下去，你的目的是想彻底挽回损失。事实上，对绝大多数人来说，想要避免损失的愿望远远要比赢钱的渴望更加重要。那么，这会对你的理财行为造成什么影响？一种影响作用是当投资者赚到钱时，他们会变得趋于保守，卖掉一部分盈利的股票以实现利润；但是，如果某些股票造成了亏损，那么他们会更长久地持有这些亏损的个股，寄希望于某一天其股价会回升。

行动计划 >>>

原理 10：开始行动吧！

如果你想为长期目标积累资金，那么投资普通股绝对是很有意义的。不过，根据大型证券经纪公司的一项研究，一大半的个人投资者投资股票是亏损或不赚不赔的。所以，接下来我们分析一下你可以采取哪些措施提高自己投资股票的成功率。

- 确定自己的目标。说到投资，第一件事就是确定自己的目标：你想要什么？你什么时候需要？实现这个目标需要多少钱？这将决定你如何配置资产以及将多少积蓄用来投资股票。别忘了，你需要准备应急资金。
- 先按最上限向罗斯 IRA 和其他雇主发起的 401（k）账户缴款。这样做的目的是充分利用政府给予你的税收优惠待遇。因此，第一步是先向罗斯 IRA 账户、401（k）账户或其他具有税收优势的投资账户缴款。如果你的雇主会提供配比缴款，那么你应该按照允许的最高限额去缴款——这种“免费的补贴”千万不要漏掉。
- 不要过多投资于自己所在的企业。很多人会大量买入自己所在企业的股票，因为他们认为自己正在为一家很棒的企业工作。如果公司破产了，你不仅会失去工作，还可能会失去一大笔财产。这并不是说你不应当充分利用公司发起的股票购买计划，如果这个计划确实不错的话。注意过犹不及。
- 避免过度交易成本和税负。“市场投机”这个词很准确地描述了某些人的交易行为，因为他们以为投资成功的秘诀在于频繁交易。不要参与这样的投机游戏。即使你非常幸运，选对了一些股票，交易成本与短期资本利得税也会耗掉你获得的大部分收益。
- 警惕“交易模式”和“可靠消息”。总是有人宣称自己掌握了可以打败市场的、万无一失的交易模式。我们在上一章里已经谈到过这个话题，但这里依然有必要再重复一遍我们的建议：世界上根本没有什么绝对能打败市场的万能方法。对所谓的“可靠消息”以及股票经纪人的电话推荐保持警惕。你要牢记，“懂的人不会说，说的人都不懂”这句名言。如果对方的推荐听上去太棒了，简直不像是真的，那很有可能就不是真的。
- 资产配置与买入持有策略最有效。如果你正在为长期目标而储蓄，那么当资产价格下跌时，就不要着急卖出。毕竟，如果你家的房子市价下跌了，你会立即把它放到市场上出售吗？你能承受住价格的下跌吗？此外，你还要关注一下自己的资产配置情况：当股价下跌时，你可以增加股票的投资额。这就是资产组合的“再平衡”——确保你的投资组合始终与你的理财目标保持一致。关注资产配置情况能让你避免像大多数小投资者那样时不时地出现情绪的大起大落：对好消息和坏消息都反应过度，这会降低他们的投资收益率。

本章小结

➡ 学习目标1：进行股票投资。

总结：股票是一种很好的投资产品，因为在长期内，股票的收益率能够超过所有其他的金融产品；通过多样化的方式可以降低股票投资的风险；股票的流动性比较好；股票投资的增值情况不仅仅取决于市场利率水平这一个因素。

关键术语

股息支付公告日：在这一天，董事会会向公众具体说明本次股息发放的额度、除息日和支付日分别是哪一天。

除息日：在除息日这一天，股票开始“不含股息”进行交易。也就是说，如果投资者在除息日之后购买该公司股票的话，那么将不能获得本次的股息支付。

委托投票：允许股东指定的代理人在公司召开年会时代替股东投票。

股票分拆：用新发行的股票代替已发行的旧股票以达到增加股票发行数量的目的。例如，2∶1拆分的意思就是投资者现在持有的一股“旧”股票，可以换来两股“新”股票。

股票回购：公司将已发行的普通股回购或赎回。

股息收益率：等于每股普通股每年获得的股息额除以股票的市场价格。

➡ 学习目标2：学会如何看报纸或财经杂志上提供的股票报价。

总结：股票价格指数可以衡量股票市场的健康程度。历史最悠久、使用范围最广的股票价格指数就是道琼斯工业平均指数（DJIA）。其他常见的股指还包括标准普尔500指数、罗素1000指数、罗素2000指数和威尔逊5000指数。

关键术语

股票市场指数：用来衡量一组股票市场表现的指标，这组股票是整个股票市场或市场一部分的代表。

道琼斯工业平均指数，简称为道琼斯指数：这是一个常用的衡量股市价格变动情况的指数。该指数的股票样本包含30个大型工业企业发行的股票。

标准普尔500指数，简称为S&P 500：这是另外一个被普遍使用的股指，也能反映股票市场整体的价格变动情况，它的股票样本包含了500只股票，大多来源于纽约证券交易所。

熊市：特征为股票市场的价格水平在持续下降。

牛市：特征为股票市场的价格水平在持续上涨。

➡ 学习目标3：了解股票的估值原理以及导致股价涨跌的因素。

基本分析法和技术分析法是证券分析的两种基本方法。很多分析师会同时使用这两种分析方法。基本分析是利用货币的时间价值这一工具来评估股票的价值，即选择合适的必要收益率作为贴现率，股票的价值就等于未来股票预期现金流的现值。另一种估值方法是使用个股的市盈率指标。市盈率或收益乘数等于股票的每股价格除以每股收益。SWOT 分析法是分析股票的另一种方法。该分析框架要求研究者既要深入企业内部，判断企业的优势与劣势，同时还要观察企业外部面临的机遇与威胁。

关键术语

基本分析：根据一些基本面影响因素，例如企业未来的利润水平、预测利率水平和企业的风险水平，来评价股票价值的分析方法。

技术分析：侧重的是股票的供给与需求层面，用图表和计算机程序来找出某只特定的股票的价格变化趋势或者是整个市场未来的走势。

市盈率：等于股票的每股价格除以每股收益，也叫收益乘数。

SWOT 分析法：该分析框架要求研究者既要深入企业内部，判断企业的优势与劣势，同时还要观察企业外部面临的机遇与威胁，从而对企业未来的发展情况与股价的变动做出判断。

➡ 学习目标 4：使用不同的投资策略。

当购买普通股时，你可以采取多种投资策略，其中包括定期定额投资策略、买入持有策略和股息再投资计划。定期定额投资策略是指每隔一段时间就投资固定的金额，而不是一次性投入一大笔钱。买入持有策略是指买入股票以后长期持有。股息再投资计划是指投资者将获得的股息收入自动直接投资于同一家企业发行的股票。

关键术语

定期定额投资策略：这是一种投资者买入股票时可以采用的投资策略，即每隔一段时间就购买固定金额的普通股，例如每个季度购买一次。

买入持有：即买入股票并长期持有若干年。

股息再投资计划：该计划允许投资者将自己获得的股息自动用于买入同一家公司的股票，而且无须支付经纪人佣金。

➡ 学习目标 5：了解投资普通股所引发的风险。

股票比其他证券的风险水平更高一些；不过，你可以分散化投资消除大部分风险。不过，有时候股票市场会大幅度下跌，此时分散化投资也无济于事。我们可以使用 β 指标测量这种与市场整体波动相关的风险类型。β 的平均值为 1.0，这意味着个股的波动幅度与市场整体的波动幅度完全相同。如果个股的 β 值大于 1.0，那么当市场上涨时，个股的涨幅会大于市场的涨幅；当市场下跌时，个股的跌幅也会大于市场的跌幅。如果个股的 β 值小于 1.0，那么当市场上涨时，个股的涨幅会小于市场的涨幅；当市场下跌时，个股的跌幅也会小于市场的跌幅。

关键术语

β 值：这是系统性风险的衡量指标。它是衡量某只特定的股票或投资组合对市场组合（例如标准普尔 500 指数）变化相对反应程度的指标。

思考题

1. 假设你现在拥有 200 股通用电气公司发行的股票，现在的市场价格是每股 90 美元。为了让普通的投资者也有能力买得起股票，通用电气公司决定要拆分股票。

a. 在股票拆分之前，这笔股票投资的总价值是多少？

b. 假设通用电气公司的管理层打算按照 3∶1 的比例将一股股票拆分成三股，那么拆分后你手上拥有的通用电气公司的股份数量是多少？

c. 拆分之后，每股价格是多少？

d. 拆分之后，这笔股票投资的总价值是多少？

2. Gizmo 公司在年底时公布了以下财务数据：

总资产	12 500 000 美元
总负债	6 500 000 美元
净利润	1 600 000 美元
普通股股息	250 000 美元
优先股股息	400 000 美元
已发行在外的普通股股份数	1 000 000 股
Gizmo 公司股票的收盘价	每股 45.00 美元

a. 计算每股的账面价值。

b. 计算每股收益。

c. 计算 Gizmo 公司的股息收益率。

d. 计算 Gizmo 公司的市净率。

3. Smell Fresh Kitty Litter 公司的总资产为 1 000 万美元，总负债为 400 万美元，已发行了 200 万股普通股。假设只有在债权人获得了完全赔偿之后，股东才对剩余资产拥有索取权。那么该公司宣布破产以后，股东最多能够获得的赔偿额是多少？平均每一股份能获得多少赔偿？

4. 野猫公司近来公布了下列财务数据：

收益/收入	1 500 000 美元
资产	7 000 000 美元
负债	1 500 000 美元
已发行股票	500 000 美元
股票的市场价格	每股 33.00 美元

计算一下下列情况独立出现时该公司的市净率、市盈率和每股账面价值是多少。

a. 根据现有信息计算。

b. 收入减少为 1 000 000 美元。

c. 负债增加为 2 500 000 美元。

d. 该公司打算按照 3∶1 的比例拆分股票，总市值不变。

e. 该公司将 20%已发行的股票赎回，这一举动使得公司的总负债额有所增加。

5. 一位投资者正在考虑买入下列三只股票当中的某一只股票。X 股票的市场价值为 70 亿美元，每年支付较高的股息，利润的增长幅度较小，市盈率为 11 倍。Y 股票的市场价值为 620 亿美元，目前没有支付股息，市盈率为 39 倍。Z 股票的发行企业是一家房地产公司，市值为 8 亿美元，市盈率为 18 倍。

a. 按照市值的大小将这三只股票进行分类。

b. 你会把哪一只股票归类为增长型股票？

c. 对于积极进取型的投资者，哪只股票最适合他？

d. 对于看重安全和收入的投资者而言，哪只股票最适合他？

6. 使用下列数据来回答问题。

公司名称	β值
Savoy 公司	0.70
Hokie 工业公司	1.35
Alison 唱片公司	2.05
Expo 公司	0.45
标准普尔 500 指数	1.00

a. 如果标准普尔 500 指数上涨了 15%，则 Savoy 公司、Hokie 工业公司、Alison 唱片公司和 Expo 公司的股价会发生怎样的变化？

b. 如果股票市场整体下跌了 10%，则哪一只股票的表现要优于其他股票？为什么？

7. 使用下面表格提供的信息回答下列问题。

52 周						成交量		今日		净值
最高价	最低价	股票	代码	股息	P/E	千股	最高价	最低价	收盘价	变化值
80.65	58.48	波音公司	BA	1.68	16.82	7 976	76.71	75.84	76.28	−0.11

a. 根据目前的收盘价，波音公司的股息收益率是多少？

b. 根据现在的收盘价，你估计波音公司今年的利润额会是多少？

c. 根据股价的净变化值，波音公司昨天的收盘价是多少？

8. 莉安娜正在考虑开一家小裁缝店——“缝起来”——补贴一下自己的退休生活。她今年 60 岁，在过去的 30 年里，她一直在帮家人和朋友做各种各样的缝纫活儿。她住在一座中等规模的大学城，当地因为经常举办盛大华丽的婚礼而著名。在这家小店里，莉安娜将是唯一的店主，也是唯一的伙计。请给莉安娜做一下 SWOT 分析，帮她判断一下是否应该开家小店。

9. 如下面表格所示，假设一位投资者每个季度的第一天都买入了一定金额的股票，一共坚持了一年的时间。使用已知信息填空。

季度	价格（美元）	投资金额（美元）	购买的股份数	总共拥有的股份数	市场价值（美元）
1	30	200	______	______	______
2	50	200	______	______	______
3	60	200	______	______	______
4	35	200	______	______	______
总计		800	______	______	______

10. 利用第 9 题的计算结果，假设现在投资者不打算每个季度初投资 200 美元，而改为在当年的第一天就一次性投资 800 美元。如果年底时股票的收盘价为每股 35 美元，则这两种投资策略，即定期定额投资策略和一次性投资策略，哪个获得的投资收益更多？

讨论案例 1

尽管桑妮（35 岁）得知自己最喜欢的姨妈突然去世后十分伤心，但是更让她惊讶的是她竟然被指定为唯一的继承人。遗嘱中写道："这笔钱能让你拥有一家自己的商店。"桑妮和姨妈经常光顾一家古董店，桑妮的梦想就是自己拥有这样一家店铺。桑妮大约可以获得价值为 50 000 美元的遗产。她打算用这笔钱投资，等到将来好有足够的钱买下一间店铺，但是她对股票投资或投资策略几乎一无所知。在和桑妮讨论了有关理财规划的多个问题以后，我们获得了以下信息：首先，这 50 000 美元是桑妮为实现开店的目标当前仅有的积蓄。其次，桑妮是一个十分谨慎的投资者，她害怕把自己的钱一下子全投进市场，因为她刚刚听到了多个分析人士对市场未来前景的不同判断。利用你掌握的普通股分类与投资策略的知识，回答下列问题。

问题：

1. 哪些类型的股票或股票组合比较适合桑妮的要求？根据桑妮的风险承受能力、投资期限和投资目标来回答这个问题。
2. 周期型股票和防守型股票在桑妮的投资组合中能够发挥什么作用？
3. 鉴于桑妮对现在的股票估值感到很疑惑，你会向她推荐哪种投资策略？为什么？
4. 说明桑妮应当采用买入持有策略的四个主要原因是什么。
5. 在为古董店而进行投资之前，桑妮还应当考虑其他哪些个人理财因素？

讨论案例 2

听从了隔壁邻居的建议，皮特和杰西卡最近买入了 500 股小市值的网络公司股票，买入价格为每股 80 美元。他们的邻居告诉他们，这只股票肯定能赚很多钱，因为它最近刚刚按照 2∶1 的比例拆分过，而且很可能不久后还要继续拆分。根据邻居的说法，更妙的是，这家公司下一年度的每股收益大约为 1 美元，会支付 0.25 美元的股息。皮特和杰西卡认为这只股票的表现并不怎么样——它的涨幅甚至低于同年标准普尔 500 指数的涨幅。皮特和杰西卡过来找你咨询。

问题：

1. 假设这只股票不久以后真的按照 2∶1 的比例进行了拆分，则拆分后皮特和杰西卡一共拥有多少股份？拆分后这些股票的市场价值是多少？拆分是否会影响这笔股票投资的价值？邻居认为股票拆分可以让投资者大赚一笔的观点是否正确？
2. 利用已知信息计算该股票的收益率。你会把这只股票归入增长型股票还是价值型股票？
3. 皮特特别担心股票的价格会下跌，向他解释一下为什么公司的盈利状况对普通股的估值如此重要。
4. 皮特和杰西卡应当使用标准普尔 500 指数作为衡量股票投资收益的基准吗？为什么？你会向他们推荐哪种基准指标？
5. 昨天，皮特和杰西卡接到一个陌生电话，电话中一位股票经纪人向他们推销一家有线电视公司首次公开发行的股票。因为经纪人向他们承诺"绝对不会亏损"，这反而让杰西卡感到担心。他们应当投资于这一类股票吗？
6. 列举出至少五项皮特和杰西卡在进行股票投资时必须注意的事项。

第13章

债券与其他投资工具

学习目标

1	投资债券市场。	为什么考虑投资债券?
2	了解基本的债券术语并比较各种不同类型的债券。	债券的基本术语与特征
3	计算债券的价值，并了解会影响债券价值变化的因素有哪些。	债券的估值
4	比较优先股和债券的不同特征。	优先股——另一种投资选择
5	了解房地产投资的风险。	房地产投资
6	知道为什么不应当投资于黄金、白银、珠宝或收藏品。	投资还是投机——黄金、白银、珠宝和收藏品

对亚历克·鲍德温（Alec Baldwin）来说，生活充满了各种刺激。他经常上新闻头条，有些是好消息，有些是负面消息，同时他赚了很多钱，也赔了很多钱。作为足球教练与教师的孩子，亚历克有五个兄弟姐妹。在他的记忆中，家人一直在为钱的事犯愁，家庭矛盾也主要集中在钱财方面。

在读大学期间，他的人生遇到了转折点：当时，在一位朋友的鼓动下，他参加了纽约大学一个电视剧的面试，结果入选了，于是亚历克转学到纽约大学。很快，他在日间肥皂剧《医者仁心》（*The Doctors*）中扮演了一个小角色；后来，他又出演了黄金时间播出的剧集《节点着陆》（*Knots Landing*）。1990 年，在进入电视圈 10 年以后，他终于在汤姆·克兰西（Tom Clancy）的电影《猎杀红色十月》（*The Hunt for Red October*）中扮演了男主角杰克·瑞恩。后来，亚历克本来有机会可以在续集《爱国者游戏》（*Patriot Games*）中继续出演杰克·瑞恩这一角色，当时大家都以为他肯定会接受邀请。然而，亚历克出人意料地拒绝了出演《爱国者游戏》，于是男主角换成了哈里森·福特（Harrison Ford）——这并不是一个明智的职业选择。

2006 年 10 月—2013 年 1 月，亚历克出演了 NBC 的获奖喜剧剧集《我为喜剧狂》（*30*

Rock)，扮演杰克·多纳西——一个聪明、幽默、喜欢管事儿，同时有点胆小怕事的广播公司主管。对评论家来说，亚历克简直是完美无缺地演绎了这个角色，为此他赢得了两届艾美奖、三届金球奖、五届美国演员工会奖。此外，2011 年，他在好莱坞的星光大道上留下了自己的名字。

在整个演员生涯当中，亚历克表现得颇为冒险——例如，为了出演百老汇的重拍剧《欲望号街车》(*A Streetcar Named Desire*)，拒绝了《爱国者游戏》男主角的邀请，而且他还拒绝了《周六夜现场》(*Saturday Night Live*) 的拍摄。但是说到个人理财，亚历克却很重视安全性——他把大部分资金投资于债券。他的债券投资收益还算不错，但是股票投资的收益却是时好时坏；事实上，他投资了很多钱购买通信企业的股票，结果损失了一大笔。亚历克经常借角色杰克·多纳西的口调侃自己失败的股票投资。在《我为喜剧狂》的某一集里，特雷西·乔丹（由特雷西·摩根扮演），一位疯狂而难以捉摸的电影明星，与杰克谈论了一下金钱问题：

特雷西：我需要十几万美元，否则就要失去这两套房子。

杰克：特雷西，我不懂。你已经主演了 14 部电影。你没有任何积蓄吗?

特雷西：没有，我全亏掉了。

杰克：真的？谁是你的理财顾问?

特雷西：格瑞兹。

格瑞兹：世通，伙计，选世通吧。

特雷西（对格瑞兹说）：我根本就不记得什么世通。你为什么这么痴迷于通信业股票啊?

和许多投资者一样，亚历克之所以会选择债券，主要是因为债券的风险水平要低于股票。还有一些投资者之所以喜欢债券，是因为债券能够向他们提供稳定的收入。但是毋庸置疑，尽管债券的风险要小于股票，尽管它们能够提供稳定的现金流，但是这并不意味着债券的收益率很低。例如 1995 年，长期国债的升值幅度竟然高达 32%! 2008 年，纽约证券交易所上市股票的平均价格下跌了 37%；然而同一时期，10 年期国债的价格上涨了 20.1%——2008 年投资者绝对应该选择投资债券而非股票。同样地，2001 年和 2002 年股票价格的下跌幅度分别为 11.8%和 22.0%，而债券价格的上涨幅度分别为 5.6%和 15.1%。不过，债券的价格也有下跌的时候，例如 2013 年债券的价格下跌了 9.1%。不过，2014 年情况要好一些，债券价格又上涨了 10.8%。于是，我们得出的结论是债券可以向投资者提供稳定的收入现金流，并且有助于实现投资组合的分散化，不过和其他所有投资产品一样，不能保证一定可以获得正收益。

为什么考虑投资债券?

债券本质上就是贷款；当投资者买入债券时，他实际上就变成了债权人。债券的发行人——通常是公司、联邦政府或联邦政府机构、某个市或州——使用了投资者的资金，因此作为回报，它们要在债券的有效期内向投资者支付利息，通常是每 6 个月支付一次利息。债券到期时，债券发行人会把债券的面值，即本金，支付给投资者，这一面值可能会大于或小于投资者最初购买债券时支付的价格。

债券的加入对投资组合到底有哪些好处呢？

- 债券可以通过多样化降低投资组合的风险。正如你在前面已经学过的，如果投资组合中的投资产品收益率的波动幅度与方向并不相同，则会有助于降低投资组合的风险水平。2000 年 4 月 10—14 日这一周，标准普尔 500 指数下跌了 10.54%，NASDAQ 下跌了 25.30%。但是就在同一周，债券市场的价格水平却上涨了。2008 年秋天股灾爆发时也是这样。2008 年 9—11 月这三个月内，标准普尔 500 指数下跌了将近 33%，而长期国债的价格上涨了将近 12%。
- 债券能够给投资者带来稳定的持续收入现金流。对于那些需要不断获得稳定现金流的投资者来说，债券实在是一个非常好的选择。例如，在你退休以后，你可以每个月都能从投资组合那里获得一定的收入，以此作为养老金的补充，用作日常生活开销。对于债券来说，只要债券的发行人不违约，能够按时支付利息，那么投资者就可以每年都获得对方支付的利息。
- 如果持有到期的话，债券会是一种十分安全的投资产品。债券发行人必须按时支付债券的利息，否则就要被迫破产。所以企业会不惜一切代价按时向投资者支付利息——这一点与普通股的股息大不一样。所以我们说债券投资相对比较安全。此外，债券评级机构可以向投资者提供关于债券风险等级的可靠信息。如果债券发行人不违约，且投资者将债券一直持有到期，则投资者便可以事先准确地预测出债券的总收益是多少。对于个人理财而言，还没有哪一种投资产品像债券这样预期收益会正好等于实际收益。

接下来让我们了解一下债券的基本术语。

债券的基本术语与特征

对于债券这种投资产品和我们前面曾经讲到过的内容完全一样：你必须先了解这个行业内常用的术语，否则在实际操作过程中必定要吃亏。这一部分的主要目的就是让读者熟悉各种债券专用的术语。

面 值

> **面值**：债券的面值就是它的票面价值，也就是债券到期时发行人偿还给投资者的本金。
>
> **到期日**：债券发行后，发行人将债券的本金返还给债券持有人并宣布债券终止的时间。

债券的**面值**（par value）就是它的票面价值，也就是在债券**到期日**（maturity）发行人偿还给投资者的本金。公司债券的面值一般都是 1 000 美元。债券的市场价格，也就是债券的出售价格，一般会被表示成债券票面价值的百分比形式。例如，2023 年到期、票面价值为 1 000 美元的债券，其出售价格为 $95\frac{1}{8}$。这意味着，该债券的实际出售价格等于其票面价值的 95.125%，即 951.25（=1 000×95.125%）美元。2023 年到期时，债券的持有人将会获得 1 000 美元的票面价值，且该债券将会被“终结”。

息票利率

债券票面上标明的**息票利率**（coupon interest rate）反映了债券发行人会按照债券票面价值的百分之几向投资者支付利息。如果某债券的票面价值为 1 000 美元，息票利率为 8%，则在债券到期前每年应支付 80（=8%×1 000）美元的利息，通常是每半年支付一次利息，即每半年支付 40 美元的利息。

要记住，当你买入债券并持有到期时，最终获得的总支付额应当等于债券的票面价值，即本金额，加上按照息票利率计算得到的利息额。唯一的风险就在于债券的发行人没有足够的资金偿还本金和利息，从而导致违约风险。

> **息票利率：**债券发行人会按照债券票面价值的一定比率向投资者支付利息。
>
> **债券契约：**这是债券发行企业与代表债券持有人利益的债券托管机构之间签订的法律文件。
>
> **提前赎回条款：**该条款允许债券发行人按照特定的价格、在特定的时期内将尚未到期的债券从持有人手中赎回。
>
> **递延赎回：**是指只有当债券发行若干年以后，发行企业才有权将其提前赎回。

债券契约

债券契约（indenture）是具体说明贷款条款的法律文件，包括对债券的描述、债券持有人应享有的权利、债券发行企业应享有的权利以及债券托管人的义务。债券托管人，通常是一家银行机构或信托公司，它们的职责是监督债券发行人和债券持有人之间的关系。债券契约的篇幅很长，经常有 100 多页，其中大部分篇幅用来阐述对债券投资者的保护条款。

提前赎回条款

提前赎回条款（call provision）允许债券发行人按照特定的价格在特定的时期内从债券持有人手上将债券赎回来。如果市场利率水平下降了，则发行人可以把已发行的债券提前赎回，然后再发行息票利率更低因而融资成本也更低的债券作为替代。债券契约中会详细规定提前赎回条款，一般提前赎回价格约等于债券的票面价值再加上一年的利息。

由于提前赎回条款不利于投资者，因此附有提前赎回条款的债券一般都要向投资者提供更高的收益以作为补偿。比方说，假设你购买了一份息票利率水平较高的长期债券，原本在未来的 10 年里，每隔半年你都能获得发行企业的利息支付，此时如果发行企业提前将债券赎回的话，那么就会全盘打乱你的收入计划。为了使附有提前赎回条款的债券更有吸引力，在很多情况下，发行企业在债券契约中还规定了一些专门针对提前赎回条款的保护措施。一般来说，类似的保护措施常常采用递延赎回的形式。所谓**递延赎回**（deferred call），是指只有当债券发行若干年以后，发行企业才有权将其提前赎回。尽管这还是不如不可赎回债券安全，但是附有递延赎回条款的债券至少可以保证发行人不会在债券刚发行结束没多久就提前赎回。

偿债基金

> **偿债基金：**债券发行人定期向偿债基金内存入一定资金以备将来偿还债务。

没人愿意一次性偿清债务，债券发行人也是如此。很多债券发行人建立了**偿债基金**（sinking fund），定期向偿债基金内存入一定数额的资金，以便将来债券到期时有能力偿债。利用偿债基金，债券发行企业可以根据债券的提前赎回条款在公开市场上将一部分已经发行的债券提前赎回来。通过这种方式，企业才有能力在债券到期时一次性支付大笔的金额。

对投资者来说，建立偿债基金的好处在于到期时发行企业能够顺利偿还债务的可能性大大提高了，从而降低了风险水平。如果没有偿债基金，债券到期时发行企业面对的是巨额支付，压力还是很大的。如果债券到期时，发行企业刚好财务上出了问题，就会危及债券本息的按时偿还。偿债基金最大的弊端在于有了它，企业就有可能会提前从投资者那里赎回尚未到期的债券。

债券的类型

有一个笑话说市场上一共有四种类型的债券：离子键（ionic bond）、共价键（covalent bond）、金属键（metallic bond）和詹姆斯·邦德（James Bond）。* 当然，在现实市场上，债券的实际种类非常多。在证券市场上，有成千上万种已经发行的债券，就在你读到这一段的时候，还有很多种债券正在排队等待发行。笼统地说，这些债券各有各的特点。说明各种债券之间异同点的最简单方式就是从发行人的性质入手，可以把债券划分为公司发行的债券、联邦政府以及联邦政府机构发行的债券、州政府和当地政府发行的债券，然后再仔细研究每一类债券的特征。正如下面要讲到的，对于投资者而言，每一类债券都有其自身的优势和劣势。

公司债券

> **公司债券**：这是指公司发行的债券。
>
> **担保债券**：以抵押品作为担保发行的债券。
>
> **抵押债券**：以不动产的留置权作为抵押发行的债券。

通过发行债券的方式借款是企业资金的主要来源之一。事实上，在已发行的债券总量中，有一半左右是**公司债券**（coporate bond）。一般来说，为了吸引小投资者，这些公司债券的面额一般为 1 000 美元。市场上可供投资者选择的公司债券有很多种，它们彼此之间最主要的差别就在于是否是被担保的债券。

担保公司债券

担保债券（secured bond）的发行人要向投资者提供债券的抵押品，如果债券发行人没能按时偿还债券的本金和利息，则该抵押品将会被出售或占有以弥补投资者的损失。**抵押债券**（mortgage bond）是以不动产的留置权作为抵押。一般来说，不动产抵押品的价值要高于企业发行的抵押债券的总价值，这样做的目的是防止抵押品市场价值下降给投资者造成损失，特意为投资者留出一定的安全空间。

> **现实世界**
>
> 美国债券市场的规模近似等于美国所有股票市场总市值的两倍。你认为为什么会这样？

一旦债券发行人破产，债券的托管机构就有权将抵押品卖掉，用换得的资金向债券持

* 这四个词当中都有 bond 这个单词，当然在这四个词组中 bond 并不是债券的意思。——译者注

有人支付。如果抵押品出售换回的资金不足以偿还所有的债券，则债券持有人就要自行承担损失。

无担保公司债券

> **无担保债券**：没有担保的长期债券。

无担保债券（debenture）指任何无担保的长期债券。如果债券是无担保的，则对投资者来说，发行公司的盈利能力就变得非常重要了。无担保债券的风险程度要高于担保债券，因此，收益率水平也要高一些。

发行了多种无担保债券的公司经常会详细规定多种无担保债券的偿还等级，也就是说一旦发行企业破产，必须用企业剩下的资产先偿还等级高的无担保债券，然后才轮到其他等级低的债券。因此，只有当破产企业先偿还了担保债券和非次级无担保债券以后，才能去偿还次级债券——顾名思义，次级债券就是指等级较低的无担保债券。正如你所想象的，次级无担保债券的风险水平要高于担保债券或无担保非次级债券，因为次级债券的投资者承担了额外的风险，故他们能够获得较高的收益率。

联邦政府和联邦政府机构发行的债券

毋庸置疑，债券市场上最大的买卖主体就是美国政府。每天各大媒体都在报道财政赤字有多高了，所以大家并不奇怪政府总是入不敷出。解决财政赤字问题的方法包括出售部分资产（有人愿意花钱买下华盛顿纪念碑吗?）、提高税率或者借更多的钱。政府发现最后一种方法是最容易让人接受的解决手段，于是这便导致了一系列巨额国债的发行。既然市场上国债的数量如此庞大，自然有各种各样不同类型的政府债券可供投资者选择，这也就毫不为奇了。

联邦政府发行的债券通常被视为是无风险的，因为政府享有收税和印刷纸币的特权。如果公司没钱了，它们不能跑去印钞票，但是政府可以这样做。别忘了，连造币厂都是政府所有的！国债除了没有违约风险以外，也没有提前赎回风险，因为政府从来没有发行过可以提前赎回的国债。

因为国债没有违约风险或提前赎回风险，因此与其他债券相比，国债的收益率一般比较低。此外，国债的投资收益，即利息，是免交州所得税和地方所得税的。[①]

美国财政部发行的国债期限从 3 个月到 30 年不等。当投资者谈论不同期限的国债时，他们会使用 bill、note 和 bond 这样的词语。唯一的区别就在于期限和面额不同。

如果财政部发行的债券期限为 3 个月、6 个月或 12 个月，则被称为国库券（treasury bill)。如果国债的期限为 2 年、3 年、5 年或 10 年，则被称为中期国债（treasury note)。如果国债的期限为 30 年，则这样的债券被称为长期国债（treasury bond)。购买国库券的一个好处在于投资者可以直接通过“财政部直达系统”买卖国债，从而免去了每笔交易最高 25 美元的经纪人佣金。

除了美国财政部以外，各种各样的联邦政府机构，例如联邦国民抵押贷款协会（FNMA）和联邦住房贷款银行（FHLB)，所发行的债券被称为**联邦政府机构债券**（agency bond)。

① 联邦国民抵押贷款协会发行的联邦政府机构债券，其利息收益要缴纳州所得税和地方所得税，这是因为自 1968 年起，它就已成为一家上市公司。

尽管这些债券不是由美国财政部直接发行的，但是是由联邦政府机构发行的，并通过了国会的批准和授权。因此，一般认为此类债券实际上也是无风险的，其利率水平要比国债略微高一点。一般来说，联邦政府机构债券的最小面额为 10 000 美元，期限为 1～40 年不等，但平均期限约为 15 年。

> **联邦政府机构债券：**是指由联邦政府机构而非美国财政部发行的债券。
>
> **转手债券：**转手债券代表了投资者对一揽子联邦政府担保的抵押贷款的所有权。
>
> **通货膨胀保值债券：**这是美国财政部发行的面值可随消费价格指数的变化而调整的债券，可以保证投资者获得实实在在的收益。（也就是说，能够获得高于通货膨胀率的收益。）这种债券的期限为 5 年、10 年和 20 年，最小面额为 1 000 美元。

转手债券

在各种各样的联邦政府机构债券当中，投资者最感兴趣的估计是由美国政府国民抵押贷款协会（GNMA，或者“Ginnie Mae”，音译为吉利美）发行的**转手债券**（pass-through certificate）。GNMA 转手债券可以使投资者获得一揽子联邦政府担保的抵押贷款产生的收益。GNMA 的作用是将总价值为 100 万美元或者更多的多笔抵押贷款打包，对这些抵押贷款提供担保，然后再凭借这些抵押贷款向投资者出售最小面值为 25 000 美元的债券，即所谓的转手债券，发行收入可以用于继续发放抵押贷款。事实上，这种转手债券可以让一个拥有 25 000 美元的普通房主投资于抵押贷款的另一方。

转手债券抵押贷款获得的所有收益，除去 GNMA 的处理费用和保险费用以外，剩下的部分都将支付给债券的持有人，因此每月支付的额度主要取决于抵押贷款借款人还款的速度。此外，每个月投资者获得的支付同时包含债券的本金和利息。等到债券到期时，本金早已偿清，这一点与其他普通债券有所不同。最后一次支付后，转手债券所涉及的债务就已全部偿清，这一点和房屋抵押贷款相似。

> **现实世界**
>
> 截至 2017 年 1 月，美国的联邦债务总额高达 19.96 万亿美元，平均每位美国居民要分摊 61 300 美元的债务。

通货保值膨胀债券

对投资者来说，最新、最令人兴奋的联邦政府债券应当要属**通货膨胀保值债券**（treasury inflation protected securities，TIPS）了。这种债券的期限为 5 年、10 年和 20 年，最小面额为 1 000 美元。当消费价格指数变化时（这是政府用来衡量通货膨胀对价格影响作用的参考指标），通货膨胀保值债券的面额也将随之发生变化。

例如，假设消费价格指数上涨了 3%，则债券的面值也将随之上涨 3%，由原来的 1 000 美元变成 1 030 美元。这就意味着投资者每年获得的利息收益会增加一点，债券到期时获得的本金偿还额也会高一点。这是因为债券面值根据通货膨胀率调整以后，计算利息时会使用新的面值。所以，如果债券的面值增长到 1 030 美元，息票利率为 3.8%，则债券持有人每年可以获得的利息收入就等于 39.14(＝3.8%×1 030) 美元，到期时偿还的本金额为 1 030 美元。

这种债券最让人头疼的一点就是纳税问题。美国国税局将这种债券面值的增加视为利息收益，要求投资者必须在债券面值调整的当年缴税，但是实际上直到债券到期偿还本金时投资者才能真正获得这部分“利息收益”。

这种债券的优势在于可以确保投资者能够获得实实在在的收益，也就是说，能够获得高于通货膨胀率的收益。此外，由于债券的面值和利息都会随通货膨胀率的升高而增加，因此也在一定程度上抵消了通货膨胀对利息收益的负面影响。事实上，此时通货膨胀不再是投资者的敌人！

美国系列 EE 债券

美国政府还发行了专门针对小投资者的储蓄债券。美国财政部发行的美国系列 EE 债券（U. S. series EE bonds），利率水平是固定的，面值非常低，投资者甚至只需要花上 25 美元就能买到一份这样的债券。系列 EE 债券是在线出售的，如今按照其面值发售，也就是说，你要花 50 美元购买面值为 50 美元的债券。系列 EE 债券的流动性很好，投资者可以在任何时候将其变现，不过未到期之前变现会降低投资者的收益率。2017 年 4 月时，该债券每年支付 0.10%的利息。

I 债券

除了系列 EE 债券以外，美国政府还发行 I 债券*。I 债券的利息会被计入债券的价值，等到投资者出售债券时才会支付。这种债券按照其面值出售，其价值随通货膨胀指数而进行调整，最长期限可达 30 年。I 债券的收益可以分成两个独立的部分：固定收益率和半年期的通货膨胀率。这意味着投资者不仅可以获得固定收益率，还可以获得基于通货膨胀率变化的额外收益［对通货膨胀率变化的测量是基于城市消费者消费价格指数（CPI-U）的变化］。

对于 I 债券，投资者每年的最低投资额可以为 50 美元，最高可达 10 000 美元。此外，I 债券可以享受税收优惠。它们可以使投资者最长在 30 年内递延缴纳联邦投资收益税，而且免交州政府和当地政府的所得税。还有就是这种债券的流动性非常好，在发行 12 个月以后，你可以随时将其变现。

市政债券

> **市政债券**：是由州政府、县政府、市政府以及其他的公共机构——例如学区和高速公路的管理机构——发行的债券，其目的是为公共项目建设募集资金。

市政债券（municipal bonds，也被称为“munis”），是由州政府、县政府、市政府以及其他的公共机构——例如学区和高速公路的管理机构——发行的债券，其目的是为公共项目建设募集资金。市场上有成千上万种市政债券，总发行额高达 3.7 万亿美元。市政债券之所以如此受欢迎，主要是因为它们具有免税的优势——市政债券的利息收益可以免交联邦所得税，而且一般情况下，如果投资者恰好居住在发行市政债券的州内，则还可以免交州所得税。

事实上，如果投资者居住在某个城市里，同时又购买了市政府发行的市政债券，则债券的利息收益可以免交地方所得税、州所得税和联邦所得税。例如，你住在纽约，购买了纽约市政府发行的市政债券，则获得的利息收益可以免交纽约市所得税、州所得税和联邦所得税。但是，投资者在未到期之前将债券出售获得的资本利得收益是要纳税的。

> **现实世界**
>
> 在过去的 25 年里，有 24 年美国的债券市场规模大于美国的股票市场规模。而市政债券市场占美国债券市场总规模的 10%左右，2017 年略低于 4 万亿美元。

---

* 也有人将其翻译为通货膨胀指数债券。——译者注

一般责任债券：以发行人的全部信用，即征税权，作为担保的市政债券。

收入债券：收入债券本息的偿付来源于某个特定的建设项目或者是特定的税收来源。

分期到期：是指同一批市政债券有多个到期日，通常这些到期日是按照固定的时间间隔排列的。

市政债券有两种基本类型：**一般责任债券**（general obligation bond）和**收入债券**（revenue bond）。一般责任债券是指没有与某个特定的项目挂钩的市政债券，其本息的偿付来自发行当局的综合性收入——主要为地方政府的税收收入。收入债券本息的偿付则来源于某个特定的建设项目或者是特定的税收来源，因此只有当发行当局可以从特定项目上获得足够的收益时，才有能力全额偿还收入债券的本息。比方说，当地政府为了修建一条收费公路而发行了收入债券，公路建好后如果收取的公路使用费不够多，则投资者无法获得全额的本息偿付。

市政债券有多个可选择的期限。事实上，绝大多数市政债券是以**分期到期**（serial maturities）的方式发行的。也就是说，在同一批市政债券中，每年都会有一部分债券到期，直到最后所有的债券全部到期。事实上，这种做法有点类似于偿债基金的累积方法。重要的是这种安排可以让投资者自行选择到期日，也就是投资者希望将市政债券的投资本金收回的时刻。

尽管市政债券也是由政府发行的，但它们并不是无风险的债券。实际上，近些年来，地方政府违约不按时偿还所发行市政债券本息的案例比比皆是。20 世纪 70 年代晚期，克利夫兰市就曾对其发行的部分市政债券违约了，到了 90 年代中期，加利福尼亚州的奥兰治县没有能力偿还价值为 8 亿美元的短期债券从而被迫违约。然而，若是与 2013 年底特律 190 亿美元的破产案相比，这也不过是个小数字罢了。绝大多数一般信用担保债券的第一还款来源就是当地政府的房地产税收收入。如果当地政府高估了未来的税收收入——比方说，当地政府以为会有更多的人搬入本地区，但实际上搬出的人口数量更多——则当地政府就无力承担巨额的债券偿还义务。

你要记住，和联邦政府不同，如果州政府和当地政府偿债资金不足的话，它们是没有权力去印钞票的。如你所料，普通投资者很难判断市政债券的质量到底好不好。不过幸运的是，我们在谈到公司债券时曾略微提过的信用评级机构也能提供市政债券的评级信息。

市政债券的一大缺陷是如果投资者打算在债券到期前提前出售的话，则很难找到买家。对于一些发行量比较小的市政债券来说更是如此，根本就没有可流通的二级市场。

特殊类型的债券

前面我们已经了解了债券的主要类型，但是还有两类特殊的债券值得我们关注。这就是零息票债券和垃圾债券。

零息票债券：是指持有期间不向投资者支付利息，实际出售价格远远低于票面价值的债券。

零息票债券

零息票债券（zero coupon bond）就是不附息票、不支付利息的债券。实际上，这种债券出售时是折扣卖出的，也就是说真实售价要低于债券的面值或票面价值，等到到期时，发行人会按照债券的票面价值向投资者偿还本息。所以说，零息票债券的收益就等于到期时的偿还额（即票面价值）与实际出售价格（折扣价）之间的差额。

零息票债券与储蓄债券有点相似。有些投资者在未来的某一天要动用一大笔钱，所以现在就要开始做准备，但是又不愿意参加利息再投资计划，则零息票债券比较适合这样的需求。公司和市政部门都可以发行零息票债券，市场上甚至还有以抵押贷款为担保的零息票债券，但是毫无疑问，零息票债券市场上最大的参与者是美国政府。美国联邦政府发行的零息票债券被称为 STRIPS。

零息票债券最主要的缺陷就是投资者不能每年获得利息支付，但是还要为这暂时没有收到的利息收益纳税。美国国税局认为任何投资产品在一个财政年度内的升值（按照美国国税局的说法，这叫作未分配利息收益）都要交税。零息票债券的另一个缺陷就是与普通债券相比，零息票债券的价值随市场利率水平变化而波动的幅度要更大。例如在 1994 年，30 年期的零息票国债贬值了 18.7%，然而到了 1995 年，这些国债的价格竟然又上涨了 63.1%，波动幅度确实比较大。如果投资者打算在债券到期前就将其出售的话，那么零息票债券可不是一个好的选择。零息票债券最适合于具有税收递延优惠的退休账户，例如个人退休账户或基奥计划（Keogh Plan），因为此时零息票债券的税收劣势可以被抵消掉。

垃圾债券

垃圾债券：是指风险水平非常高、信用等级较低的债券，也被称为高收益债券。其信用等级为 BB 级或更低。

垃圾债券（junk bond），也被称为低等级债券或高收益债券，其信用等级为 BB 级或更低。（我们将在下一节讨论债券的信用评级问题。）最开始时，垃圾债券这个词的含义是发行债券的企业以前财务状况非常稳健，但是近来陷入了严重的财务困境，因此导致信用等级被降低。现如今，人们把所有信用等级低的债券都叫作垃圾债券。垃圾债券的主要发行人是一些刚刚成立的小公司，这些公司经营时间尚短，没有可供参考的历史业绩数据。

因为垃圾债券的违约风险非常高，因此它们的收益率一般要比信用等级为 AAA 级的长期债券高出 3～5 个百分点。垃圾债券的主要问题在于其发行的时间还不够长，我们不知道当经济大衰退到来时这些债券会怎么样。

垃圾债券是高风险的金融产品。而且绝大多数垃圾债券都是可以提前赎回的。这意味着如果发行企业经营得不错，摆脱了原有的困境，那么就会提前赎回垃圾债券。反过来，如果发行企业经营得不好，则这些垃圾债券将会违约。不管公司经营得怎么样，对投资者来说，结果都不会太好。谨慎的投资者一般都不会购买垃圾债券。别忘了，这些债券之所以叫“垃圾债券”总是有一定道理和原因的！

债券的估值

你不仅需要了解债券的术语和类型，还要掌握债券的估值方法。也就是说，要学会计算债券的收益率，明白评级机构怎样评判债券的信用等级，而且能够读懂报刊或网站上债券的报价信息。

债券评级——风险水平的测量

约翰·穆迪最先于 1909 年开始对债券进行评级。从那时起，两家主要的信用评级机构——穆迪与标准普尔——开始对成千上万种公司债券、城市债券以及州债券提供信用评级服务。对债券的评价主要考量的是债券的未来潜在风险水平，尤其是债券的违约风险，即未来可能无力偿还债券本金以及利息的可能性。

现实世界

虽然AAA级是公司债券的最高信用等级，但是对于投资者来说，很难实现AAA级的债券投资。这是因为，一方面债券AAA级的信用评级非常少见。即使是IBM公司，其债券的信用评级也不过是AA级而已。事实上，在财富500强企业中，大概只有2%的企业，其债券的信用评级为AAA级。另一方面，市场上常见的大多是B级的公司债券。不过，虽然从学习成绩的角度来看，拿到一个B也算是不错的成绩，但是对于债券投资来说，B级意味着投机级别。

债券的信用等级越低，投资者要求获得的收益率就会越高。这与我们前面讲过的一样——原理8：风险与收益的权衡。一般来说，债券的信用等级最高为AAA级（最安全的债券），最低为D级（风险非常高的债券）。有趣的是，信用等级为A级的债券只被视为是质量中等的债券，而并非什么高品质的债券。表13－1简要介绍了不同的债券信用评级体系。

表13－1　债券的信用等级

债券信用等级分类	标准普尔公司	穆迪公司	描述
信用质量最佳	AAA	Aaa	质量最好，实力非常雄厚
信用质量非常强	AA	Aa	拥有非常强的偿债能力
比较强	A	A	拥有较强的偿债能力
中等	BBB	Baa	环境变化可能会影响企业的偿债能力
投机级别	BB，B	Ba，B	具有一些投机的成分
投机性极强	CCC，CC	Caa，Ca	投机性非常强
违约级别	C	C	不支付利息的收益型债券
违约级别	D	D	没有支付利息或偿还本金

投资者要关注债券的信用等级及其风险水平。遗憾的是，因为债券的价格比较高——每份债券的售价在1 000美元左右——分散化投资比较困难，除非你手上有很大一笔钱可用于债券投资。所以，如果你打算买债券，那么尽量规避那些高风险的债券。好好研究一下各种债券的信用等级，很多地方图书馆都提供有关债券信用评级的信息，你也可以询问经纪人。

债券收益率

债券收益率就是简单的投资收益率。但要注意的是，债券的收益率并不等于息票利率。息票利率能够告诉我们债券的利息收益相当于债券票面价值的百分之几。而债券的收益率能够告诉我们总的投资收益相当于初始债券购买价格的百分之几。

债券收益率的计算方法有两种。第一种方法叫作当期收益率，反映的是债券利息收益率。第二种方法叫作到期收益率，这个收益率考虑了债券投资的所有收益，包括利息收益以及投资者的初始购买价格与到期时实际本金偿还额之间的差额。

当期收益率（current yield）

> **当期收益率**：等于每年的利息收益除以债券的市场价格。
>
> **到期收益率**：是指投资者将债券持有到期实际获得的收益率，假设投资者将每年获得的利息收入进行了再投资，收益率就等于到期收益率。从本质上看，这是一个衡量预期收益的指标。

债券的当期收益率就等于每年的利息收益除以债券的市场价格。例如，某一债券的息票利率为 8%，票面价值为 1 000 美元，当前的市场价格为 700 美元，则当期收益率为：

$$\begin{aligned}\text{当期收益率} &= \text{每年的利息收益}/\text{债券的市场价格}\\ &= 0.08\times 1\,000/700\\ &= 80/700\\ &= 11.4\%\end{aligned}$$

到期收益率（yield to maturity）

到期收益率是指投资者将债券持有到期实际获得的收益率。从本质上看，这是一个衡量预期收益的指标。实际上，到期收益率的计算方法和我们在第 3 章讨论货币的时间价值时计算年利率 i 的求解方法完全一样。到期收益率不仅考虑了债券持有人每年获得的利息收益，还包括债券当期的市场价格与到期价值之间的差额。

记住，不管最初买入债券时支付的价格是高于还是低于债券的票面价值，等到期时，投资者获得的本金偿还都等于债券的票面价值。如果初始的购买价格低于 1 000 美元，则在债券的有效期内实现了升值，到期价值涨到了 1 000 美元。反过来，如果最初的购买价格高于 1 000 美元，则在债券的有效期内会逐渐贬值，直到到期时，其价值再次收敛于 1 000 美元。

如果你手头有财务计算器，则求解到期收益率或者 i 就变得很容易了。如果没有财务计算器的话，你可以使用公式计算近似到期收益率（但是你仍然需要使用财务计算器才能算出到期收益率的准确值）。公式的结构是这样的：首先要把年均利息收益与债券价格的年均升值/贬值额加起来，债券价格的年均变化额计算的基础是到期时，债券的实际价值必然等于其票面价值——因为债券的发行人会按照票面价值将本金偿还给投资者。因此，我们可以先算出为了达到到期价值，在此之前债券价格应当上涨或下跌多少美元，然后再除以距离到期日还剩下的年份数。

接下来，我们用年均收益除以债券的平均价格——债券的平均价格就等于其票面价值与当前市场价格的平均值。因此，近似到期收益率的计算公式如下：

$$\text{近似到期收益率}=\frac{\text{年均利息收益}+\dfrac{\text{票面价值}-\text{债券当前的市场价格}}{\text{距离到期日剩下的年份数}}}{\dfrac{\text{票面价值}+\text{债券当前的市场价格}}{2}}$$

现在让我们看一个实际的例子：债券还有 10 年到期，票面价值为 1 000 美元，当前的市场价格为 880 美元，息票利率为 10%，每年支付一次利息。利用这些信息，我们可以很容易地计算出该债券每年支付 100 美元的利息（息票利率×债券的票面价值＝年均利息收益，或者是 0.10×1 000＝100 美元）。将这些数据代入近似到期收益率的计算公式，可以得到：

$$近似到期收益率=\frac{100+\frac{1\,000-880}{10}}{\frac{1\,000+880}{2}}$$

$$=\frac{100+\frac{120}{10}}{\frac{1\,880}{2}}=\frac{112}{940}=11.91\%$$

计算器小贴士

债券的到期收益率 1

对于出售价格高于票面价值的债券，也可以使用近似到期收益率公式。比方说我们把上例中债券当前的市场价格改为 1 100 美元，重新计算一下近似到期收益率：

计算器小贴士

债券的到期收益率 2

$$近似到期收益率=\frac{100+\frac{1\,000-1\,100}{10}}{\frac{1\,000+1\,100}{2}}$$

$$=\frac{100-\frac{100}{10}}{\frac{2\,100}{2}}=\frac{90}{1\,050}=8.57\%$$

市政债券的等价应税收益率

市政债券最大的吸引力就在于其拥有免税的优惠。因此，在比较市政债券和其他应税债券时，必须比较双方的等价应税收益率（equivalent taxable yield)，也就是说，必须用应税债券的收益率与市政债券的等价应税收益率相比较。市政债券的等价应税收益率的计算公式如下：

$$等价应税收益率=\frac{市政债券的免税收益率}{1-投资者的边际税率}$$

你要记住，这里的边际税率档次包括市政债券免交的所有税种，即同时包含联邦政府、州政府和当地政府的投资收益所得税。因此，如果市政债券的收益率为 7%，投资者的边际税率为 38%，则市政债券的等价应税收益率为：

$$等价应税收益率=\frac{0.07}{1-0.38}=\frac{0.07}{0.62}=11.29\%$$

投资者的边际税率越高，则市政债券的吸引力就越大。

估值原理

债券估值的基本原理就是原理 3 和原理 8。“原理 3：货币的时间价值”教会我们怎样求出投资收益的现值，而“原理 8：风险与收益的权衡”告诉我们在计算投资收益的现值时应当使用哪个贴现率。

在第 12 章，你已经了解到任何投资产品的价值都等于未来该投资产品给投资者带来的所有收益的现值和。这就是股票估值的基本原理，同样也适用于债券估值。实际上，在对债券进行估值时，我们也要先求出未来投资收益的现值，然后再将现值加总。对债券来说，这个过程非常简单——你只需要计算出利息和本金偿还的现值，然后求现值之和就可以了。

债券的估值方法

当投资者买入债券以后，在未来若干年间都可以获得利息收入，等到债券到期时，发行企业会把债券的本金（即票面价值）偿还给投资者。因此，债券的价值就等于利息收益的现值再加上到期时本金支付额的现值。一般来说，债券的价值应当与它的市场交易价格十分接近，因为这个市场价格正是你和其他投资者愿意为该债券支付的价格。通过了解债券的估值方法，我们还能搞清楚到底哪些因素会导致债券价格的上涨或下跌。

现在，让我们先来计算一下利息收益和到期时本金偿还额的现值。利息收益采用的是年金形式，也就是说，投资者在每年的年底会收到相同金额的利息，这构成了一个年金。债券到期时本金的偿还只是一笔现金流。[①] 于是，债券的价值可以表示为：

债券的价值＝利息收益的现值(年金)＋到期时本金偿还额的现值(单笔现金流)

使用第 3 章学过的知识将上式改写成：

$$\text{债券的价值}=\text{每年的利息支付额}\times\begin{matrix}\text{年金的}\\\text{现值系数}\end{matrix}+\text{债券面值}\times\begin{matrix}\text{单笔现金流的}\\\text{现值系数}\end{matrix}$$

现在让我们看一个实例。我们打算购买一份还有 20 年到期的债券，息票利率为 10%，票面价值为 1 000 美元。我们应当支付多少钱？首先，我们要先判断一下投资该债券的必要收益率是多少。假设在当前给定的市场利率水平和债券风险程度条件下，我们的必要收益率也是每年 10%。要想算出债券的价值，我们只需要用必要收益率作为贴现率，算出利息收益和到期时本金支付额的现值就可以了。买入该债券后，每年可以获得的利息收入等于 10%的息票利率乘以债券的票面价值 1 000 美元。因此，每年获得的利息收入为 100 美元。我们可以使用财务计算器算出年金现值系数的值，或者是直接在附录 D 中查找；我们也可以使用财务计算器算出现值系数的值，或者是直接在附录 B 中查找。于是，债券的价值计算如下（i 等于 10%，期限为 20 年）：

$$\begin{aligned}\text{债券的价值}&=\text{利息收益的现值}+\text{到期时本金偿还额的现值}\\&=100\times\text{年金的现值系数}+1\,000\times\text{现值系数}\\&=100\times 8.514+1\,000\times 0.148\,6\\&=851.40+148.60\\&=1\,000(\text{美元})\end{aligned}$$

于是，该债券的价值为 1 000 美元。如果我们的实际购买价格刚好为 1 000 美元，则正好等于其票面价值。之所以买入价格等于债券的票面价值，是因为我们的投资收益率完

① 实际上，债券价值的计算过程有点复杂，因为绝大多数债券都是每半年支付一次利息，而不是一年支付一次利息。尽管如此，债券估值的基本原理是不会变化的。而且，这对于债券价值的影响也是很轻微的。因为我们的主要目的是想向大家说明市场上债券的价值是如何决定的，以及市场利率水平的变化会怎样体现到债券的价格变化当中，所以为了简便起见，我们并没有按照实际半年支付一次利息的方式来计算。

全来源于利息收益——我们的必要收益率为 10%，息票利率也是 10%，因此说我们获得的收益完全来自利息。

计算器小贴士

债券的价值

现在我们假设还是这种债券，不过市场利率水平上升了，因此我们的必要收益率也随之上升——由原来的 10%变成了 12%。现在，我们愿意为买入该债券支付的价格是多少？在这种情况下，只有贴现率或必要收益率的值发生了变化。重新计算债券的价值，我们发现（i 等于 12%，期限为 20 年）：

债券的价值＝利息收益的现值＋到期时本金偿还额的现值
＝100×年金的现值系数＋1 000×现值系数
＝100×7.469＋1 000×0.104
＝746.90＋104.00
＝850.90（美元）

计算器小贴士

当必要收益率变成 12%时债券的价值计算

当我们把必要收益率提高到 12%时，债券的价值就下跌为 850.90 美元。于是，我们就可以折价购买该债券，也就是说买入价低于债券的票面价值。我们要求的必要收益率为 12%，但是该债券的息票利率只有 10%，不足的收益部分只能来源于债券价值的升值。因此，买入价格为 850.90 美元，而到期时本金的偿还额却为 1 000 美元。

思考：

大卫·鲍伊和詹姆斯·布朗有什么共同点？他们俩都发行了以自己的作品作为担保的债券。大卫·鲍伊以自己的音乐作品的未来盈利为担保，共发行了总价值为 5 500 万美元的债券。这个操作既能让大卫·鲍伊继续拥有自己歌曲的所有权，同时又能让他立即获得未来的版税收入，而且还能免税。债券投资者获得的本息偿还额同样来自鲍伊已发行唱片的未来版税收入——事实上，著名的“The Rise and Fall of Ziggy Stardust and the Spiders from Mars”唱片以及鲍伊在 90 年代以前发行的其他唱片的发行收入，是“鲍伊债券的投资者”利息收益的来源。

接下来再让我们研究一下当必要收益率下降时债券的价值会出现怎样的变化。假设当前的市场利率水平下降了，于是我们的必要收益率也随之下降，由原来的 10%变成了 8%。同样地，只有贴现率或必要收益率发生了变化。重新计算债券的价值，我们发现：

债券的价值＝利息收益的现值＋到期时本金偿还额的现值
＝100×年金的现值系数＋1 000×现值系数
＝100×9.818＋1 000×0.215
＝981.80＋215.00
＝1 196.80（美元）

计算器小贴士

当必要收益率变成 8%时债券的价值计算

所以说，当必要收益率降低为 8%的时候，债券的价格上涨到了 1 196.80 美元。于是我们说，现在是在溢价买入债券，即买入价格高于债券的票面价值。同样地，这是因为债券的息票利率为 10%，但是我们的必要收益率仅为 8%，所以我们愿意支付高于 1 000 美元的价格买入债券。

通过这个例子你会发现，当必要收益率提高时，债券的价值就会降低；反过来，当必要收益率降低时，债券的价值就会上涨。那么，到底是什么因素会导致必要收益率发生变化呢？

首先，如果发行债券的企业风险程度加大，则投资者索要的必要收益率就会提高。这将导致债券的价格下跌——我们根据直觉也能得出这个结论。第二个能够引起投资者必要收益率发生变化的因素就是市场利率水平的变化。当市场利率水平上升时，新发行债券的息票利率也随之升高。如果你持有的债券息票利率为 8%，而新发行的债券息票利率为 9%，那么没人愿意买你手上的债券，除非你降低债券的价格，使债券的实际收益率与新发行的债券基本相当。

所以说，当市场利率水平提高时，已发行债券的价值会因此而下跌。既然价值都已经下跌了，市场交易价格自然也会下跌。反过来，当市场利率水平下降时，已发行债券的价值和价格都会上涨。债券价格或价值与利率水平之间存在的这种反向变动关系是极其重要的。

为什么债券的价值会发生波动?

当投资者投资债券时，必须要知道债券的价值以及市场价格为什么会起起伏伏，这一点很重要。现在就让我们总结一下债券估值过程中（债券价值与市场因素之间）利率与债券价值之间存在的最重要的关系。这就是：在二级市场上，市场利率水平与债券价值之间存在着反比的关系——当市场利率上升时，债券的价值会下跌；当市场利率下降时，债券的价值会上涨。

当市场利率上升时，投资者对债券投资要求获得更高的收益率。如果债券提供的息票利率是固定不变的，则债券可以向投资者提供更多收益的唯一途径就是贬值，换言之，以更低的价格出售。所以说，市场利率与债券价值（或价格）之间是反比关系。

市场利率与债券价值之间的反比关系极其重要。债券价格的波动幅度较大，上述反比关系可以说明市场上绝大多数的债券价格波动现象。例如，1999 年时市场利率水平上升，于是长期国债当年的收益率平均下降了 8.3%。但是在 2000 年和 2002 年，由于市场利率水平的下调，这两年内长期国债的年收益率分别提高了 16.7%和 15.2%！在 2008 年和 2009 年我们也能清楚观察到利率与债券价格之间存在的这种反向变化关系。在 2008 年，美国经济陷入衰退，利率水平下降，结果 30 年期国债收益率的上升幅度超过 20%。而在 2009 年，投资者们开始担心长期通货膨胀问题，于是利率水平开始攀升，而 10 年期国债的收益率下降超过了 11%。等到 2010 年和 2011 年，美联储的政策让利率水平应声而降，10 年期国债的市场价格分别上涨了 8%和 16%。在 2013 年，随着利率水平开始上升，10 年期国债的市场价格下跌了 9%，而 2014 年又涨回来大约 11%。至于 2015 年和 2016 年，利率和 10 年期国债的市场价格没有发生太大变化。图 13－1 说明了自 1970 年底以来债券价格与市场利率水平之间的关系，从图中可以很明显地看出，两者之间存在着明显的反向关系。

当收益率（市场利率水平）上升时，债券的价格会下跌。

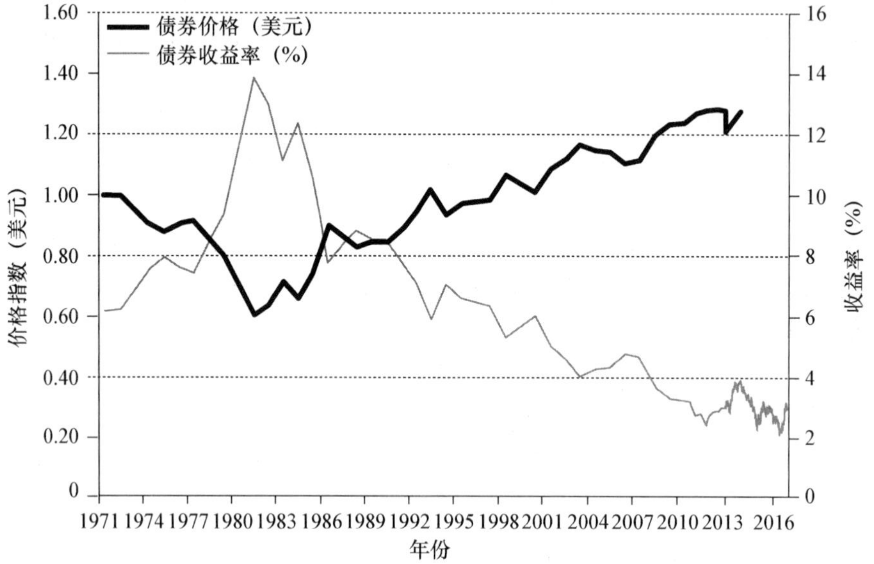

图 13-1　债券价格与市场利率变化之间的关系

思考：

你是否可以利用利率与债券价格的反比关系来赚钱？在你打算大胆地预测市场利率的未来变化并为债券投资做好准备之前，你应该认识到打败市场是非常难的。为了利用利率水平与债券价格之间的反比关系获得更多的投资收益，唯一的途径就是预测接下来市场利率的变化方向。但是在这方面，你的预测准确程度是无论如何也比不上那些分析专家的。但是如果其他投资者也获得了同样的信息（分析专家对利率未来走势的预测通常是公开信息），则光知道这一点还不够：首先你必须知道未来利率变化的方向；其次更重要的是，其他投资者并不知道这个信息。最近市场利率水平有什么变化？

当市场利率发生变化时，不仅债券的价值随之发生变化，而且长期债券的价格波动幅度要大于短期债券。我们曾在第 3 章里讲过，一笔未来的现金流距离现在的时间越长，利率或贴现率的变化对其现值的影响力也就越大。所以，当市场利率水平发生变化时，长期债券价格的波动幅度要大于短期债券。图 13-2 反映了当市场利率上下波动时，息票利率为 5%但期限不同的多只债券的价格涨跌情况。如图所示，由于市场利率水平不稳定，长期债券的市场价格也在起起伏伏，其波动幅度要大于短期债券。

此外，当临近债券的到期日时，债券的市场价格会逐渐接近其票面价值或到期价值。毫无疑问，在到期日时，债券的出售价格必然要等于其票面价值或到期价值。我们知道这是因为到期时，债券发行人会将债券的票面价值（即本金）偿还给债券持有人，于是债券契约终止。所以说，当债券临近到期日时，债券的市场价格也会逐渐接近其票面价值。图 13-3 说明了这一点。

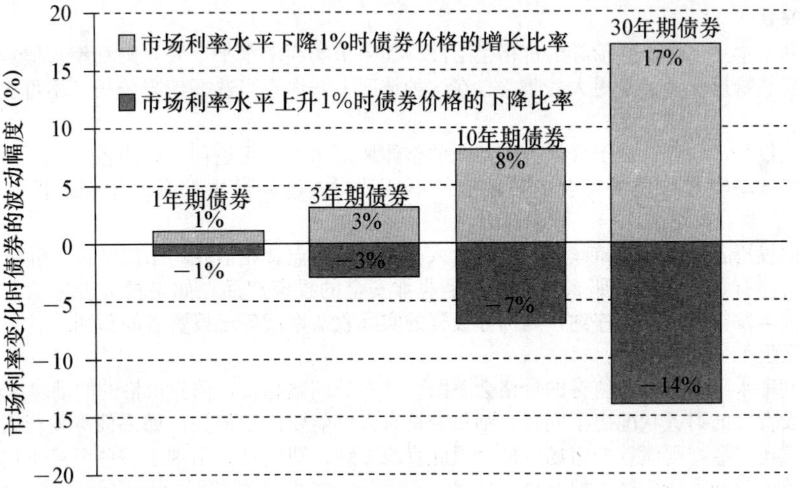

图 13－2　利率水平上升时债券期限长短与价格波动幅度之间的关系

最后，当市场利率水平下降时，债券的价格确实会因此而上涨，但是对于所有附有提前赎回条款的债券而言，价格上涨的最大幅度不会超过提前赎回价格。事实上，投资者不会愿意支付高于提前赎回价格的价格去买入这样的债券，因为他们很清楚债券发行人可以随时利用提前赎回条款将这样的债券提前赎回。在谈下一个问题之前，先确认你真的已经了解了债券投资的利弊。表 13－2 列出了债券投资的收益与风险，一览表 13－1 说明了如何挑选好的债券产品。

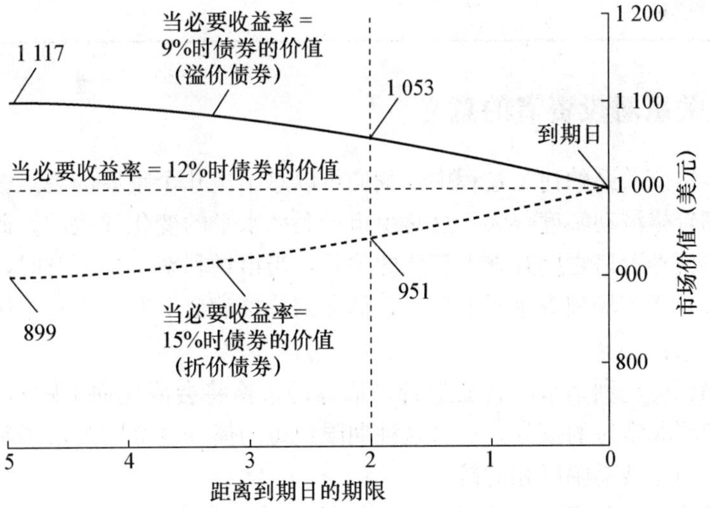

图 13－3　息票利率为 12%的债券生命周期内价格的变化路径

表 13-2　债券投资的利弊分析

债券投资的好处
● 如果市场利率水平下降，则债券的价格会上涨。如果市场利率水平下降，则利率与债券价格之间的反比关系就能给投资者带来更大的收益。在这种情况下，你应当选择期限较长且不可提前赎回的长期债券。
● 通过多样化投资，债券有助于降低投资组合的整体风险水平。无论何时，当投资组合内新增的投资产品其价格波动模式与投资组合内其他资产不一致时，这种做法都有助于降低投资组合的风险程度。
● 债券可以向投资者提供稳定持续的经常性收入。对于这一点，相信我们不用做过多解释了。
● 如果投资者持有到期的话，那么债券将会是非常安全的投资产品。如果投资者将债券一直持有到期，而且债券发行人也没有违约，则债券投资的实际收益率就等于投资者的预期。
债券投资的风险
● 如果市场利率水平上升，则债券的价格会下跌。债券的期限越长，债券价格的波动幅度就越大。
● 如果债券发行人的财务状况出了问题，则债券持有人可能要遭受损失。如果债券发行人不能按时支付利息和偿还本金，则债券的市场价格会因此直线下跌。即使只是出现了一些财务上的小问题，也可能会导致债券的市场价格大幅下跌。当然，不管什么时候只要评级机构调低了债券的信用等级，那么这只债券的市场价格就会像自由落地的石头一样迅速下跌。
● 如果市场利率水平下降，则债券发行人可能会提前赎回债券。很多公司债券都是可以提前赎回的。从理论上说，当市场利率水平下降时，债券的价格会上涨。但是此时债券发行人可能想发行一批利息成本更低的新债券，并以此来取代原来发行的息票利率较高的债券。于是，债券被提前赎回，投资者只好用获得的资金投资于收益率较低的其他可赎回债券。
● 如果投资者想在债券到期前提前出售，则可能无法获得一个公平的市场交易价格，尤其是当这些债券的发行人只是小公司的时候。对于小公司发行的债券，二级市场的规模是很小的。简言之，小公司发行的债券流动性不太强。
● 投资者很难为债券投资获得的利息收益找到较好的投资渠道。如果你打算利用债券投资来积累财富，那么要面对的一个问题就是很难为债券投资获得的利息收益找到较好的投资渠道。除非你买入的是零息票债券或息票利率很低的债券，否则若不把这些利息收入进行再投资的话，就无法实现债券投资的财富积累。

债券估值关系对投资者的意义

从上面债券估值关系的讨论过程中，我们可以总结出几个重要的观点。首先，你已经知道债券的市场价格波动幅度很大，这是由市场利率水平的变化导致的。此外，你还知道市场利率水平与债券价格之间存在着反比的关系：当市场利率水平上升时，债券的价格就会下跌。反过来，当市场利率水平下调时，债券的价格就会上升。面对市场利率与债券价格的这种反比关系：

● 如果你预测市场利率水平将要上升（债券的价格将会因此而下跌），那么就应当尽可能地只买入期限非常短的债券。尽管这种期限很短的债券也会因为市场利率的变化而出现价格的波动，但是波动幅度相对较小。

● 如果你预测市场利率水平将要下降（也就是说债券的价格将会上涨），那么就应当尽可能地买入期限非常长且不可提前赎回的长期债券。在这种情况下，债券较长的期限会将利率与债券价格之间的反比效应进一步放大，债券的价格波动幅度会大大提高。如果未来市场利率水平真的下降了，则债券的市场价格会因此而获得较高的涨幅。

一览表 13 - 1	选择好的债券产品

- 充分考虑税收效应。可以考虑选择市政债券，尤其是当你的边际税率较高的时候更是如此。
- 时刻牢记市场利率水平与债券价格之间的反比关系。如果当前市场的利率水平很低，基本上已不存在继续下探的空间，那么毫无疑问未来肯定会上升，而这将导致债券价格的下跌。所以在这个时候，你应当投资短期债券。
- 如果你打算买入公司债券，则尽量选择财务实力强的大公司发行的债券。避免选择那些可能会出现严重财务问题的企业，其余的很多企业从本质上看实力都是差不多的。
- 只投资信用等级为 AA 级或以上的债券。通过这种方式，你几乎可以不用担心债券发行企业的违约风险。
- 只投资在一级市场上刚刚开始发行的债券，不要在二级市场上买入债券。一级市场上债券的价格比较公平合理，而且新发行债券的买卖佣金是由发行企业支付的。
- 尽量避免选择附有提前赎回条款的债券。在买入债券之前，先仔细询问经纪人或理财规划师，看看该债券是否可以提前赎回。如果可以的话，则最好选择其他的债券。
- 债券的期限应当与你的投资期限相吻合。在这种情况下，你就可以将债券一直持有到期，不用提前在二级市场上出售，因为通常在二级市场上投资者是无法获得合理出售价格的。
- 只选择大公司发行的债券。如果你打算在债券到期之前将其卖掉，而且想投资公司债券，那么一定要选择大公司发行的债券——这种债券的二级市场通常比较活跃，流动性较好。
- 如果还有疑问的话，直接选择国债好了！如果你感到还是不太确定，那么保证投资安全肯定是第一位的——还是选择国债吧！

读懂公司债券的在线行情表

图 13 - 4 给出了常见的公司债券在线行情表。大家应该还记得，虽然一般情况下公司债券的面值大多为 1 000 美元，但是其出售价格常常表示为面值的一定百分比。比方说，债券的报价为 101，实际上这意味着债券的出售价格相当于其面值的 101%，即 1 000 美元的 101%。因此，报价为 101 的债券实际出售价格为 1 010 美元。

行情表上的报价并不刚好等于你购买债券的实际支付价格。在购买债券时，你还要支付债券的**累积利息**（accrued interest）。记住，通常利息每半年支付一次，所以图中的债券已经累积了 5 个月的利息。累积利息并不反映在债券的报价上，但是债券购买者仍然需要向卖家支付这笔已经累积产生的利息收益。

> **累积利息：**这是指已经产生但尚未支付给债券持有人的债券利息。
>
> **发票价格：**报价与应付未付利息的总额常常被称为发票价格。这也是投资者在二级市场上买入债券时实际支付的价格。

如果债券每半年支付 48 美元的利息，那么 5 个月的应付累积利息额就等于 $5/6 \times 48 = 40$ 美元。

这意味着虽然债券的报价为 1 010 美元，但是在购买时投资者要支付的实际价格应当等于 $1\,010 + 40 = 1\,050$ 美元。债券的报价与累积利息的和通常被称为**发票价格**（invoice price）。

雅虎金融（finance. yahoo. com）和《华尔街日报》在线阅读网站（www. wsj. com）只是投资者获取公司债券价格信息的两个常用网站。常见的在线行情表能提供下列信息：

到期日：即债券的到期期限。在到期日那一天，债券持有人可以获得债券本金的偿还，于是债券被正式终结。

发行人名称与代码：通常第一栏会列出发行人的名称。

收盘价的变化：指的是当天的收盘价相对于上一个交易日收盘价的变化百分比。例如，沃尔玛公司发行的债券今日收盘价下跌了面值的0.104%（如果债券面值为1 000美元，则今天债券的市场价格就下跌了1.04美元）。

信用评级：表13.1对债券的信用评级进行了解释。

当期收益率：指的是只考虑利息收益的投资收益率，它等于债券的年利息收益除以债券的价格。

Issuer Name	Coupon	Maturity	Rating Moody's/S&P	Price	Change —%	Yield to Maturity%	Current Yield%	Callable
Wal-Mart Stores, Inc.	5.625%	April 2041	Aa/AA	105.52	0.104	5.257	5.331	No

息票：能告诉投资者债券的息票利率有多高。如果你用这个值乘以债券的面值（绝大多数公司债券的面值都是1 000美元），那么就能算出一年可以获得多少利息收益。

价格：指的是最近的成交价。记住，债券的报价常常采用面值百分比的形式，一般情况下公司债券的面值都是1 000美元。因此，如果沃尔玛公司的债券报价为105.52，那么这意味着该债券上一笔交易的成交价为1 055.20美元。

到期收益率：这指的是投资者将债券持有到期可以获得的收益率。因此，该收益率既包括利息收益，也包括资本利得或资本损失（由于债券的买入价低于或高于其面值所导致的盈利或亏损）。

可赎回性：说明债券发行人是否有权利在特定时期内按照事先约定的价格将债券从持有人那里赎回。

图 13－4　读懂公司债券的在线行情表

思考：

如果你正在寻找一种安全程度较高的债券产品，那么没有什么能够比得上美国国债了。当然，当市场利率水平上下波动时，与其他类型的债券产品一样，国债的市场价格也会随之上涨或下跌，但是你不用担心债券利息和本金按时偿还的问题。现在美国政府发行的国债都是不可提前赎回的，不存在信用等级降低的问题，也没有违约风险，流动性非常好。还有一点也很重要，你可以从联邦储备银行购买国债，不用支付经纪人佣金。

优先股——另一种投资选择

> **优先股**：优先股股东不享有公司的所有权或投票权，而且一般可以获得固定的股息。公司在向普通股股东支付普通股股息之前必须先向优先股股东支付优先股股息。

优先股（preferred stock）通常被人们视为是一种混合型的证券产品，因为它同时具备了普通股和债券的诸多特征。从投资者的角度来看，优先股可能与股票更加相似。一方面，优先股的某些特征与普通股类似——都没有固定的到期日，公司没有按时支付股息并不会导致破产。另一方面，优先股与债券的相似之处在于优先股股息的多少是固定的，而且公司在向普通股股东支付普通股股息之前必须先向优先股股东支付优先股股息。此外，与债券相似，优先股股东也不享有投票权。

优先股的股息一般是固定不变的，也许是每次支付的金额不变，也许是表示成优先股票面价值的百分比保持不变。因为优先股的股息是不变的，因此优先股股东只能按照事先的约定获得固定金额的股息，不能分享企业发展创造的更多的利润。这一点和债券一样，即使企业某一年度业绩非常好，利润水平很高，优先股的股息也不会因此而改变。

优先股的特征

为了全面地了解优先股这种投资产品，接下来我们就花一点时间看看它有哪些特征。

> **可累积特征**：公司在宣布发放普通股股息之前，必须先将以前累积尚未支付的优先股股息全部支付完毕。
>
> **股息率可调整优先股**：此类优先股每个季度的股息随市场利率的变化而变化。
>
> **可转换优先股**：持有人可以按照事先约定好的比例将此类优先股转换成普通股。

多批次发行

一家企业可以发行多批优先股，每个批次的股息水平各不相同。事实上，有些企业已经发行了 10 多个批次的优先股，且各批次优先股的股息率各不相同。

股息可累积特征

绝大多数优先股都具有股息**可累积特征**（cumlative feature），也就是说公司在宣布发放普通股股息之前，必须先将以前累积尚未支付的优先股股息全部支付完毕。这一特征可以给予优先股股东一定程度的保护，因为没道理在公司向普通股股东支付股息时单单把优先股股东抛在一边，拖欠着优先股股息不支付。

股息率可调整性

在 20 世纪 80 年代早期，市场上出现了**股息率可调整优先股**（adjustable-rate preferred stock），这种新产品有助于规避当市场利率变化时优先股的价值也随之变化的风险，能够保护投资者的利益。对于股息率可调整的优先股，每个季度应支付的股息额是按照一定的公式计算出来的，与市场利率紧密相关。于是，当市场利率水平上升时，优先股的价格不会因此而下跌，优先股的股息额会上升，而且优先股本身的价格也会保持相对稳定。

可转换性

一些优先股也被称为**可转换优先股**（convertible preferred stock），这意味着持有人可以在一定的时间内按照事先约定好的比例将手上持有的优先股转换成普通股。可转换优先股的好处在于允许优先股股东也能分享企业的成长和利润，但是可转换优先股的股息率一般要低于普通的优先股。

可赎回性

很多已发行的优先股都是可以赎回的。就和债券一样，如果市场利率水平下降，则发行企业很有可能会将已发行的优先股赎回。

优先股的估值

当投资者买入优先股的时候，他就可以获得稳定的股息收入，因为优先股是没有到期日的，因此股息会一直持续到永远。于是，优先股的价值就等于优先股股东获得的永久固定股息现金流的现值。优先股的价值公式可以写作如下形式：

优先股的价值＝永久固定股息现金流的现值

因为优先股的股息会一直支付下去，所以就构成了一个永续年金（我们曾在第 3 章讲过永续年金）。则优先股的价值计算公式可以改写为：

优先股的价值＝优先股每年获得的股息/必要收益率

当市场利率水平上升时（这会导致投资者的必要收益率上升），优先股的价值会下跌。反过来，当市场利率下降时（这会导致投资者的必要收益率下降），优先股的价值会上涨。你会发现，优先股估值过程中利率与优先股价值之间的关系与债券十分相似。

让我们来看一个实例。假设 Gap 公司发行了一批优先股，每年的股息额为每股 4 美元，在既定的优先股风险水平条件下，投资者对该优先股索要的必要收益率为 10%，则优先股的价值等于：

优先股的价值＝4/0.10＝40(美元)

正如上式所表达的，如果投资者的必要收益率下降为 8%，则优先股的价格会上涨到 4/0.08，即 50 美元。所以说，当市场利率水平上升或下降时（这会导致投资者的必要收益率也随之上升或下降），优先股的价值会向相反的方向变化。

优先股的风险

我们已经说过，优先股类似于是债券和普通股的混合体。不过，当谈到优先股的优势和劣势时，我们发现，优先股几乎继承了债券和普通股的所有劣势，却没有继承两者的优势。对于个人投资者来说，优先股涉及的风险问题主要包括以下几个方面：

- 如果市场利率水平上升，则优先股的价格将会下跌。
- 如果市场利率水平下降，则优先股的市场价值会随之上涨，不过发行公司可能会将其赎回（记住，绝大多数的优先股都是可以赎回的）。
- 优先股投资者无法像普通股投资者一样分享企业创造的资本利得收益。
- 优先股投资者无法获得债券投资者的安全感，因为公司可以很容易地推迟对优先股股息的支付，而不用承担破产的风险。

既然优先股有这么多不利的地方，能说得上来的优势又没有几个，你可能在怀疑谁会去买优先股呢。答案就是其他的公司，这是因为对于公司来说，优先股投资获得的利息收益是具有税收优惠的。

如果你真的打算投资优先股，那么也要好好了解一下优先股的信用等级。和债券一样，穆迪公司和标准普尔公司也对优先股进行了信用评级。大多数优先股都是中等信用等级。与原理 8——风险和收益的权衡——描述的一样，优先股的信用等级越低，其风险程度就越大，预期收益率也就越高。

房地产投资

自从第二次世界大战结束以后，房地产投资为投资者创造的财富远远超过了其他任何投资产品。不过，到了 20 世纪 80 年代晚期，房地产市场的不景气也导致了大量财富的蒸发。自 20 世纪 90 年代晚期到 21 世纪初，房地产市场的价格一路飙升，从而成为最热门的投资领域。然而，到了 2006 年左右，一切发生了改变，房地产价格开始下跌。最后，截至 2017 年初，房地产价格重新回到 2006 年的价位，但没有剔除掉通货膨胀的影响作用。如果剔除掉通货膨胀，则 2017 年初的价位要比最高点低 16%左右。你要记住这只是平均值，某些地区的房价可能已经超过了历史高点，而其他地区的房价仍在低谷徘徊。

绝大多数美国家庭——实际上大约有三分之二的美国家庭——拥有自己的住房，对他们来说，这可能是他们一生中进行的最大一笔投资。事实上，正如我们在第 8 章曾讲过的，住房成本要占到美国人税后收入的 25%以上。现在问题在于：除了购买自用住房以外，你还愿意进行其他形式的房地产投资吗？对于大多数人来说，对这个问题的回答是否定的。房地产投资需要花费大量的时间和精力，复杂程度较高，普通人根本无法胜任。而且，房地产投资的风险也很大。例如，2006 年 4 月时，迈阿密地区的房屋平均价格为 380 000 美元，但是到了 2011 年，同样的房屋价格却跌到了 182 000 美元——下降了大约 50%！不过，截至 2017 年，房价已经重新回到略高于 300 000 美元——上涨幅度很大，但依然要比 2006 年的高点低 20%多。但是对于某些人来说，房地产投资不失为一项选择。所以下面我们会分析一些也许适合你的房地产投资形式。

房地产投资的形式可以分为直接投资和间接投资两种。直接投资形式是指投资者直接买下房地产。这种类型的投资可能包括买入度假屋或商用不动产，例如公寓楼或尚未开发的土地。间接投资方式是指投资者只是某个投资团体的一员，整个投资团体买下了不动产，然后雇用专业人士进行管理。房地产间接投资形式包括买入并负责不动产管理的合伙企业形式，被称为房地产投资辛迪加；还有一种形式是投资公司将很多投资者的资金聚集起来投资于房地产市场——这就是房地产投资信托基金，简称为 REIT。

现实世界

REIT 每年的收益率往往差异很大。根据摩根士丹利 REIT 指数，2007 年 3 月—2009 年 3 月期间，REIT 的价值缩水了将近 75%。而在 2009 年 3 月—2017 年 3 月间，指数上涨了 2.5 倍还要多，不过若与 2007 年的最高点相比，REIT 仍然下跌了近 30%。

房地产直接投资

在各种各样的房地产直接投资形式中，度假屋是最受欢迎的选择。但是，只有当度假屋被视为是投资者的第二个家时，在其申报个人应税收入时才能用抵押贷款的利息支出抵扣税负。但是自 1987 年开始，由于税法发生了变化，度假屋的投资吸引力大大下降。现在，如果你将名下的度假屋每年出租 14 天以上——很多投资者都是这样做的——那么，它将被视为是出租不动产，则税收抵扣额将取决于该不动产的管理方式和你的收入水平。最好的情况是出租度假屋给你带来的收入刚好能够弥补税收成本，这就相当于你为自己准备了一个免费的度假屋，但是在很多情况下是无法做到这一点的。由于度假屋的税收处理太过复杂，因此在你打算投资度假屋之前，你最好去咨询一下税务会计师和理财规划师，看看他们的分析建议是什么。除此之外，你还要意识到投资度假屋的主要收益将会来源于未来不动产的升值。结论就是如果你想买下一个度假屋，那么最好是出于单纯的喜欢，而不要把它当作投资品。

商业不动产，例如公寓楼、复式公寓和办公楼，最好还是留给那些精于管理此类投资的专家吧。首先，对于普通投资者而言，这实在是一笔巨额的投资，需要花费大量的时间和精力。而且它还要求投资者拥有丰富的房地产投资经验，掌握足够的投资知识、技巧和信息，光是一开始评估商业不动产的价值就已经足够复杂了。

尽管有钱人和非常精明的投资者很喜欢投资于未开发的土地，但是其实风险特别大，因为土地尚未开发，它不能给投资者带来任何现金流。实际上，投资者还要为这块尚未开发的土地纳税，也就是说，在投资者持有土地期间，不仅没有现金的流入，反而会导致现金的流出。购买未开发土地的目的就是坐等其升值然后再卖掉。但是，坐等土地升值的过程中也要花费大量的成本。而且，没人能够保证土地一定会升值。因此，普通投资者最好还是不要去冒这样的险。

房地产间接投资

房地产间接投资是指投资者只是某个投资团体的一员，整个投资团体买下了不动产，然后雇用专业的房地产经理进行管理。应当说，与房地产直接投资方式相比，这种间接的投资方式可能更适合于个人投资者的情况。不过，20 世纪 80 年代晚期以来，由于税法改革的缘故，房地产辛迪加投资的吸引力大幅降低。而且，人们也很难评价一项房地产辛迪加投资项目的盈利状况。所以，这种投资方式也不太适合于普通投资者。

最吸引投资者的房地产投资形式就是房地产投资信托基金。因为这种投资形式类似于专门投资于房地产市场的共同基金，所以我们将在第 14 章讨论共同基金时再详细论述房地产投资信托基金。

房地产投资：结论

房地产投资的最大吸引力在于它不仅能向投资者提供租赁收入，而且有可能实现资本利得收益（即不动产升值）。不过，过去有利于房地产投资的税收优惠政策现在大部分已被取消或正在逐步取消。此外，直接投资房地产涉及的金额数目巨大，要花费大量的时间、精力，还要掌握丰富的投资知识和经验。

房地产投资的另一缺陷在于流动性较差。也就是说，如果某个投资者想把名下的不动产卖掉，可能需要花上几个月的时间才能找到买家，而且也很难保证对方的出价比较合理，能够让自己满意。此外，某些地区的过度开发还有可能导致当地房地产价格的下跌。综上所述，我们得出的结论是房地产投资不适合于刚开始投资的新手。

思考：

“我们把黄金从非洲或别处的地下开采出来。然后将其熔化，再挖一个洞把黄金埋下去，出钱雇人站在洞口附近看守这些黄金。这些黄金根本就没什么用。火星人看到地球人奇怪的举动只怕会挠挠头表示不解吧。”——沃伦·巴菲特（哈佛大学，1998 年）。你认为他的这句话是什么含义？

投资还是投机——黄金、白银、珠宝和收藏品

千万不要这样做！花钱买黄金、白银、珠宝以及其他类似的东西根本就不是投资——这完全是投机。当我们在第 11 章分析投资和投机的区别时，曾经说到对于投资而言，资产的价值取决于其将来可以获得的收益，并不是因为它是时尚品或时髦品才有价值。如果一项资产不能产生收益，其价值完全由市场的供给和需求决定，则买卖这样的资产就是投机。你应当去尝试投机吗？如果你的目标是建立安全稳健的个人理财计划，则不应当去冒险尝试。

黄金、白银、白金、钻石、红宝石和其他收藏品都是最常见的投机例子。我们先以黄金为例说明。1980 年，当时道琼斯工业平均指数尚低于 1 000 点，而黄金的价格创出了新高，每盎司 850 美元。从那时起，黄金的价格开始攀升，在 2005—2011 年期间大涨特涨，曾在 2011 年 9 月达到了每盎司大约 1 900 美元的历史高点。后来在 2015 年末，金价又下跌至每盎司 1 060 美元。到了 2017 年，金价只小幅上涨至每盎司 1 200 美元。虽然 2010 年和 2011 年初，黄金的价格走势很不错，但若是从 1980 年算起，黄金的年均收益率尚不足 1%。在同一时期，纽约证券交易所上市股票的平均收益率为 11.6%。但是，在美国各地的深夜电视节目上，你仍然可以看到声嘶力竭的推销员正在鼓吹“黄金是储蓄投资的好渠道”。不要买他们推销的产品——那只不过是另外一种形式的投机。

收藏品的情况要复杂一些，因为它们具有娱乐价值，收藏家常常可以从收藏品中获得快乐。但是，收藏品本身并不是投资品，因为其再次出售的价格完全取决于市场的供求，是投机性的。例如邮票、硬币、漫画书和棒球卡，只有当未来有人愿意支付更高的价格买下它们的时候，它们的价值才会增加。所以说，它们的价值完全取决于市场的供给和需求。

思考：

有些人确实依靠收藏品变成了有钱人。例如迈克・吉德维茨（Mike Gidwitz），一位来自芝加哥的投资顾问，同时也是狂热的文艺纪念品收藏家。1997 年，迈克一共花了 640 500 美元买下了最著名、价值最高的棒球卡——唯一的一张 T206 Honus Wagner* 棒球卡。迈克人很好，是个有趣的家伙，他还拥有 100 多张《疯狂》杂志封面画作的原始手稿。但是正如迈克所说，“我把买棒球卡看作是赌博——如果你无法承受损失，那么就不应当买。我买棒球卡的目的不是为了投资，而是因为它们给我带来了很多快乐。”他的想法和心态确实不错。顺便说一句，迈克已于 2000 年 7 月将这张棒球卡以 126.5 万美元的价格卖掉了。有趣的是，这张棒球卡于 2007 年以 280 万美元的高价被再次出售给亚利桑那响尾蛇队的老板。

注：经迈克・吉德维茨许可转载。

这是否意味着你应当避免接触收藏品？如果你把它们当作投资品的话，那么最好还是尽量避开。你要记住，投资往往是毫无乐趣的，其不确定性要低于投机，但是为了未来的

* 华格纳是著名的美式足球明星。——译者注

财务安全着想，毫无乐趣和确定性也不是什么坏东西。收藏品确实能给人带来很多快乐，但是人们不能指望它来确保未来的财务安全。例如，我（指本书作者）喜欢收藏旧的《疯狂》杂志。毫无疑问，这样的旧杂志的价格肯定会越来越低，但是对我而言，这不是问题，因为它们不是投资品，我根本不打算把它们卖掉。

行为视角 >>>

原理 9：心理游戏、理财个性与金钱

希望此时此刻大家已经明白不同的股票与债券之间是如何互相影响的，了解投资者可以通过同时投资于多种不同类型的资产来降低投资组合的风险水平，例如，在自己的投资组合里同时持有多种股票和债券。

心理账户是起到阻碍作用的因素之一。之前我们已经讨论过这个话题，具体涉及心理预算或用“不同账户里的钱”去实现不同的目标。事实证明，很多投资者把自己的投资组合看作“资产金字塔”，是由很多层或对应不同资产的心理账户所组成，分别代表着不同的理财目标。① 例如，为退休账户而进行的投资就对应着金字塔的一层或某个心理账户。这种思维方式的问题在于每个心理账户的投资决策都是单独制定的，投资者忽视了不同账户之间的关联性。因此，如果你的目标之一是为退休后的生活提供收入来源，你可能会选择投资债券，目的是获得定期的利息收益；如果你的另一目标是让资产能够保值，那么这个心理账户也可能会选择投资于债券。其他的某个心理账户可能会选择投资普通股，这些普通股可以通过股息的方式给投资者带来经常性收入。最终的结果可能是投资者获得的经常性收入大于其实际需求，由于投资者将每个不同的资产层级或心理账户视为相互独立的理财目标，所以这可能会导致投资者过度投资于债券。而且，将投资组合视为由不同的心理账户组成的金字塔，结果便是投资者手上持有多个迷你的小型资产组合，然而把它们放到一起后，却不能像投资者预期的那样实现其理财目标。

行动计划 >>>

原理 10：开始行动吧！

债券和普通股是绝大多数个人投资者会选择的两种投资产品。因此我们来研究一下在投资债券时可以采用哪些手段提高投资的成功概率。

- 确定目标。和普通股一样，投资债券时要做的第一件事就是确定目标——因为这将决定你如何进行资产配置以及将多少资金用于投资债券。

- 不要小看投资债券对分散化投资的意义。当股票市场行情高涨时，债券看上去不太吸引人，但是当市场普遍下跌时，债券能有效延缓资产组合的贬值速度，那时你便会明白投资债券的意义所在了。

- 了解税负与债券的关系。虽然市政债券的免税特征很重要，但它并不是对每个人都

---

① Hersh Shefrin and Meir Statman, “Behavioral Portfolio Theory,” *Journal of Financial and Quantitative Analysis* 35 (June 2000): 127-151.

适用。在选择市政债券之前，你应当按照自己的税率等级计算一下等价应税收益率。如果你适用较低的税率等级，那么可能会发现选择应税型的债券能给你带来更高的收益率，而且扣除税收后，税后收益率依然高于市政债券的免税收益率。如果你想免交州所得税，那就去买你所在的州发行的市政债券。

- 关注债券价格的潜在下行趋势。如果利率上升，你持有的债券价格下跌，你要想清楚此时该怎么办。而且，你还要牢牢记住一点：当市场利率上升时，期限越短的债券其价格下跌的幅度越小。我们要正视现实——如今利率水平正处在历史低点，总有一天要上涨的。

本章小结

➡ 学习目标 1：投资债券市场。

为什么要进行债券投资？原因很简单。债券投资有助于实现投资组合的多样化，能够向投资者提供稳定持续的现金流，如果持有到期的话，债券绝对是一种十分安全的投资产品。

➡ 学习目标 2：了解基本的债券术语并比较各种不同类型的债券。

总结：如果投资者买入债券后一直持有到期，则其总收益可以分成两部分：(1) 每半年或每年获得的利息收益，以及 (2) 到期时本金或票面价值的偿还。债券投资的风险表现为债券发行人没有足够的资金按时支付利息和偿还本金。衡量债券投资收益率的指标有两个：当期收益率和到期收益率。债券的当期收益率指的是每年的利息收益与债券市场价格的比值。到期收益率是投资者将债券一直持有到期所能获得的实际收益率或投资回报。

公司、美国联邦政府及其机构、州政府和当地政府已经发行了成千上万种债券。除此以外，市场上还有多种特殊类型的债券，例如零息票债券和垃圾债券。

关键术语

面值：债券的面值就是它的票面价值，也就是到债券到期时发行人偿还给投资者的本金。

到期日：债券发行后，发行人将债券的本金返还给债券持有人并宣布债券终止的时间。

息票利率：债券发行人会按照债券票面价值的一定比率向投资者支付利息。

债券契约：这是债券发行企业与代表债券持有人利益的债券托管机构之间签订的法律文件。

提前赎回条款：该条款允许债券发行人按照特定的价格、在特定的时期内将尚未到期的债券从持有人手中赎回。

递延赎回：是指只有当债券发行若干年以后，发行企业才有权将其提前赎回。

偿债基金：债券发行人定期向偿债基金内存入一定资金以备将来偿还债务。

公司债券：这是指公司发行的债券。

担保公司债券：以抵押品作为担保发行的债券。

抵押债券：以不动产的留置权作为抵押发行的债券。

无担保债券：没有担保的长期债券。

联邦政府机构债券：这是指由联邦政府机构而非美国财政部发行的债券。

转手债券：转手债券代表了投资者对一揽子联邦政府担保的抵押贷款的所有权。

通货膨胀保值债券：这是美国财政部发行的面值可随消费价格指数的变化而调整的债券，可以保证投资者获得实实在在的收益。（也就是说，能够获得高于通货膨胀率的收益。）这种债券的期限为5年、10年和20年，最小面额为1 000美元。

市政债券：是由州政府、县政府、市政府以及其他的公共机构——例如学区和高速公路的管理机构——发行的债券，其目的是为公共项目建设募集资金。

一般责任债券：以发行人的全部信用，即征税权，作为担保的市政债券。

收入债券：收入债券本息的偿付来源于某个特定的建设项目或者是特定的税收来源。

分期到期：这是指同一批市政债券有多个到期日，通常这些到期日是按照固定的时间间隔排列的。

零息票债券：是指持有期间不向投资者支付利息，实际出售价格远远低于票面价值的债券。

垃圾债券：是指风险水平非常高、信用等级较低的债券，也被称为高收益债券，其信用等级为BB级或更低。

➡ 学习目标3：计算债券的价值，并了解会影响债券价值变化的因素有哪些。

总结：债券的价值等于未来利息现金流的现值再加上到期时本金偿还额的现值。债券的价值与投资者的必要收益率之间存在反比的关系。因此，当投资者的必要收益率上升时，债券的价值将会下跌；反之，当投资者的必要收益率下降时，债券的价格将会上涨。

关键术语

当期收益率：等于每年的利息收益除以债券的市场价格。

到期收益率：是指投资者将债券持有到期实际获得的收益率，假设投资者将每年获得的利息收入进行了再投资，收益率就等于到期收益率。从本质上看，这是一个衡量预期收益的指标。

累积利息：这是指已经产生但尚未支付给债券持有人的债券利息。

发票价格：报价与应付未付利息的总额常常被称为发票价格。这也是投资者在二级市场上买入债券时实际支付的价格。

➡ 学习目标4：比较优先股和债券的不同特征。

总结：优先股没有固定的到期日，通常优先股的股息是事先确定好并保持不变的。和债券类似，一家公司可以发行多批优先股，而且每一批的特征都不一样。此外，绝大多数的优先股都具有股息可累积的特征，也就是说公司在宣布发放普通股股息之前，必须先将以前累积尚未支付的优先股股息全部支付完毕。

关键术语

优先股：优先股股东不享有公司的所有权或投票权，而且一般可以获得固定的股息。公司在向普通股股东支付普通股股息之前必须先向优先股股东支付优先股股息。

可累积特征：公司在宣布发放普通股股息之前，必须先将以前累积尚未支付的优先股股息全部支付完毕。

股息率可调整优先股：此类优先股每个季度的股息随市场利率的变化而变化。

可转换优先股：持有人可以按照事先约定好的比例将此类优先股转换成普通股。

➡ 学习目标5：了解房地产投资的风险。

总结：房地产投资方式包括直接投资和间接投资两种。房地产直接投资是指投资者直接买下不动产。而房地产间接投资方式是指投资者只是某个投资团体的一员，整个投资团体买下了不动产，然后雇用专业人士进行管理。这两种投资方式过于复杂，并不适合于普通的投资者。

➡ 学习目标 6：知道为什么不应当投资于黄金、白银、珠宝或收藏品。

总结：黄金、白银、白金、钻石、红宝石和其他收藏品都是最常见的投机例子，普通投资者最好不要碰。只有当你没有将它们视为投资品，不担心未来价格会怎样变化的时候，才可以考虑购买部分上述物品。

思考题

1. 假设你现在打算买入 VPI 公司发行的债券。《华尔街日报》上刊登的该债券的出售报价为 88.375。如果按照这个报价买入的话，你实际支付的价格应当是多少美元？假设你将该债券一直持有到期，则到期时 VPI 公司会向你支付多少美元？

2. 通货膨胀保值债券目前的售价为 940 美元，息票利率为 4%。

a. 假设你买下了这份债券，而且在第一次获得利息支付以前债券的本金额并没有进行调整，则你第一次获得的利息支付额为多少美元？

b. 如果通货膨胀率上升了一个百分点，则债券的新面值会变成多少美元？

c. 此后，你每半年获得的利息收益会是多少美元？

d. 假设每年的通货膨胀率为 2.5%，而且该债券还有 10 年到期，那么等到到期时债券的票面价值会变成多少美元？

3. 当投资者最初购买 500 美元的 EE 储蓄债券时要支付的成本是多少美元？假设债券的年均收益率为 3.60%，大约多长时间以后债券的价值会约等于其票面价值？

4. 一位投资者正在考虑买入一份息票利率为 5.50%、票面价值为 1 000 美元的债券，其当前的市场价格为 927.50 美元，还有 9 年到期。根据上述信息，回答下列问题：

a. 该债券的当期收益率是多少？

b. 该债券的近似到期收益率是多少？

c. 使用财务计算器算出的该债券的到期收益率是多少？

5. 三个好朋友，朱迪、娜塔莉和尼尔想让你帮忙计算一下市政债券的等价应税收益率。该市政债券的当期收益率为 3.75%，还有 5 年时间到期。朱迪的边际税率为 15%，娜塔莉的边际税率为 25%，而尼尔的边际税率为 35%。为这个三个朋友分别计算一下市政债券的等价应税收益率。假设类似的 AAA 级公司债券的收益率为 4%，则这三位朋友中哪一位应当购买市政债券？

6. 一个信用等级非常高的公司债券还有 5 年到期，现在的出售报价为 103.50。债券的票面价值为 1 000 美元，初始利率水平为 6.5%。如果该债券每 6 个月支付一次利息，自上次支付利息后到现在已经过去了 4 个月，则打算买入该债券的投资者支付的总价格应当是多少美元？

7. 2041 年 4 月到期的 XYZ 债券的票面价值为 1 000 美元，息票利率为 5.5%，当前市场上的报价为 95.625。计算下列问题：

a. 该债券什么时候到期？

b. 投资者想买入该债券的话，应当支付的价格是多少？

c. 如果你持有该债券，则其他人要支付多高的价格才能从你手上把它买走？

d. 假设收盘价为 95.50，则该债券的当期收益率等于多少？

8. 根据图13-3，随着债券临近到期日，其溢价（或折价）将会逐渐降低直至等于零。计算一下当余下期限分别为7年、5年或2年时，下面两种债券的出售价格是多少美元。以此来证明上述论断是正确的。假设到期收益率保持不变，为8%。

a. 10年期、息票利率为10%的债券。

b. 10年期、息票利率为6%的债券。

9. 使用财务计算器计算下列债券的价值：

票面价值（美元）	利率（%）	必要收益率（%）	距离到期日的年份数
1 000	5	5	10
1 000	5	9	10
1 000	5	4	10

11. 优先股每年的股息额为每股3.50美元，投资者的必要收益率为8.5%，则该优先股的价值（今日价格）是多少美元？当投资者的必要收益率变为6%或11.5%时，该优先股的价值分别是多少？

讨论案例1

近来，刚刚大学毕业的马吉尔听说你有比较丰富的投资经验，所以向你请教债券投资的问题。马吉尔说他朋友认为股票市场的波动性太强，债券是比较安全的投资选择。马吉尔承认他自己对股票和债券都不太懂，但是为了实现5年以后买房的目标，他准备马上开始储蓄。马吉尔还提到他听说优先股和房地产投资也是不错的选择。他的室友建议他买入优先股，每年的股息额为每股4.50美元，或者是买下紧邻家乡的一块农场土地。请你回答下列问题，帮助马吉尔了解一些基本的投资概念。

问题：

1. 列举出投资债券的至少四个好处。

2. 如果马吉尔认为市场利率水平将要上升，那么他应当买入哪种类型、期限多长的债券？他不应当选择哪种类型、哪种期限的债券？为什么？

3. 为马吉尔准备一份购买债券时可以使用的注意事项列表。

4. 为了尽可能地保障投资安全和实现买房目标，马吉尔应当选择期限多长的债券？这种投资策略可以减少或消除哪些类型的风险？

5. 向马吉尔解释一下为什么他可以考虑投资优先股而不是债券。

6. 如果马吉尔的必要收益率为8%，则他正考虑购买的优先股的公平市场价值应当是多少美元？

7. 如果马吉尔非常想进行房地产投资以实现自己的目标，那么房地产直接投资形式和间接投资形式哪一种更适合他？从流动性、波动性和安全性的角度解释你的回答。

讨论案例2

6个月以前，珍妮继承了一个投资组合，里面包含好几种债券。珍妮对投资不甚了解，尤其是对债券几乎一无所知。她准备了下面这张表给你过目。珍妮唯一确认的是自己名下拥有 7 种债券，期限在 2～20 年之间。下面这个表格列出了每种债券的名称、标准普尔信用等级、期限以及当前收益率。

债券信用等级表

债券名称	标准普尔信用等级	到期年数	当前收益率（%）
ABC 公司	AAA	10	4.75
XYX 工业公司	AA	3	3.17
INTL 有限公司	A	7	6.11
MED 公司	BBB	5	4.40
SPEC 有限责任公司	B	2	6.67
LAM 公司	CCC	3	25.97
BAD 有限责任公司	CC	4	10.19

问题：

1. 在认真研究过这几只债券的收益率数据以后，你应当特别提醒珍妮注意哪些风险？

2. 对于债券的到期日，投资者的预期是什么？本例的情况是怎样的？

3. 根据标准普尔给出的信用等级，不同债券的收益率之间的差别是否是合理的？

4. 根据你对第 2 题和第 3 题的回答，珍妮是否获得了足额的风险报酬？

5. AAA 级债券与 BBB 级债券之间收益率的最小差别应当是多少？本例的实际情况是否与之相符？

6. 如果市场利率水平上涨了 1 个或 2 个百分点，哪只债券受到的影响最小？哪只债券受到的影响最大？为什么？

7. 如果珍妮要你推荐应当卖掉哪只债券以及应当买进哪只债券，那么你会建议她怎么做？如果你建议买入更多的某只债券，即使该债券的风险水平不高，且收益率相当不错，那么这种做法会使得珍妮面临哪些其他类型的风险？（提示：回顾一下第 11 章中讲过的风险类型。）

8. 既然珍妮在非常长的时间内都不打算动用这笔钱，那么系列 EE 储蓄债券或 I 债券是否更适合于珍妮的需求？

9. 如果另一位投资者打算按照价格 945 美元买入 XYX 工业公司的债券（面值为 1 000 美元），那么他每年能获得多少利息收益？

10. 使用第 9 题提供的信息计算一下如果投资者真的购买了 XYX 公司的债券，那么他的到期收益率近似等于多少？

第14章 共同基金与交易所交易基金：分散化投资的便捷手段

学习目标

1	对比分析投资共同基金的优势和劣势。	为什么投资共同基金?
2	区分不同类型的共同基金、交易所交易基金和投资信托基金。	投资公司
3	计算共同基金的收益率。	计算共同基金的成本与收益
4	按照投资目标将共同基金进行分类。	共同基金的类型与目标
5	挑选适合自己的共同基金。	购买共同基金

对于斯科特·亚当斯（Scott Adams）来说，作为《呆伯特》（*Dibert*）系列漫画作品的作者，他走过的致富理财道路并不平坦。1979—1995 年，亚当斯先是在位于旧金山的克罗克银行（Crocker Bank）工作，随后又到太平洋贝尔公司（Pacific Bell）工作。从 1989 年开始，亚当斯开始创作《呆伯特》系列漫画——呆伯特的形象是一个没有嘴的小技术员，脖子上永远系着打着弯的领带。1995 年，亚当斯被太平洋贝尔公司解雇以后就窝在门牌号为 4S700R 的小房间里专心画画——当然亚当斯承认这主要是因为受到“预算的约束”不得已而为之，后来他靠《呆伯特》一下子赚到了 70 000 美元。

现在，《呆伯特》系列漫画已经被引进到 29 个国家的 1 200 多种报纸上。亚当斯的《呆伯特》系列漫画书也荣登了畅销书的榜首，而且亚当斯一次讲演的出场费就有 10 000 美元（每年亚当斯要安排 35 场演讲）。简单地说，现在亚当斯所取得的成就远远超过了在太平洋贝尔公司工作期间的成绩。

亚当斯是怎样处理这一大笔钱的呢？他投资于共同基金。你可能无法想象，就是亚当斯这样一位经常在漫画中嘲弄共同基金的人竟然也会投资共同基金。在某一个漫画系列中，呆伯特正在请教一位理财顾问——这位理财顾问正要求整个公司的员工去积极地推销那些“使劲烧钱”的基金产品。“我们可以在三天内把你这些垃圾资产变成宝贵的经纪人佣金！”理财顾问咆哮着说。

在另一个系列中，长得像土豆一样的 Dogbert——呆伯特的宠物狗和伙伴——把自己打扮成理财顾问的样子并宣称："我要告诉我所有的客户去投资'Dogbert 递延收益基金'。"

"这样做不会导致利益冲突吗?"呆伯特问。

"如果我对客户手下留情的话才会导致真正的利益冲突，"Dogbert 回答。

和许多投资新手一样，斯科特·亚当斯发现共同基金是最初进入市场和持续投资的最佳选择之一。让投资专家帮你打理好一切简直是太惬意了。正是因为越来越多的投资者开始意识到这一点，近些年来共同基金的发展势头才会这么迅猛。

事实上，现在市场上大约有 8 000 多种共同基金产品可供投资者选择——但在 20 世纪 60 年代时只有 161 种共同基金产品。不仅是共同基金的数量在极速增加，其资产总额也在暴涨——截至 2017 年，共同基金持有的资产总额已经超过了 16.3 万亿美元。正如表 14-1 所示，超过 44%的美国家庭都购买了共同基金。

表 14-1　共同基金数据

美国投资公司的净资产总额	19.2 万亿美元
共同基金	16.3 万亿美元
交易所交易基金	2.5 万亿美元
封闭式基金	2 620 亿美元
单位投资信托基金	850 亿美元
美国民众持有基金的情况	
持有基金的家庭数量	5 590 万美元
持有基金的家庭占比	44.4%
持有基金个数的中位数	4

资料来源：Investment Company Institute, *2017 Fact Book*, 57th ed. (Washington DC: ICI, 2017).

> **共同基金**：共同基金将投资者的小额资金汇集起来投资于股票、债券和其他投资产品。每个投资者按照其投资额拥有一定的基金份额。

共同基金（mutual fund）本身并不是一个不同的投资类别，相反，共同基金的投资策略常常是长期持有股票和债券这样的投资品。基金公司把你和其他投资者的小额资金聚集起来，投资于股票、债券和各种各样的有价证券。基金公司聘请了专业的基金经理负责管理这些投资，确保投资组合的总价值稳步增加。即使投资者的投资额非常少，如果购买共同基金的话，也可以获得多样化投资的好处。事实上，一些小投资者的总投资额仅为 1 000 美元甚至更少，但是却可以拥有包含 1 000 多种股票、充分多样化的庞大投资组合的一部分（是非常小的一部分）。

正是由于可以享受到多样化投资的好处，共同基金产品才会受到投资者的青睐。记住，正如原理 8 所说的那样，分散化投资有助于降低风险，共同基金可以让小投资者获得与拥有巨额资金的大投资者同样的分散化投资能力，可以充分降低风险。但是，并不是所有的共同基金都采用了相同的组织模式，至少从投资者的角度来看确实如此。本章将会指导你认真挑选适合个人自身情况的共同基金产品，避开那些基金投资陷阱。

为什么投资共同基金？

投资于共同基金能够给你带来很多好处，尤其是当你的投资额不大的时候，共同基金可以缩小大额投资者与小投资者之间的差距。不过，共同基金投资也同样存在着不足之处。但是，这些小毛病并不能掩盖共同基金投资的主要优势，特别是对小投资者来说更是如此，不过我们最好还是了解一下共同基金到底有哪些缺陷和不足。毕竟，未雨绸缪有利无害。首先，让我们先了解一下共同基金投资的优势或好处，然后再了解其不足之处。

共同基金投资的优势

● 分散化。投资于共同基金可以以较低廉的成本实现投资多样化的目的。对于小投资者而言，这是一项非常重要的优势和好处。如果你的总投资额只有 10 000 美元，那么想在不支付经纪人佣金的条件下实现投资的分散化将是非常难以实现的。但是，如果投资于共同基金，就相当于你买入了已经充分实现投资多样化的共同基金投资组合的一小部分。表 14－2 列出了先锋温莎Ⅱ号基金行业分散投资的情况以及其投资的 262 种股票中投资比例最高的前 10 种股票。正如你所看到的，拥有有限资金的个人投资者是无法达到这样高的分散化程度的。

● 专家管理。共同基金是以较低的成本获得专家理财服务的较好渠道之一。因为基金经理控制着几千万美元有时甚至高达几十亿美元的巨额资产，有价证券的交易量非常庞大，因此他们能够从各大经纪公司获得最实用的研究报告。于是，基金经理能够更好地评价各种投资产品，尤其是彼此可以互相替代的投资产品。对于小投资者或新手而言，刚开始入市时如果能有投资专家帮你开路，那简直是再好不过了。

● 交易成本最小化。因为共同基金的交易量非常大，因此支付的佣金比例相对较低。例如，如果你自己进行的股票交易不足 1 000 美元，则每一股的佣金成本大约为 50 美分。而对于共同基金来说，平均每股的佣金成本可能只有 2 美分，这是因为大宗交易者通常有能力与经纪公司进行谈判，获得较高的佣金优惠。从长期的角度来看，较低的交易成本可以带来更高的投资收益。

● 流动性。共同基金的流动性非常好，电话交易或在线交易都可以。尽管很多有价证券的流动性不太好，但是共同基金绝对不会这样。任何时候只要投资者想交易，就可以很方便地实现。实际上，共同基金的流动性足以满足投资者随时卖掉基金份额套现的需求。

● 灵活性。既然市场上现在有 8 000 多种不同的共同基金产品，那么这些共同基金产品拥有不同的投资目标和风险水平也就不足为奇了。作为个人投资者，你应当明确自己的投资目标和风险承受能力有多高，然后选择满足自身要求的基金产品。

● 服务。共同基金能够向投资者提供个人投资者不可能享受到的各种服务。例如，它们可以提供簿记、账户查询、账户自动转入或转出服务，投资者只需一个电话就能进行基金份额的买卖。而且，投资者还可以选择将获得的股息、利息和资本利得收益自动进行再投资。

● 避免受到不良经纪人的侵害。投资共同基金可以避免投资者受到不良经纪人的侵害，无须支付高额的佣金费用，也不用担心经纪人会通过“炒单”来谋取高额佣金。你要知道，经纪人的工作就是促成交易——如果投资者不进行交易的话，他们就赚不到钱。但是，共同基金经理人的任务是帮助你赚钱。

表 14-2　先锋温莎Ⅱ号基金的行业分散投资情况及其投资比例最高的前 10 种股票（截止到 2017 年 3 月 31 日）

	行业股票分散化投资		截至 2017 年 3 月 31 日，投资比例排名前 10 位的投资品种（占净资产总额的 24.5%）
	2017 年 3 月 31 日先锋温莎Ⅱ号基金的投资比例（%）	2017 年 3 月 31 日罗素 1 000 价值指数（%）	
非必需消费品行业	10.00	4.50	1. 微软公司
生活必需品行业	10.50	8.50	2. 美国银行
能源行业	8.80	12.20	3. 辉瑞公司
金融服务行业	17.30	26.50	4. 美敦力公司
医疗服务行业	19.90	10.80	5. 花旗集团
工业行业	10.00	10.20	6. 摩根大通
信息技术行业	16.90	10.00	7. 富国银行
材料行业	2.80	2.90	8. 甲骨文公司
房地产行业	0.20	4.60	9. 菲利普-莫里斯国际公司
通信服务行业	3.10	3.60	10. 江森自控国际有限公司
公用事业	0.50	6.20	

资料来源：Vanguard，Windsor Ⅱ Fund，https://personal.vanguard.com/us/funds/snapshot? FundId=0073&FundIntExt=INT，accessed May 7，2017. © The Vanguard Group，Inc.，used with permission.

共同基金投资的不足之处

● 业绩低于市场平均水平。一般情况下，80%的积极管理型股票基金的业绩低于市场的平均水平（标准普尔 500 指数）。当然，这只是一般情况，具体来说不同年份之间的投资收益可能存在着较大的差异——但是这不足以说明基金经理有能力打败市场。为什么这么说？因为基金的运作有很多成本，要支付管理费与经纪人佣金，而“市场”则没有任何交易成本——它只是对股票价格上涨或下跌的幅度进行衡量而已。但是，如果你的目标是获得投资收益的话，共同基金还是可以帮助你实现这一目标的。

● 成本。对于不同的基金来说，投资成本的差异性会比较明显。在决定投资之前，你最好详细调查一下基金的投资成本。有些基金要收取 8.5%的销售费用，而且每年其他的费用支出比例甚至高达 3%左右。

● 风险。并不是所有的共同基金都像大家想象的那么安全。为了能够打败竞争对手，很多基金都采用了专业化策略，也就是说这些共同基金只盯住市场的一小部分进行投资，例如专门投资于“健康/生物工程类股票”或者是“拉美板块”。与此同时，这些共同基金还可以选择其他一两个行业的股票分散风险，但是它们不会把市场上各行各业的股票全部纳入自己的投资组合。于是，采取类似策略的共同基金的投资多样化程度就不够高，它们选择的股票相关程度比较高。所以在这种情况下，这些共同基金的收益情况就要受到非系统性风险的影响。

并不是所有的共同基金都能实现高度分散化，因此那些未高度分散化投资的基金的年收益率可能发生剧烈波动。例如，2017 年 1 月 31 日之前的 12 个月内，富达优选天然气基金的收益率超过了 53%；然而，在同一段时期内，富达优选制药行业基金却是亏损的，损失幅度超过 10%。一个分散化程度比较高的基金则可以用投资其他行业的收益来弥补这样的损失。你要记住，多样化是共同基金的一大优势，如果你选择的基金多样化程度不足，只专门投资于某一个行业的话，则优势就会变成劣势。

你不能通过分散化投资来躲过市场崩溃所带来的冲击。很多投资者认为既然共同基金已经实现充分的投资多样化了，那么就应当什么风险都没有了。这种想法是不正确的。你应该还记得原理 8——风险与收益的权衡，分散化并不能消除系统性风险或市场风险（系统性风险来源于影响所有股票价格变动的因素）。因此如果整个市场都崩溃了，那么投资股票共同基金也保护不了你，因为所有的股票都在贬值。

● 税收。当你采用买入持有投资策略时，你获得的投资收益属于长期资本利得收益，只有当你出售股票将长期资本利得收益实现时才需要纳税。但是共同基金的交易频率是比较高的，当基金经理们卖出股票获得投资收益时，你就要为获得的资本利得收益纳税。共同基金不能帮助你递延缴纳税款——只要交易导致投资收益实现，你就必须马上纳税。

思考：

“有一些证据证明去年做得好的投资者，今年的收益也会不错。但是这种情况非常少见。绝大多数情况是去年业绩很糟糕的基金，今年的业绩依然很糟糕。它们收取的费用很高，投资选择盲目。”——保罗·萨缪尔森。这句话告诉你应当怎样挑选共同基金？

共同基金的基本原理

共同基金将拥有类似理财目标的投资者的资金集中到了一起。当投资者投资于共同基金时，他可以买入若干份共同基金的份额。于是，此时投资者好比是投资于一个多样化程度非常高的投资组合，而且由专业的投资专家为实现既定的目的或理财目标（例如，只投资于国际型股票或高收益债券）而负责管理该投资组合。在共同基金成立时已经清楚地阐述了这一投资目标，而且在基金投资专家的投资交易过程中也从头到尾地体现了这一目标。

投资者拥有的基金份额代表了对共同基金投资组合的一部分所有权。实际上，个人投资者出资购买了共同基金份额以后，基金经理人就用这笔资金来购买各种有价证券，于是共同基金份额的持有人也就拥有了基金投资组合的一部分所有权。图 14－1 说明了这一关系。要注意的重要一点是，基金份额的持有者并不直接拥有该基金买入的有价证券。相反，他们拥有的是整个基金总价值的一部分。

当投资者拥有基金份额时，他们可以通过三种方式获得投资收益。

● 第一，当共同基金投资组合内持有的所有有价证券价格上涨时，每一份基金份额的价值也将随之上涨。

投资者将他们的资金集中起来，交给专业的投资基金经理打理，基金经理会利用这些资金构建一个多样化的投资组合。

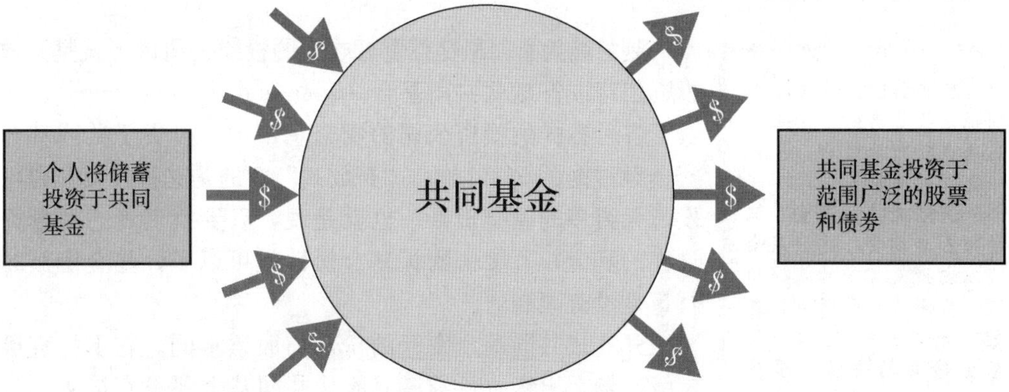

图 14-1　集合投资

- 第二，绝大多数的共同基金会向投资者支付红利或利息。如果基金投资组合内的股票或债券发放了股息或利息，则基金会以红利的方式将这部分收益转移给投资者。
- 第三，如果基金以高于原始买入价的价格卖出了某只证券，则基金份额持有者也可以获得这部分资本利得，通常是每年支付一次。

当然，基金份额持有者也可以选择将这些红利、利息和资本利得再投资于基金或者是以现金支票的方式获得这部分收益。不管采取哪种方式，税务处理方式都是一样的：投资者获得的所有收益，不管是进行了再投资还是获得了现金，都要在收到的当年缴纳税款。

在了解各种各样的共同基金之前，先让我们了解一下共同基金的组织结构。基金本身是以公司或信托契约的形式建立的，其所有人是购买了基金份额的投资者，他们有权选择基金的董事会。然后，基金就由最初发起设立基金的基金管理公司负责运作。通常，一个基金管理公司要同时负责多个不同类型基金的运作。实际上，两个规模最大的基金管理公司，富达（Fidelity）和先锋（Vanguard），其旗下几乎拥有各种各样投资目标的基金。

接下来每一个基金都要聘请一位投资顾问——通常该投资顾问来源于基金管理公司——来负责监管该基金的投资运作情况。这位投资顾问要监督每一笔证券的买卖交易。由于提供了服务，通常投资顾问每年可以获得相当于基金总价值 1%的佣金。一般来说，管理费用相当于基金总价值的 0.5%，但是不同类型的基金提取的管理费额度也有很大差别。除了管理费以外，其他的运营成本会使得年均总运营成本达到基金总资产价值的 1%左右。

投资公司

实际上，共同基金就是**投资公司**（investment company）的一种特殊形式——所谓投资公司就是指将投资者的资金集中起来进行投资并收取服务费用的公司。除了共同基金以外，金融市场上还有其他各种类型的投资公司，每一种类型都与共同基金十分相似。

开放式共同基金

投资公司：这类企业将很多投资者的资金汇集起来进行投资管理，收取一定的管理费。

开放式共同基金：只要投资者需要，这种基金可以发行无穷多的基金份额。基金持有的所有证券的市场价值决定了每一份基金份额的价值是多少美元。

资产净值（NAV）：即共同基金份额的价值。它等于共同基金持有的资产价值（减去负债），然后再除以发行在外的基金份额总数。

到目前为止，最受投资者欢迎的投资公司形式就是开放式投资公司或**开放式共同基金**（open-end mutual funds）。在投资于各种各样的投资公司的资金总量中，投资于共同基金的资金额占据了 95%以上。“开放式”指的是这种投资公司可以发行无穷多的基金份额。也就是说，只要投资者想要投资于这样的基金，直接去购买基金份额就可以了，基金份额的发行量是没有限制的。

开放式共同基金发行的份额与股票不同。它不能直接在二级市场上出售；投资者只能从共同基金那里直接买到基金份额。当投资者想退出时，共同基金可以直接从投资者手上买回基金份额，根本不会问为什么。

投资者买入或卖出开放式共同基金份额的价格取决于共同基金的**资产净值**（net asset value，NAV）。而基金的资产净值又取决于共同基金持有的所有有价证券的市场价值总额减去所有的负债，然后再除以发行在外的基金份额总数*。

$$资产净值=\frac{所有证券的市场价值总和-负债}{发行在外的基金份额数}$$

例如，如果基金持有的所有投资产品的市场价值总额为 850 000 000 美元，负债额为 50 000 000 美元，已发行了 40 000 000 份基金份额，则资产净值就等于：

$$资产净值=\frac{850\ 000\ 000-50\ 000\ 000}{40\ 000\ 000}=每基金份额为\ 20\ 美元$$

实际上，计算结果表明每一份基金份额代表的都是基金资产四千万分之一的所有权，其出售价格为 20 美元。因此我们说，基金持有的投资组合的资产总价值决定了每一份基金份额的价值。请注意，资产净值每天只计算一次，在市场刚刚收市以后计算。

封闭式共同基金：指的是不能发行新的基金份额的共同基金。这类基金只能发行数量固定的基金份额用来募集资金，然后已发行的基金份额可以在投资者之间进行买卖交易。封闭式共同基金份额的价值同时取决于基金投资组合的价值与市场的供求关系。

封闭式共同基金

封闭式共同基金（closed-end mutual funds）不能应投资者的要求发放更多的基金份额。事实上，封闭式共同基金的基金份额数量是固定不变的。在成立之初投资公司会发行一定数量的基金份额，此外便不再发行新的基金份额，已发行的基金份额在投资者之间进行交易，其价格取决于市场的供给与需求。所以说，从这个角度看的话，封闭式共同基金更像是股票而不是共同基金。

---

* 这样计算出来的数值实际上是每个基金份额或基金单位的资产净值。——译者注

和普通股一样，封闭式基金发行在外的基金份额数量也是有限的。如果某位投资者想买入（或卖出）封闭式基金已发行的基金份额，则可以在二级市场上从另一个投资者手上购买（或卖给其他投资者）。与开放式基金不同，当投资者想要购买基金份额时，封闭式基金不会直接卖给他；同理，当投资者想卖掉手上的基金份额时，封闭式基金也不会直接从他手上赎回来。因为封闭式基金份额的价值是由市场供求而非基金份额的资产净值决定的，所以封闭式基金的基金份额的实际市场交易价格往往要高于其资产净值，而其他类型基金份额的交易价格常常要低于其资产净值。

近些年来，封闭式基金受到了市场的追捧，因为它们是投资者投资于某些市场的唯一渠道。例如，韩国政府对韩国企业发行的普通股控制得非常紧。因此，投资韩国企业的一个简便办法是投资于类似于韩国基金（Korea Fund）这样的封闭式基金。另一种有效的投资方法是通过交易所交易基金，我们将在本章的后面部分讨论这种基金。

现实世界

2017 年初，债券基金——包括市政债券基金与应税债券基金——在总资产为 2 620 亿美元的封闭式基金市场中占据了最大的份额。

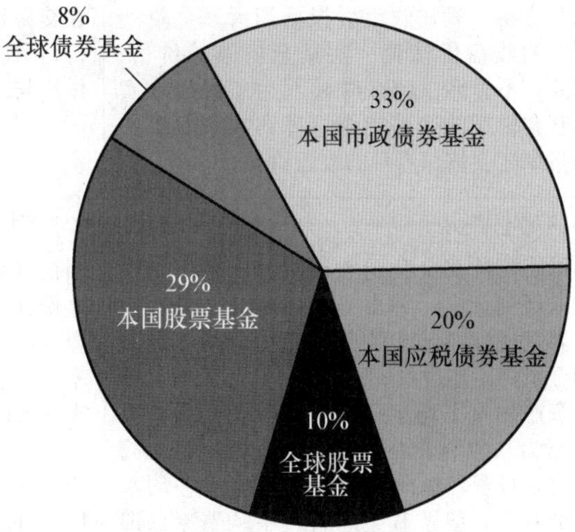

交易所交易基金

交易所交易基金（ETF）：是糅合了共同基金和单独交易的股票或债券的混合投资产品。ETF 可以像普通证券一样在交易所内交易，而且在交易日的整个交易时段内都可以进行买卖。

交易所交易基金（exchange traded fund，ETF），最初于 1993 年开始发行，是一种糅合了共同基金和单独交易的股票或债券的混合投资产品。正如它的名字所反映的，ETF 是可以在交易所交易的共同基金，这一点类似于股票，每个交易日都可以进行买卖。实际上，所有适用于股票的操作手法也同样适用于 ETF。例如对于 ETF，你也可以卖空或者是使用保证金账户进行买卖（我们在第 11 章讲过保证金交易）。与普通的共同基金相比，交易的灵活性是 ETF 拥有的主要优势之一。ETF 可以交易一整天，所以你可以在适当的时候进行买卖。表 14－3 列出了共同基金与 ETF 的主要差异。

现在大约有2.5万亿美元的资金投资于ETF。一般来说，ETF会追踪复制某一种指数，这意味着投资者购买了ETF就相当于同时投资了该标的指数——例如NASDAQ 100指数，或者是行业指数，比方说石油行业、公用事业、日本或欧洲企业的股票板块——样本内的多只股票或债券。除了已在美国证券交易所上市的公司以外，如果你想投资于韩国、瑞典或南非其他公司的股票，或者是某些小型的增长型企业，你该怎样达到目的？答案是寻找符合你的投资目标的ETF。对于这种ETF来说，它们具有的优势是已经实现了在某一行业内或国家内的分散化投资。这并不意味着它们已经彻底地消除了非系统性风险，因为由能源企业构成的ETF，其投资业绩取决于全球能源行业的发展状况，而不会被投资的某一家企业所左右。近期，市场上出现了一种全新的ETF衍生产品——杠杆ETF，其收益率相当于指数收益率的几倍，比如说两到三倍。此外还有一种名为“反向ETF”的新产品，其变化方向与指数的变化方向正好相反，也就是说，当指数上升时，该ETF的收益率反而下降。

表14-3　交易所交易基金与共同基金的对比

	共同基金	交易所交易基金
交易方式	每个交易日只在收市后根据当天基金资产组合的收盘价计算一次基金份额的价格。因此，不管你在什么时候下达了买入或卖出基金份额的交易指令，直到收市后该交易指令才会按照当日的收盘价执行。	在交易日连续交易，基金份额的价格取决于市场供求（投资者的供给与需求）。
资产规模（2017年）	16.3万亿美元	2.5万亿美元
交易成本与费用	如果直接从基金公司购买基金份额，则不收取任何佣金。如果是收费基金，并且投资者是通过经纪人购买基金份额的，那么佣金最高不超过投资额的8.5%，股票基金的资产加权平均年费费率（以投资者的投资额为权重算出的基金费率）为0.63%。不过，投资者倾向于投资费率低于平均水平的基金，股票基金的直接平均费率（即所有股票基金的算数平均值）为1.28%。	当投资者买入或卖出某ETF基金份额时，一般要支付经纪人佣金。ETF的资产加权平均年费费率（以投资者的投资额为权重算出的ETF基金费率）仅为0.23%。不过，投资者倾向于投资费率低于平均水平的ETF，ETF的直接平均费率（即所有ETF的算数平均值）为0.52%。
投资组合的透明度	通常基金公司会每个月或每个季度报告一次资产组合的构成情况。	通常每天在ETF网站上公布对ETF的持有状况。

因为交易所交易基金可以像股票一样在整个交易日内进行交易，所以基金份额的市场价格会偏离其资产净值，即NAV，不过在很多情况下偏离的幅度并不大。然后到交易日结束时，与普通的共同基金一样，交易所交易基金也要计算资产组合的总价值，从而获得新的资产净值数据。你可以像查询股票一样，在网上登入基金的名称或代码查看ETF基金份额的交易价格。

交易所交易基金的一大优势在于它们的费率水平甚至比收费水平最低的共同基金还要低，最低能达到年均费率仅为0.05%。但是和股票一样，买卖交易所交易基金时投资者要支付佣金。由于你要从另一个投资者的手上买入交易所交易基金，所以还要面对买卖差价问题。也就是说，也许你买入交易所交易基金时支付的价格是 25.00 美元，然而卖出价格仅为 24.85 美元。概括地说，对于交易不频繁的投资者来说，交易所交易基金的成本更低一些；不过相比于交易频繁的投资者来说，交易所交易基金的成本要略高一些。

交易所交易基金的另一大优势就是税收优惠。对普通的共同基金来说，基金经理要时不时地卖出一部分资产以满足投资者的赎回需求。资产出售实现的资本利得收益是要纳税的。不过对于交易所交易基金来说，基金份额的交易绝大多数是在基金股东之间进行的，所以基金不需要卖出股票套现来满足投资者的赎回请求。这使得交易所交易基金比绝大多数共同基金更能发挥节税作用。

交易所交易基金之所以能够获得巨大的成功，主要是因为它允许那些自认为了解某个行业、部门或国家未来经济发展方向的投资者有机会去投资这些行业、部门或国家。它们还允许投资者在市场交易时间内自由地进行买卖。表 14 - 4 列出了交易所交易基金的优势和劣势。

表 14 - 4　交易所交易基金的优势与劣势

交易所交易基金的优势： ● 交易所交易基金可以像股票或债券一样直接在交易所进行交易，在整个交易日内投资者都可以买卖交易所交易基金。 ● 对于交易所交易基金，投资者也可以卖空或者是进行保证金交易。 ● 交易所交易基金可以让投资者有机会介入原本不可能投资的行业或国家，例如生物工程行业。 ● 交易所交易基金每年的费率非常低。 ● 交易所交易基金比绝大多数共同基金更能发挥节税作用。
交易所交易基金的劣势： ● 交易所交易基金与普通股一样，买卖时投资者要支付佣金。 ● 交易所交易基金的市场价格并不一定等于其资产净值。 ● 对于交易频繁的投资者来说，交易所交易基金的成本要高于普通的共同基金。这是因为每次买卖交易所交易基金时，投资者都要支付经纪人佣金的缘故。

单位投资信托基金

单位投资信托基金（unit investment trust）也是构建一个证券投资组合，一般是市政债券，然后每一个基金单位代表着资产组合的部分所有权。尽管看上去与共同基金非常相似，但是实际上单位投资信托基金的组织管理形式与共同基金是完全不同的。例如，单位投资信托基金是不需要管理的。此外，不同于共同基金的积极投资管理策略，单位投资信托基金往往采取的是消极投资管理策略。也就是说，信托基金买入一定数额的债券后就会一直持有到债券到期，而且债券到期后信托基金也将宣告中止。截至 2017 年初，单位投资信托基金的数量超过 5 000 个，总资产值约为 850 亿美元。

> **单位投资信托基金：** 也是构建一个证券投资组合，一般是市政债券，然后每一个基金单位代表着资产组合的部分所有权。单位投资信托基金与共同基金的最主要差别在于单位投资信托基金采取的是消极投资管理策略，即信托基金买入一定数额的债券后就会一直持有到债券到期，而且债券到期后信托基金也将宣告中止。

单位投资信托基金的运作模式一般是这样的：首先，投资公司会宣布成立一个新的信托基金并进行广告宣称，然后通过经纪公司销售基金单位。一般来说，最低投资额为 1 000 美元，而且还要扣除

3.5%～4.9%的销售佣金。然后，扣除销售佣金以后剩下的资金将被投资于市政债券。投资公司的责任是按时收取债券组合的利息和本金，然后再转移支付给投资者。

单位投资信托基金的优势在于其投资的多样化。很多市政债券的风险程度是比较高的，因此多样化投资是十分必要的。不过，由于绝大多数市政债券的价格最低为 1 000 美元，因此很多小投资者根本没有足够的资金来实现投资的多样化。然而，单位投资信托基金可以很容易地解决这个问题。

尽管绝大多数的投资者会将单位投资信托基金一直持有到期，但是一些发行量比较大的信托基金是有二级市场的。此外，大多数经纪公司都可以从投资者手上买入信托基金单位然后再将其转手卖掉。不过如果把信托基金单位卖给经纪公司的话，通常成交价格是要打折扣的。单位投资信托基金实际上针对的是长期投资者。如果你的投资期限少于 10 年的话，那么最好不要选择单位投资信托基金，还是继续投资共同基金吧。

房地产投资信托基金

> **房地产投资信托基金**：这是一种与共同基金相似的投资工具，专门投资于房地产行业，例如购物中心或租赁房地产，或者是发放房地产抵押贷款。

房地产投资信托基金（real estate investment trust，REIT），与共同基金有很多相似之处，例如也是由专业的基金经理将众多小投资者的资金集中起来构建一个投资多样化的资产组合。然而对于房地产投资信托基金而言，投资组合内的资产全部与房地产相关。房地产投资信托基金发行的基金份额可在美国几大交易所上市交易，而且绝大多数的房地产投资信托基金没有事先确定存续时间的长短。

从投资者的角度来看，房地产投资信托基金就像是专门投资于房地产而不是证券的共同基金。但是从技术的层面上讲，两者之间还是有一定差别的。例如，房地产投资信托基金至少有 75%左右的收益来源于房地产投资，而且必须将至少 95%的投资收益以红利的方式支付给持有房地产投资信托基金份额的投资者。此外，绝大多数房地产投资信托基金还要对其名下拥有的不动产进行积极的管理。

共有三种类型的房地产投资信托基金：权益型房地产投资信托基金、抵押型房地产投资信托基金以及结合了前两者特点的混合型房地产投资信托基金。权益型房地产投资信托基金直接买下不动产并依靠管理经营不动产来获得收益。如果投资者买入的是权益型房地产投资信托基金，则他们最希望看到的是房地产的价格上涨。对于抵押型房地产投资信托基金，募集到的资金只用来发放房地产抵押贷款。投资者只能获得抵押贷款的利息收入，不太可能获得资本利得收益。混合型房地产投资信托基金同时投资于不动产和房地产抵押贷款，因此既能获得利息收入，又能因不动产的升值而获得资本利得收益。

房地产投资信托基金有什么优势呢？它们的优势在于投资组合的价值变动与股票市场之间的关联性并不强。有些投资者想投资房地产行业，但是自己没有掌握足够多的知识、信息或经验，对于这样的投资者，房地产投资信托基金也不失为一个好选择。而且，尽管有些房地产投资信托基金的流动性不太好，但总是要比直接投资房地产好一些。

如果你真的打算投资房地产投资信托基金，那么首先一定要确认其二级市场的流动性真的比较好（证券的交易量越大，其流动性就越好）。而且，你还要记住的一点是房地产行业的风险非常大。我们前面已经说过，房地产市场的波动比较剧烈，这一点已经被

2006—2007 年房价的大幅度下跌所证明。诚如你所想，自 21 世纪第一个十年后期，随着住房市场的崩溃，REIT 的价值也随之大幅缩水。事实上，在 2007 年 3 月—2009 年 3 月期间，摩根士丹利 REIT 指数下跌了近 75%。虽然在随后的两年间，该指数止跌反弹，但是仍然没有达到前期的高点。到 2017 年年初，该指数值依然比 2007 年的高点低 8%左右。

尽量避开对冲基金

对冲基金（hedge fund）这种投资产品几乎不受任何的投资限制，也就是说，基金经理可以想投资什么就投资什么，这是因为对冲基金不受证券交易委员会的监管。对冲基金收取高额的费用，用行话来说，收费模式通常为“2-20”——含义是要抽取所管理总资产的 2%（即使当对冲基金发生亏损时，也要按照这一比例提取管理费），此外还要把投资收益的 20%作为分红提走。有的对冲基金收取的费用甚至更高。例如，复兴技术对冲基金（Renaissance Technologies hedge fund）采用的收费模式是“5-44”。总而言之，当投资者想赎回基金份额时，基金公司不一定会允许；而且基金经理通常不会告诉投资者他们到底用投资者的钱投资了什么项目或产品。伯尼·麦道夫（Bernie Madoff）就掌管着一家对冲基金，你可能已经知道他都干些什么。因为对冲基金不受实质性的监管，所以麦道夫得以利用对冲基金设计“庞氏骗局”，即从新投资者那里获得资金，然后把这笔钱支付给之前的投资者。在此过程中，大部分钱都流入了麦道夫的个人腰包。最终，投资者的损失额高达 500 亿美元，而麦道夫的下场是锒铛入狱。

> **对冲基金**：这是一种不受监管、风险水平极高的私募基金，收费标准非常高，通常只允许富有的投资者参与投资。

因为对冲基金的风险实在太高，所以最好不要投资，除非你是“合格投资者”（accredited investor），这意味着你必须至少拥有 100 万美元以上的个人净资产（不包括住房），或者是最近两年内你的收入至少达到了 200 000 美元（已婚人士要达到 300 000 美元）。为什么要规避对冲基金？因为收费太高，风险极大，投资者根本不知道基金经理做了什么投资，投资者想赎回的时候不一定能如愿以偿，还有就是对冲基金的投资业绩往往很差。它们的业绩到底有多差？在截止到 2017 年初的五年观察期内，对冲基金的平均收益率为 37%，而先锋平衡型指数基金的收益率约为 57%——该基金的资产配置为 60%的股票加上 40%的债券——在同一时期，标准普尔 500 指数的收益率约为 92%。所以，我们的结论是对冲基金绝对是你应该绕开的投资选择。

计算共同基金的成本与收益

尽管有些共同基金不收取销售佣金，但是也有一些共同基金在投资者买卖基金份额时收取销售佣金，某些基金每年收取的管理费用比例比较高，还有一些共同基金将营销成本转嫁给投资者承担。简言之，共同基金的成本构成是很复杂的。

收费基金与不收费基金

我们可以把共同基金分成两类：收费基金和不收费基金。**收费基金**（load fund）直接通过经纪公司、理财咨询公司和理财规划师销售基金份额，这些金融机构或个人要收取销售佣金。销售佣金的比例一般为4%～6%，但是有时会高达8.5%。如果你打算从投资顾问或经纪人那里购买共同基金，那么可以在三种“类别”的共同基金产品中进行选择——A类、B类和C类基金产品。其实这些基金的投资组合差不多，都包含了各种各样的证券，但是它们的收费标准不一样。

- A类基金要收取前端费用，也就是说投资者在购买基金时要缴纳一定的费用。
- B类基金要收取**后端费用**（back-end load），也称为或有递延销售佣金（contingent deferred sales load，CDSL），在投资者持有基金份额5～10年以后再卖出时，基金公司将不再收取费用。所以说对于后端收费基金来说，不收取前端销售佣金，取而代之的是每年大约为1%的运营费用，再加上后端费用——一般相当于投资者初始基金投资额的5%左右，总的来说成本要低一些。随着投资者持有基金份额的时间延长，后端费用将会逐年降低：如果投资者在买入基金份额的第一年就卖出的话，则要支付5%左右的后端费用；如果在买入基金份额后持有一年，第二年再卖出的话，则要支付4%的后端费用；如果第三年卖出的话，则支付3%的后端费用。以此类推，直至最终后端费用降为零。

> **收费基金**：指的是要收取销售佣金的共同基金。
>
> **后端费用**：只有当投资者卖掉基金产品时才收取的手续费。
>
> **不收费基金**：指的是不收取销售佣金的共同基金。

- C类基金收取的年均运营费用比率是最高的；可能会收取前端费用，但一般不这样做；还会收取或有递延后端费用，也许两年之后这笔费用会降为零，但也可能不会。

你要记住的是：不管是A类、B类还是C类基金，本质上都是基金，它们的差别就在于收费水平不相同。很多基金公司也把旗下的基金分成不同的类别，不过一般来说这样做是为了方便机构投资者或者是类似于401（k）计划这样的税收递延储蓄计划。

不收取费用的基金被称为**不收费基金**（no-load fund）。当投资者购买不收费基金时，一般不会直接与经纪人或投资顾问进行交易。投资者可以通过邮件的方式或是拨打免费电话直接与共同基金投资公司联系买入基金份额。因为在交易过程中没有销售人员的介入，所以就不需要支付销售佣金，自然也就不收费了。如果你想先咨询一下的话，可以直接拨打不收费基金的咨询电话，例如先锋基金，一位投资顾问可以给你一些建议——最关键的是他们这样做完全是免费的。

> **现实世界**
>
> 实证研究证明，在挑选基金产品时，管理费与其他各种费用应当是投资者首要考虑的因素。不过，根据投资公司协会的调查，只有43%的投资者在购买基金产品时会考虑这一因素。

不管什么时候，降低交易成本总是非常明智的决定，从这个角度看，投资者应当选择不收费基金。历史数据证明不收费基金取得的投资业绩一点也不输于收费基金——它们两个的唯一区别就在于其中一个不收取销售佣金。毫无疑问，你最好选择不收费基金。

管理费用与支出

管理共同基金也是有成本的——成本还不低。基金要向投资顾问、托管人、过户代理人和承销人支付佣金，还要向销售代表支付销售佣金，此外还包括运营成本和律师费等其他开支。你最好认真研究一下这些费用和开支。一定要搞清楚基金的**费用比率**（expense ratio）是多少——费用比率等于基金的总费用与总资产的比值（费用比率＝费用/总资产）。尽管有些基金的费用比率甚至超过了 4%，但一般来说这一比率会在 0.05%～2.0%之间。

> **费用比率**：共同基金收取的费用与总资产的比值。
>
> **换手率**：这是用来衡量基金交易活跃程度的指标，可以说明一年当中基金的总交易量占资产组合总额的百分比是多少。

你应当选择一个费用比率较低的基金。为什么？因为基金自身是不会支付这些成本的——这些成本是由投资者来支付的。共同基金的管理者们总是急于把各种各样的费用和成本转嫁给投资者，他们会把一部分证券卖掉，然后用获得的现金支付这些费用。这样做的结果将导致共同基金资产净值的减少。在基金的总成本中，证券交易成本要占相当大的比例，其具体数额一般与基金的**换手率**（turnover ratio）密切相关。总的来说，换手率越高，基金的交易成本也就越高。此外，换手率越高，基金的短期和/或长期资本利得税也就越高。记住，只有当你卖掉股票时才需要缴纳资本利得税。

12b-1 费用

因为共同基金也要在市场上进行自我宣传，所以必然要产生一些营销费用。这些营销费用包括广告费用和促销费等，也被转嫁给了基金份额持有人，其形式就是所谓的 **12b-1 费用**（12b-1 fee）。每年的 12b-1 费用大约相当于基金总资产的 1%，但是它们不能给投资者带来任何收益。它们的作用仅体现在可以让基金经理将一部分基金运行的成本转嫁给投资者。这笔费用到底付给谁了呢？根据投资公司协会 2005 年的调查显示，这笔费用的一大部分被基金公司支付给了经纪公司和银行的托管部门，根本就不是之前宣称的用于市场营销或促销活动——这笔钱确实让某些人变得富裕起来，但是这些人并不是投资者。事实上，研究表明收取 12b-1 费用的基金费率相对较高，但是并没有获得更好的投资业绩。实际上，12b-1 费用是一笔持续的隐形成本（你必须把整个基金章程通读一遍才能找到相关条款或者是直接询问基金公司才能得知），每年你都必须从自己的投资资金中拿出一部分来弥补基金的营销成本。

> **12b-1 费用**：这是共同基金每年向投资者收取的市场营销费用，通常相当于基金总资产的 0.25%～1%。

> **现实世界**
>
> 警惕那些费用高的共同基金。晨星公司总裁唐·菲利普曾经说过："如果你向 Sara Lee 蛋糕店的执行官支付了更多的钱，这至少不会让你买到的奶酪蛋糕变得味道糟糕。但是如果付钱的对象是共同基金的经理人，他们甚至敢不用面糊就给你做出一个蛋糕来。"

12b-1 费用能给投资者带来什么好处？什么好处都没有。如果在未支付 12b-1 费用之前，基金的投资收益率为 10%的话，则支付了 12b-1 费用以后就只能获得 9%的投资收益率。如果你投资了 10 000 美元买入基金并持有 20 年的话，每年的收益率为 10%，则 20 年后获得的投资总价值为 67 275 美元。但是如果每年的收益率为 9%的话，则 20 年后只能获得 56 044 美元。12b-1 费用吃掉了 11 231 美元的投资收益，而且对于投资者来说这样做还没有任何好处！毕竟，你投资的目的是让自己，而非你的经纪人，变成富翁。

表 14－5 总结了各种类型的共同基金的成本。

表 14－5 不同类型的共同基金的成本

不收费基金	不收取销售费用。
收费基金	销售费用最高不超过投资者的 8%。
A 类基金	前端收费。
B 类基金	后端收费，也叫作或有递延销售费用，在投资者持有基金份额 5～10 年后，这笔费用会逐渐降低直至为零，此外年费大约为投资额的 1%。
C 类基金	年费收取额度最高，有时候还要收取或有递延销售费用。
管理费	向基金投资顾问支付的费用。
费用比率	基金的费用与基金总资产的比值。
12b-1 费用	转嫁给基金份额持有人的营销费用，最高不超过投资额的 1%。

计算共同基金的收益率

现在让我们看一下如何计算基金的收益率。共同基金的投资收益包括股息、资本利得以及基金份额净值的增长。为了避免为投资收益缴纳太多的税款，基金必须将至少 97%的股息和利息以及至少 90%的资本利得分配给投资者。（当证券的出售价格高于原始买入价格时就可以获得资本利得。）

因此，可以使用下列公式计算共同基金的总收益率：

$$总收益率=\frac{股息+资本利得+最终的资产净值-初始的资产净值}{初始的资产净值}$$

例如，假设有这样一只基金：

初始的资产净值＝19.45 美元

最终的资产净值＝23.59 美元

分配的股息＝0.60 美元

分配的资本利得＝0.47 美元

则投资收益率等于：

$$\begin{aligned}总收益率&=\frac{0.60+0.47+(23.59-19.45)}{19.45}\\&=\frac{0.60+0.47+4.14}{19.45}=5.21/19.45\\&=26.79\%\end{aligned}$$

所以，总收益率为 26.79%。

如果你将自己获得的投资收益全部用来进行再投资，则未来你能够获得的总收益将同时来源于现有基金份额以及增加持有的基金份额的资产净值的增长。当你自动将基金公司分配给你的投资收益用于再投资时，你持有的基金份额将会增加。于是，应当用最终持有基金份额的总价值减去初始持有基金份额的总价值，再除以初始基金份额的总价值，这样才能求出总收益率等于多少。

$$\text{总收益率}=\frac{\text{最终持有的基金份额}\times\text{基金份额最终的净值}-\text{初始持有的基金份额}\times\text{基金份额的初始净值}}{\text{初始持有的基金份额}\times\text{基金份额的初始净值}}$$

假设你刚开始时持有 500 份基金份额，每份的资产净值为 19.45 美元，并且自动将分配的所有收益用于再投资，最后你共持有 585 份基金份额，每份的资产净值为 23.59 美元，则总收益率等于：

$$\begin{aligned}\text{总收益率}&=\frac{585\times 23.59-500\times 19.45}{500\times 19.45}\\&=\frac{13\,800.15-9\,725.00}{9\,725.00}\\&=\frac{4\,075.15}{9\,725.00}\\&=41.90\%\end{aligned}$$

于是，求出的总收益率等于 41.90%。但是你要记住，这一计算公式并没有考虑税收的影响。

思考：

在投资之前一定要弄清楚基金收取的管理费和其他费用成本是多少——这对你的投资收益率影响非常大。例如，某只共同基金的费率为 1.3%（积极管理型股票基金，即非指数型基金的平均费率水平约为 1.25%），而另一只基金的费率只有 0.05%。如果你同时向这两只基金各投资 25 000 美元，假设年复利率为 10%，则 25 年以后，费率水平低的基金所获得的投资收益要比费率水平高的基金多出 64 000 美元。在挑选共同基金产品时，你的关注点是什么？

计算基金的收益率能够帮助你确认哪些基金长期以来一直保持较好的业绩，从而可以将表现较差的基金从候选名单上划掉。一旦你找到了符合个人投资目标且费率水平尽可能低的基金，那么就可以做出投资决定了。毕竟，你应当选择那些过去业绩好的基金，规避那些业绩差的基金。有力的证据已经证明，管理费及其他费用的最小化能够帮助你获得更高的收益率。还有证据证明，在过去 3 年当中表现上佳的基金会在接下来的 3 年里仍然保持较好的业绩水平。

爱与金钱

离婚的代价很高，也很痛苦，正如你将在第 17 章看到的那样，避免离婚是取得理财成功的 12 条关键法则之一。那些保持已婚状态的投资者在理财方面要比离异者做得更好——两者的差距还很大。此外，前者普遍感觉更快乐，因此当你做出理财决策时，可以采取哪些方式提高维系婚姻的概率？事实证明，可用的手段或方式有很多，这些小技巧不仅能帮助你提高维系婚姻的概率，而且还能让你们夫妻二人变得更加开心。不过你需要牢记一点，虽然接下来我们谈到的这些也许并不具有因果关系，但显然以下建议都很有趣，而且值得深思。

首先，不要把昂贵的婚戒与更持久的承诺画等号。埃默里大学的研究人员发现，订婚戒指在 2 000～4 000 美元的夫妻离婚的概率比婚戒价格在 500～2 000 美元的夫妻高出 1.3 倍。① 为什么会这样？一种解释是购买婚戒花费太高增加了夫妻二人结婚后的财务压力。从另外一个角度来看，人们可能也不想在婚戒上省钱。该项研究还发现，订婚戒指的价格低于 500 美元的夫妻，离婚概率也更高。

同样的逻辑与研究发现也适用于夫妻俩举办婚礼的开销。你可能以为花费巨资举行婚礼代表着双方的承诺，能让两人的婚姻长长久久。然而现实情况刚好相反：你花得越多，最终离婚的可能性反而越高。爱结网 2016 年开展的现实婚礼调查结果显示，婚礼的平均成本高达 32 641 美元，这真是一个让人惊呼的数字！尤其值得一提的是，研究人员发现，婚礼费用在 20 000 美元以上的夫妻，其离婚的概率要比婚礼支出在 5 000～10 000 美元的夫妻高出 50%。② 我们不清楚为什么会这样，但也许这还是因为过于昂贵的婚礼导致夫妻婚后的债务负担变大，过大的财务压力最终成为离婚的导火索之一。

虽然花巨资举办婚礼看上去并不能帮助夫妻俩长久地维系婚姻，但是花钱度蜜月确实有助于婚姻的持久性。度蜜月的夫妻的离婚概率要比没有度蜜月的夫妻低 41%。也许人们应当从这些研究成果里吸取教训，削减婚礼支出，转而将其用于蜜月旅行。不过别用你的信用卡来支付蜜月旅行的费用！记住，你要努力降低这给新婚生活带来的财务压力。

还有一些影响因素更为常见。例如，信用卡或其他消费贷款会对婚姻生活造成非常严重的负面影响。新婚夫妇背负的债务越多，则双方的财务压力以及有关金钱的矛盾就会越多。研究证明，因为钱而发生争吵是未来可能离婚的头号警报器。③ 另外，夫妻俩能同心齐力积累小家庭的资产也会降低离婚的概率。

所以我们的结论是当你打算走入婚姻时，要在财务方面做出明智的决定，不要以为超出自身能力的盛大豪华婚礼就等同于幸福美满的婚姻。当两个独立个体怀着共同目标和愿景结成婚姻关系以后，较好的财务控制能力才是促成美满婚姻更重要的因素。夫妻两人都要直面各种财务问题并想办法解决它们，不要为了显摆和面子去借钱度日。

共同基金的类型与目标

为了便于投资者挑选共同基金产品，我们可以按照基金的投资目标将其分类。但是由于基金分属类别的决定权掌握在基金经理手里，所以有时这种分类也不是特别可靠。有时也许基金经理会把自己管理的基金看作是股票基金，但实际上基金的主要投资资产却是债券。所以说不管你看到什么资料或信息，都不能百分之百地相信。

在选择基金产品时，第一个步骤是明确自己的投资目标。你希望共同基金能够帮助

---

①② Andrew M. Francis and Hugo M. Mialon, "'A Diamond Is Forever' and Other Fairy Tales: The Relationship Between Wedding Expenses and Marriage Duration," September 15, 2014, https://ssrn.com/abstract=2501480.

③ Dew, S. Britt, and S. Huston, "Examining the Relationship Between Financial Issues and Divorce," *Family Relations* 61 (2012): 615-628.

你实现什么目标？一旦你确认了自己的目标，接下来就可以好好挑选一个最满足该目标要求的共同基金产品。在投资之前还要确认一下该基金的实际投资策略确实与其类别相符。不要只看基金的名称，你应当去深入了解一下该基金实际持有哪些资产，同时还要密切关注一下它的费率水平。你应选择费率水平较低的基金产品，这是因为不管基金的投资目标是什么，如果费率过高，那么很有可能它不会像你希望的那样获得不错的投资业绩。

货币市场共同基金

货币市场共同基金（money market mutual fund）投资于国库券、大额可转让定期存单和其他短期金融产品，通常期限都少于 30 天。因为这些投资产品的期限都非常短，因此一般认为它们是无风险的。货币市场证券的一次性投资额非常大——最少也要在 10 000 美元以上，因此普通的投资者是没有能力独立投资于货币市场证券的。货币市场共同基金将小投资者的资金集中起来汇聚成巨额资金池投资于货币市场，从而使得普通投资者也能分享货币市场的投资收益。

> **货币市场共同基金：**货币市场共同基金投资于国库券、大额可转让定期存单和其他短期金融产品，通常期限都少于 30 天。
>
> **免税货币市场共同基金：**这种基金只投资于期限非常短的市政债券。
>
> **政府债券货币市场共同基金：**这种基金只投资于美国政府债券，目的是规避任何可能的违约风险。

你可能早就在当地银行看到过货币市场共同基金产品，实际上，很多货币市场共同基金产品非常类似于付息的支票账户。货币市场共同基金的最小投资额通常为 1 000 美元，投资者可以按照短期市场利率获得高于普通储蓄账户的利息收益，同时还可以享有有限额度的签发支票特权。签发支票特权的限制是投资者签发的支票金额不得低于 250 美元，不得高于 500 美元。货币市场共同基金问世后，立刻成为最受欢迎的投资产品，因为它们是不收费基金，交易价格等于其资产净值——永远都是 1 美元，而且费率非常低。

货币市场共同基金的迅速蹿红进一步促使了其他专业化程度更高的货币市场共同基金产品问世。其中之一就是**免税货币市场共同基金**（tax-exempt money market mutual fund)，这种基金只投资于期限非常短的市政债券。这种基金的投资收益可以免交联邦所得税，因此很受高边际税率档次的投资者的青睐。

还有一些货币市场共同基金专门投资于美国政府债券，目的是规避任何可能的违约风险。这种基金一般被称为**政府债券货币市场共同基金**（government securities money market mutual fund)。它们的收益率通常要略微低于传统的货币市场共同基金，但是从理论上讲要更加安全一些。然而，实际上由于普通的货币市场共同基金投资的金融产品期限非常短，而且投资多样化程度很高，因此事实上它们也是无风险的。所以说，你不用烦恼是否自己必须选择理论上更安全的政府债券货币市场共同基金。

股票基金

在各种各样的共同基金产品中，**股票基金**（stock fund）是最受欢迎的。事实上，正如图 14－2 所示，在共同基金持有的资产总额中，股票基金要占到一半以上。但是不要以为

> **股票基金：**主要投资于普通股的基金。

股票基金只投资股票。其实它们同时还持有一定额度的现金、债券和短期投资产品（类似于货币市场共同基金投资的产品）。但是毫无疑问，它们投资的重点就是股票。

因为股票市场变化多端，涵盖的范围非常大，因此有各种各样不同类型的股票基金可供投资者选择。下面我们将介绍一些相对比较受欢迎的股票基金类型，请读者思考一下哪些类型的股票基金最满足你的投资目标的要求。

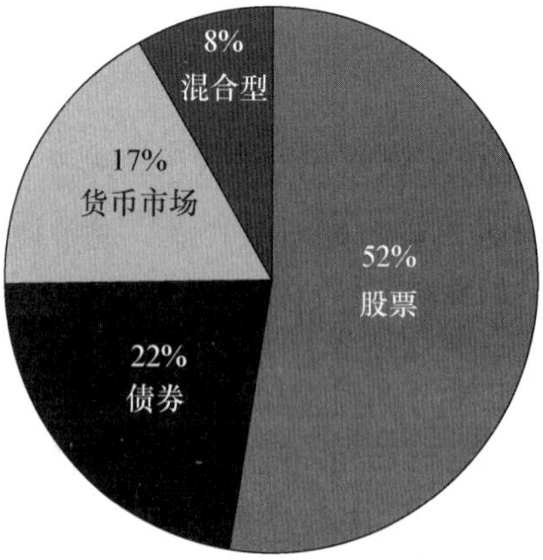

图 14-2　共同基金资产的投资情况（2016 年初）

资料来源：Investment Company Institute，*2017 Fact Book*，57th ed.（Washington DC：ICI，2017）

激进成长型基金

激进成长型基金的投资目标是实现资本升值的最大化，因此不看重平时的经常性收入。换言之，这种基金会选择那些预期未来价格上涨幅度比较大的股票，即使这些股票发放的股息额很少。因此，激进成长型基金获得的股息收益率是非常低的。对于激进成长型基金来说，高市盈率的股票或新企业发行的股票都是最佳选择。不过，按照这种投资理念，这种基金有时可以获得巨额利润，但有时也可能会产生巨大的损失。所以与其他类型的基金相比，激进成长型基金的基金份额的价格波动得十分厉害，时而上涨时而下跌。

小公司成长型基金

小公司成长型基金与激进成长型基金比较相似，不同点在于小公司成长型基金着重投资于小公司发行的股票。小公司成长型基金的投资目标是那些目前尚未被发现但未来拥有无穷发展潜力的公司。同样地，此类基金的风险程度也比较高，基金单位的价值波动幅度大。

成长型基金

激进成长型基金与成长型基金的差别不大，不过成长型基金一般更关注那些支付较多股息的强势企业。同时，成长型基金也注重寻找未来有较大升值潜力的股票。总的来说，成长型基金的风险程度要小于激进成长型基金。因为可以获得稳定的股息收益，所以成长型基金的市场价格波动幅度相对要小一些。

成长收入型基金

这种基金的投资组合致力于向投资者提供稳定的收入现金流以及未来潜在的投资品升值收益。成长收入型基金的投资范围比较广，包括支付稳定股息额的蓝筹企业，市盈率较低且未来发展潜力巨大的企业，以及股息收益率高于市场平均水平的企业。因为这种基金可以向投资者提供稳定的收入现金流，所以其基金份额的价格波动幅度与频率要小于整个市场。

行业基金

行业基金是一种专业化程度较高的共同基金，一般情况下，行业基金持有的总资产中至少有 65%投资于某一特定行业的股票。例如，我们可以列举出几种市场上已有的行业基金，比方说化工行业基金、计算机行业基金、金融服务行业基金、卫生保健/生物工程行业基金、汽车制造业基金、环保行业基金、公用事业基金以及自然资源行业基金。尽管这些行业基金的投资风险要远远小于单独投资于某一只股票的风险，但是由于行业基金的投资多样化程度不高，因此其风险水平要高于普通的共同基金。其实，行业基金的投资理念就是通过将投资重点集中于某一个特定的行业来降低投资多样化的水平。

如果行业基金所投资的行业形势一片大好，则行业基金也能取得不错的投资业绩。如果行业发展情况不好，则行业基金的投资收益也不会太高。例如在 2016 年，由于受到唐纳德·特朗普参加美国大选的刺激，俄罗斯的股票市场表现得非常好。于是，那些做空俄罗斯股票的共同基金都蒙受了较大的损失——例如 Direxion Russian Bear 3X 基金的市值下跌了 97%。相对地，做多俄罗斯股票的共同基金在 2016 年都取得了非凡的业绩，例如 VnEck Vctrs：Russia SmCp 基金的市值上涨幅度超过了 100%。所以，如果你打算投资行业基金的话，一定要确保自己的投资组合是充分多样化的，比方说你可以同时将其他各种类型的共同基金产品加入投资组合中去。只投资于单个的行业基金不能让你获得共同基金的多样化投资优势。

思考：

当你查看业绩最佳的共同基金名单时，总会发现各种各样的行业基金高居榜首。但是与此同时，业绩最差的基金名单里也可能会出现行业基金的身影。多样化程度不足使得行业基金投资收益率的波动幅度很大，心脏不好的投资者可能都无法承受。你愿意冒险把钱投资于某一个行业吗？如果不愿意，那么行业基金就不适合你。

指数基金

指数基金是与市场指数捆绑在一起的基金，例如 S&P 500 指数基金——该基金的投资范围就是 S&P 500 指数的股票样本。指数基金的优势在于其费率较低，平均要比其他基金低 0.25～1.35 个百分点。指数基金很适合那些不指望“打败市场”，希望能够获得基金的投资多样化好处且保持较低投资成本的投资者。此外，指数基金的业绩往往好于积极管理型基金，即那些努力想选中高收益资产的基金。这是因为积极管理型基金的交易成本更高。前面我们已经指出：人们能轻而易举地总结出业绩较差的基金都具有哪些特征：更多的交易导致费用比率较高，换手率也较高。不幸的是，先找到高于市场平均收益率的共同基金要难得多。因此，我们的结论是一般来说指数基金的表现会优于积极管理型基金。

国际基金

国际基金主要投资于海外股票市场。实际上，国际基金的总资产中，至少有三分之二必须投资于美国境外的资产。有些国际基金的投资范围非常广阔——太平洋地区、拉美地区或新兴市场。还有些国际基金主要投资于某些特定的国家，例如日本或加拿大，试图从这些国家或地区的超常规发展过程中获得巨额投资收益。其他国际基金则投资于未来发展潜力巨大的美国境外企业，不管这些企业的地理位置在哪里，国际基金都会进行直接投资。这种国际基金的优势在于其收益率的波动与美国国内的股票市场并不一致，从而有效地降低了整个资产组合收益率的波动程度。

由于国际基金会使投资者面临国内股票投资所不具有的政治风险和货币风险，因此充分了解国际基金所投资的国家的政治与经济发展环境是十分重要的。

平衡型共同基金

平衡型共同基金：这种共同基金追求的是"平衡"目标：长期增长、经常性收入和稳定。为了做到这一点，平衡型共同基金同时投资于普通股和债券，有时还购买优先股。

平衡型共同基金（balanced mutual fund）同时投资于普通股和债券，在很多情况下它们还投资优先股。平衡型共同基金的目标是获得稳定的收入现金流以及部分资本利得收益。一般来说，适合选择平衡型共同基金的投资者包括需要依靠稳定收入生活的人，希望获得一定的资本利得收益的投资者，以及希望投资品价值保持相对稳定的投资者。

正如你所预见的，不同的平衡型共同基金设定的债券与股票投资比例也不相同。并不是所有的平衡型共同基金都平均地分配投资资金。事实上，一些平衡型共同基金专门投资于外国股票，希望可以获得全世界其他地区的高额投资回报。不过从整体上看，平衡型共同基金收益率的波动程度还是要弱于股票基金。

现实世界

目前，40%以上的美国家庭持有共同基金。

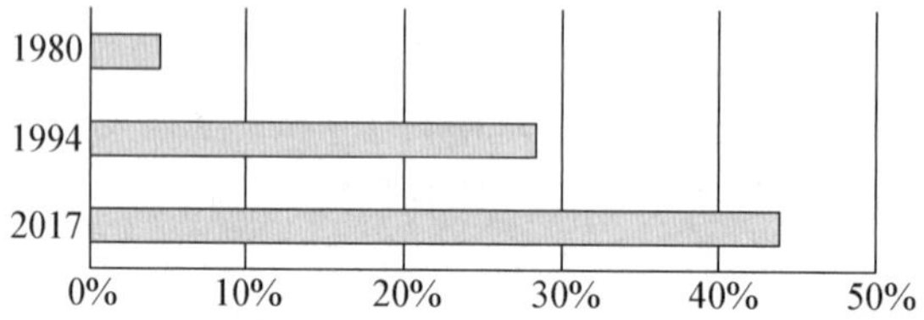

资料来源：Investment Company Institute，*2017 Fact Book*，57th ed.（Washington DC：ICI，2017）.

资产配置基金

资产配置基金：这种基金同时投资于股票、债券和货币市场证券。

资产配置基金（asset allocation fund）与平衡型共同基金十分相似，它们也投资于股票、债券和货币市场证券。实际上，也有人认为资产配置基金本质上就是平衡型共同基金。资产配置基金与平衡型共同基金的一大区别在于前者会不断调整股票与债券的相对投资比例，目的是希望获得超过市场平均水平的收益率。也就是说，当基金经理感觉股票价格要上涨时，就会把比例更高的基金资产配置在股票市场上。

我们可以把资产配置基金看作是试图把握市场时机的平衡型共同基金。不过交易记录显示，资产配置基金并没有因此获得骄人的成绩。其实在很多情况下，把握市场时机的举动只会带来更高的交易成本而非更高的投资收益。在选择这样的基金产品之前一定要考虑清楚。

生命周期基金与目标退休基金

生命周期基金（life cycle fund）是市场上最新涌现的共同基金产品。从本质上看，生命周期基金就是努力使资产组合满足投资者个人特征（例如年龄和风险承受能力）的资产配置型基金。生命周期基金没有采用传统的成长或收入型投资策略，它着重关注的是投资者处在理财生命周期的哪一阶段。例如，2017 年时，先锋公司旗下有四只生命周期基金，每一只基金能够分别满足位于四个不同的理财生命周期（我们曾在第 1 章讲过理财生命周期的四个阶段）的投资者的需求。

> **生命周期基金**：努力使资产组合满足投资者个人特征（例如年龄和风险承受能力）的基金。
>
> **目标退休基金**：该基金由专业的投资专家为实现投资者的退休目标做好投资计划，随着预定的退休日期的来临，基金的投资策略也将逐渐趋于保守以确保资金的安全。
>
> **债券基金**：这是指主要投资于债券的基金。

对于**目标退休基金**（target retirement funds），基金经理决定到底是投资股票、债券还是货币市场证券，唯一需要投资者自己决定的就是打算什么时候退休。一旦你选择了目标退休基金，就会有专业的投资专家为实现你的退休目标做好投资计划，随着预定的退休日期的来临，基金的投资策略也将逐渐趋于保守以确保资金的安全。例如，假设你现在 40 岁，还有 20 年退休，则可以选择先锋公司的 2040 年目标退休基金。当距离退休还有 20 年的时候，目标退休基金对股票和债券的投资比例为 87/13，随着退休日期的临近，这一比例将会逐渐下调为 50/50。

债券基金

对于想投资债券但是又没有足够资金实现多样化的投资者来说，**债券基金**（bond fund）确实是一个不错的选择。一般情况下，债券基金更注重获得经常性收入，不过分追求资本利得收益。尽管债券基金的波动程度要弱于股票基金，但是当市场利率水平上升或下调时，债券基金的价值也会随之发生变化。

- 只需要投资 1 000 美元，你就可以获得一个已实现投资多样化的债券资产组合的一小部分所有权。不管什么时候，只要你想，就可以一点点地追加投资额。
- 债券基金的流动性要优于单个的债券。正如我们在第 13 章讲到的，债券投资的一大劣势就是有时很难将尚未到期的债券卖掉。若选择了债券基金，则不管在什么时候，投资者都可以按照基金的资产净值买卖基金份额，根本不用担心在“错误的时间”卖出债券时会被迫降低出售价格。
- 选择债券基金，你可以获得专家提供的理财服务。
- 与普通债券一样，债券基金能够给投资者带来经常性收入。不过对于债券基金，你可以选择每个月获得利息支付以补充生活费，或者你也可以设定将利息自动再投资于基金，以买入更多的基金份额。
- 如果直接买入债券而不是债券基金，那么投资者将不用支付共同基金的所有费用。
- 债券基金不会到期，然而普通的债券是有到期日的。当债券基金持有的债券到期时，新债券马上就会替代老债券。于是，你根本不用担心债券基金到期后会直接向你支付一大笔资金。

如果你想获得经常性收入的话，那么可以选择债券或债券基金。到底是买入债券还是债券基金则要取决于你个人的目标和需求。如果投资额不太大的话，你最好选择债券基金——债券基金的流动性相对较好，由投资专家负责管理可以保证充分的多样化，投资者不用再担心了。反过来，如果你的投资金额比较大，想确切地知道多少年之后可以收回投资的本金，而且你会严格地遵守纪律将获得的利息收入进行再投资，那么可以考虑直接投资于债券。

我们可以按照债券基金所投资的债券种类（美国政府债券、市政债券或公司债券）和债券的期限（短期、中期或长期）将债券基金分成不同的类别。

思考：

不同的债券基金其费率的差异会比较大。2016 年，所有债券基金（包括指数基金和积极管理型基金）的平均费率水平为 0.54%。不过，其中费率最低的只有 0.08%，而最高的则有 2.0%。由于在 2000—2017 年这段时期内，长期政府债券的年均收益率仅为 4.44%左右，所以在选择债券基金时将成本降低到最低点是至关重要的。如果你支付的费率为 2%，而投资收益率只有 4.44%，那么也就意味着几乎一半左右的投资收益被费用白白吃掉了。这说明投资者在选择共同基金时应该注意什么？

美国政府债券基金或吉利美债券基金

美国政府债券基金专门投资联邦政府或其机构发行的债券。例如，美国国债基金专门投资国债。这样的基金根本不存在违约风险。但是当市场利率水平发生变化时，这种债券基金的资产净值也会随之发生波动。

很多基金专门投资于主要由吉利美——政府国民抵押贷款协会——发行的抵押贷款担保证券。吉利美将多笔居民房屋抵押贷款进行打包处理，然后凭借这些抵押贷款发行债券出售给债券基金。除了利率风险以外，此类基金还面临着提前偿还风险，也就是说，当市场利率水平下降时，借款人会以再融资的方式提前偿还抵押贷款。相对于其他债券基金，政府债券基金更适合于需要获得经常性收入的投资者。

市政债券基金

市政债券基金的优势在于其投资收益是免交联邦所得税的。而且，如果你买入的市政债券基金只投资于你所在州发行的债券，则投资收益还可以免交州所得税。实际上，如果你居住在纽约市，而且你买入的基金只投资于纽约市发行的市政债券，则你获得的利息收益可以同时免交联邦政府、州政府和当地政府的所得税。对于边际税率较高的投资者来说，这能节省下一大笔税负。

公司债券基金

除非你根本没有注意到，否则你可能早已经猜到所谓的公司债券基金就是投资于各种各样公司债券的基金产品。有些公司债券基金只投资于高质量、信用等级高的公司债券，但是也有一些公司债券基金通常被称为高收益公司债券基金，主要投资于信用等级较低、风险较高的垃圾债券。正如原理 8——风险与收益的权衡——所揭示的道理，由于垃圾债券的风险水平较高，因此投资这样的债券可以获得更高的收益。

因为公司债券有违约的可能，所以如果打算投资公司债券的话，你必须要做到投资的多样化，这一点是极其重要的。这也从另一个角度说明了为什么会出现公司债券基金——它们能够帮助你实现投资多样化。当然，你还可以增加对债券以外的其他投资产品的投资，以便提高资产组合的多样化程度。

在挑选公司债券基金时，你要记住几乎三分之二的公司债券基金要收取4%～5%的费用。尽管费用水平基本上是保持不变的，不过收益水平是时时变化的。当市场利率水平上升时，公司债券基金的资产净值就会下降。当市场利率水平下降时，公司债券基金的市场价格及其资产净值反而会上涨。

债券基金的期限

不同的债券基金其期限长短也不相同。我们可以按照期限将其分为短期（1～5 年）、中期（5～10 年）和长期（10～30 年）债券基金。第 13 章介绍的债券估值公式告诉我们，市场利率水平与债券价格之间存在反向的关系。也就是说，当市场利率上升时，债券的价格会下跌；当市场利率下调时，债券的价格会上涨。我们还知道，当市场利率水平变化时，长期债券的价格波动幅度要大于短期债券。于是，债券基金的期限越长，其预期投资收益率就越高，但是当市场利率水平变化时，长期债券基金的资产净值的波动幅度也会比较大。

共同基金提供的服务

除了投资者可以挑选出最满足自身投资目标的基金产品以外，共同基金还有什么特殊之处呢？当然还有很多。多样化投资固然是共同基金最大的优势，不过便利性也是共同基金向投资者提供的另一大好处。选择了共同基金，投资者就可以随心所欲地进行买卖，不仅能够获得投资专家的理财服务，而且费用成本相对较低。

然而，上面所说的只不过是基金投资便利性的一个方面而已。共同基金还可以向投资者提供各种各样的服务——这些服务可以更便于投资者进行交易，甚至还能使得整个投资过程变得有趣起来。接下来让我们看看最受投资者欢迎的几项服务内容。与此同时，我们也请读者好好思考一下哪些服务对你最有帮助，最吸引你的视线。

自动投资与赎回计划

自动投资计划允许投资者每个月自动从其银行账户中转出一定金额的资金投资于共同基金。例如，如果你打算每个月的 15 号都投资 100 美元，则加入自动投资计划可以让你轻松地做到这一点。从根本上说，你只需要查看一下共同基金账户登记表格上总金额那一栏，就会发现每个月都有 100 美元的资金自动从你的储蓄账户转入基金账户。自动投资计划是一种定期定额的基金投资方法。我们在第 12 章曾经讲过，定期定额投资方法就是每隔一段时间投资相同的金额，于是当股票价格达到最低点时，投资者用等量的资金可以买入更多的股份，当股票价格达到最高点时，投资者用等量的资金只能买到较少的股份。

自动投资计划还是一个将货币市场账户中的多余资金投资于股票市场的好方法。例如，你感觉自己的货币市场账户中资金量过多，但是又不想把多余的资金一次性地投入股票市场，那么自动投资计划可以帮助你在一段相当长的时间内一点点地将这些多余的资金投资于股市。

反过来，自动赎回计划可以允许投资者按照一定的金额或基金账户总价值的百分比，每个月从共同基金账户中提取一定的现金。比方说，你已经退休了，每个月想从基金账户中提取一定的金额作为生活费的补充，那么可以通过自动赎回计划每个月从基金账户中自动提取 250 美元的现金。很多基金要求参加自动赎回计划的投资者其基金账户的余额不得低于 5 000～10 000 美元，每个月的最低提取额为 50 美元。

利息、股息和资本利得收益的自动再投资

对于共同基金的投资者来说，他们可以自由选择是直接以现金方式获得利息、股息和资本利得收益，还是将这些利息、股息和资本利得进行再投资，以购买更多的基金份额。如果你打算长期持有共同基金，那么选择自动再投资可能会更适合你。将利息、股息和资本利得再投资于证券市场可以产生与复利相似的投资效果，也就是说，之前获得的投资收益能够继续为你创造更多的投资收入。

如果你投资的是债券基金或收入型基金，那么基本上不太可能获得资本利得收益。相反，你获得的绝大部分收入主要来源于股息或利息，而且每年基金都将以现金的形式直接把这部分收入支付给投资者。如果你没有将这些收入进行再投资的话，财富的累积速度就会减慢，你可能会无意识地将这笔钱花掉。大约有 70％的共同基金投资者会把他们获得的股息和资本利得收益进行再投资。

基金电汇快捷服务

如果你想迅速提取账户内多余的资金或者是以现金的形式拿到投资收益，那么可以选择基金电汇快捷服务。基金电汇快捷服务可以将投资者的收益或账户内多余的资金直接迅速地转入投资者的银行账户。投资者还可以利用这项服务立即将基金账户内未动用的资金调动起来投资于基金。通过这种方式，投资者可以在一个交易日内完成资金提取和投资的全过程。这项服务有点类似于自动投资与赎回计划，只不过交易不是自动进行的。

在线与电话转接服务

通过这项服务，投资者只需要打一个电话或者是在基金公司的网站上提交申请就可以将已投资的某只基金的份额卖掉，用获得的资金投资于另外一只基金。比方说你打算卖掉一部分国内股票基金，改为投资国际股票基金，那么一个电话或在线申请就能搞定这一切，而且一般来说不用花费任何成本。

退休计划设立服务

绝大多数的共同基金都能帮助投资者更加方便地开立经美国国税局允许的、具有税收递延优惠的退休账户，包括传统的个人退休账户（IRA）、罗斯个人退休账户以及其他养老金计划账户。共同基金可以为投资者准备好所有开立此类退休账户所需要的资料或条件，而且还负责账户的日常管理工作。此外，当设立退休计划时，基金还指定了专人回答投资者的问题。退休计划是任何健全的个人理财计划中不可或缺的一个组成部分，让基金帮助建立一个退休账户并负责管理对投资者来说是非常有利的。

签发支票

事实证明，货币市场共同基金提供的签发支票的特权非常方便，投资者可以直接利用投资账户消费或者是提取应急资金。正如我们前面提到的，支票的金额是有一定限制的，一般为 250～500 美元。

簿记功能与税务帮助功能

有些规模较大的投资公司可以提供“税务帮助”服务——当投资者卖出基金份额时帮

助投资者计算应税的投资收益或损失。因为买卖共同基金的应税额计算非常复杂，普通投资者根本应付不来，所以这项功能还是非常有用的。不过，并不是所有的共同基金都提供此项服务。

购买共同基金

现在你已经了解了共同基金的基础知识，接下来我们将介绍如何购买共同基金。购买共同基金的整个过程包括多个步骤：首先确定自己的投资目标；然后找到满足投资目标的基金；最后对这些基金进行评价。当地图书馆和网络可以提供大量的基金信息有助于投资者对不同的基金产品进行评估。好好锻炼一下自己的计算能力，因为在评估过程中，我们关注的焦点是基金的成本。正如我们前面说过的那样，不同的基金产品，其费用差别很大。

现实世界

为什么人们会投资于共同基金？

91%的人是为了退休而投资。

45%的人是为了准备应急资金而投资。

第一步：确定自己的投资目标

购买共同基金的第一步就是确定自己的投资目标和投资期限。在第 1 章和第 2 章我们讨论了如何确定自己的投资目标以及拟定投资计划。预算与计划过程包含五个步骤，而共同基金投资应当是第四个步骤要解决的问题。然而，在进行第四个步骤之前，投资者要先明确为什么要投资共同基金。是为了补充退休以后的收入，还是为了送孩子上大学积攒教育资金，或者是为 30 年后退休做好准备？你愿意选择具有税收递延优惠的投资产品吗？你的风险承受能力有多强？一旦你给出了这些问题的答案，就可以进行下一步挑选基金产品了。

第二步：挑选满足投资目标要求的基金

诚如前面所述，共同基金有多种不同的类型——货币市场共同基金、股票基金、平衡型共同基金、资产配置型基金、生命周期基金以及债券基金——而在每一种类型下，又可分为多种子类型，例如，股票基金可以细分为增长型股票基金、行业股票基金以及股票指数基金等。投资目标能够指引你找到其中一个类别：例如，如果你打算为了准备应急资金而储蓄，你可能想投资货币市场共同基金，因为这种基金比较安全，基金份额容易赎回变现；但是，如果你是为 40 年以后的退休生活而储蓄，那么可能想投资股票指数基金。为了确定基金的投资目标，首先你可以查看一下二维码 14－1 列出的共同基金评估网站。例如，《华尔街日报》共同基金与 ETF 筛选器可以帮助你先选定一个大类，然后再向你提供更细化的分类标准及类别。而晨星共同基金网站能提供基金分析报告，并按照基金的投资目标以及管理风险将其分类。雅虎金融共同基金网站的一大优势是可以免费使用，帮助投资者

二维码 14-1

共同基金的网络信息资源

先确定一个大的类别，然后在这个类别内根据业绩排名以及信用等级进行筛选，这使得基金的挑选工作变得简单多了。这里我们推荐的所有网站都已收录在二维码 14-1 中。

在评价基金的投资目标时，你应当密切关注基金过去所取得的业绩。如果该基金致力于长期投资，那么在过去的十年间投资收益率怎么样？如果该基金的投资目标是获得经常性收入，那么当期收益率是多少？

第三步：挑选基金

一旦你发现某些基金刚好符合你的投资要求，那么接下来就可以对其进行具体的评估。评估意味着认真研究基金过去的业绩及其费用成本的构成情况。尽管过去的业绩并不能说明将来也能取得同样好的成绩，但研究已经证明过去业绩较差的基金，未来有可能继续保持糟糕的业绩，同时也有一些微弱的证据证明出色的业绩可能会一直延续到未来。研究还发现，费用低廉、换手率低的基金其业绩往往优于那些费用高昂的基金产品。因此在挑选基金时，你的关注点是什么？你要确保自己选择的基金产品与投资目标相一致，近期业绩一直不错，而且费用低廉。你还可以根据基金的历史数据来更深入地累积基金的投资理念与风格。一览表 14-1 应当能帮助你做出决定。

一览表 14-1　购买共同基金

在买入共同基金之前，你能回答下列问题吗？

- 在一段较长的时间内，这只基金的表现如何？
- 我是否独立地对该基金进行了评估？
- 该基金面临哪些特殊的风险？
- 该基金持有哪些类型的证券？投资组合的更换频率如何？
- 与其他同一类型的基金或同一类型的投资产品相比，该基金的业绩状况怎么样？
- 该基金的费用比率是多少？
- 购买基金时要支付多少销售佣金？运营期间的其他费用成本是多少？
- 该基金是否能够享受税收优惠？

到哪里去查找信息——信息的来源

你可能会想，“我花了很多时间才选中了要投资的股票，共同基金这么复杂，我要怎么选择才好啊？”事实上在选择过程中，你可以获得很多的帮助，比方说共同基金招股说明书、《华尔街日报》，更重要的是网络。你只需要给共同基金公司打个电话，就能要到一份**共同基金招股说明书**（mutual fund propectus）。按照法律规定，投资公司必须向投资者提供招股说明书，表 14-6 向大家简要说明了招股说明书都包含哪些内容或信息。

> **共同基金招股说明书：**这份资料说明了共同基金的基本情况，包括基金的投资目标和风险、历史业绩、费用成本、基金经理的从业经历以及其他信息。

至于基金公司近期的投资收益情况，你可以在线查看。图 14-3 给出的是诸多在线财经网站最常见的基金行情表，并对相对术语进行了解释。

如前所述，互联网能够提供大量的共同基金信息，也许对于网络信息资源来说，最棒的一个特征是它们都是交互式的信息——也就是说，你可以按照不同的标准方便地使用这些信息，筛选出满足个人要求的基金产品。

表 14－6　共同基金招股说明书的内容

- 基金的目标以及投资策略。
- 基金经理过去的经历。你应当密切关注这方面的信息。很多时候，由于基金经理更换了人选，导致基金的投资风格以及业绩也随之发生了较大变化。
- 基金可能要遵守的投资限制。例如，共同基金是否可以投资外国证券？
- 对投资者来说非常重要的税收因素。
- 基金份额的赎回以及投资过程。
- 向投资者提供的服务。例如，共同基金是否提供 24 小时的电话服务？
- 过去 10 年间或基金自建立以来的投资业绩。绝大多数基金通过这方面的信息向投资者证明如果 10 年前或基金刚刚建立时投资者就投资了 1 000 美元，那么现在会给投资者带来多少丰厚的回报。
- 基金的管理费及其他费用。密切关注基金的销售费用以及赎回费用。此外，还包括有关基金的管理费、营销费用以及 12b－1 费用等费用支出的信息。
- 基金的年成交额比率。这也是招股说明书附带的信息，投资者可以单独索取。这部分内容主要提供的是基金资产组合的构成名单，以及有关基金管理的其他信息。

网络筛选，找到适合自己的共同基金产品

网络筛选的含义是利用互联网挑选出满足个人设定标准的共同基金产品。比方说，你想要选择一只增长型股票基金，要求其费用较低，在过去 3 年间投资业绩突出。有了互联网共同基金筛选程序，你只需要选定筛选的标准，程序马上就能帮你找出满足标准要求的共同基金的名称。你应该列举哪些用于筛选的标准或条件？表 14－7 提供了多个筛选标准以供参考。

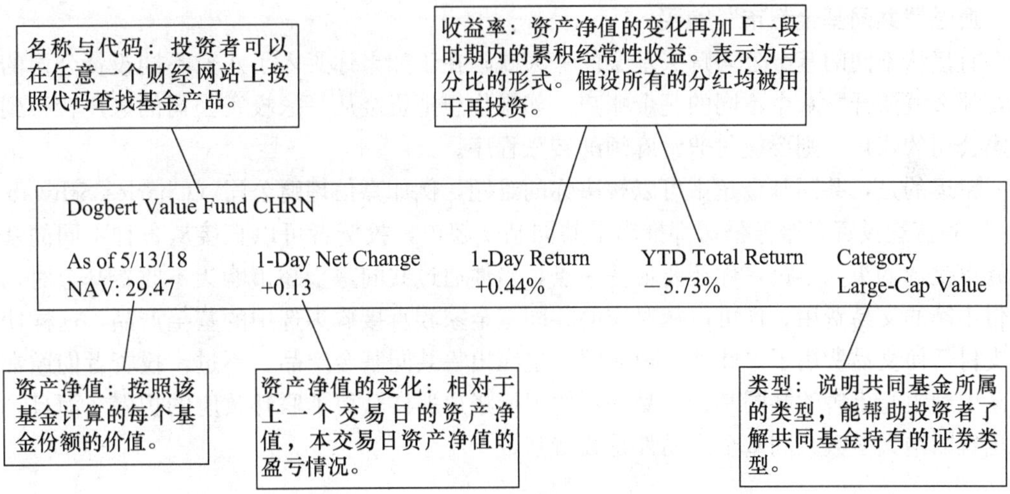

图 14－3　常见的共同基金在线报价表

第四步：购买基金

在完成了上述寻找、匹配、挑选、评估和计算步骤以后，现在你已经确切地知道自己应选择哪一只基金了。是该出手的时候了。收费基金通常是通过销售人员销售——可能是经纪人或理财顾问。不收费基金则由投资公司直接出售。如果你想降低投资成本，那么最好选择不收费基金。购买不收费基金时你有两个选择：你可以直接从管理基金的投资公司那里买入基金，你也可以通过共同基金超市购买不收费基金。

表 14－7　共同基金的筛选标准

- 收费基金——不要选择前端收费基金以及采用销售费用递延收取方式的基金。
- 12b-1 费用——不要选择收取这笔费用的基金。市场上有很多业绩不错的基金不收取这笔费用。
- 费率——保持费率低于 1.10%。费率越低，则未来基金战胜市场的可能性就越大。
- 换手率——重点关注换手率较低的基金，这样的基金交的税金更少，收益率更高。
- 晨星评级——晨星的评级是将历史收益与风险水平加以比较。你应当从五星级基金开始筛选。
- 历史收益——不要选择过去一年和三年内业绩较差的基金，应选择这段时期内业绩较好的基金。不过最重要的是不要选那些业绩糟糕的基金。
- 晨星对风险的评价——风险越小越好。大家知道，基金公司有时候投资业绩不好就是因为它们太过于冒险了。
- 初始投资额——选择一个适合自己投资金额的基金。一些共同基金要求的初始投资额较高。
- 基金经理的任期——不要选择基金经理刚刚离任的基金，因为一旦基金经理离开，那么过去的收益率数据就没有任何意义了。

直接从投资公司购买

购买共同基金的最简单方式就是拨打免费电话或在线购买。先锋公司和富达公司是两家规模最大的基金公司，它们都提供了 800 免费电话和在线购买网址。你只要在网站上建立一个账户，然后就可以将资金转入或转出这个基金账户，转换基金投资品种或者是索要基金的相关资料。你可以在线转账支付，可以用邮寄的方式把支票寄给先锋公司或富达公司。当你卖掉手上的基金份额以后，则会收到基金公司寄给你的支票或者基金公司会自动把资金存入你的基金账户或银行支票账户。

通过“共同基金超市”购买

直接从不同的基金公司购买基金的一大缺陷在于如果你买入了八家不同投资公司的基金，那么就要开立八个不同的基金账户。如果你想把资金从一家投资公司的账户转移到另一家公司的账户，则要应付非常麻烦的转账程序。

幸运的是，共同基金超市可以解决你的难题，例如嘉信理财公司（Charles Schwab & Co.）和富达投资者服务公司都推出了共同基金超市，投资者可以直接从各种不同的基金家族里挑选购买。不过，你还要记住一点，当你通过共同基金超市购买不收费基金时，要支付小额的交易费用。你可以从对应的共同基金家族直接购买选中的基金产品，这样便不用支付任何交易费用了。此外，很多银行也在出售共同基金产品。不过，投资者们通常没有意识到银行出售的共同基金产品并不像银行账户那样获得了联邦政府的担保。而且，银行出售的绝大多数共同基金产品都是收费基金。

行为视角 >>>

原理 9：心理游戏、理财个性与金钱

找到行为模式通常是预测未来行为的有效方式——对吗？行为金融学研究告诉我们，人们总是在寻找规律，而且他们非常相信过去的规律能在未来持续。不过，说到共同基金，有时候过去的规律能够持续到未来，但有时候不能，这是因为我们没有找到一种切实可行的方法去判断共同基金一年的业绩数据是否有意义——这也许只关乎运气的好坏罢了。不过我们确实可以分析总结行为倾向，从而让指标的度量变得更有意义，而不是只凭运气。例如，假设有一半的基金打败了市场，而另一半没有，那么单纯从发生概率的角度预测，你可能会猜测超过 10%的基金能连续三年打败市场；同样地，也有超过 10%的基金会连续三年输给市场——不过，这一切只不过是发生的概率而已。

那么，对于共同基金来说，是否存在预测性指标呢？首先，如果在一段时期内，共同基金的业绩低于市场的平均收益率，那么这种情况很有可能会持续下去。这时规律似乎具有预测的魔力。那么，挑选热门资产也是如此吗？这要难得多。这是因为共同基金过去曾打败市场，并不一定意味着将来也能如此。那么这一切告诉我们什么？不要过于相信过去的规律或模式——也许这些都是巧合而已。

幸运的是，一些手段能帮助你选中热门资产——这恰好是大多数人在采取行动时常常忽略的要素。它到底是什么呢？关注那些不起眼的小数字。人们往往会忽视它们或默认它们不存在。当我们谈论货币的时间价值时，我们就会发现这些小数字的大作用。例如，假设将本金 10 000 美元持续投资 45 年，年收益率为 8%与 7%相比，最终获得的盈利似乎差别不大；然而事实上，差别很大——如果投资收益率为每年 8%，则最终可获得 319 000 美元的本息和；若收益率为每年 7%，则 45 年后获得的本息和只有 210 000 美元。8%的年收益率所带来的累积收益比后者高出 50%多。

那么，这一切与共同基金有何关系呢？你知道共同基金行业有哪些值得关注的小数字吗？答案是共同基金的成本费率。预测共同基金业绩情况最有效的指标就是基金的成本——基金运营的成本越低，则预期业绩就会越好。这意味着你要避开所有的收费基金，只关注于低费率的基金。不过，大多数投资者对这里或那里加上 1%的费率并不在意；毕竟，1%确实是个很小的数字。但是研究证明，这大错特错，尤其是当考察期限较长时——至少当我们谈到共同基金时，忽视这样的小数字是绝对错误的行为。

行动计划 >>>

原理 10：开始行动吧！

你已经在纸上列出了自己的理财目标——现在到了采取行动去实现这些目标的时候了。投资共同基金是一个很棒的开始。一旦你攒够了最低投资额——先锋公司的大多数基金产品要求最低投资额为 3 000 美元——那就开始投资吧。你要牢记以下几点：

- 你的目标。制定有助于实现这些目标的投资计划。
- 自动投资。储蓄的最简便方式就是首先让自己根本“看不到”钱。几乎所有的共同基金都允许用户每个月自动将钱从支票账户转入投资账户，用来购买用户指定的基金产品。你要做的就是“先付给自己”，这很有意义。
- 税收。在投资时，你要时刻注意自己的税收问题，因为共同基金会以派息分红和分配资本利得收益的形式，将自己所持有资产创造的应税收益派发给投资者——即使你的钱一直留在基金账户里投资，并没有套现离场，也有可能要支付一些税金。
- 当你转移资金时，会有税负产生。当你由投资某一支基金转为另一支基金时，即使这两支基金同属于一个基金家族，美国国税局也会将这种行为视为“卖出基金和买入基金”，那么出售基金所产生的任何收益都要被征税。

● 业绩差的基金。选中业绩好的基金很难，但选中业绩差的基金却要容易多了——一只基金如果历史业绩较差，那么将来很有可能一直比较差。多花点时间好好查看一下你感兴趣的基金产品的历史业绩数据。

● 成本，成本，成本。降低你的投资成本——低成本的共同基金总体业绩情况要好于高成本基金。认真阅读基金募集说明书上的小字。小心佣金、账户管理费以及其他费用耗光你的钱！

本章小结

➡ 学习目标1：对比分析投资共同基金的优势和劣势。

总结：当你投资共同基金时，就相当于买入了一个规模非常庞大的资产组合的一部分。这一资产组合可能包含股票、债券、短期证券甚至现金。基金公司将众多小投资者的资金集中起来构建这一庞大的资产组合。于是，基金份额的持有人就拥有了该资产组合的一部分所有权。当基金投资组合的总价值上涨或下跌时，共同基金份额的价值也随之上涨或下跌。

关键术语

共同基金：共同基金将投资者的小额资金汇集起来投资于股票、债券和其他投资产品。每个投资者按照其投资额拥有一定的基金份额。

➡ 学习目标2：区分不同类型的共同基金、交易所交易基金和投资信托基金。

总结：投资公司为投资者管理投资组合是要收取一定费用的。开放式的投资公司实际上就是开放式的共同基金公司。它可以在每一个交易日发行或赎回基金份额，它持有的资产组合的总价值决定了每一份基金份额的价值。当投资者买入或卖出开放式基金份额时，基金份额的价格等于基金的资产净值（NAV）。

封闭式基金发行的基金份额数量是固定不变的。基金公司在成立之初发行了一定数量的基金份额，随后这些基金份额就将在投资者之间进行交易，其价格水平取决于市场的供求状况。单位投资信托基金一般主要投资于市政债券，它发行的每一份基金份额也代表着持有人对资产组合的部分所有权。房地产投资信托基金简称为REIT，与共同基金比较类似，它可以直接投资于房地产行业或发放房地产抵押贷款，或者是两者兼营。

关键术语

投资公司：这类企业将很多投资者的资金汇集起来进行投资管理，收取一定的管理费。

开放式共同基金：只要投资者需要，这种基金可以发行无穷多的基金份额。基金持有的所有证券的市场价值决定了每一份基金份额的价值是多少美元。

资产净值（NAV）：即共同基金份额的价值。它等于共同基金持有的资产价值（减去负债），然后再除以发行在外的基金份额总数。

封闭式共同基金：指的是不能发行新的基金份额的共同基金。这类基金只能发行数量固定的基金份额用来募集资金，然后已发行的基金份额可以在投资者之间进行买卖交易。封闭式共同基金份额的价值同时取决于基金投资组合的价值与市场的供求关系。

交易所交易基金（ETF）：是糅合了共同基金和单独交易的股票或债券的混合投资产品。ETF可以像普通证券一样在交易所内交易，而且在交易日的整个交易时段内都可以进行买卖。

单位投资信托基金：也是构建一个证券投资组合，一般是市政债券，然后每一个基金单位代表着资产组合的部分所有权。单位投资信托基金与共同基金的最主要差别在于单位投资信托基金采取的是消极的投资策略，即信托基金买入一定数额的债券后就会一直持有到债券到期，而且债券到期后信托基金也将宣告中止。

房地产投资信托基金：这是一种与共同基金相似的投资工具，专门投资于房地产行业，例如购物中心或租赁物业，或者是发放房地产抵押贷款。

对冲基金：这是一种不受监管、风险水平极高的私募基金，收费标准非常高，通常只允许富有的投资者参与投资。

➡ 学习目标 3：计算共同基金的收益率。

总结：有些基金要收取销售佣金，也有一些基金不收取销售佣金，还有一些基金要收取高额的管理年费。收费基金就是指要收取销售佣金的基金。不收取销售佣金的基金被称为不收费基金。

密切关注基金的费率结构并尽量地降低基金投资成本。共同基金的投资收益形式可以表示为股息收入或资本利得收益，或者是投资者持有的基金份额资产净值的变化。当投资者出售证券的卖出价格高于初始的买入价格时，其差额就是资本利得收益。

关键术语

收费基金：指的是要收取销售佣金的共同基金。

后端费用：只有当投资者卖掉基金产品时才收取的手续费。

费用比率：共同基金收取的费用与总资产的比值。

换手率：这是用来衡量基金交易活跃程度的指标，可以说明一年当中基金的总交易量占资产组合总额的百分比是多少。

12b-1 费用：这是共同基金每年向投资者收取的市场营销费用，通常相当于基金总资产的 0.25%～1%。

➡ 学习目标 4：按照投资目标将共同基金进行分类。

总结：为了帮助投资者更好地在大约 8 200 种共同基金产品中挑选出最适合自己的基金，我们可以按照投资目标将基金进行分类。

关键术语

货币市场共同基金：货币市场共同基金投资于国库券、大额可转让定期存单和其他短期金融产品，通常期限都少于 30 天。

免税货币市场共同基金：这种基金只投资于期限非常短的市政债券。

政府债券货币市场共同基金：这种基金只投资于美国政府债券，目的是规避任何可能的违约风险。

股票基金：主要投资于普通股的基金。

平衡型共同基金：这种共同基金追求的是“平衡”目标：长期增长、经常性收入和稳定。为了做到这一点，平衡型共同基金同时投资于普通股和债券，有时还购买优先股。

资产配置基金：这种基金同时投资于股票、债券和货币市场证券。

生命周期基金：努力使资产组合满足投资者个人特征（例如年龄和风险承受能力）的基金。

目标退休基金：该基金由专业的投资专家为实现投资者的退休目标做好投资计划，随着预定的退休日期的来临，基金的投资策略也将逐渐趋于保守以确保资金的安全。

债券基金：这是指主要投资于债券的基金。

➡ 学习目标 5：挑选适合自己的共同基金。

总结：购买共同基金的整个过程包括多个步骤：首先确定自己的投资目标；然后找到满足投资目标的基金；最后对这些基金进行评价。互联网能向投资者提供海量信息以及帮助投资者评估共同基金产品的筛选工具。

关键术语

共同基金招股说明书：这份资料说明了共同基金的基本情况，包括基金的投资目标和风险、历史业绩、费用成本、基金经理的从业经历以及其他信息。

思考题

1. 列出并解释共同基金投资的七大优势。其中哪一个优势与原理 8 相关？它们之间有什么关联性？

2. 你必须在以下两种基金产品中做出抉择：一种是不收费的开放式基金，年费率为 0.85%，无交易成本；另一种是 ETF，年费率为 0.25%，交易成本为 20.00 美元。

a. 计算一下哪种基金的成本更低。

b. 假设你会在获得 7%的收益率后将基金出售，持有期为六个月，计算一下哪种基金的成本更低。

c. 假设你会在获得 10%的年收益率后将基金出售，持有期为两年，计算一下哪种基金的成本更低。

d. 假设你会在年亏损率达到 10%时将基金出售平仓，持有期为两年，计算一下哪种基金的成本更低。

3. 根据下列信息计算共同基金的资产净值：

投资组合内证券头寸的市场价值	＝12 亿美元
基金的负债	＝3 700 万美元
已发行的基金份额数	＝6 000 万份

4. 下面提供了 Big Return 基金的相关信息：

成本	A 类基金份额	B 类基金份额	C 类基金份额
前端费用	5.50	0.00	0.00
后端费用	0.00	5.00 持有期每延长一年，下降一个百分点	1.00 只有当投资者在第一年卖出份额时收取
管理费	0.90	0.90	0.90
12b-1 费用	0.25	0.50	1.00

对于每一类基金份额，计算（a）投资者最初购买时要支付多少佣金；（b）如果投资者在持有基金份额两年后卖出的话要支付多少后端费用；（c）在两年的持有期内，投资者每年要支付多少费用。假设投资者买入了价值为 2 500 美元的基金份额，在调低管理费和 12b-1 费用之

前，基金的年收益率为 10%。

5. 梅森正在考虑结婚。你会向他提供哪些有关婚戒、婚礼以及蜜月预算的建议？向他解释清楚其中的道理。

6. 将下列各种类型的股票基金与适当的股票品种配对。

a. 成长型基金	(1) 外国企业股票
b. 美国政府债券基金	(2) 为了实现收益最大化由股票投资改为债券投资
c. 成长收入型基金	(3) S&P 500 指数的股票样本集合
d. 生命周期基金	(4) 股票、债券和货币市场证券
e. 行业基金	(5) 65%的资产配置在高科技行业股票上
f. 指数基金	(6) 支付股息的蓝筹股
g. 平衡型共同基金	(7) 按照投资者的特征安排投资组合
h. 国际基金	(8) 高成长、高市盈率的企业
i. 小公司基金	(9) 盈利能力强且支付股息的企业
j. 资产配置基金	(10) 联邦政府机构债券
r. 激进成长型基金	(11) 在 OTC 市场挂牌交易的公司

7. Zap 基金是你的投资组合中比重最大的一笔投资。该基金公司刚刚宣布年末的投资收益分配方案。每份基金份额可以获得 4.60 美元的长期资本利得收益和 2.10 美元的股息收入。假设基金份额的资产净值由原来的 39.10 美元上涨到了 46.21 美元，计算一下你的总收益率是多少。

8. 在去年的一开始，托马斯买入了 200 份 Web.com 基金份额，资产净值为每份 26.00 美元，并且自动将获得的所有投资收益进行再投资。由于进行了再投资，去年年底时托马斯一共持有 265 份基金份额，每份的资产净值上涨到 32.20 美元。托马斯去年的基金投资总收益率是多少？

9. 根据下表计算初始投资额为 10 000 美元，当选择不同类型的基金份额时，5 年以后的投资终值是多少美元。从成本的角度观察，如果投资者事先已经决定要在持有 5 年后卖出的话，则应当选择哪种基金份额？假设每种基金的年收益率（未计算成本费用）均为 12%。

成本	A类基金份额	B类基金份额	C类基金份额
前端费用	5.75	0.00	0.00
后端费用	0.00	5.00 持有期每延长一年，下降一个百分点	1.00 只有当投资者在第一年卖出份额时收取
管理费	0.55	0.90	1.00
12b-1 费用	0.25	0.50	1.00

10. 梅勒妮正在考虑投资国际债券基金。她现在有两种选择，一种是开放式基金，另外一种封闭式基金。这两只基金的信息如下：

	开放式基金	封闭式基金
资产净值	12.00 美元	24.05 美元
销售价格	不收费基金	21.95 美元
年费率	1.45%	1.15%
到期收益率	12.00%	12.50%

a. 如果梅勒妮打算购买开放式基金的话，则她要支付多高的价格？如果购买封闭式基金，则支付的价格是多少美元？

b. 封闭式基金的市场价格低于还是高于其资产净值？

c. 假设这两只基金的收益率和费率水平比较相近，那么你会推荐梅勒妮购买封闭式基金吗？为什么？

11. 将资本利得收益和股息收入进行再投资会使你的最终收益大不一样。根据下列已知条件，计算一下5年投资期内再投资能给投资者多创造多少美元的收益。

初始基金投资额	10 000 美元
初始买入基金日期	1月1日
初始买入价格	每份 19.30 美元
每年基金支付的资本利得收益率	1.5%
每年基金支付的股息收益率	0.6%
每年基金份额价格的上涨比率	7.4%

假设基金公司刚刚在昨天将所有的投资收益分配给了投资者。下面a、b两道问题不考虑税收影响。

a. 计算投资者持有的基金份额的年终价值再加上所有已获得的收益，假设没有进行再投资。

b. 假设所有已获得的收益都进行了再投资，计算最终的基金投资价值。

c. 计算出结果并说明为什么两种做法的投资收益会有所不同。

讨论案例 1

瑞克·菲利普斯一直以来对投资都很有兴趣，但是始终都没有足够的资金。最近，他的小说被改编成电影使他获得了15 000美元的报酬。在过去的一年当中，瑞克一直很关注几只通信股票。这几只股票的价格波动幅度很大，不过瑞克就是对这类股票很感兴趣。他认为无线通信公司有很大的发展潜力。当你询问瑞克他能否承受这么大的风险时，他回答说只要能够获得足够多的利润，他就愿意承担风险。

问题：

1. 既然瑞克只有15 000美元的投资资金，解释一下他为什么应当考虑投资共同基金而不是直接投资于某几只股票？

2. 你会向瑞克推荐哪几种类型的共同基金产品？为什么？

3. 在帮助瑞克制定投资决策的过程中，你会告诉他哪些因素对于选择基金产品是至关重要的？

4. 尽管绝大多数的共同基金都能帮助瑞克获得一定程度的投资多样化，但是如果他只买入了一只基金产品的话，他仍将面临哪种类型的风险？

5. 为了确保瑞克的投资品流动性足够强，你会建议他投资开放式基金还是封闭式基金？为什么？

6. 从成本的角度来看，你会向瑞克推荐收费基金还是不收费基金？为什么？

7. 针对三种基金类型（例如指数基金、成长型基金或债券基金等）建立资产组合模型，帮助瑞克了解投资多样化的好处。解释一下你的投资选择。要充分考虑风险和波动性。

讨论案例 2

玛哈丽雅决定要把她的储蓄投资于别的金融产品，因为储蓄账户的年收益率实在是太低了，只有 1.05%。她听说货币市场共同基金和短期债券基金的收益率要高于储蓄账户，与此同时和银行账户一样能够保证资金的安全。玛哈丽雅的首要投资目标是确保资金的安全（她刚刚检查过，储蓄额一共为 15 000 美元）和流动性，因为在未来的三年内她将要支付新住房的首付款。她对共同基金投资有几个不解的问题，跑来向你寻求帮助。

问题：

1. 哪些类型的共同基金能够满足玛哈丽雅的投资目标？
2. 玛哈丽雅可以从哪里获得基金的详细资料以及基金信用等级的信息？
3. 在查看基金的认购说明书或者是晨星公司对基金的分析报告时，玛哈丽雅应当着重关注哪些类型的信息？
4. 在进行基金评估时，对玛哈丽雅来说，基金过去的业绩所占的比重应当是多大？
5. 根据玛哈丽雅的投资目标和你对第一个问题的回答，在挑选合适的基金产品过程中，销售佣金、年费和其他费用等因素会对她的选择造成多大的影响？
6. 向玛哈丽雅解释她应当购买债券基金的六大理由。
7. 你会向玛哈丽雅推荐哪种类型的债券基金？为什么？
8. 从风险-收益的角度来看，多长期限的债券基金比较适合玛哈丽雅？

延伸案例

克里·杜蒙与蒂莎·杜蒙

第四部分：管理个人投资

在这个案例的前三个部分，克里和蒂莎已经看过了你的建议，他们现在意识到自己非常需要你帮助他们进行理财规划。他们已经牢牢地记住了你的建议，并且一直在试图降低投资成本。让他们感到最高兴的是他们已经积攒了 1 500 美元的应急基金。他们感到自己的基本理财技巧已经越来越熟练了，对自己掌握的保险知识和保险产品的选择越来越感到自信。现在他们决定要集中精力构建一个投资计划。

克里和蒂莎已经在指数基金上投资了 13 000 美元，这一笔钱将来要用于支付新房子的首付款。他们现有的银行储蓄存款为 2 500 美元，年利率为 3%；支票账户的平均余额为 1 800 美元，年利率为 0.75%。（在储蓄账户中还存入额外的 1 500 美元的应急基金。）蒂莎父亲赠给蒂莎的 Great Basin 平衡型基金份额目前的价值为 2 300 美元。在完成了投资网站上提供的风险承受能力测试题目以后，克里和蒂莎发现他们二人对于风险的态度是截然不同的。蒂莎更愿意挑战能够带来高收益的高风险项目，而克里更注重保证投资的安全。帮助杜蒙夫妇回答下列有关投资管理的问题。

问题：

1. 从根本上说，为了实现他们的长期投资目标，对于自身的财务状况以及投资的风险-收益权衡，克里和蒂莎必须要有哪些了解才行？

2. 为了保护自己的投资计划，克里和蒂莎应当规避哪些行为偏差？

3. 根据杜蒙夫妇现在所处的理财生命周期阶段，假设他们想建立一个退休储蓄基金，那么哪种类型的资产配置方案比较适合他们的要求？设计资产配置计划时，对于投资组合内的权益证券投资部分，他们应当考虑哪种类型的股票、共同基金或交易所交易基金？他们应当考虑外国普通股、共同基金或交易所交易基金吗？为什么？对于投资组合内固定收益证券的投资部分，他们应当考虑哪种类型的债券、债券基金或交易所交易基金？（提示：要充分考虑债券的期限、信用评级以及发行人的类别。）

4. 向克里和蒂莎简要介绍一下有效市场的概念。根据有效市场概念，他们应当使用哪六种策略来指导自己的投资管理活动？

5. 向克里和蒂莎解释一下通过全面服务型经纪公司或折扣/在线型经纪公司管理投资组合的优势和劣势。在挑选经纪人时，服务与价格之间的权衡会对他们的选择造成怎样的影响？

6. 向杜蒙夫妇解释一下怎样构建证券投资组合以实现原理 8——风险与收益的权衡——强调的降低风险水平的目的。为什么了解并有能力解释分散化投资组合的 β 值是很重要的？

7. 杜蒙夫妇的边际税率档次为 15%，他们现在正在考虑投资收益纳税的问题。根据计算结果回答下列问题。

a. 目前免税的货币市场共同基金的年收益率为 2.40%。克里和蒂莎应当把原本储蓄账户当中的资金提取出来用于投资货币市场共同基金吗？还是应当把钱继续存在储蓄账户中以获得每年 3%的收益率？

b. 如果美国国库券现在的年收益率为 8%，则市政债券的最低收益率至少为多少的时候，对杜蒙夫妇来说投资这两种债券可以获得相同的收益率？

8. 假设杜蒙夫妇的储蓄账户余额一直保持不变，每年获得 3%的收益率，计算一下 25 年以后该账户的累积价值为多少美元？如果杜蒙夫妇把储蓄账户中的资金提取出来投资于年收益率为 5%的货币市场共同基金的话，计算一下 25 年以后这笔投资的总价值会变成多少美元。然后，再计算一下如果他们将这笔钱投资于年收益率为 9%的股票基金，那么 25 年以后这笔投资的总价值将是多少美元。根据你的计算结果与杜蒙夫妇的风险承受能力，你会建议他们将这笔储蓄投资于货币市场共同基金吗？还是投资于股票基金？这两种投资方案各有哪些利弊？（提示：使用财务计算器计算或是参考第 3 章的做法。）

9. 克里的父母最近赠给杜蒙夫妇 40 000 美元，以此作为查德和哈利的基本教育资金。一位股票经纪人建议克里和蒂莎应当在投资组合中加入 10 年期的公司债券。现在，该债券的年收益率为 8%，出售价格为 1 000 美元。如果市场利率水平上升了 2 个百分点，则该债券的出售价格将会变成多少美元？如果市场利率水平下降了 1 个百分点，则该债券的出售价格会变成多少美元？计算结果证明了哪一条投资原理？

10. 曾建议杜蒙夫妇购买公司债券的股票经纪人还向杜蒙夫妇建议在哈利的大学教育基金投资组合中加入优先股，该优先股的市场价格为 53 美元，每年的股息额为 5 美元。

如果杜蒙夫妇的必要收益率为10%，则该优先股的出售价格应当等于多少美元才能满足杜蒙夫妇必要收益率的要求？

11. 杜蒙夫妇应当采纳这位经纪人的建议，在查德的大学教育基金投资组合中加入公司债券，在哈利的大学教育基金投资组合中加入优先股吗？解释你的回答，并向杜蒙夫妇提供另外一种投资策略。

12. 向克里和蒂莎解释一下为什么共同基金是能够实现其投资目标的好选择。根据杜蒙夫妇的投资期限及其风险承受能力，为了实现下列投资目标，应当选择哪种类型的共同基金？（提示：你可以自由设计资产配置策略，只需要注明资产组合中每种基金所占的百分比即可。）

a. 应急资金。

b. 新房子的首付款。

c. 为查德准备的大学教育基金。

d. 为哈利准备的大学教育基金。

e. 为克里准备的退休基金。

f. 为蒂莎准备的退休基金。

13. 在蒂莎 21 岁的时候，她的父亲曾送给她大盆地平衡型基金股份作为礼物。现在，蒂莎持有的基金份额价值为 2 300 美元。假设蒂莎将长期持有这笔基金投资，根据她的风险承受能力和年龄，这种平衡型基金符合其投资目标的要求吗？为了实现积累足够多的大学教育基金和退休基金的目标，在投资时哪种投资风险是最值得考虑的？如果蒂莎打算继续投资于这一平衡型基金，以此来为哈利和查德准备充足的大学教育资金，那么这种做法恰当吗？对你的回答进行解释。

14. 克里和蒂莎投资了指数基金，为他们两三年后打算购买的“梦想中的房屋”准备足够多的首付款。根据这一目标，你会建议他们继续保持、增加还是减少对指数基金的投资额？对你的回答进行解释。你会推荐哪种类型的基金或其他的投资产品？

15. 为了实现杜蒙夫妇的投资目标，你会建议他们利用哪些共同基金提供的服务项目？为什么？这些服务如何与资产组合投资策略结合在一起？

16. 你会向杜蒙夫妇推荐不收费基金还是收费基金？为什么？在比较投资目标相同的不同基金产品时，杜蒙夫妇应当考虑的其他重要因素是什么？

17. 杜蒙夫妇应当考虑通过“共同基金超市”购买基金产品吗？这种投资策略的优势和劣势是什么？通过银行购买基金是否是更好的选择？

18. 根据杜蒙夫妇的投资期限及其对各种投资策略的了解程度，为实现买房、供儿女上大学或为退休准备充足资金的目标，杜蒙夫妇若选择交易所交易基金会有哪些优势或劣势？

19. 当克里和蒂莎买房的时候，他们应当把这视为是一项投资吗？从（a）流动性以及（b）房地产的市场价格如何决定这两个方面解释一下你的回答。

20. 对克里和蒂莎来说，如果想学习更多的有关股票、债券和共同基金的投资知识，那么可以利用哪些投资信息资源？克里本人很喜欢利用网络做调查。

第五部分

生命周期问题

第五部分着重研究的是未来的理财规划——为退休以后的日子甚至遗产规划做好安排。这一部分的关键词就是“计划”。凡事预则立，不预则废，若想切实制定并执行计划，首先必须明确自己面临的问题是什么，然后想清楚自己可以选择哪一种解决方法来达到自己的目标。若是不明白自己面临的问题是什么，或者是不清楚制定计划的重要性，那么骄傲自满与拖拖拉拉肯定是必然的结果。

在第五部分的最后，我们会把不同的个人理财专题结合在一起，通过10个“理财生命周期事件”，为你提供理财行动计划的详细步骤。此外，我们还会重点强调一下理财与人生当中的若干个重要决策，它们会对个人的财务未来造成重要影响，最后，我们要分析的是若想成功地管理好个人债务应注意哪些关键要素。

在第五部分，我们尤为关注原理10——开始行动吧！毕竟，在理财规划过程中，执行理财计划可能是最难的部分。此外，在第五部分，我们还会涉及下列原理：

原理1：知识是最好的保障

原理2：没有计划将一事无成

原理3：货币的时间价值

原理4：税收因素对个人的理财决策的影响

原理5：天有不测风云，或流动性的重要性

原理6：不浪费就不会匮乏——理性消费

原理7：保护自己免受重大灾害或灾难的威胁

原理8：风险与收益的权衡

原理9：心理游戏、理财个性与金钱

第15章 退休计划

学习目标

1	了解退休基金不断变化的本质。	社会保障与雇主养老金计划
2	制定退休计划。	尽管退休还很遥远，但要早做计划
3	选择退休金的支付方式。	面对退休——退休金的支付
4	制定完善的退休计划并对其进行有效的管理。	制定完善的计划并监督计划的执行

很多人都认为只要自己早一点攒够钱，就可以享受高枕无忧的退休生活了。然而事实并非如此。想要舒舒服服地享受退休后的悠闲日子也需要事先做好计划。让我们先来看看歌坛偶像蒂娜·特纳（Tina Turner）的例子。

蒂娜出生于1939年，她的父母在田纳西州的布朗斯维尔从事棉花种植业。后来他们全家搬到圣路易斯和亲戚住在一起，这时蒂娜只有十几岁。就在圣路易斯，蒂娜遇到了后来成为她丈夫兼搭档的特纳。他们在歌坛获得了巨大的成功，成为20世纪70年代炙手可热的偶像明星，主打歌曲“River Deep, Mountain Wide”，还有以节奏蓝调（R&B）曲风翻唱清水河再现乐队（Creedence Clearwater Revival，简称CCR乐队）的“Proud Mary”都成为当时的热门歌曲。不过，他们的走红并没有持续下去。1976年7月，蒂娜·特纳再次被丈夫殴打流血，终于结束了与艾克·特纳20年充满家庭暴力的婚姻。当蒂娜离开时，没有一家唱片公司与她签约，她没有任何积蓄，没有车或房子——她身上竟然只有36美分和一张Mobil公司的加油卡。

在一段时间内，蒂娜和她的四个孩子只能依靠政府发放的食物券维持生活。尽管十分贫困，但是在1978年特纳夫妇离婚时，蒂娜拒绝接受艾克提供的任何经济援助。相反，通过在一些假日酒店和小俱乐部演出，她努力维持着整个家庭的开支。到了1979年，她一共背负着500 000美元的债务，前途一片黯淡，没有任何人伸出援助之手。此时看上去似乎蒂娜的余生将会在贫困和无助中度过。

幸运的是，她遇到了罗杰·戴维斯（Roger Davies），一位来自澳大利亚的年轻经纪人。罗杰成为了蒂娜的经理人。在他的帮助下，蒂娜还清了所有债务，组建了一支新乐队重新开始。尽管唱片公司怀疑他们是否能够获得成功，不过蒂娜最终还是获得了一份新的唱片合约。1984 年，她的主打歌“What's Love Got to Do with It”成为排行榜上的第一名。直到现在蒂娜仍然是歌坛巨星。2010 年，70 岁的蒂娜在完成了“蒂娜！五十周年巡演”——这次巡演成为有史以来票房收入最高的巡演之一——后再次登上英国流行乐排行榜的榜首。2014 年，在她 74 岁时，蒂娜成为《时尚》周刊年龄最大的封面人物。2018 年，*TINA The Musical* 这部以蒂娜的生平为蓝本创作的全新音乐剧将在伦敦西区登台演出。尽管特纳肯定已经为退休做好了安排，不过我们希望她永远不要离开舞台！

你也许认为自己还年轻，或者觉得自己并不是有钱人，不至于要为退休担心。再好好想想这个问题吧。不管你现在年纪多大，都要开始为退休做好准备。制定了退休计划以后，你就可以为一个特定的理财目标而努力。正如你在第 1 章和第 2 章里学到的，在一生当中，你会拥有各种各样的理财目标。然而，退休计划是其中最重要的一个目标。毕竟，能否实现退休理财目标将会决定你是否可以更好地享受人生剩下的 20 年或更长的时光。

在你还年轻的时候似乎很难想象退休以后的情形。对于绝大多数人来说，总感觉把握好现在要比忧虑将来更加重要。今年要偿还的汽车贷款或房屋抵押贷款看上去总是要比 30 年或 40 年以后的财务状况重要得多。想想看吧，等到你 65 岁的时候已经退休了，但是身上却没有足够的钱来维持退休后的生活，那将会是多么悲惨的情形。在歌坛上重新焕发光彩帮助蒂娜摆脱了困境，不用再担心退休以后的生活，不过对于我们绝大多数人来说，恐怕很难获得像蒂娜那样的成就。不过，只要你能做好全面的计划并严格遵守纪律，那么就可以享受轻松自在的退休生活而不必为此担心或忧虑。

如果没有制定退休计划，则退休就意味着从雇主那里获得养老金，同时还能从社保基金那里获得部分收入。除此以外没有其他的收入来源了。由于现在企业普遍在努力降低成本，很多雇主都不再支付养老金了，即使有些雇主仍向退休员工支付养老金，也在试图将养老金的额度尽可能地调低。于是，退休人员只能寄希望于社保基金能够帮他们补充生活费，但是鉴于目前各界纷纷提出社保改革的提议，再加上政府也要缩减财政开支，所以等到你退休时也许社保都已不存在了。

现在，你必须要自己为退休做好打算。听起来很吓人，是吗？实际并非如此。接下来我们将会详细地讲解怎么制定退休计划。但是首先我们要介绍一下社保基金和雇主缴纳养老金的运作模式。我们的意思并不是要刺激你，只是在制定退休计划之前，你需要先了解已有的养老金支付模式。

社会保障与雇主养老金计划

对于很多老人来说，社保基金是其退休金的主要来源。对于还有 40 年才退休的年轻人来说，也许等到他们退休时社保基金已经不复存在了，或者是发生了巨大的变化。然而不管怎么说，对于现在领取社保金的几百万美国人来说，社保基金能够保证他们过上中等水平的生活，而不至于陷入贫困。让我们先来了解一下目前社会保障体系是如何运作的。

缴纳社会保险税

首先，社保并不是一项投资。当你缴纳社会保险税的时候，就相当于买入了一份政府强制购买的保险，一旦将来你死亡、残疾、患病或者是退休，则这份保险将会为你和你的家人提供保障。而且，社会保障体系支付的社保金并不是要使你在退休之后过上舒服的生活，它的目的是提供基本的生存保障。

不管你是否需要，在工作期间都要定期向社会保障体系缴纳一定金额的税款，也可以称为社会保险税。如果你为雇主工作，则你和你的雇主都要向社会保障体系缴款——根据 2017 年的规定，双方缴纳的金额都等于员工年薪的 7.65%，计算时使用的年薪额最高不超过 127 200 美元。在你的工资条上，这一项社会保险税扣除额的标识为“FICA”，代表的是《联邦社会保险缴款法案》(Federal Insurance Contribution Act)。

这些税款实际上会被同时分配给社会保障体系和联邦医疗保险计划（Medicare，这是美国政府为老年人提供的医疗保险计划，我们在第 9 章已经讨论过了）。如果员工的年薪水平超过了社会保险税计算的上限，则联邦医疗保险计划仍然可以对超过的部分继续征税，即员工及其雇主还要按照年薪超过 106 800 美元以上部分的 1.45%向联邦医疗保险计划支付税款。

如果 2017 年你的工资水平为每年 127 200 美元，则 FICA 税，即社会保险税额就应当为 9 730.80 美元。如果你并不是受雇于人，则你自己要同时负责缴纳员工和雇主这两部分税款，这就相当于年薪 127 200 美元的 15.3%，即总共支付 19 451.60 美元。此外，如果你的全年净收益超过了 127 200 美元，则要按照超过部分的 2.9%向联邦医疗保险计划支付税款。

现实世界

“这可真叫人兴奋！这是我每天擦座椅煮牛奶赚来的，这真是太……（打开薪水支票）不是这个数啊，谁是 FICA？为什么要拿我的钱？”这是电视剧集《老友记》中的角色之一瑞秋第一次看到自己在中央珀克咖啡馆打工获得的薪水支票时所说的话。

现在工作的员工和雇主缴纳的社会保险税被用来向社会上已经退休的人员支付社保金，将来随着社保基金投资价值的不断增加，也将有能力向现在缴款的员工支付社保金。迄今为止，社会保障信托基金的规模已经高达 2.9 万亿美元，主要投资于特殊批次的美国国债。这些债券现在被保管在美国财政部公债局位于西弗吉尼亚州帕克斯堡市的保险箱里。就在这些债券票面上印着国会的宣言：“美国政府发誓将承担本债券本金和利息的支付责任。”换言之，现在工人缴纳的社会保险税被用来向眼下已经退休的老人支付社保金，多余的部分则被用来购买国债，实际上就相当于借给了美国政府自己。你缴纳的社会保险税并没有被政府积攒起来，并投资于专属于你的账户上。相反，它只是把现在工人们支付给社会保障体系的资金或者说税款集中起来向老年人支付社保金。

也就是说等到你退休时，政府会使用那时工作的人们缴纳的社会保险税以及社会保障信托基金的累积价值向你支付社保金。不过，目前缴纳社会保险税的工人数量与退休人员数量之间的比值正在迅速下降。现在每三个工人支付的社会保险税就要支撑一位退休人员的社保金，然而在 40 年以前，每 16 个工人缴纳的社会保险税用于向一位退休人员支付社保金。但是，社会保障体系存在的问题并没有消失。事实上，问题变得越来越严重了——再过 40 年，每两个工人缴纳的社会保险税必须要能支撑一位退休人员的社保金。所以我们得出的结论是等到你退休开始领取社保金的时候，社会保障体系将会出现一些变化，在未来几年内，社会保障体系的一些改革建议——可能是延长工人的退休年龄或降低有钱人的退休金——将有可能变成现实。

社保资格

大约有 95%的美国人有资格加入社会保障体系。没有资格参加社会保障体系的大部分美国人包括军官以及自 1984 年以来就为联邦政府工作的职员，这两类人会加入另外一个退休保障计划。

为了加入社会保障体系，你唯一要做的事情就是缴纳社会保险税。一旦你缴纳了社会保险税，就能获得社保信用（social security credit）。2017 年时，每缴纳 1 300 美元的社会保险税，你就能获得一分信用值，每年最多获得四分信用值。为了有资格在退休时领取社保金，你必须攒足 40 个积分。

一旦你满足了上述要求，就有资格获得社会保障体系支付给你的退休金、残疾保障金或遗属津贴。不过，即使你的积分超过了 40 分，这也不会增加社保金的额度。如果你去世了，你的某位家庭成员将有资格获得社会保障体系支付的社保金，即使他们从来没有缴纳过社会保险税。

退休金

将来你领取的退休金额度要取决于（1）你工作的年限，（2）平均工资水平，以及（3）通货膨胀的调整。退休金采用的计算公式会使得你领取的退休金约等于工作时期内平均工资水平的 42%左右，同时对某些工资水平较低的退休工人，会适当调高他的退休金额度；对某些工资水平较高的退休人员，则会相应地调低其退休金额度。所以说，社会保障体系支付的退休金会稍稍向低收入阶层倾斜，因为他们在退休以后一般没有足够的储蓄用来应付生活开支。

那些出生于 1960 年或以后的工人，估计要等到 67 岁以后才能拿到全额退休金。62 岁就已退休的人员可以领取部分退休金。但是，在最初领取退休金的前 36 个月里，退休金的额度要降低 1%的 5/9，在接下来的各个月份中，退休金的额度要降低 1%的 5/12，直到退休人员达到社会保障体系规定的退休年龄为止。也就是说，67 岁才退休的人员可以获得全额退休金，而 62 岁就退休的人员只能获得全额退休金的一部分，而且减少的部分永远不会再弥补。如果你出生于 1960 年或更晚一些的话，则必须至少达到 67 岁才可获得金额退休金。

如果你推迟退休，则社会保障体系向你支付的退休金额度也将因此而调高。你工作的时间越长，获得的工资就越多，因此计算得到的社会保险税的缴纳额也就越高。此外，推迟退休的人员还可以将其退休金的额度提高一定的百分比。例如，如果你出生于 1943 年或以后，则按照社会保障体系规定的退休年龄，你每推迟一年退休，退休金的额度就会增加 8 个百分点。

现实世界

根据 2016 年社保基金托管报告，社会保障信托基金将会在 2034 年被消耗殆尽，从那时起，社会保障体系向退休人员实际支付的退休金仅相当于原先承诺额的 75%。

在第一次领取退休金时，你必须提前 3 个月通知社保基金办公室并提出申请；政府不会因为你按照规定年龄退休就自动自觉地开始向你发放退休金。

现在，社会保障体系到底有多重要？你可以看看图 15－1。正如你所看到的，很多低收入的退休人员几乎是只有依靠社保金才能维持生活。如图 15－1 所示，如果没有获得社会保障体系的帮助，这些低收入者的贫困比率大约为 40.5%；然而，在拿到了社保金以后，贫困比率下降到了 10%。对女性来说，社会保障尤为重要。事实上，要不是社会保障体系提供了帮助，44.3%的 65 岁以上的女性会生活在贫困当中。为什么社会保障体系对女性来说如此重要？

- 女性比男性更长寿；60%的社保金的受益人是女性。
- 正如图 15－1 所示，如果拿不到社保金，会有一半左右年龄在 65 岁或以上的女性陷入贫困。
- 28%的女性做的是兼职工作，所以她们不太可能拿到企业雇主提供的退休福利。
- 在年龄大于 75 岁以上的未婚女性中，大约有 25%的女性唯一的经济来源就是社保金。

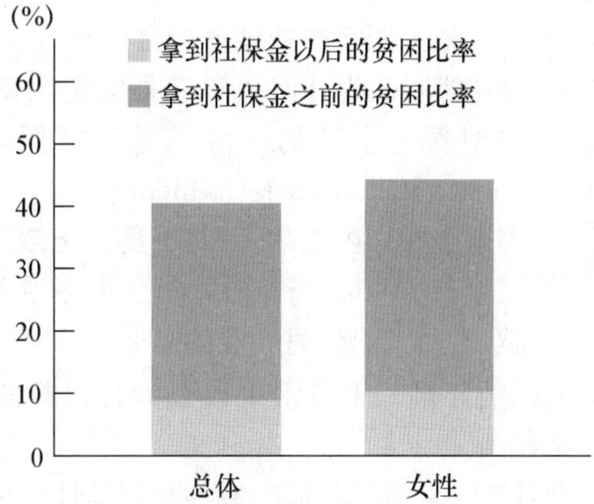

图 15－1　2016 年年龄在 65 岁或以上的退休人员在拿到社保金之前与之后的贫困比率对比（按照性别划分）

资料来源：U. S. Census Bureau, Current Population Survey, March 2016.

伤残保障金和遗属津贴

尽管在本章我们研究的重点是退休金，不过实际上社会保障是政府强制公民参加的保险项目。退休金只是该保险项目的一个组成部分而已。社会保障体系还能向公民提供伤残保障金和遗属津贴。

对于那些因身体伤残或精神障碍而导致死亡，或至少在一年的时间内无法从事任何实质性工作的公民，社会保障体系将会向他们支付伤残保障金。所谓“实质性工作”一般被定义为每个月可以获得500美元或以上收入的工作。

当肩负家庭主要收入来源的公民去世以后，社会保障体系会向仍健在的其他家庭成员支付保障金，即遗属津贴。具体包括公民去世时社会保障体系自动先行支付的一小笔保障金，主要用来支付丧葬费用；随后将会每个月向死者的配偶支付社保金，但前提是该配偶已经年逾60岁，如果配偶是残疾人的话，年满50岁即可，或者是该配偶正在抚养年龄不足16岁的孩子，或孩子有残疾并且正在领取社保金。如果孩子年龄不足18岁或19岁，仍然在念小学或初中，或者有残疾的话，死者的配偶也可以每个月获得社保金。如果某位公民去世，而他的父母的生活费至少有一半来源于死者，则他的父母也有资格获得遗属津贴。

雇主养老金计划

固定收益型养老金计划：这种传统的养老金计划承诺当员工退休时可以获得固定数额的养老金。员工退休时领取的养老金数额一般是通过某个公式计算得出的，充分考虑了员工退休的年龄、工资水平以及为公司服务的年限。

不需要职工缴款的养老金计划：这种养老金计划不需要员工缴款，雇主将承担向养老金账户缴款的所有责任。

员工缴款型养老金计划：这种养老金计划要求员工要定期向养老金账户缴款，有时也要求雇主承担一部分缴款责任。

20多年前，雇主提供“担保”养老金是很常见的现象。在你的工作时期内，如果绝大多数时间是在为同一家公司服务，那么雇主可能会感念你的忠诚和勤恳，当你退休的时候向你支付养老金。在当前的职场上，雇主不再这么大方，而且员工更换工作的频率也比较高，所以雇主提供的养老金计划变得越来越少了。不过，有些公司仍然在继续提供养老金计划，通常被称为固定收益型养老金计划。

固定收益型养老金计划

根据**固定收益型养老金计划**（defined-benefit plan）的安排，当员工退休时可以获得固定数额的养老金。这种固定收益型养老金计划一般都是**不需要职工缴款的养老金计划**（noncontributory retirement plan），也就是说员工不用定期向养老金账户内缴款。（对于**员工缴款型养老金计划**（contributory retirement plan），员工和雇主要同时向养老金账户缴款。）员工退休时领取的养老金数额一般是通过某个公式计算得出的，充分考虑了员工退休的年龄、工资水平以及为公司服务的年限。要注意的一点是，这种养老金收入是要纳税的。

每家公司采用的养老金计算公式各不相同。有些公司的计算公式只关注退休前最后几年的工资水平，这种做法对员工是比较有利的；还有一些公司在计算养老金时使用的是平均工资水平。一个常用的计算公式如下：用员工最后3～5年的平均工资水平乘以在该公司服务的年数，然后再乘以1.5%，就得到了养老金的数值。

每个月的养老金＝最后几年的平均工资×服务的年数×0.015

如果你为公司服务25年以后退休，在最后几年内的平均工资水平为70 000美元，则你可以获得价值为26 250（＝70 000×25×0.015）美元的养老金，即平均工资水平的37.5%。一般来说，绝大多数的员工，即使是那些一辈子全为一家公司工作的员工，获得的固定收益型养老金也只相当于其退休前平均收入的40%～45%。

公司可以在不预先通知的情况下更改养老金计划。由于公司发起的养老金计划常常面临着降低传统养老金金额的压力，所以公司经常在不通知员工的情况下改变养老金计划。到底是什么导致了这种压力的出现？首先，随着人类的寿命越来越长，退休以后存活的时间也越来越长，因此这就意味着养老金成本的上升。最关键的是，近些年来，医疗费用不断飙升。此外，较低的市场利率与表现不佳的股票市场也使很多公司的养老金计划遇到了资金困难问题。然而，迫使各家公司放弃养老金计划的最主要因素还是激烈的市场竞争。一些建立时间不长的公司根本从一开始就没有提供养老金计划，而一些资格比较老的公司也被迫放弃了原有的养老金计划。看看微软、沃尔玛还有西南航空公司——这些资历较浅的年轻公司没有一家提供养老金计划。

现实世界

近来，受访工人们说，他们使用下面这几种方法来确定自己需要为退休以后的生活准备多高的储蓄额。

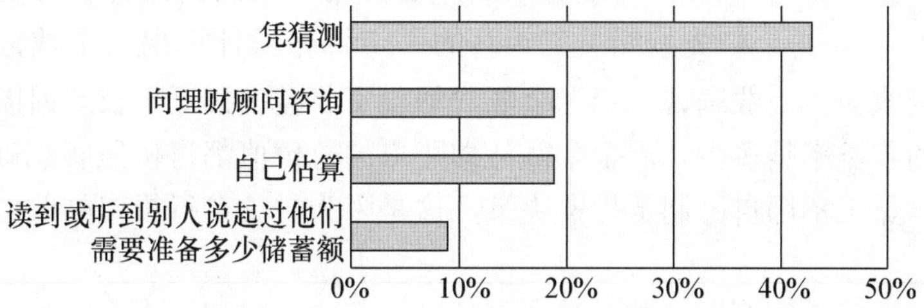

对于固定收益型养老金计划，还有一个问题就在于其**灵活性**（portability）不足——也就是说，当你离开公司的时候，你的养老金不会跟着你走。当公司给予你**授权**（vested）的时候，也就是说公司认为你已经为它工作了足够长的时间，有权利去领取养老金，则最终你会获得公司支付的养老金。不过，由于养老金的数额是根据你的工作年限以及工资水平确定的，因此领取的养老金数额也许并不高。如果你没有获得公司的授权且离开了公司，那么也只好对这笔尚未得到的养老金说再见了。

灵活性： 如果一个养老金计划具有灵活性，这是指当员工离开公司时可以继续保有已经积攒的养老金收益并将其转入新公司的养老金计划。

授权： 指的是公司授权员工有权在退休时领取养老金的安排。对于雇主发起的养老金计划来说，只有当员工为企业服务了一定年限以后才有权领取养老金。

提存式养老金计划： 雇主定期将养老金缴款交给托管人，由托管人负责保管和投资增值。

非提存式养老金计划： 雇主直接用公司当期的盈利来支付养老金。

固定收益型养老金计划的另一个缺陷是很少有养老金计划会在退休人员开始领取养老金以后，每年根据通货膨胀的情况对养老金数额进行调整，事实上，只有十分之一的养老金计划会这样做。员工退休以后，每个月获得的养老金数额都是固定不变的，然而越来越高的通货膨胀会降低这笔资金的购买力。

固定收益型养老金计划存在的最后一个缺陷在于并不是所有的固定收益型养老金计划都是**提存式养老金计划**（funded pension plan）。所谓提存式养老金计划是指雇主定期将养老金缴款交给托管人，由托管人负责保管和投资增值。换言之，雇主将建立一个独立的养老金账户，以确保有能力向退休员工支付养老金。

对于**非提存式养老金计划**（unfunded pension plan），雇主是直接用公司当期的盈利来支付养老金。这是一种现收现付型养老金计划。无须多言，提存式养老金计划肯定要比现收现付型养老金计划更加安全，因为一旦公司破产，现收现付型养老金计划也将就此搁置。不过按照法律的规定，如果雇主向现收现付型养老金账户支付的缴款低于规定额度的90％，则应当通知员工。

现金余额计划：固定收益型养老金计划的变革

现金余额计划：现金余额计划使用不同的公式计算养老金的数额：首先按照员工年薪的一定百分比计算出一个数额，然后再加上预先确定的投资收益。

近些年来，很多企业，包括柯达公司、CBS公司、花旗集团和IBM公司，都由传统的固定收益型养老金计划转为**现金余额计划**（cash-balance plan）。事实上，雇员人数少于100人的企业发起的固定收益型养老金计划占固定收益型养老金计划总数的比例已经由2001年的2.9％快速上升到今天的29％。现金余额计划使用不同的公式计算养老金的数额：首先按照员工年薪的一定百分比计算出一个数额，然后再加上预先确定的投资收益。一般来说，养老金账户的投资收益率接近于长期国债的收益率。

不管实际的收益率是多少，现金余额计划账户的总价值都将按照实现确定好的利率水平增长。此外，员工不用自己制定投资决策，这是因为员工自行投资的收益率往往要偏低一些。

让我们更详细地了解一下现金余额计划的运作模式。根据现金余额计划的安排，雇主会将员工每年工资的一定百分比直接存入员工的养老金账户。一般情况下存入比例为员工年薪的4％～7％。随后员工养老金账户内的资金价值便开始以一定的收益率水平增长，通常是按照30年国债的收益率持续增值，但也有一些企业将养老金账户的增值速度与标准普尔500指数绑定在一起。如果员工离开了公司，则可以将养老金账户内的余额提取出来，再存入个人退休账户（我们将在本章的后面部分介绍个人退休账户）。

现实世界

为什么现在为退休以后的生活积累储蓄变得比以前更难了呢？人类的寿命较过去变得更长就是原因之一。现在人们退休后平均还能生存20年，而20世纪50年代时仅为8年。

这种养老金计划有什么好处呢？首先，更便于企业员工查询个人养老金账户的余额。尤其是对年轻员工来说更加有利，因为他们可以更早地开始养老金账户的累积。此外，如果员工离开了公司，则可以将养老金账户内已经累积的余额提走。为什么在美国有三分之一的大企业都决定由传统的固定收益型养老金计划转为现金余额计划呢？这并不是因为这些企业想对自己的员工慷慨解囊，恰恰相反，由于现金余额计划使得年长工人未来可以领取的养老金额度有所减少，所以能够帮助企业大大降低养老金费用。

尽管退休还很遥远，但是要早做计划

人们在工作的时候总是不可避免地会想到退休以后的情形。这让我们联想起原理

2——没有计划将一事无成。储蓄可不会自然而然地发生——只有在制定了计划的前提下，你的储蓄额才会不断增长。不过，计划本身也不会自然而然地产生。尽管制定一个周密、细致、复杂的计划可能是最理想的情况，不过即使你制定的退休计划不太复杂，没有那么细致，但也能起到改善经济状况的作用。一旦退休计划成为你个人理财计划的组成部分，你就可以时不时地修改并扩充它。但是有一点很重要，制定好退休计划以后你必须立即执行它，而不要拖延。这是因为你推迟执行的时间越长，实现退休目标的难度就会越大。图 15－2 说明了制定退休计划的七个步骤。让我们用下面的篇幅详细解释每一个步骤。

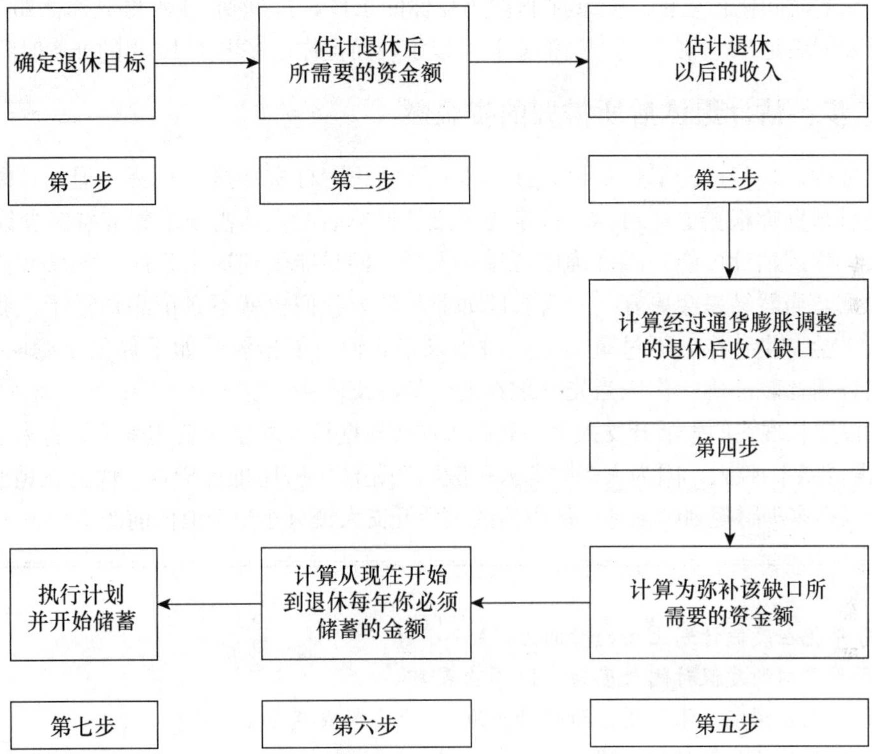

图 15－2　制定退休计划的七个步骤

第一步：确定退休目标

制定退休计划的第一个步骤就是想想看等到你退休时想实现什么目标。毫无疑问，你肯定希望在自己退休以后仍然可以自给自足，有能力支付所有的医疗费用——有时医疗费用不太高，不过有时也许这会是一笔巨额的开销。所以首先你要先问自己几个基本问题：你希望自己采用什么样的生活方式？这种生活方式的成本有多高？你是想过上奢侈的生活，还是希望稍微节省一点，能达到富裕的水平就可以了？目前你是否已经患上了某种疾病以至于未来将要负担高额的医疗费用？

一旦你回答了上述问题，那么基本上就已经明确了退休后想要自给自足和有能力支付医疗费用的具体目标是什么。接下来该考虑其他目标了。你希望继续住在现在的房子里吗？还是打算搬到佛罗里达州去享受清晨的阳光？你想住在退休人员公寓还是想拥有自己的住房？你想出去旅游吗？你想有能力买下一辆道奇车（Dodge Viper）到处兜风吗？你想为家人多准备一些应急资金吗？等到你退休时再坐下来想要把这么多事情全部打算好是很难的，所以说现在制定目标时必须尽可能地考虑周全。

正如我们在第 1 章曾经讲过的，只有在制定目标时充分考虑了时间要素——明确你希望什么时候能够实现这一目标——目标才能发挥全部效力。对于退休目标而言，你需要准确地估计自己计划的退休时间。一般的退休年龄是 65 岁，但是越来越多的人推迟退休，一直工作到 70 岁甚至更老。

实现退休目标的时间至关重要。例如，如果你打算 60 岁退休，那么就要存足够多的钱，因为退休后的时间比较漫长。如果你非常热爱你的工作，打算到 70 岁再退休，那么积累的储蓄额只要能满足 70 岁以后的生活需求就可以了，而且你还多出了 10 年的准备时间。

第二步：估计退休后所需要的资金额

一旦你确定了自己的退休目标，接下来就要考虑怎样实现这一目标。退休计划的第二个步骤能够帮助你根据退休目标，确定为了维持退休后的生活需要事先准备多少钱。

当然，你的估计可能并不准确或可靠，但是我们只能做到这个程度。如果我们可以预测未来的话，当然结果会更好——若真能如此的话，我们也就不必依靠估计了。我们完全不知道未来会发生什么。不过事实上，对于未来我们只能猜测。如果你是个聪明人的话，相信能估计得比较准确。你应当先从现在的生活开支入手。

之所以要从现在的生活开支入手，是因为你要根据目前的生活费用来估计将来退休以后维持生活需要多少收入。因为大多数老人一般已经还清了房屋抵押贷款，而且花销要少于年轻人，所以很多理财规划师估计退休以后的生活开支大概只相当于退休前的 70%～80%。

现实世界

- 每年花在度假计划上面的时间为：4 个小时。
- 每年平均的度假时间长度为：1～2 个星期。
- 每年花在制定退休计划方面的时间为：1 个小时或不足 1 个小时。
- 退休以后的生存时间：19 年。

在制定理财计划时，你要计算出自己的生活成本是多少。比方说退休之前每年的生活费是 50 000 美元。那么，退休之后你的基本生活费用大约为 40 000（=50 000×0.8）美元。

当然，这 40 000 美元只是冰山的一角。要记住，你要实现的其他目标也要花费成本。你还要估计一下——按照现在的物价水平——每一个目标每年要花费的成本是多少美元。将这些目标的年均成本加总，然后再加上基本的生活费，就可以计算出按照目前的物价水平退休以后每年的收入水平应当达到多少美元才能实现所有的目标。

然而，这还不够。别忘了美国政府也要来插一脚。是的，你还要考虑到税收因素。表 15－1 简要地介绍了美国国税局对退休人员收入征税的大致税率。为了将税后退休收入转换为税前退休收入，你要做的是用前面计算得到的必要退休收入除以（1－税率）。你可以使用表 15－1 查找自己适用的平均税率水平。例如，假设你需要获得的税后收入为 60 000 美元，而且采用的是夫妻联合申报的报税方式，那么你适用的税率水平为 17%，因此你需要获得的税前退休后收入就等于 60 000/(1－0.17)＝72 289 美元。

图 15－3 总结了为退休计划进行融资的步骤以及计算过程，而本章的附录提供了有关计算过程的详细步骤。

表 15－1 平均税率水平

退休收入（美元）	夫妻联合申报（%）	个人单独申报（%）
20 000	7	10
30 000	10	14
40 000	12	17
50 000	14	20
60 000	17	22
70 000	19	23
80 000	21	24
90 000	22	25
100 000	23	26
150 000	28	30

注：为了估计退休后的预期平均税率，你可以使用上面这份基于当前税率绘制的税率表。税金的确切数字要取决于免税额、退税额、税收抵扣额、州所得税以及营业税的额度。如果你预测未来税率水平会发生改变，则可以直接使用你的估计值。

第三步：估计退休以后的收入

你猜得不错，第二步计算出维持退休后生活开支的必要退休收入以后，按照逻辑顺序接下来要估计你退休后可以获得的收入是多少美元。首先估计一下自己能领取多少社保金。社会保障管理局会向尚未领取社保金、年龄在 25 岁或以上的所有工作者（大概有 1.25 亿人）邮寄社保基金账户的年收益以及社保金账目表。账目表上会注明工人及其家人现在和未来可以获得的退休金、残疾保障金和遗属津贴的额度。你还可以利用网页 www.ssa.gov/OACT/quickcalc/上提供的社保金计算器计算未来可能获得的社保金额度。除了社保金以外，你还要加上养老金计划的收入以及其他可以获得的退休收入。

第一步：确定退休目标

第二步：估计退休后所需要的资金额
- 将目前的生活开销乘以 80%
- 加上实现其他目标所需的费用
- 加上预计要缴纳的税款

第三步：估计退休以后的收入
- 将来你可以获得的社会保险金
- 加上养老金计划的收益
- 加上其他收入

第四步：计算经过通货膨胀调整的退休后收入缺口
- 计算一下第二步与第三步求出的两个结果值之间的差额
- 进行通货膨胀调整

第五步：计算为弥补该缺口所需要的资金额
- 确认一下剔除通货膨胀以后储蓄的收益率有多高。

第六步：计算从现在开始到退休每年你必须储蓄的金额
- 确认一下为了弥补第五步算出的缺口值，你需要每年储蓄多少美元

第七步：执行计划并开始储蓄

图 15－3 为退休计划进行储蓄

二维码 15－1

了解公司提供的养老金计划

想要知道自己将来能够领取多少养老金，你可以去公司的员工福利办公室查询。将个人养老金账户明细单复印一份——通过这份明细，你可以了解养老金计划的实施情况，个人养老金计划账户现在的余额是多少，以及未来退休时大概能够领取多少美元的养老金。二维码 15－1 提供了很多基本问题，你应对照本公司的养老金计划回答上述问题。

第四步：计算经过通货膨胀调整的退休后收入缺口

现在我们要比较一下第二步和第三步计算得到的结果。对于绝大多数人来说，退休以后为维持一定的生活质量所需要的资金额与实际收入之间总是存在着较大的差距。随着养老金计划的逐步退出，社保金的前景也开始变得不太明朗，这两者之间的差额将会变得越来越大。

第五步：计算为弥补该缺口所需要的资金额

到现在为止，你已经知道了自己每年退休收入的缺口有多大。也就是说，你已经算出了为了能在退休以后保证一定的生活质量还需要增加多少退休收入。于是，我们要解决的下一个问题是：为了弥补年收入的缺口，从现在开始一直到退休你必须坚持每年储蓄多少美元？

在计算自己需要弥补多大的收入缺口时，注意要把投资收益也计算进去。此外你还要考虑到这一事实：退休后，由于抵消通货膨胀的影响，你每年需要获得的退休后收入水平都要比前一年略高一些。

思考：

根据林肯金融集团（Lincoln Financial Group）和《金钱》杂志发起的一项调查，调研人员随机采访了多位目前正在工作或已经退休了的美国人，询问他们的孩子应当从什么时候开始就为日后的退休进行储蓄。他们的回答大多为 22 岁。对于绝大多数人来说，22 岁似乎太早了一点，不过这确实是人们基于生活经验得出的结论。所以说，要从现在开始就为退休做好打算：要想实现你的退休目标可不是那么容易的。你认为为什么早点动手很重要？

第六步：计算从现在开始到退休每年你必须储蓄的金额

现在你已经知道了退休时你必须已经积累的存款额是多少美元，不过你并不需要一次性实现这个存款目标。相反，你应当一点一点地累积，每年都向储蓄账户内存入一部分钱。现在你需要了解的是每年应当储蓄多少美元才能实现存款的总目标。

二维码 15－2

在线退休规划

一旦你算出退休之日来临时自己需要积累多少储蓄额，那么下一步就是计算一下从现在开始每年需要储蓄多少钱，这很容易。你可以使用财务计算器来计算 *PMT* 的值，这与第 3 章我们计算分期偿还贷款的每月偿还额所使用的计算方法相同。如果在计算需要为退休准备多少储蓄额时，你需要一些帮助，那么二维码 15－2 提供了多个非常棒的网站，它们都可以提供在线的退休规划帮助。

第七步：执行计划并开始储蓄

好了，现在你终于知道为了实现退休目标每年要储蓄多少钱了。接下来你要做的就是开始储蓄。这最后的一步是不是听起来最容易？你这么想就错了。实际上这是最难的一步。想为实现退休目标而进行储蓄确实有各种各样的方法，而从中挑选一个最适合自己的储蓄方式需要你先了解一下到底有哪些备选项。

成功完成退休储蓄目标的真正关键在于利用复利的力量升值，如果你知道复利的威力，那么就应该知道从自己拿到人生中第一张工资支票起，就要开始为以后的退休积累储蓄。等上几年再动手会有什么代价？代价十分巨大，或者用“难以承受”来形容更为准确。根据图 15-4，你会发现如果你从 22 岁开始储蓄，那么除去雇主提供的缴款，你本人只需要按照年薪的 6.5%向退休账户缴款。但是，如果你等到 25 岁才开始储蓄，那么缴款的比例就会上升到 7.9%；从 35 岁开始储蓄，比例上升到 15.3%。如果你等到 45 岁才开始动手，那么只能祝你好运了！为了达到同样的目标，你要将 32.3%的年薪存入退休账户。

在下面的章节里，我们会向你介绍各种各样的退休储蓄计划，还会帮助你选择一个最适合自己的退休储蓄计划。不管你最后决定怎么做，千万不要小看退休计划中的储蓄这一步。一定要做好最后一步——因为这一步是最重要的！

哪种退休储蓄计划最适合你?

哪种退休储蓄计划最好？实际上这要取决于你自身的条件和境况。市场上有各种各样的退休储蓄计划可供选择，其中一些退休计划是专门为某些特定的工作或职业设计的，所以很难笼统地说哪种退休储蓄计划适合你。然而，我们可以肯定的是你应当去尝试一下具有税收优惠的退休储蓄计划。

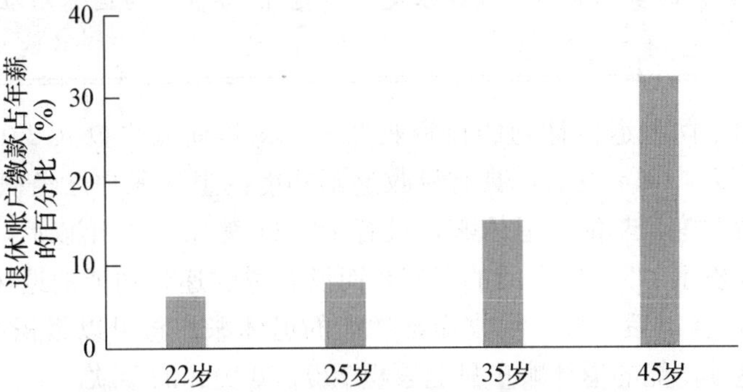

图 15-4　早点开始储蓄，否则后面交的钱更多！

假设：预期年薪增长率=2%，计划退休年龄=65 岁，退休后继续生活的时间=25 年，退休后需要获得退休金的时间=25 年，退休前的投资收益率=8%，退休后的投资收益率=6%。

绝大多数的退休计划都具有税收递延优惠，也就是说直到员工退休以后提取退休账户内的投资收益时才需要纳税。从本质上看，这种税收递延操作可以使退休人员推迟纳税的时间，从而使得原本应当向美国国税局缴纳的税款仍然可以暂时留在退休账户内继续为退休人员创造投资收益。此外，一些退休计划还允许员工用其缴纳的份额进行全部或部分的税收抵扣。对于退休计划而言，原理4——税收因素对个人理财决策的影响——阐述的道理绝非虚言。

具有税收递延优惠的退休计划有几大优势。首先，因为员工向退休账户缴纳的份额是免税的，所以你可以多交一些。你可以把原本应向美国国税局缴纳的税款全部交到退休账户中去。其次，因为账户内的投资收益只有在退休人员在退休后提取时才需要交税，所以你可以暂时不提取投资收益，那么原本要上交给美国国税局的投资收益税款也可以暂时留在账户内继续产生收益。换言之，递延缴纳的税款可以让你获得复利收益。

图15－5说明了复利的巨大能量。我们假设你每年将2 000美元的税前收入投资于退休账户。我们再假设退休账户可以给你带来每年9%的复利收益率，同时你适用的边际税率和联邦税率为31%。

如果你投资的退休账户具有税收递延功能，而且你向账户缴纳的份额具有完全的税收抵扣作用，那么不管是在刚开始投资时还是等到退休后，你都可以获得更多的收益。之所以你在一开始投资时就能占据优势，是因为你投入的2 000美元是完全免税的，可以全部用于投资。而退休以后能获得更多的收益是因为税收递延功能使得原本应及时缴纳的税款可以暂时留在账户内为你创造更多的复利收益。

反过来，没有任何税收优惠的退休计划则是另一番情景。首先，你投资的2 000美元不能完全进入退休账户，因为有31%的资金要变成州政府和联邦政府的税收收入，剩下的1 380美元才是真正的净投资额。此外，美国国税局每年还要对退休账户的投资收益征税，税率为31%。

现实世界

近期的调查结果显示，失落的一代（35～54岁）超过50%的人为退休而准备的存款少于10 000美元，而超过42%的千禧一代（18～34岁）还没有开始为退休而储蓄。而更可怕的是，超过45%的婴儿潮那一代和银发族（超过55岁）为退休而准备的存款也不足10 000美元！

图15－5对比了两种退休计划的投资收益——每年向账户投入2 000美元的税前收入，一共持续30年。10年之后，具有税收递延功能的退休账户已经积累了33 121美元的资产，而没有税收递延功能的退休账户只有19 511美元。20年以后，具有税收递延功能的退休账户可以积累111 529美元的资产，而没有税收递延功能的退休账户的余额却只有55 150美元。30年以后，具有税收递延功能的退休账户将可以累积297 150美元的存款，而没有税收递延功能的退休账户只能累积120 250美元的存款。

当然，最终退休账户内的投资收益还是要纳税的。当你从退休账户内提取资金时，要为多年以来获得的投资收益纳税，不过至少你还有机会让这些推迟缴纳的税款在漫长的投资年限内产生额外的利息收益。

所以说，具有税收递延功能的退休账户具有非常明显的优势。选择它是非常明智的决定。在你考察其他类型的退休计划之前，应当先好好了解那些具有税收优惠的退休计划。现在市场上有很多具有税收优惠的退休计划产品。其中一部分是雇主发起的退休计划，还有一些专门对针对独立经营的个人。

假设：每年向退休账户投资 2 000 美元的税前收入，一种情况是这 2 000 美元的税前收入完全免税，另外一种情况是这 2 000 美元要向州政府和联邦政府交税。退休计划账户的年收益率都为 9%，第一类退休账户具有税收递延功能，而第二类退休账户的投资收益要每年纳税。假设州政府和联邦政府的边际税率为 31%。

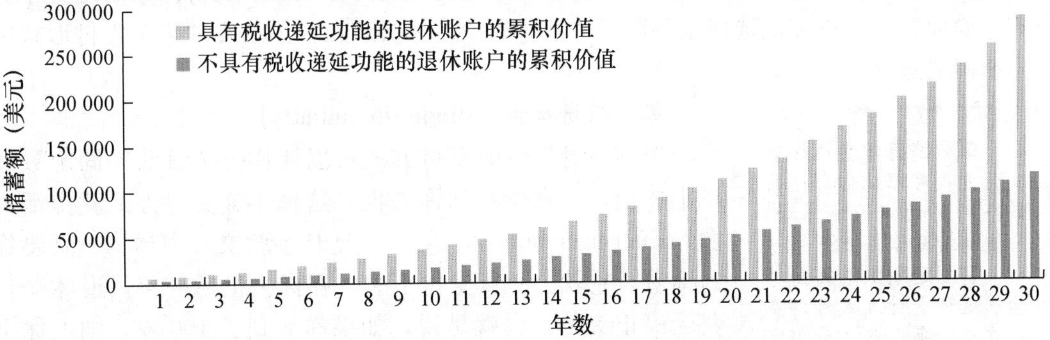

图 15-5 退休账户的税收递延功能

面对退休——退休金的支付

你可能以为只要自己为退休存够了钱，接下来提取这些存款的过程就会变得非常容易。再好好想想吧。账户内累积存款的领取方式会影响到你每个月能获得多少退休金，应当怎样纳税，你能否获得通货膨胀保护，退休金的支付能否一直维持到你去世，以及其他一些重要的问题。二维码 15-3 提供了一系列关键年龄的退休计划。

二维码 15-3

不同年龄时退休计划注意事项一览表

某些退休计划具有更大的灵活性——例如，传统的个人退休计划（非罗斯个人退休计划）允许退休人员在 59.5 岁时开始提取退休金，到 70.5 岁时强制要求必须提取退休金。不过，还是有几种基本的领取方式可供选择，例如你可以一次性提取退休金，或者是在一定的年限内或终身以年金的方式领取，或者是两种方式结合起来。不过，并不存在某一种最佳的退休金领取方式。但是当你做决定的时候，一定要记住以下要点。

● 在你决定采用哪种退休金领取方式之前先要确认一下自己参加的是哪种退休计划。要弄清楚不同领取方式的税收影响。

● 在决定采用哪种领取方式之前，要全面考虑你名下所有退休账户的领取方式。有些退休账户可以一次性领取退休金，而其他的退休账户可以以年金的方式每年领取退休金。

● 等你拿到退休金以后，一定要运用自己掌握的投资知识，包括投资多样化以及风险的时间维度概念等，好好利用这笔退休金进行投资。

接下来让我们具体了解一下各种领取方式的细节。

一定期限内的年金或终身年金

年金支付方式可以让你每年都获得一定数额的退休金。这种支付方式可以持续一定的年限，或者是一直持续到你或你的配偶去世，还可能表现为保证最少支付次数的终身年金形式。简而言之，单纯说选择年金形式是不够的——你必须在具体的几种年金支付形式中做出明确的选择。

> **单纯终身年金**：这种支付方式可以让你每个月获得固定数额的退休金，一直持续到你去世。
>
> **有固定期限的终身年金**：这种支付方式可以在你在世时每个月支付固定的退休金。不过，如果你在“固定期限”尚未结束之前就去世了（这一固定期限通常为10年或20年），则你指定的受益人将会在“固定期限”到期时获得尚未支付的余额。
>
> **联合及遗属年金**：只要你和配偶两人之中有一人仍然健在，就可以获得年金支付。

单纯终身年金（single life annuity）

单纯终身年金的支付方式可以让你每个月获得固定数额的退休金，一直持续到你去世。这种年金支付方式就像活力兔（Energizer bunny，这是一个卡通形象）一样——只要你还活着，它就会一直支付下去。在你去世后一年，退休账户将会停止支付。也就是说，如果你活到了100岁，则退休金的支付也会一直持续到你100岁。

有固定期限的终身年金（an annuity for life or a “certain period”）

有固定期限的终身年金支付方式也可以在你在世时每个月支付固定的退休金。不过，如果你在“固定期限”尚未结束之前就去世了（这一固定期限通常为10年或20年），则你指定的受益人将会在“固定期限”到期时获得尚未支付的余额。因为存在最少支付年限的限制（不管退休账户的所有人是否仍然健在，退休金的支付必须要一直持续到固定期限结束），所以有固定期限的终身年金支付方式每次支付的金额要略低于单纯终身年金方式。此外，“固定期限”的时间越长，每个月支付的金额就会越少。

联合及遗属年金（joint and survivor annuity）

如果选择联合及遗属年金的支付方式，则只要你和配偶两人之中有一人仍然健在，就可以获得年金支付。对于这种领取方式，最常见的两种选择是：（1）50%的遗属保障金，即在你去世后，退休账户会向你的配偶支付金额相当于初始年金50%的保障金；或者是（2）100%的遗属保障金，即在你去世后，退休账户会按照相同的额度继续向你的配偶支付年金。当然，遗属保障金的比例越高，年金的数额就会越小。如果退休人员选择了这种领取方式，则很多企业可以向他/她及配偶提供医疗费用津贴。

绝大多数已婚人士都会选择这种支付方式。事实上，如果你已经结婚了，但又选择了其他的支付方式，则你的配偶必须签署一份弃权书，表明他或她同意你选择其他的支付方式。

选择年金领取方式的一大好处在于不管你或你的配偶能活到多大的年纪，每个月都可以领取一定数额的退休金。此外，如果退休人员选择了这种领取方式，则其所在的企业可以向他/她及配偶提供医疗费用津贴。

年金领取方式的劣势在于没有通货膨胀保护。尽管你能准确地预知每个月能收到多少美元的退休金，不过这笔退休金的购买力将会被通货膨胀一点一点地侵蚀掉。另外，这种年金支付方式的灵活性不够大。比方说，即使你现在遇到了紧急事故急需用钱，也不能改变退休金的年金支付方式。还有一个缺陷就是采用年金支付方式不便于将钱留给自己的继承者。

雇主发起的退休计划一般允许退休人员选择年金支付方式，除此以外，保险公司也在销售类似的年金产品。你也可以一次性将退休金全部提取出来，然后再用这笔钱到保险公司为自己购买适当的年金产品，当然是否需要这样做要看公司提供的年金支付方式是不是有足够的吸引力。关键在于其实你并不局限于只能选择雇主提供的年金支付方式。在下决心之前，你可以把雇主提供的年金支付方式与最高等级保险公司的年金产品加以比较。

一次性领取退休金

> **一次性领取退休金：**
> 一次性领取全部退休金。

如果选择**一次性领取退休金**（lump-sum option）领取方式的话，则你可以一次性地获得一大笔退休金。如果你担心通货膨胀会降低退休金的购买力，或者是担心应急资金不够充足，则一次性全额领取方式，或者是一次性领取部分退休金，然后以年金方式支付退休金余款的方式，可能是最适合你的。如果你真的一次性领取了退休金，则就要在余生利用这笔资金为自己和家人做好投资。自己做投资也能获得好收益——你把钱投放在自己选中的投资产品上，最终也有可能会获得较高的投资收益率。

一次性领取方式的最大好处就在于具有较大的灵活性。不过，你要自己承担投资风险，有可能会把自己辛辛苦苦积攒的存款损失殆尽。表 15－2 列出了终身年金领取方式与一次性领取方式的优势、劣势对比。

表 15－2　终身年金领取方式与一次性领取方式的比较

终身年金领取方式	一次性领取方式
优势 ● 只要你还活着，就可以每个月领取退休金。 ● 在领取年金的同时，雇主还会向你提供医疗费用津贴。	优势 ● 具有一定的灵活性，在需要应急资金的时候可以提取账户内的存款。 ● 可以利用一次性支付的大笔退休金购买价格较高的物品，例如，退休之后购买新住房。 ● 具有潜在的通货膨胀保护。 ● 允许你把账户内的余额作为遗产留给子孙。 ● 你可以自由决定怎样投资这笔钱。
劣势 ● 一般来说没有通货膨胀保护。 ● 没有灵活性，在财务状况出现问题时不能提取账户内的存款。 ● 不能把账户内的余额作为遗产留给子孙——只要你一去世，就将停止退休金的支付。	劣势 ● 一次性领取退休金后，你可能会在不知不觉当中把这笔钱花光。 ● 你可能没有足够的自制力，总是想用这笔钱消费。 ● 由于此后你要自己负责这笔资金的投资管理，因此会使得理财规划过程变得更为复杂。

不同领取方式的税收处理

如果你打算以年金的方式领取退休金，则每个月收到的退休金会被视为正常的收入而征税。

如果你选择的是一次性领取退休金的方式，那么就必须一次性缴清所有的税款。一次性领取退休金以后，你还可以把它存入个人退休账户或者是其他符合要求的退休账户。如果你换了新工作或者是提前退休且暂时不需要领取退休金的话，则可以采用这种转存的处理方式。这样做不仅可以免税，而且提取出来的退休金存入新账户后获得的投资收益仍然可以享受税收递延优惠。

制定完善的计划并监督计划的执行

对于很多人来说，退休以后的收入并不只是一个来源。很多人可以同时从各种各样的退休计划领取退休金。哪种方式最适合你要取决于你在哪家公司工作以及你从公司那里能够获得多少退休金。不过无论如何，你都要从本章一开始介绍的七个步骤入手。此外，你还必须按照最大许可金额向可以享受税收优惠的退休账户缴款，因为这样做不仅可以减轻你的税负，而且退休账户的投资收益是可以递延缴税的。

你的投资策略一定要能够反映你的投资期限。在年纪不太大的时候，你应当承担更多的投资风险——在退休投资组合中股票的投资比例更大一些。随着退休日期的临近，你应当逐渐转换为更多地投资于风险较低的金融产品。如果你对自己拟定的投资计划不太确定，或者是想听听别人的意见，那么就去见见专业的理财规划师吧。图 15－6 列出了一对夫妇退休后的主要收入来源。诚如你所见，他们的收入主要有四种来源：社保金占 33.2%，工资性收入占 32.2%，养老金占 20.9%，资产收益（投资）占 9.7%。其他收入来源（包括公共救助金）仅占 4.0%。对于收入水平较低的老年人来说，社保金的重要性不言而喻。事实上，如图 15－7 所示，如果你按照收入水平将老年家庭排序并平分成五个组，对其中收入水平最高的那一组来说，社保金仅占其退休后总收入的 15.4%，但是对于收入水平最低的那一组来说，社保金占其总收入的 80.7%。

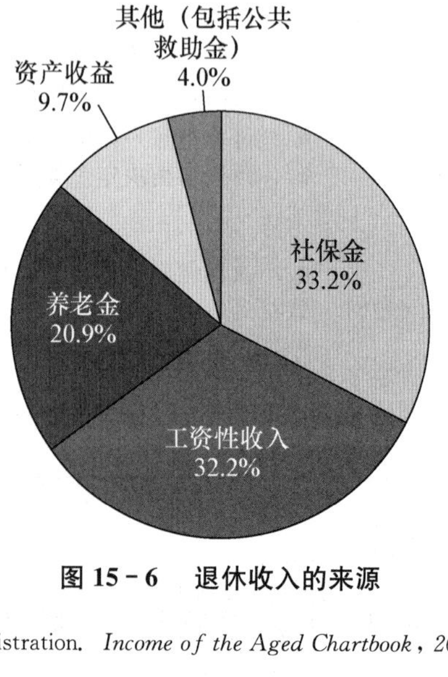

图 15－6　退休收入的来源

资料来源：Social Security Administration. *Income of the Aged Chartbook*, *2014*, released April 2016.

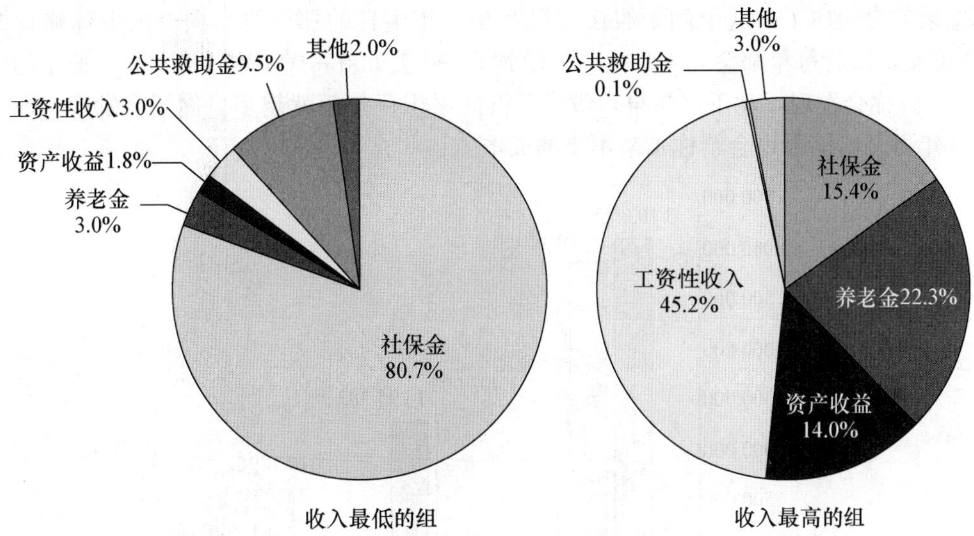

图 15-7　收入最高的组与收入最低的组各自的退休收入来源

注：2014 年老年人收入划分五个等级的收入标准分别是 13 499 美元、23 592 美元、39 298 美元和 72 129 美元。由于四舍五入，总额可能与各组成部分四舍五入后的取值之和并不相等。

资料来源：Social Security Administration. *Income of the Aged Chartbook*, *2008*, April 2016.

不管是在退休之前还是退休之后，你都要管理好自己的退休计划，这是一个长期持续的过程。由于人生总是不可预料地出现一些新变故，所以退休计划也要不断地进行调整。尽管我们无法将所有需要注意的细节全部列出，不过一览表 15-1 列出的事项，你应当牢牢记在心间。

一览表 15-1	退休计划的注意事项

- 通货膨胀率的变化会对退休存款的实际购买力造成极大的影响。预期通货膨胀率的变化不仅会影响股票和债券的价格，还会影响退休以后的生活成本。
- 在退休以后，你还要度过很长一段时间。你应当根据自己的投资期限在投资组合中加入一定比例的股票。在退休以后只投资于债券或大额定期存单虽然是“专家们”经常推荐的做法，不过实际上这些金融产品的期限往往与绝大多数退休人员的投资期限并不匹配。记住，你必须使自己的投资收益率足以弥补通货膨胀的影响，你可以选择比较保守的投资策略，不过收益率不能打折扣。
- 管理整个投资过程，注意观察自己所在公司的发展状况。你可以积极地调整投资目标以及为实现该目标而采取的投资决策，不要为此而犹豫。你应当密切关注退休存款资金的投资收益状况。此外，你还要注意观察自己所在公司的财务状况是否稳健，尤其是当你参加了员工持股计划时更应如此。如果你工作的企业财务状况出了问题，那么最好转而投资其他产品，不要再继续投资本公司发行的股票。
- 不要忽略保险。很多人陷入财务困境的原因都是没有购买保险，于是在大灾难面前由于没有保险的保护而变得毫无抵抗能力。一定要确保自己购买的保险没有过期而且是足额的。
- 利用投资规划程序能够更便于你的投资理财。如二维码 15-2 所示，互联网上有很多非常好的网站可以提供退休投资帮助。此外，AARP、Kiplinger、CNN Money 以及富达与先锋公司也在其网站上提供了退休投资理财的内容。

为退休而储蓄——让我们再推迟一年开始储蓄吧

为什么不能拖延，你必须立即为实现退休计划而开始储蓄？因为即使是短短的一年也能给你带来巨大的成本——事实上，一年的成本高达 235 000 美元。你去看看图 15-8 的计算结果就会明白了。这个例子假设公民在某一年生日的那天开始向个人退休账户缴款5 000美元，以后每年都会在生日这一天缴款5 000美元并一直持续到70岁，每年的收益率为8%。你会发现，动手得越早，最终获得的累积存款额就越多。你还会发现，即使是推迟一年再开始储蓄也会给你带来不小的成本。

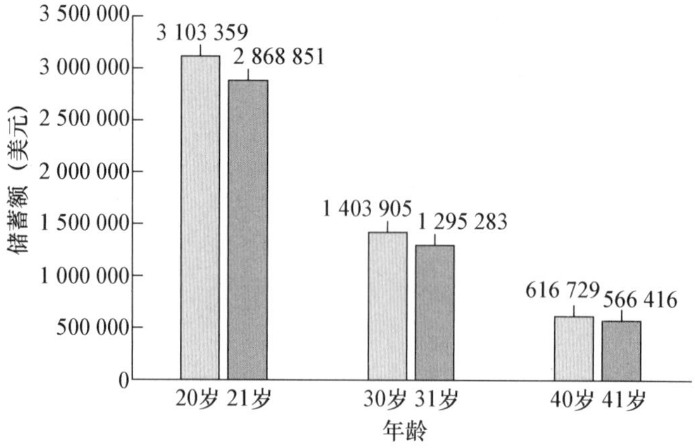

图 15-8　仅仅推迟一年就能给你带来 235 000 美元的成本

行为视角 >>>

原理 9：心理游戏、理财个性与金钱

我们都知道终有一天要退休。问题是距离退休还有很长一段时间，而很多人直到快要退休时才开始认真规划退休以后的生活，然而此时已经太晚了。有关退休规划的赤裸裸的现实是什么？大约26%的劳动者只有不足1 000美元的储蓄和投资可供退休后维持生计(没有计算他们的主要住房或参与的固定收益型养老金计划，例如传统的养老金计划)；54%的劳动者储蓄额低于25 000美元——而且你也知道，靠这笔钱生活是无法支撑太久的。事实上，只有21%的劳动者“非常自信”他们已经存够了钱，将来可以舒舒服服地退休。既然我们都知道有一天要退休，那么问题到底在哪里？对于大多数人来说，问题在于人们的行为模式。那么接下来让我们看看在为退休做准备时人们的实际行为经常会有哪些问题。

- 拖延与缺乏自控力。如果我们知道自己需要为退休而储蓄，为什么我们不去这样做呢？一个原因是推迟做出困难的决定会让人们感觉更舒服。在做一些无法立即带来回报的事情时，很多人就是没有自控力。他们知道自己应该存钱，但是没有足够的自控力坚持这样做。你是否记得我们在第5章里提到的“缺乏远见”？当某些人面对未来的不确定性事件时（例如退休），他们总是努力忽视或贬低这件事的重要性，沉溺在当前的享受里。这并不令人惊讶，因为当人们努力减肥、塑身、戒烟或是执行自己新一年制定的计划时，都表现出同样的行为模式。正因为如此，很多雇主自动将新员工吸纳到员工退休计划里。

对于那些没有安排新员工自动加入养老金计划的企业，员工必须积极改变现状，从“不储蓄”变成“加入公司的养老金计划并积极缴款”。我们都知道，现状偏见会进一步强化“让事务保持原样”的个人偏好，让人们不愿意改变——尤其是当这种改变需要花一些钱时。

- 选择过载与决策的复杂性。研究证明，虽然各种各样的养老金计划数量越来越多，但劳动者的参与程度却在下降。选择一个合适的养老金计划这项任务本身就让很多人“不堪重负”。当面对的选择太多时，人们反而无法做出选择的情况在其他很多领域也很常见。例如有这样一项著名的研究：购物者到一家经营美食的商店购物，他们要经过一大排摆放着各种各样的果酱和果冻的陈列架。研究发现，尽管人们会花更多的时间查看这些商品，然而实际上真正购买的人却很少。但是，如果只有一个小小的陈列架，上面只摆着四种可供选择的商品，则几乎每个人都会停下来查看并顺手买上一罐。

而说到退休规划，行为模式上存在的问题不只限于选择过多带来的不知所措。这一选择的复杂性与重要性也意味着很多人“难堪大任”，所以很多时候他们的反应就是赶快做完了事。事实上，对南加利福尼亚大学教职员工的一项调查显示，58%的受访者只花了不到一个小时就决定了自己的缴款比率以及投资选择。如果认真思考，那么所需的时间可能要比春假游玩计划所需的时间多很多。

- 缴款和投资选择的惯性与决策瘫痪。很多人刚加入养老金计划时缴款比例很低——这通常与他们初始的工资水平不高相一致——然而随着工资的上涨，这些人却一直没有调整缴款比例。他们也从不改变自己的投资选择。例如，假设他们一开始加入养老金计划时默认的缴款率为 2%或 3%，那么从此以后他们再也没有调整过缴款率。此外，如果他们最初将养老金账户内的资金投资于货币市场共同基金，那么同样后续也不会改变这一选择。如今，市面上大约有 8 000 多只公开交易的股票基金和债券基金，然而对很多工薪阶层来说，一想到要在这么多基金里做出选择，这种想法本身就已经让他们动弹不得了。

“为明天攒更多钱”这一项目为该问题提供了一个解决方案。[1] 根据这一项目，养老金计划的参与者事先同意当工资水平上涨时或按照预定的时间表——例如每逢公司召开创立纪念年会时——提高退休金的缴款比例。这种方式要求参与者提前授权，从而规避了自控力不足的问题，因为劳动者刚进入公司工作时就签署协议参加了该项目，因此未来不需要他们再做出什么决定，于是惯性或惰性反而会给他们带来好处。

每次说到为退休而储蓄这个话题时，你经常会听到这样的言论：“好吧，如果我活不了那么久呢?”答案正是另一个问题：“假如这样，你该怎么办呢?”早做准备吧。

行动计划 >>>

原理 10：开始行动吧！

看上去这需要我们努力坚持很久，不过眼下正是开始退休储蓄的好时机。下面是一些小窍门。

- 不要拖延。记住货币时间价值的工作原理：投资的期限越长，则本金增值的幅度就越大。例如，假设你现在 22 岁，计划 67 岁时退休，那么今年年末你便可以开始向罗斯

① Richard Thaler and Shlomo Benartzi, “Save More Tomorrow: Using Behavioral Economics to Increase Employee Saving,” *Journal of Political Economy* 112, no. 1, pt. 2 (2004): S164.

IRA 账户缴款。如果你每年向罗斯 IRA 账户缴款 5 500 美元，坚持 45 年，且投资收益率为 9%，那么等到退休时账户的余额将会增值为 290 万美元。如果你一直等到 32 岁才开始缴款并坚持 35 年，那么等到退休时，你只能拿到 120 万美元。

● 你的第一步是建立一个罗斯 IRA 账户并按照上限缴款。这笔“买卖”太合算了，实在不能错过。向罗斯 IRA 账户缴款会让你眼下少享受一点税收抵扣的好处，然而将来等你退休时，它能给你带来非常可观的免税收益。如你所知，将来你退休时实际可领到的钱会被各种费用消耗掉不少，那就想办法避开它们吧。先锋公司与富达公司是两家提供罗斯 IRA 产品的低成本基金公司。坚持不懈地投资于这两家公司的基金产品或其他低费率的共同基金。或者尝试一下指数基金——指数基金通常费率非常低，而且能做到高度分散化投资。

● 如果你的雇主提供 401（k）或 403（b）计划，一定要参加。这种养老金计划操作简便易行。而且和其他很多养老金计划一样，公司会提供配比缴款。这可是公司免费提供的福利，你一定要充分利用。

● 不要擅自动用。不要把退休储蓄当作应急资金。如果你（提前）从退休账户里提现，那么接下来你面对的就是税金和罚金。

● 找一个退休规划网站好好研究一下。二维码 15－2 提供了多个退休规划网站，你可以逐个研究一下。判断哪种养老金计划最适合你，然后就去行动吧！

本章小结

➡ 学习目标 1：了解退休基金不断变化的本质。

总结：对于绝大多数人来说，社会保险金是他们的主要退休收入来源。大约有 95% 的美国人参加了社会保障计划。你领取的社会保险金的数额要取决于（1）工作的年限，（2）平均工资水平以及（3）通货膨胀的调整。

关键术语

固定收益型养老金计划：这种传统的养老金计划承诺当员工退休时可以获得固定数额的养老金。员工退休时领取的养老金数额一般是通过某个公式计算得出的，充分考虑了员工退休的年龄、工资水平以及为公司服务的年限。

不需要职工缴款的养老金计划：这种养老金计划不需要员工缴款，雇主将承担向养老金账户缴款的所有责任。

员工缴款型养老金计划：这种养老金计划要求员工定期向养老金账户缴款，有时也要求雇主承担一部分缴款责任。

灵活性：如果一个养老金计划具有灵活性，这是指当员工离开公司时可以继续保有已经积攒的养老金收益并将其转入新公司的养老金计划。

授权：指的是公司授权员工有权在退休时领取养老金的安排。对于雇主发起的养老金计划来说，只有当员工为企业服务了一定年限以后才有权领取养老金。

提存式养老金计划：雇主定期将养老金缴款交给托管人，由托管人负责保管和投资增值。

非提存式养老金计划：雇主直接用公司当期的盈利来支付养老金。

现金余额计划：现金余额计划使用不同的公式计算养老金的数额：首先按照员工年薪的一定百分比计算出一个数额，然后再加上预先确定的投资收益。

➡ 学习目标 2：制定退休计划。

总结：为实现退休目标而进行的理财规划可以分为七个步骤：确定退休目标、估计退休后所需要的资金额、估计退休以后的收入、计算经过通货膨胀调整的退休后收入缺口、计算为弥补该缺口所需要的资金额、计算从现在开始到退休每年你必须储蓄的金额、执行计划并开始储蓄。

➡ 学习目标 3：选择退休金的支付方式。

总结：有关于退休计划的另一个重要决定就是选择哪种退休金领取方式。账户内累积存款的领取方式会影响到你每个月能获得多少退休金，应当怎样纳税，你能否获得通货膨胀保护，退休金的支付能否一直维持到你去世，以及其他一些重要的问题。你可以选择一次性领取退休金，也可以以年金的方式或者是终身年金的方式领取，或者是把上述两种方式结合起来。

关键术语

单纯终身年金：这种支付方式可以让你每个月获得固定数额的退休金，一直持续到你去世。

有固定期限的终身年金：这种支付方式可以在你在世时每个月支付固定的退休金。不过，如果你在“固定期限”尚未结束之前就去世了（这一固定期限通常为 10 年或 20 年），则你指定的受益人将会在“固定期限”到期时获得尚未支付的余额。

联合及遗属年金：只要你和配偶两人之中有一人仍然健在，就可以获得年金支付。

一次性领取退休金：一次性领取全部退休金。

➡ 学习目标 4：制定完善的退休计划并对其进行有效的管理。

总结：不管是在退休之前还是退休之后，你都要管理好自己的退休计划，这是一个长期持续的过程。由于人生总是不可预料地出现一些新变故，所以退休计划也要不断地进行调整。

思考题

1. 贾思明去年一共赚了 51 250 美元。计算一下去年她应当缴纳多少 FICA 税。她的雇主应当支付多少 FICA 税？

2. 格雷迪·泽布罗夫斯基今年 25 岁，刚刚大学毕业，他的第一份工作年薪为 50 000 美元。他估计自己会在 40 年以后退休。格雷迪假设通货膨胀率为 3%，退休后自己还能生存 20 年。他不想完全指望退休金。假设在退休之前，格雷迪能获得 8%的投资收益率，在退休以后能获得 5%的投资收益率。使用财务计算器回答下列问题：

a. 格雷迪希望退休后的收入能相当于目前收入的 90%左右。按照当前的物价水平核算，退休后他每年需要获得多少收入？

b. 使用表 15－1，格雷迪认为，如果自己结婚的话，退休后适用的平均所得税税率应该为 14%。考虑到税金的影响，按照当前的物价水平核算，退休后格雷迪每年实际需要获得多少收入？

c. 考虑到通货膨胀的影响，40 年后当格雷迪退休时，按照 40 年后的物价水平核算，他每年需要获得多少收入？使用前面 b 问题算出的税后收入值。

d. 如果退休后格雷迪还能生存 20 年，每年需要获得的收入水平都是一样多，那么为了应对退休以后的日子，格雷迪一共需要准备多少储蓄？

e. 假设格雷迪在退休储蓄没有获得任何来自雇主的配比缴款，为了实现目标，从现在开始格雷迪每个月需要储蓄多少美元？

3. 塞基2010年的收入为119 750美元。他应当支付多少美元的社会保险税？要支付多少美元的联邦政府医疗保险税？总共支付多少美元的FICA税？（提示：不要忘了社保制度规定的年收入上限。）

4. 安妮-玛丽和杨计算出他们现在的生活成本是每年67 000美元。他们打算退休以后每年出门旅游一次，按照现在的物价水平，这要花费5 000美元。安妮-玛丽估计退休以后他们的平均税率水平可能为12%。杨估计他们可以获得22 000美元的社会保险金和约为35 000美元的养老金。利用这些已知信息回答下列问题：

a. 按照现在的物价水平计算，假设退休以后的收入水平相当于退休前总收入的70%，再加上每年5 000美元的旅游费用，则安妮-玛丽和杨必须在退休后获得多少美元的收入才能实现他们的退休目标？

b. 假设退休后两人的边际税率为12%，那么（a）的税后调整收入值应当等于多少？

c. 按照当前的物价水平，计算一下两人年收入的缺口。

d. 假设通货膨胀率为5%，计算一下30年以后这一收入缺口的终值是多少美元。

e. 假设名义收益率为8%，退休后两人还能生存25年，计算一下为了实现他们的退休目标，安妮-玛丽和杨每年的必要储蓄投资额是多少美元。

5. 罗素和查尔文现在每年的生活成本是97 000美元。计算一下为了在退休后仍可以维持一定的生活水平，他们退休后必须获得多少美元的收入。假设平均税率为20%，退休后的收入水平相当于目前收入水平的80%。

6. 瑞斯正在比较几家公司提供的退休计划。ABC公司向瑞斯开出的工资水平是年薪38 000美元，并按照瑞斯缴款额的75%向退休账户缴纳配套资金，最高不超过瑞斯年薪的10%——这也是瑞斯可以向退休账户缴纳的最高额。XYZ公司可以按照瑞斯缴款额的100%向退休账户缴纳配套资金，最高不超过瑞斯年薪的6%，但是瑞斯本人向退休账户缴纳的最高额可以等于其年薪的15%。XYZ公司开出的年薪水平是35 000美元。如果瑞斯假设自己会按照最高额向退休账户缴款，并且坚持30年，每年的收益率为9%，则30年以后退休账户的累积余额将会达到多少美元？在挑选公司的时候，他应当怎样利用这一计算值所提供的信息？

7. 彼得和布莱尔近来正在计算未来退休以后的收入和生活成本。他们打算30年以后退休，并估计退休后两人还能生存20年。按照现在的物价水平，他们算出退休后的总收入为61 000美元，但是为了实现所有的退休目标，在退休后他们的年收入水平至少要达到86 000美元。假设通货膨胀率为3%，投资收益率为8%，计算一下如果彼得和布莱尔希望完全弥补收入缺口，则要累积的储蓄额是多少美元？

讨论案例1

比尔·希科克（42岁）和莫利·希科克（39岁）居住在阿拉斯加州的安克雷奇市，最近他们越来越担心退休以后的生活。比尔是一家公立学校的老师，打算62岁时退休，这样他们可以环游世界，到处拜访家人和亲戚。莫利是一个自营职业者——旅游咨询顾问，她不确定他们现在制定的退休计划能否实现这个目标。她担心退休以后无力负担阿拉斯加的生活成本。尽管他们每年的总收入有100 000美元之多，不过由于退休规划进行得比较晚，现在距离退休只有20年了。比尔打算开始向403（b）计划缴款，但是他的缴款额仅相当于工资水平的6%，实际最高缴款额可以达到工资的10%。根据他们告诉你的情况以及下列信息帮助他们进行退休规划。

莫利的年收入	78 000 美元
比尔的年收入	42 000 美元
退休后获得的社会保险金	2 600 美元/月
现在每年的生活开支	70 000 美元
比尔的罗斯个人退休账户缴款	20 000 美元
比尔的 403（b）计划缴款	47 800 美元
边际税率	25%

问题：

1. 假设比尔和莫利现在降低了生活成本并增加了投资额，则在50岁之前和之后的退休存款会有多大的差额？

2. 假设年通货膨胀率为3%，退休后比尔和莫利需要获得的收入相当于目前收入水平的80%，计算一下退休后第一年所需收入的终值是多少美元。

3. 假设年投资收益率为8%（名义利率），退休后两人预计还能生存20年，且退休后没有再继续缴款，根据这些已知条件计算一下退休时夫妻二人构建的投资组合每年能给他们带来多少美元的收入。

4. 根据希科克夫妇每年获得的社会保险金以及投资收入，比尔和莫利每年必须储蓄多少美元才能弥补其收入缺口？

5. 比尔和莫利并不认为自己拥有非常好的自控力，能主动提高10年前一开始时确定的每月储蓄额的标准。随着工作年薪的不断增长，你对他们有何建议？

6. 鉴于目前莫利对他们的退休准备工作心存担忧，根据“原理：10 开始动手吧！”，为了确保他们的旅行计划能够实现，他们必须做出哪些改变？

讨论案例 1

蒂姆和玛格丽特近来与公司的员工福利部门负责人进行了商谈，讨论蒂姆的退休日期以及领取养老金的方式。蒂姆刚刚年满67岁，玛格丽特是一位自由职业者，她是一个画家，再有6个月就年满62岁了。福利部门负责人帮助他们计算了一下退休后一共能获得多少收入。退休后每年的收入主要包括：

社会保险金	12 000 美元
固定收益型养老金	18 000 美元（单纯终身年金）
玛格丽特的工作收入	7 000 美元
固定缴费型养老金	10 000（单纯终身年金）
其他收入	4 000 美元

固定缴费型养老金10 000美元的收入是用401（k）账户的余额250 000美元乘以8%计算

得到的。福利部门负责人告诉他们，如果选择100%的联合及遗属年金支付方式，则固定收益型养老金计划每年支付的养老金总额将为之减少3 000美元，而固定缴费型养老金计划每年支付的养老金总额将因此减少1 500美元。

问题：

1. 以年金方式领取养老金有哪些优势？有哪些劣势？

2. 根据前面提供的信息，你会向蒂姆和玛格丽特推荐哪种年金支付方式？

3. 你会向蒂姆和玛格丽特建议采用年金方式领取固定缴费计划的养老金吗？还是你会建议他们选择一次性领取方式？为什么？你推荐的养老金领取方式有哪些不足之处？

4. 你会向蒂姆和玛格丽特提供哪些建议，以帮助他们控制生活开支并在退休后保持一定的生活水平？

附录　计算你应当为退休准备多少储蓄

第一步：确定退休目标。

第二步：估计退休后所需要的资金额。

让我们来看一下第2章提过的拉里·塔特和路易斯·塔特的例子。他们算出每年的生活开支为52 234美元。为了估计出退休以后的年均生活费，他们把这一数值乘以0.8，得到的结果是41 787美元。然后他们进一步考虑了为实现其他目标所需要的花销。例如，塔特夫妇想搬到另外一个生活成本更高的地区，或者是他们打算退休之后多多出去旅游。

现在我们假设塔特夫妇希望退休后每年能增加两次休假旅行的机会，每次旅行的开销为2 000美元（按照目前的物价水平核算），所以旅游这一项就增加了4 000美元的成本。于是再加上每年基本的生活费用41 787美元，则塔特夫妇退休后每年的生活开支为45 787美元。这就是图15A-1中D行所显示的数值。现在塔特夫妇要考虑税收的影响。利用表15-1，我们发现当退休收入水平在40 000～50 000美元之间时，适用的平均税率为12%。然而，由于塔特夫妇所在的州的所得税税率相对较高，因此他们决定使用14%的平均税率进行估计。于是，塔特夫妇用年均生活费用除以（1－0.14），即除以0.86，得到的结果为53 241美元。实际上，53 241美元的14%，即7 454美元，将会以税款的形式上交给美国国税局，剩下的45 787美元可以用来支付塔特夫妇的日常开销。

第三步：估计退休以后的收入水平。

塔特夫妇估计退休以后，他们的社会保险金收入约为18 000美元，养老金收入为25 000美元，因此按照当前的物价水平核算，退休以后夫妇二人每年的总收入为43 000美元。

第四步：计算经过通货膨胀调整的退休后收入缺口。

对于塔特夫妇来说，他们需要获得53 241美元的税前收入（图15A-1中的F行），然而实际获得的收入只有43 000美元（J行），缺口高达10 241美元（K行）。

当然，这一缺口值是按照当前的物价水平计算的。如果想确定30年以后退休的时候这一缺口值会变成多少美元，则塔特夫妇必须计算出10 241美元在30年以后的终值是多少。这实际上是一个计算单笔现金流的终值问题。

第一步：确定退休目标	塔特夫妇的例子（美元）	你的情况
第二步：估计退休后所需要的资金额		
A. 目前的生活开销（税后）。	52 234	______
B. 乘以 0.80 等于：得到现行物价水平条件下的退休后生活开支额。	×0.80＝41 787	______
C. 加上或者减去：预期退休以后生活成本的增加或者减少。	＋ 4 000	______
D. 等于：按照现在的物价水平计算出退休后的年均生活成本（税后）。	45 787	______
E. 税前调整因子，根据 14%的平均税率进行调整。（如果你不知道平均税率是多少，那么可以参考表 15-1“平均税率水平”进行估计。）这一步的目的是计算出为了有能力支付 D 行算出的生活开支，退休人员的税前收入至少应为多少美元。在本例中，假设平均税率为 14%。于是 F 行，即税前收入＝D 行/E 行，而 E 行＝（1－平均税率）。	÷0.86	______
F. 等于：为了有能力支付 D 行算出的生活开销，退休人员的税前收入至少应为多少美元。	D 行÷E 行＝53 241	______
第三步：估计退休以后的收入		
G. 按照现行物价水平，将来你可以获得的社会保险金。	18 000	______
H. 加上：养老金计划的收益（按照现行物价水平计算）。	＋25 000	______
I. 加上：其他收入（按照现行物价水平计算）。	＋ 0	______
J. 等于（G 行＋H 行＋I 行）：按照现行物价水平算出的未来预测退休收入值。	＝43 000	______
第四步：计算经过通货膨胀调整的退休后收入缺口		
K. 按照现行的物价水平计算预期的收入缺口。	＝10 241	______
L. 通货膨胀调整因子，假设从现在开始一直到 30 年后，在此期间的预期通货膨胀率为 4%（你可以在附录 A 中查找 FVIF 的值）：$FVIF_{\text{通胀率,距离退休剩下的年份数}}$	×3.243	______
M. 等于：调整通胀后的收入缺口（K 行×L 行）。	＝33.212	______
第五步：计算为弥补退休后的累积收入缺口在刚刚退休时所需要的资金额［假设退休以后经过通货膨胀调整的收益率为 5%（收益率 9%减去通货膨胀率 4%），假设还有 30 年退休］		
N. 计算为了弥补退休以后生存期间的收入缺口（该缺口已进行了通货膨胀调整），退休时应当积累的资金额是多少美元。假设这笔资金的投资收益率为 9%，退休期间的通货膨胀率为 4%。因此我们可以根据上述信息算出实际收益率为 5%、30 年期的年金现值是多少美元（你可以在附录 A 中查找 PVIFA 的值）：$PVIFA_{\text{通胀率,退休后的年份数}}$	＝15.373	______
O. 等于：为弥补该缺口在退休时应积累的投资资金额（M 行×N 行）。	×M 行＝510 568	______
第六步：为了弥补该收入缺口，从现在开始一直到退休那一天每年你必须储蓄的金额是多少美元（假设还有 30 年退休，每年的投资收益率为 9%）		
P. 30 年、年投资收益率为 9%的年金终值等于：$FVIFA_{\text{预期收益率,距离退休的年份数}}$ 你可以在附录 C 中查找 FVIFA 的值。	＝136.305	______
Q. 等于：PMT，为了能够在第 30 年年底时积累起 Q 行所标的投资额，从现在起每年必须储蓄的金额是多少美元，假设年投资收益率为 9%。	O 行÷P 行＝3 746	______

图 15A-1　计算必要退休收入的工作表

你应该还记得，在计算终值问题时我们要充分考虑通货膨胀的影响。假设在未来 30 年内，通货膨胀率为每年 4%。于是，为了计算出 30 年后与现在的 10 241 美元拥有相同购买力的金额是多少美元，我们要用 10 241 美元乘以复利终值系数，该系数的值等于 3.243（你可以在附录 A 中 4%对应的那一列与 30 年对应的那一行的交点处找到这个值），所以计算出经过通货膨胀调整的收入缺口值为 33 212 美元。

第五步：计算为弥补该缺口所需要的资金额

我们知道，按照 30 年后塔特夫妇退休时的物价水平计算，每年的收入缺口值为 33 212 美元。他们不希望看到通货膨胀降低其存款的购买力。也就是说，他们希望退休存款至少能以每年 4%的收益率增值，刚刚好抵消掉通货膨胀的影响。此外，假设他们的退休存款可以获得 9%的年收益率。于是，这就相当于在通货膨胀的影响下，收入缺口值以每年 4%的速度增长，而塔特夫妇的退休储蓄投资是以每年 9%的速度增长。实际上，他们每年获得的实际收益率——经过通货膨胀调整的收益率——等于 5%（=9%−4%）。[①]

在实际收益率等于 5%的情况下，塔特夫妇需要每年储蓄多少钱才能在退休以后每年从储蓄投资中获得 33 212 美元的额外收入呢？要想解决这个问题，你需要计算出年金的现值。在本例中，这是一笔期限为 30 年的年金，因为塔特夫妇希望退休以后每年从储蓄投资中获得的补充性收入可以持续 30 年，贴现率等于实际利率 5%。计算年金现值时，我们可以用经通货膨胀调整的年收入缺口 33 212 美元乘以年金的现值系数。查找附录 D 可知，该现值系数的值等于 15.373（5%对应的那一列与 30 年对应的那一行的交点）。于是，就可以算出塔特夫妇退休时必须已经累积了 510 568 美元的存款，才能在退休以后的 30 年间每年提供 33 212 美元的补充性收入。

第六步：计算从现在开始到退休每年你必须储蓄的金额。

塔特夫妇已经知道了 30 年后他们退休时必须要积累起价值为 510 568 美元的存款。为了算出每年的储蓄额应当是多少，他们还需要知道从现在开始到退休这段时间内，储蓄投资的年收益率是百分之几。现在我们假设储蓄投资的年收益率为 9%。于是这就演变成了一个有关年金终值的简单问题，即求解公式中的 *PMT* 值，你可以在附录 C 中查找到年金终值系数的值是多少（9%那一列与 30 年那一行的交点）。

$$FV = PMT \times \text{年金的终值系数}$$
$$510\,568 = PMT \times 136.305$$
$$PMT = 3\,746(\text{美元})$$

所以在接下来的 30 年间，塔特夫妇每年必须储蓄 3 746 美元并且获得 9%的收益率，才能实现他们的退休目标。

---

① 实际上，由于存在费雪效应（交叉乘积），我们计算得到的通货膨胀调整利率或实际利率要比真实值略低一点，不过为了教学的方便，我们对此忽略不计。欧文·费雪最先发现了名义利率和实际利率之间的关系：名义利率＝实际利率＋通货膨胀率＋实际利率×通货膨胀率。彼得·N. 爱尔兰对费雪效应进行了详细的检验（Peter N. Ireland, "Long-Term Interest Rates and Inflation: A Fisherian Approach", *Economic Quarterly*, (Federal Reserve Bank of Richmond) 82 (Winter 1996): 22-26)。

计算器小贴士

第四步：计算经过通货膨胀调整的退休后收入缺口

计算器小贴士

第五步：计算为弥补该缺口所需要的资金额

计算器小贴士

第六步：计算从现在开始到退休每年你必须储蓄的金额

第七步：执行计划并开始储蓄。

第16章

遗产规划：给子孙留下遗产而非麻烦

学习目标

1	了解遗产规划的重要性以及规划步骤。	遗产规划过程
2	了解遗产税特征，认识赠与税和隔代财产转让税，计算遗产税。	了解遗产税并尽可能地避税
3	了解遗嘱其在整个遗产规划过程中发挥的作用。	遗嘱
4	避免进入遗嘱检验程序。	避免进入遗嘱检验程序

托尼·斯普拉诺看上去时刻做好了准备——他总是提前做好计划；毕竟，除了他以外，还有谁的人生信条是“子弹没上膛的枪有什么用呢?”托尼·斯普拉诺的扮演者詹姆斯·甘多菲尼却没能像角色那样事先做好准备——他肯定不知道自己的人生会在51岁时戛然而止。毫无疑问，托尼·斯普拉诺是一个和政府玩躲猫猫、藏钱的高手，但显然詹姆斯·甘多菲尼并没有这个能力。

2013年，他在罗马度假时突发心脏病去世，此前他已立下遗嘱，不过光有遗嘱还不够，遗产的处置需要继承人缴纳更多的遗产税，这并非他的本意。无疑，詹姆斯想和继承人分享自己的财产；事实上，通过遗嘱，他将80%的财产留给了自己的姐妹和9个月大的女儿，剩下的20%留给妻子——但事实上，这笔遗产的最大受益人却是美国国税局。这是因为他留给妻子的遗产是不需要缴税的，但其他的遗产需要缴税，而我们接下来都会看到，遗产税的税率很高。事实上，据估计詹姆斯的遗产要缴纳的遗产税超过3 000万美元，和许多富人一样，他的财产流动性并不好——这意味着他的家人要四处凑钱，甚至出售资产来缴纳这笔昂贵的税金。

自詹姆斯去世后，成百上千篇博客或文章在讨论他的遗嘱问题，可是这一切原本可以不是这个样子。詹姆斯本应当为自己的财产建立一个信托计划，这样能更好地保密。约翰·列侬就是这样做的，这很好地保护了他的个人隐私。不幸的是，音乐家普林斯去世后，事情却变得糟糕透了。2016年4月，普林斯去世而没有留下遗嘱，于是他的妻子、孩子、父母开始与普林斯的姐姐、其余 5 个同父异母的兄弟姐妹以及某个自称是普林斯失散已久的儿子的人开始了遗产大战，而明尼苏达州的法律对健在的同父异母的兄弟姐妹与同父同母的兄弟姐妹是一视同仁的。谁知道普林斯的遗产和他的音乐作品最终会被如何处置呢，不过有一件事是确定的：遗产律师肯定能大赚一笔！事实上，负责处理普林斯遗产的特别专员在开始工作的头三个月内就累计开出了 230 万美元的佣金账单，而另一家律师事务所也为这笔遗产的处置开出了 180 万美元的账单。因此我们的结论是对每个人来说，做一点遗产规划是个很不错的主意。

很多人一想到遗产规划就感觉不太舒服，这主要是因为遗产规划总是与死亡联系在一起。还有一些人以为只有富人才需要为如何处理遗产而担心，自己根本没有必要考虑这么多。然而实际上，遗产规划对于每个人来说都是很有意义的。它能够有效地保护你的家人，确保你指定的继承人能够获得全部的遗产。它还能保证你指定的某个人获得孩子的监护权。从本质上看，原理 7 体现了遗产规划的理念——保护自己免受重大灾害或灾难的威胁——对于遗产规划而言，所谓的大灾难就是你的死亡。在进行遗产规划的过程中，我们要使用各种方法尽可能地实现遗产税的最小化，这符合“原理 4：税收因素对个人理财决策的影响”的观点。正如下面我们将要讲到的，你可以使用遗嘱、赠与和信托的方式把财产留给继承人并尽量降低遗产税的额度。

你还会发现，**遗产规划**（estate planning）是一个极其复杂的过程。我们的目的并不是使你成为遗产规划领域的专家，而是想提醒你注意遗产规划的益处及其面临的挑战。在学过本章的内容以后，你将会更好地了解遗产规划的概念、术语、过程、技巧以及工具。你将能够为更好地处理自己多年以来累积的财产制定一个完美的遗产规划。

> **遗产规划：**遗产规划过程主要安排的是在你去世后财产如何分配以及儿女的监护权委托给何人的问题。

遗产规划过程主要研究的是在你去世后财产如何分配以及儿女的监护权委托给何人的问题。不管你的个人资产规模有多大，遗产规划的基本目标都是相同的。首先，你想确保自己的财产是按照自己的意愿进行分配的，保证依赖你生活的亲人能够获得这笔遗产并有所保障。所谓的“有所保障”的另一层含义是如果在你去世时孩子们尚未年满 18 岁，那么你必须为他们指定一位监护人。其次，你想把自己积累的财产尽可能多地留给继承者，所以要尽可能地减少遗产税和继承税的额度。最后，你还希望能够降低遗产的处理成本，包括法律费用和会计费用。从本质上说，你的终极目标就是要制定一个全面的计划，尽可能多地把财富留给继承人，同时又要保证尽可能少地缴纳遗产税以及其他遗产处理成本。遗产规划过程也许会让你感觉有些不舒服，因为它迫使你不断地想到死亡。幸运的是，在遗产规划过程中，有一种情况是与死亡无关的。然而不幸的是，这种情况就是指法律裁定你丧失拟定遗嘱的资格。所以，遗产规划的最后一个目标就是指定一位遗产处理的决策人，一旦你由于身体或心理疾病无法正确表达自己的意愿时，将会由这位决策人代替你决定如何分配遗产。

演员詹姆斯·甘多菲尼突然去世，他留下的遗产到底如何分割，目前尚未可知。不过，“托尼·索普拉诺”的惨痛经历提醒我们天有不测风云，因此按照索普拉诺的作风，一定要事先做好准备保护好家人。

遗产规划过程

在你了解了遗产规划的基本目标以后，接下来就要好好研究一下如何利用遗产规划来达到自己特殊的目标或满足特殊的要求。例如，你可能想通过遗产规划来保护现在的妻子，防止前妻染指你的财产。你可能还想通过以下方式“引诱”你的孩子上大学：你把自己的所有财产都投入到一个基金里面，并且规定只有当孩子们大学毕业以后，他们才能获得基金的所有权。不管你的具体目标到底是什么，对于每个人来说，遗产规划的过程都是完全相同的。让我们来仔细看看每一个步骤。

遗产规划过程可以分为四个步骤。

步骤一：计算一下自己拥有的资产数额

遗产规划的第一步就是计算一下自己到底拥有多少资产。毕竟，如果你根本不知道自己到底有多少财产的话，那么就更谈不上怎么去分配这些财产了。列出自己拥有的资产项目并确认其价值的最简单方法就是查看你的个人资产负债表（参考第 2 章的内容）。个人资产负债表上列出了你拥有的所有资产项目、各项资产的价值以及所有资产的净值。

在个人资产负债表上，用个人资产的总价值减去个人负债的总价值就可以算出你拥有的个人资产净值是多少。

你拥有的资产净值＝资产的总价值－负债的总价值

不过在遗产规划过程中，资产净值的计算方法与上面的等式略有不同。首先，你一定要记住在你去世以后，你购买的人寿保险产品将要支付一笔保险赔偿金。在衡量人寿保险赔偿金的数额时，你必须使用死亡赔偿金的数额作为替代，而不能使用人寿保单的现金价值或退保金额作为计算的依据。此外，你还必须把雇主发起的退休计划提供的所有死亡保障金全部包括在内。

了解自己拥有的财产状况是十分重要的，这不仅是因为你首先必须知道自己要用来分配的财产有多少，而且还因为个人财产的规模会影响遗产税的节税计划。例如，在 2017 年，遗产税的免税额为 549 万美元，此后还会随通货膨胀情况而调整。如你所料，遗产额是 100 000 美元还是 2 000 万美元，这两种情况下遗产规划的方式截然不同。

步骤二：选择继承人并决定他们各自能够获得多少遗产

在了解了自己有多少资产以后，接下来就要决定指定哪些人在你去世后成为遗产的继承人。绝大多数已婚人士都只是简单地决定把所有的财产留给他们的配偶。然而实际上，你确实需要考虑一下自己与各位亲戚朋友的关系，想一想那些需要你提供生活来源的亲人和继承人有什么需求。

比方说，你的孩子需要到特殊学校就读，那么你在制定遗产规划时要首先考虑这一需求。也许你的孩子当中有几个已经大学毕业了，在这种情况下，你应当为那些尚未读完大学或者是刚刚开始上小学的孩子设立一个大学教育基金。

现实世界

看到个人遗产额的确切数字时，大多数人都感到很惊讶。在计算遗产价值时，你要把住房、家具装修、汽车、储蓄、投资等全部加到一起。计算个人遗产的唯一方式便是仔细核对这些数字并相加。

步骤三：判断一下应保持多高比例的流动资产

既然你已经知道了自己的资产金额，也挑中了继承人，那么遗产规划过程就结束了，对吗？当然不是。在将你的遗产分配给各位继承人之前，你的家人必须先把尚未支付的医疗费用、丧葬费、所有的法律费用、你个人尚未偿还的债务、遗产税和继承税全部付清才行。所以，你必须持有充足的流动资产——国库券、股票或债券——来支付遗产税，或者也可以用人寿保险金来支付遗产税。由于个人拥有的资产不同，所以我们的经验原则是丧葬费和遗产处理费用通常约为 15 000 美元或遗产金额的 4%左右。

步骤四：挑选并使用遗产规划工具

最后一步是选择最有助于实现个人目标的遗产规划工具。一般来说，你需要同时使用多种遗产规划工具。绝大多数人使用的遗产规划工具或手段包括遗嘱、持久委托书（durable power of attorney）、共有权（joint ownership）、信托、人寿保险和赠与。

在使用这些遗产规划工具时需要掌握一定的技巧，如果使用了上述工具或手段，那么你的遗产规划将会变得比较复杂。所以，在进行遗产规划时，你必须聘请一位法律专家帮助你了解每种遗产规划工具的特点，并协助你处理遗产规划执行过程中出现的一些细节问题。

不过，你需要一位专家帮助你使用这些工具并不意味着你不需要去了解这些遗产规划工具。毕竟，你至少要能听得懂专家说的话，只有这样才能彻底弄明白他给出的建议。记住“原理 1：知识是最好的保障”。现在先让我们来研究一下遗产税问题，因为绝大多数遗产规划工具的使用都是建立在税收考量基础之上的。

了解遗产税并尽可能地避税

在遗产规划过程中，遗产税是一个非常重要的考察点，因为遗产税的税率非常高。前面我们已经提到过，在 2017 年，遗产税的免税额为 549 万美元，此后该免税额会随通货膨胀而每年进行调整。

思考：

多年来，关于是否完全废除通常被称为“死亡税”的遗产税一直存在争议。虽然这将有利于富人，但并非所有富人都赞成废除遗产税。

“如果不征收遗产税，你实际上将拥有一个财富贵族，这意味着你将基于继承而非功绩把支配国家资源的能力传给下一代。[废除这项规定就像] 通过挑选 2000 年奥运会金牌得主的长子来选择 2020 年奥运会代表队。”——沃伦·巴菲特。你怎么认为？

> **统一抵扣额**：2017 年，遗产税与终身赠与税的统一抵扣额为 549 万美元，这就相当于遗产税和终身赠与税（超过年免税额以上的部分）的总免税额为 549 万美元。

为了弄清楚遗产税的征收方式，你需要先了解一下遗产税的免税额或**统一抵扣额**（unified tax credit）的含义。为此我们先以 2017 税收年度为例进行说明。如果你于 2017 年去世，那么并不是说遗产的头 549 万美元不需要缴纳任何遗产税，相反地，美国国税局要对个人遗产的头 10 000 美元按照 18%的税率征收遗产税，然后随着遗产金额的不断增加，一直增加到 549 万美元，则对应的遗产税税率也一路上升至最高为 40%。为了抵消这 549 万美元征收的遗产税，美国国税局又推出了统一抵扣额的规定，这一规定实际上会使得遗产的头 549 万美元基本上是免税的。如果实际遗产额超过了 549 万美元的免税门槛，那么多余的部分将会按照 40%的税率征收遗产税。这一切意味着什么？这意味着遗产超过 549 万美元以上的部分要有 40%被用来交税！

可转移特征——将免税额转移给尚健在的配偶

有一件事你必须牢牢记住，遗产税的免税额是可以转移的，也就是说，当某人死亡时，未使用的遗产税免税额可以被转移给尚健在的配偶，等到配偶死亡时再使用这一免税额。所以，如果丈夫先去世了，去世时使用了 249 万美元的遗产税免税额，那么等妻子去世时，除了可以使用妻子本身可享有的 549 万美元免税额以外，还可以使用她丈夫余下的 300 万美元的免税额。这种可转移特征意味着每个人的联邦遗产税免税额为 549 万美元，而首先去世的那个人的免税额可以被转移给活着的配偶，那么这样一来，丈夫和妻子即使没有良好的遗产规划，也能轻轻松松地让总额约为 1 098 万美元的遗产规避联邦遗产税。事实上，对大多数人来说，规避联邦遗产税根本不是个问题。由于联邦遗产税的免税额每年都要根据通货膨胀的情况而调整，因此可以免税直接移交给继承人的遗产额处在不断变化之中。所以我们一般会笼统地用“遗产税起征点”来表示，而不会提及具体的金额，因为起征点每年都在变化。

由于遗产税的税率非常高，所以如果你的个人净资产超过了遗产税的起征点，那么你的个人税收筹划就要向遗产税计划倾斜。净资产金额低于遗产税起征点的个人则应当主要关注所得税以及其他税种的筹划问题。

为了更好地处理遗产税这一棘手的问题，你需要计算一下遗产税的金额是多少。不过在计算之前，其他各种各样的税种——赠与税和隔代财产转让税（generation skipping tax）——是我们首先要了解的内容。

赠与税

赠与是在财产所有人去世之前转移财产的最佳方式之一。这种方法有助于降低财产的应税额，并且允许你在活着的时候对继承人加以援手——赠与的接受方是免税的。根据现行的法律规定，2017 年财产赠与免税的最高金额为每年 14 000 美元。

现在让我们看一个例子。一对夫妻有四个孩子和八个孙子孙女，夫妻俩总共拥有 1 400 万美元的财产。在 5 年的时间里，这对夫妻可以每年向每个儿女及孙子孙女转移 28 000 美元的财产，而且这种赠与行为是完全免税的。也就是说，对每个儿女或孙子孙女，丈夫每年的赠与额为 14 000 美元，妻子每年的赠与额也为 14 000 美元，于是在 5 年的时间里，每个儿女或孙子孙女获得的财产赠与总额就等于 140 000 美元。这种赠与行为将会使夫妻俩的应税财产额由原来的 1 400 万美元减少到 1 232 万美元，于是大大降低了遗产税。你要记住每年的赠与免税额同时适用于夫妻双方。也就是说，只要丈夫和妻子对孩子或其他任何人的联合赠与额不超过 28 000 美元，就可以享受免税的待遇。

如果你想给的更多，当然也是可以的。不过赠与税和遗产税是加在一起计算的，即只有当遗产额和终身赠与的总额不超过起征点时才是免税的（2017 年的起征点为 549 万美元），而且赠与税的免税规定还要求财产所有者每年对每位接受者的赠与额不得超过 14 000 美元。所以在 2017 年，第一档 549 万美元的遗产额减去生存期间内不免税的赠与总额（即每个接受者每年获得的超过 14 000 美元以上的赠与额），余下的部分是完全免税的。如果生存期间内不免税的赠与总额为 100 000 美元，那么在 2017 年，遗产税和赠与税的总免税额即为 539 万美元，而不再是 549 万美元。事实上，终身赠与的免税额是与遗产税的免税额相挂钩的。这意味着，如果实际赠与额超过了终身赠与免税额（记住，每年不超过 14 000 美元的赠与额对此没有影响，我们只考虑实际赠与额超过 14 000 美元以上的部分），那么当你去世后，超出的部分会从遗产税免税额里减去。此外，每年人均 14 000 美元的赠与税免税额会根据通货膨胀指数不断进行调整，每次的增幅为 1 000 美元。

无限制的配偶扣除额

美国税法规定，配偶之间的财产转移无须缴纳遗产税或赠与税，也就是说配偶之间的财产转移是完全免税的，没有起征点的限制。换言之，如果丈夫或妻子去世了，则不管遗产的数额有多大，都可以留给仍健在的一方继承，不会征收任何遗产税。尽管税法规定了将遗产留给任意继承人的最高免税门槛（在 2017 年，遗产税的起征点是 549 万美元），不过将财产转移给配偶并不受该规定的限制。通过利用“无限制的配偶扣除额”规定，你可以不用缴纳一分钱的遗产税。

“无限制的配偶扣除额”规定并不适用于非美国国籍的配偶。这样做的道理是防止非美国国籍的配偶将没有纳税的遗产带回他或她的祖国。一旦他们离开了美国，美国政府就再也没有机会对这些遗产征税了，美国国税局肯定不会让这样的事情发生。

隔代财产转让税

隔代赠与或留给隔代子孙的遗产还要缴纳另外一种税——例如，祖父将一部分财产赠与或是以遗产的形式留给了孙子。**隔代财产转让税**（generation-skipping tax）的目的是防止人们用隔代赠与或继承的方式避税。实际上，隔代财产转让税的征收额度就相当于在祖父把财产留给自己的儿女时征收了第一道遗产税，再加上父辈把财产留给自己的儿女时征收的第二道遗产税。

> **隔代财产转让税：**这是指赠与者将财产赠与隔代子孙时要缴纳的税款。

计算遗产税

正如图 16-1 所示，遗产税的计算包含四个步骤。为了帮助大家了解整个计算过程，我们用一个例子来具体说明，计算时使用的遗产税起征点为 549 万美元（这是 2017 年的规定）。

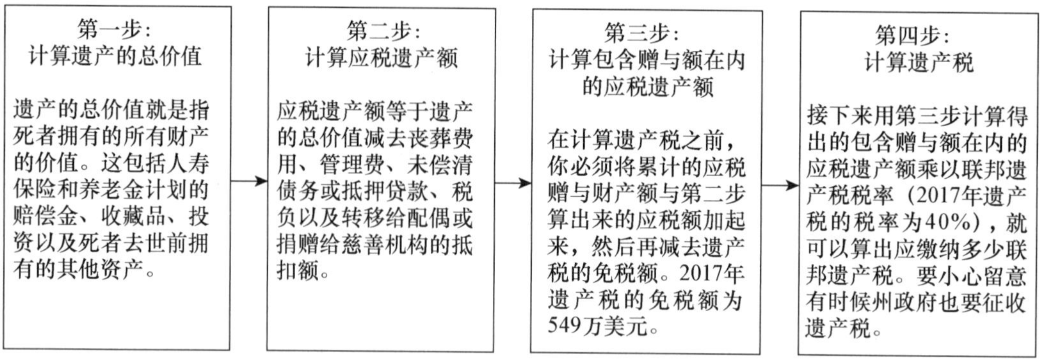

图 16－1　计算遗产税

计算遗产税的第一步是先计算遗产的总价值是多少，所谓遗产总价值指的是在你去世时拥有的所有资产和财物的总价值。要记得加上已购买保险或已参加的退休计划支付的死亡赔偿金。图 16－2 中给出的例子假设遗产的总价值为 639 万美元。

	金额（美元）	总额（美元）
第一步：计算遗产的总价值。		
A. 遗产的总价值		5 900 000
第二步：计算应税遗产额。		
减去：		
丧葬费用	10 000	
遗产管理费	40 000	
未偿清债务	0	
税收	0	
配偶抵扣额	0	
慈善抵扣额	50 000	
总额		－ 100 000
等于：		
B. 应税遗产额		＝ 5 800 000
第三步：计算包含赠与额在内的应税遗产额。		
加上：累积的应税赠与财产额（超过年赠与税起征点以上的金额）		＋ 200 000
减去：免征遗产税财产转移最高额		－ 5 000 000
等于：包含赠与额在内的应税遗产额		＝ 1 000 000
第四步：计算遗产税。		
包含赠与额在内的应税遗产额×0.35		350 000

图 16－2　2012 年遗产税的计算案例

第二步要计算应税遗产额，你要用第一步算出的遗产总价值减去丧葬费用、遗产管理费、未清偿的债务和税负。要注意的是，还要减去你去世时尚未偿还的债务或抵押贷款。此外，你还可以减去所有允许的抵扣额，例如无限制的配偶抵扣额以及慈善捐赠的抵扣额。记住，慈善捐款是可以抵扣税收的，而且慈善捐款的额度没有任何限制。如图 16－2 所示，我们在这个例子中假设丧葬费、未清偿债务、尚未支付的所得税以及其他税收的总额合计为 100 000 美元。

第三步的作用是计算包含赠与额在内的应税遗产额，因此要在第二步计算结果的基础上加上所有应税的赠与额。估计你还记得，赠与税的起征点是每年财产所有者赠与每一位接受者的财产额不超过 14 000 美元（这是 2017 年的规定）。现在假设你将大笔的财产赠与了孩子们，超过赠与税起征点以上的累积财产赠与额为 200 000 美元。根据这些信息可以算出包含赠与额在内的应税遗产额为 100 万美元，因此第四步应缴纳的遗产税就等于 400 000（=1 000 000×0.40）美元。

州政府的遗产税是怎样征收的？这要取决于你居住在哪一个州。有些州已经彻底取消了遗产税，还有一些州对总金额低于联邦遗产税起征点的遗产免征州遗产税（2017 年联邦遗产税的起征点为 549 万美元）。13 个州和哥伦比亚特区要征收某种形式的州税或继承税，这意味着一笔遗产要缴纳更高的遗产税——而且这些州征收的遗产税还挺高，例如华盛顿州的遗产税税率可高达 20%。

遗　嘱

遗嘱（will）是描述说明财产所有者希望在自己去世后怎样在继承人之间分配遗产的法律文件。在遗嘱内，你要指定**受益人**（benficiary），也就是有权利获得遗产的个人；要指定一位**遗嘱执行人**（executor），有时也可以称之为**个人代表**（personal representative），他将会负责执行遗嘱中的条款；你还要指定一位**监护人**（guardian），他或她要负责监护年龄不满 18 周岁的孩子，并管理他们的财产。遗嘱是健全的遗产规划必要的基础。

> **遗嘱**：遗嘱是描述说明财产所有者希望在自己去世后怎样在继承人之间分配遗产的法律文件。
>
> **受益人**：有权利获得遗产的个人。
>
> **遗嘱执行人或个人代表**：遗嘱执行人负责执行遗嘱中的条款，并代为管理遗产，直到将遗产分配给继承人为止。
>
> **监护人**：负责监护年龄不满 18 周岁的孩子，并管理他们的财产。
>
> **遗嘱检验**：遗嘱检验是确认遗嘱的有效性并进行遗产分配的法律程序。

遗嘱与遗嘱检验

遗嘱检验（probate）是分配遗产时进行的法律程序。遗嘱检验的第一步是确认遗嘱的有效性。如果法庭认为遗嘱是有效的，那么就可以开始按照遗嘱的内容分配遗产。首先，遗嘱检验法庭将会指派一位执行人，通常会选择遗嘱中指定的遗嘱执行人。由于执行人要负责监督遗产的分配过程，并且在遗嘱检验过程中要负责管理这些遗产，所以执行人可以获得相当于遗产价值 2%～5%甚至更高比例的佣金。一旦遗产被分配完毕，遗产税已经缴清，法庭将会收到一份有关遗产分配的报告，于是这个遗产分配案就结案了。

进入遗嘱检验程序的好处，或者说是唯一目的就在于要确认遗嘱的有效性——允许有人提出质疑，要确定这份遗嘱实际上果真是死者最后签署的遗嘱，而且反映了死者的真实意愿。如果有人对遗嘱提出质疑，则遗嘱检验程序会根据这些质疑进一步地查证，以解决这些疑问。对于死后没有留下遗嘱的或者是遗嘱无效的，遗嘱检验程序也允许有次序地将遗产分配给相关人等。

现实世界

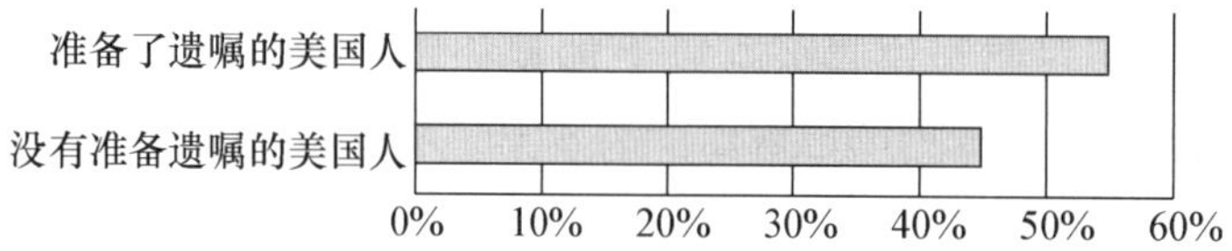

遗嘱检验程序的缺陷主要集中在费用太高和时间太长这两个方面。进入遗嘱检验程序后要支付各种各样的费用——法律费用、执行人的佣金、法庭费用——这使得遗产检验的成本非常之高。实际上，遗嘱检验的成本相当于遗产总价值的1%～8%，具体取决于死者所居住的州制定的法律。此外，遗嘱检验程序可能会进行得非常缓慢，尤其是当有人对遗嘱的有效性提出质疑或者是牵扯到遗产税问题的时候。

遗嘱与遗产规划

因为所有的遗嘱必须要经历耗时长久、成本高昂的遗嘱检验程序，所以遗嘱并不是处理遗产的最佳方式。不过，在遗产规划过程中，遗嘱仍然始终发挥着极其重要的作用。下面列出了一些为什么你需要拟定遗嘱的理由。

- 如果你没有留下遗嘱，那么法庭可能会选择某一位亲属作为年龄未满18周岁的孩子的监护人，而且该监护人还要负责管理孩子们的财产。这位亲戚可能是你中意的人选，也可能是你不愿意选择的对象。所以在遗嘱当中，你一定要详细说明孩子的监护人指定为某一个人。
- 对于有特殊需求的孩子，遗嘱是在你去世后满足其特殊需求的最佳方式。
- 非共有财产或者是委托别人管理的信托财产可以根据遗嘱中你的意愿进行分配。
- 你可以通过遗嘱将遗产专门赠与某人。甚至连未来由何人照顾你的宠物都可以在遗嘱中注明。
- 如果你没有留下遗嘱，则法庭会指派一位遗产管理人负责分配你的遗产。不仅遗产管理人的分配方式可能不合你的心意，而且遗产管理人的佣金费用比签署遗嘱的成本还要高，也就是说留给继承人的遗产金额会因此而进一步减少。

更新或更改遗嘱——遗嘱附录

> **遗嘱附录：** 记载了财产所有者更改或修正遗嘱的记录。

遗嘱附录（codicil）记载了财产所有者更改或修正遗嘱的记录。你应当定期检查自己的遗嘱，看看目前的情况是否发生了变化。如果家庭成员数量增加了，或者是你结婚或离婚了，那么你都应当及时地更改遗嘱。如果与以前相比，你现在的境遇变化非常大，那么最好是重新拟定一份新的遗嘱，并明确宣布之前签署的遗嘱全部作废。如果变化不大，那么对遗嘱的小修改会反映在遗嘱附录当中。你应当聘请一位律师为你起草遗嘱的附录，在修改时邀请见证人在场，并将遗嘱附录附在遗嘱的后面。

遗 书

遗书（letter of last instruction）并非一份法律文件，它是一封信，通常是留给仍健在的配偶，信上说明了一些有关遗嘱执行的要求或信息。遗书提供的主要信息包括遗嘱的存放地点、法律文件的存放地点（例如出生证明）、社会保险号码和纳税申报单的号码。遗书提供的信息还包括金融资产存放的地点，例如保险单、银行账户、银行保险箱、股票和债券等。此外，遗书里可能还指明了在财产所有者去世以后应当通知哪些人。

> **遗书**：是一封信，通常是留给仍健在的配偶，信上说明了一些有关遗嘱执行的要求或信息。

遗书通常还包含一份个人财产和财物的清单。最后，遗书里还可以提出有关葬礼的要求，以及死者想进行器官捐献的愿望。个人财产清单会有助于将你的遗产更简便地分配给各位继承人。一般来说，如果你聘请了律师帮助你起草遗嘱，那么他也会帮你拟定一份遗书。尽管遗书并不具有和遗嘱一样的法律效力，不过绝大多数州都承认遗书的法律有效性。

避免进入遗嘱检验程序

除非你想占用继承人的大量时间和金钱，否则最好避免进入遗嘱检验程序，因为遗嘱检验程序实在是太麻烦了。它有助于确认遗嘱的有效性，确保遗嘱的各个条款被执行，但是反过来看，遗嘱检验程序要耗费相当长的时间，而且花销巨大。合理避免遗嘱检验程序的三种最简单的方法是共有权、赠与和信托。

共有权

当资产由几个人共同拥有时，一旦其中某个人去世，该遗产的所有权将会被直接转移给仍健在的其他共有者，不用经历遗嘱检验程序。实际上，健在的共有者几乎可以立刻获得共有财产的所有权。共有权有三种不同的形式：**完全共有**（tenancy by the entirety）、联合共有（joint tenancy）和一般共有（tenancy in common）。完全共有权仅存在于已婚夫妻之间。已婚夫妻通过完全共有权持有的财产只有当夫妻二人全部同意的时候才能转移给他人。此外，如果夫妻两人当中有一方去世，则财产的所有权将会自动转移给仍健在的另一方。

生者享有共同所有权（joint tenancy with the right of survivorship）是指两个或两个以上的个人分享财产的所有权，很多情况下，此类财产被存放在银行或经纪公司的联合账户里。如果其中一位共有权所有者去世了，则不需要任何遗嘱，死者所享有的所有权将会被直接转移给仍健在的其他

> **完全共有**：仅存在于已婚夫妇之间。已婚夫妇通过完全共有权持有的财产只有当夫妻二人全部同意的时候才能转移给他人。此外，如果夫妻两人当中有一方去世，则财产的所有权将会自动转移给仍健在的另一方。
>
> **生者享有共同所有权**：是指两个或两个以上的个人分享财产的所有权，很多情况下，此类财产被存放在银行或经纪公司的联合账户里。如果其中一位共有权所有者去世了，则不需要任何遗嘱，死者所享有的所有权将会被直接转移给仍健在的其他共有者。

共有者。

> **一般共有权**：是指两个或两个以上的个人分享财产的所有权。如果其中一位共有权所有者去世了，则死者应享有的所有权或份额就变成了个人遗产，要遵照死者的遗嘱进行分配。

一般共有权（tenancy in common）是指两个或两个以上的个人分享财产的所有权。如果其中一位共有权所有者去世了，则死者应享有的所有权或份额就变成了个人遗产，要遵照死者的遗嘱进行分配。除非死者的遗嘱明确说明要把遗产留给其他的共有者，否则其他共有者将无法获得死者手上掌握的所有权份额。

尽管共有权——尤其是完全共有权和联合共有权——是避开遗嘱检验程序的最简单方式，不过这种权利关系一旦形成便很难更改。此外，因为共有财产的处置要经过所有共有人的同意，夫妻双方离婚时也要对如何处理共有财产达成协议，所以一旦共有人之间的关系恶化，那么很有可能会无法达成一致意见。例如，一位共有人想把共有财产卖掉以获得高额的利润，但是另外一位共有人只是为了泄愤或赌气就是不同意把共有财产卖掉。如果共有人之间缺乏合作精神的话，那么共有权就会像镣铐一样束缚住大家。另外，只能通过双方协议或离婚协议来解除共有权。

不过在某些场合和条件下，共有权也不失为一个明智的选择。例如，联合拥有的银行账户可以在某位共有人去世后允许其他的共有人对账户进行合法的操作或处置，这样有助于提取账户内的资金用来支付丧葬费用。此外在协议离婚时，共有权也非常有帮助，因为它同时赋予了夫妻双方一定的讨价还价能力，于是最终会迫使双方达成一个折中意见，否则离婚双方很有可能各不相让，无法达成协议。

> **夫妻共有财产**：是指在婚姻存续期间内获得的财产（取决于各州的法律约定）。

夫妻共有财产（community property）代表了共有权的另外一种形式。夫妻共有财产是指在婚姻存续期间内获得的财产。对于在婚姻存续期内获得的财产，法律规定丈夫和妻子各享有50%的所有权。夫妻共有财产不包括夫妻双方在结婚前已拥有的财产，此外婚姻存续期间丈夫或妻子获得的赠与或遗产如果是单独管理的，没有与家庭收支混在一起的，则也不被视为是夫妻共有财产。

当丈夫或妻子去世以后，仍健在的另一方将会自动获得夫妻共有财产的另一半所有权。其余的财产将会按照死者的遗嘱进行分配，如果没有遗嘱的话，则按照所在州的法律进行分配。到目前为止只有几个州承认夫妻共有财产，主要集中在美国西部。

赠　与

赠与的好处不仅在于你每年可以在免交赠与税的条件下向每位接受者最多赠与14 000美元（2017年的规定），而且接受赠与的人数没有任何限制，而且由于被赠与的财产已经不再属于你，因此这部分财产不会进入遗嘱检验程序。

赠与还是一种转移增值资产的好方法，例如股票或房地产。比方说你手上持有的股票投资正在不断增值，也就是说你的个人财产在不断增值，那么将来某一天很有可能个人财产的总价值会超过遗产税的起征点，这就意味着你的继承人要缴纳更多的遗产税。如果你愿意将这笔股票投资进行拆分，而且你也确切地知道自己将来肯定要把遗产留给某个人，那么你可以考虑现在就把一部分股票投资赠与这个继承人。

不适用赠与税起征点规定的一个例外情况就是人寿保险赔偿金的处理，即所谓的“三年规则”。如果在保单持有人去世前 3 年内，保单持有人将这份保险“赠与”了某个人（也就是说指定该继承人作为人寿保险的受益人），那么这笔保险金收入要计入应税遗产的总额内。现在让我们看看如何处理人寿保险赔偿金。假设你为女儿购买了一份保额为 500 000 美元的人寿保险，保单的现金价值为 14 000 美元。首先，由于保单的现金价值没有超过起征点 14 000 美元，所以你不需要缴纳赠与税。然后我们假设又过了 3 年零 1 天，你去世了。在这种情况下，500 000 美元的人寿保险赔偿金不会被计入你的应税遗产总额。不过如果从你把保单赠与女儿到你去世共经历了 3 年少一天的时间，那么这笔 500 000 美元的保险赔偿金就要被全额计入你的应税遗产总额。因此我们得出的结论是，如果你打算把人寿保单赠与他人的话，那么尽可能早一点赠与会更好一些。

除了年赠与税起征点为 14 000 美元的规定以外，如果赠与的财产只用于支付医疗费用或教育费用，则不管赠与额有多高，都不用缴纳赠与税，这就是医疗费用或教育费用赠与无限抵扣的规定。你可以对任何人进行这种形式的赠与，不管接受人与你是否有亲戚关系。唯一的要求就是如果被赠与财产是用来支付教育费用的话，你必须直接支付给学校；如果被赠与财产是用来支付医疗费用的话，则必须直接支付给提供医疗服务的机构。事实上，医疗费用赠与无限抵扣的规定甚至还包括健康保险保费的缴纳。简单地说，你可以赠与某人 14 000 美元，然后让他或她用这笔钱支付健康保险的保费、医疗费和教育费用。

现实世界

很多人是故意忘记做遗产规划的。有 10%没有做任何遗产规划的美国人承认，他们就是不愿意想到死亡或者是丧失行为能力。

赠与的主要不足在于往往是等到你已经把财产赠给他人了，才发现自己实际上还很需要这笔财产。此外，由于赠与之后你就不再拥有财产的控制权，所以被赠与财产可能会被挥霍掉。你交给儿子 13 000 美元让他去买辆车，结果他竟然用这笔钱把自己搞得全身都是文身，还有什么事情比这更让人生气的？除此以外，尽量不要超过终身赠与的免税额度也是值得你多加注意的。

到现在为止，我们一直在讨论如何利用赠与方式规避遗嘱检验程序。你还可以通过向慈善机构捐赠的方式规避遗嘱检验程序，而且不管捐赠额是多少，都不用缴纳一分钱的赠与税。你可以把自己所有的财产都捐献给联邦政府承认的慈善机构，而无须缴纳赠与税。而且实际上，你向慈善机构的捐赠甚至还能起到税收抵扣的作用，所以说通过向慈善机构捐款你不仅可以减少遗产税的金额，而且能减少年度所得税的缴纳额。看看吧，这就是热心慈善事业的好处！

信 托

信托（trust）是指为别人保管其财产并负责管理的一种法律委托形式。当授权人把其个人财产转移给受托人——受

> **信托**：是指授权人将一部分财产委托给受托人管理并指定了财产受益人的一种法律委托形式。

托人可以是自然人、投资公司或银行——管理并指定了财产受益人的时候，授权人与受托人之间就形成了信托关系。实际上所有类型的财产都可以进行信托，例如现金、证券、人寿保单和财物。

为什么人们要采用信托形式呢？下面列出了几个最为常见的原因。

● 信托可以规避遗嘱检验程序。信托方式可以绕开耗时长、花费高的遗嘱检验程序。

● 在法庭审理过程中，想要对信托提出质疑要比质疑遗嘱难得多。有时候人们可以用各种各样的理由对遗嘱提出质疑，但是想要同样对信托财产提出质疑则要难得多。对遗嘱的质疑不会影响到信托财产，除非人们质疑的是当签订财产托管协议时，死者已经无行为能力，或者是受到了不适当的压力而被迫签署。

● 信托有助于减少遗产税。信托财产可以免交遗产税。

● 信托可以使你获得专业的理财服务。如果你的配偶对管理财产一窍不通或者是根本不愿意管理，那么办理财产信托可以让你获得专业的理财服务。

● 信托能保证机密性。遗嘱的内容是要公开的，然而信托协议可以不公开。所以如果你想保密的话，也许是为了避免让某位获得的遗产没有达到其预期效果的亲戚感到不高兴，那么信托实在是再合适不过的选择了。

● 你可以利用财产信托为具有特殊需求的孩子提供生活来源。你可以利用信托方式为具有特殊需求的孩子提供必要的生活费。特殊需求信托可以为已成年但有残疾的孩子提供生活费，同时也不影响其参加联邦政府发起的医疗福利计划，例如，联邦医疗补助计划。

● 你可以利用信托方式持有财产，直到孩子们成年。由于绝大多数孩子根本没有能力管理好一大笔钱，所以你可以签订信托协议代为保管这笔钱，直到孩子们达到一定的年龄以后，再把这笔财产交到他们的手上。此外在进行财产移交时，受托人可以不一次性全部移交。相反的，受托人可以按照授权人的指令在规定年限内一点点地把信托财产移交给孩子们。

现实世界

只有五分之一的美国人在做遗产规划时使用了信托计划。

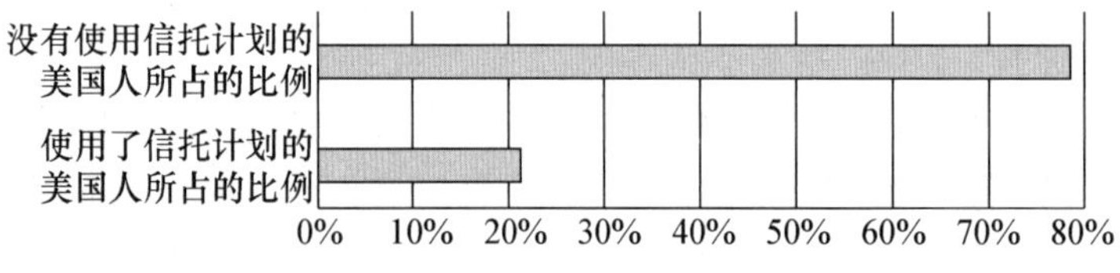

● 信托还可以确保上一场婚姻留下的孩子也能获得一部分遗产。如果你把遗产全部留给第二个配偶，那么上一场婚姻留下的孩子可能无法获得任何遗产。你可以利用财产信托将一部分遗产留给他们。

对遗产规划问题的总结

由于遗产规划是一个十分复杂的过程，再加上它总是与死亡相关联，所以我们大家总是不愿意谈论这个话题。不要这样。现在你已经基本了解了遗产规划的程序、目标和工具，那么接下来你可以去听一听专家的意见。千万不要自己进行遗产规划，遗产规划必须在专家的帮助指导下才能正常进行。最后，你要告诉家人你把遗产规划的相关文件存放在了什么地方。一览表 16－1 能够对你起到一定的提醒作用。

一览表 16－1	遗产规划

你和其他家庭成员是否知道……
- 你的遗嘱、持久委托书和生前遗嘱（以及起草该遗嘱的律师姓名）存放的地方？
- 你聘请的律师的姓名？
- 你的遗书放在哪里了？包括对葬礼的要求以及器官捐赠的相关信息。
- 你的社会保险号码？
- 你的银行保险箱和钥匙在哪里？
- 你把自己的出生证明存放在哪里？你的结婚证书放在哪儿？退伍证书呢？
- 你把保单（包括人寿保单、健康保险、财产保险和责任保险的合同）收藏在什么地方？保险经纪人的姓名是什么？
- 财产契约（包括不动产和实物资产，例如汽车）放在什么地方？
- 你把股票、债券和其他有价证券存放在哪里？你的经纪人是哪一位？
- 商业合约放在哪里？包括别人对你的欠款。
- 所有的支票、储蓄和经纪账户的号码以及账户开立的机构？
- 你聘请的会计师的姓名？
- 去年所得税的申报单放在哪里？
- 以前为其工作的老板的姓名？任何有关养老金或退休金的信息？

你还应当：
- 计算遗产的总额。
- 估计自己去世后要缴纳多少遗产税。
- 知道谁是遗嘱执行人，谁是遗嘱指定的受益人。
- 如果你的孩子尚未年满 18 岁，那么要为他们指定一位监护人。

行为视角 >>>

原理 9：心理游戏、理财个性与金钱

如你所想，当我们谈论与死亡有关的话题时，一些行为偏差会阻碍我们完成完美的理财规划。我们接下来看一看这几种行为偏差。

- 乐观偏见或超人偏见。天性乐观，认为自己获得好结果的概率高于普通人或相信自己是战无不胜的——超人偏见也是同理——这本身是件挺好的事。长寿且健康是一个很不错的目标——如果你感觉自己命不久矣，那么这会让你感到很沮丧。不过，这种乐观情绪也会带来副作用。这种情绪偏差会让你不愿意讨论或决定有关遗产规划的相关事宜。情感与恐惧往往会对理性且符合逻辑的行为造成阻碍作用。因此，如果你认为自己长生不老，那么也许就不需要立遗嘱、签署永久授权书或生前遗嘱——但是，等你需要它们时，你会发现它们真的很管用。你所爱的人会感谢你的。

- 惰性与拖延症。到现在为止，也许你已经明白惰性与拖延症会如何阻碍自己去完成那些应该做的事——毕竟，“明日复明日”。对遗产规划来说，拖拖拉拉迟迟不做出任何决定的做法会让绝大多数人感到非常舒服。于是，对很多人来说，“遗产规划”这件事根本不会发生。如果去世时你没有留下遗嘱，那么将由你所在州的法官决定如何处置你的遗

产。相比之前，留下遗嘱显然要比没有遗嘱好得多。

通过分析这些行为偏差，你的结论是什么？答案是你终于明白了一旦自己遭遇不幸，你的“不作为”会给自己爱的人带来哪些不利的后果。

行动计划 >>>

原理 10：开始行动吧！

阅读有关个人退休规划的内容也许确实有点奇怪……然后，你就读到了这一章！没人愿意设想，也几乎很少去计划将来万一自己丧失生活自理能力或死亡时该怎么办——但是，只有把这些重要的书面文件全部管理好，你才能感觉到自己已获得了全方位的保护。

- 如果你有财产、配偶和/或孩子，那么必须立遗嘱！如果你去世后没有留下遗嘱，那么你所在的州将会根据无遗嘱死亡法律“帮你写份遗嘱”。通常这样的法律会与你的想法完全背道而驰。例如，你的部分遗产可能会被分配给你的父母继承，然而你的本意是希望配偶继承你留下的所有遗产。而且如果你有孩子，你会意识到在遗嘱中为你的未成年子女指定监护人的重要性。
- 确保自己签署了永久授权书和生前遗嘱。当你没有能力或一旦你失去做决定的能力，要让护理你的人有权帮你做决定。这包括法律和医疗方面的决定。一定要让医生和家人知道你已经准备好了这些文件以及文件被放在何处。也许你不愿意谈论这些，但是将来也许会有那么一天，需要某个人代表你来做出决定。
- 谨慎使用自立遗嘱的程序包或电脑软件。虽然很多这类软件确实不错，但是有些软件遗漏了有效遗嘱非常重要的部分，或在你所在的州是不合法的。而且，这样的工具可能不会指导用户在立遗嘱时应如何措辞才能在遗嘱检验时避免语义混淆。一个小错误可能就会让遗产受益人花费更多的遗嘱检验成本，甚至超过了当初聘请一位律师帮你拟定遗嘱的费用。

本章小结

➡ 学习目标 1：了解遗产规划的重要性以及规划步骤。

总结：遗产规划就是安排自己去世后遗产的分配方式以及为尚未成年的孩子指定监护人。遗产规划过程包含四个步骤：计算遗产的总价值；选择继承人，了解每位继承人的需要并决定每个人能够获得多少遗产；判断一下应保持多高比例的流动资产；挑选并使用遗产规划工具。

关键术语

遗产规划：遗产规划过程主要安排的是在你去世后财产如何分配以及儿女的监护权委托给何人的问题。

➡学习目标 2：了解遗产税特征，认识赠与税和隔代财产转让税，计算遗产税。

总结：遗产税是遗产规划过程中一个重要的考察点，因为遗产税通常非常高。遗产税具有一定的免税额，免税额可以转移给尚健在的配偶。与遗产税密切相关的概念包括赠与税和隔代财产转让税。遗产税的计算包含四个步骤：计算遗产的总价值；计算应税遗产额；计算包含赠与额在内的应税遗产额；计算遗产税。

关键术语

统一抵扣额：2017 年，遗产税与终身赠与税的统一抵扣额为 549 万美元，这就相当于遗产税和终身赠与税（超过年免税额以上的部分）的总免税额为 549 万美元。

隔代财产转让税：这是指赠与者将财产赠与隔代子孙时要缴纳的税款。

➡ 学习目标 3：了解遗嘱在整个遗产规划过程中发挥的作用。

总结：在遗嘱内，你要指定受益人，也就是有权利获得遗产的个人；要指定一位遗嘱执行人，有时也可以称之为个人代表，他将会负责执行遗嘱中的条款；你还要指定一位监护人，他要负责监护年龄不满 18 周岁的孩子，并管理他们的财产。你应当定期检查自己的遗嘱，看看目前情况是否发生了变化。

进入遗嘱检验程序的好处，或者说是唯一目的就在于要确认遗嘱的有效性——允许有人提出质疑，而且要确定这份遗嘱实际上果真是死者最后签署的遗嘱。遗嘱是描述说明财产所有者希望在自己去世后怎样在继承人之间分配遗产的法律文件。

关键术语

遗嘱：遗嘱是描述说明财产所有者希望在自己去世后怎样在继承人之间分配遗产的法律文件。

受益人：有权利获得遗产的个人。

遗嘱执行人或个人代表：遗嘱执行人负责执行遗嘱中的条款，并代为管理遗产，直到将遗产分配给继承人为止。

监护人：负责监护年龄不满 18 周岁的孩子，并管理他们的财产。

遗嘱检验：遗嘱检验是确认遗嘱的有效性并进行遗产分配的法律程序。

遗嘱附录：记载了财产所有者更改或修正遗嘱的记录。

遗书：是一封信，通常是留给仍健在的配偶，信上说明了一些有关遗嘱执行的要求或信息。

➡ 学习目标 4：避免进入遗嘱检验程序。

总结：信托是指委托人委托受托人保管其财产并负责管理的一种法律委托形式。人们使用信托工具进行遗产规划的主要原因是：(1) 信托可以规避遗嘱检验程序；(2) 在法庭审理过程中，想要对信托提出质疑要比质疑遗嘱难得多；(3) 信托有助于减少遗产税；(4) 信托可以使你获得专家的管理服务；(5) 信托能保证机密性；(6) 你可以利用财产信托为具有特殊需求的孩子提供生活来源；(7) 你可以利用信托方式持有财产，直到孩子们成年；(8) 信托还可以确保上一场婚姻留下的孩子也能获得一部分遗产。

关键术语

完全共有：仅存在于已婚夫妇之间。已婚夫妇通过完全共有权持有的财产只有当夫妻二人全部同意的时候才能转移给他人。此外，如果夫妻两人当中有一方去世，则财产的所有权将会自动转移给仍健在的另一方。

生者享有共同所有权：是指两个或两个以上的个人分享财产的所有权，很多情况下，此类财产被存放在银行或经纪公司的联合账户里。如果其中一位共有权所有者去世了，则不需要任何遗嘱，死者所享有的所有权将会被直接转移给仍健在的其他共有者。

一般共有权：是指两个或两个以上的个人分享财产的所有权。如果其中一位共有权所有者去世了，则死者应享有的所有权或份额就变成了个人遗产，要遵照死者的遗嘱进行分配。

夫妻共有财产：是指在婚姻存续期间内获得的财产（取决于各州的法律约定）。

信托：是指授权人将一部分财产委托给受托人管理并指定了财产受益人的一种法律委托形式。

思考题

1. 下列问题中提到的个人/家庭需要拟定哪一种遗产规划文件——遗嘱、遗嘱附录、遗书？说明你的理由。

A. 凯拉最近刚刚大学毕业，她的个人资产不多，而且都是和父母联合所有的。

B. 贾斯汀和伊迪三十多岁，有两个年幼的孩子。他们在十年前结婚的时候就立好了遗嘱，那时他们第二个孩子还未出生。

C. 丧偶的马克和一位非常亲密的友人共同生活，他想把自己去世后留下的遗产赠与这位友人。

2. 莉莉·菲利普斯和汤姆·菲利普斯打算把 20 000 美元赠与他们的儿子洛尔，作为购买新房的首付款，这是他们第一次赠与。

a. 莉莉和汤姆要缴纳多少赠与税？

b. 洛尔要缴纳多少所得税？

c. 列举出这一赠与行为的三大好处。

3. 摩根是一个寡妇，最近刚刚过世。去世时，摩根拥有 8 600 000 美元的财产。她的葬礼花费了 18 000 美元，遗产管理费用为 52 000 美元。根据摩根的遗嘱，她还把 100 000 美元的财产捐献给了慈善机构。根据以上信息回答下列问题：

a. 计算一下摩根留下的遗产总额。

b. 计算应税遗产额。

c. 计算包含赠与额在内的应税遗产额。

d. 假设摩根在 2017 年去世，那么应税遗产额应当是多少美元？

e. 计算一下应支付的遗产税金额。

4. 判断一下下列给出的各项 2017 年的赠与行为当中，哪些需要缴纳赠与税。并说明各赠与财产应有多大比例被计入遗产总额。

a. 为了买一辆新车，祖父祖母赠给孙子 24 000 美元。

b. 父亲赠给儿子 35 000 美元，用于开办一个小企业。

c. 父母向威尔斯里大学支付了 35 000 美元，这是女儿的学费。

d. 姐姐替弟弟向杜克医疗中心支付了 47 000 美元的医疗费。

e. 寡妇向慈善机构捐赠了 105 000 美元。

f. 在去世两年前，母亲送给女儿一份面额为 50 000 美元的人寿保险，保单的现金价值为 10 000 美元。

6. 郑秀贤的祖母去世后，她拿到了 100 000 美元的遗产，可以用来支付大学学费或结婚成家。这笔钱存放在郑秀贤的支票账户里供其使用。郑秀贤要为祖母的这笔赠与支付多少税金？

7. 艾尔莎·汉森与路德维克·汉森共同拥有价值为 680 万美元的财产：路德维克名下拥有 2 400 000 美元的财产，艾尔莎名下拥有 2 400 000 美元的财产，还有 200 万美元的财产是夫妻共同所有的。共同所有的财产采用的是生者享有共同所有权的形式。艾尔莎还与她的姐姐共有拥有一座价值为 500 000 美元的海边房屋，采用的是一般共有权形式。

a. 汉森夫妇打算依靠无限制的配偶抵扣额规定转移财产的计划有哪些优势和劣势？

b. 在某一方去世之前，汉森夫妇应当采取哪些措施才能有效地减少遗产税的缴纳额？

c. 如果艾尔莎去世了，那么谁有权利获得艾尔莎对海边房屋拥有的一半所有权？

讨论案例 1

李·霍华德和玛塔·霍华德已经 70 岁出头了。近来他们开始担心遗嘱检验程序和遗产税的问题。他们算出到目前为止，他们一共拥有 6 100 000 美元的净资产。除此以外，李还拥有一份被保险人为他自己、面额为 500 000 美元的终身人寿保险。他们还打算为近来刚刚离婚的儿子赞助 100 000 美元，帮助他开一个财务咨询公司。霍华德夫妇只有这一个孩子，但是李与前妻还有两个孩子。其中一个孩子现在 25 岁，身有残疾，住在疗养院，正在接受联邦医疗救助计划（Medicaid）的帮助。另一个孩子刚上大学一年级。尽管有些不好意思，不过霍华德夫妇近来还是承认他们没有写过遗嘱，也没有使用过其他遗产规划工具。他们最担心的是自己攒的钱不足以支撑退休以后的漫长日子。

问题：

1. 李和玛塔应当为遗嘱检验程序担心吗？为什么？

2. 李和玛塔在遗书当中应当交代哪些注意事项？

3. 霍华德夫妇可以怎样使用信托计划让子孙受益？具体的信托计划使用策略会对遗产税造成怎样的影响？

4. 李可以怎样处理自己的终身人寿保险赔偿金的赠与（赠给某个人或者慈善机构）？这会对遗产税带来哪些影响？

6. 你会建议李和玛塔自己拟定遗嘱，还是建议他们聘请一位专家帮忙？对你的回答进行解释。

7. 一旦他们完成并签署了一份遗嘱，他们应当把这份遗嘱保存在什么地方？他们不应当把遗嘱保存在什么地方？

8. 假设（a）除了李拥有的人寿保险以外，李和玛塔共同拥有其余所有的财产；（b）决定不把 100 000 美元赠给他们的儿子或是建立信托计划。如果李于 2017 年去世，把自己名下所有的财产都交给妻子继承，那么随后若玛塔也于 2017 年去世的话，应税遗产的总额应当是多少美元（假设 2017 年遗产的增值部分刚好被本年度有关遗产管理的各项支出所抵消）？

9. 如果李去世后，玛塔决定（a）向儿子赠与 100 000 美元；（b）为孙子们建立两个价值均为 1 000 000 美元的信托计划；（c）向慈善机构再捐赠 500 000 美元，那么如果随后玛塔也在 2017 年去世，应税遗产的总额应当是多少美元（假设 2017 年遗产的增值部分刚好被本年度有关遗产管理的各项支出所抵消）？

10. 鉴于霍华德夫妇现在的年龄，他们应当考虑在持久委托书中指定自己的儿子作为代理人吗？这样做的好处和坏处是什么？

讨论案例 2

辛迪·李普曼和内德·李普曼最近刚刚结婚，对于他们两人来说，这都是第二次婚姻。辛迪和内德都打算把自己的财产留给在上一场婚姻中诞生的成年子女，因此不愿意把个人财产混在一起。李普曼夫妇一共拥有 725 万美元的财产，其中辛迪名下拥有 3 100 000 美元的财产，内德名下拥有 3 350 000 美元的财产。他们居住在辛迪名下的一座价值为 800 000 美元的房子里，这座房子是辛迪离婚时分到的财产。结婚以来，辛迪和内德还未修改各自的遗嘱。他们的遗嘱依然指定上一任配偶作为各自遗产的执行人和受益人。

问题：

1. 对于李普曼夫妇这样的再婚夫妻，信托计划是否适合他们？如果一方去世后，另一方只依靠自己的财产就可以独立生活的话，那么你的回答会发生哪些变化？

2. 假设有一方于 2017 年去世，那么继承人要为获得辛迪或内德的个人遗产支付多少美元的遗产税？可转移的遗产税免税额会对遗产税的实际缴纳额造成怎样的影响？

3. 既然辛迪和内德都各持有一份有效遗嘱，那么还需要修改吗？如果需要的话，应当对遗嘱做哪些改动呢？

延伸案例

克里·杜蒙和蒂莎·杜蒙

在看了报纸上对 deathclock.com 网站的报道以后，克里让蒂莎也去查一查他们俩的预期寿命。比较“悲观”的预测结果显示，克里会在 53 岁时去世。克里开玩笑说，“不用去缴纳人寿保险的保费，也不用为退休存钱了，我马上就要到 53 岁了！”比较“正常”的预测结果认为克里能活到 73 岁，而蒂莎可以活到 79 岁。蒂莎对克里说：“你的寿命就要到头了，不过在你去世后我一个人还得独活 6 个年头！而且如果我继承了所有的财产，那岂不是变成了一个有钱的老太婆！我们应当更努力地投资和储蓄，你想象一下，一个有钱老太婆的生活会多么有趣啊！”尽管克里和蒂莎是在互相开玩笑，不过这玩笑话也确实提醒了他们去关注一些财务问题。他们没有制定退休计划，也没有考虑过遗产的处理问题，以为那会是很遥远的事情，但是现在他们意识到这应当是财务规划过程中不可或缺的一部分。

在你的帮助下，他们已经检查了自己的消费、信用卡的使用、保险需求状况并拟定了投资计划。简言之，通过制定理财计划和改变消费习惯，他们已经开始为未来积累财富。他们希望能够在“黄金时期”——这段时期也许会很长——尽量保持财务上的独立性，而且还想充分地利用各种各样的退休计划资源。他们还打算不管自己什么时候去世，都要为子女留下尽可能多的遗产。

问题：

1. 假设 deathclock.com 网站的预测是准确的，克里正在考虑开始领取社会保险金。克里可以在多大年龄退休并领取全额的退休金？如果他推迟退休，他获得的退休金能增加几个百分点？克里可以退休并领取退休金的最小年龄是多少岁？过早退休会对社保退休金的数额造成哪些影响？

2. 如果克里或蒂莎明天就去世了，那么健在的一方、查德和哈利能获得哪种类型的社保金？这种社保金可以持续多长时间？

3. 克里和蒂莎都有资格申请加入雇主提供的可享受税收优惠的退休计划或 401(k) 计划吗？

a. 这种退休规划的两大优势是什么？

b. 在退休规划过程中，为什么这两大优势和货币的时间价值尤为重要？

c. 要想成为“积极的参与者”，杜蒙夫妇必须要做些什么？

4. 克里和蒂莎对其他的退休储蓄计划颇感兴趣。他们可以向个人退休账户缴纳的最高缴款额是多少？如果他们打算向传统的个人退休账户缴款的话，那么能否获得部分税收抵扣或全额税收抵扣的优惠？为什么？与传统的个人退休账户相比，选择罗斯个人退休账户有哪些优势和劣势？这两种退休账户共有的优势是什么？

5. 克里工作的公司正计划将原有的退休计划全部转变为现金余额退休计划。向克里解释一下什么是现金余额计划，并重点说明其优势和劣势。

6. 杜蒙夫妇估计他们现在的生活开销大约为每年 81 000 美元——他们经常开玩笑说，如果没有孩子的话，退休后仍保持这样的生活水平肯定会过得非常舒服。

a. 假设退休以后的平均税率水平为 17%，则杜蒙夫妇退休后需要获得多少美元的税前或税后收入？

b. 假设把储蓄、社会保险金和养老金都加在一起，克里和蒂莎退休后每年能够获得 45 000 美元的收入。计算一下他们的退休收入缺口。假设通货膨胀率为 4%，他们还有 35 年退休，计算一下经通货膨胀调整后的收入缺口有多大。

c. 如果克里和蒂莎可以获得 5% 的实际投资收益率，计算一下杜蒙夫妇经过 35 年在退休前必须积累多少存款才能弥补前面算出的经通货膨胀调整后的收入缺口。

d. 假设杜蒙夫妇从现在开始储蓄并持续 35 年，年收益率为 9%，那么为了获得问题 c 算出的累积存款额，杜蒙夫妇每年必须储蓄多少钱？

7. 如果克里和蒂莎每年年末向一个免税账户存入 2 000 美元，一共坚持 30 年，年均收益率为 9%，那么 30 年以后该账户的终值是多少美元？如果他们先纳税（边际税率为 15%）然后再投资的话，那么 30 年以后该账户的终值将会是多少美元？根据上述计算结果，你会对克里和蒂莎选择退休储蓄账户提供哪些建议？本例说明选择可享受税收递延优惠的退休计划的行为符合哪条原理的精神？

8. 克里想起他在上一个老板的养老金账户里存有 2 500 美元。克里辞职时，这个养老金账户的余额为 4 000 美元，不过克里只能提取其中一部分资金。解释一下为什么会出现这样的情况。如果能拿回这笔钱，克里可以用作哪些用途？需要纳税吗？

9. 克里考虑使用这 2 500 美元为家人安排一次度假，存入个人退休账户，或者是存入另外一个共同基金账户——这个基金账户是为与蒂莎共度结婚 25 年的旅行而专门设立的。他可以把这笔钱从符合要求的个人退休账户提出，然后转存入投资于共同基金的传统个人退休账户（你应该还记得，这种转存行为无须缴纳所得税），并在 19 年后把钱全部提取出来用于旅行？与把钱存入需要缴税的共同基金账户相比，这种做法会对税负造成怎样的影响？

10. 蒂莎希望将来开始领取退休养老金时可以选择单纯终身年金的领取方式。她认为这是最好的领取方式，因为（a）她可以一直获得投资收益，（b）她可以自己控制资金的投资方向，（c）克里可以领取他自己的养老金。蒂莎可以自动选择单纯终身年金的养老金领取方式吗？假设克里不希望蒂莎这样做，那么哪一种联合及遗嘱年金领取方式允许领取的养老金数额最高？而且即使蒂莎先去世的话，也能保证克里获得一定的养老金收入？

11. 在退休以后，杜蒙夫妇应当注意哪些预料之内与预料之外的变化？

12. 在杜蒙夫妇现在这个年纪，遗产规划的五个目标当中，哪些目标对他们来说意义最重大？准备好哪两份遗产规划文件能够帮助他们达到这些目标？他们应当把这些文件保存在什么地方？

13. 克里的父母近来给每个孩子 20 000 美元，用于将来支付大学学费。这笔财产赠与要缴纳多少联邦所得税和赠与税？需要缴纳隔代遗产转移税吗？老杜蒙夫妇本打算给查德 30 000 美元而不是 20 000 美元，但是别人告诉他们不要这样做。为什么呢？

14. 杜蒙夫妇很好奇为什么大家总是要尽可能地规避遗嘱检验程序。让法庭检查遗嘱并分配遗产听上去挺不错的。向他们解释一下为什么在遗产规划过程中，规避遗嘱检验程序是一个需要重点解决的问题。杜蒙夫妇可以采取哪四个步骤来规避遗嘱检验程序？

15. 最近杜蒙夫妇注意到，银行对账单上注明，存款账户采用的是生者享有共同所有权的形式。用简单的语言向杜蒙夫妇解释这一术语。

16. 杜蒙夫妇一直以来认为信托是有钱人的专用品。但是他们希望多学习一点有关遗产规划的知识。简单地向他们解释一下信托可以实现减少遗产税的目标。

17. 克里的父母经常开玩笑说他们打算去世之前先把自己弄破产，这样就不用缴纳遗产税了。他们采用的遗产规划策略是充分使用无限制的配偶抵扣额。向他们解释一下，为什么无限制的配偶抵扣额不一定是有效的遗产规划策略。

第17章 人生理财事件——拼好拼图

学习目标

1	了解早一些开始个人理财规划的重要性。	成功的要素
2	识别人生 10 件理财大事件以及相应的应对策略。	理财大事件
3	了解并掌握成功理财的关键诀窍。	成功的关键：12 个诀窍
4	应对现实世界里各种类型的债务。	事物的相互关联：债务与现实世界

从情景喜剧里听取关于个人理财的建议似乎有点奇怪，不过福克斯公司的热门喜剧剧集《杰茜驾到》（*New Girl*）中到处都是个人理财不应该做哪些事的教训。其中大多数教训都围绕着剧中角色尼克·米勒（扮演者为杰克·约翰逊）展开，他是一位法学专业的退学生，在酒吧里做侍应生，不过后来通过了律师资格考试。

透过尼克种种倒霉的遭遇，我们对保险、银行业、理性消费、良好信用评分的重要性以及有序管理个人财务状况等话题都有了一些了解。比方说，我们明白了健康保险是个应该购买的好东西——当然，尼克没有买健康保险，结果在一场足球友谊赛里受伤，最后一位妇产科医生为了讨好杰茜（扮演者为佐伊·丹斯切尔）而帮尼克进行了治疗。我们还知道了把钱存进银行更有意义，尼克把银行形容成相对于真的纸袋“用更华美的墙壁围起来的纸袋子”——尼克从他父亲的遗产里继承了 8 000 美元。惊讶于父亲会给自己留下遗产，而且数额还不少，尼克的第一个念头就是“全部花光”。他买了好几大桶爆米花，超多双鞋子（其中很多鞋子根本不适合他），甚至还雇用了专业摄影师为他拍照，因为“有钱人都会在自家房子里摆上自己的照片”。他从来没还清过债务。因此，他的信用评分出奇地低，只有 250 分，这导致他无法购买手机。“我没见过这么低的得分，”一位员工说，“你是刚刚从昏迷中苏醒过来吗？”而我们都知道，较低的个人信用评分会带来各种各样的不利后果。而“尼克的盒子”这一集让我们明白了有序保管好财务资料的重要性。尼克用一个盒子来保管所有的财务文件资料，包括未支付的账单、催债人的信件、未支付的停车票、他实际上从未拥有过的车辆的所有权证书以及其他乱七八糟的东西。对尼克来说幸运的是，他的女朋友杰茜头脑很聪明，在理财方面很有责任心，杰茜决心“让尼克变个样，改掉坏习惯”。她带他去看医生，偷偷把他继承的一部分遗产取出来帮尼克还清了一部分欠债，后来杰茜发现了这个“盒子”，她催促尼克到银行去为自己开了第一个银行账户。

所以，让我们面对现实吧——不管是在电视剧里还是现实生活里，良好的理财习惯真的会给我们带来丰厚的回报。而且，说到钱这个话题，你有多少钱，你如何赚到钱以及如何花钱不仅决定了你能否实现自己的目标，还决定了别人如何与我们交往。这不仅关系到你的朋友，正如贯穿全书的“爱与金钱”专栏所展示的那样，这还关系到你的家人；正如前面我们多次指出的那样，钱是导致离婚的一个重要因素。所以我们的结论是钱真的很重要。

我们大多数人都知道这个道理，但是我们却很少去认真管理我们的财产。而你可以提前做好准备：你可以事先安排好你的财务计划。本章我们将在回顾所学知识的基础上，整合出一个完整的行动计划。同时，我们还将讨论在不远的将来可能面临的问题——专注那些会对财务安排带来影响的破坏性事情。我们会测试那些可能导致财务成功或失败的关键因素。我们将重新审视债务问题，这也是我们前面经常探讨的话题。最后，我们将讨论如何开始行动，也就是把计划付诸实施。按照本章的建议，未来我们将会有一个非常不错的财务状况。

让我们从现在开始好好理财吧。你可能面临的挑战包括助学贷款和信用卡贷款，预算、支出和收入，婚姻和孩子带来的财务变化。现在是做决定的时候：要么现在就开始掌控自己的个人财务状况，要么暂时推迟，以至于未来要花费更多的时间和精力去管理。钱的确很重要，毕竟你不想像尼克·米勒那样——长这么大没有用过钱包，用三明治的包装袋装自己的证件和现钞。现在就让我们开始吧！

成功的要素

除非你做到下面几点，否则成功的财务安排不是那么容易实现的：

- 评估你的财务安全情况。
- 计划和预算。
- 管理你的现金和信用。
- 控制负债。
- 做出可预知的消费决定。
- 有足够的健康、生命、财产和能力保障。
- 掌握投资原则。
- 做出适合你的目标的投资决策。
- 做好退休安排。
- 在去世前对自己累积的财富做好安排。

在本书第 1 章我们就指出个人理财从预算和计划开始。你必须周期性地对自己的财务进程进行回顾并重新评估你的财务计划。换句话说，个人理财是一个不断修正的过程，没有一个可以适用整个人生的财务计划。虽然财务计划并不是永续的，但是没有了财务计划，目标则仅仅是一个空想。

本书中每一个主题对你的个人财务安全都是非常重要的。正因为这样，你不得不经常回顾这些主题以确保你的财务计划反映了你当前的财务健康状态以及正在进行的一些情况。

让我们把所有的主题都放在一起。首先，让我们看看你现在处于理财生命周期的哪个阶段，然后了解一下人生的 10 个重要理财事件——这些事件可能会改变你的目标、影响你的财务资源或给你带来新的债务。接下来我们要总结一下取得成功必须做出的 12 个重要决定。最后，我们号召大家赶快行动——从现在开始准备我们的财务计划。

理财生命周期

让我们回顾一下第 1 章提到的新毕业的大学生在整个理财生命周期中处于什么位置。新毕业的大学生在毕业后的第一个 10 年内将做出很多非常重要的财务决定。他们要买第一辆车、第一套住房，他们将建立自己的信用、纳税，当然还要结婚并组建新的家庭。如果你是新毕业的大学生，你将要建立起应急资金，开始为你的目标储蓄，并建立退休账户。储蓄是非常明智的选择，尤其是非常有必要储蓄 10 年以上。你现在开始的财务决定将会影响你今后的生活。

如果你从 19 岁开始储蓄，每年年末拿出 5 500 美元按照年收益率 10%（这是过去 50 年间标准普尔 500 指数的平均年收益率）存入罗斯个人退休账户，连续 8 年，之后不再存入，那么当你 65 岁的时候，你将会得到大约 260 万美元！如果你按照同样的金额和利率从 26 岁生日时开始对你的个人退休账户存钱，并且之后的 40 年里每年生日时都存钱，你也不能得到前面那么多的回报——最终你只能拿到 240 万美元。而且，如果还是同样的金额和收益率，你等到 31 岁生日时才开始向个人退休账户存钱，并且在之后 35 年里每年都存，最后将获得 140 万美元。因此，早点进行存款是不二选择。毫无疑问，最简单的策略是：从现在开始认识到你的财务计划，并且开始实施。

女性和个人理财

最基本的个人理财原理是不变的，不管是对男性还是女性，或者你的目标是否为财务安全。然而你为实现财务目标所要做的努力是变化的：如果你是女性，你就需要花费更多的精力。因为与男性相比，女性通常挣的要少些，平均寿命比男性长 7 年——活得更久对退休规划来说是一个切实存在的不利因素。因此，安排好女性的个人财务计划，尤其是在她们退休之后，与男性相比便显得更为困难。

理财大事件

在你整个人生过程中，你将会经历各种各样的事情，这些事情可能会改变你的目标，影响你的财务资源，给你带来一些新的财务方面的责任和义务。在这些几乎是不可计数的各种事件中，我们将重点关注以下 10 个方面。

- 人生理财事件 1：开始动手。
- 人生理财事件 2：结婚。
- 人生理财事件 3：买房。
- 人生理财事件 4：生小孩。
- 人生理财事件 5：遗产、奖金或意外之财。
- 人生理财事件 6：重大疾病。
- 人生理财事件 7：照顾年迈的父母。
- 人生理财事件 8：退休。
- 人生理财事件 9：配偶去世。
- 人生理财事件 10：离婚。

人生理财事件 1：开始动手

任何事情都是从头开始的，包括你的财务安排。对我们大多数人来说，财务安排开始于从学校毕业时候，或者是我们意识到需要进行财务安排的时候。现在让我们认真看看在开始阶段需要准备哪些步骤。

第一步：管理好自己的生活

你要做的第一件事就是彻底清理可能会导致人生失败的东西。

- 从脸书或其他社交媒体上删除那些过于惊世骇俗的照片。未来的雇主会查看求职者的推特、脸书以及其他社交媒体，因此你必须删掉所有自己在春假期间饮酒作乐、放浪形骸的照片——真的要删掉。也许更好的做法是不要在社交媒体上张贴任何可能会对未来的求职之路造成威胁的信息——即使你把这些信息设置为“私人”，有些雇主也能想办法看到。
- 大胆地为自己投资。在某种角度上，你个人最大的理财资产就是你的“人力资本”。你的一生当中很可能会从事几份工作，所以要确保不断积累和提高个人的工作技能。
- 能够描述自己的工作内容。当你和其他人见面，他或她询问你的工作内容时，你要事先做好准备，可以用简洁的回答激发起对方与你继续对话的兴趣。毕竟，你也不知道什么时候会遇到以后的老板。

第二步：准备基础工作

当你开始理财并为未来的成功播撒种子的时候，你需要对投资和个人理财有一个清晰的了解。这门课会教会你如何去实现这一目标，同时还提醒你在真实的财务领域，保持良好的阅读习惯，阅读那些诸如《金钱》《民智理财》《吉卜林个人理财》的杂志，以及《华尔街日报》。准备工作不仅包括对个人理财的了解，还包括对当前财务状况的评判，并且还需要事先计划对未来预测到和未预测到的各种事情的处理，同时还要了解自己的金钱观——你的理财个性。

- 做好消费记录并制定预算。知道自己赚了多少钱。知道自己如何花钱以及钱都花到了哪里。可以使用一些应用程序或在线网站跟踪记录消费支出。
- 控制债务。减少高利率债务，控制你的信用卡透支额度。
- 建立应急资金。记住原理 5：天有不测风云，或流动性的重要性。

● 为自己投保。确定自己投保了必要险种（例如，伤残保险），但是对于人身保险，仅需要考虑那些你必需的。

● 控制信用评分。一个高的信用评分能够带来更多的财务好处。如果你难以控制自己的信用评分，那就再去看看第 6 章提供的建议。

● 坚持个人理财的学习。记住原理 1：知识是最好的保障。

第三步：明确目标

凡事预则立，不预则废。明确你的目标是制定财务计划的第一步。

● 明确目标，并进行优先排序。记住原理 2：没有计划将一事无成。

● 设定时间。你想多久实现你的目标？1 年、10 年还是 40 年？

● 确定你实现目标的成本。要实现你设定的目标需要积累多少钱？

● 每年检查自己的理财目标。每年都要专门安排时间——如果你已婚，那就每年和配偶安排时间讨论一下——检查自己的财务健康状况。把去年的个人资产负债表和现金流量表都准备好。了解自己目前朝着目标前进的进度，进行必要的调整，确保退休目标也在讨论的范畴。

第四步：为理财目标而储蓄

当你发现有如此长时间去实现你的目标时，你就很难意识到立即行动的必要性。但是如果你从今天开始起就储蓄，会让你感到实现财务目标会更容易。

● 尽可能多地储蓄。不要让你的花费来决定你的储蓄，要事先储蓄，并且坚决执行。

● 自动储蓄。每次从工资中先拿出一部分钱用来储蓄。记住原理 10：开始行动吧！

● 如有可能尽量避免支出。当准备投资股票的时候，多考虑考虑不收费、年费率较低的共同基金——建议搜索一下先锋公司和富达公司的官网。

● 不要拖延。不要推迟储蓄，这是解决财务危机的最好药方。对很多人来讲，这是最大的挑战。

● 充分利用雇主提供的配比缴款。你应当充分利用雇主提供的所有配比缴款项目。如果雇主会为你向 401（k）账户的缴款提供配比缴款，那么你一定要按照最高额向该账户缴款。

● 判断自己的风险承受能力。你要好好了解一下自己的风险承受能力与容忍力。你准备了应急资金吗？你有能力承担风险吗？如果你可以，一旦你投资的资产价值下跌，你感受如何？如果你对自己的风险容忍度不太确定，那可以试着做一下风险容忍度测试。在做测试或判断自己的风险容忍度时，你要记住，人们通常会在股票市场上涨和经济增长强劲时具有更高的风险容忍度，而在股票市场与整个经济不景气的时候，人们的风险容忍度也会比较低。

● 关注资产配置。了解资产配置与投资多样化的重要性。

● 制定战略。在确定资金需求、风险承受能力和资产配置的基础上，制定你的投资战略。

● 控制支出。这是因为你赚了这么多，并不意味着你要全部花光。也许这还意味着你不应当买下那辆新车，因为你刚把它开出展厅就贬值了。你应了解自己花了多少钱以及消费决策会对每个月月末剩下多少钱造成怎样的影响，这能帮你控制消费。

● 不要和其他人攀比。学术研究已经证明，我们的消费决定不止取决于欲望和需求，还会受到与周围人群相互攀比的心态的驱使。[①] 研究人员发现彩票中奖者的邻居会更有可能购买新车并重新装修房屋，以显示出他们并没有落伍——这样的攀比最终可能会以破产而告终。不要和他人攀比。要么努力克服这种诱惑，要么搬去其他街区，重新挑选适合自己的新邻居。

第四步：管理你的投资组合

一旦你的计划开始实施，要确保它能够灵活变化，反映目标的变化以及实现这些目标的进程变化。这意味着对过程进行全程监控，同时对投资进行动态调整。

- 监控你的投资组合。每年对你的投资表现进行评估，并对储蓄和投资战略进行合理的调整。说到管理投资组合，最简单的方式是在线通过经纪公司的官方网站来实现。
- 随时关注。时刻关注可能会对个人的投资组合造成影响的税法变动情况。
- 适当调整。必要的时候，适时地改变投资目标以便更好地满足生活所需。

人生理财事件 2：结婚

很多夫妻都会花大量时间来研究他们婚礼上的小细节，而不愿意花一点时间来共同探讨一下他们的财务活动。而金钱是导致离婚的一个非常重要的原因，从这个角度来看，这不是一件好事情。当你单身时，你管好自己的钱财就足够了。而当你结婚了，你不仅要考虑自己的支出，同时也要考虑对方的支出。

你的另一半可能会把他/她学生时期的贷款、信用卡负债、曾经的破产记录以及一些其他财务问题带到你们婚姻生活中。我们只能面对它。在所有的因素中，这可能是最容易走向反面的部分。这意味着你在婚前可能是一个净储蓄者，而婚后可能变成了净负债者。当然也可能由婚前的净负债者变为婚后的净储蓄者。任何一种情况下，如果一开始时没有进行合理的财务计划，将来都有可能带来争执。

最好的开始就是公开讨论金钱问题。讨论是为了更好地发现你伴侣的财务历史状况、习惯和目标。一览表 17－1 为讨论提供了指引。

一旦你能很好地理解双方关于金钱的不同观点，那就可以考虑如何把观点转化为习惯了。你有必要对自己某一个月的消费进行一次完整的追踪。当你做这个的时候，你就会发现对自己所有支出的完整了解非常有必要，包括在亚马逊上买书以及在星巴克买拿铁咖啡的支出。这将为你们的讨论提供更多的参考，更好地实现从观点到行动的转化。现在你对如何制定预算计划已经有了充足的准备。确定目标，然后使用你在本书里学到的知识，根据这些目标制定行动计划。编制预算很重要，因为这一过程能让你发现哪些支出项目是可以删减的。跟踪自己的消费情况，能让你更有计划性地储蓄，最好采用自动储蓄模式。

一旦你结婚了，就需要每年重新审视并调整你的财务计划，或者是在某些关键的时候进行调整，比如小孩出生时。如果你不能很好地掌控自己的财务计划，有必要跟理财规划专业人员进行交流。理财规划师会帮助你设定计划，这些计划能够让你从容地面对各种困境。如果你还有问题，你可以向理财顾问寻求帮助，或者是向那些专门从事夫妻理财规划服务的人士寻求帮助。

---

① Sumit Agarwal, Vyacheslav Mikhed, and Barry Scholnick, *Does Keeping Up with the Joneses Cause Financial Distress? Evidence from Lottery Winners and Neighboring Bankruptcies*, Working Paper 16－04/R (Philadelphia: The Federal Reserve Bank of Philadelphia, 2016).

一览表 17-1	婚姻、金钱与理财个性

当与你未来的配偶谈话时，准备问如下问题：

- 你们家庭是如何处理金钱问题的？他们有债务麻烦吗？他们都使用信用卡吗？
- 多少收入才算够用？你觉得有了孩子后夫妻双方都工作如何？
- 你收入大概多少？还有其他的收入来源渠道吗？拥有多少财富？
- 你如何看待债务问题？你有债务吗？有其他需要承担的财务压力吗？——诸如需要金钱支出的年迈父母或上次婚姻中带来的孩子？
- 一旦你结婚了，你愿意分开投资吗？各自应该承担多少？你愿意有一个还是两个支票账户？
- 你或者你父母需要人身保险吗？如果需要，大概是多少？健康保险呢？你的工资福利中都包括什么？

现实世界

离婚是一场理财灾难。下图中的数据反映的是个人净资产额与结婚或离婚 5 年和 10 年后本人净资产额的比例关系。

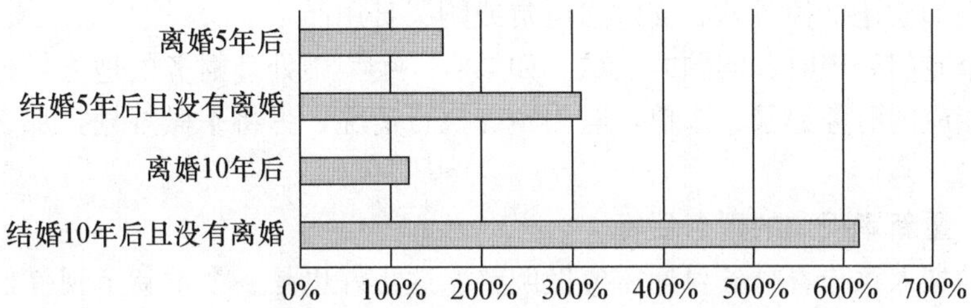

结婚后你要面临众多理财决策，其中有两个问题是支票账户/信用卡账户到底是合并还是分开？很明显，一个支票账户对大多数夫妻来说足够了，但是如果你们的管理风格完全不同，还是分开为好。这就相当于设置两间浴室分别供夫妻两人使用。这会使得记账工作变得更加烦琐，而且银行可能也不会减免支票账户的使用费用。当然，如果你们的管理方式区别真的是非常大，设两个账户还是很有必要的。

关于信用卡，你不仅要充分利用信用卡进行消费，还应该通过使用信用卡建立一份良好的信用记录。如果你曾经听过关于离婚、分居等不能获得信用评分，你应该知道这有多难。因此，为了规避这些潜在问题，夫妻两人都应当拥有自己的信用卡。

若你是第一次结婚，那么现在也是你重新审视财务目标并开始计划的时候了，不仅是计划有了孩子之后的财务安排，还有永久退休以后的财务安排。

第一步：重新组织

现在你在财务上有了新的伙伴加入，需要考虑新的问题，因此第一步就是重新评估并组织你的财务。

- 开诚布公。与对方讨论你处理金钱收支问题的方法，对如何处理分歧事先制定规则。
- 更新你所有的财务记录。确定你的驾驶证、护照、社保账户、账单以及其他金融账户都能及时反映姓名和地址的变更情况。把你名下所有金融账户的受益人都改为你的新伴侣，例如投资账户、退休储蓄账户，甚至你所拥有的员工持股账户。
- 决定哪些东西合在一起，哪些东西分开使用。讨论一下是否要保持相互独立的银行账户，还是把两人所有的账户都合并到一起，也可以两种方式都选择。

● 控制债务，保护个人信用评分。如果你们能共同努力，控制好另一方带来的信用卡负债或其他形式的负债，那么生活就会变得更加轻松。一旦你的负债在掌控之内，你的信用评分会得到很大的提升，那么申请房屋抵押贷款就会变得更加容易。结婚后，在处理你本人或配偶带入婚姻的债务时，你们应当先开诚布公地讨论一下两个人每一笔债务的详细信息。然后，再商量一下如何还清债务。是两个人一起出钱还债，还是每人只负责偿还自己的债务？接下来，为了控制债务额，你们应当制定计划，为应付某些一次性的支出而储蓄——例如度假或购买一件新家具——这样便不会增加债务额。

● 合并你们的信用卡。避免使用两张信用卡。

● 整合财务资源以求更好地做出决策。如果你们不能很好地整合财务资源，也就是不能很好地控制所有收入和支出，那么你就不能做出最优的理财决策。

● 为支付家庭开销而制定计划。如果把夫妻两人的所有财务事宜都合并到一起不太现实，那么另一个解决方案是开立一个联合支票账户，每个人都向该账户内存钱以用于支付家庭支出，例如偿还抵押贷款、支付水电费或购买日用品。

划出一个专门处理财务问题的区域。如果有一个集中处理财务的地方，这个地方能够很好地保有相应的财务记录、账单，监测预算执行情况，为将来做规划，那么事情就会变得更简单。

第二步：重新审视你的财务目标

新伙伴的加入意味着财务目标需要做调整。这正好也是一个重新审视你们的财务目标的好机会，不管是短期目标还是长期目标，看看哪些是有必要调整的。同时这也是对如何管理金融资产进行决策的好时机。记住原理 2：没有计划将一事无成。

● 重新检测你的理财目标。在购买房产方面你是否改变了主意或者在时间上有所调整？现在是否打算要小孩？

● 为新目标开始储蓄。即使你现在还没有孩子，但是计划未来会生小孩，那么应当从现在开始就为他们的教育储蓄。两人的收入汇集在一起后，你们会有更多的钱用来储蓄。此时你们也该认真思考一下如何为未来的退休生活而储蓄。你会发现，随着自己年纪增长，支出只会越来越多，这意味着你需要从现在开始储蓄。

● 确保储蓄自动化。每次自动从工资扣除一部分资金，存入储蓄账户。

● 确保你已经建立了应急资金。为意外做好准备。说到婚姻，应急资金的重要性如何强调也不为过。一些急需用钱的紧急状况会给婚姻带来非常大的压力。应急资金不仅能在需要时帮得上忙，还能给夫妻二人提供一定程度的财务安全空间，这一点很重要——人力无法避免意外，但是能想办法减少压力。事先做好计划，储蓄账户或货币市场账户里存入相当于 3～6 个月生活费的资金，同时保证不会随意动用这笔钱，除非真的发生了紧急情况。

● 开始进行退休规划。确保已经开始为退休而储蓄，如果你们都有工作，那么最好两人分别使用两个独立的账户进行退休储蓄。

第三步：重新评估你的保险及受益情况

由于有新成员的加入，所以你有必要更改你的保险受益人，考虑是否需要再追加保险，同时确保你们双方的受益人都是对方。

● 检查受益人。确保你所有保险受益人已经更改。

- 将所有家庭成员包括在内。检查一下是否把所有家庭成员都包括在内。
- 检查你的保险。重新看看健康保险是否全面，是否需要母婴或者孩子出生前的特殊照顾保险？同样地，还需要检查一下家庭财产保险和汽车保险。
- 伤残保险。如果你现在还没有购买伤残保险，最好还是投保足额的伤残保险。
- 调整保险权益。如果你们都有工作，那最好研究一下保险权益的几种选择，确保能享有最完善的保护，而且与此同时成本最低。随后，对两人的保险权益进行调整，有些已经包含在配偶保险计划里的权益，可以从你的保单里删除掉。

第四步：重新检查税收情况

你的税收状况以及由你雇主提供的税收优惠可能会在你结婚后发生变化。而且，税法还可能出现立法方面的调整。

- 更新你的 W-4 表格。W-4 表格应反映出你的已婚新身份。
- 充分利用税收减免。配偶一方可能享有税收减免优惠。夫妻两人可以通过彼此之间转移储蓄资金，来充分利用雇主提供的税收减免优惠政策。

第五步：立遗嘱

你必须考虑到在你去世后你的配偶和孩子的权益。

- 立遗嘱。立下遗嘱或及时更新遗嘱，确保配偶和孩子被列入遗嘱的受益人行列——此外，还要准备一份生前遗嘱。
- 检查受益人。检查一下你的退休账户都指定了哪些受益人。

第六步：行动起来

钱是婚姻中导致双方摩擦的主要原因，虽然理财规划能有所帮助，但是你还要记住要尽量规避某些行为。

- 不要隐瞒。如果你或你的配偶过度消费了，不要向另一半隐瞒此事。这样的“秘密”不会有好结果的。
- 不要让一方承担所有的理财责任。也许两人中只有一个人负责支付所有的账单，但这并不意味着另一人对家庭财务状况毫不知情或不顾后果的过度消费。
- 避开不良债务。在为了购买某商品——该商品的价值会随时间不断贬值，例如汽车——而申请贷款之前，一定要三思而行。你要牢记，这样的行为会让你最终购买的商品的价值小于你承担的债务额。

人生理财事件 3：买房

住房是你最大的投资，因此应当提前做好理财规划。接下来让我们了解一下买房时需要考虑哪些事项。

第一步：确保买房符合你的理财计划

你应该确保购买住房完全在你的理财目标和预算范围之内。

- 持续关注你的个人信用评分。很多事情都会影响到个人的信用评分，比如信用卡的数量、债务水平以及逾期还款等。要明白你的信用评分可能会影响你的买房决策，甚至会让你拥有理想家园的梦想更容易实现。

第二步：考虑税收的影响作用

- 充分利用税收优惠。当你准备彻底装修你的住房时，可以考虑申请房屋净值贷款，这种贷款的利息具有税收抵扣的作用。或者是使用房屋净值贷款来买车或支付学费；此时这种贷款的利息具有税收抵扣效应，不过要遵守一些限制条件。

● 在预算中加入税收优惠条件。所有的税收优惠方案都应该体现在预算中，包括家庭抵押贷款的利息支付以及不动产的相关税负。

● 重新审视你的投资。如果你购买了市政债券，但后来又搬到了另一个州，那么应该考虑一下转换为投资新的所在州发行的市政债券，这样有利于充分利用税收优惠条件。

● 更新雇主记录。满足新的员工福利调整方案，并根据个人的新地址以及税收抵扣的变化情况来更新 W-2 表格。

● 了解所在州的政策。如果你搬到了另一个州，那么应该先去访问一下当地税务部门的网站。这些网站通常会向你提供一些很有用的信息——从车辆登记费用到州政府征收个人所得税的税率，信息量很丰富。税负的高低意味着你为了实现理财目标而积攒的钱越少或越多——不论结果如何，你应做到事先心中有数。

第三步：关注细节

● 变更地址。及时向你的信用卡公司、银行和其他金融机构提供你的新地址。

● 更新你的保险条款。及时更新保险条款，使其反映你真实的房产价值。注意你的汽车保险费率也会受到新房所在位置的影响。

人生理财事件 4：生小孩

正如我们第 1 章所说的那样，抚养小孩从出生到 18 岁大概需要 233 610 美元，而且这个数字还在不断上涨。家长一方面要增加大学的教育投入，同时因为育儿还要承受工资减少的代价，据《美国新闻和世界报道》估计，对一个中产家庭来说，22 年的抚养和教育需要超过 145 万美元的投入。真是不小的数字啊！

当然，很多事情不能简单地用金钱来衡量，抚养孩子成长的过程中也有很多乐趣。但是你却应该在生小孩之前事先安排好相应的财务计划。

第一步：评估当前家庭的财务状况

由于家庭新成员即将到来，因此要事先做好理财计划以便应对新生儿的降生所带来的各种预期之内与意料之外的开销，还要考虑到这对家庭的短期与长期理财目标的影响作用。确保你和你的配偶对消费的优先顺序具有相同的态度。

● 评估你现在的财务状况。当你准备重新制定理财计划时，你应该先搞清楚自己当前的财务状况。在调整财务计划时，要先确保你拥有充足的应急资金。

● 重新评估你的理财目标。当有了小孩之后，你的理财目标，不管是长期的还是短期的目标，都可能需要进行调整。新的短期目标可能有更多空间去调整，而长期目标则需要计划为孩子上大学准备相应的存款。

思考：

从经济的角度来评价养育孩子的决定是否正确通常被视为做法过于粗俗。毕竟，孩子是父母未来的希望，也是家族血脉的延续。让我们看看表 17－1，里面罗列了为了延续家族血脉而抚养孩子成长所需的一部分费用。你的父母为了抚养你长大做出了哪些牺牲？

● 修改预算。调整你的预算，使其反映你有了孩子之后理财目标和支出之间的关系。为了照顾孩子，你或你的配偶可能无法全职工作，甚至被迫彻底辞职，放弃工作。这些变化都应反映在你制定的预算计划里。同时你还要确保能继续向退休账户内缴款。

表 17-1　如果你打算延续血脉，那么需要支付的一部分费用

	你需要为孩子支付的一部分费用		如果你把这笔钱花在自己身上	
年龄	支出项目	费用（美元）	支出项目	费用（美元）
0	分娩费	6 400	2 个人肯尼亚 7 天游	6 400
1	住家保姆的费用	30 000	2018 年款 MINI Cooper 敞篷跑车	25 770
3	蒙台梭利学前教育	4 000	一套 G2 高尔夫俱乐部球具设备	4 000
5	必备的玩具——（非常罕见的）1959 年版梳着马尾辫的芭比娃娃	1 800	有甲壳虫乐队全体成员签名、带有“屠夫”造型封面的《昨天与今天》精装唱片	1 800
7	放学后的各种特长训练课程	3 564	巴尔的摩金莺队 2 个赛季的门票	3 564
8～9	私立小学	19 770	2018 年新款大众捷达运动旅行车	24 000
10	每周三次的小提琴课	4 150	参加健身俱乐部并配有私人教练（每周去三次）	4 150
11	在放学后备受打击的小提琴课完成后，还要去上自卫防身课程（每周三次）	3 750	再加一年私人健身教练的服务（每周三次）	3 750
12	提高自尊心的心理治疗（每周一次）	5 000	1 年的私人健身教练服务，再加上去坎昆玩一周（去炫耀身材）	5 000
13	购买必备的服装（为了提升自我形象）	5 500	65 英寸的 LG 经典 OLED2160P 超高清 4K 电视机和家庭环绕影院系统	5 500
14	因为使用假 ID 而被判社区服务的通勤费	299	白色外壳、128G 的苹果 8 手机	299
15	文身的费用	239	SHRP 公司的军用防水手表	239
16	激光去除文身的费用	2 796	SHRP 公司的总裁按摩椅加上广场大饭店三晚的住宿费	2 796
16	汽车保费增加	1 345	Orvis 公司 2 天的飞钓课程以及购买最基础的齿轮	1 345
16.5	在收到两张罚单、出了一次事故后，车辆保险的保费上调了（包括律师费）	600	SoundBase 5.0 家庭影院系统	2 250
17	大学入学考试的预科课程	600	买给自己（或朋友！）的周仰杰手袋	600
合计（不包括上大学费用）		93 202	合计（不包括为孩子上大学准备的存款）	93 202

现在你还可以加上孩子读 5 年大学的费用 145 280 美元，当然你也可以用这笔钱为自己买一辆奔驰 SL65 豪华轿车！

Q&A 爱与金钱

谈论钱总让人感觉不太舒服，毕竟，这个话题有很多随之而来的潜台词。金钱对你来说可能具有各种各样的含义，例如权力、幸福或成功，这取决于父母抚养你长大成人的方式，他们的经济状况是否富足，他们如何用钱来表示奖赏或惩罚以及在你成长过程中诸如此类的其他因素。但是，不管钱对你来说意味着什么，随之而来的总是这样或那样隐藏的潜台词。富国银行对1 000多个非学生身份的成年人（25～75岁）进行了调查，他们都是家里理财决定的主要决策者或共同决策者，44%的受访者承认，有关钱的问题是最难进行讨论的话题——甚至比讨论死亡（政治）还难。同样有趣的是一半的女性受访者说她们“发现很难和其他人讨论个人理财的话题”，而38%的男性受访者也有同样的感受。此外，女性感觉对自己的投资知识没那么自信，只有29%的女性认为“自己知道现在的市场该如何投资”。与之相比，42%的男性受访者有类似的回答。

不过，在承诺结成永久性婚姻关系之前总是回避这些话题，从长远的角度看代价很高。虽然美国人不想谈论钱，但他们却总是为钱发愁。事实上，根据美国心理协会的统计，钱是给美国人带来压力的主要来源。而且，这往往也是美国人感觉最遗憾的领域。当被问及如果能回到5年前则你们会在哪些方面采取不同的行为时，大多数受访者都选择了相同的答案“储蓄与消费”：

- 储蓄与消费（49%）。
- 更好地管理身体健康状况，减肥健身（42%）。
- 建立不同的人际关系（21%）。
- 更努力地工作，以提升职业发展的高度（16%）。

如果你能回到5年前，你会改变哪些行为？

当你陷入爱河，容易以为伴侣的金钱观和理财个性肯定是和自己一样的——然而，事实往往并非如此。这就是为什么和伴侣谈论有关钱的问题是很重要的环节。开诚布公能让你了解事实，以后遇到相关的事情不会吃惊，避免伤害两人的关系，并能帮助你想办法应对两人在理财领域存在的差异。

但是，鉴于人们在讨论钱的话题时总是感觉很难——很多人将其视为禁忌话题——你们应当在什么时候讨论，该如何讨论才合适呢？一旦你意识到你们正在严肃认真地共同创造新生活，那么此时便是合适的讨论时机。不要一直等到结婚后才开口！一旦订了婚，你就应该开口谈论这个话题。

为了有效沟通，你们两人都要意识到每个人都害怕讨论钱的话题——大家的感受是一样的。你们应当抱着信任、尊重和开放的姿态进行交流——此时绝不应当去评判他人。坦率开放的重要性值得再三强调。如果你不知道如何开启话题或展开对话，那就去找专业的理财规划师寻求帮助。即使你不得不为此付费，但从长远的角度看，以后你反而会因此节省很多成本，其中也许就包括你的婚姻（保持婚姻关系）。

作为讨论的一部分，你可以谈一谈自己的金钱观和理财个性。例如，你爱花钱还是爱攒钱。这样做可以避免金钱观成为未来夫妻俩产生矛盾的焦点。此时，你还应当让未来的伴侣知道你有哪些资产和负债。例如，你是否还有助学贷款、信用卡欠款或医疗账单尚未还清？在吐露事实后，你们还要讨论一下如何还清这些债务：两个人一起还，还是由欠债的那个人自己负责还清。也许这真的不是一个容易开启的话题——但是你们必须这样做！

另外，这也是个两人认真讨论一下未来如何管理财务的好时机——比方说，谁负责支付账单以及是否将两人所有的资产放到一起。毕竟，你们很快就要涉及这些问题。最后，你们还应该聊一聊理财目标。不要以为这只是因为你们俩相爱，伴侣就应该自然而然的与你分享共同的目标。你想要孩子吗？你的消费优先次序是怎样的？你打算什么时候退休？如何退休？谈论理财目标的过程大多是轻松愉快的，气氛并不紧张。毕竟，你们正在一起规划未来的人生。

第二步：为上大学做准备

如前所述，现在也是为孩子将来上大学做准备的时候。准备工作做得越早，越容易实现目标。这简直是体现原理 3——货币的时间价值——的完美案例。一定要再去查看一下第 7 章关于如何支付读大学费用的讨论内容。

- 预估费用。开立一个 529 计划账户——同时鼓励家人和朋友向该账户缴款——以达到最大化利用该账户的税收福利的目的。你要牢记，不一定非要使用本州发起的 529 计划。

- 自动储蓄。每次自动从工资中直接扣除储蓄额。

第三步：重新考虑保险需求

有了小孩以后，你需要更全面的保险。说到为孩子提供保护，你要记住原理 7：保护自己免受重大灾害或灾难的威胁。

- 重新评估并调整你的人寿保险、健康保险和伤残保险的保额。对很多人来说，孩子的到来需要我们重新审视自己对人寿保险的需求。你的健康保险和伤残保险是否买的足够多？

第四步：更新遗嘱和信托计划

你还需要考虑财产分配计划。至少你要为你孩子指定一个监护人，一旦你或者你的配偶出现意外，将会由监护人负责照顾孩子。

- 更新遗嘱或立遗嘱。如果你没有立过遗嘱，那么现在最好就立一份遗嘱。为孩子指定好监护人，并详细说明一旦你或配偶发生意外，未成年的孩子会被以何种方式抚养长大。

- 更换退休账户的指定受益人。联系你所在企业的退休账户管理部门与福利部门，及时变更个人的退休账户受益人。

第五步：充分利用税收减免优惠

有了小孩后，你可以享有相应的税收减免优惠。

- 为孩子申请社会保障号码。你应当为孩子申请社会保障号码。这并不是说你想让孩子去工作，而是为了享受孩子带来的税收减免优惠。因为只有姓名和号码同时匹配才能享有优惠。

- 更新你的 W-4 表格。及时更新你的 W-4 表格，以反映最新的税收豁免情况。

- 开立或更新你的弹性支出账户（FSA）。如果你没有弹性支出账户，那就联系雇主的福利部门，了解一下企业是否提供弹性支出账户——如果提供，那就开一个。如果你已经有了，那么就该知道接下来会产生一些额外的医疗费用，因此应对弹性支出账户进行调整。为了降低税后的净支出，你应通过弹性支出账户来支付这些医疗费用。

人生理财事件 5：遗产、奖金或意外之财

如果你能让这些意外之财成为理财计划的组成部分之一，那么它们对个人理财目标的实现会大有帮助。

第一步：检查理财目标的优先次序

意外之财可能会让你有机会实现原本很难达到的目标。

第二步：重新检查你的目标

重新检查一下你的目标，看看哪些是最重要的。意外之财意味着这些理财目标的实现时间可能会改变。你可以现在就换一个大点的房子，或者投资于退休后居住的房产，或者偿还一笔债务。如果上述这些事情你都一一完成了，那么接下来把意外之财存起来而不是花掉就会变得容易多了。

第三步：考虑遗产规划

如果你有很多遗产，那么你可能想要掌控如何将这些遗产分配给继承者们——这就是遗产规划的任务。

- 选择如何转移遗产。通过详细的遗产规划，你将有能力掌控个人遗产的转移。比方说你有一个具有特殊需求的孩子需要照顾，抑或你不想让孩子们现在就对遗产有支配权，直到将来他们达到一定的年龄。

第四步：检查税收的影响作用

意外之财的金额与具体的获取方式会对后续的纳税造成影响。例如奖金和参加电视节目获得奖品都需要交税。

- 为附带的税负做好计划。如果这笔意外之财会带来潜在的税负，那么应确保将其纳入到你的预算计划里。
- 考虑遗产税的影响作用。尽管目前遗产税时不时地发生变化，如果你的遗产金额大到会受到遗产法影响的地步，那就应当采取一些手段尽量实现遗产税的最小化。

人生理财事件 6：重大疾病

事实上，我们每个人都可能患上重大疾病，而它的影响是双重的，这不仅是一个难以接受的事实，同时还会对你的财务状况带来极大的冲击。如果不得不面对这样的灾难，你肯定想在财务安排上做出调整，从而更好地进行治疗。

第一步：重新检查你的财务状况

鉴于未来的医疗费用、康复成本以及个人未来薪资水平的变化，重新检查一下自己的理财需求与目标。

- 评估你当前的财务状况。首先要认真检查目前自己的财务状况。
- 使用应急资金——保持充足的流动性。现在到了动用应急资金的时候，一定要确保自己拥有充足的流动资金。
- 重新检查理财目标。为了应对未来的考验，你可能需要修改理财目标，这取决于你面临的前景与挑战。
- 重新检查投资战略。你的工作时限可能会缩短，也许从 15 年变为 5 年。既然你可能要比预期更早地动用退休储蓄，那么为了应对缩短了的投资期限，你可能需要改变资产

配置方案。

● 调整预算。你的预算需要反映你现在的支出和调整后的理财目标，所以有必要进行调整。

第二步：利用税收减免政策

随着医疗支出的上升，你在税收减免方面的优惠也会加大。要让自己充分享受这些税收减免优惠。

● 了解税收政策。幸运的是，医疗费用和患者自付的费用具有税收抵扣作用。认真研究一下国税局的 502 号令，它详细说明了哪些医疗费用可用于税收抵扣。

● 充分利用弹性消费账户。与你所在的企业的员工福利部门联系，看看雇主是否提供弹性消费账户。与你的主治医生联系，好好了解一下哪些费用需要自掏腰包。

第三步：考虑其他途径为治病筹款

根据诊断结果，你可能需要考虑使用房屋净值贷款或现金价值人寿保险。如果再多筹些钱事关生死，那么你不得不这样做。

● 考虑反向抵押。你必须至少年满 62 岁才有资格申请反向抵押。反向抵押指的是你继续持有对住房的所有权，这一点与正常抵押是一样的。你要和以前一样支付房产税和房主保险费，同时负责房屋的维修保养事宜。当然，你还要记住，做了反向抵押以后，这套住房就不能留给孩子们了——在你去世后，这套房产将归银行所有。

● 计算一下通过反向抵押，你能拿到多少钱。

● 人寿保险。如果你很幸运地购买了现金价值人寿保险，那么可以考虑申请现金价值贷款，这笔贷款不用偿还。现金价值贷款其实就是保单持有人凭借保单的累积现金价值向保险公司借款，这笔钱也正是一旦保单持有人取消保单，保险公司向保单持有人返回的款项。如果诊断结果证明你罹患绝症，而你购买的保单包括生存给付条款，那么你就可以从中拿出一部分用于治疗，保单余下的现金价值会在你去世后支付给保单受益人。

● 伤残保险。一旦你失去工作能力，无法正常工作，则短期或长期伤残保险会向你支付伤残抚恤金，具体取决于保险合同的条款。

现实世界

根据哈佛大学的研究成果，重病会让大约一半的人破产，而这些因为生病而破产的人绝大部分购买了健康保险。

人生理财事件 7：照顾年迈的父母

当我们开始照顾年老的父母时，既会遇到情感问题，也会遇到财务问题。找到问题的解决方案需要你具有积极的态度和清晰的思路。因此，和其他事情一样，我们需要事先做好计划与准备。

第一步：讨论医疗保健与遗产规划问题

开启与父母的对话。可能这不会是一次愉快的谈话，但这是为今后减轻痛苦和麻烦所必须进行的谈话。要让家庭的每一个成员都充分表达自己的意愿和想法。

第二步：检查父母的财务状况

确保父母的理财方式与自己的方式相一致。这么做的目的是确保父母的利益和想法能在财务计划中得到完整体现。

- 整理书面文件。要知道所有的文件都放在哪里。
- 了解父母的理财目标与预算计划。跟父母探讨理财目标。确保他们能收到养老金和社保金等所有有资格获得的退休福利。
- 编制预算。帮助父母做好预算。
- 保护父母。确保父母通过医疗委托授权书清楚表达了自己的意愿。还要确保他们没有向任何打电话咨询的人透露自己的财务信息。
- 永久授权书。努力让你的父母意识到未来他们可能会丧失自己打理财务事宜的能力。
- 生前遗嘱。确保父母能通过生前遗嘱的形式提前表达自己的愿望。

第三步：谈论长期治疗护理的选择

确保父母都明白进行长期的治疗与护理可能面临哪些选择，需要承担哪些成本。当然治疗成本可能是非常昂贵的，这主要取决于父母的年龄。

- 考虑长期护理险。这取决于父母的总资产，如果他们的退休资产（包括住房）大于150 000美元，但小于450 000美元，那么可能需要购买长期护理险。

第四步：考虑遗产规划

这主要取决于父母遗产的规模，你可能需要通过遗产规划来保护他们的遗产。

- 讨论遗产规划。与父母讨论遗产规划的可行方案。称职的遗产规划律师能帮助客户减少遗产税。如果遗产的金额很高，那么我们建议采用现金或其他资产赠与的方式。为了避免未来家庭成员之间出现矛盾，要帮助父母和其他的家庭成员处置好个人财产的赠与问题，例如家具、瓷器、工具或珠宝。

人生理财事件8：退休

现在看起来好像很遥远，但总有一天你会退休的。和生命中的其他事情一样，事先做好计划才能获得成功。退休意味着接下来你要依靠个人的储蓄、养老金（如果有的话）或其他雇主提供的养老金计划以及社保金（如果有的话）来维持生活。

第一步：制定退休收入计划

如果你想顺利退休，那你就需要事先做好准备和计划。

- 心理上做好准备。退休不仅会带来收入上的损失，同时还会让生活方式发生巨大的变化。随着你离开工作岗位，每天的日程安排、职场上的身份以及社交关系都会发生变化。在心理上做好退休的准备和经济上做好准备同样重要。
- 经济上做好准备。确保自己拥有足够多的钱，能确保退休后仍能保证自己想要的生活方式，同时继续监控自己的资产配置与收益状况。
- 事先做好如何使用退休储蓄的安排。一个深思熟虑的退休计划能够帮助你更好地决定何时动用不同的退休计划——例如401（k）、403（b）、457（b）、罗斯个人退休账户或传统的个人退休账户。不同账户的提款与缴税规则各不相同，因此你要尽可能地利用这些规则，或是寻求专业人士的帮助。

第二步：管理你的退休收入

制定退休后的收入管理计划。认真考虑目前自己的生活方式以及退休后你想要的生活方式。

- 选择提款方案。制定合理的提款方案，要确保你拥有的资产足以支撑到去世——同时还能将税负降至最低。
- 监控投资状况。制定一个收入管理战略确保你的退休投资活动都在你的监控范围之内。
- 持有应急资金。一定要有应急资金，为各种意外做好准备。

第三步：检查一下自己的保单和遗嘱

你退休收入的损失或减少肯定会给你的配偶和其他家庭成员的生活带来一定的负面影响。人寿保险可以在困难时期向他们提供相应的资金支持。

- 考虑一下雇主提供的退休人员医疗福利。联系你所在企业的福利部门，看看雇主提供了哪些医疗保健福利。
- 了解联邦政府提供的医疗保险计划。查看联邦医疗保险计划的承保范围与要求，看看哪些地方与雇主提供的退休人员医疗保险计划相一致。
- 调查联邦医疗保险计划的补充保险。了解联邦医疗保险计划的补充保险的承保范围与收费情况。
- 考虑长期护理险。调查长期护理险的费用与保险福利，然后再做决定。如果你犹豫不决的时间太久，那么长期护理险过高的成本可能会让你无力负担。
- 重新检查房屋保险。很多人买了房屋保险以后就放在一边再也不看了。退休以后，你有大把的时间重新好好研究一下这份保单的内容，确保自己已获得了充足的保障。
- 评估一下自己的遗嘱。不管你拥有多少财产，都要保证它们被用于帮助那些对你来说最重要的人或组织。此外，你一定要准备一份生前遗嘱。

第四步：记录重要的退休规划日期

随着退休的临近，理财路上的各种里程碑越来越频繁地出现。你应密切关注这些重要的日期（见表 17－2）。

表 17－2　理财里程碑

应该做什么	什么时候做
申请社会保障福利	● 61 岁零 9 个月时申请，满 62 岁时领取 ● 64 岁零 9 个月时申请，满 65 岁时领取全部福利（对出生于 1937 年至 1959 年间的人，全额领取的年龄可能介于 65 岁零 2 个月至 67 岁之间。） ● 69 岁零 9 个月申请，满 70 岁时能获得最高福利
申请医疗保险福利	● 如果你在 65 岁前就开始领取社保福利金，那么你将自动参加联邦医疗保险计划 ● 否则，你可以在 64 岁零 9 个月时申请，即便此时你还没有领取社保福利金。
从退休账户领取养老金	● 在 59.5 岁之前的领款行为被认为是提前领取养老金，可能会被征收 10％的罚金。 ● 在 59.5～70.5 岁之间，你可以选择是否领取。

续表

应该做什么	什么时候做
从退休账户领取强制性必须提取的退休金	● 当你达到 70.5 岁以后，从接下来的 4 月 1 日开始，你必须开始按照最低提款要求（RMD）领取退休金（罗斯个人退休账户无须遵守 RMD 要求）。
有资格申请反向抵押贷款	● 年满 62 岁时可以申请反向抵押贷款，这可以帮助你将住房的净值转变为经常性的收入现金流。请注意，反向抵押并不一定适合于每个人。请向你的理财顾问获取更多信息。

人生理财事件 9：配偶去世

配偶去世会对家庭的财务状况造成非常大的影响。你需要重新检查一下你个人与配偶的理财计划，确保所有的资产能够得到合理的分配。

第一步：整理财务资料

收集整理文件是关键所在。

● 收集整理文件。收集各种证明你有资格申请福利及完成遗产分配的书面资料，包括死亡证明、保险合同、社会保障号码、退伍证明、结婚证、受扶养人的出生证明、遗嘱以及资产清单。

● 找到遗嘱。如果有遗嘱，那就找到它。这是进行遗产分配的第一步。

第二步：联络各相关利益主体

确保你能够获得你有资格得到的所有利益。

● 联系保险公司。与所有和逝者签订了保险合同的保险公司取得联系。

● 到社保部门查询。与当地社会保障部门联络，看看逝者是否有资格领取一些福利。记住，社保系统能同时提供逝者福利和遗嘱福利。如果你的配偶是退伍军人，那你还要联络退伍军人事务部在当地的办公室。

● 联系过去的雇主。你可能有权从配偶的雇主或前任雇主那里拿到员工津贴——包括假期补贴、病假补贴、养老金或雇主发行的人寿保险产品的赔偿金。

第三步：如果你是配偶遗产的执行人，那就好好履行责任

如果你是遗产的执行人，那就负起责任好好监管遗产并使其顺利通过遗嘱检验，确保已支付相关的税费，并已清偿所有债务。

● 在没有遗嘱的情况下分配遗产。如果你的配偶去世时没有留下遗嘱，那么各州的相关法案会指定如何分配他或她的遗产。联系律师或社区的遗嘱检验法庭以获得更多信息。

第四步：变更财产所有权

确保财产的所有权都已经完成了合法的变更。

● 修改保险合同的受益人。你可能需要更改保险合同的受益人。

● 汽车所有权的变更。汽车的所有权也需要变更。

● 银行账户、股票、债券以及银行的保险箱都需要进行所有权变更。联系经纪人（如果有的话）或发行该金融产品的公司、共同基金或其他金融服务机构，变更股票或债券的所有权。

● 查看信用卡。将配偶去世的消息通报给信用卡发卡公司，要求将配偶之前使用的那张信用卡重新登记在你的名下或是干脆关闭该账户。

第五步：重新审视个人的理财与退休需求

失去配偶，你的理财需要可能也会发生改变。你需要：

● 判断你原本可以获得的福利是否发生了变化。如果你的配偶有资格领取退休金，那么他或她的去世可能会导致未来你的退休收入发生变化。

● 联系雇主。你应该与雇主联系，看看是否还有其他应得的福利尚未领取。

● 评估保险状况。如果此时你已没有需要抚养的孩子，那么对保险的需求也将发生改变。

● 评估医疗保险状况。如果以前你的医疗保险是通过配偶获得的，那么你要确保现在自己能继续享有医疗保险。《联邦统一综合预算协调法》（COBRA）能向你提供临时性的医疗保险，直到你给自己准备好医疗保险。

人生理财事件 10：离婚

超过 40%的第一次婚姻都是以离婚而告终的，离婚这样的大事儿会对很多人造成影响。金钱不仅是导致夫妻离婚的重要原因，同时离婚通常还会导致收入的减少与支出的增加，因为以前两人共同分担生活支出，现在却只能由自己一个人承担。而且，离婚对个人/家庭财务状况的影响力相当于离婚自身成本的若干倍。如果你不得不经历这一切，那可以采取很多方式尽可能地降低离婚对财务状况的影响作用。

第一步：为离婚做好准备

降低离婚的经济影响的最好办法就是事先做好准备。

● 还清债务。分割资产已经很麻烦了，尽量不要留下太多的共同债务。

● 降低成本。离婚的过程越是令人厌恶，成本就会越高。尽可能和和气气地处理这一切。

● 记住“原理 1：知识是最好的保障”。保护好自己——如果需要他人的建议，请向专门处理离婚事务的理财规划师寻求帮助。

第二步：避免信用损失

很多时候离婚会导致信用评分下降，你应尽可能避免这种情况。在经济方面从头开始已经够难的了，不要再雪上加霜。

● 处理好联名账户。办好离婚手续并不意味着已经将两人的联名账户分割完毕；你必须要谨慎处理。也许你觉得自己无须对这样的账户负责，但是对这些账户进行监督以确保按时还款符合你的最佳利益。你可以考虑还清联名账户的欠款余额，然后重新开立一个新的个人账户。记住，联名账户未来依然会出现在你的个人信用报告里，因此关闭账户有助于保护你的未来个人信用评分以及贷款的可获得性。

● 对个人信用报告中提到的逾期付款行为做出解释。如果发生了逾期付款，你应当在信用报告里加上一条注释，解释一下为什么会出现这种情况。三家征信局都允许个人在信用报告结尾处添加不超过 100 字的解释说明。

● 一旦你对自己的财务状况恢复了掌控力，尽快联系一下贷款机构，看看它们是否愿意解除对账户的限制，将你的账户列为正常账户，并将逾期付款行为从贷款档案里删除。

> **现实生活**
> 失败是重新开始的机会，当然这次应该变得更聪明。——亨利·福特

第三步：重新检查你的理财目标

离婚会改变你的理财目标以及实现目标的能力。

- 重新评估你的理财目标。重新检查一下自己的理财目标，然后制定全新的计划来实现这些目标。
- 根据前任的工资收入状况查看社保福利。如果你的婚姻持续了 10 年或以上，而且离婚后你尚未再婚，那么可以根据前任的收入情况——甚至包括其离婚后的收入——领取社保福利。确保自己能拿到本应属于自己的福利。

第四步：再检查一下保单

确保你已购买了充足的保险——健康保险、人寿保险、汽车保险以及财产保险。

- 继续投保健康医疗保险。如果你以前是通过配偶的保单获得医疗保险，那么要确保离婚后你和孩子们仍能继续获得保险。要么就自己购买保险，要么先按照 COBRA 获得临时性的保险，直到你购买了永久性的医疗保险。记住，《平价医疗法案》的内容可能会发生变化，而 COBRA 保险目前并不一定是最合算的选择。截止到 2017 年，根据《平价医疗法案》，投保人不得因为身体健康状况而被拒保或收取更高的保费。另外，虽然投保人的保费取决于其年龄，但是不管投保人是否是从健保交易中心购买的保险，保险公司收取的保费都不得高于年轻的投保人保费标准的三倍。
- 检查人寿保险的购买情况，以确保自己能按时获得离婚赡养费和子女抚养费。你可能希望前任名下能有一份人寿保单，那么一旦前任去世，人寿保险的死亡赔偿金可用于向你支付离婚赡养费和子女抚养费。不要忘记，支付或收到赡养费可能会涉及税负。
- 检查自己的人寿保单。认真检查一下自己的人寿保单（即被保险人的姓名、受益人以及保额）。也许你应当对保单进行一些调整。

第五步：重新制定预算计划

全新的生活方式必须需要一份全新的预算计划。

- 修改预算。修改预算计划以反映你新的收入水平以及支出情况，因为未离婚前所有支出是夫妻两人共同分担的。
- 继续进行退休储蓄。离婚后，很多人就暂时搁置了退休储蓄，而是先去满足更急切的需求——尽量不要落入这样的陷阱。不管你喜不喜欢，退休总有一天要来临。
- 再次检查自己的支出情况。例如，如果负担不起，那就不要继续保有住房的所有权。
- 持有应急资金。一旦你自己生活，当经济上遇到困难时没有伴侣可以依靠，此时准备好应急资金就显得尤为重要。
- 研究一下税收减免政策。你的收入损失也许可以申请之前没资格申请的税收减免项目。你的纳税申报身份与标准抵扣额可能会发生变化，因为你可能要用归自己抚养的孩子来申请免税额，这取决于你的离婚案如何判决——所以你要做好相应的计划。

成功的关键：12 个诀窍

在积累财富的过程中，你将面临各种各样的困难和决定——有些是理财方面的，有些是生活方面的。有种说法很吓人：你在不知不觉中已经做了决定！现在我们要讨论的是成功的 12 个关键性诀窍；我们不仅要一一展开分析，还要努力理解它们会带来怎样的结果。

诀窍 1：掌握知识

当你掌握了个人理财的基础知识，那么规避理财陷阱和错误建议就变得容易多了。记住原理 1：知识是最好的保障。事实上，你会发现评估理财建议并做出正确决定的能力是非常宝贵的。遗憾的是在个人理财领域，很多人几乎是在一无所知的情况就开始盲目地进行个人财务管理。当然，如果他们根本不知道自己面对的是什么，那么自然不会感到害怕；不过说到个人理财和投资，太多人总是一股脑地投入其中，哪怕他们对自己所做的事根本就不了解。结果往往很悲惨：由于缺乏专业知识，这样的人通常会吸引很多不讲职业道德、不称职的角色围绕在其周围，后者是哪儿有钱就往哪里钻。

知识将会让你避免成为这些愿意帮你用钱（或帮他们自己骗你的钱）的假专业人士的猎物。此外，知识还让你对管理自己财务充满信心。一旦你理解了货币的时间价值和股票的估值原理，也就明白了及早进行个人理财的必要性，这种认知会让你尽快付出行动。掌握个人理财知识还让你有能力处理好生活中经常出现的、令人讨厌的意外事情。总之，知识能避免你陷入财务困境，诚如我们所知，如果我们知道自己在做什么，那么做正确的事就会变得容易多了。

诀窍 2：不要拖延

记住原理 9：心理游戏、理财个性与金钱。个人理财的最大威胁就来自上面这几个因素。尽管糟糕的建议会延缓你的理财进程，而拖延则会彻底阻止理财活动的开展。不幸的是，没有什么事比拖延更自然而然了。实际上，你完全有能力事先做好准备。拖延着一直没写完学期论文不会给你带来什么影响，毕竟你只要按时完成就行。但我们知道个人理财则完全不一样：今天你为退休储蓄了 2 000 美元和在退休前一日储蓄 2 000 美元却有着天壤之别。

然而，不愿意直面个人未来的理财问题、一直拖拖拉拉的行为做起来要容易多了。如果你未婚，可能生活中的很多事情都处于悬而未决的状态，等待那个特殊的人到来，希望他或她能帮你搞定一切。或许你刚从学校毕业，你认为终于可以摆脱“贫穷的学生生活”，自己有资格先好好享受一下；或许你觉得现在储蓄没什么意义，等到以后收入更高时，储蓄也会变得容易许多。

遗憾的是，人们总是有各种理由拖延。不过，你可能认为目前自己的收入不够高，决定等结婚并有了孩子以后再开始理财。如果这一团乱麻里再加上一条——房屋抵押贷款的每月还款，情况会怎样呢？正当你认为自己已经搞定了所有事情时，为孩子们支付读大学的费用这一艰巨的任务又摆在了眼前。

结论便是应当从现在开始进行理财规划。你对货币的时间价值已经了解的够多了，应该知道拖延只会让未来更加辛苦。正如滚石乐队的歌唱的那样：时间站在我这边。对个人理财来说，没有比这更正确的真理了。记住原理 10：开始行动吧！

现实世界

如果在理财方面你没有获得自己想要的进展，那么一定要挑战自我，看看原因到底是什么。

诀窍 3：量入为出

经常听到很多人抱怨："我并没有买什么奢侈品啊，可是钱还是不够用。"其实这个问题的答案很简单：除非你赚得比花得少，否则没办法攒钱。问题是很多人都是赚多少就花多少，而且很多时候开销甚至大于收入。不幸的是，我们的社会文化让大家觉得这很正常。对很多人来说，你买的东西决定了你的身份。因此，很多人的形象被认为是来自自己开的汽车、穿的名牌服装以及喝的好酒。好像很多人都认为既然达到了一定的收入水平，那么就应该选择看上去与之相匹配的生活方式。更糟糕的是，对某些人来说，购物已经从家居琐事变成一种爱好，甚至是展示给别人看的生活方式。结果是不管你买了多少，好像都是生活所必需的；买得越多，感觉该买的必需品越多。

怎样才能逃脱这个陷阱？答案是你需要改变一下消费观念。你应该现实一点，清醒地意识到什么样的生活才是自己真正能负担得起的。一切都来源于这样一个基本事实：你不可能什么都得到，你必须要做出选择。首先，你要从记录每一笔消费支出做起。一旦做好了消费记录，那么接下来便能分辨出你可以减掉哪些消费项目。例如，每天早上上班路上的《今日美国》、肉桂烤饼和大杯的卡布奇诺，就会花掉你 6.75 美元。如果你一个月有 22 个工作日，那么光是早上的这笔支出就要花掉 148.50 美元，一年 1 782 美元。更可恶的是，在消费之前，你要先缴税。假如你的边际税率是 25%，那就意味着你每年至少要赚到 2 376 [(=1 782/(1－0.25)] 美元的收入，才能负担得起早上上班路上的开销。砍掉这些非必需品，便能实现自然而然的储蓄。

诀窍 4：意识到自己并不是坚不可摧的

你年轻、健壮而且每天营养丰富，看起来好像无坚不摧。但这并不意味着你的电视不会坏，你的汽车不会出故障。因此，你需要准备好应急资金。

思考：

如果你看过《威利旺卡和巧克力工厂》这部电影，或者读过这部电影的原著《查理和巧克力工厂》这本书，你一定记得里面那个名叫薇卢卡·索尔特的小姑娘。她真是一个讨厌的小家伙。她总是想要这个想要那个，尖叫着大喊："我现在就要！"她的欲望和行为方式明显已经失去了控制。在影片里，小姑娘没能挺到故事的结局——但是，即便她坚持到了最后，带着这种态度去生活，可想而知未来她的财务状况也不会太好。缺乏自控力和冲动消费是最容易破坏理财计划的两大因素。控制自己至关重要。你能否想起以前自己曾有过哪些冲动消费？

首先看看保险。如果你现在是单身，没有需要扶养的对象，可能不需要购买人寿保险。事实上，你可以参考一下表 9－1，看看你是否需要买保险。如果你确实需要，那就在网络上货比三家，买一份定期寿险。而当你的生活发生重大变故时，例如新生儿的出生，再去检查一下已买的保单。至于健康保险，我们要面对事实——你需要它。同时也要意识到另一事实——这种保险价格昂贵。不过，你工作的单位很有可能会向你提供充足的医疗保险。事实上，在找工作时，你就应当密切关注雇主能向员工提供哪些医疗方面的福利。

好了，人寿保险和健康保险都买好了，你已经做好准备了吗？答案是“不”。看看这个事实：如果你年龄不足 35 岁，那么事故或长期疾病会让你至少在 6 个月内无法工作。而且，大约有一半左右的抵押贷款取消赎回权都是因为借款人购买的伤残保险保额不够。这是因为当你处在人生的低谷时，账单可不会停下来等你，而且除非你患上了绝症或至少一年内因伤残丧失劳动能力，否则社会保障也帮不上忙。事实上，社保条款的局限性特别大，你可能无法获得任何帮助。这意味着你要想办法自己保护自己。那么从哪里开始呢？先查看一下你们公司提供的伤残保险。如果公司提供了保险，那么接下来要确保保额足够高。如果不够，那就再买一份个人的伤残保险。

现在足够了吧？还没有！最重要的是你得承认自己并不是坚不可摧的。选择健康的生活方式，这意味着定期体检，不吸烟，经常锻炼，健康饮食，将血压保持在低水平，开车小心谨慎，不要过度饮酒。所以我们的结论是健康的生活方式能帮你节省一大笔钱。

诀窍 5：保护好财产

为房子和汽车购买保险是明摆着的事儿：如果你名下有房有车，那就需要购买保险。幸运的是，有很多方式可以降低保险成本。关键的一点是让税收抵扣额保持在自己能承受的最高水平。然后在此基础上，要求获得尽可能高的折扣。记住，保险不是维修计划，而是防范最大财务损失的屏障。

在查看汽车保险合同时，认真检查一下责任保险的保额。考虑到车祸致死案件的伤亡赔偿金数额较高，所以你购买的保额可能不足。驾车致使别人受伤可能会让你面临重大财务危机。记住，汽车责任险的保额一般只有 50 000 美元，而车祸致死案件的平均赔偿额却达到 50 万美元。

如果你在开车时，你养的那只活泼可爱的小狗突然跳到你大腿上，导致你对车辆失去了控制，车撞到了行人，那会怎么样？你的保险公司会替你和小狗支付法庭的辩护费，同时支付相应的人身伤害赔偿金——不过赔偿额以保单的最高赔付额为限。所有这些都意味着“我只需要最少的保障”可能会给你带来毁灭性的打击。你要在最低保障的基础上获得更多的保护，而使自己有能力购买更高保额的方式之一是提高免赔额，这样保费可以优惠一点。这还意味着为了应对意外事故，你需要持有更多的应急资金。另一种解决方案是认真考虑一下个人的总括式保险。因此，我们的结论一定要确保你购买的保险能够真正帮助你规避财务危机。

诀窍 6：拥抱“预算”这个理念

大多数人一想到预算，就会联想到勒紧裤腰带，要把生活中所有即兴而发的东西全部排除掉。毕竟，在 20 多岁时，你之前的生活一直信奉的是“活在当下，及时行乐”的理念。实际上，预算是一种实现理财目标的手段。如果你和其他人一样，预算这个词总会让你产生太多联想，那么可以把它叫作“现金流计划”。

不过，预算这个概念不会让很多人感到兴奋，因此最好的方式是尽可能让自己轻松自在地完成预算。

预算（或现金流计划）能为你做些什么？它能迫使你学会克制，认真思索你的钱都用在哪些地方，支出不要超过收入，要节约。例如，如果这个月的外出就餐消费额已经超支，那你接下来就要在家吃饭了，如果你还想继续外出就餐，那就只能暂时搁置购买新发行的齐柏林飞艇乐队重聚首 CD 的计划了。不过，自我控制是很难的，因为你总是容易受到电视、网络、电台、报纸和杂志上广告的诱惑，而这些广告的目的就是让你花钱。

没有预算，你未来的财务状况将会很凄惨。坚持预算，你至少不会因为财务危机而夜不安寝，而且还能存些钱。

在你制定预算或现金流计划之前，你首先要搞清楚钱都花在了哪里。要做好这项工作，你需要认真记录至少一个月的消费明细。为了更好地完成这项工作，你可以借用预算明细表。你还可以回到前面第 2 章认真研读“编制现金预算”和“执行现金预算”的内容。你会发现，当你开始制定预算计划时，知道那些不必要的支出项目可以被取消，那么这就是一个非常好的开端。另外，一定要确保每个月你的部分收入能自动存入共同基金账户或其投资账户，这样你就没有机会动用这些钱了。

现实世界

2015 年，根据维萨公司的调查，人们为参加高中毕业舞会而支出的消费额平均为 919 美元。关于这一调查结果，最令人困惑的是家庭总收入低于每年 50 000 美元的家庭计划为了舞会支出 1 109 美元，而年总收入低于 25 000 美元的家庭计划为舞会支出 1 393 美元。而总收入超过 50 000 美元的家庭却是计划支出额最少的：平均仅为 799 美元——不过这依然不是一个小数目！高中生们在毕业舞会那天晚上到底是怎么把这笔钱花掉的？维萨公司的调查发现，父母平均承担了 73%的舞会支出。

决策 7：重塑并提升你的工作技能

第一份工作就干一辈子的情况已经成为过去。以前，你可能会在同一家公司工作了 30 年甚至可能是 40 年，拿到了公司奖励给你的长期服务的金表，然后光荣退休。当今的世界发生了很大的变化：公司在不断裁员、重组和改组——这一切意味着过去的模式已经消失了。今天，不管你是为公司忠诚服务 20 年的老员工，还是上班时你总是来得早走得晚，这些都已经不重要了。而最重要的是你的工作技能：公司需不需要？你能为公司带来什么？你的过去跟公司没有关系，问题的实质在于“现在你能为公司创造什么价值?”听起来是不是很冷酷？嗯，的确是，但是现代的商业社会就是如此。没有什么是长久的。如果你能提供公司所需要的技能和才干，公司就会留下你；否则，你只能离开。

问题是“面对这个就业没有安全感的时代，你如何做好准备?”答案是你需要确保自己拥有的技能和才干是企业所需要的。这意味着你所需要的技能不仅很宝贵，而且不是随随便便就可以获得。你同样需要重视自己的职业选择。你想要拥有的技能应该是企业愿意花大价钱招揽的技能，例如成为注册会计师，拥有独一无二的电脑技术，或更高级的建筑设计技能。如何才能让自己的工作技能显得宝贵而独特呢？答案是通过教育不断重塑和提升自己的工作技能。你现在获得的教育是在为你毕业后找工作做准备，但是想要一辈子保住自己的工作，这还不够。考虑到技术更新的快节奏，停滞不前却还能继续生存下去几乎是不可能的。毫无疑问，教育是你做出的最佳投资决策。

诀窍 8：少用信用卡

对保持健康的财务状况来说，也许没有什么能比信用卡带来的威胁更大。信用卡本身没什么问题，问题的本质在于信用卡带来的负债。不幸的是，对很多人来说，这两者是相互关联的，尤其是对那些没有收入但需求很旺盛的学生来讲更是如此。看起来大学生其实应该是信用卡发卡公司最不愿意接触的客户——毕竟，考虑到他们的收入情况，学生不能承担太大的信用风险。

但现实情况却远非如此。信用卡公司在校园设立办卡点，通过免费赠送飞盘、电话卡或其他好吃的小零食来诱使学生填写各种表格，申请信用卡。这的确有效。事实上，五分之一的大学生有 4 张以上的信用卡。有这么多的信用卡在手上，花钱变得太容易了——深夜买个比萨当夜宵，或是抢购滚石乐队 50 周年巡回演出的门票。人们使用信用卡时容易比使用现金花得更多，大约多消费 30%。对学生来说，用信用卡消费尤其具有诱惑力。毕竟，未来几年后工作了就能挣到很多钱，到时候还清现在的信用卡债务应该没有任何问题，真的没问题吗？调查显示，大学在校生的平均信用卡债务仅略低于 1 000 美元。

解决这一问题的唯一方法是限制消费。除非紧急情况，否则不要使用信用卡，最大限度内控制自己使用。你的目标应当是以尽可能少的债务进入理财生命周期的下一阶段（在这个阶段，你开始工作赚钱了）。等你进入了下一阶段，信用卡是个不错的消费工具，但是要确保自己每个月都能及时还款。如果不能，还是用剪刀把卡剪碎吧。

诀窍 9：股票有风险，但不能因为有风险就不投资

股票是有风险的，即便第 12 章的内容没能让你明白这一点，那么你也可能已经从晚间新闻报道里听说过近期股市是如何跌宕起伏了。你应该把钱投资于这种风险资产吗？如果你的投资期限比较长，回答是肯定的，不过你需要通过分散化投资来尽可能地降低风险。另一种简单的方法是投资指数基金。如果光是谈论股票投资都能让你感觉心悸，那么就回头去看看第 11 章，找到关于投资的期限与资产配置的内容再认真地阅读一下。只要你的投资期限足够长，股票是明智的投资选择。

如果股票的价格波动不是你最担心的问题，那么你最担心的是什么呢？你真正担心的是股票投资收益不能抵消通货膨胀与税负的影响作用。事实上，这就是担心你无法获得足够高的投资收益来实现自己的理财目标。假设每年的通货膨胀率是 3%，那么 23 年后，货币的购买力会损失一半；如果通货膨胀率上升到 4%，达到同样的效果只需要不到 18 年的时间。事实上，如图 17-1 所示的那样，1957—2017 年这 60 年间，年通货膨胀率略高于 3.7%。鉴于国债的平均年收益率仅为 4.6%，你会发现，大部分投资收益是被通货膨胀抵消掉了。如果再算上税负，情况会更糟。这意味着什么？这说明如果你不谨慎地冒点风险，那就没机会实现自己的理财目标。

诀窍 10：最大化地利用可享受税收优惠的退休计划

如果你很幸运，你将有机会参加最好的投资项目（除教育以外）。这是什么呢？它就是雇主发起的、具有税收抵扣作用、而且雇主还会提供配比缴款的员工退休储蓄计划。为什么这是最好的投资项目？因为你向退休账户的缴款不用交税，这意味着原本应向美国国税局缴纳的税金，被存入了你的个人退休账户。此外，由于投资所得也是免税的，除非它们被提取，这样你通过个人退休账户就可以享受所有投资收益。当你享有这些的时候，同时不要忘记充分利用罗斯个人退休账户和传统的个人退休账户。

那你应当采取什么策略？在现实生活里，你要充分利用享受税收优惠的退休计划。如果你不确定这是最好的办法，那就回到第 15 章，重新看看关于退休计划的相关内容。如果这还不能说服你，那就多读几遍，直到自己彻底被说服。

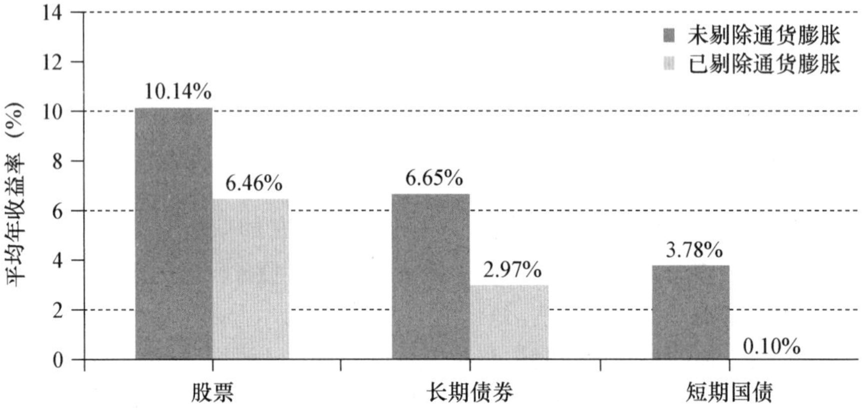

图 17－1　1957—2017 年初未剔除通货膨胀与剔除通货膨胀的年均收益率

决策 11：计划好自己想要几个孩子

孩子能带来很多快乐，但抚育孩子的成本也是非常高的。过去，孩子就像存在银行里的钱。当他们年纪小时，就在家庭农场或家族企业里工作，等你老了以后，你的孩子们会照顾你的生活。简而言之，那时养孩子还是挺划算的。然而毫不夸张地说，现在时代不同了。这并不意味着你不应当按照自己的意愿想生几个孩子就生几个孩子，但是你应当充分考虑抚养孩子的成本。

诀窍 12：维持婚姻

离婚的代价很昂贵，真的很昂贵。即便是和平分手，离婚的成本也要超过 1 000 美元。如果双方闹崩了，那离婚的代价会轻轻松松达到 10 000 美元，甚至上无止境。不过，并不是因为离婚成本高才使得保持婚姻关系符合你的最佳经济利益；其实还因为另一个事实：已婚人士往往比单独居住或合住的单身人士赚得更多，同时也攒得更多。统计数据很有说服力：已婚男人的收入比未婚男人高 26%，已婚夫妻的收入要比男方单亲家庭高 61%。对于带着孩子一起生活的离婚女性来讲，情况是最糟糕的：她们的收入仅相当于已婚夫妻的 40%。很明显，对这样的离婚女性来说，离婚就意味着走向贫穷。

为什么已婚夫妻在理财方面会表现得更好呢？原因之一是双方在成功的婚姻关系中学到的合作精神会转变为他们在职场上的优势。此外，良好的婚姻关系也需要做好家庭财务管理和预算。不必要的消费支出被削减了，比方说你在 eBay 上花了 1 400 美元购买了《活宝三人组》的签名照片，此时就会有人来“管教”你了。最最重要的是，单身状态本身就很费钱。大多数人要花费大量的时间和金钱去寻找适合自己的伴侣。这一切意味着什么？你应该认真选择自己的配偶，一旦结婚了，就要为你的婚姻生活积极努力。这同时还意味着如果你没有结婚，那就不应当要孩子。事情并不总能按照计划进行，但是如果你没有计划，那么目标将根本无法实现。

现实世界

离婚的代价很高昂！了解一下保罗·麦卡特尼和希瑟·米尔斯的离婚案。两人结婚 5 年，离婚时保罗向希瑟支付了 4 900 万美元。如果把这笔钱平摊到两人婚姻生活的每一天，你会发现相当于每天 26 849 美元，这还不包括律师费和诉讼费用。这真是一桩天价离婚案。

拼图：债务与现实世界

在本书讲述过程中我们经常会提到债务这个词。我们谈到了信用卡债务、消费贷款、房屋抵押贷款、房屋净值贷款、机动车贷款以及助学贷款。现在到了做出总结的时候了。

当你走向社会，除了怀揣着大学教育文凭、无尽的希望与潜能以外，大笔的债务也如影随形。如果你和大多数学生一样，那么你也会有几张信用卡，并且经常使用它们——事实上，大约三分之二的大学新生拥有信用卡，而大三大四的学生，90%以上至少拥有一张信用卡。最重要的是，根据《时代》杂志的调查，不到10%的大学生会每月还清所有的信用卡债务。只有15%的持卡大学生了解信用卡的利率是多少，不足10%的人知道发卡机构除了要收取利息，还会向用卡人收取逾期还款费和信用卡超额费。

等到学生们离开校园时，债务越积越多。如果把父母为了让孩子读大学而申请的贷款也算在内，那么平均每个大学生背负的债务要超过 29 000 美元；根据富达公司的调查，债务总额——包括信用卡债务、个人贷款与家庭贷款——超过 35 000 美元。

过多负债的陷阱

现在，金融机构向成年人推销贷款产品采用的方法与向孩子们推销玩具使用的方法一模一样。对很多人来说，真的很难抵制住诱惑。于是，这种行为导致了如下后果：

- 学生以及没有偿还能力的借款人有机会随心所欲地借债。我们举个例子，24 岁的卡尔·邓肯来自弗吉尼亚州的布莱克斯堡市。当他在弗吉尼亚理工学院读二年级时得到了人生第一张信用卡（办卡的免费礼物是个飞盘）。“在办理这种信用卡时，”卡尔回忆道，“我只需要出示大学学号就够了。”在弗吉尼亚理工学院读了四年书以后，毕业时卡尔拿到了商科本科文凭，此外还有 8 张信用卡。伴随着这几张信用卡的是各种各样的免费小礼物，其中包括电话卡、储蓄债券、车载保温咖啡杯，还有汉堡王与塔可钟的免费餐券。

“这就像是不劳而获。我只需要签个名就能拿到免费礼物以及一张信用卡。而一旦我拿到信用卡，就很难不去使用它。”

在大学期间，卡尔的信用卡刷卡消费主要集中在大四这一年。“我想既然自己明年就能工作赚钱了，那么像吃个比萨，买张 CD 或者是出去玩一夜之类的活动，就没必要加以控制了。”在卡尔参加工作的第一年，他仍然是这种态度。终于，现实给卡尔泼了一盆冷水，他欠下的信用卡债务，再加上未偿还的助学贷款，债务总额已经超过了他的年薪。正如卡尔所说，“这太容易了。就好像我花的不是真钱一样。我还记得有一次我正在前往克罗格超市的路上，我打算去买一盒通心粉和奶酪。走在半路，我想明年自己就能赚大钱了。于是，我转身朝着家的方向走回去了。到家以后，我叫了棒约翰的比萨外卖，因为它们允许客户用维萨卡或万事达卡付账。既然明年一工作就能赚到好多钱，现在为什么要辛苦自己呢？我绝对想不到要把所有的债务都还清竟然是这么困难。”

● 贷款机构总是劝说人们过多负债；事实上，借债一直是美国文化的一个组成部分。只要你在用信用卡付账，不管支付这笔款项会让你多么肉痛，你都是在被不断诱惑着突破自己的负债上限，将来会收到更多的信用卡办卡邀请。现在，卡尔终于清醒了，他开始努力工作还债，而且仍然每周都能收到各种各样的信用卡申请表。最年轻的这批消费者正处在最严重的危险之中。他们已经习惯了使用信用卡，很难控制住自己的刷卡冲动。事实上，根据近期一项调查的结果，在年龄不超过 30 岁的受访人当中，大约有 60%的受访人并没有每个月还清所有的信用卡欠款。而在年龄大于等于 60 岁的受访人当中，这一比例低于 15%。

● 近 40 年来，债务与年可支配收入之比几乎翻了一番。不幸的是，这么高的债务水平是普通人无力承受的。结果便是在 2016 年，800 000 多个美国人申请破产。

这些掠夺性贷款的诱惑利率比较低，看上去放贷的银行好像根本赚不到钱。然而事实并非如此。现在的流行做法是银行发放抵押贷款、信用卡贷款以及机动车贷款；然后将这些贷款打包，在其基础上创造担保债务凭证，出售给投资者。这意味着是投资者而非发放信用卡的银行是个人信用卡贷款的债权人。这种做法可以便于银行更方便地创造更多的信用卡贷款。即使持卡人还不起债务，这也不关银行的事，该担心的是从银行那里购买了信用卡贷款的投资者。结果便是：银行无休止地向客户提供信用卡贷款，根本不管借款人是否有偿还能力。

成功的债务管理

在听了这么多人过度负债酿成的悲剧故事以后，你应当记住一点，负债并不一定都是坏事。事实上，如果没有贷款，绝大多数人根本不可能拥有自己的住房。我们的结论是债务与贷款很复杂，因此你要好好了解一下成功的债务管理应当掌握哪些诀窍。

诀窍 1：最明显的常识——消费低于收入并做好预算

控制债务规模的第一个重要诀窍可以说是一目了然，非常简单：保证消费低于收入，如果自己负担不起，就不要消费。用一句话总结——以低于收入水平的标准来生活。当然，这也许意味着你的生活方式要做出一些调整，但是不管怎样修改个人理财计划，能否做到这一点都要取决于消费是否低于收入。

这还意味着你必须设计一个积极有效的预算计划，而且要严格遵守这一计划。当然，预算计划要具有一定的灵活度，但是这也意味着你不能通过借钱消费的方式把收入全部花掉。更重要的是，预算意味着控制。这句话的含义是不要让贷款机构来决定你应当在何时何地获得贷款。如果要依赖贷款去支付日常开支，那么这种预算根本没有任何意义。让我们面对现实，除了为退休生活以及孩子们的教育做好准备以外，人的一生当中总是会遇到这样或那样的紧急状况——可能是医疗需要、失业或离婚——这些意外事件会迫使你动用自己的积蓄。

诀窍 2：了解成本

也许遏制不必要借款的最好办法就是清楚地知道贷款的成本。你应当知道自己使用的信用卡的利率水平、账单到期日以及信用额度。你还应当知道如果自己没有全额偿还信用卡欠款的话，那就要支付利息。

经济学家们把举债形容为“用现在的消费代替未来的消费机会”。这句话的意思是说举债就是把自己还没赚到的钱提前花掉，然后再用未来的收入偿还债务。事实上，俗话说得好：“把还没赚到的钱花掉就像是提前透支生命。”当然，这意味着未来的消费能力将会下降。很多人都知道这一点，但是他们不知道当他们用信用卡购买比萨时，这种行为放弃了多少未来的消费。如果你用信用卡购买比萨，信用卡的利率水平为 18%，而你又没有全额偿还每个月的信用卡债务，那么这块比萨的成本可谓是非常高。而且，正如表 6－5 所示，如果你按照最低还款额来还款，那么这就相当于你要为这块比萨支付 32 个月的利息！正如我们之前在第 7 章讲到的那样，发薪日贷款的情况就更糟糕了！年利率甚至可以达到 400%。在了解了借款的成本以后，很多人都能控制住自己的消费欲望。

如果你确实有必要借款，那么一定要选择一家品质卓越的贷款机构。一览表 17－2 列出了一些值得关注的提示贷款机构有问题的早期预警信号。

一览表 17－2　贷款机构：早期预警信号

规避有下列行为的贷款机构：

- 唆使你在填写贷款申请表的相关信息时造假。例如，贷款机构让你把贷款的用途说成主要为商业用途，但实际上并非如此。
- 强迫你申请贷款或者诱导你超出需求范围申请金额更高的贷款。
- 没有提供必要的贷款文件或者是哄骗你不去好好阅读这些文件。
- 故意歪曲贷款的类型。例如故意将一次性贷款说成是信用额度。
- 在借款人申请时允诺了一系列贷款条件，然而在实际签约时擅自更改了贷款条款，而且对于这种变更没有提供合理的解释。
- 让借款人在空白表格上签字——贷款机构说他们会在你签字后填好表格。
- 告诉借款人不能向其提供借款人签过字的文件复印件。

资料来源：“Putting your home on he line is a risky business”, Federal Deposit Insurance Corporation. http://www.fdic.gov/consumers/assistance/protection/mortgages/predatory/index.html.

诀窍 3：了解好债务与坏债务之间的差别

负债并不一定都是坏事。在什么情况下借债确实有必要呢？它必须有助于实现你的某个理财目标，用于投资项目所产生的投资收益必须高于借贷成本。例如，为支付受教育的费用而申请贷款就是有意义的，因为在你还清了助学贷款以后，教育背景还将会在很长一段时间内为个人的事业发展提供助力。从就业机会的角度来看，教育带来的好处应当高于其成本。房屋抵押贷款也是如此。在还清了所有房屋抵押贷款以后，相信你的房子肯定还没有倒掉。此外，你不再需要支付租金，而且住房的市场价值还有可能升值。机动车贷款也属于好贷款的一种，因为还清机动车贷款以后，你的车应该还在道路上飞奔。

不过，机动车贷款并不总是好贷款。为了让其成为好贷款，你必须支付一大笔首付款，然后确保这笔首付款足以帮助你还清全部汽车贷款，而不是把这辆车未还清的贷款累积到下一辆车。对于目前贷款机构提供的 6 年期机动车贷款，其实这就相当于你在“租用”自己的车，因为等到贷款还清时，汽车差不多也要报废了。如果遇到这样的情况，你可以考虑一下价格更低的新车或者二手车市场。

大屏幕电视机和家庭影院系统呢？还清贷款以后，电视机肯定还能继续使用很长一段时间。拥有一台大屏幕电视机和家庭影院系统也许是你的目标之一，但是它带来的收益低于其成本。一旦电视机和家庭影院系统进了家门，它的市场价值立即就会变成原始出售价格的一个零头。多多攒钱来为此类消费买单，不要让商品的卖家决定你应当选择什么样的贷款来购买商品。日常的生活开支——食品、租金以及服装——有多高？借钱购买这样的商品可能会让你将来陷入财务困境，而这种困境只有彩票中奖才能解决。

不幸的是，有时候人们不得不去借债，比方说发生紧急事件的时候。如果确实因为紧急事件而不得不去贷款，那么你得知道自己必须要调整生活方式，以便能尽快度过这一段财务紧张时期。

诀窍 4：确保自己有偿债能力——确定自己的标准

只是因为有人愿意把钱借给你，这并不是接受贷款的理由。例如，正如本章以及下一章谈到的那样，绝大多数抵押贷款机构会根据借款人抵押贷款的每月还款额（包括税费、保险费以及其他债务的还款额）与每月总收入之间的比率来确定贷款的最高限额，一般这一比率不会超过 36%。如果你发现一家抵押贷款机构许诺你的贷款额甚至可以使得个人的抵押贷款每月还款额（包括税费、保险费以及其他债务的还款额）与每月总收入之间的比率达到 40%，那该怎么办？你是否应该接受这笔贷款，用它买下一幢面积更大的房屋？答案是你要判断一下自己的偿债能力，并坚持按照偿债能力申请贷款。抵押贷款经纪人更热衷的是尽快劝说客户接受抵押贷款，然后他就可以拿到佣金了，他们并不关心你是否具有偿还能力。如果无力偿还，那么痛苦倒霉的只是你一人而已。我们要面对现实，一不小心，你可能就上当了。

避免出现这种情况的办法之一是自行按照银行的标准计算贷款额。不要让其他人告诉你应当借多少钱。记住，你才是那个负责偿还贷款的人。如果你认为每月的贷款还款额占月收入的比例过大，那就降低贷款额。很多人遇到的问题是一旦获得了房屋抵押贷款，接下来他们不得不去申请更多的贷款——为了把家装满，他们要购买家具、家电以及各种电子设备；为了不让车库闲置，他们还要买车。不管怎么样，你必须时时关注自己的负债限制比率以及我们在第 7 章提到的债务解决策略。

总之，不管你打算做什么，都要管理好自己的债务。你要学会控制自己，因为随着当前贷款行业的竞争日益激烈，你很有可能会被诱使申请了超出个人偿还能力的贷款。

诀窍 5：保持良好的个人信用记录——这有利于降低贷款成本，紧急时刻能帮你借到钱

糟糕的个人信用评分可能会妨碍你获得机动车贷款、买公寓甚至找工作。因此，你必须注意保持良好的个人信用记录。不过，很多人没有意识到的一点是个人的信用评分会直接影响到个人贷款的利率水平。现实情况往往是那些急需获得低利率贷款的借款人，实际支付的利率水平却是最高的，不管是信用卡贷款还是房屋抵押贷款，均是如此。个人信用评分导致的利差高吗？你猜猜看。就房屋抵押贷款而言，信用评分较低的个人其贷款利率要比信用评分高的个人多出 6 个百分点。也就是说，前者差不多相当于后者的两倍。

你还可以把自己的借款能力看作是应急资金的来源之一。一旦发生紧急事件，未被动用过的借款能力可以让你在自己最需要的时候借到钱。总是按照最高上限借钱的习惯只会给你的未来制造麻烦。而且，它还会迫使你持有数额更高的应急资金，而原本并不需要准备这么多应急资金。因为流动性较差的投资工具的收益率通常会高于流动性较好的投资工具——应急资金的流动性显然很好——所以你要想办法提高投资收益率。

思考：

当紧急事件发生时，你拥有的最好资产就是良好的个人信用。

为了避免出现这样的问题，你要记住不要按照个人的最高偿债能力来申请贷款，按时还款，同时确保自己的个人信用报告不存在任何错误。每年都要检查一遍自己的个人信用报告——记住，你可以免费获得一份个人信用报告。查看一下表 6－3，你可以找到几家主要信用管理局的详细地址。如果你发现有错误，一定要确认这些错误已被纠正。

诀窍 6：不要依赖坏贷款（或成本高昂的贷款）生活

2016 年 3 月，至少拥有一张信用卡的普通家庭，平均每户的信用卡债务额为 16 048 美元。除非能每月还清信用卡的全部欠款，否则其中大多数欠款都是我们所谓的“坏贷款”。这些负债经常是消费者没有做好计划冲动消费所造成的后果。鉴于 2017 年信用卡贷款的平均利率水平约为 15.1％，我们必须得承认，这种贷款的使用成本真的很高。

很多信用卡使用者惯用的伎俩是直接跳到适用诱惑利率的贷款期。一般来说，诱惑利率比较低，持续的时间长度多为 6 个月。在 6 个月诱惑期结束后，信用卡贷款的利率水平会按照之前的约定被调高，一般会被调至 15％～18％。此时，一些持卡人的做法是“再跳回来”。不过，信用卡公司已经制定了专门对付这种伎俩的策略。某些信用卡规定，一整年的未偿还贷款余额不得被转移到其他信用卡，或者是利率水平较低的新信用卡只能用于新的购买行为。还有一种做法是双方通过协商调低持卡人目前使用的信用卡的利率水平。显然，最佳的解决方法是彻底摆脱掉这些坏贷款。

如果你想摆脱坏贷款的纠缠，必须要做的第一件事是彻底改掉导致这些坏贷款产生的生活方式。你要做到量入为出。一旦你对自己的生活方式进行了必要的调整，接下来就要用坚强的决心来解决债务问题。首先，你的还款额要远远高出最低还款额。表 6－5 能告诉你还清所有债务需要多长时间。这个过程很不轻松，但是不这样做，人生就毫无希望。

如果债务的利率水平高达 15％，而且看上去不知道什么时候才能还清，那么你可以考虑将一部分收益率低于 15％的投资产品赎回套现。例如，如果你在收益率为 1％的储蓄账户里存了一些钱，那么就应该用这笔存款去还清所有债务，这才是明智的选择。事实上，这样做节省的成本甚至大于两者的 14％利差（不用再为债务支付 15％的利息，但是失去了储蓄账户 1％的收益），因为储蓄账户 1％的收益是要纳税的。

如果你手上没有什么投资产品可以被赎回套现，那就考虑一下能够按照更低一些的利率水平获得新贷款，然后用这笔新贷款偿还利率为 15％的旧贷款。例如，你可以考虑申请一笔房屋净值贷款。这种贷款的优势之一体现在借款人支付的利息费用可以用于税收抵扣。如果你购买的人寿保险是现金价值型寿险产品，那么可以凭借保单申请贷款，或者是从朋友家人那里借钱。当然，上面提到的这几种方法都是陷入绝境时最后的退路，只能使用一次。如果你要采用上述方法，那就意味着你要彻底改变自己的生活方式。这也充分说明了破坏力强大的坏贷款会对你的财务未来造成多么严重的影响。

行为视角 >>>

原理 9：心理游戏、理财个性与金钱

有一个长期存在的行为偏差需要克服：白马王子偏差。这是我们讨论的最后一个行为偏差，它会对最缺乏经济能力的人带来影响。当然，这个名字来自灰姑娘童话里的白马王子，他的父亲举办了一场皇家舞会，邀请全国所有少女参加，希望儿子能借此机会遇到真爱。我们都知道故事的结局——王子和辛德瑞拉共舞，两人共浴爱河；辛德瑞拉慌里慌张地逃走，王子正是靠她落下的一只水晶鞋找到了她，把她从繁重的家务劳动、奴役般的生活里解救出来，脱离了恶毒继母的控制。这种行为偏差以这样的想法为基础——不管有多么不可能，总是相信好事即将降临，从而帮助你搞定一切“钱的麻烦”，让你过上富足的生活。这种行为偏差会让你忽视事情发生的概率，因为你相信总有什么契机能让你“成为有钱人”的梦想变成现实。

好，我们先来说一说彩票，因为这是白马王子偏差发挥作用的完美案例。最近一期超级百万大乐透已经售出了总额高达 15 亿美元的彩票。你要知道，这相当于美国境内每个男人、女人和小孩都算在内，平均每人支付了 4.5 美元来买彩票。这些钱大部分来源于穷人，54%的彩票玩家年收入小于 40 000 美元。研究显示，受教育程度与玩彩票的行为之间存在负相关关系。正好选中超级百万大乐透中奖号码——五个小球加上一个超级球——的概率有多高？258 890 850 分之一。这概率并不高——事实上，你被电视机压死的概率都要比彩票中奖的概率高出 9 倍。即使你中奖了，你身在何处？43%的彩票中奖者在五年内宣告破产。所以，你要理性思考如何投资，不要乱花钱。

改变习惯

现在你已经初步了解了行为金融学及其对个人的消费、储蓄会造成哪些影响，那么为了实现自己的理财目标，是时候做出改变了。习惯就是无须思考的下意识行为——相当于自动驾驶状态。如你所想，改变理财习惯并不简单，但是是可行的。如果你上网搜索，会发现很多文章都在谈论 21 这个有魔力的数字——只要 21 天就能改掉旧习惯。不过，和网上的很多东西一样，这种说法不过是“都市传奇”罢了。改变习惯要比这难得多，需要多少天也不一定，伦敦大学的研究者估计平均需要 66 天。这说明人们需要花费更多的时间才能改变习惯，不过好消息是最终你可以改掉旧习惯——只不过不那么容易。

那么我们从哪里开始呢？你想想看，我们大多数的“理财坏习惯”都与花钱有关，我们希望改掉坏习惯，形成“良好的理财习惯”来帮助我们攒钱。研究证明，为了改掉坏习惯，你必须首先明确哪个习惯是坏习惯以及促使这个坏习惯形成的原因。如果你在工作时（或在家里）感到紧张有压力，觉得有必要拖一拖再做事（转移注意力），那么此时你是否会选择去网上购物（以排遣压力）？好了，你知道触发因素是压力，那就有意识地选择另一种不花钱的方式来缓解压力——给朋友打电话，聊聊天——然后你会发现，自己有意识地朝着现实目标——你的理财目标——迈进了一小步。继续这样做，最终你会形成新的行为方式或面对压力的应激反应模式，你会养成新的“良好的理财习惯。”

既然很多人身上都有需要改变的理财习惯，因此市面上总是能看到各种各样的自助类书籍，这并不令人吃惊，例如英国心理学家杰里米·迪安（Jeremy Dean）的大作《形成习惯、打破习惯：为什么我们会做某些事，为什么我们不会做某些事，如何做出改变》（*Making Habits，Breaking Habits：Why We Do Things，Why We Don't，and How to Make Any Change Stick*）。他的建议是把环境与对应的行为形成关联关系——使用“如果……那么”模式——以此作为起点来改变个人的习惯。比方说，如果你累积拖欠的信用卡债务额已经很高了，那么接下来就要“如果我再购买价格低于 50 美元的商品，那么就付现金（不刷卡）”。

迪安还倡导采用“心理对照”手段，即认真设想一下你想实现的转变具有哪些积极作用，然后再想想在实现该目标的过程中会遇到哪些阻碍。这就类似于分析某件事的正反两方面。不过研究证明，这能促使人们产生改变现状的动机和动力。然后就是不断地坚持下去——坚持 66 天左右，直到形成新习惯。

我们的结论是外面到处都有关于如何改变习惯的好建议。你要去找出适合自己的方式。本书已经向大家介绍了若干个理财行为偏差，各位要把它们牢记在心。如果你承认存在这些偏差，那么规避它们就会变得容易得多，最终你的行为模式会发生改变，而这有助于你变得更加富有。

行动计划 >>>

原理 10：开始行动吧！

现在到了把所有的事情一起考虑，开始建立一个完整财务计划的时候了。我们要让前面章节中提到的一些概念投入到现实中。如果所有这些给了你一些前进的路标，那部分就是鼓励你按照正确的方向继续前进。

我们简单总结一下：如果你对行动还有一些其他的想法，那就看看本章“诀窍 2：不要拖延”那部分内容。今天就开始按照你的计划行动是你所做的所有财务决策中最重要的决定。

现在开始做预算和计划。图 1-1 告诉我们这个过程的概要。找到你现在所处的位置，确定你的目标，制定计划，根据生活的变化随时调整计划。这意味着你需要把资产负债表、收入表、比例分析、记录跟踪系统以及预算全部整合在一起。你可以根据第 2 章的知识来做这一切。

你同样需要花时间认真管理你的现金业务，包括管理银行手续费和自动提款机取现费用。同时你还要确保你建立了应急基金。第 5 章会为你具体的操作提供帮助。

如果你手上有“不好”的债务，那么赶快还清它。如果没有，那以后要做到避开它。你需要再回顾一下本章“拼图：债务与现实世界”这部分内容，同时还可以参考第 6 章和第 7 章的相关内容。如果你和许多人一样身上还背负着助学贷款，那就应当好好看一看第 7 章——但凡你能做些什么让债务尽可能少一点，未来都将给你带来巨大的回报。

你的安全网——人寿保险、健康保险、伤残保险、财产保险以及责任保险——要一一到位。第 9 章和第 10 章能帮助你完成该任务。

同样现在也是开始投资的时刻。试着买入一些股票和共同基金。你会发现成功会为投资（和储蓄）带来激情，这不是简单地可以在本书说清楚的事情。你还需要持续关注税收的变化——充分利用诸如个人退休账户和 401（k）之类的税收优惠。你还需要为退休做好打算并制定计划——如果你想舒舒服服地退休，那就越早动手越好。本书第 3 章、第 4 章、第 15 章、第 16 章和第 17 章都能为退休规划提供帮助。并不是要对投资世界的方方面面都所知甚详才能开始投资。事实上，如果你很早前就在课堂上学习了有关投资的知识，你与很多人相比，在他们开始投资时，你已经远远地走在他们前面。

当然，如果你仍然喜欢拖延，那这本书就对你没有什么帮助和价值了。因此，让我们记住原理 10：开始行动吧！——就从这里开始：

● 当你开始动手去做时，首先要做到量入为出。用常识判断一下自己的消费行为——这意味着“要弄明白没有买某样东西也能照样生活”——只有这样，你才能开始储蓄。关键在于要分清楚什么是需求，什么是欲望，按照优先度排排序，然后量入为出。

● 别人有的，你不一定需要。“别人有，我也要有”的心态会让你债台高筑、自我贬低，而且通常会让你的财务状况一塌糊涂。你应做出明智的选择，关注个人目标，而不应该用钱来购买身份地位和幸福感受，或是非要成为世人的“典范”，这些都是完善的个人理财的关键要素。

● 养成习惯。成功理财的唯一路径是养成良好的财务管理习惯。正如前面我们在行为金融那一小节里所讲的那样，改变行为和习惯虽然有些难，但会给你的人生带来巨大回报——糟糕的理财习惯只会带你走向你并不想要的未来。如果你形成了使用信用卡作为过度消费的安全网的习惯，那么想要解决这个问题便不是一朝一夕的事。大声说出你的目标并不会让目标自动实现。采用已被事实证明行之有效的方式，持续不断的坚持努力，才能最终实现这些理财目标。

● 记住原理 1：知识是最好的保障——所以自己动手吧。尤其是对女性而言，经济独立非常重要。如果你是已婚人士，那么夫妻双方均了解理财计划与目标并愿意为此付出，是成功理财必不可少的基础。如果你是单身人士，那么不要再依赖其他人，学会如何自己做决定。依靠父母或配偶帮你处理财务会让你面临这样的局面——当父母去世或配偶离你而去时，这是你最需要帮助的时刻，然而你最依赖的那个人却无法向你提供帮助。

现在你已了解得足够多了，可以开始执行理财计划了，把更多的资源积攒下来，朝着“把钱变成财富”这一目标真正开启自己的成功之旅。

本章小结

➡ 学习目标 1：了解早一些开始个人理财规划的重要性。

总结：说到理财规划和储蓄，早点动手这条原则是无可替代的。

➡ 学习目标 2：识别人生 10 件理财大事件以及相应的应对策略。

总结：婚姻和孩子可能会给你的财务安排带来一些复杂的问题。当你结婚后，解决这些复杂问题的关键是需要与你的另一半开诚布公地讨论财务问题。目的是弄清楚你配偶的财务历史状况、习惯和目标。你也可以提前为生小孩做好财务安排。

➡ 学习目标 3：了解并掌握成功理财的关键诀窍。

总结：至于如何变得富有，最基本的方法就是要节俭。生命中几个最关键的决策将会决定你未来的财务状况会是什么样。你需要完全了解个人理财，避免拖延，支出不要超过收入，购买足额的人寿、健康、财产和伤残保险，积极安排预算，不断提高自己的工作技能，避免信用卡负债，对长期投资采取谨慎的态度，最大化地利用具有税收优势的退休计划，明白养育孩子的成本很高昂，并事先做好安排；维持婚姻关系。

➡ 学习目标 4：应对现实世界里各种类型的债务。

总结：控制负债是另外一个需要面对的财务挑战。做好这项工作的一个关键就是要支出小于收入并做好预算。你应该了解过多举债会有什么代价。事实上，这是避免不必要负债的最好办法。你还应当明白好债务和坏债务之间的差别。通过贷款购买的商品应该让你感觉到它可以帮助你实现你的财务目标，商品的寿命要长于贷款的期限，同时带来的回报要高于成本。同时，别人贷款给你不是没有理由的，你不要无条件地接受这些贷款。此外，你还应该保持良好的信用记录。如果你有任何坏（且借贷成本高昂的）债务，那就尽快处理掉。如果你希望自己彻底摆脱坏债务，第一件必须做的事情就是改变可能会导致你陷入负债的生活方式——不要让支出超过你的收入。

思考题

1. 如果你连续 40 年坚持每年年末投入 1 000 美元，且从未间断或者撤资，按年复利 9% 计算，你账户的价值将达到多少？同样计算一下，如果你只坚持了 30 年，账户价值会是多少？这么做是为了说明在积累财富的过程中，意识到货币的时间价值有多重要？

2. 为什么女性相对于男性而言，理财规划显得更重要？

3. 回顾 10 个理财大事件并确定每个事件都提到了应急基金。为什么 3～6 个月的消费应急资金准备对每个人都是需要考虑的？为什么对某项财务活动事件的计划安排应急资金显得尤为重要？

4. 为什么保险在财务计划安排中起着如此重要的作用？有没有哪个事件让你增强了对保险的认识？当你毕业后，开始工作了，什么保险产品对你来讲是最重要的？你的雇主为你提供了什么范围的保障？什么保险产品你最需要购买？

5. 为了开始一段认真的关系，双方应当先讨论哪些关键性的理财话题？

6. 为什么你毕业后仍需要不断提高你的技能？列举一些在你职业领域内可以帮助你提高技能的方法。估算这些战略的大致成本。你或者你的雇主是否愿意为这些投资承担成本？这些问题在你面试的过程中有没有提到过？

7. 回顾一下经常提到的实现财务目标的 12 个关键诀窍。如何理解节俭和财务计划能够为你的财务控制带来自由？

8. 解释一下下列消费商品可被归类为好债务还是坏债务。说出你的理由。

a. 抵押贷款。

b. 为了建一个新露台而申请房屋净值贷款。

c. 助学贷款。

d. 刷信用卡购买新行头。

e. 为了购买 2018 版的道奇挑战者而申请零首付的汽车贷款。

f. 为了购买 2018 版的福特福克斯轿车而申请汽车贷款，首付为 5 000 美元。

讨论案例 1

你妹妹明迪和她男朋友道格准备在 5 月份毕业后就结婚。尽管你非常喜欢他们俩，也希望他们能够喜结连理，但是你还是对他们的财务状况非常担心。明迪和道格在大学的时候都没有学过个人理财这门课。明迪从少年时起就是一个很少控制自己花钱欲望的消费者。相反，道格从少年时就开始工作、储蓄并投资，为今后的大学生活攒学费。他用了 12 600 美元的助学贷款才完成学业。但是他们毕业后第一年工资总收入达到了 9 万美元，这么高的主要原因是道格的职业选择和大学时候的从业经验。明迪更愿意让道格来处理家庭财务事情，因为她既没有这方面的技能也不感兴趣，而道格在这方面的表现要比她出色，并且道格一直都比明迪挣得要多。

问题：

1. 对金钱问题进行讨论是夫妻成功管理他们财务四个重要步骤中的第一步。这个过程可以概括为：(a) 交谈，(b) 追踪，(c) 计划和行动，(d) 回顾和修正。描述这四个步骤及具体目标。

2. 像很多年轻夫妇一样，道格和明迪把两个重要的活动事件合二为一：开启职业生涯和结婚。整合新的计划方案和步骤，列出一个新的清单确保他们俩没有漏掉什么。

3. 告诉明迪即使道格成功地履行了丈夫的职责，是家庭收入的支柱，她也需要了解并制定自己的财务计划。她应该避免什么样的危险神话故事？

4. 理想状态是明迪在工作几年后就准备成为“专职主妇”。如果明迪连续 8 年坚持每年在年复利为 9%的罗斯个人退休计划上投资 4 000 美元，35 年以后，她将会有多少收入？（注意：前 8 年以年金的方式投资，此后 27 年不追求存款，以原有的本利和投资。）

5. 确定为实现财务计划，明迪需要执行的三个关键的行为。

6. 帮助明迪和道格考虑一下，支票账户和信用卡账户是分开好还是合在一起好？为什么这些问题需要在结婚前解决？

7. 明迪和道格需要在孩子出生前认真考虑哪些财务事项，并在必要时采取行动？

8. 除去明显的伤痛和情感变故，对明迪、道格以及他们组建的新家庭来说，为什么财务上的合理建议能够让他们维持婚姻？

9. 道格非常想快速还清他的助学贷款，但他同时又想充分利用雇主提供的退休账户的配比缴款政策。假设他的助学贷款利率水平为 8.25%，使用你在第 3 章学会的货币时间价值的计算方法，算一下若五年分期偿还这笔贷款（还款 60 个月），那么每个月要还多少钱。

10. 假设纳税和向退休账户缴款占用了明迪和道格总收入的 30%，那么根据助学贷款的还款情况计算一下他们的债务限制比率（参考第 7 章）。他们还可以额外负担多少还款额，同时又不会超过 15%的安全边界？

11. 给道格提供一些建议，在制定预算计划时偿还助学贷款或其他债务以及退休储蓄的优先顺序应该如何安排。假设道格正在挑选权益与固定收益投资工具，用于退休储蓄的投资，你会向他建议选择哪一种投资工具？说出你的理由。

12. 为什么保险是明迪和道格共同做出的财务计划中非常重要的组成部分？有什么策略可以帮助他们降低保险成本？

讨论案例 2

吉娜非常兴奋地告诉每个人她从个人理财课程中学到的知识都有什么，她向朋友们说道："你也应该参加这个课程。"现在她的室友要她准备一个关于"信用与年轻的自由职业者"的座谈。她准备采用问与答的方式进行，共同帮助她回答下面的问题吧。

问题：

1. 为什么大学获得和使用信用卡非常容易？不考虑提前消费的影响对偿还债务的影响，学生的信用实践是如何影响你的财务远景的？

2. 列举出能够说明当前很少有人坚持节俭作风的债务与贷款的三大发展趋势。

3. 判断自己的借款能力并据此来承担债务，这意味着什么？为什么在"选择财富"时，这一策略很有必要？

4. 借款能力和应急资金之间有什么关系？使用缺乏流动性的资产作为应急储备，一旦遇到紧急情况，立即申请贷款的做法具有哪些优势与劣势？

5. 哪些财务比率指标有助于监控自己的借贷能力？这些指标如何计算，如何解读？

6. 回顾一下成功理财的 12 个关键诀窍。你会用哪些策略来规避不好的债务？

7. 吉娜决定使用第 3 章讲述的货币时间价值工具去计算大学在校生要在一年内（还款 12 个月）还清平均 1 000 美元的信用卡债务，每月需要还款多少美元，假设年利率为 17.5%。如果一位刚刚毕业的大学生没有用这笔钱去偿还信用卡欠款，而是用来投资于平均收益率为 8% 的共同基金，那么 45 年后等到他或她退休时，这笔投资的价值将会变成多少？

附录 A　1 美元的复利值（终值）

n	1%	2%	3%	4%	5%	6%	7%	8%	9%	10%
1	1.010	1.020	1.030	1.040	1.050	1.060	1.070	1.080	1.090	1.100
2	1.020	1.040	1.061	1.082	1.102	1.124	1.145	1.166	1.188	1.210
3	1.030	1.061	1.093	1.125	1.158	1.191	1.225	1.260	1.295	1.331
4	1.041	1.082	1.126	1.170	1.216	1.262	1.311	1.360	1.412	1.464
5	1.051	1.104	1.159	1.217	1.276	1.338	1.403	1.469	1.539	1.611
6	1.062	1.126	1.194	1.265	1.340	1.419	1.501	1.587	1.677	1.772
7	1.072	1.149	1.230	1.316	1.407	1.504	1.606	1.714	1.828	1.949
8	1.083	1.172	1.267	1.369	1.477	1.594	1.718	1.851	1.993	2.144
9	1.094	1.195	1.305	1.423	1.551	1.689	1.838	1.999	2.172	2.358
10	1.105	1.219	1.344	1.480	1.629	1.791	1.967	2.159	2.367	2.594
11	1.116	1.243	1.384	1.539	1.710	1.898	2.105	2.332	2.580	2.853
12	1.127	1.268	1.426	1.601	1.796	2.012	2.252	2.518	2.813	3.138
13	1.138	1.294	1.469	1.665	1.886	2.133	2.410	2.720	3.066	3.452
14	1.149	1.319	1.513	1.732	1.980	2.261	2.579	2.937	3.342	3.797
15	1.161	1.346	1.558	1.801	2.079	2.397	2.759	3.172	3.642	4.177
16	1.173	1.373	1.605	1.873	2.183	2.540	2.952	3.426	3.970	4.595
17	1.184	1.400	1.653	1.948	2.292	2.693	3.159	3.700	4.328	5.054
18	1.196	1.428	1.702	2.026	2.407	2.854	3.380	3.996	4.717	5.560
19	1.208	1.457	1.753	2.107	2.527	3.026	3.616	4.316	5.142	6.116
20	1.220	1.486	1.806	2.191	2.653	3.207	3.870	4.661	5.604	6.727
21	1.232	1.516	1.860	2.279	2.786	3.399	4.140	5.034	6.109	7.400
22	1.245	1.546	1.916	2.370	2.925	3.603	4.430	5.436	6.658	8.140
23	1.257	1.577	1.974	2.465	3.071	3.820	4.740	5.871	7.258	8.954
24	1.270	1.608	2.033	2.563	3.225	4.049	5.072	6.341	7.911	9.850
25	1.282	1.641	2.094	2.666	3.386	4.292	5.427	6.848	8.623	10.834
30	1.348	1.811	2.427	3.243	4.322	5.743	7.612	10.062	13.267	17.449
40	1.489	2.208	3.262	4.801	7.040	10.285	14.974	21.724	31.408	45.258
50	1.645	2.691	4.384	7.106	11.467	18.419	29.456	46.900	74.354	117.386

n	11%	12%	13%	14%	15%	16%	17%	18%	19%	20%
1	1.110	1.120	1.130	1.140	1.150	1.160	1.170	1.180	1.190	1.200
2	1.232	1.254	1.277	1.300	1.322	1.346	1.369	1.392	1.416	1.440
3	1.368	1.405	1.443	1.482	1.521	1.561	1.602	1.643	1.685	1.728
4	1.518	1.574	1.630	1.689	1.749	1.811	1.874	1.939	2.005	2.074
5	1.685	1.762	1.842	1.925	2.011	2.100	2.192	2.288	2.386	2.488
6	1.870	1.974	2.082	2.195	2.313	2.436	2.565	2.700	2.840	2.986
7	2.076	2.211	2.353	2.502	2.660	2.826	3.001	3.185	3.379	3.583
8	2.305	2.476	2.658	2.853	3.059	3.278	3.511	3.759	4.021	4.300
9	2.558	2.773	3.004	3.252	3.518	3.803	4.108	4.435	4.785	5.160
10	2.839	3.106	3.395	3.707	4.046	4.411	4.807	5.234	5.695	6.192
11	3.152	3.479	3.836	4.226	4.652	5.117	5.624	6.176	6.777	7.430
12	3.498	3.896	4.334	4.818	5.350	5.936	6.580	7.288	8.064	8.916
13	3.883	4.363	4.898	5.492	6.153	6.886	7.699	8.599	9.596	10.699
14	4.310	4.887	5.535	6.261	7.076	7.987	9.007	10.147	11.420	12.839
15	4.785	5.474	6.254	7.138	8.137	9.265	10.539	11.974	13.589	15.407
16	5.311	6.130	7.067	8.137	9.358	10.748	12.330	14.129	16.171	18.488
17	5.895	6.866	7.986	9.276	10.761	12.468	14.426	16.672	19.244	22.186
18	6.543	7.690	9.024	10.575	12.375	14.462	16.879	19.673	22.900	26.623
19	7.263	8.613	10.197	12.055	14.232	16.776	19.748	23.214	27.251	31.948
20	8.062	9.646	11.523	13.743	16.366	19.461	23.105	27.393	32.429	38.337
21	8.949	10.804	13.021	15.667	18.821	22.574	27.033	32.323	38.591	46.005
22	9.933	12.100	14.713	17.861	21.644	26.186	31.629	38.141	45.923	55.205
23	11.026	13.552	16.626	20.361	24.891	30.376	37.005	45.007	54.648	66.247
24	12.239	15.178	18.788	23.212	28.625	35.236	43.296	53.108	65.031	79.496
25	13.585	17.000	21.230	26.461	32.918	40.874	50.656	62.667	77.387	95.395
30	22.892	29.960	39.115	50.949	66.210	85.849	111.061	143.367	184.672	237.373
40	64.999	93.049	132.776	188.876	267.856	378.715	533.846	750.353	1051.642	1469.740
50	184.559	288.996	450.711	700.197	1083.619	1670.669	2566.080	3927.189	5988.730	9100.191

n	21%	22%	23%	24%	25%	26%	27%	28%	29%	30%
1	1.210	1.220	1.230	1.240	1.250	1.260	1.270	1.280	1.290	1.300
2	1.464	1.488	1.513	1.538	1.562	1.588	1.613	1.638	1.664	1.690
3	1.772	1.816	1.861	1.907	1.953	2.000	2.048	2.097	2.147	2.197
4	2.144	2.215	2.289	2.364	2.441	2.520	2.601	2.684	2.769	2.856
5	2.594	2.703	2.815	2.932	3.052	3.176	3.304	4.436	3.572	3.713
6	3.138	3.297	3.463	3.635	3.815	4.001	3.196	4.398	4.608	4.827
7	3.797	4.023	4.259	4.508	4.768	5.042	5.329	5.629	5.945	6.275
8	4.595	4.908	5.239	5.589	5.960	6.353	6.767	7.206	7.669	8.157
9	5.560	5.987	6.444	6.931	7.451	8.004	8.595	9.223	9.893	10.604
10	6.727	7.305	7.926	8.594	9.313	10.086	10.915	11.806	12.761	13.786
11	8.140	8.912	9.749	10.657	11.642	12.708	13.862	15.112	16.462	17.921
12	9.850	10.872	11.991	13.215	14.552	16.012	17.605	19.343	21.236	23.298
13	11.918	13.264	14.749	16.386	18.190	20.175	22.359	24.759	27.395	30.287
14	14.421	16.182	18.141	20.319	22.737	25.420	28.395	31.691	35.339	39.373
15	17.449	19.742	22.314	25.195	28.422	32.030	36.062	40.565	45.587	51.185
16	21.113	24.085	27.446	31.242	35.527	40.357	45.799	51.923	58.808	66.541
17	25.547	29.384	33.758	38.740	44.409	50.850	58.165	66.461	75.862	86.503
18	30.912	35.848	41.523	48.038	55.511	64.071	73.869	85.070	97.862	112.454
19	37.404	43.735	51.073	59.567	69.389	80.730	93.813	108.890	126.242	146.190
20	45.258	53.357	62.820	73.863	86.736	101.720	119.143	139.379	162.852	190.047
21	54.762	65.095	77.268	91.591	108.420	128.167	151.312	178.405	210.079	247.061
22	66.262	79.416	95.040	113.572	135.525	161.490	192.165	228.358	271.002	321.178
23	80.178	96.887	116.899	140.829	169.407	203.477	244.050	292.298	349.592	417.431
24	97.015	118.203	143.786	174.628	211.758	256.381	309.943	374.141	450.974	542.791
25	117.388	144.207	176.857	216.539	264.698	323.040	393.628	478.901	581.756	705.627
30	304.471	389.748	497.904	634.810	807.793	1025.904	1300.477	1645.488	2078.208	2619.936
40	2048.309	2846.941	3946.340	5455.797	7523.156	10346.879	14195.051	19426.418	26520.723	36117.754
50	13779.844	20795.680	31278.301	46889.207	70064.812	104354.562	154942.687	229345.875	338440.000	497910.125

n	31%	32%	33%	34%	35%	36%	37%	38%	39%	40%
1	1.310	1.320	1.330	1.340	1.350	1.360	1.370	1.380	1.390	1.400
2	1.716	1.742	1.769	1.796	1.822	1.850	1.877	1.904	1.932	1.960
3	2.248	2.300	2.353	2.406	2.460	2.515	2.571	2.628	2.686	2.744
4	2.945	3.036	3.129	3.224	3.321	3.421	3.523	3.627	3.733	3.842
5	3.858	4.007	4.162	4.320	4.484	4.653	4.826	5.005	5.189	5.378
6	5.054	5.290	5.535	5.789	6.053	6.328	6.612	6.907	7.213	7.530
7	6.621	6.983	7.361	7.758	8.172	8.605	9.058	9.531	10.025	10.541
8	8.673	9.217	9.791	10.395	11.032	11.703	12.410	13.153	13.935	14.758
9	11.362	12.166	13.022	13.930	14.894	15.917	17.001	18.151	19.370	20.661
10	14.884	16.060	17.319	18.666	20.106	21.646	23.292	25.049	26.924	28.925
11	19.498	21.199	23.034	25.012	27.144	29.439	31.910	34.567	37.425	40.495
12	25.542	27.982	30.635	33.516	36.644	40.037	43.716	47.703	52.020	56.694
13	33.460	36.937	40.745	44.912	49.469	54.451	59.892	65.830	72.308	79.371
14	43.832	49.756	54.190	60.181	66.784	74.053	82.051	90.845	100.509	111.120
15	57.420	64.358	72.073	80.643	90.158	100.712	112.410	125.366	139.707	155.567
16	75.220	84.953	95.857	108.061	121.713	136.968	154.002	173.005	194.192	217.793
17	98.539	112.138	127.490	144.802	164.312	186.277	210.983	238.747	269.927	304.911
18	129.086	148.022	169.561	194.035	221.822	253.337	289.046	329.471	375.198	426.875
19	169.102	195.389	225.517	260.006	299.459	344.537	395.993	454.669	521.525	597.625
20	221.523	257.913	299.937	348.408	404.270	468.571	542.511	627.443	724.919	836.674
21	290.196	340.446	398.916	466.867	545.764	637.256	743.240	865.871	1007.637	1171.343
22	380.156	449.388	530.558	625.601	736.781	865.668	1018.238	1194.900	1400.615	1639.878
23	498.004	593.192	705.642	838.305	994.653	1178.668	1394.986	1648.961	1946.854	2295.829
24	652.385	783.013	938.504	1123.328	1342.781	1602.988	1911.129	2275.564	2706.125	3214.158
25	854.623	1033.577	1248.210	1505.258	1812.754	2180.063	2618.245	3140.275	3761.511	4499.816
30	3297.081	4142.008	5194.516	6503.285	8128.426	10142.914	12636.086	15716.703	19517.969	24201.043
40	49072.621	66519.313	89962.188	121388.437	163433.875	219558.625	294317.937	393684.687	525508.312	700022.688

附录 B　1 美元的现值

n	1%	2%	3%	4%	5%	6%	7%	8%	9%	10%
1	0.990	0.980	0.971	0.962	0.952	0.943	0.935	0.926	0.917	0.909
2	0.980	0.961	0.943	0.925	0.907	0.890	0.873	0.857	0.842	0.826
3	0.971	0.942	0.915	0.889	0.864	0.840	0.816	0.794	0.772	0.751
4	0.961	0.924	0.888	0.855	0.823	0.792	0.763	0.735	0.708	0.683
5	0.951	0.906	0.863	0.822	0.784	0.747	0.713	0.681	0.650	0.621
6	0.942	0.888	0.837	0.790	0.746	0.705	0.666	0.630	0.596	0.564
7	0.933	0.871	0.813	0.760	0.711	0.665	0.623	0.583	0.547	0.513
8	0.923	0.853	0.789	0.731	0.677	0.627	0.582	0.540	0.502	0.467
9	0.914	0.837	0.766	0.703	0.645	0.592	0.544	0.500	0.460	0.424
10	0.905	0.820	0.744	0.676	0.614	0.558	0.508	0.463	0.422	0.386
11	0.896	0.804	0.722	0.650	0.585	0.527	0.475	0.429	0.388	0.350
12	0.887	0.789	0.701	0.625	0.557	0.497	0.444	0.397	0.356	0.319
13	0.879	0.773	0.681	0.601	0.530	0.469	0.415	0.368	0.326	0.290
14	0.870	0.758	0.661	0.577	0.505	0.442	0.388	0.340	0.299	0.263
15	0.861	0.743	0.642	0.555	0.481	0.417	0.362	0.315	0.275	0.239
16	0.853	0.728	0.623	0.534	0.458	0.394	0.339	0.292	0.252	0.218
17	0.844	0.714	0.605	0.513	0.436	0.371	0.317	0.270	0.231	0.198
18	0.836	0.700	0.587	0.494	0.416	0.350	0.296	0.250	0.212	0.180
19	0.828	0.686	0.570	0.475	0.396	0.331	0.277	0.232	0.194	0.164
20	0.820	0.673	0.554	0.456	0.377	0.312	0.258	0.215	0.178	0.149
21	0.811	0.660	0.538	0.439	0.359	0.294	0.242	0.199	0.164	0.135
22	0.803	0.647	0.522	0.422	0.342	0.278	0.226	0.184	0.150	0.123
23	0.795	0.634	0.507	0.406	0.326	0.262	0.211	0.170	0.138	0.112
24	0.788	0.622	0.492	0.390	0.310	0.247	0.197	0.158	0.126	0.102
25	0.780	0.610	0.478	0.375	0.295	0.233	0.184	0.146	0.116	0.092
30	0.742	0.552	0.412	0.308	0.231	0.174	0.131	0.099	0.075	0.057
40	0.672	0.453	0.307	0.208	0.142	0.097	0.067	0.046	0.032	0.022
50	0.608	0.372	0.228	0.141	0.087	0.054	0.034	0.021	0.013	0.009

n	11%	12%	13%	14%	15%	16%	17%	18%	19%	20%
1	0.901	0.893	0.885	0.877	0.870	0.862	0.855	0.847	0.840	0.833
2	0.812	0.797	0.783	0.769	0.756	0.743	0.731	0.718	0.706	0.694
3	0.731	0.712	0.693	0.675	0.658	0.641	0.624	0.609	0.593	0.579
4	0.659	0.636	0.613	0.592	0.572	0.552	0.534	0.516	0.499	0.482
5	0.593	0.567	0.543	0.519	0.497	0.476	0.456	0.437	0.419	0.402
6	0.535	0.507	0.480	0.456	0.432	0.410	0.390	0.370	0.352	0.335
7	0.482	0.452	0.425	0.400	0.376	0.354	0.333	0.314	0.296	0.279
8	0.434	0.404	0.376	0.351	0.327	0.305	0.285	0.266	0.249	0.233
9	0.391	0.361	0.333	0.308	0.284	0.263	0.243	0.225	0.209	0.194
10	0.352	0.322	0.295	0.270	0.247	0.227	0.208	0.191	0.176	0.162
11	0.317	0.287	0.261	0.237	0.215	0.195	0.178	0.162	0.148	0.135
12	0.286	0.257	0.231	0.208	0.187	0.168	0.152	0.137	0.124	0.112
13	0.258	0.229	0.204	0.182	0.163	0.145	0.130	0.116	0.104	0.093
14	0.232	0.205	0.181	0.160	0.141	0.125	0.111	0.099	0.088	0.078
15	0.209	0.183	0.160	0.140	0.123	0.108	0.095	0.084	0.074	0.065
16	0.188	0.163	0.141	0.123	0.107	0.093	0.081	0.071	0.062	0.054
17	0.170	0.146	0.125	0.108	0.093	0.080	0.069	0.060	0.052	0.045
18	0.153	0.130	0.111	0.095	0.081	0.069	0.059	0.051	0.044	0.038
19	0.138	0.116	0.098	0.083	0.070	0.060	0.051	0.043	0.037	0.031
20	0.124	0.104	0.087	0.073	0.061	0.051	0.043	0.037	0.031	0.026
21	0.112	0.093	0.077	0.064	0.053	0.044	0.037	0.031	0.026	0.022
22	0.101	0.083	0.068	0.056	0.046	0.038	0.032	0.026	0.022	0.018
23	0.091	0.074	0.060	0.049	0.040	0.033	0.027	0.022	0.018	0.015
24	0.082	0.066	0.053	0.043	0.035	0.028	0.023	0.019	0.015	0.013
25	0.074	0.059	0.047	0.038	0.030	0.024	0.020	0.016	0.013	0.010
30	0.044	0.033	0.026	0.020	0.015	0.012	0.009	0.007	0.005	0.004
40	0.015	0.011	0.008	0.005	0.004	0.003	0.002	0.001	0.001	0.001
50	0.005	0.003	0.002	0.001	0.001	0.001	0.000	0.000	0.000	0.000

n	**21%**	**22%**	**23%**	**24%**	**25%**	**26%**	**27%**	**28%**	**29%**	**30%**
1	0.826	0.820	0.813	0.806	0.800	0.794	0.787	0.781	0.775	0.769
2	0.683	0.672	0.661	0.650	0.640	0.630	0.620	0.610	0.601	0.592
3	0.564	0.551	0.537	0.524	0.512	0.500	0.488	0.477	0.466	0.455
4	0.467	0.451	0.437	0.423	0.410	0.397	0.384	0.373	0.361	0.350
5	0.386	0.370	0.355	0.341	0.328	0.315	0.303	0.291	0.280	0.269
6	0.319	0.303	0.289	0.275	0.262	0.250	0.238	0.227	0.217	0.207
7	0.263	0.249	0.235	0.222	0.210	0.198	0.188	0.178	0.168	0.159
8	0.218	0.204	0.191	0.179	0.168	0.157	0.148	0.139	0.130	0.123
9	0.180	0.167	0.155	0.144	0.134	0.125	0.116	0.108	0.101	0.094
10	0.149	0.137	0.126	0.116	0.107	0.099	0.092	0.085	0.078	0.073
11	0.123	0.112	0.103	0.094	0.086	0.079	0.072	0.066	0.061	0.056
12	0.102	0.092	0.083	0.076	0.069	0.062	0.057	0.052	0.047	0.043
13	0.084	0.075	0.068	0.061	0.055	0.050	0.045	0.040	0.037	0.033
14	0.069	0.062	0.055	0.049	0.044	0.039	0.035	0.032	0.028	0.025
15	0.057	0.051	0.045	0.040	0.035	0.031	0.028	0.025	0.022	0.020
16	0.047	0.042	0.036	0.032	0.028	0.025	0.022	0.019	0.017	0.015
17	0.039	0.034	0.030	0.026	0.023	0.020	0.017	0.015	0.013	0.012
18	0.032	0.028	0.024	0.021	0.018	0.016	0.014	0.012	0.010	0.009
19	0.027	0.023	0.020	0.017	0.014	0.012	0.011	0.009	0.008	0.007
20	0.022	0.019	0.016	0.014	0.012	0.010	0.008	0.007	0.006	0.005
21	0.018	0.015	0.013	0.011	0.009	0.008	0.007	0.006	0.005	0.004
22	0.015	0.013	0.011	0.009	0.007	0.006	0.005	0.004	0.004	0.003
23	0.012	0.010	0.009	0.007	0.006	0.005	0.004	0.003	0.003	0.002
24	0.010	0.008	0.007	0.006	0.005	0.004	0.003	0.003	0.002	0.002
25	0.009	0.007	0.006	0.005	0.004	0.003	0.003	0.002	0.002	0.001
30	0.003	0.003	0.002	0.002	0.001	0.001	0.001	0.001	0.000	0.000
40	0.000	0.000	0.000	0.000	0.000	0.000	0.000	0.000	0.000	0.000
50	0.000	0.000	0.000	0.000	0.000	0.000	0.000	0.000	0.000	0.000

n	**31%**	**32%**	**33%**	**34%**	**35%**	**36%**	**37%**	**38%**	**39%**	**40%**
1	0.763	0.758	0.752	0.746	0.741	0.735	0.730	0.725	0.719	0.714
2	0.583	0.574	0.565	0.557	0.549	0.541	0.533	0.525	0.518	0.510
3	0.445	0.435	0.425	0.416	0.406	0.398	0.389	0.381	0.372	0.364
4	0.340	0.329	0.320	0.310	0.301	0.292	0.284	0.276	0.268	0.260
5	0.259	0.250	0.240	0.231	0.223	0.215	0.207	0.200	0.193	0.186
6	0.198	0.189	0.181	0.173	0.165	0.158	0.151	0.145	0.139	0.133
7	0.151	0.143	0.136	0.129	0.122	0.116	0.110	0.105	0.100	0.095
8	0.115	0.108	0.102	0.096	0.091	0.085	0.081	0.076	0.072	0.068
9	0.088	0.082	0.077	0.072	0.067	0.063	0.059	0.055	0.052	0.048
10	0.067	0.062	0.058	0.054	0.050	0.046	0.043	0.040	0.037	0.035
11	0.051	0.047	0.043	0.040	0.037	0.034	0.031	0.029	0.027	0.025
12	0.039	0.036	0.033	0.030	0.027	0.025	0.023	0.021	0.019	0.018
13	0.030	0.027	0.025	0.022	0.020	0.018	0.017	0.015	0.014	0.013
14	0.023	0.021	0.018	0.017	0.015	0.014	0.012	0.011	0.010	0.009
15	0.017	0.016	0.014	0.012	0.011	0.010	0.009	0.008	0.007	0.006
16	0.013	0.012	0.010	0.009	0.008	0.007	0.006	0.006	0.005	0.005
17	0.010	0.009	0.008	0.007	0.006	0.005	0.005	0.004	0.004	0.003
18	0.008	0.007	0.006	0.005	0.005	0.004	0.003	0.003	0.003	0.002
19	0.006	0.005	0.004	0.004	0.003	0.003	0.003	0.002	0.002	0.002
20	0.005	0.004	0.003	0.003	0.002	0.002	0.002	0.002	0.001	0.001
21	0.003	0.003	0.003	0.002	0.002	0.002	0.001	0.001	0.001	0.001
22	0.003	0.002	0.002	0.002	0.001	0.001	0.001	0.001	0.001	0.001
23	0.002	0.002	0.001	0.001	0.001	0.001	0.001	0.001	0.001	0.000
24	0.002	0.001	0.001	0.001	0.001	0.001	0.001	0.000	0.000	0.000
25	0.001	0.001	0.001	0.001	0.001	0.000	0.000	0.000	0.000	0.000
30	0.000	0.000	0.000	0.000	0.000	0.000	0.000	0.000	0.000	0.000
40	0.000	0.000	0.000	0.000	0.000	0.000	0.000	0.000	0.000	0.000

附录C　1美元年金 *n* 期的终值

n	1%	2%	3%	4%	5%	6%	7%	8%	9%	10%
1	1.000	1.000	1.000	1.000	1.000	1.000	1.000	1.000	1.000	1.000
2	2.010	2.020	2.030	2.040	2.050	2.060	2.070	2.080	2.090	2.100
3	3.030	3.060	3.091	3.122	3.152	3.184	3.215	3.246	3.278	3.310
4	4.060	4.122	4.184	4.246	4.310	4.375	4.440	4.506	4.573	4.641
5	5.101	5.204	5.309	5.416	5.526	5.637	5.751	5.867	5.985	6.105
6	6.152	6.308	6.468	6.633	6.802	6.975	7.153	7.336	7.523	7.716
7	7.214	7.434	7.662	7.898	8.142	8.394	8.654	8.923	9.200	9.487
8	8.286	8.583	8.892	9.214	9.549	9.897	10.260	10.637	11.028	11.436
9	9.368	9.755	10.159	10.583	11.027	11.491	11.978	12.488	13.021	13.579
10	10.462	10.950	11.464	12.006	12.578	13.181	13.816	14.487	15.193	15.937
11	11.567	12.169	12.808	13.486	14.207	14.972	15.784	16.645	17.560	18.531
12	12.682	13.412	14.192	15.026	15.917	16.870	17.888	18.977	20.141	21.384
13	13.809	14.680	15.618	16.627	17.713	18.882	20.141	21.495	22.953	24.523
14	14.947	15.974	17.086	18.292	19.598	21.015	22.550	24.215	26.019	27.975
15	16.097	17.293	18.599	20.023	21.578	23.276	25.129	27.152	29.361	31.772
16	17.258	18.639	20.157	21.824	23.657	25.672	27.888	30.324	33.003	35.949
17	18.430	20.012	21.761	23.697	25.840	28.213	30.840	33.750	36.973	40.544
18	19.614	21.412	23.414	25.645	28.132	30.905	33.999	37.450	41.301	45.599
19	20.811	22.840	25.117	27.671	30.539	33.760	37.379	41.446	46.018	51.158
20	22.019	24.297	26.870	29.778	33.066	36.785	40.995	45.762	51.159	57.274
21	23.239	25.783	28.676	31.969	35.719	39.992	44.865	50.422	56.764	64.002
22	24.471	27.299	30.536	34.248	38.505	43.392	49.005	55.456	62.872	71.402
23	25.716	28.845	32.452	36.618	41.430	46.995	53.435	60.893	69.531	79.542
24	26.973	30.421	34.426	39.082	44.501	50.815	58.176	66.764	76.789	88.496
25	28.243	32.030	36.459	41.645	47.726	54.864	63.248	73.105	84.699	98.346
30	34.784	40.567	47.575	56.084	66.438	79.957	94.459	113.282	136.305	164.491
40	48.885	60.401	75.400	95.024	120.797	154.758	199.630	295.052	337.872	442.580
50	64.461	84.577	112.794	152.664	209.341	290.325	406.516	573.756	815.051	1163.865

n	11%	12%	13%	14%	15%	16%	17%	18%	19%	20%
1	1.000	1.000	1.000	1.000	1.000	1.000	1.000	1.000	1.000	1.000
2	2.110	2.120	2.130	2.140	2.150	2.160	2.170	2.180	2.190	2.200
3	3.342	3.374	3.407	3.440	3.472	3.506	3.539	3.572	3.606	3.640
4	4.710	4.779	4.850	4.921	4.993	5.066	5.141	5.215	5.291	5.368
5	6.228	6.353	6.480	6.610	6.742	6.877	7.014	7.154	7.297	7.442
6	7.913	8.115	8.323	8.535	8.754	8.977	9.207	9.442	9.683	9.930
7	9.783	10.089	10.405	10.730	11.067	11.414	11.772	12.141	12.523	12.916
8	11.859	12.300	12.757	13.233	13.727	14.240	14.773	15.327	15.902	16.499
9	14.164	14.776	15.416	16.085	16.786	17.518	18.285	19.086	19.923	20.799
10	16.722	17.549	18.420	19.337	20.304	21.321	22.393	23.521	24.709	25.959
11	19.561	20.655	21.814	23.044	24.349	25.733	27.200	28.755	30.403	32.150
12	22.713	24.133	25.650	27.271	29.001	30.850	32.824	34.931	37.180	39.580
13	26.211	28.029	29.984	32.088	34.352	36.786	39.404	42.218	45.244	48.496
14	30.095	32.392	34.882	37.581	40.504	43.672	47.102	50.818	54.841	59.196
15	34.405	37.280	40.417	43.842	47.580	51.659	56.109	60.965	66.260	72.035
16	39.190	42.753	46.671	50.980	55.717	60.925	66.648	72.938	79.850	87.442
17	44.500	48.883	53.738	59.117	65.075	71.673	78.978	87.067	96.021	105.930
18	50.396	55.749	61.724	68.393	75.836	84.140	93.404	103.739	115.265	128.116
19	56.939	63.439	70.748	78.968	88.211	98.603	110.283	123.412	138.165	154.739
20	64.202	72.052	80.946	91.024	102.443	115.379	130.031	146.626	165.417	186.687
21	72.264	81.698	92.468	104.767	118.809	134.840	153.136	174.019	197.846	225.024
22	81.213	92.502	105.489	120.434	137.630	157.414	180.169	206.342	236.436	271.028
23	91.147	104.602	120.203	138.295	159.274	183.600	211.798	244.483	282.359	326.234
24	102.173	118.154	136.829	158.656	184.166	213.976	248.803	289.490	337.007	392.480
25	114.412	133.333	115.616	181.867	212.790	249.212	292.099	342.598	402.038	471.976
30	199.018	241.330	293.192	356.778	434.738	530.306	647.423	790.932	966.698	1181.865
40	581.812	767.080	1013.667	1341.979	1779.048	2360.724	3134.412	4163.094	5529.711	7343.715
50	1668.723	2399.975	3459.344	4994.301	7217.488	10435.449	15088.805	21812.273	31514.492	45496.094

n	21%	22%	23%	24%	25%	26%	27%	28%	29%	30%
1	1.000	1.000	1.000	1.000	1.000	1.000	1.000	1.000	1.000	1.000
2	2.210	2.220	2.230	2.240	2.250	2.260	2.270	2.280	2.290	2.300
3	3.674	3.708	3.743	3.778	3.813	3.848	3.883	3.918	3.954	3.990
4	5.446	5.524	5.604	5.684	5.766	5.848	5.931	6.016	6.101	6.187
5	7.589	7.740	7.893	8.048	8.207	8.368	8.533	8.700	8.870	9.043
6	10.183	10.442	10.708	10.980	11.259	11.544	11.837	12.136	12.442	12.756
7	13.321	13.740	14.171	14.615	15.073	15.546	16.032	16.534	17.051	17.583
8	17.119	17.762	18.430	19.123	19.842	20.588	21.361	22.163	22.995	23.858
9	21.714	22.670	23.669	24.712	25.802	26.940	28.129	29.369	30.664	32.015
10	27.274	28.657	20.113	31.643	33.253	34.945	36.723	38.592	40.556	42.619
11	34.001	35.962	38.039	40.238	42.566	45.030	47.639	50.398	53.318	56.405
12	42.141	44.873	47.787	50.895	54.208	57.730	61.501	65.510	69.780	74.326
13	51.991	45.745	59.778	64.109	68.760	73.750	79.106	84.853	91.016	97.624
14	63.909	69.009	74.528	80.496	86.949	93.925	101.465	109.611	118.411	127.912
15	78.330	65.191	92.669	100.815	109.687	119.346	129.860	141.302	153.750	167.285
16	95.779	104.933	114.983	126.010	138.109	151.375	165.922	181.867	199.337	218.470
17	116.892	129.019	142.428	157.252	173.636	191.733	211.721	233.790	258.145	285.011
18	142.439	158.403	176.187	195.993	218.045	242.583	269.885	300.250	334.006	371.514
19	173.351	194.251	217.710	244.031	273.556	306.654	343.754	385.321	431.868	483.968
20	210.755	237.986	268.783	303.598	342.945	387.384	437.568	494.210	558.110	630.157
21	256.013	291.343	331.603	377.461	429.681	489.104	556.710	633.589	720.962	820.204
22	310.775	356.438	408.871	469.052	538.101	617.270	708.022	811.993	931.040	1067.265
23	377.038	435.854	503.911	582.624	673.626	778.760	900.187	1040.351	1202.042	1388.443
24	457.215	532.741	620.810	723.453	843.032	982.237	1144.237	1332.649	1551.634	1805.975
25	554.230	650.944	764.596	898.082	1054.791	1238.617	1454.180	1706.790	2002.608	2348.765
30	1445.111	1767.044	2160.459	2640.881	3227.172	3941.953	4812.891	5873.172	7162.785	8729.805
40	9749.141	12936.141	17153.691	22728.367	30088.621	39791.957	52570.707	69376.562	91447.375	120389.375

n	31%	32%	33%	34%	35%	36%	37%	38%	39%	40%
1	1.000	1.000	1.000	1.000	1.000	1.000	1.000	1.000	1.000	1.000
2	2.310	2.320	2.330	2.340	2.350	2.360	2.370	2.380	2.390	2.400
3	4.026	4.062	4.099	4.136	4.172	4.210	4.247	4.284	4.322	4.360
4	6.274	6.363	6.452	6.542	6.633	6.725	6.818	6.912	7.008	7.104
5	9.219	9.398	9.581	9.766	9.954	10.146	10.341	10.539	10.741	10.946
6	13.077	13.406	13.742	14.086	14.438	14.799	15.167	15.544	15.930	16.324
7	18.131	18.696	19.277	19.876	20.492	21.126	21.779	22.451	23.142	23.853
8	24.752	25.678	26.638	27.633	28.664	29.732	30.837	31.982	33.167	34.395
9	33.425	34.895	36.429	38.028	39.696	41.435	43.247	45.135	47.103	49.152
10	44.786	47.062	49.451	51.958	54.590	57.351	60.248	63.287	66.473	69.813
11	59.670	63.121	66.769	70.624	74.696	78.998	83.540	88.335	93.397	98.739
12	79.167	84.320	89.803	95.636	101.840	108.437	115.450	122.903	130.822	139.234
13	104.709	112.302	120.438	129.152	138.484	148.474	159.166	170.606	182.842	195.928
14	138.169	149.239	161.183	174.063	187.953	202.925	219.058	236.435	255.151	275.299
15	182.001	197.996	215.373	234.245	254.737	276.978	301.109	327.281	355.659	386.418
16	239.421	262.354	287.446	314.888	344.895	377.690	413.520	542.647	495.366	541.985
17	314.642	347.307	383.303	422.949	466.608	514.658	567.521	625.652	689.558	759.778
18	413.180	459.445	510.792	567.751	630.920	700.935	778.504	864.399	959.485	1064.689
19	542.266	607.467	680.354	761.786	852.741	954.271	1067.551	1193.870	1334.683	1491.563
20	711.368	802.856	905.870	1021.792	1152.200	1298.809	1463.544	1648.539	1856.208	2089.188
21	932.891	1060.769	1205.807	1370.201	1556.470	1767.380	2006.055	2275.982	2581.128	2925.862
22	1223.087	1401.215	1604.724	1837.068	2102.234	2404.636	2749.294	3141.852	3588.765	4097.203
23	1603.243	1850.603	2135.282	2462.669	2839.014	3271.304	3767.532	4336.750	4989.379	5737.078
24	2101.247	2443.795	2840.924	3300.974	3833.667	4449.969	5162.516	5985.711	6936.230	8032.906
25	2753.631	3226.808	3779.428	4424.301	5176.445	6052.957	7073.645	8261.273	9642.352	11247.062
30	10632.543	12940.672	15737.945	19124.434	23221.258	28172.016	34148.906	41357.227	50043.625	60500.207

附录D　1美元年金n期的现值

n	1%	2%	3%	4%	5%	6%	7%	8%	9%	10%
1	0.990	0.980	0.971	0.962	0.952	0.943	0.935	0.926	0.917	0.909
2	1.970	1.942	1.913	1.886	1.859	1.833	1.808	1.783	1.759	1.736
3	2.941	2.884	2.829	2.775	2.723	2.673	2.624	2.577	2.531	2.487
4	3.902	3.808	3.717	3.630	3.546	3.465	3.387	3.312	3.240	3.170
5	4.853	4.713	4.580	4.452	4.329	4.212	4.100	3.993	3.890	3.791
6	5.795	5.601	5.417	5.242	5.076	4.917	4.767	4.623	4.486	4.355
7	6.728	6.472	6.230	6.002	5.786	5.582	5.389	5.206	5.033	4.868
8	7.652	7.326	7.020	6.733	6.463	6.210	5.971	5.747	5.535	5.335
9	8.566	8.162	7.786	7.435	7.108	6.802	6.515	6.247	5.995	5.759
10	9.471	8.983	8.530	8.111	7.722	7.360	7.024	6.710	6.418	6.145
11	10.368	9.787	9.253	8.760	8.306	7.887	7.499	7.139	6.805	6.495
12	11.255	10.575	9.954	9.385	8.863	8.384	7.943	7.536	7.161	6.814
13	12.134	11.348	10.635	9.986	9.394	8.853	8.358	7.904	7.487	7.103
14	13.004	12.106	11.296	10.563	9.899	9.295	8.746	8.244	7.786	7.367
15	13.865	12.849	11.938	11.118	10.380	9.712	9.108	8.560	8.061	7.606
16	14.718	13.578	12.561	11.652	10.838	10.106	9.447	8.851	8.313	7.824
17	15.562	14.292	13.166	12.166	11.274	10.477	9.763	9.122	8.544	8.022
18	16.398	14.992	13.754	12.659	11.690	10.828	10.059	9.372	8.756	8.201
19	17.226	15.679	14.324	13.134	12.085	11.158	10.336	9.604	8.950	8.365
20	18.046	16.352	14.878	13.590	12.462	11.470	10.594	9.818	9.129	8.514
21	18.857	17.011	15.415	14.029	12.821	11.764	10.836	10.017	9.292	8.649
22	19.661	17.658	15.937	14.451	13.163	12.042	11.061	10.201	9.442	8.772
23	20.456	18.292	16.444	14.857	13.489	12.303	11.272	10.371	9.580	8.883
24	21.244	18.914	16.936	15.247	13.799	12.550	11.469	10.529	9.707	8.985
25	22.023	19.524	17.413	15.622	14.094	12.783	11.654	10.675	9.823	9.077
30	25.808	22.397	19.601	17.292	15.373	13.765	12.409	11.258	10.274	9.427
40	32.835	27.356	23.115	19.793	17.159	15.046	13.332	11.925	10.757	9.779
50	39.197	31.424	25.730	21.482	18.256	15.762	13.801	12.234	10.962	9.915

n	11%	12%	13%	14%	15%	16%	17%	18%	19%	20%
1	0.901	0.893	0.885	0.877	0.870	0.862	0.855	0.847	0.840	0.833
2	1.713	1.690	1.668	1.647	1.626	1.605	1.585	1.566	1.547	1.528
3	2.444	2.402	2.361	2.322	2.283	2.246	2.210	2.174	2.140	2.106
4	3.102	3.037	2.974	2.914	2.855	2.798	2.743	2.690	2.639	2.589
5	3.696	3.605	3.517	3.433	3.352	3.274	3.199	3.127	3.058	2.991
6	4.231	4.111	3.998	3.889	3.784	3.685	3.589	3.498	3.410	3.326
7	4.712	4.564	4.423	4.288	4.160	4.039	3.922	3.812	3.706	3.605
8	5.146	4.968	4.799	4.639	4.487	4.344	4.207	4.078	3.954	3.837
9	5.537	5.328	5.132	4.946	4.772	4.607	4.451	4.303	4.163	4.031
10	5.889	5.650	5.426	5.216	5.019	4.833	4.659	4.494	4.339	4.192
11	6.207	5.938	5.687	5.453	5.234	5.029	4.836	4.656	4.487	4.327
12	6.492	6.194	5.918	5.660	5.421	5.197	4.988	4.793	4.611	4.439
13	6.750	6.424	6.122	5.842	5.583	5.342	5.118	4.910	4.715	4.533
14	6.982	6.628	6.303	6.002	5.724	5.468	5.229	5.008	4.802	4.611
15	7.191	6.811	6.462	6.142	5.847	5.575	5.324	5.092	4.876	4.675
16	7.379	6.974	6.604	6.265	5.954	5.669	5.405	5.162	4.938	4.730
17	7.549	7.120	6.729	6.373	6.047	5.749	5.475	5.222	4.990	4.775
18	7.702	7.250	6.840	6.467	6.128	5.818	5.534	5.273	5.033	4.812
19	7.839	7.366	6.938	6.550	6.198	5.877	5.585	5.316	5.070	4.843
20	7.963	7.469	7.025	6.623	6.259	5.929	5.628	5.353	5.101	4.870
21	8.075	7.562	7.102	6.687	6.312	5.973	5.665	5.384	5.127	4.891
21	8.176	7.645	7.170	6.743	6.359	6.011	5.696	5.410	5.149	4.909
23	8.266	7.718	7.230	6.792	6.399	6.044	5.723	5.432	5.167	4.925
24	8.348	7.784	7.283	6.835	6.434	6.073	5.747	5.451	5.182	4.937
25	8.442	7.843	7.330	6.873	6.464	6.097	5.766	5.467	5.195	4.948
30	8.694	8.055	7.496	7.003	6.566	6.177	5.829	5.517	5.235	4.979
40	8.951	8.244	7.634	7.105	6.642	6.233	5.871	5.548	5.258	4.997
50	9.042	8.305	7.675	7.133	6.661	6.246	5.880	5.554	5.262	4.999

n	21%	22%	23%	24%	25%	26%	27%	28%	29%	30%
1	0.826	0.820	0.813	0.806	0.800	0.794	0.787	0.781	0.775	0.769
2	1.509	1.492	1.474	1.457	1.440	1.424	1.407	1.392	1.376	1.361
3	2.074	2.042	2.011	1.981	1.952	1.923	1.896	1.868	1.842	1.816
4	2.540	2.494	2.448	2.404	2.362	2.320	2.280	2.241	2.203	2.166
5	2.926	2.864	2.803	2.745	2.689	2.635	2.583	2.532	2.483	2.436
6	3.245	3.167	3.092	3.020	2.951	2.885	2.821	2.759	2.700	2.643
7	3.508	3.416	3.327	3.242	3.161	3.083	3.009	2.937	2.868	2.802
8	3.726	3.619	3.518	3.421	3.329	3.241	3.156	3.076	2.999	2.925
9	3.905	3.786	3.673	3.566	3.463	3.366	3.273	3.184	3.100	3.019
10	4.054	3.923	3.799	3.682	3.570	3.465	3.364	3.269	3.178	3.092
11	4.177	4.035	3.902	3.776	3.656	3.544	3.437	3.335	3.239	3.147
12	4.278	4.127	3.985	3.851	3.725	3.606	3.493	3.387	3.286	3.190
13	4.362	4.203	4.053	3.912	3.780	3.656	3.538	3.427	3.322	3.223
14	4.432	4.265	4.108	3.962	3.824	3.695	3.573	3.459	3.351	3.249
15	4.489	4.315	4.153	4.001	3.859	3.726	3.601	3.483	3.373	3.268
16	4.536	4.357	4.189	4.033	3.887	3.751	3.623	3.503	3.390	3.283
17	4.576	4.391	4.219	4.059	3.910	3.771	3.640	3.518	3.403	3.295
18	4.608	4.419	4.243	4.080	3.928	3.786	3.654	3.529	3.413	3.304
19	4.635	4.442	4.263	4.097	3.942	3.799	3.664	3.539	3.421	3.311
20	4.657	4.460	4.279	4.110	3.954	3.808	3.673	3.546	3.427	3.316
21	4.675	4.476	4.292	4.121	3.963	3.816	3.679	3.551	3.432	3.320
22	4.690	4.488	4.302	4.130	3.970	3.822	3.684	3.556	3.436	3.323
23	4.703	4.499	4.311	4.137	3.976	3.827	3.689	3.559	3.438	3.325
24	4.713	4.507	4.318	4.143	3.981	3.831	3.692	3.562	3.441	3.327
25	4.721	4.514	4.323	4.147	3.985	3.834	3.694	3.564	3.442	3.329
30	4.746	4.534	4.339	4.160	3.995	3.842	3.701	3.569	3.447	3.332
40	4.760	4.544	4.347	4.166	3.999	3.846	3.703	3.571	3.448	3.333
50	4.762	4.545	4.348	4.167	4.000	3.846	3.704	3.571	3.448	3.333

n	31%	32%	33%	34%	35%	36%	37%	38%	39%	40%
1	0.763	0.758	0.752	0.746	0.741	0.735	0.730	0.725	0.719	0.714
2	1.346	1.331	1.317	1.303	1.289	1.276	1.263	1.250	1.237	1.224
3	1.791	1.766	1.742	1.719	1.696	1.673	1.652	1.630	1.609	1.589
4	2.130	2.096	2.062	2.029	1.997	1.966	1.935	1.906	1.877	1.849
5	2.390	2.345	2.302	2.260	2.220	2.181	2.143	2.106	2.070	2.035
6	2.588	2.534	2.483	2.433	2.385	2.339	2.294	2.251	2.209	2.168
7	2.739	2.677	2.619	2.562	2.508	2.455	2.404	2.355	2.308	2.263
8	2.854	2.786	2.721	2.658	2.598	2.540	2.485	2.432	2.380	2.331
9	2.942	2.868	2.798	2.730	2.665	2.603	2.544	2.487	2.432	2.379
10	3.009	2.930	2.855	2.784	2.715	2.649	2.587	2.527	2.469	2.414
11	3.060	2.978	2.899	2.824	2.752	2.683	2.618	2.555	2.496	2.438
12	3.100	3.013	2.931	2.853	2.779	2.708	2.641	2.576	2.515	2.456
13	3.129	3.040	2.956	2.876	2.799	2.727	2.658	2.592	2.529	2.469
14	3.152	3.061	2.974	2.892	2.814	2.740	2.670	2.603	2.539	2.477
15	3.170	3.076	2.988	2.905	2.825	2.750	2.679	2.611	2.546	2.484
16	3.183	3.088	2.999	2.914	2.834	2.757	2.685	2.616	2.551	2.489
17	3.193	3.097	3.007	2.921	2.840	2.763	2.690	2.621	2.555	2.492
18	3.201	3.104	3.012	2.926	2.844	2.767	2.693	2.624	2.557	2.494
19	3.207	3.109	3.017	2.930	2.848	2.770	2.696	2.626	2.559	2.496
20	3.211	3.113	3.020	2.933	2.850	2.772	2.698	2.627	2.561	2.497
21	3.215	3.116	3.023	2.935	2.852	2.773	2.699	2.629	2.562	2.498
22	3.217	3.118	3.025	2.936	2.853	2.775	2.700	2.629	2.562	2.498
23	3.219	3.120	3.026	2.938	2.854	2.775	2.701	2.630	2.563	2.499
24	3.221	3.121	3.027	2.939	2.855	2.776	2.701	2.630	2.563	2.499
25	3.222	3.122	3.028	2.939	2.856	2.776	2.702	2.631	2.563	2.499
30	3.225	2.124	3.030	2.941	2.857	2.777	2.702	2.631	2.564	2.500
40	3.226	3.125	3.030	2.941	2.857	2.778	2.703	2.632	2.564	2.500
50	3.226	3.125	3.030	2.941	2.857	2.778	2.703	2.632	2.564	2.500

附录E 每个月分期还款表

贷款期限
（月份数）

利率	6	12	18	24	30	36	48	60	72	84	96
4.00%	168.62	85.15	57.33	43.42	35.08	29.52	22.58	18.42	15.65	13.67	12.19
4.25%	168.74	85.26	57.44	43.54	35.19	29.64	22.69	18.53	15.76	13.78	12.31
4.50%	168.86	85.38	57.56	43.65	35.31	29.75	22.80	18.64	15.87	13.90	12.42
4.75%	168.98	85.49	57.67	43.76	35.42	29.86	22.92	18.76	15.99	14.02	12.54
5.00%	169.11	85.61	57.78	43.87	35.53	29.97	23.03	18.87	16.10	14.13	12.66
5.25%	169.23	85.72	57.89	43.98	35.64	30.08	23.14	18.99	16.22	14.25	12.78
5.50%	169.35	85.84	58.01	44.10	35.75	30.20	23.26	19.10	16.34	14.37	12.90
5.75%	169.47	85.95	58.12	44.21	35.87	30.31	23.37	19.22	16.46	14.49	13.02
6.00%	169.60	86.07	58.23	44.32	35.98	30.42	23.49	19.33	16.57	14.61	13.14
6.25%	169.72	86.18	58.34	44.43	36.09	30.54	23.60	19.45	16.69	14.73	13.26
6.50%	169.84	86.30	58.46	44.55	36.20	30.65	23.71	19.57	16.81	14.85	13.39
6.75%	169.96	86.41	58.57	44.66	36.32	30.76	23.83	19.68	16.93	14.97	13.51
7.00%	170.09	86.53	58.68	44.77	36.43	30.88	23.95	19.80	17.05	15.09	13.63
7.25%	170.21	86.64	58.80	44.89	36.55	30.99	24.06	19.92	17.17	15.22	13.76
7.50%	170.33	86.76	58.91	45.00	36.66	31.11	24.18	20.04	17.29	15.34	13.88
7.75%	170.45	86.87	59.03	45.11	36.77	31.22	24.30	20.16	17.41	15.46	14.01
8.00%	170.58	86.99	59.14	45.23	36.89	31.34	24.41	20.28	17.53	15.59	14.14
8.25%	170.70	87.10	59.25	45.34	37.00	31.45	24.53	20.40	17.66	15.71	14.26
8.50%	170.82	87.22	59.37	45.46	37.12	31.57	24.65	20.52	17.78	15.84	14.39
8.75%	170.95	87.34	59.48	45.57	37.23	31.68	24.77	20.64	17.90	15.96	14.52
9.00%	171.07	87.45	59.60	45.68	37.35	31.80	24.89	20.76	18.03	16.09	14.65
9.25%	171.19	87.57	59.71	45.80	37.46	31.92	25.00	20.88	18.15	16.22	14.78
9.50%	171.32	87.68	59.83	45.91	37.58	32.03	25.12	21.00	18.27	16.34	14.91
9.75%	171.44	87.80	59.94	46.03	37.70	32.15	25.24	21.12	18.40	16.47	15.04
10.00%	171.56	87.92	60.06	46.14	37.81	32.27	25.36	21.25	18.53	16.60	15.17
10.25%	171.68	88.03	60.17	46.26	37.93	32.38	25.48	21.37	18.65	16.73	15.31
10.50%	171.81	88.15	60.29	46.38	38.04	32.50	25.60	21.49	18.78	16.86	15.44
10.75%	171.93	88.27	60.40	46.49	38.16	32.62	25.72	21.62	18.91	16.99	15.57
11.00%	172.05	88.38	60.52	46.61	38.28	32.74	25.85	21.74	19.03	17.12	15.71
11.25%	172.18	88.50	60.63	46.72	38.40	32.86	25.97	21.87	19.16	17.25	15.84
11.50%	172.30	88.62	60.75	46.84	38.51	32.98	26.09	21.99	19.29	17.39	15.98
11.75%	172.42	88.73	60.87	46.96	38.63	33.10	26.21	22.12	19.42	17.52	16.12
12.00%	172.55	88.85	60.98	47.07	38.75	33.21	26.33	22.24	19.55	17.65	16.25
12.25%	172.67	88.97	61.10	47.19	38.87	33.33	26.46	22.37	19.68	17.79	16.39
12.50%	172.80	89.08	61.21	47.31	38.98	33.45	26.58	22.50	19.81	17.92	16.53
12.75%	172.92	89.20	61.33	47.42	39.10	33.57	26.70	22.63	19.94	18.06	16.67
13.00%	173.04	89.32	61.45	47.54	39.22	33.69	26.83	22.75	20.07	18.19	16.81
13.25%	173.17	89.43	61.56	47.66	39.34	33.81	26.95	22.88	20.21	18.33	16.95
13.50%	173.29	89.55	61.68	47.78	39.46	33.94	27.08	23.01	20.34	18.46	17.09
13.75%	173.41	89.67	61.80	47.89	39.58	34.06	27.20	23.14	20.47	18.60	17.23
14.00%	173.54	89.79	61.92	48.01	39.70	34.18	27.33	23.27	20.61	18.74	17.37
14.25%	173.66	89.90	62.03	48.13	39.82	34.30	27.45	23.40	20.74	18.88	17.51
14.50%	173.79	90.02	62.15	48.25	39.94	34.42	27.58	23.53	20.87	19.02	17.66

利率	6	12	18	24	30	36	48	60	72	84	96
14.75%	173.91	90.14	62.27	48.37	40.06	34.54	27.70	23.66	21.01	19.16	17.80
15.00%	174.03	90.26	62.38	48.49	40.18	34.67	27.83	23.79	21.15	19.30	17.95
15.25%	174.16	90.38	62.50	48.61	40.30	34.79	27.96	23.92	21.28	19.44	18.09
15.50%	174.28	90.49	62.62	48.72	40.42	34.91	28.08	24.05	21.42	19.58	18.24
15.75%	174.41	90.61	62.74	48.84	40.54	35.03	28.21	24.19	21.55	19.72	18.38
16.00%	174.53	90.73	62.86	48.96	40.66	35.16	28.34	24.32	21.69	19.86	18.53
16.25%	174.65	90.85	62.97	49.08	40.78	35.28	28.47	24.45	21.83	20.00	18.68
16.50%	174.78	90.97	63.09	49.20	40.91	35.40	28.60	24.58	21.97	20.15	18.82
16.75%	174.90	91.09	63.21	49.32	41.03	35.53	28.73	24.72	22.11	20.29	18.97
17.00%	175.03	91.20	63.33	49.44	41.15	35.65	28.86	24.85	22.25	20.24	19.12
17.25%	175.15	91.32	63.45	49.56	41.27	35.78	28.98	24.99	22.39	20.58	19.27
17.50%	175.28	91.44	63.57	49.68	41.39	35.90	29.11	25.12	22.53	20.73	19.42
17.75%	175.40	91.56	63.69	49.80	41.52	36.03	29.24	25.26	22.67	20.87	19.57
18.00%	175.53	91.68	63.81	49.92	41.64	36.15	29.37	25.39	22.81	21.02	19.72
18.25%	175.65	91.80	63.93	50.04	41.76	36.28	29.51	25.53	22.95	21.16	19.88
18.50%	175.77	91.92	64.04	50.17	41.89	36.40	29.64	25.67	23.09	21.31	20.03
18.75%	175.90	92.04	64.16	50.29	42.01	36.53	29.77	25.80	23.23	21.46	20.18
19.00%	176.02	92.16	64.28	50.41	42.13	36.66	29.90	25.94	23.38	21.61	20.33
19.25%	176.15	92.28	64.40	50.53	42.26	36.78	30.03	26.08	23.52	21.76	20.49
19.50%	176.27	92.40	64.52	50.65	42.38	36.91	30.16	26.22	23.66	21.91	20.64
19.75%	176.40	92.51	64.64	50.77	42.51	37.04	30.30	26.35	23.81	22.06	20.80
20.00%	176.52	92.63	64.76	50.90	42.63	37.16	30.43	26.49	23.95	22.21	20.95
20.25%	176.65	92.75	64.88	51.02	42.75	37.29	30.56	26.63	24.10	22.36	21.11
20.50%	176.77	92.87	65.00	51.14	42.88	37.42	30.70	26.77	24.24	22.51	21.27
20.75%	176.90	92.99	65.12	51.26	43.00	37.55	30.83	26.91	24.39	22.66	21.42
21.00%	177.02	93.11	65.24	51.39	43.13	37.68	30.97	27.05	24.54	22.81	21.58
21.25%	177.15	93.23	65.37	51.51	43.26	37.80	31.10	27.19	24.68	22.96	21.74
21.50%	177.27	93.35	65.49	51.63	43.38	37.93	31.24	27.34	24.83	23.12	21.90
21.75%	177.40	93.47	65.61	51.75	43.51	38.06	31.37	27.48	24.98	23.27	22.06
22.00%	177.52	93.59	65.73	51.88	43.63	38.19	31.51	27.62	25.13	23.43	22.22
22.25%	177.65	93.71	65.85	52.00	43.76	38.32	31.64	27.76	25.27	23.58	22.38
22.50%	177.77	93.84	65.97	52.13	43.89	38.45	31.78	27.90	25.42	23.74	22.54
22.75%	177.90	93.96	66.09	52.25	44.01	38.58	31.91	28.05	25.57	23.89	22.70
23.00%	178.02	94.08	66.21	52.37	44.14	38.71	32.05	28.19	25.72	24.05	22.86
23.25%	178.15	94.20	66.34	52.50	44.27	38.84	32.19	28.33	25.87	24.20	23.02
23.50%	178.27	94.32	66.46	52.62	44.39	38.97	32.33	28.48	26.02	24.36	23.19
23.75%	178.40	94.44	66.58	52.75	44.52	39.10	32.46	28.62	26.18	24.52	23.35
24.00%	178.53	94.56	66.70	52.87	44.65	39.23	32.60	28.77	26.33	24.68	23.51
24.25%	178.65	94.68	66.82	53.00	44.78	39.36	32.74	28.91	26.48	24.83	23.68
24.50%	178.78	94.80	66.95	53.12	44.91	39.50	32.88	29.06	26.63	24.99	23.84
24.75%	178.90	94.92	67.07	53.25	45.03	39.63	33.02	29.20	26.78	25.15	24.01
25.00%	179.03	95.04	67.19	53.37	45.16	39.76	33.16	29.35	26.94	25.31	24.17

译后记

当前及今后一个时期，全球正在经历百年未有之大变局，我国经济社会发展条件和发展趋势都在发生深刻变化。从客观现实来看，我国经济已由高速增长阶段转向高质量发展阶段。高质量发展的内涵非常丰富，它主要指的是能够很好满足人民日益增长的美好生活需要的发展，是体现新发展理念的发展。以经济学术语来表述，经济高质量发展就是以高效率和高效益的生产方式为全社会持续而公平地提供高质量产品和服务的经济发展，在具体经济形态上就是一个高质量、高效率和高稳定性的供给体系。

随着我国经济由高速增长阶段转向高质量发展阶段，经济发展已经从单纯追求总量扩张，转变为适应人民更高标准、更加多样化的需求。在这个过程中，金融业通过供给侧结构性改革，服务社会金融需求，推动经济高质量发展，在更好地服务实体经济及居民财富管理需求方面，发挥越来越重要的作用。最近几年来，传统行业借助科技不断发生重生和蜕变，人们的投资理财方式正因为科技创新因素的加入而发生明显变化。特别是在中国，金融科技的创新所带来的改变更加显著和直观，为中国普通家庭和个人理财带来了许多方面的改变，诸如：降低了理财门槛，使普惠金融成为可能；带来更便捷的客户体验，普通人的投资理财操作都可以在线上完成，而不需要像以往那样必须在银行柜台办理投资理财业务；让投资者能够更加了解自己，进而选择适合的服务与产品；在互联网技术基础上，使向普通人提供个性化投资理财服务成为可能。

本书第八版正是在这一大的时代背景下完成的。本书在延续大框架不变的前提下，重点更新了相关的知识点，特别是重点分析了技术革新以及全球经济和金融形势变化给投资理财带来带来的机遇与风险，投资和税收领域的重大变化，以及相关法律措施出台给投资理财市场带来的影响。为了能正确反映过去几年间金融领域令人兴奋的发展形势，这一版还对所有的正文、图表和数据资料进行了更新，并新增“爱与金钱”特色专栏，让阅读变得更加有趣。

本书主要由浙大城市学院的郭宁、汪涛以及中国金融期货交易所国际发展部的张茵凝翻译，在原来第六版的基础上，对所有内容进行了比较细致的修订和推敲，其中郭宁负责翻译第 1 章至第 3 章、第 11 章至第 13 章，汪涛、张茵凝负责翻译第 4 章至第 6 章、第 16 章至第 17 章，谢文武翻译了第 7 章和第 8 章，程雪柯、徐淑仪、徐嘉璐翻译了第 9 章，吴懿、许淑瑜、郑舒丹翻译了第 10 章，朱嘉帆、周志涵、项子豪、何凯浩翻译了第 14 章，吕姝蓉、肖晗、马诗悦、叶倩翻译了第 15 章。在本书的翻译过程中，浙大城市学院怀卡托大学联合学院金融专业学生叶子青、章云飞、王逸霄、柳娅莉、楼泽昕、张珈毓、吴易珈、贾文桢等帮忙搜集了相关资料，何敏、虞文心、周晓娟等完成了部分校对任务，在此一并表示感谢。我们还要特别感谢中国人民大学出版社的编辑，他们为本书的翻译提供了大量的帮助，并为本书的出版做出了大量细致、具体的工作。全书最后由郭宁通读定稿。

个人理财市场紧随金融市场创新的步伐，不断推出新产品和新工具，我们在翻译的过程中尽可能兼顾翻译的学术性与通俗性，书中如有不当之处，请广大读者指正。

郭　宁　汪　涛　张茵凝

经济科学译丛

序号	书名	作者	Author	单价	出版年份	ISBN
1	计量经济学	林文夫	Fumio Hayashi	99.00	2021	978-7-300-22496-1
2	投资学精要(第11版)	兹维·博迪等	Zvi Bodie	118.00	2021	978-7-300-29193-2
3	时间序列分析——单变量和多变量方法(第二版·经典版)	魏武雄	Willian W. S. Wei	89.00	2021	978-7-300-29640-1
4	市场设计:拍卖与匹配	纪尧姆·海宁格	Guillaume Haeringer	52.00	2021	978-7-300-28854-3
5	环境与自然资源经济学(第十一版)	汤姆·蒂坦伯格等	Tom Tietenberg	79.00	2021	978-7-300-29213-7
6	货币金融学(第十二版)	弗雷德里克·S. 米什金	Frederic S. Mishkin	98.00	2021	978-7-300-29134-5
7	现代经济学原理(第六版)	罗伯特·J. 凯伯	Robert J. Carbaugh	72.00	2021	978-7-300-25126-4
8	现代劳动经济学:理论与公共政策(第十三版)	罗纳德·G. 伊兰伯格等	Ronald G. Ehrenberg	99.00	2021	978-7-300-29116-1
9	国际贸易(第十一版)	保罗·R. 克鲁格曼等	Paul R. Krugman	52.00	2021	978-7-300-29058-4
10	国际金融(第十一版)	保罗·R. 克鲁格曼等	Paul R. Krugman	59.00	2021	978-7-300-29057-7
11	国际经济学:理论与政策(第十一版)	保罗·R. 克鲁格曼等	Paul R. Krugman	98.00	2021	978-7-300-28805-5
12	财政学(第五版)	乔纳森·格鲁伯	Jonathan Gruber	118.00	2021	978-7-300-28892-5
13	面板数据分析(第三版)	萧政	Cheng Hsiao	69.00	2021	978-7-300-28646-4
14	宏观经济学(第十三版)	鲁迪格·多恩布什等	Rudiger Dornbusch	89.00	2021	978-7-300-28853-6
15	曼昆版《宏观经济学》(第十版)课后题解答与题库	N. 格里高利·曼昆等	N. Gregory Mankiw	62.00	2021	978-7-300-28855-0
16	共谋理论和竞争政策	小约瑟夫·E. 哈林顿	Joseph E. Harrington, Jr.	39.00	2021	978-7-300-28804-8
17	离散时间的经济动力学	苗建军	Jianjun Miao	108.00	2020	978-7-300-28814-7
18	微观经济学(第四版)	戴维·A. 贝赞可	David A. Besanko	125.00	2020	978-7-300-28647-1
19	经济建模:目的与局限	劳伦斯·A. 博兰德	Lawrence A. Boland	49.00	2020	978-7-300-28532-0
20	计量经济分析(第八版)(上下册)	威廉·H. 格林	William H. Greene	158.00	2020	978-7-300-27645-8
21	微观经济学(第四版)	保罗·克鲁格曼等	Paul Krugman	86.00	2020	978-7-300-28321-0
22	发展宏观经济学(第四版)	皮埃尔·理查德·阿根诺等	Pierre-Richard Agenor	79.00	2020	978-7-300-27425-6
23	平狄克《微观经济学》(第九版)学习指导	乔纳森·汉密尔顿等	Jonathan Hamilton	42.00	2020	978-7-300-28281-7
24	经济地理学: 区域和国家一体化	皮埃尔-菲利普·库姆斯等	Pierre-Philippe Combes	56.00	2020	978-7-300-28276-3
25	公共部门经济学(第四版)	约瑟夫·E. 斯蒂格利茨等	Joseph E. Stiglitz	96.00	2020	978-7-300-28218-3
26	递归宏观经济理论(第三版)	拉尔斯·扬奎斯特等	Lars Ljungqvist	128.00	2020	978-7-300-28058-5
27	策略博弈(第四版)	阿维纳什·迪克西特等	Avinash Dixit	85.00	2020	978-7-300-28005-9
28	劳动关系(第10版)	小威廉·H. 霍利等	William H. Holley, Jr.	83.00	2020	978-7-300-25582-8
29	微观经济学(第九版)	罗伯特·S. 平狄克等	Robert S. Pindyck	93.00	2020	978-7-300-26640-4
30	宏观经济学(第十版)	N. 格里高利·曼昆	N. Gregory Mankiw	79.00	2020	978-7-300-27631-1
31	宏观经济学(第九版)	安德鲁·B. 亚伯等	Andrew B. Abel	95.00	2020	978-7-300-27382-2
32	商务经济学(第二版)	克里斯·马尔赫恩等	Chris Mulhearn	56.00	2019	978-7-300-24491-4
33	管理经济学:基于战略的视角(第二版)	蒂莫西·费希尔等	Timothy Fisher	58.00	2019	978-7-300-23886-9
34	投入产出分析:基础与扩展(第二版)	罗纳德·E. 米勒等	Ronald E. Miller	98.00	2019	978-7-300-26845-3
35	宏观经济学:政策与实践(第二版)	弗雷德里克·S. 米什金	Frederic S. Mishkin	89.00	2019	978-7-300-26809-5
36	国际商务:亚洲视角	查尔斯·W. L. 希尔等	Charles W. L. Hill	108.00	2019	978-7-300-26791-3
37	统计学:在经济和管理中的应用(第10版)	杰拉德·凯勒	Gerald Keller	158.00	2019	978-7-300-26771-5
38	经济学精要(第五版)	R. 格伦·哈伯德等	R. Glenn Hubbard	99.00	2019	978-7-300-26561-2
39	环境经济学(第七版)	埃班·古德斯坦等	Eban Goodstein	78.00	2019	978-7-300-23867-8
40	管理者微观经济学	戴维·M. 克雷普斯	David M. Kreps	88.00	2019	978-7-300-22914-0
41	税收与企业经营战略:筹划方法(第五版)	迈伦·S. 斯科尔斯等	Myron S. Scholes	78.00	2018	978-7-300-25999-4
42	美国经济史(第12版)	加里·M. 沃尔顿等	Gary M. Walton	98.00	2018	978-7-300-26473-8
43	组织经济学:经济学分析方法在组织管理上的应用(第五版)	塞特斯·杜玛等	Sytse Douma	62.00	2018	978-7-300-25545-3
44	经济理论的回顾(第五版)	马克·布劳格	Mark Blaug	88.00	2018	978-7-300-26252-9
45	实地实验:设计、分析与解释	艾伦·伯格等	Alan S. Gerber	69.80	2018	978-7-300-26319-9
46	金融学(第二版)	兹维·博迪等	Zvi Bodie	75.00	2018	978-7-300-26134-8
47	空间数据分析:模型、方法与技术	曼弗雷德·M. 费希尔等	Manfred M. Fischer	36.00	2018	978-7-300-25304-6
48	《宏观经济学》(第十二版)学习指导书	鲁迪格·多恩布什等	Rudiger Dornbusch	38.00	2018	978-7-300-26063-1
49	宏观经济学(第四版)	保罗·克鲁格曼等	Paul Krugman	68.00	2018	978-7-300-26068-6
50	计量经济学导论:现代观点(第六版)	杰弗里·M. 伍德里奇	Jeffrey M. Wooldridge	109.00	2018	978-7-300-25914-7
51	经济思想史:伦敦经济学院讲演录	莱昂内尔·罗宾斯	Lionel Robbins	59.80	2018	978-7-300-25258-2
52	空间计量经济学入门——在R中的应用	朱塞佩·阿尔比亚	Giuseppe Arbia	45.00	2018	978-7-300-25458-6
53	克鲁格曼经济学原理(第四版)	保罗·克鲁格曼等	Paul Krugman	88.00	2018	978-7-300-25639-9

经济科学译丛

序号	书名	作者	Author	单价	出版年份	ISBN
54	发展经济学(第七版)	德怀特·H.波金斯等	Dwight H. Perkins	98.00	2018	978-7-300-25506-4
55	线性与非线性规划(第四版)	戴维·G.卢恩伯格等	David G. Luenberger	79.80	2018	978-7-300-25391-6
56	产业组织理论	让·梯若尔	Jean Tirole	110.00	2018	978-7-300-25170-7
57	经济学精要(第六版)	巴德、帕金	Bade, Parkin	89.00	2018	978-7-300-24749-6
58	空间计量经济学——空间数据的分位数回归	丹尼尔·P.麦克米伦	Daniel P. McMillen	30.00	2018	978-7-300-23949-1
59	高级宏观经济学基础(第二版)	本·J.海德拉	Ben J. Heijdra	88.00	2018	978-7-300-25147-9
60	税收经济学(第二版)	伯纳德·萨拉尼耶	Bernard Salanié	42.00	2018	978-7-300-23866-1
61	国际贸易(第三版)	罗伯特·C.芬斯特拉	Robert C. Feenstra	73.00	2017	978-7-300-25327-5
62	国际宏观经济学(第三版)	罗伯特·C.芬斯特拉	Robert C. Feenstra	79.00	2017	978-7-300-25326-8
63	公司治理(第五版)	罗伯特·A.G.蒙克斯	Robert A. G. Monks	69.80	2017	978-7-300-24972-8
64	国际经济学(第15版)	罗伯特·J.凯伯	Robert J. Carbaugh	78.00	2017	978-7-300-24844-8
65	经济理论和方法史(第五版)	小罗伯特·B.埃克伦德等	Robert B. Ekelund. Jr.	88.00	2017	978-7-300-22497-8
66	经济地理学	威廉·P.安德森	William P. Anderson	59.80	2017	978-7-300-24544-7
67	博弈与信息:博弈论概论(第四版)	艾里克·拉斯穆森	Eric Rasmusen	79.80	2017	978-7-300-24546-1
68	MBA宏观经济学	莫里斯·A.戴维斯	Morris A. Davis	38.00	2017	978-7-300-24268-2
69	经济学基础(第十六版)	弗兰克·V.马斯切纳	Frank V. Mastrianna	42.00	2017	978-7-300-22607-1
70	高级微观经济学:选择与竞争性市场	戴维·M.克雷普斯	David M. Kreps	79.80	2017	978-7-300-23674-2
71	博弈论与机制设计	Y.内拉哈里	Y. Narahari	69.80	2017	978-7-300-24209-5
72	宏观经济学(第十二版)	鲁迪格·多恩布什等	Rudiger Dornbusch	69.00	2017	978-7-300-23772-5
73	国际金融与开放宏观经济学:理论、历史与政策	亨德里克·范登伯格	Hendrik Van den Berg	68.00	2016	978-7-300-23380-2
74	经济学(微观部分)	达龙·阿西莫格鲁等	Daron Acemoglu	59.00	2016	978-7-300-21786-4
75	经济学(宏观部分)	达龙·阿西莫格鲁等	Daron Acemoglu	45.00	2016	978-7-300-21886-1
76	中级微观经济学——直觉思维与数理方法(上下册)	托马斯·J.内契巴	Thomas J. Nechyba	128.00	2016	978-7-300-22363-6
77	动态优化——经济学和管理学中的变分法和最优控制(第二版)	莫顿·I.凯曼等	Morton I. Kamien	48.00	2016	978-7-300-23167-9
78	投资学精要(第九版)	兹维·博迪等	Zvi Bodie	108.00	2016	978-7-300-22236-3
79	环境经济学(第二版)	查尔斯·D.科尔斯塔德	Charles D. Kolstad	68.00	2016	978-7-300-22255-4
80	MWG《微观经济理论》习题解答	原千晶等	Chiaki Hara	75.00	2016	978-7-300-22306-3
81	横截面与面板数据的计量经济分析(第二版)	杰弗里·M.伍德里奇	Jeffrey M. Wooldridge	128.00	2016	978-7-300-21938-7
82	宏观经济学(第十二版)	罗伯特·J.戈登	Robert J. Gordon	75.00	2016	978-7-300-21978-3
83	动态最优化基础	蒋中一	Alpha C. Chiang	42.00	2015	978-7-300-22068-0
84	管理经济学:理论、应用与案例(第八版)	布鲁斯·艾伦等	Bruce Allen	79.80	2015	978-7-300-21991-2
85	微观经济分析(第三版)	哈尔·R.范里安	Hal R. Varian	68.00	2015	978-7-300-21536-5
86	财政学(第十版)	哈维·S.罗森等	Harvey S. Rosen	68.00	2015	978-7-300-21754-3
87	经济数学(第三版)	迈克尔·霍伊等	Michael Hoy	88.00	2015	978-7-300-21674-4
88	发展经济学(第九版)	A.P.瑟尔沃	A. P. Thirlwall	69.80	2015	978-7-300-21193-0
89	宏观经济学(第五版)	斯蒂芬·D.威廉森	Stephen D. Williamson	69.00	2015	978-7-300-21169-5
90	现代时间序列分析导论(第二版)	约根·沃特斯等	Jürgen Wolters	39.80	2015	978-7-300-20625-7
91	空间计量经济学——从横截面数据到空间面板	J.保罗·埃尔霍斯特	J. Paul Elhorst	32.00	2015	978-7-300-21024-7
92	战略经济学(第五版)	戴维·贝赞可等	David Besanko	78.00	2015	978-7-300-20679-0
93	博弈论导论	史蒂文·泰迪里斯	Steven Tadelis	58.00	2015	978-7-300-19993-1
94	社会问题经济学(第二十版)	安塞尔·M.夏普等	Ansel M. Sharp	49.00	2015	978-7-300-20279-2
95	时间序列分析	詹姆斯·D.汉密尔顿	James D. Hamilton	118.00	2015	978-7-300-20213-6
96	微观经济理论	安德鲁·马斯-克莱尔等	Andreu Mas-Collel	148.00	2014	978-7-300-19986-3
97	产业组织:理论与实践(第四版)	唐·E.瓦尔德曼等	Don E. Waldman	75.00	2014	978-7-300-19722-7
98	公司金融理论	让·梯若尔	Jean Tirole	128.00	2014	978-7-300-20178-8
99	公共部门经济学	理查德·W.特里西	Richard W. Tresch	49.00	2014	978-7-300-18442-5
100	计量经济学导论(第三版)	詹姆斯·H.斯托克等	James H. Stock	69.00	2014	978-7-300-18467-8

经济科学译丛

序号	书名	作者	Author	单价	出版年份	ISBN
101	中级微观经济学(第六版)	杰弗里·M. 佩罗夫	Jeffrey M. Perloff	89.00	2014	978-7-300-18441-8
102	计量经济学原理与实践	达摩达尔·N. 古扎拉蒂	Damodar N. Gujarati	49.80	2013	978-7-300-18169-1
103	经济学简史——处理沉闷科学的巧妙方法(第二版)	E. 雷·坎特伯里	E. Ray Canterbery	58.00	2013	978-7-300-17571-3
104	环境经济学	彼得·伯克等	Peter Berck	55.00	2013	978-7-300-16538-7
105	高级微观经济理论	杰弗里·杰里	Geoffrey A. Jehle	69.00	2012	978-7-300-16613-1
106	高级宏观经济学导论:增长与经济周期(第二版)	彼得·伯奇·索伦森等	Peter Birch Sørensen	95.00	2012	978-7-300-15871-6
107	卫生经济学(第六版)	舍曼·富兰德等	Sherman Folland	79.00	2011	978-7-300-14645-4
108	计量经济学基础(第五版)(上下册)	达摩达尔·N. 古扎拉蒂	Damodar N. Gujarati	99.00	2011	978-7-300-13693-6
109	《计量经济学基础》(第五版)学生习题解答手册	达摩达尔·N. 古扎拉蒂等	Damodar N. Gujarati	23.00	2012	978-7-300-15080-8

金融学译丛

序号	书名	作者	Author	单价	出版年份	ISBN
1	个人理财(第八版)	阿瑟·J. 基翁	Arthur J. Keown	98.00	2021	978-7-300-29837-5
2	货币金融学(第三版)	R. 格伦·哈伯德等	R. Glenn Hubbard	96.00	2021	978-7-300-28819-2
3	房地产金融与投资(第十五版)	威廉·B. 布鲁格曼等	William B. Brueggeman	118.00	2021	978-7-300-28473-6
4	金融工程学原理(第三版)	罗伯特·L. 科索斯基等	Robert L. Kosowski	109.00	2020	978-7-300-28541-2
5	金融市场与金融机构(第12版)	杰夫·马杜拉	Jeff Madura	99.00	2020	978-7-300-27836-0
6	个人理财(第11版)	E. 托马斯·加曼等	E. Thomas Garman	108.00	2020	978-7-300-25653-5
7	银行学(第二版)	芭芭拉·卡苏等	Barbara Casu	99.00	2020	978-7-300-28034-9
8	金融衍生工具与风险管理(第十版)	唐·M. 钱斯	Don M. Chance	98.00	2020	978-7-300-27651-9
9	投资学导论(第十二版)	赫伯特·B. 梅奥	Herbert B. Mayo	89.00	2020	978-7-300-27653-3
10	金融几何学	阿尔文·库鲁克	Alvin Kuruc	58.00	2020	978-7-300-14104-6
11	银行风险管理(第四版)	若埃尔·贝西	Joël Bessis	56.00	2019	978-7-300-26496-7
12	金融学原理(第八版)	阿瑟·J. 基翁等	Arthur J. Keown	79.00	2018	978-7-300-25638-2
13	财务管理基础(第七版)	劳伦斯·J. 吉特曼等	Lawrence J. Gitman	89.00	2018	978-7-300-25339-8
14	利率互换及其他衍生品	霍华德·科伯	Howard Corb	69.00	2018	978-7-300-25294-0
15	固定收益证券手册(第八版)	弗兰克·J. 法博齐	Frank J. Fabozzi	228.00	2017	978-7-300-24227-9
16	金融市场与金融机构(第8版)	弗雷德里克·S. 米什金等	Frederic S. Mishkin	86.00	2017	978-7-300-24731-1
17	兼并、收购和公司重组(第六版)	帕特里克·A. 高根	Patrick A. Gaughan	89.00	2017	978-7-300-24231-6
18	债券市场:分析与策略(第九版)	弗兰克·J. 法博齐	Frank J. Fabozzi	98.00	2016	978-7-300-23495-3
19	财务报表分析(第四版)	马丁·弗里德森	Martin Fridson	46.00	2016	978-7-300-23037-5
20	国际金融学	约瑟夫·P. 丹尼尔斯等	Joseph P. Daniels	65.00	2016	978-7-300-23037-1
21	国际金融	阿德里安·巴克利	Adrian Buckley	88.00	2016	978-7-300-22668-2
22	个人理财(第六版)	阿瑟·J. 基翁	Arthur J. Keown	85.00	2016	978-7-300-22711-5
23	投资学基础(第三版)	戈登·J. 亚历山大等	Gordon J. Alexander	79.00	2015	978-7-300-20274-7
24	金融风险管理(第二版)	彼德·F. 克里斯托弗森	Peter F. Christoffersen	46.00	2015	978-7-300-21210-4
25	风险管理与保险管理(第十二版)	乔治·E. 瑞达等	George E. Rejda	95.00	2015	978-7-300-21486-3
26	个人理财(第五版)	杰夫·马杜拉	Jeff Madura	69.00	2015	978-7-300-20583-0
27	企业价值评估	罗伯特·A. G. 蒙克斯等	Robert A. G. Monks	58.00	2015	978-7-300-20582-3
28	基于Excel的金融学原理(第二版)	西蒙·本尼卡	Simon Benninga	79.00	2014	978-7-300-18899-7
29	金融工程学原理(第二版)	萨利赫·N. 内夫特奇	Salih N. Neftci	88.00	2014	978-7-300-19348-9
30	国际金融市场导论(第六版)	斯蒂芬·瓦尔德斯等	Stephen Valdez	59.80	2014	978-7-300-18896-6
31	金融数学:金融工程引论(第二版)	马雷克·凯宾斯基等	Marek Capinski	42.00	2014	978-7-300-17650-5
32	财务管理(第二版)	雷蒙德·布鲁克斯	Raymond Brooks	69.00	2014	978-7-300-19085-3
33	期货与期权市场导论(第七版)	约翰·C. 赫尔	John C. Hull	69.00	2014	978-7-300-18994-2
34	国际金融:理论与实务	皮特·塞尔居	Piet Sercu	88.00	2014	978-7-300-18413-5
35	并购创造价值(第二版)	萨德·苏达斯纳	Sudi Sudarsanam	89.00	2013	978-7-300-17473-0
36	应用公司财务(第三版)	阿斯沃思·达摩达兰	Aswath Damodaran	88.00	2012	978-7-300-16034-4
37	资本市场:机构与工具(第四版)	弗兰克·J. 法博齐	Frank J. Fabozzi	85.00	2011	978-7-300-13828-2

Pearson

尊敬的老师：

您好！

为了确保您及时有效地申请培生整体教学资源，请您务必完整填写如下表格，加盖学院的公章后传真给我们，我们将会在 2～3 个工作日内为您处理。

请填写所需教辅的开课信息：

采用教材			□中文版　□英文版　□双语版
作　　者		出版社	
版　　次		ISBN	
课程时间	始于　　年　月　日	学生人数	
	止于　　年　月　日	学生年级	□专　科　□本科 1/2 年级 □研究生　□本科 3/4 年级

请填写您的个人信息：

学　　校			
院系/专业			
姓　　名		职　　称	□助教 □讲师 □副教授 □教授
通信地址/邮编			
手　　机		电　　话	
传　　真			
official email（必填） (eg：XXX@ruc. edu. cn)		email (eg：XXX@163. com)	
是否愿意接受我们定期的新书讯息通知：		□是　　□否	

系/院主任：__________（签字）

（系/院办公室章）

_____年_____月_____日

资源介绍：

——教材、常规教辅（PPT、教师手册、题库等）资源：请访问 www. pearsonhighered. com/educator（免费）

——MyLabs/Mastering 系列在线平台：适合老师和学生共同使用；访问需要 Access Code（付费）

100013：北京市东城区北三环东路 36 号环球贸易中心 D 座 1208 室 100013

Please send this form to：copub. hed@pearson. com

Website：www. pearson. com